CURSO DE DIREITO
ADMINISTRATIVO

O GEN | Grupo Editorial Nacional – maior plataforma editorial brasileira no segmento científico, técnico e profissional – publica conteúdos nas áreas de concursos, ciências jurídicas, humanas, exatas, da saúde e sociais aplicadas, além de prover serviços direcionados à educação continuada.

As editoras que integram o GEN, das mais respeitadas no mercado editorial, construíram catálogos inigualáveis, com obras decisivas para a formação acadêmica e o aperfeiçoamento de várias gerações de profissionais e estudantes, tendo se tornado sinônimo de qualidade e seriedade.

A missão do GEN e dos núcleos de conteúdo que o compõem é prover a melhor informação científica e distribuí-la de maneira flexível e conveniente, a preços justos, gerando benefícios e servindo a autores, docentes, livreiros, funcionários, colaboradores e acionistas.

Nosso comportamento ético incondicional e nossa responsabilidade social e ambiental são reforçados pela natureza educacional de nossa atividade e dão sustentabilidade ao crescimento contínuo e à rentabilidade do grupo.

MARÇAL JUSTEN FILHO

CURSO DE DIREITO ADMINISTRATIVO

16ª edição revista, atualizada e ampliada

■ O autor deste livro e a editora empenharam seus melhores esforços para assegurar que as informações e os procedimentos apresentados no texto estejam em acordo com os padrões aceitos à época da publicação, e todos os dados foram atualizados pelo autor até a data de fechamento do livro. Entretanto, tendo em conta a evolução das ciências, as atualizações legislativas, as mudanças regulamentares governamentais e o constante fluxo de novas informações sobre os temas que constam do livro, recomendamos enfaticamente que os leitores consultem sempre outras fontes fidedignas, de modo a se certificarem de que as informações contidas no texto estão corretas e de que não houve alterações nas recomendações ou na legislação regulamentadora.

■ Fechamento desta edição: *13.01.2025*

■ O autor e a editora se empenharam para citar adequadamente e dar o devido crédito a todos os detentores de direitos autorais de qualquer material utilizado neste livro, dispondo-se a possíveis acertos posteriores caso, inadvertida e involuntariamente, a identificação de algum deles tenha sido omitida.

■ **Atendimento ao cliente:** (11) 5080-0751 | faleconosco@grupogen.com.br

■ Direitos exclusivos para a língua portuguesa
Copyright © 2025 by
Editora Forense Ltda.
Uma editora integrante do GEN | Grupo Editorial Nacional
Travessa do Ouvidor, 11 – Térreo e 6º andar
Rio de Janeiro – RJ – 20040-040
www.grupogen.com.br

■ Reservados todos os direitos. É proibida a duplicação ou reprodução deste volume, no todo ou em parte, em quaisquer formas ou por quaisquer meios (eletrônico, mecânico, gravação, fotocópia, distribuição pela Internet ou outros), sem permissão, por escrito, da Editora Forense Ltda.

■ Capa: Fabricio Vale

■ A partir da 14ª edição, esta obra passou a ser publicada pela Editora Forense.

CIP-BRASIL. CATALOGAÇÃO NA PUBLICAÇÃO
SINDICATO NACIONAL DOS EDITORES DE LIVROS, RJ

J97c
16. ed.

    Justen Filho, Marçal
        Curso de direito administrativo / Marçal Justen Filho. - 16. ed., rev. e atual. - Rio de Janeiro : Forense, 2025.
        1056 p. ; 25 cm.

        Inclui bibliografia
        índice alfabético-remissivo
        ISBN 978-85-3099-633-8

    1. Direito administrativo - Brasil. I. Título.

24-95591

CDU: 342.9(81)

Gabriela Faray Ferreira Lopes - Bibliotecária - CRB-7/6643

Para MONICA,
com todo o amor
e com gratidão por me fazer tão melhor!

Para MARÇAL NETO, AUGUSTA e LUCAS,
com a certeza de que irão mais longe e farão muito mais do que eu!

Para CLARA, OWEN e ALICE:
A vida vale muito a pena!

SOBRE O AUTOR

Advogado, fundador e sócio de Justen, Pereira, Oliveira & Talamini – Sociedade de Advogados. É mestre e doutor em Direito Público pela Pontifícia Universidade Católica de São Paulo. Foi Professor Titular da Faculdade de Direito da Universidade Federal do Paraná de 1986 a 2006. É professor do IDP e autor de diversos livros, sendo os mais conhecidos: *Comentários à Lei de Licitações e Contratações Administrativas* (2. ed., RT, 2023), *Introdução ao Estudo do Direito* (2. ed., Forense, 2021), *Comentários à Lei de Licitações e Contratos Administrativos* (18. ed., RT, 2018), *Pregão* (6. ed., Dialética, 2013), *Comentários ao RDC* (Dialética, 2013), *Teoria Geral das Concessões de Serviço Público* (Dialética, 2003) e *O direito das agências reguladoras independentes* (Dialética, 2002). Siga o autor no Instagram: @marcaljusten.

APRESENTAÇÃO

Este livro contempla um esforço em repensar as soluções jurídicas relacionadas à atividade administrativa do Estado. Esta 16.ª edição do *Curso* mantém as características da obra. Mantém o compromisso com os direitos fundamentais, que se constituem no pilar central da Constituição de 1988. Afirma que o interesse público não se afasta dos direitos fundamentais. Defende que a democracia republicana é o único modelo político e jurídico compatível com os valores produzidos pela vivência da Nação brasileira. Propõe que o Estado é um instrumento para promover a mudança concreta da realidade e que nenhum valor abstratamente afirmado se constitui em fundamento aceitável para as decisões administrativas.

Esta edição leva avante o enfoque pragmático do direito administrativo. Isso significa uma hermenêutica vinculada à avaliação das consequências das escolhas possíveis e ao dever de decidir de modo que produza os resultados concretos mais satisfatórios.

Contudo, a adoção de uma concepção consequencialista não envolve a eliminação do reconhecimento da normatividade ética do direito. A ponderação quanto às consequências deve tomar em vista os direitos fundamentais e reconhecer a heteronomia do direito. Não é admissível que a autoridade investida da competência para decidir adote uma solução incompatível com a ética e com os valores objetivamente produzidos pela experiência social.

Esta nova edição também mantém a orientação de incorporação da jurisprudência dos tribunais superiores. É impossível conhecer o direito administrativo sem tomar em vista as decisões adotadas pelos tribunais nos casos concretos.

Reconhecer a relevância fundamental das decisões dos tribunais não significa aderir a elas sem um posicionamento crítico. Em muitos casos, são apontadas discordâncias com o entendimento consagrado pela jurisprudência. Isso não elimina a força vinculante da decisão estatal, mas exterioriza a função própria da doutrina: promover uma revisão crítica da realidade dos fatos e formular propostas para o futuro. Uma concepção democrática implica a legitimidade da participação de toda a comunidade na produção do direito. As divergências e as diferenças, que refletem as diversas ideologias dos sujeitos, são oportunidades para o aperfeiçoamento da vida social.

Agradeço a colaboração de Paola Gabriel Ábila, Raphaela Thêmis Leite Jardim, Rodrigo Costa Protzek, Caroline Martynetz, Daniel Carvalho Lopes e Ana Beatriz N. Coelho Queiroz. A sua revisão cuidadosa e a sua pesquisa detalhada permitiram que esta obra se tornasse muito melhor.

Brasília, dezembro de 2024.

Marçal Justen Filho

SUMÁRIO

CAPÍTULO 1 – DEFINIÇÃO DO DIREITO ADMINISTRATIVO.. 1

1   Definição de direito administrativo... 1

2   A avaliação crítica da definição adotada.. 1

3   A tendência ampliativa do direito administrativo.. 2

4   A concepção de Eduardo Jordão.. 2

5   O comprometimento com a experiência democrática.. 3

      5.1   O monopólio estatal da violência... 3

      5.2   A legitimidade do poder político.. 3

6   O Estado de Direito... 5

7   O Estado Democrático de Direito.. 5

8   O Estado Democrático e Social de Direito.. 6

9   O Brasil como uma democracia republicana... 6

10   Os desafios enfrentados pelo direito administrativo brasileiro................................ 7

      10.1   A desvinculação da realidade.. 8

      10.2   O risco do fascismo... 8

      10.3   O risco da corrupção... 9

      10.4   O risco da insegurança jurídica... 9

11   A afirmação do método pragmático.. 10

      11.1   As características fundamentais do pragmatismo................................... 10

      11.2   O pragmatismo como método hermenêutico... 10

      11.3   A Lei 13.655/2018 e o pragmatismo hermenêutico.............................. 11

      11.4   A jurisprudência do STF... 11

12   A questão do consequencialismo.. 11

CAPÍTULO 2 – A FUNÇÃO ADMINISTRATIVA DO ESTADO....................................... 13

1   O conceito jurídico de "função"... 13

2   As funções do Estado... 13

3   O conceito jurídico de "poder".. 14

4   Os poderes (em acepção objetiva) do Estado... 14

      4.1   A separação de poderes estatais... 14

      4.2   O conteúdo da separação de poderes... 14

      4.3   A separação de poderes e as peculiaridades de cada país.................... 15

5	A concepção da tripartição de poderes	15
	5.1 A impossibilidade de separação absoluta de funções	15
	5.2 As funções estatais anômalas em face da concepção tradicional	15
	5.3 O controle de constitucionalidade	15
	5.4 O controle da regularidade de atos estatais e não estatais	16
6	A separação de poderes no Brasil	16
	6.1 A heterogeneidade das competências de cada Poder	16
	6.2 A autonomia do Ministério Público e do Tribunal de Contas	17
	6.3 A autonomia e a atuação harmônica	18
7	A função administrativa	18
	7.1 A amplitude da função administrativa	18
	7.2 A definição de função administrativa estatal	19
8	A separação estrutural de poderes: o Poder Executivo	20
9	Os efeitos da separação de poderes sobre a função administrativa	20
10	Função administrativa e função de governo	20
11	Função administrativa e atividade administrativa	22
12	Os tipos de função administrativa	22
	12.1 Função administrativa conformadora ou ordenadora	22
	12.2 Função administrativa regulatória	22
	12.3 Função administrativa de fomento	23
	12.4 Função administrativa prestacional	23
	12.5 Função administrativa de controle	23
13	A atividade administrativa pública não estatal	23
14	A federação: a pluralidade de ordens de competências estatais	25
	14.1 A federação como delimitação da competência estatal	25
	14.2 As peculiaridades do modelo federativo brasileiro	25
	14.3 Interesses comuns e a discriminação da competência	26
	14.4 Federação e atividade administrativa do Estado	27
	14.5 Competências legislativas e administrativas	27
	14.6 Discriminação das competências administrativas	27
	14.7 A figura das "normas gerais"	29

CAPÍTULO 3 – REGIME JURÍDICO DE DIREITO ADMINISTRATIVO ... 31

1	A norma jurídica	31
2	A variação do conteúdo da norma jurídica	32
3	A dimensão normativa das regras e dos princípios	32
	3.1 Uma questão semântica preliminar (e relevante)	32
	3.2 As regras	33
	3.3 Os princípios	33
	3.4 A distinção entre princípios e regras	34
	3.5 A importância das regras	35
	3.6 A insegurança jurídica: a Lei Federal 13.655/2018	36
4	As outras espécies normativas	36
	4.1 As diretrizes	36
	4.2 O direito "flexível"	36

5	O direito como uma ordenação harmônica de normas jurídicas		37
6	A questão do regime jurídico		37
	6.1	A composição entre as espécies normativas	38
	6.2	O regime jurídico de direito público	38
	6.3	Os regimes de direito público e de direito privado	38
	6.4	O direito privado e a autonomia da vontade	38
7	Ainda a função: o dever-poder		39
	7.1	A dupla eficácia jurídica	39
	7.2	A ausência de autonomia de vontade em sentido próprio	40
	7.3	A vedação à omissão	40
	7.4	A distinção entre funções pública e privada	40
8	A questão da supremacia do interesse público (SIP)		41
	8.1	A primeira objeção: a ausência de conteúdo do "interesse público"	41
	8.2	A segunda objeção: a pluralidade de princípios jurídicos	41
	8.3	A terceira objeção: a ausência de um interesse público unitário	42
	8.4	A quarta objeção: contraposição entre direitos e interesses	43
	8.5	Conceituação negativa (excludente) de interesse público	44
	8.6	A tese da qualidade diferenciada de alguns interesses	46
9	O direito administrativo e a realização dos direitos fundamentais		46
10	O descabimento da invocação vazia de um interesse público		47
	10.1	A escolha pela autoridade competente	47
	10.2	A exigência de motivação explícita para a decisão administrativa	48
11	A substituição de interesse público por interesses coletivos		49
12	Rejeição a uma concepção individualista		49
13	A jurisprudência dos tribunais sobre a SIP		49
14	Síntese: o fundamento do direito administrativo		50
15	"Personalização" do direito administrativo		51
16	A construção do regime de direito administrativo		51
	16.1	A relevância da jurisprudência constitucional	52
	16.2	A previsão do art. 30 e seu parágrafo único da LINDB	53
17	Os instrumentos de produção do sistema jurídico		53
18	As técnicas hermenêuticas		54
	18.1	A interpretação conforme a norma superior	54
	18.2	O chamado princípio da razoabilidade	55
	18.3	O chamado princípio da proporcionalidade	55
		18.3.1 O princípio ou a técnica da proporcionalidade	55
		18.3.2 A atividade administrativa como composição entre normas e interesses contrapostos	57
19	As normas de compatibilização		57
	19.1	O critério da superioridade normativa	57
	19.2	O critério da temporalidade	58
	19.3	O critério da especialidade	58
	19.4	O critério da compatibilidade lógica no procedimento	58
20	Os direitos fundamentais		58
	20.1	Direitos fundamentais e princípios do direito administrativo	58

20.2	Definição de direito fundamental	59
	20.2.1 O complexo normativo	59
	20.2.2 As normas adscritas	60
	20.2.3 A recepção de tratados internacionais	60
	20.2.4 A implementação dos direitos fundamentais	60
	20.2.5 As posições jurídicas subjetivas resultantes dos direitos fundamentais	61
20.3	A vedação à omissão	61
21	A dignidade humana	61
22	Direitos fundamentais e pessoas jurídicas	63
23	Pluralidade de dimensões dos direitos fundamentais	64
	23.1 Os direitos fundamentais individualistas (primeira geração)	64
	23.2 Os direitos fundamentais democráticos (segunda geração)	64
	23.3 Os direitos fundamentais sociais (terceira geração)	65
	23.4 Outras categorias	65
24	A reserva do possível	66

CAPÍTULO 4 – OS PRINCÍPIOS DO DIREITO ADMINISTRATIVO ... 69

1	Os princípios do direito administrativo	69
	1.1 O regime de direito administrativo	69
	1.2 O fundamento na Constituição	69
	1.3 A redução da autonomia do agente público	70
	1.4 A ausência de uma solução predeterminada para o caso concreto	70
2	A crítica de Carlos Ari Sundfeld	70
	2.1 O princípio em abstrato e a sua concretização	70
	2.2 A insuficiência da invocação de princípio em abstrato	70
	2.3 A cautela na aplicação dos princípios	71
	2.4 Ainda o método pragmático e a questão do consequencialismo	71
3	Os princípios constitucionais gerais	71
4	A liberdade	71
	4.1 O conteúdo próprio da liberdade	71
	4.2 A compatibilização da liberdade da pluralidade dos sujeitos	72
	4.3 A vedação ao excesso	72
	4.4 A preservação da autodeterminação	72
	4.5 A multiplicidade dos direitos fundamentais	72
	4.6 Liberdade e atividade administrativa do Estado	72
	4.6.1 A limitação em vista das necessidades coletivas	72
	4.6.2 A superação das limitações da realidade	73
5	A igualdade (isonomia)	73
	5.1 A igualdade como direito fundamental	73
	5.1.1 A ausência de igualação absoluta de todos	73
	5.1.2 A relevância da isonomia	73
	5.2 Igualdade e tratamento discriminatório	74
	5.2.1 A existência de diferença real	74
	5.2.2 O critério de avaliação da diferença	74

	5.2.3	A finalidade a que se norteia o tratamento jurídico diferenciado.....	75
	5.2.4	A adoção de solução compatível	75
5.3		Igualdade e atividade administrativa do Estado	75

6 A legalidade 75

7 O devido processo administrativo 75

8 Os princípios administrativos referidos no art. 37 da CF/1988 75

9 A impessoalidade 76

10 A moralidade 76

11 A publicidade 76

- 11.1 As finalidades da publicidade 76
- 11.2 O direito de petição e de obter certidão 77
  - 11.2.1 A questão do interesse 77
  - 11.2.2 O sigilo como exceção 77
- 11.3 A Lei de Acesso à Informação 78
  - 11.3.1 Transparência ativa e transparência passiva 78
  - 11.3.2 Direito subjetivo e interesse legítimo à informação 78
  - 11.3.3 A restrição ao acesso a informações 79
  - 11.3.4 A ilicitude da violação ao sigilo 79

12 A eficiência (eficácia) administrativa 79

- 12.1 A utilização mais eficiente dos recursos públicos 79
- 12.2 A pluralidade de fins buscados pelo Estado 80
- 12.3 A proibição do defeito 80
- 12.4 A eventual realização de uma pluralidade de interesses coletivos 80
- 12.5 A constante adequação das soluções práticas 81
- 12.6 A eliminação da burocracia e o atendimento efetivo das necessidades 81

CAPÍTULO 5 – A LEGALIDADE E A ATIVIDADE ADMINISTRATIVA 83

1 As diversas fontes normativas 83

- 1.1 A questão da "lei" 83
  - 1.1.1 A lei dotada de efeitos concretos e restritos 83
  - 1.1.2 Os regulamentos na órbita do Poder Executivo 84
  - 1.1.3 As decisões judiciais 84
  - 1.1.4 O fenômeno da consensualização da atividade administrativa 84
- 1.2 A crise da distinção entre as fontes normativas 85
  - 1.2.1 A evolução da teoria da separação dos Poderes 85
  - 1.2.2 As dificuldades quanto à produção das leis 85

2 As acepções da expressão lei 85

- 2.1 A distinção entre lei e norma jurídica 85
  - 2.1.1 Norma jurídica 85
  - 2.1.2 O documento físico ou o instrumento formal.................... 85
  - 2.1.3 A norma jurídica como um objeto destituído de existência física.... 86
- 2.2 Conteúdo do princípio da legalidade 86

3 As diversas espécies de leis 86

4 A competência legislativa e a competência normativa 86

5 O conteúdo do princípio da legalidade 86

	5.1	A proposta da prevalência do princípio da constitucionalidade	87
	5.2	O conteúdo garantístico do princípio da legalidade	87
	5.3	A interpretação conforme a Constituição	87
6	A legalidade como princípio e como regra		87
	6.1	A legalidade como princípio constitucional	88
	6.2	A legalidade como regra constitucional	88
	6.3	A legalidade como princípio e como regra	88
7	A legalidade e a disciplina implícita		88
8	A função administrativa e os limites da disciplina legislativa		89
9	A legalidade e a atividade administrativa		89
	9.1	As relações jurídicas de direito privado	89
	9.2	As posições jurídicas de direito público	89
	9.3	A situação jurídica do particular em face da atividade administrativa	90
10	A atenuação do rigor do legalismo		90
	10.1	A questão das leis-quadro	90
	10.2	O fenômeno da "deslegalização"	90
11	O conteúdo da disciplina legal: discricionariedade e vinculação		91
12	Discricionariedade administrativa		91
	12.1	A discricionariedade é uma modalidade de disciplina legislativa	91
	12.2	A competência instituída pelo Direito	91
	12.3	A instituição de margem de autonomia decisória	92
	12.4	O art. 20 da LINDB	92
	12.5	A distinção entre discricionariedade administrativa e judicial	92
13	Discricionariedade e ausência de competência normativa autônoma		93
	13.1	O conceito vulgar de discricionariedade	93
	13.2	A exigência de previsão legislativa	93
	13.3	Desnecessidade de previsão legislativa explícita	93
	13.4	A derivação em face das normas legislativas	93
	13.5	A Lei e o modelo normativo adotado	94
14	Discricionariedade e delegação legislativa		94
15	A rejeição à concepção tradicional		94
	15.1	A rejeição à teoria do "poder discricionário"	94
	15.2	A rejeição aos conceitos de ato discricionário e ato vinculado	95
16	Discricionariedade e função administrativa		95
	16.1	A manifestação da natureza funcional da competência	95
	16.2	Competência discricionária e flexibilidade normativa	95
	16.3	A produção da disciplina normativa mais adequada	95
17	Ausência de homogeneidade do instituto da discricionariedade		96
	17.1	A discricionariedade e os juízos de conveniência e oportunidade	96
	17.2	Os graus de vinculação e de discricionariedade	96
18	A discricionariedade quanto aos fins		96
	18.1	A vinculação à realização do interesse público	97
	18.2	A escolha de um ou de alguns dos interesses públicos	97
	18.3	O controle da escolha quanto aos fins	97
19	A discricionariedade na hipótese de incidência		97

20	A discricionariedade no mandamento	98
	20.1 Discricionariedade normativa (abstrata)	98
	20.2 Discricionariedade decisória (concreta)	98
21	A exigência de motivação e o controle dos motivos	99
22	A discricionariedade em abstrato e a situação concreta de vinculação	99
23	A questão da discricionariedade técnica	99
	23.1 Discricionariedade comum e discricionariedade técnica	99
	23.2 A proximidade entre os institutos	100
	23.3 A falácia da tecnicidade rigorosa das decisões	101
24	Discricionariedade e interpretação	101
	24.1 O núcleo da distinção	101
	24.2 Duas hipóteses específicas de interpretação	102
	24.2.1 A redação legal insatisfatória ou ultrapassada	102
	24.2.2 A textura aberta da linguagem	102
25	A discricionariedade e técnicas legislativas	103
26	Os conceitos técnico-científicos	103
27	Os conceitos jurídicos (parcialmente) indeterminados	103
	27.1 A riqueza do mundo real	104
	27.2 A ausência de defeito técnico legislativo	104
	27.3 As três áreas de abrangência dos conceitos jurídicos indeterminados	104
28	Os conceitos valorativos	105
	28.1 Conceito valorativo e conceito indeterminado	105
	28.2 A prevalência dos juízos vigentes da sociedade	105
29	Síntese: as hipóteses anteriores e a discricionariedade propriamente dita	105
30	A densidade normativa mínima e a estrita legalidade	105
	30.1 A legalidade simples	106
	30.2 A legalidade estrita	106
	30.3 A densidade normativa mínima	106
31	A discricionariedade como instrumento de controle	107
32	O controle das decisões discricionárias: a questão do mérito	107
33	A rejeição à teoria da sujeição especial	107
	33.1 A teoria da sujeição especial	107
	33.2 Argumentos contrários à teoria da sujeição especial	108

CAPÍTULO 6 – A ADMINISTRAÇÃO PÚBLICA EM SENTIDO SUBJETIVO 109

1	A expressão Administração Pública	109
	1.1 Administração Pública em sentido objetivo	109
	1.2 Administração Pública em sentido funcional	109
	1.3 Administração Pública em sentido subjetivo	109
2	As diversas órbitas federativas	110
3	Abrangência dos três Poderes	110
4	A composição subjetiva da Administração Pública	110
	4.1 Sujeitos de direito	110
	4.1.1 As pessoas físicas	110
	4.1.2 As pessoas jurídicas	110

4.2	Pessoas jurídicas de direito público e de direito privado	110
	4.2.1 Pessoas administrativas com personalidade de direito público	111
	4.2.2 Pessoas administrativas com personalidade de direito privado	111
5	Pessoas jurídicas e órgãos	111
5.1	Teoria do órgão	111
5.2	A ausência de vontade própria da pessoa jurídica	111
6	Órgão público	112
6.1	Definição	112
6.2	A posição de órgão é reservada para pessoa física	112
6.3	A pluralidade de seres humanos como órgão único	112
6.4	A posição jurídica do órgão público	112
7	Órgãos públicos e competências heterogêneas	113
8	A desconcentração e a descentralização do poder	113
8.1	A desconcentração do poder	113
8.2	A descentralização do poder	113
8.3	A distinção entre desconcentração e descentralização	114
9	O processo de coordenação do poder	114
9.1	Os convênios públicos	114
9.2	Os consórcios públicos	114
9.3	A Associação de Representação de Municípios	115
10	A Administração direta e a Administração indireta	115
10.1	A Administração direta	115
10.2	A Administração indireta	115
	10.2.1 As pessoas exclusivamente administrativas	116
	10.2.2 Reconhecimento constitucional da Administração indireta	116
	10.2.3 A composição da Administração direta e da Administração indireta	116
11	A sistematização das pessoas jurídicas integrantes da Administração Pública	116
12	A disciplina do Dec.-lei 200/1967	117
12.1	A hierarquia do Dec.-lei 200/1967	117
12.2	A dinamicidade da disciplina da Administração indireta	118
12.3	O Dec.-lei 200/1967 e os demais entes da Federação	118
13	As autarquias	118
13.1	Definição	118
	13.1.1 A inexistência de um "serviço autônomo"	118
	13.1.2 A pessoa jurídica autônoma	119
13.2	A posição jurídica própria do Estado	119
	13.2.1 A atribuição de funções estatais	119
	13.2.2 A ausência de competências políticas	119
	13.2.3 A ausência de desempenho de atividades econômicas	119
	13.2.4 A criação por lei	119
	13.2.5 A multiplicidade de modelagens normativas	119
13.3	Os vínculos da autarquia em face do ente político	119
13.4	As dimensões de autonomia da autarquia	120
	13.4.1 A autonomia organizacional	120

	13.4.2	A autonomia patrimonial	120
	13.4.3	A autonomia funcional	121
	13.4.4	A autonomia financeira	121
13.5	O poder de tutela sobre a autarquia		121
13.6	A especialidade da competência		121
14	As chamadas autarquias especiais		121
14.1	Núcleo conceitual		121
14.2	As agências executivas e as agências reguladoras independentes		122
14.3	As universidades públicas		122
14.4	As autarquias reguladoras de categorias profissionais		122
	14.4.1	O panorama geral	122
	14.4.2	A disciplina do art. 58 da Lei 9.649/1998	123
	14.4.3	A solução específica para a OAB	124
15	As fundações de direito público		125
15.1	A confusão jurídica		125
	15.1.1	A criação de fundação pelo Estado	125
	15.1.2	A regra do art. 5.º, IV, do Dec.-lei 200/1967	125
	15.1.3	A variação de regimes jurídicos	125
15.2	A irrelevância da terminologia formal		125
15.3	As fundações de direito público e as autarquias		127
	15.3.1	A entidade de cunho autárquico	127
	15.3.2	A tentativa de diferenciação entre fundação e autarquia	127
15.4	As fundações públicas com personalidade privada		127
	15.4.1	As características	127
	15.4.2	A autorização legislativa	127
	15.4.3	A ausência de natureza associativa	127
	15.4.4	O âmbito de atuação	128
	15.4.5	A exclusão da exploração econômica	128
	15.4.6	O interesse coletivo	128
15.5	Fundação pública e ausência de personalidade de direito público		128
15.6	A questão da manutenção por recursos públicos		128
16	Os consórcios públicos		128
16.1	A disciplina constitucional e infraconstitucional		129
16.2	O chamado "federalismo de cooperação"		129
16.3	A necessidade de atuação permanente conjugada		129
16.4	A prestação associada de serviços públicos		129
16.5	Ainda a diferença relativamente aos convênios		130
16.6	A disciplina quanto à condição dos consorciados		130
	16.6.1	Consórcios públicos homogêneos	130
	16.6.2	Consórcios públicos heterogêneos	130
16.7	O procedimento de constituição dos consórcios públicos		130
	16.7.1	A pactuação do protocolo de intenções prévio	130
	16.7.2	As autorizações legislativas	130
	16.7.3	As variações em vista da natureza jurídica do consórcio	131

16.8	Organização e funcionamento	131
	16.8.1 A existência de uma assembleia geral	131
	16.8.2 O "representante legal" do consórcio	131
16.9	O regime jurídico quanto a bens e servidores	131
16.10	Contrato de programa e contrato de rateio	131
17	**As sociedades estatais**	**132**
17.1	A questão do poder de controle societário	132
	17.1.1 A disciplina do poder de controle na legislação societária	132
	17.1.2 A orientação da Lei 13.303/2016	132
	17.1.3 O entendimento do TCU	132
17.2	A criação mediante autorização legislativa	133
17.3	O disposto no inc. XIX do art. 37 da CF/1988	134
	17.3.1 A autorização legislativa	134
	17.3.2 O cumprimento das formalidades da legislação privada	134
	17.3.3 A exigência de autorização legislativa delimitada	134
17.4	O disposto no inc. XX do art. 37 da CF/1988	134
	17.4.1 A autorização genérica	134
	17.4.2 A questão da criação de subsidiárias	135
17.5	A extinção das sociedades estatais	135
	17.5.1 A decisão do STF	135
	17.5.2 A alteração constitucional e suas implicações	135
	17.5.3 A disciplina atinente à extinção da sociedade controlada	136
17.6	A transformação de empresa privada em sociedade estatal	136
17.7	A questão da previsão legislativa e a regulamentação da Lei das Estatais	136
	17.7.1 A orientação anterior prevalente	136
	17.7.2 O regime jurídico previsto na Lei 13.303/2016	137
17.8	Admissibilidade de sociedades estatais não federais	137
18	**As empresas públicas**	**137**
18.1	Definições legislativas	137
	18.1.1 A definição do Dec.-lei 200/1967	137
	18.1.2 A definição da Lei 13.303/2016	137
18.2	Características	138
	18.2.1 A titularidade de personalidade de direito privado	138
	18.2.2 A participação exclusiva de pessoas administrativas	138
	18.2.3 A forma de sociedade anônima	138
18.3	Objeto social	138
18.4	A competência jurisdicional da Justiça Federal	139
19	**As sociedades de economia mista**	**139**
19.1	Definições legislativas	139
	19.1.1 A definição do Dec.-lei 200/1967	139
	19.1.2 A definição da Lei 13.303/2016	139
19.2	Características	139
	19.2.1 A personalidade jurídica de direito privado	139
	19.2.2 A forma de sociedade anônima	140
	19.2.3 A participação de sócios privados	140

19.3	Objeto social	140
19.4	A distinção entre sociedade de economia mista e empresa pública	140
	19.4.1 A natureza intrinsecamente estatal da empresa pública	140
	19.4.2 Investidores privados na sociedade de economia mista	140
19.5	A ausência de competência jurisdicional da Justiça Federal	141
20	As sociedades subsidiárias (controladas)	141
20.1	A disciplina da Lei 13.303/2016	141
20.2	Características	141
	20.2.1 A personalidade jurídica própria de direito privado	141
	20.2.2 A finalidade da criação de uma subsidiária	141
	20.2.3 A forma societária	142
20.3	O controle indireto da pessoa federativa	142
20.4	Regime jurídico das subsidiárias	142
21	Regimes jurídicos das sociedades estatais	142
21.1	A distinção fundada na espécie de atividade desenvolvida	142
	21.1.1 O tratamento constitucional da atividade econômica	143
	21.1.2 Síntese da distinção	143
	21.1.3 A atividade econômica desenvolvida pelo Estado	143
	21.1.4 Sociedades estatais prestadoras de serviço público	143
21.2	A distinção fundada na forma de exploração	144
	21.2.1 A disciplina do Código Civil	144
	21.2.2 A solução adotada pela Lei 13.303/2016	144
	21.2.3 As sociedades estatais não empresárias	144
21.3	O regime jurídico diferenciado em vista da dependência financeira	145
	21.3.1 O critério de distinção	145
	21.3.2 O tratamento jurídico severo para as estatais dependentes	145
22	O regime comum	145
22.1	O regime jurídico dos bens das sociedades estatais	145
	22.1.1 A conferência de bens públicos e sua submissão ao regime privado	145
	22.1.2 A ausência de integração no domínio público	145
	22.1.3 A regra do art. 99, parágrafo único, do Código Civil	146
22.2	A personalidade jurídica de direito privado	146
22.3	A ausência de titularidade de competências anômalas	146
22.4	A submissão ao regime de execução dos particulares	146
22.5	A ausência de privilégios em face de devedores	146
22.6	A submissão às normas do mercado aberto	146
22.7	A aplicação do regime trabalhista para os empregados	147
22.8	A questão da responsabilidade patrimonial e da falência	147
	22.8.1 O princípio da legalidade	147
	22.8.2 A assunção do controle da sociedade falida	147
	22.8.3 A ausência de interesse na decretação da falência	147
	22.8.4 A inaplicabilidade do regime de insolvência	147
22.9	A disciplina subsidiária de direito público	148
	22.9.1 A submissão aos princípios da Administração Pública	148
	22.9.2 Os controles interno e externo	148

22.9.3	A exigência de concurso público para contratação de empregados	148
23	**As sociedades estatais de fato**	148
23.1	O vício de origem	148
23.2	A incidência do regime de direito público	148
23.2.1	O descabimento da submissão ao regime de direito privado	149
23.2.2	A adoção de providências de regularização	149
23.3	A repressão imediata a práticas ilícitas	149
24	**As entidades paraestatais ("serviços sociais autônomos")**	149
24.1	A terminologia adotada	149
24.2	A satisfação de necessidades coletivos setoriais	149
24.3	Características	150
24.3.1	A criação por lei	150
24.3.2	A gestão de direito privado	150
24.3.3	Ausência de poder de controle estatal	150
24.3.4	Ausência de competências de poder de polícia	150
24.3.5	A manutenção mediante contribuições privadas obrigatórias	151
24.4	Regime jurídico	151
24.4.1	Aplicação supletiva do regime de direito público	151
24.4.2	O dever de prestar contas	151
25	**Os serviços sociais impróprios**	152
25.1	A distinção com os serviços sociais autônomos propriamente ditos	152
25.2	O entendimento doutrinário	153
25.3	Modalidade de fundação pública	153
26	**As organizações não governamentais: o chamado terceiro setor**	153
26.1	O terceiro setor	153
26.2	Ausência de inserção na Administração Pública estatal	154
26.3	A ausência de submissão ao poder de controle de ente estatal	154
26.4	A ampliação da complexidade	154
26.5	A ressalva: atuação cooperativa	154
26.6	As questões pertinentes ao direito administrativo	155
26.7	Os institutos jurídicos de direito privado	155
26.8	A qualificação jurídica	155

CAPÍTULO 7 – O ATO ADMINISTRATIVO 157

1	**Fatos e atos administrativos**	157
1.1	Fato administrativo em sentido restrito	157
1.2	Ato administrativo	157
1.3	Ato ilícito	158
2	**O ato administrativo**	158
2.1	A relevância do conceito de função administrativa	158
2.2	A relevância da vontade	158
2.3	A funcionalização da vontade no direito administrativo	159

3	A automação: a questão da Inteligência Artificial	159
	3.1 O enfoque clássico sobre o tema	159
	3.2 A evolução da Inteligência Artificial Generativa	160
4	Os chamados atos materiais da Administração Pública	160
5	A estrutura do ato administrativo	161
	5.1 As orientações de outros autores	161
	5.2 O entendimento adotado quanto à estrutura do ato administrativo	161
6	A disciplina jurídica quanto ao sujeito	162
	6.1 A capacidade de fato do sujeito	162
	6.2 A competência administrativa	162
	6.2.1 A discriminação de competências administrativas	163
	6.2.2 A limitação da competência administrativa	163
	6.2.3 A titularidade da competência administrativa	163
	6.2.4 Indisponibilidade, delegação e avocação	163
	6.3 A estrutura do ato administrativo no tocante ao sujeito	164
7	Disciplina jurídica quanto à forma do ato administrativo	164
	7.1 Atos formais e atos não formais (livres quanto à forma)	164
	7.2 Modos de formalização dos atos administrativos	164
	7.2.1 A manifestação direta de vontade	164
	7.2.2 A manifestação indireta de vontade	165
	7.2.3 Exigências formais complementares	165
	7.3 A natureza instrumental da forma e a proporcionalidade	165
	7.3.1 A limitação ao poder estatal	165
	7.3.2 A observância à proporcionalidade	165
8	O silêncio da Administração Pública	165
	8.1 O silêncio e a manifestação indireta de vontade	165
	8.2 A omissão em sentido próprio	166
	8.3 O silêncio qualificado	166
	8.4 A atribuição legal da eficácia ao silêncio	166
	8.5 O silêncio como sucedâneo de decisão	166
	8.6 Tratamento expresso da questão em leis específicas	167
	8.6.1 A disciplina da Lei 9.784/1999	167
	8.6.2 A disciplina da Lei 13.874/2019	167
	8.6.3 A disciplina da Lei 14.133/2021	167
9	Disciplina jurídica quanto ao conteúdo do ato	168
10	Disciplina jurídica quanto ao motivo do ato administrativo	168
	10.1 Os fatos e sua representação mental	168
	10.2 A distinção entre os eventos externos e a decisão subjetiva	168
	10.3 Motivo e motivação	168
	10.4 Competência vinculada e motivo	169
	10.4.1 A hipótese de vinculação absoluta	169
	10.4.2 A autonomia reduzida para escolha do motivo	169
	10.5 Competência discricionária e motivo	170
	10.6 A escolha de motivos	170

11	Disciplina jurídica quanto às finalidades do ato administrativo	170
	11.1 A diferença entre motivo e finalidade	170
	11.1.1 A relação de causalidade jurídica e o ato administrativo	170
	11.1.2 Motivo como causa e finalidade como efeito	171
	11.2 Ainda a diferença entre o mundo externo e a representação mental	171
	11.3 As finalidades em abstrato e em concreto	171
	11.4 As finalidades normativas e as finalidades do agente	171
	11.4.1 A vedação à eleição de finalidades privadas e egoísticas	171
	11.4.2 A incidência da proporcionalidade	172
	11.4.3 A margem de autonomia do agente	172
	11.5 A autonomia quanto ao meio e a autonomia quanto aos fins	172
	11.5.1 Competência vinculada e redução da autonomia quanto aos fins.	172
	11.5.2 Autonomia quanto aos meios e reflexos quanto aos fins	172
12	Classificação dos atos administrativos	173
	12.1 Quanto ao conteúdo	173
	12.2 Quanto aos destinatários	173
	12.3 Quanto ao âmbito de aplicação	173
	12.4 Quanto ao número de partes	173
	12.5 Quanto à estrutura subjetiva da competência	174
	12.5.1 Atos simples	174
	12.5.2 Atos compostos	174
	12.5.3 Atos compostos coletivos	174
	12.5.4 Atos compostos complexos	175
	12.5.5 Decisões coordenadas	175
	12.5.6 Os reflexos da procedimentalização dos atos administrativos	176
	12.6 Quanto à natureza	176
	12.7 Quanto aos efeitos dos atos decisórios	176
13	Os veículos instrumentais formais dos atos administrativos	177
	13.1 Decreto	177
	13.2 Regimento	177
	13.3 Instrução	178
	13.4 Resolução	178
	13.5 Alvará	178
	13.6 Outros instrumentos	178
14	As diversas categorias formais de atos administrativos quanto ao conteúdo	178
15	Regulamento	179
	15.1 A questão da reserva de lei no direito brasileiro	179
	15.2 A vedação ao regulamento contrário à lei	179
	15.3 Classificação tradicional	179
	15.4 A disputa sobre o regulamento autônomo	180
	15.5 A orientação adotada	180
	15.5.1 A aceitação da primeira corrente	180
	15.5.2 A rejeição da segunda corrente	181
	15.5.3 A aceitação da terceira corrente e a rejeição à quarta	181
	15.6 Aspectos complementares	182

15.7	Regulamento e decreto	182

16 Licença 183

17 Autorização 183

17.1	Concepção tradicional	183
17.2	A aplicação ao serviço público e ao bem público	183
17.3	A previsão constitucional da autorização para atividade privada	183
17.4	A multiplicidade de significados	183
17.5	A autorização a prazo determinado ou mediante condições	184

18 Permissão 184

19 Concessão 184

20 Homologação 185

21 Aprovação 185

22 Certidão 185

23 Atestado 186

24 Existência, validade e eficácia dos atos administrativos 187

24.1	A existência do ato jurídico	187
24.2	A validade do ato jurídico	187
24.3	A eficácia do ato jurídico	188
	24.3.1 A eficácia de atos ilícitos	188
	24.3.2 Atos defeituosos e segurança jurídica	188
	24.3.3 A distinção da eficácia de atos defeituosos	188
	24.3.4 Atos ilícitos e o poder-dever de sua regularização	188
	24.3.5 Sumário da relação entre validade e eficácia	188

25 Os graus de eficácia dos atos jurídicos 189

25.1	O grau mínimo de eficácia	189
25.2	O grau médio de eficácia	189
25.3	O grau máximo de eficácia	189

26 A eficácia própria do ato administrativo: os atributos do ato administrativo 189

26.1	A eficácia jurídica dos atos de direito privado	190
26.2	A eficácia jurídica dos atos administrativos	190
26.3	A ressalva indispensável: a origem não democrática	190

27 A presunção relativa de legitimidade (e de regularidade) 190

27.1	A presunção de legitimidade como manifestação do dever-poder estatal	191
27.2	A vinculação dos terceiros por meio do ato administrativo	191
27.3	O conteúdo da presunção de legitimidade	191
27.4	Os limites da presunção	192
	27.4.1 A revisibilidade pelo Poder Judiciário	192
	27.4.2 A configuração de presunção relativa	192
	27.4.3 A abrangência da presunção de legitimidade	192
27.5	A presunção de regularidade restrita aos fatos	192
27.6	A exigência de cumprimento de requisitos formais	193
	27.6.1 A necessidade do cumprimento de requisitos formais	193
	27.6.2 A necessidade de grau mínimo de aparência de perfeição	193
	27.6.3 A comprovação pela Administração da observância do devido processo	193

27.7	A finalidade jurídica da presunção	194
	27.7.1 O ônus de impugnação imposto ao particular	194
	27.7.2 A amplitude do controle jurisdicional	194
	27.7.3 O cabimento de provimentos cautelares	194
28	A exigibilidade (imperatividade)	194
29	A autoexecutoriedade	195
	29.1 O conteúdo da autoexecutoriedade	195
	29.2 A disciplina jurídica da autoexecutoriedade	195
	29.3 A submissão à legalidade e à proporcionalidade	195
	29.4 O uso da força pela Administração	195
30	A produção dos atos administrativos	196
31	A extinção dos atos administrativos	196
	31.1 O exaurimento integral da eficácia do ato	197
	31.2 O decurso do tempo	197
	31.3 O desaparecimento do pressuposto fático	197
	31.4 A renúncia do interessado	197
	31.5 A resolução por inadimplemento	197
	31.6 A extinção por força maior e o caso fortuito	198
	31.7 A invalidação pela própria Administração	198
	31.8 A revogação	198
	31.9 A extinção pelo Poder Judiciário	198
32	As nulidades do ato administrativo	198
33	Vícios quanto à competência	199
	33.1 A inexistência de competência	200
	33.2 A invalidade por ausência de competência específica	200
	33.2.1 A fragmentação das competências e suas implicações	200
	33.2.2 A eventual dificuldade na distinção entre inexistência e invalidade	200
	33.3 O ato administrativo putativo	200
	33.3.1 A teoria da aparência	201
	33.3.2 As implicações dos atributos do ato administrativo	201
	33.3.3 A segurança jurídica e as expectativas legítimas	201
	33.4 Excesso de poder	201
	33.4.1 A origem e a relevância passada do instituto	201
	33.4.2 A relevância relativamente à atividade administrativa discricionária	201
34	Vícios quanto à forma do ato administrativo	202
	34.1 Requisitos de forma quanto à existência e à validade do ato administrativo	202
	34.2 A questão da procedimentalização da atividade administrativa	202
	34.3 A questão da motivação do ato administrativo	202
	34.3.1 A exigência inerente ao exercício do poder estatal	202
	34.3.2 A disciplina do art. 50 da Lei 9.784/1999	202
	34.3.3 A relevância em vista de competências discricionárias e vinculadas	203
	34.4 As exigências legais quanto à motivação	203
	34.5 As irregularidades irrelevantes ou aparentes	203

35	Vícios quanto ao conteúdo do ato administrativo	203
	35.1 Requisitos de existência do ato administrativo quanto ao conteúdo	203
	35.2 Requisitos de validade do ato administrativo quanto ao conteúdo	204
36	Vícios quanto ao motivo do ato administrativo	204
	36.1 Os instrumentos de controle	204
	36.2 O equívoco quanto à ocorrência dos fatos	204
	36.3 O equívoco quanto à relação de causalidade entre o motivo e a decisão	205
	36.4 O equívoco quanto à relação de necessidade entre o motivo e a decisão	205
	36.5 A decisão objetivamente acertada	205
	36.6 A teoria dos motivos determinantes	205
	36.6.1 A necessidade de adequação da teoria	205
	36.6.2 A eventual descoincidência entre motivação aparente e aquela real	206
	36.6.3 A prevalência do motivo real	206
	36.6.4 A eventual validade do ato	206
37	Vícios quanto à finalidade do ato administrativo	206
	37.1 O cabimento de controle quanto às finalidades eleitas	206
	37.2 O desvio de poder	207
	37.3 O desvio de procedimento	207
	37.4 Abuso de poder	208
38	Vícios dos atos administrativos e as suas repercussões	208
	38.1 As dificuldades existentes	208
	38.2 A Súmula 473 do STF	208
	38.3 A ausência de uma categoria única de vícios	209
	38.4 A distinção entre ilicitude e invalidade do ato administrativo	209
	38.5 A afirmação da preponderância dos valores sobre a forma	209
	38.6 Os diferentes graus de invalidade	210
39	O questionamento quanto à validade do ato administrativo	211
	39.1 O dever de apurar a invalidade	211
	39.2 O saneamento ou convalidação do defeito	211
	39.2.1 Saneamento ou convalidação	211
	39.2.2 A produção de efeitos pela conjugação de atos	212
	39.3 O defeito grave e as alternativas existentes	212
40	A preservação da validade do ato	212
	40.1 A disciplina normativa de preservação do ato administrativo defeituoso	212
	40.1.1 A Constituição e a segurança jurídica	212
	40.1.2 A disciplina da LINDB	213
	40.1.3 A disciplina da Lei 14.133/2021	214
	40.2 A avaliação consequencialista	214
	40.2.1 Ainda o Estudo de Impacto Invalidatório	214
	40.2.2 A submissão da decisão à proporcionalidade	214
	40.2.3 As circunstâncias concretas relativas à decisão	215
	40.3 A compensação dos prejuízos e a perda dos benefícios indevidos	215
41	A invalidação sem efeitos retroativos	215
	41.1 A solução adotada relativamente à inconstitucionalidade	215

41.2	A extensão aos casos de nulidade do ato administrativo	216
42	A invalidação com efeitos retroativos	216
43	A alteração da interpretação e os efeitos já consolidados	217
44	A observância do devido processo legal na invalidação	217
44.1	A competência subordinada à observância do devido processo	217
44.2	O vício lógico da invocação à nulidade	218
44.2.1	A petição de princípio	218
44.2.2	A implicação da observância do processo quando o ato for válido	218
44.2.3	Ainda a garantia constitucional	218
44.3	A amplitude da garantia constitucional	218
45	A invalidação e a responsabilidade civil do Estado	218
46	Decadência e prescrição	219
47	A revogação do ato administrativo	219
47.1	A evolução do direito e a tendência à atenuação das diferenças	219
47.2	Revogação e discricionariedade	219
47.3	Revogação e efeitos jurídicos aperfeiçoados	220
47.4	Revogação e direito de indenização	220
47.5	A revogação e a insuficiência da mera invocação ao interesse público	220
47.6	A revogação e a responsabilidade civil do Estado	220
47.7	A observância do devido processo legal	221

CAPÍTULO 8 – PROCESSO E PROCEDIMENTO ADMINISTRATIVOS ... 223

1	Processo e procedimento	223
2	Considerações gerais sobre o procedimento administrativo	223
3	Considerações gerais sobre o processo administrativo	224
3.1	A inexistência do contencioso administrativo no Brasil	224
3.2	A exigência de imparcialidade da autoridade administrativa	224
4	A imposição constitucional do devido processo legal administrativo	224
4.1	A previsão constitucional expressa	224
4.2	A garantia constitucional e os interesses difusos e coletivos	225
4.3	Conteúdo e função do processo na atividade administrativa	226
4.3.1	A participação dos sujeitos na produção da decisão	226
4.3.2	A efetividade da participação da parte: a concepção democrática	226
4.3.3	A identificação da solução mais satisfatória e eficiente	227
4.3.4	O processo e o controle da atividade administrativa	227
4.3.5	A redução da litigiosidade	227
4.4	Violação ao devido processo e invalidade da atividade administrativa	227
4.4.1	A separação de Poderes e a vedação à invasão de competência	227
4.4.2	Inexistência de presunção de legitimidade	228
4.4.3	A problemática da inversão do ônus da prova	228
5	A Lei Federal de Processo Administrativo (Lei 9.784/1999)	228
5.1	A competência da União para legislar sobre direito processual	228
5.2	As normas da Lei 9.784/1999 e os demais entes federados	229
5.2.1	O argumento da previsão legislativa formal	229
5.2.2	A interpretação conforme a Constituição	229

5.3	A jurisprudência do STJ	229
5.4	As leis especiais de processo administrativo	230
5.5	A aplicação supletiva das normas do CPC	230
6	O procedimento administrativo	230
6.1	Os fins visados pela procedimentalização	230
6.2	O controle do poder	230
6.2.1	O fracionamento das competências	231
6.2.2	A ampliação da participação subjetiva na produção da decisão	231
6.3	O aperfeiçoamento técnico da atividade administrativa	231
7	Procedimento, discricionariedade e vinculação	231
7.1	Competências administrativas vinculadas	231
7.2	Competências administrativas discricionárias	231
8	Princípios do procedimento administrativo	232
9	O princípio da utilidade (efetividade) do processo	232
10	O princípio da publicidade	233
11	O princípio da imparcialidade	233
11.1	A posição jurídica do julgador	233
11.2	A imparcialidade do juiz administrativo	233
11.3	A questão do juiz natural	234
11.3.1	O conteúdo do princípio	234
11.3.2	As peculiaridades do direito brasileiro	234
11.3.3	As ressalvas necessárias	234
11.4	A vedação ao subjetivismo	234
11.5	A vedação à atuação em conflito de interesses	235
12	O princípio do contraditório	235
13	O princípio da motivação	236
13.1	Titularidade da competência e dever de motivar	236
13.2	A consagração formal do dever de motivar	236
14	O princípio da objetividade	237
15	O princípio da verdade material	237
15.1	A distinção entre verdade material e verdade formal	237
15.2	A questão dos direitos e interesses indisponíveis	237
15.3	A vedação à distorção comprovada da realidade	237
16	O princípio da celeridade	238
16.1	A configuração de direito fundamental	238
16.2	A demora injustificada e a decisão implícita	238
16.3	A delonga necessária ao desenvolvimento do processo	238
16.4	A reprovação à variação do ritmo do procedimento	238
16.5	O impulso oficial	239
17	As etapas do procedimento	239
17.1	A etapa de instauração	239
17.2	A etapa instrutória	239
17.3	A etapa decisória	239
18	As três modalidades procedimentais básicas	239
19	O procedimento para produção de atos administrativos regulamentares	240

19.1	As implicações constitucionais	240
19.2	Fase interna inicial	240
	19.2.1 A relevância da fase instrutória	240
19.3	A consulta ao público	241
19.4	A realização de audiência pública	241
	19.4.1 A autonomia regulatória: competência discricionária	241
	19.4.2 Os interesses de terceiros	241
19.5	Etapa interna decisória	242
19.6	Publicação do ato regulamentar	242
19.7	Pedido de reconsideração ou impugnação	242
19.8	A modificação de regulamentação anterior	242
19.9	A vedação à aplicação retroativa da regulamentação posterior	242

20 O procedimento para produção de decisão administrativa não litigiosa ... 243

20.1	Adaptação do procedimento em vista da complexidade	243
20.2	Instauração do procedimento	243
	20.2.1 Instauração do procedimento versando sobre interesse privado	243
	20.2.2 Instauração do procedimento em caso de interesses transindividuais	243
20.3	Formalidades complementares à instauração do procedimento	244
20.4	A fase de instrução	244
	20.4.1 Aplicação das soluções genéricas	244
20.5	Fase de decisão	244
	20.5.1 A observância da proporcionalidade	244
	20.5.2 A exigência de motivação (fundamentação)	244
	20.5.3 A vedação à invocação de valores abstratos	245

21 O procedimento do processo administrativo ... 245

21.1	A instauração do processo administrativo	245
	21.1.1 Instauração do processo administrativo de ofício	245
	21.1.2 Instauração por provocação de interessado	245
21.2	Procedimento prévio à instauração do processo litigioso	245
21.3	Decisão sobre a instauração do processo litigioso	246
21.4	Decisão preliminar motivada	246
	21.4.1 A denegação da instauração do processo administrativo	246
	21.4.2 A decisão de instauração do processo administrativo	247
21.5	Convocação das partes interessadas para participar do processo	247
	21.5.1 A notificação	247
	21.5.2 O prazo para defesa	247
21.6	Ampla defesa como garantia efetiva	248
21.7	A questão da defesa técnica	248
	21.7.1 A garantia da defesa mediante advogado	248
	21.7.2 A Súmula Vinculante 5 do STF	248
	21.7.3 A alteração introduzida pela Lei 14.365/2022	249
	21.7.4 A tutela aos sujeitos economicamente vulneráveis	249
	21.7.5 O agravamento drástico do problema: Súmula 665 do STJ	249
21.8	Instrução do processo administrativo	250

21.9	Julgamento do processo administrativo	250
	21.9.1 A imparcialidade do julgador	250
	21.9.2 O dever de decidir	250
	21.9.3 O dever de decidir de modo exaustivo	251
	21.9.4 O dever de motivar a decisão de modo satisfatório	251
	21.9.5 O dever de considerar as consequências da decisão	251
	21.9.6 O dever de definir exaustivamente os efeitos da decisão	251
21.10	Recurso administrativo	252
22	A questão da preclusão e da coisa julgada administrativa	252
22.1	A questão da segurança jurídica	252
22.2	Preclusão, coisa julgada formal e coisa julgada material	252
	22.2.1 A preclusão	253
	22.2.2 A coisa julgada	253
	22.2.3 A coisa julgada formal e a coisa julgada material	253
22.3	A sistemática europeia e o modelo brasileiro	253
23	A preclusão administrativa	253
23.1	As três espécies de preclusão	254
	23.1.1 A preclusão temporal	254
	23.1.2 A preclusão consumativa	254
	23.1.3 A preclusão lógica	254
23.2	Os limites da preclusão administrativa	254
24	A coisa julgada formal administrativa	255
24.1	O encerramento do processo e suas implicações jurídicas	255
24.2	A eventual revisão da decisão adotada no processo encerrado	255
24.3	A inexistência de coisa julgada material administrativa	255
25	A revisão dos atos administrativos e o processo administrativo	256
25.1	A competência administrativa para desfazer os próprios atos	256
25.2	O desfazimento do ato administrativo e o devido processo	256
25.3	A Súmula Vinculante do STF	257

CAPÍTULO 9 – LICITAÇÃO PÚBLICA 259

1	A disciplina constitucional	259
1.1	Os princípios gerais norteadores da atividade administrativa	259
1.2	As regras específicas sobre licitação	259
	1.2.1 O art. 37, XXI, da CF/1988	260
	1.2.2 A previsão do art. 173, § 1.º, III, da CF/1988	260
	1.2.3 A discriminação do art. 22, XVII, da CF/1988	260
	1.2.4 O art. 175 da CF/1988	260
	1.2.5 Sumário da disciplina constitucional específica das licitações	260
	1.2.6 A questão das "normas gerais" editadas pela União	261
2	A licitação em hipóteses distintas das leis de contratos públicos	262
3	A natureza instrumental da licitação	262
3.1	A realização dos direitos fundamentais	262
	3.1.1 O equívoco em conceber a licitação como uma função administrativa	262

	3.1.2	O afastamento do enfoque formalista	263
	3.1.3	A jurisprudência do STF	263
3.2		A eventual inaplicabilidade de licitação	263
	3.2.1	As hipóteses de contratação direta	263
	3.2.2	A hipótese de "estado de necessidade"	263
3.3		O afastamento da concepção absolutista da licitação	264
4		A multiplicidade de leis federais sobre licitações públicas	264
4.1		As leis federais fundadas no art. 37, XXI, da CF/1988	264
4.2		A lei federal fundada no art. 173, § 1.º, III, da CF/1988	264
4.3		As leis federais fundadas no art. 175 da CF/1988	264
	4.3.1	A Lei Geral e a pluralidade de leis setoriais	264
	4.3.2	A aplicação supletiva das normas mais gerais	264
4.4		A situação específica da Lei 9.472/1997	265
5		O exame jurídico das leis fundadas no art. 37, XXI, da CF/1988	265
5.1		A situação peculiar relativamente à Lei 14.133/2021	265
5.2		A revogação das leis anteriores e a Lei 14.133/2021	265
5.3		A conjugação da exposição	265
6		A complexidade do instituto da licitação	266
6.1		As normas de direito material da licitação	266
6.2		As normas de "direito processual"	266
7		As finalidades buscadas pelo procedimento licitatório	266
7.1		A determinação da vantajosidade	266
7.2		A observância da isonomia	266
7.3		A prevenção de distorções nos preços	267
	7.3.1	Contratações com sobrepreço	267
	7.3.2	Contratações com preços manifestamente inexequíveis	267
	7.3.3	Superfaturamento na execução dos contratos	267
7.4		O incentivo ao desenvolvimento nacional sustentável	267
7.5		O incentivo à inovação	268
	7.5.1	Ainda a função regulatória da contratação administrativa	268
	7.5.2	As dificuldades envolvidas	268
8		Princípios norteadores da licitação	268
8.1		Atividade administrativa em geral e atividade licitatória	268
8.2		A previsão legislativa explícita	269
8.3		A natureza dos princípios e a proporcionalidade	269
8.4		A vedação à transformação do princípio em regra	269
9		Exame genérico de alguns dos princípios da Lei 14.133/2021	269
9.1		A promoção do interesse público	269
9.2		A igualdade	269
	9.2.1	A discriminação inerente à licitação	269
	9.2.2	A exigência de objetividade e proporcionalidade	270
	9.2.3	A razoabilidade	270
9.3		A segregação de funções	270
	9.3.1	A vedação à concentração de atribuições	270
	9.3.2	A diferenciação entre as atribuições	270

	9.3.3	A atribuição a sujeitos especializados	270
9.4		A motivação	270
9.5		A vinculação ao edital	270
9.6		A segurança jurídica	271
	9.6.1	A completude da disciplina jurídica	271
	9.6.2	A observância das regras	271
	9.6.3	O respeito às expectativas legítimas	271
9.7		A competitividade	271
9.8		A celeridade	271
10	O princípio da legalidade		271
10.1	A desnecessidade de disciplina legislativa expressa		272
	10.1.1	A disciplina legislativa genérica: a discricionariedade	272
	10.1.2	A disciplina legislativa implícita	272
	10.1.3	A disciplina legislativa teleológica	272
10.2	A legalidade e a necessidade de adequação às circunstâncias		272
10.3	A superação de concepções de engessamento da atividade administrativa		272
11	Os princípios da impessoalidade e da objetividade do julgamento		272
12	O princípio da vantajosidade		273
13	Os princípios da eficiência, da eficácia e da economicidade		273
13.1	A distinção entre as figuras		273
13.2	A concepção ampla e abrangente		273
14	Os princípios da moralidade e da probidade		274
15	Os princípios da publicidade e da transparência		274
16	Os princípios do desenvolvimento nacional e da isonomia		275
16.1	A disciplina da Lei 12.187/2009		275
16.2	A questão da isonomia		275
17	Competência para conduzir a licitação		276
18	A estrutura procedimental da licitação: Lei 14.133/2021		276
18.1	A dimensão processual da licitação		276
18.2	A estrutura procedimental da licitação		276
19	Fase preparatória: o planejamento		277
19.1	O dever de planejamento adequado		277
	19.1.1	O planejamento	277
	19.1.2	A definição das necessidades a serem atendidas	277
	19.1.3	A concepção da solução contratual adequada	277
	19.1.4	A definição do modelo licitatório	277
19.2	O desenlace da fase preparatória		277
	19.2.1	Os resultados possíveis	278
	19.2.2	A ausência de estanqueidade da atividade administrativa	278
19.3	O planejamento e a realidade concreta		278
	19.3.1	O planejamento e os critérios racionais e objetivos	278
	19.3.2	O planejamento estratégico e as disponibilidades orçamentárias	278
	19.3.3	A revisão contínua	278
19.4	A proscrição de atuação meramente formal		278
19.5	O defeito no planejamento e a responsabilização dos agentes competentes		279

	19.5.1	As limitações do conhecimento humano	279
	19.5.2	A falha como defeito	279
	19.5.3	A responsabilização do agente	279
	19.5.4	Ainda as regras da LINDB	279
20	O edital de licitação		279
	20.1	Funções do edital de licitação	279
	20.2	O conteúdo do edital	280
	20.3	Hierarquia normativa e o edital	280
	20.4	A eficácia vinculante do edital	280
	20.5	A elaboração do edital e o exaurimento da discricionariedade	280
	20.6	Os limites da eficácia vinculante do edital	280
	20.7	A Lei 14.133/2021 e a flexibilidade da disciplina	281
	20.7.1	A ausência de disciplina legal exaustiva	281
	20.7.2	A formalização das soluções no edital	281
	20.8	Vícios do edital	281
	20.8.1	A disciplina constante dos arts. 147 e 148 da Lei 14.133/2021	281
	20.8.2	A configuração da nulidade do edital	281
21	Principais aspectos do procedimento na Lei 14.133/2021		281
	21.1	A disciplina da Lei 14.133/2021	282
	21.2	A forma do procedimento	282
	21.2.1	A forma eletrônica	282
	21.2.2	A forma presencial	282
	21.3	O modo de disputa	282
	21.3.1	Modo aberto e modo fechado	282
	21.3.2	A combinação de soluções	282
	21.4	A modalidade de licitação	282
	21.4.1	O pregão	283
	21.4.2	A concorrência	283
	21.4.3	O concurso	283
	21.4.4	O leilão	284
	21.4.5	Diálogo competitivo	284
22	A estrutura procedimental da licitação na legislação anterior		284
	22.1	O modelo da Lei 8.666/1993	284
	22.1.1	As modalidades licitatórias	285
	22.1.2	A concorrência da Lei 8.666/1993	285
	22.1.3	Tomada de preços	285
	22.1.4	Convite	285
	22.1.5	Leilão e concurso	285
	22.2	O modelo da Lei 10.520/2002	285
	22.3	O modelo da Lei 12.462/2011	285
	22.3.1	Pressupostos de aplicação	286
	22.3.2	A previsão dos modos de disputa	286
23	Considerações gerais sobre a seleção da solução mais vantajosa		286
	23.1	Vantajosidade objetiva	286
	23.2	Vantajosidade subjetiva	286

24	Os critérios de julgamento das propostas (vantajosidade objetiva)	286
	24.1 O elenco legal	286
	24.2 O menor preço	287
	24.3 O maior desconto	287
	24.4 A melhor técnica ou conteúdo artístico	287
	24.5 A técnica e preço	287
	24.6 O maior lance	287
	24.7 O maior retorno econômico	288
25	Os critérios de julgamento na legislação anterior	288
	25.1 O critério de julgamento da Lei 10.520/2002 (Pregão)	288
	25.2 Os critérios de julgamento da Lei 12.462/2011 (RDC)	288
26	Os requisitos de habilitação (vantajosidade subjetiva)	288
	26.1 Pontos em comum na legislação	288
	26.1.1 Natureza vinculada da habilitação	288
	26.1.2 Comprovação por meio documental	289
	26.2 Requisitos de habilitação inválidos	289
27	Os requisitos de habilitação previstos na legislação	289
	27.1 A habilitação jurídica	289
	27.2 A regularidade fiscal	289
	27.3 A regularidade trabalhista	290
	27.4 A qualificação técnica	290
	27.4.1 A proporcionalidade das exigências	290
	27.4.2 A previsão explícita no ato convocatório	290
	27.4.3 As qualificações técnico-empresarial e técnico-profissional	290
	27.5 A qualificação econômico-financeira	291
	27.6 A comprovação da regularidade quanto ao trabalho de menores	291
	27.7 A qualificação social	291
28	A divulgação do edital de licitação	291
	28.1 A fixação de prazos dilatórios mínimos	291
	28.2 A ausência de prazo único e uniforme	292
	28.3 A disciplina da Lei 14.133/2021	292
	28.3.1 Prazos variados: art. 55	292
	28.3.2 A publicação: art. 54	292
	28.3.3 O Portal Nacional de Contratações Públicas (PNCP): art. 174	292
	28.4 A disciplina da Lei 8.666/1993	292
	28.4.1 Os prazos variados	292
	28.4.2 A publicação	292
	28.5 A disciplina da Lei 10.520/2002	293
	28.6 A disciplina da Lei 12.462/2011	293
	28.6.1 Os prazos variados	293
	28.6.2 A publicação	293
29	Considerações sobre o procedimento subsequente	293
	29.1 As alternativas dos incs. III, IV e V do art. 17 da Lei 14.133/2021	293
	29.2 A hipótese de apresentação propostas e lances (inc. III)	294
	29.3 O julgamento das propostas	294

	29.3.1	A aceitabilidade das propostas	294
	29.3.2	A vantajosidade propriamente dita	294
	29.3.3	Os defeitos irrelevantes ou sanáveis	294
29.4	O julgamento da habilitação		295
	29.4.1	A disciplina da Lei 14.133/2021	295
	29.4.2	A inabilitação e a convocação do segundo mais bem classificado	295
29.5	A disciplina similar das Leis do Pregão e do RDC		295
29.6	A disciplina da Lei 8.666/1993		295
	29.6.1	A apresentação dos documentos e das propostas em envelopes distintos	295
	29.6.2	O julgamento da habilitação	295
	29.6.3	O julgamento das propostas	296
29.7	A viabilidade da inversão de fases na Lei 14.133/2021		296
29.8	A conclusão da etapa: a decisão final, a classificação e a adjudicação		296

30   A fase recursal 296

30.1	A sistemática de julgamento anterior das propostas		296
30.2	A sistemática de julgamento anterior da habilitação		296
30.3	O processamento do recurso		296
	30.3.1	A oportunidade de manifestação dos interessados	296
	30.3.2	A manifestação da assessoria jurídica	296
	30.3.3	A oportunidade para revisão pela autoridade julgadora	297
	30.3.4	A oportunidade para a manifestação da autoridade superior	297

31   Providências complementares: manifestação da autoridade superior ... 297

31.1	A avaliação da regularidade dos atos do procedimento		297
	31.1.1	O saneamento dos vícios destituídos de gravidade	297
	31.1.2	A identificação de vícios graves	297
	31.1.3	O desfazimento dos atos e eventual modulação dos efeitos da decisão	297
	31.1.4	A eventual alteração da classificação	298
31.2	A avaliação da conveniência do resultado atingido		298
31.3	A adjudicação e a homologação		298
	31.3.1	A adjudicação	298
	31.3.2	A competência e o momento para a adjudicação	298
31.4	Os efeitos decorrentes da adjudicação		299
31.5	A homologação		299

32   A disciplina das nulidades 299

32.1	A sistemática anterior		299
32.2	A disciplina do art. 147 da Lei 14.133/2021		299
	32.2.1	A ponderação quanto aos efeitos da invalidação	300
	32.2.2	O Estudo de Impacto Invalidatório – EII	300
	32.2.3	A adoção de providências de outra ordem	300
	32.2.4	O sancionamento dos responsáveis	300
32.3	A modulação dos efeitos da anulação		300
	32.3.1	A resolução da nulidade em perdas e danos	300
	32.3.2	A modulação dos efeitos da nulidade relativamente aos contratos	300

33 As contratações diretas	300
33.1 As hipóteses de contratação direta	301
33.2 A inexigibilidade de licitação	301
33.3 A dispensa de licitação	301
33.4 Diferenças quanto à exaustividade	301
34 A contratação direta por inexigibilidade de licitação	301
34.1 O elenco dos incisos dos dispositivos	301
34.2 A abrangência do conceito de inviabilidade de competição	302
34.3 A contratação em caso de necessidade de notória especialização	302
34.4 A eliminação da exigência de singularidade do objeto	304
35 A contratação direta por dispensa de licitação	304
35.1 A relação custo-benefício da licitação	304
35.2 A viabilidade de competição e a incompatibilidade com outros valores	304

CAPÍTULO 10 – CONTRATO ADMINISTRATIVO 305

1 Contrato administrativo em sentido restrito	305
2 A exclusão para sociedades estatais empresárias (Lei 13.303/2016)	305
3 A natureza contratual	305
4 O regime jurídico específico dos contratos em sentido restrito	306
4.1 As competências anômalas em favor da Administração Pública	306
4.2 Os limites ao exercício das competências anômalas	306
4.3 As garantias reforçadas em favor do particular	306
5 Contrato administrativo e vontade funcionalizada	307
6 Classificação dos contratos administrativos em sentido restrito	307
7 Classificação quanto ao regime jurídico	308
7.1 Contratos administrativos de colaboração	308
7.2 Contratos administrativos de delegação	308
8 Classificação quanto aos efeitos para as partes	309
8.1 Contratos unilaterais e contratos bilaterais	309
8.2 Atos jurídicos bilaterais e contratos bilaterais	309
9 Quanto aos efeitos para a Administração	309
9.1 Contratos de desembolso	309
9.2 Contratos de receita	309
9.3 Contratos sem efeitos de desembolso ou de receita	309
9.4 Contratos com regime misto	310
10 Classificação quanto ao fim imediato	310
10.1 Contratos comutativos	310
10.2 Contratos de organização	310
11 Classificação quanto à relevância da identidade do particular	310
11.1 Contratos personalíssimos e contratos não personalíssimos	310
11.2 Rejeição à generalização do entendimento do personalismo	311
11.2.1 A prevalência da impessoalidade	311
11.2.2 O direito positivo e a comprovação da tese	311
11.2.3 O acolhimento da tese pelo STF	311
11.2.4 A ocorrência de contratações administrativas personalíssimas	311

12	Classificação quanto ao objeto da prestação	312
	12.1 Prestações de dar e de fazer	312
	12.2 Ausência de contratações de não fazer	312
	12.3 Contratações administrativas com objeto complexo	312
	12.4 A boa-fé e a abstenção de condutas nocivas	312
13	A disciplina legislativa: as normas gerais	312
	13.1 As normas gerais sobre contratos de colaboração (art. 37, XXI, CF/1988)	313
	13.2 As normas gerais sobre contratos de delegação (art. 175, CF/1988)	313
	13.3 A competência da União para dispor sobre normas gerais	313
	13.3.1 A eficácia das normas gerais	313
	13.3.2 Reserva de competência local	313
	13.4 Ressalva ao princípio federativo	314
	13.5 A decisão do STF sobre normas gerais da Lei 8.666/1993	314
14	Os contratos administrativos de colaboração	314
	14.1 A satisfação direta do interesse das partes	314
	14.2 A ausência de contratos de colaboração nominados	314
15	A formalização da contratação administrativa	315
	15.1 A licitação e a contratação direta	315
	15.2 Dever de promover a contratação	315
	15.3 Questões formais genéricas	315
	15.3.1 A distinção entre contrato e instrumento contratual	315
	15.3.2 Formalização por escrito	315
	15.3.3 Convocação do adjudicatário	316
16	Prazo de vigência contratual	316
	16.1 Prazo de vigência contratual e prazo para adimplemento das obrigações	317
	16.2 A vigência contratual e a natureza das prestações	317
17	O prazo de vigência e a questão orçamentária	317
	17.1 A disciplina da Lei 8.666/1993	317
	17.1.1 Os contratos autorizados no plano plurianual	317
	17.1.2 Os serviços contínuos	317
	17.1.3 Os equipamentos e programas de informática	318
	17.1.4 Necessidade de prazos mais dilatados	318
	17.2 A disciplina da Lei 14.133/2021	318
	17.2.1 Ainda a questão da autorização orçamentária	318
	17.2.2 Os serviços e fornecimentos contínuos	319
	17.3 A disciplina constante de leis específicas	319
18	O sistema de registro de preços	319
	18.1 Contrato normativo	319
	18.2 Cadastro de produtos e serviços e de fornecedores	319
	18.3 Principais tópicos quanto ao registro de preços	319
	18.4 Registro de preços e formalização de contratos específicos	320
19	O adimplemento contratual	320
	19.1 A disciplina anterior à edição da Lei 14.133/2021	320
	19.2 A fiscalização quanto ao recebimento do objeto	320
	19.3 O pagamento ao particular	320

	19.3.1	A previsão da Lei 8.666/1993	321
	19.3.2	A previsão da Lei 14.133/2021	321
20	As alterações do contrato administrativo		321
	20.1	Competência discricionária para a alteração de contrato	321
	20.2	Limites da modificação contratual	321
	20.3	Alterações unilaterais e consensuais	321
	20.4	As alterações unilaterais: visão geral	322
		20.4.1 Modificações qualitativas	322
		20.4.2 Modificações quantitativas	322
	20.5	Os limites para alterações contratuais	322
		20.5.1 A disciplina da Lei 8.666/1993	322
		20.5.2 A disciplina da Lei 14.133/2021	322
21	A equação econômico-financeira		322
	21.1	A relação original entre as partes	323
	21.2	Abrangência	323
	21.3	A tutela constitucional à intangibilidade da equação	323
		21.3.1 O princípio da eficiência	323
		21.3.2 O princípio da isonomia	323
		21.3.3 A regra explícita do art. 37, XXI, da CF/1988	324
	21.4	O aperfeiçoamento da equação econômico-financeira	324
22	A quebra do equilíbrio econômico-financeiro		324
	22.1	A configuração de eventos econômicos supervenientes	324
	22.2	A disciplina distinta nas Leis 8.666/1993 e 14.133/2021	325
23	A tutela da equação econômico-financeira na Lei 8.666/1993		325
	23.1	A regra geral do art. 65, II, *d*	325
	23.2	A distinção entre riscos ordinários e riscos extraordinários	325
	23.3	Os eventos causadores de quebra da equação econômico-financeira	325
	23.4	O fato do príncipe (álea administrativa)	325
		23.4.1 A divergência na doutrina francesa	326
		23.4.2 A opção pela irrelevância da identidade da entidade estatal	326
	23.5	A teoria da imprevisão (álea econômica)	326
24	A tutela da equação econômico-financeira na Lei 14.133/2021		327
	24.1	A alocação contratual dos riscos	327
		24.1.1 A variação em face das circunstâncias do caso concreto	327
		24.1.2 O critério de alocação dos riscos: a eficiência econômica	327
		24.1.3 A precificação dos riscos alocados ao particular	327
	24.2	A previsão contratual de soluções	328
	24.3	A regra do art. 124, II, *d*, da Lei 14.133/2021	328
		24.3.1 A redação legal	328
		24.3.2 A aplicação dos conceitos tradicionais	328
		24.3.3 A remessa à alocação contratual de riscos	328
25	O caso fortuito ou de força maior		329
	25.1	Caso fortuito interno e caso fortuito externo	329
		25.1.1 A distinção entre as hipóteses	329
		25.1.2 O fundamento da distinção	329

25.2	A margem de autonomia para alocação do risco pertinente	330
26	As sujeições imprevistas	330
26.1	A situação objetiva da realidade	330
26.2	A ausência de tratamento legislativo explícito	331
27	A alteração unilateral das condições originais	331
28	O ato ilícito da Administração Pública (fato da Administração)	331
28.1	A ilicitude da conduta administrativa	331
28.2	O direito de indenização por perdas e danos	331
28.3	A conveniência do particular	332
29	Novas concepções sobre a equação econômico-financeira	332
29.1	A obsolescência das concepções clássicas	332
29.2	A abordagem econômica para o problema	332
29.3	A dificuldade a ser enfrentada: o enfoque unilateral	332
30	Formas de recomposição da equação econômico-financeira	333
30.1	O conteúdo das providências adequadas	333
30.2	A alteração da remuneração do particular	333
30.3	As três modalidades básicas	333
30.4	A revisão de preços (recomposição)	333
30.5	O reajuste (reajustamento) de preços	334
30.5.1	A compensação pela desvalorização da moeda	334
30.5.2	A simplicidade do procedimento	334
30.5.3	A disciplina da Lei 8.666/1993	334
30.5.4	A disciplina da Lei 14.133/2021	334
30.6	A repactuação de preços	335
30.6.1	Ausência de previsão legislativa anterior	335
30.6.2	As peculiaridades da repactuação	335
30.7	O equívoco da jurisprudência do STJ	336
31	O inadimplemento contratual	337
31.1	Os efeitos da inexecução contratual	337
31.2	O regime jurídico do inadimplemento do particular	337
31.2.1	A regra do art. 77 da Lei 8.666/1993	337
31.2.2	A regra do art. 115 da Lei 14.133/2021	337
31.3	A exigência de elemento subjetivo	338
31.4	A questão da exceção de contrato não cumprido	338
31.4.1	A configuração em face do inadimplemento da Administração	338
31.4.2	A tutela ao particular contratado	338
32	A extinção do contrato administrativo	339
32.1	O elenco de hipóteses de extinção	339
32.2	Extinção por acordo entre as partes	339
32.3	Adimplemento das partes: exaurimento do objeto	339
32.4	Adimplemento das partes: atingimento do termo final de vigência	340
32.5	Decretação de invalidade (anulação)	340
33	As hipóteses de rescisão do contrato	340
33.1	O elenco do art. 78 da Lei 8.666/1993	340
33.2	A disciplina do art. 137 da Lei 14.133/2021	340

33.3 A rescisão contratual por conveniência da Administração Pública.............. 340

    33.3.1 A tutela aos direitos do contratado... 341

    33.3.2 O controle quanto à existência dos motivos invocados................... 341

    33.3.3 A observância do devido processo legal 341

    33.3.4 Rescisão e indenização 342

    33.3.5 A ampliação dos passivos estatais 342

33.4 A rescisão por caso fortuito ou de força maior 342

33.5 A rescisão por fato do príncipe ou teoria da imprevisão............................. 342

33.6 Os princípios hermenêuticos aplicáveis.. 342

34 A formalização da extinção do contrato administrativo.................................... 343

34.1 A extinção normal do contrato 343

34.2 A extinção anormal do contrato... 343

34.3 O reconhecimento da indenização devida ao particular 343

34.4 A extinção administrativa e o devido processo legal................................... 343

34.5 A invalidade do contrato e o direito de ampla defesa............................... 344

34.6 Rescisão do contrato e direito de ampla defesa 344

34.7 Extinção anormal do contrato e ato administrativo motivado..................... 344

34.8 Indenização por perdas e danos devida ao particular 344

35 Decorrências da rescisão administrativa por inadimplemento do particular 345

35.1 Assunção do objeto do contrato.. 345

    35.1.1 A ocupação de bens e de equipamentos... 345

    35.1.2 Indenização das perdas e danos em favor da Administração.......... 345

    35.1.3 A aplicação de multa 345

    35.1.4 A constituição de título executivo.. 346

36 A repressão a condutas ilícitas do particular... 346

36.1 A responsabilização civil... 346

36.2 A responsabilização penal... 346

36.3 A responsabilização administrativa 346

37 As sanções administrativas ao particular 347

37.1 O regime jurídico da punição... 347

37.2 As regras gerais da LINDB... 347

37.3 A disciplina dos diversos diplomas... 347

38 O regime sancionatório da Lei 8.666/1993... 347

38.1 A advertência... 347

38.2 A multa... 348

38.3 A suspensão temporária e a declaração de inidoneidade............................ 348

    38.3.1 A distinção do nível de severidade.. 348

    38.3.2 A distinção quanto ao âmbito de abrangência 348

    38.3.3 A divergência entre as vias administrativa e judicial 348

    38.3.4 A distinção quanto ao prazo e à competência 349

    38.3.5 A "reabilitação" do sujeito declarado inidôneo................................ 349

39 O regime sancionatório das Leis 10.520/2002 e 12.462/2011 349

40 O regime sancionatório da Lei 14.133/2021... 350

40.1 O elenco de condutas infracionais 350

    40.1.1 A natureza exaustiva 351

	40.1.2 Condutas atinentes à licitação ou à contratação	351
	40.1.3 A indeterminação de certas previsões	351
40.2	A manutenção da sistemática de quatro espécies sancionatórias	351
40.3	O impedimento de licitar e de contratar	351
40.4	A declaração de inidoneidade	351
	40.4.1 A dimensão cumulativa	351
	40.4.2 Os pressupostos de aplicação	351
	40.4.3 Os prazos mínimo e máximo	352
40.5	A previsão explícita de critérios de ponderação para o sancionamento	352
40.6	A disciplina da reabilitação	352
41	O autossaneamento ("self-cleaning") empresarial	352
41.1	As soluções de autossaneamento ("self-cleaning") no exterior	352
41.2	A preservação da empresa	352
42	O acordo de leniência	353
43	A questão dos meios alternativos de composição de litígios	353
43.1	A mediação	353
43.2	A arbitragem	353
43.3	O comitê de resolução de disputas	354
43.4	A disciplina da Lei 14.133/2021	354
44	Os contratos de direito privado pactuados pela Administração Pública	354
44.1	A preservação da iniciativa privada e do mercado	354
44.2	A disciplina da Lei 8.666/1993	355
	44.2.1 A disposição do art. 62, § 3.º, da Lei 8.666/1993	355
	44.2.2 A submissão genérica às normas de direito privado	355
44.3	A disciplina da Lei 14.133/2021	355
	44.3.1 A inviabilidade de eliminação dos contratos privados	355
	44.3.2 A remessa à disciplina no instrumento contratual	355
	44.3.3 A regra do art. 184	356
44.4	Regime do contrato de direito privado da Administração Pública	356
45	Os contratos administrativos de delegação de competências administrativas	356
46	Outros ajustes da Administração Pública	356
46.1	A aplicação subsidiária da Lei 14.133/2021	356
46.2	A aplicação subsidiária das normas sobre consórcios públicos	356
46.3	A previsão da Lei 13.800/2019	356
46.4	A solução hermenêutica	357
47	Convênios públicos	357
47.1	Convênio e os contratos administrativos em sentido restrito	357
47.2	As duas espécies de convênios	357
47.3	As regras específicas do art. 184-A da Lei 14.133/2021	357
48	Os acordos de vontades da Administração Pública	357
48.1	O conteúdo e a finalidade	357
48.2	Ausência de finalidade lucrativa	358
48.3	Fomento de atividades	358
48.4	Eliminação de condutas indesejáveis	358
48.5	A ampliação crescente das figuras típicas	358

48.6	A irrelevância da denominação	358
48.7	A previsão do art. 84 da Lei 13.019/2014	358
49	Contratos de consórcio público	359
50	Contratos de programa	359
51	Contratos de rateio	359
52	Contrato de gestão	359
52.1	As duas modalidades de contratos de gestão	360
52.2	O contrato de gestão para ampliação de autonomia	360
52.3	A previsão dos serviços sociais impróprios	360
53	Contrato externo de gestão	360
54	Termo de parceria	361
55	Termo de Colaboração, Termo de Fomento e Acordo de Cooperação	361
56	Contratos de fomento	361
56.1	Conteúdo e finalidade	361
56.2	O descabimento de licitação prévia	362
56.3	O regime jurídico	362
57	Termos de Ajustamento de Conduta (TAC)	362
57.1	A prevenção ou a eliminação de conflitos	362
57.2	As hipóteses previstas em lei	362
57.3	A exigência de tratamento isonômico	362
58	Acordo de leniência	363
58.1	As hipóteses de tratamento explícito	363
58.2	As finalidades do instituto e sua legitimidade	363

CAPÍTULO 11 – PODER DE POLÍCIA ADMINISTRATIVA ... 365

1	Definição	365
1.1	Competências legislativas e administrativas	365
1.2	Ausência de cunho prestacional	365
1.3	Deveres de abstenção e deveres de atuação ativa	366
1.4	A conformação das liberdades	366
1.5	Eventual fornecimento de utilidades	366
1.6	Normas gerais e providências concretas	366
1.7	A orientação à realização dos direitos fundamentais	366
1.8	O recurso ao uso da violência	367
2	A modificação do conceito tradicional de poder de polícia	367
2.1	A instrumentalização à proteção dos direitos fundamentais	367
2.2	A imposição de deveres de fazer	368
3	Serviço público e poder de polícia	368
3.1	A distinção teórica entre poder de polícia e serviço público	368
3.2	A integração material das atividades	369
3.3	A vinculação aos direitos fundamentais	369
3.4	Síntese	369
4	A polícia administrativa e a polícia judiciária	369
4.1	A segurança pública e a polícia administrativa	370
4.2	A polícia administrativa e a polícia judiciária	370

	4.2.1	A polícia judiciária	370
	4.2.2	A amplitude da polícia administrativa	370
	4.2.3	O vínculo com a função jurisdicional	370
	4.2.4	A conjugação das atividades	371
5	Poder de polícia, discricionariedade e vinculação		371
	5.1	A limitação à liberdade como função estatal	371
	5.2	A competência legislativa e administrativa de poder de polícia	371
	5.3	Poder de polícia e poder discricionário	372
	5.4	A discricionariedade no âmbito do poder de polícia	372
	5.5	Os limites da discricionariedade e o poder de polícia administrativa	372
6	Poder de polícia administrativa e princípio da legalidade		373
7	Poder de polícia administrativa e proporcionalidade		373
8	Também os direitos privados se subordinam à proporcionalidade		373
9	A discriminação de competências federativas		373
	9.1	A competência territorial	374
	9.2	A adoção de outros critérios	374
10	A questão do monopólio estatal do poder de polícia		374
	10.1	A viabilização de soluções de delegação	374
		10.1.1 A fragmentação das competências de poder de polícia	374
		10.1.2 A preservação do núcleo da competência na titularidade do Estado	375
		10.1.3 A delegação da fiscalização aos particulares	375
		10.1.4 O controle estatal da atuação dos particulares	375
	10.2	A relevância da superação do conceito de "poder discricionário"	375
	10.3	A tendência à ampliação da delegação	375
	10.4	A questão do controle da atuação do delegatário privado	376
	10.5	O cenário jurídico atual	376
	10.6	A decisão do STF quanto ao poder de polícia de profissões	376
	10.7	A decisão do STF quanto a multas de trânsito	377
	10.8	O desenvolvimento de instrumentos contratuais de delegação	378
11	Os instrumentos formais de exercício do poder de polícia		378
12	As taxas pelo exercício do poder de polícia		378
	12.1	Pressupostos e limites da taxa pelo exercício do poder de polícia	379
	12.2	A vedação à função regulatória da taxa	379
13	A classificação do poder de polícia administrativa		379
14	Vigência e eficácia das medidas de polícia		379
	14.1	A questão da irretroatividade	380
	14.2	Os graus de eficácia das medidas de polícia	380
	14.3	Medidas de polícia com grau de eficácia mínimo	380
	14.4	Medidas de polícia com grau de eficácia médio	380
	14.5	Medidas de polícia com grau de eficácia máximo	380
	14.6	A utilização da força material	381
15	Poder de polícia, ilícito e sanções administrativas		381
	15.1	A sanção administrativa como manifestação do poder de polícia	381
	15.2	O direito administrativo sancionador	382
	15.3	O princípio da legalidade	382

15.4	Legitimação democrática da punição	382
15.5	A previsibilidade quanto ao exercício de poderes de coação	382
15.6	O princípio da especificação (tipicidade)	383
15.7	O argumento da sujeição especial	383
15.8	A necessidade de determinação legal mínima	383
15.9	A proporcionalidade	384
15.10	O princípio da culpabilidade	384
	15.10.1 A regra geral da exigência de elemento subjetivo reprovável	384
	15.10.2 A objetivização da culpa	385
	15.10.3 A presunção relativa	385
	15.10.4 A eventual presunção absoluta	385
15.11	As garantias na aplicação das sanções	385
16	O regime sancionatório da Lei 12.846/2013	385
16.1	Alguns pontos controvertidos	386
16.2	Responsabilização objetiva do particular	386
	16.2.1 Ainda a aplicação da teoria do órgão	386
	16.2.2 O elemento subjetivo na conduta do agente da pessoa jurídica	386
	16.2.3 A responsabilidade objetiva da pessoa jurídica	386
	16.2.4 A exigência de um dever especial de diligência	387
17	O poder de polícia e direitos reais	387
17.1	A consagração da função social da propriedade	387
17.2	Ainda a proporcionalidade	387
17.3	Limitações e restrições à propriedade privada	388
17.4	Regime jurídico da propriedade privada	388
18	Os principais institutos de alteração do regime geral dos direitos reais	388
19	A limitação administrativa à propriedade	389
19.1	A concepção tradicional sobre o tema	389
19.2	A preservação das faculdades essenciais	389
19.3	A configuração do próprio direito real	389
19.4	A natureza geral da limitação	389
19.5	A questão da indenização: preservação da essência do direito	390
19.6	A competência estatal	390
19.7	A questão da discricionariedade	390
19.8	A desnaturação da limitação à propriedade	390
20	As servidões administrativas	391
20.1	O conteúdo jurídico da servidão administrativa	391
20.2	O vínculo entre bens imóveis	391
20.3	Ainda a funcionalização do direito de propriedade	391
20.4	Deveres de suportar e de fazer	392
20.5	A obrigação real	392
20.6	A questão do direito real de natureza pública	392
20.7	A questão da relação de dependência	392
20.8	A indenização em virtude da instituição da servidão administrativa	392
20.9	A instituição por ato administrativo unilateral	393
20.10	A controvérsia sobre o nascimento da servidão administrativa	393

20.11 A questão do modo de constituição da servidão administrativa	394
20.12 A instituição da servidão e a observância do devido processo legal	394
21 O tombamento	394
21.1 Tombamento e servidão administrativa	395
21.2 Bens móveis e bens imóveis	395
21.3 Objeto determinado	395
21.4 O tombamento de bens imateriais	395
21.5 O interesse coletivo	396
21.6 A instituição mediante ato administrativo unilateral	396
21.7 Direito de indenização	396
21.8 O fundamento constitucional do tombamento	396
21.9 As normas gerais sobre tombamento	396
21.10 A competência para o tombamento	397
21.11 O procedimento administrativo de tombamento	397
21.12 A formalização do tombamento	397
21.13 O tombamento de bens públicos	398
21.14 Os efeitos jurídicos do tombamento	398
21.14.1 Efeitos em relação ao proprietário	398
21.14.2 Efeitos em relação ao Poder Público	398
21.14.3 Efeitos do tombamento sobre terceiros	398
21.15 A antecipação dos efeitos do tombamento	398
21.16 O tombamento "sustentável"	399
22 A ocupação temporária de bens privados	399
22.1 O fundamento constitucional	399
22.2 A natureza cautelar da medida	399
22.3 A atuação material da Administração	400
22.4 A competência para a ocupação temporária	400
22.5 A ocupação temporária de bem público	400
22.6 A natureza instrumental	400
22.7 A inviabilidade de restituição e vedação à ocupação	400
22.8 A questão do prazo para restituição	400
22.9 O dever de diligência para a restituição do bem	400
22.10 A indenização ao particular	400
23 Requisição de bens	401
24 Parcelamento, edificação ou utilização compulsórios	402
24.1 A disciplina constitucional da função social de imóveis urbanos	402
24.2 A disciplina legislativa municipal	402
24.3 A formalização do ato	402
24.4 As providências autorizadas	402
24.4.1 Parcelamento compulsório	403
24.4.2 Edificação compulsória	403
24.4.3 Utilização compulsória	403
24.5 A interpretação quanto à compulsoriedade	403
24.6 A autonomia privada	404
24.7 O devido processo legal	404

25	Licenciamento Compulsório de Patente	404
	25.1 Os direitos de exclusividade da propriedade industrial	404
	25.2 Ainda a função social do invento	404
	25.3 A violação à função social e o licenciamento compulsório	404
	25.4 O devido processo legal administrativo	404
	25.5 A ausência de extinção da patente e dos direitos do titular	405
26	Desapropriação	405
	26.1 A funcionalização da propriedade privada	405
	26.2 A dupla eficácia da desapropriação	405
	26.3 Desapropriação judicial e extrajudicial	405
	26.4 Desapropriação e institutos similares	406
	26.4.1 Desapropriação e compra e venda	406
	26.4.2 Desapropriação e confisco	406
	26.4.3 Desapropriação e encampação	406
	26.5 Uma advertência prévia sobre a questão da competência	407
	26.6 As diversas modalidades expropriatórias	407
	26.6.1 A desapropriação por necessidade ou utilidade pública	407
	26.6.2 A desapropriação por interesse social	407
	26.6.3 A desapropriação no âmbito urbanístico	408
	26.7 O regime jurídico complexo	408
	26.7.1 Os efeitos da edição superveniente da CF/1988	408
	26.7.2 Competências estatais anômalas e garantias ao particular	408
	26.8 O princípio da eficácia administrativa	408
	26.9 A proporcionalidade	409
	26.10 O controle jurisdicional da atividade administrativa	409
27	O sujeito ativo da desapropriação	409
	27.1 A vinculação às competências federativas	409
	27.2 A competência estatal privativa	409
	27.3 A exceção relacionada a obras e serviços relevantes	410
	27.4 A delegação de atribuições complementares	410
28	O sujeito passivo da desapropriação	410
29	Os bens e direitos sujeitos à desapropriação	410
	29.1 Bens privados	410
	29.2 Bens públicos	411
	29.3 Propriedade imaterial	411
	29.4 Impossibilidade de expropriação de competência alheia	411
30	Pressupostos formais da desapropriação	411
	30.1 A autorização orçamentária	411
	30.2 A autorização legislativa	412
	30.3 Empresas sujeitas a autorização federal	412
31	A chamada desapropriação por zona	412
	31.1 A superação da controvérsia sobre a validade da hipótese	412
	31.2 A eventual implantação de soluções integradas	412
	31.3 A assunção do empreendimento pela iniciativa privada	413
	31.4 A reversão dos benefícios para a modicidade tarifária	413

31.5	A utilização para concessão urbanística	413
31.6	A contribuição de melhoria	413
32	O direito de extensão	413
33	O regime de direito processual do instituto da desapropriação	414
34	A decretação de utilidade ou necessidade pública ou interesse social	414
34.1	O processo administrativo prévio	414
34.2	O decreto de desapropriação	415
34.3	Decreto expropriatório como ato administrativo comum	415
34.4	Efeitos do decreto de desapropriação	415
34.5	Natureza constitutiva do decreto	416
34.6	Conteúdo do decreto	416
34.7	A vinculação do decreto ao elenco legal	416
34.7.1	A delimitação dos motivos autorizadores da desapropriação	416
34.7.2	Os motivos para desapropriação por utilidade pública	416
34.7.3	Os motivos para a desapropriação por interesse social	417
34.8	O controle de validade do decreto expropriatório	417
34.9	O controle por meio de mandado de segurança	417
34.10	Caducidade do decreto	417
35	O procedimento administrativo posterior ao decreto	417
35.1	A avaliação da validade e conveniência pela Administração	418
35.2	Atos complementares e a desapropriação administrativa	418
35.3	O recurso à arbitragem e à mediação	418
35.4	O aperfeiçoamento da desapropriação	418
36	O processo judicial (desapropriação judicial)	419
36.1	Ação de desapropriação	419
36.1.1	As condições da ação e os pressupostos processuais	419
36.1.2	A não recepção da previsão limitadora do controle judicial	419
36.1.3	A não recepção da previsão limitadora da ampla defesa	419
36.2	A imissão provisória na posse	419
36.2.1	A excepcionalidade da imissão provisória na posse	419
36.2.2	A declaração de urgência	420
36.2.3	O prazo de caducidade da declaração de urgência	420
36.3	O valor a ser depositado a título de indenização	420
36.3.1	A incidência da garantia do devido processo	420
36.3.2	O descabimento de oferta destituída de comprovação satisfatória	420
36.3.3	O ônus da prova do valor do bem	420
36.3.4	A ausência de incidência da presunção de legitimidade	420
36.3.5	A comprovação objetiva da adequação do valor ofertado	421
36.4	O deferimento da imissão provisória na posse	421
36.5	As implicações da imissão provisória na posse	421
36.6	Ainda a questão do interesse público	422
36.7	A imissão provisória na posse de imóveis residenciais	422
37	A apuração da justa indenização	422
37.1	A garantia constitucional da justa indenização	422
37.2	A determinação do valor dos bens	423

SUMÁRIO **XLIX**

	37.2.1 A abrangência de benfeitorias	423
	37.2.2 A data-base da avaliação	423
37.3	A questão da correção monetária do valor apurado na perícia	423
37.4	A incidência de juros compensatórios e moratórios	423
38	O pagamento da indenização mediante precatório judicial	424
39	A complementação do valor ofertado inicialmente	424
40	O aperfeiçoamento da desapropriação	424
40.1	A regra geral da indenização prévia e em dinheiro	424
40.2	A desapropriação por interesse social	425
40.3	A matrícula do imóvel em nome do expropriante	425
41	Ainda a previsão da mediação e da arbitragem	425
42	A alteração da destinação original do bem	425
42.1	O desvio de finalidade	425
42.2	A tredestinação	425
42.3	A retrocessão	426
	42.3.1 A disciplina no Código Civil de 1916	426
	42.3.2 A disciplina do Código Civil de 2002	426
	42.3.3 A resolução em perdas e danos	426
43	A chamada desapropriação indireta	426
43.1	A configuração da desapropriação indireta	426
43.2	Ação de indenização seguindo procedimento ordinário	427
	43.2.1 O cálculo da indenização	427
	43.2.2 O prazo inicial da incidência dos juros compensatórios	427
43.3	A prescrição da pretensão em desapropriação indireta	428
	43.3.1 A orientação anterior ao Código Civil de 2002	428
	43.3.2 As alterações promovidas pelo Código Civil de 2002	428
43.4	A necessidade de repressão a condutas ilícitas	428
44	Desfazimento da desapropriação	429

CAPÍTULO 12 – TIPOS DE ATIVIDADE ADMINISTRATIVA: SERVIÇO PÚBLICO **431**

1	A pluralidade de acepções para a expressão	431
1.1	A terminologia vulgar	431
1.2	A utilização em sentido amplo	431
2	A definição de serviço público no direito brasileiro	432
2.1	A atuação contínua e a estrutura organizacional	432
2.2	O regime de direito público	432
2.3	A utilização de recursos econômicos	432
2.4	A satisfação de necessidades	432
2.5	O serviço ao público em geral	432
2.6	A instrumentalidade para a realização dos direitos fundamentais	433
2.7	A insuficiência dos mecanismos da livre-iniciativa	433
2.8	A titularidade estatal	433
2.9	A atividade estatal de natureza administrativa	433
3	Vínculo entre serviço público e direitos fundamentais	433
3.1	O dever constitucional de realização dos direitos fundamentais	433

3.2	A insuficiência ou inadequação do regime de direito privado	433
4	O serviço público é uma intervenção estatal no domínio econômico	434
4.1	A exploração de recursos econômicos escassos	434
4.2	A exigência de exclusividade	434
4.3	A figura do monopólio natural	434
4.4	O serviço público reflete decisões políticas fundamentais	435
4.5	A titularidade estatal do serviço	435
4.6	A exigência de qualificação legislativa formal como serviço público	435
5	Os três aspectos do conceito de serviço público	436
6	O regime de serviço público	436
6.1	O vínculo jurídico não contratual	436
6.2	As competências anômalas	437
6.3	Os princípios de serviço público	437
6.3.1	A continuidade	437
6.3.2	A igualdade	438
6.3.3	A universalidade	438
6.3.4	A neutralidade	438
6.3.5	A isonomia e as tarifas	438
6.3.6	A mutabilidade ou adaptabilidade	438
7	As exigências contemporâneas quanto ao serviço público	438
7.1	A adequação do serviço	439
7.2	A transparência e a participação do usuário	439
7.3	A ausência de gratuidade	439
7.4	A modicidade tarifária	439
8	A aplicação subsidiária do direito do consumidor	440
8.1	As regras legais pertinentes	440
8.2	As relações de consumo	440
8.3	A distinção em nível constitucional	441
8.4	A disciplina da Lei 13.460/2017	441
8.4.1	A Lei 13.460/2017 e a controvérsia hermenêutica	441
8.4.2	A exigência de configuração de relação de consumo	442
8.4.3	A aplicação aos serviços públicos executados diretamente	442
8.4.4	A centralidade no usuário do serviço público	442
9	Atividades estatais que não configuram serviço público	442
9.1	As atividades estatais não administrativas	442
9.2	A exclusão das atividades administrativas de natureza política	442
9.3	As atividades administrativas de poder de polícia	442
10	Serviço público e atividade econômica em sentido restrito	443
10.1	Os arts. 170 e 175 da CF/88	443
10.2	A exploração de atividade econômica pelo Estado	443
11	A ausência de um elenco imutável de serviços públicos	443
12	As previsões constitucionais do art. 21, XI e XII	444
12.1	O elenco do art. 21, XI e XII	444
12.2	A orientação adotada	444
12.3	A previsão constitucional de autorização	444

12.3.1	A acepção tradicional para autorização	444
12.3.2	A autorização de serviço público	444
12.3.3	A ausência de referência a autorização no art. 175	445
12.3.4	A referência a autorização no art. 170	445

13 A exploração sob regime privado 445

    13.1 Serviços públicos industriais ou comerciais 445

    13.2 Os serviços públicos sociais e culturais 445

    13.3 A identidade de regime jurídico 446

14 A exploração cumulativa sob regimes jurídicos distintos 446

15 Serviços públicos e a opção legislativa infraconstitucional 446

    15.1 A limitação da autonomia para qualificação como serviço público 446

    15.2 Ainda a inadequação da iniciativa privada 447

    15.3 Sempre o dever de promoção dos direitos fundamentais 447

16 Os serviços públicos virtuais (serviços de interesse econômico geral) 448

    16.1 A influência comunitária europeia 448

    16.2 A situação no direito brasileiro 448

17 Classificação dos serviços públicos 448

    17.1 Serviços públicos quanto ao grau de essencialidade 448

    17.2 Serviços públicos quanto à natureza da necessidade a ser satisfeita 449

18 Serviços públicos quanto à titularidade federativa 449

    18.1 A discriminação constitucional 449

    18.2 A distinção entre competência administrativa e competência legislativa 449

    18.3 A competência legislativa mínima 450

    18.4 Titularidade privativa e titularidade comum 450

    18.5 Situações complexas 451

19 A chamada crise do serviço público 451

    19.1 A evolução tecnológica e seus efeitos 451

    19.2 A dissociação entre a regulação e a prestação do serviço público 452

    19.3 A exclusividade na prestação do serviço 452

20 O tratamento jurídico peculiar para os serviços em rede 453

    20.1 Fragmentação (dissociação) das atividades de serviço público 453

    20.2 A ampliação da competição 453

    20.3 A dissociação entre propriedade e exploração da rede 453

21 A sobrevivência do serviço público 454

22 A delegação do serviço público 454

    22.1 O direito positivo brasileiro e a concessão de serviço público 454

    22.2 A concessão como instrumento de políticas públicas 455

23 A definição de concessão de serviço público 455

    23.1 A relação jurídica trilateral 455

    23.2 Natureza organizacional do contrato de concessão 456

    23.3 A preservação da natureza pública do serviço 456

    23.4 O prazo contratual determinado 456

    23.5 A exploração por conta e risco do concessionário 457

    23.6 A partilha de riscos entre as partes 457

    23.7 A obtenção de receitas a partir do empreendimento 457

24	A multiplicidade de espécies de concessão de serviço público	457
25	Variações quanto ao objeto da concessão	458
	25.1 Concessão exclusivamente de serviço público	458
	25.2 Concessão de serviço público antecedida da execução de obra pública	458
	25.3 Concessão de exploração de obra pública a ser edificada	458
	25.3.1 A execução da obra e a sua utilização pelos usuários	458
	25.3.2 A concessão de obra pública	459
	25.3.3 A ausência de subsunção ao art. 175 da CF/1988	459
	25.4 A concessão da exploração de obras já existentes	459
26	As concessões impróprias	460
	26.1 A concessão-descentralização	460
	26.1.1 A autonomia para organizar a prestação do serviço público	460
	26.1.2 A ausência de distinção de interesses jurídicos	460
	26.1.3 A questão da obrigatoriedade da licitação	460
	26.1.4 A irrelevância da denominação adotada	460
	26.1.5 O regime jurídico aplicável	460
	26.2 A concessão-convênio	461
	26.2.1 A ausência de vínculo de controle	461
	26.2.2 A ausência de contrato administrativo em sentido próprio	461
	26.3 As implicações da disciplina legislativa do setor de saneamento	461
	26.3.1 A disciplina da Lei 11.107/2005	462
	26.3.2 As inovações da Lei 14.026/2020	462
	26.4 A exploração da concessão como atividade econômica	462
27	A questão da rentabilidade econômica do serviço delegado	463
	27.1 A pertinência ao direito francês	463
	27.2 O serviço público rentável	463
	27.2.1 Ainda a influência do direito francês	463
	27.2.2 O surgimento das parcerias público-privadas	463
28	O contrato de concessão de serviço público	463
	28.1 A natureza institucional-associativa da concessão	463
	28.2 As competências anômalas do poder concedente	464
	28.3 A garantia da intangibilidade da equação econômico-financeira	464
	28.4 A participação dos usuários	464
29	O regime jurídico dos bens na concessão de serviço público	464
	29.1 Os bens públicos afetados ao serviço público	465
	29.2 Os bens privados afetados e reversíveis	465
	29.3 Os bens privados afetados e não reversíveis	466
	29.4 Ainda a distinção entre bens reversíveis e não reversíveis	466
	29.5 Inexistência ou irrelevância de bens reversíveis	466
	29.5.1 A reversão dos bens afetados e seus reflexos sobre a remuneração	466
	29.5.2 A eventual inutilidade dos bens afetados	467
	29.5.3 O cabimento da ausência de reversão de bens	467
	29.6 A obrigatoriedade de oportunidade para a amortização dos investimentos	467
30	A remuneração dos serviços públicos concedidos	467
	30.1 A controvérsia "taxa-tarifa"	467

30.2 A fruição compulsória do serviço público	467
30.2.1 A exigência da estrita legalidade para os tributos	468
30.2.2 O princípio da anterioridade	468
30.3 O cabimento da remuneração por tarifa	468
30.3.1 A concepção contratualista	468
30.3.2 A escolha fundada no regime jurídico da concessão	468
30.3.3 A jurisprudência do STF e do STJ	469
30.3.4 Opinião pessoal do autor	469
30.4 A questão da inviabilidade de fruição individual do serviço	470
30.4.1 Os serviços públicos não fruíveis individualmente	470
30.4.2 A jurisprudência do STF	470
30.4.3 A viabilidade econômica de outras receitas	471
31 Receitas alternativas e exploração econômica intensiva	471
32 A tarifa e a partilha de encargos entre os usuários	472
32.1 Tarifa e expansão do serviço	472
32.2 Critérios político-sociais de fixação das tarifas	473
32.3 A tarifa social	473
32.4 A tarifa mínima	473
32.5 A tarifa extrafiscal	474
33 A regulação contratual e inovações subsequentes	475
33.1 A disciplina da prestação do serviço público concedido	475
33.1.1 A disciplina contratual	475
33.1.2 A regulação mutável ao longo do contrato	475
33.1.3 A regulação por órgão técnico autônomo	475
34 A posição jurídica do poder concedente	475
34.1 A condição de parte no contrato	476
34.2 A situação das agências reguladoras independentes	476
34.3 Os deveres-poderes do poder concedente	476
34.4 Deveres propriamente ditos em vista do concessionário	476
34.4.1 Dever de adotar as providências de coerção jurídica	476
34.4.2 Dever de suprimir obstáculos à exploração	476
34.4.3 Dever de reprimir condutas de frustração da exclusividade	476
34.4.4 Dever de realizar pagamentos	477
34.4.5 Dever de pagar o justo preço por bens revertidos	477
35 A posição jurídica do concessionário	477
35.1 Relacionamento com o poder concedente	477
35.2 Relacionamento com os usuários	478
35.3 Relacionamento com terceiros	478
35.3.1 A questão da interrupção dos serviços	478
35.3.2 O serviço público em favor dos carentes de recursos	478
35.3.3 A interrupção em virtude do inadimplemento do usuário	479
36 A posição jurídica dos usuários	480
36.1 A posição dos usuários como uma categoria de sujeitos	480
36.2 A posição dos usuários como fruidores do serviço	480
37 Intervenção do poder concedente na concessionária	480

37.1	Prevalência do princípio da continuidade do serviço público	481
37.2	A excepcionalidade da intervenção	481
37.3	A intervenção como providência de cunho cautelar	481
37.4	A formalização da intervenção	481
37.5	A extinção da intervenção	481
38	A extinção da concessão de serviço público: efeitos	482
38.1	Assunção do serviço pelo poder concedente	482
38.2	Ocupação de instalações	482
38.3	Reversão de bens	482
38.4	Indenização ao concessionário por bens não amortizados ou depreciados	482
38.5	Extinção de garantias	483
39	Extinção por advento do termo contratual	484
40	Extinção por encampação	484
40.1	Encampação e desapropriação	484
40.2	A autorização legislativa para a encampação	484
40.3	Providências prévias e devido processo legal	484
40.4	O pagamento prévio da indenização	485
40.4.1	A disciplina do art. 36 da Lei 8.987/1995	485
40.4.2	Encerramento antecipado do contrato e suas implicações	485
40.4.3	O dever de indenizar danos emergentes	485
40.4.4	A indenização prévia, justa e em dinheiro	485
41	Extinção por caducidade	486
41.1	A questão terminológica	487
41.2	A definição legal de caducidade	487
41.3	Natureza da sanção de caducidade	487
41.4	Processo administrativo	487
41.5	Desnecessidade de autorização legislativa	487
41.6	Caducidade e direito a indenização	487
42	Extinção por rescisão por inadimplemento do poder Concedente	488
42.1	Inadimplemento do Estado e indenização	488
42.2	A questão da "exceptio non adimpleti contractus"	488
43	Extinção por anulação da outorga	488
44	Extinção por irregularidade da situação da concessionária	489
44.1	A hipótese de falência do concessionário	489
44.2	A extinção da pessoa jurídica do concessionário	489
44.3	O falecimento ou incapacidade da pessoa física	490
44.4	O regime jurídico correspondente	490
45	Extinção por distrato	490
46	Extinção por desaparecimento do objeto	490
47	Extinção por força maior	490
48	A extinção anômala da Lei 13.448/2017	491
49	A questão da prorrogação da concessão	491
49.1	A disciplina da prorrogação	491
49.2	A prorrogação como instrumento de recomposição da equação	491
49.3	A prorrogação "antecipada" prevista em leis específicas	492

50	A adoção da arbitragem para composição de litígios	493
	50.1 As competências de natureza jurisdicional	493
	50.2 O momento da pactuação da arbitragem	493
	50.3 Pressupostos da pactuação da arbitragem	493
	50.4 Os limites da adoção da arbitragem	493
	50.5 A arbitragem na concessão	494
	50.6 A expressa autorização para a cláusula compromissória	494
	50.7 A disputa superada	494
	50.8 A regra do art. 31 da Lei 13.448/2017	494
	50.9 A Lei 14.133/2021	495
	50.10 A restrição imposta	495
	50.11 A relação entre Administração e árbitros (e câmara de arbitragem)	496
	50.11.1 A ausência de vínculo de natureza contratual	496
	50.11.2 A ausência de incidência das leis sobre contrato administrativo	496
	50.11.3 A previsão do art. 154 da Lei 14.133/2021	496
51	As parcerias público-privadas (PPP)	497
52	A concessão patrocinada	497
	52.1 A similaridade com a concessão comum	497
	52.2 As peculiaridades da concessão patrocinada	498
	52.3 As características das parcerias público-privadas	498
53	A concessão administrativa	498
	53.1 O objeto complexo	498
	53.2 Contratos versando sobre obra e prestações complementares	498
	53.3 Concessão administrativa e serviço público	499
	53.3.1 A execução de prestações diretamente ao parceiro público	499
	53.3.2 A execução de prestações indiretamente ao parceiro público	499
	53.3.3 A ausência de delegação de serviço público	499
	53.4 A remuneração do parceiro privado	499
	53.5 A ausência de remuneração por parte do usuário	500
54	Regras gerais aplicáveis às PPPs	500
	54.1 Vedações legais	500
	54.2 A questão de PPP promovida pelo Poder Judiciário	500
	54.3 As PPPs promovidas pela Administração indireta	500
	54.4 A questão de consórcio interfederativo	500
	54.5 A remuneração subordinada à disponibilização da prestação	501
	54.6 A natureza da remuneração	501
	54.7 O regime de garantias	501
	54.7.1 A demora dos processos envolvendo a Fazenda Pública	501
	54.7.2 A incerteza quanto ao pagamento de precatórios	501
	54.7.3 A elevação da insegurança jurídica e suas repercussões	502
	54.7.4 A redução da insegurança jurídica	502
	54.7.5 A validade do tratamento diferenciado para certos credores	502
55	A permissão de serviço público	502
	55.1 A permissão como ato jurídico unilateral e precário	503
	55.2 A consagração do Estado Democrático de Direito	503

CURSO DE DIREITO ADMINISTRATIVO · Marçal Justen Filho

55.3 A disputa sobre a natureza da permissão 503

    55.3.1 A variação da configuração em vista do caso concreto 503

    55.3.2 A configuração de permissão contratual 503

    55.3.3 As implicações da modelagem contratual da permissão 503

55.4 A obrigatoriedade de licitação 504

55.5 A referência a contrato de adesão 504

55.6 A questão do prazo 504

55.7 As práticas de desnaturação da permissão 504

55.8 A questão da licitação e dos direitos do permissionário 506

    55.8.1 Ausência de licitação e tutela à equação contratual 506

    55.8.2 O descabimento da imputação de irregularidade 506

    55.8.3 Descabimento da aplicação retroativa do art. 175 da CF/1988 507

56 Autorização de serviço público (em sentido tradicional) 507

56.1 A utilização excepcional da autorização para o serviço público 507

56.2 O mascaramento de figura jurídica distinta 507

57 A concessão urbanística 507

57.1 A atribuição de encargos complexos 508

57.2 O modo de remuneração 508

57.3 A adoção de medidas compensatórias 508

58 Franquia empresarial 508

58.1 Configuração econômica da franquia 509

58.2 Utilização da franquia no âmbito de serviços públicos 509

58.3 A franquia de serviços postais 509

CAPÍTULO 13 – TIPOS DE ATIVIDADE ADMINISTRATIVA: EXPLORAÇÃO DIRETA DE ATIVIDADE ECONÔMICA PELO ESTADO 511

1 Definição 511

1.1 O desempenho direto de atividade econômica propriamente dita 511

1.2 O capitalismo e a atuação econômica privada 511

1.3 A observância do regime de direito privado 512

1.4 O princípio da subsidiariedade 512

1.5 Ainda a questão da promoção dos direitos fundamentais 512

1.6 A exigência de autorização constitucional ou legislativa 512

2 As hipóteses de atuação direta do Estado no domínio econômico 513

3 Os casos previstos na Constituição 513

3.1 Atividade econômica e monopólio estatal 513

3.2 Monopólio estatal e serviço público 514

3.3 O regime de exploração 514

4 O imperativo de segurança nacional 514

4.1 O conceito de segurança nacional 514

4.2 O núcleo do conceito de segurança nacional 514

    4.2.1 A questão do "imperativo" 515

    4.2.2 Segurança nacional como conceito jurídico indeterminado 515

4.3 As atividades necessárias à segurança nacional 515

4.4 A relação entre segurança nacional e a atividade econômica 515

4.5	A incidência da proporcionalidade	516
4.6	A competência da União	516

5 O relevante interesse coletivo 516

5.1	A exigência de relevância	516
5.2	A configuração de conceito jurídico indeterminado	516
5.3	A multiplicidade de hipóteses	516
5.4	O princípio da subsidiariedade	516

6 A Lei 13.303/2016 e seu âmbito de aplicação 517

6.1	As considerações gerais do Capítulo 6	517
6.2	A questão da abrangência da Lei 13.303/2016	517
	6.2.1 O critério da natureza da atividade	517
	6.2.2 O critério do modo de organização da entidade	517
	6.2.3 A relação com o art. 966 do Código Civil	517
	6.2.4 A disciplina das sociedades estatais organizadas como empresa	518
6.3	A evolução do Direito Comercial e o conceito de empresa	518
	6.3.1 A diferenciação entre Direito Civil e Direito Empresarial	518
	6.3.2 A prevalência do conceito de empresa	518
6.4	A Lei 13.303/2016 e a relevância do modo de organização	519
	6.4.1 A atividade estatal organizada empresarialmente	519
	6.4.2 A atividade estatal não organizada empresarialmente	519
6.5	A constitucionalidade da solução	519

7 O regime jurídico previsto na Lei das Estatais 520

7.1	A eficácia da Lei e as estatais já existentes	520
7.2	A distinção entre sociedades privadas e sociedades estatais	520
	7.2.1 A sociedade não estatal empresária	520
	7.2.2 A sociedade estatal empresária	520
7.3	Os riscos atinentes às sociedades estatais	520
	7.3.1 A corrupção	520
	7.3.2 A ausência de habilidades gerenciais	520
	7.3.3 O populismo	521
	7.3.4 O corporativismo	521
7.4	A ausência de reflexo sobre o patrimônio privado	521
7.5	As medidas adotadas pela Lei 13.303/2016	521

8 A tutela à autonomia dos administradores 521

9 Ainda o combate à corrupção 521

10 A implementação de mecanismos de governança corporativa 522

11 A redução dos controles burocráticos 523

11.1	O regime próprio para contratação	523
	11.1.1 A determinação da EC 19/1998	523
	11.1.2 A adoção de procedimentos de contratação	523
	11.1.3 A submissão dos contratos ao direito privado	524

12 O controle externo pelo Tribunal de Contas 524

13 A questão da finalidade lucrativa 524

13.1	A vedação à orientação exclusiva ou primordial ao lucro	524
13.2	A legitimidade da atuação lucrativa	525

	13.3	A obrigatoriedade da atuação lucrativa	525
	13.4	A atuação deficitária da sociedade estatal	526
14		O regime das estatais não empresárias	526
15		A participação minoritária em empresas privadas	526

CAPÍTULO 14 – TIPOS DE ATIVIDADE ADMINISTRATIVA: A REGULAÇÃO ECONÔMICO-SOCIAL ... 527

1		Regulação e regulamentação: distinções	527
	1.1	Regulamentação	527
	1.2	Regulação	527
2		Características da regulação econômico-social	527
	2.1	A multiplicidade de atuações abrangidas	528
	2.2	A natureza preponderantemente normativa	528
	2.3	O processo regulatório contínuo e estável	528
	2.4	A dimensão finalística da regulação	528
3		A regulação das atividades econômicas	528
	3.1	A regra constitucional explícita e o conjunto das determinações	528
	3.2	As peculiaridades da atuação regulatória	529
4		A regulação econômico-social	529
	4.1	A proposta da autorregulação do mercado	529
	4.2	A regulação exclusivamente econômica – a primeira "onda regulatória"	529
		4.2.1 Deficiência na concorrência	530
		4.2.2 Bens coletivos (satisfação de necessidades essenciais)	530
		4.2.3 Externalidades	530
		4.2.4 Assimetria na informação	530
		4.2.5 Desequilíbrio de mercado	530
	4.3	A regulação social – a segunda "onda regulatória"	531
	4.4	A desregulação e a rerregulação	531
5		A regulação como intervenção indireta	532
	5.1	A regulação não se confunde com o dirigismo estatal	532
	5.2	O Estado Regulador e o Estado de Providência	532
6		As peculiaridades do Estado Regulador	532
	6.1	O âmbito de abrangência	533
	6.2	A intervenção por meio da disciplina normativa	533
	6.3	A superação da concepção puramente econômica	533
	6.4	A atuação contínua e sistêmica	533
7		A disputa ideológica	533
	7.1	As posições extremadas	533
	7.2	A orientação moderada	534
	7.3	A tutela estatal aos direitos fundamentais	534
8		Regulação e poder de polícia	534
9		A competência federativa	534
10		As agências reguladoras independentes	534
	10.1	A alteração da organização estrutural do Estado	535
	10.2	A adaptação do modelo estrangeiro à ordem jurídica nacional	535

10.3	A distinção dos modelos estadunidense e brasileiro	535
10.4	As agências reguladoras e agências executivas	535
10.5	A agência reguladora independente no direito brasileiro	536
11	A multiplicidade das agências reguladoras	536
11.1	Entidades tradicionais no direito brasileiro	536
	11.1.1 As entidades formalmente reconhecidas como agências reguladoras	536
	11.1.2 A previsão constitucional de órgãos reguladores	537
12	A Lei das Agências Reguladoras (Lei Federal 13.848/2019)	537
13	O regime jurídico das agências reguladoras independentes	538
13.1	As características jurídicas das agências reguladoras	538
13.2	Pessoa jurídica de direito público: autarquia	538
13.3	A ausência de revisibilidade das decisões da agência	538
13.4	A autonomia econômico-financeira	538
13.5	A competência regulatória setorial	539
14	Os dirigentes da agência reguladora	539
14.1	O número de cinco diretores	539
14.2	Investidura sem concurso público	539
14.3	Os requisitos para nomeação	539
14.4	O procedimento complexo de provimento dos cargos	539
14.5	Nomeação a prazo certo	540
14.6	Prazos não coincidentes	540
14.7	As hipóteses de perda do cargo	540
14.8	Afastamento da demissão como ato complexo	540
14.9	A vacância antecedente à nomeação e à substituição	540
15	Rejeição à crítica às garantias reconhecidas aos dirigentes de agências	541
15.1	O argumento da existência de duas categorias de cargos públicos	541
15.2	O argumento da infringência às competências do Presidente	541
15.3	A orientação adotada	541
16	As competências administrativas atribuídas à agência reguladora	542
17	A competência normativa das agências reguladoras independentes	542
17.1	A competência regulamentar diferenciada	542
17.2	A orientação jurisprudencial	543
17.3	A titularidade de competência discricionária	544
18	O instrumental jurídico da regulação	544
18.1	Os comandos normativos proibitivos e mandatórios	544
18.2	A competição	545
18.3	O consenso	545
18.4	O incentivo	546
18.5	Síntese	546
19	A produção da regulação	547
19.1	A decisão fundada em conhecimento técnico-científico especializado	547
19.2	A necessidade de evidência da adequação e necessidade	547
19.3	A observância do devido processo	548
	19.3.1 A exposição realizada no Capítulo 8	548
	19.3.2 A relevância dos efeitos da inovação regulatória	548

	19.4	A observância de procedimento preparatório	548
		19.4.1 A vedação à "imprudência" e à "imperícia" regulatórias	548
		19.4.2 O planejamento	549
		19.4.3 O princípio da prevenção (ou precaução)	549
		19.4.4 A definição de políticas públicas	550
	19.5	A exigência da Análise de Impacto Regulatório	550
		19.5.1 A disciplina constante das Leis 13.874/2019 e 13.848/2019	550
		19.5.2 A ausência de Análise de Impacto Regulatório	551
	19.6	A exigência de consulta e audiência pública	551
		19.6.1 O fundamento constitucional	551
		19.6.2 A regra do art. 29 da LINDB	552
		19.6.3 A disciplina específica sobre a atividade regulatória	552
		19.6.4 A preservação da competência administrativa	552
		19.6.5 A exigência de eficácia e seriedade	552
	19.7	A exigência de processo de transição	553
20	A Lei de Liberdade Econômica (Lei 13.874/2019)		553
	20.1	Fundamentos constitucionais	553
	20.2	Aplicação abrangente	554
	20.3	As regras hermenêuticas fundamentais	554
	20.4	A consagração do princípio da subsidiariedade	554
	20.5	A declaração de direitos de liberdade econômica	554
	20.6	A repressão ao abuso de poder regulatório	554

CAPÍTULO 15 – TIPOS DE ATIVIDADE ADMINISTRATIVA: FOMENTO ... 555

1	Definição		555
	1.1	A tentativa de influência sobre o uso de recursos econômicos	555
	1.2	A preservação da autonomia de escolha	555
	1.3	A premiação pela conduta desejável	555
	1.4	O conteúdo da premiação	556
	1.5	A finalidade buscada	556
2	A atuação regulatória diferenciada		556
	2.1	O fundamento teórico: a formação das condutas humanas	556
	2.2	A ilusão da racionalidade econômica absoluta	556
	2.3	A relevância de fatores externos nas escolhas	557
3	A função promocional do direito (Bobbio)		557
	3.1	O direito de configuração repressiva	557
	3.2	O direito de configuração promocional	557
	3.3	O reconhecimento da insuficiência da atuação estatal isolada	557
4	As manifestações concretas da função promocional		558
5	A função estatal promocional ou de fomento		558
	5.1	A atuação indireta do Estado	558
	5.2	A ausência de mera liberalidade	558
	5.3	A exigência de contrapartidas ("encargos")	558
6	A conjugação de funções		559
7	O "Estado Fomentador"		559

7.1	Regulação e fomento	559
7.2	Os instrumentos jurídicos para o fomento	559
	7.2.1 O uso indireto de institutos tradicionais	559
	7.2.2 A outorga de benefício isolado	560
	7.2.3 A realização de transferências de capital	560
8	Os contratos de fomento	560
8.1	A identificação da figura	560
8.2	As garantias asseguradas ao particular	561
9	Sociedade com participação estatal minoritária	561
9.1	A participação estatal em empreendimento privado	561
9.2	Características	562
	9.2.1 A forma societária	562
	9.2.2 O controle privado	562
9.3	A insuficiência de providências comuns de fomento	562
9.4	Ausência de exercício de atividade administrativa	562
9.5	O desenvolvimento de um modelo de intervenção estatal	562
9.6	A autorização legislativa e o interesse estatal relevante	563
9.7	O regime jurídico de direito privado e eventuais limitações	563
9.8	A orientação do TCU sobre a questão do controle	563
	9.8.1 A ausência de uma posição definitiva	563
	9.8.2 A situação anômala: participação estatal total ou majoritária	563
	9.8.3 O empreendimento de cunho estatal	564

CAPÍTULO 16 – ESTRUTURA ADMINISTRATIVA DO ESTADO: OS AGENTES PÚBLICOS ... 565

1	A teoria do órgão	565
1.1	A ausência de representação	565
1.2	As hipóteses abrangidas	565
2	A natureza funcional da atuação individual	566
3	A abrangência da expressão "agente estatal"	566
4	A estruturação organizacional da Administração Pública	566
4.1	A estrutura hierárquica	566
4.2	As competências próprias	566
5	A terminologia	566
6	A situação excepcional do funcionário de fato	567
7	Os agentes estatais com vínculo jurídico de direito público	567
8	Os agentes políticos	568
8.1	A dificuldade da identificação	568
8.2	A tese da investidura em mandato eletivo	568
8.3	A tese da submissão ao crime de responsabilidade	568
8.4	A variação em face da questão específica	569
9	O regime jurídico dos agentes políticos	569
9.1	O regime jurídico constitucional	569
9.2	A investidura	569
9.3	A extinção do vínculo	570

9.4	A condenação do Presidente da República por crime	570
9.5	O regime dos crimes de responsabilidade	570
9.6	A disciplina no âmbito federal (Lei 1.079/1950)	571
9.7	A disciplina no âmbito estadual e distrital	571
9.8	A disciplina no âmbito municipal	571
10	Os agentes não políticos	572
11	Os agentes militares	572
11.1	Abrangência da categoria	572
11.2	As alterações da EC 18/1998	572
12	O regime jurídico dos militares	572
12.1	Regime estatutário	573
12.2	A promoção dos direitos fundamentais e da democracia	573
12.3	A extensão de regras específicas do regime dos servidores públicos	573
12.4	Vedações específicas	573
13	Os servidores públicos	573
13.1	A controvérsia sobre a questão do "regime jurídico único"	574
13.2	A redação original do art. 39 da CF/1988	574
13.3	A EC 19/1998 e a alteração da redação do art. 39	574
13.4	A suspensão da eficácia do dispositivo pelo STF	574
13.5	A relativização do entendimento	575
13.6	A decisão final pelo STF: rejeição da imputação de inconstitucionalidade	575
13.7	A vedação à transposição de regime	575
13.8	A possibilidade da adoção de um regime público trabalhista	575
13.9	A extinção do regime único e as suas implicações	576
14	O regime de direito público estatutário	577
14.1	As limitações	577
14.2	Os deveres	577
14.3	Os direitos	577
14.4	Extinção do regime jurídico único e diferenciação necessária	577
15	Servidores públicos estatutários	577
15.1	A definição de cargo público	578
15.2	A estruturação dos cargos públicos	578
15.3	A criação por lei	578
15.4	O conteúdo legislativo mínimo	578
15.5	A iniciativa privativa do Chefe do Poder Executivo	579
15.6	O conteúdo do regime jurídico pertinente	579
15.7	As garantias ao titular do cargo público	579
16	Classificação dos servidores públicos	579
16.1	Classificação quanto à órbita federativa vinculada	579
16.2	Classificação quanto ao poder estatal a que se vinculam	580
17	As espécies de cargos públicos quanto à investidura do ocupante	580
17.1	Cargos de provimento efetivo e cargos em comissão	580
17.2	Outras espécies de cargos públicos	580
17.3	Cargos isolados e cargos de carreira	580
	17.3.1 Cargos de carreira	581

	17.3.2 Cargos isolados	581
18	Os cargos de provimento efetivo	581
	18.1 A autonomia do exercício da função pública	581
	18.2 A garantia contra demissão imotivada	581
	18.3 Atributos do regime jurídico	582
	18.3.1 O direito à remuneração	582
	18.3.2 A regra geral da investidura mediante concurso público	582
	18.3.3 Exceção: cargos de provimento efetivo sem concurso prévio	582
19	O concurso público	583
	19.1 A insuficiência dos concursos públicos brasileiros	583
	19.2 A Lei Federal 14.965/2024: considerações gerais	583
	19.2.1 A "vacatio legis" de quatro anos	583
	19.2.2 A antecipação facultativa da aplicação das normas	583
	19.2.3 A ressalva da competência legislativa local	583
	19.2.4 O âmbito material de aplicação	583
	19.3 A Lei Federal 14.965/2024: considerações específicas	584
	19.4 As soluções previstas no ordenamento jurídico	584
	19.5 A regulamentação no âmbito da União	584
	19.6 A abertura do concurso público	584
	19.6.1 A existência de vagas e o concurso público para formação de cadastro	584
	19.6.2 O pedido de autorização para a abertura do concurso público	585
	19.6.3 A autoridade competente para determinar a abertura do concurso	585
	19.6.4 A decisão de abertura de concurso	585
	19.7 A observância de um procedimento	585
	19.7.1 O planejamento do concurso público	585
	19.7.2 A competência para o planejamento	586
	19.8 A comissão de concurso	586
	19.8.1 A designação dos membros da comissão de concurso	586
	19.8.2 A qualificação dos membros da comissão	586
	19.8.3 A vedação à atuação em conflito de interesses	586
20	A atribuição a terceiro das atividades de seleção	586
21	O edital do concurso	586
	21.1 A competência para elaboração do edital	587
	21.2 A submissão à ordem jurídica	587
	21.3 A definição da finalidade do concurso	587
22	Concurso público e isonomia	587
	22.1 A vedação à discriminação arbitrária e injustificada	587
	22.2 A variação das condições em vista dos atributos do caso concreto	588
	22.3 Concurso público e impessoalidade	588
	22.3.1 A estruturação do concurso público	588
	22.3.2 Critérios objetivos de discriminação	588
	22.4 As cautelas necessárias	589
	22.5 Circunstâncias subjetivas tuteladas pelo direito	589
23	Concurso público e publicidade	589

24	O edital e as normas regulamentares do concurso público	589
24.1	As normas regulamentares do concurso	590
24.2	A eficácia vinculante do edital	590
25	Requisitos de participação e impedimentos	590
25.1	Validade de restrições à participação	590
25.2	As atribuições do cargo	591
25.3	A observância do princípio da legalidade	591
25.4	A exigência de motivação	591
25.5	A questão do limite de idade	591
25.6	A questão da aparência física	591
25.6.1	A amplitude da controvérsia	592
25.6.2	A democracia e as escolhas subjetivas	592
25.6.3	A questão relacionada aos militares	592
25.6.4	A avaliação em vista das circunstâncias	592
25.6.5	A relatividade dos usos e costumes	592
25.7	A questão de antecedentes	593
25.8	Requisitos de participação e requisitos de investidura	593
26	As provas	593
26.1	A sistematização da Lei 14.965/2024	594
26.2	As espécies de provas	594
26.3	O curso ou programa de formação	594
27	As provas de conhecimento	594
27.1	A sistematização da Lei 14.965/2024	594
27.2	A prova "escrita"	594
27.3	A multiplicidade de provas "escritas"	595
27.4	A prova de conhecimento oral	595
27.4.1	A ausência de obrigatoriedade	595
27.4.2	A questão do julgamento objetivo	595
27.4.3	A questão da gravação da prova oral	595
28	As provas de habilidades	596
28.1	A elaboração de documentos	596
28.2	A simulação de tarefa inerente à atribuição	596
28.3	O teste físico	596
29	As provas de competência	596
29.1	A sistematização da Lei 14.965/2024	596
29.2	A incidência do princípio da legalidade	597
29.3	A imprestabilidade de formalidades superficiais	597
30	Cursos ou programas de formação	597
30.1	A dupla finalidade do curso ou programa de formação	597
30.2	O conteúdo do curso ou programa de formação	598
30.3	A avaliação do desempenho do candidato	598
31	Os critérios de julgamento das provas	598
31.1	Situações que comportam critérios rigorosamente objetivos	598
31.2	Situações que exigem avaliação de atributos subjetivos	598
31.3	A neutralização de preferências pessoais dos julgadores	599

32	Os títulos	599
	32.1 A vedação a seleção fundada exclusivamente em títulos	599
	32.2 A reprovação nas provas	599
	32.3 A natureza classificatória	599
	32.4 O vínculo entre a habilidade e a função a ser desempenhada	600
	32.5 A tarifação dos títulos	600
	32.6 A ponderação distinta das provas e dos títulos	600
33	Vícios do edital	601
34	A alteração do edital	601
35	A impugnação ao edital	601
	35.1 A legitimidade para a impugnação	601
	35.2 Identificação do defeito e solução aplicável	601
36	Nulidade do edital	602
	36.1 A multiplicidade da categoria de vícios	602
	36.2 A invalidação do ato	602
	36.3 O interesse na preservação do concurso	602
	36.4 As regras da LINDB e da Lei 14.965/2024	602
37	A inscrição do interessado e a decisão administrativa	602
	37.1 A competência vinculada	603
	37.2 Efeitos do deferimento da inscrição do candidato	603
	37.3 As implicações da participação no concurso	603
	37.4 A ausência de direito adquirido ao regime jurídico	603
38	Desclassificação, reprovação, aprovação e classificação	603
	38.1 A desclassificação	603
	38.2 A reprovação	604
	38.3 A aprovação	604
	38.4 A classificação	604
39	O recurso contra o resultado do concurso	605
40	Controle jurisdicional do concurso	605
	40.1 O cabimento da revisão judicial de ato administrativo	605
	40.2 O problema da violação à isonomia	605
	40.3 A vedação à substituição da banca pelo Poder Judiciário	606
	40.4 A limitação do controle jurisdicional	606
	40.5 A questão da consolidação de estado de fato	607
41	O prazo de validade do concurso	607
42	Aprovação no concurso e direito à nomeação	607
	42.1 Os direitos do aprovado durante o prazo de validade	607
	42.2 A atuação fraudatória da eficácia do concurso	608
	42.3 A prevalência da moralidade e da eficiência	608
	42.4 Número de vagas e direito à nomeação	608
	42.5 As ressalvas da jurisprudência do STF	608
	42.6 Abertura de novas vagas e aproveitamento dos aprovados	609
	42.7 Indenização por ausência indevida de nomeação	609
43	A reserva de cargos para pessoas com deficiência	610
	43.1 As políticas de afirmação de direitos fundamentais	610

43.2	A disciplina legal	610
43.3	A vedação à inutilização da garantia	610
43.4	A reserva de vagas para afrodescendentes	611
44	Os cargos em comissão	611
44.1	A criação por lei	611
44.2	A natureza excepcional dos cargos em comissão	612
44.3	Cargo em comissão e função de confiança (função gratificada)	612
44.4	A competência para provimento e exoneração de cargo em comissão	613
44.5	A discricionariedade quanto à investidura do sujeito	613
44.6	A evolução democrática	613
44.7	A restrição constitucional do art. 37, V	613
44.8	A restrição constitucional do art. 84, XIV	614
44.9	O procedimento especial de nomeação	614
44.10	Mandato a prazo certo e garantias contra exoneração	614
45	A vedação ao nepotismo	614
45.1	As Resoluções do CNJ	614
45.2	A Súmula Vinculante 13 do STF	615
45.3	A determinação do parentesco	615
45.4	A previsão do art. 11, XI, da Lei 8.429/1992	615
45.5	Cargos e funções de natureza política	616
45.6	A vedação a "designações recíprocas"	617
45.7	Os Decretos Federais	617
45.8	O provimento fundado em concurso público	617
45.9	Cargos públicos de provimento efetivo sem concurso	617
46	O provimento no cargo público	618
46.1	Competência para o provimento	618
46.2	O registro pelo Tribunal de Contas	618
46.3	Modalidades de provimento	618
46.4	Nomeação	619
46.5	Promoção	619
46.6	Readaptação	619
46.7	Reversão	619
46.8	Aproveitamento	620
46.9	Reintegração	620
46.10	Recondução	620
46.11	A vedação à reclassificação	620
47	Investidura, posse e exercício	621
47.1	Os resquícios do direito privado	621
47.2	A posse	621
47.3	A investidura	622
47.4	A restrição da posse ao provimento por nomeação	622
47.5	O exercício	623
48	O estágio probatório	623
48.1	A questão do prazo do estágio probatório	623
48.2	A finalidade do estágio probatório	624

48.3	A avaliação especial de desempenho	624
48.4	A procedimentalização da avaliação no estágio probatório	624
48.5	A objetividade (possível) da avaliação	624
48.6	O procedimento de avaliação permanente	624
48.7	A competência discricionária	625
48.8	O entendimento da ausência de aptidão e capacidade	625
48.9	A possibilidade de demissão a qualquer tempo	625
48.10	O encerramento do estágio probatório	625
49	A estabilidade do servidor	626
49.1	O conteúdo da garantia da estabilidade	626
49.2	A avaliação periódica	626
49.3	A garantia de ampla defesa	626
49.4	A estabilidade e a efetividade	626
49.4.1	Esclarecimento quanto a uma afirmativa usual	627
49.4.2	Os cargos de provimento efetivo	627
49.4.3	A disciplina anterior à CF/1988	627
49.5	Provimento em cargo efetivo e estabilidade	627
49.6	A aquisição da estabilidade mediante avaliação prévia	627
50	A vitaliciedade	628
50.1	A aplicação limitada do instituto	628
50.2	Vitaliciedade e estabilidade	628
51	A acumulação de cargos públicos	628
51.1	A variação das circunstâncias	629
51.2	A incompatibilidade entre o exercício do cargo e qualquer outra atividade	629
51.3	A possibilidade de acumulação do cargo com a atividade privada	629
51.4	A acumulação de cargos e empregos públicos	629
51.5	As hipóteses admitidas para a acumulação	630
51.5.1	Dois cargos de magistério	630
51.5.2	Um cargo de magistério e outro técnico ou científico	630
51.5.3	Dois cargos na área da saúde	630
51.5.4	O requisito da compatibilidade de horário	630
51.6	A disciplina para a Magistratura e para o Ministério Público	631
51.7	A acumulação com proventos de aposentadoria	631
52	As características do regime jurídico estatutário	631
52.1	A natureza funcional da questão	631
52.2	Os limites da alteração	632
52.3	Alteração das competências atribuídas ao cargo	632
52.4	A alteração de direitos e deveres	632
53	A questão do direito adquirido	632
53.1	A figura do direito adquirido	632
53.2	A proteção constitucional ao direito adquirido	633
53.2.1	A ausência de proteção em face de nova Constituição	633
53.2.2	A proteção em face de Emenda Constitucional	633
53.3	O regime estatutário e o direito adquirido	633
53.4	O surgimento do direito adquirido no âmbito estatutário	633

53.5	A ausência de direito adquirido ao regime jurídico	634
53.6	A aquisição de direitos condicionados a eventos continuados	634
53.7	Os direitos e os deveres não condicionados	635

54 Os deveres do servidor público 635

54.1	A aplicação do princípio da legalidade	635
54.2	A rejeição à teoria da sujeição especial	635
54.3	A formalização dos deveres por ato administrativo geral	635
54.4	A definição dos deveres como garantia do cidadão	636
54.5	Deveres de meio e deveres de resultado	636
	54.5.1 A distinção entre obrigações de meio e de resultado	636
	54.5.2 O dever de fim na atividade administrativa	636
54.6	Deveres de meio e a realização dos fins da Administração Pública	636

55 Elenco dos deveres de meio 637

55.1	Dever de presença física (assiduidade)	637
55.2	Dever de cortesia	638
55.3	Dever de obediência	638
55.4	Dever de diligência (dedicação e produtividade)	638
55.5	Dever de lealdade	638
55.6	Dever de impessoalidade	639

56 A vedação à atuação em conflito de interesses 639

56.1	O conflito de interesses no âmbito da União	639
56.2	Impedimento e suspeição	639
56.3	Vedações específicas derivadas da natureza das funções desempenhadas	640
56.4	Impedimento e investidura no cargo	640
	56.4.1 A existência de vínculos relevantes	640
	56.4.2 A desnecessidade da avaliação sobre os efeitos decorrentes	640
56.5	Conflito configurado posteriormente à investidura	640
56.6	Impedimento circunstancial	641
56.7	Conflito com interesses de segmentos estatais	641
56.8	Conflito de interesses e inimizade	641

57 Os direitos e as garantias do servidor público 641

58 Deveres-poderes 642

58.1	Posse e início de exercício	642
58.2	Exercício das competências e atribuições (funções do cargo)	643
58.3	Defesa das instituições e do direito	643

59 Direitos fundamentais 643

60 Direitos patrimoniais 644

61 Direitos não patrimoniais 644

61.1	Direito à greve	644
61.2	Direito à sindicalização	645
61.3	Direito ao devido processo legal	646
61.4	Direito a condições materiais adequadas ao exercício das funções	646
61.5	Direito à progressão funcional	646
61.6	Direito a férias	646

62 A remuneração 646

62.1	A composição da remuneração	646
62.2	O subsídio	648
63	A sistemática das vantagens pecuniárias	648
63.1	As indenizações	648
63.2	Os adicionais	648
63.3	As gratificações	648
63.4	A distinção entre adicionais e gratificações	648
63.5	As retribuições	649
63.6	A sistemática de cálculo das vantagens pecuniárias	649
63.7	A incorporação das vantagens pecuniárias	649
63.8	As vantagens incorporáveis e as não incorporáveis	650
64	As indenizações	650
64.1	A multiplicidade das hipóteses	650
64.2	As indenizações continuadas e as indenizações eventuais	650
64.3	A observância da legalidade	651
64.4	A determinação do montante	651
64.5	A não submissão ao limite remuneratório	651
65	Princípios norteadores da remuneração dos servidores	651
65.1	O princípio da estrita legalidade	651
65.2	O princípio da irredutibilidade da remuneração	652
65.3	O princípio da revisão anual	653
65.4	A observância do teto remuneratório	654
65.5	Vedação à remuneração inferior ao salário mínimo	654
65.6	A publicidade do valor da remuneração	655
66	A limitação da despesa com pessoal permanente	655
66.1	As restrições de nível constitucional	655
66.2	Requisitos para a elevação de despesas com pessoal	655
66.2.1	Disponibilidade orçamentária	655
66.2.2	A autorização na lei de diretrizes orçamentárias	655
66.3	Suspensão de repasses de verbas federais	656
66.4	Redução de despesas	656
66.5	A exoneração de servidores não estáveis	656
66.6	A exoneração do cargo de servidores estáveis	656
66.6.1	A seleção dos servidores para perda do cargo	656
66.6.2	A decisão norteada pela razoabilidade	656
66.6.3	As regras da Lei 9.801/1999	656
66.6.4	As cautelas impeditivas da desnaturação da medida	657
66.6.5	O regime diferenciado do art. 247 da CF/1988	657
66.6.6	Um defeito do art. 247 da CF/1988	657
67	As restrições constantes da Lei Complementar 101/2000	657
67.1	A definição de despesa total com pessoal	657
67.2	A definição dos limites	658
67.3	A nulidade da elevação das despesas com pessoal	658
67.4	A nulidade da elevação de despesa em final de mandato	658
67.5	A coexistência com as regras da Lei 9.504/1997	658

67.6	A eventual necessidade	658
67.7	A satisfação de direito adquirido, ato perfeito ou ordem judicial	659
67.8	A questão dos concursos públicos	659
67.9	As demais providências de redução de despesa	659
67.10	A recondução das despesas com pessoal aos limites	660
67.11	Os dispositivos suspensos pelo STF	660
68	Os limites remuneratórios individuais	660
68.1	A vedação à vinculação ou equiparação por lei	660
68.2	A remuneração do Executivo como teto para os cargos semelhantes	661
68.3	O limite máximo remuneratório individual	661
68.4	Tetos nas demais esferas federativas	662
68.5	Efeito do teto	663
69	Institutos jurídicos específicos da carreira funcional	663
69.1	Progressão funcional	663
69.2	Remoção	664
69.3	Redistribuição	665
69.4	Licença	665
69.4.1	Licenças de previdência social	666
69.4.2	Licenças não vinculadas à previdência social	667
69.5	Afastamento	667
69.6	Disponibilidade	667
69.6.1	As hipóteses de disponibilidade	667
69.6.2	A ausência de natureza sancionatória	668
69.6.3	As hipóteses atinentes à Magistratura e ao Ministério Público	668
69.6.4	Considerações genéricas sobre a disponibilidade	668
69.6.5	O regime remuneratório	668
69.6.6	A Súmula 39 do STF	669
70	A vacância do cargo	669
70.1	O aperfeiçoamento da vacância	669
70.2	A vacância do cargo em virtude da extinção do vínculo	669
70.3	A exoneração (art. 33, I, Lei 8.112/1990)	670
70.4	A perda do cargo do servidor estável	671
70.5	A demissão (art. 33, II, Lei 8.112/1990)	671
70.6	A anulação do ato de investidura	671
70.7	A aposentadoria (art. 33, VII, Lei 8.112/1990)	672
70.8	O falecimento (art. 33, IX, Lei 8.112/1990)	672
70.9	A vacância do cargo em virtude da modificação do vínculo com o sujeito	672
71	A aposentadoria do servidor público	672
71.1	Os efeitos jurídicos da aposentadoria	673
71.2	O "regime próprio de previdência social"	673
71.3	As espécies de aposentadoria	673
71.4	O ato administrativo de aposentadoria	673
71.4.1	Eficácia declaratória e eficácia constitutiva	674
71.4.2	O aperfeiçoamento da extinção do vínculo estatutário	674
71.5	A configuração de ato jurídico unilateral ou de fato jurídico	674

71.6	A ausência de configuração de ato administrativo complexo	674
71.7	A demora na edição do ato administrativo de aposentadoria	675
72	O regime jurídico da aposentadoria	676
72.1	A ausência de direito adquirido a regime jurídico de aposentadoria	676
72.2	O preenchimento dos requisitos e o surgimento do direito adquirido	676
72.3	A adoção de regras de transição	676
72.4	A previsão de tratamento isonômico (art. 40, § 4.º)	677
72.5	A EC 103/2019 e a desconstitucionalização da disciplina	677
72.6	As regras da EC 103/2019 com eficácia de lei ordinária	677
72.7	A unicidade do regime próprio de previdência social (art. 40, §§ 20 e 22)	677
73	Os proventos de aposentadoria – normas gerais da Constituição	677
73.1	Os princípios da solidariedade e da contributividade	678
73.2	A exigência de equilíbrio (art. 195, § 5.º)	678
73.3	Aplicação supletiva do Regime Geral de Previdência Social (art. 40, § 12)	678
73.4	A disciplina constitucional do tempo de contribuição	678
74	Os proventos de aposentadoria – normas específicas da Constituição	678
74.1	A contribuição do sujeito ao longo do exercício da função pública	678
74.2	A contribuição previdenciária	678
74.3	A base de cálculo da contribuição previdenciária	678
74.4	A fixação dos proventos de aposentadoria	679
74.5	A remessa à disciplina infraconstitucional (art. 40, § 3.º)	679
74.6	A disciplina para a União	679
74.7	Os limites quanto ao valor dos proventos (art. 40, § 2.º)	680
74.8	Cálculo baseado no valor atualizado das contribuições (art. 40, § 17)	680
74.9	A contagem recíproca (art. 40, § 9.º)	680
74.10	A vedação à contagem de tempo de contribuição fictício (art. 40, § 10)	680
74.11	A questão do reajuste periódico do valor dos proventos (art. 40, § 8.º)	680
74.12	A vedação à vinculação com a remuneração dos cargos	681
75	A contribuição previdenciária incidente sobre proventos	681
76	A vedação à acumulação de proventos (art. 40, § 6.º)	681
76.1	A incidência das normas do Regime Geral de Previdência Social	682
76.2	A preservação das situações consolidadas	682
77	O sistema de previdência complementar (art. 40, §§ 14 a 16)	682
77.1	A remuneração adicional	682
77.2	A situação dos servidores anteriores	683
78	A aposentadoria por incapacidade permanente para o trabalho (art. 40, § 1.º, I)	683
78.1	A ocorrência de evento superveniente	683
78.2	A incapacidade permanente	683
78.3	A avaliação periódica da incapacidade	684
78.4	A questão da readaptação	684
78.5	Decretação a pedido ou de ofício	684
78.6	A fixação dos proventos	684
79	A aposentadoria compulsória (art. 40, § 1.º, II)	684
79.1	Atingimento da idade limite	684
79.2	A alteração da disciplina original da Constituição	685

79.3	A não aplicação a outras categorias de agentes públicos	686
79.4	A fixação dos proventos	686
80	A aposentadoria voluntária (art. 40, § 1.º, III)	686
80.1	A questão da idade mínima	686
80.1.1	A regra geral para a União (art. 40, § 1.º, III)	686
80.1.2	A regra geral nas demais órbitas federativas	687
80.1.3	A situação dos professores (art. 40, § 5.º)	687
80.2	A disciplina diferenciada (art. 40, §§ 4.º-A, 4.º-B e 4.º-C)	687
80.3	Incentivo à permanência em atividade (art. 40, § 19)	688
81	Os requisitos da aposentadoria voluntária no âmbito da União	688
82	O regime transitório das emendas constitucionais	688
82.1	A revogação das regras transitórias e os direitos adquiridos	688
82.2	O regime transitório da EC 41/2003	689
82.2.1	Servidores providos até 16 de dezembro de 1998	689
82.2.2	Servidores providos até 31 de dezembro de 2003	689
82.3	Regime especial alternativo (EC 47/2005)	690
82.4	As regras transitórias previstas na EC 103/2019	690
82.4.1	Os requisitos básicos	690
82.4.2	A elevação dos requisitos de idade a partir de 01.01.2022	690
82.4.3	Requisitos a partir de 01.01.2020	691
83	A pensão por morte e outros benefícios previdenciários pecuniários	691
83.1	A disciplina do art. 40, § 7.º, da CF/1988	691
83.2	A disciplina para o âmbito da União	691
84	O controle de constitucionalidade da modificação do regime jurídico	691
85	Os empregados públicos	692
85.1	Definição	692
85.2	Considerações gerais sobre o regime jurídico trabalhista público	692
85.3	Ainda a questão da extinção do regime jurídico único	692
85.4	As funções atribuíveis aos empregados públicos	692
85.5	As diversas situações abrangidas	693
85.5.1	Os empregados das fundações com personalidade de direito privado	693
85.5.2	Os empregados de consórcios públicos	693
85.5.3	Os empregados contratados entre 05.06.1998 e 02.08.2007	693
85.5.4	Os empregados contratados a partir da decisão do STF	694
86	O regime jurídico do emprego público	694
86.1	As regras gerais	694
86.2	A Lei Federal 9.962/2000	694
86.3	A exigência da contratação mediante concurso público	695
86.4	Os deveres	695
86.5	Os direitos	695
86.6	A demissão	695
87	A competência jurisdicional para litígios	696
88	Os servidores com regime jurídico especial	697
88.1	A relevância da figura jurídica	697

88.2	Os riscos envolvidos	697
88.3	Regulamentação no âmbito da União	698
88.4	A admissão de contratação para atividade de natureza permanente	698
89	A responsabilidade administrativa	699
89.1	Definição	700
89.2	O regime jurídico da ilicitude funcional e do seu sancionamento	700
89.3	Incidência do regime de direito penal	701
89.4	Incidência do princípio da legalidade	701
89.5	A questão da culpabilidade	701
89.6	A disputa sobre o tipo subjetivo	701
89.7	Variações quanto ao elemento subjetivo	701
89.8	Sempre o dever de diligência exacerbado	702
89.9	A incidência do princípio da proporcionalidade	703
89.10	A incidência da garantia do devido processo legal	703
89.11	A definição dos ilícitos e das sanções por meio da lei local	703
90	O ilícito funcional	703
91	A sanção administrativa funcional	703
91.1	Definição	704
91.2	Natureza punitiva	704
91.3	Finalidade preventiva	704
91.4	A incidência do princípio da legalidade	704
91.5	A imposição na via administrativa	704
91.6	A garantia do devido processo	704
91.7	A competência para impor a sanção	705
92	A disciplina sancionatória da Lei 8.112/1990	705
92.1	A independência das instâncias e responsabilidades	705
92.2	O elenco das sanções e a proporcionalidade	705
92.2.1	Ainda a incidência da proporcionalidade	705
92.2.2	A questão do princípio da insignificância	706
92.3	A sanção de advertência	706
92.4	A sanção de suspensão	707
92.5	A sanção de demissão	707
92.6	Especificação legal dos pressupostos	707
92.7	A demissão como efeito da condenação penal	707
92.8	A demissão como sanção em condenação por improbidade	707
92.9	A sanção de cassação da aposentadoria ou disponibilidade	708
92.10	A sanção de destituição do cargo em comissão	708
92.11	A sanção de destituição da função gratificada	708
93	O processo administrativo punitivo de servidor público	708
93.1	A ausência de direito abstrato de agir	708
93.1.1	A exigência de elementos mínimos quanto à infração e à autoria	708
93.1.2	As pretensões de natureza privada	709
93.1.3	As pretensões punitivas na esfera pública	709
93.2	A disciplina variada da questão	709
94	O sancionamento previsto na Lei 8.112/1990	709

94.1	A pretensa dispensa do processo administrativo	709
94.2	A existência de três procedimentos administrativos distintos	710
95	A sindicância	710
95.1	A instauração da sindicância	710
95.2	A eventual desnecessidade da sindicância	710
95.3	A condução da sindicância	710
95.4	A ampla defesa	711
95.5	A apuração dos fatos e a produção de provas	711
95.6	A decisão	711
96	O processo administrativo com procedimento simplificado do art. 133	711
96.1	Hipóteses de cabimento	712
96.2	A instauração	712
96.3	A indiciação	712
96.4	A citação	712
96.5	A produção de provas	712
96.6	O relatório	712
96.7	O julgamento	712
97	O processo disciplinar propriamente dito	713
97.1	A instauração	713
97.2	O inquérito	713
97.3	O indiciamento e a garantia da ampla defesa	713
97.4	A garantia da ampla defesa	714
97.5	A (lamentável) orientação da Súmula Vinculante 5 do STF	714
97.6	O relatório da comissão	714
97.7	O julgamento	715
97.8	A apuração de infração diversa da capitulada	715
97.9	A prescrição (decadência) da ação disciplinar	716
98	O afastamento cautelar do servidor	716
99	A revisibilidade administrativa da punição	717
100	A revisão jurisdicional da punição	717

CAPÍTULO 17 – ESTRUTURA ADMINISTRATIVA DO ESTADO: OS BENS PÚBLICOS 719

1	Bens públicos e direitos fundamentais	719
1.1	A exclusão do domínio privado	719
1.2	Os fundamentos da publicização dos bens	719
1.3	O enquadramento do bem público no contexto constitucional	720
1.4	O regime jurídico de direito público	720
1.5	A disputa sobre bens adquiridos por governante	720
2	O afastamento de concepções tradicionais	720
2.1	A rejeição à teoria do domínio eminente	720
2.2	As concepções privatistas anteriores à CF/1988	721
2.3	A rejeição à teoria da dupla órbita patrimonial	721
3	O regime jurídico norteado pelos direitos fundamentais	721
3.1	A eventual exploração de potencialidade econômica	722
3.2	A vedação à ociosidade dos bens públicos	722

3.3	A função social dos bens públicos	722
3.4	A proteção necessária	722
3.5	A exploração compatível com as peculiaridades	723
4	Os regimes jurídicos dos bens públicos	723
4.1	A pluralidade de regimes de bens públicos	723
4.2	A variação em função da destinação dos bens	723
4.3	A inaplicabilidade de conceitos de direito privado	724
5	As classificações dos bens públicos	724
5.1	As classificações segundo critérios genéricos	724
5.2	A classificação do Código Civil	724
5.2.1	A previsão do art. 99 do Código Civil	724
5.2.2	A insuficiência da classificação	725
5.3	Síntese	725
6	Os bens de uso comum do povo	725
6.1	A concepção original e a evolução verificada	725
6.2	Bem de uso comum tem natureza imobiliária ou mobiliária	726
6.3	O critério de identificação	726
6.4	A relação de propriedade sobre o bem público	726
6.5	A titularidade dos entes políticos	727
6.6	A questão da posse de bens de uso comum do povo	727
6.7	Competência para disciplinar o uso do bem de uso comum	728
6.8	Competência para fiscalizar o uso dos bens de uso comum	728
7	Os bens de uso especial	729
7.1	O critério de identificação	729
7.2	A destinação de utilização do bem de uso especial	729
7.3	A titularidade do bem de uso especial	729
7.4	Titularidade por entes políticos e da Administração indireta	729
7.5	O uso e a fruição dos bens de uso especial	730
8	O instituto da afetação	730
8.1	A afetação e as diversas espécies de bens públicos	730
8.2	O aperfeiçoamento da afetação	730
8.2.1	A afetação intrínseca	731
8.2.2	A afetação como situação consolidada no tempo	731
8.2.3	A afetação por ato administrativo formal	731
8.3	A interpretação conforme para o art. 35 da Lei de Desapropriações	731
8.4	A desafetação	732
8.4.1	Desafetação constitutiva e desafetação declaratória	732
8.4.2	Exigência de legalidade para desafetação de bem imóvel	732
8.4.3	Bens insuscetíveis de desafetação	732
9	Os bens dominicais	733
9.1	O critério de excludência	733
9.2	Os bens explorados para fins econômicos	733
9.3	Afetação e desafetação	733
9.4	A propriedade estatal e o uso e fruição dos bens dominicais	733
9.4.1	Bens dominicais ociosos	733

	9.4.2 Bens dominicais utilizados para exploração econômica	734
9.5	As diferentes órbitas federativas e os bens dominicais	734
9.6	A alienação dos bens dominicais	734
10	Regime dos bens públicos	735
10.1	A restrição à alienação	735
10.2	Impenhorabilidade	735
10.3	Imprescritibilidade	735
10.4	Constituição de "direito real" sobre bens públicos	736
11	O uso do bem público pelo particular	736
11.1	As regras gerais pertinentes	736
11.2	A eventual restrição ao uso do bem comum	737
11.3	O uso ordinário ou extraordinário dos bens comuns	737
12	A fruição extraordinária ou anormal do bem público	737
12.1	A determinação da extraordinariedade	737
	12.1.1 A ampliação da intensidade do uso	737
	12.1.2 A utilização permanente para satisfação de direito fundamental	737
	12.1.3 A utilização permanente para atividade empresarial	737
12.2	Uso anormal e uso ilícito	738
12.3	A pluralidade de regimes jurídicos	738
	12.3.1 A variação em vista da função do bem e do interesse a ser tutelado	738
	12.3.2 As competências estatais envolvidas	738
	12.3.3 A manifestação formal prévia	738
13	A remuneração pelo uso de bem público	738
13.1	A exigência de remuneração e o fim a realizar	739
13.2	A remuneração compensatória	739
13.3	A remuneração pelo uso anormal	739
13.4	A remuneração com cunho regulatório	739
13.5	A remuneração com finalidade redistributiva	740
14	Regime jurídico da remuneração	740
14.1	A legalidade	740
14.2	A isonomia	740
14.3	A proporcionalidade	740
14.4	A natureza jurídica da remuneração	741
	14.4.1 A inexistência de taxa pelo uso de bem público	741
	14.4.2 A remuneração de cunho contratual	742
	14.4.3 A remuneração por determinação unilateral da Administração	742
15	A fruição exclusiva dos bens públicos imóveis por particulares	743
15.1	Os institutos de direito público	743
15.2	Os institutos de direito privado	743
	15.2.1 As hipóteses de locação, arrendamento e comodato	743
	15.2.2 A enfiteuse ou aforamento	744
15.3	Os aforamentos da Lei 9.636/1998	744
	15.3.1 Os aforamentos previstos na Lei 9.636/1998	744
16	A autorização de uso de bem público	745
16.1	A competência discricionária	745

16.2	A revogabilidade a qualquer tempo	745
16.3	A natureza precária e a questão do prazo determinado	746

17 A permissão de uso de bem público ... 746

17.1	A distinção entre autorização e permissão	746
17.2	A questão da licitação	747
17.3	A irrelevância da denominação formal	747
	17.3.1 A permissão e a concessão	747
	17.3.2 A ocupação	748
	17.3.3 A cessão de áreas	748

18 A concessão de uso de bem público ... 748

18.1	Contrato administrativo de natureza bilateral	749
18.2	A exigência de licitação	749
18.3	A finalidade do uso pelo particular	749
18.4	Concessão de uso e concessão de serviço público	749
18.5	A questão da denominação	750
18.6	A distinção entre concessão e permissão de uso de bem público	750
	18.6.1 Finalidades e características dos institutos	750
	18.6.2 As dificuldades em casos concretos	750

19 Instrumentos substitutivos da alienação de bem público: direito real limitado ... 751

19.1	A finalidade buscada	751
19.2	A utilização para fins de interesse privado	751
19.3	A transitoriedade da solução	751
19.4	Concessão de direito real de uso	752
19.5	Concessão de uso especial para moradia	752
	19.5.1 O regime jurídico diferenciado	752
	19.5.2 A finalidade buscada	752

20 As terras devolutas ... 753

20.1	A origem do instituto	753
	20.1.1 Aquisição da titularidade pela Coroa Portuguesa	753
	20.1.2 A atribuição de direitos a sujeitos privados	753
	20.1.3 A extinção do regime de capitanias hereditárias	753
	20.1.4 A ocupação fática das terras	754
	20.1.5 A situação resultante	754
20.2	A Lei de Terras de 1850 e as terras "devolvidas"	754
	20.2.1 As três situações jurídicas existentes	754
	20.2.2 As terras devolutas	754
20.3	Terras devolutas e terras ocupadas por indígenas	755
20.4	O regime jurídico original das terras devolutas	755
20.5	O regime jurídico atual das terras devolutas	756
	20.5.1 A submissão ao regime de bens dominicais	756
	20.5.2 A submissão a regime jurídico diferenciado	756
20.6	O partilhamento entre os entes políticos	756
	20.6.1 A titularidade da União	756
	20.6.2 A titularidade dos Estados-membros	757
	20.6.3 A eventual titularidade dos Municípios	757

20.7	A discriminação das terras devolutas	757
	20.7.1 A situação fática de incerteza	757
	20.7.2 A figura da ação discriminatória	757
	20.7.3 A multiplicação de controvérsias sobre o tema	757
20.8	As terras devolutas na faixa de fronteira	758
	20.8.1 A regra constitucional expressa	758
	20.8.2 Cabimento de propriedade privada em faixa de fronteira	758
	20.8.3 A indevida titulação de terras devolutas em faixa de fronteira	758
21	Águas públicas	759
21.1	As competências regulatórias	759
21.2	As funções desempenhadas pelas águas	759
21.3	A disciplina constitucional	760
	21.3.1 Águas de titularidade da União	760
	21.3.2 Águas de titularidade dos Estados	760
	21.3.3 A questão da titularidade dos Municípios	760
21.4	A disciplina da Lei 9.433/1997	760
21.5	A disciplina do Código Civil	761
21.6	A questão da propriedade privada sobre água	761
	21.6.1 A regra geral da titularidade pública	761
	21.6.2 A destinação individual e a eventual autorização estatal	761
	21.6.3 A transferência da titularidade da água para o domínio privado	761
	21.6.4 Ainda a regra geral da titularidade pública	762
22	O mar territorial	762
22.1	O regime jurídico do mar territorial	762
22.2	A zona econômica exclusiva	762
22.3	A plataforma continental	762
23	Potenciais de energia hidráulica	762
23.1	A dissociação consagrada na Constituição	763
23.2	A exploração do potencial de energia hidráulica	763
23.3	Bens de uso especial ou de uso comum do povo	763
24	Os terrenos de marinha	763
24.1	A variação física da preamar média	763
24.2	A titularidade da União	764
24.3	A demarcação dos terrenos de marinha	764
24.4	A competência urbanística e tributária municipal	764
24.5	A enfiteuse ou aforamento do terreno de marinha	764
25	Os terrenos acrescidos de marinha	765
26	As praias marítimas	765
26.1	A conceituação de praia	765
26.2	A distinção entre praia marítima e terreno de marinha	766
26.3	A eventual utilização da praia para uso especial	766
27	Os terrenos reservados ou ribeirinhos	766
28	As ilhas	767
29	Terras tradicionalmente ocupadas pelos indígenas	767
29.1	A regra constitucional	767

29.2	A disciplina legislativa		768

29.2 A disciplina legislativa 768

29.3 A exploração de recursos econômicos 768

29.4 A demarcação 768

29.5 A questão da data-base da identificação das terras indígenas...................... 768

30 Jazidas e minas... 769

30.1 A dissociação da titularidade do solo e das jazidas 769

30.2 A questão da exploração dos recursos minerais... 769

30.2.1 As implicações ambientais da exploração dos recursos minerais...... 769

30.2.2 Os regimes de exploração dos recursos minerais 770

30.3 O regime comum.. 770

30.4 O regime monopolístico.. 770

30.5 A regulação setorial.. 771

30.6 A regulação da política energética nacional 771

30.7 A regulação atinente aos demais minerais 772

30.8 A participação dos entes federados... 772

31 Sítios arqueológicos e pré-históricos.. 773

32 Cavidades naturais subterrâneas 773

33 Flora e florestas 773

33.1 As normas constitucionais 773

33.2 As normas infraconstitucionais... 773

33.3 A gestão de florestas públicas 774

34 Fauna... 774

34.1 Animais criados em cativeiro.. 774

34.2 Animais silvestres 775

35 Espaço aéreo 775

36 Os espectros de radiofrequência... 775

36.1 A utilização do espectro de radiofrequência para radiodifusão................... 776

36.2 A configuração de recurso escasso... 776

36.3 A competência regulatória da União 776

36.4 A classificação do espectro de radiofrequência 777

36.5 A exploração por particulares 777

37 Patrimônio genético 777

37.1 A disciplina infraconstitucional 777

37.2 A questão dos organismos geneticamente modificados (OGM).................. 777

38 O patrimônio das entidades administrativas de direito privado............ 777

38.1 O patrimônio das prestadoras de serviço público e entidades de suporte 778

38.2 O patrimônio das entidades exploradoras de atividade econômica.............. 779

CAPÍTULO 18 – O CONTROLE DA ATIVIDADE ADMINISTRATIVA........... 781

1 O significado da expressão controle... 781

2 Os mecanismos sociais e o controle da atividade estatal 782

2.1 A relação entre participação social e atividade estatal................................. 782

2.2 O controle social intenso 782

2.3 Os institutos jurídicos formais.. 782

3	Considerações prévias sobre a situação brasileira	782
	3.1 A ineficiência da disciplina jurídica	782
	3.2 A opção de elevação da intensidade dos mecanismos de controle	782
	3.3 Os efeitos indesejados	783
	3.4 A superveniência da Lei 13.655/2018	783
4	A disciplina constitucional	783
	4.1 A previsão do art. 70 da CF/1988	783
	4.2 Os aspectos da atividade administrativa objeto de controle	783
	4.3 O controle de legalidade	784
	4.4 O controle de legitimidade	784
	4.5 O controle de economicidade	784
	4.6 O controle da aplicação de subvenções e de renúncia a receitas	784
	4.7 Ausência de competência para substituir-se ao órgão competente	784
	4.8 As finalidades do controle	784
5	A sistematização didática do controle	785
	5.1 O controle estatal quanto à natureza da atividade estatal controlada	785
	5.2 O controle estatal quanto ao sujeito titular da competência	785
	5.3 O controle estatal quanto à natureza jurídica dos atos de controle	785
	5.4 O controle estatal quanto à posição do órgão de controle	785
	5.5 O controle estatal quanto ao momento temporal de seu exercício	785
	5.6 O controle quanto à natureza da atividade controlada	786
	5.6.1 O controle de legalidade	786
	5.6.2 O controle de mérito	786
	5.6.3 A distinção entre as duas hipóteses	786
6	O controle interno da atividade administrativa	786
	6.1 A configuração de competência jurídica	786
	6.2 Exercício no âmbito interno do próprio Poder	787
	6.3 A procedimentalização	787
	6.4 O momento do controle em face da atividade controlada	787
	6.5 A amplitude do controle interno	787
	6.6 Controle interno e atividade administrativa	787
	6.7 Controle interno e a Administração indireta	788
	6.8 As falhas objeto de controle	788
	6.9 A finalidade do controle interno	788
	6.9.1 A identificação de defeitos ou imperfeições	788
	6.9.2 A adoção de providências orientadas à correção da falha	788
	6.9.3 As soluções admissíveis	789
	6.10 Controle interno e homologação	789
7	A competência para o exercício do controle interno	789
	7.1 A competência genérica de controle interno	790
	7.2 A competência orgânica específica de controle interno	790
	7.3 O controle exercitado de ofício	790
	7.4 O controle por provocação de particulares	791
8	O controle externo da atividade administrativa	791
	8.1 A natureza específica do controle externo	791

8.2	As modalidades de controle externo	791
8.3	Controle externo não judicial e de natureza administrativa	791
8.4	Controle externo e separação de Poderes	792
	8.4.1 A preservação da separação de Poderes	792
	8.4.2 Vedação do desempenho direto da atividade controlada	792
8.5	Limites da atividade de controle	792
8.6	A competência constitutiva negativa	793
8.7	A competência condenatória	793
9	O controle do mérito do ato administrativo discricionário	793
9.1	A competência discricionária	793
9.2	O mérito do ato administrativo	793
9.3	O controle da competência discricionária	793
	9.3.1 Os defeitos formais do ato administrativo	794
	9.3.2 O controle de razoabilidade, arbitrariedade e desproporcionalidade	794
	9.3.3 A vedação à assunção da competência decisória	794
9.4	O controle em vista das circunstâncias da atuação do agente controlado	794
	9.4.1 A disciplina do art. 22 da LINDB	794
	9.4.2 O descabimento de juízos retroativos	794
9.5	A jurisprudência judicial	795
	9.5.1 A revisão de defeitos do ato administrativo	795
	9.5.2 A deferência a decisões fundadas em conhecimento técnico-especializado	796
10	O controle externo a cargo do Poder Legislativo	797
10.1	O julgamento anual das contas (art. 49, IX, CF/1988)	797
10.2	A fiscalização direta dos atos do Poder Executivo (art. 49, X, CF/1988)	798
10.3	A convocação para prestar informações (art. 50, CF/1988)	798
10.4	A fiscalização de certos atos administrativos (art. 49, XII, CF/1988)	798
10.5	As Comissões Parlamentares de Inquérito (art. 58, § 3.º, da CF/1988)	798
11	Os Tribunais de Contas	800
11.1	A natureza das atribuições próprias e privativas do Tribunal de Contas	800
11.2	A composição do Tribunal de Contas da União	800
	11.2.1 A figura do Ministro	800
	11.2.2 A figura do auditor	800
11.3	O regime jurídico equivalente ao da magistratura	800
11.4	Os Tribunais de Contas dos demais entes federativos	801
12	O regime jurídico das decisões do Tribunal de Contas	801
12.1	A organização permanente e a forma processual	801
12.2	A condição de Poder autônomo	801
12.3	A ausência de submissão ao Congresso Nacional	802
12.4	O controle jurisdicional dos atos do Tribunal de Contas	802
12.5	A independência das instâncias	802
13	As competências próprias e privativas do Tribunal de Contas	803
13.1	A amplitude do controle pelo Tribunal de Contas (arts. 70 e 71, CF/1988)	803
	13.1.1 A natureza não jurisdicional das competências	803

	13.1.2 Ainda a distinção entre a função de controle e a função controlada	803
13.2	O registro de atos (art. 71, III)	804
13.3	A fiscalização da regularidade dos atos	804
13.4	A sustação da execução de ato impugnado (art. 71, IX e X e §§ 1.º e 2.º)	805
	13.4.1 A ausência da adoção de providências	805
	13.4.2 O descumprimento das determinações	805
	13.4.3 A questão do poder geral de cautela: medidas provisórias	806
	13.4.4 A decretação de medidas de indisponibilidade patrimonial	807
	13.4.5 A indenização assegurada em caso de ilegitimidade da restrição	808
13.5	O incentivo a soluções consensuais (Secex-Consenso)	809
	13.5.1 A Instrução Normativa (IN) 91/2022 (alterada pela IN 92/2023 e pela IN 97/2024)	809
	13.5.2 O "acatamento" do acordo pelo TCU	809
	13.5.3 A questão da segurança jurídica	809
13.6	A incidência dos institutos fundamentais	810
14	Os limites da atuação do Tribunal de Contas em face de terceiro	810
14.1	O controle direto	810
14.2	O controle indireto	810
14.3	A observância do devido processo legal	810
14.4	A questão da desconsideração da pessoa jurídica	813
14.5	A disputa sobre a pronúncia de inconstitucionalidade	813
15	O controle externo a cargo do Ministério Público	815
15.1	A competência para a condução do inquérito civil público	815
15.2	A ausência de competência mandamental	815
16	O controle externo da atividade administrativa pelo Poder Judiciário	816
16.1	O princípio dispositivo	816
16.2	As duas modalidades de controle do ato administrativo	816
	16.2.1 O controle fundado em violação a direito subjetivo	816
	16.2.2 O controle fundado em violação a interesse jurídico	816
16.3	A pluralidade de instrumentos de controle jurisdicional	817
17	A Arguição de Descumprimento de Preceito Fundamental (ADPF)	817
17.1	A previsão constitucional	817
17.2	A competência jurisdicional	817
17.3	A preservação de valores constitucionais fundamentais	817
17.4	A utilização para controle de atividade administrativa	817
17.5	Legitimidade ativa e passiva	818
18	O mandado de segurança individual (CF/1998, art. 5.º, LXIX)	818
18.1	Previsão constitucional	818
18.2	Mandado de segurança individual e coletivo	818
18.3	O provimento jurisdicional	819
18.4	A questão do direito líquido e certo	819
	18.4.1 A configuração da liquidez e certeza	819
	18.4.2 A controvérsia sobre a pretensão	819
	18.4.3 A desnecessidade de previsão legal explícita	819
	18.4.4 Questão de direito ou questão de fato dirimível por documentos	819

	18.4.5	A necessidade de produção de outras provas	820
18.5		A repressão à ilegalidade ou ao abuso de poderes	820
18.6		Exercício defeituoso de competência vinculada	820
18.7		Exercício defeituoso de competência discricionária	821
18.8		Questionamento à ação ou à omissão	821
18.9		O ato de autoridade	821
19		Mandado de segurança individual e requisitos de legitimidade	821
19.1		Legitimidade ativa	822
	19.1.1	Litisconsórcio ativo facultativo	822
	19.1.2	Limite temporal para o pedido de ingresso como litisconsorte ativo	822
	19.1.3	Impetração por titular de direito derivado	822
19.2		Legitimidade passiva	822
	19.2.1	A legitimidade passiva é privativa de pessoa física	822
	19.2.2	Atos praticados por órgão de pessoa jurídica	823
19.3		O destinatário do provimento jurisdicional	823
19.4		A eventual condição não estatal da pessoa jurídica	823
19.5		Legitimidade passiva e incompetência para o ato impetrado	824
19.6		A ilegitimidade do mero executor do ato	824
19.7		O litisconsórcio passivo	824
20		Interesse de agir	824
20.1		A indicação de ação ou omissão lesivas	824
20.2		Tutela preventiva	824
21		Descabimento de segurança	825
21.1		Ato sujeito a recurso com efeito suspensivo	825
	21.1.1	Mandado de segurança contra ato omissivo	825
	21.1.2	Ato omissivo e a questão da notificação prévia da autoridade	825
	21.1.3	Ato omissivo ilícito próprio e a desnecessidade de notificação	825
	21.1.4	Exaurimento do recurso administrativo	826
21.2		Ato judicial sujeito a recurso com efeito suspensivo	826
21.3		Decisão judicial transitada em julgado	826
21.4		Outras hipóteses de restrição ao mandado de segurança	826
	21.4.1	Vedação à utilização como instrumento de cobrança	827
	21.4.2	Vedação ao controle em abstrato de constitucionalidade	827
	21.4.3	A ressalva quanto ao habeas corpus e habeas data	827
21.5		A questão do ato disciplinar	827
22		Ainda o interesse de agir	828
23		Pressupostos processuais	828
23.1		A questão da competência jurisdicional	828
	23.1.1	A competência da Justiça Federal	828
	23.1.2	Condição subjetiva da autoridade impetrada	829
23.2		A questão da competência territorial	829
23.3		O prazo para impetração	829
23.4		A disciplina sobre a forma da impetração	830
23.5		A questão da instrução da inicial	830

	23.5.1 A exigência de cópia integral	830
	23.5.2 A hipótese de inviabilidade de obtenção de documentos pertinentes	830
24	A decisão do mandado de segurança	830
	24.1 A concessão liminar da ordem	831
	24.1.1 Provimento de urgência	831
	24.1.2 Liminar de efeito ativo	831
	24.1.3 A questão da garantia em caso de deferimento de liminar	831
	24.2 O afastamento da vedação à concessão liminar da ordem	831
	24.3 A decisão extintiva do processo	832
	24.3.1 A eventual ausência de decisão quanto ao mérito do litígio	832
	24.3.2 A natureza mandamental da sentença	832
	24.3.3 A ausência de condenação em honorários advocatícios	832
	24.3.4 A eficácia restrita ao futuro	832
	24.4 A tipificação penal do descumprimento	833
	24.5 A desistência do impetrante após prolação da sentença	833
25	A suspensão da execução de liminar ou sentença	834
	25.1 A previsão legal	834
	25.2 A inconstitucionalidade da figura	834
	25.3 A legitimidade ativa	835
	25.4 O conteúdo da decisão	835
	25.4.1 Os limites da cognição no pedido de suspensão	835
	25.4.2 A natureza acautelatória do pedido de suspensão	835
	25.4.3 O exame dos reflexos do deferimento da suspensão	835
26	O mandado de segurança coletivo	836
	26.1 Distinção entre mandado de segurança individual e coletivo	836
	26.2 Os direitos coletivos transindividuais	836
	26.3 Os direitos coletivos individuais homogêneos	836
	26.4 Mandado de segurança coletivo e litisconsórcio ativo	836
	26.5 Variações quanto às condições da ação e pressupostos processuais	836
	26.6 A inconstitucionalidade do § 2.º do art. 22 da Lei 12.016/2009	836
	26.7 A questão da legitimidade ativa	837
	26.8 Impetração por sindicato, entidade de classe ou associação	837
	26.9 Ainda o interesse de agir: a questão do conflito interno de interesses	837
	26.10 Ainda a questão da tutela a direitos subjetivos	838
27	A sentença do mandado de segurança coletivo	838
	27.1 Extensão dos efeitos da coisa julgada	838
	27.2 Ausência de configuração de litispendência	838
28	A ação popular	839
	28.1 A garantia constitucional	839
	28.2 O controle objetivo	839
	28.3 Provimento jurisdicional constitutivo negativo	839
	28.4 O questionamento a ato comissivo	839
	28.5 A inadequação para controle de constitucionalidade em abstrato	839
	28.6 Ato praticado no exercício de competência administrativa	840
	28.7 A lesão ao patrimônio público	840

28.8 A infração à moralidade administrativa	840
28.9 A proteção do meio ambiente, da cultura e da história	840
28.10 Os requisitos quanto à legitimidade para a ação popular	841
28.10.1 Legitimidade ativa	841
28.10.2 Legitimidade passiva	841
28.10.3 A possibilidade de a entidade ré assumir a condição de autora	842
28.10.4 A assunção da causa por terceiro ou pelo Ministério Público	842
28.11 Interesse de agir	842
28.11.1 A existência de interesse subjacente	842
28.11.2 A gravidade do instrumento e seus reflexos sobre o interesse de agir	842
28.12 A funcionalização da autoria da ação popular	843
28.13 O prazo de prescrição	843
28.14 A instrução da inicial	843
28.15 A questão da competência jurisdicional	843
28.16 A questão da competência territorial	844
28.17 Algumas questões processuais	844
28.17.1 A decisão de recepção da inicial	844
28.17.2 A suspensão liminar do ato	844
28.17.3 O prazo de contestação	845
28.18 A sentença de procedência	845
28.18.1 A proporcionalidade	845
28.18.2 A procedência em casos de lesão ao patrimônio não pecuniário	845
28.18.3 O desfazimento dos atos	845
28.19 A sentença de improcedência	845
29 A ação civil pública	846
29.1 A previsão constitucional	846
29.2 O provimento jurisdicional pleiteado	846
29.3 O controle objetivo	846
29.3.1 Interesses disponíveis e interesses indisponíveis	846
29.3.2 O exercício de pretensão fundada em interesse disponível	847
29.4 As hipóteses de cabimento da ação civil pública	847
29.5 Descabimento da ação civil pública	847
29.6 A questão da legitimidade ativa	847
29.7 A disputa entre representação e substituição processual	848
29.8 A transferência da condição de autor no curso do feito	848
29.9 Legitimidade passiva	849
29.10 Interesse de agir	849
29.11 Legitimação ativa e âmbito de competência	849
29.12 Vínculo de pertinência	849
29.13 O inquérito civil	849
29.14 O termo de ajustamento de conduta (TAC)	850
29.15 A solução do art. 26 da LINDB	850
29.16 Normas processuais	850
29.16.1 A competência territorial	850

29.16.2 A decisão de recepção da inicial	851
29.16.3 A antecipação de tutela e a medida cautelar	851
29.16.4 A sentença de procedência	851
29.16.5 A sentença de improcedência por falta de provas	851
30 O sancionamento da improbidade administrativa	851
30.1 O fundamento constitucional e a disciplina legislativa	851
30.2 Identificação da figura jurídica da improbidade	852
30.2.1 Os ilícitos civis, penais e administrativos alheios à LIA	852
30.2.2 O sancionamento próprio por improbidade	852
30.2.3 A cumulatividade com sanções de outra natureza	852
30.3 A improbidade e a cumulação processual	852
30.4 A intervenção obrigatória do Poder Judiciário	853
30.5 A competência legislativa federal	853
30.6 A questão da cumulação das sanções penais	853
30.7 O regime jurídico aplicável	853
30.8 A previsão explícita do § 4.º do art. 1.º da LIA	854
31 O agente ativo do ilícito de improbidade	854
31.1 O conceito amplo de agente público	854
31.2 O regime jurídico do Presidente da República	854
31.3 O vínculo com entidade beneficiária de recursos públicos	855
31.4 Síntese	855
31.5 A punibilidade do terceiro (sujeito privado)	855
31.5.1 A coautoria (art. 3.º da LIA)	855
31.5.2 A necessidade de consumação da conduta ímproba	856
31.6 A desconsideração da pessoa jurídica	856
31.7 O afastamento do "bis in idem"	856
32 As infrações configuradoras de improbidade administrativa	856
32.1 O elemento material	857
32.2 O elemento subjetivo	857
33 A improbidade administrativa por enriquecimento ilícito (art. 9.º)	857
33.1 A cláusula geral do *caput* do art. 9.º	857
33.1.1 O elenco exemplificativo dos incisos	858
33.2 Atos de percepção de vantagens indevidas de terceiros	858
33.3 Atos de apropriação indevida de bens do erário	858
33.4 Atos em conflito de interesse	858
33.5 Atos evidenciadores de enriquecimento injustificado	858
33.6 O elemento subjetivo: dolo específico	859
34 A improbidade administrativa por prejuízo ao erário (art. 10)	859
34.1 Ainda a cláusula geral e o elenco exemplificativo	859
34.2 O resultado danoso integra a materialidade da infração	859
34.2.1 A vedação a presunções ou ficções	859
34.2.2 A superação da jurisprudência do STJ	859
34.3 A questão do elemento subjetivo	860
35 A improbidade administrativa por atentado contra os princípios fundamentais (art. 11)	860

35.1	A sistemática distinta em relação aos arts. 9° e 10	860
35.2	A violação ao princípio mediante conduta específica	860
35.3	A problemática dos princípios e das regras	861
	35.3.1 A questão da violação a princípio	861
	35.3.2 A infração a deveres	861
35.4	As hipóteses dos incisos do art. 11	861
	35.4.1 A prática do nepotismo (inc. XI)	861
	35.4.2 A publicidade indevida do agente público (inc. XII)	861
35.5	A modificação radical promovida pela Lei 14.230/2021	862
35.6	O elemento subjetivo	862
35.7	A questão do dano (§§ 1.º e 4.º do art. 11)	862
36	As sanções imponíveis à improbidade administrativa	863
36.1	As sanções previstas na LIA	863
	36.1.1 O sancionamento pelas infrações do art. 9.º	863
	36.1.2 O sancionamento pelas infrações do art. 10	863
	36.1.3 O sancionamento pelas infrações do art. 11	863
	36.1.4 Uma questão complementar quanto à inelegibilidade	864
	36.1.5 Sancionamento do particular	864
36.2	A vedação à condenação cumulativa fundada em artigos diversos	864
37	A reforma introduzida pela Lei 14.230/2021 e a questão da retroatividade	864
38	A disciplina processual da ação de improbidade	865
38.1	A ação de improbidade	865
38.2	Legitimidade ativa	865
38.3	Os requisitos da petição inicial	866
38.4	A imputação específica da improbidade	866
38.5	A questão do provimento cautelar de indisponibilidade de bens	866
	38.5.1 A presença de pressupostos indispensáveis	866
	38.5.2 O valor a ser observado e a substituição por garantia	867
	38.5.3 Os limites à indisponibilidade	867
	38.5.4 A questão da indisponibilidade de bens de terceiros	867
38.6	A questão da competência em vista da prerrogativa de foro	868
39	Prescrição	868
39.1	A prescrição da pretensão	868
39.2	A suspensão do curso do prazo	868
39.3	A interrupção da prescrição e a prescrição intercorrente	868
	39.3.1 As causas interruptivas do curso da prescrição	869
	39.3.2 O reinício do curso do prazo por quatro anos	869
	39.3.3 A consumação da prescrição intercorrente	869
39.4	A questão relativamente ao terceiro	869
39.5	A imprescritibilidade da pretensão indenizatória	869
39.6	A rejeição pelo STF à aplicação retroativa	869
40	A sentença condenatória por improbidade	869
40.1	A indicação dos fundamentos e a vedação à presunção	869
40.2	A implícita referência à LINDB	870
40.3	A previsão implícita de nulidade	870

40.4	A ausência de remessa necessária	870
41	O sancionamento do abuso de autoridade	870
41.1	Os distintos regimes jurídicos dos diplomas legais	870
41.2	A remessa à legislação genérica	870
41.3	Algumas considerações à disciplina não penal do abuso de autoridade	870
41.3.1	Ainda a questão do princípio da legalidade	870
41.3.2	A instituição da competência por meio de lei	871
41.3.3	A atuação além dos limites da competência	871
41.3.4	A atuação violadora das finalidades da competência	871
41.3.5	A questão do sancionamento	871
42	O *habeas data*	871
42.1	Disciplina constitucional e infraconstitucional	871
42.2	Finalidades	871
42.3	Legitimidade ativa	872
42.4	Legitimidade passiva	872
42.5	Interesse de agir: direito subjetivo	872
42.5.1	Ainda o interesse: a proteção do direito à imagem	872
42.5.2	Ainda o interesse: a recusa do órgão	873
42.6	A competência	873
42.7	O provimento jurisdicional	873

CAPÍTULO 19 – A RESPONSABILIDADE CIVIL DO ESTADO ... 875

1	Considerações gerais	875
1.1	A responsabilidade como efeito de um dever jurídico	875
1.2	Responsabilidade patrimonial e não patrimonial	875
1.3	A responsabilidade do Estado e de seus agentes	876
1.4	Atuação sob regime de direito público e sob regime de direito privado	876
2	A responsabilidade civil do Estado	876
2.1	Estado de Direito e a submissão ao regime jurídico geral	876
2.2	A indenização por perdas e danos	876
2.3	A responsabilidade civil por dano moral	876
2.4	A imposição de prestações de fazer	877
3	A responsabilização estatal por condutas de terceiros	877
4	A situação de sujeitos privados atuando como agentes públicos	877
5	A pluralidade de regimes jurídicos para a responsabilidade civil estatal	878
5.1	A distinção constitucional	878
5.2	A distinção entre responsabilidade contratual e extracontratual	878
6	Os elementos configuradores da responsabilidade civil do Estado	878
6.1	O evento danoso	879
6.1.1	O dano material ou moral	879
6.1.2	O dano sofrido por "terceiro"	879
6.1.3	A questão do "terceiro" relativamente à fruição de serviço público	879
6.2	Ação ou omissão imputável ao Estado	879
6.3	A relação de causalidade	880
7	A questão do elemento subjetivo reprovável	880

7.1	A responsabilidade civil objetiva	880
7.2	A insuficiência do enfoque	880
7.3	A objetivação da culpa	881
7.4	A relevância jurídica da controvérsia	881
	7.4.1 A necessidade de antijuridicidade da conduta	882
	7.4.2 A responsabilidade objetiva e a responsabilidade por atos lícitos	882
	7.4.3 A configuração da ilicitude	882
7.5	O dever especial de diligência	883
8	As hipóteses de responsabilidade civil por omissão	883
8.1	O tratamento unitário para as ações e as omissões	883
8.2	A distinção entre ilícitos omissivos próprios e impróprios	884
8.3	A equiparação entre o ilícito omissivo próprio e o ilícito comissivo	884
8.4	As dificuldades do ilícito omissivo impróprio	885
	8.4.1 A responsabilização civil do Estado na omissão imprópria	885
	8.4.2 A questão da falha de fiscalização	885
	8.4.3 Ainda a diferença entre omissão própria e omissão imprópria	885
9	A "exclusão" da responsabilidade civil do Estado	886
9.1	A culpa da vítima	886
9.2	A culpa de terceiro	887
9.3	O exercício regular de direito pelo agente estatal	887
9.4	O caso fortuito ou força maior	887
	9.4.1 A distinção entre caso fortuito interno e externo	887
	9.4.2 O fundamento da distinção	888
10	A questão da reserva do possível	888
11	A responsabilização civil do Estado por atos não administrativos	888
12	A responsabilidade civil do Estado por ato legislativo	889
12.1	A responsabilidade civil do Estado por lei inconstitucional	889
12.2	A responsabilidade civil por lei defeituosa	890
12.3	A responsabilidade civil do Estado por omissão legislativa	890
	12.3.1 Ainda a distinção entre ilícito omissivo próprio e impróprio	890
	12.3.2 A orientação adotada na União Europeia	891
13	A responsabilidade civil do Estado por atos jurisdicionais	891
14	A assunção pelo Estado de responsabilidade civil por atos a ele estranhos	891
15	A indenização devida	891
15.1	O conteúdo da responsabilidade civil por danos materiais	892
	15.1.1 A indenização por danos emergentes	892
	15.1.2 A indenização por lucros cessantes	892
15.2	A responsabilidade civil por danos morais	892
16	A condenação da Fazenda Pública e sua execução (art. 100, CF/1988)	893
16.1	A condenação transitada em julgado e sua liquidação	893
16.2	A expedição de um precatório requisitório	893
16.3	A inclusão da verba no orçamento do exercício subsequente	893
16.4	A execução para créditos de pequeno valor (art. 100, § 3.º, CF/1988)	893
16.5	A observância da ordem cronológica e a liquidação da dívida	894
16.6	A ordem de pagamentos	894

16.7	Os desvios verificados	894
17	As reformas constitucionais e a disciplina defeituosa	895
17.1	A inconstitucionalidade de dispositivos da EC 30/2000	895
17.2	As alterações da EC 62/2009	895
17.3	As alterações por Emendas Constitucionais posteriores	896
17.4	As alterações da EC 114/2021 e da EC 126/2022	897
18	A necessidade de enfrentamento das causas do problema	897
18.1	A produção permanente de ilícitos	897
18.2	A solução adequada: a cessação da prática de ilicitudes	897
18.3	As providências jurídicas de cunho preventivo	897
18.4	A atuação preventiva dos órgãos de controle	898
18.5	O enfoque amplo e abrangente	898
18.6	A determinação do art. 6.º da EC 114/2021	898
19	Acréscimos ao principal em virtude da demora da liquidação da indenização	898
19.1	Ainda a distinção entre obrigações de valor e de dinheiro	898
19.2	A correção monetária	899
19.3	Os juros	899
19.3.1	Juros moratórios e juros compensatórios	899
20	Juros compensatórios na indenização por desapropriação	899
20.1	Início do curso dos juros compensatórios	900
20.2	A evolução da disciplina sobre o percentual dos juros compensatórios	900
20.2.1	A orientação mais antiga	900
20.2.2	O julgamento pelo STF da liminar da ADI 2.332	900
20.2.3	O julgamento pelo STF do mérito da ADI 2.332	901
20.3	A cumulação de juros moratórios e compensatórios em desapropriação	901
21	A incidência de juros de mora	902
22	A disciplina sobre juros e correção monetária da Lei 11.960/2009	902
23	A responsabilização pessoal do agente estatal	903
23.1	A questão da legitimidade passiva na ação de indenização	903
23.2	A questão do elemento subjetivo	903
23.3	O dever de promover a ação de regresso	904

CAPÍTULO 20 – O DECURSO DO TEMPO E A CONSOLIDAÇÃO DE SITUAÇÕES 905

1	A distinção entre decadência e prescrição	905
1.1	A distinção entre direito material e direito de ação	905
1.2	A extinção por ausência de exercício tempestivo	906
1.3	A consumação da decadência e as suas implicações	906
1.4	A consumação da prescrição e as suas implicações	906
2	As distinções quanto ao regime jurídico	906
2.1	A questão da suspensão e da interrupção do prazo	907
2.2	A disciplina legal diversa	907
3	A autonomia dos prazos de decadência e de prescrição	907
4	A terminologia imprópria: figuras próximas	907
4.1	A irrelevância da terminologia	907
4.2	A chamada "prescrição administrativa"	907

5	A distinção entre preclusão, decadência e prescrição	908
	5.1 A preclusão	908
	5.2 A preclusão temporal e a decadência	908
	5.3 A preclusão temporal e a prescrição	908
6	A decadência e a extinção de poder-dever da Administração	909
	6.1 A distinção entre a competência em abstrato e em concreto	909
	6.2 A permanência da competência em abstrato	909
	6.3 A extinção do direito subjetivo-poder jurídico em concreto	909
	6.4 A relevância mais intensa da decadência no direito administrativo	909
	6.4.1 As hipóteses de decadência no direito privado	909
	6.4.2 A exigência de processo administrativo na atividade administrativa...	910
	6.4.3 A delimitação da necessidade de recurso ao Poder Judiciário	910
	6.5 A disciplina da prescrição e seus efeitos sobre a decadência	910
	6.5.1 A determinação explícita do prazo decadencial	910
	6.5.2 O efeito reflexo da prescrição sobre a decadência	911
	6.6 O termo inicial do prazo decadencial	911
	6.7 A suspensão ou interrupção do prazo durante o processo administrativo..	911
7	A regra geral do art. 54 da Lei 9.784/1999	912
	7.1 A regra legal específica	912
	7.2 A aplicação no âmbito de outras órbitas federativas	912
8	As regras específicas pertinentes a infrações	913
9	A prescrição da ação de titularidade do Estado	914
	9.1 A regra geral sobre os prazos prescricionais	914
	9.2 O art. 206, § 3.º, do Código Civil	914
	9.3 A exceção do art. 37, § 5.º, da CF/1988	915
	9.3.1 A rejeição à tese da imprescritibilidade	915
	9.3.2 A orientação do STF	915
10	O regime extintivo no âmbito dos tribunais de contas	916
	10.1 Ainda a distinção entre prescrição de decadência	916
	10.2 O entendimento quanto ao registro de aposentadoria	916
	10.3 O entendimento quanto ao julgamento de prestação de contas	917
	10.4 O entendimento quanto às pretensões ressarcitórias	917
	10.5 A Resolução do TCU 344/2022	918
11	A prescrição da pretensão de titularidade da Administração	918
	11.1 O princípio da "actio nata"	918
	11.2 A distinção em face de controle objetivo e de controle subjetivo	919
	11.2.1 A distinção entre as hipóteses	919
	11.2.2 A disciplina no tocante ao controle subjetivo	919
	11.2.3 A disciplina no tocante ao controle objetivo	919
	11.3 A distinta eficácia das hipóteses	919
12	O eventual decurso concomitante de prazos de natureza distinta	919
13	A variação da disciplina normativa	920
	13.1 A configuração da infração como crime	920
	13.2 Outros dispositivos específicos	920
14	A extinção por prescrição intercorrente	920

14.1	O prazo para instauração do processo administrativo	920
14.2	A limitação da duração do processo administrativo	920
14.3	A chamada prescrição intercorrente	921
14.4	Disciplina da prescrição intercorrente em processo administrativo	921
14.5	A interrupção da prescrição intercorrente	921
15	A extinção de direitos e poderes do particular	921
15.1	A extinção por decadência	921
15.2	A extinção por prescrição	922
	15.2.1 As regras gerais	922
	15.2.2 As regras específicas	923
15.3	A questão da desapropriação indireta	923
	15.3.1 A alteração do prazo da usucapião pelo Código Civil de 2002	923
15.4	A questão da ação de reparação de danos	923
	15.4.1 A rejeição da aplicação dos prazos gerais	923
	15.4.2 A orientação do STJ	924

REFERÊNCIAS BIBLIOGRÁFICAS 925

ÍNDICE ALFABÉTICO-REMISSIVO 953

Capítulo 1
DEFINIÇÃO DO DIREITO ADMINISTRATIVO

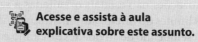

Acesse e assista à aula explicativa sobre este assunto.
> http://uqr.to/1xyi0

1 DEFINIÇÃO DE DIREITO ADMINISTRATIVO

O direito administrativo é o conjunto das normas jurídicas que disciplinam a organização e o funcionamento das estruturas estatais e não estatais investidas da função administrativa estatal e da gestão dos bens públicos e privados necessários, visando à realização dos direitos fundamentais da generalidade do povo e à promoção do desenvolvimento nacional sustentável.

2 A AVALIAÇÃO CRÍTICA DA DEFINIÇÃO ADOTADA

A definição adotada é suficiente para uma aproximação inicial ao direito administrativo. Propicia critérios razoavelmente satisfatórios para diferenciar o direito administrativo dos demais ramos do direito e para identificar as normas e atividades ditas administrativas. Mas apresenta limitações, que refletem dificuldades muito relevantes.

O primeiro fator que dificulta uma definição mais precisa do direito administrativo é a alteração dinâmica da realidade. Os processos políticos, sociais, econômicos e jurídicos se desenrolam com enorme rapidez, demandando alterações permanentes e contínuas. Nada é estável, especialmente no tocante às atividades desempenhadas pelo Estado.

A alteração dinâmica da realidade produz efeitos no tocante à função administrativa do Estado, que foi originalmente concebida em vista de uma realidade muito distinta da atual. A evolução ocorrida ao longo dos últimos anos alterou radicalmente a figura do Estado. Na atualidade, o Estado assumiu muitas funções que eram privadas – ou, mesmo, desconhecidas – no passado. Outras funções foram transformadas em públicas e novamente passaram a ser privadas.

Portanto, o âmbito de abrangência das competências estatais no setor administrativo se modificou. Há processos contínuos de ampliação e de contração das funções do Estado.

Outro aspecto é a modificação do relacionamento entre Estado e Sociedade. Tornou-se superada a concepção de um Estado orientado à realização do interesse das oligarquias.

Isso se reflete no conceito de função administrativa do Estado, que se submete a uma concepção democrática. O Estado se tornou um instrumento para promover os interesses concretos e efetivos da sociedade, o que envolve também a autonomia dos particulares. Deixou de ser um meio de apropriação do poder político para realização dos interesses dos governantes ou de classes dominantes.

Uma alteração relevante dos tempos contemporâneos foi a assunção pela sociedade civil de parcelas significativas de encargos necessários à satisfação dos direitos fundamentais. Tomou-se consciência de que o Estado não dispõe de condições de satisfazer todas as necessidades de cunho geral e essencial. A atuação estatal vai sendo subsidiada ou, mesmo, substituída pela atuação de organizações privadas e por esforços individuais. Esse conjunto de entidades e esforços costuma ser designado como *terceiro setor*,[1] e é composto preponderantemente pelas organizações da sociedade civil (terminologia da Lei 13.019/2014, com as alterações da Lei 13.204/2015).

3 A TENDÊNCIA AMPLIATIVA DO DIREITO ADMINISTRATIVO

A criação de organizações não estatais orientadas à satisfação de direitos fundamentais produz a ampliação dos limites do direito administrativo. Assim, por exemplo, o direito administrativo disciplina o desempenho de atividades de cunho educacional prestadas por entidades privadas. Nenhum particular pode ser obrigado a aplicar seus esforços e seus bens em atividades de natureza educativa. Mas, se resolverem a tanto se dedicar, estarão subordinados a uma série de determinações produzidas pelas instituições de direito administrativo.

Por outro lado, os instrumentos de controle e de repressão alcançam essas atividades privadas que se relacionem com a atuação estatal. Considere-se, por exemplo, a definição de "funcionário público", contida no art. 327 do Código Penal, e a aplicação do regime da improbidade administrativa da Lei 8.429/1992 também a condutas lesivas ao patrimônio de entidades privadas que tenham recebido recursos públicos (art. 1.º, § 6.º, da Lei 8.429/1992, com a redação da Lei 14.230/2021).

Além disso, há uma proximidade intensa entre as atividades administrativas estatais e aquelas desempenhadas pelo terceiro setor. Existe um conjunto de normas que disciplinam o terceiro setor e seu relacionamento com o Estado. A Lei 13.019/2014 dispôs sobre as parcerias entre a Administração Pública e organizações da sociedade civil, que envolvam conjugação de esforços para satisfação de necessidades de interesse coletivo. O regime adotado para o terceiro setor é muito similar àquele previsto para o desempenho da função administrativa estatal.[2]

4 A CONCEPÇÃO DE EDUARDO JORDÃO

Eduardo Jordão destaca que o direito administrativo apresenta três dimensões diferentes, que são a normativa, a gerencial e a política.[3] Essa construção supera um enfoque puramente normativo quanto ao direito administrativo, que é um instrumento não apenas de disciplina de condutas de agentes públicos e privados. Também é um veículo para o atendimento a necessidades concretas, envolvendo a gestão de recursos públicos, e para o exercício do poder político, inclusive no tocante ao planejamento e à implementação de soluções concretas para o futuro.

---

[1] O primeiro setor é composto pelos bens públicos e pelas organizações estatais. O segundo setor é integrado pelos bens privados e pelas empresas particulares que atuam em busca do lucro. O terceiro setor engloba bens e sujeitos privados que visam à satisfação de necessidades coletivas, sem intuito lucrativo.

[2] Para uma abordagem mais aprofundada sobre as organizações não governamentais e o terceiro setor, consulte o Capítulo 6, item 26.

[3] The three dimensions of administrative law. In: *Estudos Antirromânticos sobre Controle da Administração Pública*, p. 69 *et seq*. Também publicado em *A & C – Revista de Direito Administrativo e Constitucional*, v. 19, n. 75, p. 21-38, jan./mar. 2019.

5 O COMPROMETIMENTO COM A EXPERIÊNCIA DEMOCRÁTICA

A Constituição de 1988, considerada como um pacto nacional, determinou que a única ordem política e social admitida é a democrática. O direito administrativo reflete a prevalência de concepções democráticas sobre o Estado – que apenas pode ser concebido como um instrumento para a realização dos valores fundamentais e para o bem comum de todos.

A aplicação das normas jurídicas deve sempre buscar a melhor realização dos direitos fundamentais e respeitar o modelo democrático de organização do poder.

5.1 O monopólio estatal da violência

O *monopólio da violência* pelo Estado é essencial para a realização dos valores coletivos. A ausência de absorção da violência pelo Estado equivale à "lei da selva", em que o mais forte se impõe sobre o mais fraco. O monopólio da violência pelo Estado destina-se a assegurar que a força seja utilizada segundo critérios predeterminados, em condições de igualdade e de equivalência entre os indivíduos. O exercício da violência por um sujeito privado somente é admitido em situações excepcionais (tal como a legítima defesa). Como regra, a sua prática configura-se como uma conduta ilícita.

Deve ser destacado que a monopolização da violência pelo Estado produz concentração de poder na órbita pública. Surge outra problemática, relacionada com o controle do poder estatal. Torna-se necessário submeter o poderio público a limites e evitar a sua apropriação para a realização dos interesses dos grupos dominantes. O direito administrativo é um dos mecanismos políticos e sociais orientados a isso.

5.2 A legitimidade do poder político

A detenção do monopólio da violência pelo Estado não significa a legitimação do poder estatal por meio da violência. Até é possível que algum Estado e alguma ordem jurídica surjam em decorrência de atos de violência e força física. Contudo, nenhum Estado se mantém ao longo do tempo por meio pura e simplesmente do uso da força.

O Estado se impõe e o direito produz efeitos vinculantes, mas não porque sejam instrumentos da força física e psicológica de opressão dos mais fortes contra os mais fracos. Na tradição ocidental, a violência e a força bruta podem dar sustentação a um regime político e podem impor a observância de normas jurídicas, todavia, apenas temporariamente. Em médio ou longo prazo, toda organização de poder político e todo direito somente podem manter-se por outra via, relacionada com sua legitimidade.[4]

A fonte de legitimidade democrática para o Estado e o exercício do poder político reside na soberania popular.[5] Essa afirmação é fundamental para afastar a sustentação de um regime pela força ou a constituição de fontes não racionais de legitimação do poder.

---

[4] Essa concepção não deixa de refletir uma orientação filosófica otimista, fundada sob o pressuposto de que a democracia é o modelo definitivo de organização política e social. Nada impede, no entanto, que a evolução histórica propicie situações distintas.

[5] Hannah Arendt afirma: "(...) é o suporte do povo que produz o poder das instituições de um país, e esse suporte é nada além do que a continuação do consentimento que produziu o surgimento das leis. Todas as instituições políticas são manifestações e materializações de poder; elas se petrificam e entram em decadência tão logo o poder existente do povo cessar de dar-lhes suporte" (*On Violence*. p. 41). Lembre-se de que foi Rousseau quem formulou a tese da soberania popular como fonte de legitimidade do Estado (*O Contrato Social*).

4 CURSO DE DIREITO ADMINISTRATIVO · *Marçal Justen Filho*

O tema foi examinado por Max Weber, que diferenciou três formas de legitimação: a tradicional (religiosa), a carismática e a racional.[6] Essa diferenciação não envolve uma concepção histórico-evolutiva, em que os diferentes modelos fossem destinados a substituir os anteriores.

A legitimação *tradicional* ou *religiosa* se verificou usualmente nos primórdios das organizações estatais ocidentais, em que a atribuição de poder a determinadas estruturas de governo se fundava em motivos de ordem metafísica. Nesse contexto, os poderes políticos e religiosos são concentrados pelos mesmos sujeitos. O povo reconhece a legitimidade do governante por ser ele escolhido pela divindade. No entanto, a legitimação tradicional continua presente em diversos países do mundo.

A legitimação *carismática* resulta da capacidade de polarização, por um líder, da esperança de concretização dos projetos comuns do povo. A legitimação carismática ocorre quando um líder delineia um projeto que é incorporado nas expectativas individuais como essencial à felicidade ou à realização das vocações do grupo. Usualmente, esse líder se apresenta como o único sujeito capaz de promover mudanças radicais em uma realidade reputada como insuportável. Em face do desespero produzido pelo mundo real e das promessas expostas por um líder, o povo aceita a dominação e adere ao projeto de grandiosas realizações. A legitimação carismática continua a ser um fator relevante para a adesão do povo ao exercício do poder estatal.

A legitimação *racional* afasta-se da obediência a uma entidade divina ou a um líder, para fundar-se em um conjunto de instituições construídas como resultado dos esforços comuns do povo. Cumprem-se as determinações de um parlamento, de um governo, não por se reputar que tal é a vontade divina, nem porque isso é exigido para a salvação nacional, mas porque essas decisões são produzidas racionalmente e refletem a ordem instituída pelo Direito. Assim, implanta-se um governo cujas decisões correspondem a determinações normativas e não à vontade subjetiva dos indivíduos que ocupam o poder. E, como a liderança racional independe da identidade dos governantes ou da crença de fiéis, a divergência entre os sujeitos não é considerada nem um pecado nem uma traição, mas é parte do processo de formação das decisões coletivas.

A violência e a supressão das diferenças são soluções usuais em Estados cuja legitimação se funda na religião ou no carisma pessoal de um líder. Diversamente se passa nas hipóteses de legitimação racional do poder político. Nessas sociedades, quanto maior a concordância dos governados em relação às leis e às instituições, tanto maior será o poder estatal e menor será a necessidade da violência para a manutenção da ordem estabelecida.

As diferentes formas de legitimação apresentam implicações positivas e negativas. Por exemplo, a legitimação racional tende à ampliação da burocracia e ao engessamento do processo decisório.[7]

A construção de Weber não reflete uma opção preferencial quanto às três formas de legitimação, nem pretende defender uma espécie de evolução histórica entre elas. É uma sistematização sobre as variações da realidade. Ademais, seria um equívoco reputar que cada um dos três modelos apresenta características uniformes e padronizadas. Nem é correto reputar que cada um deles é excludente do outro. Em cada caso concreto, os elementos de cada categoria estão presentes em medida variável.

De modo genérico, é muito problemático reputar que, mesmo em regimes democráticos em que prevalece o governo das leis, a legitimação tradicional e a legitimação carismática deixariam de estar presentes.

---

6   Cf. WEBER. *Economy and Society*: an Outline of Interpretive Sociology, v. 1, p. 215 *et seq.*

7   Não é por outra razão que Weber reconhece que a legitimação racional do Estado está atrelada ao surgimento de um aparato burocrático. Cf. WEBER. *Economy and Society*: an Outline of Interpretive Sociology, v. 1, p. 218-220.

6 O ESTADO DE DIREITO

A ideia da legitimação racional se relaciona diretamente à concepção de Estado de Direito. A existência de um Estado sempre propicia o risco de utilização dos poderes estatais para benefício das classes dirigentes. Esse exercício arbitrário do poder estatal é incompatível com a democracia.

A reação ao arbítrio, ao longo da história, conduziu à ideia do *Estado de Direito*, elaborada pelos pensadores alemães do século XIX. Envolvia a conjugação de três postulados fundamentais, a saber: a tripartição de poderes, o princípio da legalidade e a universalidade da jurisdição.

A *tripartição de poderes* consiste na dissociação da organização estatal, de modo a produzir a diferenciação de competências (funções), que são atribuídas a órgãos diversos. Isso produz a limitação do poder pelo modo de sua estruturação (o sistema de "freios e contrapesos"), evitando que um único órgão concentre todos os poderes estatais.

A *legalidade* significa a submissão dos poderes do Estado ao direito, exigindo autorização normativa para atuação estatal.

A *universalidade da jurisdição* assegura o controle de validade dos atos estatais, permitindo a responsabilização dos sujeitos que atuarem de modo inadequado.

Antes da afirmação do Estado de Direito, a atividade estatal era alheia ao direito. Os atos do governante não comportavam controle, sob o postulado de que o rei não podia errar ou que o conteúdo do direito se identificava com a vontade do príncipe.

Num Estado de Direito, prevalecem as normas jurídicas abstratas e gerais, e não a vontade do governante. Essas normas jurídicas obedecem a um sistema hierárquico em cujo ápice figura a Constituição. A *supremacia da Constituição* significa a existência de um conjunto de normas de hierarquia superior, que se sobrepõe relativamente aos demais atos estatais e não estatais.

7 O ESTADO DEMOCRÁTICO DE DIREITO

A violência pode permitir a manutenção do poder político durante algum tempo, mas isso será sempre temporário. A única alternativa para a existência permanente do Estado é o *consenso* entre os cidadãos.

O consenso pressupõe, primeiramente, que todos os indivíduos sejam dotados de idênticos direitos e garantias, com direito de participação equivalente. Essa participação se faz por meio de um procedimento democrático.[8]

O *Estado Democrático de Direito* estabelece um procedimento democrático, que é uma construção que estabelece limites ao exercício do poder estatal. O *Estado Democrático de Direito* consagra a dignidade da pessoa humana como princípio jurídico e, a partir daí, reconhece às pessoas direitos fundamentais insuprimíveis e inalienáveis.[9]

---

[8] Jürgen Habermas assinala que, "porque a questão da legitimidade das leis garantidoras da liberdade tem de encontrar uma resposta dentro do direito positivo, o contrato social não pode impor e fazer valer o 'princípio do direito' senão ligando a formação da vontade política do legislador a condições de um procedimento democrático, sob as quais os resultados produzidos conforme o procedimento expressem *per se* a vontade concordante ou o consenso racional de todos os implicados" (*Facticidad y validez*: sobre el derecho y el Estado Democrático de Derecho en términos de teoría del discurso, p. 159, tradução livre).

[9] Nesse sentido, Habermas afirma que "os direitos humanos e o princípio da soberania popular não são por casualidade as únicas ideias sob cuja luz cabe justificar o direito moderno. Pois essas são as duas ideias em que se acabam condensando aqueles conteúdos que, por assim dizer, são os únicos que restam quando a substância normativa de um ethos ancorado em tradições religiosas e metafísicas é obrigado a passar pelo filtro das fundamentações pós-tradicionais" (*Facticidad y validez*: sobre el derecho y el Estado Democrático de Derecho en términos de teoría del discurso, p. 164, tradução livre).

A legitimidade e a validade dos atos estatais não dependem da participação efetiva e real de cada cidadão, mas da existência de disciplina jurídica que não exclua essa participação.

O cidadão não é um *súdito*, um *inferior*, um *servo* do Estado. Os governantes e os governados encontram-se em posição de igualdade, todos submetidos ao direito, ainda que haja competência dos primeiros de tomarem decisões vinculantes para todos. A competência decisória atribuída aos agentes estatais não se funda na posição de supremacia ou superioridade deles em face dos governados, mas na soberania popular.

8   O ESTADO DEMOCRÁTICO E SOCIAL DE DIREITO

O amplo reconhecimento de direitos fundamentais a todos os seres humanos foi acompanhado de uma renovação quanto à posição do Estado perante a Sociedade. Ao longo do século XX, tornou-se evidente que grandes parcelas da população não dispõem de condições para satisfazer as suas próprias necessidades essenciais. Fatores sociais, ambientais, econômicos e individuais impedem que o ser humano se realize como sujeito autônomo e usufrua da própria vida com dignidade. Isso exige a implantação e o desenvolvimento de serviços públicos pelo Estado.

Por outro lado, as revoluções industriais produziram a concentração do poder econômico e o surgimento de grandes grupos empresariais. Isso acarreta a necessidade de intervenção reguladora do Estado, para neutralizar as falhas e insuficiências do mercado privado.

O *Estado Democrático e Social de Direito* reflete o reconhecimento de que os direitos fundamentais exigem a intervenção estatal para superar limitações que constrangem a atuação individual. Por isso, a ordem jurídica é orientada não apenas a limitar o poder estatal, mas também a assegurar que o Estado seja um instrumento de promoção do desenvolvimento econômico e social e de implementação das políticas públicas. Impõe-se a existência de um Estado promotor, cuja atuação seja voltada à finalidade última de obter a concretização dos direitos fundamentais.

9   O BRASIL COMO UMA DEMOCRACIA REPUBLICANA

Não é incorreto afirmar que o direito administrativo surgiu com a criação do Estado e a necessidade de disciplina quanto ao seu funcionamento. Mas o conceito de direito administrativo, tal como admitido na atualidade, foi firmado a partir do início do século XX e acompanhou a evolução das concepções políticas sobre as funções do Estado e a democracia.

O direito administrativo no Brasil é uma manifestação da democracia republicana consagrada constitucionalmente. A expressão *democracia republicana* é utilizada para conjugar dois princípios originariamente distintos.

Na teoria do Estado, *democracia* e *república* são conceitos inconfundíveis. A república é um *regime de governo*, caracterizado essencialmente pela temporariedade dos mandatos dos governantes. A democracia é uma *forma de governo*, caracterizada pelo reconhecimento de que todo o poder político se vincula à soberania popular. Então, a república significa o exercício temporário e desinteressado do poder, enquanto a democracia significa o governo com a participação popular e com o respeito às diversidades dos sujeitos e das comunidades.

Mas a evolução civilizatória produziu a amálgama dessas duas concepções, sendo problemático diferenciá-las. As características da república e da democracia se entranharam, de modo que aludir a uma importa fazer referência à outra.[10]

---

[10]   Não seria absurdo afirmar a existência de uma democracia republicana em Estados monárquicos. Esse parece ser o caso da Grã-Bretanha. O exemplo serve para demonstrar como o conceito de democracia republicana passou a ter configurações distintas daquelas originais.

A república significa o governo fundado nas leis e não no interesse do ocupante da função pública. A democracia impõe a possibilidade de participação de todos os cidadãos, em igualdade de condições, no governo – seja por meio do voto ou de outros mecanismos de vinculação do governante à vontade do povo.

A democracia republicana é a concepção de que:

- – todo o poder político é de titularidade do povo (que o exercita diretamente ou por meio de representantes, na fórmula do art. 1.º, parágrafo único, da CF/1988);
- – todas as competências estatais são exercidas visando à satisfação dos direitos fundamentais do povo; e
- – a formação e a manifestação de vontade estatal sujeitam-se a procedimentos democráticos.

Por força da democracia republicana, as decisões estatais devem possibilitar a participação de todos os possíveis interessados, que são tratados como titulares de direitos equivalentes de participação na formação da vontade estatal. Devem existir mecanismos pelos quais os governantes são constrangidos a prestar esclarecimentos e a responder por seus atos.[11] Como decorrência, devem ser respeitados os interesses de todos os grupos sociais (inclusive das minorias), afastando-se a concepção puramente majoritária para a tomada de decisões. A democracia republicana traduz o governo fundado nas leis e no reconhecimento de direitos mínimos a todos os cidadãos, entre os quais o de participar na formação da vontade estatal.

Em suma, a democracia republicana contempla mecanismos de controle do poder dos governantes, buscando impedir que as competências governamentais sejam utilizadas para satisfação dos interesses egoísticos do governante ou de parcelas da população.

A observância de procedimentos que assegurem a racionalidade do processo decisório é indispensável à atividade administrativa numa democracia republicana. Exige-se a justificação teórica e prática de todas as escolhas, que devem resultar de um processo de comunicação amplo. As escolhas dos governantes têm de ser justificadas por critérios lógicos e racionais, com a demonstração de sua aptidão para satisfazer da melhor maneira possível as necessidades coletivas.

Cada decisão tem de ser produzida de modo democrático. Na democracia republicana, as decisões administrativas somente se legitimam se presentes dois requisitos. O primeiro é o *conteúdo*: a atividade governamental apenas será válida quando voltada a satisfazer, do melhor modo possível, o problema a ser resolvido. A concepção da democracia republicana impõe ao governante o dever de adotar as decisões que satisfaçam o máximo possível os interesses coletivos, com o inafastável respeito aos direitos fundamentais. O segundo é a *forma*: somente são válidas as decisões que observarem o devido procedimento administrativo.

É quase impossível delimitar a extensão dos efeitos e as decorrências da democracia republicana. Inúmeros princípios e regras são dela decorrentes, tal como adiante se apontará.

10   OS DESAFIOS ENFRENTADOS PELO DIREITO ADMINISTRATIVO BRASILEIRO

O direito administrativo enfrenta uma pluralidade de desafios nos dias atuais, que precisam ser reconhecidos e superados.

---

[11]   Na língua inglesa, há um vocábulo específico para indicar essa característica. Trata-se da expressão *accountability*, que não pode ser traduzida simplesmente por *responsabilização*, ainda que esse seja o conceito mais próximo em português.

10.1 A desvinculação da realidade

Existe um direito administrativo brasileiro que "vive em outro mundo",[12] no qual não há desvios, em que tudo está bem. Mas a realidade brasileira é muito diferente. É necessário que o direito administrativo se transforme num instrumento efetivo de realização dos valores de interesse coletivo. Deve haver um compromisso do direito administrativo com a Nação brasileira, no sentido de garantir que os poderes estatais sejam efetivamente utilizados para promover o desenvolvimento econômico e social, combater a miséria, reduzir as desigualdades regionais e assegurar a existência digna de todos. Esse não é um discurso retórico, se constitui num dever de todos.

A atividade administrativa estatal continua a refletir concepções personalistas de poder, em que o governante imprime a sua vontade pessoal como critério de validade dos atos administrativos e invoca projetos individuais como fundamento de legitimação para a dominação exercida. Isso deriva da ausência de incorporação, no âmbito do direito administrativo, de concepções constitucionais fundamentais.

Existem desafios que precisam ser enfrentados no âmbito do direito administrativo, visando a assegurar a prevalência de concepções democráticas no exercício da função administrativa.

10.2 O risco do fascismo[13]

Outro problema relevante é a tentação do fascismo. No fascismo, um grupo político toma o poder para promover o "bem comum" e combater os "inimigos do povo".[14] São eliminados os direitos fundamentais, alegando-se uma restrição temporária, destinada a prevalecer apenas durante o período necessário à implantação da nova ordem. Convoca-se o povo para um grande esforço nacional, que não admite divergência. Eliminam-se os direitos das minorias e a atuação estatal passa a ser orientada a eliminar a discordância. Grandes extratos da população dão suporte aos governantes, renunciando a direitos fundamentais em vista dos benefícios materiais prometidos.

O fascismo consagra a intolerância, num sistema em que a maioria prevalece de modo absoluto e as minorias são perseguidas (se não eliminadas).

Existem propostas fascistas em todos os países, inclusive no Brasil. Por isso, é indispensável reafirmar que o núcleo da ordem jurídica reside na preservação dos direitos fundamentais, inclusive das minorias. O direito administrativo é tanto um meio de restringir o exercício do poder político como um instrumento de promoção dos direitos fundamentais.[15]

---

[12] Utilizei, de modo intencionalmente provocativo, a expressão "Direito Administrativo do Espetáculo" para designar essas propostas. Confira-se O Direito Administrativo do Espetáculo. In: ARAGÃO; MARQUES NETO (Org.). *Direito Administrativo e seus novos paradigmas*, 2. ed., p. 57-79.

[13] O tópico sobre o fascismo constou deste *Curso* desde a sua primeira edição, datada de 2005. Portanto, não se trata de um problema recente na sociedade brasileira.

[14] Em uma definição expositiva, Robert Owen Paxton afirma que o fascismo consiste numa "forma de comportamento político marcado por uma preocupação obsessiva com a decadência e a humilhação da comunidade, vista como vítima, e por cultos compensatórios da unidade, da energia e da pureza, nas quais um partido de base popular formado por militantes nacionalistas engajados, operando em cooperação desconfortável, mas eficaz com as elites tradicionais, repudia as liberdades democráticas e passa a perseguir objetivos de limpeza étnica e expansão externa por meio de uma violência redentora e sem estar submetido a restrições éticas ou legais de qualquer natureza" (*A anatomia do fascismo*, p. 358).

[15] Sob esse enfoque, Daniel Sarmento assevera que "é legítimo e necessário estabelecer limites para as maiorias de cada momento, sobretudo ligados à proteção dos direitos fundamentais e das regras ligadas à preservação do próprio processo democrático, e de que é essencial, por outro lado, atribuir ao Judiciário o poder de fiscalizar o respeito a estes limites" (Ubiquidade constitucional. *Revista de Direito do Estado – RDE*, n. 2, p. 83-118, abr./jun. 2006, p. 101).

10.3 O risco da corrupção

Outro problema fundamental a ser enfrentado pela Nação brasileira é a corrupção. No setor público, a corrupção consiste no exercício de poderes por um agente estatal visando a beneficiar indevidamente a si mesmo ou a terceiros, com a frustração dos princípios e normas aplicáveis.

A corrupção envolve usualmente a obtenção de benefícios puramente patrimoniais, mas também pode manifestar-se de outros modos. Assim, por exemplo, existe corrupção quando um indivíduo é favorecido com aprovação indevida em concurso público.

A corrupção reduz a disponibilidade dos recursos públicos necessários ao atendimento das necessidades coletivas. Potencializa a ineficiência na atuação estatal e impede o crescimento econômico e o desenvolvimento social. Um dos grandes problemas é a associação entre a corrupção e a ausência de qualidade técnica das decisões adotadas, o que pode conduzir a resultados muito nocivos à comunidade.

A corrupção é praticada em todos os países, ainda que em muitos deles a sua incidência seja mínima. Há uma pluralidade de causas para a corrupção. Muitas delas são extrajurídicas. Mas a corrupção pode ser facilitada pelo modelo jurídico adotado.

No Brasil, os problemas da corrupção são apontados há muitas gerações, sem que o combate a ela tenha obtido o sucesso necessário. Durante esse longo período, recursos provenientes do erário têm sido transferidos indevidamente para a titularidade de terceiros, no Brasil e no estrangeiro.

Um dos pontos mais fundamentais reside em que os mecanismos do direito administrativo não têm sido eficazes para prevenir a corrupção. A multiplicação de controles internos e externos não produz resultados satisfatórios.

Isso evidencia a necessidade de mudança de mentalidade dos agentes públicos e da população para que seja possível a reconstrução do direito administrativo, com a eliminação das oportunidades para a prática da corrupção e a modificação das concepções vigentes. Não é admissível manter as soluções desenvolvidas no passado, especialmente em sociedades estrangeiras, ignorando a realidade das circunstâncias da vida real no Brasil.

10.4 O risco da insegurança jurídica

Outra limitação relevante da atividade administrativa estatal relaciona-se com a insegurança jurídica. A multiplicação de instâncias de controle da atividade administrativa e a ameaça de punição aos desvios produzem mecanismos de desincentivo à atuação ativa dos agentes públicos. O resultado prático aproxima-se do pior dos mundos. Por um lado, as providências de combate à corrupção não atingem os efeitos desejados. Por outro lado, os agentes públicos hesitam em assumir responsabilidades relevantes.[16]

O fortalecimento da segurança jurídica se relaciona com diversas iniciativas políticas e se traduz em uma série de leis editadas nos últimos anos. Dentre elas, apresenta relevância fundamental a Lei Federal 13.655/2018, que introduziu alterações no Dec.-lei 4.657/1942 (Lei de Introdução às Normas do Direito Brasileiro – LINDB). Os novos dispositivos podem permitir a convivência entre o combate à corrupção e a ampliação da estabilidade das relações entre Administração Pública e particulares.

Mas podem ser referidas diversas outras leis, também orientadas ao fortalecimento da segurança jurídica. Assim, é relevante indicar a Lei Federal 13.874/2019 (Lei da Liberdade Econômica), a Lei 14.133/2021 (destinada a substituir a Lei 8.666/1993) e a Lei 14.230/2021 (que alterou a Lei 8.429/1992, relativamente à improbidade administrativa).

---

[16] Sobre o tema, confira-se SANTOS. *Direito Administrativo do Medo*, 3. ed.

11 A AFIRMAÇÃO DO MÉTODO PRAGMÁTICO

O direito, inclusive o direito administrativo, desempenha uma função prática na vida social. É um instrumento para ordenar e regular os sujeitos, as condutas, os bens e os valores nas diversas esferas da sociedade. Mais do que isso, o direito é produzido pela vivência concreta de uma sociedade. Não existe um direito ideal, pronto e acabado. Não há uma ordem jurídica perfeita, destituída de problemas, imperfeições. O direito é repleto de problemas e dificuldades.

O processo de criação e de aplicação do direito é dinâmico, indissociável das novas configurações das vivências sociais, políticas e econômicas. As simplificações e abstrações produzidas pela doutrina apresentam uma dimensão utópica. O grande risco é o estudioso confundir a realidade com a abstração e supor que o direito vigente é aquele que existe apenas num plano ideal.

Esse enfoque envolve a adoção do método hermenêutico pragmático, que vem recebendo prestígio crescente no direito positivo brasileiro. Uma avaliação relevante foi produzida por José Vicente Santos de Mendonça, defendendo que o pragmatismo produz reflexos radicais sobre o direito administrativo, afasta as propostas de tratamento puramente teórico das questões atinentes à atividade administrativa do Estado e impõe um posicionamento orientado à solução de problemas concretos.[17]

11.1 As características fundamentais do pragmatismo

O pragmatismo funda-se em três pilares, que são o antifundamentalismo, o contextualismo e o consequencialismo:

– A inviabilidade da adoção de pressupostos imutáveis e intangíveis, de natureza abstrata (antifundamentalismo);

– O conhecimento e as proposições, tal como dominantes em um determinado momento, são o resultado da experiência concreta produzida pelas circunstâncias verificadas num determinado momento. A vida humana insere-se num processo dinâmico contínuo, que produz inovações e torna superadas as concepções pretéritas (contextualismo); e

– Todas as decisões, escolhas e teorias produzem potenciais efeitos distintos. A seleção de uma dentre elas deve refletir uma previsão sobre essas consequências, cabendo adotar-se aquela cujos efeitos sejam avaliados como os melhores e mais adequados (consequencialismo).

11.2 O pragmatismo como método hermenêutico

O pragmatismo nega a prevalência de valores puramente abstratos e exige que o intérprete tome em vista as circunstâncias da existência concreta. Incorpora a concepção de que as diversas previsões normativas, as interpretações prevalentes e as soluções a serem adotadas não corporificam o resultado definitivo e imutável da existência social.

Impõe ao aplicador o dever de considerar a dimensão do futuro na sua decisão, escolhendo à medida que – sendo compatível com a ordem jurídica – produza o resultado mais compatível com os fins comuns e com a efetivação dos propósitos da existência.

---

[17] A verdadeira mudança de paradigmas do direito administrativo brasileiro: do estilo tradicional ao novo estilo, *Revista de Direito Administrativo – RDA*, n. 265, p. 179-198, jan./abr. 2014.

11.3 A Lei 13.655/2018 e o pragmatismo hermenêutico

As alterações consagradas na Lei 13.655/2018, que modificou a LINDB e já anteriormente referida, incorporaram as concepções do pragmatismo hermenêutico. As suas determinações são orientadas a dispor sobre o exercício presente e futuro das competências administrativas e da atividade hermenêutica do intérprete. Também disciplinam o exercício das competências controladoras e judiciais, voltadas a fiscalizar a validade das decisões administrativas.

11.4 A jurisprudência do STF

O STF tem decidido na linha do método pragmático.[18] Nesse sentido, decidiu que o controle de constitucionalidade deve incorporar avaliações quanto à realidade dos fatos e aos efeitos das decisões:

"2. O Supremo Tribunal Federal, confrontado com o exame da constitucionalidade de decisões do Congresso Nacional impactantes em políticas públicas e que, *primu ictu oculi*, não confrontam o texto constitucional, deve, atento às *consequências práticas de sua decisão*, resistir à tentação de aderir a visões teóricas destoantes da realidade da Administração Pública brasileira, na linha da orientação hoje contida no art. 20, *caput*, da Lei de Introdução às Normas do Direito Brasileiro, que positiva essa vertente pragmático-consequencialista da função judicante ao determinar que '*nas esferas administrativa, controladora e judicial, não se decidirá com base em valores jurídicos abstratos sem que sejam consideradas as consequências práticas da decisão*'" (ADIs 4.645/DF e 4.655/DF, Pleno, rel. Min. Luiz Fux, j. 12.09.2023, *DJe* 20.10.2023).

12. A QUESTÃO DO CONSEQUENCIALISMO

A influência do pragmatismo tem propiciado a prevalência de um enfoque consequencialista no tocante às decisões estatais. Isso envolve a exigência de avaliação quanto às diversas alternativas disponíveis para o caso concreto, a formulação de projeções quanto aos efeitos de cada qual e a opção por aquela que se afigure como a mais compatível com os valores fundamentais e com as necessidades da realidade.

Nesse sentido, o direito passou a exigir a elaboração de estudos prévios e formais para certas decisões. Alguns exemplos são o EIA-RIMA (Estudo de Impacto Ambiental – Relatório de Impacto Ambiental) e a AIR (Análise de Impacto Regulatório).

A solução consequencialista deve ser compatibilizada com a preservação dos valores protegidos pelo direito e com o respeito aos direitos fundamentais. Seria desastroso ignorar a tutela consagrada nas normas jurídicas e admitir a prevalência de ilícitos, fraudes e práticas reprováveis mediante um argumento consequencialista. Isso destruiria a segurança jurídica e incentivaria as condutas desonestas e reprováveis.

---

[18] A referência ao STF não implica negar a aplicação pela generalidade do Poder Judiciário das determinações consagradas especificamente pela LINDB. Por exemplo, o STJ tem seguido a mesma orientação, como se extrai, por exemplo, do entendimento consagrado nos Temas Repetitivos 1.026, 1.093 e 1.094.

Capítulo 2
A FUNÇÃO ADMINISTRATIVA DO ESTADO

Função administrativa é um dos conceitos fundamentais do direito administrativo.

1   O CONCEITO JURÍDICO DE "FUNÇÃO"

A função consiste em um poder jurídico de natureza instrumental, previsto como meio para a realização de um fim transcendente ao interesse pessoal do sujeito a quem tal poder é atribuído. O titular da função tem o dever jurídico de exercer os seus poderes para realizar esse fim transcendente. Por isso, costuma-se aludir a "poder-dever" para indicar a situação do titular da função.[1]

O conceito de função compreende três aspectos diversos:

a) titularidade alheia do interesse a ser realizado;
b) dever de o sujeito perseguir a realização desse interesse; e
c) atribuição de poder jurídico para a realização desse interesse.

2   AS FUNÇÕES DO ESTADO

O Estado é investido de uma pluralidade de funções. A identificação de cada função estatal depende do critério adotado. Tradicionalmente, alude-se à existência de três funções, que são a função legislativa, a função jurisdicional e a função administrativa. Essa não é a única classificação possível, mas é a que prevalece pela tradição.

O conteúdo das funções administrativa, jurisdicional e legislativa depende da ordem jurídica. Por isso, o conteúdo de cada uma dessas funções varia nos diversos países.

---

[1] Para um aprofundamento sobre a análise das posições jurídicas subjetivas, inclusive da figura da função, consulte-se a obra do autor *Introdução ao Estudo do Direito*, 2. ed., p. 245 *et seq.*

3 O CONCEITO JURÍDICO DE "PODER"

A expressão "poder" apresenta uma pluralidade de sentidos. Em acepção objetiva, o poder é uma estrutura organizacional do Estado, composta por bens e por sujeitos, investida de certas competências e dotada de um grau intenso de autonomia em face de outras estruturas organizacionais estatais (poderes).

Em sentido subjetivo, o poder é uma situação jurídica que investe o titular da faculdade de exercer ações ou omissões, inclusive para criar deveres e limitações para terceiros.

4 OS PODERES (EM ACEPÇÃO OBJETIVA) DO ESTADO

A organização do Estado compreende uma pluralidade de poderes (em sentido objetivo). Usualmente, alude-se à existência de três poderes, que são o Poder Legislativo, o Poder Judiciário e o Poder Executivo. Cada país organiza os seus poderes segundo a própria Constituição. Por isso, não existe um modelo único e padronizado ao longo do tempo. Nem há uma identidade entre os diversos países.

4.1 A separação de poderes estatais

A separação de poderes é orientada a impedir que todas as funções estatais sejam concentradas em uma única estrutura organizacional. Ocorre a fragmentação do poder, com uma pluralidade de sujeitos exercitando competências distintas e controle recíproco.

Isso produz um sistema de freios e contrapesos e permite que "o poder controle o próprio poder". A separação de poderes é um instrumento de limitação do poder político. No entanto, e com o passar do tempo, deixou de ser considerada apenas como uma manifestação de freios e contrapesos.

Tal como exposto por Bruce Ackerman, as teorias de separação dos poderes são orientadas a promover três finalidades distintas, que são a democracia, a competência profissional e a proteção e a ampliação dos direitos fundamentais.[2]

Isso significa que a limitação do poder pelo próprio poder – a promoção da democracia – é apenas uma das finalidades da separação de poderes.

A distribuição de poderes entre órgãos diversos se orienta também a evitar decisões defeituosas ou inadequadas, produzidas pela ausência de especialização ou pela concentração de todos os poderes numa única autoridade. A especialização de cada poder permitirá identificar os defeitos e obter soluções mais satisfatórias.

Enfim, a separação de poderes é um mecanismo organizacional que se justifica pela afirmação dos direitos fundamentais. As diferentes autoridades se vinculam e se comprometem com a defesa da dignidade humana, e a dissociação de competências adquire uma dimensão finalística. Deixa de se constituir em uma simples técnica de organização do poder político e se configura como o meio para atingimento de fins constitucionalmente protegidos.

4.2 O conteúdo da separação de poderes

A separação de poderes alicerça-se em três pressupostos. O primeiro consiste na diferenciação de estruturas organizacionais estatais. Existem diferentes conjuntos de órgãos e cada uma das estruturas organizacionais é dotada de uma margem de autonomia, o que significa ausência de subordinação à outra. Sob esse prisma, existe uma separação "estrutural" de poderes, expressão que indica que os poderes do Estado são atribuídos a organizações de pessoas e bens diversos e autônomos entre si.

---

[2] ACKERMAN. *A nova separação dos poderes.*

O segundo é a diferenciação entre funções estatais, o que se faz em vista de sua consistência material. A isso se denomina separação "funcional" de poderes, o que significa que os poderes do Estado são diferenciados segundo sua natureza, atributos ou efeitos.

O terceiro pressuposto é a atribuição a cada estrutura organizacional ("Poder") de um tipo diverso de função. Cada estrutura orgânica é titular de competências diversas e, na concepção clássica, cabe a cada uma dessas estruturas orgânicas o exercício de uma única função específica e diferenciada.

4.3 A separação de poderes e as peculiaridades de cada país

A separação de poderes é adotada em quase todos os países, mas com configurações próprias. Não há um modelo único de separação de poderes, porque a estruturação desse modelo reflete a experiência histórica.

5 A CONCEPÇÃO DA TRIPARTIÇÃO DE PODERES

A concepção tradicional da tripartição de poderes defende a existência de três funções estatais, que são a administração, a legislação e a jurisdição. Cada uma delas é atribuída a um Poder distinto. Assim, o Poder Judiciário é investido da competência jurisdicional; o Poder Legislativo é titular da competência legislativa ou legiferante; e o Poder Executivo desempenha a competência administrativa ou executiva.

No entanto, é impossível uma separação absoluta de funções. Por outro lado, a evolução produziu o surgimento de funções estatais desconhecidas no passado.

5.1 A impossibilidade de separação absoluta de funções

A separação de poderes preconiza a separação harmônica e a conjugação entre eles. No entanto, a independência absoluta de cada Poder geraria situações de impasse. Se cada Poder fosse absolutamente independente, seria impossível a sua atuação harmônica. Surgiriam conflitos insuperáveis, especialmente porque é inviável que cada Poder exercite um único tipo de função.

Por isso, a separação de poderes significa a autonomia relativa, em que cada um dos poderes exercita preponderantemente, mas não exclusivamente, um tipo de função. Nenhum dos poderes é titular exclusivo de cada uma das funções, nem cada uma das funções é desempenhada exclusivamente por um dos poderes. Ou seja, cada poder é investido de uma função principal, mas desempenha acessoriamente outras funções.

5.2 As funções estatais anômalas em face da concepção tradicional

Os Estados contemporâneos contemplam estruturas organizacionais que não se enquadram de modo perfeito no âmbito dos tradicionais Poderes Judiciário, Executivo e Legislativo.

Há pelo menos duas funções desempenhadas pelo Estado contemporâneo que não encontram solução satisfatória no âmbito da tripartição clássica dos poderes. São elas o *controle de constitucionalidade dos atos normativos* e o *controle da regularidade das atividades estatais e privadas*. A tendência é de que essas funções sejam desempenhadas por estruturas autônomas, não integradas na organização de outros poderes.

5.3 O controle de constitucionalidade

O controle de constitucionalidade consiste no exame da compatibilidade dos atos estatais com a Constituição, acompanhado pela adoção de providências destinadas a assegurar a realização dos valores constitucionais.

A concepção clássica da tripartição dos poderes não compreendia o controle de constitucionalidade – inclusive porque alguns países não admitiam a possibilidade de controle da validade de atos estatais.

Existem diversos modelos de controle de constitucionalidade nos vários países. No Brasil, vigora uma concepção específica, caracterizada pela amplitude da atuação jurisdicional. Em alguns países, no entanto, reputa-se que o controle de constitucionalidade não se configura como uma função própria do Poder Judiciário.

Assim, há países que preveem um conselho constitucional, que não é vinculado a qualquer outro Poder. Não é o caso brasileiro, em que o controle de constitucionalidade pode ser exercitado por qualquer juiz, na hipótese do chamado controle difuso. O controle concentrado e em abstrato é exercitado principalmente pelo STF (que integra o Poder Judiciário).

O controle de constitucionalidade em abstrato não se identifica de modo preciso e exato com a função jurisdicional clássica. Assim se passa porque não há a composição de um conflito de interesses concretamente existente. No controle de constitucionalidade em abstrato, um órgão estatal emite uma decisão reconhecendo que um ato ou uma omissão estatal viola a Constituição ou que é com ela compatível. No caso da inconstitucionalidade por omissão, a decisão pode compreender inclusive um provimento com eficácia similar a uma lei.

5.4 O controle da regularidade de atos estatais e não estatais

Outra função estatal que não se enquadra na tripartição de poderes é a fiscalização da regularidade de atos estatais e não estatais. Esse controle é desenvolvido no interesse comum da Nação, por órgãos estatais dotados de autonomia e que não exercitam funções propriamente jurisdicionais, administrativas ou legislativas. No modelo brasileiro, o Ministério Público e os tribunais de contas desempenham funções de controle, atuando com autonomia em face de todas as demais estruturas estatais.

A relevância da função de controle conduziu à instituição, em outros países, do *Ouvidor do Povo* (*Ombudsman*). É uma estrutura administrativa cujo ocupante é escolhido por um processo especial, dotado de garantias que lhe asseguram autonomia no controle da atuação de qualquer ocupante de função governamental.

6 A SEPARAÇÃO DE PODERES NO BRASIL

O art. 2.º da CF/1988 prevê a existência de três poderes (Legislativo, Executivo e Judiciário), independentes e harmônicos entre si. Mas a interpretação do dispositivo não deve ser limitada a seus termos literais.

6.1 A heterogeneidade das competências de cada Poder

A existência de três poderes não significa que cada qual seja titular único de cada uma das funções estatais. Cada Poder é investido de competências dotadas de natureza diversa.

Assim, todos os poderes desempenham funções de natureza administrativa, ainda que seja para fins de organizar sua estrutura interna. Tanto o Poder Judiciário quanto o Poder Legislativo exercitam funções administrativas.

O Poder Judiciário também dispõe de poderes de natureza legislativa. A ele são reservadas certas competências no tocante à iniciativa de leis relevantes para fins judiciários. Ademais, o instrumento constitucional do mandado de injunção pode resultar na edição pelo Poder Judiciário de normas jurídicas similares àquelas oriundas do Poder Legislativo.

O Poder Legislativo é investido de poderes jurisdicionais em sentido próprio no tocante a processos envolvendo os ocupantes de certas funções (por exemplo, o art. 52, I, da CF/1988, que atribui ao Senado Federal competência para processar e julgar o Presidente e o Vice-Presidente quanto a crimes de responsabilidade).

O Poder Executivo também desempenha funções relacionadas com a legislação. Dispõe de iniciativa para desencadear o processo legislativo e de poderes de veto. É titular da competência para editar atos de cunho normativo (regulamentos) e da competência para produzir medida provisória. O Poder Executivo não desempenha função jurisdicional em sentido próprio. Mas, no desempenho da função administrativa, igualmente promove a composição de litígios, inclusive envolvendo particulares.

Portanto, cada Poder não é titular exclusivo do exercício de uma função, mas é investido de uma função principal e, acessoriamente, do desempenho de outras.

Essa situação pode ser assim sumariada:

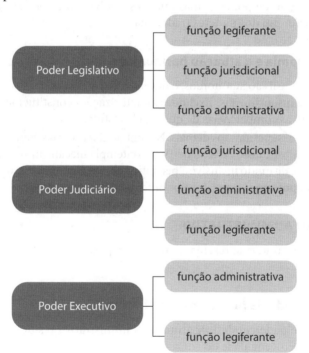

6.2 A autonomia do Ministério Público e do Tribunal de Contas

A CF/1988 atribuiu autonomia organizacional e funcional ao Ministério Público e ao Tribunal de Contas, que são titulares de competências próprias insuprimíveis e são autônomos perante os demais poderes.

É irrelevante que a Constituição tenha mantido o Ministério Público como integrante do Poder Executivo e o Tribunal de Contas como órgão auxiliar do Poder Legislativo.

Ministério Público e Tribunal de Contas são dotados de funções próprias, inconfundíveis e privativas, cujo desempenho se faz em condições autônomas e sem subordinação hierárquica a autoridades integrantes de outros Poderes.

As atribuições do Ministério Público e do Tribunal de Contas não podem ser exercitadas senão por eles próprios.

Mais ainda, ambas as instituições têm estrutura organizacional própria e autônoma, e seus exercentes são dotados de garantias destinadas a assegurar seu funcionamento independente e o controle sobre os outros poderes.

Tudo o que caracteriza a existência de um "poder" está presente na disciplina constitucional do Ministério Público e do Tribunal de Contas. Só não têm a denominação formal de Poder.

Portanto, e sob o prisma jurídico, deve-se reconhecer a existência de cinco poderes no Estado brasileiro. A redação do art. 2.º da CF/1988 não é obstáculo a essa conclusão. A interpretação jurídica permite superar o aparente conflito. A afirmativa da existência de três poderes não significa negar a decisão constitucional de assegurar ao Ministério Público e ao Tribunal de Contas o regime jurídico próprio de um Poder.

Não há impedimento à consagração de cinco poderes. É possível (e, mesmo, desejável) que a estrutura do Estado seja futuramente acrescida de outros órgãos dotados de autonomia, para o exercício de funções estatais que muitas vezes nem existiam à época do surgimento da concepção da separação de poderes, mas que, desenvolvendo-se posteriormente, acabaram sendo acumuladas por um dos poderes tradicionais.

6.3 A autonomia e a atuação harmônica

Os poderes no Brasil são autônomos, o que significa que cada qual está investido de competências próprias e insuprimíveis. Excluídas as autorizações constitucionais, nenhum Poder pode delegar a outro as competências de que está investido.

Nenhum Poder é "superior" aos demais. No âmbito das próprias competências, cada Poder é inviolável. Mas a Constituição Federal de 1988 contempla mecanismos de atuação conjugada dos diversos poderes, de modo inclusive a permitir que, em alguns casos, os atos praticados no âmbito de um deles possam ser revistos por outro.

7 A FUNÇÃO ADMINISTRATIVA

A função administrativa apresenta natureza complexa e se traduz numa pluralidade de atividades distintas.

7.1 A amplitude da função administrativa

A grande dificuldade em definir a função administrativa reside na dinamicidade, na abrangência e na heterogeneidade do conceito.

Os Estados e as sociedades desenvolveram, ao longo da história, as próprias concepções quanto à função administrativa. Por isso, função administrativa não é algo definível segundo uma concepção abstrata e teórica, porque reflete o modo como a Nação forjou a sua concepção concreta de Estado, que está positivada no ordenamento jurídico.

Portanto, o conceito de função administrativa adotado pelo direito positivo brasileiro não é resultado apenas da lógica e da razão, mas deriva da evolução histórica e de razões de ordem política.

Ao longo do tempo, verificou-se a ampliação do conceito de função administrativa. A modificação das concepções quanto aos modelos de Estado traduziu-se preponderantemente na alteração do conteúdo da função administrativa. Alguns chegam a aludir à *administrativização* do Estado contemporâneo, para indicar que a função administrativa sofreu grande ampliação.

Depois, a função administrativa compreende atividades de fornecimento de utilidades materiais de interesse coletivo (coleta de lixo, por exemplo). Mas também abrange atuação de cunho jurídico, imaterial (regulamentação de poluição sonora, por exemplo). E igualmente traduz a decisão de litígios, inclusive entre particulares (por exemplo, disputas quanto à competição desleal, levadas à apreciação do Conselho Administrativo de Defesa Econômica – Cade). Um exame mais minucioso poderia indicar outras espécies de atuação compreendidas no âmbito da função administrativa, tal como será mais bem examinado adiante.

Não foi casual, portanto, que Agustín Gordillo tivesse preconizado uma definição por exclusão para função administrativa. Dizia que a função administrativa compreendia as competências estatais que não se enquadrassem no conceito de jurisdição e de legislação.[3] Ainda quando não se adote uma definição negativa, é imperioso destacar que a determinação do conteúdo da função administrativa reflete uma evolução histórica.

7.2   A definição de função administrativa estatal

A função administrativa do Estado é o conjunto de poderes jurídicos atribuídos ao Estado, destinados a promover a satisfação de direitos fundamentais oponíveis assegurados pela ordem jurídica, cujo desempenho exige uma organização estável e permanente, exercitados sob regime jurídico infralegal e que se exteriorizam em decisões destituídas de natureza jurisdicional.

Em primeiro lugar, a função administrativa do Estado deve ser compreendida como um conjunto de poderes jurídicos que compreendem inclusive o desenvolvimento de atividades materiais e a formulação de comandos relativamente à conduta alheia, impondo-se aos terceiros o dever de respeitar e submeter-se ao conteúdo das decisões e dos atos praticados pelo titular da função estatal.

Justamente por se tratar de uma competência atribuída não no interesse egoístico do sujeito, a função compreende competências orientadas à realização de fins constitucionalmente eleitos. A função administrativa envolve um conjunto de atribuições, cujo efetivo exercício é obrigatório, em virtude da exigência da concretização dos direitos fundamentais. A função administrativa se refere à satisfação de direitos fundamentais oponíveis inclusive ao Estado, que está sujeito ao dever constitucional de promover as condutas adequadas e necessárias.

É impossível compreender a função administrativa sem tomar em vista a existência de um conjunto de pessoas e de bens, organizados de modo estável e permanente para o desempenho específico dessas atividades. A complexidade e a relevância dos interesses a serem atendidos exigem organismos especialmente destinados à sua satisfação. Tais organismos estão inseridos preponderantemente na órbita estatal, o que não exclui a possibilidade de que entidades não estatais também desempenhem essas atividades – hipótese que, quando ocorrer, não configurará uma função estatal, como é evidente.

A função administrativa se exprime por meio de regime caracterizado, primeiramente, pela infralegalidade. Isso significa que a função administrativa não compreende poder jurídico para introduzir normas jurídicas primárias. A função administrativa compreende a edição de normas jurídicas, mas tais normas são complementares daquelas produzidas no âmbito da função legislativa.

A função administrativa se traduz no desenvolvimento de atos e atividades que não apresentam natureza jurisdicional. Isso quer dizer que a função administrativa não é orientada à composição de litígios por meio de sujeitos alheios ao conflito de interesses. Mais ainda, o desenvolvimento da função administrativa sujeita-se ao controle e à revisão pelos exercentes da função jurisdicional.

---

[3]   *Tratado de derecho administrativo*, t. I.

8 A SEPARAÇÃO ESTRUTURAL DE PODERES: O PODER EXECUTIVO

A função administrativa é desempenhada pelos diversos poderes. Porém, o seu desenvolvimento cabe preponderantemente ao Poder Executivo.

O Poder Executivo é um conjunto de órgãos estruturados segundo uma concepção hierárquica centralizadora. O posto mais elevado é reservado ao Chefe do Executivo (Presidente da República, Governador do Estado ou do Distrito Federal e Prefeito Municipal). A estrutura fundamental do Poder Executivo está prevista na Constituição, e sua efetiva implementação deve fazer-se por lei. Mas a atuação concreta do Poder Executivo não se subordina a determinações externas, provindas da vontade dos ocupantes de outros poderes.

9 OS EFEITOS DA SEPARAÇÃO DE PODERES SOBRE A FUNÇÃO ADMINISTRATIVA

A separação de poderes impõe que a atividade administrativa se desenvolva segundo a lei. Há uma limitação a que a atividade administrativa produza normas equivalentes às leis – mas o tema desperta controvérsias relevantes. Existe a questão da reserva de administração – que envolve a limitação à disciplina de certos temas de competência da Administração por meio de lei. Os temas são analisados no Capítulo 5.

A atividade administrativa é subordinada também a uma série de controles reservados constitucionalmente ao Poder Legislativo. Essa função de fiscalização e de controle é desempenhada igualmente pelo Tribunal de Contas. O tema é analisado no Capítulo 18.

Ademais disso, a separação de poderes subordina a Administração Pública ao controle jurisdicional. Os atos administrativos podem ser revistos pelo Poder Judiciário, cabendo discutir adiante os limites da avaliação judicial sobre o chamado *mérito* do ato administrativo. No entanto, isso não autoriza que o Poder Judiciário assuma competências de natureza administrativa atribuídas ao Poder Executivo. O tema é analisado no Capítulo 8.

10 FUNÇÃO ADMINISTRATIVA E FUNÇÃO DE GOVERNO

Uma diferenciação relevante se relaciona com as competências propriamente governativas, que também são atribuídas preponderantemente ao Chefe do Poder Executivo.

A expressão *função de governo* indica um conjunto de competências não relacionadas propriamente à satisfação de necessidades individuais e coletivas. São aquelas atinentes à existência do Estado e à formulação de escolhas políticas primárias. Ambas as funções (administrativa e de governo) estão relacionadas à promoção dos direitos fundamentais, mas em níveis diversos. A função administrativa é instrumento de realização direta e imediata dos direitos fundamentais. A função de governo traduz o exercício da soberania da Nação e a definição das decisões políticas mais gerais. A função de governo também envolve a realização dos direitos fundamentais, mas não consiste em medidas diretamente referidas a isso. A distinção não é simples, especialmente porque existem elementos políticos no desempenho da função administrativa, tal como há uma carga administrativa na função política.

Em certas situações práticas, a distinção entre os regimes jurídicos aplicáveis é evidente. A assinatura de um tratado internacional não se confunde com a pactuação de um contrato administrativo, mesmo quando ambos os atos possam ser praticados por uma mesma autoridade (Presidente da República). Num caso, há manifestação da existência do Brasil no cenário internacional; noutro, existe atendimento a necessidades essenciais. Mas, em outros casos, a distinção é muito problemática.

Adota-se o entendimento de que a função de governo não apresenta natureza administrativa, o que significa ausência de aplicação do mesmo regime jurídico reservado para a função administrativa. Mas isso não significa que a função política desenvolva-se ao externo da ordem jurídica. Admite-se que o regime jurídico da função de governo é diverso, contudo, isso não quer dizer impossibilidade de controle nem ausência de limites. O tema escapa ao direito administrativo, ingressando no âmbito do direito constitucional.

A matéria foi objeto de intensa discussão no STF, por ocasião do "caso Battisti".[4] Em uma passagem relevante desse julgado, foi afirmado que "Não há 'judicialização da política' quando as 'questões políticas' estão configuradas como verdadeiras 'questões de direitos'. Essa tem sido a orientação fixada pelo Supremo Tribunal Federal" (trecho do voto do Min. Gilmar Mendes). Ou seja, a afirmação do Estado de Direito eliminou a possibilidade de poderes políticos absolutos. Existem funções políticas que podem compreender margem de autonomia para a deliberação da autoridade política. No entanto, essa autonomia sempre será uma manifestação de poder instituído, delimitado e fundado na ordem jurídica. Portanto, a decisão política concretamente adotada estará sujeita ao controle de legalidade.

Essa temática voltou a ser examinada pelo STF em diversas outras oportunidades. Um precedente relevante está adiante reproduzido:

> "1. A emergência internacional, reconhecida pela Organização Mundial da Saúde, não implica nem muito menos autoriza a outorga de discricionariedade sem controle ou sem contrapesos típicos do Estado Democrático de Direito. As regras constitucionais não servem apenas para proteger a liberdade individual, mas também o exercício da racionalidade coletiva, isto é, da capacidade de coordenar as ações de forma eficiente. O Estado Democrático de Direito implica o direito de examinar as razões governamentais e o direito de criticá-las. Os agentes públicos agem melhor, mesmo durante emergências, quando são obrigados a justificar suas ações (...)" (Referendo na MC na ADI 6.341/DF, Pleno, rel. Min. Marco Aurélio, rel. p/ acórdão Min. Edson Fachin, j. 15.04.2020, *DJe* 12.11.2020).

Em outra ocasião, o STF identificou outros fundamentos para o controle de decisões administrativas de natureza política:

> "(...) 8. A discricionariedade decisória do Chefe do Executivo na reestruturação administrativa não é prerrogativa isenta de limites, ainda mais no campo dos Conselhos com perfis deliberativos. A moldura normativa a ser respeitada na organização procedimental dos Conselhos é antes uma garantia de contenção do poder do Estado frente à participação popular, missão civilizatória que o constitucionalismo se propõe a cumprir. O espaço decisório do Executivo não permite intervenção ou regulação desproporcional. 9. A Constituição Federal não negocia retrocessos, sob a justificativa de liberdade de conformação decisória administrativa. A eficiência e a racionalidade são vetores constitucionais que orientam o Poder Executivo na atividade administrativa, com o objetivo de assegurar efetividade na prestação dos serviços públicos, respeitados limites mínimos razoáveis, sob pena de retrocessos qualitativos em nome de incrementos quantitativos. Inconstitucionalidade do Decreto n. 9.806/2019. 10. Arguição de descumprimento de preceito fundamental julgada procedente" (ADPF 623/DF, Pleno, rel. Min. Rosa Weber, j. 22.05.2023, *DJe* 17.07.2023).

Esses julgados evidenciam uma orientação de submeter decisões "políticas" a controle de compatibilidade com a ordem jurídica. Mas isso não elimina a existência de uma competência

---

4   Extradição 1.085, Pleno, rel. Min. Cezar Peluso, j. 16.12.2009, *DJe* 15.04.2010.

decisória da autoridade administrativa, insuscetível de controle externo. A questão pode ser enquadrada no âmbito da discricionariedade, que, em alguns casos, compreende questões de natureza política. Mas não se admite a invocação de um "poder político" para impedir a revisão da compatibilidade do ato administrativo com as normas jurídicas.

11   FUNÇÃO ADMINISTRATIVA E ATIVIDADE ADMINISTRATIVA

A função administrativa é um conjunto de competências estatais (poderes jurídicos). A atividade administrativa é a sequência conjugada de ações e omissões pelas quais se exercita a referida função e se persegue a realização dos fins que a norteiam e justificam sua existência. A função administrativa é materializada por meio da atividade administrativa.

A atividade administrativa é subordinada ao regime de direito administrativo, não importando se tal atividade é exercitada no âmbito do Poder Judiciário, do Poder Legislativo ou de qualquer outro órgão estatal. O regime de direito administrativo será estudado no Capítulo 3.

12   OS TIPOS DE FUNÇÃO ADMINISTRATIVA

A complexidade das competências atribuídas à Administração Pública exige sua sistematização, especialmente para fins didáticos. Lembre-se de que essa diferenciação não significa que cada função seja absolutamente diferente e dissociada da outra. Por outro lado, o elenco abaixo não é exaustivo, pois outras manifestações de função administrativa podem ser identificadas.

12.1   Função administrativa conformadora ou ordenadora

A função conformadora é o conjunto de poderes para editar regras, produzir decisões e promover sua execução concreta visando a conformar, dentro de certos limites, liberdades e direitos individuais, como meio de produzir a harmonia social. Essa categoria compreende também o chamado *dever de proteção*, relacionado à eficácia horizontal dos direitos fundamentais. Isso consiste na atuação ativa que visa a assegurar que os direitos fundamentais sejam preservados no relacionamento entre sujeitos privados. A função administrativa conformadora traduz-se, de modo especial, no instituto do poder de polícia.

12.2   Função administrativa regulatória

A função administrativa regulatória envolve uma manifestação diferenciada e peculiar da função conformadora antes referida. É composta pelos poderes para disciplinar setores empresariais, dispondo sobre a conduta individual e coletiva. O vocábulo "regulatória" vem sendo aplicado, de modo especial, para indicar uma modalidade de atuação estatal que passou a ser desenvolvida em época mais recente, em que o atendimento diretamente pelo Estado das necessidades coletivas (função administrativa prestacional) foi substituído pela atuação da iniciativa privada.

A regulação consiste no conjunto de providências por meio das quais o Estado busca disciplinar o desempenho de atividades de interesse coletivo. A função administrativa regulatória costuma ser atribuída a entidades administrativas dotadas de autonomia reforçada, tal como as agências reguladoras independentes.

12.3 Função administrativa de fomento

A função administrativa de fomento envolve a competência para aplicar recursos públicos e adotar providências destinadas a orientar o uso de recursos privados visando a incentivar o desenvolvimento de atividades econômicas para atingir os fins constitucionalmente protegidos.

A função de fomento reflete o reconhecimento de que a atuação de agentes privados é relevante para promover o desenvolvimento nacional ou regional ou para a satisfação de direitos fundamentais. Por meio do fomento, o Estado concede incentivos ou benefícios (tributários ou de outra natureza), de modo a tornar mais vantajosa uma atividade empresarial que realize ou potencialize a realização de valores constitucionais fundamentais. Um exemplo é a criação de incentivos fiscais para empresas localizadas em regiões menos privilegiadas.

De modo geral, as medidas de fomento dependem de previsão legislativa, especialmente porque envolvem tratamento discriminatório entre pessoas ou regiões. Em outros casos, traduzem-se em renúncia, doação ou transferência de bens para o setor privado.

12.4 Função administrativa prestacional

A função administrativa prestacional é composta dos poderes para promover a satisfação concreta de necessidades coletivas relacionadas a direitos fundamentais. Traduz-se, em especial, no instituto do serviço público.

Mas também compreende a exploração de atividades econômicas pelo Estado, prevista no art. 173 da CF/1988. Isso envolve a criação de sociedades estatais empresárias, o que abrange as empresas públicas e as sociedades de economia mista (e as suas subsidiárias).

12.5 Função administrativa de controle

Do mesmo modo, pode-se aludir a uma função administrativa de controle, para indicar uma atuação formal e institucionalizada direcionada a verificar a correção formal e material do desempenho dos próprios órgãos estatais. Lembre-se de que, na essência, a teoria da separação de poderes se justifica como instrumento de controle do exercício do poder. Portanto, o controle das atividades administrativas está abrangido tanto na função legislativa como no âmbito da função jurisdicional.

No entanto, a complexidade e a especialização das funções administrativas, assim como a demanda por transparência na atuação dos órgãos estatais, conduziram ao surgimento de controles cada vez mais sofisticados e detalhados. No âmbito externo aos demais poderes, houve a institucionalização do Tribunal de Contas e do Ministério Público. Contudo, verificou-se também o surgimento de uma função administrativa de controle, desempenhada no âmbito de cada ente e de cada órgão. Por exemplo, na esfera da União, existe a Controladoria-Geral da União.

A peculiaridade da função de controle reside na sua vocação de fiscalização e orientação da atuação dos outros órgãos administrativos. Essa tendência apresenta natureza muito positiva, mas envolve a necessidade de aperfeiçoamento da sua disciplina jurídica. Assim, por exemplo, é indispensável reconhecer a obrigatoriedade de a função de controle ser desenvolvida sob a égide do devido processo legal, inclusive com a observância do direito à ampla defesa e ao contraditório para todo e qualquer sujeito (integrante ou não da estrutura estatal) cujos interesses forem potencialmente afetados pelas decisões adotadas.

13 A ATIVIDADE ADMINISTRATIVA PÚBLICA NÃO ESTATAL

No passado, reputava-se que a atividade administrativa pública era monopolizada pelo Estado. Essa concepção vem sendo alterada, com a perspectiva de que a função administrativa é desempenhada também por entidades não estatais. Isso conduz à necessidade de diferenciar atividade administrativa pública estatal e atividade administrativa pública não estatal.

Assim, por exemplo, as instituições privadas de ensino e de saúde exercitam atividades que se assemelham àquelas desempenhadas pelo Estado. Muitas dessas entidades privadas assumem atuação vinculada intensamente à promoção dos direitos fundamentais, de modo a excluir uma distinção mais aprofundada em face dos órgãos estatais. Essas entidades devem ser subordinadas a regime jurídico que observe os princípios da atividade administrativa estatal.

Nessa linha, o STF reconheceu, ao julgar a ADI 3.026, que a OAB, embora titular de algumas competências essencialmente públicas, não integra a estrutura da Administração Pública.[5] A OAB desempenha competências públicas, algumas de natureza administrativa, mas sem que a instituição apresente cunho governamental ou estatal.

Um ponto fundamental consiste em reconhecer que o Estado Democrático não absorve a sociedade civil. As instituições estatais, que concentram o poder político, não eliminam as estruturas sociais autônomas, cuja existência não se deve à vontade dos governos.

Numa democracia, a sociedade não pode ser absorvida pelo Estado. Não apenas para efeito de a sociedade promover a fiscalização e o controle sobre o Estado, mas também quanto à promoção da satisfação das necessidades coletivas, ou seja, a diferenciação entre Estado e sociedade é relevante para fins políticos, porque é essencial à democracia. Mas é também relevante para a promoção dos direitos fundamentais.

A sociedade tornou-se muito complexa para que suas necessidades sejam satisfeitas exclusivamente por parte do Estado. A cidadania impõe que os indivíduos e as empresas se organizem e atuem concretamente para minorar os problemas e combater as carências. A dignidade humana e a solidariedade são compromissos da Nação consigo mesma, e não um fardo a ser carregado apenas pelas instituições governamentais.

As atividades administrativas desenvolvidas fora dos limites da estrutura estatal devem ser disciplinadas pelo direito. A generosidade inerente à atuação não estatal de interesse coletivo não dispensa controle jurídico. A relevância da função não produz imunidade ao direito.

Existindo organizações estruturadas de modo estável e permanente para promover a satisfação de interesses coletivos e de direitos fundamentais, haverá a aplicação de princípios do direito administrativo.

Lembre-se, ademais, de que as organizações da sociedade civil desenvolvem atuação que, muitas vezes, é onerosa – mas não na acepção de refletir uma organização empresarial privada. Trata-se da percepção de vantagens provenientes de cofres públicos, de recebimento de doações e assim por diante. Ainda que essas entidades não visem ao lucro, sua atuação é custeada por recursos públicos e privados. A gestão desses recursos se sujeita aos mesmos instrumentos de controle aplicáveis à atuação estatal.

É possível que, no futuro, a atividade administrativa não estatal seja disciplinada por um ramo especial do direito. Enquanto isso não ocorrer, será necessário estender o direito administrativo para esse relevante segmento de atividades de interesse coletivo.

O reconhecimento da existência de atividades administrativas públicas não estatais não equivale a negar a possibilidade de monopólio estatal sobre determinadas competências. Não é correto reputar que toda e qualquer atividade administrativa pública possa ser desempenhada por entidade não estatal.

---

[5] ADI 3.026/DF, Pleno, rel. Min. Eros Grau, j. 08.06.2006, *DJe* 29.09.2006. O STF reiterou esse entendimento ao julgar o RE 1.182.189/BA (Tema 1.054 da Repercussão Geral), em que reconheceu a ausência de obrigatoriedade de a OAB prestar contas ao Tribunal de Contas da União ou a qualquer outra entidade externa (RE 1.182.189/BA, Pleno, rel. Min. Marco Aurélio, rel. p/ acórdão Min. Edson Fachin, repercussão geral – mérito, j. 25.04.2023, *DJe* 15.06.2023).

Existem certos poderes jurídicos que são essencialmente estatais. Assim se passa com aqueles que envolvem a definição política dos destinos da comunidade em seu conjunto, tal como os que traduzem o exercício permanente e institucionalizado da violência. Mas a determinação dos limites do monopólio estatal em relação às competências administrativas depende de escolhas realizadas pela Constituição e pelas leis. Portanto, a definição concreta de tais limites é variável ao longo do tempo e se diferencia nos vários países.

O monopólio estatal está diretamente relacionado com a inviabilidade ou inconveniência do desempenho de determinadas atividades pela sociedade ou pela iniciativa privada. Existem casos em que a ordem jurídica reputa que a satisfação de direitos fundamentais ou a implantação de certos valores somente se pode fazer por meio da atuação estatal.

Em algumas hipóteses, trata-se de reconhecer que somente o Estado pode ser investido de poderes aptos a afetar de modo radical os interesses coletivos e individuais. Assim, por exemplo, somente o Estado pode desempenhar a função de segurança externa do país e a ele incumbe o exercício da violência institucionalizada no âmbito interno. O monopólio estatal deriva, em tais casos, da inadequação de atribuir a uma entidade não estatal a titularidade de determinados poderes jurídicos.

Em outras circunstâncias, os mecanismos inerentes à atividade não estatal são incapazes de promover a satisfação adequada dos direitos fundamentais. A ausência de intervenção estatal poderia redundar na frustração da realização dos direitos fundamentais da totalidade ou de parte da população. Nesses casos, o Estado monopolizará integralmente a atividade ou, ao menos, assumirá o seu desempenho concomitantemente com os particulares.

Deve-se ter em vista que a legitimação jurídica da atuação dos particulares para o desempenho de atividades relevantes para a realização dos direitos fundamentais não equivale à ausência de limites normativos ou de controles estatais. A redução da intervenção direta do Estado é acompanhada da ampliação do controle normativo sobre os particulares – de modo a se impor ao particular a realização dos valores e o atingimento dos fins buscados pela comunidade.

14 A FEDERAÇÃO: A PLURALIDADE DE ORDENS DE COMPETÊNCIAS ESTATAIS

A federação é uma forma de Estado, o que envolve o modo de organização do poder político. Caracteriza-se pela dissociação de sujeitos titulares de competências estatais, para gerar uma pluralidade de esferas políticas sobre o território de um único e mesmo Estado. Como decorrência, cada órbita federativa é investida de uma parcela da função administrativa.

14.1 A federação como delimitação da competência estatal

O efeito da organização federativa consiste na redução das competências de cada ente federativo. Num Estado unitário, todas as competências governamentais são concentradas em uma única estrutura estatal. Na federação, há competências próprias de cada órbita federativa, o que produz um sistema de limitação do poder.

14.2 As peculiaridades do modelo federativo brasileiro

A organização federativa brasileira diferencia-se de outros modelos, tendo em vista a consagração de três órbitas de governo sobre um mesmo território. Em regra, as federações se caracterizam pela existência de apenas duas esferas de poder. No Brasil, há a União (órbita federal), os Estados-membros (órbita estadual) e os Municípios (órbita municipal). Outra

26 CURSO DE DIREITO ADMINISTRATIVO · *Marçal Justen Filho*

peculiaridade brasileira reside no reconhecimento do Distrito Federal como ente federativo (acumulando as competências reservadas aos Estados-membros e aos Municípios).

Um dos elementos inerentes à Federação brasileira reside na igualdade entre os entes federativos, o que torna inadmissível afirmar que a União seria hierarquicamente superior aos demais entes. Lembre-se de que a Constituição de 1988 veda "à União, aos Estados, ao Distrito Federal e aos Municípios: (...) III – criar distinções entre brasileiros ou preferências entre si" (art. 19, III).

A Constituição contempla uma discriminação de competências dos entes federativos. É evidente que os interesses nacionais são, na sua grande maioria, reservados à União. Como regra, cada órbita federativa é investida da titularidade de interesses pertinentes à sua dimensão geográfica (geopolítica). A discriminação de competências também compreende critérios para a solução de conflitos, ainda que nem todos os critérios estejam previstos de modo expresso.

Um aspecto marcante do direito brasileiro relaciona-se com a ausência de vínculo hierárquico entre os entes federativos, especialmente para efeito de solução de conflitos de competência. Ao contrário do que se passa em outras Federações, é impossível estabelecer a preponderância dos atos federais sobre os locais. Isso não significa que a União disporia de poderes menores ou iguais aos atribuídos a Estados, Distrito Federal e Municípios. É evidente que se passa o oposto: a União dispõe de competências mais relevantes e extensas do que os demais entes federativos. Mas isso deriva de um elenco constitucional de competências. Não existe uma regra constitucional no sentido de que, existindo atos normativos provenientes de diferentes entes federativos, deverá prevalecer aquele emanado da União. Havendo um conflito entre atos produzidos por entes federativos diversos e sendo impossível a sua compatibilização, será necessário identificar a titularidade da competência envolvida.

Em suma, somente prevalecerá o ato emanado da União quando existir uma competência constitucionalmente assegurada a esta para a referida atuação.

14.3 Interesses comuns e a discriminação da competência

Há uma questão federativa ainda em aberto que envolve a existência de interesses comuns a diversos entes federativos. A questão se relaciona com o fenômeno da *federação regional*, para indicar a impossibilidade de seccionar de modo absoluto as competências da Federação.

Essa matéria envolve especialmente o surgimento de aglomerações urbanas de grande porte, objeto da referência contida no art. 25, § 3.º, da CF/1988. Ali se prevê a possibilidade de lei complementar estadual criar regiões metropolitanas, "constituídas por agrupamentos de Municípios limítrofes, para integrar a organização, o planejamento e a execução de funções públicas de interesse comum". O tema foi regulamentado pela Lei 13.089/2015 (Estatuto da Metrópole). Anote-se, no entanto, que a região metropolitana não foi reconhecida como um ente federativo autônomo, nem sequer como uma pessoa específica.

Ainda no contexto de federação regional, o art. 241 da Constituição previu a adoção de convênios e de consórcios públicos entre os diversos entes federativos. O dispositivo foi regulamentado pela Lei 11.107/2005,[6] que dispôs sobre os consórcios públicos, pessoas jurídicas inconfundíveis com os entes federativos. Os consórcios públicos resultam da associação dos entes federativos e se destinam a promover a satisfação dos interesses comuns. Essas figuras integram a Administração Pública, tal como adiante será mais bem examinado. Embora o consórcio público não seja um ente federativo, é um sujeito de direito e, como tal, pode ser titular de direitos e obrigações oponíveis aos entes federativos consorciados, inclusive deles recebendo a titularidade do exercício de algumas competências de natureza administrativa.

---

6   A qual, por sua vez, foi regulamentada pelo Dec. Fed. 6.017/2007.

14.4 Federação e atividade administrativa do Estado

A federação é uma técnica de limitação do poder político, consistente na multiplicação de entes governantes. Essa dissociação impede o exercício de todas as competências administrativas por uma única entidade política. A existência da federação amplia, de modo marcante, a complexidade do regime de direito administrativo. Pode-se dizer que, entre as três funções estatais, é a administrativa aquela que enfrenta maiores dificuldades para receber uma organização sistemática numa federação.

No Brasil, não existe ainda uma posição definitiva quanto à delimitação das competências administrativas dos diversos entes federativos. A Constituição consagra alguns critérios, mas existem muitas hipóteses em que não há uma solução clara e precisa.

Assim se passa porque a atividade administrativa se sujeita a um regime jurídico integrado por normas produzidas por diversas órbitas federativas. Portanto, não se trata de considerar apenas a função administrativa propriamente dita, mas também sua disciplina legislativa e seu controle jurisdicional. Isso gera a conjugação da atuação das três órbitas federativas.

14.5 Competências legislativas e administrativas

É necessário distinguir as competências legislativas e administrativas. Ou seja, é preciso estudar não apenas a quem incumbe desenvolver certa atividade administrativa, mas também a quem cabe editar as normas que disciplinam tal atividade. As duas questões se entrelaçam, e não é fácil tratar delas de modo dissociado.

Mas a titularidade da competência administrativa não determina a titularidade da competência legislativa. Não é correto o entendimento de que a titularidade federativa da competência legislativa acarreta a titularidade da competência administrativa ou vice-versa. Por exemplo, a União detém competência legislativa privativa relativamente à desapropriação (art. 22, II, da CF/1988). No entanto, cada ente federativo é titular de competência para promover concretamente desapropriação em hipótese de necessidade ou utilidade pública.

Portanto, há casos em que uma lei editada pela União disciplina a atividade dos demais entes federativos. Há outras situações em que a atividade administrativa local não pode sofrer qualquer interferência da legislação estadual ou federal.

Esses exemplos demonstram que a competência para legislar sobre direito administrativo não se confunde com a competência para o desempenho da atividade administrativa propriamente dita.

14.6 Discriminação das competências administrativas

Não é correto adotar o critério de competências remanescentes, no sentido de que a União teria recebido competências expressas e que tudo aquilo que não tivesse sido a ela atribuído seria de titularidade de Estados e Municípios.

Existem competências expressamente atribuídas a cada órbita da Federação. Mas isso não elimina a existência de competências implícitas. Em princípio, o critério de discriminação de competências se relaciona com o interesse de cada ente federativo. As competências legislativas e administrativas são atribuídas a cada ente federativo de acordo com a titularidade do interesse, ressalvadas exceções constitucionais. Por isso, cada entidade federativa é titular do poder de auto-organização. A autonomia subjetiva de cada ente federativo acarreta a titularidade de bens e interesses, tal como previsto constitucionalmente.

A gestão de seu próprio patrimônio é, em princípio, de titularidade de cada ente federativo, assim como o atendimento dos interesses a ele diretamente relacionados. Pode-se aludir a um critério de pertinência espacial, no sentido de que a competência federativa é influenciada pela localização do interesse a ser satisfeito.

Assim, tudo o que for dos estritos interesses do Município é de sua competência. Aquilo que ultrapassar os limites dos interesses de um Município, mas não for além dos interesses do Estado-membro em que ele se situa, é da titularidade do Estado-membro. Aquilo que ultrapassar os limites dos interesses do Estado-membro é de titularidade da União. Ressalvam-se, porém, regras específicas contidas na Constituição.

No entanto, existem interesses comuns aos diversos entes federativos. A própria Constituição determina que os diversos entes federativos compartilhem competências comuns. Entre outros, o art. 23 da CF/1988 dispõe sobre essa matéria. Assim, por exemplo, o saneamento básico é uma questão de competência comum (inc. IX).

Como se não bastasse, o desenvolvimento socioeconômico conduziu à integração física de vários Municípios, o que torna impossível diferenciar geograficamente os interesses envolvidos.

Há hipóteses em que a Constituição explicitamente atribui a titularidade de competências ou interesses a determinada órbita federativa. Tal se fez especialmente em relação à União e aos Estados-membros. Assim, por exemplo, os bens da União estão arrolados no art. 20 da Constituição. O art. 26 da CF/1988 trata dos bens dos Estados-membros.

Por outro lado, o art. 21 da CF/1988 contém um elenco de interesses próprios da União, de que derivam competências administrativas e políticas.

Já o art. 25, § 2.º, da CF/1988 dispõe sobre um interesse específico dos Estados-membros, pertinente aos serviços locais de gás canalizado.

E o art. 30, V, da CF/1988 reconhece a competência do Município sobre os diversos serviços públicos de interesse local, aludindo explicitamente ao transporte coletivo.

Em outros casos, a Constituição define a competência legislativa, em termos privativos ou cumulativos. Veja-se que cada ente federativo é titular da competência para se auto-organizar, o que pressupõe a competência para produção legislativa correspondente. Isso significa vedação a influências provenientes de outras órbitas federativas, ressalvadas exceções previstas na própria Constituição. Por exemplo, o art. 30, IV, estabelece que incumbe ao Município "criar, organizar e suprimir distritos, observada a legislação estadual". Se não houvesse a ressalva final, seria descabido o Estado inferir sobre esse tema, já que pertinente à organização municipal.

Mas há outras regras constitucionais sobre o tema. A Constituição não se valeu da expressão *direito administrativo* para fins de determinar a competência legislativa. Fez alusão a institutos específicos ou a sub-ramos do direito administrativo. Assim, a maior parte dos incisos do art. 22 impõe a competência privativa da União para legislar sobre temas de direito administrativo. Entre outros, podem ser apontados a desapropriação (inc. II); as requisições civis e militares, em caso de iminente perigo e em tempo de guerra (inc. III); as águas, energia, informática, telecomunicações e radiodifusão (inc. IV); o serviço postal (inc. V); o regime dos portos, navegação lacustre, fluvial, marítima, aérea e aeroespacial (inc. X); o trânsito e o transporte (inc. XI).

O parágrafo único do art. 22 da Constituição Federal estabelece que lei complementar poderá autorizar os Estados-membros a legislar sobre questões específicas, atinentes aos temas contidos nos incisos do dispositivo.

Já o art. 24 prevê competências concorrentes entre União, Estados e Distrito Federal, a propósito de algumas matérias pertinentes à atividade administrativa. Assim se põe, por exemplo, quanto ao direito tributário, financeiro, penitenciário, econômico e urbanístico (inc. I), ao orçamento (inc. II), às juntas comerciais (inc. III), a florestas, caça, pesca, fauna, conservação da natureza, defesa do solo e dos recursos naturais, proteção do meio ambiente e controle da poluição (inc. VI), entre outras hipóteses.

Por tudo isso, um dos temas mais problemáticos do direito administrativo consiste na determinação da competência federativa, tema que tem sido objeto de diversas decisões do STF. No julgamento do Referendo da Medida Cautelar na ADI 6.341, o Min. Alexandre de Moraes sintetizou a disciplina das competências federativas nos termos seguintes:

> "Por isso toda distribuição de competência na Constituição brasileira, seja distribuição de competências administrativas, seja a distribuição de competência legislativa, a distribuição de competência no Federalismo brasileiro foi baseada em um princípio: princípio da predominância do interesse. A partir desse princípio da predominância do interesse – interesse geral, União; interesse regional, Estados; interesse local, Municípios –, a partir disso, a própria Constituição já estabeleceu algumas matérias e deixou as demais matérias, como as competências comuns e competências concorrentes, administrativas comuns e legislativas concorrentes, para que fossem interpretadas de acordo com o princípio da predominância do interesse" (Referendo na MC na ADI 6.341/DF, Pleno, rel. Min. Marco Aurélio, rel. p/ acórdão Min. Edson Fachin, j. 15.04.2020, *DJe* 12.11.2020).

Nesse caso, prevaleceu o voto do Min. Edson Fachin. Entre outras passagens, foi consignado o seguinte:

> "Dito de outro modo, na organização das competências federativas, a União exerce a preferência, a preempção em relação às atribuições dos demais entes. (...) Por isso, o Congresso Nacional pode – e poderá, se assim entender – regular, de forma harmonizada e nacional, determinado tema ou política pública. No entanto, no seu silêncio, na ausência de manifestação legislativa, quer por iniciativa do Congresso Nacional, quer da chefia do Poder Executivo Federal, não se pode tolher o exercício da competência dos demais entes federativos na promoção dos direitos fundamentais".

14.7   A figura das "normas gerais"

O art. 24, § 1.º, da CF/1988 estabelece que, no âmbito da competência concorrente, a União restringir-se-á a estabelecer *normas gerais* – tema ao qual se voltará adiante. Está previsto que, ausente a lei federal de normas gerais, os Estados e o Distrito Federal poderão exercitar sua competência plena (§ 3.º), mas a superveniência da lei federal suspenderá a eficácia de eventual lei estadual ou distrital, naquilo em que houver incompatibilidade (§ 4.º).

A norma geral editada pela União vincula não apenas a ela própria, mas também a todos os demais entes federativos. Como decorrência, todas as órbitas federativas são subordinadas à observância de disciplina uniforme contida nas normas gerais produzidas pela União.

A dificuldade reside em que a Constituição não define o conteúdo da expressão *normas gerais* nem estabelece limites a elas. Em termos práticos, as normas gerais serão mais amplas ou mais limitadas de acordo com a vontade da União.

Essa situação gera conflitos, pois os entes locais podem discordar das soluções adotadas nas normas gerais. Isso tem ocorrido especialmente no âmbito do direito tributário e das licitações e contratos administrativos. Em diversas situações, as controvérsias foram levadas à apreciação do STF, que nunca definiu o conteúdo ou os limites mais precisos da expressão.

Uma questão conhecida envolveu a ADI 927,[7] em que o Estado do Rio Grande do Sul questionou a validade da Lei 8.666/1993. Posteriormente, o STF deferiu medida cautelar na ADI

---

[7]   MC na ADI 927/RS, Pleno, rel. Min. Carlos Velloso, j. 03.11.1993, *DJe* 11.11.1994.

3.059,[8] para suspender dispositivo de lei gaúcha que estabelecia uma preferência a ser observada em contratações administrativas da Administração direta e indireta. A decisão reconheceu a competência privativa da União para editar normas gerais nesse tema. No julgamento do mérito, no entanto, prevaleceu entendimento diverso.[9] Reconheceu-se a competência legislativa estadual para estabelecer preferências na aquisição de *softwares* livres.

A norma geral não pode invadir a esfera de autonomia de cada ente, que dá identidade a uma federação. É vedado à norma geral disciplinar o modo de administração dos bens municipais ou estabelecer regras sobre a organização do ente federativo. Ou seja, os limites da norma geral são determinados em cada caso concreto, tomando em vista as implicações do modelo federativo adotado pela Constituição.

No STF, há orientação de que a norma geral não elimina a competência dos Estados:

"4. A Constituição da República prevê um condomínio legislativo quanto ao regime jurídico da carreira da Defensoria Pública. Por isso, a lei que define as normas gerais, de competência da União, deve consistir em uma moldura legislativa aplicável às Defensorias Públicas da União, do Distrito Federal e Territórios e dos Estados. A lei estadual, por sua vez, deve suplementá-las, preenchendo eventuais lacunas da lei federal e adaptando-a às peculiaridades locais" (ADI 7.299/MG, Pleno, rel. Min. Luiz Fux, j. 30.09.2024, *DJe* 03.10.2024).

Em outra oportunidade, ainda examinando o tema das normas gerais, o STF adotou orientação ampla relativamente à questão da Federação. As principais passagens da ementa do julgado estão adiante reproduzidas:

"1. A federação brasileira revela-se ainda altamente centralizada, limítrofe ao federalismo meramente nominal, situação essa que se agrava sobretudo frente à própria engenharia constitucional estabelecida pela repartição de competências dos arts. 21 a 24 da CRFB/88. É necessário revitalizar a vertente descentralizadora do princípio federativo brasileiro, a qual abandona qualquer leitura excessivamente inflacionada das competências normativas da União. 2. A imposição constitucional de existência de um núcleo comum e uniforme de normas deve ser sopesada com a noção de laboratório da democracia (*laboratory of democracy*). É desejável que os entes federativos gozem de certa liberdade para regular assuntos de forma distinta, não apenas porque cada um deles apresenta peculiaridades locais que justificam adaptações da legislação federal, mas também porque o uso de diferentes estratégias regulatórias permite comparações e aprimoramentos quanto à efetividade de cada uma delas. 3. A amplitude com que a Suprema Corte define com conteúdo do que sejam normas gerais influi decisivamente sobre a experiência federalista brasileira. Qualquer leitura maximalista do aludido conceito constitucional milita contra a diversidade e a autonomia das entidades integrantes do pacto federativo, em flagrante contrariedade ao pluralismo que marca a sociedade brasileira. Contribui ainda para asfixiar o experimentalismo local tão caro à ideia de federação. Nesse cenário, é preciso extrema cautela na árdua tarefa de densificar o sentido e o alcance da expressão normas gerais, limitando a censura judicial às manifestações nitidamente abusivas de autonomia. (...)" (RE 1.188.352/DF, Pleno, rel. Min. Luiz Fux, j. 27.05.2024, *DJe* 20.06.2024).

---

[8]   MC na ADI 3.059/RS, Pleno, rel. Min. Ayres Britto, j. 15.04.2004, *DJe* 20.08.2004.

[9]   ADI 3.059/RS, Pleno, rel. Min. Ayres Britto, rel. p/ acórdão Min. Luiz Fux, j. 09.04.2015, *DJe* 07.05.2015.

Capítulo 3
REGIME JURÍDICO DE DIREITO ADMINISTRATIVO

O direito é um conjunto de processos sociais, destinados a disciplinar a conduta humana, que se traduz em normas jurídicas. Essas normas revelam os valores reputados como dignos de proteção pela sociedade e pela civilização.

O direito não se reduz a um conjunto de dispositivos legais. A dificuldade de compreender e aplicar o direito reside precisamente na sua natureza complexa. A lei e as palavras escritas num texto legislativo são apenas um ângulo desse fenômeno.

A aplicação do direito consiste em determinar a disciplina jurídica que incide sobre situações concretas. Essa tarefa envolve a identificação do regime jurídico aplicável, que em muitos casos se caracteriza como sendo de direito público.

1   A NORMA JURÍDICA

A norma jurídica consiste em um modelo de conduta para sujeitos públicos ou privados, respaldado pelo poder do Estado, cuja observância apresenta graus variáveis de obrigatoriedade.

A norma jurídica é um padrão de orientação sobre como as pessoas devem agir. Ela não possui natureza descritiva, mas envolve uma prescrição.

A norma jurídica pode ou não ser produzida por atos estatais. Há normas jurídicas criadas mediante a celebração de um contrato entre particulares. Outras resultam de lei. Mas a característica fundamental comum a todas as normas jurídicas reside em que esse modelo de conduta é imposto pelo Estado, que assegura a sua vinculatividade e eficácia (mesmo nos casos em que for produzida pelos particulares).

O respaldo estatal significa, em última análise, a possibilidade de utilização da violência para assegurar a existência, a validade e a eficácia das normas jurídicas. Contudo, não se trata apenas disso. O poder do Estado, que assegura as normas jurídicas, compreende diversas manifestações, inclusive algumas que não envolvem diretamente o uso da violência. A mera existência de uma norma jurídica pode despertar a adesão espontânea e voluntária dos sujeitos, independentemente da ameaça do uso da violência estatal contra os infratores. Uma parcela significativa dos comportamentos individuais observa as normas jurídicas porque os sujeitos se dispõem a respeitar as determinações estatais.

2 A VARIAÇÃO DO CONTEÚDO DA NORMA JURÍDICA

A definição de norma jurídica é problemática, especialmente em virtude das variações sociopolíticas. Na visão clássica do início do século XX, a norma jurídica era caracterizada como o veículo do exercício do poder coercitivo do Estado. A característica nuclear da norma jurídica era a sanção, consistente no uso da força repressiva pelo Estado. Essa concepção foi combatida mesmo pelos autores clássicos, que reconheciam que nem todas as normas jurídicas eram providas de sanção.[1]

Bobbio assinalou que a qualidade de norma jurídica não decorria de um atributo intrínseco, mas da sua integração em um ordenamento jurídico (o qual, no seu conjunto, dispunha sobre o exercício da coação pelo Estado).[2] Em momento posterior, Bobbio evidenciou que o ordenamento jurídico se caracterizava não somente pela coercitividade, mas também pela função promocional.[3] Logo, a complexidade das funções do Estado se refletia sobre o direito.

É problemático produzir um elenco exaustivo das espécies normativas. A exposição abaixo reflete um cenário incompleto e em modificação contínua.

Uma concepção difundida reconhece que as normas jurídicas se configuram ou como princípios ou como regras.[4] Essa orientação é insuficiente e reflete um modelo de disciplina normativa muito mais simples do que o direito vigente. Algumas normas jurídicas são princípios, outras são regras. Mas há outras espécies normativas além delas. Alude-se, no texto abaixo, à figura da diretriz. Porém, há outras espécies normativas, dotadas de força obrigatória menos intensa, que não receberam tratamento jurídico autônomo até o presente.

3 A DIMENSÃO NORMATIVA DAS REGRAS E DOS PRINCÍPIOS

A distinção entre normas jurídicas consistentes em princípios e em regras foi sistematizada por Ronald Dworkin[5] e Robert Alexy.[6] Ainda que as concepções dos dois autores apresentem distinções fundamentais entre si, existem pontos em comum.

3.1 Uma questão semântica preliminar (e relevante)

A expressão "princípios gerais do direito" foi utilizada no Brasil durante muito tempo. Assim, a Lei de Introdução às Normas do Direito Brasileiro (Dec.-lei 4.657/1942) já previa que, "Quando a lei for omissa, o juiz decidirá o caso de acordo com a analogia, os costumes e os **princípios gerais de direito**" (art. 4.º).

Na tradição brasileira, a expressão "princípios gerais do direito" indicava os fundamentos filosóficos prevalentes, que tinham sido consagrados ao longo da experiência anterior e que traduziam o entendimento predominante sobre os valores fundamentais. Nesse contexto,

---

[1] Nesse sentido, consultem-se as lições de KELSEN (*Teoria Pura do Direito*, 3. ed., trad. João Baptista Machado, p. 69-71) e de HART (*O conceito de direito*, trad. A. Ribeiro Mendes, p. 34-50).

[2] Confiram-se *Teoria della norma giuridica*, p. 22-23; 177-226, e *Teoria dell'ordinamento giuridico*, p. 5-7.

[3] Um exame mais aprofundado sobre a função promocional do direito encontra-se no Capítulo 15.

[4] Esse entendimento foi adotado até a 9.ª edição desta obra.

[5] Dworkin expôs as suas concepções em duas obras principais: *Taking Rights Seriously* e *Law's Empire*. Anote-se, de passagem, que Dworkin afirmava que o direito é composto por regras, princípios e políticas (*Taking Rights Seriously*, p. 22). Daí não segue que Dworkin tenha "inventado" a distinção. Para uma análise da evolução dessa concepção, cf. NOVAIS. *As restrições aos direitos fundamentais não expressamente autorizadas pela Constituição*, p. 322 *et seq*. Por outro lado, não se olvide que Dworkin tinha em mente o direito anglo-saxão, cujas características são radicalmente distintas das do direito continental.

[6] Cf. ALEXY. *Teoría de los derechos fundamentales*, 2. ed.

"princípios gerais do direito" não indicava normas jurídicas propriamente ditas, que tivessem sido consagradas de modo formal (ainda que implícito) pelo Direito positivo.

Em momento posterior – especialmente por influência de certos doutrinadores estrangeiros (adiante referidos) –, a expressão "princípio" passou a ser utilizada em acepção distinta. Indica uma categoria diferenciada de norma jurídica: ou seja, reflete um veículo formal de imposição compulsória sobre a organização e o funcionamento de órgãos estatais e de disciplina da conduta.

É indispensável destacar que os tradicionais "princípios gerais do direito" não se confundem com os "princípios" consagrados em nível constitucional ou infraconstitucional.

A advertência é relevante para evitar o equívoco de transformar "princípios gerais do direito" – tal como reconhecidos na tradição mais antiga do Direito brasileiro – em normas jurídicas (princípios no sentido mais moderno).

Nada impede que um "princípio geral do direito" seja consagrado também como "princípio constitucional". A diferença reside em que o conceito de "princípio geral do direito" se refere a experiências, valorações e tradições. Já o "princípio" é uma norma jurídica, consagrada formalmente pela ordem estatal. Por isso, o conteúdo de um "princípio geral do direito" e de um "princípio" não coincidem necessariamente, especificamente porque o "princípio" se reporta ao direito positivo vigente. Já o "princípio geral do direito" reflete concepções filosóficas genéricas.

Ao longo da presente obra, a expressão "princípio" é utilizada na acepção normativa e não incorpora as referências a "princípios gerais do direito".

3.2   As regras

As normas jurídicas configuram-se como regras quando contemplam uma previsão de condutas determinadas e precisas, previstas como facultadas, proibidas ou obrigatórias. A norma jurídica-regra se caracteriza por uma estrutura normativa dúplice,[7] em que há a especificação de uma hipótese de incidência e de um mandamento.

A hipótese de incidência contém a descrição teórica e abstrata de certa situação, cuja ocorrência é eleita como pressuposto de aplicação de um mandamento. No mandamento, está determinado como os sujeitos devem ("é obrigatório"), não devem ("é proibido") ou podem ("é facultado") conduzir-se.

O mandamento normativo pode consistir ou numa sanção *negativa* ou numa sanção *positiva*. A distinção se reporta a Bobbio.[8] A sanção dita *negativa* apresenta natureza predominantemente punitiva, consistindo numa restrição (de direitos ou interesses) imposta ao infrator. A sanção *positiva* é um benefício assegurado ao sujeito que realiza a conduta desejável prevista na norma.

A norma jurídica-regra amplia a previsibilidade e a segurança quanto à disciplina jurídica, eis que contempla soluções dotadas de maior grau de precisão. Em contrapartida, a regra contempla uma solução destituída de flexibilidade, o que pode resultar em uma disciplina jurídica inadequada ou incompatível com os valores consagrados pelo próprio direito.

3.3   Os princípios

O princípio consiste em norma jurídica que consagra modelos genéricos e abstratos de conduta, sem estabelecer uma solução única e predeterminada. O princípio produz uma delimitação genérica das condutas reputadas como compatíveis com a ordem jurídica. Os princípios consagram os valores a serem atingidos.

---

[7]   Ou seja, adota-se a concepção de que os princípios não apresentam essa estrutura dúplice, que seria privativa das regras.

[8]   Confira-se *Dalla struttura alla funzione: nuovi studi di teoria del diritto*, p. 13-42.

O princípio não se restringe a fixar limites, porque também impõe a escolha da melhor solução possível, o que significa a necessidade da análise do caso concreto. Nessa segunda etapa, as circunstâncias da vida real condicionam a aplicação do princípio. Assim se passa porque as características da vida real variam caso a caso, sendo impossível estabelecer uma solução única e geral aplicável de modo uniforme.

Suponha-se, por exemplo, o princípio da boa-fé. Ele não determina a solução a ser adotada concretamente para defesa dos direitos do credor, mas torna inadmissíveis aquelas soluções relacionadas com abuso, fraude ou intento malicioso. Mas a aplicação do princípio da boa-fé no caso concreto dependerá da análise das circunstâncias e da verificação dos valores que nortearam a conduta adotada pelas partes.

Os princípios jurídicos não são produzidos pela vontade autônoma do aplicador do direito, nem autorizam uma decisão arbitrária ou puramente subjetiva do agente encarregado de sua aplicação. Os princípios refletem valores.[9] Mais ainda, traduzem o modo como a Nação concebe e vivencia os valores. Portanto, os princípios são produzidos pelas instituições sociais, e é usual estarem explicitamente consagrados na Constituição. Mas existem princípios implícitos, que são aqueles derivados ou pressupostos em face da ordem legislativa. Um exemplo é o chamado "princípio da proporcionalidade".

Nenhuma situação concreta é subordinada a um único princípio. A amplitude e a pluralidade dos princípios acarretam a mútua interferência. Assim, alude-se ao fenômeno da colisão de princípios, o que conduz à necessidade de ponderação de todos os diversos aspectos normativos pertinentes.

Uma das maiores preocupações da doutrina dos últimos anos envolveu a natureza e a aplicação dos princípios jurídicos.[10]

3.4   A distinção entre princípios e regras

A doutrina tem se preocupado em aprofundar a distinção conceitual entre princípio e regra.[11] Reconhece-se que o princípio traduz a consagração de valores e se exterioriza como uma diretiva finalística de cunho deôntico. Já a regra se configura como a imposição de uma entre diversas alternativas de conduta. Como ensina Alexy, "os princípios são normas que ordenam que algo seja realizado na maior medida possível, dentro das possibilidades jurídicas e reais existentes. Portanto, os princípios são mandamentos de otimização, que se caracterizam porque podem cumprir-se em diferente grau e porque a medida devida de seu cumprimento não apenas depende das possibilidades reais senão também das jurídicas. Em troca, as regras

---

9   Princípios não se confundem com valores. Aqueles são normas jurídicas, diversamente do que se passa com estes. Logo, nem todos os valores são normas jurídicas. Um valor se transforma em princípio na medida em que adquire certa característica, especialmente a incorporação de sua obrigatoriedade como uma vivência intersocial, com o seu acolhimento pelo ordenamento jurídico. Um princípio apresenta validade e eficácia jurídica, de que deriva um cunho vinculante. Já um valor não apresenta essa característica de vinculatividade externa (heteronomia).

10   É imperioso apontar a importância de um trabalho precursor de Celso Antônio Bandeira de Mello (Criação de secretarias municipais: inconstitucionalidade do art. 43 da Lei Orgânica dos Municípios do Estado de São Paulo. *Revista de Direito Público – RDP*, n. 15, jan./mar. 1971, p. 284-288), em que foram lançadas as bases de todas as considerações realizadas pelo pensamento nacional posterior.

11   Não é equivocado afirmar, por outro lado, que a mais abalizada teorização sobre o tema, no âmbito do direito continental, deve-se a Robert Alexy (cf. *Teoría de los derechos fundamentales*). No Brasil, o tema é amplamente tratado por toda a doutrina. Cf. ÁVILA. *Teoria dos princípios: da definição à aplicação dos princípios jurídicos*, 21. ed.

são normas que apenas podem ser cumpridas ou não (...)".[12] Por isso, os princípios apresentam-se como vinculantes *prima facie*, mas comportam restrição por ocasião de sua aplicação.

Os princípios obrigam, talvez, em termos mais intensos do que as regras. Isso deriva de que o princípio é uma síntese axiológica: os valores fundamentais são consagrados por meio de princípios, que refletem as decisões fundamentais da Nação. A regra traduz uma solução concreta e definida. Já o princípio indica uma escolha axiológica, que pode concretizar-se mediante soluções concretas diversas.

De modo geral, a regra torna válida uma solução determinada. Em contrapartida, todas as escolhas compatíveis com certo princípio podem ser praticadas – o princípio não fornece solução única, mas propicia um elenco de alternativas, o que exige a escolha, por ocasião de sua aplicação, por uma entre diversas soluções. O princípio é concretizado por um processo de ponderação, enquanto a regra é aplicada por um processo de subsunção.

Por outro lado, a harmonia do ordenamento jurídico exclui a possibilidade da contradição entre as regras. Existindo duas regras contraditórias, uma delas deve ser reputada como inválida. Já a contraposição entre princípios é inerente à sua natureza, sem significar invalidade.

3.5   A importância das regras

O reconhecimento da importância dos princípios conduziu a certo desprestígio das regras, o que consiste num equívoco.

Em primeiro lugar, o princípio não fornece uma solução exata, precisa e predeterminada. A consagração de um princípio acarreta a necessidade de um processo de concretização, em que um sujeito é investido da atribuição de escolher a solução mais adequada em vista das circunstâncias do caso concreto. Afirmar que determinada solução concretamente adotada é *incompatível* com um princípio é muito problemático, uma vez que o princípio comporta, por sua própria natureza, diferentes aplicações. Ou seja, o princípio, em comparação com a regra, reduz a certeza e a segurança na aplicação do direito,[13] eis que a autoridade encarregada de aplicar o princípio poderá escolher uma entre diversas soluções, tomando em vista as circunstâncias do caso. A ampliação da incidência dos princípios torna menos previsível o conteúdo das decisões concretas a serem adotadas.

A natureza das regras é distinta. A regra veicula uma entre diversas soluções ponderadas pelo próprio legislador. Logo, a existência da regra reduz a autonomia decisória da autoridade. Verificados os pressupostos constantes da regra, deverá ser adotada uma decisão cujo conteúdo já foi por ela própria predeterminado. Dessa forma, é possível prever a decisão futura sempre que existirem regras disciplinando uma certa situação, ou seja, a existência das regras é essencial para a segurança jurídica e para a certeza do direito. A regra traduz as escolhas quanto aos valores e aos fatos sociais, permitindo a todos os integrantes da sociedade conhecer de antemão a solução prestigiada pelo ordenamento. Portanto, a ampliação da influência dos princípios produz a redução da certeza do direito, tal como aumentar a importância das regras poderá conduzir à cristalização da disciplina jurídica e sua inadequação para regular a vida social.[14]

É evidente que a aplicação das regras deve ser permeada pela influência dos princípios, mas não se pode eliminar a certeza inerente à regra.

---

[12]   ALEXY. *Teoría de los derechos fundamentales*, 2. ed., p. 67-68, tradução livre.

[13]   O que não deixa de ser um paradoxo, eis que um dos mais fundamentais princípios é precisamente o da segurança ou certeza jurídica.

[14]   Nesse sentido, é imperioso tomar em vista o trabalho de Humberto Ávila (*Teoria dos princípios*: da definição à aplicação dos princípios jurídicos, 21. ed.).

3.6 A insegurança jurídica: a Lei Federal 13.655/2018

Uma ordem jurídica fundada apenas em princípios padeceria de grande insegurança jurídica. Como os princípios não comportam uma interpretação única e imutável, a avaliação da licitude ou ilicitude das condutas dependeria de circunstâncias variáveis.

Essa situação tem ocorrido no Brasil, especificamente, no âmbito do direito administrativo. Isso conduziu à edição da Lei 13.655/2018, orientada a fortalecer a segurança jurídica.

Essa Lei alterou a redação da Lei de Introdução às Normas do Direito Brasileiro – LINDB (Dec.-lei 4.657/1942) e estabeleceu, entre outras regras, que "não se decidirá com base em valores jurídicos abstratos sem que sejam consideradas as consequências práticas da decisão" (art. 20).

Para uma análise mais aprofundada sobre os impactos da Lei 13.655/2018 relativamente à questão dos princípios, consulte-se o Capítulo 4.

4 AS OUTRAS ESPÉCIES NORMATIVAS

Existem outras espécies normativas além dos princípios e das regras. O direito se exterioriza também por meio de determinações de conteúdo menos preciso, cuja sistematização ainda se encontra por fazer.

4.1 As diretrizes

A própria Constituição alude a "diretrizes", figura que não se confunde nem com o princípio nem com a regra. A diretriz consagra a eleição de fins a serem atingidos e a escolha de soluções para questões práticas pertinentes ao tema. Basicamente, a diretriz elege as políticas a serem adotadas a propósito de certa atividade (estatal ou privada). É o veículo para a implementação de políticas públicas.[15]

Por exemplo, o art. 3.º da CF/1988 consagra, basicamente, diretrizes ao estabelecer os "objetivos fundamentais" do Brasil. A determinação de que um dos objetivos consiste em "construir uma sociedade livre, justa e solidária" (inc. I) não configura nem um princípio nem uma regra. Não existe uma disciplina direta e imediata da conduta humana, mas há a fixação de uma finalidade a ser atingida.

A intensidade vinculante da diretriz é variável. Em alguns casos, a adesão à diretriz pode ser uma escolha voluntária do sujeito. Em outros casos, a diretriz é vinculante, mas isso não significa que todos os aspectos da conduta do sujeito sejam disciplinados de modo exaustivo. Sempre haverá uma margem de autonomia para o destinatário da diretriz produzir a implementação dos fins nela previstos e escolher os meios de sua realização.

4.2 O direito "flexível"

As diretrizes e outras manifestações normativas não prescrevem disciplina exaustiva, precisa e exata para as condutas dos sujeitos. Por isso, não preveem as condutas como obrigatórias, facultadas ou proibidas. Determinam modelos genéricos, fixam resultados pretendidos, criam metas e assim por diante. Em alguns casos, essas normas consagram pautas normativas parciais, a serem complementadas futuramente por meio de outras normas.

Essas outras espécies normativas ora referidas não preveem uma sanção definida para as condutas divergentes dos modelos nelas previstos. Assim, tome-se em vista a figura de "planos

---

[15] "Políticas públicas são programas de ação governamental visando a coordenar os meios à disposição do Estado e as atividades privadas, para a realização de objetivos socialmente relevantes e politicamente determinados" (BUCCI. *Direito administrativo e políticas públicas*, p. 241).

plurianuais", aprovados mediante lei formal, previstos na CF/1988 no art. 165, I e § 1.º. Os planos plurianuais contemplam princípios e regras, mas também outras determinações normativas que não se enquadram nessas duas categorias. Assim, por exemplo, considere-se a fixação de metas a serem atingidas. Uma determinação normativa dessa ordem não é nem uma regra nem um princípio. Mas apresenta natureza normativa, produzindo efeitos dotados de um grau de vinculação relevante para o Estado.

Essas outras figuras normativas se relacionam com a concepção de um direito flexível, que estabelece padrões desejáveis e incrementa o nível de consensualidade no relacionamento entre o Estado e os particulares.

Na concepção tradicional, esses atos estatais não apresentariam natureza normativa. Seriam manifestações irrelevantes, porque a conduta concreta desconforme com o modelo não se subordinaria à sanção. Essa orientação não pode ser aceita. Em primeiro lugar, essas espécies normativas são respaldadas pelo Estado, mesmo que não prevejam sanção nem execução compulsória. Em segundo lugar, a infração a esses modelos normativos pode acarretar efeitos jurídicos relevantes. Em muitos casos, o infrator não fará jus a certos benefícios. De modo genérico, a solução consagrada nessas "normas flexíveis" apresenta cunho vinculante em face do Estado. Isso significa que o Estado não pode ignorar o conteúdo e os efeitos jurídicos ali consagrados. Ou seja, é inviável o direito desconsiderar essa pluralidade de manifestações estatais heterogêneas.

A complexidade da sociedade contemporânea e a riqueza das manifestações da atividade administrativa se traduzem em figuras normativas crescentemente diferenciadas. Essas outras figuras não se constituem nem em regras nem em princípios, mas isso não significa que não se configurem como normas jurídicas.

5   O DIREITO COMO UMA ORDENAÇÃO HARMÔNICA DE NORMAS JURÍDICAS

A disciplina jurídica é o resultado desse processo de integração entre normas de diferentes espécies. Essa complexidade pode gerar margem de incerteza relevante quanto ao conteúdo da disciplina normativa para o caso concreto.

Uma das soluções para reduzir a incerteza inerente ao processo de concretização normativa consiste na adoção pela Constituição de regras exaustivas da ponderação a ser realizada. Determinados temas são objeto de disciplina por via tanto de princípios como de regras, tal como ensina Alexy.[16]

Nesse caso, a própria Constituição exercitou as ponderações necessárias à concretização de princípios. Quanto mais essencial e relevante a matéria disciplinada, tanto mais se verificará esse fenômeno. A conjugação entre princípios, regras, diretrizes e outras manifestações normativas conduz à redução da autonomia do operador infraconstitucional, o qual tem de se submeter à solução constitucional predeterminada.

6   A QUESTÃO DO REGIME JURÍDICO

A expressão *regime jurídico* é utilizada para indicar um feixe de normas dentro do conjunto total do ordenamento jurídico. Sob esse ângulo, o regime jurídico é um subsistema normativo. A expressão "regime jurídico" pode inclusive indicar os diversos ramos do direito. Assim, não é incorreto aludir a "regime de direito administrativo", "regime de direito comercial" e assim por diante.

---

[16]   ALEXY. *Teoría de los derechos fundamentales*, 2. ed., p. 114.

38 CURSO DE DIREITO ADMINISTRATIVO · Marçal Justen Filho

Mas, em termos mais precisos, a expressão "regime jurídico" indica o conjunto de normas jurídicas que dispõem sobre um certo sujeito, bem ou atividade. As normas que compõem o regime jurídico podem integrar diferentes ramos do direito. Assim, o regime jurídico da contratação administrativa envolve normas de direito civil, de direito comercial, de direito penal etc.

6.1 A composição entre as espécies normativas

Um regime de direito administrativo pressupõe a existência de uma ordenação entre princípios, regras, diretrizes e demais espécies de normas jurídicas, de modo a reduzir (se não a eliminar) contradições. Esse é um dos aspectos mais problemáticos a serem considerados.

A sociedade democrática produz uma pluralidade de interesses contrapostos. Os interesses coletivos são heterogêneos e contraditórios entre si. O Estado pluriclasse[17] reflete a existência de instituições que se contrapõem em suas finalidades, tal como se evidencia na própria Constituição brasileira. Ali se consagraram como legítimos os interesses dos mais diversos grupos, o que envolve princípios de conteúdo diverso que traduzem valores contrapostos e propiciam soluções aparentemente contraditórias.

O desafio reside, então, em compor e harmonizar interesses e valores contrapostos. O regime de direito administrativo reflete esse esforço das instituições jurídicas estatais e não estatais de produzir um sistema racional para disciplinar a atividade administrativa.

6.2 O regime jurídico de direito público

O regime de direito público consiste num conjunto de normas jurídicas que disciplinam poderes, deveres e direitos vinculados diretamente à supremacia e à indisponibilidade dos direitos fundamentais. O regime de direito público caracteriza-se pela criação de órgãos e funções na esfera pública, a quem é atribuída a titularidade de bens vinculados à realização de valores essenciais, assim como a competência para promover a satisfação de interesses indisponíveis.

Em contrapartida, o regime de direito privado é norteado pela autonomia da vontade, reconhecendo-se a legitimidade de condutas de satisfação egoística das necessidades.

6.3 Os regimes de direito público e de direito privado

A atuação dos particulares na perseguição de seus interesses[18] subordina-se ao regime de direito privado, uma disciplina caracterizada pela autonomia da vontade e pela disponibilidade dos interesses envolvidos.

É diversa a situação quando os sujeitos, bens e atividades se relacionam com a satisfação de interesses indisponíveis e com a realização de direitos fundamentais. Esse regime se caracteriza pelo afastamento de algumas características próprias da satisfação de interesses privados egoísticos.

6.4 O direito privado e a autonomia da vontade

O regime de direito privado se alicerça na ideia de "autonomia de vontade" e se traduz nos institutos da *propriedade* e do *contrato*. Não se olvide, no entanto, que a autonomia da vontade foi interpretada em termos muito mais absolutos no passado do que se verifica atualmente.

---

[17] A expressão é de Massimo Severo Giannini (*Diritto Amministrativo*, t. I, p. 45-50) e foi explorada por Sabino Cassese em "Lo Stato Pluriclasse", na retrospectiva *L'Unità del Diritto – Massimo Severo Giannini e la teoria giuridica*, p. 11-50.

[18] A crítica desenvolvida ao conceito de interesse público não significa afirmar a existência somente de interesses privados ou individuais.

Mesmo em países de economia capitalista, reconhece-se a necessidade de intervenção ativa do Estado em setores específicos e determinados. Assumiu-se incumbir ao Estado a promoção dos direitos fundamentais e a tutela à dignidade humana.

Houve, acima de tudo, uma alteração radical no plano do direito. Afirmou-se, de modo intransigente, a dignidade e a intangibilidade da pessoa. As concepções extremistas (sejam as que privilegiavam o indivíduo, sejam as que o subjugavam ao grupo) perderam prestígio. Houve a relativização de direitos, até então *absolutos*, de titularidade do indivíduo, da sociedade civil ou da estrutura estatal.

Reconheceu-se, enfim, a vinculação dos *direitos* e *deveres* individuais e coletivos à consecução de certos fins, que transcendem a situação transitória dos titulares. Faculdades e deveres são determinados por um vínculo inerente, intrínseco e insuprimível com a satisfação daqueles fins. Todo o poder jurídico, disciplinado pelo direito público ou pelo direito privado, tem natureza instrumental. É instrumento não de locupletamento individual do titular, mas da realização dos direitos fundamentais.

Pode-se designar tal fenômeno como *funcionalização* do direito. Indica a vinculação do direito à realização de fins que transcendem a satisfação das conveniências egoísticas individuais. O conceito tanto se aplica no âmbito do direito objetivo quanto no da regulação das situações jurídicas subjetivas.

7 AINDA A FUNÇÃO: O DEVER-PODER

Essa situação jurídica derivada da existência de uma função passou a ser descrita pela doutrina por meio da expressão *poder-dever*. Celso Antônio Bandeira de Mello destacou que o mais correto seria aludir a um *dever-poder*.[19] A expressão é útil por sublinhar a natureza *passiva-ativa* da função.

7.1 A dupla eficácia jurídica

A função produz subordinação *passiva* no sentido de que o sujeito tem *deveres jurídicos* a cumprir. Esses deveres se verificam em dois níveis distintos. Por um lado, o sujeito está *obrigado* a praticar todas as condutas necessárias e adequadas para promover o atendimento do interesse a ele confiado. Por outro lado, está *proibido* de praticar qualquer conduta incompatível ou desnecessária para a realização do seu encargo.

Esses deveres jurídicos são impostos no interesse da comunidade em seu todo, o que inviabiliza a identificação de um *direito subjetivo* atribuído a um indivíduo específico e determinado (titular da condição de *sujeito ativo*). Incumbirá ao direito positivo definir as condições de fiscalização do cumprimento de tais deveres.

No entanto, a função também produz situação *ativa* no sentido de que, como o sujeito tem o dever de praticar as condutas necessárias e adequadas para atingir a satisfação do interesse transcendente, os demais integrantes da comunidade não podem opor-se a tanto. Mais ainda, os demais integrantes da comunidade devem acatar as determinações emanadas do titular da função, relacionadas com a consecução do interesse a ele confiado. A situação ativa individualiza-se, portanto, como de *poder jurídico* para o titular da função e de *sujeição* para os demais integrantes da comunidade.

---

[19] BANDEIRA DE MELLO. *Curso de direito administrativo*, 37. ed., p. 62-63.

7.2 A ausência de autonomia de vontade em sentido próprio

O poder jurídico recebido pelo titular da função não pode ser utilizado livremente, como exteriorização da *vontade* desse titular ou para atingir seus desígnios privados. Uma diferença fundamental entre *função* e *direito subjetivo* reside nesse ponto. O direito subjetivo é o poder atribuído a um sujeito como meio para realizar fins egoísticos, à sua livre escolha. A função é um poder instrumentalizado como meio de realizar interesses transcendentes e indisponíveis para o titular.

Assim, a autonomia de vontade própria do direito subjetivo significa a liberdade para escolher os fins a atingir e os meios adequados a tanto. No direito público, pode variar a margem de liberdade quanto aos meios, mas a liberdade quanto aos fins é extremamente reduzida.

7.3 A vedação à omissão

A natureza funcional da competência pública acarreta a vedação à omissão. Tendo sido consagrado como obrigatório o atingimento de certo fim, inclusive ao ponto de ser dedicada uma competência estatal para tanto, é imperiosa a sua efetiva concretização. Como decorrência, a omissão em sua promoção configura infração à ordem jurídica.

Infringe-se a ordem jurídica não apenas quando se utiliza a competência para a realização de uma finalidade distinta daquela para a qual foi outorgada a competência. Também há antijuridicidade quando, por omissão, *não* se promove a finalidade protegida. Para o direito público, a omissão é equivalente à ação direcionada a realizar fim distinto daquele por ele prestigiado. Nesse sentido, há julgado do STF firmando o seguinte:

> "3. O pior erro na formulação das políticas públicas é a omissão, sobretudo para as ações essenciais exigidas pelo art. 23 da Constituição Federal. É grave que, sob o manto da competência exclusiva ou privativa, premiem-se as inações do governo federal, impedindo que Estados e Municípios, no âmbito de suas respectivas competências, implementem as políticas públicas essenciais. O Estado garantidor dos direitos fundamentais não é apenas a União, mas também os Estados e os Municípios" (Referendo na MC da ADI 6.341/DF, Pleno, rel. Min. Marco Aurélio, rel. p/ acórdão Min. Edson Fachin, j. 15.04.2020, *DJe* 12.11.2020).

7.4 A distinção entre funções pública e privada

O reconhecimento da funcionalização dos interesses, direitos e atividades privados não significa a eliminação da distinção entre público e privado. Continuam a existir o regime de direito público, a função pública e os interesses públicos, inconfundíveis com aqueles privados.

Isso não equivale a defender uma distinção absoluta entre os regimes de direito público e de direito privado. A realidade contemporânea se caracteriza pela aproximação entre o Estado e a sociedade civil. O Estado se vale de soluções próprias do direito privado, tal como o particular é, em muitos casos, o agente incumbido de promover o bem comum. Mas continuam a existir regimes de direito público e de direito privado, sem que haja a sua dissociação absoluta.[20]

A subsunção ao âmbito público se configura quando um direito fundamental requer a intervenção estatal, em virtude da ausência de adequação de soluções norteadas exclusivamente pela livre concorrência e pela livre-iniciativa. O âmbito privado é reservado para as atividades destinadas preponderantemente à satisfação egoística dos interesses individuais – de que pode resultar, como é evidente, o atendimento a necessidades alheias e comuns. A concepção do mercado reside precisamente em reconhecer que a busca pela satisfação dos interesses individuais

---

[20] Sobre o tema, confira-se SCHIRATO, *Livre iniciativa nos serviços públicos*, 2. ed., p. 52-53.

permite, em muitos casos, a realização mais satisfatória dos interesses coletivos – concepção que exige, no entanto, a intervenção corretiva por meio do Estado.

No âmbito público, os poderes jurídicos são instituídos e exercitados para a satisfação dos direitos fundamentais e a promoção da democracia.

No âmbito da atividade econômica privada, a funcionalização é complementar. É legítima a realização egoística do interesse do particular e a funcionalização significa a vedação a desvios, abusos ou excessos que inviabilizem a realização dos direitos fundamentais alheios.

8 A QUESTÃO DA SUPREMACIA DO INTERESSE PÚBLICO (SIP)

Uma parcela relevante da doutrina do direito administrativo brasileiro afirma que o fundamento do regime de direito administrativo reside no princípio da supremacia e indisponibilidade do interesse público (adiante referido apenas como SIP).[21]

A SIP é interpretada no sentido de superioridade sobre os demais interesses existentes em sociedade. Os interesses privados não poderiam prevalecer sobre o interesse público. A indisponibilidade indicaria a impossibilidade de sacrifício ou transigência quanto ao interesse público, configurando-se como uma decorrência de sua supremacia.

Para os defensores desse entendimento, a supremacia e a indisponibilidade do interesse público vinculam-se diretamente ao princípio da República, que impõe a dissociação entre a titularidade e a promoção do interesse público. Juridicamente, o efetivo titular do interesse público é a comunidade, o povo. O direito não faculta ao agente público escolher entre cumprir ou não cumprir o interesse público. O agente é um servo do interesse público – nessa acepção, o interesse público é *indisponível*.

Embora esse enfoque seja procedente, daí não se segue que o fundamento único do direito administrativo seja a SIP.

8.1 A primeira objeção: a ausência de conteúdo do "interesse público"

A primeira dificuldade reside na inviabilidade de definir "interesse público". A doutrina costuma invocar o "interesse público" sem definir a expressão nem apresentar um conceito mais preciso. Aliás, Tercio Sampaio Ferraz Junior observou que *interesse público é lugar-comum*, e que, justamente por isso, dispensa definição precisa, permitindo utilização mais flexível[22] – o que deve ser entendido não como vantagem, mas como sério defeito. Afinal, a indeterminação dos critérios de validade dos atos governamentais dificulta seu controle.

Não é fácil definir *interesse público*, inclusive por sua natureza de conceito jurídico indeterminado,[23] o que afasta a exatidão de conteúdo. Mas a função primordial atribuída ao interesse público exige a definição de contornos mais precisos.

8.2 A segunda objeção: a pluralidade de princípios jurídicos

Independentemente do conteúdo adotado para interesse público, não existe um fundamento jurídico único para o direito administrativo. Admitir a SIP não acarreta a exclusão de outros princípios.

---

[21] Acerca da relevância do princípio da supremacia e indisponibilidade do interesse público e do regime de direito administrativo, cf. BANDEIRA DE MELLO. *Curso de direito administrativo*, 37. ed., p. 61 *et seq.*, p. 81 *et seq.* Nunca se olvide, ademais, o papel precursor do ilustre administrativista também nesse setor, ao submeter a abordagem do instituto da autarquia ao modelo de análise fundado na ideia de "regime de direito público". Quanto a isso, cf. a sua excepcional obra *Natureza e regime jurídico das autarquias*, especialmente p. 168-170, 236-247.

[22] FERRAZ JUNIOR. Interesse público. *Revista do Ministério Público do Trabalho da 2.ª Região*, n. 1, p. 10, 1995.

[23] Sobre a figura do conceito jurídico indeterminado, consulte o Capítulo 5.

Tal como exposto, o ordenamento jurídico é composto por uma pluralidade de princípios, que refletem a multiplicidade dos valores consagrados constitucionalmente. Pela própria natureza dos princípios, é usual a colidência na sua aplicação. Isso não significa que se configure contradição no ordenamento jurídico, nem se impõe a eliminação de um dos princípios colidentes. Portanto, a SIP não afasta a existência de outros princípios, destinados, inclusive, a assegurar a propriedade e a liberdade privadas.

Por outro lado, não existe supremacia entre os princípios. Todos os princípios têm assento constitucional idêntico e se encontram no mesmo nível hierárquico. A determinação da solução concreta depende da ponderação dos diversos princípios, de modo a promover a mais intensa realização de todos eles – tal como melhor será examinado a propósito da proporcionalidade.

Como decorrência, não se pode afirmar, de modo generalizado e abstrato, algum tipo de supremacia absoluta produzida aprioristicamente em favor de algum titular de posição jurídica. Nem o Estado nem qualquer sujeito privado são titulares de posição jurídica privilegiada em face de outrem. Todo e qualquer direito, interesse, poder, competência ou ônus são limitados sempre pelos direitos fundamentais. Nenhuma decisão administrativa ofensiva dos direitos fundamentais pode ser reconhecida como válida.[24]

Portanto, não existe fundamento jurídico para afirmar que eventuais conflitos entre titulares de posições jurídicas contrapostas poderiam ser solucionados por uma solução abstrata e teórica, consistente na afirmação absoluta e ilimitada da preponderância de um sobre o outro. Toda e qualquer controvérsia tem de ser composta em vista das circunstâncias concretas, mediante a aplicação das regras e dos princípios consagrados pela ordem jurídica.

8.3 A terceira objeção: a ausência de um interesse público unitário

Por outro lado, estabelecem-se conflitos não apenas entre interesse público e interesse privado. O regime de direito administrativo envolve a afirmação de uma pluralidade de interesses igualmente considerados como públicos.

Quando se afirma que os conflitos de interesses se resolvem por via da prevalência *do* interesse público, produz-se uma simplificação que impede a perfeita compreensão da realidade. Assim se passa porque as normas jurídicas de direito público protegem interesses indisponíveis, todos eles merecendo a categorização de interesses públicos. Logo, há interesses públicos em situação de colisão.

Basta ver o caso da implantação de usinas hidrelétricas na região amazônica. Há o interesse público na geração de energia elétrica, mas também existe o interesse público na proteção do meio ambiente e na defesa das terras dos povos indígenas.

Uma das características do Estado contemporâneo é a fragmentação dos interesses, a afirmação conjunta de posições subjetivas contrapostas e a variação dos arranjos entre diferentes grupos. Nesse contexto, a utilização do conceito de interesse público tem de fazer-se com cautela, diante da pluralidade e contraditoriedade entre os interesses dos diferentes integrantes da sociedade.

---

[24] Como afirma Alfonso García Figueroa, "em princípio, os governantes, o Estado e particularmente o Parlamento podem tomar decisões com o fim de incrementar o bem-estar da maioria (pensemos em certas medidas sociais), mas por outra parte é necessário respeitar certos direitos fundamentais das pessoas, que atuam como limites inafastáveis frente à maioria. Por isso, foi dito que os direitos fundamentais funcionam como 'trunfos frente à maioria' (Dworkin 1984, 37) ou 'barreira de proteção' (Habermas 1998, 332) ou como um 'terreno proibido' (Gazón 1989, 645) à discrição estatal" (Estos son los viajes de la nave interestelar Enterprise. In: ALEXY; GARCÍA FIGUEROA. *Star Trek y los derechos humanos*, p. 38-39, tradução livre).

Nesse sentido, Cassese já afirmava que "não existe o interesse público, mas os interesses públicos, no plural".[25]

Não se contraponha que o interesse público unitário seria o resultado da consideração dos diversos interesses (públicos e privados) em conflito. Essa concepção acarreta a inutilidade do postulado da supremacia e indisponibilidade do interesse público, eis que será necessário resolver *qual* dos diversos interesses deverá prevalecer antes de identificar o interesse público. A escolha do interesse a prevalecer não poderá ser orientada pela supremacia e indisponibilidade do interesse público, eis que o interesse público somente surgirá como resultado da decisão destinada a compor o conflito entre diversos interesses.

8.4 A quarta objeção: contraposição entre direitos e interesses

Ademais, a concepção da supremacia e indisponibilidade do interesse público sobre o privado reflete um cenário jurídico que não mais existe. Para compreender a questão, é necessário examinar os conceitos de direito subjetivo e interesse jurídico.

A distinção entre direito subjetivo e interesse jurídico foi desenvolvida pela Teoria Geral do Direito Privado, encontrando-se na origem das disputas dos privatistas do século XVIII. A controvérsia envolveu especificamente as divergências entre Windscheid e Jhering. Essas divergências foram superadas em virtude do reconhecimento da supremacia do direito objetivo relativamente ao direito subjetivo. Em suma, reconheceu-se que toda posição jurídica subjetiva deriva de uma norma jurídica.

As posições jurídicas subjetivas produzidas pelo direito apresentam conteúdo e efeitos diversos. Em alguns casos, configura-se um direito subjetivo. Assim se passa quando o ordenamento jurídico atribui a um ou a mais sujeitos a possibilidade de exigir uma conduta específica (consistente num dar, fazer ou não fazer) relativamente a um ou a mais sujeitos. No âmbito do direito administrativo, pode-se lembrar o direito do servidor público de receber uma remuneração.

Já o interesse apresenta outra configuração jurídica. O interesse consiste numa posição decorrente do relacionamento entre os sujeitos e da instauração de uma ordem jurídica, mas que não envolve a atribuição do dever de algum sujeito realizar uma prestação específica em benefício de outro sujeito determinado. O interesse traduz uma relação de conveniência e adequação que deriva reflexamente da disciplina normativa. O exemplo é a situação do cidadão que pode obter a invalidação de ato administrativo defeituoso. Ao promover uma ação popular, o cidadão não invoca um direito subjetivo, mas o interesse de evitar a malversação do patrimônio público.

O ordenamento jurídico assegura proteção jurídica reforçada ao direito subjetivo. Nesses casos, a ocorrência do pressuposto fático previsto na norma jurídica acarreta o surgimento de uma posição jurídica protegida de modo intenso pelo ordenamento. A própria Constituição assegura que o "direito adquirido" não pode ser restringido, eliminado ou modificado nem sequer pela lei posterior (art. 5.º, XXXVI, da CF/1988).

Somente em termos impróprios se poderia aludir a um conflito entre direito subjetivo e interesse público. Assim se passa porque a proteção jurídica assegurada ao direito subjetivo significa a sua tutela diante de interesses contrapostos. Portanto, a existência de um direito subjetivo reconhecido a um particular significa, de modo necessário e inafastável, a sua prevalência em face de outros interesses – inclusive públicos.

---

[25] CASSESE. *Le basi del diritto amministrativo*, p. 238, tradução livre.

44 CURSO DE DIREITO ADMINISTRATIVO • *Marçal Justen Filho*

Nunca se poderá defender que um interesse prevaleça, pura e simplesmente, sobre um direito subjetivo. Isso acontece porque a existência do direito subjetivo reflete a escolha da ordem jurídica por uma proteção intensa para uma determinada situação jurídica. Não é excessivo afirmar que o direito subjetivo é um interesse protegido e reforçado pela ordem jurídica.

A proteção atribuída ao direito subjetivo privado prevalecerá ainda quando estiver em jogo um interesse oposto, que se configure como "interesse público". Apenas haverá limites aos direitos subjetivos privados em face do interesse público na medida em que assim estiver previsto e determinado na ordem jurídica.

Uma simples conveniência do Estado não gera a eliminação de um direito subjetivo privado. Em síntese, a garantia constitucional ao direito subjetivo é oponível não apenas à lei, mas também ao ato administrativo.

Mais ainda, nem sequer se poderia adotar uma concepção genérica no sentido de que um direito subjetivo público preponderaria sobre um direito subjetivo privado. Existe direito subjetivo sempre que a ordem jurídica oferece proteção reforçada a um interesse. A proteção assegurada a um direito subjetivo privado não é eliminada pela criação de um direito subjetivo público – a não ser se e quando a ordem jurídica assim o determinar.

O entendimento é aplicável ainda quando se considere eventual conflito na dimensão de interesses, em que não exista uma proteção jurídica consistente num direito subjetivo.

Suponham-se, então, os casos de interesses públicos e privados contrapostos, sem que nenhum deles se configure propriamente como um direito subjetivo. Ainda assim, nesse caso, não se pode impor uma escolha prévia em favor do interesse dito público – senão quando se evidenciar que tal decisão é a mais conforme e adequada ao ordenamento.

8.5 Conceituação negativa (excludente) de interesse público

De todo modo, a expressão *interesse público* é largamente utilizada. É necessário aprofundar o seu estudo. Inicialmente, é possível uma conceituação negativa destinada a indicar aquilo que o interesse público *não* é, antes de tentar determinar aquilo que poderia ser.

Não é cabível confundir interesse público com interesse estatal, o que geraria um raciocínio circular: o interesse seria público porque é atribuído ao Estado, e seria atribuído ao Estado por ser público. Essa concepção é incompatível com a Constituição e a maior evidência disso reside na existência de interesses públicos não estatais (o que envolve, em especial, o chamado *terceiro setor*, composto pelas organizações não governamentais).

O interesse público não consiste no "interesse do aparato estatal". O Estado, como sujeito de direito, é titular do interesse em obter os maiores benefícios possíveis, em termos semelhantes ao que se passa com qualquer sujeito privado, que age segundo uma lógica de conveniência egoística.

Mas esses interesses do aparato estatal não podem ser reconhecidos como "interesse público". Configura-se a distinção apontada por Renato Alessi entre "interesse público primário" e "interesse secundário", difundida no Brasil por Celso Antônio Bandeira de Mello.[26]

---

[26] Como ensina Celso Antônio Bandeira de Mello, o Estado "Poderia, portanto, ter o interesse secundário de resistir ao pagamento de indenizações, ainda que procedentes, ou de denegar pretensões bem-fundadas que os administrados lhe fizessem, ou de cobrar tributos ou tarifas por valores exagerados. Estaria, por tal modo, defendendo interesses apenas 'seus', enquanto pessoa, enquanto entidade animada do propósito de despender o mínimo de recursos e abarrotar-se deles ao máximo. Não estaria, entretanto, atendendo ao interesse público, ao interesse primário, isto é, àquele que a lei aponta como sendo o interesse da coletividade: o da observância da ordem jurídica estabelecida a título de bem curar o interesse de todos" (*Curso de direito administrativo*, 37. ed., p. 63). No mesmo sentido, Agustín Gordillo afirma que "o interesse público não é o interesse da Administração Pública" (*Tratado de derecho administrativo*, t. II, p. XIII-17, tradução livre).

Cap. 3 – REGIME JURÍDICO DE DIREITO ADMINISTRATIVO **45**

É imperioso ter em vista que nenhum "interesse público" configura-se como "conveniência egoística da administração pública". O chamado "interesse secundário" (Alessi) ou "interesse da Administração Pública" não é público. Há mera conveniência circunstancial, alheia ao direito público. Somente para os interesses privados e no âmbito da atividade privada é que se admite a busca pela maior vantagem possível (ainda que sempre respeitados os limites do direito). Essa conduta não é admissível para o Estado.

Também é necessário distinguir o interesse público do interesse privado do sujeito que exerce função administrativa. O exercício da função pública não pode ser afetado pelos interesses privados e egoísticos do agente público. Eles continuam a ser interesses privados, submetidos às regras comuns, que disciplinam a generalidade de interesses dos integrantes da comunidade.

Não se pode admitir que o interesse público seria o interesse da *sociedade*. Embora a sociedade não se confunda com os indivíduos que a integram, a tese não pode ser aceita em virtude de sua natureza antidemocrática. Gera a possibilidade de reconhecer como interesse público algo desvinculado de qualquer interesse individual concreto. A desvinculação entre a dimensão individual e o interesse público contém o germe do autoritarismo. É o primeiro passo para o reconhecimento de interesses supraindividuais de configuração totalitária e cuja lamentável afirmação se verificou nos regimes do nacional-socialismo alemão e do stalinismo.

Outra hipótese seria considerar que o interesse público é o resultado do interesse privado da totalidade dos sujeitos privados. Segundo essa abordagem, não haveria diferença qualitativa entre interesse privado e público. A diferença seria de natureza quantitativa: qualquer interesse privado seria qualificado como público desde que a totalidade dos particulares tivesse interesses semelhantes. Essa concepção é inútil, porque a unanimidade nunca seria atingida. Bastaria um único sujeito ter interesse divergente do restante para impedir o surgimento do interesse público.

Uma outra solução seria, então, afirmar que o interesse público é o interesse privado comum e homogêneo da *maioria* da população.[27] Esse entendimento também não pode ser aceito, porque conduz à opressão. Numa democracia, o *interesse público* não deve representar apenas o interesse da maioria da população. Isso acarretaria a destruição dos interesses das minorias. E um Estado Democrático caracteriza-se pela tutela tanto dos interesses das maiorias como das minorias. A vontade da maioria é preponderante dentro de certos limites, eis que também se protegem os interesses da minoria, tudo segundo parâmetros constitucionalmente fixados.[28] Ou seja, o conceito de interesse público não se vincula a questões apenas quantitativas.[29]

Por outro lado, a concepção do interesse público como interesse da maioria transforma em interesse público todos os interesses comuns da maioria do povo, o que é incorreto. Basta um exemplo para demonstrar a improcedência do raciocínio. Suponha-se que a maioria do povo brasileiro seja aficionada por futebol. Daí não pode ser extraído que o futebol deva subordinar-se ao regime de direito público. Não há interesse público numa partida de futebol, ainda que a maioria do povo tenha grande interesse no assunto. Existem interesses coletivos e

---

[27] Em certa medida, esse é o posicionamento de Héctor Jorge Escola, ao afirmar: "O interesse público, entendido com o caráter e o sentido que lhe foi designado, não é uma entidade ontológica, substancial, diferente da que apresenta o interesse individual: ambos são, neste aspecto, similares. A única diferença entre eles reside em que, enquanto o interesse público é o resultado da somatória de um número maior de interesses individuais coincidentes, o interesse individual pertence à pessoa ou ao grupo de pessoas que o detenha individualmente, sem chegar nunca a constituir uma maioria conjunta" (*El interés publico como fundamento del derecho administrativo*, p. 242, tradução livre).

[28] Acerca da dinâmica entre interesse público e interesse privado, cf. CAJARVILLE PELUFFO. Garantías constitucionales del procedimiento administrativo en los países del Mercosur: principios del procedimiento administrativo de los órganos del Mercosur. *Actualidad en el Derecho Público – AeDP*, v. 8, p. 32 *et seq*, 1998.

[29] Contra essa concepção de interesse público como interesse da maioria dos indivíduos, cf., GOANE. Estado, bien común e interés público. In: MARIENHOFF; ABERASTURY *et al. El derecho administrativo argentino hoy*, p. 36-48.

difusos que, não obstante sua pertinência a uma pluralidade de sujeitos privados, continuam a ter natureza privada,[30] ou seja, não há como fundamentar o conceito de interesse público numa concepção aritmética.

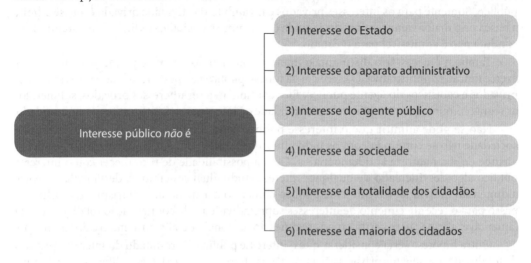

8.6 A tese da qualidade diferenciada de alguns interesses

Logo, somente alguns interesses podem ser qualificados como públicos. Isso permite diferenciar duas categorias de interesses. Existem aqueles pertinentes à existência individual egoística, cuja conjugação não resulta no surgimento de um interesse público. São interesses essencialmente individuais, ainda que possam ser comuns a uma pluralidade de sujeitos. Também existem interesses relativos a questões essenciais, que se configuram como públicos. Tais interesses são tão relevantes que dispensam o requisito da unanimidade ou da maioria.

O critério diferencial é um atributo peculiar, que produz a qualificação como interesse público.

9 O DIREITO ADMINISTRATIVO E A REALIZAÇÃO DOS DIREITOS FUNDAMENTAIS

Portanto, a distinção entre interesse público e interesse privado assenta-se não numa questão aritmética. O ponto fundamental reside em que certos interesses envolvem a realização de valores fundamentais indisponíveis, especialmente a dignidade da pessoa.

Recolocando o problema em outros termos, um interesse é público por ser indisponível, e não o inverso. Por isso, é incorreto afirmar que algum interesse, *por ser público*, é indisponível. A indisponibilidade não é consequência da natureza pública do interesse – é justamente o contrário. O interesse é reconhecido como público *porque* é indisponível, *porque* não pode ser colocado em risco, *porque* sua natureza exige que seja realizado.

Adota-se o entendimento de que os direitos fundamentais apresentam natureza indisponível.[31] O núcleo do direito administrativo reside não no interesse público, mas na promoção dos direitos

---

[30] Sobre o tema, cf. GRECCO. Ensaio preliminar sobre los denominados intereses difusos o colectivos y su protección judicial. In: GRECCO; MUÑOZ. *Fragmentos y testimonios del derecho administrativo*, p. 687-709.

[31] O que não exclui a eventual disponibilidade de manifestações concretas desses direitos. O sujeito pode renunciar ao direito de propriedade concretamente exercitado sobre uma coisa, mas não lhe cabe o poder jurídico para eliminar a sua condição de sujeito de direito de propriedade.

Cap. 3 – REGIME JURÍDICO DE DIREITO ADMINISTRATIVO **47**

fundamentais indisponíveis. A invocação ao *interesse público* toma em vista a realização de direitos fundamentais. O Estado é investido do dever de promover esses direitos fundamentais nos casos em que for inviável a sua concretização pelos particulares, segundo o regime de direito privado.

Essa orientação se coaduna com o entendimento prevalente no direito constitucional, que reconhece que todas as posições jurídicas são delimitadas e ordenadas de acordo com os direitos fundamentais. Nenhuma faculdade, proibição ou comando jurídico pode ser interpretado de modo dissociado dos direitos fundamentais.

A ordem jurídica consagra e protege uma pluralidade de direitos fundamentais, o que significa a impossibilidade de adotar uma solução predeterminada e abstrata para eventuais conflitos. A aplicação do direito envolve a avaliação das normas jurídicas pertinentes ao caso concreto. Esse processo de concretização do direito conduzirá à prevalência de interesses, mas sem que a Constituição autorize a solução pura e simples de prevalência de um "interesse público" indeterminado e incerto. Poderá ser escolhido o interesse do Estado, da maioria ou da minoria das pessoas. Todavia, isso será estabelecido em face das circunstâncias, desde que essa seja a solução mais compatível com o ordenamento jurídico e represente o modo mais adequado e satisfatório da realização dos direitos fundamentais protegidos constitucionalmente.

10   O DESCABIMENTO DA INVOCAÇÃO VAZIA DE UM INTERESSE PÚBLICO

Como visto, existem interesses coletivos múltiplos, distintos, contrapostos – todos eles merecedores de tutela por parte do direito. Bem por isso, o critério da *supremacia e indisponibilidade do interesse público* apresenta utilidade reduzida, uma vez que não há um interesse único a ser reputado como supremo. O critério da supremacia e indisponibilidade do interesse público não permite resolver de modo satisfatório os conflitos, nem fornece um fundamento consistente para as decisões administrativas. Mais ainda, a determinação do interesse a prevalecer e a extensão dessa prevalência dependem sempre da avaliação do caso concreto. Trata-se de uma questão de ponderação entre princípios.

10.1   A escolha pela autoridade competente

Como resultado prático, a adoção do critério da SIP resulta, no mundo real, na atribuição ao governante de uma margem indeterminada e indeterminável de autonomia para impor suas escolhas individuais. O governante escolhe a solução que bem lhe apraz, justificando-a por meio da expressão *supremacia e indisponibilidade do interesse público*. Esse modelo é incompatível com a Constituição, com a concepção do Estado Democrático de Direito e com a própria função reservada ao direito administrativo.

Por isso, a diferenciação entre interesse público primário e secundário apresenta muita relevância no enfoque tradicional. Existe risco de que o governante realize escolhas fundadas em sua conveniência política pessoal ou partidária (interesse secundário), antes do que por homenagem a um interesse coletivo.

A solução do prestígio ao interesse público é tão perigosa para a democracia quanto todas as fórmulas semelhantes adotadas em regimes totalitários (o espírito do povo alemão ou o interesse do povo soviético). Bem por isso, todos os regimes democráticos vão mais além da fórmula da supremacia e indisponibilidade do interesse público. Esse é um pressuposto norteador das escolhas, mas há critérios de outra natureza que permitem o controle das decisões administrativas.

Não basta a existência de um direito fundamental para surgir um interesse público. Há uma pluralidade de direitos fundamentais. Alguns deles envolvem inclusive a realização individual e egoística do interesse individual. O interesse público se verifica apenas quando a atuação isolada do indivíduo for insuficiente para a realização do direito fundamental.

48 CURSO DE DIREITO ADMINISTRATIVO • *Marçal Justen Filho*

A teoria da SIP e a defesa à vinculação ao direito fundamental podem conduzir a resultados práticos coincidentes. Mas há diferenças marcantes. A concepção da supremacia dos direitos fundamentais exige a comprovação concreta, em cada situação fática, da compatibilidade efetiva entre a decisão adotada e os direitos fundamentais, ou seja, há uma distinção fundamental: os direitos fundamentais estão consagrados objetivamente na Constituição. Já o "interesse público" é uma expressão destituída de conteúdo específico, que pode ser utilizada apenas para legitimar uma decisão subjetiva e arbitrária.

10.2   A exigência de motivação explícita para a decisão administrativa

As considerações anteriores não significam que a invocação do interesse público configure, em si mesma, uma infração à ordem jurídica. O aspecto mais grave reside na ausência de exposição formal e satisfatória dos motivos que fundamentam a decisão administrativa. Invocar genericamente o interesse público como fundamento decisório equivale a produzir uma decisão sem motivação, o que configura nulidade.

Essa orientação já fora consagrada em decisão do STJ, em que se encontram as seguintes passagens:

> "(...) a simples referência à ausência de interesse público não constitui, por si só, motivação suficiente à formação de uma segura conclusão a respeito das razões de denegação da autorização, especialmente quando, durante todo o procedimento administrativo instaurado para a apreciação do requerimento, foram emitidos pareceres favoráveis (...). É claro que isso não impõe ao Ministro de Estado o dever de vinculação àqueles pareceres. O que não se pode aceitar, todavia, é que os despreze, para, sem qualquer outra justificativa, indeferir o pedido de autorização. O ato administrativo assim proferido, sem motivação suficiente e adequada, impossibilita ao interessado o exercício de seu direito de cidadania de aferir o atendimento dos princípios constitucionais da impessoalidade e da razoabilidade, norteadoras da ação administrativa.
>
> 4. Pelas considerações expostas, concedo parcialmente a segurança, apenas para o fim de anular o ato administrativo por ausência de motivação, determinando à autoridade impetrada que outro seja proferido, com atendimento do citado requisito formal" (MS 9.944/DF, 1.ª S., rel. Min. Teori Zavascki, j. 25.05.2005, *DJ* 13.06.2005).

O entendimento foi incorporado na legislação posterior. O CPC/2015 reconheceu a insuficiência de fundamentação genérica e abstrata para a validade das decisões judiciais. O art. 489, § 1.º, do referido diploma determina que "Não se considera fundamentada qualquer decisão judicial, seja ela interlocutória, sentença ou acórdão, que: (...) II – empregar conceitos jurídicos indeterminados, sem explicar o motivo concreto de sua incidência no caso; III – invocar motivos que se prestariam a justificar qualquer outra decisão".

Essa regra aplica-se inclusive à atividade administrativa, em vista do art. 15 do mesmo CPC ("Na ausência de normas que regulem processos eleitorais, trabalhistas ou administrativos, as disposições deste Código lhes serão aplicadas supletiva e subsidiariamente").

Depois, o art. 20 da Lei de Introdução às Normas do Direito Brasileiro (Dec.-lei 4.657/1942) determinou que, "Nas esferas administrativa, controladora e judicial, não se decidirá com base em valores jurídicos abstratos sem que sejam consideradas as consequências práticas da decisão".[32]

---

[32]   Para análise mais aprofundada do entendimento do autor, consulte-se Art. 20 da LINDB: Dever de transparência, concretude e proporcionalidade nas decisões públicas. *Revista de Direito Administrativo – RDA*, Edição Especial: Direito Público na Lei de Introdução às Normas do Direito Brasil – LINDB (Lei 13.655/2018), p. 13-41, nov. 2018.

Por tudo isso, cabe à autoridade, quando invocar o interesse público como fundamento de sua decisão, expor de modo suficiente a interpretação adotada relativamente ao direito aplicável, em vista das circunstâncias de fato, e indicar as razões que legitimam o seu entendimento.

11 A SUBSTITUIÇÃO DE INTERESSE PÚBLICO POR INTERESSES COLETIVOS

Isso não conduz ao abandono do conceito de interesses comuns ou relevantes. Existem interesses a serem atendidos por meio da atividade administrativa. Esses interesses podem ser de titularidade individual, coletiva ou difusa. O que se rejeita é a concepção de interesse público como o critério fundamental do direito administrativo, o qual se estrutura sob os fundamentos do procedimento democrático e dos direitos fundamentais.

Assim, opta-se antes pela expressão *interesses coletivos* do que por *interesse público*.

12 REJEIÇÃO A UMA CONCEPÇÃO INDIVIDUALISTA

As ponderações indicadas não significam a adoção de uma concepção individualista, que negue a tutela jurídica a interesses coletivos. Não se pretende defender a supremacia do interesse privado.

O que se defende é (a) a consagração pela Constituição dos direitos fundamentais como o alicerce de todo o ordenamento jurídico; (b) a impossibilidade de identificar um conceito abstrato e geral para a expressão *interesse público*; (c) a impossibilidade de unificar e simplificar os interesses em conflito na sociedade, de modo a que um deles seja qualificado como *o interesse público*; (d) a existência de interesses individuais, coletivos e difusos não atribuídos ao Estado, juridicamente protegidos inclusive em face dele; e (e) a configuração do direito administrativo como um conjunto de normas jurídicas orientadas à composição entre os diversos interesses (estatais e não estatais), de modo a assegurar a promoção dos direitos fundamentais.

O que se combate é a postura não democrática de promover o sacrifício dos interesses não estatais, sem maior preocupação, mediante a mera e simples invocação da conveniência estatal, com menção à expressão *interesse público*.

13 A JURISPRUDÊNCIA DOS TRIBUNAIS SOBRE A SIP

Continua a se encontrar em diversos julgados a invocação à teoria da supremacia e indisponibilidade do interesse público sobre o privado. No entanto, isso se faz num contexto que evidencia o reconhecimento da supremacia dos direitos fundamentais.

O próprio STF teve oportunidade de demonstrar que os direitos fundamentais prevalecem sobre o dito interesse público:

"Vítima de assalto ocorrido em região do estado de Pernambuco ao qual se atribui omissão no desempenho da obrigação de oferecer à população local níveis eficientes e adequados de segurança pública – Prática criminosa que causou tetraplegia à vítima e que lhe impôs, para sobreviver, dependência absoluta em relação a sistema de ventilação pulmonar artificial – Necessidade de implantação de marca-passo diafragmático intramuscular (Marca-passo Frênico) – Recusa do estado de Pernambuco em viabilizar a cirurgia de implante de referido marca-passo, a despeito de haver supostamente falhado em seu dever constitucional de promover ações eficazes e adequadas de segurança pública em favor da população local (CF/1988, art. 144, 'caput') – Discussão em torno da responsabilidade civil objetiva do estado (CF/1988, art. 37, § 6.º) – Teoria do risco administrativo – Doutrina – Precedentes – Antecipação de tutela concedida em favor da vítima, na causa principal, pelo senhor desembargador relator do processo – Suspensão de eficácia dessa decisão por ato da presidência do Supremo Tribunal Federal – Medida de contracautela que não se justificava em razão da ausência de seus pressupostos – Direito à vida e à saúde – Dever estatal de assistência à saúde resultante de norma constitucional (CF/1988, arts. 196 e 197) – Obrigação jurídico-constitucional que se impõe ao poder público, inclusive aos estados-membros da federação – Configuração, no caso, de típica hipótese de omissão inconstitucional imputável ao estado de Pernambuco – Desrespeito à constituição provocado por inércia estatal (RTJ 183/818-819) – Comportamento que transgride a autoridade da lei fundamental da república (RTJ 185/794-796) – A questão da reserva do possível: reconhecimento de sua inaplicabilidade, sempre que a invocação dessa cláusula puder comprometer o núcleo básico que qualifica o mínimo existencial (RTJ 200/191-197) (...) caráter cogente e vinculante das normas constitucionais, inclusive daquelas de conteúdo programático, que veiculam diretrizes de políticas públicas, especialmente na área da saúde (CF/1988, arts. 6.º, 196 e 197) – A questão das 'escolhas trágicas' – A colmatação de omissões inconstitucionais como necessidade institucional fundada em comportamento afirmativo dos juízes e tribunais e de que resulta uma positiva criação jurisprudencial do direito – Controle jurisdicional de legitimidade da omissão do poder público: Atividade de fiscalização judicial que se justifica pela necessidade de observância de certos parâmetros constitucionais (proibição de retrocesso social, proteção ao mínimo existencial, vedação da proteção insuficiente e proibição de excesso) – Doutrina – Precedentes do Supremo Tribunal Federal em tema de implementação de políticas públicas delineadas na Constituição da República (RTJ 174/687 – RTJ 175/1212-1213 – RTJ 199/1219-1220) – Recurso de agravo provido" (STA 223 AgR/PE, Pleno, rel. Min. Ellen Gracie, rel. p/ acórdão Min. Celso de Mello, j. 14.04.2008, *DJe* 08.04.2014).

"Agravo Regimental no Recurso Extraordinário. Omissões. Inexistência. Devido processo legal e ampla defesa. Violação. Ofensa reflexa. Supremacia do interesse público. Limitações. Possibilidade. Art. 37, *caput*, CF/1988. Ofensa indireta. Art. 92, § 2.º, LC 53/2001 do Estado de Roraima. Apreciação. Supressão de instância. (...) 2. Inexistem garantias e direitos absolutos. As razões de relevante interesse público ou as exigências derivadas do princípio de convivência das liberdades permitem, ainda que excepcionalmente, a restrição de prerrogativas individuais ou coletivas. Não há, portanto, violação do princípio da supremacia do interesse público" (RE 455.283 AgR/RR, 2.ª T., rel. Min. Eros Grau, j. 28.03.2006, *DJ* 05.05.2006).

Em outra oportunidade, o STF reconheceu o dever de a Administração adotar soluções concretas quanto a datas e horários para assegurar a participação em prova de concurso público de pessoas que professem determinado credo religioso (STF, RE 611.874, Pleno, rel. Min. Dias Toffoli, rel. p/ acórdão Min. Edson Fachin, j. 26.11.2020, *DJe* 09.04.2021). Embora a questão da supremacia do interesse público não tenha sido versada de modo direto, a decisão reconheceu que a realização dos direitos fundamentais individuais é protegida inclusive em face da Administração.

14 SÍNTESE: O FUNDAMENTO DO DIREITO ADMINISTRATIVO

A atividade administrativa do Estado Democrático de Direito subordina-se, então, a um critério fundamental, que é anterior à supremacia e indisponibilidade do interesse público. Trata-se da *supremacia e indisponibilidade dos direitos fundamentais*.

Então, somente é possível aludir a *interesse público* como resultado de um processo de produção e aplicação do direito. Não há interesse público prévio ao direito ou anterior à atividade decisória da Administração Pública.

Uma decisão produzida por procedimento satisfatório e com respeito aos direitos fundamentais e aos interesses legítimos poderá ser reputada como uma tradução do *interesse público*.

Porém, não se legitimará em virtude da mera invocação a esse *interesse público*, mas sim porque no caso concreto esse interesse se mostra compatível com a procedimentalização da atividade administrativa e os direitos fundamentais.

Assim, o processo de concretização do direito produz a seleção dos interesses, com a identificação do que se reputará como interesse público em face das circunstâncias. Não há qualquer caráter predeterminado (como a qualidade do titular) apto a qualificar o interesse como público. Essa peculiaridade representa a superação de soluções formalistas, inadequadas a propiciar a realização dos valores fundamentais reconhecidos pela comunidade. O processo de democratização conduz à necessidade de verificar, em cada oportunidade, como se configura o interesse público. Sempre e em todos os casos, tal se dá mediante o reconhecimento da intangibilidade dos direitos fundamentais.

15 "PERSONALIZAÇÃO" DO DIREITO ADMINISTRATIVO

Como decorrência, é necessário produzir uma revisão de pressupostos e formas de abordagem do direito administrativo, que exige novos programas e propostas para a atividade administrativa. Não seria equivocado aludir à "personalização do direito administrativo" (se não do direito considerado em sua integralidade).

O ser humano, a dignidade humana e os direitos fundamentais foram assumidos como valores fundamentais na Constituição de 1988. Anteriormente, concepções nesse sentido jamais foram acompanhadas de algum efeito concreto ou prático que se prolongasse além do discurso eleitoral no país.

A disciplina constitucional impõe o reconhecimento de que a Administração Pública não é tutelada em si mesma. A democracia e o respeito aos direitos fundamentais são finalidades norteadoras da atividade administrativa do Estado. Assim, a Administração Pública tem de nortear-se pela realização desses valores, inclusive (e especialmente) quando se trata de interesses de minorias. Não se admite que os titulares do poder político legitimem suas decisões invocando meramente a *conveniência* do interesse público para produzir o sacrifício de direitos fundamentais num caso concreto.

Logo, o núcleo do direito administrativo não é o poder (e suas conveniências), mas a realização dos direitos fundamentais. Qualquer invocação genérica do interesse público deve ser repudiada por ser incompatível com o Estado Democrático de Direito e com a consagração dos direitos fundamentais.

16 A CONSTRUÇÃO DO REGIME DE DIREITO ADMINISTRATIVO

A existência de um conjunto sistematizado de instituições e normas jurídicas é essencial para gerar um ordenamento previsível e apto a produzir, de modo efetivo, a realização de valores prestigiados pela Nação. Busca-se um direito administrativo que se preste tanto a limitar o poder do Estado como a instrumentalizar esse poder à satisfação de necessidades coletivas. Ou seja, não se trata de simples preocupação acadêmica ou doutrinária, mas de assegurar que o regime de direito administrativo seja a via para a transformação da realidade.[33]

---

[33] Carlos Ari Sundfeld nega a existência de um ordenamento harmônico e sistemático e afirma que "O direito administrativo positivo vigente em cada momento é uma gigantesca nuvem de normas, principiológicas ou não, em permanente movimento, que aumenta e encolhe, adquire novas formas todo o tempo, agrega e solta pedaços, escurece e clareia" (*Direito Administrativo para Céticos*, 2. ed., p. 193).

16.1 A relevância da jurisprudência constitucional

A concepção positivista reputava que o direito era produzido pela lei e pelo costume. A evolução social demonstrou que o direito é resultado de um processo mais amplo, de que participam conjuntamente a comunidade dos países, os órgãos do Estado e as instituições sociais. Mas há uma especial relevância na jurisprudência como fonte do direito.

A jurisprudência, como resultado da atividade de aplicação do direito ao caso concreto e da interpretação da Constituição em abstrato, define o conteúdo do direito, especialmente do direito público. Essa determinação encontra fundamento na própria disciplina da CF/1988, cujo art. 102, § 2.º, prevê que:

"As decisões definitivas de mérito, proferidas pelo Supremo Tribunal Federal, nas ações diretas de inconstitucionalidade e nas ações declaratórias de constitucionalidade produzirão eficácia contra todos e efeito vinculante, relativamente aos demais órgãos do Poder Judiciário e à administração pública direta e indireta, nas esferas federal, estadual e municipal".

E o art. 103-A da CF/1988 contempla outro instrumento ao STF, que consiste na súmula vinculante:

"O Supremo Tribunal Federal poderá, de ofício ou por provocação, mediante decisão de dois terços dos seus membros, após reiteradas decisões sobre matéria constitucional, aprovar súmula que, a partir de sua publicação na imprensa oficial, terá efeito vinculante em relação aos demais órgãos do Poder Judiciário e à administração pública direta e indireta, nas esferas federal, estadual e municipal, bem como proceder à sua revisão ou cancelamento, na forma estabelecida em lei".

Lembre-se de que o § 3.º do mesmo art. 103-A da CF/1988 prevê a reclamação ao STF contra decisão judicial ou administrativa que adotar orientação contrária à súmula:

"Do ato administrativo ou decisão judicial que contrariar a súmula aplicável ou que indevidamente a aplicar, caberá reclamação ao Supremo Tribunal Federal que, julgando-a procedente, anulará o ato administrativo ou cassará a decisão judicial reclamada, e determinará que outra seja proferida com ou sem a aplicação da súmula, conforme o caso".

A jurisprudência do STF sobre o tema estabelece:

"(...) Os precedentes firmados pelo Supremo Tribunal Federal desempenham múltiplas e relevantes funções no sistema jurídico, pois lhes cabe conferir previsibilidade às futuras decisões judiciais nas matérias por eles abrangidas, atribuir estabilidade às relações jurídicas constituídas sob a sua égide e em decorrência deles, gerar certeza quanto à validade dos efeitos decorrentes de atos praticados de acordo com esses mesmos precedentes e preservar, assim, em respeito à ética do Direito, a confiança dos cidadãos nas ações do Estado. (...) A força normativa da Constituição e o monopólio da última palavra, pelo Supremo Tribunal Federal, em matéria de interpretação constitucional. – O exercício da jurisdição constitucional, que tem por objetivo preservar a supremacia da Constituição, põe em evidência a dimensão essencialmente política em que se projeta a atividade institucional do Supremo Tribunal Federal, pois, no processo de indagação constitucional, assenta-se a magna prerrogativa de decidir, em última análise, sobre a própria substância do poder. – No poder de interpretar a Lei Fundamental, reside a prerrogativa extraordinária de (re)formulá-la, eis que a interpretação judicial acha-se compreendida entre os processos informais de mutação constitucional, a significar, portanto, que 'A Constituição está em elaboração permanente nos Tribunais incumbidos de aplicá-la'. Doutrina. Precedentes. – A interpretação constitucional derivada das decisões proferidas pelo Supremo Tribunal Federal – a quem se atribuiu a função eminente de 'guarda da Constituição' (CF/1988, art. 102, caput) – assume papel de fundamental importância na organização institucional do Estado brasileiro, a justificar o reconhecimento de que o modelo político-jurídico vigente em nosso País conferiu, à Suprema Corte, a singular prerrogativa de dispor do monopólio da última palavra em tema de exegese das normas inscritas no texto da Lei Fundamental" (MS 26.603, Pleno, rel. Min. Celso de Mello, j. 04.10.2007, DJe 18.12.2008).

16.2 A previsão do art. 30 e seu parágrafo único da LINDB

O efeito vinculante de decisões de autoridades jurisdicionais e administrativas foi reforçado pela alteração promovida pela Lei 13.655/2018 na Lei de Introdução às Normas do Direito Brasileiro (Dec.-lei 4.657/1942), cujo art. 30 passou a determinar que:

"As autoridades públicas devem atuar para aumentar a segurança jurídica na aplicação das normas, inclusive por meio de regulamentos, súmulas administrativas e respostas a consultas. Parágrafo único. Os instrumentos previstos no *caput* deste artigo terão caráter vinculante em relação ao órgão ou entidade a que se destinam, até ulterior revisão".

17 OS INSTRUMENTOS DE PRODUÇÃO DO SISTEMA JURÍDICO

É necessário destacar que o sistema jurídico é produzido[34] pela conjugação de técnicas hermenêuticas e de princípios jurídicos propriamente ditos. A sistematização adiante é bastante útil para visualizar essa inter-relação de instrumentos jurídicos:

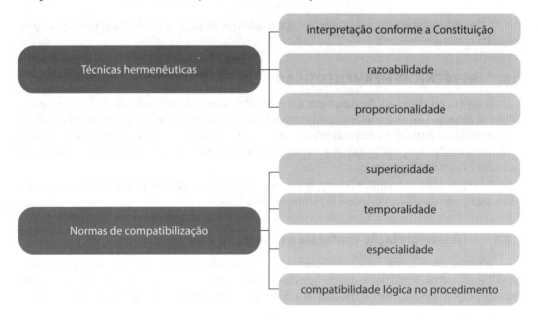

---

[34] A expressão não foi utilizada equivocadamente. Reconhece-se que o sistema jurídico não existe por si só, mas resulta de atividades de interpretação-aplicação (que não podem, por seu turno, ser dissociadas uma da outra). Sobre o tema, confira-se a obra do autor *Introdução ao Estudo do Direito*, 2. ed., p. 273 *et seq*.

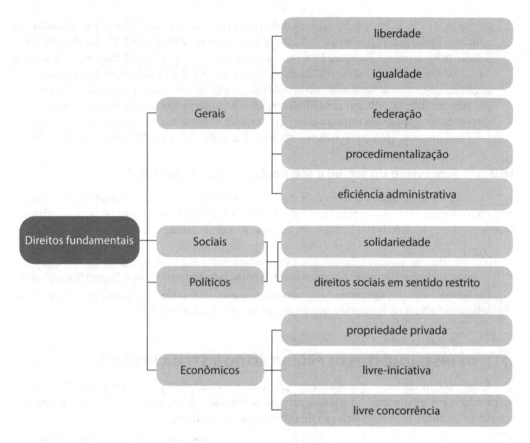

Cabe expor mais minuciosamente o conteúdo das técnicas e os diversos princípios propriamente ditos.

18 AS TÉCNICAS HERMENÊUTICAS

A ordem jurídica é conformada por um conjunto de instrumentos de cunho hermenêutico. Trata-se de regras de interpretação e aplicação do ordenamento jurídico, que permitem reduzir as contradições e ampliar a harmonia entre as normas jurídicas. Essas técnicas são usualmente denominadas "princípios", mas rigorosamente assim não podem ser consideradas, porque não veiculam um valor autônomo.

As técnicas hermenêuticas compreendem (a) a interpretação conforme a norma superior, (b) o princípio da razoabilidade e (c) a proporcionalidade.

18.1 A interpretação conforme a norma superior

A *interpretação conforme* significa que o aplicador do direito, ao determinar o sentido e a extensão de uma norma, tem o dever de rejeitar alternativas hermenêuticas incompatíveis com o sistema jurídico, cujo reconhecimento conduziria à necessidade de invalidar a disposição interpretada.[35]

---

[35] A técnica da interpretação conforme é consagrada na praxe jurisprudencial e foi expressamente abrigada na Lei 9.868/1999, que disciplina a ação direta de inconstitucionalidade e a ação declaratória de constitucionalidade. O art. 28, parágrafo único, estabelece o cunho vinculante para a interpretação conforme adotada pelo tribunal.

Cap. 3 – REGIME JURÍDICO DE DIREITO ADMINISTRATIVO

Essa técnica é extremamente relevante para afastar interpretações em prol das quais há fortes elementos confirmadores, mas que se configuram como inconstitucionais ou ilegais. Há casos em que o sentido das palavras parece inequívoco, contudo, sua adoção resultaria em conflito com uma norma superior. A técnica da interpretação conforme afasta a invalidação da disposição normativamente inferior por meio de interpretação harmonizadora. Em vez de prestigiar o sentido das palavras, consagra-se a interpretação compatível com o sistema jurídico.

A técnica da *interpretação conforme* é referida, usualmente, a propósito da constitucionalidade das leis. Mas é evidente que deve ser adotada como inerente à atividade hermenêutica, em qualquer nível. Exige-se que a interpretação do decreto regulamentador seja conforme a lei regulamentada, por exemplo.

18.2   O chamado princípio da razoabilidade

A técnica da *interpretação conforme* reflete uma manifestação do chamado *princípio da razoabilidade*,[36] que preconiza ser a interpretação jurídica uma atividade que ultrapassa a mera lógica formal. Interpretar significa valer-se do raciocínio, o que abrange não apenas soluções rigorosamente lógicas, mas especialmente as que se configuram como razoáveis.

O princípio da razoabilidade não equivale à adoção da conveniência como critério hermenêutico. O que se busca é afastar soluções que, embora fundadas na razão, sejam incompatíveis com o espírito do sistema.

18.3   O chamado princípio da proporcionalidade

Um instrumento fundamental e indispensável para a existência do sistema jurídico e a preservação dos valores fundamentais é a proporcionalidade.

18.3.1   O princípio ou a técnica da proporcionalidade

A proporcionalidade consiste numa técnica de interpretação e de aplicação do direito que se desenvolveu a partir do direito alemão, encontrando-se amplamente integrada no direito europeu nos dias atuais. O Tratado da União Europeia[37] explicitamente a consagrou, ainda que a propósito da prevenção de conflitos de competência entre a União e os Estados-membros.[38]

A proporcionalidade passou a ser adotada amplamente como critério de composição de conflitos normativos, especialmente no tocante ao exercício de funções estatais.[39]

Uma das peculiaridades da proporcionalidade consiste no reconhecimento de que a solução jurídica não pode ser produzida pelo aplicador apenas pelo simples exame de textos legais abstratos. O intérprete tem o dever de avaliar os efeitos concretos e efetivos potencialmente derivados da adoção de certa alternativa. Deverá selecionar aquela que se configurar como a mais satisfatória, não do ponto de vista puramente lógico, mas em vista da situação real existente.

---

[36]   Sobre o tema, cf. SILVA. O proporcional e o razoável, *Revista dos Tribunais – RT*, n. 798, p. 23-50, abr. 2002.

[37]   Houve sua inserção em Maastricht (art. 3B), mantendo-se inalterada a disciplina no Tratado de Amsterdã de 1997 (art. 5.º). Foi editado um protocolo sobre o tema, consagrando os pressupostos teóricos já apontados pela doutrina e pela jurisprudência de há muito.

[38]   O tratamento doutrinário acerca da proporcionalidade é muito extenso. Para exame amplo do tema, cf. EMILIOU. *The principle of proportionality in European law*: a Comparative Study; e ELLIS. *The principle of proportionality in the laws of Europe*.

[39]   Nesse sentido, cf. RIVERO; WALINE. *Droit administratif*, 19. ed., p. 252; e DUPUIS; GUÉDON; CHRÉTIEN. *Droit administratif*, 11. ed., p. 661. Mais amplamente, PHILIPPE. *Le contrôle de proportionnalité dans les jurisprudences constitutionnelle et administrative françaises, passim*.

A proporcionalidade se avalia sob três ângulos.

O primeiro aspecto é o da adequação ou compatibilidade com o fim buscado pela medida adotada. Exige-se que a solução seja apropriada à realização do fim. Essa exigência envolve um juízo de causalidade, aplicado em ordem inversa. Identifica-se o fim a atingir e se avalia se as providências cogitadas são aptas a produzi-lo. Violará a proporcionalidade, sob o prisma da adequação, a norma que consagrar uma imposição não apta a produzir o fim buscado.

Esse tipo de avaliação pressupõe duas ordens de providências. É imperioso, em primeiro lugar, identificar o *fim* concreto buscado. Não se admite que as competências administrativas sejam exercitadas sem identificação quanto aos objetivos a serem alcançados.

Depois, deverão ser selecionadas as providências teoricamente disponíveis para realizar o fim visado. Isso poderá trazer a necessidade de recorrer ao conhecimento técnico-científico, tendo em vista a natureza da atividade considerada.

O segundo aspecto se relaciona à limitação da disciplina normativa ao mínimo necessário para assegurar o atingimento do fim buscado. Não é válido optar por solução que importe sacrifício desnecessário ou excessivo, ou seja, entre as diversas medidas que preencham os requisitos da adequação, deve ser escolhida aquela que produza a menor restrição possível aos diferentes interesses em jogo. Exercita-se, portanto, uma comparação entre as diversas alternativas adequadas e se elege a menos onerosa.[40]

O terceiro aspecto é o da proporcionalidade em sentido restrito. A decisão, além de conveniente e menos danosa, necessita ser compatível com a ordem jurídica. Não basta constatar que a solução é apta a produzir certo resultado pretendido e que é a menos onerosa possível. Ademais, será inválida a providência incompatível com outros valores tutelados pelo ordenamento jurídico. A proporcionalidade em sentido restrito exclui a validade de solução que torne inútil a existência de outras normas jurídicas.[41]

No Brasil, a proporcionalidade não está prevista de modo expresso na Constituição,[42] mas deriva da consagração normativa de uma pluralidade de princípios que podem entrar em conflito.[43] A proporcionalidade reflete a necessidade de prestigiar *todos* os princípios albergados pelo direito.

---

[40] É possível estabelecer uma relação entre esse enfoque e a concepção de eficiência de Pareto (segundo a qual uma situação é ótima quando não for possível melhorar a posição de um agente sem acarretar danos a outro). Toda e qualquer alocação de recursos produz uma alteração da situação dos envolvidos. Isso se passa também com as decisões jurídicas. A proporcionalidade-necessidade exige o menor sacrifício possível aos diversos interesses em confronto – tal se impõe não apenas por razões de equidade, mas também por uma exigência de eficiência.

[41] Como afirma Carlos Bernal Pulido, "conforme o princípio da proporcionalidade em sentido estrito, a importância dos objetivos perseguidos por toda intervenção nos direitos fundamentais deve guardar uma adequada relação com o significado do direito intervindo. Em outros termos, as vantagens que se obtêm mediante a intervenção no direito fundamental devem compensar os sacrifícios que ela implica para os seus titulares e para a sociedade em geral" (*El principio de proporcionalidad y los derechos fundamentales*: el principio de proporcionalidad como criterio para determinar el contenido de los derechos fundamentales vinculante para el legislador, 3. ed., p. 42, tradução livre).

[42] Consta, porém, da Lei de Processo Administrativo Federal (Lei 9.784/1999, art. 2.º, *caput* e parágrafo único, VI), que exige "adequação entre meios e fins, vedada a imposição de obrigações, restrições e sanções em medida superior àquelas estritamente necessárias ao atendimento do interesse público".

[43] No Brasil, há uma vasta produção bibliográfica sobre o tema. Podem ser referidas três monografias clássicas, sendo uma de Raquel Denize Stumm (*Princípio da proporcionalidade no direito constitucional brasileiro*), outra de Suzana de Toledo Barros (*O princípio da proporcionalidade e o controle de constitucionalidade das leis restritivas de direitos fundamentais*) e outra de autoria de Paulo Armínio Tavares Buechele (*O princípio da proporcionalidade e a interpretação da Constituição*).

18.3.2 A atividade administrativa como composição entre normas e interesses contrapostos

A atividade administrativa envolve a necessidade de selecionar e compor diferentes interesses estatais e privados, com observância de um procedimento democrático e da proporcionalidade. Não seria exagero afirmar que a Administração Pública *nunca* se deparará com uma situação simples e fácil, em que existirá um único e inquestionável interesse público a ser escolhido e prestigiado. Sempre haverá uma grande complexidade, derivada da existência de inúmeros centros de interesses contrapostos.

É imperioso ponderar os interesses e os valores a eles relacionados. Quando os diferentes interesses em conflito comportam equivalente tutela e proteção, a solução mais adequada é propiciar a realização conjunta – ainda que limitada – de todos eles. Introduzem-se limitações e reduções nos diferentes interesses, de molde a compatibilizá-los. Ainda que um interesse seja inquestionavelmente mais relevante do que os demais, não se autoriza sua realização absoluta, se tal acarretar o sacrifício integral de interesses que também comportam a proteção do direito. Tem-se de buscar, sempre, a solução que realize mais intensamente todos os interesses, inclusive na acepção de não produzir a destruição de valores de aparente menor hierarquia.

O resultado poderá ser o sacrifício a interesses e a direitos, o que apenas será admissível quando tal for a única ou a menos nociva alternativa para realização conjunta dos diversos valores protegidos pelo direito.

Assim, por exemplo, poderá configurar-se como válido o uso da violência física para restabelecimento da ordem pública – se e quando essa solução apresentar-se como apta a produzir malefícios mais reduzidos do que os advindos de outras soluções. No entanto, o uso da força deverá ser o mínimo necessário a assegurar o restabelecimento da normalidade. Mais ainda, seria incompatível com a proporcionalidade em sentido restrito uma conduta tal como a de matar o líder do movimento, invocando o argumento de que tal incentivaria o término de uma insurreição. Como regra, a supremacia da dignidade humana é incompatível com a eliminação da vida.[44]

19   AS NORMAS DE COMPATIBILIZAÇÃO

O próprio ordenamento jurídico consagra soluções normativas para evitar conflitos. Essas soluções também são usualmente referidas como "princípios", mas, em verdade, trata-se de critérios de solução de conflitos internormativos. São normas que disciplinam a compatibilidade entre normas, sem expressar algum valor autônomo. As normas de compatibilização são (a) o critério da hierarquia, (b) o critério da temporalidade, (c) o critério da especialidade e (d) o critério da compatibilidade lógica no procedimento.

19.1   O critério da superioridade normativa

O primeiro critério utilizado para gerar a harmonia necessária a uma ordem jurídica consiste na hierarquia. Significa que as normas jurídicas não se encontram todas no mesmo nível. Há relações de supra e infraordenação, devendo prevalecer a norma superior em relação à inferior. Portanto, as normas inferiores têm de ser compatíveis com as superiores, sob pena de invalidade.

---

[44] Existem situações, no entanto, em que a preservação da dignidade pode conduzir a resultado distinto. Assim se passa em hipóteses extremas, tal como ocorre com escolhas individuais em doenças terminais. Sobre o tema, cf. DWORKIN. *Domínio da vida: aborto, eutanásia e liberdades individuais.*

19.2 O critério da temporalidade

Havendo contradição entre normas de mesma hierarquia, prevalecerá aquela que for mais recente (art. 2.º, § 1.º, da Lei de Introdução às Normas do Direito Brasileiro).[45] A lei posterior revoga a anterior, segundo a fórmula tradicional. É evidente que a Constituição posterior revoga a anterior; o decreto posterior revoga o anterior e assim por diante. Lembre-se de que a norma de hierarquia superior superveniente não produz propriamente a revogação da norma inferior pretérita com ela incompatível. Ocorre o fenômeno jurídico da não recepção, com o efeito prático da perda da vigência pelo desaparecimento do fundamento de validade jurídica.

19.3 O critério da especialidade

A relação de temporalidade somente se aplica para normas que tenham o mesmo âmbito de validade.[46] A lei especial não derroga a lei geral e vice-versa (art. 2.º, § 2.º, da Lei de Introdução às Normas do Direito Brasileiro).[47]

19.4 O critério da compatibilidade lógica no procedimento

Tradicionalmente, concebia-se a validade do ato administrativo como uma relação de compatibilidade com as normas *superiores* (Constituição e lei).

A necessidade de observar um procedimento gerou outro requisito de validade para os atos administrativos, no sentido de que devem não apenas ser conformes à Constituição e à lei, mas também aos atos administrativos que os antecederam no âmbito do procedimento. A compatibilidade lógica entre a decisão adotada pela Administração e o procedimento prévio é requisito inafastável para a validade das decisões adotadas.

20 OS DIREITOS FUNDAMENTAIS

No enfoque tradicional, alude-se à existência de "princípios do direito administrativo", os quais seriam os fundamentos da organização do regime de direito administrativo. Essa formulação é imprecisa e deve ser aperfeiçoada, já que o regime de direito administrativo é produzido pelos direitos fundamentais.

20.1 Direitos fundamentais e princípios do direito administrativo

Os chamados "princípios do direito administrativo" são normas jurídicas pertinentes ao direito administrativo, que apresentam uma função norteadora da produção normativa e do desenvolvimento das atividades administrativas concretas. Tais princípios não têm existência autônoma, mas são decorrência dos direitos fundamentais.

Os direitos fundamentais se exteriorizam como princípios e como regras – algumas vezes, ambos concomitantemente. O regime de direito administrativo é produzido por princípios e por regras de direitos fundamentais. Quando se alude aos "princípios de direito administrativo", estão, em verdade, sendo indicados os direitos fundamentais.

---

[45] "Art. 2.º (...) § 1.º A lei posterior revoga a anterior quando expressamente o declare, quando seja com ela incompatível ou quando regule inteiramente a matéria de que tratava a lei anterior".

[46] Uma norma jurídica dispõe sobre condutas determinadas (âmbito material), pertinentes a um conjunto de sujeitos (âmbito pessoal), num certo espaço geográfico (âmbito espacial), tomando em vista uma dimensão de tempo (âmbito temporal).

[47] "Art. 2.º (...) § 2.º A lei nova, que estabeleça disposições gerais ou especiais a par das já existentes, não revoga nem modifica a lei anterior".

Um exemplo permite compreender a questão. Costuma-se falar em "princípio da isonomia" como um dos alicerces do regime de direito administrativo. Ocorre que a isonomia é um direito fundamental. Na Constituição, existem princípios e regras que consagram a isonomia como um direito fundamental, tal como uma diretriz a nortear todas as ações do Estado e da Nação brasileira.

Outro exemplo envolve o "princípio da segurança jurídica", que se relaciona inclusive com a vedação à retroatividade das leis (art. 5.º, XXXVI, da CF/1988). Acontece que a vedação à retroatividade da lei nova *não* é um princípio, mas uma regra. O dispositivo em questão não estabelece uma diretiva de otimização, suscetível de ser afastada no caso concreto. Estabelece uma proibição cuja observância é obrigatória em todos os casos.

Enfim, os direitos fundamentais apresentam o cunho amplo e abrangente de uma pluralidade de normas constitucionais e infraconstitucionais. São eles que constituem o regime de direito administrativo em todos os níveis do ordenamento jurídico.

20.2 Definição de direito fundamental

Direito fundamental consiste em um conjunto de normas jurídicas, previstas primariamente na Constituição, destinadas a assegurar e promover a dignidade humana em suas diversas manifestações, de que derivam posições jurídicas para os sujeitos privados e estatais.

20.2.1 O complexo normativo

A complexidade e a amplitude do direito fundamental tornam inviável a sua consagração por meio de uma norma única. Há uma pluralidade de normas, usualmente com natureza de princípio. No entanto, não é incomum a existência de regras destinadas a tornar a extensão, o conteúdo e a proteção dos direitos fundamentais mais precisos. O direito fundamental se traduz, inclusive, em diretrizes. Portanto, há um plexo normativo, constituído por princípios, regras, diretrizes e outras manifestações normativas, orientadas a produzir uma disciplina complexa de proteção a certos valores.[48]

Os direitos fundamentais apresentam dimensão subjetiva e objetiva. Produzem posições jurídicas para os sujeitos, os quais podem invocar os direitos subjetivos em defesa própria. Mas também implicam uma conformação determinada e diferenciada para o ordenamento jurídico, que envolve a consagração de modelos para a vida social e econômica.

A tutela aos direitos fundamentais produz, inclusive, um Estado Democrático de Direito. Ao assegurar a igualdade entre todos os sujeitos em sua dignidade, ao vincular a formação da vontade do Estado à participação popular, ao assegurar limites ao exercício dos poderes jurídicos, produz-se uma ordenação jurídica característica desse modelo de Estado.

O direito fundamental é instituído pela Constituição.[49] Portanto, não existem direitos fundamentais instituídos pela legislação ordinária ou criados pela jurisprudência. Mas, a esse respeito, são necessários ao menos alguns esclarecimentos.

---

[48] Como afirma Carlos Bernal Pulido, "todo direito fundamental se estrutura como um feixe de posições e normas, vinculadas interpretativamente a uma disposição de direito fundamental" (*El principio de proporcionalidad y los derechos fundamentales*: el principio de proporcionalidad como criterio para determinar el contenido de los derechos fundamentales vinculante para el legislador, 3. ed., p. 82, tradução livre).

[49] O que conduz à diferenciação entre os conceitos de direitos fundamentais e direitos humanos. Estes últimos são entendidos como um patrimônio axiológico incorporado à civilização humana, independentemente de positivação jurídica. Já os direitos fundamentais são aqueles consagrados de modo formal em determinada ordem jurídica.

O direito fundamental não se confunde com o texto escrito na Constituição e é resultado da conjugação de uma pluralidade de dispositivos constitucionais. A própria complexidade do direito fundamental antes apontada impede que um único dispositivo ou uma única norma produza a sua disciplina integral.

20.2.2   As normas adscritas

A Constituição estabelece normas expressas (ou diretas) de direito fundamental. Tais normas usualmente são abstratas e gerais. Isso dificulta extrair delas uma solução destinada a disciplinar os casos concretos.

Justamente por isso, a aplicação dos direitos fundamentais envolve um juízo de concretização realizado pelo aplicador. É formulada uma norma aplicável ao caso concreto, cujo fundamento se encontra na norma mais abstrata contemplada na Constituição. Alexy denominou como "adscrita" essa norma de concretização formulada com fundamento no direito fundamental.[50]

As normas adscritas são aquelas produzidas no processo de aplicação e concretização das normas diretamente estatuídas, mas "isto não quer dizer que as normas adscritas existam unicamente como produto da interpretação dos direitos fundamentais por parte da jurisprudência constitucional. (...) As normas adscritas compõem *prima facie* o campo semântico ou o âmbito normativo das disposições jusfundamentais".[51]

Também por isso, não é necessário que o direito fundamental esteja indicado *expressamente* na Constituição. Nesse sentido, o art. 5.º, § 2.º, da Constituição, estabelece que "Os direitos e garantias expressos nesta Constituição não excluem outros decorrentes do regime e dos princípios por ela adotados, ou dos tratados internacionais em que a República Federativa do Brasil seja parte".

20.2.3   A recepção de tratados internacionais

A recepção dos direitos fundamentais decorrentes de tratados internacionais não afasta a dimensão constitucional do tema. Assim se passa porque o sistema brasileiro não envolve a incorporação automática do tratado na ordem jurídica nacional. Conforme o § 3.º do art. 5.º da CF/1988, os tratados internacionais serão equivalentes a emendas constitucionais quando forem aprovados em cada Casa do Congresso Nacional, em dois turnos, por três quintos dos votos dos respectivos membros.

20.2.4   A implementação dos direitos fundamentais

Os direitos fundamentais são usualmente implementados por atos legislativos, administrativos e jurisdicionais. Como regra, a disciplina infraconstitucional é indispensável para o cumprimento da vontade constitucional. A disputa mais acirrada sobre o tema dos direitos fundamentais relaciona-se precisamente a essa questão. A ausência de adoção de providências

---

[50]   "Uma norma adscrita tem validade e é uma norma de direito fundamental se para a sua adscrição a uma norma de direito fundamental diretamente estatuída é possível aduzir uma fundamentação jusfundamentalmente correta" (ALEXY. *Teoría de los derechos fundamentales*, p. 53, tradução livre).

[51]   BERNAL PULIDO. *El principio de proporcionalidad y los derechos fundamentales*: el principio de proporcionalidad como criterio para determinar el contenido de los derechos fundamentales vinculante para el legislador, 3. ed., p. 119, tradução livre. Em outra passagem, o autor esclarece que o Poder Judiciário "não estatui uma nova norma independente, senão que afirma que, como produto de certos fundamentos interpretativos, deve atribuir-se validez definitiva a uma norma adscrita dentro do âmbito normativo de uma disposição de direito fundamental" (p. 120, tradução livre). No direito brasileiro, o mandado de injunção foi um instrumento previsto pela própria Constituição para a produção de normas adscritas.

pelo Legislativo ou pelo Executivo pode reduzir a eficácia das normas constitucionais. Por isso, um aspecto central da disputa sobre os direitos fundamentais reside na solução para os casos de omissão estatal em adotar providências necessárias à aplicabilidade das normas constitucionais.

20.2.5 As posições jurídicas subjetivas resultantes dos direitos fundamentais

Os direitos fundamentais apresentam duas dimensões. Há um aspecto objetivo, relacionado à configuração do Estado e da Nação. Mas também existe um ângulo subjetivo, pertinente à consagração de direitos subjetivos e à criação de posições jurídicas subjetivas. Ou seja, a previsão de direitos fundamentais não se esgota como uma manifestação puramente formal da Constituição, mas produz reflexos jurídicos no relacionamento dos sujeitos na sociedade.

Os efeitos dos direitos fundamentais se produzem no relacionamento entre os sujeitos privados e os estatais (eficácia vertical), mas igualmente são gerados efeitos no relacionamento direto entre os particulares (eficácia horizontal).

Para dar um exemplo, a Constituição consagra o direito fundamental à vida. Daí decorrem normas adscritas que proíbem ao Estado promover ações ou omissões tendentes a eliminar ou a não proteger a vida dos particulares – tal como a regra da vedação à pena de morte (art. 5.º, XLVII, *a*).

Trata-se de um direito de defesa do particular em face do Estado. Mas, da mesma forma, existem normas adscritas assegurando a cada indivíduo o direito fundamental de exigir que o Estado adote todas as providências necessárias à proteção de sua própria vida.

Além disso, o direito fundamental à vida vale inclusive no relacionamento entre os particulares. A eficácia horizontal dos direitos fundamentais significa que, mesmo nas relações entre sujeitos privados, deverá haver o seu respeito e preservação. Daí se segue que o particular pode invocar a intervenção estatal para assegurar a implementação dos direitos fundamentais em face de outros sujeitos privados.

20.3   A vedação à omissão

Os direitos fundamentais são mandamentos de proteção. Por isso, "junto à *proibição de excesso* – própria da dimensão defensiva dos direitos fundamentais –, pode-se falar hoje também da *proibição de omissão* (...)".[52]

21   A DIGNIDADE HUMANA

O regime de direito administrativo e o exercício do poder político apenas adquirem sentido quando relacionados à supremacia da dignidade humana (CF/1988, art. 1.º, III), que se constitui num fundamento e numa síntese dos direitos fundamentais.

A ordem constitucional se vincula à dignidade humana,[53] que traduz a concepção de que o ser humano não é um instrumento, em qualquer dos sentidos que a palavra apresente, mas um sujeito de direitos.

O ser humano não pode ser subordinado ao tratamento reservado aos objetos. Ele é o protagonista de toda relação social, e nunca poderá ser sacrificado em homenagem a alguma

---

[52]   SCHMIDT-ASSMANN. *La teoría general del derecho administrativo como sistema: objeto y fundamentos de la construcción sistemática,* p. 73, tradução livre.

[53]   Não é possível olvidar a importância que, nesse tema, apresenta a Lei Fundamental da Alemanha de 1949, cujo art. 1.º, n. 1, estabeleceu: "A dignidade da pessoa humana é sagrada. Todos os agentes da autoridade pública têm o dever absoluto de a respeitar e proteger".

necessidade circunstancial ou, mesmo, a propósito da realização de "fins últimos" de outros seres humanos ou de uma coletividade. Não há valor equiparável ou superior à pessoa humana, que é reconhecida na sua integralidade, abrangendo tanto os aspectos físicos como também seus aspectos imateriais. A dignidade relaciona-se com a "integridade" do ser humano, na acepção de um todo insuscetível de redução, em qualquer de seus aspectos fundamentais.

O que se pode afirmar é que a promoção da dignidade humana não seria atingida se as relações intersubjetivas fossem deixadas ao sabor dos esforços individuais, desorganizadas. O Estado e outras organizações da sociedade civil são instrumentos para realizar a dignidade humana e os valores fundamentais.[54] A existência do Estado apenas se justifica em face do aludido princípio.

Segundo Luís Roberto Barroso, a dignidade apresenta três conteúdos essenciais: valor intrínseco, autonomia e valor social da pessoa humana.[55] Isso significa que o ser humano não pode ser considerado como objeto nem pode ter suprimida a sua liberdade (valor intrínseco). O ser humano é um sujeito dotado de capacidade de decidir e de escolher, não apenas no plano privado, mas, igualmente, na dimensão política. Isso envolve, inclusive, a garantia de um mínimo existencial que assegure concretamente ao indivíduo o exercício de escolhas (autonomia). Ademais, a dignidade significa o valor do indivíduo enquanto parte do grupo, o que impõe limitações para garantia de sua própria integridade e da integridade alheia, inclusive no tocante a exigências de solidariedade (valor comunitário).

A riqueza da construção de Barroso reside em superar concepções puramente individualistas, que poderiam resultar de uma visão incompleta da questão da dignidade.

Então, a dignidade humana desempenha relativamente ao direito e ao Estado uma função que se poderia dizer transcendental. A dignidade ocupa posição de superioridade quanto aos demais princípios e valores – o que significaria sua transcendência em relação aos demais. A dignidade humana não é apenas transcendente: ela é transcendental.[56] Sua transcendentalidade quer dizer que a dignidade é condição de possibilidade de existência e compreensão do sistema jurídico. Ou seja, todo o sistema jurídico desenvolve-se a partir da intangibilidade da dignidade da pessoa humana; somente adquire sentido e se torna compreensível em virtude dela. Ela não apenas está acima das demais normas; está *antes* delas. A antecedência é referida não no sentido cronológico, mas lógico.[57]

---

[54] Como afirma Ernst Benda, "o postulado do Estado social (...) veda uma interpretação puramente individualista das normas fundamentais e evita o equívoco consistente em abandonar sua referência e vinculação à comunidade em favor da dignidade do indivíduo (...). O Direito Constitucional não pode eximir o legislador da tarefa de alcançar uma solução justa que dissipe a tensão entre a liberdade do indivíduo e os pressupostos do Estado social" (Cf. BENDA *et al. Manual de derecho constitucional*, p. 120, tradução livre). Mas não se pode deixar de destacar uma característica da evolução do Estado Democrático posterior à década de 1960. Trata-se de reconhecer que a dignidade humana assegura a diversidade e a individualidade. Não se admite que a Sociedade e o Estado impeçam ou dificultem as manifestações de diferenciação (sexual, religiosa, cultural e assim por diante).

[55] Cf. BARROSO. A dignidade da pessoa humana no direito constitucional contemporâneo: natureza jurídica, conteúdos mínimos e critérios de aplicação, *Revista de Interesse Público – IP*, n. 76, p. 29-70, nov./dez. 2012, p. 21 *et seq.*

[56] A diferença entre *transcendência* e *transcendentalidade* é bastante simples em termos filosóficos, especialmente após Kant. *Transcendência* significa uma posição de superioridade; *transcendentalidade* indica precedência lógica ou condição para que algo possa existir. Nas palavras de Kant: "Chamo *transcendental* a todo o conhecimento que em geral se ocupa menos dos objectos, que do nosso modo de os conhecer, na medida em que este deve ser possível *a priori*" (*Crítica da razão pura*, 3. ed., p. 53).

[57] Sob um certo ângulo, poder-se-ia estabelecer algum paralelo entre o princípio da dignidade da pessoa humana e a norma fundamental referida por Kelsen. Mas a distinção entre os conceitos é clara. A norma fundamental de Kelsen não tem propriamente conteúdo material, devendo ser tomada como pressuposto lógico de possibilidade. Já o princípio da dignidade da pessoa humana apresenta conteúdo material e axiológico, que dá "sentido", antes do que fundamento lógico, ao ordenamento.

Essas construções não devem ser tomadas como uma profissão de fé jusnaturalista.[58] De fato, há alguma comunhão com o pensamento jusnaturalista, mas as diferenças são notáveis.

As concepções jusnaturalistas tendem a ser não históricas. O jusnaturalismo relaciona-se usualmente com o reconhecimento de postulados superiores ou alheios à existência humana. Isso conduz a uma espécie de duplicação do direito, distinguindo-se aquele produzido pela sociedade histórica em face de um modelo abstrato ou ideal, válido independentemente de considerações temporais ou espaciais.[59]

Não é esse o entendimento adotado. Afirma-se que a dignidade humana é um valor "construído" ao longo da história. Essa é uma concepção histórico-evolutiva dos valores.[60] Portanto, aceita-se que a dignidade humana não foi o valor fundamental nos primórdios da história do ser humano. Como valor transcendente, foi uma conquista do século XX, na civilização ocidental. Foi produzida pela rejeição uniforme, no âmbito de uma pluralidade de povos ocidentais, aos descalabros dos inúmeros genocídios e à banalização do mal[61] experimentada durante o século XX.

Admite-se, é bem verdade, a distinção entre direito positivo e direito legislado. O direito positivo é produzido pela atividade legiferante do Estado, mas sua positivação não resulta de uma espécie de "vontade do governante". O direito é positivo porque se integra ao patrimônio cultural do povo,[62] assim adquirindo força obrigatória. Veja-se que o povo atribuiu ao Estado competência legiferante. Pode-se presumir que todas as regras produzidas em virtude do exercício dessa competência integram-se no direito positivo. Essa presunção se aplica enquanto e se a norma não infringir limites e determinações fundamentais, consagrados pela experiência daquela comunidade como insuscetíveis de modificação ou infração.

Por outro lado, as normas jurídicas estão consagradas essencialmente em leis (o que inclui a Constituição). O seu conteúdo concreto pode sofrer influxos pelas variações dinâmicas da vida social. Consagrar uma Constituição "aberta" à dinâmica da realidade social não significa, porém, que o intérprete esteja autorizado a recorrer à sua própria consciência individual como critério de reconhecimento do direito positivo.[63]

22   DIREITOS FUNDAMENTAIS E PESSOAS JURÍDICAS

Todas as considerações sobre direitos fundamentais são realizadas a propósito dos indivíduos, o que pode despertar a indagação sobre a existência de direitos fundamentais das pessoas jurídicas.

Em princípio, os direitos fundamentais são uma manifestação da dignidade humana, que é um atributo do ser humano. Portanto e como regra, a pessoa jurídica é destituída de direitos fundamentais. Isso porque a pessoa jurídica não é um sujeito dotado de existência autônoma.

---

[58]   A contraposição entre positivismo e jusnaturalismo ocupou as preocupações da filosofia do direito ao longo de grande parte do século XX. Mas parece haver se produzido uma síntese dialética sobre o tema, especialmente pela diferenciação entre *princípio* e *regra*. O pensamento jurídico contemporâneo acolhe unanimemente essa diferenciação, indicando a superação da contraposição entre concepções jusnaturalistas e positivistas. Reserva-se ao princípio a função de controle da produção e aplicação das regras, as quais recebem prestígio autônomo para a disciplina das questões concretas.

[59]   Sobre o tema, cf. CASSAGNE. De nuevo sobre los principios generales del derecho en el derecho administrativo. In: MARIENHOFF; ABERASTURY *et al. El derecho administrativo argentino hoy*, p. 24 *et seq*. Confira-se, também, ARENDT. *Eichmann in Jerusalem*: a Report on the Banality of Evil.

[60]   Sobre o tema, cf. REALE. *Filosofia do direito*, 8. ed., v. 1, p. 208 *et seq*.

[61]   A expressão foi cunhada por Hannah Arendt (*The Origins of Totalitarianism*, p. 460 *et seq*.).

[62]   *Povo* não se confunde com *Nação*. Cf. a obra de MÜLLER. *Quem é o povo?*: a questão fundamental da democracia, especialmente, p. 52-53.

[63]   Sobre o tema, cf. CANOTILHO. *Direito constitucional e teoria da Constituição*, 7. ed., p. 81 *et seq*.

É um instrumento criado e desenvolvido a serviço dos seres humanos. A proteção à pessoa jurídica é uma manifestação reflexa da tutela ao ser humano. Proteger a pessoa jurídica significa, então, admitir a proteção à pessoa física que se vale dela para desenvolver atividades empresariais e não empresariais.

É cabível estender à pessoa jurídica alguns direitos fundamentais (tal como a propriedade, por exemplo). Mas é evidente que existem certos direitos subjetivos que são indissociavelmente vinculados à existência do ser humano. Assim se passa, por exemplo, com os direitos de participação política. Uma pessoa jurídica não é dotada de direitos de cidadania, não é titular do direito de votar e ser votada. Por outro lado, a pessoa jurídica é beneficiária do direito ao devido processo administrativo, por exemplo.

23   PLURALIDADE DE DIMENSÕES DOS DIREITOS FUNDAMENTAIS

A evolução política levou ao reconhecimento de que os direitos fundamentais compreendem as diversas dimensões de manifestação da dignidade humana. Não é cabível produzir um rol exaustivo de direitos fundamentais, os quais envolvem temas e objetos muito diversos, ainda que inter-relacionados.

Para fins didáticos, são referidas três dimensões de direitos fundamentais – o que não afasta o reconhecimento de outras categorias.[64] Podem ser diferenciados, de modo teórico, os direitos fundamentais individualistas, os democráticos e os sociais. Insista-se que essa distinção é mais adequada em termos teóricos do que práticos, já que, na vida real, os diversos direitos fundamentais se entrelaçam.

23.1   Os direitos fundamentais individualistas (primeira geração)

Em termos históricos, os direitos fundamentais individualistas ou de primeira geração foram os primeiros a serem reconhecidos. Envolvem a existência do indivíduo como um sujeito autônomo. Essa concepção encontra seus fundamentos no pensamento de Locke, Kant, Jellinek e Carl Schmitt.

Em síntese, os direitos fundamentais individualistas se constituem num espaço de autonomia individual em que é vedada, como regra, a intervenção estatal. Equivalem a uma competência estatal negativa ou a um dever de abstenção estatal. O seu conteúdo é um direito de defesa em face do Estado.

Os direitos fundamentais individualistas são desdobramentos e manifestações da liberdade. Entre eles se encontram os direitos à propriedade e à liberdade.

23.2   Os direitos fundamentais democráticos (segunda geração)

Os direitos fundamentais democráticos, também referidos como direitos fundamentais de segunda geração, tiveram origem nas construções filosóficas de Rousseau e Sieyès. Na atualidade, cabe especial referência ao posicionamento de Habermas, para quem apenas podem ser

---

[64]   A teoria das dimensões dos direitos fundamentais foi creditada a Karel Vasak ("Pour une troisième génération des droits de l'homme", In *Études et essais sur le droit international humanitaire et sur les principes de la Croix-Rouge en l'honneur de Jean Pictet*. Geneva, Comité International de la Croix-Rouge; La Haye, Nijhoff, 1984, p. 837-845). Rigorosamente, cada uma das categorias corresponde a uma concepção ideológica sobre as funções do Estado. Mas a evolução histórica conduziu a uma conjugação das três categorias referidas – ainda que alguns pensadores defendam uma concepção excludente (em que cada categoria seria a única admitida) ou uma concepção ampliativa (em que se adicionam outras categorias).

consideradas válidas as normas com as quais todos os afetados possam assentir, na qualidade de participantes em discursos racionais.

Os direitos fundamentais democráticos refletem a concepção de que o ser humano exercita a sua liberdade em sociedade, de modo que o direito é produzido pela sua participação. Esse enfoque concebe o sujeito como um cidadão, que se realiza plenamente apenas numa sociedade democrática.

Os direitos fundamentais democráticos envolvem a participação política dos cidadãos, a existência de eleições periódicas com sufrágio universal, o direito de petição, o devido processo legal e o acesso aos cargos públicos. Isso significa, em suma, o dever de o Estado organizar procedimentos concretos que assegurem a participação do cidadão na formação das decisões coletivas.[65] Compreende inclusive a garantia de livre formação da opinião.

Os direitos fundamentais democráticos são desdobramentos e manifestações da igualdade.

23.3 Os direitos fundamentais sociais (terceira geração)

Os direitos fundamentais sociais ou de terceira geração afirmaram-se ao longo do século XX e voltaram-se a assegurar que o exercício da liberdade seja universal.

Essa concepção reconhece que as necessidades das pessoas podem ser satisfeitas de modo individual e privadamente ou por meio dos mecanismos econômicos não estatais. Entretanto, nem todas podem ser satisfeitas sem a intervenção do Estado. E nem todas as pessoas dispõem de condições idênticas para promover a autossatisfação de suas necessidades essenciais. Há um dever difuso de solidariedade cujo destinatário é o Estado.[66]

Os direitos fundamentais sociais envolvem, portanto, a prestação de serviços públicos por parte do Estado, incluindo educação, saúde e outras necessidades. Mas também compreendem a segurança individual e coletiva e outras garantias que não se enquadram propriamente no conceito de serviço público.

Os direitos fundamentais sociais são desdobramentos e manifestações da solidariedade.

23.4 Outras categorias

A evolução da Civilização acarreta a ampliação permanente do elenco dos direitos fundamentais, o que propicia o surgimento de novas categorias. Por isso, existem direitos fundamentais que não se enquadram de modo preciso nas três categorias mencionadas. Daí segue a referência ao surgimento de novas gerações de direitos fundamentais.

Por exemplo, há a tendência ao reconhecimento de um direito fundamental ao acesso à Internet. Assim, a Lei Federal 12.965/2014 (Marco Civil da Internet) previu um direito de acesso à Internet (art. 4.º, I).

Mas as implicações da conexão generalizada à Internet conduziram ao reconhecimento de outros direitos fundamentais. A Emenda Constitucional 115/2022 introduziu o inc. LXXIX

---

[65] "As decisões públicas são legítimas em teoria não porque sejam o produto do querer da maioria, senão sobretudo porque se forjam em um debate caracterizado pela possibilidade de expor e criticar posições políticas diversas, em um ambiente de liberdade e igualdade" (BERNAL PULIDO. *El principio de proporcionalidad y los derechos fundamentales*: el principio de proporcionalidad como criterio para determinar el contenido de los derechos fundamentales vinculante para el legislador, 3. ed., p. 339, tradução livre).

[66] BERNAL PULIDO. *El principio de proporcionalidad y los derechos fundamentales*: el principio de proporcionalidad como criterio para determinar el contenido de los derechos fundamentales vinculante para el legislador, 3. ed., p. 358, tradução livre.

no art. 5.º da Constituição, prevendo que "é assegurado, nos termos da lei, o direito à proteção dos dados pessoais, inclusive nos meios digitais".

24 A RESERVA DO POSSÍVEL

A satisfação dos direitos fundamentais encontra alguns limites na *reserva do possível*.[67] Como assinalou Schmidt-Assmann, a reserva do possível equivale "ao que cada indivíduo razoavelmente pode exigir da sociedade. Precisamente a dependência relativamente à capacidade orçamentária do Estado, tal como da situação econômica geral, marca as diferenças entre as facetas defensiva e prestacional dos direitos fundamentais".[68]

Bernal Pulido acrescenta que a reserva do possível deve ser interpretada não apenas em termos orçamentários ou fáticos, mas também sob o prisma jurídico, tomando em vista as exigências decorrentes dos demais direitos, bens e interesses constitucionalmente protegidos.[69]

Mas o STF tem jurisprudência no sentido de que a reserva do possível não autoriza a inação estatal e a frustração da realização dos direitos fundamentais protegidos constitucionalmente. Nesse sentido:

"(...) a cláusula da '*reserva do possível*' – ressalvada a ocorrência de justo motivo *objetivamente aferível* – não pode ser invocada, *pelo Estado*, com a finalidade de exonerar-se, dolosamente, do cumprimento de suas obrigações constitucionais, notadamente quando dessa conduta governamental negativa puder resultar nulificação ou, até mesmo, aniquilação de direitos constitucionais impregnados de um sentido de essencial fundamentalidade (...)" (ED no AI 598.212/PR, 2.ª T., rel. Min. Celso de Mello, j. 25.3.2014, *DJe* 23.04.2014).

O mesmo entendimento foi reiterado em diversas oportunidades. Por exemplo, a tese adotada para o Tema 220 da Repercussão Geral rejeitou o argumento da reserva do possível como justificativa para a omissão estatal, nos termos seguintes:

"É lícito ao Judiciário impor à Administração Pública obrigação de fazer, consistente na promoção de medidas ou na execução de obras emergenciais em estabelecimentos prisionais para dar efetividade ao postulado da dignidade da pessoa humana e assegurar aos detentos o respeito à sua integridade física e moral, nos termos do que preceitua o art. 5.º, XLIX, da Constituição Federal, não sendo oponível à decisão o argumento da reserva do possível nem o princípio da separação dos poderes" (RE 592.581/RS, Pleno, rel. Min. Ricardo Lewandowski, repercussão geral – mérito, j. 13.08.2015, *DJe* 29.01.2016).

Ao apreciar o Tema 698 da Repercussão Geral, o STF novamente destacou o cabimento da intervenção do Poder Judiciário em políticas públicas voltadas à realização de direitos fundamentais, de modo a suprir uma omissão estatal:

---

[67] "A expressão reserva do possível foi cunhada pelo Tribunal Constitucional alemão (...). Ali se sustentou que os direitos sociais estavam submetidos à reserva do possível, 'no sentido daquilo que o indivíduo de maneira razoável pode pretender da sociedade' (...)" (BERNAL PULIDO. *El principio de proporcionalidad y los derechos fundamentales:* el principio de proporcionalidad como criterio para determinar el contenido de los derechos fundamentales vinculante para el legislador, 3. ed., p. 394).

[68] *La teoría general del derecho administrativo como sistema:* objeto y fundamentos de la construcción sistemática, p. 76.

[69] BERNAL PULIDO. *El principio de proporcionalidad y los derechos fundamentales:* el principio de proporcionalidad como criterio para determinar el contenido de los derechos fundamentales vinculante para el legislador, 3. ed., p. 394-395.

"1. A intervenção do Poder Judiciário em políticas públicas voltadas à realização de direitos fundamentais, em caso de ausência ou deficiência grave do serviço, não viola o princípio da separação dos poderes. 2. A decisão judicial, como regra, em lugar de determinar medidas pontuais, deve apontar as finalidades a serem alcançadas e determinar à Administração Pública que apresente um plano e/ou os meios adequados para alcançar o resultado; 3. No caso de serviços de saúde, o déficit de profissionais pode ser suprido por concurso público ou, por exemplo, pelo remanejamento de recursos humanos e pela contratação de organizações sociais (OS) e organizações da sociedade civil de interesse público (OSCIP)" (RE 684.612/RJ, Pleno, rel. Min. Ricardo Lewandowski, repercussão geral – mérito, j. 03.07.2023, *DJe* 04.08.2023).

Capítulo 4
OS PRINCÍPIOS DO DIREITO ADMINISTRATIVO

 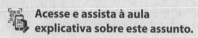

Acesse e assista à aula explicativa sobre este assunto.
> https://uqr.to/1bk39

1 OS PRINCÍPIOS DO DIREITO ADMINISTRATIVO

Os princípios desempenham função normativa relevante no tocante ao regime de direito administrativo.

1.1 O regime de direito administrativo

A organização da estrutura administrativa, o desenvolvimento da atividade administrativa e o relacionamento da Administração Pública com os particulares se subordinam a um conjunto organizado de normas, que pode ser denominado de regime de direito administrativo.

1.2 O fundamento na Constituição

Esse regime tem fundamento na Constituição. Mais precisamente, encontra sua origem nos direitos fundamentais. Assim, por exemplo, a isonomia é um direito fundamental. A isonomia apresenta relevância para o regime de direito administrativo. Ocorre que o direito fundamental à isonomia está garantido por uma pluralidade de normas. Há princípios, regras e diretrizes tutelando a isonomia. Nesse sentido, o *caput* do art. 5.º da Constituição consagra o princípio de que "todos são iguais perante a lei". Mas o inciso XLI do mesmo art. 5.º estabelece uma regra ("a lei punirá qualquer discriminação atentatória dos direitos e liberdades fundamentais"). O art. 3.º, IV, da CF/1988 fixa a diretriz de que é objetivo fundamental da República brasileira "promover o bem de todos, sem preconceitos de origem, raça, sexo, cor, idade e quaisquer outras formas de discriminação".

Alude-se a um "direito fundamental à segurança jurídica". A Constituição consagra-o por meio de normas de espécie diversa. Uma das normas constitucionais mais relevantes sobre a segurança jurídica é aquela do art. 5.º, XXXVI ("a lei não prejudicará o direito adquirido, o ato jurídico perfeito e a coisa julgada"). A terminologia usual refere-se, então, ao "princípio da irretroatividade da lei nova". Ocorre que se trata de uma regra, não de um princípio. Se existisse um princípio, ter-se-ia de admitir a possibilidade, em hipóteses concretas, de a lei nova afetar o direito adquirido, o ato jurídico perfeito e a coisa julgada. Essa solução é inadmissível, porque a Constituição esgotou as ponderações necessárias e formulou uma regra protegendo o direito adquirido, o ato jurídico perfeito e a coisa julgada.

1.3 A redução da autonomia do agente público

A conjugação entre um princípio e uma regra conduz à redução da autonomia do operador infraconstitucional, o qual tem de se submeter à solução constitucional predeterminada.

1.4 A ausência de uma solução predeterminada para o caso concreto

Aludir apenas a "princípios do direito administrativo" induz à concepção de que a Constituição nunca forneceria soluções precisas e determinadas a respeito de direito administrativo – o que é incorreto. Mais precisamente, a Constituição contempla não apenas princípios de direito administrativo, mas também regras sobre esse tema.

Portanto e ainda que, eventualmente, mantenha-se a terminologia tradicional, é imperioso ter em vista que o regime de direito administrativo, delineado constitucionalmente, é produzido especialmente por meio de princípios e de regras. E que esses princípios e regras são manifestações dos direitos fundamentais.

2 A CRÍTICA DE CARLOS ARI SUNDFELD

Carlos Ari Sundfeld critica a invocação indiscriminada dos princípios para solucionar conflitos.[1] Segundo ele, a invocação ao princípio oculta muitas vezes um voluntarismo pessoal, se não a desconsideração às normas e às circunstâncias do caso concreto. Essa crítica não pode ser ignorada.

2.1 O princípio em abstrato e a sua concretização

O princípio jurídico, considerado de modo abstrato, não fornece a solução para a controvérsia do caso concreto. Os princípios exteriorizam valores essenciais e devem necessariamente influenciar a decisão. É indispensável avaliar a realidade e ponderar os diversos princípios, dando-lhes concretude e conteúdo específico.

A indeterminação dos princípios constitucionais cria o risco de decisão defeituosa, em que o aplicador invoca um princípio para justificar uma escolha fundada em subjetivismo e arbitrariedade.

2.2 A insuficiência da invocação de princípio em abstrato

Nenhuma decisão concreta é válida quando se fundar na simples invocação de um princípio isolado, abstratamente considerado. O princípio, tido como uma ideia abstrata (tal como "Justiça", "Igualdade", "Liberdade" e assim por diante), não é apto a fornecer critério jurídico para decidir uma questão concreta. É necessário examinar a situação do mundo real, considerar *todos* os princípios aplicáveis e tomar em vista as regras constitucionais e infraconstitucionais. A decisão resultante deverá refletir esse processo de ponderação abrangente de todas as circunstâncias.

---

[1] Em crítica severa, Sundfeld afirma que "Esses princípios têm a mesma circulação e o mesmo valor dos provérbios: sabedoria popular, singela, sedutora, transmitida por tradição, difícil de contestar. Têm, também, todos os inconvenientes dos provérbios: superficiais, conservadores, desatualizados, distorcem as coisas etc." (*Direito Administrativo para + Céticos*, 3. ed., p. 183).

Cap. 4 – OS PRINCÍPIOS DO DIREITO ADMINISTRATIVO **71**

É imperioso assinalar que os princípios não oferecem uma única decisão possível. A decisão somente será válida quando aplicar, *na maior extensão possível,* todos os princípios envolvidos e respeitar o conteúdo mínimo de regras que tenham disciplinado a matéria.

2.3 A cautela na aplicação dos princípios

Por outro lado, o aplicador do direito não dispõe de autonomia para atribuir arbitrariamente o conteúdo que bem entender ao princípio. Cada princípio tem um conteúdo mínimo que se superpõe à vontade do intérprete e do aplicador.

A Constituição consagra os princípios e as regras reputadas como fundamentais, que deverão ser respeitadas pelas instituições estatais e não estatais, ao longo das atividades de produção, aplicação e interpretação do direito. Jorge Reis Novais afirma que "(...) as proibições ou imposições decididas pelo legislador constituinte como resultado de juízos próprios de ponderação de bens são para levar a sério; por mais que tais resultados lhes desagradem ou pareçam absurdos, não podem, em consequência, legislador ordinário, Administração e poder judicial ignorá-los ou substituí-los pelas suas próprias valorações".[2]

2.4 Ainda o método pragmático e a questão do consequencialismo

O método pragmático (referido no Capítulo 1) propugna pela supressão de fundamentos apriorísticos absolutos. Isso poderia resultar na rejeição à relevância dos princípios jurídicos, eis que caberia ao aplicador do direito escolher a melhor solução em vista da realidade concreta e das consequências previsíveis. Opta-se por uma posição não tão radical. Os princípios são dotados de eficácia normativa, mas a determinação da solução deve considerar inclusive as consequências.

3 OS PRINCÍPIOS CONSTITUCIONAIS GERAIS

A atividade administrativa do Estado se subordina genericamente aos princípios consagrados na Constituição, tal como a República e a isonomia. Ao longo da obra, há alusão direta ou indireta a esses princípios constitucionais gerais. É relevante, no entanto, examinar alguns deles, em vista de sua relevância para o direito administrativo.

4 A LIBERDADE

O ser humano não é absolutamente escravo nem totalmente livre do meio em que vive. A conduta humana é influenciada por fatores externos, e o direito é um dos mais eficazes elementos de influência sobre ela. O direito visa a induzir os seres humanos a adotar um ou alguns comportamentos dentro de um elenco variável fornecido pela condição humana.

4.1 O conteúdo próprio da liberdade

A liberdade é um direito fundamental que impede que o sujeito seja considerado escravo de outro ser humano. A liberdade significa a titularidade individual e igualitária, por todos os sujeitos, de idêntica dignidade. Daí se segue que ninguém pode ser titular de poder sobre outro ser humano, em termos que excluam a dignidade humana.

---

[2] NOVAIS. *As restrições aos direitos fundamentais não expressamente autorizadas pela Constituição,* p. 375-376. Mais adiante, o autor reitera que "muitas das normas constitucionais de direitos fundamentais são já o resultado de ponderações entre bens e interesses potencialmente conflitantes efectuadas pelo legislador constitucional e a que ele pretendeu conferir uma natureza fechada e absoluta" (p. 577).

72 CURSO DE DIREITO ADMINISTRATIVO · *Marçal Justen Filho*

Mas o ser humano também não se sujeita à escravidão em face do Estado. Não se admite a imposição da submissão às determinações estatais sem a preservação da dignidade individual, com a transformação do indivíduo num servo.

4.2 A compatibilização da liberdade da pluralidade dos sujeitos

Admite-se a conformação da liberdade quando relacionada com a compatibilização entre as diversas esferas de autonomia individual. Impõem-se limites à liberdade de alguém quando isso for necessário a assegurar a existência da autonomia alheia. Mas as limitações à liberdade obedecem ao princípio da proporcionalidade.

Logo, não podem ser aplicadas restrições à liberdade que se configurem como inadequadas à compatibilização das diversas esferas de autonomia. Limites podem ser cogitados somente quando o exercício da liberdade individual for apto a afetar a liberdade alheia. A questão não se põe quando a liberdade envolve exclusivamente os interesses do próprio sujeito.

4.3 A vedação ao excesso

Depois, as restrições à liberdade devem ser contidas nos estritos limites da proporcionalidade-necessidade. Deve impor-se a mínima limitação possível.

4.4 A preservação da autodeterminação

Por fim, a tutela à liberdade vai mais além, assegurando a preservação de um núcleo mínimo inafastável de escolhas quanto ao destino individual e coletivo. O Estado não pode eliminar a margem de autonomia individual necessária à realização do potencial individual. Há um mínimo de liberdade insuprimível, porque indispensável à composição da personalidade humana e da identificação do sujeito. Assim, há várias manifestações de liberdade intangíveis, tais como a liberdade de informação, de pensamento, de manifestação.

4.5 A multiplicidade dos direitos fundamentais

Mesmo nos casos em que for cabível a limitação da liberdade individual para proteger interesse alheio, deverão ser assegurados outros direitos fundamentais. Somente se legitima a restrição à liberdade, fundada na necessidade de proteção à liberdade alheia, quando se presta em relação a todos os envolvidos idêntico respeito à dignidade e tratamento regulado pela isonomia.

4.6 Liberdade e atividade administrativa do Estado

A liberdade se manifesta, em relação à atividade administrativa, sob dois ângulos principais.

4.6.1 A limitação em vista das necessidades coletivas

Por um lado, trata-se de um limite à atuação desenvolvida em vista da satisfação de necessidades coletivas. A concentração de poder administrativo e a invocação de interesses públicos e coletivos podem gerar a tentação de suprimir a liberdade individual. Essa alternativa não é compatível com o direito. A liberdade não pode ser suprimida mediante a invocação de algum *interesse público* determinado ou indeterminado. Quando e se for o caso de imposição de restrições, o princípio da proporcionalidade deverá ser respeitado, com observância de outras garantias constitucionais e legais.

4.6.2 A superação das limitações da realidade

Mas há uma vertente diversa para o direito à liberdade. O Estado Democrático de Direito deve promover a liberdade, interferindo ativamente para assegurar meios que permitam aos indivíduos a superação de restrições reconhecidas como inadequadas, excessivas ou violadoras de outros direitos fundamentais. Assim, por exemplo, o direito à liberdade de locomoção impõe que as vias e os prédios públicos sejam dotados de aparatos adequados ao deslocamento de pessoas com deficiência.

Outro exemplo se relaciona com a educação: é dever do Estado promover a educação de todos, não apenas para garantir a dignidade humana, mas também para propiciar o direito à liberdade de pensamento. A atividade administrativa deve promover meios de difusão de ideias, adotando mecanismos que assegurem essa liberdade.

Portanto, é um equívoco conceber a liberdade apenas como uma exigência de omissão estatal.

5   A IGUALDADE (ISONOMIA)

A supremacia da dignidade humana acarreta a equiparação de todos os seres humanos. Cada um e todos merecem idêntico respeito. Não se admite que alguns tenham "dignidade" maior do que outros. A isonomia inviabiliza diferenciações transcendentais: todos os seres humanos, em origem, são iguais. Por isso, ninguém pode ter sua dignidade sacrificada em benefício alheio.

Mais ainda, todos os sujeitos devem ser tratados igualmente, na medida em que se igualem. Reservar benesses para um sujeito ou constrangê-lo a desmerecimento infringe o direito fundamental à isonomia.

5.1   A igualdade como direito fundamental

A isonomia é um direito fundamental na acepção de que a identidade do sujeito e a realização integral de sua personalidade pressupõem ações e omissões estatais proporcionais às circunstâncias de cada qual.

5.1.1 A ausência de igualação absoluta de todos

Por isso, afasta-se a pretensão de igualação absoluta entre todos os sujeitos. O reconhecimento da dignidade humana equivale à afirmação da diferença e da necessidade de seu respeito.

A isonomia jurídica consiste em promover medidas necessárias à realização equivalente de todos os projetos individuais e coletivos. Eventualmente, isso significará assegurar a um indivíduo, ou a um grupo, a possibilidade de soluções que não são nem desejáveis nem adequadas para outros. Assim, por exemplo, considerem-se a questão das quotas para acesso ao ensino universitário público e os programas governamentais de transferência de renda.

5.1.2 A relevância da isonomia

É necessário ter em vista que a igualdade não terá maior relevância quando estiverem presentes dois requisitos. O primeiro reside na viabilidade de tratamento idêntico para todos os sujeitos, e o segundo reside na suficiência dessa solução para satisfazer as necessidades individuais e coletivas. A conjugação desses dois requisitos se verifica muito raramente.

Na esmagadora maioria dos casos, é impossível (materialmente) satisfazer de modo equivalente a todos os sujeitos. E isso porque, geralmente, os bens aptos a satisfazer necessidades individuais e coletivas são escassos, na acepção de que existem em quantidade limitada. Atribuir um bem a um sujeito significa deixar de assegurar idêntica fruição a outro sujeito.

74 CURSO DE DIREITO ADMINISTRATIVO · Marçal Justen Filho

Por outro lado, a necessidade individual e coletiva é variável. Certas pessoas necessitam objetivamente de maior quantidade de bens do que outras para que se garanta a satisfação equivalente.

É evidente que a igualdade não consiste, pura e simplesmente, em diferenciar as situações. O problema fundamental reside em identificar o critério para estabelecer diferenças entre as situações.

5.2 Igualdade e tratamento discriminatório

Tradicionalmente, afirma-se que a igualdade significava, no campo do direito, tratar igualmente os iguais e desigualmente os desiguais, na medida em que se igualem ou em que desigualem. Esse enfoque recebeu tratamento incomparável por parte de Celso Antônio Bandeira de Mello, que destacou diversos ângulos da questão.[3] Toda a exposição adiante é um desenvolvimento dos pressupostos apresentados pelo referido autor.

5.2.1 A existência de diferença real

Segundo a orientação de Celso Antônio, a primeira exigência a ser satisfeita para obter tratamento isonômico consiste na existência efetiva e concreta de uma diferença entre duas ou mais situações. Isso envolve um exame dos dados do mundo real. Esse exame deve ser norteado pela consciência de que duas situações nunca são exatamente idênticas. Logo, é muito fácil encontrar diferenças no mundo dos fatos.

5.2.2 O critério de avaliação da diferença

Por isso, o segundo ângulo reside na seleção de um critério apto a avaliar as diferenças e compatível com a razão de ser da diferenciação.[4] Ou seja, o direito fundamental à isonomia é incompatível com a escolha arbitrária ou inadequada de um critério de diferenciação. É fundamental que o critério de comparação seja vinculado à natureza do problema e à qualidade dos bens e interesses objeto da decisão.

Assim, por exemplo, suponha-se que a Administração resolva atribuir um prêmio ao melhor desempenho musical. Existe um único prêmio e diversos candidatos. O prêmio é um bem escasso, que não pode ser dividido entre todos. Logo, é necessário definir um critério de escolha. Em tese, seria possível eleger *qualquer* traço diferencial entre os candidatos para atribuir o prêmio.

Logo, poder-se-ia imaginar que o vencedor seria aquele que tivesse estatura mais elevada, ou que fosse mais bonito, ou mais feio, ou que tivesse o maior nariz. São exemplos de decisões arbitrárias.

Em face do direito fundamental da isonomia, somente pode ser escolhido aquele que apresentar peculiaridade diferencial em vista do fim a ser satisfeito. Se a finalidade é premiar a maior capacidade musical, é evidente que o critério decisório tem de ser pertinente a tanto.

Daí se segue que a realização da isonomia sempre dependerá de uma avaliação dinâmica das semelhanças ou diferenças existentes na realidade. Isso pressupõe uma verificação funcional, que considere o fim cuja realização torne necessária a diferenciação. Logo, são obviamente incompletas as afirmativas de que ofende a isonomia a diferenciação fundada na raça, no sexo

---

[3] Cf. BANDEIRA DE MELLO. *O conteúdo jurídico do princípio da igualdade*, 4. ed. O pensamento do autor parece ter sido fortemente influenciado pelos estudos sobre o princípio da proporcionalidade, numa época em que o tema merecia reduzida atenção da doutrina pátria.

[4] Sob esse ângulo, é evidente a proximidade entre isonomia e proporcionalidade. Em ambos os casos, a validade da decisão estatal depende da adequação entre meios e fins.

ou no credo religioso. É impossível afirmar se o critério de diferenciação é ofensivo à isonomia sem considerar o fim a que se orienta tal diferenciação.

5.2.3   A finalidade a que se norteia o tratamento jurídico diferenciado

A isonomia não depende apenas de considerar a diferença existente nas situações, mas exige tomar em vista o fim a que se orienta essa distinção. O direito fundamental à isonomia exige que a disciplina jurídica discriminatória seja compatível com o motivo autorizador da diferenciação. Ou seja, a isonomia não consiste apenas em diferenciar sujeitos ou situações para atribuição de certos bens ou direitos, mas leva em conta o resultado a ser produzido, em vista das imposições constitucionais.

5.2.4   A adoção de solução compatível

Enfim, é indispensável que a solução de diferenciação adotada seja compatível com a diferença real (tal como avaliada por um critério apropriado) e o fim buscado.

Assim, a isonomia exige que tanto o critério diferenciador escolhido como o resultado atingido sejam compatíveis com a ordem jurídica e com os valores constitucionalmente protegidos.

5.3   Igualdade e atividade administrativa do Estado

Daí seguem imposições de natureza ativa e omissiva para o exercente de atividades administrativas. A determinação da providência cabível dependerá do exame dos meios e dos fins.

Muitas vezes, a isonomia exigirá tratamento equivalente e uniforme entre diversas situações. Esses são os casos mais simples e fáceis de tratar, mas que acabam produzindo generalizações incorretas. Mais difíceis serão as hipóteses em que houver necessidade de configurar a providência administrativa em vista das circunstâncias diferenciais. Nesse caso, existe possibilidade de variação significativa de providências, o que ampliará também a dificuldade do controle quanto à sua correção.

6   A LEGALIDADE

A legalidade está abrangida na concepção de democracia republicana. Significa a supremacia da lei (expressão que abrange a Constituição), de modo que a atividade administrativa encontra na lei seu fundamento e seu limite de validade. O tema apresenta desdobramentos significativos sobre a atividade administrativa e é examinado no Capítulo 5.

7   O DEVIDO PROCESSO ADMINISTRATIVO

Um alicerce fundamental do regime de direito administrativo é a submissão a um procedimento, que pode implicar as garantias inerentes a um processo sempre que a atuação administrativa envolver conflitos de interesses efetivos ou potenciais. O conteúdo desse princípio é examinado no Capítulo 8.

8   OS PRINCÍPIOS ADMINISTRATIVOS REFERIDOS NO ART. 37 DA CF/1988

O art. 37 da CF/1988 determina que a atividade administrativa do Estado subordina-se a princípios específicos, que são a legalidade, impessoalidade, moralidade, publicidade e eficiência. A legalidade será objeto de exame no Capítulo 5, adiante. Cabe examinar os demais.

9 A IMPESSOALIDADE

A impessoalidade é uma faceta da isonomia, abrangendo a vedação a que a Administração adote tratamento diferenciado (mais benéfico ou mais rigoroso) em virtude de atributos pessoais, sociais, econômicos ou de qualquer natureza de sujeitos envolvidos, que não tenham pertinência com a situação concreta objeto da atuação administrativa.

O clássico exemplo de violação à impessoalidade é deixar de exigir a comprovação do preenchimento de requisitos normativos em vista da posição social de um indivíduo.

Outra manifestação de violação à impessoalidade é assegurar um benefício diferenciado à autoridade política ou a seus parentes.

A impessoalidade não afasta o cabimento do tratamento diferenciado, especialmente quando a exigência de discriminação for extraível do texto da Constituição. Isso significa a reserva de tratamento mais favorável para os sujeitos destituídos de poder ou que se encontram em situação vulnerável. Um exemplo reside no art. 5.º, LXXIV, que assegura a prestação de assistência jurídica integral e gratuita aos que comprovarem insuficiência de recursos.

10 A MORALIDADE

A moralidade consiste na exigência de compatibilidade da atividade administrativa com os valores éticos genericamente considerados. A moralidade compreende o respeito à identidade, à autonomia e aos interesses dos terceiros. O princípio da moralidade interdita a obtenção de vantagens não respaldadas pela boa-fé. Exclui a legitimidade de condutas fundadas em subterfúgios, no aproveitamento da ausência de conhecimento ou de condições de defesa do próximo.

O princípio da moralidade exige que a atividade administrativa seja desenvolvida de modo leal e que assegure a toda a comunidade a obtenção de vantagens equivalentes. Exclui a aplicação do provérbio de que o fim justifica os meios. Nem mesmo a invocação do bem comum ou do interesse público abstrato legitima, por exemplo, a expropriação ardilosa de bens ou a destruição de interesses de um particular.

A moralidade apresenta diversas facetas. Uma delas é a econômica. Não é válido desenvolver a atividade administrativa de modo a propiciar vantagens excessivas ou abusivas para os cofres públicos ou para os cofres privados. Mas a moralidade não se restringe à dimensão econômica.

11 A PUBLICIDADE

O princípio da publicidade exige que os atos estatais sejam levados ao conhecimento de todos, ressalvadas as hipóteses em que se justificar o sigilo.

11.1 As finalidades da publicidade

A publicidade desempenha duas funções complementares. Por um lado, assegura a todos o poder de obter informações relativamente às ações e omissões praticadas por agentes estatais e mesmo não estatais, quando na gestão de recursos públicos.[5] Por outro lado, a garantia do

---

[5] O art. 2.º da Lei 12.527/2011 (Lei de Acesso à Informação) tem a seguinte redação: "Aplicam-se as disposições desta Lei, no que couber, às entidades privadas sem fins lucrativos que recebam, para realização de ações de interesse público, recursos públicos diretamente do orçamento ou mediante subvenções sociais, contrato de gestão, termo de parceria, convênios, acordo, ajustes ou outros instrumentos congêneres". E o parágrafo único do dispositivo estabelece: "A publicidade a que estão submetidas as entidades citadas no *caput* refere-se à parcela dos recursos públicos recebidos e à sua destinação, sem prejuízo das prestações de contas a que estejam legalmente obrigadas".

conhecimento por quaisquer terceiros é um fator de desincentivo à prática de atos reprováveis, eis que eleva a possibilidade de que essas práticas sejam reveladas.

11.2 O direito de petição e de obter certidão

No art. 5.º, XXXIII e XXXIV, a Constituição assegura os direitos de petição e de obtenção de informações.

11.2.1 A questão do interesse

Era costumeiro reputar que o direito de petição dependia da invocação de "direito" ou da indicação de uma "ilegalidade". Algo similar se punha quanto à obtenção de certidões, o que era reputado como vinculado à demonstração de um interesse pessoal. Chegava-se ao ponto de exigir que o sujeito comprovasse a condição de cidadão (partindo do pressuposto de que a legitimidade ativa para a ação popular requer a qualidade de cidadão).

A natureza democrática da organização estatal, tal como imposto pela Constituição de 1988, *impede* interpretação restritiva para os direitos de petição e de informação, previstos no art. 5.º, XXXIII, e nas duas alíneas do inc. XXXIV. Aquele que exerce função administrativa deve informações e satisfações à sociedade a que serve.

11.2.2 O sigilo como exceção

Admite-se que o ato estatal seja protegido pelo sigilo em hipóteses excepcionais. Nenhuma decisão estatal, como regra, pode ser mantida em segredo. A recusa do administrador em esclarecer o povo sobre suas escolhas autoriza sua responsabilização política, administrativa e, mesmo, penal. Essa recusa é, como regra, incompatível com a democracia republicana consagrada pela Constituição de 1988.

Mais ainda, todo sujeito tem o direito de formular pleitos ao administrador, o qual está obrigado a manifestar-se, de modo justificado, deferindo ou rejeitando o pleito.

A restrição ao exercício do direito de petição ou à obtenção de certidões somente poderá ocorrer quando o tema envolver assunto sigiloso e assim tiver sido formalmente reconhecido, de acordo com regras legais específicas. No mais e quando muito, caberia exigir do particular o pagamento dos emolumentos necessários ao custeio das despesas relacionadas com a formalização da resposta ao particular.[6]

Segundo o STF:

"1. Viola o direito de petição previsto no art. 5.º, XXXIV, 'b', da Constituição Federal, a exigência de recolhimento de taxa para emissão de certidão em repartições públicas, para defesa de direitos e esclarecimento de situações de interesse pessoal, porquanto essa atividade estatal está abarcada por regra imunizante de natureza objetiva e política" (ADI 3.278/SC, Pleno, rel. Min. Edson Fachin, j. 03.03.2016, *DJe* 15.03.2016).

Essa orientação foi reiterada no julgamento da ADPF 1.030/RS (Pleno, rel. Min. Flávio Dino, j. 18.03.2024, *DJe* 26.03.2024).

---

6   Portanto, rejeita-se decididamente o cabimento de sigilo quanto a acordos ou contratos fiscais, praticados entre governantes e empresas privadas. Essa concepção apenas poderia ser respaldada no sistema não democrático anterior a 1988.

O tema está disciplinado pela Lei 12.527/2011 (Lei de Acesso à Informação), regulamentada no âmbito da Administração Pública Federal direta e indireta pelo Dec. 7.724/2012 (que sofreu alterações relevantes por meio do Dec. 11.527/2023).

11.3 A Lei de Acesso à Informação

A Lei 12.527/2011 regulamentou a garantia constitucional da publicidade e do acesso a informações. No art. 8.º, determina que "É dever dos órgãos e entidades públicas promover, independentemente de requerimentos, a divulgação em local de fácil acesso, no âmbito de suas competências, de informações de interesse coletivo ou geral por eles produzidas ou custodiadas".

11.3.1 Transparência ativa e transparência passiva

O Dec. 7.724/2012 (que regulamentou a Lei 12.527/2011) diferenciou os conceitos de transparência ativa e de transparência passiva. A transparência ativa compreende o dever de as entidades exercentes de atividade administrativa do Estado promoverem atuação positiva destinada a dar ao conhecimento da sociedade a ocorrência de eventos pertinentes à sua atuação e ao desempenho de suas funções. A transparência passiva envolve o dever de prestar informações em virtude de pleito de sujeitos determinados. O Dec. 7.724/2012 (alterado pelo Dec. 11.527/2023) prevê a criação de um Serviço de Informações ao Cidadão – SIC e determina que qualquer pessoa (física ou jurídica) poderá formular pedido de acesso à informação.

11.3.2 Direito subjetivo e interesse legítimo à informação

O acesso às informações pode decorrer de um direito subjetivo ou de um dever jurídico reconhecido ao interessado, mas também pode envolver um interesse legítimo.[7]

Ou seja, há casos em que a prestação da informação é devida em virtude de uma relação jurídica determinada e específica, que atribui a um particular o direito de exigir ou o dever de executar uma prestação.

Em outros casos, a informação envolve interesses coletivos ou difusos, relacionados com a condição do sujeito como participante do grupo social.

A tutela do acesso à informação é muito mais intensa quando for objeto de um direito subjetivo. É nesse sentido que se deve interpretar o art. 21 da Lei 12.527/2011, que determina que "Não poderá ser negado acesso à informação necessária à tutela judicial ou administrativa de direitos fundamentais".

No entender do STJ:

> "1. O não fornecimento dos documentos e informações a respeito dos gastos efetuados com cartão corporativo do Governo Federal, com os detalhamentos solicitados, constitui ilegal violação ao direito líquido e certo do impetrante, de acesso à informação de interesse coletivo, assegurando pelo art. 5.º, inciso XXXIII da Constituição Federal e regulamentado pela Lei 12.527/2011 (Lei de Acesso à Informação). 2. Inexiste justificativa para manter em sigilo as informações solicitadas, pois não se evidencia que a publicidade de tais questões atente contra à segurança do Presidente e Vice-Presidente da República ou de suas famílias e nem isso restou evidenciado nas informações da digna Autoridade" (MS 20.895/DF, 1.ª S., rel. Min. Napoleão Nunes Maia Filho, j. 12.11.2014, *DJe* 24.11.2014).

---

[7] A distinção entre direito subjetivo e interesse foi desenvolvida no Capítulo 3.

Em outro julgado, o STJ fixou o seguinte entendimento:

"5. A Constituição Federal assegura o direito de acesso à informação como regra no ordenamento jurídico, em diferentes artigos. Consagra a publicidade dos atos processuais (obviamente não só dos processos judiciais como também administrativos). Destaca que tais normas e princípios devem nortear a atuação da Administração Pública.

(...)_12. Além disso, a Lei de Acesso à Informação é explícita quanto à impossibilidade de restringir o acesso a informações necessárias à tutela de direitos fundamentais: 'Art. 21. Não poderá ser negado acesso à informação necessária à tutela judicial ou administrativa de direitos fundamentais. Parágrafo único. As informações ou documentos que versem sobre condutas que impliquem violação dos direitos humanos praticada por agentes públicos ou a mando de autoridades públicas não poderão ser objeto de restrição de acesso'" (REsp 2.037.806/RN, 2.ª T., rel. Min. Herman Benjamin, j. 27.02.2024, *DJe* 29.05.2024).

11.3.3 A restrição ao acesso a informações

Admite-se a restrição do acesso a informações consideradas imprescindíveis à segurança da sociedade ou do Estado. O art. 23 da Lei 12.527/2011 contempla um elenco de oito situações que se enquadram nessa categoria. O art. 24, em seu § 1.º, prevê que haverá restrição à informação classificada como ultrassecreta (25 anos), secreta (15 anos) ou reservada (5 anos). Mas as informações pessoais atinentes à intimidade, vida privada, honra e imagem das pessoas, bem como às liberdades e garantias individuais terão acesso restrito por prazo de 100 anos (art. 31, § 1.º, I), que poderá ser excepcionado em casos específicos.

11.3.4 A ilicitude da violação ao sigilo

Lembre-se que a eventual divulgação de informação protegida por sigilo configura infração à ordem jurídica. O art. 34 da Lei 12.527/2011 estabelece que "Os órgãos e entidades públicas respondem diretamente pelos danos causados em decorrência da divulgação não autorizada ou utilização indevida de informações sigilosas ou informações pessoais, cabendo a apuração de responsabilidade funcional nos casos de dolo ou culpa, assegurado o respectivo direito de regresso".

12 A EFICIÊNCIA (EFICÁCIA) ADMINISTRATIVA

Um dos temas mais controvertidos no âmbito da Economia é a eficiência. Em termos simplistas, a eficiência pode ser considerada como a utilização mais produtiva de recursos econômicos, de modo a produzir os melhores resultados.[8] Veda-se o desperdício ou a má utilização dos recursos destinados à satisfação de necessidades coletivas. É necessário obter o máximo de resultados com a menor quantidade possível de desembolsos.

12.1 A utilização mais eficiente dos recursos públicos

Assim o impõe a concepção republicana de organização do poder político, que estabelece que todas as competências estatais têm de ser exercidas do modo mais satisfatório possível. Portanto, o próprio princípio da República já impõe o dever de utilização eficiente dos recursos públicos.

---

[8] Sobre as diversas acepções da expressão, cf. MORAES. Princípio da eficiência e controle jurisdicional dos atos administrativos discricionários. *Revista de Direito Administrativo – RDA*, n. 243, p. 22-26, set./dez. 2006; ARAGÃO. Interpretação consequencialista e análise econômica do direito público à luz dos princípios constitucionais da eficiência e da economicidade. *Interesse Público – IP*, n. 57, p. 11-30, set./out. 2009; GABARDO. *Princípio constitucional da eficiência administrativa*; e CABRAL. *O conteúdo jurídico da eficiência administrativa*, 2. ed.

12.2 A pluralidade de fins buscados pelo Estado

Mas quando se afirma que a atividade estatal é norteada pela eficiência, não se impõe a subordinação da atividade administrativa à pura e exclusiva racionalidade econômica. Eficiência administrativa não é sinônimo de eficiência econômica. Numa empresa privada, busca-se a maior eficiência econômica. A autonomia permite organizar os fatores de produção segundo as finalidades perseguidas egoisticamente pelo empresário – o que autoriza, inclusive, a privilegiar a busca do lucro. Ao contrário, a atividade estatal deverá traduzir valores de diversas ordens, e não apenas aqueles de cunho econômico. Por isso, parte da doutrina tem preferido a expressão "princípio da eficácia administrativa".

12.3 A proibição do defeito

O princípio da eficácia impõe como primeiro dever à Administração evitar o desperdício e a falha. Nesse sentido, Schmidt-Assmann assinala que "o direito administrativo há de satisfazer uma dupla finalidade: a ordenação, disciplina e limitação do poder, ao mesmo tempo que a *eficácia* e efetividade da ação administrativa. Isso obriga, entre outras consequências, não apenas a utilizar o cânone da proibição do excesso (princípio da proporcionalidade), senão também o da proibição do defeito".[9]

12.4 A eventual realização de uma pluralidade de interesses coletivos

Por exemplo, as contratações administrativas devem refletir a utilização mais satisfatória dos recursos públicos, fundamento da obrigatoriedade da licitação prévia. Mas a Administração Pública também está vinculada a promover a dignidade das pessoas portadoras de necessidades especiais. Tanto a Lei 8.666/1993 (art. 24, XX) como a Lei 14.133/2021 (art. 75, XIV) autorizam que a Administração valha-se de contratações administrativas para cumprir essa função. Assim, as associações de portadores dessas necessidades diferenciadas podem ser contratadas sem licitação para prestar os serviços de que a Administração necessitar. Nesse caso, são realizadas concomitantemente duas finalidades buscadas pela Administração: obter determinada prestação e propiciar, por meio do trabalho, a promoção da dignidade individual dos portadores de necessidades especiais.

Essa solução não é necessariamente a mais eficiente sob o exclusivo prisma econômico. Afinal, o valor da contratação poderá superar aquele que a Administração obteria no mercado. Essa medida, embora incompatível com a eficiência econômica, satisfaz a eficácia da atividade administrativa.

Portanto, a ordem jurídica veda o desperdício econômico porque a otimização do uso dos recursos permite a realização mais rápida e mais ampla dos encargos estatais. Mas, quando houver incompatibilidade entre a eficiência econômica e certos valores fundamentais, deverá adotar-se a solução que preserve ao máximo todos os valores em conflito, mesmo que tal implique a redução da eficiência econômica.

Enfim, a eficácia administrativa determina que os fins buscados pela Administração devem ser realizados segundo o menor custo econômico possível, o que não é sinônimo da obtenção do maior lucro.

---

9   *La teoría general del derecho administrativo como sistema*: objeto y fundamentos de la construcción sistemática, p. 26.

12.5 A constante adequação das soluções práticas

Uma das decorrências do princípio da eficácia reside na exigência de constante adequação das soluções práticas adotadas pela Administração Pública. A satisfação do princípio da eficácia administrativa pressupõe uma avaliação permanente das finalidades a serem atingidas, das necessidades concretas existentes, dos recursos públicos econômicos e não econômicos disponíveis e das soluções técnico-científicas aplicáveis. A realidade é dinâmica e exige a intervenção contínua dos agentes estatais para evitar a cristalização de práticas antiquadas – que podem ter encontrado alguma justificativa no passado, mas que se tornaram obsoletas.

Essa necessidade é ainda mais relevante em vista do ritmo da evolução tecnológica. Há um processo contínuo de inovações, especialmente no campo da informática. Isso exige a incorporação dessas melhorias na prática administrativa.

Seguindo essa orientação, a União editou o Dec. 8.539/2015, que disciplina a utilização das formas eletrônicas para a realização de processos administrativos na órbita da Administração Pública federal direta, autárquica e fundacional.

12.6 A eliminação da burocracia e o atendimento efetivo das necessidades

A eficácia administrativa também significa a vedação à observância de soluções burocráticas inúteis. A atividade administrativa existe *para* o cidadão e a frustração do atendimento às necessidades coletivas e individuais por razões formais irrelevantes viola a Constituição. A desburocratização não é uma opção autônoma ou voluntária, mas é uma decorrência da tutela constitucional aos direitos fundamentais dos sujeitos. A subordinação do exercício de competências administrativas ao preenchimento de requisitos inúteis configura infração a valores constitucionalmente protegidos.

Assim se passa, por exemplo, quando o agente administrativo exige reconhecimentos de firma ou de autenticidade de documentos cujos originais lhe podem ser apresentados, o fornecimento de informações desnecessárias e assim por diante. Em muitos casos, essas práticas configuram até mesmo uma violação à dignidade humana. Em outras situações, implicam obstáculos antijurídicos ao desenvolvimento dos negócios, ao crescimento econômico e ao desenvolvimento social.

Foram editadas diversas medidas legislativas para reduzir a burocracia. A Lei 13.460/2017 proibiu exigências excessivas em vista dos usuários dos serviços públicos. A Lei 13.726/2018 contemplou medidas de supressão e de simplificação de formalidades desnecessárias ou superpostas. A chamada Lei da Liberdade Econômica (Lei 13.874/2019) restringiu as formalidades no exercício do poder de polícia administrativa sobre atividades privadas. Houve, ainda, a edição da Lei 14.129/2021, que dispôs sobre princípios, regras e instrumentos para o Governo Digital e para o aumento da eficiência pública. O Dec. Fed. 10.609/2021 instituiu a Política Nacional de Modernização do Estado ("Moderniza Brasil") para ampliar a eficiência e a racionalidade da atividade administrativa. Outras soluções concretas constam de diplomas específicos, tais como, por exemplo, a admissão de assinatura eletrônica no relacionamento administrativo e privado, prevista na Lei 14.063/2020.

Capítulo 5
A LEGALIDADE E A ATIVIDADE ADMINISTRATIVA

Acesse e assista à aula explicativa sobre este assunto.
> https://uqr.to/1bk3a

Um dos pilares do direito administrativo é o princípio da legalidade. A dinâmica jurídica vem produzindo importantes inovações relativamente à relação entre lei e atividade administrativa.

1 AS DIVERSAS FONTES NORMATIVAS

Há diversos instrumentos previstos para produzir normas jurídicas. Costuma-se aludir a fontes formais do direito para indicar essas figuras, como a lei, o regulamento, a sentença e o contrato.

1.1 A questão da "lei"

Na concepção clássica, afirmava-se que a lei era uma manifestação do Poder Legislativo e veiculava normas gerais e abstratas. O regulamento era um instrumento utilizado pelo Poder Executivo, prevendo normas destinadas à execução das normas legais. A sentença era produzida pelo Poder Judiciário e aplicava o direito ao caso concreto. E o contrato era um acordo de vontade entre particulares, que previa normas vinculantes para as partes.

A evolução jurídica alterou os pressupostos do raciocínio que orientava essas afirmações acima.[1] As distinções deixaram de ser tão exatas. Cada uma das categorias teve sua função alterada, o que tornou difícil reconhecer diferenças de conteúdo.

1.1.1 A lei dotada de efeitos concretos e restritos

É muito comum a lei ser dotada de efeitos concretos e restritos a situações ou pessoas determinadas. Desenvolveram-se instrumentos de ampliação da competência normativa do Poder Executivo. Basta lembrar a figura da medida provisória. Ainda que haja a necessidade

---

[1] O tema é amplamente tratado pela doutrina. Cf., por todos, CLÈVE. *Atividade legislativa do Poder Executivo*, 4. ed., p. 48 *et seq*. Consulte-se também a obra do autor *Introdução ao Estudo do Direito*, 2. ed., p. 89 *et seq*.

de sua conversão em lei, existe uma competência normativa muito relevante a cargo do Poder Executivo.

1.1.2 Os regulamentos na órbita do Poder Executivo

Outra faceta da questão se relaciona com os regulamentos produzidos pelo Poder Executivo. Por um lado, vai-se reconhecendo que os regulamentos podem veicular normas jurídicas vinculadas diretamente à Constituição. Sob outro prisma, reconhece-se competência para que outras autoridades administrativas, distintas do chefe do Poder Executivo, editem normas por via de regulamento.

1.1.3 As decisões judiciais

Quanto ao Poder Judiciário, admite-se que a sentença produza efeitos externos ao litígio submetido à composição jurisdicional. Mais do que isso, tornou-se cabível que a sentença produza efeitos gerais, para atingir um número indeterminado de pessoas. Assim se passa, por exemplo, nos casos de controle de constitucionalidade das leis. Ainda além, a omissão legislativa, quando caracterizadora da infração a preceito fundamental da Constituição, pode ser suprida por provimento jurisdicional – o que significaria produção normativa de amplitude equivalente à da lei.

Por outro lado, tem-se admitido que o Poder Judiciário seja demandado para estabelecer padrões gerais norteadores da atuação de sujeitos administrativos e privados, versando sobre situações complexas. A questão envolve os chamados "processos estruturais"[2], no curso dos quais é problemático diferenciar as decisões administrativas e aquelas jurisdicionais produzidas pelo Poder Judiciário.

1.1.4 O fenômeno da consensualização da atividade administrativa

As soluções consensuais passaram a ser adotadas inclusive para produzir normas gerais e abstratas. Isso ocorre especialmente no campo do direito do trabalho, em virtude das convenções e acordos coletivos de trabalho. Mas a relevância dessa alternativa vai se impondo também no âmbito do direito administrativo.

Os métodos alternativos de resolução de litígios tornaram-se usuais no âmbito dos contratos administrativos, inclusive com previsão legislativa explícita (por exemplo, no art. 151 e seguintes da Lei 14.133/2021).[3] O TCU adotou importante iniciativa para mediação em conflitos relevantes para a Administração Pública Federal (Instrução Normativa 91/2022, alterada pela IN 92/2023 e pela IN 97/2024). Esse modelo reflete o entendimento de que a solução normativa abstrata, prevista em uma lei, nem sempre propicia resultados satisfatórios para assegurar a paz social e a realização dos fins fundamentais da própria Administração.

---

[2] ARENHART. Processos estruturais no direito brasileiro: reflexões a partir do caso da ACP do carvão. *Revista do TRF1*, v. 29, n. 1/2, jan./fev. 2017, p. 78; MENEGAT. *Direito administrativo e processo estrutural* – técnicas processuais para o controle de casos complexos envolvendo a Administração Pública. Outra parte da doutrina prefere aludir a "Entidades de Infraestrutura Específica (EIE)", tradução problemática da expressão em inglês "Claims Resolution Facilities". Confiram-se os posicionamentos de DIDIER JUNIOR, ZANETI JUNIOR. *Curso de direito processual civil*, v. 4, 17. ed., p. 580-581; CABRAL, ZANETI JUNIOR. Entidades de infraestrutura específica para a resolução de conflitos coletivos: as *claims resolution facilities* e sua aplicabilidade no Brasil. *Revista de Processo*, v. 287, p. 445-483, jan. 2019, p. 447.

[3] Confira-se ROCHA NETO. *Dispute boards*: aspectos processuais.

1.2 A crise da distinção entre as fontes normativas

Diversos fatores contribuíram para a configuração dessa situação de crise da distinção entre as fontes normativas.

1.2.1 A evolução da teoria da separação dos Poderes

Uma explicação reside em que a concepção clássica das fontes normativas relacionava-se à teoria da separação de poderes estatais. A preponderância atribuída à lei em face da sentença e do regulamento refletia a supremacia do Legislativo perante os outros Poderes.

A ampliação dos encargos estatais, o desenvolvimento da proposta do Estado-Providência e a assunção de funções empresariais por parte do Estado geraram novos problemas, novas circunstâncias e produziram configuração distinta para a questão política da partilha de Poderes ao interno da órbita estatal.

1.2.2 As dificuldades quanto à produção das leis

Por outro lado, a demora na produção da lei e a necessidade de agilidade para resolver problemas ampliaram a atuação do Executivo.

Daí a necessidade de revisão do tema, tomando em vista a disciplina constitucional e as circunstâncias jurídicas concretas.

2 AS ACEPÇÕES DA EXPRESSÃO LEI

Primeiro, é necessário evitar uma confusão muito comum entre lei e outros conceitos relacionados (tal como o de norma jurídica).

2.1 A distinção entre lei e norma jurídica

É necessário diferenciar os seguintes conceitos:

- *documento (texto) da lei* – instrumento físico em que se lança o texto legislativo;
- *lei* – ato estatal unilateral, produzido pela atuação isolada ou conjugada de diversos órgãos estatais, orientado a produzir normas jurídicas; e
- *norma jurídica* – comando que versa sobre a conduta, decorrente de um processo lógico e valorativo desenvolvido a partir do texto das leis.

2.1.1 Norma jurídica

Norma jurídica não é sinônimo de *lei*, vocábulo que apresenta diferentes significados. De modo genérico, pode-se dizer que a palavra *lei* indica um ato jurídico estatal, representativo da vontade popular, pelo qual se produzem normas jurídicas.

2.1.2 O documento físico ou o instrumento formal

A lei não se confunde com o documento físico em que se materializa o resultado do exercício dessa competência. A lei se traduz num documento escrito, mas não é "o" documento escrito. Ainda que não se confunda a lei com o papel em que se imprimem as palavras, é indispensável para existir lei que a atividade social se traduza num documento escrito.

2.1.3 A norma jurídica como um objeto destituído de existência física

A norma jurídica não é dotada de existência física, material. Ela é vivida, experimentada, mais do que meramente pensada, uma vez que se traduz num conjunto de valorações e de experiências dos membros da sociedade. A determinação normativa é o sentido extraído da lei e conjugado com valorações individuais e coletivas, num processo existencial complexo.

2.2 Conteúdo do princípio da legalidade

Consideradas essas diferenças, o princípio da legalidade significa a necessidade de existirem normas jurídicas produzidas por meio de lei. Ou seja, traduz-se na clássica fórmula de que ninguém é obrigado a fazer ou deixar de fazer alguma coisa senão em virtude *da existência de uma norma jurídica produzida por uma lei*. Mas essa fórmula deve ser interpretada com cautela, para evitar um entendimento equivocado. O tema será aprofundado adiante.

3 AS DIVERSAS ESPÉCIES DE LEIS

O vocábulo *lei* é utilizado constitucionalmente para indicar diversas espécies de atos estatais, tal como se vê no elenco contido no art. 59 da CF/1988. Rigorosamente, a expressão *lei* indica um gênero que abrange a Constituição (e suas emendas), as leis complementares, as leis ordinárias, as leis delegadas, as medidas provisórias, os decretos legislativos e, mesmo, as resoluções legislativas.[4]

4 A COMPETÊNCIA LEGISLATIVA E A COMPETÊNCIA NORMATIVA

É necessário diferenciar os conceitos de *competência normativa* e de *competência legislativa*.

A competência normativa é o poder de produzir normas que geram comandos destinados a regular a conduta intersubjetiva. A competência legislativa configura-se como uma espécie de competência normativa, caracterizada como o poder de produzir normas jurídicas de cunho legislativo.

Essas considerações ampliam a extensão da competência do Executivo para produzir normas jurídicas por meio de regulamentos. A Constituição determinou a preponderância da lei, mas admitiu a existência de regulamentos. O tema é examinado no Capítulo 7, que trata do ato administrativo.

Uma faceta específica do problema da competência normativa de entidade administrativa se relaciona com os atos das agências reguladoras independentes. A matéria é objeto de exame no Capítulo 14.

5 O CONTEÚDO DO PRINCÍPIO DA LEGALIDADE

A Constituição reservou a parcela mais significativa da competência normativa para o Poder Legislativo. O art. 5.º, II, da CF/1988 determinou que ninguém é obrigado a fazer ou deixar de fazer algo senão em virtude de lei. O princípio da legalidade é uma garantia fundamental do

---

4   "Finalmente, quanto aos *decretos legislativos* e *resoluções*, o processo legislativo para sua elaboração não é disciplinado pela Constituição, mas pelos Regimentos Internos das Casas Legislativas. Não se submetem à sanção ou ao veto. O Decreto Legislativo regula as matérias de competência exclusiva do Congresso Nacional (art. 49) e sua promulgação e publicação são feitas pelo Presidente do Senado Federal. Já a Resolução regula matérias de interesse interno do Congresso ou das Casas Legislativas, e são promulgadas e publicadas pelo Presidente da Casa que a elaborou" (GONÇALVES. O processo legislativo na Constituição brasileira de 1988. In: CLÈVE. *Direito constitucional brasileiro*. Organização do Estado e dos Poderes, v. II, 2. ed., p. 423).

cidadão e norteia a atividade administrativa do Estado. Essa garantia traduz-se na participação do povo ou de seus representantes eleitos na produção de normas que introduzam inovação na ordem jurídica.

5.1   A proposta da prevalência do princípio da constitucionalidade

Alguns defendem uma interpretação ampliativa para o disposto no art. 5.º, II, da CF/1988. Afirmam que o mais correto seria aludir ao princípio da constitucionalidade.[5] Portanto, ninguém poderia ser obrigado a fazer ou deixar de fazer algo senão em virtude da Constituição. Essa tese funda-se na supremacia da Constituição na ordem jurídica.

A proposta deve ser examinada com cautela porque o princípio da constitucionalidade não substitui o princípio da legalidade. É evidente que toda a atividade administrativa estatal deve ser compatível com a Constituição. Mas a constitucionalidade não é suficiente para assegurar a validade da atuação da Administração Pública.

Mais precisamente, o princípio da legalidade significa a necessidade de uma manifestação de vontade dos órgãos constituídos pela Constituição, representativos da soberania popular.

5.2   O conteúdo garantístico do princípio da legalidade

Não se pode substituir o princípio da legalidade pelo princípio da constitucionalidade porque a atividade administrativa depende, usualmente, da existência de uma lei propriamente dita. A Constituição é o conjunto de normas fundamentais, mas é insuficiente para disciplinar a atividade administrativa. É indispensável a lei (infraconstitucional), que funciona como garantia específica e precisa da existência de normas concretas e determinadas.

A expressão *princípio da legalidade* deve ser mantida sempre com a advertência de que os direitos e obrigações podem constar da Constituição, a qual modela toda a ordem jurídica.

5.3   A interpretação conforme a Constituição

Todas as leis devem ser interpretadas de acordo com a Constituição. Quando se afirma que a validade da atividade administrativa depende de sua compatibilidade com a lei, isso significa que a atividade administrativa é determinada, em última análise, pela própria Constituição. Mas isso não acarreta a desnecessidade da existência de leis infraconstitucionais disciplinadoras da atividade administrativa. É indispensável não só a autorização superior da Constituição, mas também uma manifestação concreta e determinada produzida por meio de lei.

6   A LEGALIDADE COMO PRINCÍPIO E COMO REGRA

É usual a alusão ao *princípio* da legalidade. Mas os termos em que está redigida a norma do art. 5.º, II, da CF/1988 impõem uma discussão prévia sobre a natureza da legalidade.

---

[5]   Nesse sentido, Luís Roberto Barroso explica: "Supera-se, aqui, a ideia restrita de vinculação positiva do administrador à lei, na leitura convencional do princípio da legalidade, pela qual sua atuação estava pautada por aquilo que o legislador determinasse ou autorizasse. O administrador pode e deve atuar tendo por fundamento direto a Constituição e independentemente, em muitos casos, de qualquer manifestação do legislador ordinário. O princípio da legalidade transmuda-se, assim, em princípio da constitucionalidade ou, talvez mais propriamente, em princípio da juridicidade, compreendendo sua subordinação à Constituição e à lei, nessa ordem" (Neoconstitucionalismo e constitucionalização do direito: o triunfo tardio do direito constitucional no Brasil. *Revista Brasileira de Direito Público – RBDP*, n. 11, p. 21-65, out./dez. 2005).

6.1 A legalidade como princípio constitucional

A referência a *princípio* da legalidade reflete uma concepção hierárquica, que reconhece maior importância ao princípio do que à regra. Seguindo esse enfoque, costuma-se invocar o princípio da legalidade como demonstração da importância reconhecida ao tema pela Constituição.

Mas esse enfoque olvida que a incerteza e a indeterminação são inerentes à natureza de um princípio, o que permite uma relevante margem de autonomia ao seu aplicador. Em termos práticos, afirmar a existência pura e simples de um princípio da legalidade permitiria que o processo de concretização das normas jurídicas conduzisse ao surgimento de direitos e obrigações *não* constantes em lei.

Essa observação não se destina a negar à legalidade a condição de princípio. Existe o princípio da legalidade, consistente na previsão de que os direitos e obrigações serão produzidos concretamente por meio de lei.

6.2 A legalidade como regra constitucional

Mas o art. 5.º, II, da CF/1988 também consagra uma *regra da legalidade*. Trata-se de estabelecer a *vedação* à criação de direitos e obrigações por meio diverso da lei. Em várias outras passagens, a Constituição editou regras que exigem a existência de uma lei para a produção de certo resultado jurídico. Assim, por exemplo, o próprio art. 5.º, XII, da CF/1988 determina que somente a lei pode dispor sobre as hipóteses e a forma de violação ao sigilo da correspondência e das comunicações. Nesses casos em que a Constituição consagra uma regra de legalidade, afasta-se o cabimento de uma ponderação do intérprete por ocasião da concretização dos valores envolvidos. Caberá ao aplicador promover uma atividade de subsunção, caracterizada pela redução da autonomia de escolhas.

6.3 A legalidade como princípio e como regra

Admitir que o direito brasileiro consagrou tanto o princípio como a regra da legalidade não apresenta maior originalidade. Essa solução traduz uma valoração prévia e exaustiva, realizada em nível constitucional. Destina-se a evitar que a incerteza e a indeterminação inerentes aos princípios produzam resultados reputados como indesejáveis.

Ao longo desta obra, utiliza-se a expressão *princípio da legalidade*, o que representa uma simplificação de pensamento. A legalidade é um princípio constitucional. Mas há passagens na Constituição em que a legalidade é imposta como uma regra. Em muitos dispositivos infraconstitucionais, a legalidade se manifesta por meio de regras.

7 A LEGALIDADE E A DISCIPLINA IMPLÍCITA

O princípio da legalidade não significa a exigência de disciplina legal literal, expressa e exaustiva, sobre a conduta a ser adotada pelos agentes administrativos. A disciplina jurídica é produzida pelo *conjunto* das normas jurídicas, o que demanda compreender que, mesmo sem existir dispositivo literal numa lei, o sistema jurídico disciplina as condutas de agentes públicos e de sujeitos privados.

Em suma, o princípio da legalidade não implica a necessidade de uma previsão legislativa específica sobre cada aspecto da atividade administrativa. Em muitos casos, a legalidade se manifesta por meio de princípios e regras constitucionais ou por decorrência do conjunto de previsões normativas veiculadas por atos infraconstitucionais.

A legalidade também não impõe a interpretação literal das leis, relativamente à determinação do que é permitido, proibido ou obrigatório.

8 A FUNÇÃO ADMINISTRATIVA E OS LIMITES DA DISCIPLINA LEGISLATIVA

A Constituição prevê que a lei poderá dispor genericamente sobre todos os temas. Diversamente do que ocorre na França, por exemplo, não há um limite ao campo reservado para a lei. Mas a separação de poderes pode acarretar vedação a que certas matérias sejam disciplinadas por lei.[6] Existem funções reservadas privativamente ao Poder Executivo e ao Poder Judiciário. O exercício dessas competências faz-se por via diversa da lei.

Portanto, há limites para que a lei disponha sobre as atividades administrativas. O legislador não pode assumir o desempenho da função administrativa porque isso viola a separação de poderes. Não se trata de uma questão secundária ou formal, mas se relaciona com a avaliação das circunstâncias do caso concreto, que exigem conhecimentos técnicos e ponderações sobre conveniência e oportunidade. Em muitos casos, a disciplina jurídica reflete soluções de consensualidade entre o Estado e agentes privados, que são incompatíveis com a figura da lei.

Deve-se ter em vista que a atividade legislativa reflete a vinculação ao sufrágio e à vontade popular. Mas diversas manifestações dos poderes estatais não se subordinam a esse modelo, que tenderia a fazer prevalecer a vontade da maioria. É necessário insistir que há funções estatais que não se vinculam de modo absoluto ao critério da maioria. Assim se passa, de modo evidente, com a função jurisdicional. Mas também se verifica, em uma pluralidade de hipóteses, no tocante à função administrativa.

9 A LEGALIDADE E A ATIVIDADE ADMINISTRATIVA

No relacionamento entre os particulares, prevalece a regra de que tudo aquilo que não for obrigatório nem proibido por lei é juridicamente autorizado. No tocante à atividade administrativa, reconhece-se que tudo aquilo que não for autorizado por lei é juridicamente proibido.

9.1 As relações jurídicas de direito privado

O princípio da liberdade, que norteia a vida privada, conduz à afirmação de que tudo o que não estiver disciplinado pelo direito está abrangido na esfera de autonomia. Portanto, a ausência de disciplina jurídica é interpretada como liberação para o exercício das escolhas subjetivas. Isso se traduz no postulado de que tudo o que não for proibido nem obrigatório por meio de lei será reputado como permitido.

9.2 As posições jurídicas de direito público

Já o exercício de competências estatais e de poderes excepcionais não se funda em alguma qualidade inerente ao Estado ou a algum atributo do governante. Toda a organização estatal, a atividade administrativa em sua integralidade e a instituição de funções administrativas são produzidas pelo direito.

---

6   Confira-se BINENBOJM, CYRINO. Legalidade e reserva de administração: um estudo de caso no direito urbanístico. *Revista de Direito Administrativo Contemporâneo – ReDAC*, n. 4, p. 13-25, jan. 2014. O texto fornece um exemplo irrebatível: seria inconstitucional a lei que pretendesse definir a identidade do particular a ser contratado pela Administração. A seleção do particular a ser contratado administrativamente é uma competência privativa da Administração. Aliás, o próprio STF examinou questão dessa ordem e declarou a inconstitucionalidade da lei (ADI 4.180/DF, Pleno, rel. Min. Gilmar Mendes, j. 11.09.2014, *DJe* 06.10.2014).

Logo, a ausência de disciplina jurídica tem de ser interpretada como inexistência de poder jurídico. Daí se afirmar que, nas relações de direito público, tudo o que não for autorizado por meio de lei será reputado como proibido.

9.3   A situação jurídica do particular em face da atividade administrativa

Quando se afirma que tudo o que não está proibido se reputa como permitido, toma-se em vista o universo das relações privadas. Não se aplica esse postulado quando o particular travar relação com a atividade administrativa. Por exemplo, a edificação em imóvel urbano depende, usualmente, de uma licença do Município. Se o particular requerer alvará de construção e a Administração Pública silenciar-se, será descabido reputar que o silêncio estatal equivale à autorização para o particular fazer o que bem entender – ressalvada a hipótese de lei que determinar que a omissão administrativa equivale ao deferimento.

10   A ATENUAÇÃO DO RIGOR DO LEGALISMO

A complexidade da prática democrática dificulta a produção de normas legais e a natureza técnica de muitos temas é incompatível com uma disciplina legislativa exaustiva. Isso tem conduzido à redução da amplitude dos diplomas legais. O tema foi levado à apreciação do STF, que reputou válidas essas soluções.

10.1   A questão das leis-quadro

O STF tem reconhecido a superação de concepções tradicionais sobre a legalidade, especialmente no âmbito do direito público. O tema foi sistematizado em decisão que consignou o seguinte:

> "32. O princípio da legalidade, contemporaneamente, tem sido interpretado em sua acepção de *juridicidade*.
>
> 33. A multiplicação de leis de baixa densidade normativa (*leis-quadro*) é reflexo dessa realidade, porquanto preocupam mais intensamente com o estabelecimento dos *fins* do que com a pormenorização taxativa dos *meios*, como consectário das ideias de (i) eficácia normativa dos direitos fundamentais; (ii) impossibilidade fática de esgotamento da atividade reguladora pelo Poder Legislador, e (iii) necessidade de dinamismo nas respostas do Direito à sociedade contemporânea (...)" (ADIs 4.645/DF e 4.655/DF, Pleno, rel. Min. Luiz Fux, j. 12.09.2023, *DJe* 20.10.2023).

A orientação prevalente reconhece que a eficácia própria e autônoma da Constituição torna a disciplina legislativa secundária. Por outro lado, verifica-se a redução da carga normativa das leis, o que se traduz na ampliação da abrangência de normas regulamentares. Essas soluções não infringem a Constituição e são inerentes à dinâmica da sociedade contemporânea.

10.2   O fenômeno da "deslegalização"

Por outro lado, tem-se verificado na generalidade dos países e também no Brasil um fenômeno conhecido como "deslegalização". Trata-se da edição de leis genéricas, que atribuem à Administração Pública a competência para editar normas gerais e abstratas sobre temas delimitados. Essa solução tem sido adotada especialmente para a disciplina de temas complexos ou que envolvam a necessidade de adaptação normativa frequente. Essa solução é praticada, de modo específico, no âmbito das agências reguladoras independentes. Mas essa opção tem sido admitida também relativamente a outros setores.

Nesse sentido, o STF decidiu o seguinte:

"2. No caso dos autos, não há ofensa aos princípios da legalidade, da separação dos poderes ou da reserva de lei complementar. O Poder Legislativo da União exerceu legítima atuação legiferante no sentido da deslegalização da matéria atinente às normas gerais de contabilidade pública. Por se tratar de escolha informada e explícita do Congresso Nacional, não há vício de inconstitucionalidade nessa questão. (...)" (ADPF 763/DF, Pleno, rel. Min. André Mendonça, j. 03.11.2022, *DJe* 18.11.2020)

11   O CONTEÚDO DA DISCIPLINA LEGAL: DISCRICIONARIEDADE E VINCULAÇÃO

Quando a disciplina jurídica restringe a autonomia de escolhas da autoridade administrativa, há vinculação; quando a norma cria intencionalmente margens de autonomia, há discricionariedade. A intensidade da vinculação e da discricionariedade é variável. Há graus diversos de autonomia, que variam caso a caso.

A prevalência do princípio da legalidade não exclui o cabimento da discricionariedade. A afirmação de um Estado Democrático de Direito e a própria existência do direito administrativo conduzem à adoção de um instituto jurídico que venha a formalizar e adequar a autonomia das escolhas do administrador público ao princípio da legalidade. Esse instituto é a discricionariedade administrativa.

12   DISCRICIONARIEDADE ADMINISTRATIVA

Discricionariedade é o modo de disciplina normativa da atividade administrativa caracterizado pela atribuição do dever-poder de decidir segundo a avaliação da melhor solução para o caso concreto, respeitados os limites impostos pelo ordenamento jurídico.

12.1   A discricionariedade é uma modalidade de disciplina legislativa

A discricionariedade é um tipo de disciplina legislativa. A lei pode conter todos os elementos necessários à sua aplicação – a isso se denomina *disciplina normativa vinculada*. Por outro lado, pode demandar que alguns desses elementos sejam verificados em vista do caso concreto – a isso se denomina *disciplina normativa discricionária*.

Portanto, a discricionariedade não significa que a Administração Pública seria titular de uma reserva de poder para escolher entre diversas alternativas. Não existe um *poder discricionário* inerente à função administrativa. A discricionariedade é atribuída pelo direito ao disciplinar o desempenho da função administrativa.

12.2   A competência instituída pelo Direito

A autonomia decisória da autoridade estatal não se desenvolve fora ou acima das normas jurídicas. É criada pelo ordenamento jurídico, que determina as suas balizas. Em alguns casos, os limites à autonomia consistem nos princípios mais gerais, nos valores fundamentais. Em outros casos, a norma instituidora da discricionariedade estabelece limites mais precisos e determinados. Há casos em que tais limites se traduzem em requisitos para a escolha. Em outras situações, a norma veda a adoção de certas decisões. Há situações em que os limites se relacionam com a escolha da oportunidade para decidir, enquanto há outros casos em que a restrição envolve o conteúdo propriamente dito da decisão a ser adotada.

Justamente por isso, é absolutamente incorreto afirmar que, configurada a existência de competência discricionária, existiria um poder decisório insuscetível de controle. A intensidade e a extensão do controle serão variáveis em vista da configuração adotada, no caso concreto, pela norma instituidora da competência discricionária.

12.3   A instituição de margem de autonomia decisória

A lei contém regulação sumária, não exaustiva, visando a assegurar solução que seja ponderada em vista das circunstâncias do caso concreto. Configura-se, então, a disciplina normativa discricionária.

Mas somente se caracteriza a discricionariedade propriamente dita quando a "margem de liberdade" é instituída de modo intencional pelo direito.

Mais precisamente, o direito adota a disciplina discricionária por reconhecer que a realização mais satisfatória e adequada da função administrativa depende de escolhas a serem realizadas pela autoridade competente em vista das circunstâncias da realidade concreta. Por isso, a discricionariedade não pode ser identificada como uma *liberdade*, nem como um *direito subjetivo* de natureza privada.

12.4   O art. 20 da LINDB

O conceito de discricionariedade administrativa sofreu impacto relevante em virtude da Lei 13.655/2018, que alterou a LINDB. O art. 20 do diploma apresenta especial relevância, ao determinar que:

> "Art. 20. Nas esferas administrativa, controladora e judicial, não se decidirá com base em valores jurídicos abstratos sem que sejam consideradas as consequências práticas da decisão.
>
> Parágrafo único. A motivação demonstrará a necessidade e a adequação da medida imposta ou da invalidação de ato, contrato, ajuste, processo ou norma administrativa, inclusive em face das possíveis alternativas".

Em decorrência, a autoridade administrativa tem o dever de avaliar as consequências práticas da sua decisão. Cabe-lhe considerar todas as alternativas existentes e formular escolha segundo a proporcionalidade (adequação e necessidade). Será inválida a decisão que não refletir esse processo de escolha, o qual deve estar refletido em motivação satisfatória.[7]

12.5   A distinção entre discricionariedade administrativa e judicial

A definição adotada envolve apenas a discricionariedade administrativa, sem considerar outras hipóteses, tais como a chamada *discricionariedade jurisdicional*. A distinção é relevante porque a chamada discricionariedade jurisdicional traduz o exercício por uma autoridade independente e imparcial da competência para compor conflitos e dizer o direito para o caso concreto.

---

[7]   Sobre os reflexos do art. 20 da LINDB na discricionariedade adminsitrativa, consulte-se o indispensável estudo de VITORELLI. A Lei de Introdução às Normas do Direito Brasileiro e a ampliação dos parâmetros de controle dos atos administrativos discricionários: o direito na era do consequencialismo. *Revista de Direito Administrativo*, v. 279, n. 2, p. 79-112, maio/ago. 2020, p. 85-86.

Cap. 5 – A LEGALIDADE E A ATIVIDADE ADMINISTRATIVA **93**

13 DISCRICIONARIEDADE E AUSÊNCIA DE COMPETÊNCIA NORMATIVA AUTÔNOMA

A competência discricionária não se constitui em poder normativo autônomo, existente em abstrato, de titularidade originária de um órgão alheio ao Legislativo. Por esse motivo, rejeita-se a utilização da expressão *poder discricionário*. A Administração Pública não é titular de um conjunto de competências de natureza discricionária. Sua atividade é subordinada às normas, as quais podem atribuir uma margem mais ampla de autonomia em algumas situações. Haverá, então, a discricionariedade.

13.1 O conceito vulgar de discricionariedade

Não existe competência discricionária originária, a não ser que se utilize a expressão *discricionariedade* em acepção não técnica. Poder-se-ia, nesse caso, aludir à hipótese de uma *discricionariedade legislativa*, condizente com a avaliação produzida pelo exercente da função legislativa. Mas tal não se confunde com o instituto ora examinado. Na terminologia tradicional do direito administrativo, a discricionariedade é criada pela lei e deve conter-se nos limites legais.

A discricionariedade administrativa é atribuída por via legislativa, caso a caso. Isso equivale a reconhecer, dentre os poderes atribuídos constitucionalmente ao Legislativo, aquele de transferir à Administração Pública a competência para editar normas complementares àquelas derivadas da fonte legislativa.

13.2 A exigência de previsão legislativa

Bem por isso, não existe competência discricionária sem uma norma jurídica legal que a institua. A omissão legislativa não defere ao agente administrativo competência para inovar a ordem jurídica. A competência normativa derivada, que compreende inclusive a discricionariedade, consiste em um conjunto de poderes *produzidos* por determinação legislativa. Na ausência de lei, e excetuada a força normativa dos direitos fundamentais,[8] não há poderes normativos dessa natureza.

13.3 Desnecessidade de previsão legislativa explícita

Isso não significa que a atribuição da competência normativa de segundo grau dependa de previsão explícita em lei. Exige-se a lei, mas isso não equivale a afirmar que tal lei teria de determinar, em termos explícitos e completos, quer a existência, quer a extensão das competências normativas de segundo grau. A configuração de um poder normativo de segundo grau se produz ainda quando a lei não dispuser sobre esse tema.

13.4 A derivação em face das normas legislativas

A competência discricionária é dependente, acessória e secundária em relação à competência legislativa (ressalvadas as hipóteses de realização dos direitos fundamentais). Como regra geral, não há poder para gerar essas normas complementares sem a existência de lei. As normas produzíveis em virtude da competência discricionária são decorrência do modo como

---

[8] A imposição constitucional da promoção dos direitos fundamentais pode conduzir à exigência de atuação do agente administrativo. Em tais hipóteses, pode-se cogitar de uma competência discricionária fundada diretamente na Constituição. Essa é uma situação anômala, potencialmente apta a gerar conflitos. A regra constitucional é a da legalidade.

CURSO DE DIREITO ADMINISTRATIVO • Marçal Justen Filho

a competência legislativa foi concretamente exercitada. Como afirmava Francisco Campos: "No exercício do poder regulamentar, a administração não pode, portanto, sob o pretexto de lacunas na lei a ser executada, dispor em relação ao seu objeto com a mesma amplitude e a mesma liberdade com que em relação a ele poderia dispor o Poder Legislativo, ainda que se limite à criação de meios e instrumentos destinados à realização de uma finalidade, que a lei se cinge a formular em termos vagos e gerais".[9]

13.5 A Lei e o modelo normativo adotado

É usual o sistema jurídico determinar não o modo como será desenvolvida a atividade administrativa, mas os fins que deverão ser obrigatoriamente realizados.

Nesse caso, o silêncio legislativo quanto aos meios não significa vedação à atividade administrativa. Se o fim *tem*, obrigatoriamente, de ser realizado, é evidente que a omissão quanto à disciplina sobre os meios de sua realização não caracteriza ausência de autorização para a escolha.

Portanto, é necessário identificar a opção normativa adotada para a disciplina de certa situação. Haverá casos em que o direito definirá os *fins* e os *meios* de seu atingimento. Nesses casos, a autonomia da Administração Pública será limitada para escolher o modo de atuar. Existirão situações em que o direito estabelecerá apenas os *fins*, atribuindo à Administração Pública autonomia para escolher os meios. Em algumas situações muito raras, o direito atribuirá à Administração autonomia para escolher um dentre diversos fins, disciplinando ou não os meios necessários para os atingir.

14 DISCRICIONARIEDADE E DELEGAÇÃO LEGISLATIVA

A discricionariedade não se confunde com a delegação legislativa do art. 68 da CF/1988. Nesse caso, existe uma única competência legiferante, cujo exercício é parcial e limitadamente transferido pelo Poder Legislativo para o Executivo.

Já a discricionariedade não atribui à autoridade administrativa poderes de natureza primária equivalentes aos reservados constitucionalmente para o Poder Legislativo.

A distinção qualitativa entre ambas as categorias de delegação acarreta a impossibilidade de reconhecer a delegação imprópria como manifestação normativa ampla, de primeira categoria. Ao contrário, trata-se de *poder de segundo grau*, utilizada a expressão para indicar a competência para produzir normas acessórias e complementares à lei.

15 A REJEIÇÃO À CONCEPÇÃO TRADICIONAL

Tratando da discricionariedade segundo a visão de sua época, Hely Lopes Meirelles afirmava: "Poder discricionário é o que o Direito concede à Administração, de modo explícito ou implícito, para a prática de atos administrativos com liberdade na escolha de sua conveniência, oportunidade e conteúdo".[10]

15.1 A rejeição à teoria do "poder discricionário"

Essa visão foi combatida por doutrinadores como Celso Antônio Bandeira de Mello, que evidenciou não ser a discricionariedade um *poder* atribuído em abstrato, mas um modo de

---

[9] Lei e regulamento: matéria reservada à competência do Poder Legislativo: limites do Poder Regulamentar: direitos e garantias individuais. Parecer. *Revista Forense*, n. 146, mar./abr. 1953, p. 71.

[10] MEIRELLES. *Direito administrativo brasileiro*, 42. ed., p. 139.

disciplina jurídica concreta da atividade administrativa. Segundo esse autor, a discricionariedade pode ser definida como "a margem de liberdade conferida pela lei ao administrador a fim de que este cumpra o dever de integrar com sua vontade ou juízo a norma jurídica, diante do caso concreto, segundo critérios subjetivos próprios, a fim de dar satisfação aos objetivos consagrados no sistema legal".[11]

Maria Sylvia Zanella Di Pietro anota que "a atuação é discricionária quando a Administração, diante do caso concreto, tem a possibilidade de apreciá-lo segundo critérios de oportunidade e conveniência e escolher uma dentre duas ou mais soluções, todas válidas para o direito".[12]

15.2 A rejeição aos conceitos de ato discricionário e ato vinculado

Por isso, não se deve utilizar as expressões *ato vinculado* e *ato discricionário*. Alguns aspectos do ato administrativo são vinculados e outros, discricionários. Como regra, não existe um ato integralmente discricionário ou totalmente vinculado.

16 DISCRICIONARIEDADE E FUNÇÃO ADMINISTRATIVA

A discricionariedade não se submete à disciplina do direito subjetivo privado. A discricionariedade não envolve uma margem de liberdade nem a legitimação da escolha pessoal do aplicador. É equivocado entender que o agente administrativo, no exercício da discricionariedade, disporia da faculdade de escolher em condições equivalentes àquelas previstas para a gestão de interesses egoísticos de um particular.

16.1 A manifestação da natureza funcional da competência

A discricionariedade é uma manifestação da natureza funcional das competências estatais. Apresenta feição de dever-poder; não se apresenta como faculdade a ser exercitada segundo juízos de conveniência pessoal.

16.2 Competência discricionária e flexibilidade normativa

A discricionariedade não é um "defeito" da lei. Não é nem desejável nem possível que todas as leis contenham todas as soluções a serem adotadas por ocasião de sua aplicação. Isso tornaria a atividade administrativa petrificada, sem possibilidade de adaptação para solucionar os problemas da realidade.

A discricionariedade é uma solução normativa para o problema da inadequação do processo legislativo. O legislador não dispõe de condições para prever antecipadamente a solução mais satisfatória para todos os eventos futuros.

16.3 A produção da disciplina normativa mais adequada

A discricionariedade é uma solução normativa orientada a obter a melhor solução possível, a adotar a disciplina jurídica mais satisfatória e conveniente para resolver o caso concreto. Como ensinou Celso Antônio Bandeira de Mello, se a lei escolheu remeter a solução à escolha da autoridade administrativa, isso somente pode justificar-se por ser imperiosa a obtenção da solução mais adequada.[13] No entanto, não se olvide que "[o] administrador tem, de fato, o

---

[11] BANDEIRA DE MELLO. *Curso de direito administrativo*, 37. ed., p. 341.
[12] DI PIETRO. *Direito administrativo*, 37. ed., p. 218.
[13] BANDEIRA DE MELLO. *Curso de direito administrativo*, 37. ed., p. 844-845.

dever de buscar uma solução ótima para o caso. Mas, em inúmeras situações, simplesmente não se sabe qual é essa solução".[14]

Em suma, a outorga da discricionariedade configura o prestígio pelo Legislativo à liberdade do administrador, mas não à sua liberalidade.

17 AUSÊNCIA DE HOMOGENEIDADE DO INSTITUTO DA DISCRICIONARIEDADE

A discricionariedade não é uma figura jurídica uniforme. Ou seja, não se traduz sempre do mesmo modo. A margem de autonomia atribuída pela norma legislada ao aplicador é variável em face de cada caso. Pode-se imaginar que a absoluta e exaustiva disciplina legislativa é um caso extremamente raro. É possível dizer, então, que a discricionariedade comporta *graus* de autonomia, que variam em cada hipótese.

17.1 A discricionariedade e os juízos de conveniência e oportunidade

A discricionariedade se manifesta em termos variáveis. É necessário examinar, em cada caso de competência discricionária, o tipo e a intensidade de autonomia atribuída.

Costuma-se dizer que a lei reconhece ao aplicador a faculdade de avaliar a *conveniência e oportunidade*, expressões que indicam conteúdos diversos. Essa fórmula verbal compreende tanto o poder jurídico para determinar o conteúdo de certa providência como aquele para estabelecer o momento em que determinada providência deverá ser adotada. Mas também poderá existir autonomia no tocante a outros temas normativos.

Em suma, será necessário examinar e precisar, em cada hipótese, o tipo e a extensão da autonomia adotada na disciplina discricionária.

17.2 Os graus de vinculação e de discricionariedade

Não existe disciplina normativa que institua de modo absoluto a vinculação ou a discricionariedade no exercício de uma função administrativa. A disciplina legal adota graus variáveis de vinculação ou de discricionariedade.[15]

Assim, a norma pode ter adotado disciplina vinculada e exaustiva quanto a certos aspectos, deixando margem de autonomia decisória quanto a outros. A norma pode valer-se de diversos instrumentos para criar autonomia limitada, tal como conceitos jurídicos indeterminados e assim por diante (como será apontado adiante).

Logo, afirmar que certa atividade é discricionária ou vinculada consiste numa simplificação terminológica, que pode ser adotada para facilitar a comunicação, mas não permite identificar de modo mais preciso o grau de autonomia atribuído pela norma ao titular da função administrativa.

18 A DISCRICIONARIEDADE QUANTO AOS FINS

É usual a afirmação de que a discricionariedade nunca versaria sobre os *fins* a serem buscados pelo aplicador da norma, já que se impõe a realização do *interesse público*. Mas o tema

---

[14] BORNHOLDT. Conceitos jurídicos indeterminados, discricionariedade e metódica estruturante – Um estudo à luz da distribuição dos *royalties* do petróleo. *Interesse Público – IP*, n. 81, p. 101-128, set./out. 2013, p. 111.

[15] Cf. BINENBOJM. *Uma teoria do direito administrativo*: direitos fundamentais, democracia e constitucionalização, 3. ed., p. 210 *et seq.*

comporta outras considerações, até por conta da rejeição adotada nesta obra à concepção da supremacia e indisponibilidade do interesse público.

18.1   A vinculação à realização do interesse público

Afirmar que o aplicador da norma está vinculado a realizar o interesse público configura uma simplificação. É evidente que o exercente de função pública tem o dever de dispor das competências públicas para satisfazer fins públicos. Mas isso não significa a ausência de atribuição de competência para promover a ponderação quanto a esses fins. Mais ainda, a situação concreta propicia, na esmagadora maioria dos casos, a existência de uma pluralidade de *interesses públicos*.

18.2   A escolha de um ou de alguns dos interesses públicos

Na maior parte dos casos, o agente administrativo é titular de uma escolha quanto aos diferentes *fins de interesse público*, o que envolve uma ponderação fundada na proporcionalidade e traduz uma competência que não é disciplinada de modo exaustivo pelo direito. Existem limites à decisão do administrador. Assim, não se admite a eleição de um fim de interesse pessoal, ou que seja realizado um valor sem relevância coletiva, ou que se implementem valores reprováveis. Em todos esses casos, as decisões serão reprováveis e incompatíveis com a ordem jurídica.

Respeitados esses limites, o administrador realiza um processo de seleção entre os diversos fins que sejam compatíveis. Portanto, há uma decisão de cunho discricionário, o que significa, inclusive, afirmar que o direito reconheceu intencionalmente a autonomia do administrador para tanto.

18.3   O controle da escolha quanto aos fins

É relevante colocar em destaque a ocorrência da discricionariedade quanto aos fins para propiciar seu controle, bem como evitar que a invocação genérica ao *interesse público* constitua a forma pela qual escolhas inadequadas sejam adotadas e se tornem imunes a esse controle.

A relevância das questões disciplinadas administrativamente exige que o administrador externe as ponderações que realizou não apenas quanto aos meios, mas também quanto aos próprios fins que busca concretamente realizar.

Para dizer de outro modo, a legitimação das decisões administrativas não se faz apenas pela invocação genérica e indeterminada do *interesse público*, mas exige que seja explicitada, de modo expresso, a escolha realizada pelo administrador quanto ao fim por ele eleito no desenvolvimento de suas competências.

19   A DISCRICIONARIEDADE NA HIPÓTESE DE INCIDÊNCIA

Em alguns casos, a discricionariedade se relaciona à definição dos pressupostos para a edição de uma norma de conduta infralegal ou a adoção de uma medida administrativa concreta. Em tais hipóteses, a competência discricionária é instituída na hipótese de incidência da norma legal.

Por exemplo, admite-se que a lei preveja a competência da autoridade pública para prevenir ou para reprimir perturbações na ordem pública. Não existe definição exata e precisa, na hipótese de incidência da regra jurídica, quanto aos pressupostos de aplicação do mandamento.

Poder-se-ia dizer que, de modo geral, a fórmula *avaliação da conveniência e oportunidade* indica a discricionariedade no tocante aos pressupostos de adoção de determinada providência. Isso corresponde à disciplina discricionária na hipótese de incidência.

Destaque-se que a utilização da fórmula *avaliação da conveniência e oportunidade* não significa que a autonomia do aplicador ficaria restrita à questão temporal. A lei pode determinar que a autonomia do agente abrangerá apenas o momento, mas também poderá compreender os demais aspectos da hipótese (local, situações materiais ou sujeitos envolvidos).

20 A DISCRICIONARIEDADE NO MANDAMENTO

Mais evidente, no entanto, é a discricionariedade no mandamento, que se configura quando a norma jurídica não determina de modo preciso e exato o conteúdo da conduta a ser adotada pelo agente público.

Na maior parte dos casos de disciplina discricionária, a função administrativa se traduz na adoção de decisões concretas e de providências jurídicas cuja determinação é delineada em termos amplos na norma legal e cuja definição precisa se faz por meio da escolha do administrador em face do caso concreto.

Assim, a competência discricionária indica, usualmente, a competência para determinar, dentro do universo das providências jurídicas cabíveis compatíveis com a ordem jurídica, aquela que será adequada e necessária em vista das circunstâncias do caso concreto.

20.1 Discricionariedade normativa (abstrata)

A disciplina discricionária pode atribuir à Administração autonomia para produzir normas gerais e abstratas ou para emitir decisão sem cunho propriamente normativo. São situações diversas, cuja distinção é fundamental para evitar equívocos.

Utiliza-se a expressão *discricionariedade normativa* para indicar a competência para complementar normas de conduta, de modo que a conduta futura das pessoas será qualificada como lícita ou ilícita não só em vista da disciplina prevista em uma lei, mas também pelos preceitos de um ato administrativo. A discricionariedade normativa administrativa se traduz na produção de regulamentos.

20.2 Discricionariedade decisória (concreta)

Situação distinta é a discricionariedade decisória, em que se trata de escolher solução para determinado caso concreto, sem que daí derive o surgimento de normas gerais. Um exemplo característico é a investidura de servidores em cargos em comissão. A lei atribui à autoridade administrativa a discricionariedade para escolher o indivíduo que será investido no cargo. Existe autonomia de escolha, sem que tal se traduza na produção de normas de conduta.

Para ser mais preciso, a discricionariedade normativa se traduz na *criação* de normas de conduta, enquanto a discricionariedade decisória consiste precipuamente na *aplicação* de normas de conduta. A criação de normas de conduta envolve o estabelecimento de parâmetros abstratos de conduta, destinados a disciplinar uma série indeterminada de situações. Já a aplicação da norma envolve a determinação da solução para um caso concreto e específico.

A maior parte das controvérsias sobre a discricionariedade envolve a produção normativa. Não há maiores debates quanto à discricionariedade decisória, manifestação clássica da atividade administrativa, que não pode estar integralmente contemplada em lei, sob pena de tornar-se inviável o governo.

21 A EXIGÊNCIA DE MOTIVAÇÃO E O CONTROLE DOS MOTIVOS

A competência discricionária não atribui à autoridade administrativa o poder jurídico para produzir o ato que bem entender. Não é válido o ato administrativo concreto que, praticado no exercício de competência discricionária, invoque como fundamento de sua validade exclusivamente a autonomia de escolha decisória. Essa hipótese configura arbítrio, não discricionariedade.

A competência discricionária assegura à autoridade administrativa o poder de escolher entre diversas alternativas, sempre impondo aquela que se configure como a mais satisfatória e adequada em vista das circunstâncias. Isso exige uma atuação cognitiva como pressuposto da tomada da decisão. Portanto, os dados da realidade e o conhecimento técnico-científico delimitam a margem de autonomia da autoridade. Uma decisão absurda, impensada, despropositada será inválida e não se legitimará mediante o argumento de ter sido adotada no exercício de competência discricionária.

Também por isso, a validade do ato depende da sua motivação satisfatória. A autoridade tem o dever de formalizar os motivos da decisão adotada, o que constitui requisito indispensável para permitir o controle da regularidade da atividade administrativa.

22 A DISCRICIONARIEDADE EM ABSTRATO E A SITUAÇÃO CONCRETA DE VINCULAÇÃO

É possível que, no caso concreto, exista uma única solução adequada e satisfatória a ser adotada pelo agente administrativo, ainda quando a lei tenha previsto uma competência discricionária.

Se, em vista das circunstâncias do caso concreto, a melhor solução é inquestionavelmente única, a autoridade administrativa tem o dever jurídico de adotá-la, mesmo estando investida de competência discricionária. A discricionariedade é sempre o meio para obtenção da melhor solução possível no caso concreto.

23 A QUESTÃO DA DISCRICIONARIEDADE TÉCNICA

Difundiu-se a expressão *discricionariedade técnica* para indicar aquelas situações em que a lei determina que a solução no caso concreto seja norteada pelo conhecimento técnico-científico.

23.1 Discricionariedade comum e discricionariedade técnica

A discricionariedade técnica verifica-se quando a disciplina legislativa atribui ao agente público a autonomia para realizar escolha, dentro dos limites do conhecimento técnico-científico. Em tais casos, a disciplina legislativa subordina a decisão administrativa à aplicação da ciência e da técnica.

A expressão *discricionariedade técnica* difundiu-se, mas o conceito a que se refere "não apresenta propriamente nada de discricionariedade e que é assim denominada por um erro histórico da doutrina".[16] Ou seja, não se confunde com a discricionariedade pura ou administrativa.

A norma legal estabelece parâmetros normativos gerais. A Administração disporá de autonomia para decidir, mas a escolha concreta deverá vincular-se a juízos técnico-científicos. Será a ciência ou a técnica que fornecerá a solução a ser adotada.

---

[16] GIANNINI. *Diritto amministrativo*, v. 2, 3. ed., p. 55-56, tradução livre.

O tema foi examinado pelo STF, podendo ser referida a seguinte passagem:

"2. Decisões administrativas relacionadas à proteção à vida, à saúde e ao meio ambiente devem observar standards, normas e critérios científicos e técnicos, tal como estabelecidos por organizações e entidades internacional e nacionalmente reconhecidas. Precedentes: ADI 4066, Rel. Min. Rosa Weber, j. 24.08.2017; e RE 627189, Rel. Min. Dias Toffoli, j. 08.06.2016. No mesmo sentido, a Lei n.º 13.979/2020 (art. 3.º, § 1.º), que dispôs sobre as medidas para o enfrentamento da pandemia de COVID19, norma já aprovada pelo Congresso Nacional, previu que as medidas de combate à pandemia devem ser determinadas 'com base em evidências científicas e em análises sobre as informações estratégicas em saúde'. (...)" (MC na ADI 6.425/DF, Pleno, rel. Min. Roberto Barroso, j. 21.05.2020, *DJe* 12.11.2020).

Em outra oportunidade, houve a seguinte decisão:

"2. Há consenso de que a projeção das divisas marítimas no caso sob exame deve adotar o critério de linhas de bases retas – e não o da linha da baixa-mar do litoral. 3. Por esse critério, definem-se os 'pontos apropriados' no continente e a partir deles faz-se a projeção marítima dos limites divisórios dos Estados. 4. Por expressa disposição legal (art. 9.º, I, da Lei nº 7.525/1986) e regulamentar (arts. 1.º e 3.º do Decreto nº 93.189/1986), é atribuição do IBGE determinar os 'pontos apropriados', valendo-se, para tanto, de discricionariedade técnica. Não cabe ao Judiciário, por falta de capacidade institucional, interferir em tal tarefa, salvo ilegalidade manifesta ou ausência de razoabilidade, o que não ocorre. (...)" (ACO 444/SC, Pleno, rel. Min. Roberto Barroso, j. 22.06.2020, *DJe* 09.11.2020).

23.2   A proximidade entre os institutos

Existem situações em que é difícil distinguir a discricionariedade técnica daquela propriamente dita. É problemático afirmar que a ciência assegura certeza absoluta acerca das decisões a serem adotadas. Deve-se ter em vista que inúmeras situações de ordem técnica não envolvem certezas, mas probabilidades.

Não podem ser identificados juízos técnicos de constatação da existência dos pressupostos indicados na lei com aqueles de cunho valorativo, mas que não traduzem a mera aplicação do conhecimento ao caso concreto. Nesses casos, pode haver juízos de oportunidade conjugados com a avaliação cognoscitiva.

As hipóteses em que o aplicador da lei não disporá de qualquer margem de autonomia para escolher entre diversas alternativas serão extremamente raras, ainda quando a lei vincular a decisão a um critério técnico-científico.

Assim, suponha-se a decisão acerca das taxas de juros praticadas no âmbito do Banco Central. Afigura-se evidente que a escolha não poderá levar em conta apenas um juízo de conveniência e oportunidade, mas será impossível extrair do conhecimento técnico certa escolha como necessária. Elevar ou reduzir as taxas de juros é uma avaliação que ultrapassa o conhecimento técnico-científico, tal como também é a determinação quantitativa da variação. Ora, a fixação de taxas de juros revela competência discricionária em sentido puro ou discricionariedade técnica? Existem argumentos em prol de ambas as alternativas, tendendo-se ao reconhecimento de uma atividade que conjuga conhecimento técnico com exercício de juízos de conveniência e oportunidade.

Em última análise, a defesa da autonomia e peculiaridade do instituto da discricionariedade técnica reflete certa concepção positivista de ciência, incompatível com a realidade contemporânea. Ocorre que nenhuma ciência pode gerar aplicações práticas absolutamente precisas, uniformes e destituídas de alternativas ou dúvidas.

23.3 A falácia da tecnicidade rigorosa das decisões

A discussão acerca da discricionariedade técnica pode ser reconduzida à disputa acerca da tecnicidade da atuação estatal. Tal como já exposto, pode-se considerar que, ainda quando se tratar de decisões acerca de questões técnicas, haverá um componente político na decisão. O conhecimento técnico poderá funcionar como instrumento de delimitação das alternativas disponíveis, mas dificilmente eliminará a pluralidade delas. Haverá uma margem de escolha, a qual propiciará um juízo de conveniência e oportunidade por parte da autoridade encarregada de promover a aplicação da norma geral.

O STF apreciou, por via indireta, situação dessa ordem, estabelecendo a seguinte orientação:

"4. Em atendimento aos princípios da precaução e da prevenção, bem como do direito à proteção da saúde, portanto, confere-se interpretação conforme à Constituição, sem redução de texto, ao disposto no inciso IV do § 3.º do artigo 1.º da Lei n.º 13.301/2016, para fixar o sentido segundo o qual a aprovação das autoridades sanitárias e ambientais competentes e a comprovação científica da eficácia da medida são condições prévias e inafastáveis à incorporação de mecanismos de controle vetorial por meio de dispersão por aeronaves, em atendimento ao disposto nos artigos 225, § 1.º, incisos V e VII, 6.º e 196 da Constituição da República. (...)" (ADI 5.592/DF, Pleno, rel. Min. Cármen Lúcia, rel. p/ acórdão Min. Edson Fachin, j. 11.09.2019, *DJe* 09.03.2020).

24 DISCRICIONARIEDADE E INTERPRETAÇÃO

A discricionariedade não se confunde com a atividade de interpretação da lei, ainda que ambas as figuras possam refletir uma margem de autonomia do sujeito encarregado de promover a aplicação do direito.

24.1 O núcleo da distinção

A discricionariedade é um modo de construção da norma jurídica, caracterizado pela atribuição ao aplicador da competência para produzir a solução por meio de ponderação quanto às circunstâncias. A discricionariedade significa que a lei atribuiu ao aplicador o dever-poder de realizar a escolha. Na discricionariedade, a vontade do aplicador é legitimada pelo direito, que não impôs uma solução predeterminada ao caso concreto.

Já a interpretação corresponde a uma tarefa de reconstrução de vontade normativa, que é reconhecida como distinta e alheia à vontade do aplicador. A interpretação não é uma avaliação de conveniência formulada pelo intérprete, mas um processo de revelação da vontade legislativa.[17] A atividade de interpretação pode conduzir a uma dissociação entre a conclusão atingida pelo intérprete e o texto literal da lei. Em muitos casos, a interpretação agrega elementos à disciplina legal. Em outros, acarreta a sua redução. Por isso, a atividade de interpretação pode resultar em uma decisão que não se encontrava prevista de modo evidente e explícito no texto interpretado.

Isso não autoriza afirmar que discricionariedade e interpretação seriam institutos idênticos. São figuras inconfundíveis.

A distinção é relevante em vista do controle exercido sobre as duas atuações. A prevalência da vontade pessoal não é válida quando se trata de interpretar e aplicar a lei, enquanto a discricionariedade comporta a influência da vontade funcionalizada do agente administrativo.

---

[17] Lembre-se a clássica diferenciação entre *mens legis* e *mens legislatoris*. A "vontade do legislador" exaure sua influência quando a lei se aperfeiçoa. A "vontade da lei" (*mens legis*) independe da "vontade do legislador" (*mens legislatoris*).

O intérprete não é titular de uma atribuição normativa de autonomia para formular escolha fundada em oportunidade e conveniência, diferentemente do que se passa na hipótese de competência discricionária.

24.2   Duas hipóteses específicas de interpretação

É relevante fazer referência a duas hipóteses que se enquadram no âmbito da interpretação, mas que propiciam uma margem mais intensa de influência da vontade do aplicador do direito. São elas a correção de defeitos redacionais da lei e a determinação do sentido da linguagem natural.

24.2.1   A redação legal insatisfatória ou ultrapassada

O texto legal pode refletir equívocos redacionais. Isso exige um esforço hermenêutico para superar os erros legislativos, que podem ser materiais ou jurídicos.

Assim, por exemplo, a redação original da Lei 8.666/1993 previu, no art. 65, II, *d*, certa solução para os casos de *área* extraordinária. Houve evidente equívoco, porque o vocábulo adequado seria *álea* (no sentido de risco).

O mesmo diploma estabeleceu, no art. 22, § 5.º, que o leilão é modalidade adequada para a alienação de bens *penhorados*. Mas é claro que o dispositivo alude aos bens *dados em penhor*, figura que corresponde ao verbo *empenhar*. Ou seja, o leilão aplica-se para bens *empenhados*.

Os erros materiais são cada vez menos frequentes, especialmente em vista da elevação do nível de controle dos órgãos integrantes do Poder Legislativo. No entanto, no passado, a situação era distinta.[18]

Em outros casos, a evolução do tempo conduz à alteração dos significados originais das palavras, de modo que a aplicação de leis editadas há longo tempo demanda a necessidade de uma atualização vocabular. Caso exemplar é o do Código Comercial de 1850, que ainda vigora em algumas passagens, mesmo com seu português arcaico e, por vezes, incompreensível.

O defeito ou o anacronismo da linguagem não resultam na atribuição de autonomia de escolha para o aplicador. O agente investido da competência para aplicar a lei tem o dever de identificar e corrigir defeitos redacionais e atualizar as expressões vocabulares. A correção linguística impõe ao aplicador o dever de estrita vinculação à vontade legislativa. Não é defensável que, invocando o defeito ou o arcaísmo da linguagem, o sujeito inove o espírito da lei, adotando solução incompatível com aquela contida no texto.

24.2.2   A textura aberta da linguagem

A segunda situação a ser considerada é a textura aberta da linguagem.[19] A lei se manifesta como linguagem e toda linguagem espontânea (natural) apresenta características de incerteza e indeterminação. Somente linguagens artificiais[20] podem eliminar essa característica, que se relaciona diretamente com a pluralidade de sentido das palavras.

---

[18]   Nessa linha, a Lei 14.133/2021 não incorreu nos equívocos apontados relativamente à Lei 8.666/1993.

[19]   Cf., sobre o tema, HART. *O conceito de direito*, p. 137 *et seq.*

[20]   A linguagem natural é aquela que se desenvolve espontaneamente para comunicação entre seres vivos. Mas existem linguagens artificiais, que são criadas para fins específicos e delimitados. Assim, por exemplo, a matemática pode ser considerada como uma linguagem artificial, na acepção de que se vale de signos e sinais para assegurar a comunicação. Numa linguagem artificial, é possível atribuir sentidos delimitados e precisos para os signos e sinais.

Assim, suponha-se uma lei cujo texto aluda à disciplina da conduta dos *homens*. A expressão tanto pode indicar "ser humano" como "ser humano do sexo masculino".[21] Portanto, aplicar uma lei que determine um regime jurídico vinculado à condição de *homem* envolve a necessidade de escolher entre essas diversas acepções do vocábulo. Todo intérprete-aplicador do direito se depara permanentemente com a necessidade de escolher um dentre os diversos sentidos que as palavras podem apresentar.

A textura aberta da linguagem também não produz autonomia para o aplicador, o qual tem compromisso com o sistema normativo e com a vontade legislativa. Cabe optar por um dos sentidos possíveis comportados pela expressão linguística. Ou seja, há limites quanto às escolhas possíveis.[22] Mais ainda, o aplicador tem o dever de respeitar a vontade normativa e eleger, no elenco limitado das acepções possíveis, a alternativa reputada mais adequada à vontade da lei.

25 A DISCRICIONARIEDADE E TÉCNICAS LEGISLATIVAS

Por outro lado, existem pelo menos três técnicas pelas quais a lei transfere ao aplicador uma margem de autonomia para determinar a solução cabível para o caso concreto, sem que isso produza o surgimento da discricionariedade. Essas três técnicas envolvem a utilização de:

- conceitos técnico-científicos;
- conceitos indeterminados; e
- conceitos valorativos.

26 OS CONCEITOS TÉCNICO-CIENTÍFICOS

A primeira possibilidade reside em a lei valer-se do conhecimento técnico-científico como critério para disciplinar a atividade administrativa. O aplicador deverá recorrer à ciência ou à técnica para estabelecer a providência concreta adequada. Haverá uma delimitação inafastável da margem de escolha do administrador. A sua autonomia se inserirá nos limites da discussão científica. Essa figura é, por vezes, qualificada como *discricionariedade técnica*, que já foi examinada.

Como apontado, é um equívoco supor que a ciência conduza sempre a uma única conclusão ou que apresente uma só interpretação para as situações da realidade. Haverá, com frequência, necessidade de escolhas. Mas não serão elas nem ilimitadas nem fundadas em critérios de cunho subjetivo. O aplicador deverá escolher uma dentre as alternativas prestigiadas pelo conhecimento científico, além de indicar os fundamentos pelos quais a escolheu. Mais ainda, essa justificativa precisará fundar-se em razões objetivas, atinentes tanto à credibilidade das diversas teorias como à conveniência em face dos interesses em jogo.

27 OS CONCEITOS JURÍDICOS (PARCIALMENTE) INDETERMINADOS

Outra hipótese se relaciona com os chamados *conceitos jurídicos indeterminados*.[23] São expressões vocabulares que comportam indeterminação de sentido, o que exige que o aplicador produza sua delimitação para o caso concreto.

---

[21] Aliás, nada impede que se compreenda a expressão num terceiro sentido: ser humano que se identifique com o gênero masculino.

[22] É possível que a característica da textura aberta se conjugue com a existência de um equívoco. Nesse caso, terá ocorrido a utilização de um vocábulo com diversos sentidos, mas todos eles incompatíveis com a vontade legislativa extraída do texto.

[23] Sobre o tema dos conceitos jurídicos indeterminados, cf. SAINZ MORENO. *Conceptos jurídicos, interpretación y discrecionalidad administrativa*; e CORREIA. *Legalidade e autonomia contratual nos contratos administrativos*.

27.1 A riqueza do mundo real

Os conceitos jurídicos indeterminados traduzem a necessidade de diferenciar situações do mundo real. Suponha-se, como exemplo, a regra de que "pessoas idosas terão preferência de embarque" nos veículos de transporte coletivo. Ora, o que se deve entender por *pessoa idosa*? A *vida* humana é contínua, e não apresenta uma divisão que determine que, a partir de uma data exata, o sujeito estará enquadrado na categoria *idoso*. Há variações pessoais. Determinadas pessoas são "idosas" aos 50 anos, outras permanecem vigorosas aos 80.

O tratamento normativo diferenciado para os fenômenos da realidade envolve definições que nem sempre são precisas. Há uma margem de indeterminação na disciplina legal, que exige escolhas do aplicador. A solução adequada deve ser produzida no caso concreto, de acordo com as circunstâncias.[24]

27.2 A ausência de defeito técnico legislativo

A ausência de determinação precisa não é um defeito do conceito, mas um atributo destinado a permitir sua aplicação mais adequada caso a caso. A indeterminação dos limites do conceito propicia a aproximação do sistema normativo à riqueza do mundo real.

A utilização de conceitos jurídicos indeterminados deriva da vontade legislativa de evitar atribuir ao aplicador uma margem de autonomia mais ampla do que o mínimo possível ou necessário.

Volte-se ao exemplo do idoso. Uma solução teórica seria a lei conferir ao condutor de cada veículo o poder para definir a preferência de embarque. Assim, em cada parada de ônibus, o motorista indicaria os critérios – os quais poderiam, inclusive, variar de parada em parada. Essa situação seria indesejável, inclusive para o próprio motorista, que teria de avaliar cada situação e emitir um juízo de escolha, discutir com os passageiros insatisfeitos e assim por diante.

Quando a lei adota um conceito jurídico indeterminado, visa a produzir uma solução que seja adaptável à realidade e suscetível de controle. Isso decorre de que o conceito jurídico indeterminado é *determinável*, para utilizar a expressão de Eros Grau.[25] A possibilidade de determinação do conteúdo do conceito é o instrumento de controle sobre a escolha do aplicador.

27.3 As três áreas de abrangência dos conceitos jurídicos indeterminados

A aplicação do conceito indeterminado permite diferenciar as situações fáticas em três categorias. Há os fatos que se subordinam ao âmbito de abrangência do conceito; há aqueles que não se subordinam; e há aqueles casos duvidosos.

Volte-se ao exemplo do idoso. Sua indeterminação é relativa. Uma criança de dez anos de idade não pode ser enquadrada na categoria de idoso. Por outro lado, um ancião com cem anos será, com certeza, integrante dessa categoria. No entanto, é duvidosa a situação de um sujeito com cinquenta anos.

Daí segue que a autonomia do aplicador da norma que contém um conceito jurídico parcialmente indeterminado envolve apenas e exclusivamente a margem de dúvida ou incerteza.

Mesmo dentro desse espaço delimitado de incerteza, tem-se de reputar que o aplicador estará jungido a encontrar a definição mais compatível com o conceito jurídico indeterminado.

---

[24] Vale como exemplo o Estatuto da Pessoa Idosa (Lei 10.741/2003), que previu que pessoa idosa é aquela com idade igual ou superior a 60 anos (art. 1.º, com redação dada pela Lei 14.423/2022). Ou seja, houve uma escolha legislativa determinada.

[25] Cf. GRAU. *Ensaio e discurso sobre a interpretação/aplicação do direito*, p. 211-213.

28 OS CONCEITOS VALORATIVOS

Em outros casos, a lei se vale de conceitos que consagram valores. Isso pode dar-se tanto no tocante à hipótese como quanto ao mandamento da norma. O exemplo clássico ingressou no universo do axiologicamente incorreto: trata-se da norma contida no Código Penal de 1940 que fazia referência a "mulher honesta". Mesmo à época, o legislador não dispunha da pretensão de identificar o conteúdo extraível da expressão. Remetia o encargo ao aplicador, o que gerava grande dificuldade. Evidentemente, a evolução conduziu à supressão dessa previsão legislativa, a qual vigorou por longo período.

28.1 Conceito valorativo e conceito indeterminado

O conceito valorativo apresenta semelhança com o conceito jurídico indeterminado, mas há uma distinção fundamental. O conceito valorativo impõe o exercício da capacidade humana de valorar. O conceito jurídico indeterminado envolve um juízo de conhecimento sobre os fatos, enquanto o conceito valorativo exige juízos de valor. Qualificar alguém como "idoso" depende da avaliação das condições físicas do sujeito. Qualificar alguém como "honesto" depende de uma conjugação entre os valores e a situação real. Ou seja, os conceitos valorativos produzem dificuldades muito maiores do que os conceitos jurídicos indeterminados.

28.2 A prevalência dos juízos vigentes da sociedade

Há o risco de que os valores pessoais do aplicador influenciem a solução para o caso concreto. Mas a lei não remete ao enfoque subjetivo do intérprete. Os conceitos valorativos envolvem a necessidade de dissociar concepções puramente subjetivas do aplicador em face dos juízos vigentes na sociedade. A margem de autonomia não é ilimitada. Trata-se de recorrer aos padrões de valores vigorantes na sociedade.

29 SÍNTESE: AS HIPÓTESES ANTERIORES E A DISCRICIONARIEDADE PROPRIAMENTE DITA

A discricionariedade não se confunde com as hipóteses anteriormente indicadas. Na discricionariedade, há atribuição pela lei da competência para o administrador formular uma escolha segundo sua avaliação subjetiva, ainda que por critérios objetivos. Muitos autores preferem incluir a figura dos conceitos jurídicos indeterminados no âmbito do instituto da discricionariedade.[26] A disputa é mais semântica do que de fundo. Cada autor adota um diferente significado para a expressão "discricionariedade".

No entanto, todos estão de acordo em que a utilização pela lei de um conceito jurídico indeterminado não autoriza decisão fundada em razões de conveniência e oportunidade. É inquestionável que a concretização do conceito jurídico indeterminado não envolve uma margem de autonomia para o aplicador escolher a solução segundo avaliações subjetivas. Por isso, os que afirmam que a discricionariedade compreende os casos de conceitos jurídicos indeterminados admitem a existência de diversas espécies de discricionariedade.

30 A DENSIDADE NORMATIVA MÍNIMA E A ESTRITA LEGALIDADE

É necessário diferenciar dois modos de manifestação do princípio da legalidade.

---

[26] Para uma análise sobre o tema, confira-se RIBEIRO. Conceitos jurídicos indeterminados e atribuição de competência discricionária. *Revista de Direito Administrativo Contemporâneo – ReDAC*, n. 2, p. 15-27, set./out. 2013.

30.1 A legalidade simples

Existe a legalidade "simples", que implica a necessidade de lei para impor direitos e obrigações, mas que não exclui o cabimento de a lei criar competências discricionárias para reconhecimento da solução mais satisfatória e adequada, tomando em vista as circunstâncias do caso concreto.

30.2 A legalidade estrita

A par disso, reconhece-se a *estrita* legalidade. Tal se passa quando a Constituição determina a regulação normativa exaustiva por via de lei e proíbe a instituição normativa da discricionariedade. Portanto, a determinação constitucional da estrita legalidade significa a supressão da competência normativa externa ao Poder Legislativo para disciplina de certo tema.

Nesses casos, há a determinação constitucional de exercício exaustivo e completo pelo Legislativo da competência normativa, sem margem para complementação da disciplina por meio da atuação do Poder Executivo. Isso se passa no âmbito do direito tributário material, no tocante ao direito penal material e em todos os casos em que estiver em jogo um valor jurídico fundamental, cujo sacrifício fica na dependência de ser objeto da disciplina normativa. Trata-se de cumprir a função própria do princípio da separação de Poderes. Quando se tratar de decisões que podem acarretar eliminação total ou parcial de direitos fundamentais ou valores protegidos constitucionalmente, será necessária a produção legislativa.

Como ensina Sérvulo Correia, "quanto maior a importância do preceito, menor deverá ser a margem de liberdade por ele deixada à Administração, como executante (no plano da emissão de regulamentos, como no da prática de actos concretos), para livremente escolher pressupostos de decisão ou fixar o respectivo conteúdo".[27]

30.3 A densidade normativa mínima

Discute-se a densidade normativa mínima da lei, o que envolve a determinação, por meio de lei, dos elementos mínimos necessários à produção de uma norma.[28]

O que se pretende é evitar que a regra da legalidade seja frustrada. Isso se passa quando a disciplina normativa produzida por lei é tão sumária que sua complementação por meio de um ato infralegal produz um resultado qualquer. É imperioso que a atuação legislativa traduza uma disciplina em determinado sentido. Não se admite que o legislador seja tão simplista e omisso que a produção normativa desenvolvida pela Administração Pública produza a solução que bem lhe aprouver.

Não há defeito se a lei produzir a descrição sumária de uma hipótese e estabelecer os aspectos fundamentais do mandamento, atribuindo à Administração Pública competência para, em face das circunstâncias e tomando em vista os critérios mais apropriados, editar atos que complementem a disciplina normativa – entendendo-se por isso a enunciação das demais circunstâncias constitutivas da hipótese e dos ângulos complementares do mandamento.

Há usurpação de competência legislativa se a Administração Pública criar uma hipótese de incidência e um mandamento normativo sem que tal já estivesse previamente instituído em lei.[29]

---

[27] CORREIA. *Legalidade e autonomia contratual nos contratos administrativos*, p. 53.

[28] Sobre o tema, cf. MAURER. *Direito administrativo geral*, p. 125-140.

[29] Nesse sentido, Wallace Paiva Martins Júnior assevera que "a lei concessiva do poder regulador não pode ter a característica de um 'cheque em branco'. Ainda que mediante prescrições genéricas ou conceitos indeterminados, deve precisar os parâmetros, condições, extensão e alcance daquilo que deva ser objeto da regulação" (A discricionariedade administrativa à luz do princípio da eficiência. *Revista dos Tribunais*, v. 789, p. 62-68, jul. 2001, p. 73).

31 A DISCRICIONARIEDADE COMO INSTRUMENTO DE CONTROLE

Como visto, a discricionariedade reflete a natureza funcional da competência administrativa. Produz a legitimação limitada da autonomia do aplicador das normas legais e comporta instrumentos próprios de controle.

Justamente porque a discricionariedade não equivale à criação de uma margem de autonomia privada para o governante, é incorreto assemelhar os atos praticados no exercício da discricionariedade com os atos praticados no exercício da autonomia privada. O governante está sujeito a limitações e controles em todos os seus atos, inclusive no tocante aos casos de discricionariedade.

Existem instrumentos jurídicos próprios e específicos de controle da discricionariedade, os quais são compatíveis com a natureza pública e funcional dos poderes exercitados.

32 O CONTROLE DAS DECISÕES DISCRICIONÁRIAS: A QUESTÃO DO MÉRITO

A avaliação da revisibilidade das decisões discricionárias, inclusive no tocante ao mérito do ato administrativo, encontra-se no Capítulo 18, dedicado especificamente à questão do controle. O tema também é objeto de exame no Capítulo 7, que se refere ao ato administrativo.

33 A REJEIÇÃO À TEORIA DA SUJEIÇÃO ESPECIAL

A adoção do princípio da legalidade no cenário de um Estado Democrático de Direito conduz à rejeição da teoria da sujeição especial.[30]

33.1 A teoria da sujeição especial

A sujeição especial vem sendo invocada no Brasil[31] para afirmar que a natureza peculiar de certas relações jurídicas atribui à Administração Pública prerrogativas para inovar, por meio de ato administrativo, o regime jurídico em relação ao particular. Segundo essa concepção, o princípio da legalidade deveria ser interpretado de modo variado, conforme a natureza dos vínculos existentes entre o particular e o Estado. A legalidade teria configuração própria para os particulares em situação de sujeição geral, mas seria atenuada quando se tratasse de particular em situação de sujeição especial.

O enfoque afirma que particulares usualmente se encontram numa situação de sujeição geral em face da Administração. Isso significa a titularidade pela Administração de competências de poder de polícia para dispor sobre a liberdade, a propriedade e outras faculdades privadas, nos limites da lei. A sujeição geral indica essa situação genérica em que um sujeito privado se encontra em vista da Administração. Em tais hipóteses, teria de existir um fundamento legislativo para a Administração impor restrições ou encargos ao particular.

No entanto, podem existir relações jurídicas específicas, com objeto determinado, vinculando a Administração e o particular. Tal se passa, por exemplo, nos casos de relação estatutária, de contratação administrativa e de concessão de serviço público. Em tais hipóteses, a relação

---

[30] O que representa uma inovação em vista do entendimento do autor. Isso importa revisão quanto ao posicionamento consagrado em outras obras anteriores.

[31] Celso Antônio Bandeira de Mello é um dos precursores da utilização da teoria da sujeição especial no direito brasileiro, referindo-se à existência de uma "supremacia especial" como sinônimo da expressão "sujeição especial". A propósito, cf. *Curso de direito administrativo*, 37. ed., p. 717-721.

CURSO DE DIREITO ADMINISTRATIVO • *Marçal Justen Filho*

jurídica, instaurada a partir de um ato de consentimento do particular, compreenderia a competência estatal para estabelecer limitações e criar encargos para o particular.

Assim, o servidor público, o concessionário de serviço público e o particular contratado pela Administração Pública não poderiam invocar a garantia do princípio da legalidade. Quando menos, haveria uma atenuação ao princípio da legalidade nessas hipóteses.

33.2 Argumentos contrários à teoria da sujeição especial

Rejeita-se a tese da sujeição especial pela ausência de fundamento constitucional. Não se localiza na Constituição indicativo que permita afirmar que alguns indivíduos, por se encontrarem em situação de relação peculiar e diferencial, deixariam de ser albergados pela proteção constitucional genérica do princípio da legalidade. No mínimo, deve existir um fundamento legislativo prévio, ainda que preveja a sua explicação por meio de ato administrativo regulamentar.

Observe-se, aliás, ser essa a tendência do próprio direito alemão, no qual surgiu a concepção da sujeição especial. Assim, Schmidt-Assmann afirma que a submissão da atividade administrativa ao campo de reserva de lei decorre da chamada "*sensibilização do Direito administrativo pelos direitos fundamentais* (...). Em algumas ocasiões, tratava-se de superar velhos dogmas que não resultavam já compatíveis com as grandes ideias sobre as que repousa a Lei Fundamental. O exemplo mais notório é o da superação das chamadas *relações de sujeição especial* (...)".[32]

A teoria da sujeição especial significa a existência de competências criadas, disciplinadas e delimitadas pela lei. Não autoriza a Administração Pública a atuar sem apoio na lei. Logo, a sujeição especial se traduz, pura e simplesmente, numa questão de discricionariedade. Não se vislumbra um conteúdo próprio e autônomo para o conceito de *sujeição especial*, diverso do conceito de discricionariedade.

Portanto, em todos os casos, cabe aludir apenas à discricionariedade, o que significa negar a competência para a autoridade administrativa instituir deveres e criar direitos de modo inovador e original, dispensando a existência prévia de uma lei ou da própria Constituição.

---

[32] SCHMIDT-ASSMANN. *La teoría general del derecho administrativo como sistema*: objeto y fundamentos de la construcción sistemática, p. 199-200, tradução livre.

Capítulo 6
A ADMINISTRAÇÃO PÚBLICA EM SENTIDO SUBJETIVO

1   A EXPRESSÃO ADMINISTRAÇÃO PÚBLICA

A expressão *Administração Pública* indica, de modo amplo, o conjunto de entes e organizações titulares da função administrativa. Mas a expressão apresenta diversos sentidos.

1.1   Administração Pública em sentido objetivo

Em sentido objetivo, Administração Pública é o conjunto dos bens e direitos necessários ao desempenho da função administrativa.

1.2   Administração Pública em sentido funcional

Sob um enfoque funcional, a Administração Pública é uma espécie de atividade que, no âmbito estatal, contrapõe-se às atividades de cunho jurisdicional, legislativa e de controle.

1.3   Administração Pública em sentido subjetivo

Em sentido subjetivo, a expressão indica os diversos sujeitos e entidades que recebem poderes, deveres, direitos e outras posições jurídicas e são investidos do desempenho da função administrativa do Estado.

A Administração Pública, nessa acepção subjetiva, é integrada não apenas por indivíduos e pessoas jurídicas, mas também por órgãos e estruturas estatais não dotadas de personalidade jurídica autônoma. O presente Capítulo examina as pessoas jurídicas integrantes da Administração Pública. Os agentes públicos são objeto de tratamento no Capítulo 16.

2 AS DIVERSAS ÓRBITAS FEDERATIVAS

Alude-se a Administração Pública federal, estadual, distrital ou municipal para indicar os subconjuntos dos centros de imputação integrantes da estrutura de determinada órbita federativa, independentemente de serem formalmente vinculados ao Poder Executivo, ao Poder Legislativo ou ao Poder Judiciário (ou, mesmo, ao Tribunal de Contas ou ao Ministério Público).

3 ABRANGÊNCIA DOS TRÊS PODERES

A expressão *Administração Pública* abrange todos os entes e sujeitos estatais exercentes de funções administrativas, ainda que o façam de modo secundário e acessório. Assim, a Administração Pública compreende o Poder Executivo, mas também o Judiciário e o Legislativo *enquanto* desempenhando atividade administrativa. Ou seja, Administração Pública não é sinônimo de Poder Executivo.

4 A COMPOSIÇÃO SUBJETIVA DA ADMINISTRAÇÃO PÚBLICA

A função administrativa estatal é exercitada por sujeitos de direito e seus órgãos.

4.1 Sujeitos de direito

Sujeito de direito é o ser humano ou a organização integrante da vida social dotada de personalidade jurídica, o que lhes permite assumir a titularidade da condição de parte em uma relação jurídica. A pessoa, física ou jurídica, detém patrimônio[1] e a capacidade de participar de relações jurídicas.

4.1.1 As pessoas físicas

Todo ser humano é uma pessoa (física), com autonomia e patrimônio próprios – mesmo quando não for dotado de capacidade de fato para agir por si só na vida jurídica. Uma grande parcela da Administração Pública é composta diretamente por pessoas físicas. Assim, os agentes públicos são pessoas físicas, vinculados em nome próprio ao Estado.

4.1.2 As pessoas jurídicas

Algumas organizações criadas pela convivência social recebem a condição de sujeitos de direito. Essas entidades sociais são distintas dos seres humanos e reconhecidas como sujeitos de direito, sendo qualificadas como *pessoas jurídicas*. A pessoa jurídica por excelência é o Estado, que é um sujeito de direito, dotado de personalidade jurídica autônoma. Não se confunde juridicamente com os cidadãos. Há inúmeras organizações estatais públicas personificadas. Mas as organizações privadas também podem receber a personificação.

4.2 Pessoas jurídicas de direito público e de direito privado

A Administração Pública é formada tanto por pessoas de direito público como por pessoas de direito privado.

---

[1] Para fins jurídicos, patrimônio pode ser definido como o conjunto de relações jurídicas economicamente avaliáveis.

4.2.1 Pessoas administrativas com personalidade de direito público

As primeiras são instituídas por lei, seu patrimônio é formado por bens públicos, destinam-se à realização de funções de interesse coletivo e são investidas de poderes autoritativos,[2] privativos da autoridade pública. Sua atividade é disciplinada pelo regime de direito público.

4.2.2 Pessoas administrativas com personalidade de direito privado

As pessoas jurídicas integrantes da Administração Pública com personalidade jurídica de direito privado são criadas por atos de direito privado, ainda que a sua instituição dependa de previsão legislativa. Seu patrimônio pode ou não ser formado a partir de bens provenientes da esfera pública e pode ou não se destinar à realização de funções de interesse coletivo. No entanto, é vedada a atribuição a elas de poderes de autoridade, e sua atividade é disciplinada preponderantemente pelo direito privado.

5   PESSOAS JURÍDICAS E ÓRGÃOS

As pessoas jurídicas não têm existência concreta, física. Não são dotadas de autonomia existencial. Não são titulares de uma personalidade psicológica. Não têm *vida humana* em si mesmas.

5.1   Teoria do órgão

A vontade da pessoa jurídica é formada e exteriorizada por meio da atuação de seres humanos específicos, que assumem uma posição jurídica determinada. A doutrina jurídica afirma que as pessoas físicas estão para a pessoa jurídica tal como os órgãos se encontram para o ser humano. Esse entendimento é referido como "teoria do órgão", que é aplicada tanto no âmbito das pessoas de direito privado quanto daquelas de direito público.

A comparação é meramente simbólica. A finalidade da concepção orgânica é impedir o entendimento de que a pessoa física seria *representante* da pessoa jurídica. A teoria da representação acarreta a diferenciação entre a vontade do representante e a do representado. Esse enfoque é incompatível com a pessoa jurídica porque ela não dispõe de vontade autônoma distinta daquela da pessoa física que atua como seu órgão.

5.2   A ausência de vontade própria da pessoa jurídica

A pessoa jurídica não dispõe de uma vontade própria, anterior e autônoma em relação à vontade dos indivíduos que a integram. O indivíduo que desempenha a condição de órgão da pessoa jurídica não é um "mandatário" dela e não se aplicam ao caso as teorias tradicionais da representação.[3]

---

[2]   A expressão *autoritativo* é utilizada na ausência de outra mais adequada para evitar o uso de *autoritário*. Existem poderes que traduzem o exercício de autoridade, ou seja, de uma posição jurídica reforçada e protegida. Esses poderes devem ser exercitados de modo democrático. Portanto, não cabe um uso *autoritário*. Em suma, *autoritativo* se refere a autoridade, enquanto *autoritário* indica uma conduta não democrática e arbitrária.

[3]   Como afirmava Pontes de Miranda, "onde há órgão não há representação, nem procuração, nem mandato, nem qualquer outra outorga de poderes. O órgão é parte do ser, como acontece às entidades jurídicas, ao próprio homem e aos animais. Coração é órgão, olhos são órgão; o Presidente da República é órgão; o Governador de Estado membro e o Prefeito são órgãos" (*Comentários ao Código de Processo Civil*, t. 1: arts. 1.º a 45, p. 288).

Assim, por exemplo, o diretor de uma companhia privada é órgão desta, tanto quanto o Presidente da República é órgão do Estado brasileiro. Isso significa que a companhia tem uma vontade que é formada e exteriorizada pelo diretor, tal como o Brasil se manifesta por meio do seu Presidente. Isso não significa, no entanto, que a pessoa física do Presidente da República disponha de margem de autonomia de atuação similar àquela reconhecida ao diretor de uma companhia privada. Há uma diferença fundamental entre a posição do órgão de uma pessoa pública e aquela de órgão de uma pessoa privada.

6   ÓRGÃO PÚBLICO

As pessoas jurídicas de direito público têm a sua vontade formada e manifestada por meio de órgãos públicos (constituídos por pessoas físicas). Há casos, no entanto, em que a lei atribui aos órgãos públicos uma posição jurídica autônoma, induzindo uma distinção entre a pessoa jurídica de direito público e o órgão encarregado de formar a sua vontade.

6.1   Definição

Órgão público é uma organização, criada por lei no âmbito de uma pessoa jurídica estatal, composta por uma ou mais pessoas físicas, investida de competência para formar e exteriorizar a vontade de uma pessoa jurídica de direito público e que, embora destituída de personalidade jurídica própria, pode ser titular de posições jurídicas subjetivas.

Em alguns casos, a própria Constituição institui o órgão público. Por exemplo, a Constituição contempla a existência do Presidente da República. Mas, na maioria dos casos, o órgão público é criado por lei.

Ainda que o órgão tenha sido previsto na Constituição, as normas legais e infralegais dispõem sobre a sua organização e funcionamento.

6.2   A posição de órgão é reservada para pessoa física

Somente as pessoas físicas podem assumir a condição de órgão. Algumas pessoas jurídicas estatais são dotadas de órgãos unipessoais. Nesse caso, há uma única pessoa física que concentra individualmente competências para formar e exteriorizar a vontade do ente estatal. O exemplo é a Presidência da República. O Presidente é uma pessoa física, titular de um conjunto de competências que exercita em nome próprio e individualmente.

6.3   A pluralidade de seres humanos como órgão único

Mas há uma tendência a reservar a condição de órgão para um conjunto de pessoas físicas, exigindo sua atuação conjunta e complexa para produzir e exteriorizar a vontade do ente estatal. Essa tendência decorre das concepções democráticas, orientadas a restringir a atuação isolada de uma pessoa física para formar a vontade das pessoas jurídicas.

6.4   A posição jurídica do órgão público

O órgão público não é uma pessoa jurídica, mas pode receber tratamento equivalente, para certos efeitos. Os órgãos públicos são investidos de poderes, direitos e deveres, os quais podem decorrer de autonomia assegurada na Constituição ou na lei.

Assim, por exemplo, a Câmara dos Deputados e o Senado Federal não são pessoas jurídicas, mas órgãos da União. Não é juridicamente possível diferenciar a União e os órgãos constitucionalmente investidos de poderes para formar e exteriorizar a vontade dela. No entanto, esses órgãos gozam de autonomia assegurada pela Constituição. Isso conduz à possibilidade de que tais órgãos sejam investidos de posições jurídicas, inclusive no tocante à titularidade de bens.

Nesse sentido, confira-se a Súmula 525 do STJ:

"A Câmara de Vereadores não possui personalidade jurídica, apenas personalidade judiciária, somente podendo demandar em juízo para defender os seus direitos institucionais".

7   ÓRGÃOS PÚBLICOS E COMPETÊNCIAS HETEROGÊNEAS

Em muitos casos, a formação da vontade do sujeito estatal é dissociada em inúmeras etapas, cada qual a cargo de um órgão diferente. Quanto maiores as competências de uma entidade pública, tanto mais se faz necessária a ampliação do número e da complexidade de órgãos. É o caso da produção de uma lei. O processo legislativo se origina com a iniciativa da apresentação de um projeto, que é discutido, no plano federal, por dois *órgãos públicos*: a Câmara dos Deputados e o Senado Federal. Cada um tem poderes diversos quanto ao processo legislativo. Depois de aprovado por ambas as Casas, o projeto vai à sanção do Presidente.

8   A DESCONCENTRAÇÃO E A DESCENTRALIZAÇÃO DO PODER

No nível constitucional, toda competência administrativa estatal é *concentrada* e *centralizada*. A Constituição atribui as competências administrativas às pessoas políticas (União, Estados, Distrito Federal e Municípios), o que significa a sua centralização. Mais ainda, os poderes de natureza administrativa são atribuídos, em grande parte, ao Chefe do Poder Executivo, o que significa a sua concentração num núcleo de poder interno a cada ente federado.

8.1   A desconcentração do poder

Utiliza-se a expressão *desconcentração* para indicar essa ampliação do número de órgãos públicos, com a repartição e dissociação de competências. A desconcentração produz duas ordens de efeitos no tocante às competências administrativas.

Por um lado, há a ampliação quantitativa do número de titulares das competências. Por outro, há uma especialização de competências relativamente a cada órgão existente. Ou seja, não existe uma multiplicação de órgãos com competência idêntica e homogênea. Há uma especialização de funções.

Em outras palavras, se existisse um único órgão, titular de todas as competências, haveria um poder extremamente concentrado e amplo.

O processo de desconcentração é relevante para tornar mais racional o exercício do poder estatal. Mais ainda, essa ampliação orgânica reduz o poder político-administrativo e amplia a dimensão democrática da organização estatal.

8.2   A descentralização do poder

Enquanto a multiplicação de órgãos no âmbito de uma mesma pessoa jurídica produz o fenômeno da desconcentração do poder, a criação de outras pessoas jurídicas gera efeito de descentralização do poder. A criação dos entes da Administração indireta decorre da *descentralização* do poder.[4]

---

[4]   A esse respeito, confira-se: "Existe *desconcentração* quando atividades são distribuídas de um centro para setores periféricos ou de escalões superiores para escalões inferiores, dentro da mesma entidade ou da

8.3 A distinção entre desconcentração e descentralização

A diferença entre as duas figuras (desconcentração e descentralização) reside em que o mecanismo da descentralização produz a transferência de poderes e atribuições para um sujeito de direito distinto e autônomo. Portanto, a descentralização acarreta a existência de um número maior de sujeitos titulares dos poderes públicos. Já o processo de desconcentração mantém os poderes e atribuições na titularidade de um mesmo sujeito, gerando efeitos meramente internos, em virtude da partilha dos poderes e competências entre uma pluralidade de órgãos.

Alguns exemplos facilitam a compreensão. A Constituição reconhece competências para o Poder Executivo. Em princípio, essas competências são do Presidente da República. Uma lei pode criar um Ministério, atribuindo-lhe certa competência que, até então, era do Presidente da República. Isso configura desconcentração, criando-se novos órgãos para exercitar certa competência que permanece atribuída ao mesmo sujeito de direito. O Ministério não é um sujeito de direito autônomo. Ele integra a União, que é o sujeito de direito.

Mas uma lei pode transferir uma parcela da competência da União para uma autarquia. A autarquia é dotada de personalidade jurídica própria, o que significa ser ela pessoa jurídica distinta do ente que a criou. Então, alude-se à descentralização para indicar um processo de distribuição de competências entre sujeitos de direito diversos.

A descentralização produz reflexos de desconcentração. Assim, imagine-se que todos os poderes estivessem concentrados na União e que existisse um único órgão administrativo. Se houver a criação de uma autarquia, uma parcela de poderes da União é transferida para o novo sujeito. Isso significa a necessária redução dos poderes internos daquele imaginário órgão único. Ou seja, o processo de descentralização também produz um efeito genérico de desconcentração.

9 O PROCESSO DE COORDENAÇÃO DO PODER

É relevante destacar uma modalidade peculiar de descentralização, que pode ser denominado de coordenação de poder. O art. 241 da CF/1988 previu a conjugação de esforços entre os entes federados, a fazer-se por meio de convênios e de consórcios públicos.

9.1 Os convênios públicos

Os convênios públicos são acordos de vontade pactuados pela Administração Pública, orientados a disciplinar a conjugação de esforços para o desempenho de atividades de interesse comum. Não implica a criação de uma nova pessoa jurídica. Essa figura é examinada no Capítulo 10.

9.2 Os consórcios públicos

A Lei 11.107/2005 disciplinou a figura dos consórcios públicos, que são pessoas administrativas, criadas a partir do consenso entre pessoas políticas, visando ao atendimento de

---

mesma pessoa jurídica (diferentemente da descentralização, em que se transferem atividades a entes dotados de personalidade jurídica própria (...))" (MEDAUAR. *Direito administrativo moderno*, 22. ed., p. 50); "As atribuições administrativas são outorgadas aos vários órgãos que compõem a hierarquia, criando-se uma relação de coordenação e subordinação entre uns e outros. Isso é feito para descongestionar, *desconcentrar*, tirar do centro um volume grande de atribuições, para permitir seu mais adequado e racional desempenho. A desconcentração liga-se à hierarquia" (DI PIETRO. *Direito administrativo*, 36. ed., p. 564).

necessidades administrativas comuns. Os consórcios públicos resultam da associação entre pessoas políticas e envolvem um processo distinto da descentralização. Nos consórcios, há a conjugação de competências que a Constituição atribuiu a entes políticos diversos. Esse processo produz uma modalidade especial de descentralização, eis que certas competências passam a ser desenvolvidas por sujeitos administrativos distintos dos entes políticos.

9.3 A Associação de Representação de Municípios

A Lei 14.341/2022 admitiu a existência da Associação de Representação de Municípios, como pessoa jurídica de direito privado, destinada à realização de interesse comum de caráter político-representativo, técnico, científico, educacional, cultural e social. Essas entidades podem ser investidas de competências próprias do ente federativo e o seu regime jurídico é peculiar, eis que se submetem a diversas regras de direito público (tais como a obrigatoriedade de divulgação de informações).

10 A ADMINISTRAÇÃO DIRETA E A ADMINISTRAÇÃO INDIRETA

A Constituição atribui a um conjunto de sujeitos políticos a titularidade de competências administrativas.

10.1 A Administração direta

A Administração direta consiste no ente político que, por determinação constitucional, é o titular da totalidade das funções administrativas pertinentes. A Administração direta compreende a União, os Estados, o Distrito Federal e os Municípios.

As pessoas políticas (União, Estados, Distrito Federal e Municípios) são integrantes do pacto federativo e investidas na titularidade dos poderes estatais por decisão da Nação. A existência desses sujeitos deriva de uma escolha política do povo brasileiro.

Justamente por isso, as pessoas políticas não podem ser suprimidas – ainda que seja possível a criação e extinção de Estados e Municípios (art. 18, §§ 3.º e 4.º, da CF/1988). A Constituição não identifica quais são os Estados e os Municípios, mas seria inconstitucional que uma lei determinasse a extinção de todos os Estados e Municípios, eliminando a ordem federativa.

Ademais, a Constituição Federal atribui competências e poderes, inclusive de natureza administrativa, aos entes políticos.

10.2 A Administração indireta

No nível constitucional, todas as funções de administração pública estatal são atribuídas aos entes políticos. Mas a Constituição permite que a lei infraconstitucional atribua a outros sujeitos uma parcela das competências administrativas de titularidade de determinado ente federativo. Essas outras pessoas jurídicas não são entes políticos, nem titulares de poderes atribuídos diretamente pela Constituição. Utiliza-se a expressão "Administração indireta" para referir-se a essas pessoas meramente administrativas. Essas entidades recebem as suas competências de modo indireto, por uma escolha formalizada em lei das pessoas políticas a quem tais competências haviam sido originalmente atribuídas.

10.2.1 As pessoas exclusivamente administrativas

Portanto, as pessoas políticas podem criar outros sujeitos de direito, delegando-lhes competências que a Constituição lhes atribuíra. Essas outras pessoas, que compõem a Administração indireta, são investidas apenas de funções administrativas. Não lhes são atribuídas funções de organização do poder político.

Como dito, a Constituição não instituiu essas pessoas meramente administrativas. A sua criação decorre de uma decisão infraconstitucional: uma lei cria a entidade ou autoriza a sua criação, conforme o caso. Como decorrência, o elenco dos tipos de pessoas integrantes da Administração indireta é variável conforme a evolução dos fatos. Por exemplo, a primeira espécie de sujeito administrativo dessa categoria foi a autarquia. Depois, houve o reconhecimento das fundações administrativas. Em momento subsequente, foi admitida a instituição de empresas públicas e de sociedades de economia mista. O elenco continuou a ser ampliado, com o passar do tempo.

10.2.2 Reconhecimento constitucional da Administração indireta

Cabe à lei criar ou autorizar a criação das entidades da Administração indireta. No entanto, a existência e o funcionamento dessas entidades foram reconhecidos pela Constituição de 1988. Há diversas referências constitucionais à Administração indireta, sendo a mais notável aquela constante do art. 37. Ali se estabelece que as normas que disciplinam a atividade administrativa do Estado aplicam-se tanto à Administração direta como à indireta.

10.2.3 A composição da Administração direta e da Administração indireta

As pessoas políticas, que compõem a Administração direta, têm necessariamente personalidade jurídica de direito público. Já as pessoas administrativas que integram a Administração indireta podem ser dotadas de personalidade jurídica de direito público ou de direito privado. Isso reflete diferenças no regime jurídico aplicável à sua organização e atuação.

11 A SISTEMATIZAÇÃO DAS PESSOAS JURÍDICAS INTEGRANTES DA ADMINISTRAÇÃO PÚBLICA

Os órgãos públicos estão integrados em pessoas jurídicas, cujas vontades produzem e exteriorizam. Cabe examinar, então, os sujeitos de direito que exercitam função administrativa.

No atual cenário brasileiro, a configuração da organização subjetiva do Estado pode ser assim esquematizada:

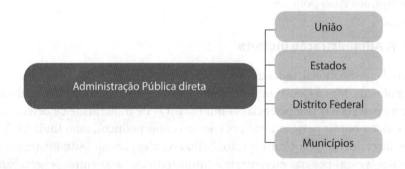

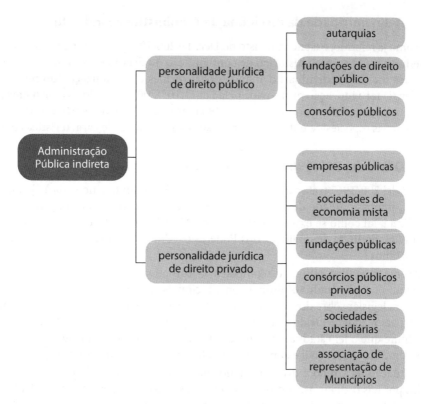

Essa sistematização reflete a disciplina consagrada no Dec.-lei 200/1967 e a evolução legislativa posterior.

12 A DISCIPLINA DO DEC.-LEI 200/1967

A organização da Administração Pública foi objeto de disciplina pelo Dec.-lei 200/1967, que sofreu diversas alterações legislativas, mas que permanece parcialmente em vigor. O diploma introduziu uma reforma administrativa e promoveu a sistematização quanto às pessoas integrantes da Administração Pública. É evidente que o decurso do tempo e a evolução dos fatos tornaram superadas muitas das concepções consagradas no referido diploma.

12.1 A hierarquia do Dec.-lei 200/1967

A disciplina do Dec.-lei 200/1967 quanto à estruturação da Administração Pública gera alguns equívocos. Costuma-se examinar a esquematização contida no diploma como se fosse uma solução final e imutável. Mas o Dec.-lei 200/1967 não tem hierarquia normativa superior a nenhuma lei federal ordinária. Não se trata de lei complementar. Portanto, a disciplina ali contida pode ser alterada por qualquer lei federal posterior.

A criação de novas entidades da Administração Pública depende (direta ou indiretamente) de lei, que é dotada da mesma hierarquia do Dec.-lei 200/1967. Logo, lei federal que instituir ou prever a criação posterior de entidades da Administração poderá alterar a sistemática daquele diploma. Como resultado, cada entidade da Administração indireta poderá ser dotada de características distintas e variadas, a depender da disciplina prevista na lei que a instituiu ou autorizou a sua criação.

12.2 A dinamicidade da disciplina da Administração indireta

Tal como já referido, o elenco previsto no Dec.-lei 200/1967 não apresenta cunho exaustivo, final e definitivo. O processo histórico de configuração do Estado é contínuo. A evolução das necessidades sociais e individuais demanda novas formas de organização do poder político. Uma evidência foi a inovação promovida pela Lei 11.107/2005, criando os consórcios públicos de direito público, que não se confundem com as autarquias. Nada impede que, no futuro, sejam instituídas novas espécies de entidades administrativas, dotadas de características próprias.

12.3 O Dec.-lei 200/1967 e os demais entes da Federação

O Dec.-lei 200/1967 tratou apenas da Administração indireta vinculada à União. Isso não significou a impossibilidade de os demais entes federais constituírem sua própria Administração indireta, tal como se extrai do próprio art. 37 da CF/1988, que alude à "administração pública direta e indireta de qualquer dos Poderes da União, dos Estados, do Distrito Federal e dos Municípios (...)".

Cada ente federativo é titular de competência legislativa para dispor sobre a própria Administração indireta, respeitados os limites constitucionais. Mas a União é titular da competência privativa para legislar sobre direito civil e direito comercial (art. 22, I, da CF/1988). Logo, entidades com personalidade jurídica de direito privado devem estar previstas na legislação federal. Não se admite que a lei estadual ou municipal institua uma nova espécie societária, distinta daquelas admitidas na lei civil e comercial. A autonomia federativa não dá suporte para tanto.

Já a situação da União é diversa. As normas de direito civil e de direito comercial são veiculadas por leis ordinárias. A disciplina de uma sociedade federal também depende de lei ordinária. Portanto, a mesma lei federal que autorizar a instituição da sociedade estatal pode introduzir regras específicas sobre sua forma societária.

13 AS AUTARQUIAS

A autarquia é um instrumento para o desempenho de funções próprias e inerentes ao Estado, insuscetíveis de desempenho sob regime de direito privado.

13.1 Definição

Segundo o art. 5.º, I, do Dec.-lei 200/1967, autarquia é "o serviço autônomo, criado por lei, com personalidade jurídica, patrimônio e receita próprios, para executar atividades típicas da Administração Pública, que requeiram, para seu melhor funcionamento, gestão administrativa e financeira descentralizada".

A definição legal é prolixa e defeituosa. Melhor é definir autarquia nos termos seguintes: *autarquia é uma pessoa jurídica de direito público, instituída para desempenhar atividades administrativas sob regime de direito público, criada por lei que determina o grau de sua autonomia em face da Administração direta.*

13.1.1 A inexistência de um "serviço autônomo"

A redação do Dec.-lei 200/1967 alude à existência de um "serviço" como algo distinto de uma pessoa. Isso é um equívoco. A autarquia não é um "serviço", mas um sujeito de direito. Como decorrência, a autarquia dispõe de seus próprios órgãos, por meio dos quais forma e exterioriza sua vontade, é titular de um patrimônio próprio e integra relações jurídicas na qualidade de parte.

13.1.2 A pessoa jurídica autônoma

A caracterização da autarquia como pessoa jurídica implica uma identidade subjetiva diversa em face da Administração direta. A autarquia é titular de direitos e deveres em nome próprio. Há um patrimônio próprio da autarquia. Os atos praticados pela autarquia não são atribuídos à Administração direta e vice-versa.

13.2 A posição jurídica própria do Estado

A autarquia é titular de posição jurídica própria do Estado. A existência da autarquia é uma solução de cunho organizacional, sendo a ela transferidas algumas das competências administrativas de titularidade inerentemente estatal. Como pessoa de direito público, a autarquia é titular de competências e funções próprias do Estado, o que pode envolver inclusive o compartilhamento do monopólio da violência.[5]

13.2.1 A atribuição de funções estatais

As autarquias são instituídas para o desempenho de atividades administrativas públicas próprias do Estado, sob regime de direito público. Antes da instituição da autarquia, essas competências eram de titularidade da Administração direta, que as exercitava por meio de seu aparato organizacional.

13.2.2 A ausência de competências políticas

A criação da autarquia envolve um processo de descentralização do poder estatal, no âmbito da função administrativa. A autarquia não recebe a titularidade de competências políticas. Por isso, não exercita funções legislativas nem jurisdicionais.

13.2.3 A ausência de desempenho de atividades econômicas

Não é cabível à autarquia exercer diretamente atividades subordinadas ao regime de direito privado, tal como a exploração econômica.

13.2.4 A criação por lei

A autarquia não é instituída pela Constituição nem pode ser criada por ato infralegislativo. A autarquia apenas pode ser criada por lei. A lei que cria e disciplina a autarquia determina seus atributos essenciais, tais como denominação, estrutura organizacional, competências, receitas e submissão ao controle de uma entidade da Administração direta.

13.2.5 A multiplicidade de modelagens normativas

Não existe um modelo único e predeterminado para as autarquias. Tampouco existe um modelo único e uniforme no tocante à autonomia atribuída a uma autarquia.

13.3 Os vínculos da autarquia em face do ente político

A criação de uma autarquia não acarreta o surgimento de uma entidade estatal independente e soberana. As competências e as funções pertencem originariamente à pessoa política,

---

[5] Sobre o tema do monopólio da violência pelo Estado, confira-se o Capítulo 1.

120 CURSO DE DIREITO ADMINISTRATIVO · *Marçal Justen Filho*

que os transfere, em termos limitados, para a autarquia. A margem de autonomia da autarquia em face do ente estatal que a instituiu é variável. Existem limites mínimos e máximos de autonomia para a autarquia.

A CF/1988 dispôs sobre as relações entre Poder Público e determinadas autarquias. Consagrou expressamente à autonomia das Universidades Públicas (art. 207). Previu, de modo implícito, a autonomia da autarquia reguladora de telecomunicações (art. 21, XI) e da atividade advocatícia (art. 133).

Respeitados os limites constitucionais eventualmente incidentes, incumbe a cada lei, ao instituir e disciplinar a autarquia, determinar os limites de sua autonomia. Portanto, não é possível determinar de modo abstrato a dimensão da autonomia de uma autarquia.[6]

13.4 As dimensões de autonomia da autarquia

A autonomia da autarquia se manifesta em quatro dimensões jurídicas: organizacional, patrimonial, funcional e financeira.

13.4.1 A autonomia organizacional

A autarquia tem uma estrutura administrativa distinta da Administração direta, estabelecida na lei que sobre ela dispuser. A autarquia não dispõe de competência para instituir-se a si própria, nem para criar os órgãos que a integram ou as estruturas administrativas adequadas ao desempenho de suas funções. A lei disporá sobre esses temas, incumbindo à autoridade competente (usualmente aquela de mais elevada hierarquia do Poder a que a autarquia se vincula), nomear os diretores dela. O administrador da autarquia não é eleito pelo povo nem selecionado pelo Legislativo. É escolhido por uma autoridade da Administração direta (ainda que se admita a possibilidade de a lei subordinar o provimento a uma aprovação do Poder Legislativo).[7]

Como regra, também cabe à mesma autoridade da Administração direta produzir o afastamento do administrador da autarquia, ressalvados os casos em que uma norma jurídica proíba a demissão sem justa causa (como se passa no âmbito das universidades públicas e das agências reguladoras, por exemplo).

No entanto, a autarquia é dotada de existência, de órgãos e de servidores próprios, que não se confundem com aqueles do Poder central. As autoridades integrantes desse Poder central não se inserem na estrutura hierárquica da autarquia. Por isso, os administradores e os servidores da autarquia não se subordinam às determinações de autoridades a ela externas.

13.4.2 A autonomia patrimonial

A autarquia é uma pessoa jurídica dotada de personalidade própria. Portanto, é titular de um patrimônio próprio. Os bens de sua titularidade não se confundem com aqueles que

---

[6]   Isso envolve uma simplificação do problema. A margem de autonomia de uma autarquia resulta, também, do arranjo institucional. Há determinadas autarquias que conquistam, ao longo do tempo e em virtude de sua capacidade e eficiência, uma margem de autonomia muito mais intensa do que outras dispõem. Essa é uma questão política, na acepção de que não está escrita no texto de uma lei. Mas nem por isso é possível ignorá-la.

[7]   Algumas autarquias são dotadas de autonomia organizacional muito mais intensa, excluindo a intervenção externa no tocante à indicação de seus administradores. O exemplo mais evidente é o das autarquias reguladoras de profissão regulamentada, tais como a OAB, o CRM e outros Conselhos similares. Os seus administradores são escolhidos pelos integrantes da classe, sem que o Poder Executivo disponha de interferência sobre isso.

Cap. 6 – A ADMINISTRAÇÃO PÚBLICA EM SENTIDO SUBJETIVO **121**

estão sob o domínio da pessoa política. A autarquia está investida da legitimidade para decidir sobre o destino de seus bens, o modo de sua utilização, ainda que tal margem de liberdade seja delimitada pelo fim norteador da existência da própria autarquia.

13.4.3 A autonomia funcional

A autarquia é titular de competências específicas previstas na lei que a disciplina. Tais competências eram, na origem, de titularidade da pessoa política, mas passaram à autarquia em função do fenômeno da descentralização do poder.

A lei pode determinar que a autarquia seja titular de competências privativas, sem possibilidade de interferência da Administração direta sobre as escolhas adotadas. Mas é possível outra solução, em que as decisões da autarquia sejam revisáveis e alteráveis por determinação da Administração direta. A solução adotada pela lei disciplinadora da autarquia importará maior ou menor autonomia.

13.4.4 A autonomia financeira

Em alguns casos, a lei prevê recursos próprios, vinculados à autarquia. Assim se passa, por exemplo, quando a lei institui um tributo vinculado em prol da entidade. Mas há casos em que a autarquia depende de transferências de recursos do ente a que se vincula. Isso significará redução da sua capacidade de formular escolhas autônomas.

13.5 O poder de tutela sobre a autarquia

Mas daí não se segue que a autarquia seja investida de autonomia tão intensa que impeça o controle de sua atuação por parte da Administração direta, a quem se encontre subordinada.

Esse vínculo de subordinação é usualmente identificado pela expressão "poder de tutela", que indica o controle exercido pelo ente da Administração direta sobre os sujeitos da Administração indireta que estão a ele vinculados. O poder de tutela não significa a competência para revisar diretamente as ações e omissões praticadas no âmbito da autarquia. Nem envolve o poder de editar diretamente atos substitutivos daqueles de competência da autarquia. Cabe à pessoa política o poder jurídico de verificar a regularidade da atividade desenvolvida no âmbito autárquico. A identificação de algum desvio ou irregularidade deve acarretar determinações aos órgãos da autarquia para adoção das providências cabíveis.

13.6 A especialidade da competência

A lei cria a autarquia e delimita as competências a ela atribuídas. Consequentemente, somente é válido à autarquia atuar nos limites dos poderes recebidos. Não cabe à autarquia desempenhar outras atribuições senão aquelas que lhe foram conferidas pela lei.

14 AS CHAMADAS AUTARQUIAS ESPECIAIS

As autarquias especiais são aquelas subordinadas a regime jurídico diferenciado, que assegura graus mais intensos de autonomia para a entidade.

14.1 Núcleo conceitual

Ainda que a expressão *autarquia especial* comporte inúmeros significados, um núcleo fundamental consiste na ausência de submissão dessa entidade, no exercício de suas competências, à interferência direta do Poder Executivo ao qual se vincule.

A produção dos atos de competência da autarquia não depende da aprovação prévia ou posterior da Administração direta, tal como não se verifica uma competência de revisão desses atos.

Maria Sylvia Zanella Di Pietro ensina que "o regime especial vem definido nas respectivas leis instituidoras, dizendo respeito, em regra, (a) à maior autonomia em relação à Administração Direta, (b) à estabilidade de seus dirigentes (...) e ao caráter final de suas decisões, que não são passíveis de apreciação por outros órgãos ou entidades da Administração Pública".[8]

Exemplos de autarquias especiais são as agências reguladoras setoriais, as autarquias reguladoras de categorias profissionais e as universidades.

14.2   As agências executivas e as agências reguladoras independentes

As agências executivas e reguladoras independentes são figuras que exigem atenção especial. São objeto de análise no Capítulo 14, a propósito do estudo da atividade regulatória do Estado.

14.3   As universidades públicas

Outra categoria de autarquias especiais é constituída pelas universidades públicas. A Constituição estabeleceu no art. 207: "as universidades gozam de autonomia didático-científica, administrativa e de gestão financeira e patrimonial (...)".

Cabe à lei infraconstitucional regulamentar a questão. Mas é evidente a impossibilidade de intervenção estatal sobre questões didático-científicas. A natureza autárquica de uma universidade não autoriza interferência sobre, por exemplo, teorias ou concepções científicas veiculadas pela instituição. A indicação dos reitores segue procedimento que assegura a autonomia, conferindo ao administrador garantias contra demissão imotivada. Por fim, cabe à universidade deliberar sobre o destino de seus recursos orçamentários.

14.4   As autarquias reguladoras de categorias profissionais

Os entes reguladores de profissão foram criados por lei ao longo do tempo, recebendo a qualificação de autarquias. Mas houve intensa controvérsia quanto à sua natureza jurídica, o que exige considerações em apartado.

14.4.1   O panorama geral

Os entes reguladores de atividades profissionais exercem o poder de polícia da profissão e são investidos na competência de instituir, arrecadar e gerir contribuições de natureza compulsória.

Em rigor, no entanto, atribuir a esses entes a natureza autárquica gera problemas jurídicos relevantes. Essas entidades não se subordinam ao poder de tutela jurídica do Estado brasileiro. A escolha, a indicação e a investidura nas funções de administradores dessas entidades decorrem de escolhas dos integrantes da categoria. Por isso, afirmava-se que essas entidades não eram propriamente integrantes da estrutura administrativa estatal, mas manifestações da própria sociedade civil,[9] ainda que exercitassem competências tipicamente estatais.

---

[8]   DI PIETRO. *Parcerias na Administração Pública*: concessão, permissão, franquia, terceirização, parceria público-privada e outras formas, 12. ed., p. 231.

[9]   Sobre o tema, cf. MOREIRA. *Autorregulação profissional e Administração Pública*.

Cap. 6 – A ADMINISTRAÇÃO PÚBLICA EM SENTIDO SUBJETIVO **123**

A submissão desses entes ao regime autárquico acarreta a aplicação de regras próprias das organizações estatais. Isso produz duas questões fundamentais. A primeira se refere à incidência do regime dos servidores públicos para os seus agentes, envolvendo a disciplina para investidura, remuneração, inativação etc. A segunda se relaciona à exigência de prévia licitação para as suas contratações.

14.4.2   A disciplina do art. 58 da Lei 9.649/1998

A Lei 9.649/1998 determinou, no art. 58, que:

"Os serviços de fiscalização de profissões regulamentadas serão exercidos em caráter privado, por delegação do poder público, mediante autorização legislativa".

E o § 2.º do mesmo artigo estabeleceu:

"Os conselhos de fiscalização de profissões regulamentadas, dotados de personalidade jurídica de direito privado, não manterão com os órgãos da Administração Pública qualquer vínculo funcional ou hierárquico".

Mas o art. 58 e seus parágrafos, exceto os §§ 3.º e 9.º, tiveram a sua inconstitucionalidade reconhecida no julgamento da ADI 1.717. O STF afirmou que a Constituição Federal imporia a:

"(...) indelegabilidade, a uma entidade privada, de atividade típica de Estado, que abrange até poder de polícia, de tributar e de punir, no que concerne ao exercício de atividades profissionais regulamentadas" (ADI 1.717/DF, Pleno, rel. Min. Sydney Sanches, j. 07.11.2002, *DJ* 28.03.2003).

Como decorrência, reafirmou-se a submissão dos órgãos reguladores de profissão ao regime jurídico de direito público próprio das autarquias.

Por outro lado, o STF reputou que as dívidas dos conselhos profissionais não se submetem ao regime de precatório ao julgar o Tema 877 da Repercussão Geral:

"Execução – Conselhos – Órgãos de fiscalização – Débitos – Decisão judicial. A execução de débito de Conselho de Fiscalização não se submete ao sistema de precatório" (RE 938.837/SP, Pleno, rel. Min. Edson Fachin, rel. p/ acórdão Min. Marco Aurélio, repercussão geral – mérito, j. 19.04.2017, *DJe* 22.09.2017).

A questão do regime jurídico do pessoal dos conselhos profissionais foi discutida no STF. No julgamento conjunto da ADC 36, da ADI 5.367 e da ADPF 367, o STF reconheceu a constitucionalidade da contratação sob regime trabalhista por parte dos conselhos profissionais:

"Constitucional e Administrativo. Organização do estado. Regime jurídico administrativo. Natureza sui generis dos conselhos de fiscalização profissional. Possibilidade de contratação de funcionários pelo regime da Consolidação das Leis do Trabalho. Constitucionalidade. 1. Os Conselhos Profissionais, enquanto autarquias corporativas criadas por lei com outorga para o exercício de atividade típica do Estado, tem maior grau de autonomia administrativa e financeira, constituindo espécie sui generis de pessoa jurídica de direito público não estatal, a qual não se aplica a obrigatoriedade do regime jurídico único preconizado pelo artigo 39 do texto constitucional. 2. Trata-se de natureza peculiar que justifica o afastamento de algumas das regras ordinárias impostas às pessoas jurídicas de direito público. Precedentes: RE

938.837 (Rel. Min. EDSON FACHIN, redator p/ acórdão Min. MARCO AURÉLIO, Tribunal Pleno, julgado em 19/4/2017, DJe de 25/9/2017; e ADI 3.026 (Rel. Min. EROS GRAU, Tribunal Pleno, DJ de 29/9/2006. 3. Constitucionalidade da legislação que permite a contratação no âmbito dos Conselhos Profissionais sob o regime celetista. ADC 36 julgada procedente, para declarar a constitucionalidade do art. 58, § 3.º, da Lei 9.649/1998. ADI 5367 e ADPF 367 julgadas improcedentes" (ADC 36/DF, ADI 5.367/DF e ADPF 367/DF, Pleno, rel. Min. Cármen Lúcia, rel. p/ acórdão Min. Alexandre de Moraes, j. em sessão virtual de 28.08.2020 a 04.09.2020, *DJe* 12.11.2020).

14.4.3 A solução específica para a OAB

No julgamento da ADI 3.026, o STF reconheceu a natureza jurídica peculiar da OAB:

"3. A OAB não é uma entidade da Administração Indireta da União. A Ordem é um serviço público independente, categoria ímpar no elenco das personalidades jurídicas existentes no direito brasileiro. 4. A OAB não está incluída na categoria na qual se inserem essas que se tem referido como 'autarquias especiais' para pretender-se afirmar equivocada independência das hoje chamadas 'agências'. 5. Por não consubstanciar uma entidade da Administração Indireta, a OAB não está sujeita a controle da Administração, nem a qualquer das suas partes está vinculada. Essa não vinculação é formal e materialmente necessária. 6. A OAB ocupa-se de atividades atinentes aos advogados, que exercem função constitucionalmente privilegiada, na medida em que são indispensáveis à administração da Justiça [art. 133 da CF/1988]. É entidade cuja finalidade é afeita a atribuições, interesses e seleção de advogados. Não há ordem de relação ou dependência entre a OAB e qualquer órgão público. 7. A Ordem dos Advogados do Brasil, cujas características são autonomia e independência, não pode ser tida como congênere dos demais órgãos de fiscalização profissional. A OAB não está voltada exclusivamente a finalidades corporativas. Possui finalidade institucional (...)" (ADI 3.026/DF, Pleno, rel. Min. Eros Grau, j. 08.06.2006, *DJ* 29.09.2006).

A decisão do STF representa uma marcante inovação na tradicional sistemática do direito administrativo. A conjugação das decisões do STF proferidas nas ADIs 1.717 e 3.026 produz efeitos relevantes. Na decisão mais antiga, reconheceu-se que os órgãos de fiscalização profissional eram investidos de competências tipicamente estatais. Na decisão mais recente, sustentou-se que um desses órgãos não integrava a Administração Pública. Isso significa afirmar a possibilidade de que poderes estatais sejam investidos em entidades privadas. Trata-se, portanto, de uma entidade *não estatal*, investida de competências públicas.

O STF também reputou que a OAB não se sujeita ao dever de prestar contas ao TCU:

"(...) 1. A Ordem dos Advogados do Brasil – OAB não é uma entidade da Administração Indireta, tal como as autarquias, porquanto não se sujeita a controle hierárquico ou ministerial da Administração Pública, nem a qualquer das suas partes está vinculada.

2. A Ordem dos Advogados do Brasil é instituição que detém natureza jurídica própria, dotada de autonomia e independência, características indispensáveis ao cumprimento de seus múnus públicos. ADI 3.026, de relatoria do Ministro Eros Grau, Plenário, *DJ* 29.06.2006. Precedentes.

3. Não obstante a prestação de serviço público exercido pela Ordem dos Advogados do Brasil – OAB, não há que se confundir com serviço estatal. O serviço público que a OAB exerce, é gênero do qual o serviço estatal é espécie.

4. Recurso extraordinário a que se nega provimento com a proposta de fixação da seguinte Tese: 'O Conselho Federal e os Conselhos Seccionais da Ordem dos Advogados do Brasil não estão obrigados a prestar contas ao Tribunal de Contas da União nem a qualquer outra entidade externa'" (RE 1.182.189/BA, Pleno, rel. Min. Marco Aurélio, j. 25.04.2023, *DJe* 15.06.2023).

15 AS FUNDAÇÕES DE DIREITO PÚBLICO

Uma questão problemática, inclusive em virtude da terminologia, envolve as fundações criadas por lei e mantidas com recursos públicos, que comportam enquadramento como pessoas de direito público ou como pessoas de direito privado, conforme as circunstâncias.

15.1 A confusão jurídica

O direito privado admite a existência de fundações, que são pessoas jurídicas de direito privado, destituídas de cunho associativo e constituídas para desempenho de funções não econômicas, nos termos do art. 62 do Código Civil.

15.1.1 *A criação de fundação pelo Estado*

Admite-se a instituição de fundações pelo Estado, propiciando controvérsia sobre a sua natureza jurídica e o regime jurídico aplicável.

15.1.2 *A regra do art. 5.º, IV, do Dec.-lei 200/1967*

O art. 5.º, IV, do Dec.-lei 200/1967 (com a redação da Lei 7.586/1987) prevê o seguinte:

"Fundação Pública – a entidade dotada de personalidade jurídica de direito privado, sem fins lucrativos, criada em virtude de autorização legislativa, para o desenvolvimento de atividades que não exijam execução por órgãos ou entidades de direito público, com autonomia administrativa, patrimônio próprio gerido pelos respectivos órgãos de direção, e funcionamento custeado por recursos da União e de outras fontes".

Portanto, o diploma expressamente determinava que a fundação pública era dotada de personalidade de direito privado, nas hipóteses em que não houvesse exercício de atividades próprias das entidades de direito público.

Logo, ter-se-ia de admitir que a atribuição a uma fundação pública de atividades próprias das pessoas de direito público não acarretaria o seu enquadramento como pessoa administrativa de direito privado. São muitos os casos em que a fundação pública tem por objeto atividades inerentemente estatais.

15.1.3 *A variação de regimes jurídicos*

Assim, passou-se a admitir que as fundações públicas poderiam ser dotadas de personalidade de direito público ou de personalidade de direito privado, a depender das suas características.

15.2 A irrelevância da terminologia formal

É a disciplina jurídica adotada para a entidade que determinará a configuração de uma fundação de direito público ou de uma fundação de direito privado. Tal como já apontado, se a fundação for um instrumento para a realização de funções privativas e próprias de uma pessoa de direito público, submeter-se-á ao regime de direito público.

O STF fixou a sua orientação ao definir o Tema 545 da Repercussão Geral, com o seguinte enunciado:

"1. A qualificação de uma fundação instituída pelo Estado como sujeita ao regime público ou privado depende (i) do estatuto de sua criação ou autorização e (ii) das atividades por ela prestadas. As atividades de conteúdo econômico e as passíveis de delegação, quando definidas como objetos de dada fundação, ainda que essa seja instituída ou mantida pelo Poder público, podem-se submeter ao regime jurídico de direito privado. 2. A estabilidade especial do art. 19 do ADCT não se estende aos empregados das fundações públicas de direito privado, aplican-do-se tão somente aos servidores das pessoas jurídicas de direito público".

A decisão consolidou o entendimento anterior do STF sobre o tema. Cabe reproduzir uma passagem do julgado que definiu o Tema 545:

"(...) 4. Não pode a Administração Pública pretender que incida um regime jurídico de direito privado sobre uma entidade da administração indireta que exerça atividade constitucional-mente estatal – ainda que formalmente o tenha feito –, mais especificamente, um serviço público (*lato sensu*) que parte da doutrina denomina de serviço público próprio, seja porque essa atividade está definida na Constituição Federal como uma obrigação a ser executada di-retamente (como são as atividades públicas de saúde, higiene e educação, v.g.), seja porque ela deve ser exercida com supremacia de poder, como é o caso do exercício do poder de polícia e da gestão da coisa pública. Essas atividades são essenciais, não podem ser terceirizadas, não podem ser delegadas a particulares e, portanto, devem se submeter a regras eminentemente publicísticas, o que afasta a possibilidade da incidência de um regime jurídico de direito pri-vado sobre elas.

5. Por outro lado, as atividades de cunho econômico (respeitados os arts. 37, inciso XIX, e 173 da CF, esse com a redação dada pela EC nº 19/1998) e aquelas passíveis de delegação, porque também podem ser executadas por particulares, ainda que em parceria com o Estado, a toda evidência, se forem definidas como objetos de fundações, ainda que sejam essas instituídas ou mantidas pelo Poder Público, podem se submeter ao regime jurídico de direito privado caso as respectivas fundações também tenham sido instituídas como entes privados (...)" (STF, RE 716.378/SP, Pleno, rel. Min. Dias Toffoli, repercussão geral – mérito, j. 07.08.2019, *DJe* 30.06.2020).

O STJ também apreciou a questão, adotando a mesma orientação:

"(...) 1. Convivem no ordenamento jurídico brasileiro três tipos de fundação: fundação de direito privado, instituída por particulares; fundações públicas de direito privado, instituídas pelo Poder Público; e fundações públicas de direito público, que possuem natureza jurídica de autarquia.

2. As fundações privadas são pessoas jurídicas instituídas por particular, por ato unilateral e irrevogável, por meio de escritura pública ou testamento, com dotação especial de bens livres para determinada finalidade, sendo regidas exclusivamente pelo Direito Civil.

3. Nos termos da jurisprudência do STF e do STJ, fundação pública é toda fundação instituída pelo Estado, podendo sujeitar-se ao regime público ou privado, a depender do estatuto da fundação e das atividades por ela exercidas. As fundações públicas de direito público são cria-das por lei específica, também chamadas de fundações autárquicas. No caso das fundações

públicas de direito privado, uma lei específica é editada autorizando sua criação (...)" (REsp 1.409.199/SC, 4.ª T., rel. Min. Luis Felipe Salomão, j. 10.02.2020, *DJe* 04.08.2020).

15.3   As fundações de direito público e as autarquias

O regime jurídico das fundações públicas com personalidade de direito público é aquele aplicável às autarquias.

15.3.1   A entidade de cunho autárquico

É irrelevante adotar a denominação de fundação para uma entidade que preencha todos os atributos de uma autarquia. Rigorosamente, aplica-se o regime jurídico correspondente.

15.3.2   A tentativa de diferenciação entre fundação e autarquia

Alguns autores defendem a existência de fundações dotadas de personalidade jurídica de direito público, as quais seriam distintas das autarquias. A distinção entre as figuras seria fundada no tipo de atividade desempenhada. As autarquias seriam investidas em competência para desempenhar funções de autoridade, enquanto as fundações de direito público seriam instrumento para desenvolver atividades culturais, de pesquisa e outras similares.

Essa distinção não é "certa" ou "errada". Como já exposto, cada autarquia subordina-se ao regime jurídico da lei que a tiver instituído. Logo, a lei pode adotar denominações distintas e prever regime específico para a entidade que desempenhar atuação num determinado setor. É evidente, no entanto, a proximidade entre autarquias e fundações de direito público.

15.4   As fundações públicas com personalidade privada

A *fundação pública é uma pessoa jurídica de direito privado, instituída mediante autorização legislativa sob a forma de fundação, para o desempenho de atividades de interesse coletivo, destituídas de cunho econômico, mantida total ou parcialmente com recursos públicos.*

15.4.1   As características

Embora denominada fundação *pública*, trata-se de uma pessoa jurídica de direito privado. Sua atuação se submete aos controles inerentes às entidades administrativas, ainda que se faça sob a égide do direito privado.

15.4.2   A autorização legislativa

A criação da fundação pública depende de autorização legislativa. Como a fundação é uma pessoa jurídica de direito privado, a sua criação deve atender à disciplina própria. O art. 62, parágrafo único, do Código Civil (com redação dada pela Lei 13.151/2015) contém um elenco das finalidades às quais a fundação poderá dedicar-se.

15.4.3   A ausência de natureza associativa

A fundação não apresenta natureza associativa. Não resulta dos esforços conjugados de diversos sujeitos de direito. Surge por ato unilateral que vincula bens presentes e futuros ao desenvolvimento de uma atividade. Esse conjunto de bens é considerado, para fins jurídicos, como um sujeito de direito.

15.4.4 O âmbito de atuação

O campo próprio para as fundações públicas é aquele das atividades administrativas públicas que possam ser desempenhadas por sujeitos dotados de personalidade de direito privado. Se a natureza das atividades impuser o regime de direito público, será descabida a criação de uma fundação pública. Seria o caso, então, de instituir uma autarquia.

15.4.5 A exclusão da exploração econômica

Ademais, as atividades a que se volta a fundação pública não podem configurar exploração econômica em sentido restrito. Não cabe à fundação explorar empresarialmente certo objeto. Por outro lado, também é incabível a prestação de serviço público (em acepção técnico-jurídica) por meio de fundação.

15.4.6 O interesse coletivo

As atividades perseguidas por uma fundação pública devem apresentar relevo coletivo. Se assim não fosse, seria inconstitucional a vinculação de bens e recursos públicos para sua realização.

A configuração da fundação pública deriva também do fato de o Estado contribuir com os recursos necessários à sua existência. Mas isso não significa a inviabilidade de que sujeitos privados colaborem para a formação do patrimônio e a manutenção da entidade.

15.5 Fundação pública e ausência de personalidade de direito público

A fundação pública diferencia-se das pessoas de direito público por desempenhar atividades de interesse coletivo que não exigem a atuação de uma entidade estatal que se valha de prerrogativas próprias do direito público.

15.6 A questão da manutenção por recursos públicos

É incorreto reputar que a fundação teria natureza de direito público simplesmente porque mantida com recursos públicos. O ponto nuclear reside na determinação do objeto e da natureza das funções atribuídas à entidade. Logo, a solução deverá ser adotada caso a caso, examinando-se os dados da realidade. Deve-se reputar que a manutenção com recursos públicos torna mais intensa a incidência das regras próprias do direito público. Nesse sentido, pode-se apontar o seguinte julgado do STF:

> "1. A Fundação Banco do Brasil é pessoa jurídica de direito privado que recebe recursos públicos oriundos do Banco do Brasil – entidade integrante da Administração Pública indireta – para a persecução de sua finalidade, devendo, portanto, submeter-se aos princípios da gestão pública intitulados no art. 37, *caput*, da CF/88 quando do repasse de tais verbas de natureza pública a terceiros. Precedentes" (AgR no MS 32.703/DF, 2.ª T., rel. Min. Dias Toffoli, j. 10.04.2018, *DJe* 10.05.2018).

16 OS CONSÓRCIOS PÚBLICOS

O consórcio público consiste numa pessoa jurídica, composta pela associação entre entes políticos diversos, tendo por objeto o desenvolvimento de atividades permanentes e contínuas de interesse comum dos seus associados.

16.1 A disciplina constitucional e infraconstitucional

O art. 241 da CF/1988 (com redação dada pela EC 19/1998) prevê o seguinte:

"A União, os Estados, o Distrito Federal e os Municípios disciplinarão por meio de lei os consórcios públicos e os convênios de cooperação entre os entes federados, autorizando a gestão associada de serviços públicos, bem como a transferência total ou parcial de encargos, serviços, pessoal e bens essenciais à continuidade dos serviços transferidos".

A Lei 11.107/2005 dispôs sobre os consórcios públicos e foi regulamentada pelo Decreto 6.017/2007.[10] Segundo o art. 1.º, § 1.º, da referida Lei, os consórcios públicos poderão ser constituídos ou como *associações públicas* ou como *pessoas jurídicas de direito privado*.

16.2 O chamado "federalismo de cooperação"

O consórcio público é uma manifestação do chamado "federalismo de cooperação". Essa concepção preconiza a associação entre entes federativos, em vista da constatação de que existem necessidades cujo atendimento envolve interesses e competências de entes federativos distintos.

O fenômeno se torna cada vez mais evidente especialmente pelo crescimento das cidades, o que torna as divisas territoriais entre municípios uma questão meramente formal. Surgem questões intermunicipais, inclusive para a prestação conjugada de serviços públicos.

16.3 A necessidade de atuação permanente conjugada

Somente há cabimento na criação de um consórcio público quando existir a necessidade de instituição de uma estrutura organizacional própria, destinada a atuar de modo contínuo e permanente. Como regra, não há cabimento em criar um consórcio público para executar uma obra pública, mesmo quando diversos entes estatais colaborem com a sua execução. Nesses casos, a solução será realizar um convênio, com o repasse de recursos de uma esfera para a outra.

16.4 A prestação associada de serviços públicos

As relações de cooperação federativa de natureza contínua e permanente envolvem, em muitos casos, a prestação associada de serviços públicos. Essa hipótese envolve a prestação coordenada e harmônica de serviços públicos de titularidade de pessoas jurídicas diversas, cujo desempenho satisfatório exige atuação unificada.

Por exemplo, considere-se o transporte coletivo em áreas contíguas, que compõem o território de mais de um município. É necessária uma atuação conjunta entre diversos municípios. A prestação associada dos serviços públicos pelo consórcio público supera os problemas relacionados com a atuação isolada dos diversos entes federativos.

---

[10] Uma análise mais aprofundada das concepções do autor sobre a figura é encontrada em parecer fornecido ao Ministério das Cidades, versando sobre a proposta legislativa de criação de consórcios públicos, que pode ser consultado em http://www.direitodoestado.com.br/codrevista.asp?cod=36. Consulte-se também MEDAUAR; OLIVEIRA. *Consórcios públicos*: comentários à Lei 11.107/2005.

16.5 Ainda a diferença relativamente aos convênios

O consórcio público representa um passo além da figura dos convênios, que são acordos entre entes estatais para a atuação conjugada em áreas de interesse comum. O convênio produz direitos e obrigações para as partes, mas não produz o surgimento de uma entidade autônoma.

16.6 A disciplina quanto à condição dos consorciados

O consórcio público é constituído por entes federativos. Podem ser diferenciados consórcios públicos homogêneos e heterogêneos.

16.6.1 Consórcios públicos homogêneos

Os consórcios públicos homogêneos são aqueles que congregam entes dotados dos mesmos atributos federativos. Enquadram-se nessas hipóteses os consórcios públicos compostos exclusivamente por Municípios. Admite-se a constituição de consórcios homogêneos entre Estados. Também o Distrito Federal está legitimado a participar.

16.6.2 Consórcios públicos heterogêneos

Os consórcios públicos heterogêneos compreendem pessoas políticas de diversa ordem. Assim se passa quando participam do consórcio não apenas Municípios, mas também o Estado em que eles se localizam.

O art. 1.º, § 2.º, da Lei 11.107/2005 admite a participação da União em consórcio público quando for ele integrado também pelo Estado em que os Municípios se localizam. Daí não se pode inferir vedação à constituição de consórcio público exclusivamente entre a União e Estados. A vedação se põe a um consórcio entre União e Municípios, sem a participação de Estados.

Pode-se inferir a vedação à constituição de um consórcio entre Estado e apenas Municípios situados em outro Estado.

16.7 O procedimento de constituição dos consórcios públicos

A constituição do consórcio público exige a observância de um procedimento complexo, que reflete a natureza associativa da figura.

16.7.1 A pactuação do protocolo de intenções prévio

A criação de um consórcio público se inicia com a pactuação de um protocolo de intenções prévio, firmado pelos chefes dos Poderes Executivos dos entes estatais interessados. Esse protocolo de intenções definirá as condições essenciais sobre a organização e o funcionamento do consórcio. O art. 4.º da Lei 11.107/2005 disciplina as cláusulas essenciais a serem previstas no protocolo.

16.7.2 As autorizações legislativas

A etapa seguinte consiste na aprovação do protocolo por meio de leis, editadas por cada um dos entes políticos interessados, ratificando o protocolo de intenções.

16.7.3 As variações em vista da natureza jurídica do consórcio

Se o consórcio público for dotado de personalidade jurídica de direito público, a aquisição da personalidade jurídica far-se-á mediante a vigência das leis de ratificação dos protocolos de intenção (Lei 11.107/2005, art. 6.º, I).

No caso de consórcio público com personalidade de direito privado, aplicam-se as regras da legislação civil. Ou seja, cabe levar o protocolo de intenções, devidamente ratificado pelas leis dos consorciados, ao registro civil de pessoas jurídicas.

16.8 Organização e funcionamento

Cabe ao protocolo de intenções disciplinar a organização e o funcionamento da entidade.

16.8.1 A existência de uma assembleia geral

A estrutura organizacional do consórcio público é integrada por assembleia geral composta pelos diferentes entes federativos consorciados. Isso não significa que todos tenham participação igualitária. O número de votos atribuídos a cada ente pode ser diverso. A assembleia geral terá competência, dentre outros temas, para eleger o representante legal do consórcio público.

16.8.2 O "representante legal" do consórcio

O protocolo de intenções deve dispor sobre a forma de eleição e o prazo do mandato do representante legal do consórcio. Essa função caberá necessariamente ao Chefe do Poder Executivo de um dos entes consorciados.

16.9 O regime jurídico quanto a bens e servidores

O art. 6.º, § 2.º, da Lei 11.107/2005 (com redação dada pela Lei 13.822/2019) determina que:

> "O consórcio público, com personalidade jurídica de direito público ou privado, observará as normas de direito público no que concerne à realização de licitação, à celebração de contratos, à prestação de contas e à admissão de pessoal, que será regido pela Consolidação das Leis do Trabalho (CLT), aprovada pelo Decreto-Lei n.º 5.452, de 1.º de maio de 1943".

16.10 Contrato de programa e contrato de rateio

Autoriza-se que o consórcio público assuma direitos e obrigações, inclusive a prestação de serviços públicos, em face dos entes consorciados. Tal se dá através de um *contrato de programa*, que consiste num ato jurídico plurilateral, por meio do qual os diversos entes federativos consorciados dispõem sobre o exercício de atividades de seu interesse comum e, em especial, o desempenho de serviços públicos em gestão associada. A Lei 14.026/2020 deu nova redação ao art. 10 da Lei 11.445/2007 e proibiu a utilização do contrato de programa para a delegação prevista no art. 175 da Constituição, relativamente aos serviços públicos de saneamento básico. Rigorosamente, a regra se estende a todos os demais serviços públicos.

O contrato de rateio deve ser pactuado anualmente, determinando os valores e as condições de transferências de recursos por parte de cada ente consorciado para o consórcio.

17 AS SOCIEDADES ESTATAIS

A expressão "sociedade estatal" é utilizada para indicar um gênero de pessoas jurídicas de direito privado que se encontram sob o controle direto ou indireto de um ente federativo. Esse gênero compreende a empresa pública, a sociedade de economia mista e as empresas controladas.

Não se enquadram na categoria de sociedades estatais as sociedades destinadas ao desempenho de atividades puramente privadas, com participação minoritária do poder público, mesmo que o ente estatal integre o grupo de controle.[11]

17.1 A questão do poder de controle societário

A identificação da sociedade como estatal depende da titularidade do poder de controle de modo direto ou de modo indireto por um ente federativo.

17.1.1 A disciplina do poder de controle na legislação societária

O poder de controle é conceituado pela Lei das S.A. Os arts. 116 e 243, § 2.º, formulam definições similares.

O art. 116 considera como acionista controlador:

"(...) a pessoa, natural ou jurídica, ou o grupo de pessoas vinculadas por acordo de voto, ou sob controle comum, que: a) é titular de direitos de sócio que lhe assegurem, de modo permanente, a maioria dos votos nas deliberações da assembleia geral e o poder de eleger a maioria dos administradores da companhia; e b) usa efetivamente seu poder para dirigir as atividades sociais e orientar o funcionamento dos órgãos da companhia".

O poder de controle consiste no poder jurídico de determinar o destino da sociedade, o que se traduz especialmente na eleição da maioria dos administradores da companhia, submetendo-os à observância de diretivas e orientações.

O poder de controle pressupõe a titularidade, por acionista isolado ou por acionistas vinculados por acordo de votos, da maioria das ações com direito a voto. No âmbito privado, admite-se o controle compartilhado, mas essa é uma hipótese anômala no direito administrativo.

17.1.2 A orientação da Lei 13.303/2016

A Lei das Estatais adota a titularidade pelo Estado da maioria do capital votante como critério para configuração de uma sociedade estatal. Essa conclusão é extraída da definição de sociedade de economia mista constante do art. 4.º e é ratificada no Dec. Federal 8.945/2016, cujo art. 2.º, VI, estabelece que se considera como sociedade privada aquela "entidade dotada de personalidade jurídica de direito privado, com patrimônio próprio e cuja maioria do capital votante não pertença direta ou indiretamente à União, a Estado, ao Distrito Federal ou a Município".

17.1.3 O entendimento do TCU

O TCU tem precedentes no sentido de que um acordo de acionistas poderia resultar no compartilhamento do controle entre a sociedade privada e o sócio estatal:

---

[11] Essa orientação representa uma alteração no posicionamento adotado em edições anteriores, tal como será mais bem explicado adiante.

"1. O poder de controle em uma empresa não decorre apenas da propriedade das ações. O indicativo essencial de exercício de poder no interior da empresa diz respeito à preponderância no exercício do poder de controle (poder para eleger a maioria dos administradores ou o domínio nas deliberações sociais). 2. Historicamente, o acordo de acionistas é utilizado como um instrumento aglutinador dos acionistas minoritários. O poder de controle somente é exercido se e enquanto os membros eleitos pelo grupo votam de modo uniforme. Ou seja, o grupo age como se fosse uma só pessoa. O panorama é diferente, por exemplo, nas situações em que dois sócios celebram um acordo de acionistas, sendo que um dos sócios é o acionista majoritário, que mantem para si os atributos do controle. 3. Ao celebrar um acordo de acionistas, o Estado poderá integrar o grupo de controle e, nesse sentido, exercerá uma parcela de controle na sociedade. Para o sócio estatal, o acordo de acionistas tem o objetivo precípuo de prover determinado nível de influência sobre algumas decisões (possibilidade de indicação de certos diretores, voto de qualidade sobre determinadas matérias, direito de veto a certas deliberações). 4. O exercício pelo Estado da preponderância do poder de controle numa empresa público-privada importa na sua caracterização como uma sociedade de economia mista de fato" (Acórdão 1.220/2016, Plenário, rel. Min. Bruno Dantas, j. 18.05.2016).

Posteriormente, o TCU aprofundou o seu entendimento, tal como se extrai do julgado adiante:

"54. Defendi, em variadas ocasiões, especialmente no voto condutor da mencionada decisão, que o exercício pelo Estado do poder de controle numa empresa público-privada importa na sua caracterização como sociedade de economia mista de fato. Em outras palavras, as empresas privadas controladas materialmente pelo Estado, ou seja, aquelas em que o sócio estatal exerce a preponderância do poder de controle por meio de direitos que lhe asseguram o domínio nas deliberações sociais ou o poder de eleger a maioria dos administradores, funcionarão tais quais as empresas em que o Estado detenha a maioria do capital social com direito a voto.

55. Ou seja, tal reconhecimento vai exatamente ao encontro do que propõe a unidade instrutora: a figura do 'acionista controlador' não está limitada ao agente que detém o controle formal traduzido pela maioria das ações com direito a voto, mas também inclui a pessoa ou o grupo de pessoas que possua o controle material de uma sociedade, como preceitua a Lei das S.A., aplicada às estatais segundo a disciplina do artigo 7.º da Lei 13.303/2016" (Acórdão 2.706/2022, Plenário, rel. Min. Bruno Dantas, j. 07.12.2022).

Não se afigura que a orientação definitiva do TCU sobre o tema esteja consolidada de modo definitivo. Afigura-se que o TCU tem a tendência a avaliar o caso concreto para determinar se um ente estatal exercita, de modo efetivo, o poder de orientação das atividades da sociedade privada. Em caso positivo, estaria configurada a existência de uma subsidiária, subordinada ao regime da Lei das Estatais. O problema desse enfoque reside na insegurança jurídica, eis que a qualificação da sociedade como uma subsidiária poderia ocorrer *a posteriori*, depois de consumados eventos jurídicos e econômicos relevantes.

17.2   A criação mediante autorização legislativa

A proliferação de sociedades estatais, especialmente durante as décadas de 1970 e 1980, dificultou o controle do Estado e da própria sociedade sobre sua atuação. Daí a preocupação da Constituição em evitar que a Administração indireta se transforme num meio de fuga às soluções jurídicas de limitação do poder estatal.

O postulado de que a atuação da Administração Pública subordina-se à lei aplica-se não apenas ao desenvolvimento da atividade administrativa propriamente dita, mas também à própria instituição de entidades administrativas.

17.3   O disposto no inc. XIX do art. 37 da CF/1988

O inc. XIX do art. 37 estabelece que apenas a lei específica pode criar autarquia e autorizar a instituição de empresa pública, sociedade de economia mista e fundação.

17.3.1   A autorização legislativa

A lei não cria a sociedade estatal, diversamente do que se passa com a autarquia, que é instituída diretamente pela lei. No caso de sociedade estatal, a lei autoriza a sua criação, estabelecendo os elementos fundamentais e indispensáveis para tanto. A lei deve não apenas conter a autorização propriamente dita, mas também estabelecer a forma da futura sociedade, seu prazo de duração e o modo de composição de seu capital. Deverá inclusive indicar os bens públicos que serão conferidos à nova entidade.

17.3.2   O cumprimento das formalidades da legislação privada

Mas não basta a edição da lei para surgir a entidade estatal. Será necessário o cumprimento das formalidades previstas no direito privado, que variam de acordo com a forma societária pretendida. Assim, por exemplo, a criação de uma sociedade anônima depende da subscrição (pública ou privada) das ações em que se divide o seu capital social, com a aprovação de seu estatuto social pelos sócios em assembleia geral ou por escritura pública. O surgimento da pessoa jurídica e o início de sua atuação dependerão do cumprimento das formalidades apropriadas perante o Registro de Comércio,[12] inclusive com o atendimento a exigências complementares correspondentes.

17.3.3   A exigência de autorização legislativa delimitada

A Constituição veda a criação de entidades da Administração indireta com objeto indeterminado ou ilimitado. Por exemplo, é ofensiva à Constituição uma lei que autorize a criação de sociedade de economia mista para desenvolver "qualquer atividade comercial ou industrial". Isso equivaleria à delegação da competência legislativa para a órbita administrativa. A ausência de limites ao objeto de atuação da entidade da Administração indireta equivale à renúncia do Legislativo à sua própria competência.

17.4   O disposto no inc. XX do art. 37 da CF/1988

O inc. XX complementa a regulamentação sobre o tema, prevendo que "depende de autorização legislativa, em cada caso, a criação de subsidiárias das entidades mencionadas no inciso anterior, assim como a participação de qualquer delas em empresa privada".

17.4.1   A autorização genérica

A exigência não significa a necessidade de que a lei autorizadora da criação da entidade seja específica e tenha por objeto disciplinar apenas essa questão.

---

[12]   Até se pode imaginar uma sociedade estatal cuja criação seja subordinada ao Registro Civil de Pessoas Jurídicas. Mas a hipótese parece tão excepcional que nem cabe maior exame.

Cap. 6 – A ADMINISTRAÇÃO PÚBLICA EM SENTIDO SUBJETIVO **135**

É admissível que uma lei disponha sobre vários assuntos e, no seu bojo, veicule a autorização para a criação de uma sociedade estatal. Por outro lado, também não se admite autorização legislativa genérica e indeterminada para que a Administração crie quantas empresas desejar.

17.4.2   A questão da criação de subsidiárias

O STF admitiu a validade de autorização legal ampla, em que a lei autoriza que uma sociedade estatal crie subsidiárias diversas, desde que no âmbito de uma certa atividade econômica. Admite-se a criação de uma única ou de uma pluralidade de pessoas jurídicas para o desempenho das atividades compreendidas na autorização legislativa:

> "II – É dispensável a autorização legislativa para a criação de empresas subsidiárias, desde que haja previsão para esse fim na lei de instituição da empresa pública, sociedade de economia mista ou fundação matriz, tendo em vista que a lei criadora é também a medida autorizadora" (ADI 1.491 MC, Pleno, rel. Min. Carlos Velloso, rel. p/ acórdão Min. Ricardo Lewandowski, j. 08.05.2014, *DJe* 29.10.2014).

A decisão cautelar do STF na ADI 1.491 reputou válida a autorização ampla para a instituição de entidades quando tal envolver o desempenho da atividade empresarial disciplinada na lei autorizadora. A existência de uma única sociedade estatal ou a criação de controladas será considerada como uma opção organizacional compreendida na autorização legislativa.

17.5   A extinção das sociedades estatais

O STF firmou entendimento no sentido de que a extinção ou a alienação de controle de sociedade de economia mista ou empresa pública depende de previsão legislativa específica. Mas essa exigência não se estende às sociedades controladas.

17.5.1   A decisão do STF

A orientação adotada pelo STF consta do julgado adiante referido:

> "I – A alienação do controle acionário de empresas públicas e sociedades de economia mista exige autorização legislativa e licitação pública. II – A transferência do controle de subsidiárias e controladas não exige a anuência do Poder Legislativo e poderá ser operacionalizada sem processo de licitação pública, desde que garantida a competitividade entre os potenciais interessados e observados os princípios da administração pública constantes do art. 37 da Constituição da República" (Referendo na MC na ADI 5.624/DF, Pleno, rel. Min. Ricardo Lewandowski, j. 06.06.2019, *DJe* 28.11.2019).

A solução adotada pelo STF deve ser examinada com reservas, especialmente em virtude da alteração da redação original da CF/1988.

17.5.2   A alteração constitucional e suas implicações

A redação original do inc. XIX do art. 37 da Constituição previa que cabia à lei criar a sociedade de economia mista e a empresa pública. Em face dessa redação, era inquestionável que a extinção da entidade (ou a alienação de seu controle) dependeria igualmente de lei.

A EC 19/1998 alterou essa redação e estabeleceu que cabe à lei "autorizar" a criação da sociedade de economia mista e da empresa pública. Logo, é indispensável analisar, caso a caso, o conteúdo da autorização concedida pela lei.

Se tiver sido instituída competência discricionária para a criação, então existirá autonomia para o ente federativo deliberar sobre criar ou não criar a entidade. Deve-se reputar que essa autonomia compreenderá inclusive o poder para, depois de ter sido criada a entidade, ser promovida a sua extinção ou a alienação das ações representativas do controle.

Diversamente se passará se a lei tiver previsto competência vinculada: se a lei determinar como obrigatória a criação da entidade, então ela somente poderá ser extinta – e essa regra valerá também para a alienação do controle societário – mediante lei.

17.5.3   A disciplina atinente à extinção da sociedade controlada

Já o inc. XX do art. 37 da Constituição comporta interpretação diversa. Nesse ponto, a decisão do STF merece integral concordância. A criação de subsidiárias e a participação em sociedades privadas envolvem sempre uma avaliação discricionária, a ser realizada no âmbito da gestão empresarial da sociedade de economia mista e da empresa pública.

Não cabe à lei impor, de modo compulsório, a criação de subsidiárias e a participação em outras sociedades. Por isso, não é necessária autorização legislativa para a extinção das subsidiárias (inclusive a mediante a alienação do seu controle societário) ou para a eliminação da participação em sociedades privadas.

17.6   A transformação de empresa privada em sociedade estatal

É cabível que uma empresa privada seja transformada em estatal. Tal poderá ocorrer por meio da aquisição amigável pelo Estado de participações societárias. Outra solução é a desapropriação das participações societárias em mãos de particulares. Mas o princípio da legalidade impõe a necessidade de autorização prévia para tanto.

17.7   A questão da previsão legislativa e a regulamentação da Lei das Estatais

Era entendimento pacífico ser necessária não apenas a autorização legislativa, mas a específica qualificação da entidade pela lei. Esse entendimento não foi seguido no regulamento da Lei das Estatais.

17.7.1   A orientação anterior prevalente

Reputava-se que a condição de sociedade de economia mista ou empresa pública dependia não apenas da titularidade estatal do poder de controle, mas também da qualificação legislativa específica. A decisão do STF, abaixo referida, esclarece essa orientação:

"9. A sociedade de economia mista, pois, é criada por lei. Este o elemento primordial a caracterizá-la como sociedade de economia mista: a criação por lei. Cuida-se, aqui, não da criação da sociedade como pessoa jurídica, mas da criação de um modelo jurídico especial, excepcional em relação ao modelo ortodoxo de sociedade anônima. (...) O Estado, destarte, *nas sociedades* de economia mista, está em situação assimétrica em relação aos seus acionistas privados, ao passo que, nas sociedades estruturadas segundo o modelo ortodoxo de sociedade anônima, de cujo capital participe, ainda que majoritariamente – e que não serão entendidas como de economia mista – está em situação de simetria em relação aos

Cap. 6 – A ADMINISTRAÇÃO PÚBLICA EM SENTIDO SUBJETIVO **137**

seus acionistas privados" (RMS 24.249/DF, 1.ª T., trecho do voto do rel. Min. Eros Grau, j. 14.09.2004, *DJ* 03.06.2005).

17.7.2 O regime jurídico previsto na Lei 13.303/2016

A Lei 13.303/2016 consagrou diretamente um regime jurídico significativamente distinto daquele adotado relativamente às sociedades controladas por sujeitos privados. O tema será mais bem examinado a seguir.

17.8 Admissibilidade de sociedades estatais não federais

O Dec.-lei 200/1967 admite à criação de sociedades estatais por parte da União, sem aludir aos demais entes federativos. Isso não significa a vedação a que Estados, Distrito Federal e Municípios editem leis autorizando a criação de sociedades estatais nas suas órbitas, com fundamento direto no inc. XIX do art. 37 da CF/1988. Lembre-se que o Dec.-lei 200/1967 tem aplicação restrita à Administração Pública Federal.[13]

18 AS EMPRESAS PÚBLICAS

A empresa pública é uma sociedade empresarial que tem como sócios um ou mais sujeitos estatais. São exemplos de empresas públicas, no âmbito federal, a Caixa Econômica Federal e a Empresa Brasileira de Correios – ECT.

18.1 Definições legislativas

Existem várias definições para a empresa pública.

18.1.1 A definição do Dec.-lei 200/1967

O art. 5.º, II, do Dec.-lei 200/1967 (com redação dada pelo Dec.-lei 900/1969) define empresa pública como "entidade dotada de personalidade jurídica de direito privado, com patrimônio próprio e capital exclusivo da União, criado por lei para a exploração de atividade econômica que o Governo seja levado a exercer por força de contingência ou de conveniência administrativa podendo revestir-se de qualquer das formas admitidas em direito".

18.1.2 A definição da Lei 13.303/2016

A Lei 13.303/2016 estabeleceu que "empresa pública é a entidade dotada de personalidade jurídica de direito privado, com criação autorizada por lei e com patrimônio próprio, cujo capital social é integralmente detido pela União, pelos Estados, pelo Distrito Federal ou pelos Municípios" (art. 3.º).

O parágrafo único do dispositivo introduziu inovação relevante determinando que, "desde que a maioria do capital votante permaneça em propriedade da União, do Estado, do Distrito Federal ou do Município, será admitida, no capital da empresa pública, a participação de outras pessoas jurídicas de direito público interno, bem como de entidades da administração indireta da União, dos Estados, do Distrito Federal e dos Municípios".

---

[13] A esse propósito, consulte-se Márcio Iório Aranha: "O posicionamento das empresas estatais no esquema geral da Administração Pública continua regido, na esfera federal, pelo Decreto-Lei 200/1967, incluindo-as na Administração indireta" (O objeto do estatuto jurídico das estatais e os regimes jurídicos da empresa pública e da sociedade de economia mista. In: NORONHA, FRAZÃO, MESQUITA. *Estatuto Jurídico das Estatais:* Análise da Lei 13.303/2016, p. 59).

18.2 Características

A empresa pública apresenta diferentes características, que se relacionam com a ausência de participação do capital privado na sua composição.

18.2.1 A titularidade de personalidade de direito privado

A primeira característica é a titularidade de personalidade jurídica própria, o que significa autonomia organizacional e patrimônio próprio.

A empresa pública é dotada de personalidade de direito privado, o que significa o afastamento de algumas prerrogativas de direito público e a atuação segundo as regras aplicáveis aos particulares. No entanto, a jurisprudência do STF reconhece a algumas empresas públicas um regime próprio de direito público. Os problemas produzidos por essa orientação já foram anteriormente referidos.

A qualificação como empresa pública depende da previsão legislativa, que pode ser veiculada por ocasião da autorização para a criação da estatal ou em lei específica posterior.

18.2.2 A participação exclusiva de pessoas administrativas

O quadro societário da empresa pública é composto, em princípio, apenas pelos entes federativos. Não há impedimento à constituição de empresa pública unipessoal, em que todo o capital se encontre em mãos de um único sócio.

Mas a Lei 13.303/2016 admitiu a possibilidade de que outras entidades integrantes da Administração Pública sejam sócias da empresa pública, desde que a maioria do capital votante permaneça na titularidade do ente federativo.

18.2.3 A forma de sociedade anônima

O art. 11 do Dec. Federal 8.945/2016 estabelece que a empresa pública será constituída preferencialmente sob a forma de sociedade anônima. Em teoria, poderiam ser adotadas outras formas, mas essa solução seria muito problemática. A disciplina da Lei 13.303/2016, de observância obrigatória, dificilmente poderia ser respeitada se a empresa pública apresentasse uma forma societária diversa.

18.3 Objeto social

A empresa pública não dispõe de poderes regulatórios e não exerce poder de polícia administrativa – ressalvada a orientação do STF de assimilar algumas empresas públicas a autarquias, que será examinada adiante.

Como regra, a atuação envolve a prestação de serviço público ou o desenvolvimento de atividade econômica propriamente dita. Mas também se admite que a empresa pública tenha por objeto a prestação de serviços de apoio ao próprio Estado.[14] Nesse caso, a entidade não

---

[14] Assim, por exemplo, a Lei 12.304/2010 autorizou o Poder Executivo a criar a empresa pública denominada Empresa Brasileira de Administração de Petróleo e Gás Natural S.A. (Pré-Sal Petróleo S.A.), vinculada ao Ministério de Minas e Energia, para, dentre outras atribuições, representar a União nos consórcios formados para a execução de contratos de partilha de produção e defender interesses da União nos comitês operacionais. Essa estatal, criada pelo Decreto 8.063/2013, não tem por objeto atividade econômica nem a prestação de serviços públicos. Trata-se de um sujeito que desenvolverá atividades de apoio à Administração Pública. Ainda sobre a PPSA e as suas atribuições, confira-se Santos de Mendonça e Vasconcellos Prisco. PPSA, a estatal

explora uma atividade econômica no mercado, nem desempenha um serviço público. Seu objeto é satisfazer necessidades próprias do Estado.

18.4 A competência jurisdicional da Justiça Federal

O art. 109, I, da CF/1988 estabelece a competência da Justiça Federal de 1.º grau para processar e julgar os processos envolvendo interesses de empresas públicas federais.

19 AS SOCIEDADES DE ECONOMIA MISTA

As sociedades de economia mista destinam-se a formalizar a associação entre capitais públicos e privados, para um empreendimento conduzido sob o controle do Estado. O Banco do Brasil e a Petrobras são sociedades de economia mista federais.

19.1 Definições legislativas

Também relativamente à sociedade de economia mista, há uma pluralidade definições legislativas.[15]

19.1.1 A definição do Dec.-lei 200/1967

O art. 5.º, III, do Dec.-lei 200/1967 (com redação dada pelo Dec.-lei 900/1969) define sociedade de economia mista como "a entidade dotada de personalidade jurídica de direito privado, criada por lei para a exploração de atividade econômica, sob a forma de sociedade anônima, cujas ações com direito a voto pertençam em sua maioria à União ou a entidade da Administração Indireta".

19.1.2 A definição da Lei 13.303/2016

O art. 4.º da Lei 13.303/2016 estabelece que sociedade de economia mista "é a entidade dotada de personalidade jurídica de direito privado, com criação autorizada por lei, sob a forma de sociedade anônima, cujas ações com direito a voto pertençam em sua maioria à União, aos Estados, ao Distrito Federal, aos Municípios ou a entidade da administração indireta".

19.2 Características

As principais características da sociedade de economia mista estão indicadas adiante.

19.2.1 A personalidade jurídica de direito privado

Tal como as demais sociedades estatais, a sociedade de economia mista é uma pessoa jurídica de direito privado.[16]

---

endógena do pré-sal – Cinco controvérsias e um quadro geral. *Revista de Direito Público da Economia – RDPE*, Belo Horizonte, ano 10, n. 39, p. 99-123, jul./set. 2012.

[15] A Lei 6.404/1976 contempla diversas regras sobre as sociedades de economia mista, mas não adota definição específica para a figura.

[16] Logo, a participação de capital público na sociedade de economia mista não implica estender a ela as prerrogativas de direito público.

19.2.2 A forma de sociedade anônima

O art. 5.º, III, do Dec.-lei 200/1967, o art. 235 da Lei das S.A. (Lei 6.404/1976) e o art. 4.º da Lei 13.303/2016 preveem que a sociedade de economia mista deve ser constituída como sociedade anônima. A sociedade anônima é uma sociedade cujo capital é dividido em ações e em que a responsabilidade dos sócios é limitada ao preço de emissão das ações subscritas ou adquiridas (art. 1.º da Lei 6.404/1976).

19.2.3 A participação de sócios privados

Uma parcela das ações representativas do capital da sociedade de economia mista é destinada à titularidade de sócios privados. No entanto, o seu controle se encontra necessariamente no domínio de um sujeito estatal.

Daí não se segue afirmar que toda sociedade de economia mista tenha sócios privados. A associação entre capitais públicos e privados é uma incerteza, nem sempre previsível por ocasião da outorga da autorização para constituição da sociedade. Por isso, a participação de sócios privados pode nunca vir a ocorrer.

19.3 Objeto social

Aplicam-se à sociedade de economia mista as considerações promovidas a respeito da empresa pública, no tocante à natureza prestacional de sua atividade social. A atuação deverá enquadrar-se nos limites do serviço público ou de uma atividade econômica em sentido estrito.

19.4 A distinção entre sociedade de economia mista e empresa pública

Há uma diferença marcante entre empresa pública e sociedade de economia mista.

19.4.1 A natureza intrinsecamente estatal da empresa pública

A empresa pública é, por inerência, uma instituição *exclusivamente* estatal. Ainda quando se admita a participação de uma pluralidade de sócios em seu capital, haverá apenas e exclusivamente capitais de origem pública aplicados para a constituição da empresa pública.

19.4.2 Investidores privados na sociedade de economia mista

Por sua natureza, a sociedade de economia mista é um instrumento para captação de recursos de investidores privados.

A existência de sócios privados participando da sociedade de economia mista afeta o regime jurídico aplicável. Quando o quadro societário da sociedade de economia mista for composto também por sócios privados, acentuar-se-á o seu cunho empresarial.

O art. 238 da Lei das S.A. determinou que "A pessoa jurídica que controla a companhia de economia mista tem os deveres e responsabilidades do acionista controlador (artigos 116 e 117), mas poderá orientar as atividades da companhia de modo a atender ao interesse público que justificou a sua criação".

Já o art. 4.º, § 1.º, da Lei 13.303/2016 adotou uma redação diversa, fixando que "A pessoa jurídica que controla a sociedade de economia mista tem os deveres e as responsabilidades do acionista controlador, estabelecidos na Lei 6.404 (...), e deverá exercer o poder de controle no interesse da companhia, respeitado o interesse público que justificou sua criação".

Cap. 6 – A ADMINISTRAÇÃO PÚBLICA EM SENTIDO SUBJETIVO **141**

A realização do interesse público não equivale à assunção pela companhia de prejuízos econômicos, nem autoriza decisões gerenciais desastrosas. Não existe realização do interesse público quando uma sociedade estatal é governada segundo critérios político ou partidários – os quais foram expressamente rejeitados pela Lei 13.303/2016.

Ainda que a sociedade de economia mista comporte situação diferenciada em favor do sócio estatal controlador, o Direito protege os interesses dos sócios minoritários.

19.5   A ausência de competência jurisdicional da Justiça Federal

O controle da União sobre a sociedade de economia mista não acarreta necessariamente a competência da Justiça Federal para os casos em que a entidade for parte. Haverá competência da Justiça Federal somente nos casos em que a União intervier na lide ou nos mandados de segurança contra ação ou omissão praticada no exercício de competência federal.

Sobre o tema, confiram-se as Súmulas do STF e do STJ:

"É competente a justiça comum para julgar as causas em que é parte sociedade de economia mista" (Súmula 556 do STF).

"As sociedades de economia mista só têm foro na Justiça Federal, quando a União intervém como assistente ou opoente" (Súmula 517 do STF).

"Compete à justiça comum estadual processar e julgar as causas cíveis em que é parte sociedade de economia mista e os crimes praticados em seu detrimento" (Súmula 42 do STJ).

20   AS SOCIEDADES SUBSIDIÁRIAS (CONTROLADAS)

A sociedade estatal subsidiária é uma pessoa jurídica de direito privado, constituída como regra sob forma de companhia e que se encontra sob controle direto ou indireto de empresa pública ou sociedade de economia mista.

20.1   A disciplina da Lei 13.303/2016

A Lei 13.303/2016 adotou a expressão *sociedade subsidiária* para indicar as sociedades controladas por sociedades de economia mista ou empresas públicas. Até a edição da Lei 13.303/2016, não existia um tratamento jurídico específico para a sociedade subsidiária.

20.2   Características

As principais características das sociedades subsidiárias estão indicadas adiante.

20.2.1   A personalidade jurídica própria de direito privado

A subsidiária apresenta personalidade jurídica própria, o que significa a titularidade de direitos e obrigações inconfundíveis com os atribuídos ao(s) sócio(s). É dotada de autonomia formal em vista do sócio, que somente pode ser responsabilizado por eventuais obrigações da controlada nos casos previstos em lei.

Não se admite a criação de uma controlada com personalidade jurídica de direito público.

20.2.2   A finalidade da criação de uma subsidiária

A utilidade da figura da controlada relaciona-se aos processos de organização da atividade empresarial. A subsidiária apenas pode ser criada para promover maior eficiência gerencial no desempenho da atividade atribuída a uma entidade integrante da Administração indireta.

20.2.3   A forma societária

Em princípio, a subsidiária adotará forma de sociedade anônima. Essa solução pode ser extraída da Lei 13.303/2016 e está expressamente consagrada no Dec. Federal 8.945/2016. O art. 11 do Decreto mencionado estabelece que a forma de sociedade anônima é obrigatória para as subsidiárias de empresa pública. O art. 10, § 1.º, determina que as subsidiárias das sociedades de economia mista deverão adotar a forma de companhias, admitindo-se a forma de limitada para subsidiárias em liquidação.

20.3   O controle indireto da pessoa federativa

A subsidiária não se encontra sob controle direto de ente federativo. O seu controle está na titularidade direta ou indireta de uma sociedade de economia mista ou de uma empresa pública. Ou seja, a maioria do capital votante da subsidiária pode encontrar-se na titularidade de outra subsidiária de sociedade estatal. Nada impede a multiplicação de graus societários, de modo a gerar uma cadeia de sociedades.

Não se afigura válida a vinculação de empresa controlada a uma autarquia. A natureza puramente administrativa da autarquia é incompatível com a condição de sócia em uma entidade privada. É imperioso que o poder de controle seja de titularidade, ainda que indireta, de uma empresa pública ou de uma sociedade de economia mista.

20.4   Regime jurídico das subsidiárias

De modo geral, as subsidiárias se subordinam a regime jurídico equivalente ao das sociedades de economia mista e empresas públicas sob cujo controle se encontram.

Tal como já exposto, a criação de subsidiárias por sociedade de economia mista ou empresa pública depende de autorização legislativa, por imposição constitucional (art. 37, XX). Também como visto, admite-se autorização ampla, abrangendo o setor de atuação da sociedade de economia mista ou empresa pública.

A validade da criação da subsidiária depende da compatibilidade de seu objeto com o âmbito de abrangência da autorização outorgada.

21   REGIMES JURÍDICOS DAS SOCIEDADES ESTATAIS

Existem variações no regime jurídico das sociedades estatais, conforme a natureza das atividades a elas cometidas ou o modo de sua organização.

21.1   A distinção fundada na espécie de atividade desenvolvida

O enfoque tradicional diferencia as sociedades estatais em vista da natureza da atividade desempenhada, conforme se trate de exploração de atividade econômica ou prestação de serviço público.[17]

---

[17]   Rigorosamente, existe uma terceira alternativa, que é o desempenho de atividades de suporte à Administração Pública. Algumas entidades da Administração indireta, dotadas de personalidade jurídica de direito privado, dedicam-se a fornecer utilidades a outros entes administrativos. Assim se passa, por exemplo, com o Serviço Federal de Processamento de Dados (Serpro), que não desempenha nem atividade econômica nem presta serviço público. Não se fará alusão específica a essa terceira categoria porque o regime jurídico pertinente é muito próximo daquele aplicável às estatais prestadoras de serviços públicos.

21.1.1 O tratamento constitucional da atividade econômica

Conforme exposto no Capítulo 12, a CF/1988 dispôs sobre a atividade econômica (em sentido amplo). Previu que se trata de gênero, que comporta duas espécies, o serviço público e a atividade econômica em sentido restrito.

21.1.2 Síntese da distinção

De modo sintético, o serviço público é uma atividade de satisfação de necessidades comuns à generalidade dos sujeitos, desenvolvida sob regime de direito público e atribuída à titularidade do Estado. Já a atividade econômica em sentido restrito envolve a exploração dos recursos econômicos, em regime de direito privado e segundo os princípios da livre-iniciativa e da livre concorrência.

21.1.3 A atividade econômica desenvolvida pelo Estado

O art. 173 da CF/1988 admitiu a possibilidade de o Estado assumir o desempenho direto de atividade econômica em sentido restrito, nas hipóteses previstas na Constituição ou nos casos de relevante interesse coletivo ou imperativo de segurança nacional, definidos na legislação.

Em tais hipóteses, é vedada a previsão em favor da entidade estatal de qualquer benefício ou vantagem não extensível aos agentes econômicos privados. A entidade estatal, que desenvolver atividade econômica em sentido próprio, deverá competir em igualdade de condições com os particulares. A sua existência e a sua atuação não podem configurar instrumento para comprometer a livre competição na exploração dos recursos econômicos.

21.1.4 Sociedades estatais prestadoras de serviço público

A prestação de serviços públicos pelo Estado pode ser promovida por meio de uma sociedade estatal. Em tais hipóteses, o STF reconheceu a ausência de vedação a privilégios não extensíveis aos agentes privados.[18] Nessa linha, o STF afirmou que a natureza pública das atividades postais impossibilitava a penhora dos bens da ECT. No acórdão, consta passagem em que se afirma:

> "Empresa pública que não exerce atividade econômica e presta serviço público da competência da União Federal e por ela mantido. Execução. Observância do regime de precatório, sob pena de vulneração do art. 100 da Constituição Federal" (RE 220.906/DF, Pleno, rel. Min. Maurício Corrêa, j. 16.11.2000, *DJ* 14.11.2002).

Também se admitiu que o patrimônio e as atividades desenvolvidas por essas empresas seriam abrangidos pela imunidade tributária recíproca, tal como formalizado no Tema da Repercussão Geral 1.140:

> "As empresas públicas e as sociedades de economia mista delegatárias de serviços públicos essenciais, que não distribuam lucros a acionistas privados nem ofereçam risco ao equilíbrio concorrencial, são beneficiárias da imunidade tributária recíproca prevista no artigo 150, VI, *a*, da Constituição Federal, independentemente de cobrança de tarifa como contraprestação do serviço" (RE 1.320.054/SP, Pleno, rel. Min. Luiz Fux, repercussão geral – mérito, j. 06.05.2021, *DJe* 13.05.2021).

---

[18] Sobre o tema, confira-se MENDES. Aspectos constitucionais do regime jurídico das empresas estatais. In: NORONHA, FRAZÃO, MESQUITA (Coord.). *Estatuto jurídico das estatais*. Análise da Lei 13.303/2016, p. 30 e ss.

Em algumas oportunidades, o STF reconheceu que não incide o regime de direito público quando a sociedade estatal explorar atividade econômica ou for orientada primariamente à distribuição de lucros aos acionistas. A questão foi objeto do Tema 253 da Repercussão Geral:

"Os privilégios da Fazenda Pública são inextensíveis às sociedades de economia mista que executam atividades em regime de concorrência ou que tenham como objetivo distribuir lucros aos seus acionistas. Portanto, a empresa Centrais Elétricas do Norte do Brasil S.A. – Eletronorte não pode se beneficiar do sistema de pagamento por precatório de dívidas decorrentes de decisões judiciais (art. 100 da Constituição)" (RE 599.628/DF, Pleno, rel. Min. Ayres Britto, rel. p/ acórdão Min. Joaquim Barbosa, repercussão geral – mérito, j. 25.05.2011, *DJe* 14.10.2011).

Em decisões posteriores, o STF manteve esse entendimento, tal como consta do julgado parcialmente reproduzido adiante:

"(...) 2. É firme a jurisprudência desta Suprema Corte no sentido de que, para se submeterem ao regime constitucional dos precatórios (CF, art. 100), as empresas públicas e sociedades de economia mista devem preencher três requisitos cumulativos, quais sejam: (i) prestar, exclusivamente, serviços públicos de caráter essencial, (ii) em regime não concorrencial e (iii) não ter a finalidade primária de distribuir lucros. Precedentes. 3. As empresas estatais (empresas públicas e as sociedades de economia mista), ao atuarem em atividades econômicas em sentido estrito, a teor do art. 173, § 1.º, II e § 2.º, da Constituição da República, sujeitam-se ao regime jurídico próprio das empresas privadas, não podendo gozar de benefícios e prerrogativas da Fazenda Pública inextensíveis ao setor privado. (...)" (MC na ADPF 896/MG, Pleno, rel. Min. Rosa Weber, j. 18.04.2023, *DJe* 25.04.2023).

21.2   A distinção fundada na forma de exploração

A Lei 13.303/2016 adotou um enfoque distinto sobre o assunto e diferenciou o tratamento jurídico das sociedades estatais em vista do modo de organização da atividade desenvolvida. O tema é examinado também no Capítulo 13.

21.2.1   A disciplina do Código Civil

O Código Civil diferenciou o regime jurídico das sociedades segundo a forma de exploração dos recursos econômicos. O art. 966 diferenciou sociedades simples e empresárias. Essas últimas exercitam profissionalmente atividade econômica organizada para a produção ou circulação de bens ou de serviços.

21.2.2   A solução adotada pela Lei 13.303/2016

A Lei 13.303/2016 dispõe sobre a sociedade "que explore atividade econômica de produção ou comercialização de bens ou de prestação de serviços, ainda que a atividade econômica esteja sujeita ao regime de monopólio da União ou seja de prestação de serviços públicos" (art. 1.º).

21.2.3   As sociedades estatais não empresárias

Por decorrência, a sociedade estatal que não atue de modo empresarial não se subordina às normas da Lei 13.303/2016.

21.3 O regime jurídico diferenciado em vista da dependência financeira

A disciplina da LC 101/2000 (Lei de Responsabilidade Fiscal) permite adotar outro critério para diferenciar o regime jurídico das entidades da Administração indireta. Trata-se da questão da dependência financeira.

21.3.1 O critério de distinção

O diploma determina, no art. 2.º, III, que se considera como sociedade estatal dependente aquela "empresa controlada que receba do ente controlador recursos financeiros para pagamento de despesas com pessoal ou de custeio em geral ou de capital, excluídos, no último caso, aqueles provenientes de aumento de participação acionária".

Por exclusão, é independente toda sociedade estatal que não se enquadre na descrição da norma. A distinção é relevante porque as entidades independentes não estão obrigadas a observar grande parte dos limites e constrangimentos da Lei de Responsabilidade Fiscal, enquanto se impõem numerosas restrições à autonomia gerencial das entidades configuradas como financeiramente dependentes.

21.3.2 O tratamento jurídico severo para as estatais dependentes

Existem muitas limitações à autonomia das estatais dependentes. Já aquelas que não dependam de recursos do ente controlador são investidas de maior autonomia para a sua atuação.

22 O REGIME COMUM

A consolidação das sociedades estatais exige a implantação de regulação diferenciada, que conjugue princípios inerentes à aplicação de recursos originalmente estatais com as exigências da atividade empresarial. Isso vai produzindo um ramo próprio do direito, que poderia ser denominado de direito administrativo empresarial,[19] o qual poderá adquirir futuramente autonomia diferenciada.

22.1 O regime jurídico dos bens das sociedades estatais

A criação de uma sociedade estatal exige a constituição de um patrimônio próprio, o que envolve a atribuição a ela do domínio sobre um conjunto de bens.

22.1.1 A conferência de bens públicos e sua submissão ao regime privado

Em muitos casos, o patrimônio da sociedade estatal será constituído mediante a conferência pelo Estado de bens originariamente públicos. Isso dependerá de prévia autorização legislativa. Essa transferência para o domínio privado elimina a condição de bem público em sentido técnico jurídico. A questão será mais bem examinada no capítulo atinente aos bens públicos.

22.1.2 A ausência de integração no domínio público

Os bens integrantes do patrimônio das sociedades estatais não integram o domínio público. Rigorosamente, são bens privados, ainda que exista jurisprudência do STF no sentido de que o patrimônio de algumas sociedades estatais é impenhorável (tema que será examinado

---

[19]   A terminologia é de autoria de Arnoldo Wald.

adiante). No entanto, existem instrumentos de controle próprios do direito público relativamente ao patrimônio das sociedades estatais. A questão se relaciona com o regime jurídico próprio das estatais.

22.1.3 A regra do art. 99, parágrafo único, do Código Civil

O parágrafo único do art. 99 do Código Civil consagrou regra com aplicação muito limitada. Determinou que "Não dispondo a lei em contrário, consideram-se dominicais os bens pertencentes às pessoas jurídicas de direito público a que se tenha dado estrutura de direito privado". Esse dispositivo é examinado no Capítulo 17.

22.2 A personalidade jurídica de direito privado

Em princípio, não existem pessoas jurídicas de direito público com estrutura de direito privado. As sociedades estatais não se configuram como pessoa jurídica de direito público. Como exposto em tópico anterior, o STF reconhece que algumas sociedades prestadoras de serviço público devem ser subordinadas ao regime de direito público, mesmo tendo adotado forma societária.

22.3 A ausência de titularidade de competências anômalas

As relações jurídicas estabelecidas entre as sociedades estatais e terceiros se subordinam ao direito privado (ainda que seja obrigatória a observância da licitação prévia em muitas hipóteses de contratações). Apesar disso, é usual as sociedades estatais invocarem a titularidade de competências extraordinárias, pretendendo valer-se de poderes reservados apenas aos sujeitos de direito público. A natureza privada das sociedades estatais é incompatível com essa orientação, e os arts. 58 da Lei 8.666/1993 e 104 da Lei 14.133/2021 não se aplicam aos contratos por elas praticados.

Ademais, a regra é a ausência de competências, presunções e eficácia porventura aplicáveis aos atos do Estado, tais como a coercitividade, a autoexecutoriedade ou a presunção de legitimidade dos seus atos.

22.4 A submissão ao regime de execução dos particulares

A natureza privada acarreta a submissão das estatais às regras do direito privado inclusive no seu relacionamento com os credores. Como regra, o pagamento das suas dívidas não se sujeita ao regime de precatórios (art. 100 da CF/1988) e seus bens são penhoráveis – as exceções serão indicadas adiante, relativamente às sociedades estatais prestadoras de serviço público. Além disso, não são titulares de prerrogativas processuais especiais.

22.5 A ausência de privilégios em face de devedores

Por outro lado, também o relacionamento com seus devedores se subordina ao direito privado. Seus créditos não se beneficiam automaticamente do regime previsto para a Fazenda Pública. Não dispõem de competência para constituir unilateralmente títulos executivos, sujeitando-se às regras de direito privado quanto a isso.

22.6 A submissão às normas do mercado aberto

O art. 5.º, § 1.º, do Dec. 7.724/2012 (que regulamenta a Lei 12.527/2011) determinou que as sociedades estatais federais que atuem em regime de concorrência sujeitam-se às normas da CVM sobre divulgação de informações. A regra se aplica não apenas às empresas abertas (emitentes de valores mobiliários negociados em bolsas de valores). Trata-se de uma determinação destinada a ampliar a transparência e a governança corporativa das sociedades estatais federais, inclusive para tutela dos interesses dos acionistas minoritários (quando houver).

22.7   A aplicação do regime trabalhista para os empregados

Os empregados das sociedades estatais não se subordinam ao regime estatutário próprio dos servidores públicos. Aplica-se o regime trabalhista, ainda que possam existir peculiaridades relacionadas com a natureza estatal da entidade.

22.8   A questão da responsabilidade patrimonial e da falência

Outra característica comum às estatais é a não submissão à falência, o que deriva de diversos fatores jurídicos.

22.8.1   O princípio da legalidade

Não pode haver falência de sociedade estatal, porque somente uma lei pode determinar sua criação, dissolução ou extinção. A falência é uma causa de dissolução da empresa derivada da insolvência, visando à liquidação de seu patrimônio, ao pagamento de seus credores em situação de igualdade e à posterior extinção.

22.8.2   A assunção do controle da sociedade falida

A falência conduz à transferência do controle da entidade falida para o Poder Judiciário, que designa um particular (administrador judicial) para dirigir os atos terminais. O administrador judicial deve ser um profissional idôneo, preferencialmente advogado, economista, administrador de empresas ou contador, o qual passa a atuar no interesse do conjunto de credores. Poderá ser nomeado como administrador judicial uma pessoa jurídica especializada. Suspende-se o poder de controle dos sócios da sociedade falida. E tudo isso é incompatível com a condição de existência de uma entidade estatal.

22.8.3   A ausência de interesse na decretação da falência

Por outro lado, a falência seria inútil, uma vez que não é possível a eliminação da responsabilidade civil subsidiária da entidade federativa pelas dívidas de entidades estatais a ela vinculadas. O art. 37, § 6.º, da CF/1988 estabelece a responsabilidade objetiva das pessoas de direito público por danos acarretados a terceiros em virtude do funcionamento defeituoso dos serviços estatais. A falência de uma entidade estatal qualifica-se como tal. O ente público que controla uma estatal tem o dever de promover todas as medidas necessárias para evitar sua insolvência. Se não o fizer, deverá arcar com os prejuízos acarretados a terceiros, caracterizando-se sua responsabilidade civil extracontratual.

22.8.4   A inaplicabilidade do regime de insolvência

A Lei 11.101/2005 determinou, no art. 2.º, I, que a disciplina prevista para a insolvência não é aplicável às empresas públicas e sociedades de economia mista. Essa orientação deve ser estendida às demais sociedades estatais, assim entendidas aquelas que se encontram sob o controle de uma sociedade de economia mista ou de uma empresa pública.

22.9 A disciplina subsidiária de direito público

A condição de pessoa jurídica de direito privado importa o afastamento de algumas características privativas das pessoas de direito público, mas não todas. Há uma disciplina comum de direito público aplicável a todas elas.

22.9.1 A submissão aos princípios da Administração Pública

As sociedades estatais se subordinam aos princípios da Administração Pública, tal como determinado no art. 173 da CF/1988. Por decorrência, a sua atuação deve ser orientada pela legalidade, pela impessoalidade, pela moralidade, pela eficiência e pelos demais princípios pertinentes.

22.9.2 Os controles interno e externo

Como todos os sujeitos integrantes da Administração Pública, as sociedades estatais estão sujeitas ao controle interno, tal como determinado no art. 74 da CF/1988. Ademais, sujeitam-se a diversos mecanismos de controle externo. A análise do tema é aprofundada no Capítulo 18.

22.9.3 A exigência de concurso público para contratação de empregados

As sociedades estatais estão submetidas à exigência de concurso público para a contratação de empregados, que se subordinarão ao regime trabalhista comum. A regra está prevista no art. 37, II, da CF/1988.

23 AS SOCIEDADES ESTATAIS DE FATO

As sociedades estatais de fato são empresas privadas sob controle estatal, cuja criação não atendeu ao princípio da legalidade. Foram instituídas tal como se o Estado pudesse atuar de modo semelhante aos particulares ou como resultado de circunstâncias aleatórias (a exemplo da hipótese de herança vacante, abrangendo participações em sociedades privadas). Apesar dessa irregularidade inicial, tais empresas acabam exercendo atividades de modo contínuo, gerando relações jurídicas de direito privado.

23.1 O vício de origem

Em princípio, o vício de constituição é insanável. A solução ortodoxa seria a pura e simples dissolução de tais entidades, liquidando-se as suas dívidas e transferindo os bens remanescentes para a entidade titular do controle. Afinal, a existência e a atuação dessas entidades configuram infração à Constituição e ao princípio da legalidade.

No entanto, pronunciar o defeito poderia acarretar consequências danosas, com infração a princípios fundamentais do direito privado (*princípio da aparência*) e do direito público (*princípio da confiança*). As relações econômicas privadas norteiam-se pela boa-fé e pela presunção de que a aparência fática corresponde a uma situação juridicamente correta. Não teria cabimento negar a validade dos atos praticados por sociedades estatais constituídas irregularmente, até porque isso se traduziria na responsabilização civil do Estado por todos os efeitos danosos daí decorrentes.

23.2 A incidência do regime de direito público

Uma sociedade estatal criada de fato integra a Administração Pública, sujeitando-se ao regime próprio das sociedades estatais regulares.

23.2.1 O descabimento da submissão ao regime de direito privado

Não é cabível negar a natureza administrativa da sociedade estatal de fato ou a sua submissão às normas próprias da Administração indireta. Afirmar que a sociedade irregular não integraria a Administração Pública equivaleria a produzir um resultado que não poderia ser obtido nem mesmo por via direta.

Toda e qualquer sociedade controlada pelo Estado integra a Administração Pública. Aquilo que não pode ser instituído diretamente por lei não pode ser produzido por via da violação à lei.

23.2.2 A adoção de providências de regularização

Identificada a situação de irregularidade, é dever jurídico da autoridade competente adotar providências destinadas a reconduzir a entidade ao âmbito da licitude. Se for verificado o descabimento da sua existência, surge o dever jurídico de promover a sua extinção, com a prévia liquidação de todas as suas obrigações. Deverá dar-se um destino ao seu patrimônio.

Entendendo-se viável a manutenção da existência da entidade, caberá a edição de lei autorizando as providências necessárias e adequadas à sua regularização.

23.3 A repressão imediata a práticas ilícitas

As considerações anteriores apenas se aplicam para as situações fáticas consolidadas. Se algum agente público tentar criar uma sociedade privada sem a necessária autorização, é possível (necessário, aliás) impedir seu intento. Caberá proibir o início de operação da sociedade e responsabilizar os agentes públicos que tentaram uma providência incompatível com a Constituição.

24 AS ENTIDADES PARAESTATAIS ("SERVIÇOS SOCIAIS AUTÔNOMOS")

Entidade paraestatal ou serviço social autônomo é uma pessoa jurídica de direito privado criada por lei para, atuando sem submissão à Administração Pública, promover o atendimento de necessidades assistenciais e educacionais de certos setores empresariais ou categorias profissionais, que arcam com sua manutenção mediante contribuições compulsórias.

24.1 A terminologia adotada

Utiliza-se a expressão *entidades paraestatais* na falta de outra melhor e tomando em vista sua consagração pelo uso.

Anteriormente, essa expressão era utilizada para indicar, de modo indiscriminado, toda a Administração Pública indireta. Mas essa terminologia deixou de ser adotada depois da edição do Dec.-lei 200/1967.

Na atualidade, a expressão tem sido utilizada para indicar uma categoria heterogênea de instituições associativas encarregadas do desempenho de *serviços sociais autônomos*. Alguns exemplos são o Serviço Social da Indústria (Sesi), o Serviço Nacional de Aprendizagem Industrial (Senai), o Serviço Social do Comércio (Sesc) e assim por diante.

24.2 A satisfação de necessidades coletivos setoriais

Essas entidades se voltam à satisfação de necessidades coletivas e supraindividuais, relacionadas especialmente com questões assistenciais e educacionais. Ou seja, não são criadas para o desempenho de atividades indeterminadas, mas para satisfazer algumas categorias de interesses. Usualmente, esses interesses são satisfeitos pelo Estado. Aliás, quando o próprio Estado desempenha atividade para satisfazer tais interesses, configura-se o desempenho de função administrativa. Em outras palavras, a atuação desempenhada por essas entidades privadas é *materialmente* administrativa. Trata-se de atuação administrativa não governamental.

24.3 Características

Há diversas características que merecem destaque a propósito dos serviços sociais autônomos.

24.3.1 A criação por lei

Essas entidades são criadas por lei, ainda que sejam dotadas de personalidade jurídica de direito privado e geridas por particulares. Sua existência, sua estrutura e seu funcionamento estão contemplados em dispositivos legais.

24.3.2 A gestão de direito privado

No entanto, sua personalidade jurídica é de direito privado, o que se reflete na sua atuação. Assim, por exemplo, seus administradores não são nomeados pelo Estado, mas escolhidos segundo processos eleitorais próprios.

24.3.3 Ausência de poder de controle estatal

Outro aspecto característico reside na ausência de vínculo entre o serviço social e a estrutura administrativa do Estado. O serviço social não recebe determinações governamentais. Seus administradores não são escolhidos pelos governantes e seus atos não se caracterizam como manifestação de atuação estatal.

Outro dado fundamental reside na vinculação da atuação a um setor empresarial ou a uma categoria profissional. Trata-se de uma espécie de *autogoverno* privado. Esses setores ou segmentos profissionais apresentam interesses comuns e homogêneos. Parte-se do pressuposto de que a solução mais satisfatória não reside na intromissão estatal, o que demandaria a estruturação de organizações burocráticas e a aplicação de recursos relevantes para atividades-meio. Assegura-se à própria categoria o poder de promover a gestão de organizações criadas por lei para a satisfação de interesses comuns.[20]

24.3.4 Ausência de competências de poder de polícia

Essas entidades não são investidas de competências administrativas relacionadas com o poder de polícia ou com a regulação de atividades privadas. Desempenham atividades de cunho prestacional. O objeto social dos serviços sociais autônomos é fornecer utilidades para os integrantes de certa categoria profissional relativamente à assistência social e, em especial, à formação educacional. Assim, desenvolvem-se ações para reduzir o desgaste causado pela atividade, para assegurar o lazer, para fornecer assistência médica suplementar, para treinamento técnico e assim por diante.

---

[20] Sob certo ângulo, até se poderia assemelhar um serviço social autônomo a um sindicato. Mas a diferença fundamental reside na ausência de vinculação à defesa de interesses dos membros *enquanto* trabalhadores ou empregadores. Não é casual, no entanto, que a seleção dos administradores dos serviços sociais autônomos envolva um processo eletivo vinculado aos órgãos sindicais patronais (dos empregadores).

Cap. 6 – A ADMINISTRAÇÃO PÚBLICA EM SENTIDO SUBJETIVO **151**

24.3.5 A manutenção mediante contribuições privadas obrigatórias

Uma outra característica essencial reside na percepção de contribuições obrigatórias, incidentes sobre os exercentes das atividades ou das categorias profissionais abrangidas. Os serviços sociais são mantidos mediante contribuições instituídas no interesse de categorias profissionais ou de intervenção no domínio econômico, de natureza tributária.

Há a autogestão dos contribuintes relativamente ao destino e à aplicação dos recursos, o que amplia tanto a legitimidade da atividade quanto (presume-se) sua eficácia social. Esses recursos não são apropriados pelos cofres públicos para posterior (e incerta) aplicação na satisfação dos interesses das categorias profissionais dos contribuintes.

Acerca do assunto, confira-se a Súmula 499 do STJ:

"As empresas prestadoras de serviços estão sujeitas às contribuições ao Sesc e Senac, salvo se integradas noutro serviço social".

24.4 Regime jurídico

Em grande parte, o regime jurídico aplicável a essas entidades é o de direito privado.

24.4.1 Aplicação supletiva do regime de direito público

No entanto, a natureza supraindividual dos interesses atendidos e o cunho tributário dos recursos envolvidos impõem a aplicação de regras de direito público. O art. 183 do Dec.-lei 200/1967 já estabelecia que:

"as entidades e organizações em geral, dotadas de personalidade jurídica de direito privado, que recebem contribuições parafiscais e prestam serviços de interesse público ou social, estão sujeitas à fiscalização do Estado nos termos e condições estabelecidas na legislação pertinente a cada uma".

Ainda que não exista exercício de competências estatais (especialmente daquelas de cunho autoritativo[21]) nem possibilidade de atuação dotada de coercitividade, a atuação dos serviços sociais autônomos é norteada pelos princípios fundamentais que disciplinam a atividade administrativa.

Logo, os integrantes da categoria profissional, subordinados a determinado serviço social autônomo, podem exigir a observância pelos administradores dos princípios e regras fundamentais do direito administrativo.

24.4.2 O dever de prestar contas

Essas entidades administram recursos reputados como de origem pública (contribuições compulsórias). Aplica-se o dever de prestar contas instituído no art. 70, parágrafo único, da CF/1988. Esse é o entendimento do TCU, tal como exposto no julgado adiante referido:

"Os serviços sociais autônomos se sujeitam ao controle do TCU, uma vez que administram recursos públicos de natureza tributária, advindos de contribuições parafiscais e destinados

---

[21] A expressão indica o atributo de um ato de autoridade. Não é adequado utilizar "autoritário", palavra que apresenta significado distinto.

152 CURSO DE DIREITO ADMINISTRATIVO · *Marçal Justen Filho*

ao atendimento de fins de interesse público" (TCU, Acórdão 5.131/2024, 1.ª C., rel. Min. Jhonatan de Jesus, j. 09.07.2024).

25 OS SERVIÇOS SOCIAIS IMPRÓPRIOS

Leis federais diversas autorizaram a instituição, ao longo do tempo, de entidades formalmente denominadas de "serviços sociais", mas que não se confundem com aquelas entidades do chamado "Sistema S". Como exemplo, considere-se a Agência Nacional de Assistência Técnica e Extensão Rural – Anater, instituída pelo Dec. Fed. 8.252/2014, sob autorização da Lei Federal 12.897/2013.

25.1 A distinção com os serviços sociais autônomos propriamente ditos

A Anater e essas outras figuras semelhantes não se confundem com os "serviços sociais autônomos" propriamente ditos (tal como o Sesi e o Sesc). O ponto diferencial reside na intensidade do controle e participação estatal.

As entidades do "Sistema S" vinculam-se à iniciativa privada, que promove o seu custeio e desempenha a sua administração sem qualquer interferência estatal.

Já os serviços sociais impróprios são entidades administrativas cuja criação é autorizada por lei, dotadas de personalidade jurídica de direito privado, geridas por administradores indicados pelo Poder Público e mantidas basicamente com recursos públicos.

A decisão do STF no Tema 569 da Repercussão Geral bem esclareceu as peculiaridades dessas entidades:

"4. É importante não confundir essas entidades, nem equipará-las com outras criadas após a Constituição de 1988, cuja configuração jurídica tem peculiaridades próprias. É o caso, por exemplo, da Associação das Pioneiras Sociais – APS (serviço social responsável pela manutenção da Rede Sarah, criada pela Lei 8.246/1991), da Agência de Promoção de Exportações do Brasil – Apex (criada pela Lei 10.668/2003) e da Agência Brasileira de Desenvolvimento Industrial – ABDI (criada pela Lei 11.080/2004). Diferentemente do que ocorre com os serviços autônomos do Sistema 'S', essas novas entidades (a) tiveram sua criação autorizada por lei e implementada pelo Poder Executivo, não por entidades sindicais; (b) não se destinam a prover prestações sociais ou de formação profissional a determinadas categorias de trabalhadores, mas a atuar na prestação de assistência médica qualificada e na promoção de políticas públicas de desenvolvimento setorial; (c) são financiadas, majoritariamente, por dotações orçamentárias consignadas no orçamento da própria União (art. 2.º, § 3.º, da Lei 8.246/1991, art. 13 da Lei 10.668/2003 e art. 17, I, da Lei 11.080/2004); (d) estão obrigadas a gerir seus recursos de acordo com os critérios, metas e objetivos estabelecidos em contrato de gestão cujos termos são definidos pelo próprio Poder Executivo; e (e) submetem-se à supervisão do Poder Executivo, quanto à gestão de seus recursos. (...) Bem se vê, portanto, que ao contrário dos serviços autônomos do primeiro grupo, vinculados às entidades sindicais (Senac, Senai, Sest, Senat e Senar), os do segundo grupo (APS, Apex e ABDI) não são propriamente autônomos, pois sua gestão está sujeita a consideráveis restrições impostas pelo poder público, restrições que se justificam, sobretudo, porque são financiadas por recursos do próprio orçamento federal. Essas limitações atingem, inclusive, a política de contratação de pessoal dessas entidades. Tanto a lei que autorizou a criação da APS, quanto aquelas que implementaram a APEX e a ABDI têm normas específicas a respeito dos parâmetros a serem observados por essas entidades nos seus processos seletivos e nos planos de cargos e salários de seus funcionários (ex.: art. 3.º, VIII e IX, da Lei 8.246/1991, art. 9.º, V e VI da Lei 10.668/2003 e art. 11,

§§ 2.º e 3.º da Lei 11.080/2004)" (RE 789.874/DF, Pleno, rel. Min. Teori Zavascki, repercussão geral – mérito, j. 17.09.2014, *DJe* 18.11.2014).

25.2   O entendimento doutrinário

O tema foi tratado doutrinariamente por diversos autores. Fernando Facury Scaff aponta a existência das duas categorias de entidades.[22] Carvalho Filho entende que se trata de agências executivas, sob forma de autarquia.[23] O entendimento encontra obstáculo na personalidade de direito privado atribuída a esses serviços sociais impróprios.

Floriano Azevedo Marques Neto e Carlos Eduardo Bergamini Cunha defendem a existência de três categorias. Além dos serviços sociais autônomos propriamente ditos, existiriam duas categorias distintas. Uma delas seria integrada por entidades criadas a partir da extinção de órgãos públicos e a outra seria composta por entidades instituídas diretamente por lei (tal como a Anater, a Apex-Brasil, a Agência Brasileira de Desenvolvimento Industrial – ABDI).[24] Ainda que a distinção apresente relevância, deve-se reconhecer que as duas figuras apontadas por Marques Neto e Bergamini Cunha são subespécies de uma mesma categoria.

25.3   Modalidade de fundação pública

No estágio atual do pensamento doutrinário, afigura-se que os serviços sociais autônomos impróprios são uma modalidade de fundação pública. São entidades de direito privado, não orientadas ao desempenho de atividades econômicas, investidas de funções de assistência técnica e social para determinadas categorias ou setores.

O seu regime (público ou privado) dependerá da natureza das atividades desempenhadas e do nível de intervenção estatal em sua gestão.

26   AS ORGANIZAÇÕES NÃO GOVERNAMENTAIS: O CHAMADO TERCEIRO SETOR

Cabe uma breve referência às organizações não governamentais, exercentes de atividade administrativa não estatal. A evolução social evidenciou a insuficiência dos recursos e dos esforços estatais para a promoção dos direitos fundamentais. Entidades privadas assumem atividades de assistência social, de saúde pública, de pesquisa, de proteção ao meio ambiente e aos carentes, dentre outras atividades de interesse coletivo. Essas entidades desempenham atuação muito similar à estatal, o que pode caracterizar uma atividade administrativa não estatal. Existem características comuns a essas entidades, o que permite uma exposição conjunta.

26.1   O terceiro setor

Tem sido utilizada a expressão *terceiro setor* para indicar esse segmento, de modo a diferenciá-lo do Estado propriamente dito (primeiro setor) e da iniciativa privada voltada à exploração econômica lucrativa (segundo setor). O terceiro setor é integrado por sujeitos e organizações privadas que se comprometem com a realização de interesses coletivos e a proteção de valores supraindividuais. Enfim, é uma manifestação da sociedade para promover a realização dos

---

[22]   SCAFF. Contrato de Gestão, serviços sociais autônomos e intervenção do Estado. *Interesse Público – IP*, n. 12, p. 66-90, out./dez. 2001.

[23]   CARVALHO FILHO. *Manual de Direito Administrativo*. 37. ed., p. 450-451.

[24]   MARQUES NETO; CUNHA. Serviços sociais autônomos. *Revista de Direito Administrativo – RDA*, n. 263, p. 135-174, maio/ago. 2013.

direitos fundamentais, especialmente em vista da constatação da insuficiência dos esforços estatais para o atingimento de tais objetivos.

26.2 Ausência de inserção na Administração Pública estatal

Essas entidades não são integrantes da Administração Pública estatal. Mas isso não significa absoluta ausência de incidência de princípios, regras e formalidades próprias do direito público.[25] A relevância crescente desse setor justifica uma análise do tema, inclusive para preservar a sua submissão parcial ao regime privado.

26.3 A ausência de submissão ao poder de controle de ente estatal

Uma entidade somente se configura como integrante do terceiro setor quando o seu poder de controle estiver na titularidade de sujeitos privados. Não se admite, portanto, que o Estado constitua certa entidade, por meio da atribuição de recursos e patrimônio públicos, outorgue sua administração a servidores públicos, sujeitos aos desígnios e influências estatais, e pretenda caracterizá-la como "organização não governamental".

26.4 A ampliação da complexidade

A disciplina do relacionamento entre a Administração Pública e o terceiro setor vai adquirindo um nível de complexidade cada vez mais elevado. Até se poderia aludir a um "direito administrativo do terceiro setor". É inviável tratar de todos esses temas no âmbito do direito administrativo geral.

Segundo o STF:

"15. As organizações sociais, por integrarem o Terceiro Setor, não fazem parte do conceito constitucional de Administração Pública, razão pela qual não se submetem, em suas contratações com terceiros, ao dever de licitar, o que consistiria em quebra da lógica de flexibilidade do setor privado, finalidade por detrás de todo o marco regulatório instituído pela Lei. Por receberem recursos públicos, bens públicos e servidores públicos, porém, seu regime jurídico tem de ser minimamente informado pela incidência do núcleo essencial dos princípios da Administração Pública (CF, art. 37, *caput)*, dentre os quais se destaca o princípio da impessoalidade, de modo que suas contratações devem observar o disposto em regulamento próprio (Lei n.º 9.637/98, art. 4.º, VIII), fixando regras objetivas e impessoais para o dispêndio de recursos públicos. 16. Os empregados das Organizações Sociais não são servidores públicos, mas sim empregados privados, por isso que sua remuneração não deve ter base em lei (CF, art. 37, X), mas nos contratos de trabalho firmados consensualmente. Por identidade de razões, também não se aplica às Organizações Sociais a exigência de concurso público (CF, art. 37, II), mas a seleção de pessoal, da mesma forma como a contratação de obras e serviços, deve ser posta em prática através de um procedimento objetivo e impessoal" (ADI 1.923/DF, Pleno, rel. Min. Ayres Britto, rel. p/ acórdão Min. Luiz Fux, j. 16.04.2015, *DJe* 16.12.2015).

26.5 A ressalva: atuação cooperativa

Uma entidade não governamental pode ser contratada pela Administração Pública para prestação de serviços, segundo modelo de relacionamento reservado para o chamado segundo

---

[25] Sobre o tema, confiram-se as lições de: MODESTO. O direito administrativo do terceiro setor: a aplicação do direito público às entidades privadas sem fins lucrativos. *Revista Brasileira de Direito Público – RBDP*, n. 33, p. 9-33, abr./jun. 2011; e OLIVEIRA. *Contrato de gestão.*

Cap. 6 – A ADMINISTRAÇÃO PÚBLICA EM SENTIDO SUBJETIVO **155**

setor. Em tais casos, aplicar-se-ão as regras contratuais comuns, sem quaisquer peculiaridades. Haverá dimensões distintas, no entanto, quando o Estado e o terceiro setor entabularem acordo cooperativo, não orientado a assegurar benefícios apropriáveis pelo parceiro privado.

26.6   As questões pertinentes ao direito administrativo

Certos aspectos do relacionamento cooperativo entre Administração Pública e terceiro setor apresentam pertinência para o direito administrativo.

Em primeiro lugar, a atuação cooperativa deverá ser formalizada segundo modelo jurídico apropriado. Isso poderá envolver a assunção, pelo terceiro setor, de atribuições próprias do poder público. Sempre que entidade privada for investida do desempenho dessas tarefas, aplicar-se-á o regime de controle apropriado.

Em segundo lugar, a atuação cooperativa poderá envolver a transferência de recursos públicos (financeiros ou não) para a órbita da entidade não governamental. Quando assim se passar, será indispensável assegurar a adoção da solução mais satisfatória. O tema despertou diversas controvérsias ao longo do tempo. Presentemente, há a tendência (inclusive legislativa) de exigir que a escolha da entidade privada seja antecedida de um processo competitivo. Não se trata de uma licitação em sentido próprio, mas de uma oportunidade para os possíveis interessados apresentarem as suas concepções pertinentes à utilização dos recursos de origem pública.

Em terceiro lugar, sempre que houver a transferência de recursos públicos (financeiros ou não) para a entidade não governamental, serão necessárias a prestação de contas e a fiscalização quanto ao desempenho eficiente e adequado das atividades.

26.7   Os institutos jurídicos de direito privado

Não existe uma categoria jurídica consistente em "organização não governamental". Sob o prisma jurídico, as entidades do terceiro setor assumem uma das formas típicas previstas no direito privado, que são a fundação e a associação civil.

A regularidade jurídica é um requisito indispensável para a participação em relações jurídicas com o Estado. No entanto, a Lei 13.018/2014, que instituiu a Política Nacional de Cultura Viva, admitiu a formalização de relações jurídicas pelo Estado com grupos ou coletivos sem constituição jurídica. A Lei estabelece que serão qualificados como "pontos culturais" as entidades jurídicas de direito privado sem fins lucrativos, mas também "grupos ou coletivos sem constituição jurídica, de natureza ou finalidade cultural, que desenvolvam e articulem atividades culturais em suas comunidades" (art. 4.º, I).

Nesses casos, a disciplina jurídica conduz ou ao reconhecimento da personalidade jurídica de instituições sociais de fato ou à imputação da relação jurídica diretamente às pessoas físicas envolvidas.

26.8   A qualificação jurídica

A participação da entidade privada em avenças cooperativas típicas depende do preenchimento de certos requisitos previstos em lei. Nesse caso, a entidade receberá uma qualificação específica, que lhe permitirá integrar relações jurídicas diferenciadas com a Administração Pública.

A Lei 9.637/1998 disciplinou a qualificação das organizações sociais. A Lei 9.790/1999 dispôs sobre as "organizações da sociedade civil de interesse público" (Oscip). A Lei 13.019/2014 (com as alterações da Lei 13.204/2015) regulou amplamente a "organização da sociedade civil" (OSC). Posteriormente, o art. 31 da Lei 13.800/2019 estabeleceu que as disposições legais

CURSO DE DIREITO ADMINISTRATIVO · *Marçal Justen Filho*

pertinentes a licitações e outras exigências relacionadas à atividade administrativa estatal não são aplicáveis aos instrumentos de parcerias e outras hipóteses similares.

Essa mesma Lei 13.800/2019 dispôs sobre a constituição de fundos patrimoniais destinados a arrecadar, gerir e destinar doações para programas, projetos e outras atividades de interesse público. Lembre-se que o fundo não é dotado de personalidade jurídica autônoma, sendo gerido por instituição privada sem fins lucrativos ou fundação privada.

Em todos os casos, exige-se que a entidade não distribua lucros (sob qualquer denominação ou forma) aos sócios, administradores ou empregados, destinando o seu patrimônio integralmente a uma atividade de interesse social.

Capítulo 7

O ATO ADMINISTRATIVO

1 FATOS E ATOS ADMINISTRATIVOS

Fato administrativo em sentido amplo é o evento verificado no mundo físico ao qual são atribuídos efeitos jurídicos no direito administrativo. Trata-se de um gênero que compreende três figuras distintas, que são o fato administrativo em sentido restrito, o ato administrativo e o ato ilícito.

Fato Administrativo (sentido amplo)	Fato Administrativo (sentido restrito)
	Ato Administrativo
	Ato Ilícito

1.1 Fato administrativo em sentido restrito

O fato administrativo em sentido restrito caracteriza-se quando o evento juridicamente relevante não é considerado como uma manifestação de vontade. Por exemplo, a morte do indivíduo produz a extinção da relação jurídica de servidor público.

1.2 Ato administrativo

O ato administrativo se configura quando a concretização do evento juridicamente relevante é uma manifestação de vontade. A inscrição em um concurso público é um ato administrativo, na acepção de que reflete uma vontade de um indivíduo, que desencadeia efeitos jurídicos (também) no direito administrativo.

1.3 Ato ilícito

O ato ilícito é uma conduta que configura violação à ordem jurídica, mas que é apta a desencadear efeitos jurídicos relevantes no direito administrativo. Por exemplo, a recusa do contratado em cumprir as obrigações assumidas perante a Administração pode gerar a rescisão do contrato administrativo.

Os efeitos do ato ilícito usualmente não são aqueles atribuídos ao fato administrativo em sentido restrito e ao ato administrativo. Mas, excepcionalmente, admite-se que um ato ilícito produza efeitos equivalentes aos de um ato administrativo. Por exemplo, o art. 147 da Lei 14.133/2021 autoriza a preservação de efeitos de atos nulos praticados durante a licitação ou a contratação administrativa (ainda que sejam obrigatórias providências complementares, inclusive de cunho punitivo relativamente aos responsáveis).

2 O ATO ADMINISTRATIVO

Ato administrativo é uma manifestação de vontade apta a gerar efeitos jurídicos, produzida no exercício de função administrativa.

2.1 A relevância do conceito de função administrativa

Não é possível compreender o ato administrativo sem identificar a função administrativa. Isso não é um defeito da definição. Tentar definir ato administrativo dispensando o conceito de função administrativa é tarefa impossível. O conceito de função administrativa é logicamente anterior ao de ato administrativo. Portanto, o ato é administrativo porque exercitado no desempenho da função administrativa.[1]

Por isso, o ato somente se configura como administrativo quando for produzido no desempenho de função administrativa, seja por agente estatal, seja por quem lhe faça as vezes.

Admite-se que sujeitos privados, não investidos formalmente na condição de agentes administrativos, desempenhem certas atividades administrativas. Essa possibilidade, aliás, vem sendo ampliada.

Isso ocorre, por exemplo, no caso dos concessionários de serviço público. Outro exemplo envolve organizações da sociedade civil investidas do desempenho de atividades administrativas, o que importa inclusive na possibilidade de gestão de bens, pessoal e recursos estatais. Talvez não se possa identificar, em todos os casos, os atos praticados por esses particulares e os atos estatais. Mas é inquestionável que o regime jurídico dos atos praticados por esses particulares não é disciplinado exclusiva ou preponderantemente pelo direito privado. Em algumas hipóteses, existirá claramente um ato administrativo. Isso se passará quando se configurar o desempenho de atividade administrativa pública não estatal.

2.2 A relevância da vontade

O ato administrativo é uma *manifestação de vontade*, no sentido de que exterioriza a vontade de um sujeito dirigida a algum fim. Isso significa a existência de dois aspectos inconfundíveis na vontade. Há a exteriorização física, consistente numa ação ou omissão. Mas há um aspecto interno, volitivo, que é a causa da ação ou omissão.

---

[1] Sobre o conceito de função administrativa, consulte-se o Capítulo 2.

Não há ato administrativo quando ocorre um mero evento físico. Assim, a queda de um edifício não é um ato administrativo, tal como também não o é uma manifestação física provocada apenas pelo funcionamento do organismo.

O ato administrativo produz efeitos jurídicos. Em muitos casos, esse efeito jurídico é a produção de uma norma jurídica, disciplinando a conduta de agentes públicos e (ou) privados. Em outros casos, o ato administrativo consiste meramente na execução de um comando expresso ou implícito constante de uma norma jurídica preexistente (constitucional, legal ou infralegal).

O ato administrativo é produzido no exercício da função administrativa. Isso significa excluir da categoria de ato administrativo aquele que, embora produzindo efeitos no âmbito do direito administrativo, seja praticado por um particular no exercício de sua autonomia privada. Assim, a formulação de proposta numa licitação não é um ato administrativo, já que o licitante não desempenha função administrativa.

2.3   A funcionalização da vontade no direito administrativo

A vontade no ato administrativo é diversa daquela verificada quanto aos atos jurídicos de direito privado. O ato jurídico de direito privado é uma manifestação da vontade autônoma. Já o ato administrativo é uma manifestação da vontade funcionalizada.

Isso significa que, no direito administrativo, a vontade não é considerada como um processo psicológico de satisfação de um interesse individual. O ato administrativo aperfeiçoa-se por meio de uma vontade objetivamente vinculada à satisfação das necessidades coletivas. Por exemplo, há um ato ilícito quando o agente administrativo se vale das competências para atingir um fim pessoal próprio.

3   A AUTOMAÇÃO: A QUESTÃO DA INTELIGÊNCIA ARTIFICIAL

A evolução tecnológica permite que a atividade administrativa seja desenvolvida com auxílio e por intermédio de máquinas. Os progressos na área da Inteligência Artificial permitem inclusive antever a produção de atos administrativos sem a intervenção direta de um ser humano. Essas circunstâncias produzem dúvida quanto à necessidade de existência de uma "vontade", na acepção psicológica da expressão.

3.1   O enfoque clássico sobre o tema

Em vista da evolução tecnológica anterior, havia duas soluções jurídicas para a situação de produção automatizada de atos administrativos. Ou se reputava ausente qualquer manifestação volitiva humana na atividade de automação ou se entendia que a vontade humana operava indiretamente.

Configurando-se a primeira alternativa, o resultado seria a ausência de um "ato administrativo propriamente dito". Existiria atividade administrativa, utilizada a expressão para indicar um conjunto de atuações que correspondem ao desempenho da função administrativa. Nesse caso, as ocorrências seriam consideradas como *fato administrativo em sentido restrito*, no sentido de existir um evento que, embora apto a gerar efeitos jurídicos no âmbito da função administrativa, não envolveria a atuação voluntária de algum agente humano.

No atual estágio, deve ser reconhecida a existência de um ato administrativo, resultante de uma manifestação de vontade exteriorizada de modo indireto.[2] A manifestação de vontade pode

---

[2]   Sobre o tema, Juarez Freitas observa: "A inteligência artificial não é substitutiva da inteligência humana. Vale à exata dependência da qualidade cognitiva e ética da programação e do design eleito. Daí a relevância

160 CURSO DE DIREITO ADMINISTRATIVO • Marçal Justen Filho

traduzir-se de modo direto ou indireto, por meio de movimentação direta (física) do corpo humano ou por instrumentos. Assim, quando uma petição recebe o carimbo de um equipamento, no protocolo de uma repartição pública, existe manifestação *indireta* de vontade. O mesmo se põe, aliás, quanto aos atos formalizados por via eletrônica. É possível avençar um contrato por meio da internet. Existem pregões por via eletrônica. Quando um particular ou um agente estatal, no curso de uma comunicação por meio eletrônico, exercita opções que exteriorizam sua vontade, verifica-se um ato jurídico. Aliás, essa consideração já tinha sido admitida pelo direito há muito tempo, desde a difusão dos primeiros equipamentos de automação.

Presentemente, a utilização de equipamentos e outros instrumentos, como regra, não significa a ausência de uma vontade que ordene e comande seu funcionamento. Portanto, não deixa de existir uma vontade da Administração Pública quando um agente público se vale de instrumentos automatizados para multiplicar e simplificar sua atuação.

3.2 A evolução da Inteligência Artificial Generativa

A evolução propiciada pelas soluções de Inteligência Artificial Generativa encontra-se em curso. No atual estágio, o cenário exposto no item anterior não foi alterado. No entanto, existe a possibilidade de a Inteligência Artificial Generativa resultar na produção autônoma de intervenções sobre a realidade, exteriorizadas como uma manifestação da atividade administrativa pública.

O atingimento desse estágio propiciará a superação de uma parcela significativa do entendimento prevalente quanto ao Direito Administrativo (e quanto ao Direito em geral). É muito difícil conceber teorias sobre uma realidade tecnológica radicalmente distinta daquela ora existente. Sob um certo ângulo, a afirmação de soluções de Inteligência Artificial Generativa que se evidenciem como as únicas aceitáveis, as mais acertadas a partir de parâmetros de racionalidade e tomando em vista a avaliação das consequências possíveis resultará na recondução de disciplina de dever-ser a uma afirmação do mundo do ser. Ou seja, a decisão administrativa produzida por meio de Inteligência Artificial poderá ser reconhecida como a única aceitável, tornando desnecessários os mecanismos de controle inerentes a um sistema normativo. Isso poderá produzir tanto um cenário muito positivo como resultar no oposto: um mundo distópico subordinado a determinações dissociadas dos atributos da condição humana. Nas condições atuais, é impossível formular qualquer projeção sobre a situação concreta que virá a se concretizar.

4 OS CHAMADOS ATOS MATERIAIS DA ADMINISTRAÇÃO PÚBLICA

A expressão *atos materiais* indica aquela atividade de pura execução de um comando normativo. Ou seja, são atos que não correspondem a uma hipótese de incidência, mas que se destinam simplesmente a dar cumprimento ao mandamento de uma norma.

Um exemplo facilita a compreensão. Imagine-se uma determinação interna a uma repartição pública que estabeleça que, sempre que ocorrer a queda de um líquido no chão, um servidor deverá fazer a limpeza.

Costuma-se afirmar que os atos materiais da Administração Pública não são atos administrativos.[3] Assim se passa porque se adota o conceito de que ato administrativo seria apenas aquele apto a produzir efeitos sobre a esfera jurídica da Administração ou de terceiros.

---

da máxima transparência da decisão algorítmica, no tocante a passos lógicos escolhidos" (FREITAS. Direito administrativo e inteligência artificial. *Revista de Interesse Público* – IP, ano 21, n. 114, p. 15-29, mar./abr. 2019, p. 27).

[3] Sobre o conceito de "ato material", cf. GIANNINI. *Diritto amministrativo*, v. 1, p. 543 e ss.

Cap. 7 – O ATO ADMINISTRATIVO **161**

Discorda-se desse entendimento, reputando-se que todos os atos que correspondam ao modelo normativo e envolvam o desenvolvimento de função administrativa são administrativos. Por isso, mesmo os atos de pura execução estão abrangidos na categoria. Os atos materiais, de pura execução, produzem um efeito jurídico de cunho extintivo ou satisfativo. Assim, por exemplo, a varredura das ruas é um ato administrativo, porque reflete a satisfação de um dever jurídico e traduz uma manifestação de vontade exercitada no desempenho de uma função administrativa.[4]

5 A ESTRUTURA DO ATO ADMINISTRATIVO

A estrutura do ato administrativo pode ser examinada sob diversos aspectos. De modo geral, as divergências da doutrina refletem apenas diferentes modos de expressar ideias similares.

5.1 As orientações de outros autores

A posição clássica é a de Hely Lopes Meirelles, para quem "O exame do ato administrativo revela nitidamente a existência de cinco *requisitos* necessários à sua formação, a saber: *competência, finalidade, forma, motivo* e *objeto*".[5]

Já Celso Antônio Bandeira de Mello afirma que os elementos do ato são o conteúdo e a forma, e os pressupostos do ato são de existência (objeto e função administrativa), de validade (sujeito, motivo, requisitos procedimentais [pressuposto objetivo], finalidade [pressuposto teleológico], causa [pressuposto lógico] e formalização [pressuposto formalístico]).[6]

Maria Sylvia Zanella Di Pietro entende que os elementos dos atos administrativos são: sujeito, objeto, forma, motivo e finalidade.[7]

5.2 O entendimento adotado quanto à estrutura do ato administrativo

É mais adequado aludir a *aspectos* do ato administrativo, em vez de *elementos*.[8] A palavra "elementos" indica a existência de partes dotadas de autonomia própria. Ora, o ato administrativo apresenta uma composição insuscetível de dissociação. Assim, por exemplo, o conteúdo condiciona a competência. Alterado o conteúdo também se altera a competência, e vice-versa.

Por outro lado, o sujeito não é *elemento* do ato administrativo. Quem pratica o ato administrativo não passa a fazer parte do ato praticado. Sob esse prisma, Celso Antônio tem plena razão ao afirmar que os *elementos* do ato administrativo são apenas o conteúdo e a forma. Considerado em si mesmo, o ato administrativo consiste em certo conteúdo que se exterioriza por

---

[4] A questão dos atos puramente materiais parece influenciada pelo pensamento italiano. Lembre-se de que há uma diferença doutrinária que não pode ser ignorada. Na Itália, é usual aludir a *provvedimento amministrativo* (que poderia ser traduzido como "provimento administrativo") para indicar uma categoria de atuação administrativa distinta do chamado *atto amministrativo*. O primeiro termo é utilizado para designar o exercício do poder de autoridade para a satisfação de um interesse coletivo mediante a produção unilateral de efeitos jurídicos em relação ao destinatário a que se vincule. Para que o *provvedimento amministrativo* seja realizado são necessários diversos atos. Esses atos assumem uma condição instrumental, ao que se denomina de *atto amministrativo*. Portanto, uma atuação puramente material pode ser enquadrada na segunda categoria, mas não na primeira, visto que possui um caráter meramente procedimental. Cf. GIANNINI. *Diritto amministrativo*, v. 1, p. 544.

[5] MEIRELLES. *Direito administrativo brasileiro*, 42. ed., p. 175.

[6] BANDEIRA DE MELLO. *Curso de direito administrativo*, 37. ed., p. 313-327.

[7] DI PIETRO. *Direito administrativo*, 37. ed., p. 210.

[8] A ponderação repete uma advertência de Geraldo Ataliba a propósito da norma tributária. Cf. *Hipótese de incidência tributária*, 6. ed., p. 76.

uma forma. Nesse sentido, o *motivo* e a *finalidade* também não integram o ato administrativo propriamente dito.

No entanto, o exame jurídico do ato administrativo exige analisá-lo em vista do sujeito que o praticou, dos seus motivos e das suas finalidades. O direito administrativo disciplina a existência, a validade e a eficácia desses diversos aspectos do ato administrativo, sendo impossível produzir sua dissociação para efeito jurídico.

Assim, as divergências entre os autores referidos estão apenas na superfície. No fundo, todos estão de acordo: a existência, a validade e a eficácia do ato administrativo dependem de inúmeros aspectos.

Portanto, o direito disciplina o ato administrativo relativamente a diversas questões, podendo ser referidos o sujeito, o conteúdo, a forma, o motivo e a finalidade. Esses são os *aspectos* do ato administrativo.

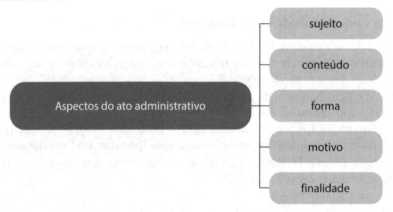

O *sujeito* do ato administrativo é quem o produz, que pode ser denominado agente.
O *conteúdo* é aquilo que por ele é determinado ou estabelecido.
A *forma* é o modo de exteriorização do ato.
O *motivo* é a causa jurídica eleita pelo agente para produzir o ato.
A *finalidade* é o resultado ou o interesse que se busca satisfazer por meio do ato.

O direito disciplina o ato administrativo, regulando sua existência, sua validade e sua eficácia. As regras jurídicas dispõem sobre os diferentes aspectos do ato administrativo. Isso envolve disciplina em níveis diversos e com finalidades distintas.

6   A DISCIPLINA JURÍDICA QUANTO AO SUJEITO

O direito administrativo estabelece requisitos de capacidade e de competência para o sujeito do ato administrativo.

6.1   A capacidade de fato do sujeito

A capacidade de fato do sujeito é um requisito geral quanto à validade dos atos jurídicos e segue a disciplina do direito civil.

6.2   A competência administrativa

Competência administrativa é a atribuição normativa da legitimação para a prática de um ato administrativo.

6.2.1 A discriminação de competências administrativas

Em regra, a função administrativa é reservada ao Estado, que se manifesta por seus órgãos. Portanto, a regra geral é que a competência administrativa é atribuída a um ou mais órgãos estatais.

Não existe um único órgão exercente de todas as funções administrativas. Ao contrário, existem milhares (se não milhões) deles. Cada qual recebe uma parcela dessa atribuição ou poder, que é denominada competência. Existe uma divisão de competências entre os diversos órgãos administrativos. Essa divisão é produzida pelas normas jurídicas e se funda em critérios variados, tais como a localização geográfica, a natureza do ato, a posição hierárquica do agente e assim por diante.

A divisão da competência relaciona-se tanto à busca da limitação do poder por meio da delimitação das atribuições de cada órgão como se orienta à racionalidade técnica, evitando o risco de que a concentração de atribuições conduza a decisões equivocadas. A discriminação de competências é orientada a evitar abusos e erros.

6.2.2 A limitação da competência administrativa

Toda competência é limitada. Não há agente público titular de competência ilimitada. Isso deriva, em primeiro lugar, de a competência administrativa estatal ser instituída pela lei, o que significa a ausência de competência além dos limites por ela estabelecidos. Isso não impede que a discriminação das competências criadas e distribuídas por lei seja regulamentada por meio de atos administrativos.

O conjunto das competências administrativas é partilhado entre os diversos sujeitos e órgãos públicos. É possível que alguns sujeitos tenham competência conjunta e homogênea, mas sempre haverá um número limitado de sujeitos titulares de certa competência administrativa. E sempre haverá um número limitado de competências administrativas.

6.2.3 A titularidade da competência administrativa

O direito atribui as competências não às pessoas físicas, mas aos sujeitos de direito integrantes da Administração Pública e aos órgãos por meio dos quais se forma e exterioriza sua vontade. Essa estruturação orgânica é complexa. A competência é atribuída à função ou ao cargo. Identifica-se o ser humano ou os seres humanos titulares da competência por via indireta: é aquele ou são aqueles investidos de uma função ou de um cargo.

6.2.4 Indisponibilidade, delegação e avocação

A competência administrativa é irrenunciável,[9] porque criada por lei e atribuída ao cargo ou função, não ao indivíduo. Então, o sujeito pode renunciar ao cargo que ocupa, mas não pode manter o cargo e eliminar a competência correspondente.

A ausência de exercício de uma competência não importa sua transferência para outrem, a não ser quando a lei assim o determinar. A lei pode estabelecer regras específicas no tocante à competência, limitando o modo de atuação do agente ou condicionando sua atuação a certos eventos.

A natureza da competência poderá autorizar a delegação de seu exercício para outros sujeitos. Essa delegação dependerá de lei, ainda que possa ser autorizada de modo implícito.

---

[9]   É o que determina o art. 11 da Lei 9.784/1999: "A competência é irrenunciável e se exerce pelos órgãos administrativos a que foi atribuída como própria, salvo os casos de delegação e avocação legalmente admitidos".

164 CURSO DE DIREITO ADMINISTRATIVO · *Marçal Justen Filho*

Assim se passa porque a atribuição de competência se faz por meio de lei – logo, somente a lei poderá autorizar a sua delegação. O tema recebeu disciplina nos arts. 11 a 14 da Lei 9.784/1999.

Assim, um ente federativo poderá delegar a outro a competência para a prestação de certo serviço público de que é titular. Em outros casos, a delegação poderá fazer-se por simples ato administrativo.

A competência também pode ser avocada. São os casos em que a competência administrativa é atribuída a determinado agente, mas outro dispõe da faculdade de tomar para si o poder de praticar o ato. A avocação de competência apenas pode ocorrer quando a autoridade avocante for, em última análise, a titular dela. Não se admite que a competência privativa de certo órgão seja ignorada, nela se investindo outro órgão por um ato próprio de vontade. Também aqui cabe a ressalva de que a autorização para a avocação poderá ser outorgada de modo implícito pela lei. O art. 15 da Lei 9.784/1999 trata do assunto.

6.3 A estrutura do ato administrativo no tocante ao sujeito

Em item anterior, houve a diferenciação entre atos simples e compostos. Essa questão se relaciona com a disciplina do agente titular da competência decisória.

7 DISCIPLINA JURÍDICA QUANTO À FORMA DO ATO ADMINISTRATIVO

Todo ato jurídico se formaliza mediante eventos verificados no mundo físico. A forma é o modo de exteriorização do ato jurídico. A disciplina quanto à forma do ato administrativo é variada.

7.1 Atos formais e atos não formais (livres quanto à forma)

Denomina-se ato *formal* aquele cuja formalização é objeto de disciplina específica, cujo descumprimento afeta a sua existência e validade. Assim, a lei pode exigir a forma escrita para certos atos. Em outras hipóteses, o direito exige escritura pública.

São atos *não formais* ou *de forma livre* aqueles que podem ser aperfeiçoados por qualquer manifestação, à escolha do agente.

Mesmo quanto aos atos não formais, existe uma exigência mínima de forma, o que significa a exigência de uma manifestação efetiva no mundo físico. O progresso científico poderá resultar em que manifestações meramente mentais atendam à exigência de forma mínima. Mas essa é uma questão subordinada à evolução tecnológica.

7.2 Modos de formalização dos atos administrativos

Os modos de formalização dos atos administrativos são diversos e dependem da função desempenhada. As formas possíveis são tão variadas quanto os modos de comunicação humana.

Considerando a manifestação de vontade, é possível diferenciar a formalização em que a vontade se manifesta diretamente das hipóteses em que existe uma manifestação indireta de vontade.

7.2.1 A manifestação direta de vontade

A vontade se manifesta diretamente por forma escrita, forma verbal ou forma gestual. Nos dois primeiros casos, o ato se materializa em palavras – escritas ou verbais, respectivamente. No último caso, não há palavras, mas gestos dotados de significação convencional inequívoca.

Assim, por exemplo, considere-se a movimentação do braço do guarda de trânsito indicando parar ou prosseguir.

7.2.2   A manifestação indireta de vontade

Em muitas hipóteses, admite-se a manifestação indireta de vontade, o que se materializa de modo variado. Nessas hipóteses, o agente adota conduta que não tem um conteúdo explicitamente relacionado ao fim pretendido. Assim, a conduta de dar cumprimento à determinação da autoridade dentro do prazo recursal induz a vontade de não recorrer.

7.2.3   Exigências formais complementares

A lei pode estabelecer exigências formais complementares à manifestação de vontade. Assim, a mera existência de texto escrito lançado em um papel pode ser insuficiente para a existência do ato administrativo. Por exemplo, não basta a forma escrita para existir um decreto: é necessária a assinatura de uma ou mais autoridades administrativas, titulares da competência para produzi-lo.

7.3   A natureza instrumental da forma e a proporcionalidade

Tal como nos demais ramos do direito, a disciplina quanto à forma no direito administrativo apresenta natureza instrumental, visando a promover a segurança jurídica.

Isso não significa que a forma do ato administrativo seja livre, nem que sua disciplina observe os mesmos postulados do direito privado.

7.3.1   A limitação ao poder estatal

As competências administrativas traduzem poderes muito relevantes, e uma das finalidades do direito administrativo é limitar o poder. Por isso, as regras de forma do ato administrativo não se orientam à defesa dos interesses da Administração Pública. Ao contrário, a disciplina sobre a forma dos atos administrativos destina-se a garantir o controle das competências administrativas e dos poderes estatais. Mas a disciplina quanto à forma não pode ser um obstáculo à realização da função administrativa.

7.3.2   A observância à proporcionalidade

A disciplina sobre a forma obedece à proporcionalidade. Nas situações normais, os requisitos de forma serão mais severos, para assegurar a função de controle. Mas, se o cumprimento dos requisitos formais inviabilizar a satisfação dos interesses coletivos e colocar em risco os direitos fundamentais, dever-se-á atenuar a exigência.

8   O SILÊNCIO DA ADMINISTRAÇÃO PÚBLICA

Tal como se passa em outros ramos do direito, o silêncio (isoladamente considerado) não se constitui em manifestação de vontade para produção de ato administrativo.

8.1   O silêncio e a manifestação indireta de vontade

Não se confundem o silêncio administrativo e a manifestação indireta de vontade. O silêncio consiste na omissão, na ausência de manifestação de vontade. Já a manifestação indireta

166 CURSO DE DIREITO ADMINISTRATIVO · *Marçal Justen Filho*

se verifica quando a Administração Pública deixa de manifestar-se formal e especificamente sobre certa questão, mas adota condutas indicativas, de modo indireto e inquestionável, da existência de uma vontade em determinado sentido.

8.2   A omissão em sentido próprio

Se a omissão refletir a ausência de manifestação de vontade, não existirá ato administrativo em sentido próprio. Poderá até existir ato ilícito: se a Administração Pública omitir a manifestação de vontade quando estava obrigada a atuar, existirá ilicitude e incidirá o regime da responsabilidade civil. Mas não será possível, nos casos comuns, extrair da omissão administrativa efeito equivalente à manifestação de vontade em sentido determinado.

8.3   O silêncio qualificado

A atuação omissiva produzirá um ato administrativo quando constituir uma "manifestação de vontade", o que pressupõe a possibilidade de identificação de modo inquestionável de um querer subjetivo, de uma decisão destinada a produzir efeitos externos. O exemplo é a hipótese em que o presidente de uma assembleia afirma que "os que concordam com a proposta permaneçam sentados".

O silêncio da Administração Pública gerará efeitos jurídicos de ato administrativo quando for qualificável como manifestação de vontade. Isso pressupõe, portanto, o silêncio qualificado por algum outro evento.

O silêncio qualificado é aquele que permite inferir a vontade da Administração Pública em determinado sentido, a isso se somando à possibilidade de reconhecer a omissão como manifestação daquela vontade. O silêncio qualificado é um modo de exercitar a função administrativa. Mas a qualificação do silêncio depende da disciplina jurídica.[10]

8.4   A atribuição legal da eficácia ao silêncio

Existem situações em que o direito determina que a Administração Pública deverá pronunciar-se obrigatoriamente e, desde logo, qualifica o silêncio como manifestação de vontade em determinado sentido. Nesses casos, a situação fática é bastante simples. O silêncio configurará um ato administrativo porque assim está determinado pelo direito.[11]

8.5   O silêncio como sucedâneo de decisão

O silêncio como omissão pura e simples apenas pode produzir um ato ilícito. Não é jurídico que a omissão seja um meio para a Administração atingir um resultado jurídico específico.

---

[10]   Francisco Lobello de Oliveira Rocha ensina que, "No estudo do silêncio administrativo, é muito relevante o exemplo italiano, em que – com a reforma de 2005 – o silêncio positivo (*silenzio assenso*) foi elevado à condição de regra geral nos procedimentos de iniciativa do particular. Vale dizer, segundo o direito positivo italiano, na ausência de disposição legal em sentido contrário, se, dentro do prazo para conclusão do procedimento, a Administração não comunicar seu indeferimento ao interessado, o requerimento considera-se acolhido, sem necessidade de ulteriores manifestações ou notificações" (Procedimentos autorizatórios e silêncio da Administração Pública. In: MEDAUAR; SHIRATO. *Poder de polícia na atualidade*: Anuário do Centro de Estudos de Direito Administrativo, Ambiental e Urbanístico – CEDAU do ano de 2011, p. 216-217).

[11]   Um exemplo se encontra no art. 18, § 12, da Lei 11.079/2004 (incluído pela Lei 12.766/2012), que estabelece que "A ausência de aceite ou rejeição expressa de fatura por parte do parceiro público no prazo de 40 (quarenta) dias contado da data de vencimento implicará aceitação tácita". Lembre-se que o § 13 responsabiliza "O agente público que contribuir por ação ou omissão para a aceitação tácita de que trata o § 12 ou que rejeitar fatura sem motivação (...)".

Se a omissão da Administração, nas circunstâncias do caso concreto, produzir efeitos equivalentes a uma decisão, ter-se-á de reconhecer a violação à ordem jurídica. Assim se passará porque a Administração terá produzido a decisão de modo encoberto, violando o dever de motivação. Suponha-se requerimento de um particular pleiteando a suspensão da prática de um ato administrativo previsto para ocorrer numa certa data. Se a Administração não se manifestar tempestivamente sobre o pleito, o efeito prático equivalerá ao indeferimento do pedido. Haverá grave ilicitude, especialmente nos casos em que se evidenciar que a Administração não dispunha de fundamento jurídico para rejeitar o requerimento. No mínimo, configurar-se-á ato administrativo desprovido de motivação.

8.6 Tratamento expresso da questão em leis específicas

A generalização de práticas administrativas consistentes na omissão em face de pleitos do particular conduziu à edição de regras legais específicas sobre o tema. Algumas dessas hipóteses estão abaixo referidas.

8.6.1 A disciplina da Lei 9.784/1999

O art. 48 da Lei 9.784/1999 estabelece: "A Administração tem o dever de explicitamente emitir decisão nos processos administrativos e sobre solicitações ou reclamações, em matéria de sua competência". O art. 49 da Lei 9.784/1999 prevê o prazo de 30 dias para decidir os processos depois de concluída a instrução, assegurando a prorrogação por igual período.

A infração a essa disciplina configura ilicitude e autoriza a adoção de medidas (inclusive judiciais) na defesa de eventuais interesses. É incorreto reputar que o silêncio continuado e indevido configura o indeferimento do pleito do particular. Essa solução equivaleria a autorizar a Administração a proferir decisão *imotivada*. Então, a Administração poderia valer-se do silêncio para atingir um resultado vedado pela ordem jurídica. Se a vontade administrativa for orientada a denegar algum pleito perante ela deduzido, impor-se-á adotar fundamentação satisfatória e adequada.

8.6.2 A disciplina da Lei 13.874/2019

A Lei 13.874/2019 estabelece que,

"(...) nas solicitações de atos públicos de liberação da atividade econômica que se sujeitam ao disposto nesta Lei, apresentados todos os elementos necessários à instrução do processo, o particular será cientificado expressa e imediatamente do prazo máximo estipulado para a análise de seu pedido e de que, transcorrido o prazo fixado, o silêncio da autoridade competente importará aprovação tácita para todos os efeitos, ressalvadas as hipóteses expressamente vedadas em lei" (art. 3.º, IX).

A questão se relaciona com licenças e outros atos administrativos semelhantes, em que o ato administrativo se destina a verificar a presença de requisitos necessários ao desempenho de alguma atividade de cunho privado.

8.6.3 A disciplina da Lei 14.133/2021

A Lei 14.133/2021 estabeleceu, em várias regras, o dever de a Administração manifestar-se sobre pleitos dos particulares em licitações e contratações administrativas. Por exemplo, o art. 123 impôs o dever de a Administração emitir decisão explícita sobre solicitações e reclamações

168 CURSO DE DIREITO ADMINISTRATIVO · *Marçal Justen Filho*

relacionadas à execução dos contratos. Em princípio, o prazo será de um mês. Decorrido o prazo sem resposta, configurar-se-á omissão ilícita da Administração. Caberá a punição do agente responsável, sem prejuízo de eventual condenação da Administração a proferir a decisão imediatamente.

9 DISCIPLINA JURÍDICA QUANTO AO CONTEÚDO DO ATO

O conteúdo do ato consiste naquilo que é determinado ou executado pela Administração Pública.

É inviável indicar de modo exaustivo os requisitos de existência e de validade quanto ao conteúdo do ato administrativo. O conjunto das normas de direito administrativo destina-se, na sua esmagadora maioria, a disciplinar precisamente esse tema. Por outro lado, a disciplina normativa varia em função das diferentes categorias de atos administrativos.

10 DISCIPLINA JURÍDICA QUANTO AO MOTIVO DO ATO ADMINISTRATIVO

O motivo envolve a representação mental do agente quanto aos eventos do mundo fenomênico, que conduzem à decisão por ele adotada no ato administrativo. Portanto, o conteúdo do motivo consiste em eventos externos ao agente, mas o motivo propriamente dito é a concepção realizada pelo mesmo agente quanto a tais eventos.

A expressão "motivo" do ato administrativo indica essa representação intelectual que o sujeito realiza quanto ao mundo externo, conjugando fatos e normas.

10.1 Os fatos e sua representação mental

O motivo do ato administrativo consiste não nos fatos propriamente ditos, mas na representação intelectual que o agente realiza a propósito deles, relacionando-a com o direito e atingindo uma conclusão.

10.2 A distinção entre os eventos externos e a decisão subjetiva

A vontade do agente compreende uma representação mental que conjuga os fatos e o direito aplicável e resulta em uma "causa jurídica".

Assim, imagine-se que uma tempestade gere o risco de deslizamento que poderá destruir casas e vidas humanas. O agente avalia esses eventos e formula uma representação mental, que o conduz a promover um contrato de emergência tendo por objeto a execução de obras destinadas a neutralizar o risco de eventos danosos. O motivo do contrato não é exatamente a chuva ou o risco de deslizamento, mas a interpretação mental do agente, que qualifica aquela situação como causa jurídica para a formalização de um contrato de emergência.

Por isso, o motivo do ato administrativo integra a vontade do agente estatal. Não se trata de algo externo a ele, nem é dotado de existência própria.

10.3 Motivo e motivação

Motivo não se confunde com *motivação*. A motivação se relaciona à forma do ato administrativo e consiste na exposição formal do motivo. O motivo é o processo mental interno ao agente que pratica o ato. A motivação consiste na exteriorização formal do motivo, visando a propiciar o controle quanto à regularidade do ato.

Para ser mais preciso, a motivação consiste na exposição formal da representação mental do agente relativamente aos fatos e ao direito, indicando os fundamentos que o conduziram a agir em determinado sentido.

Cap. 7 – O ATO ADMINISTRATIVO **169**

10.4 Competência vinculada e motivo

Quando a competência é vinculada, a autonomia do agente é mais reduzida. Isso equivale à redução da intervenção da vontade subjetiva sobre o resultado. Quanto mais intensa a vinculação adotada na disciplina normativa, tanto menores são as escolhas a serem realizadas pelo órgão por meio de sua vontade psicológica.

10.4.1 A hipótese de vinculação absoluta

Numa situação-limite, de absoluta e estrita vinculação, a vontade exigida é apenas orientada a verificar a presença dos requisitos normativos e a desencadear a consequência ali prevista. Os processos psicológicos internos, que conduzem o sujeito a atuar de certo modo, são irrelevantes se o resultado produzido tiver sido objetivamente conforme à norma.

É possível que uma atuação defeituosa sob o prisma psicológico seja validada em virtude da compatibilidade objetiva entre o modelo contido na norma e a materialização dos fatos. Há hipóteses em que a competência vinculada é orientada ao atingimento de um certo resultado. Se existir atuação administrativa concreta e se o resultado for alcançado, a constatação da atuação defeituosa do agente administrativo não afeta a validade do ato. Por exemplo, suponha-se um regulamento que determine que, atingido certo nível de água em um reservatório público, deva ser adotada certa providência. Imagine-se que esse nível tenha sido atingido e que o agente público responsável disso não se aperceba. No entanto e por descuido, pratica o ato exigido e o resultado imposto na norma é atingido.

Em tais hipóteses, até pode ocorrer que a atuação viciada do agente público autorize punição específica, mesmo que o ato administrativo em si mesmo seja válido.

Mas isso não equivale a afirmar que o motivo tem importância secundária quando a atividade administrativa for vinculada. O motivo sempre é relevante, uma vez que é o fundamento jurídico da decisão adotada. No entanto, há casos em que o defeito da vontade do agente não afeta a produção do ato administrativo. Isso pode ocorrer inclusive em relação a competências discricionárias. Assim se passa sempre que o modelo normativo contemplar o atingimento de um resultado específico, consistente na realização de valores e de finalidades. Se o resultado for atingido, a falha na formação do motivo será irrelevante para determinação da validade do ato administrativo.

10.4.2 A autonomia reduzida para escolha do motivo

Na atividade vinculada, a autonomia subjetiva para a escolha do motivo é reduzida, tal como também o é a liberdade para formular representações quanto aos fatos e sua qualificação jurídica.

A disciplina vinculada pode traduzir-se na escolha do motivo pela própria norma, o que colocaria o agente na situação de simples exame e qualificação dos fatos. Já na disciplina discricionária, a norma pode atribuir ao agente a autonomia para escolher o motivo.

Seria possível afirmar que a vontade seria dispensável como requisito de existência do ato administrativo, quando a decisão fosse vinculada? A resposta é negativa. Um mínimo de vontade é indispensável à existência de um ato administrativo. Essa vontade pode ser limitada à função de examinar os fatos e os qualificar perante as normas, sem margem de autonomia inovadora. Mas existe atuação volitiva, que faz surgir essa representação mental quanto aos fatos juridicamente qualificados.

Isso não impede o reconhecimento da existência de atos administrativos putativos, em que não há essa atuação volitiva, mas, sim, a aparência de uma situação externa, como se resultasse da vontade e fosse tratada como tal. Isso se relaciona com os fatores antes apontados, visando à proteção dos terceiros de boa-fé.

10.5 Competência discricionária e motivo

A disciplina discricionária produz a ampliação da autonomia do agente para a formulação de representações mentais quanto ao conteúdo e à oportunidade da prática de certo ato. A ampliação da importância da vontade psicológica corresponde à intensificação da disciplina jurídica sobre ela.

A disciplina jurídica visa a evitar que a decisão discricionária seja resultado de avaliações defeituosas (ainda que destituídas de reprovação ética) quanto aos fatos ou ao direito aplicável. Exige-se que a decisão discricionária seja o resultado lógico de um conjunto de motivos justificados racionalmente. Portanto, a formação defeituosa do processo psicológico de decisão acarreta a invalidade da decisão discricionária.

A avaliação da validade da decisão discricionária, sob o prisma dos motivos, não dispensa a aplicação do princípio da proporcionalidade.

10.6 A escolha de motivos

Toda ação ou omissão humana é produzida pela seleção individual de motivos e por uma representação determinada quanto à realidade. Sempre existem motivos para toda e qualquer decisão administrativa. O agente pode tentar ocultá-los ou disfarçar sua existência. Mas não é possível afirmar que um ato administrativo *não* teve motivo.

Há o risco de ocorrer um processo decisório irracional, em que a decisão seja puramente intuitiva. Isso se passa quando o agente chega a uma conclusão sem adotar um processo mental controlado pela razão e pela lógica. A escolha é resultado do impulso, ao sabor dos instintos.

Nesse caso, é difícil ao próprio agente identificar o motivo de sua escolha. Não cabe ao direito administrativo realizar uma atuação de psicanálise do agente estatal, tentando reconstruir suas decisões e seus motivos. Se o agente decidiu por impulso e não justifica racionalmente a sua escolha, o ato administrativo é inválido. A função administrativa não é atribuída a um agente para que atue impulsiva e irracionalmente. A natureza funcional da competência administrativa exige a ponderação das diversas alternativas e a seleção daquela que se afigura, segundo conhecimento racional, como a melhor.

11 DISCIPLINA JURÍDICA QUANTO ÀS FINALIDADES DO ATO ADMINISTRATIVO

O ato administrativo é uma forma de aplicação do direito e um instrumento de satisfação de necessidades coletivas. O agente formula uma representação mental quanto ao fim a ser realizado e norteia sua atuação para tanto.

11.1 A diferença entre motivo e finalidade

É usual a confusão entre motivo e finalidade do ato administrativo. Evidência desse equívoco reside na afirmativa de que o motivo de um ato é promover o bem público. Promover o bem público não é motivo, mas finalidade de um ato administrativo.

11.1.1 A relação de causalidade jurídica e o ato administrativo

A distinção entre motivo e finalidade é facilmente estabelecida quando o ato administrativo é considerado como uma etapa num processo de causa e efeito. O ato administrativo é efeito, no sentido de ser produzido por certas causas. Mas ele também é causa, uma vez que gera consequências jurídicas.

11.1.2 Motivo como causa e finalidade como efeito

O motivo é a causa do ato administrativo. A finalidade é a consequência por ele visada.

Volte-se ao exemplo da tempestade que ameaça provocar um deslizamento de terra. O motivo do contrato administrativo emergencial é a apreensão mental realizada pelo agente público quanto à existência do risco de danos irreparáveis. A finalidade da contratação é impedir que os danos se concretizem.

Colocando a questão em termos cronológicos, o motivo é aquilo que antecede o ato e a finalidade é aquilo que se pretende que se siga a ele.

11.2 Ainda a diferença entre o mundo externo e a representação mental

Também a finalidade é uma representação mental do agente. A finalidade do ato administrativo não é algo *externo*, existente no mundo circundante. É um aspecto do ato, no sentido de ser um modo específico pelo qual o agente estatal avalia o mundo.

A finalidade do ato administrativo é o resultado da representação mental sobre o futuro, dos problemas existentes e do modo mais adequado a atingir certo resultado.

Por isso, as fórmulas usuais para indicar a finalidade do ato administrativo (*interesse público, bem comum, necessidades coletivas*) geram o risco de uma confusão muito perigosa entre a realidade objetiva e a subjetividade do agente.

Como se cada ato administrativo fosse independente de uma representação mental do agente quanto ao mundo, quanto aos fins a serem buscados e quanto ao melhor modo de fazê-lo.

11.3 As finalidades em abstrato e em concreto

É costumeiro afirmar que todo ato administrativo é vinculado quanto aos fins, já que deve buscar a realização do interesse público. Rigorosamente, essa afirmativa não tem sentido lógico, sendo mero jogo de palavras. Mais do que isso, é uma asserção inútil para o direito administrativo.

Em termos abstratos, toda competência é atribuída a um agente para realizar interesses a ele estranhos, para satisfazer necessidades coletivas. Portanto, a finalidade teórica e abstrata de todo e qualquer ato administrativo é promover o *bem comum*.

Mas há inúmeras manifestações do *bem comum* porque existem interesses públicos complexos e entre si contraditórios. O fundamental reside não em afirmar a vinculação da competência a realizar o bem comum, mas em determinar, em vista de cada caso concreto, quais são os interesses a serem protegidos e em que medida o serão.

Talvez esse seja o problema mais crucial do direito administrativo: transformar postulados abstratos e indeterminados (*interesse público, bem comum*) em conceitos operacionais e práticos, que permitam controlar o exercício do poder estatal.

Por isso, é mais adequado aludir a *finalidades* do ato administrativo, utilizando a expressão no plural.

11.4 As finalidades normativas e as finalidades do agente

É necessário diferenciar as finalidades contempladas nas normas jurídicas e as finalidades concretamente eleitas pelo agente. Com isso, rejeita-se a asserção de que as finalidades são vinculadas, sem margem de autonomia de escolha para o agente estatal.

11.4.1 A vedação à eleição de finalidades privadas e egoísticas

A vinculação normativa quanto às finalidades restringe-se a determinar que nenhum fim privado ou alheio ao bem da coletividade pode ser perseguido por meio das competências estatais. Mas as finalidades das competências estatais envolvem inúmeros fins dotados de maior ou menor concreção, tal como promover os direitos fundamentais, reduzir a pobreza e as desigualdades regionais, eliminar a fome e assim por diante.

11.4.2 A incidência da proporcionalidade

Quando exercita uma função estatal, o agente promove a concretização do ordenamento jurídico em seu conjunto. Logo, existem inúmeras finalidades a serem realizadas. É indispensável identificar essas finalidades contempladas de modo teórico no ordenamento jurídico. Depois, cabe produzir uma conjugação entre as diversas finalidades, tendo em vista o princípio da proporcionalidade. É dever do administrador público expor à vista da comunidade a concepção que adota como finalidade dos atos administrativos que pratica.

11.4.3 A margem de autonomia do agente

A margem de autonomia do agente estatal, quando exercita a atividade administrativa, reside na sua concepção quanto às finalidades dos atos administrativos. Essa autonomia costuma ser ocultada pela invocação de realização do bem comum, que usualmente não é acompanhada de definição normativa quanto ao conteúdo efetivo da fórmula "bem comum" (ou "interesse público") no caso concreto.

Ou seja, reconhecer que todo ato administrativo é vinculado à realização do interesse público não implica eliminar a autonomia do agente competente para definir, na realidade dos fatos, a finalidade efetiva a ser buscada. Na maior parte dos casos, a norma jurídica não define precisamente o fim a ser realizado, mesmo quando institui competência vinculada.

Há casos, no entanto, em que a norma disciplina uma finalidade específica, a ser obrigatoriamente realizada por meio do ato administrativo. Somente em tais casos é que existirá vinculação quanto à finalidade da competência administrativa.

11.5 A autonomia quanto ao meio e a autonomia quanto aos fins

A eliminação da autonomia de escolha do agente quanto aos meios reduz drasticamente a autonomia para selecionar um fim.

11.5.1 Competência vinculada e redução da autonomia quanto aos fins

Por isso, a ampliação da disciplina vinculada relativamente aos meios restringe a possibilidade de escolha quanto aos fins. Se uma norma estabelecer disciplina estritamente vinculada no tocante à hipótese de incidência e ao mandamento, não haverá margem de escolha quanto ao fim.

Um exemplo típico é o da arrecadação tributária. Quando promove a cobrança de um tributo, o agente administrativo não formula qualquer ponderação quanto à finalidade a ser realizada. Aliás, ele até pode reputar que aquela carga tributária será maléfica para a Nação ou para certa categoria de contribuintes. Isso é irrelevante, pois permanecerá como avaliação puramente subjetiva, que não ingressa no mundo do direito.

11.5.2 Autonomia quanto aos meios e reflexos quanto aos fins

A autonomia no tocante aos fins surge à medida que se outorga autonomia quanto aos meios, especialmente se as finalidades concretas de certa providência administrativa não estiverem indicadas normativamente. O agente estatal que dispõe de autonomia para escolher a

Cap. 7 – O ATO ADMINISTRATIVO **173**

oportunidade e a conveniência de determinado ato disporá, usualmente, de autonomia também quanto à finalidade a ser buscada – exceto quando a norma explicitamente indicar a finalidade concreta a ser buscada, o que raramente ocorre.

No caso concreto, a autoridade estatal concebe uma determinada representação quanto às finalidades a serem buscadas. A partir daí, organiza e produz atos administrativos visando àquelas finalidades. Mas essa margem de autonomia somente existirá se o Direito não tiver determinado os fins concretos a serem buscados nem disciplinado de modo vinculado toda a atividade administrativa a ser desenvolvida.

12 CLASSIFICAÇÃO DOS ATOS ADMINISTRATIVOS

A amplitude e a heterogeneidade da atividade administrativa propiciam grande quantidade de classificações quanto aos atos administrativos. É possível eleger os mais diversos critérios, alguns dos quais inúteis para qualquer fim prático. As classificações mais úteis serão adiante expostas.

12.1 Quanto ao conteúdo

Quanto ao conteúdo, os atos administrativos podem ser normativos e não normativos.

Os *atos normativos* são aqueles orientados a complementar um mandamento normativo estabelecido por lei, desenvolvendo as normas que estabelecem faculdades, proibições ou obrigatoriedades quanto à conduta futura de um ou mais sujeitos. O exemplo é o regulamento.

Os *atos não normativos* são aqueles que não geram efeitos de disciplina abstrata e generalizada da conduta futura de sujeitos. É o caso do ato de provimento de um sujeito num cargo público.

12.2 Quanto aos destinatários

Quanto aos destinatários, os atos administrativos são gerais ou individuais.

Os atos *gerais* são aqueles aplicáveis a um número indeterminado de sujeitos. É o caso dos regulamentos.

Os *individuais* são aqueles cuja aplicação é restrita a sujeitos específicos e determinados. É o caso, por exemplo, dos contratos e das licenças.

12.3 Quanto ao âmbito de aplicação

Fala-se em atos administrativos *internos* e *externos*, conforme sejam destinados a produzir efeitos apenas sobre os órgãos integrantes da Administração Pública ou também em relação a terceiros. É evidente que os atos externos também produzem efeitos internos.

12.4 Quanto ao número de partes

Os atos administrativos podem ser diferenciados em unilaterais, bilaterais e plurilaterais.

A diferença não se estabelece em vista do número de sujeitos ou órgãos que praticam o ato, mas basicamente do número de partes. A expressão *parte* indica uma posição jurídica, eventualmente ocupada por uma ou mais pessoas/órgãos, que possibilita o exercício de determinadas competências.

Um ato *unilateral* é aquele que traduz a vontade de uma única parte, o que não exclui a possibilidade da participação de mais de um indivíduo. Um exemplo de ato administrativo unilateral é o decreto.

Os atos *bilaterais* resultam da conjugação de vontades qualitativamente distintas, oriundas de partes diversas, mas que se fundem para gerar um ato único. São basicamente os acordos de vontade, em especial os contratos administrativos.

Os atos ditos *plurilaterais* se caracterizam como resultado de organização dos interesses de diversos sujeitos para o desempenho de atividades de interesse comum. É necessária a composição das vontades de todos os sujeitos independentes que tenham competência para a formação do ato jurídico. Um exemplo é o consórcio público envolvendo uma pluralidade de municípios.

12.5 Quanto à estrutura subjetiva da competência[12]

Quanto à estrutura subjetiva da competência, os atos administrativos podem ser simples ou compostos. Estes, por sua vez, podem ser coletivos ou complexos. Uma figura específica, introduzida pelas alterações da Lei 14.210/2021 à Lei 9.784/1999 (Lei de Processo Administrativo Federal), consiste na decisão coordenada.

12.5.1 Atos simples

São *simples* aqueles em que a vontade da Administração Pública é produzida pela atuação de uma única pessoa física. Um órgão, composto por um único sujeito, é titular da competência para produzir o ato.

12.5.2 Atos compostos

Mas há hipóteses em que a vontade administrativa é produzida pela conjugação da atividade de diversas pessoas físicas, o que conduz a um ato administrativo *composto*. Existe um único ato administrativo, mas a sua produção resulta da participação de diversos sujeitos para a formação da vontade estatal. Trata-se, sempre, de um ato administrativo unilateral, uma vez que o ato é atribuído a um único sujeito (Administração Pública).

No âmbito estatal, é extremamente comum a ocorrência de atos compostos. Assim, por exemplo, a própria lei se constitui em modalidade de ato unilateral, mesmo sendo produzida pela atuação de variados órgãos (integrantes, usualmente, dos Poderes Executivo e Legislativo). Mas isso também se verifica no âmbito privado. A decisão de uma assembleia geral ordinária não é um contrato entre os sócios presentes, mas ato unilateral produzido pela conjugação da atuação de todos eles (ainda quando haja, por hipótese, voto discordante de sócio minoritário).

A espécie de atos administrativos compostos comporta três subespécies. Pode haver atos coletivos, atos complexos e decisões coordenadas, conforme a natureza da competência dos diversos órgãos envolvidos.

12.5.3 Atos compostos coletivos

Nos atos *coletivos* há uma pluralidade de indivíduos que formam a vontade de um único órgão administrativo. Esses sujeitos são investidos de competência idêntica e homogênea, de

---

[12] A maior parte da doutrina refere-se a essa classificação como fundada no *número de agentes*. Essa posição não está incorreta. No entanto, a questão não reside propriamente no número de agentes do ato, mas na disciplina normativa sobre a competência. Um exemplo permite compreender melhor a questão. Suponha-se que o presidente da comissão de licitação emita uma determinação a um licitante. Rigorosamente, existiu um único agente praticando o ato. Mas esse ato não é simples, porque o direito determina que os atos da comissão de licitação sejam praticados em conjunto por todos os membros. Trata-se de um ato composto, com a característica de que o presidente da comissão atuou no interesse e em nome de todos. Ou seja, a competência é de titularidade de um órgão composto por vários sujeitos.

forma que o ato resultante é uma espécie de soma de manifestações individuais qualitativamente similares. O exemplo é a decisão da comissão de licitação.

12.5.4 Atos compostos complexos

Os atos administrativos são *complexos* quando a vontade da Administração se produz pela conjugação da atuação de órgãos distintos, de modo que cada sujeito participante desempenha atividade qualitativamente diversa da dos demais. Um exemplo de ato complexo é a lei, como ato de direito público. Pode ser considerado como exemplo de ato administrativo complexo a nomeação de competência do Presidente da República quando for exigida aprovação do Senado Federal (art. 52, III, da CF/1988).

12.5.5 Decisões coordenadas

A decisão coordenada consiste numa modalidade peculiar de ato complexo, introduzida formalmente no direito positivo por meio da Lei 14.210/2021 (que alterou a Lei 9.784/1999).[13]

Trata-se de solução apropriada quando a decisão administrativa envolver a competência de três ou mais setores, órgãos ou entidades, quando a matéria envolvida for relevante ou existirem fatores que produzam demora na conclusão do processo.

Nos casos de decisão coordenada, caberia a manifestação sucessiva de vontade das diversas autoridades. Isso implicaria ampliação da burocracia, especialmente nos casos em que ocorresse divergência entre as diversas instâncias decisórias.

A decisão coordenada é uma alternativa, a ser adotada de modo discricionário, visando a que as diversas autoridades, titulares de competências distintas, atuem de modo concentrado, editando um ato administrativo único para formalizar as suas decisões.

A figura evita o desenvolvimento de procedimentos autônomos entre si, reduzindo o risco de decisões contraditórias. Em muitos casos, a produção de decisões autônomas entre si propicia dificuldades e amplia a demora para a decisão administrativa final, inclusive com a necessidade de nova manifestação de autoridade que já se pronunciara anteriormente.

Por outro lado, a decisão coordenada permite a redução da demora para a formalização de uma manifestação estatal. A concentração da atuação de órgãos e autoridades diversos em um único ato permite uma solução em tempo menor.

A decisão coordenada corresponde a uma solução de racionalização do processo administrativo. Não elimina a competência específica atribuída a cada agente, mas propicia o seu exercício de modo concomitante. Não se configura a transferência da competência para outro sujeito. Cada autoridade mantém a sua competência decisória, mas a formalização da decisão envolve uma atuação dialética e dialógica. No bojo do procedimento, os diversos agentes expõem o seu entendimento, inclusive externando discordâncias e buscando atingir um entendimento unânime. Nem se cogita de uma decisão por maioria: se um dos agentes reputar que não é cabível adotar uma certa decisão, esse seu entendimento prevalecerá em face dos demais participantes.

A decisão coordenada é adotada em vista da concordância das diversas autoridades envolvidas no processo decisório. Não existe definição legislativa no sentido da obrigatoriedade da implementação dessa solução. A discricionariedade quanto à escolha não significa a autonomia para rejeição imotivada. Se estiverem presentes os pressupostos, pode-se reputar que a recusa somente será válida se fundada em motivo satisfatório.

---

[13] Cf. CABRAL; MENDONÇA (Coord.). *Decisão administrativa coordenada*: reflexões sobre os arts. 49-A e seguintes da Lei n. 9.784/99. MARQUES NETO; FREITAS; DOURADO. A coordenação administrativa: essa desconhecida. *Revista de Direito Público da Economia – RDPE*. Belo Horizonte, ano 21, n. 82, p. 111-145, abr./jun. 2023.

176 CURSO DE DIREITO ADMINISTRATIVO · *Marçal Justen Filho*

A Lei veda a adoção do modelo de solução coordenada para as hipóteses de licitação ou que envolvam o exercício de competência sancionatória ou que envolvam autoridades de Poderes distintos (Lei 9.784/1999, art. 49-A, § 6.º). Deve-se reputar que essa última vedação exclui o cabimento de uma decisão coordenada interfederativa. Ainda que se tratasse da atuação atinente ao Poder Executivo de cada ente federativo, ter-se-ia de reconhecer que cada um deles se configuraria como autônomo e diferenciado em face do outro.

12.5.6 Os reflexos da procedimentalização dos atos administrativos

As considerações anteriores foram afetadas pelo fenômeno da procedimentalização da atividade administrativa. De modo generalizado, o ato administrativo consiste na etapa final de um procedimento que é composto por outros atos administrativos, cada qual com autonomia própria. Como regra, existe um encadeamento entre esses diversos atos, de tal modo que a validade de cada um depende da existência e regularidade dos que lhe precederam. Suponha-se um edital de licitação firmado pelo presidente de uma autarquia. Trata-se de um ato administrativo unilateral simples. Mas a validade desse edital depende da observância de um procedimento prévio, ao longo do qual houve a prática de atos administrativos que se caracterizam como simples, coletivos ou complexos.

A procedimentalização tende a transformar a generalidade dos atos administrativos em atos compostos complexos, no sentido de que o seu aperfeiçoamento pressupõe a intervenção de uma pluralidade de agentes administrativos, exercitando cada qual competência administrativa distinta.

A tentativa de diferenciar ato composto e procedimento envolve um equívoco, eis que não são conceitos oponíveis entre si. O procedimento produz o encadeamento de atos jurídicos que, embora formalmente autônomos, vinculam-se entre si de modo a produzir um ato final. O ato composto identifica-se em vista da atuação de sujeitos diversos, cada qual exercitando competência distinta. A disciplina jurídica implica, geralmente, que o ato composto observe um procedimento. Mas a exigência também se aplica aos atos simples e aos atos compostos. A configuração do procedimento envolve o modo de produção do ato administrativo, enquanto a distinção entre atos simples e compostos deriva da atribuição de competências para a prática do ato.

12.6 Quanto à natureza

Existem atos de expediente, atos consultivos, atos decisórios e atos de execução.

Os *atos de expediente* são aqueles necessários ao desenvolvimento da atividade administrativa, mas que não comportam carga decisória. Assim, a aposição de carimbo de protocolo de recebimento de um requerimento é ato de expediente.

Os *atos consultivos* são aqueles em que o sujeito não decide, mas fornece subsídios a propósito da decisão. É o caso dos pareceres. Os atos consultivos devem ser diferenciados em vista da obrigatoriedade ou facultatividade da consulta.

Os *atos decisórios* são aqueles que impõem uma solução determinada como a escolhida pela Administração Pública, usualmente traduzindo o reconhecimento ou a constituição, modificação ou extinção de um direito ou dever.

Os *atos de execução* são aqueles por meio dos quais se desenvolve a atividade administrativa, produzindo a satisfação de um dever.

12.7 Quanto aos efeitos dos atos decisórios

Quanto à sua eficácia, os atos administrativos podem ser declaratórios, constitutivos ou condenatórios.

São *declaratórios* aqueles que meramente constatam a existência ou inexistência de eventos necessários à produção de um efeito jurídico, motivo pelo qual seus efeitos retroagem à data da ocorrência do referido evento.

São atos *constitutivos* aqueles necessários à produção de certo efeito jurídico (que pode ser, inclusive, a modificação ou extinção de um direito), gerando efeitos a partir do instante em que produzidos.

Muitos atos podem ser declaratórios quanto a alguns efeitos e constitutivos quanto a outros. O exemplo típico é o lançamento tributário, que é declaratório quanto à ocorrência do fato imponível e constitutivo quanto à existência do crédito tributário. Mais ainda, todo ato constitutivo tem uma forte carga declarativa. É que a constituição se funda na verificação da ocorrência de certos eventos. Portanto, ao constituir direitos, a Administração Pública também declara a ocorrência de fatos.

Admite-se, por fim, a existência de atos administrativos *condenatórios*, produzidos no âmbito específico das pessoas de direito público. O ato condenatório é aquele em que se impõe a um sujeito o dever de realizar determinada conduta, ativa ou omissiva. Essa condenação, no âmbito das pessoas de direito público, pode ser qualificada como título executivo, de modo que a Administração Pública poderia recorrer ao Poder Judiciário para obter prestação jurisdicional de cunho satisfativo.

13 OS VEÍCULOS INSTRUMENTAIS FORMAIS DOS ATOS ADMINISTRATIVOS

A função administrativa materializa-se por diversos instrumentos formais, cuja diferenciação se relaciona muito mais com a identidade do sujeito titular da competência do que com o conteúdo. Ressalte-se que não existe uma sistematização formal legislativa sobre a maior parte das figuras a seguir referidas. Portanto, a exposição abaixo reflete, em grande parcela, a opinião comum da doutrina e a praxe adotada ao longo do tempo.

13.1 Decreto

Decreto é ato administrativo unilateral pelo qual o Chefe do Executivo (federal, estadual, distrital ou municipal) exercita competência administrativa que demande forma escrita, para a qual não seja adequada outra forma específica.

O decreto é um instrumento administrativo cuja utilização é privativa do Chefe do Executivo, tal como previsto no art. 84 da CF/1988, mas seu conteúdo ou destinação não são definidos de modo exaustivo. Não caberá a utilização do decreto quando o sistema jurídico reservar outra forma adequada para o exercício da competência presidencial. Assim, o Presidente se valerá da medida provisória e não do decreto para veicular normas de natureza legislativa, na hipótese do art. 62 da CF/1988. O mesmo se passa na hipótese do art. 68 da Constituição, em que a matéria reservada pelo Poder Legislativo para a lei delegada não pode ser editada por meio de decreto.[14]

13.2 Regimento

Regimento é ato administrativo unilateral, normativo, destinado a disciplinar a organização e o funcionamento de órgãos colegiados.

---

[14] Ainda quanto à figura do decreto legislativo, deve-se lembrar que não se trata de um instrumento para o exercício das competências administrativas do Congresso Nacional. O decreto legislativo é instrumento para o exercício das competências arroladas no art. 49 da Constituição, que são exclusivas do Congresso Nacional. Além disso, o art. 62, § 3.º, da CF/1988 determina que o Congresso Nacional discipline, por meio de decreto legislativo, as relações jurídicas constituídas durante a vigência de medida provisória.

Normalmente o regimento é aprovado pelo próprio órgão regulado, quando investido de capacidade de auto-organização. Em outras hipóteses, o regimento será produzido pela autoridade administrativa titular da competência para disciplinar a organização e o funcionamento de um órgão colegiado.

O regimento estabelece a estrutura organizacional do órgão colegiado, discriminando funções e competências. Além disso, disciplina o modo de operação e os procedimentos internos que serão adotados.

13.3   Instrução

Instrução é ato administrativo unilateral editado pelos Ministros de Estado para formalizar o exercício de suas competências administrativas específicas (art. 87, parágrafo único, II, da CF/1988).

13.4   Resolução

Os atos administrativos normativos produzidos pelos Ministros de Estado também costumam ser denominados de *resolução*. As autoridades de grau hierárquico superior também editam resoluções.

As resoluções podem ter como conteúdo normas gerais ou normas individuais. Os pressupostos de edição da resolução são disciplinados usualmente pelas normas regimentais. No âmbito das agências reguladoras, é usual que a resolução seja o instrumento utilizado para o exercício das competências normativas dos órgãos colegiados superiores.

13.5   Alvará

Alvará é o instrumento utilizado pela Administração, usualmente, para formalizar a outorga de uma autorização ou licença a um particular para o desempenho de atividades sujeitas à regulação estatal.

13.6   Outros instrumentos

De acordo com a hierarquia e a disciplina legislativa peculiar, as diversas autoridades valem-se de instrumentos escritos que recebem denominações variadas, tais como portarias, circulares, ordens de serviço, provimentos, avisos, deliberações, cartas normativas, orientações e assim por diante.

Todas essas denominações indicam modos de formalização de atos administrativos, de natureza interna e que não veiculam qualquer inovação no sistema jurídico. Dispõem sobre o funcionamento interno das repartições públicas ou refletem a comunicação entre elas ou com particulares.

Isso não equivale a negar relevância jurídica a todos esses instrumentos. Por um lado, são meios de desenvolvimento da atividade administrativa. Mais ainda, geram efeitos no âmbito interno da Administração Pública, o que significa que os agentes estatais serão obrigados à sua observância.

14   AS DIVERSAS CATEGORIAS FORMAIS DE ATOS ADMINISTRATIVOS QUANTO AO CONTEÚDO

Os instrumentos formais, antes referidos, veiculam atos administrativos de diversa natureza e com conteúdos muito distintos.

Cap. 7 – O ATO ADMINISTRATIVO **179**

A configuração normativa determina as características da figura para cada caso concreto. Isso acarreta a impossibilidade de formulações teóricas generalizantes sobre essas espécies de atos administrativos. A exposição abaixo reflete o entendimento prevalente na doutrina, mas não se superpõe à disciplina normativa existente. Em suma, é possível que uma lei altere as características usualmente apontadas relativamente a uma espécie de ato administrativo. A solução adotada pela lei, num caso concreto, pode comportar crítica sob o prisma doutrinário, sem que tal afete a sua validade.

Daí não se segue a irrelevância da exposição abaixo. Em muitos casos, a norma apenas utiliza um vocábulo, sem determinar o regime jurídico aplicável. Quando assim ocorre, reputa-se que a lei consagrou as características reconhecidas pela doutrina. Produz-se uma espécie de recepção da orientação doutrinária pelo direito.

15 REGULAMENTO

Regulamento é o ato administrativo unilateral, veiculador de normas gerais e abstratas, destinado a complementar a disciplina contida em norma legislativa.

15.1 A questão da reserva de lei no direito brasileiro

A separação de poderes consagrada pela Constituição brasileira não adotou solução similar àquela vigente na França, em que certas matérias não podem ser disciplinadas por lei (mas apenas por meio de regulamento). O direito brasileiro prevê que cabe à lei dispor sobre toda e qualquer matéria, ressalvados os limites constitucionais.

O tema mereceu uma única ressalva constitucional, produzida em virtude da Emenda Constitucional 32/2001. Foi atribuída competência ao Presidente da República para disciplinar, *por meio de decreto*, a organização e o funcionamento da administração federal, respeitados os limites da elevação da despesa e da criação ou extinção de cargos públicos. Daí se extrai que se eliminou a incidência do princípio da legalidade relativamente a esses temas.[15]

15.2 A vedação ao regulamento contrário à lei

É pacífico o entendimento de que o regulamento não pode infringir a lei. O regulamento tem hierarquia normativa inferior ao da lei, de modo que a contradição com a norma legal acarreta a invalidade do dispositivo nele contido.

15.3 Classificação tradicional

A classificação tradicional reconhece a existência de duas espécies de regulamentos. Há os regulamentos de execução e os regulamentos autônomos.[16]

Os regulamentos de execução destinam-se a explicitar e desenvolver as normas de uma lei. O fundamento imediato de validade das normas dos regulamentos de execução encontra-se nas normas da lei.

---

[15] Cf., nesse sentido, BINENBOJM. *Uma teoria do direito administrativo*: direitos fundamentais, democracia e constitucionalização, 3. ed., p. 149-183; e BANDEIRA DE MELLO. *Curso de direito administrativo*, 37. ed., p. 274-276.

[16] Costuma-se referir à figura do regulamento *contra legem*, expressão que indica uma situação fática infringente da ordem jurídica. A norma regulamentar incompatível com uma norma hierarquicamente superior é inválida.

180 CURSO DE DIREITO ADMINISTRATIVO · *Marçal Justen Filho*

Os regulamentos autônomos são aqueles desvinculados de uma lei, que encontram fundamento de validade diretamente na Constituição. Por meio de um regulamento autônomo, são criados direitos e obrigações sem a prévia existência de lei. A adoção de um regulamento autônomo significa que o Poder Executivo inova a ordem jurídica.

O pensamento jurídico majoritário nega a possibilidade de existência de regulamento autônomo no direito brasileiro, mas o tema continua a despertar dúvidas.

15.4 A disputa sobre o regulamento autônomo

É possível sistematizar as orientações adotadas na doutrina e na jurisprudência relativamente ao regulamento autônomo em quatro correntes principais:

– A primeira corrente entende que a ausência de disciplina legislativa necessária à promoção dos direitos fundamentais pode ser suprida por meio de regulamento.
– A segunda posição defende a possibilidade de dispositivo legal atribuir expressa competência à autoridade administrativa para disciplinar, inovadoramente, certos temas por meio de regulamento.
– A terceira orientação admite que a sumariedade da disciplina constante de uma lei propicia à autoridade administrativa emitir regulamento para dispor sobre as questões omitidas.
– A quarta concepção afirma que o regulamento deve ser estritamente subordinado à lei, sem que se admita qualquer inovação ou acréscimo às normas contempladas por ela.

Ressalte-se que as diversas teses podem ser conjugadas entre si. Rigorosamente, apenas a quarta posição é excludente das demais. Mas não há maior impedimento em que as três primeiras teses sejam defendidas em conjunto (ainda que nem sempre o sejam).

15.5 A orientação adotada

A presente obra aceita a primeira e a terceira orientações e rejeita a segunda (em termos) e a quarta.

15.5.1 A aceitação da primeira corrente

Admite-se a validade dos regulamentos autônomos necessários à implementação de direitos fundamentais ou à aplicação de vedações contempladas constitucionalmente.

Esse entendimento foi adotado pelo STF, ao julgar a ADC 12. O STF considerou válida a Res. 7 do CNJ, que impusera vedação ao nepotismo no Poder Judiciário. Essa decisão afastou a necessidade de lei para regulamentar a disciplina constitucional. O STF reputou que a omissão do legislador não constitui obstáculo à edição de normas regulamentares destinadas a tornar efetivas determinações constitucionais.[17]

Sob esse prisma, a questão deixa de ser decidida segundo um critério formal (natureza do ato – legislativo ou administrativo – veiculador de normas) para ser avaliada em face de um critério material (conteúdo das normas constitucionais concretizadas). Assim, a figura do regulamento autônomo adquire extrema relevância nas hipóteses de omissão legislativa referida a temas essenciais à Constituição.

---

17 STF, ADC 12/DF, Pleno, rel. Min. Carlos Britto, j. 20.08.2008, *DJe* 17.12.2009.

Cap. 7 – O ATO ADMINISTRATIVO **181**

15.5.2 A rejeição da segunda corrente

Reputa-se como incompatível com a Constituição a intencional, consciente e voluntária transferência pelo Legislativo da competência normativa para disciplinar certa matéria. O tema se relaciona com a chamada *deslegalização legislativa*.

A hipótese se configura como delegação legislativa, que constitui instituto formalmente disciplinado na Constituição, no art. 68. Ali se faculta que resolução do Congresso Nacional transfira ao Presidente da República os poderes atinentes à produção de lei, respeitados certos limites quanto a determinadas matérias.

Essa solução não se confunde com a previsão legal de regulamentação pelo Executivo. A delegação do art. 68 faz-se caso a caso, a propósito de questões específicas e determinadas. Não é possível o art. 68 ser o fundamento para a transferência a outro órgão de um poder legiferante permanente e estável. A delegação legislativa versa sobre o poder de elaborar um conjunto de normas sobre certo tema.

Tendo a Constituição determinado os limites e a forma para a delegação legislativa, seria inválido que o Congresso Nacional editasse uma lei transferindo para o Poder Executivo a competência para criar direitos e obrigações por meio de um regulamento.

Em consonância com os pressupostos antes indicados, reputa-se incompatível com a ordem jurídica brasileira o instituto da *deslegalização* de certas atividades.

A figura da deslegalização vem sendo praticada no direito italiano e consiste na transferência, por meio de lei, de competência normativa primária para a Administração Pública. Na origem, a deslegalização se destinava a promover a sistematização de setores em que a disciplina legislativa era arcaica e complexa.[18]

Reputa-se cabível que a lei atribua à Administração Pública poderes normativos a serem exercitados por meio de regulamento, desde que estabelecidos limites mínimos suficientemente determinados para permitir o controle das normas editadas.

15.5.3 A aceitação da terceira corrente e a rejeição à quarta

Adota-se o entendimento de que o regulamento pode veicular inovações relevantes no tocante à disciplina legislativa (terceira corrente) e se rejeita a concepção de que não caberia ao regulamento qualquer inovação relativamente às normas legais (quarta corrente).

Alguns pensadores rejeitam a possibilidade de qualquer complementação significativa por parte do regulamento em relação à lei. Invocam argumento extraído do art. 84, IV, da CF/1988, que determina incumbir ao Presidente da República a competência para editar decretos e regulamentos para a *fiel execução* das leis. Sendo assim, o regulamento apenas poderia traduzir a vontade já contida na lei.

Discorda-se desse raciocínio. A *fiel execução da lei* pode significar a realização da finalidade buscada pelo direito, sem que isso signifique a mera repetição dos termos da regulação legislativa.

A atuação inovadora do Executivo, por via regulamentar, reflete uma necessidade relacionada à produção normativa. O Legislativo não dispõe de condições para formular todas as soluções. A lei é um esquema normativo que demanda complementação. O regulamento produzido pelo Executivo exerce essa função complementar, visando a assegurar a melhor solução possível.[19]

---

[18] Sobre o instituto da deslegalização, cf. as ponderações realizadas pelo autor na obra *O direito das agências reguladoras independentes*, p. 221-222.

[19] Nesse sentido, Caio Tácito assevera que "regulamentar não é somente reproduzir analiticamente a lei, mas ampliá-la e completá-la, segundo o seu espírito e o seu conteúdo, sobretudo nos aspectos que a própria lei,

Se fosse vedada qualquer inovação na disciplina legal, o regulamento seria inútil. Logo, nem teria cabimento a Constituição referir-se à figura.

Portanto, o que se pode discutir não é a existência de cunho inovador nas regras contidas no regulamento, mas a extensão da inovação produzível por essa via. O tema vem merecendo intensa atenção da doutrina estrangeira ao longo do tempo.[20]

Esse entendimento foi adotado pelo STF, tal como é evidenciado na passagem adiante reproduzida:

> "32. O princípio da legalidade, contemporaneamente, tem sido interpretado em sua acepção de *juridicidade*.
>
> 33. A multiplicação de leis de baixa densidade normativa (*leis-quadro*) é reflexo dessa realidade, porquanto preocupam mais intensamente com o estabelecimento dos *fins* do que com a pormenorização taxativa dos *meios*, como consectário das ideias de (*i*) eficácia normativa dos direitos fundamentais; (*ii*) impossibilidade fática de esgotamento da atividade reguladora pelo Poder Legislador, e (*iii*) necessidade de dinamismo nas respostas do Direito à sociedade contemporânea" (ADI 4.645/DF, Pleno, rel. Min. Luiz Fux, j. 12.09.2023, *DJe* 20.10.2023).

15.6 Aspectos complementares

A lei definirá a titularidade da competência para editar regulamento. No silêncio legislativo, a competência será do Chefe do Executivo. Não há impedimento a que a lei atribua competência regulamentar a outros órgãos ou autoridades. Se tal ocorrer, as normas regulamentares não poderão ser alteradas senão pelo sujeito titular da competência atribuída legalmente. Ou seja, o Chefe do Executivo não poderá invocar a superioridade hierárquica para avocar a competência regulamentar nem poderá editar diretamente normas destinadas a disciplinar o mesmo tema.

Essa ressalva é relevante especialmente em vista da atribuição de competência regulamentar setorial para agências reguladoras independentes. Nesse caso, a agência é investida de monopólio regulamentar sobre o tema e não cabe à Administração central interferir sobre tal competência. A independência assegurada à agência compreende inclusive a inexistência de vínculo hierárquico no tocante ao exercício das competências regulamentares setoriais.

15.7 Regulamento e decreto

Regulamento e decreto são figuras conceitualmente distintas. O regulamento é o conjunto de normas administrativamente editadas. O decreto é o instrumento pelo qual o Chefe do Executivo manifesta formalmente por escrito sua vontade funcional, nas hipóteses cabíveis.

Pode haver decreto sem existir regulamento. Assim, o ato de aposentadoria de um servidor será formalizado num decreto, destituído de carga regulamentar.

Também é possível existir regulamento sem decreto, o que se passará sempre que o regulamento for editado por autoridade diversa do Chefe do Executivo.

---

expressa ou implicitamente, outorga à esfera regulamentar" (*Temas de direito público*: estudos e pareceres, v. 1, p. 510).

[20] Cf. as orientações de AMARAL. *Curso de direito administrativo*, v. 2, 2. ed., p. 177-230; MAURER. *Elementos de direito administrativo alemão*, p. 62-64. Merece especial referência a obra de ABREU. *Sobre os regulamentos administrativos e o princípio da legalidade*.

16 LICENÇA

Licença é o ato administrativo editado no exercício de competência vinculada, por meio do qual a Administração Pública formalmente declara terem sido preenchidos os requisitos legais e regulamentares exigidos e constitui o direito de um particular ao exercício de uma profissão ou atividade privada determinadas.

A licença reflete a atividade de controle do Estado sobre o exercício de direitos privados, visando à ordenação e harmonização com os interesses coletivos.

A licença não pode ser negada mediante a invocação de inconveniência ou inoportunidade, uma vez que sua outorga é condicionada objetivamente ao preenchimento de certos requisitos. Lembre-se que, em certos casos, utiliza-se a expressão "licença" para a veiculação de uma autorização revogável. Em tal hipótese, caberia a revogação da licença no exercício de competência discricionária – mas isso somente poderá ser reconhecido quando tiver sido utilizada a expressão "licença" em sentido não próprio.

17 AUTORIZAÇÃO

A expressão *autorização* tem sido utilizada na Constituição e nas leis em diversas acepções.[21]

17.1 Concepção tradicional

Segundo a concepção tradicional, a autorização é um ato administrativo editado no exercício de competência discricionária, tendo por objeto o desempenho de uma atividade privada, o exercício de um direito ou a constituição de uma situação de fato, caracterizada pelo cunho de precariedade e revogabilidade a qualquer tempo.

17.2 A aplicação ao serviço público e ao bem público

A autorização também é utilizada para indicar o ato administrativo unilateral e precário editado no exercício de competência discricionária que faculta a um particular a prestação de serviço público ou o uso temporário de bem público.

17.3 A previsão constitucional da autorização para atividade privada

Mas o vocábulo *autorização* passou a ser utilizado em situações incompatíveis com as ideias aqui expostas. Assim, por exemplo, o art. 170, parágrafo único, da CF/1988 alude à autorização para o exercício de atividade econômica, o que não se compatibiliza com a concepção de uma competência discricionária.

Por igual, o art. 21, XI e XII, da CF/1988 refere-se à autorização para a exploração por particulares de atividades que, em princípio, são configuradas como serviço público. Nesses casos, *autorização* é utilizada em sentido próximo ao de *licença*.

17.4 A multiplicidade de significados

Não existe, portanto, um sentido único e predeterminado para o vocábulo *autorização*.

A figura da autorização tem sido usualmente utilizada para indicar atos administrativos que são destinados a facultar a um particular o desempenho de atividades privadas dotadas de relevância perante terceiros ou vinculadas à satisfação de um interesse coletivo.

---

[21] A esse respeito, confira-se NESTER. A evolução do conceito jurídico de autorização na doutrina brasileira. In: WALD; JUSTEN FILHO; PEREIRA (Org.). *O direito administrativo na atualidade*: estudos em homenagem ao centenário de Hely Lopes Meirelles, p. 108-128.

Em muitos casos, o desempenho da atividade autorizada é facultativo. Assim se passa no caso das profissões regulamentadas (tal como a advocacia). Em outros casos, a outorga da autorização acarreta a obrigatoriedade da implantação e manutenção da atividade, e a cessação do seu exercício impõe a extinção da autorização. É o que se verifica, por exemplo, no tocante aos serviços de telefonia móvel celular.

17.5 A autorização a prazo determinado ou mediante condições

Se a autorização tiver sido outorgada por prazo certo, condicionada ou não ao preenchimento de determinados requisitos, não se admite a sua revogação mediante simples invocação de conveniência administrativa.

18 PERMISSÃO

Segundo a concepção tradicional, permissão é ato administrativo unilateral, produzido no exercício de competência discricionária, tendo por objeto a atribuição a um particular do poder de prestação de serviço público ou de utilização de um bem público para fins específicos, caracterizando-se pela precariedade.

A CF/1988 determinou, no art. 175, que as permissões de serviço público serão outorgadas mediante licitação. Nesse caso, a outorga de uma permissão não traduzirá uma competência discricionária, eis que deverá subordinar-se aos termos predeterminados no ato convocatório do certame. A Lei Geral de Concessões (Lei 8.987/1995) deu configuração contratual à figura da permissão de serviço público, tal como será examinado no Capítulo 12.

Por outro lado, a permissão pode se caracterizar pela precariedade, na acepção de ser cabível a sua extinção a qualquer tempo por ato unilateral, sem direito à indenização para o interessado – ressalvadas as hipóteses em que a Administração Pública atuou de modo defeituoso ou em que a existência da permissão é meramente aparente.

19 CONCESSÃO

Concessão é expressão genérica, abrangente de inúmeras e heterogêneas manifestações administrativas. O ponto em comum entre todas elas, como bem apanhado por Celso Antônio Bandeira de Mello, é se constituírem em "atos ampliativos da esfera jurídica de alguém".[22]

Floriano de Azevedo Marques Neto reprova a tendência de reduzir o instituto à concessão de serviço público.[23] O instituto da concessão é um meio para a atribuição a um sujeito privado de uma faculdade de que ele não era, até então, titular. Mas a proliferação de regimes jurídicos para as diversas hipóteses de concessão tornou inviável seu tratamento unitário. Assim, por exemplo, é impossível tratar de modo unitário a concessão de cidadania e a concessão de serviço público.

A dificuldade remonta à origem histórica do instituto. Antes do estabelecimento do Estado de Direito, o rei concentrava poderes de natureza pública e privada. O monarca estava investido do poder de atribuir privilégios aos governados para a fruição de prerrogativas de diversa natureza. Isso compreendia a possibilidade de exploração de atividades puramente econômicas ou da fruição de bens e direitos próprios do Estado. A outorga desses privilégios se fazia por meio de uma *concessão*. Na sua origem, o instituto da concessão apresentava cunho arbitrário e ofensivo ao princípio da isonomia. Com a instauração do Estado de Direito, essas

---

[22] BANDEIRA DE MELLO. *Curso de direito administrativo*, 37. ed., p. 346.
[23] MARQUES NETO. *A concessão como instituto do direito administrativo*, p. 222 *et seq.*

característas foram eliminadas. No entanto, permaneceu a utilização do vocábulo *concessão* para indicar atos administrativos de conteúdo variado.

A concessão se tornou um ato vinculado à presença dos requisitos legais e regulamentares, assegurando a um particular a fruição de bens, serviços ou direitos que, em princípio, eram reservados ao Estado ou somente podem ser deferidos por meio de um ato estatal.

Deve-se destacar, no entanto, que todas as hipóteses de concessão envolvem a atribuição pelo Estado em favor de um particular da fruição de uma posição jurídica (que compreende o gozo de direitos determinados), com um cunho de estabilidade. Em alguns casos, essa atribuição destina-se a ser permanente e imutável, tal como se passa com a concessão de cidadania. Na maior parte dos outros casos, a concessão é realizada por prazo determinado, o que gera direitos adquiridos para o particular.

20 HOMOLOGAÇÃO

Homologação é o ato administrativo unilateral, praticado no exercício de competência vinculada, em que a Administração Pública manifesta formal aprovação a ato jurídico pretérito (eventualmente praticado por ela própria), fundando-se no preenchimento dos requisitos exigidos.

21 APROVAÇÃO

Celso Antônio Bandeira de Mello chama a atenção para a aprovação, que consiste em ato administrativo que traduz competência discricionária, destinando-se a facultar a prática de um determinado ato jurídico ou manifestar a concordância da Administração Pública com um ato anterior.[24] Aprovação não se confunde com homologação em virtude da discricionariedade que caracteriza aquela e da vinculação inerente a esta. Diógenes Gasparini entendia que a aprovação poderia referir-se tanto a atos futuros como a atos pretéritos.[25] Na obra de Hely Lopes Meirelles, é afirmado que a aprovação pode ser prévia ou posterior, vinculada ou discricionária e envolver atos jurídicos ou materiais, da própria Administração ou de terceiros.[26]

Tal como exposto na advertência inicial deste tópico, é impossível escolher uma entre as diversas orientações como a mais correta. A lei pode valer-se do vocábulo "aprovação" em diferentes acepções. Usualmente, a aprovação se refere ao exercício de competência discricionária. Envolve um juízo subjetivo relativamente à adequação e à satisfatoriedade da autoridade administrativa com um ato jurídico ou material produzido por agentes estatais ou sujeitos privados. Lembre-se de que a competência discricionária para a aprovação não significa ausência de limites, eis que o juízo exercitado pela autoridade deve fundar-se em critérios previamente adotados ou consagrados pelo conhecimento técnico-científico.

22 CERTIDÃO

A certidão consiste num ato administrativo[27] de cunho declaratório, que explicita a existência ou a inexistência de um fato ou de um ato, caracterizando-se pela presunção relativa de veracidade quanto aos seus termos.

---

24 BANDEIRA DE MELLO. *Curso de direito administrativo*, 37. ed., p. 347.

25 GASPARINI. *Direito administrativo*, 17. ed., p. 136-137.

26 MEIRELLES. *Direito administrativo brasileiro*, 42. ed., p. 214.

27 O vocábulo *certidão* possui duas acepções distintas, entre si relacionadas. Há certidão no sentido de *ato administrativo*. Mas o vocábulo também pode referir-se ao documento em que se materializa o ato administrativo. No presente tópico, adota-se o primeiro sentido. Idênticas ponderações cabem relativamente ao atestado, objeto de exame no item subsequente.

186 CURSO DE DIREITO ADMINISTRATIVO · *Marçal Justen Filho*

Ela não é um instrumento de natureza constitutiva, visto que não cria diretamente direitos nem obrigações. A certidão apenas traduz aquilo que consta em documentos disponíveis nos arquivos administrativos. Isso significa que os direitos e as obrigações são produzidos em virtude dos fatos e eventos juridicamente relevantes, cuja existência ou inexistência se extrai dos arquivos ou documentos estatais. Assim, por exemplo, uma certidão de nascimento consiste num documento que reproduz informações contempladas em registros de natureza pública. A certidão é um acessório, uma decorrência de documentos, arquivos e registros públicos, destinando-se a eliminar dúvida sobre o seu conteúdo e a permitir que os interessados invoquem os efeitos jurídicos daí decorrentes.

A função da certidão pode ser extremamente relevante para o reconhecimento de direitos e obrigações, especialmente porque os eventos nela referidos são presumidos como existentes (certidão positiva) ou inexistentes (certidão negativa). Costuma-se afirmar que a certidão goza de fé pública. Essa fórmula verbal indica precisamente essa presunção de veracidade. O conteúdo da certidão é presumido verdadeiro até prova em contrário, ou seja, trata-se de presunção *juris tantum*. A desconstituição de uma certidão envolve, por isso, formalidades especiais, destinadas a respaldar a segurança jurídica. A comprovação da falsidade das informações contempladas na certidão impõe a responsabilização do agente responsável e pode acarretar inclusive a responsabilização civil do Estado.

Em algumas hipóteses, admite-se que a certidão seja baseada em eventos não documentados, mas meramente presenciados por certas autoridades. Mas assim apenas se passará quando existir uma competência específica, criada legislativamente para a autoridade produzir atos jurídicos não constantes de registros escritos. Um exemplo alheio ao direito administrativo consiste na certidão lavrada pelo oficial de justiça quanto a atos e eventos por ele presenciados.

Ressalte-se que a relevância dos potenciais efeitos de uma certidão conduziu à restrição das competências e à imposição de formalidades para a sua emissão.

23   ATESTADO

O atestado também se configura como um ato jurídico destinado a comprovar a existência ou inexistência de determinado fato ou condição juridicamente relevante. Sob esse prisma de conteúdo, o atestado se aproxima da certidão. Mas há distinção relevante. Em geral, a certidão expressa a existência ou a inexistência de certo fato tal como consta de arquivos ou documentos estatais. Já o atestado não pressupõe essa circunstância. É perfeitamente possível que o atestado seja produzido em vista de eventos objeto de simples testemunho de alguém.

Por outro lado, o atestado não reflete necessariamente uma atuação administrativa ou estatal. Pode-se utilizar a expressão para referir inclusive documentos emitidos por sujeitos privados. Assim se passa com o atestado de desempenho anterior, eventualmente exigido como condição para participação em licitações.

Em princípio, o atestado goza de presunção relativa de veracidade, mas não milita a seu favor a fé pública – ressalvadas as hipóteses em que, rigorosamente, existe uma certidão sob a denominação de atestado.[28] Assim se passa porque, quando se cogita de atestados, não existem registros, documentos ou arquivos públicos cujas informações sejam traduzidas em um documento de cunho declaratório. A certidão é a via formal e adequada de exteriorização e de comprovação do conteúdo dessa documentação pública estatal, o que não acontece relativamente aos atestados.

---

[28]   Essa hipótese não é absurda. É perfeitamente possível reconhecer que o atestado médico, emitido por um servidor público e que assevera que um paciente apresenta certa moléstia, corresponda juridicamente a uma certidão.

24 EXISTÊNCIA, VALIDADE E EFICÁCIA DOS ATOS ADMINISTRATIVOS

O estudo do ato administrativo envolve a análise das questões relacionadas com a existência, a validade e a eficácia.[29]

Pontes de Miranda destacou: "Ser fato jurídico é existir no mundo jurídico. (...) Dentro dele, há o plano da existência, o plano da validade e o plano da eficácia".[30]

24.1 A existência do ato jurídico

A existência resulta do preenchimento dos requisitos mínimos previstos num modelo normativo. Como ensinava Pontes de Miranda, "a questão da existência e da inexistência está, portanto, ligada à da insuficiência, e não à da deficiência do suporte fáctico".[31]

Por exemplo, não existe juridicamente um ato administrativo se um sujeito qualquer afirmar numa rede social que "fica decretado que hoje é feriado". Essa situação não corresponde minimamente a um ato administrativo eis que o sujeito não está investido formalmente de poderes administrativos e a via utilizada não é adequada para a formalização da vontade estatal.

24.2 A validade do ato jurídico

A validade reside na compatibilidade do ato jurídico com o modelo normativo. Existência e validade de atos jurídicos são temas inter-relacionados, cuja diferenciação envolve muito mais uma questão de intensidade. A inexistência decorre da ausência na situação concreta de qualquer elemento exigido no modelo normativo. A invalidade se verifica quando, presentes os requisitos mínimos necessários, verifica-se um defeito, consistente na ausência de compatibilidade entre os eventos do mundo fenomênico e o modelo contido na norma jurídica.

O plano da validade se refere à compatibilidade entre os fatos ocorridos no mundo real e o modelo hipotético contido na norma. A validade do ato jurídico pressupõe a existência, mas com ela não se confunde. Em princípio, todo ato jurídico válido é ato jurídico existente. Mas nem todo ato jurídico existente é ato jurídico válido. A validade somente se avalia quanto a atos existentes. Justamente por isso pode haver ato existente e inválido.

Até se poderia afirmar que a inexistência e a invalidade não se diferenciam. É razoável entender que a inexistência é a manifestação máxima da invalidade. No entanto, a distinção é útil e costuma ser adotada porque justifica o tratamento jurídico distinto para os casos em que estão ausentes elementos mínimos exigidos na norma (inexistência) em face daqueles em que existe uma aparência razoável, ainda que defeituosa (invalidade), de cumprimento dos requisitos previstos pelo ordenamento jurídico.

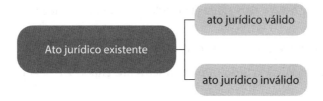

---

[29] A eficácia do ato jurídico não se confunde com o princípio da eficácia da atividade administrativa. Nas duas situações, a palavra *eficácia* é utilizada em acepções diversas.

[30] PONTES DE MIRANDA. *Tratado de direito privado: Eficácia jurídica. Determinações inexas e anexas. Direitos. Pretensões. Ações*, atual. por Marcos Ehrhardt Jr., Marcos Bernardes de Mello, v. 5, p. 69.

[31] PONTES DE MIRANDA. *Tratado de direito privado: Pessoas físicas e jurídicas*, v. 1, atual. por Judith Martins-Costa, Gustavo Haical, Jorge Cesa Ferreira da Silva, p. 184.

24.3 A eficácia do ato jurídico

A eficácia consiste na aptidão do ato para produzir efeitos jurídicos. É relevante diferenciar a eficácia jurídica e a eficácia fática. Aquela envolve a avaliação em face do ordenamento jurídico, enquanto a eficácia fática deriva de uma consideração ao mundo dos fatos.

Por exemplo, o art. 94 da Lei 14.133/2021 estabelece que a divulgação do contrato administrativo no Portal Nacional de Contratações Públicas – PNCP é requisito para a sua eficácia. Ou seja, o contrato administrativo pode existir e ser válido, mas não será dotado de potencial para produzir efeitos enquanto não houver a sua divulgação pela via prevista legalmente.

24.3.1 A eficácia de atos ilícitos

Mesmo os atos ilícitos produzem efeitos jurídicos. É incorreta a concepção de que **o ato nulo não produz efeitos jurídicos**, especialmente em vista do parágrafo único do art. 20 da Lei de Introdução às Normas do Direito Brasileiro – LINDB ("A motivação demonstrará a necessidade e a adequação da medida imposta ou da invalidação de ato, contrato, ajuste, processo ou norma administrativa, inclusive em face das possíveis alternativas"). A peculiaridade reside em que os efeitos jurídicos dos atos ilícitos e inválidos são, usualmente, limitados e restritos.

24.3.2 Atos defeituosos e segurança jurídica

A eficácia fática, consumada no mundo real, de atos defeituosos pode conduzir a que o direito atribua eficácia jurídica a atos administrativos defeituosos ou ilícitos. Essa solução se relaciona com a segurança jurídica e com a confiança legítima dos particulares quanto à atuação estatal.

24.3.3 A distinção da eficácia de atos defeituosos

Isso não significa que os atos ilícitos, inexistentes e inválidos são sempre dotados de eficácia idêntica àquela dos válidos. A determinação da eficácia dos atos inexistentes e inválidos depende das condições do caso concreto. Há casos em que os atos inexistentes e inválidos não produzem qualquer efeito. Em outros, são dotados de algum efeito jurídico. E podem existir situações em que têm eficácia idêntica à de um ato válido.

24.3.4 Atos ilícitos e o poder-dever de sua regularização

A autoridade administrativa tem o poder-dever de adotar providências para regularizar a situação, quando verificada a ocorrência de um ato ilícito. Isso significa a adoção de providências ou para eliminar o ato e seus efeitos já produzidos ou para sanear os defeitos existentes.

24.3.5 Sumário da relação entre validade e eficácia

As dimensões da eficácia jurídica podem ser representadas da seguinte forma:

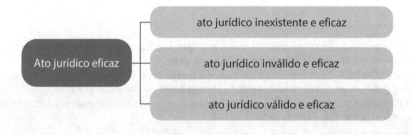

25 OS GRAUS DE EFICÁCIA DOS ATOS JURÍDICOS

A intensidade da eficácia jurídica é variável. Costuma-se aludir a três gradações de eficácia. Os atos jurídicos podem apresentar grau mínimo, médio ou máximo de eficácia.

25.1 O grau mínimo de eficácia

Há conteúdo mínimo de eficácia quando o ato jurídico produz o nascimento de relação jurídica, da qual surgem direito subjetivo e dever jurídico, sem a possibilidade de as partes exigirem de outrem a adoção de uma conduta determinada.

Nesse caso, "a exigibilidade do direito subjetivo fica condicionada a acontecimento futuro, certo ou incerto, que inibe qualquer iniciativa do sujeito ativo, no sentido de obter a satisfação prestacional que dá substância a seu direito subjetivo".[32] Um exemplo de obrigação com *grau de eficácia mínimo* é o do contrato administrativo que preveja momento futuro para a execução das prestações. O contrato existe e é válido, mas gera apenas o direito subjetivo e o dever jurídico para as partes.

25.2 O grau médio de eficácia

O *grau médio* de eficácia se verifica quando o sujeito ativo passa a dispor da faculdade de exigir o cumprimento da prestação. A isso corresponde a situação de sujeição da parte passiva da relação jurídica. O sujeito passivo, quando a relação apresenta grau médio de eficácia, está subordinado a satisfazer a prestação devida. O grau médio de eficácia se instala quando se verifica o evento fático que a lei ou a vontade das partes haviam previsto como requisito para tanto. Nessa situação, o sujeito ativo não é apenas titular do direito subjetivo, mas se lhe assegura a pretensão de exigir o cumprimento de uma prestação específica.

Suponha-se que um contrato determine que o particular deva realizar a prestação a partir do dia 10 de junho. No dia subsequente, a Administração adquire a pretensão de exigir o cumprimento da prestação.

25.3 O grau máximo de eficácia

No *grau de eficácia máximo*, o sujeito ativo dispõe não apenas do direito subjetivo e da pretensão, mas nasce para ele também o direito de exigir coativamente a conduta devida. O grau de eficácia máximo se aperfeiçoa quando o sujeito passivo deixa de cumprir o dever, depois de verificado um evento previsto na lei ou por ato de vontade como limite para o cumprimento espontâneo do dever jurídico.

No exemplo utilizado, o grau máximo de eficácia surgiria após o prazo-limite para o adimplemento espontâneo da prestação derivada do contrato administrativo.

26 A EFICÁCIA PRÓPRIA DO ATO ADMINISTRATIVO: OS ATRIBUTOS DO ATO ADMINISTRATIVO

Como o ato administrativo é uma manifestação de vontade imputada ao Estado, há uma disciplina diferenciada quanto à sua eficácia.

---

[32] CARVALHO. Decadência e prescrição. In: MARTINS (Coord.). *Direito Tributário. Artigos selecionados em homenagem aos 40 anos do Centro de Extensão Universitária*, v. 1, p. 85.

26.1 A eficácia jurídica dos atos de direito privado

No âmbito privado, os atos jurídicos são usualmente dotados de eficácia mínima. Em certos casos, a lei ou a vontade conjunta das partes prevê a aquisição de eficácia média. Mas a eficácia máxima, como regra quase absoluta, exige a intervenção do Poder Judiciário, mediante o exercício do direito de ação.

Excetuadas situações muito específicas, nenhum sujeito privado pode promover diretamente a satisfação das próprias pretensões. Usualmente, é necessário valer-se da atuação jurisdicional do Estado.

26.2 A eficácia jurídica dos atos administrativos

Seria inviável o desempenho da função administrativa do Estado se os seus atos fossem destituídos da eficácia adequada e necessária ao atingimento das finalidades a que se destina. Se a produção de efeitos do ato administrativo dependesse em todos os casos da intervenção do Poder Judiciário, haveria uma enxurrada de processos judiciais.

Mais ainda, a demora inerente à intervenção jurisdicional comprometeria o desempenho das funções administrativas. A autoridade pública, na maior parte dos casos, desenvolve atuação destinada a produzir resultados em curto espaço de tempo.

Por isso, admite-se uma eficácia diferenciada para os atos administrativos. Alude-se aos atributos do ato administrativo, que são:

- a presunção de legitimidade (e de regularidade);
- a imperatividade; e
- a autoexecutoriedade.

26.3 A ressalva indispensável: a origem não democrática

É essencial assinalar que a concepção dos atributos do ato administrativo foi plasmada num período autoritário da evolução do Estado. Essa versão tradicional reflete a influência de concepções não democráticas do Estado.

Há forte resquício das teorias políticas anteriores à instauração do Estado Democrático de Direito, que identificavam a atividade administrativa como manifestação da *soberania* estatal. Como decorrência, o ato administrativo traduzia as *prerrogativas* do Estado, impondo-se ao particular pela utilização da força e da violência.

A implantação de uma democracia republicana afeta essas concepções, mesmo quando não acarrete sua eliminação. Ou seja, o estudo dos atributos peculiares do ato administrativo tem de refletir os princípios inerentes à organização democrática do poder estatal.

A mais fundamental ressalva a fazer reside em que os ditos *atributos* não são um efeito inerente ao ato administrativo, nem uma decorrência da qualidade estatal do agente que o produz. Eles são decorrência do direito, o que significa uma inafastável compatibilidade com a Constituição. É o direito que prevê e delimita tais efeitos, por reputar que tal se faz necessário para o bom desempenho da função administrativa. Portanto, aquilo que o direito não poderia atribuir ao Estado não pode ser extraído como "atributo" próprio do ato administrativo.

27 A PRESUNÇÃO RELATIVA DE LEGITIMIDADE (E DE REGULARIDADE)

A presunção de legitimidade consiste na presunção relativa quanto à regularidade jurídica dos atos produzidos pelo exercente de função administrativa, do que decorre sua aptidão para gerar efeitos vinculantes *erga omnes*.

27.1 A presunção de legitimidade como manifestação do dever-poder estatal

A presunção de legitimidade ao ato administrativo é um instrumento necessário à satisfação dos deveres inerentes à função administrativa. Como há encargos impostos ao Estado e fins que deve realizar, é necessário atribuir a ele o instrumental jurídico compatível.

Não seria viável ao Estado cumprir suas funções administrativas se lhe fosse reservada situação jurídica idêntica àquela dos particulares. Se não houvesse a presunção de legitimidade do ato administrativo, o Estado teria de recorrer ao Poder Judiciário para obter provimento jurisdicional comprovando a legitimidade de seus atos, e somente assim poderia vincular os terceiros. Daí não se segue que, levada a questão ao Poder Judiciário (por provocação do particular), o Estado seja dispensado de comprovar a regularidade dos próprios atos. Mais ainda, essa presunção de legitimidade não significa que o ato administrativo seja insuscetível de revisão judicial.

Atos administrativos inválidos ou juridicamente ineficazes podem ser acobertados pela presunção de legitimidade, situação muito grave e que exige a intervenção jurisdicional.

27.2 A vinculação dos terceiros por meio do ato administrativo

A relevância da presunção de legitimidade do ato administrativo reside na geração de efeitos vinculantes para terceiros. A autoridade administrativa dispõe de poderes para gerar unilateralmente atos jurídicos oponíveis a terceiros, sem que haja necessidade de participação do interessado ou do Judiciário.

No direito privado, todo ato jurídico se presume legítimo *relativamente* apenas a quem o produziu. Usualmente, os atos jurídicos privados produzem efeitos vinculantes apenas para quem os produz.[33]

Diversamente se passa no tocante ao ato administrativo, que goza de presunção de legitimidade e regularidade, o que significa a produção de efeitos jurídicos que vinculam não apenas a Administração Pública, mas também terceiros.

A presunção de legitimidade compreende a instauração de relações jurídicas (previstas em normas legais) por meio de ato administrativo, sem a necessidade de manifestação de vontade do particular atingido.

27.3 O conteúdo da presunção de legitimidade

O primeiro aspecto da presunção de legitimidade se relaciona com o conteúdo do ato administrativo. Presume-se que o conteúdo é compatível com o direito relativamente às questões de fato.

Isso envolve a presunção de regularidade quanto:

– à avaliação e qualificação jurídica dos fatos relevantes para o caso;
– à afirmação por parte da Administração quanto à ocorrência dos fatos relevantes; e
– à avaliação de oportunidade e conveniência compreendida em competências discricionárias atribuídas à Administração.

---

[33] No âmbito do direito privado, existem hipóteses excepcionais em que a vontade de determinado sujeito pode gerar proibições e deveres para terceiro. O exemplo mais claro relaciona-se ao pátrio poder (poder familiar), instituto que produz a sujeição de um incapaz às orientações emanadas de pai, mãe ou tutor.

27.4 Os limites da presunção

A presunção de legitimidade do ato administrativo vincula todos os particulares. Não se trata de uma vinculação de natureza definitiva e absoluta, o que corresponderia à supressão da função jurisdicional.

27.4.1 A revisibilidade pelo Poder Judiciário

Todo ato administrativo pode ser revisado pelo Poder Judiciário (respeitado o seu mérito), e a presunção de legitimidade não é instrumento de bloqueio da revisão pelo Poder Judiciário (nem pela própria Administração, que tem o dever de rever os próprios atos quando eivados de defeitos, nos limites da chamada coisa julgada administrativa). Nem seria compatível com a democracia republicana que a Administração Pública pudesse produzir unilateralmente um ato que vinculasse os particulares de modo absoluto e ilimitado.

27.4.2 A configuração de presunção relativa

A presunção de legitimidade é relativa, o que implica a inversão do ônus da prova. Significa, portanto, que a Administração Pública não tem necessidade de provar que o conteúdo do ato é legítimo, cabendo ao terceiro o ônus de provar ser ele ilegítimo. Não se trata de uma presunção absoluta, o que significa a inconstitucionalidade da recusa do Poder Judiciário a revisar o ato administrativo invocando a presunção de sua legitimidade. A garantia constitucional do acesso ao Poder Judiciário (art. 5.º, XXXV) impõe a apreciação de pretensões que invoquem lesão ou ameaça de lesão, ainda que provenientes de atos administrativos.

27.4.3 A abrangência da presunção de legitimidade

A presunção de legitimidade alcança a todos os atos administrativos, inclusive os inválidos e juridicamente ineficazes (desde que presentes os requisitos mínimos necessários). Seria um despropósito afirmar que se presumem como legítimos apenas os atos administrativos válidos. Muito mais grave seria afirmar que o ato administrativo é válido porque é presumido como tal. Ambas as afirmativas são claramente defeituosas.

A presunção de legitimidade não vincula nenhum órgão de controle e só produz efeitos no relacionamento direto entre Administração Pública e a outra parte. Questionada a validade do ato administrativo, é imperioso examinar os eventos ocorridos. Constatada a existência de defeito, caberá pronunciá-lo, sem que essa disciplina seja afetada pela existência da presunção da validade.

Portanto, o recurso ao Judiciário é a via adequada para o particular opor-se à pretensão administrativa de submetê-lo aos efeitos de um ato administrativo.

27.5 A presunção de regularidade restrita aos fatos

A presunção de legitimidade não alcança as questões jurídicas. Justamente por se tratar de uma *presunção*, somente se alcançam as questões pertinentes a fatos.[34]

A interpretação adotada pela Administração não é presumida como correta simplesmente pela circunstância de ter sido originada do Estado. Isso significa que os órgãos de controle,

---

[34] Alexandre Santos de Aragão defende que: "O princípio da veracidade dos fatos invocados pela administração pública na edição de seus atos deve, contudo, a nosso ver, apesar de tradicionalmente invocado por nós – e hábitos muitas vezes levam tempo para serem revistos –, ser considerado como não recebido pela Constituição redemocratizadora de 1988, especialmente em face dos princípios da motivação e da presunção de inocência" (Algumas notas críticas sobre o princípio da presunção de veracidade dos atos administrativos. *Revista de Direito Administrativo – RDA*, n. 259, jan./abr. 2012, p. 85).

especialmente externo, não sofrem qualquer limitação quanto à revisão da interpretação consagrada pela Administração.

É equivocado reputar que o particular tem o ônus de provar a incorreção da interpretação jurídica adotada pela Administração Pública.

Afora hipóteses excepcionais (por exemplo, o conteúdo do direito estrangeiro), a prova não versa sobre o direito, mas apenas sobre os fatos. Logo, instaurado o litígio judicial, a única presunção que prevalece é aquela relacionada com a afirmação por parte da Administração da ocorrência ou da inocorrência de certos fatos. O Judiciário revisará, sem necessidade de provas (em princípio), as questões jurídicas e sem se vincular ao entendimento adotado administrativamente.

27.6   A exigência de cumprimento de requisitos formais

A existência da presunção de legitimidade depende do cumprimento dos requisitos formais necessários. Não se alude à *presunção de existência* nem à *presunção de validade* do ato administrativo. Não é casual utilizar a fórmula *presunção de legitimidade*. Ou seja, a presunção alcança o conteúdo do ato, não a sua forma.

27.6.1   A necessidade do cumprimento de requisitos formais

Assim, não basta que um sujeito afirme estar investido na titularidade de competência para que seus atos sejam presumidos como legítimos. É perfeitamente cabível exigir a comprovação da titularidade de cargo ou função pública. Isso significa que a autoridade destituída de competência não pode invocar a presunção de legitimidade do ato administrativo como fundamento para impor seu cumprimento.

Não existe presunção de existência e titularidade de competência administrativa. Alguém se afirmar titular de um cargo ou função é insuficiente para gerar presunção de existência dessa situação fática. Apresentar um papel preenchido com algumas palavras não gera o dever de observância para o particular.

27.6.2   A necessidade de grau mínimo de aparência de perfeição

Para surgir a presunção de legitimidade, o ato administrativo deverá apresentar um grau mínimo de aparência de perfeição, indicando o cumprimento das exigências e requisitos necessários à sua existência.

27.6.3   A comprovação pela Administração da observância do devido processo

Ademais, a presunção depende de a Administração Pública comprovar o cumprimento do devido processo, necessário e inafastável a fundamentar suas afirmativas. Assim, se o ato administrativo afirma a ocorrência de certo fato, não se pode atribuir ao particular o ônus de provar sua inocorrência – até porque é impossível produzir prova de fatos negativos. É impossível provar que um fato não ocorreu; quando muito se pode provar a ausência de condições para sua ocorrência ou a consumação de fatos incompatíveis com sua verificação.

Portanto, não existe presunção quanto à ocorrência de fatos se a Administração Pública não seguiu o devido processo legal. Ou seja, a Administração não pode afirmar, de modo unilateral e destituído de fundamento, que um fato aconteceu e pretender invocar uma presunção favorável a si, remetendo ao particular o ônus de provar o contrário.

Como decorrência, a presunção quanto à ocorrência ou inocorrência de fatos não se aplica quando o particular invocar perante o Judiciário a invalidade do procedimento administrativo anterior ao ato questionado (que geraria tal presunção), demonstrando vícios na atuação administrativa.

27.7 A finalidade jurídica da presunção

A presunção de regularidade do ato administrativo não foi instituída como solução para reduzir o controle jurisdicional. Não se destina a imunizar o ato administrativo ao controle do Poder Judiciário. A sua função se restringe ao limite do relacionamento em face do particular. Trata-se de tornar desnecessário ao Estado-Administração recorrer ao Poder Judiciário para obter eficácia para os atos praticados.

27.7.1 O ônus de impugnação imposto ao particular

A presunção de regularidade impõe ao particular insurgir-se contra o ato administrativo, quando reputar que ele padece de algum defeito. A pretensão do particular destina-se a obter um provimento jurisdicional desconstitutivo do ato administrativo ou mandamental em face da autoridade administrativa.

27.7.2 A amplitude do controle jurisdicional

Dentro dos limites do controle jurisdicional, o conhecimento da pretensão do particular faz-se amplamente pelo Poder Judiciário. Os defeitos da atividade administrativa não são acobertáveis por meio da presunção de legitimidade de seus atos. A questão é tratada com maior profundidade no Capítulo 18.

27.7.3 O cabimento de provimentos cautelares

Não existe incompatibilidade jurídica entre a presunção de legitimidade e a concessão de provimento cautelar destinado a suspender a eficácia de ato administrativo. Cabe avaliar, em cada caso concreto, a presença de indícios da violação à ordem jurídica.

Reputar que a presunção de legitimidade implica a vedação ao deferimento de liminar para suspender a eficácia do ato administrativo configura violação à Constituição. Há garantia constitucional de tutela jurisdicional contra atos administrativos ilegais e abusivos. Aliás, uma dimensão essencial dos direitos fundamentais consiste na tutela ao particular contra ações e omissões abusivas praticadas pela Administração. Inclusive, o inc. LXIX do art. 5.º da Constituição prevê a figura do mandado de segurança para combater ilegalidade ou abuso de poder. Seria um despropósito negar a tutela do mandado de segurança, inclusive no tocante a provimentos cautelares, invocando a presunção de legitimidade do ato administrativo impugnado.

28 A EXIGIBILIDADE (IMPERATIVIDADE)

A exigibilidade se relaciona com os graus de eficácia dos atos jurídicos, tema já abordado nesse capítulo.

O ato administrativo pode ser dotado de eficácia mínima, o que implica a existência de direitos e deveres não exigíveis. A Administração Pública é investida, nos limites da lei, da competência para produzir unilateralmente a alteração do grau de eficácia. Isso significa que os direitos e deveres contemplados no ato administrativo podem tornar-se exigíveis, atuantes concretamente. Em termos práticos, significa que a Administração Pública pode promover a instauração de uma relação jurídica e estabelecer que os direitos e deveres dela derivados deverão ser cumpridos concretamente.

A exigibilidade depende, como é evidente, de autorização legislativa. A Administração Pública deve ser investida, por norma legal, de competência para tanto. E a norma legal deverá disciplinar, na sua essência, os termos e condições dentro dos quais a exigibilidade se processará.

29   A AUTOEXECUTORIEDADE

Em situações excepcionais, o ato administrativo poderá adquirir o grau máximo de eficácia, sendo a Administração Pública autorizada a produzir os atos concretos necessários a implementar as suas determinações. Isso envolve também a exigência compulsória do cumprimento de condutas, valendo-se inclusive do uso da força física para tanto.

29.1   O conteúdo da autoexecutoriedade

A autoexecutoriedade significa o poder jurídico reconhecido à Administração Pública de promover a satisfação de um direito ou de dirimir um litígio sem a intervenção do Poder Judiciário, produzindo os atos materiais necessários a obter o bem da vida buscado. Isso pode compreender inclusive o impedimento concreto da prática de certos atos pelos particulares.

29.2   A disciplina jurídica da autoexecutoriedade

Essas hipóteses estão previstas normativamente e refletem, muitas vezes, o exercício conjugado de competências estatais por diversos Poderes. Assim se passa com os atos da polícia judiciária, em que se trata de dar cumprimento a ordens judiciais.

A autoexecutoriedade do ato administrativo obedece estritamente aos princípios da legalidade e da proporcionalidade.

29.3   A submissão à legalidade e à proporcionalidade

Portanto, não há autoexecutoriedade sem lei que assim o preveja. Mas, ainda quando a lei a tenha autorizado, a execução compulsória do ato administrativo por parte da própria Administração será admitida apenas quando não existir alternativa menos lesiva, sendo o uso da força a solução necessária para preservar a ordem jurídica e impor a realização dos direitos fundamentais.

A incidência da proporcionalidade conduz a que a manifestação mais comum da autoexecutoriedade seja a imposição de abstenções aos particulares, o que é tradicionalmente reputado como a manifestação mais específica do poder de polícia.

29.4   O uso da força pela Administração

Não há vedação absoluta ao uso da força física pela Administração Pública, na medida em que tal solução pode ser necessária para a realização do direito e para o cumprimento das finalidades jurídicas. Mas a legitimidade do uso da força pela Administração depende de uma pluralidade de requisitos.

Exige-se o respeito ao devido processo legal, sendo acompanhado da observância de todas as formalidades comprobatórias necessárias e das garantias inerentes ao processo. Mais ainda, não se admite o uso da força mediante a mera invocação de fórmulas genéricas indeterminadas, tais como *interesse público*, *bem comum*, *segurança pública* etc. Deve-se identificar, de modo concreto, o bem jurídico tutelado e expor o motivo pelo qual se reputa que a força deve ser utilizada.

É evidente que existem situações concretas emergenciais em que o cumprimento dessas formalidades é impossível.

Ademais, o uso da força pela Administração deve observar a proporcionalidade. Isso significa, em especial, o respeito ao mínimo necessário para assegurar o atingimento do fim pretendido. Isso não significa vedação à adoção de medidas extremas, desde que seja evidenciado ser essa solução indispensável para a preservação dos valores jurídicos ameaçados.

30 A PRODUÇÃO DOS ATOS ADMINISTRATIVOS

A produção dos atos administrativos não pode ser reconduzida a um modelo único. As variações quanto a órbitas federativas, separação de Poderes, complexidade na estruturação dos órgãos, discriminação de atribuições e assim por diante, conduzem à existência de uma pluralidade de regimes jurídicos.

Mas se afigura evidente uma característica comum, consistente na procedimentalização, tema objeto de análise no Capítulo 8, relativo a processo administrativo. Por mais que os procedimentos, concretamente, sejam variados, é ponto comum submeter o exercício da função administrativa à observância de procedimentos, que se afirmam como meio constitucionalmente imposto para a limitação do poder estatal e garantia de respeito aos valores democráticos.

Cada vez mais se verifica a existência de "ato-condição". Trata-se de determinado ato cuja prática é insuficiente para gerar algum efeito jurídico autônomo, mas que é condição de validade da prática do ato em que se concentra a capacidade decisória estatal. Assim, é usual que o parecer jurídico seja "ato-condição" para a decisão administrativa.

31 A EXTINÇÃO DOS ATOS ADMINISTRATIVOS

A extinção dos atos administrativos significa, mais propriamente, a extinção das relações jurídicas derivadas dos atos administrativos. Ou seja, o ato administrativo em si mesmo não é propriamente extinto, mas seus efeitos jurídicos é que deixam de existir.

A extinção das relações jurídicas administrativas sujeita-se ao regime da legalidade, o que significa que as suas hipóteses de extinção deverão ser previstas em lei.

Há diversas alternativas possíveis, cabendo destacar que a extinção também é submetida à procedimentalização.

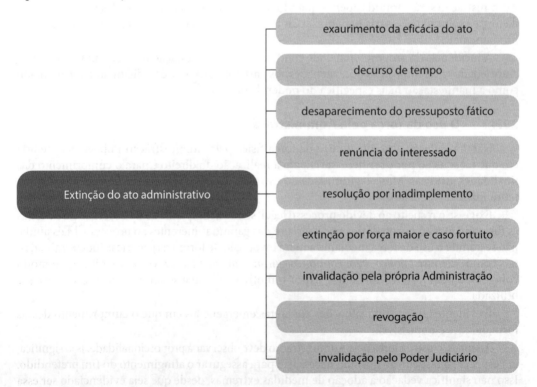

31.1 O exaurimento integral da eficácia do ato

O ato administrativo se extingue quando todos os seus potenciais efeitos tenham sido produzidos. Produz-se a exaustão do ato e a relação jurídica se extingue em virtude da ausência de outros deveres ou direitos a cargo das partes.

Essa hipótese é mais evidente quanto aos atos de efeitos imediatos, que se caracterizam pela produção de um efeito único e determinado, que não se prolonga no tempo.

Não significa que atos de efeitos prolongados não tenham a aptidão para exaurimento. Basta lembrar o exemplo de um contrato administrativo para fornecimento de certa quantidade de produtos, ao longo de vários meses. Atingido o quantitativo total, o contrato se exaure (desde que não se cogite de um período de garantia).

31.2 O decurso do tempo

Em outros casos, a existência da relação jurídica é delimitada temporalmente, de modo que o atingimento do termo final produz a sua extinção. Alguns exemplos são o contrato de prestação de serviços pactuado por 12 meses ou uma portaria que designa servidores para comporem uma comissão especial por prazo determinado.

31.3 O desaparecimento do pressuposto fático

Há casos em que a continuidade dos efeitos do ato administrativo depende da manutenção de certo estado de fato. Quando assim se passar, a extinção desse estado de fato é suficiente para gerar automaticamente o fim da relação jurídica. O exemplo é a aposentadoria, que se extingue pela morte do beneficiário. A extinção do estado de fato pode ser resultado de atuação voluntária de um sujeito. No entanto e para fins jurídicos, o evento é tratado como se fosse um fato jurídico. Por exemplo, suponha-se o homicídio em que a vítima era um servidor público aposentado, beneficiário de proventos. Produz-se a extinção do vínculo jurídico e o pagamento dos proventos pela Administração deve cessar. A morte do sujeito em regime de aposentadoria produz efeitos jurídicos independentemente de ter sido causada voluntariamente ou não por um terceiro.

31.4 A renúncia do interessado

Em alguns casos, o particular dispõe da faculdade de extinguir a relação jurídica produzida pelo ato administrativo por meio de uma manifestação unilateral de vontade. Assim, o servidor público pode pedir exoneração. Em regra, a exoneração deverá ser deferida, mas poderá haver casos em que assim não se passará. Assim, o § 2.º do art. 95 da Lei 8.112/1990 determina que somente poderá ser deferida a exoneração ao servidor, anteriormente beneficiado por afastamento do país para estudo ou missão oficial, depois de decorrido prazo equivalente ao do afastamento ou se houver o reembolso das despesas arcadas pelos cofres públicos.

31.5 A resolução por inadimplemento

Outra hipótese se relaciona com a categoria de atos que impõem a uma parte o cumprimento de prestações determinadas. A ausência de adimplemento conduz à possibilidade de resolução, a qual poderá dar-se por ato unilateral da própria Administração (como regra), nas hipóteses em que a infração for imputável ao particular.

A resolução unilateral por parte da Administração Pública exige a observância do devido processo legal, com o respeito ao procedimento indicado para as questões que envolvem litígios.

198 CURSO DE DIREITO ADMINISTRATIVO · *Marçal Justen Filho*

A tradição brasileira rejeita a possibilidade de a Administração Pública pronunciar a resolução quando se tratar de inadimplemento a ela própria imputável. Remete-se ao Poder Judiciário a decisão, o que configura inconstitucionalidade. Se a Administração tem o dever-poder de aplicar o direito ao caso concreto, não existe fundamento constitucional para que tal regime seja afastado quando se tratar de infração pela própria Administração a seus deveres.

31.6 A extinção por força maior e o caso fortuito

Na hipótese de força maior ou caso fortuito, a extinção da relação jurídica deriva da ocorrência não voluntária de eventos imprevisíveis ou, se previsíveis, de consequências incalculáveis. Assim, por exemplo, a morte do beneficiário da aposentadoria não é, rigorosamente, nem hipótese de força maior nem situação de caso fortuito.

Ademais disso, há diferenças jurídicas relativamente ao desaparecimento do pressuposto fático, no sentido de que a força maior e o caso fortuito podem impor às partes algum dever de natureza patrimonial, diversamente do que se passa nos demais casos.

31.7 A invalidação pela própria Administração

Outra alternativa reside no desfazimento do ato em virtude de defeito na sua constituição, por decisão unilateral da própria Administração. Utiliza-se, usualmente, a expressão *anulação* para indicar essa hipótese, o que envolve análise da teoria das nulidades administrativas. A amplitude das questões envolvidas conduz ao tratamento do tema em item específico, adiante.

31.8 A revogação

A revogação é o desfazimento do ato administrativo pela própria Administração em virtude do reconhecimento da inconveniência da solução nele consagrada. A perfeita compreensão do instituto da revogação pressupõe a análise da invalidação do ato administrativo, o que justifica remeter o exame do instituto para tópico posterior.

31.9 A extinção pelo Poder Judiciário

A disciplina constitucional reconhece ao Poder Judiciário a função de compor todos os conflitos de interesse a ele submetidos. É-lhe reservado o poder jurídico para emitir provimento desconstitutivo de ato administrativo, seja em virtude de defeito (invalidação), seja em virtude de eventos supervenientes.

É viável diferenciar as hipóteses em que o provimento jurisdicional é constitutivo negativo daqueles em que se configura a eficácia declaratória. No primeiro caso, a extinção é produzida pela decisão jurisdicional. No segundo, o Poder Judiciário apenas reconhece a existência dos pressupostos normativos exigidos para o desfazimento.

32 AS NULIDADES DO ATO ADMINISTRATIVO

O vício do ato administrativo pode verificar-se relativamente a algum de seus aspectos. A questão comporta a seguinte sistematização:

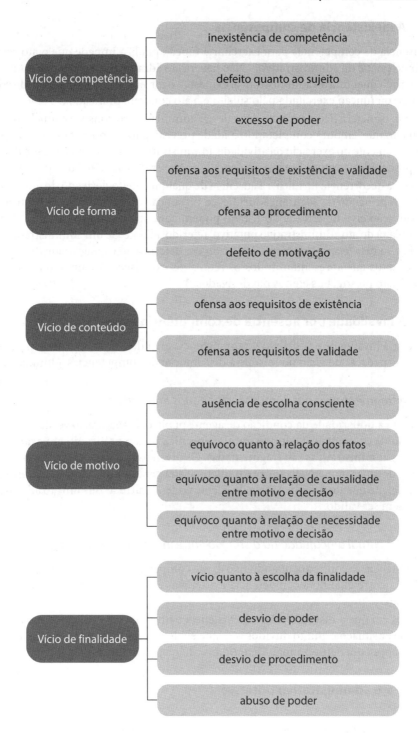

33 VÍCIOS QUANTO À COMPETÊNCIA

A regularidade quanto à competência do agente é requisito essencial para a existência e a validade do ato administrativo.

33.1 A inexistência de competência

A ausência da competência para exercitar a função pública impede que o ato seja considerado como estatal ou administrativo.[35] Não haverá ato administrativo por não estar o sujeito investido de qualquer função administrativa. O mesmo ocorrerá se houver absoluta discrepância entre o cargo ou função exercitada pelo sujeito e o ato concreto praticado.

Exemplo característico de inexistência de ato administrativo consiste naquele ato praticado pelo sujeito que, embora completando a idade prevista para a aposentadoria compulsória, continua faticamente no exercício da atividade administrativa. Completada a idade limite, produz-se a aposentadoria compulsória e o sujeito deixa de ser agente estatal de modo automático.

Em tese, a decorrência jurídica é a ausência de qualquer efeito derivado do ato inexistente. No entanto, o princípio da segurança jurídica, a presunção de validade dos atos jurídicos e a responsabilização civil objetivada do Estado podem conduzir a solução distinta. Trata-se de questão similar à do ato administrativo putativo, referido adiante. Se um administrado, atuando com boa-fé e cautela, é aparentemente investido em determinada situação jurídica em decorrência de eventos que apresentam todos os requisitos extrínsecos de um ato administrativo regular, o direito prestigia os efeitos daí derivados.[36]

33.2 A invalidade por ausência de competência específica

Alude-se à invalidade por defeito de competência quando o ato puder ser reputado como existente, mas padecer de vício no tocante à distribuição de competências administrativas.

33.2.1 A fragmentação das competências e suas implicações

Não basta a titularidade da condição de agente público. É necessário verificar se o sujeito está investido da competência administrativa específica para a prática do ato examinado. As competências administrativas são fragmentadas. Os diversos agentes estatais não são titulares em conjunto de uma competência única e indiferenciada para a prática de atos administrativos. Portanto, o defeito quanto à competência do agente poderá acarretar que um ato administrativo exista, mas sem ser válido.

33.2.2 A eventual dificuldade na distinção entre inexistência e invalidade

A inexistência se configura quando não existe competência alguma para a prática do ato. A invalidade ocorre quando a competência existe, mas é de titularidade isolada ou conjunta de outro órgão.

Há casos em que a distinção entre inexistência e invalidade é evidente e inquestionável. Mas pode haver situações muito duvidosas, o que evidencia que a distinção entre inexistência e invalidade apresenta natureza mais *quantitativa* do que *qualitativa*.

33.3 O ato administrativo putativo

---

[35] A não ser em situações excepcionais. Assim, existem situações de funcionários de fato, tema ao qual se retornará adiante.

[36] Insista-se que não se trata nem de uma característica própria do direito administrativo. A teoria da aparência tende a ser aplicada em todos os ramos do direito. Um exemplo marcante, relativamente a efeitos jurídicos derivados de atos inexistentes, relaciona-se com o casamento putativo (art. 1.561 do Código Civil). Determina-se que se produzirão os efeitos jurídicos do casamento em relação ao cônjuge de boa-fé mesmo que haja radical inexistência do ato.

Em inúmeras situações, o direito qualifica certas manifestações puramente materiais, que não refletem uma vontade consciente, como aptas a gerar efeitos jurídicos. Isso se passa nos casos em que existe uma situação externa aparente, que induz os terceiros a presumirem a existência de um ato administrativo regular. Nesse caso, pode-se falar em "ato administrativo putativo", expressão que indica situações materiais que induzem alguém a supor a existência de ato administrativo praticado pelo agente competente.

33.3.1 A teoria da aparência

A questão envolve, inclusive, a aplicação da teoria da aparência. Seguindo esse caminho, haveria uma disciplina comum entre direito público e direito privado. Lembre-se de que a teoria da aparência é largamente utilizada no âmbito das atividades privadas, destinando-se a proteger a boa-fé, a evitar soluções injustas e a assegurar a dinâmica mais rápida da vida social e empresarial.

33.3.2 As implicações dos atributos do ato administrativo

O tema apresenta maior relevância no direito administrativo, uma vez que se admite a presunção de legitimidade do ato administrativo. Isso significa que a existência de uma aparência de ato administrativo produz efeitos jurídicos, inclusive acarretando aos particulares o dever de obediência.

33.3.3 A segurança jurídica e as expectativas legítimas

O direito protege o sujeito que, atuando de boa-fé, subordina-se a atos dotados de aparência de regularidade. Se a situação material era suficiente para legitimamente gerar a expectativa quanto à existência de um ato administrativo válido, o direito impõe a preservação dos efeitos fáticos ocorridos.

33.4 Excesso de poder

Diz-se que um ato é praticado com excesso de poder quando o agente ultrapassa o limite da competência de que era titular.

33.4.1 A origem e a relevância passada do instituto

A figura do excesso de poder surgiu como instrumento de controle da atividade administrativa discricionária, quando prevalecia concepção privatista da autonomia da vontade do agente estatal. Com a evolução jurídica, o instituto perdeu muito de sua relevância, inclusive em virtude do aperfeiçoamento da discriminação legal de competências.

33.4.2 A relevância relativamente à atividade administrativa discricionária

A figura do excesso de poder é relevante especialmente quando se trata de atividade discricionária. A procedimentalização da atividade administrativa propicia maior utilização para o instituto. Em inúmeros casos, disciplina-se a competência de modo variável, em vista das circunstâncias.

Assim, é necessário verificar se o conteúdo do ato é compatível com a competência do sujeito, mas também é indispensável apurar se tal competência compreende todas as providências de que o sujeito cogita.

O ato praticado com excesso de competência recebe tratamento jurídico equivalente àquele praticado sem competência. Há casos em que se configura a invalidade, mas pode verificar-se situação de inexistência de ato administrativo.

34 VÍCIOS QUANTO À FORMA DO ATO ADMINISTRATIVO

A infração a exigências pertinentes à forma do ato administrativo propicia grandes discussões. Há hipóteses em que a gravidade da infração pode conduzir à inexistência do ato administrativo. Mas os vícios podem apresentar gravidade menos intensa. Pode haver simples irregularidade formal, não apta a impedir a plena validade do ato.

34.1 Requisitos de forma quanto à existência e à validade do ato administrativo

A distinção entre as hipóteses de inexistência e de invalidade é, como sempre, relacionada ao mínimo de aparência. Alguns dos requisitos formais são indispensáveis à própria existência do ato administrativo. Assim, um mínimo de manifestação formal é indispensável. Se a lei estabelecer que a forma escrita é indispensável para existência do ato, a infração conduzirá, observado o princípio da proporcionalidade, à inexistência. Assim, é inexistente um "regulamento verbal".

Quando são cumpridos requisitos formais de modo suficiente a gerar aparência de ato administrativo, mas sem cumprir de modo perfeito o figurino legal, haverá sua invalidade.

Os requisitos formais de validade do ato administrativo variam caso a caso, dependendo da disciplina legal correspondente.

34.2 A questão da procedimentalização da atividade administrativa

Um requisito formal inafastável para a validade dos atos administrativos reside na observância do devido procedimento, que propicie a formação democrática da vontade administrativa.

A procedimentalização alcança toda a atividade administrativa e cada ato em particular. A procedimentalização não é simples requisito de forma dos atos administrativos. Consiste num condicionamento ao exercício da função administrativa em todos os seus aspectos. Mas também é necessário examinar se cada ato foi produzido de acordo com o procedimento devido.

34.3 A questão da motivação do ato administrativo

Um dos requisitos mais relevantes relaciona-se com a *motivação*, expressão que indica a exposição pública e expressa das razões que conduziram o agente a produzir certo ato administrativo. Essa motivação deve compreender a explicitação não apenas dos motivos eleitos pelo administrador, mas também das finalidades por ele buscadas de modo concreto.

34.3.1 A exigência inerente ao exercício do poder estatal

A validade formal de todo e qualquer ato administrativo de cunho decisório depende de uma motivação, porque nenhuma competência administrativa é atribuída para que o agente realize o intento que bem desejar ou decida como bem o entender. A exigência e a extensão da motivação devem ser compatíveis com a natureza do ato administrativo praticado. O exercício de poder decisório exige motivação, a qual deverá ser suficiente para fundamentar a decisão adotada. Bem por isso, atos de mero expediente dispensam motivação.

34.3.2 A disciplina do art. 50 da Lei 9.784/1999

Essa afirmativa não é desmentida pela regra do art. 50 da Lei de Processo Administrativo Federal (Lei 9.784/1999), que contempla um elenco de oito incisos em que a motivação seria indispensável. A amplitude das situações ali indicadas abrange todas as hipóteses de atos dotados de cunho decisório.

34.3.3 A relevância em vista de competências discricionárias e vinculadas

A motivação é relevante tanto no tocante a competências discricionárias como quanto a escolhas vinculadas.

Na hipótese de discricionariedade, a atribuição pela norma de autonomia de escolha para o agente não significa ausência de controle ou limite. Para que a decisão seja válida, é indispensável que o agente exponha a público as razões que conduziram a uma dentre as diversas escolhas possíveis, inclusive indicando a ponderação entre os possíveis resultados. Decisão discricionária não motivada é ato arbitrário, desconforme ao direito, incompatível com a democracia republicana. Não pode ser legitimado com o argumento de que o agente tinha liberdade de escolher, porque essa liberdade não corresponde à autonomia privada. A autonomia do agente, existente na hipótese de discricionariedade, destina-se ao melhor desempenho possível da função administrativa. O agente tem de demonstrar que sua escolha foi a mais correta e a mais satisfatória. Equivale à ausência de motivação a invocação formal à competência do agente ou à existência em abstrato de uma norma legal.

No caso de atividade vinculada, o agente tem de produzir a motivação do ato para demonstrar que os pressupostos indicados por lei para o exercício da competência estavam presentes.

Outro argumento relevante reside em que o direito administrativo disciplina os motivos do ato administrativo, tanto quando se trata de atividade discricionária como nos casos de vinculação. A motivação é necessária para permitir o conhecimento das razões que nortearam a conduta, propiciando o controle quanto à regularidade do ato. Suprimir a motivação dificulta a avaliação dos motivos e gera o risco de que atos defeituosos sejam considerados como válidos.

34.4 As exigências legais quanto à motivação

No Capítulo 8, são examinados de modo mais aprofundado os requisitos atinentes à motivação das decisões administrativas.

34.5 As irregularidades irrelevantes ou aparentes

Não basta a simples desconformidade entre o ato concreto e as exigências legais para se configurar nulidade. É necessário que a desconformidade inviabilize a revelação da vontade administrativa ou que produza a infração a valores essenciais.

35 VÍCIOS QUANTO AO CONTEÚDO DO ATO ADMINISTRATIVO

É inviável produzir uma sistematização abrangente dos defeitos quanto ao conteúdo do ato administrativo. O direito administrativo comporta grande variedade de matérias, e cada qual apresenta características distintas.

35.1 Requisitos de existência do ato administrativo quanto ao conteúdo

Em princípio, defeitos quanto ao conteúdo não conduzem à inexistência. Mas haverá casos-limite em que tal poderá ocorrer. Isso se passará quando o conteúdo do ato configurar crime, extravasar os limites da função administrativa ou configurar ofensa aos direitos fundamentais.

Assim, suponha-se uma ordem de agente administrativo determinando que todos os alunos de uma escola (pública ou privada) oriundos de determinada "raça" passem a portar uma

204 CURSO DE DIREITO ADMINISTRATIVO · *Marçal Justen Filho*

estrela em suas vestes. Esse é um caso de inexistência de ato administrativo, além de configurar um crime. O cumprimento ao ato deve ser recusado, apontando-se a ausência de um conteúdo mínimo compatível com a ordem jurídica.

Como se vê, os casos de inexistência revelam comportamento teratológico da autoridade administrativa titular da competência para a prática de certo ato.

35.2 Requisitos de validade do ato administrativo quanto ao conteúdo

Há grande dificuldade em apontar requisitos de validade homogêneos e padronizados relativamente ao conteúdo dos atos administrativos. Em termos gerais, exige-se que o conteúdo do ato administrativo respeite os limites impostos pelas normas gerais, de hierarquia superior. A invalidade se configura na medida em que o conteúdo do ato administrativo for incompatível com o conteúdo dos atos hierarquicamente superiores ou com os limites derivados da procedimentalização da atividade administrativa, configurando ofensa a valores fundamentais.

Segundo o STJ:

"A atuação da Administração Pública deve seguir os parâmetros da razoabilidade e da proporcionalidade, que censuram o ato administrativo que não guarde uma proporção adequada entre os meios que emprega e o fim que a lei almeja alcançar" (REsp 728.999/PR, 1.ª T., rel. Min. Luiz Fux, j. 12.09.2006, *DJe* 26.10.2006).

36 VÍCIOS QUANTO AO MOTIVO DO ATO ADMINISTRATIVO

O ato administrativo constitui manifestação de vontade funcional e objetivada. Isso significa que o direito administrativo disciplina a formação da vontade do agente para assegurar que esta seja orientada objetivamente à satisfação das necessidades coletivas.

36.1 Os instrumentos de controle

O processo psicológico (emocional e racional) necessário à formação da vontade do agente é controlado objetivamente, por duas vias.

Em primeiro lugar, há o controle produzido pela procedimentalização. A formação de vontade administrativamente relevante tem de seguir as etapas predeterminadas e respeitar o procedimento.

Por outro lado, o ato decisório final deve traduzir objetivamente uma ponderação quanto às normas, aos fatos e aos valores, visando à satisfação das necessidades coletivas.

A relevância e o tratamento jurídico dos motivos variam em função da autonomia subjetiva do agente estatal na produção do ato administrativo.

36.2 O equívoco quanto à ocorrência dos fatos

Pode ocorrer uma representação mental equivocada quanto aos fatos, caracterizando *erro de fato*. O sujeito reputa que ocorreu ou deixou de ocorrer certo evento fático, previsto na norma como apto a gerar certo efeito jurídico.

O defeito se verifica não porque os fatos estejam "errados", mas porque a representação mental sobre eles é equivocada. Por exemplo, suponha-se a criação de regra para determinar que as portas da repartição sejam fechadas às 17 horas. O agente administrativo dá execução à regra e promove o fechamento. Nesse caso, o motivo consiste na sua representação mental quanto ao horário. Imagine-se que o agente se equivoque, reputando que são 17 horas quando,

Cap. 7 – O ATO ADMINISTRATIVO **205**

na verdade, ainda são 16 horas. Nesse caso, houve um defeito quanto ao motivo. Não porque haveria algum problema em ser 16 horas, mas porque o agente apreendeu incorretamente a realidade para fins de aplicação da regra. Ocorre um "erro de fato". Portanto, o ato teria sido válido e perfeito se tivesse ocorrido, no mundo real dos fatos, aquele pressuposto em que o agente se fundara.

36.3 O equívoco quanto à relação de causalidade entre o motivo e a decisão

O ato administrativo deve ser a consequência adequada, sob o prisma lógico, da(s) causa(s) identificada(s) como relevante(s). Se o sujeito elege um motivo que dele não deriva logicamente a decisão adotada, existe vício.

36.4 O equívoco quanto à relação de necessidade entre o motivo e a decisão

Nas hipóteses de competência discricionária, exige-se a escolha da solução apta a gerar menor restrição a direitos e interesses afetados. Ou seja, a relação de causalidade (adequação) entre o motivo escolhido e a decisão adotada não é suficiente para a validade do ato. É indispensável que a decisão seja aquela adequada em vista do motivo, mas também a menos lesiva dentre as potencialmente existentes. Logo, outra decisão deveria ter sido adotada em vista daquele motivo.

36.5 A decisão objetivamente acertada

Suponha-se que a decisão seja produzida defeituosamente, inclusive no tocante à escolha de motivos. No entanto, admita-se que a escolha seja objetivamente a mais adequada para atender às necessidades coletivas. O ato deverá ser mantido ou desfeito? O tema foi examinado em tópico anterior, relativo à relevância do motivo no âmbito de competências discricionárias e vinculadas. A solução para a falha no tocante ao motivo depende da disciplina normativa aplicável ao caso.

Em muitas hipóteses, o direito adota disciplina finalística e estabelece os resultados a serem atingidos. Quando essa tiver sido a solução adotada, a constatação do atingimento do referido resultado acarretará a irrelevância de eventual defeito quanto ao motivo.

36.6 A teoria dos motivos determinantes

A teoria dos motivos determinantes estabelece que o agente administrativo se vincula à motivação adotada, de modo que se presume que o motivo indicado foi o único a justificar a decisão adotada.

36.6.1 A necessidade de adequação da teoria

Essa teoria deve ser adequada às novas concepções do direito administrativo. A sua concepção original não se presta mais ao controle de validade dos atos administrativos. Foi desenvolvida nos primórdios do direito administrativo, quando ainda não se delineara de modo perfeito a distinção entre autonomia de vontade privada e vontade funcionalizada própria do direito administrativo. Mais ainda, era um instrumento de controle construído em vista de certa concepção de discricionariedade.

36.6.2 A eventual descoincidência entre motivação aparente e aquela real

A afirmação pelo agente de que atuou fundado em determinado motivo não produz efeitos vinculantes para fins de controle. Pode evidenciar-se a existência de motivos ocultos ou disfarçados. Mas não há impedimento a que a Administração Pública evidencie, posteriormente, que o ato se fundou em outros motivos, que justificavam adequadamente a decisão adotada.

A equivocada indicação do motivo é uma falha, mas o grave reside na ausência de atuação orientada a satisfazer as necessidades coletivas, com observância de um procedimento democrático.

Também existirá defeito insanável se a ausência de revelação tempestiva do motivo norteador da decisão administrativa frustrar a observância do devido processo legal.

36.6.3 A prevalência do motivo real

Logo, o problema fundamental reside em identificar os motivos determinantes efetivamente adotados pelo sujeito e verificar a sua compatibilidade com o direito. Assim, suponha-se que o sujeito tenha indicado motivos determinantes teoricamente válidos e aparentemente perfeitos. Mas as provas demonstram que, na realidade, a atuação do sujeito tinha sido fundada em outros motivos, radicalmente distintos. Em outras palavras, existira uma *simulação* de motivos determinantes, para ocultar o processo psicológico que realmente se verificara. Cabe superar os motivos determinantes aparentes e considerar os efetivos e reais. Comprovada a invalidade dos motivos determinantes reais ou a violação ao devido processo legal, o ato deverá ser invalidado.

36.6.4 A eventual validade do ato

Porém, é possível que os motivos determinantes reais (que foram mantidos ocultos) sejam válidos e não ocorra violação ao devido processo. Isso conduzirá à subsistência do ato administrativo, se não estiver eivado de outros defeitos.

Em suma, trata-se de aplicar o princípio jurídico contemplado para os atos jurídicos privados no art. 167 do Código Civil: "É nulo o negócio jurídico simulado, mas subsistirá o que se dissimulou, se válido for na substância e na forma".

O grande problema na hipótese reside na potencial insuficiência da motivação. Se os motivos reais tiverem sido dissimulados, é evidente que haverá uma dissociação quanto à motivação. Logo, a superação da falha quanto ao motivo não afastaria a insuficiência no tocante à motivação.

37 VÍCIOS QUANTO À FINALIDADE DO ATO ADMINISTRATIVO

Os defeitos quanto à finalidade podem configurar a inexistência de um ato quando se evidenciar sua orientação à satisfação de uma necessidade privada, não tutelada pelo direito. Mas, usualmente, o defeito quanto à finalidade não se evidencia de modo claro, especialmente em virtude da utilização de fórmulas obscuras (*interesse público, bem comum etc.*) para expor os fins norteadores da atuação do agente estatal.

A explicitação clara e precisa da finalidade buscada deve ser reputada como exigência de validade formal do ato. Haja ou não a explicitação da finalidade, deve haver controle quanto a ela.

37.1 O cabimento de controle quanto às finalidades eleitas

Usualmente, o controle quanto às finalidades dos atos administrativos faz-se apenas sob um enfoque negativo. Ou seja, é inválido o ato administrativo incompatível com a realização do *interesse público*. No entanto, uma democracia republicana exige mais do que isso. É necessário que o ato administrativo seja apto a promover as finalidades prestigiadas pelo direito, refletindo uma concepção de interesse público compatível com os valores fundamentais e com as necessidades coletivas.

A titularidade da função administrativa autoriza, usualmente, o agente a realizar uma escolha quanto às diferentes soluções a serem buscadas. Essa composição deve obrigatoriamente ser indicada, de modo transparente e expresso, para permitir seu controle.

Esse controle não acarreta a substituição do agente administrativo titular da competência pelo sujeito que exercita a fiscalização. Conduz apenas à invalidação de escolhas incompatíveis com a ordem constitucional. Mais ainda, propicia a transparência da atividade administrativa, de modo a assegurar aos cidadãos a possibilidade de conhecer o modo de atuação dos exercentes da atividade administrativa.

Não é compatível com o Estado Democrático a utilização de competências administrativas para realização de objetivos os mais diversos e despropositados, impedindo-se o seu controle sob o argumento de que a finalidade do ato administrativo é a realização do *interesse público*.[37] Essa concepção é incompatível com a democracia republicana.

37.2   O desvio de poder

Um instrumento clássico de controle da atividade administrativa consiste no desvio de poder, que se configura quando um agente estatal se vale de competência de que é titular para realizar função diversa daquela a que se destina tal competência.

O instituto do desvio de poder alicerça-se sobre a existência de finalidade determinada e específica para as competências administrativas. Essas competências têm destinação que pode ser mais ampla ou menos ampla, mas sempre haverá limite. Haverá vício se uma competência for desnaturada, sendo utilizada para fins diversos daqueles que a norma estabeleceu.

O exemplo é a remoção compulsória de um servidor em virtude da infração aos deveres funcionais. O superior hierárquico dispõe de competência para determinar a remoção, mas o problema reside em produzir o ato para punir o servidor. O vício reside em que a competência para remover compulsoriamente o servidor foi instituída como instrumento para ampliar a qualidade da atividade administrativa. Ao utilizar a remoção como meio punitivo, altera-se a finalidade que orienta tal competência. Mais ainda, deixa-se de utilizar a competência adequada, que é aquela punitiva. Quem pratica infração a dever funcional deve sofrer uma das sanções previstas, entre as quais não se encontra (usualmente) a remoção compulsória.

37.3   O desvio de procedimento

Uma manifestação do desvio de poder é o *desvio de procedimento*. Consiste na utilização de um procedimento para a obtenção de um resultado que, em princípio, deveria ser buscado por meio de outra via procedimental. A escolha do procedimento inadequado é reprovável por envolver garantias mais reduzidas para o administrado. Se fosse adotada a solução imposta pela lei, o interessado seria beneficiado por uma série de garantias processuais. O agente administrativo escolhe o procedimento distinto, no qual há garantias mais reduzidas.

Um exemplo envolve encampação e caducidade de concessões. A encampação assegura ao concessionário o direito à indenização prévia ao desapossamento de bens, o que não se passa com a caducidade. Pode ocorrer situação concreta em que, verificando que a indenização prévia seria

---

[37]   Nesse sentido, Adilson Abreu Dallari afirma que "Não basta ao administrador demonstrar que agiu bem, em estrita conformidade com a lei; sem se divorciar da legalidade (que não se confunde com a estrita legalidade), cabe a ele evidenciar que caminhou no sentido da obtenção dos melhores resultados" (*Aspectos jurídicos da licitação*, 7. ed., p. 42).

muito onerosa para os cofres públicos, a Administração Pública instaure um processo de caducidade. Essa opção é inválida, especialmente porque os pressupostos de ambas as alternativas são diversos.

O desvio de procedimento é um vício muito mais sério quando as competências forem discricionárias. Nesse caso, a autonomia mais ampla para decidir torna problemático o controle quanto à ocorrência de defeito, o que pode gerar situações de arbítrio. A solução reside em exigir que a autoridade estatal explicite, de modo claro e satisfatório, sua concepção quanto à finalidade buscada.

37.4   Abuso de poder

A figura do *abuso de poder*[38] se originou nos primeiros estágios do direito administrativo, sob influência do instituto do abuso de direito, conhecido no direito privado.

Dá-se o abuso de poder quando um sujeito se vale da competência de que é titular para além dos limites necessários, atuando de modo a lesar interesses alheios sem que tal corresponda a algum benefício para as necessidades coletivas. O abuso de poder corresponde à infração ao princípio da proporcionalidade.

Há abuso de poder quando o sujeito infringe a proporcionalidade na versão da adequação, adotando providência inapta a satisfazer o interesse a ser protegido. E há abuso de poder também quando se produz ato excessivamente oneroso, desnecessário para satisfazer o interesse de que se cuida.

38   VÍCIOS DOS ATOS ADMINISTRATIVOS E AS SUAS REPERCUSSÕES

A teoria das nulidades do direito administrativo ainda se encontra em construção e reflete três ordens de dificuldades.

38.1   As dificuldades existentes

A primeira é a ausência de um Código de Direito Administrativo, que consagre de modo amplo e segundo uma abrangência de natureza sistêmica a solução legislativa para a questão das nulidades.[39] Algumas leis contêm regras sobre a matéria (Lei de Introdução às Normas do Direito Brasileiro – LINDB, Lei de Licitações, Lei de Processo Administrativo Federal). Mas não há uma sistematização ampla dos casos de nulidade e das soluções aplicáveis.

A segunda é que o direito administrativo disciplina matérias heterogêneas, dificultando uma regulação uniforme e unitária também quanto às nulidades.

Em terceiro lugar, grande parte da teoria das nulidades no direito administrativo foi desenvolvida sob a influência não democrática, em que a atuação estatal refletia a vontade suprema do governante.

38.2   A Súmula 473 do STF

A Súmula 473 do STF refletia essas concepções fragmentárias e incompletas, ao enunciar:

"A administração pode anular seus próprios atos, quando eivados de vícios que os tornam ilegais, porque deles não se originam direitos; ou revogá-los, por motivo de conveniência ou oportunidade, respeitados os direitos adquiridos, e ressalvada, em todos os casos, a apreciação judicial".

---

[38]   Lembre-se de que, no direito brasileiro, a Lei 13.869/2019 disciplina os crimes de abuso de autoridade, que é uma manifestação de abuso de poder. O tema do abuso de autoridade será mais bem examinado adiante.

[39]   Celso Antônio Bandeira de Mello discorre acerca das teorias quanto à invalidação dos atos no direito administrativo em face dessa ausência de leis que sistematizem os casos de invalidade e seus efeitos (*Curso de direito administrativo*, 35. ed., p. 379 *et seq.*).

Esse entendimento deve ser compatibilizado com a evolução posterior do direito brasileiro, especialmente considerando o sistema jurídico instaurado pela CF/1988. A referida Súmula 473 tornou-se superada pela evolução normativa (inclusive constitucional) superveniente.[40]

Devem ser consignadas ressalvas à Súmula 473 do STF, no tocante a três ângulos atinentes à questão das nulidades. O primeiro é a impossibilidade de redução das categorias de invalidade a uma única figura ("nulidade"). O segundo é o equivocado entendimento de que atos nulos não geram direitos. O terceiro é a previsão de que o ato administrativo defeituoso deve necessariamente ser desfeito, com a consequente eliminação de todos os seus efeitos jurídicos e materiais.

38.3 A ausência de uma categoria única de vícios

No direito administrativo, costuma-se utilizar a expressão *anulação* em acepção genérica, abrangendo todas as hipóteses em que exista um defeito no ato administrativo. Mas essa solução é incompatível com o próprio princípio da proporcionalidade.

Não basta a mera incompatibilidade entre o ato administrativo e a lei para que se configure a invalidade. Além disso, há diferentes graus de invalidade.

38.4 A distinção entre ilicitude e invalidade do ato administrativo

O ato administrativo inválido não se confunde com o ato administrativo ilícito.

A invalidade (em sentido amplo) consiste na desconformidade entre um ato concreto, praticado no mundo real, e o modelo contido em uma norma jurídica. Essa desconformidade conduz à não incidência dos efeitos previstos no mandamento da norma.

A ilicitude é uma conduta que se identifica com um modelo normativo, previsto como pressuposto de incidência de uma sanção.

Em certos casos, uma mesma conduta pode ser considerada tanto inválida como ilícita. Isso ocorrerá porque *duas* normas jurídicas são aplicáveis ao caso. O exemplo é o do deferimento administrativo de um pleito que não preenche os requisitos legais, em virtude do recebimento de propina. O ato é ilícito sob o prisma do direito penal: configura improbidade e crime. Sob o ângulo da norma administrativa, é inválido por não estarem presentes os pressupostos legais para o deferimento.

A impossibilidade jurídica de produzir efeitos pode ser interpretada pelo agente como uma forma de punição. Mas isso é uma questão puramente subjetiva. Sob o enfoque jurídico, a ausência de produção dos efeitos desejados pelo agente não corresponde a uma sanção em sentido próprio. A sanção consiste num ato de cunho punitivo, destinado a restringir as faculdades de um sujeito.

38.5 A afirmação da preponderância dos valores sobre a forma

Outra imposição reside na superação de concepções formalistas e mecanicistas utilizadas para conceituar a invalidade.

Em época pretérita, toda e qualquer desconformidade entre o ato e a lei conduzia à invalidade, reconhecida como categoria unitária e geradora do efeito único da nulidade absoluta.

---

[40] Sobre o tema, confiram-se ALMEIDA. Comentário ao art. 24. In: CUNHA FILHO, ISSA, SCHWIND (Coord.). *Lei de Introdução às Normas do Direito Brasileiro* – anotada: Decreto-Lei n. 4.657, de 4 de setembro de 1942, v. II, p. 266-267. No mesmo sentido, SUNDFELD. *Direito administrativo*: o novo olhar da LINDB, p. 81-82; e MARQUES NETO, ZAGO. Decadência da autotutela administrativa: a proteção do ato administrativo e de seus efeitos jurídicos. *Revista de Direito Administrativo*, v. 281, p. 117-142, set./dez. 2022, p. 122-128).

Mas a evolução cultural tende a superar a compatibilidade externa como critério de validade e de invalidade. Cada vez mais, afirma-se que a validade depende da verificação do conteúdo do ato, da intenção das partes, dos valores realizados e assim por diante.

A invalidade deriva da incompatibilidade do ato concreto com *valores* jurídicos relevantes. Se certo ato concreto realiza os valores, ainda que por vias indiretas, não pode receber tratamento jurídico equivalente ao reservado para atos reprováveis. Um ato que, apesar de não ser o adequado, realizar as finalidades legítimas, não pode ser equiparado ao ato que viole direitos fundamentais.

A invalidade consiste num defeito complexo, formado pela (a) discordância formal com um modelo normativo e que é (b) instrumento de infração aos valores consagrados pelo direito. De modo que, se não houver a consumação do efeito (lesão a um interesse protegido juridicamente), não se configurará invalidade jurídica.

Aliás, a doutrina[41] do direito administrativo intuiu essa necessidade, afirmando o postulado *pas de nullité sans grief* (não há nulidade sem dano). Mas essa formulação deve ser interpretada em uma acepção ainda mais ampla. Deve-se entender que não haverá o desfazimento do ato nulo quando forem adotadas medidas que eliminem, neutralizem ou compensem o dano produzido.

38.6   Os diferentes graus de invalidade

É necessário reconhecer os defeitos e uma escala de gravidade de vícios, tomando em vista o *fim* buscado pela ordem jurídica ao impor determinada disciplina da conduta.

O elenco dos defeitos dos atos administrativos, em ordem crescente de gravidade, é o seguinte:

- – irregularidade irrelevante;
- – irregularidade suprível;
- – nulidade relativa;
- – nulidade absoluta; e
- – inexistência jurídica.

Há *irregularidade irrelevante* quando a desconformidade não traduz infração a valor ou interesse jurídicos. O exemplo clássico é o erro na grafia de uma palavra, no corpo de um ato administrativo. Se o equívoco é evidente e não altera o sentido da oração, não se deve reconhecer a existência de um vício jurídico.

A *irregularidade suprível* é aquela em que existe defeito sanável, sem que tal acarrete lesão a valor ou a interesse jurídicos. Esse é o caso de um ato de aposentadoria que contempla equívoco quanto à data a partir da qual produzirá efeitos. É possível produzir a correção, sem que o ato equivocado seja excluído da vida jurídica, mantendo-se os efeitos do ato cujo defeito foi sanado.

A *nulidade relativa* ocorre quando o defeito afeta interesses disponíveis de sujeitos específicos, o que subordina a pronúncia do defeito à provocação do interessado. No caso de nulidade relativa, admite-se que o ato defeituoso produza os seus efeitos até a pronúncia do vício (ou, em alguns casos, até que o particular lesado contra ele se insurja).

A *nulidade absoluta* se verifica quando o defeito lesiona interesses indisponíveis ou interesses disponíveis de sujeitos indeterminados, o que impõe o dever-poder de a Administração Pública pronunciar o vício de ofício, com efeitos geralmente retroativos à data em que se configurou o defeito.

---

[41]   Cite-se, por todos, FIGUEIREDO. *Curso de direito administrativo*, 9. ed., p. 256.

É costumeiro afirmar que a nulidade absoluta se caracteriza quando há infração a "interesse público". A impossibilidade de identificação de um único interesse público dificulta a utilização desse critério. Aliás, pode haver casos em que esteja presente um interesse qualificado como público de tamanha relevância que conduza ao reconhecimento da validade de atos defeituosos. Nesse sentido, Weida Zancaner ressalta: "Não há negar que o critério do interesse público tem sido aplicado tendo em vista a imperiosa necessidade de se preservar algumas relações jurídicas que, embora decorrentes de atos nulos, não poderiam ser desconstituídas, já que a invalidação das mesmas constituiria uma flagrante injustiça, além de acarretar a eclosão de inúmeros problemas fáticos".[42]

A *inexistência jurídica* se verifica quando não existem os requisitos mínimos necessários à qualificação de um ato como jurídico. Não obstante, podem existir alguns eventos no mundo dos fatos. Mas esses eventos são totalmente desconformes aos modelos jurídicos. O grau de desconformidade é tão intenso que nem cabe aludir a um "ato jurídico defeituoso" – existe apenas ato material, destituído de qualquer carga jurídica. Lembre-se que essa categoria abrange os chamados atos administrativos putativos, os quais podem gerar efeitos jurídicos.

39 O QUESTIONAMENTO QUANTO À VALIDADE DO ATO ADMINISTRATIVO

Há um dever jurídico de adotar todas as medidas para identificar a existência de atos administrativos defeituosos e de corrigir os defeitos existentes.

39.1 O dever de apurar a invalidade

A autoridade administrativa não pode omitir as medidas cabíveis e lhe compete, de ofício ou mediante provocação de qualquer sujeito, instaurar procedimento destinado a sanar o problema.

Tomando conhecimento de indícios quanto à existência de um ato administrativo defeituoso, o agente estatal tem o dever de adotar as providências cabíveis ou de comunicar o ocorrido à autoridade competente. A omissão configura violação ao dever de diligência inerente à função ocupada, que é uma prática de ilícito administrativo muito grave.

39.2 O saneamento ou convalidação do defeito

Em alguns casos, verificar-se-á a existência de defeito sanável. Isso se passará nas hipóteses de ausência de infração a um interesse protegido pela ordem jurídica. É o caso de defeitos irrelevantes. Assim, por exemplo, considere-se que um edital recebe numeração equivocada. Existe um defeito, o qual não é apto a gerar danos a quaisquer interesses. O art. 55 da Lei 9.784/1999 determinou que "Em decisão na qual se evidencie não acarretarem lesão ao interesse público nem prejuízo a terceiros, os atos que apresentarem defeitos sanáveis poderão ser convalidados pela própria Administração".

39.2.1 Saneamento ou convalidação

Ainda em tais casos, não caberá à Administração omitir a providência destinada a eliminar o defeito. Tem-se aludido ao saneamento ou à convalidação do defeito[43] nas hipóteses de vícios de menor gravidade. O saneamento se verifica quando a superação do defeito não depende de

---

[42] ZANCANER. *Da convalidação e da invalidação dos atos administrativos*, 3. ed., p.109.

[43] A esse respeito, confira-se ZANCANER. Convalidação dos atos administrativos. Enciclopédia jurídica da PUC-SP. Tomo: *Direito Administrativo e Constitucional*. 2. ed., item 2, abr. 2022. Disponível em: https://enciclopediajuridica.pucsp.br/verbete/8/edicao-2/convalidacao-dos-atos-administrativos.

ato da Administração Pública. A convalidação do ato administrativo consiste em *adoção de um ou mais atos administrativos destinados a eliminar defeitos sanáveis de ato administrativo anterior como condição para que esse produza a integralidade dos efeitos jurídicos previstos.*

39.2.2   A produção de efeitos pela conjugação de atos

Isso significa que o ato de convalidação apresenta eficácia própria. Os efeitos do ato convalidado derivam não apenas dele próprio, mas também do ato de convalidação. Um exemplo seria um aditivo defeituoso a um contrato administrativo, cujo problema consistisse em descrever inadequadamente o conteúdo das modificações introduzidas na relação jurídica. Como decorrência, existe um pagamento ao particular que se afigura como indevido, mas apenas porque o termo aditivo é defeituoso. Corrigido o termo aditivo, o pagamento deve ser reconhecido como perfeito.

Nesse caso, o defeito não é irrelevante, nem se pode defender que o ato defeituoso seria apto a produzir todos os seus efeitos independentemente da providência de convalidação. Mas, ainda assim, o ato convalidável é apto a produzir alguns de seus efeitos. Podem ser reconhecidos efeitos jurídicos ao ato convalidado mesmo no período anterior à convalidação propriamente dita. No entanto, somente a edição do ato de convalidação assegura a plena validade aos atos pretéritos.

39.3   O defeito grave e as alternativas existentes

Há situações em que o defeito é dotado de maior gravidade. Nessa hipótese, existem três alternativas jurídicas. A primeira consiste em reconhecer a consolidação da situação e reputar que o princípio da segurança jurídica impõe a preservação do ato. A segunda reside em pronunciar o vício sem efeitos retroativos (*ex nunc*). A terceira é produzir a invalidação do ato com eficácia retroativa (*ex tunc*).

40   A PRESERVAÇÃO DA VALIDADE DO ATO

A produção de um ato administrativo defeituoso configura uma violação à ordem jurídica. Mas, uma vez consumada tal violação, existe um dever jurídico de promover as medidas destinadas a eliminar o defeito. Isso não significa, no entanto, que seria imperativo o desfazimento do ato inválido (com efeitos retroativos).

40.1   A disciplina normativa de preservação do ato administrativo defeituoso

O reconhecimento da existência de defeito grave não impõe, como decorrência inafastável, a invalidação do ato com efeitos retroativos. Essa disciplina decorre não apenas da Constituição, mas especificamente das normas da LINDB.

40.1.1   A Constituição e a segurança jurídica

A Constituição consagrou um Estado de Direito, que se alicerça no postulado da segurança jurídica. Quando o Estado desenvolve atividade administrativa, que é revestida de presunção de legitimidade, produz expectativas para o conjunto da sociedade. A pronúncia da nulidade do ato administrativo envolve a frustração dessas expectativas e coloca em risco a segurança jurídica.

Logo, um ato administrativo eivado de vício imputável exclusivamente à própria Administração não comporta desfazimento, com efeitos retroativos, quando essa solução for incompatível com a segurança jurídica. Aliás, a própria Constituição prevê a responsabilidade civil do Estado pelos danos decorrentes de atuação administrativa defeituosa (art. 37, § 6º).

Por isso, a doutrina se manifestara há muito no sentido da necessidade de respeitar os efeitos gerados por atos inválidos sobre a esfera de terceiros de boa-fé. Assim, Weida Zancaner afirmou que o dever de desfazer o ato administrativo viciado "pode se transmutar no dever de não invalidar, ora tão só por força do princípio da segurança jurídica, ora deste, aliado ao da boa-fé, quando em causa atos ampliativos de direitos".[44] Idêntica eram as orientações de Lúcia Valle Figueiredo[45] e de Almiro do Couto e Silva.[46]

Juarez Freitas propugnou que "a própria afirmação da autonomia e da juridicidade do princípio da boa-fé ou da confiança do administrado na Administração Pública, e vice-versa, conduz, forçosa e logicamente, ao reconhecimento de limites – menos formais do que substanciais – para a decretação da nulidade de um ato administrativo, ou a anulação do mesmo".[47]

40.1.2 A disciplina da LINDB

As inovações à LINDB, produzidas pela Lei 13.655/2018, consagraram de modo formal o poder-dever de a Administração adotar soluções diferenciadas em caso de atos administrativos defeituosos.

O parágrafo único do art. 20 determinou que:

"A motivação demonstrará a necessidade e a adequação da medida imposta ou da invalidação de ato, contrato, ajuste, processo ou norma administrativa, inclusive em face das possíveis alternativas".

O dispositivo impõe a avaliação dos efeitos previsíveis derivados da invalidação do ato defeituoso. Impõe à autoridade considerar a proporcionalidade da decisão de invalidação, especificamente tomando em vista outras alternativas para recompor os interesses e os valores afetados.

E o art. 21 da mesma LINDB fixa uma regra ainda mais precisa, ao estabelecer a seguinte disciplina:

"A decisão que, nas esferas administrativa, controladora ou judicial, decretar a invalidação de ato, contrato, ajuste, processo ou norma administrativa deverá indicar de modo expresso suas consequências jurídicas e administrativas.

Parágrafo único. A decisão a que se refere o *caput* deste artigo deverá, quando for o caso, indicar as condições para que a regularização ocorra de modo proporcional e equânime e sem prejuízo aos interesses gerais, não se podendo impor aos sujeitos atingidos ônus ou perdas que, em função das peculiaridades do caso, sejam anormais ou excessivos".

Em decorrência, existe determinação imperativa no sentido da regularização da situação defeituosa, inclusive para evitar prejuízo aos interesses gerais e com a vedação de sacrifício anormal ou excessivo para os sujeitos afetados.

---

44 ZANCANER. *Da convalidação e da invalidação dos atos administrativos*, 3. ed., p. 110.

45 FIGUEIREDO. *Curso de direito administrativo*, 9. ed., p. 259 *et seq*.

46 SILVA. Princípios da legalidade da Administração Pública e de segurança jurídica no Estado de Direito contemporâneo. *Revista de Direito Público – RDP*, n. 84, p. 46-63, out./dez. 1987.

47 FREITAS. Repensando a natureza da relação jurídico-administrativa e os limites principiológicos à anulação dos atos administrativos. In: FREITAS. *Estudos de direito administrativo*, 2. ed., p. 23-24.

Essas regras tornam superado o entendimento contemplado na Súmula 473 do STF, inclusive porque reconhecem que o ato defeituoso produz efeitos jurídicos e gera direitos. Mais ainda, o desfazimento do ato nulo é apenas uma dentre as diversas alternativas a serem consideradas pela autoridade competente para controlar a validade do ato administrativo.

40.1.3 A disciplina da Lei 14.133/2021

A Lei 14.133/2021 contemplou regras ainda mais precisas sobre o tema, ainda que a propósito de licitações e contratações administrativas. O art. 147 impôs que:

> "Constatada irregularidade no procedimento licitatório ou na execução contratual, caso não seja possível o saneamento, a decisão sobre a suspensão da execução ou sobre a declaração de nulidade do contrato somente será adotada na hipótese em que se revelar medida de interesse público, com avaliação, entre outros, dos seguintes aspectos: (...)".

O art. 148, § 1.º, do mesmo diploma autoriza a preservação do ato inválido, quando inviável o seu desfazimento, resolvendo-se a questão em indenização por perdas e danos.

Reputa-se que essa disciplina legal comporta aplicação extensiva, sendo aplicável de modo genérico às atividades administrativas. Mesmo que não se trate de situação diretamente subsumível à Lei 14.133/2021, inexiste fundamento para reservar apenas ao âmbito de licitações e contratações administrativas o tratamento ali previsto. Aliás, cabe assinalar que a solução contemplada nos arts. 147 e 148 da Lei 14.133/2021 apenas explicita o regime da LINDB – o qual disciplina amplamente toda a atividade administrativa.

40.2 A avaliação consequencialista

A autoridade competente para pronunciar a nulidade tem o dever de realizar uma avaliação consequencialista quanto às consequências das diversas alternativas existentes. Cabe-lhe o dever de preservar a validade do ato administrativo, mesmo quando defeituoso, nos casos em que a invalidação propiciaria resultados dotados de elevada carga de nocividade.

40.2.1 Ainda o Estudo de Impacto Invalidatório

A decisão quanto ao desfazimento do ato nulo deve compreender um Estudo de Impacto Invalidatório. A expressão indica o exame quanto aos efeitos previsíveis da anulação do ato. Será nula a decisão de invalidação centrada apenas na avaliação dos eventuais defeitos do ato. A competência para pronunciar a invalidade compreende o dever de estimar os efeitos daí derivados. Se os efeitos da invalidação forem graves e indesejáveis, há o dever de a autoridade preservar o ato (mesmo que nulo). Incumbir-lhe-á, nesse caso, determinar as providências adequadas e necessárias para a proteção dos interesses e dos valores afetados, inclusive impondo às partes envolvidas providências restritivas destinadas a impedir o locupletamento indevido.

40.2.2 A submissão da decisão à proporcionalidade

A solução a ser adotada em face do ato defeituoso, envolve a utilização da técnica da proporcionalidade. As providências a serem adotadas devem avaliar os efeitos concretos que o ato, embora inválido, tenha produzido.

A invalidação deve ser pronunciada somente como solução indispensável para a realização dos valores jurídicos. Não se cogita de invalidade se tal for inadequado para gerar, sob o prisma de causa e efeito, a realização dos interesses e valores protegidos pelo direito.

Em segundo lugar, somente é cabível a invalidação se essa for a solução menos lesiva ao conjunto de interesses em jogo.

Por fim, não cabe invalidação quando importar sacrifício de valores e interesses protegidos de modo intransponível pela ordem jurídica.

40.2.3   As circunstâncias concretas relativas à decisão

Também é indispensável examinar a decisão adotada no contexto das circunstâncias concretas. Em muitas hipóteses, o agente administrativo não dispõe de recursos materiais nem de assessoramento adequado para identificar a solução mais satisfatória. Não se configura ilícita a solução justificável em vista das circunstâncias. Exige-se que o agente estatal atue de modo diligente, mas não se impõe a ele o dever sobre-humano de ultrapassar às limitações materiais que o cercam e nem dele se exige a capacidade de previsão quanto ao futuro.

Muito mais, há hipóteses de urgência ou necessidade que impõem ao agente adotar uma solução concreta para evitar o sacrifício de direitos fundamentais e de interesses coletivos.

Por isso, o *caput* e o § 1.º do art. 22 da LINDB preveem o seguinte:

"Art. 22. Na interpretação de normas sobre gestão pública, serão considerados os obstáculos e as dificuldades reais do gestor e as exigências das políticas públicas a seu cargo, sem prejuízo dos direitos dos administrados.

§ 1.º Em decisão sobre regularidade de conduta ou validade de ato, contrato, ajuste, processo ou norma administrativa, serão consideradas as circunstâncias práticas que houverem imposto, limitado ou condicionado a ação do agente".

40.3   A compensação dos prejuízos e a perda dos benefícios indevidos

A preservação da validade ou dos efeitos de ato administrativo defeituoso não se destina a premiar aqueles que atuaram de modo defeituoso e reprovável. Trata-se de evitar os efeitos negativos inerentes à invalidação. Por isso, é imperioso que sejam adotadas providências destinadas a impor ao agente público e (ou) privado a obrigação de compensar os benefícios indevidos ou os prejuízos anormais ou injustos decorrentes de sua conduta (art. 27 da LINDB).

Por exemplo, a revelação de práticas criminosas ao longo de uma licitação não deve resultar necessariamente na invalidação do contrato, especialmente nas hipóteses em que já foi executado. O aspecto fundamental reside em eliminar os danos gerados ao patrimônio público e excluir o benefício indevido auferido pelo particular.

41   A INVALIDAÇÃO SEM EFEITOS RETROATIVOS

Uma outra alternativa reside em modular os efeitos da pronúncia do vício, evitando o desfazimento de atos verificados no passado e determinando a cessação da eficácia do ato para o futuro.[48]

41.1   A solução adotada relativamente à inconstitucionalidade

Essa solução tem sido preconizada nos casos de inconstitucionalidade. Exteriorizando essa concepção, Canotilho afirma:

---

48   Nesse sentido, "No controle de legalidade do ato administrativo, a Administração Pública pode modular os efeitos da invalidação do ato ilegal, de forma análoga à modulação de feitos no controle de constitucionalidade (art. 27 da Lei 9.868/1999)" (OLIVEIRA. *Curso de direito administrativo*, 12. ed., p. 334).

"Os princípios da protecção da confiança e da segurança jurídica podem formular-se assim: o cidadão deve poder confiar em que aos seus actos ou às decisões públicas incidentes sobre os seus direitos, posições jurídicas e relações, praticados ou tomadas de acordo com as normas jurídicas vigentes, se ligam os efeitos jurídicos duradouros, previstos ou calculados com base nessas mesmas normas. Esses princípios apontam basicamente para: (1) a proibição de leis retroactivas; (2) a inalterabilidade do caso julgado; (3) a tendencial irrevogabilidade de actos administrativos constitutivos de direitos".[49]

A Lei 9.868/1999 determinou no art. 27 que, "Ao declarar a inconstitucionalidade de lei ou ato normativo, e tendo em vista razões de segurança jurídica ou de excepcional interesse social, poderá o Supremo Tribunal Federal, por maioria de dois terços de seus membros, restringir os efeitos daquela declaração ou decidir que ela só tenha eficácia a partir de seu trânsito em julgado ou de outro momento que venha a ser fixado".

Essa disciplina conduz ao reconhecimento de que a infração do ato administrativo à Constituição não acarreta necessariamente a pronúncia do vício com efeitos retroativos à data de sua prática. Não há justificativa lógico-jurídica para que a solução do art. 27 da Lei 9.868/1999 seja mantida restrita ao âmbito da declaração de inconstitucionalidade de lei.

41.2   A extensão aos casos de nulidade do ato administrativo

A solução adotada quanto à inconstitucionalidade implica sua extensão às hipóteses de ilegalidade do ato administrativo. O vício consistente em ofender a Constituição é mais grave do que o defeito de infringir a lei. Não teria cabimento aplicar disciplina jurídica mais severa para a ilegalidade do que aquela reservada para a inconstitucionalidade do ato administrativo.

Essa solução também está autorizada pelo art. 20, parágrafo único, da LINDB, assim como pelo art. 148, §§ 1.º e 2.º, da Lei 14.133/2021.

42   A INVALIDAÇÃO COM EFEITOS RETROATIVOS

Haverá hipóteses em que a solução será o desfazimento do ato viciado, com efeitos retroativos. Essa solução deverá ser adotada quando evidenciado que os danos na manutenção do ato seriam superiores à sua invalidação.

Quando for decretada a invalidade, a decisão adotada deverá indicar, de modo completo e satisfatório, os efeitos por ela impostos. Ou seja, não se admite que uma decisão estabeleça simplesmente a "nulidade do contrato". É indispensável determinar os efeitos da invalidação. Assim está determinado no art. 21, *caput*, da LINDB, assim redigido:

"A decisão que, nas esferas administrativa, controladora ou judicial, decretar a invalidação de ato, contrato, ajuste, processo ou norma administrativa deverá indicar de modo expresso suas consequências jurídicas e administrativas".

E o parágrafo único do mesmo art. 21 estabelece que: "A decisão a que se refere o caput deste artigo deverá, quando for o caso, indicar as condições para que a regularização ocorra de modo proporcional e equânime e sem prejuízo aos interesses gerais, não se podendo impor aos sujeitos atingidos ônus ou perdas que, em função das peculiaridades do caso, sejam anormais ou excessivos".

---

[49]   CANOTILHO. *Direito constitucional*, 6. ed., p. 373.

43 A ALTERAÇÃO DA INTERPRETAÇÃO E OS EFEITOS JÁ CONSOLIDADOS

A Administração Pública pode modificar o seu entendimento sobre o conteúdo da disciplina jurídica aplicável a uma determinada situação. Mas não se admite a aplicação retroativa de nova interpretação para qualificar como inválido ato administrativo praticado de modo conforme com a interpretação prevalente ou admissível à época da sua formalização.

A adoção da nova interpretação deverá respeitar os efeitos decorrentes da interpretação até então prevalente. Essa afirmação se funda na garantia constitucional da irretroatividade da norma posterior (art. 5.º, XXXVI, da CF/1988), ratificada por dispositivos infraconstitucionais.

O art. 2.º, parágrafo único, da Lei 9.784/1999 estabelece expressamente que: "Nos processos administrativos serão observados, entre outros, os critérios de: (...) XIII – interpretação da norma administrativa da forma que melhor garanta o atendimento do fim público a que se dirige, vedada aplicação retroativa de nova interpretação".

O art. 24, *caput*, da LINDB, incluído pela Lei 13.655/2018, eliminou dúvida que pudesse remanescer, determinando que:

"A revisão, nas esferas administrativa, controladora ou judicial, quanto à validade de ato, contrato, ajuste, processo ou norma administrativa cuja produção já se houver completado levará em conta as orientações gerais da época, sendo vedado que, com base em mudança posterior de orientação geral, se declarem inválidas situações plenamente constituídas".

E o parágrafo único do mesmo art. 24 estabelece que:

"Consideram-se orientações gerais as interpretações e especificações contidas em atos públicos de caráter geral ou em jurisprudência judicial ou administrativa majoritária, e ainda as adotadas por prática administrativa reiterada e de amplo conhecimento público".

Sobre o tema, Thompson Flores Lenz afirma que: "Quando se trata de interpretação da lei, que não contraria a sua letra ou espírito, o fato de a Administração ter adotado interpretação que, posteriormente, considere menos correta ou conveniente, tal fato não legitima a anulação dos atos anteriores (...) Tal exegese concilia-se com a melhor doutrina, pois, se assim não fosse, a ordem jurídica perderia a estabilidade necessária e as relações entre a Administração Pública e os administrados não teriam nenhuma segurança, eis que desapareceria a certeza do direito do particular diante das possíveis variações de interpretação de cada funcionário público e de cada nova Administração que discordasse da anterior".[50]

44 A OBSERVÂNCIA DO DEVIDO PROCESSO LEGAL NA INVALIDAÇÃO

O desfazimento do ato administrativo defeituoso exige a observância do devido processo legal, tema examinado no Capítulo 8.

44.1 A competência subordinada à observância do devido processo

A competência reconhecida na Súmula 473 do STF e no art. 53 da Lei 9.784/1999 para a anulação pela própria Administração dos atos administrativos defeituosos não significa a desnecessidade de processo administrativo, exigência inafastável em vista do art. 5.º, LIV e LV, da CF/1988.

---

[50] LENZ. Limites à revogação do ato administrativo. *Revista de Direito Público da Economia – RDPE*, n. 39, jul./ set. 2012, p. 54. Também RAMOS; GASTRUMP. *Comentários à Lei de Introdução às Normas do Direito Brasileiro – LINDB*, 2. ed., p. 380.

44.2 O vício lógico da invocação à nulidade

Não cabe argumentar que o ato administrativo, porque nulo, pode ser desfeito sem observância do devido processo legal.

44.2.1 A petição de princípio

A afirmativa traduz uma petição de princípio.[51] Somente é possível concluir que um ato administrativo é nulo por meio de um processo administrativo.

A qualificação do ato administrativo como inválido é produzida **depois** da conclusão de um processo administrativo, norteado pelo contraditório, pela ampla defesa e pela imparcialidade de julgamento. Portanto, sem processo administrativo é juridicamente vedado afirmar que o ato administrativo é inválido.

A afirmativa de que o ato administrativo nulo pode ser desfeito sem necessidade de processo administrativo equivale a afirmar que é possível diferenciar um ato nulo de um ato inválido *sem* processo administrativo.

44.2.2 A implicação da observância do processo quando o ato for válido

O raciocínio apresenta outro defeito lógico, pois assume, *a contrario sensu*, que o processo administrativo será obrigatório apenas quando o ato não for válido.[52] Mas, se nem existirem indícios de que o ato seria nulo, não haveria fundamento para instaurar um processo administrativo visando a promover a sua invalidação.

44.2.3 Ainda a garantia constitucional

Ou seja, o raciocínio de que os atos nulos podem ser invalidados sem processo administrativo transforma a garantia constitucional (art. 5.º, LIV e LV, da CF/1988) em cláusula inaplicável e inútil, porque a decisão sobre a instauração do processo administrativo se formaria *em momento lógico e cronológico posterior* à decisão sobre a invalidade do ato administrativo.

44.3 A amplitude da garantia constitucional

Há outro obstáculo insuperável. A pronúncia do vício e o desfazimento dos efeitos do ato administrativo inválido devem ser acompanhados *obrigatoriamente* da adoção de todas as providências necessárias ao restabelecimento da situação anterior e à eliminação dos danos existentes. Será nula a pronúncia do vício e o desfazimento dos efeitos do ato viciado se não houver a atribuição ao particular daquilo que lhe é assegurado pelo direito, inclusive e se for o caso uma indenização por perdas e danos.

A garantia de processo administrativo destina-se, então, a assegurar a ampla defesa não apenas no tocante à validade do ato administrativo, mas, em especial, à defesa do patrimônio do particular afetado pela pronúncia do vício. O particular tem a garantia de exigir que, se os efeitos do ato forem desfeitos, seja a ele assegurada a indenização necessária. Essa indenização não poderá ser negada nem determinada unilateralmente pela Administração.

45 A INVALIDAÇÃO E A RESPONSABILIDADE CIVIL DO ESTADO

---

[51] Ou seja, é uma afirmação que se funda num argumento que apenas poderia ser admitido válido como consequência da procedência da própria afirmação.

[52] Afinal, se o processo administrativo não é obrigatório quando o ato é nulo, quando será ele obrigatório? Em termos lógicos, será obrigatório apenas quando o ato *não* for nulo.

A pronúncia do defeito do ato administrativo, inclusive nos casos em que se promove o desfazimento com efeitos retroativos, pode configurar o pressuposto de responsabilização civil do Estado.

Se o defeito for imputável exclusivamente ao aparato administrativo e se o desfazimento do ato acarretar prejuízo ao particular, caberá a indenização pelas perdas e danos decorrentes. Assim, suponha-se a invalidação de títulos de domínio de imóveis, em virtude do reconhecimento da ausência dos requisitos necessários à sua transferência para particulares. Isso acarretará a extinção do domínio do particular, com efeitos retroativos. O particular, até então investido na propriedade do bem, deverá ser indenizado cabalmente. Afinal, o fundamento da pronúncia do vício consiste precisamente no reconhecimento de uma atuação administrativa defeituosa.

É fundamental destacar que incumbe à Administração Pública promover, de modo concomitante, o desfazimento do ato e a apuração da indenização devida ao particular. Não se admite, em face do regime democrático instaurado pela CF/1988, que a Administração Pública promova unilateralmente o desfazimento do ato e remeta o particular à via judicial para obter a indenização devida.

46 DECADÊNCIA E PRESCRIÇÃO

O art. 54 da Lei 9.784/1999 fixou que "O direito da Administração de anular os atos administrativos de que decorram efeitos favoráveis para os destinatários decai em cinco anos, contados da data em que foram praticados, salvo comprovada má-fé".

O tema é examinado no Capítulo 20, que versa sobre os efeitos do decurso do tempo no âmbito do direito administrativo.

47 A REVOGAÇÃO DO ATO ADMINISTRATIVO

Na concepção tradicional da doutrina, revogação e anulação seriam institutos absolutamente inconfundíveis. Segundo esse enfoque, a revogação se verifica quando a Administração Pública promove o desfazimento do ato administrativo por razões de conveniência e não em virtude de vício ou de defeito. Somente se configuraria a revogação nos casos em que o ato fosse válido e perfeito. Se o ato fosse defeituoso, o seu desfazimento far-se-ia por meio da anulação.

47.1 A evolução do direito e a tendência à atenuação das diferenças

Ocorre que a evolução da disciplina atinente ao desfazimento dos atos inválidos produz a tendência à atenuação à distinção. Como exposto em tópico anterior, admite-se a preservação da validade de ato inválido quando essa solução se configurar como a mais compatível com os interesses envolvidos. Logo, a invalidação compreende um juízo de conveniência realizado pela autoridade administrativa. Isso significa que a anulação não deixa de ser o resultado de um juízo quanto à inconveniência do ato em questão. Logo, o ato nulo é desfeito não apenas em virtude de sua invalidade, mas também por se configurar como inconveniente. Esse enfoque conduz à superação de uma distinção absoluta entre anulação e revogação.

No entanto e em vista do entendimento prevalente até o presente, cabe manter a exposição tradicional, tal como adiante desenvolvido.

47.2 Revogação e discricionariedade

A revogação se funda na constatação de que eventos posteriores à produção do ato administrativo acarretaram a sua inadequação para satisfazer os fins a que se destina.[53]

---

[53] Ressalta Celso Antônio Bandeira de Mello: "É irrelevante distinguir se a inconveniência foi contemporânea ou superveniente ao ato que se vai revogar" (*Curso de direito administrativo*, 35. ed., p. 373).

Tradicionalmente, afirma-se que a revogação apenas pode ser aplicada relativamente a atos praticados no exercício da competência discricionária. A Administração dispunha da liberdade para praticar certo ato ou para determinar alguns de seus aspectos. Depois de praticado o ato, a Administração verifica que o interesse público poderia ser mais adequadamente satisfeito por outra via. A revogação consiste no desfazimento do ato anterior.

Em princípio, se o ato tiver sido praticado no exercício de competência vinculada, não se poderá promover revogação. Essa afirmativa deve ser interpretada em termos, eis que não existe ato administrativo integralmente vinculado.

47.3 Revogação e efeitos jurídicos aperfeiçoados

O ato administrativo, antes de ser revogado, produz todos os seus efeitos e os produz de modo válido. Por isso, poderá ocorrer de a Administração deparar-se com situação jurídica já consolidada. O ato pode ter gerado efeitos caracterizáveis como "direito adquirido". Assim sendo, se nem a lei posterior pode afetar o direito adquirido, muito menos o poderia um ato administrativo subsequente. Logo, o direito adquirido constitui-se em outra barreira à revogação.

47.4 Revogação e direito de indenização

Deve-se entender, no entanto, que essa barreira se retrata no direito à indenização, quando os efeitos do ato a ser revogado forem puramente materiais. Assim, é admissível o desfazimento do próprio contrato administrativo por motivo de conveniência – o que corresponderia ao fenômeno da revogação. O direito do particular, depois de aperfeiçoado o ato jurídico, não se retrata na impossibilidade de desfazimento dele, mas no direito à indenização por perdas e danos.

47.5 A revogação e a insuficiência da mera invocação ao interesse público

A revogação consiste numa manifestação anômala da competência estatal, em que um ato perfeito e válido é desfeito por atuação da própria Administração. Isso exige controle estrito. Não é compatível com a democracia republicana que a Administração se valha da competência revocatória para frustrar direitos e garantias protegidos pelo direito.

A prática do ato revocatório depende da observância de um processo administrativo, iniciado com a demonstração *concreta* dos motivos evidenciadores da inconveniência do ato em questão. Não é válida a revogação fundada na pura e simples invocação da existência de um *interesse público*. O tema foi analisado, em termos mais amplos, no Capítulo 3.

47.6 A revogação e a responsabilidade civil do Estado

A revogação produz o desfazimento de ato válido cujos efeitos ainda não se tenham consolidado em termos irreversíveis (ato jurídico perfeito ou direito adquirido). A revogação acarreta o dever de reparar os efeitos lesivos sofridos pelos terceiros em virtude do desfazimento dos atos administrativos.[54]

Deve-se verificar a relação de causalidade entre a revogação e a lesão ao patrimônio do particular.

---

[54] Lúcia Valle Figueiredo afirmava que o dever de indenizar na revogação configura responsabilidade administrativa por ato lícito (*Curso de direito administrativo*, 9. ed., p. 72 *et seq.*).

Ou seja, o direito à indenização surge não apenas quando exista direito adquirido ou ato jurídico perfeito, de conteúdo econômico. Haverá direito à indenização mesmo em outras hipóteses, na medida em que a revogação for apta a configurar lesão ao patrimônio do particular.

47.7   A observância do devido processo legal

A revogação exige a observância do devido processo legal, destinado não apenas a que a Administração Pública comprove a ocorrência dos pressupostos necessários, mas à apuração de eventual indenização ao particular afetado. Aplicam-se ao caso e com maior razão os raciocínios expostos no Capítulo 8, a propósito da observância do devido processo legal para a anulação de atos administrativos.

O tema foi objeto de tese fixada pelo STF por meio do Tema da Repercussão Geral 138:

"Ao Estado é facultada a revogação de atos que repute ilegalmente praticados; porém, se de tais atos já tiverem decorrido efeitos concretos, seu desfazimento deve ser precedido de regular processo administrativo".

Capítulo 8

PROCESSO E PROCEDIMENTO ADMINISTRATIVOS

A produção de atos administrativos subordina-se à observância de um procedimento formal. Nas hipóteses em que a decisão administrativa for apta a afetar interesses subjetivos, deverá ser observado o devido processo legal.

1 PROCESSO E PROCEDIMENTO

O procedimento é uma sucessão predeterminada de atos jurídicos, como uma espécie de itinerário a ser seguido.

Já o processo, segundo a concepção usual, é uma relação jurídica destinada a compor um litígio mediante a observância necessária de um procedimento caracterizado pelo respeito ao contraditório e à ampla defesa (e outras garantias daí decorrentes). Portanto, o processo é uma solução jurídica para a composição de conflitos de interesses.

Segue-se a orientação de Alberto Xavier, que afirma que a disputa sobre processo ou procedimento tem natureza muito mais terminológica do que de substância. O referido autor acrescenta que a expressão *processo administrativo* indica três traços essenciais: garantia de duplo grau, princípio do contraditório e princípio do efeito vinculante para a Administração.[1] Assim concebida a questão, não há dificuldade em adotar a concepção de um "processo administrativo". Nesta obra, a expressão será utilizada nesse sentido.

2 CONSIDERAÇÕES GERAIS SOBRE O PROCEDIMENTO ADMINISTRATIVO

A validade da atividade administrativa depende da observância de um procedimento. Quando a atividade administrativa envolver um conflito de interesses, deverá ser observado um processo.[2]

---

[1] XAVIER. *Do lançamento*: teoria geral do ato do procedimento e do processo tributário, 2. ed., p. 313-314.

[2] A distinção entre processo e procedimento envolve controvérsias relevantes, especialmente no âmbito da teoria geral do processo jurisdicional. A exposição aprofundada sobre o tema ultrapassa o objeto da presente obra.

Portanto, uma parcela significativa das atividades administrativas dependerá da observância apenas de um procedimento, sem que se faça indispensável o estabelecimento de um processo. Quando a atividade administrativa for apta a afetar direitos subjetivos e interesses de sujeitos específicos e determinados, a sua validade dependerá da observância de um procedimento diferenciado (caracterizado pela garantia da ampla defesa e do contraditório).

3 CONSIDERAÇÕES GERAIS SOBRE O PROCESSO ADMINISTRATIVO

Há uma característica essencial do processo jurisdicional, que consiste na existência do juiz. A competência para exercitar o poder decisório é atribuída a um sujeito que não é titular dos interesses em conflito. É nesse sentido que o juiz é *imparcial*. Ele não é titular dos interesses sobre os quais decide. Em síntese, o processo jurisdicional é uma relação trilateral, que reúne as partes e o Estado-jurisdição.

3.1 A inexistência do contencioso administrativo no Brasil

No Brasil, a função jurisdicional é reservada ao Poder Judiciário, tal como previsto no art. 5.º, XXXV ("a lei não excluirá da apreciação do Poder Judiciário lesão ou ameaça a direito"). Por decorrência, os litígios envolvendo a atividade administrativa estatal são compostos por meio do Poder Judiciário. No entanto, a atividade administrativa propriamente dita sujeita-se à exigência da observância do devido processo.

Portanto, o processo administrativo se desenvolve no âmbito da Administração Pública, sem que a decisão adotada seja configurada como um provimento jurisdicional.

O direito continental europeu adota um modelo jurídico distinto, relacionado ao contencioso administrativo. É vedado ao Poder Judiciário decidir sobre processos envolvendo o interesse da Administração Pública. Existe uma estrutura jurisdicional administrativa (contencioso administrativo), e o processo administrativo é muito semelhante ao processo jurisdicional. Assim se passa porque a decisão do litígio cabe a um juiz administrativo, o qual não se constitui como parte interessada.

No Brasil, o processo administrativo é *não jurisdicional*, já que a jurisdição é monopolizada pelo Poder Judiciário (com a ressalva da arbitragem).

3.2 A exigência de imparcialidade da autoridade administrativa

Isso não equivale a afirmar que a autoridade administrativa seja "parcial". A imparcialidade do julgador é um requisito de validade da decisão no processo administrativo. Mas a autoridade julgadora do processo administrativo integra os quadros da Administração Pública. A posição jurídica do magistrado no processo jurisdicional é muito distinta daquela do julgador no processo administrativo.

4 A IMPOSIÇÃO CONSTITUCIONAL DO DEVIDO PROCESSO LEGAL ADMINISTRATIVO

Toda decisão administrativa apta a afetar interesses de um sujeito determinado deve ser produzida mediante a observância de um processo administrativo norteado pelo contraditório e pela ampla defesa, além de outras garantias daí decorrentes.

4.1 A previsão constitucional expressa

A observância de processo administrativo resulta da concepção democrática republicana, que impede o exercício de poderes de natureza pública sem a observância de formalidades destinadas a assegurar a participação de todos os interessados. Logo, a procedimentalização

Cap. 8 – PROCESSO E PROCEDIMENTO ADMINISTRATIVOS **225**

da atividade administrativa resulta da imposição dos arts. 1.º, *caput* e § 1.º, e 37 da CF/1988. Ademais, há uma garantia específica no art. 5.º, LIV e LV, também da CF/1988.

A Constituição consagrou direitos fundamentais sobre esse tema, no art. 5.º, LIV e LV, que estabelecem o seguinte:

"LIV – ninguém será privado da liberdade ou de seus bens sem o devido processo legal;

LV – aos litigantes, em processo judicial ou administrativo, e aos acusados em geral são assegurados o contraditório e ampla defesa, com os meios e recursos a ela inerentes".

Diversas outras disposições constitucionais relacionadas à observância do devido processo se aplicam à órbita administrativa. Assim, por exemplo, o inc. LVI do mesmo art. 5.º da Constituição proíbe a obtenção e a utilização de provas obtidas por meios ilícitos. O inc. LXXVIII do referido art. 5.º estabelece que todos têm direito, inclusive na via administrativa, à razoável duração do processo.

4.2   A garantia constitucional e os interesses difusos e coletivos

A garantia tem sido interpretada, algumas vezes, como aplicável exclusivamente ao âmbito de produção de atos administrativos individualizados. Reputou-se que a Constituição Federal de 1988 teria assegurado a observância de um devido processo na via administrativa apenas nas hipóteses em que o exercício de competência administrativa pudesse acarretar o sacrifício de um interesse de titularidade de um sujeito privado específico ou determinado.[3]

Adota-se entendimento oposto: a procedimentalização é indispensável inclusive quando a atuação estatal envolver interesses difusos ou coletivos. A impossibilidade de identificar um sujeito determinado, cujos interesses seriam afetados de modo imediato, não afasta a necessidade de submeter a atividade administrativa à observância do processo administrativo.

A garantia constitucional compreende, até mesmo, as hipóteses em que os fatos não propiciam controvérsia mais intensa. Existem decisões, no entanto, em que o Poder Judiciário nega a necessidade de processo administrativo sob argumento da ausência de controvérsia ou dúvida sobre os fatos. Esse entendimento não é compatível com a garantia constitucional. A existência de uma situação fática aparentemente incontroversa pode conduzir à simplificação do processo administrativo, mas não autoriza eliminar a garantia da ampla defesa e do contraditório. É imperioso assegurar ao particular o direito de apresentar a sua versão dos fatos e, se for o caso, de produzir provas destinadas à defesa de seus interesses.

---

[3]   Cf. a doutrina acerca do tema: MOREIRA. *Processo Administrativo*: Princípios Constitucionais e a Lei nº 9.784/1999 (com especial atenção à LINDB), 6. ed.; GORDILLO. La garantía de defensa como principio de eficacia en el procedimiento administrativo. *Revista de Direito Público – RDP*, n. 10, p. 16-24, out./dez. 1969; ATALIBA. Princípios constitucionais do processo e procedimento em matéria tributária. *Revista de Direito Tributário – RDT*, n. 46, p. 118-132, out./dez. 1988; BACELLAR FILHO. *Processo administrativo disciplinar*, 4. ed., p. 63-64; FIGUEIREDO. Devido processo legal e fundamentação das decisões. *Revista de Direito Tributário – RDT*, n. 63, p. 211-216, 1993; SZKLAROWSKY. Instrumentos de defesa do contribuinte. *Cadernos de Direito Tributário e Finanças Públicas*, n. 7, p. 120-129, abr./jun. 1994; MELO. Processo administrativo tributário: nulidades. *Cadernos de Direito Tributário e Finanças Públicas*, n. 4, p. 122-126, jul./set. 1993; PIMENTEL. Processo administrativo e judicial: concessão de liminar: depósito ou caução. *Revista de Direito Tributário – RDT*, n. 58, p. 101-105, out./dez. 1991; OLIVEIRA. Processo administrativo e judicial: processo e procedimento como garantia do cidadão. *Revista de Direito Tributário – RDT*, n. 58, p. 105-108, out./dez. 1991; FIGUEIREDO. Processo administrativo e judicial: o devido processo legal. *Revista de Direito Tributário – RDT*, n. 58, p. 109-113, out./dez. 1991; DI PIETRO. Processo administrativo: garantia do administrado. *Revista de Direito Tributário – RDT*, n. 58, p. 113-118, out./dez. 1991; ATALIBA. Processo administrativo e judicial: concessão de liminar: depósito: mandado de segurança: prazo de decadência: inconstitucionalidade. *Revista de Direito Tributário – RDT*, n. 58, p. 118-131, out./dez. 1991; EMERENCIANO. *Procedimentos fiscalizatórios e a defesa do contribuinte*, 2. ed.; RAMÓN-REAL. Fundamentación del acto administrativo. *Revista de Direito Público – RDP*, n. 62, p. 5-20; entre outros.

4.3 Conteúdo e função do processo na atividade administrativa

O processo administrativo não se constitui simplesmente em uma sucessão de formalidades bastantes em si mesmas. A processualização da atividade estatal se constitui em uma manifestação direta das concepções democráticas e da exigência da produção dos resultados mais satisfatórios possíveis no exercício das competências estatais.

4.3.1 A participação dos sujeitos na produção da decisão

O processo é um instrumento jurídico para assegurar que a decisão administrativa propicie a participação de todos os interessados. O procedimento é construído de modo a dar oportunidade de manifestação para os sujeitos cujos direitos subjetivos ou interesses possam ser afetados pela decisão.

A processualização do exercício das competências estatais é uma solução de vinculação do ocupante do poder político ao respeito à vontade presumível dos cidadãos. Como observou Canotilho, "a exigência de um procedimento juridicamente adequado para o desenvolvimento da actividade administrativa considera-se como dimensão insubstituível da administração do Estado de direito democrático".[4]

Em alguns casos, a atividade administrativa envolve a decisão sobre direitos subjetivos de diferentes sujeitos. Assim, por exemplo, suponha-se uma disputa sobre um contrato administrativo, em que o particular afirma ser titular do direito subjetivo ao recebimento de certos valores. Nesse caso, o terceiro se configura como uma parte no processo.

Em tais casos, surgirão direitos subjetivos processuais específicos. Ou seja, além do direito subjetivo "material" (aquele objeto da decisão administrativa), haverá o direito de o sujeito ser ouvido previamente a qualquer decisão, de produzir provas, de participar ativamente da evolução dos procedimentos e assim por diante.

Em outros casos, a atividade administrativa versa sobre interesses. O terceiro não é titular de um direito subjetivo específico, mas defende interesses. Não se constitui propriamente em uma parte. Assim, considere-se a hipótese de uma agência reguladora pretender alterar as regras sobre a proteção à saúde individual ou coletiva. Qualquer pessoa disporá do interesse de manifestação para a formação da decisão final administrativa. Nessas hipóteses, também surgirão direitos processuais, mas com extensão e conteúdo diversos daqueles que se verificam no caso de decisão sobre direito subjetivo de um terceiro. Assim se passará porque o terceiro participará do processo como integrante da comunidade, sem promover a defesa de um direito subjetivo específico.

4.3.2 A efetividade da participação da parte: a concepção democrática

A função do processo consiste em assegurar ao sujeito titular de direito apto a ser afetado pela decisão uma participação efetiva na formação da vontade administrativa. A decisão administrativa que vier a ser adotada será o resultado da interação dialética entre os diversos sujeitos. Isso não significa a exigência de que a decisão final dependa de concordância entre os partícipes do processo. Nem que o terceiro disporia de uma espécie de poder de veto sobre as escolhas da autoridade julgadora.

---

[4]   CANOTILHO. *Direito constitucional e teoria da Constituição*, 7. ed., p. 274 *et seq.*

Cap. 8 – PROCESSO E PROCEDIMENTO ADMINISTRATIVOS **227**

Alude-se a uma participação efetiva para indicar que as manifestações do terceiro devem ser tomadas em consideração. Os requerimentos de produção de prova devem ser apreciados e, se pertinentes, o seu deferimento é obrigatório. A produção da prova deve ser acompanhada por todos os interessados. Os argumentos apresentados devem obrigatoriamente ser examinados. Se procedentes, devem ser acolhidos. A rejeição do pleito deve ser motivada de modo satisfatório.

Assim se passa mesmo nas hipóteses de competência administrativa discricionária. E assim se impõe porque a Constituição consagrou o Brasil como um Estado democrático. A discricionariedade não é um instrumento para a prevalência da vontade do agente público, mas uma solução para o atingimento da solução mais satisfatória possível, com a participação efetiva da Nação.

4.3.3   A identificação da solução mais satisfatória e eficiente

A observância do devido processo também é orientada à obtenção da solução mais satisfatória e eficiente. Em muitos casos, o agente público reputa como adequada uma certa medida. Essa conclusão nem sempre é a mais acertada. O processo permite a participação de terceiros, cuja colaboração pode evidenciar a insuficiência do entendimento da Administração.

A observância do processo é uma decorrência da exigência constitucional da eficiência administrativa. Se, no curso do processo, evidenciar-se a inadequação da solução cogitada pela Administração, será vedada a sua adoção. Nem caberá à Administração invocar a discricionariedade ou ignorar as evidências produzidas pelo processo.

4.3.4   O processo e o controle da atividade administrativa

O processo se constitui em um instrumento de controle da atividade administrativa. A sua função consiste em evitar que a autonomia administrativa propicie decisões arbitrárias ou ineficientes.

4.3.5   A redução da litigiosidade

Outro fim essencial da processualização é a redução da litigiosidade. Por um lado, a participação dos potenciais interessados e a instrução minuciosa propiciam a melhor composição possível para interesses contrapostos, o que reduz os conflitos. Por outro, a atuação ativa dos interessados na produção da decisão tem um efeito de legitimação da atividade administrativa, o que diminui o risco de desafio posterior da validade da decisão adotada.

4.4   Violação ao devido processo e invalidade da atividade administrativa

O processo administrativo configura-se como um procedimento, de observância obrigatória, caracterizado pela ampla defesa, contraditório e imparcialidade na condução e julgamento, visando a esclarecer fatos pertinentes e relevantes e produzir decisão fundamentada sobre controvérsia que afeta interesses de sujeitos diversos. Por decorrência, a violação às garantias inerentes ao devido processo legal acarreta a invalidade da atividade administrativa.

4.4.1   A separação de Poderes e a vedação à invasão de competência

É vedado ao Poder Judiciário assumir o exercício de competências administrativas. Por isso, a eventual infração ao devido processo administrativo não comporta saneamento por meio da atuação jurisdicional. Ou seja, não é facultado à Administração pretender transferir para a sede jurisdicional o desenvolvimento das atividades procedimentais exigidas para a existência e para a validade da decisão administrativa. Também não é compatível com a Constituição que o Poder Judiciário repute válida a decisão administrativa, editada com violação ao devido processo legal, sob o fundamento da "ausência de prejuízo" ao sujeito privado.

4.4.2 Inexistência de presunção de legitimidade

A comprovação da violação ao devido processo legal afasta a presunção de legitimidade do ato administrativo. Comprovada a ausência de observância de garantias de contraditório, ampla defesa, imparcialidade no julgamento, motivação e fundamentação – dentre outras –, deixa de incidir a presunção de legitimidade do ato administrativo. Um ato produzido sem respeito a garantias constitucionais não é protegido pela tutela reconhecida à atividade administrativa.

Por isso, o questionamento à validade e à eficácia de um ato administrativo, quando fundado em violação ao devido processo legal, não comporta afastamento mediante invocação à presunção de legitimidade. Essa presunção somente incide depois do reconhecimento da observância do devido processo administrativo quanto ao aperfeiçoamento do ato administrativo.

4.4.3 A problemática da inversão do ônus da prova

A questão apresenta especial relevância em vista do efeito de inversão do ônus da prova, que caracteriza a presunção de legitimidade do ato administrativo. Como é pacífico e exposto no Capítulo 7, a referida presunção é relativa. Logo, implica a dispensa da produção da prova pela Administração Pública quanto à validade do ato. O sujeito que impugna o ato administrativo tem o ônus de provar a sua invalidade.

Mas não se produz a inversão do ônus da prova relativamente à questão da observância do devido processo legal. Quanto a isso, incumbe à Administração demonstrar que o devido processo foi observado. Assim se passa inclusive pela inviabilidade da prova do chamado "ato negativo".

Por exemplo, suponha-se que o fundamento da pretensão deduzida em juízo seja a ausência de notificação para participar do processo administrativo. É evidente que essa pretensão não comporta afastamento mediante a invocação de uma suposta "presunção" de legitimidade do ato administrativo.

Nem caberia atribuir à parte o ônus de provar a "inexistência" da notificação. Incumbirá à Administração demonstrar que a notificação ocorreu regularmente. Se não se desincumbir dessa prova, configurar-se-á a procedência da pretensão de invalidade.

5   A LEI FEDERAL DE PROCESSO ADMINISTRATIVO (LEI 9.784/1999)

A União editou uma lei de processo administrativo (Lei 9.784/1999)[5] e já dispunha, há muito, de diversos diplomas regulando procedimentos administrativos especiais.[6]

5.1   A competência da União para legislar sobre direito processual

A União detém competência privativa para legislar sobre direito processual (art. 22, I, da CF/1988). A competência para legislar sobre procedimentos é concorrente entre os diversos entes federativos. Nesse caso, cabe à União a edição de normas gerais e aos Estados e ao Distrito Federal a suplementação ou complementação delas (art. 24, XI e § 2.º, da CF/1988).

---

[5]   Encontra-se em trâmite no Congresso Nacional o PL 2.481/2022, que pretende a revisão geral da Lei 9.784/1999 e contempla previsão expressa da sua aplicabilidade a todas as esferas federativas.

[6]   Sobre o tema, confira-se SUNDFELD. As leis do processo administrativo e o desenvolvimento institucional. In: BICALHO; DIAS (coords.). *Contratações públicas*: estudos em homenagem ao Professor Carlos Pinto Coelho Motta, p. 51-71.

5.2 As normas da Lei 9.784/1999 e os demais entes federados

As normas gerais e os princípios fundamentais contemplados na Lei 9.784/1999 são de observância obrigatória para todos os entes federativos.[7]

5.2.1 O argumento da previsão legislativa formal

Não se contraponha que essa lei explicitamente determinou que suas regras seriam aplicáveis apenas aos processos administrativos no âmbito da atividade administrativa da União. A cláusula exige interpretação conforme a Constituição. Não seria constitucional que a União editasse normas gerais aplicáveis apenas à sua própria órbita. Mais precisamente, isso configuraria a restrição da aplicação de garantia constitucional apenas à órbita federal.

5.2.2 A interpretação conforme a Constituição

A tutela constitucional a certos direitos e a atribuição de garantias fundamentais têm natureza autoaplicável. Não se exige nem sequer a regulamentação dos dispositivos constitucionais para o exercício desses direitos e garantias. Esse postulado é expressamente consagrado no art. 5.º, § 1.º, da CF/1988. Essa determinação derivou da experiência de que os entes estatais costumam omitir o exercício de competências legislativas visando a evitar ou a reduzir a eficácia de princípios constitucionais de tutela do cidadão. Ora, uma lei não pode restringir, por via direta, a garantia constitucional. Obviamente, a frustração à eficácia da regra constitucional não poderá ser obtida por via indireta, inclusive pela omissão de produzir a edição de lei reguladora da garantia constitucional.

As normas veiculadas pela Lei 9.784/1999 dão especificidade a garantias inerentes à atividade processual. Não existe fundamento para negar a aplicação da garantia constitucional ao devido processo administrativo relativamente aos Estados, Distrito Federal e Municípios mediante o argumento da ausência de lei local. Tendo a União editado normas gerais, são elas aplicáveis a todas as órbitas federativas. A Lei 9.784/1999 apenas não se aplica ao âmbito dos demais entes federativos relativamente a questões de interesse local, que tenham sido disciplinadas por lei específica.

Em suma, os demais entes federativos têm competência para produzir a edição de lei local, veiculando normas específicas. Mas deverão respeitar as normas gerais federais.

5.3 A jurisprudência do STJ

A orientação anteriormente exposta reflete a jurisprudência do STJ, que contempla inclusive súmula sobre o assunto:

> "A Lei n. 9.784/1999, especialmente no que diz respeito ao prazo decadencial para a revisão de atos administrativos no âmbito da Administração Pública federal, pode ser aplicada, de forma subsidiária, aos estados e municípios, se inexistente norma local e específica que regule a matéria" (Súmula 633).

Há diversos julgados estabelecendo que, se inexistir lei local sobre processo administrativo, a Lei 9.784/1999 será aplicável no âmbito do ente federativo:

---

[7] O Estado de São Paulo foi pioneiro na edição de uma lei de processo administrativo (Lei Estadual 10.177/1998). Mas uma parcela significativa dos entes federativos brasileiros não possui legislação sobre o tema.

"(...) 2. Até que norma local discipline a matéria, as Administrações Públicas dos Estados e Municípios devem observar, nos respectivos procedimentos administrativos, as prescrições da Lei Federal n. 9.784, de 29 de janeiro de 1999 (...)" (RMS 35.033/RS, 1.ª T., rel. Min. Sérgio Kukina, j. 15.10.2015, *DJe* 29.10.2015).

"3. Ademais, ao contrário da tese defendida pelo agravante, a jurisprudência do STJ firmou-se no sentido de que a Lei 9.784/1999 pode ser aplicada de forma subsidiária no âmbito dos demais Estados-Membros e Municípios, se ausente lei própria que regule o processo administrativo local, como ocorre na espécie" (AgRg no AREsp 263.635/RS, 2.ª T., rel. Min. Herman Benjamin, j. 16.05.2013, *DJe* 22.05.2013).

5.4 As leis especiais de processo administrativo

A Lei 9.784/1999 é a lei geral sobre processo administrativo. No âmbito federal, existem diversas leis que estabelecem, de modo mais específico, normas processuais relativamente a determinadas matérias. Por exemplo, a Lei 8.112/1990 disciplina o processo administrativo disciplinar para os servidores da União e das suas autarquias e fundações públicas. Outro exemplo é a Lei 8.443/1992, que contém normas sobre processo administrativo no âmbito do Tribunal de Contas da União.

A disciplina do processo administrativo, no caso concreto, envolverá a conjugação das normas gerais da Lei 9.784/1999 e daquelas contempladas em normas contidas em leis especiais.

5.5 A aplicação supletiva das normas do CPC

O art. 15 do CPC estabelece que, "Na ausência de normas que regulem processos eleitorais, trabalhistas ou administrativos, as disposições deste Código lhes serão aplicadas supletiva e subsidiariamente".

Esse dispositivo é extremamente relevante porque o Código de Processo Civil contempla disciplina muito mais minuciosa e abrangente do que os dispositivos das leis de processo administrativo. As regras do CPC são aplicáveis aos processos administrativos conduzidos no âmbito da Administração Pública sempre que não forem incompatíveis com a natureza administrativa da atividade.

6 O PROCEDIMENTO ADMINISTRATIVO

O procedimento consiste numa sequência predeterminada de atos, cada qual com finalidade específica, mas todos dotados de uma finalidade última comum, em que o exaurimento de cada etapa é pressuposto de validade da instauração da etapa posterior e cujo resultado deve guardar compatibilidade lógica com o conjunto dos atos praticados.

6.1 Os fins visados pela procedimentalização

A procedimentalização destina-se a reduzir a influência da vontade dos diversos agentes sobre a decisão adotada, a ampliar a racionalidade das decisões e a permitir a participação dos diversos interessados na formulação da decisão final.

6.2 O controle do poder

O procedimento tem natureza instrumental. É um meio de evitar o exercício abusivo do poder jurídico. A procedimentalização da atividade estatal produz efeitos equivalentes aos da separação dos Poderes.

Cap. 8 – PROCESSO E PROCEDIMENTO ADMINISTRATIVOS **231**

A procedimentalização reduz a concentração do poder em um único agente e em um único momento. A decisão final será produzida em vista do exaurimento de etapas diversas, envolvendo sujeitos distintos e permitindo que cada instância exercite a fiscalização sobre a regularidade das condutas anteriores.

6.2.1 O fracionamento das competências

A procedimentalização conduz a uma espécie de fracionamento da competência, internamente a cada órgão. Inviabiliza-se o exercício da competência decisória em um momento concentrado e único. O exercício do poder jurídico é diluído no curso de uma série de atos, ordenando-se segundo um postulado de coerência lógica.

6.2.2 A ampliação da participação subjetiva na produção da decisão

A procedimentalização também significa uma partilha qualitativa de poder, no sentido de que acarreta a participação de uma pluralidade de sujeitos para a produção de um ato jurídico. Acentua-se sua proximidade funcional com o instituto da separação de Poderes quando o processo comporta a obrigatoriedade de participação da comunidade e de audiência com o público em geral.

6.3 O aperfeiçoamento técnico da atividade administrativa

A procedimentalização também se destina a aperfeiçoar tecnicamente a atuação estatal. A observância do processo reduz o risco de uma visão limitada e parcial dos fatos. A contraposição de teses, assegurada pelo contraditório inerente ao processo, restringe o risco de escolhas precipitadas e impulsivas.

7 PROCEDIMENTO, DISCRICIONARIEDADE E VINCULAÇÃO

O conteúdo e as finalidades do procedimento serão distintos, conforme se trate de atividade administrativa vinculada ou discricionária.

7.1 Competências administrativas vinculadas

Nas hipóteses de vinculação, o procedimento é orientado a verificar a presença, no caso concreto, dos pressupostos estabelecidos na norma para a adoção ou a não adoção de providências. A ausência da observância do devido procedimento impossibilita a apuração da validade da decisão administrativa, em virtude da ausência de demonstração da existência concreta dos pressupostos exigidos na norma.

7.2 Competências administrativas discricionárias

Quando há discricionariedade, o procedimento é um meio para reduzir a complexidade do mundo real e propiciar a produção da solução mais satisfatória para o caso concreto. O procedimento permite conhecer e comparar as diversas alternativas possíveis e escolher a mais apropriada. Portanto, o descabimento de questionar a decisão resulta não por existir competência discricionária, mas porque o procedimento produziu a decisão mais adequada possível.

A violação ao procedimento acarreta a invalidade da decisão discricionária? A resposta, em princípio, é positiva. A infração ao procedimento cabível inviabiliza invocar vantagens intrínsecas da decisão para justificar sua validade. Sem o desenvolvimento do procedimento, não há fundamento para afirmar objetivamente as pretensas vantagens do ato. A avaliação da vantajosidade do ato se assenta na opinião subjetiva do agente administrativo, o que é descabido numa democracia republicana.

8 PRINCÍPIOS DO PROCEDIMENTO ADMINISTRATIVO

O procedimento é orientado por determinados princípios.[8] Existem os princípios gerais inerentes ao regime de direito administrativo e há outros princípios específicos.

Esse entendimento pode ser assim representado:

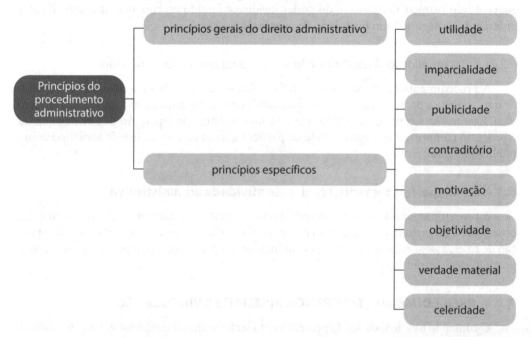

A seguir se encontra uma breve exposição relativamente aos princípios específicos do procedimento administrativo.

9 O PRINCÍPIO DA UTILIDADE (EFETIVIDADE) DO PROCESSO

O princípio da utilidade do processo determina que todas as formalidades e todas as exigências adotadas no seu curso sejam úteis e necessárias ao atingimento da finalidade buscada, a qual consiste na produção da melhor decisão possível.

Todo procedimento apresenta uma dimensão formalista, relacionada com a observância de exigências quanto ao modo de desenvolvimento da atividade administrativa. O princípio da utilidade exige que tais formalidades sejam compatíveis com a finalidade pretendida. O formalismo não consiste em instrumento para impedir o controle da atividade administrativa nem um meio para sacrificar direitos e interesses alheios.

Gordillo identifica a existência do *princípio do informalismo em favor do administrado*. Nesse sentido, afirma que "o procedimento é informal apenas para o administrado: vale dizer,

---

[8] Os princípios do procedimento administrativo são aplicáveis também ao processo administrativo. Mais ainda, a aplicação dos referidos princípios é muito mais exacerbada nas hipóteses em que exista conflito ou em que a futura decisão seja apta a afetar os interesses de terceiros, além daquelas da Administração Pública.

é o administrado unicamente quem pode invocar para si a elasticidade das normas de procedimento, na medida e enquanto elas lhe beneficiem; esse informalismo não pode ser empregado pela administração para deixar de cumprir as prescrições que a ordem jurídica estabelece relativamente a seu modo de atuação, nem para eludir o cumprimento das regras elementares do devido processo".[9]

10   O PRINCÍPIO DA PUBLICIDADE

A democracia republicana impõe a transparência das atividades administrativas. Daí decorre a exigência de publicidade nos procedimentos administrativos. O princípio da publicidade impõe que todos os atos do procedimento sejam levados ao conhecimento público, que a prática de tais atos se faça na presença de qualquer interessado e que o conteúdo do procedimento possa ser conhecido por qualquer um.

A publicidade do procedimento poderá ser restringida nas hipóteses autorizadas na Lei 12.527/2011 (Lei de Acesso à Informação). Também é cabível admitir o sigilo relativamente a terceiros nos casos em que as informações versadas no procedimento possam comprometer direitos fundamentais da parte.

11   O PRINCÍPIO DA IMPARCIALIDADE

O princípio da imparcialidade impõe que a autoridade encarregada de decidir e todos os demais agentes estatais envolvidos no procedimento estejam em condições de formar a sua vontade e de manifestá-la sem preferência ou oposição aos interesses envolvidos. No entanto, a imparcialidade no procedimento administrativo não se confunde com aquela consagrada no processo jurisdicional.

11.1   A posição jurídica do julgador

No processo jurisdicional, instaura-se uma relação jurídica distinta entre as partes e o Estado-Jurisdição. Por decorrência, o juiz não é parte na relação jurídica em que se verifica o litígio. Alude-se à imparcialidade do julgador numa acepção específica: o juiz é imparcial porque não é parte na controvérsia.

Diversamente se passa no processo administrativo. A decisão é produzida no bojo da mesma relação jurídica em que há a controvérsia. Mais ainda, a posição de julgador é atribuída a um agente que integra a mesma estrutura jurídica de uma das partes. A imparcialidade da autoridade administrativa investida da competência para decidir a controvérsia é interpretada em termos distintos daqueles do processo jurisdicional.

11.2   A imparcialidade do juiz administrativo

A imparcialidade do juiz administrativo significa o dever de submissão ao direito, a ausência de posicionamento antecipado quanto à solução a ser adotada, a vedação a preferências em favor da organização administrativa e a atuação segundo o princípio da impessoalidade.

---

[9]   *Tratado de derecho administrativo*, t. II, p. XVII-23, tradução livre.

11.3 A questão do juiz natural

A disputa sobre a distinção entre processos jurisdicionais e administrativos se traduz também na controvérsia sobre o princípio do juiz natural.[10]

11.3.1 O conteúdo do princípio

Esse princípio estabelece que a competência para instaurar, conduzir e decidir o processo é reservada à autoridade que, segundo as regras gerais e abstratas, editadas antes do surgimento do litígio, foi investido da competência para tanto.

O princípio do juiz natural é uma decorrência da existência de uma estrutura organizacional permanente, algo que é inerente ao Poder Judiciário. O Poder Judiciário desempenha a função jurisdicional de modo contínuo e permanente, razão pela qual é integrado por um conjunto de magistrados, cuja competência é fixada de modo abstrato e geral. O princípio do juiz natural significa a vedação à criação de regras de competência e de jurisdição específicas para um caso concreto determinado.

11.3.2 As peculiaridades do direito brasileiro

Essa situação não se passa no tocante à atividade administrativa no Brasil. Mesmo que se imponha à Administração Pública o dever de julgar, isso não conduz (na maioria dos casos) à existência de um corpo permanente de servidores encarregados da função decisória. Como regra, o surgimento de um litígio no âmbito administrativo acarreta a necessidade de constituir um órgão julgador. Então, não cabe aludir à aplicação do princípio do juiz natural no âmbito do processo administrativo.

11.3.3 As ressalvas necessárias

No entanto, há duas ressalvas essenciais a serem feitas. A primeira reside em que será aplicável o princípio do juiz natural sempre que existir uma estrutura estável e permanente, na via administrativa, de servidores encarregados da função julgadora. Se tal se passar, será vedado criar um órgão específico, diferenciado, composto apenas e especificamente para decidir uma certa controvérsia. Um exemplo sobre isso envolve os órgãos encarregados de decidir punições e recursos administrativos relativamente a condutores de veículos automotores, a propósito da infração da legislação de trânsito. Existe, nesse caso, um "juiz" natural.

A segunda ressalva consiste em que a ausência de uma garantia de juiz natural nos processos administrativos não equivale a autorizar o abuso ou a eliminar a garantia da imparcialidade. É evidente que não é constitucional instituir um órgão julgador integrado por sujeitos destituídos de imparcialidade, de modo a restringir a garantia do devido processo administrativo. A ausência de aplicação do princípio do juiz natural não equivale a eliminar a garantia do contraditório, da ampla defesa e da imparcialidade no julgamento.

11.4 A vedação ao subjetivismo

O procedimento administrativo é um instituto jurídico orientado a reduzir o subjetivismo e a irracionalidade na decisão administrativa. É vedado que o procedimento administrativo seja conduzido por um sujeito que tenha formado previamente o seu convencimento sobre a questão, orientando a sua conduta e desenvolvendo a atividade visando à obtenção de um resultado predeterminado.

---

[10] Sobre o tema, cf. DINAMARCO. *Instituições de direito processual civil*, 10. ed., v. 2.

Cap. 8 – PROCESSO E PROCEDIMENTO ADMINISTRATIVOS **235**

11.5 A vedação à atuação em conflito de interesses

A imparcialidade impõe o afastamento de todas as autoridades que se encontrem em situação de conflito de interesses em face do objeto a ser decidido. O conflito de interesses pode configurar-se em termos explícitos, o que se passa quando o resultado do procedimento for apto a afetar de modo necessário uma situação jurídica de que participe a autoridade. Tal configura a hipótese denominada de *impedimento* no âmbito do direito processual. Assim, suponha-se o caso em que a autoridade é proprietária de imóvel que pode ser abrangido em processo de desapropriação por utilidade pública. Existirá impedimento a que essa autoridade conduza o procedimento administrativo relativo à expropriação.

Mas o princípio da imparcialidade também alcança os casos em que o conflito de interesses decorre das circunstâncias do caso concreto. São aqueles casos em que o procedimento envolve sentimentos, propostas ou outros posicionamentos subjetivos da autoridade administrativa. É evidente que todo e qualquer indivíduo professa certas convicções e que tal não configura qualquer ilicitude. Mas isso não autoriza que a autoridade administrativa ignore a sua condição de "servidor da comunidade" e pretenda impor a outrem uma convicção puramente pessoal, destituída de fundamento objetivo. No plano do processo jurisdicional, alude-se à figura da *suspeição*.

Os arts. 18 a 21 da Lei 9.784/1999 expressamente dispõem sobre os casos de impedimento no tocante ao processo administrativo. A Lei de Processo Administrativo configura como impedimento também as hipóteses qualificadas como suspeição no processo jurisdicional. O inc. I do art. 18 do referido diploma alude, de modo amplo, à hipótese em que a autoridade tiver interesse direto ou indireto na questão. Essa fórmula verbal compreende todas as situações em que as circunstâncias do caso concreto reduzirem a autonomia do sujeito para decidir com imparcialidade.

12 O PRINCÍPIO DO CONTRADITÓRIO

O princípio do contraditório significa que todos os atos do procedimento devem ser estruturados e implementados de modo a assegurar a participação de todos os interessados, com oportunidade de manifestação.

Esse princípio é aplicável não apenas quando a decisão envolver o risco de sacrifício de interesses distintos e contrapostos. As versões acerca de fatos e teses jurídicas, produzidas por um dos interessados, deverão sujeitar-se à manifestação dos demais.

Cabe reproduzir o pensamento de um especialista:

"O princípio do contraditório pode ser decomposto em duas garantias: participação (audiência, comunicação, ciência) e possibilidade de influência na decisão.

A garantia da participação é a dimensão formal do princípio do contraditório. Trata-se da garantia de ser ouvido, de participar do processo, de ser comunicado, poder falar no processo. Esse é o conteúdo mínimo do princípio do contraditório e concretiza a visão tradicional a respeito do tema. De acordo com esse pensamento, o órgão jurisdicional dá cumprimento à garantia do contraditório simplesmente ao dar ensejo à ouvida da parte.

Há, porém, ainda, a dimensão substancial do princípio do contraditório. Trata-se do 'poder de influência'. Não adianta permitir que a parte simplesmente participe do processo. Apenas isso não é o suficiente para que se efetive o princípio do contraditório. É necessário que se permita que ela seja ouvida, é claro, mas em condições de poder influenciar a decisão do órgão jurisdicional.

Se não for conferida a possibilidade de a parte influenciar a decisão do órgão jurisdicional – e isso é o poder de influência, de interferir com argumentos, ideias, alegando fatos, a garantia do contraditório estará ferida. É fundamental perceber isso: o contraditório não se efetiva apenas com a ouvida da parte; exige-se a participação com a possibilidade, conferida à parte, de influenciar no conteúdo da decisão".[11]

13 O PRINCÍPIO DA MOTIVAÇÃO

O princípio da motivação acarreta o dever de a autoridade julgadora expor, de modo explícito, os fundamentos de fato e de direito em que se alicerça a sua decisão.

13.1 Titularidade da competência e dever de motivar

Todo procedimento será concluído por uma decisão, que retrata o exercício de uma competência própria da autoridade administrativa. A titularidade da competência para decidir não autoriza, no entanto, proferir decisões imotivadas. É nula a decisão fundada simplesmente no argumento da titularidade da competência. É juridicamente inválida a decisão aos moldes de "cabe a mim decidir, portanto eu decido a favor de (...)". Toda e qualquer decisão administrativa deve ser acompanhada da exposição dos motivos que a justifiquem, evidenciados de modo satisfatório.

13.2 A consagração formal do dever de motivar

O princípio da motivação encontra-se formalmente consagrado na Lei de Introdução às Normas do Direito Brasileiro – LINDB (Dec.-lei 4.657/1942). O art. 20 (*caput* e parágrafo único) do diploma estabelece:

"Nas esferas administrativa, controladora e judicial, não se decidirá com base em valores jurídicos abstratos sem que sejam consideradas as consequências práticas da decisão.
Parágrafo único. A motivação demonstrará a necessidade e a adequação da medida imposta ou da invalidação de ato, contrato, ajuste, processo ou norma administrativa, inclusive em face das possíveis alternativas".

O art. 489, § 1.º, do CPC determina que:

"Não se considera fundamentada qualquer decisão judicial, seja ela interlocutória, sentença ou acórdão, que:
I – se limitar à indicação, à reprodução ou à paráfrase de ato normativo, sem explicar sua relação com a causa ou a questão decidida;
II – empregar conceitos jurídicos indeterminados, sem explicar o motivo concreto de sua incidência no caso;
III – invocar motivos que se prestariam a justificar qualquer outra decisão;
IV – não enfrentar todos os argumentos deduzidos no processo capazes de, em tese, infirmar a conclusão adotada pelo julgador;
V – se limitar a invocar precedente ou enunciado de súmula, sem identificar seus fundamentos determinantes nem demonstrar que o caso sob julgamento se ajusta àqueles fundamentos;

---

[11] DIDIER. *Curso de direito processual civil*, v. 1, 25. ed., p. 120-122.

VI – deixar de seguir enunciado de súmula, jurisprudência ou precedente invocado pela parte, sem demonstrar a existência de distinção no caso em julgamento ou a superação do entendimento".

14 O PRINCÍPIO DA OBJETIVIDADE

O princípio da objetividade significa a vedação a decisões fundadas em razões subjetivas, sejam aquelas que reflitam concepções pessoais da autoridade competente, sejam as adotadas em virtude de características pessoais impertinentes dos sujeitos envolvidos. A objetividade determina que o procedimento seja modelado em função da situação objetiva existente e que o ato decisório reflita o que foi apurado ao longo desse procedimento.

Isso não exclui a influência de características subjetivas individuais na produção da decisão. É evidente que a definição do cardápio de merenda escolar deve tomar em vista as preferências alimentares regionais. A objetividade impõe que as características subjetivas sejam tomadas em vista apenas quando compatíveis com a natureza democrática da ordem republicana. Veda-se considerar uma circunstância subjetiva irrelevante para a realização dos interesses comuns e para a promoção dos direitos fundamentais dos sujeitos envolvidos.

Sob um certo aspecto, a objetividade é um complemento necessário da imparcialidade.

15 O PRINCÍPIO DA VERDADE MATERIAL

Como regra, o procedimento administrativo é orientado à descoberta da verdade material.[12]

15.1 A distinção entre verdade material e verdade formal

A distinção entre verdade material e verdade formal deve ser bem entendida, para evitar resultados absurdos. Utiliza-se a expressão *verdade formal* para indicar que um procedimento tem a finalidade de reconstruir os fatos relevantes atinentes a uma questão. Já a verdade material indica a necessidade de que o procedimento traduza, de modo efetivo e inafastável, a verdade sobre os fatos objetos da controvérsia.

15.2 A questão dos direitos e interesses indisponíveis

A distinção apresenta relação direta com a natureza disponível ou não dos direitos e interesses em consideração. Sempre que os interesses e direitos examinados apresentarem natureza disponível, caberá a seus titulares promover todas as medidas necessárias à sua defesa. Então, o resultado obtido no processo será qualificado como uma *verdade formal*. Haverá limites à atuação do julgador para interferir sobre a produção da prova – já que caberá precipuamente à parte adotar as providências necessárias à defesa dos interesses próprios.

A existência de interesses e direitos indisponíveis afasta a aplicação desse entendimento. A descoberta da verdade deixa de ser uma questão relacionada ao interesse da parte, eis que a própria função do julgador compreende promover a reconstrução dos fatos.

15.3 A vedação à distorção comprovada da realidade

No entanto, a distinção nunca poderia resultar na concepção de que a ausência de busca da verdade material autorizaria o reconhecimento de versões falsas ou a consagração da mentira.

---

[12] Sobre verdade material, cf. MEDAUAR. *A processualidade no direito administrativo*, 2. ed., p. 131; e FERRAZ; DALLARI. *Processo administrativo*, 4. ed., p. 171-172.

238 CURSO DE DIREITO ADMINISTRATIVO · Marçal Justen Filho

É essencial destacar que o procedimento administrativo é orientado à busca da verdade material. Isso significa que a autoridade administrativa dispõe de poderes para promover diligências e adotar medidas orientadas a revelar a verdade sobre os fatos controvertidos. Não lhe cabe uma função passiva no tocante à produção de provas ou realização de diligências.

16 O PRINCÍPIO DA CELERIDADE

O princípio da celeridade impõe o dever de promover o procedimento e atingir a sua conclusão no menor espaço de tempo possível.

16.1 A configuração de direito fundamental

A EC 45/2004 incluiu o inc. LXXVIII[13] no art. 5.º da CF/1988.[14] Em vista da eficácia autônoma e da aplicabilidade imediata das garantias constitucionais, a previsão não configura mera figura retórica, destituída de efeitos jurídicos.

O direito fundamental à celeridade do processo aplica-se expressamente aos processos administrativos.

16.2 A demora injustificada e a decisão implícita

A demora injustificada equivale à recusa de decidir – o que, em última análise, configura uma espécie de decisão. Não decidir equivale a assegurar a manutenção de um estado de coisas. Muitas vezes, a ausência de decisão é o modo pelo qual a autoridade administrativa frustra o seu dever de adotar uma posição definida e precisa para reprimir ilicitudes e infrações à ordem jurídica.

16.3 A delonga necessária ao desenvolvimento do processo

Não haverá infração à disciplina constitucional quando a Administração comprovar que a delonga deriva da complexidade da apuração dos fatos ou da ausência de condições materiais para promover os atos processuais pertinentes. Nos demais casos, haverá infração a direito constitucionalmente tutelado.

Portanto, o "engavetamento" do processo administrativo – instrumento largamente utilizado na prática para evitar a necessidade de decidir de modo contrário aos interesses da Administração ou do agente administrativo – é uma infração à Constituição.

16.4 A reprovação à variação do ritmo do procedimento

Nesse ponto, é relevante destacar a reprovação jurídica a praxes administrativas viciadas. É comum que a Administração imprima ritmos diversos aos processos administrativos, conforme verifique que o resultado poderá beneficiar ou não o particular. Assim, um processo administrativo punitivo, envolvendo um desafeto, é conduzido com extrema rapidez e decidido em poucas semanas. Já os pleitos do particular, que possam redundar em reconhecimento de algum direito contra a Administração, arrastam-se por anos, sem qualquer perspectiva de solução.

A adoção de ritmos distintos para processos administrativos é uma infração a diversos princípios constitucionais (isonomia, moralidade etc.). Mas também é uma manifestação de

---

[13] Determinando que "a todos, no âmbito judicial e administrativo, são assegurados a razoável duração do processo e os meios que garantam a celeridade de sua tramitação".

[14] Anote-se que Emerson Gabardo, de há muito, já cogitava da eficiência como um ângulo essencial da garantia do devido procedimento (*Princípio constitucional da eficiência administrativa*, p. 116 *et seq.*). A morosidade é incompatível com a eficiência.

ofensa ao princípio da celeridade. Ou seja, se a Administração dispõe de condições para imprimir rapidez aos processos administrativos, deverá adotar idêntica prática para todos eles. Qualquer argumento para justificar a lentidão de um processo administrativo versando sobre pleito favorável ao particular esvai-se quando se comprova que, concomitantemente, outros processos administrativos recebem tratamento distinto.

16.5   O impulso oficial

A celeridade compreende inclusive a previsão do impulso oficial ao processo. A evolução dos atos processuais não depende da provocação dos interessados. Mesmo na omissão deles, existe o dever de a Administração adotar as providências necessárias a conduzir o procedimento à sua conclusão.

17   AS ETAPAS DO PROCEDIMENTO

O conteúdo do procedimento dependerá da natureza, da complexidade e das características da situação a ser decidida, o que compreende inclusive considerar as peculiaridades dos interesses afetados e as variações tecnológicas aplicáveis.

De qualquer modo, é possível afirmar que todo procedimento contempla ao menos três etapas, que são a instauração, a instrução e o julgamento.

17.1   A etapa de instauração

Há uma primeira etapa de instauração do procedimento que envolve a divulgação aos interessados da perspectiva de produção de uma decisão administrativa sobre determinado tema e que abrange o direito de manifestação dos possíveis interessados.

17.2   A etapa instrutória

A isso segue uma etapa instrutória, orientada a coletar informações necessárias à avaliação dos eventos e a produzir as provas relevantes e pertinentes.

17.3   A etapa decisória

E, por fim, há uma etapa decisória, em que a Administração analisa todas as manifestações e produz uma escolha entre os diversos interesses e alternativas, determinando a solução para o caso concreto. É possível abranger, nessa etapa decisória, também a fase recursal.

18   AS TRÊS MODALIDADES PROCEDIMENTAIS BÁSICAS

Embora exista um grande número de procedimentos, disciplinados por leis distintas, é possível considerar que todas as hipóteses podem ser classificadas em três modalidades básicas, conforme a finalidade buscada.

As três espécies de procedimentos administrativos relacionam-se com:

(a)   a produção de um ato administrativo normativo (regulamento); ou

(b)   a produção de um ato administrativo não regulamentar, não destinado à composição de um litígio; ou

(c)   a produção de um ato administrativo não regulamentar, destinado à composição de um litígio.

No entanto, um procedimento pode iniciar com uma configuração e, no seu curso, adquirir outro contorno. Assim, a produção de um ato administrativo não regulamentar pode iniciar sem um litígio, mas é possível que algum conflito se instaure posteriormente. Isso conduzirá à necessidade de alterar o procedimento originalmente adotado.

É necessário um exame mais aprofundado dessas três modalidades básicas de procedimentos, considerando os princípios e regras mínimos a serem observados em cada qual.

19   O PROCEDIMENTO PARA PRODUÇÃO DE ATOS ADMINISTRATIVOS REGULAMENTARES

A produção de normas abstratas pela Administração pressupõe a atribuição de margem mínima de competência discricionária por parte de uma lei, tal como antes exposto.[15] A natureza da questão regulamentada e as peculiaridades da situação deverão orientar o procedimento específico a ser adotado pela Administração Pública.

19.1   As implicações constitucionais

A obrigatoriedade da observância de um procedimento para a edição de um regulamento decorre do dever de a Administração editar as melhores soluções possíveis (princípio da República) e da obrigatoriedade de respeitar os interesses de todos os segmentos da sociedade (Estado Democrático de Direito). A questão pode ser aprofundada.

Anote-se que, no tocante às normas gerais editadas por agências reguladoras, é usual a lei específica disciplinar o procedimento a ser observado – tema examinado no Capítulo 14. Essa solução normativa decorre de exigência constitucional quanto à edição de normas jurídicas de cunho abstrato e geral. Pelos mesmos fundamentos, deve-se reputar como obrigatória a adoção de um procedimento diferenciado para a produção de normas regulamentares no âmbito da Administração Pública direta e autárquica.

19.2   Fase interna inicial

O procedimento para a produção de uma norma administrativa regulamentar inicia-se por uma atividade interna da Administração Pública. Destina-se a identificar as necessidades e a determinar as possíveis soluções.

A Administração deverá sistematizar todos os elementos fáticos e jurídicos pertinentes à matéria a ser regulamentada. Isso significa determinar o âmbito de abrangência das normas que serão editadas, os problemas a enfrentar, as dificuldades técnico-científicas, as exigências sociais e os recursos econômicos necessários à implementação da solução.

19.2.1   A relevância da fase instrutória

A atividade de instrução é indispensável à validade de uma decisão, inclusive no exercício de competência regulamentar.

Isso significa a possibilidade de questionamento da validade de uma decisão sob fundamento de que a Administração não adotou as providências necessárias à perfeita avaliação da melhor solução regulatória? A resposta é positiva.

---

[15]   Até se admite a possibilidade de edição de regulamentos em casos de regulação legislativa exaustiva e estritamente vinculada. Mas o regulamento, num caso desses, seria destituído de qualquer utilidade. Seria inválido em tudo o que inovasse em relação à lei.

19.3 A consulta ao público

A natureza democrática da atividade administrativa impõe que, antes de desencadear outras iniciativas, a Administração Pública promova consulta ao público. Como afirma Wallace Paiva Martins Júnior, "a participação é ideia-mestra da contemporânea noção de cidadania".[16] Dever-se-á levar em consideração não apenas o público em geral, mas também as organizações específicas da sociedade civil que possam apresentar interesse acerca do tema, assim como divulgar a instauração de procedimento administrativo destinado a editar normas regulamentares atinentes a temas determinados. Poder-se-á fixar prazo para manifestação dos interessados.

A ausência de consulta ao público não importa necessariamente a invalidade do regulamento, mas demonstra o cunho pouco democrático da atuação administrativa. Não há razão para deixar de propiciar que os sujeitos interessados se manifestem.

Quando for adotada uma etapa de consulta ao público, será indispensável avaliar os resultados obtidos. Essa discussão democrática será instrumento para a produção de normas regulamentares mais efetivas, evitando-se muitos conflitos *a posteriori* quanto à interpretação, alcance e eventuais inconsistências no seu texto.

19.4 A realização de audiência pública

A Lei 13.655/2018, que alterou a LINDB (Dec.-lei 4.657/1942), estabeleceu determinação geral no sentido da realização de audiência públicas.

O art. 29 passou a prever que "Em qualquer órgão ou Poder, a edição de atos normativos por autoridade administrativa, salvo os de mera organização interna, poderá ser precedida de consulta pública para manifestação de interessados, preferencialmente por meio eletrônico, a qual será considerada na decisão".

19.4.1 A autonomia regulatória: competência discricionária

Se a Administração dispõe de competência para escolher a melhor solução segundo um juízo de conveniência e oportunidade, não poderá qualificar sua decisão concreta como a melhor se não tiver adotado as providências necessárias a avaliar outras possíveis alternativas.

É essencial reconhecer que competência para emitir decisão discricionária não equivale à competência para produzir uma decisão qualquer, uma decisão arbitrária, adotada ao sabor da conveniência "pessoal" do agente. Assim, é cabível o controle sobre o modo de produção da decisão adotada no exercício de competência discricionária, pois igualmente sujeita aos princípios regentes da Administração Pública.

19.4.2 Os interesses de terceiros

Sempre que a decisão for apta a afetar interesses privados específicos ou em que houver intervenção de terceiros, deverá dar-se a todos a oportunidade não apenas de manifestação, mas também de produção de provas. Será relevante ouvir especialistas, realizar exames de campo, produzir perícias técnicas. Certamente, essa cautela se traduzirá na produção de decisões muito mais bem fundamentadas e reduzirá o risco de exercício desastrado das competências públicas.

---

[16] MARTINS JÚNIOR. *Transparência administrativa*: publicidade, motivação e participação popular, 2. ed., p. 328.

19.5 Etapa interna decisória

A seguir, a Administração Pública deverá produzir o documento final, adotando formalmente um regulamento contendo normas gerais e abstratas sobre a matéria. Não é necessário que as soluções consagradas no texto reflitam a opinião unânime do público. Nem sequer se impõe que haja adoção do entendimento da maioria.

A competência regulamentar compreende o poder-dever de promover o Estudo de Impacto Econômico. A figura é objeto de análise no Capítulo 14, que trata da regulação.

19.6 Publicação do ato regulamentar

Uma vez produzido o ato normativo, deverá ser-lhe dada a mais ampla divulgação, segundo as regras pertinentes.

19.7 Pedido de reconsideração ou impugnação

Como regra, a produção de normas regulamentares não comporta recurso. Mas nada impede que qualquer interessado formule pleito perante a Administração, apontando defeitos ou invalidades no tocante à regulamentação adotada. A Administração Pública não poderá recusar apreciação ao pleito por meio da pura e simples invocação de intempestividade ou descabimento de impugnação. Se os argumentos trazidos com o pedido de reconsideração forem procedentes, haverá o dever de seu acolhimento.

19.8 A modificação de regulamentação anterior

A qualquer momento, a Administração Pública poderá diagnosticar a inconveniência da manutenção de regulamentação anteriormente editada. Em princípio, caberá a ab-rogação ou a derrogação das regras, inclusive com a produção de imediata suspensão da sua vigência. A produção de novas regras deverá obedecer ao mesmo procedimento antes referido.

19.9 A vedação à aplicação retroativa da regulamentação posterior

Lembre-se, no entanto, que a modificação da regulamentação administrativa obedece ao princípio constitucional da irretroatividade (art. 5.º, XXXVI, da CF/1988). O novo regulamento deve respeitar o direito adquirido, o ato jurídico perfeito e a coisa julgada aperfeiçoados sob a vigência do regulamento anterior.

Essa determinação foi contemplada no art. 2.º, parágrafo único, XIII, da Lei 9.784/1999, assim redigido:

"Nos processos administrativos serão observados, entre outros, os critérios de:
(...)
XIII – interpretação da norma administrativa da forma que melhor garanta o atendimento do fim público a que se dirige, vedada aplicação retroativa de nova interpretação".

A Lei 13.655/2018 adotou determinação ainda mais explícita sobre o tema. A redação da LINDB passou a ser a seguinte:

"Art. 24. A revisão, nas esferas administrativa, controladora ou judicial, quanto à validade de ato, contrato, ajuste, processo ou norma administrativa cuja produção já se houver completado levará em conta as orientações gerais da época, sendo vedado que, com base em mudança posterior de orientação geral, se declarem inválidas situações plenamente constituídas.

Parágrafo único. Consideram-se orientações gerais as interpretações e especificações contidas em atos públicos de caráter geral ou em jurisprudência judicial ou administrativa majoritária, e ainda as adotadas por prática administrativa reiterada e de amplo conhecimento público".

As regras contempladas em norma posterior ou que contemplem alteração da interpretação de disposições pretéritas não comportam aplicação retroativa.

20   O PROCEDIMENTO PARA PRODUÇÃO DE DECISÃO ADMINISTRATIVA NÃO LITIGIOSA

Outra categoria de procedimento se relaciona à produção de decisão administrativa orientada à satisfação de uma necessidade estatal ou privada. Não envolve a produção de normas gerais e abstratas nem a composição de um litígio. Assim se passa, por exemplo, nos casos de seleção da proposta mais vantajosa de contratação, da avaliação de pedido de fornecimento de alvará de construção e de seleção de candidatos a concursos públicos.

20.1   Adaptação do procedimento em vista da complexidade

A complexidade do procedimento variará de acordo com os efeitos da decisão a ser proferida. Quanto mais relevantes forem os efeitos da decisão, maiores serão as cautelas e providências necessárias à condução do procedimento.

20.2   Instauração do procedimento

A instauração do procedimento depende da titularidade do interesse a ser afetado pela decisão. Há casos em que a Administração decide sobre interesses coletivos ou difusos e há aqueles em que se trata de interesse privado. A distinção produz efeitos relevantes, para fins procedimentais. Num caso, o particular é titular da faculdade para desencadear a atividade administrativa. No outro, a Administração é titular do dever-poder de dar prosseguimento à atividade. Em ambos os casos, haverá a necessidade de procedimento, mas as regras sobre sua instauração serão distintas.

20.2.1   Instauração do procedimento versando sobre interesse privado

Nos casos em que a produção da decisão depende de provocação de um terceiro, é evidente que a Administração não disporá de competência para instaurar procedimento algum. O particular escolherá a oportunidade para pleitear à Administração que exercite a sua competência decisória. Essa iniciativa do particular será uma manifestação da titularidade do interesse ou de um direito privado.

20.2.2   Instauração do procedimento em caso de interesses transindividuais

Quando a decisão envolver preponderantemente interesses coletivos ou difusos, transindividuais, ainda que possa afetar indiretamente interesses privados específicos, caberá à Administração deliberar sobre a instauração do procedimento sem depender da provocação de um terceiro.

A relevância dos interesses supraindividuais em jogo ou dos potenciais efeitos sobre os interesses privados determina a complexidade do procedimento a ser adotado, segundo o princípio da proporcionalidade.

20.3 Formalidades complementares à instauração do procedimento

Uma vez instaurado um procedimento, a Administração deverá adotar as providências complementares impostas pelo princípio da proporcionalidade.

Assim, se houver potencialidade de interesses de terceiros serem afetados, caberá divulgar a existência do procedimento e as perspectivas de decisão. Deverá ser facultada a intervenção de qualquer potencial interessado para defesa de seu ponto de vista.

20.4 A fase de instrução

Uma vez promovida a instauração do procedimento e executadas as formalidades complementares, deverá produzir-se a colheita de informações e a oportunidade de manifestação de potenciais interessados.

20.4.1 Aplicação das soluções genéricas

Aplicam-se aqui as considerações realizadas anteriormente. Em essência, a disciplina discricionária é outorgada para a produção da decisão mais satisfatória e compatível com as necessidades confiadas ao Estado. Isso significa a invalidade de decisões desacompanhadas de avaliação minuciosa sobre os fatos e não fundadas no conhecimento técnico-científico disponível. Se houver margem de escolha a ser realizada, de cunho discricionário, tal escolha deverá ser exercitada do modo mais bem informado e racional possível.

20.5 Fase de decisão

Esgotada a produção de provas, a Administração deverá decidir. Essa decisão refletirá a natureza da competência outorgada e o modelo normativo adotado. É fundamental destacar que a autonomia prevista na norma não se traduz, necessariamente, em margem ampla de liberdade no caso concreto. As informações disponíveis poderão conduzir a Administração a constatar que inúmeras alternativas, teoricamente imagináveis, são concretamente inviáveis ou absolutamente lesivas ao patrimônio público ou privado – o que ensejará a sua rejeição.

20.5.1 A observância da proporcionalidade

A decisão deverá ser orientada pelo princípio da proporcionalidade, o que envolve a necessidade de uma avaliação de custos e benefícios. Será inválida a decisão administrativa destituída dessa ponderação, mesmo que produzida no exercício de competência discricionária.

20.5.2 A exigência de motivação (fundamentação)

Mais ainda, a decisão deverá ser motivada, com indicação exata e precisa das razões que a motivaram. Essa motivação deverá ser completa, apontando as diversas variáveis e possibilidades. Não será válida decisão sumária a ponto de omitir as razões que fundamentam a conclusão atingida.

20.5.3 A vedação à invocação de valores abstratos

Assim, é nula a motivação de decisão fundada apenas em "razão de interesse público". Não se compadece com a ordem jurídica a simples afirmativa de que certa situação atende ou não ao interesse público. Em primeiro lugar, o vício deriva de ser o "interesse público" uma expressão indeterminada, incapaz de indicar, no caso concreto, os benefícios e desvantagens que uma solução trará para o Estado e para a comunidade. Depois, porque a avaliação quanto ao interesse público é sempre complexa e envolve uma pluralidade de potenciais interesses, que podem estar em contraposição. Essa complexidade deverá ser exposta e avaliada. Sobre o tema, consulte-se o Capítulo 3.

21 O PROCEDIMENTO DO PROCESSO ADMINISTRATIVO

O procedimento em situações de conflito efetivo ou potencial, em que a decisão administrativa afetará direitos e interesses individuais contrapostos, deve observar exigências muito mais severas do que as expostas anteriormente.

21.1 A instauração do processo administrativo

A instauração do processo administrativo litigioso poderá fazer-se de ofício ou por provocação de algum interessado.

21.1.1 Instauração do processo administrativo de ofício

A Administração Pública tem o dever de instaurar o processo administrativo sempre que tomar conhecimento de algum evento que possa produzir lesão a interesse por ela titularizado ou gerido ou ainda especificado por lei como apto a acarretar a instauração de processo.

"Desde que devidamente motivada e com amparo em investigação ou sindicância, é permitida a instauração de processo administrativo disciplinar com base em denúncia anônima, em face do poder-dever de autotutela imposto à Administração" (Súmula 611 do STJ).

21.1.2 Instauração por provocação de interessado

Quanto à provocação de particular, existem as duas situações. Há os casos em que a instauração deve dar-se de ofício, porque estão envolvidos interesses de titularidade do Estado ou de cunho coletivo ou difuso. Nessa hipótese, o pleito do particular para instauração do processo produz o efeito de formal comunicação ao Estado para que exercite sua competência própria. Outra é a situação em que a iniciativa de instauração é privativa e própria do particular, eis que a questão envolve um direito disponível de sua titularidade exclusiva.

21.2 Procedimento prévio à instauração do processo litigioso

Em alguns casos, exige-se um procedimento prévio de apuração sumária das questões, visando a propiciar um juízo mais apropriado sobre o cabimento ou não da instauração do processo. Esse procedimento prévio, de natureza simplificada (denominado, muitas vezes, *sindicância*[17]), não se destina, obviamente, a produzir uma avaliação sobre os fatos contro-

---

[17] Essa figura, destinada a subsidiar a decisão de instauração do processo, não se confunde com a sindicância que se orienta ao sancionamento de servidor, e que por isso deve ser norteada pelas garantias do contraditório e da ampla defesa. Sobre o tema, confira-se o Capítulo 16.

246 CURSO DE DIREITO ADMINISTRATIVO · *Marçal Justen Filho*

vertidos, mas a apurar a existência de indícios preliminares que demandem a instauração do processo. Lembre-se que esse procedimento prévio não envolve a produção de provas para fins de julgamento da controvérsia, motivo pelo qual não será subordinado ao princípio do contraditório e da ampla defesa.

21.3   Decisão sobre a instauração do processo litigioso

Cabe à lei ou a ato administrativo disciplinar a competência para decidir acerca da instauração do processo administrativo. Poderá haver uma espécie de dissociação de competências funcionais internas. Será perfeitamente adequado determinar que certos órgãos serão encarregados de investigar a ocorrência dos eventos e formalizar o entendimento acerca do cabimento ou não da instauração do processo para subsidiar a decisão de outra autoridade, a quem incumbiria, exclusivamente, decidir sobre a instauração propriamente dita.

Essa dissociação se revela recomendável para atenuar o risco de que a competência para realizar a investigação prévia afete a imparcialidade no exame dos pressupostos necessários à instauração do processo. É usual que o desenvolvimento da investigação produza o surgimento de sentimentos inconscientes acerca da condenação ou absolvição, o que se traduz em redução da objetividade da avaliação do caso concreto. Daí ser recomendável distinguir a competência para investigação prévia da competência para decidir sobre a instauração efetiva do processo administrativo.

21.4   Decisão preliminar motivada

A decisão acerca da instauração ou não do processo administrativo deverá sempre ser motivada, examinando (mesmo que sumariamente) todas as circunstâncias pertinentes e relevantes.

Neste ponto, é necessário distinguir a decisão que rejeita daquela que determina a instauração do processo administrativo.

21.4.1   A denegação da instauração do processo administrativo

A decisão denegatória da instauração do processo tem cunho de definitividade. Ainda que se possa cogitar da reabertura da mesma discussão, o arquivamento do pleito de instauração do processo equivale à negação de aprofundamento sobre os fatos. Já a decisão que determina a instauração do processo administrativo não pode apresentar qualquer cunho de aprofundamento sobre a disputa, inclusive para evitar que o desencadeamento do processo corresponda à condenação antecipada de uma das partes.

Isso significa que a decisão de arquivamento do processo exige fundamentação muito mais aprofundada e ampla. Deverão ser examinadas as provas e os fatos invocados, apontando-se a ausência de dúvidas acerca da inexistência de evento apto a autorizar o início do processo. A decisão de arquivamento deve refletir a pacífica e incontroversa ausência dos pressupostos para instauração do processo. Se houver dúvidas, a solução adequada é superá-las por meio do desenvolvimento do processo administrativo.

Como regra, deverá ser assegurada oportunidade à parte adversa para apresentação de uma espécie de *defesa prévia*, antes de se proferir a decisão de instauração do processo. Essa manifestação não consistirá propriamente na resposta do interessado, mas numa avaliação a respeito da presença dos pressupostos de instauração do processo.

Quando for evidente a ausência dos requisitos para instauração do processo, a decisão do seu arquivamento pode dispensar a audiência da parte adversa. Isso se passará quando o evento descrito não corresponder, nem mesmo em tese, a alguma situação prevista normativamente

Cap. 8 – PROCESSO E PROCEDIMENTO ADMINISTRATIVOS **247**

como apta a desencadear um processo, quando envolver providências descabidas ou for formulada por parte ilegítima (nas hipóteses em que isso for relevante). Também assim se dará se tiver sido omitido documento essencial ou indispensável, quando tal for exigido.

21.4.2 A decisão de instauração do processo administrativo

A decisão de instaurar o processo deve refletir apenas e tão somente a consideração sobre a *possibilidade* de decisão favorável a uma das partes, no sentido de que o exame preliminar evidencia a certeza de um litígio e a convicção acerca da necessidade de intervenção estatal.

Nenhuma manifestação poderá ser formulada sobre o conteúdo da decisão futura, a não ser para delimitar a norma concreta que poderá vir a ser editada. A decisão somente poderá ser acompanhada de alguma estimativa acerca da razão das partes em casos excepcionais, quando se impuser providência acautelatória.

A decisão de instauração ou de arquivamento do processo administrativo deve aproveitar a larga experiência obtida no campo específico de processos administrativos punitivos e de processos jurisdicionais penais e civis.

21.5 Convocação das partes interessadas para participar do processo

Uma vez instaurado o processo administrativo, deverá determinar-se a audiência da parte adversa e de todos os potenciais interessados.

21.5.1 A notificação

A forma de realização da notificação dos interessados dependerá das circunstâncias. Como regra, aplica-se o princípio da ciência efetiva e real da pessoa física interessada ou da que dispuser de poderes para representar a pessoa jurídica interessada.

Poderão ser utilizados os meios admitidos processualmente, tais como a comunicação pessoal por meio de servidor. Mas também se permitirá a utilização de correio ou publicação pela imprensa, por exemplo. As notificações por meio de fax, telefone, correio eletrônico e similares podem ser produzidas, mas sem que delas se possa extrair algum efeito preciso. Poderão ser consideradas como válidas na medida em que, por outra via, for possível comprovar terem atingido seu objetivo.

21.5.2 O prazo para defesa

A notificação deverá indicar explicitamente o prazo concedido para a defesa. Esse prazo deverá estar previsto em lei ou regulamento que disciplinar o processo administrativo. Não se admite a fixação de prazos para o caso concreto, dependentes da avaliação puramente subjetiva da Administração.

Lembre-se que a notificação é um ato formal, no sentido de que deve dar perfeita e inequívoca ciência ao interessado sobre a decisão de instaurar o processo (inclusive no tocante ao conteúdo integral dessa decisão) e o prazo para defesa. Não se admite como válida uma notificação imprecisa ou incerta, que não permita ao interessado tomar conhecimento do que se passa ou de que a ele se faculta determinada providência.

Em certas hipóteses, poderá determinar-se a vedação à carga dos autos, especialmente quando haja uma pluralidade de potenciais interessados em obter acesso a eles. Nesse caso, deverá assegurar-se ao interessado a possibilidade de obter fotocópia (integral ou parcial) dos autos.

21.6   Ampla defesa como garantia efetiva

O processo administrativo apenas será apto a produzir todas as suas decorrências e garantir a existência de um Estado Democrático se assegurar a participação dos interessados na solução do litígio. Nesse ponto, avulta de importância o princípio da ampla defesa.

Pouca utilidade teria um procedimento em que não fosse prevista a livre manifestação de todos os interessados, com direito à participação ativa e vedação à atuação unilateral de uma das partes. Enfim, o procedimento não consiste na observância formalística de um ritual. Não se compadece com o Estado Democrático a instituição de procedimento com perfil arbitrário ou prepotente.

Também haveria frustração do princípio da ampla defesa se a audiência do particular fosse posterior à prática do ato estatal. Não existe ampla defesa quando apenas se assegura a garantia do recurso, sem oportunidade para manifestação prévia. Ou seja, a participação do interessado tem de ser efetiva e real. Isso não se passa quando a Administração já formulou antecipadamente suas decisões e se restringe a conceder ao particular a oportunidade de manifestar-se para manter uma aparência de impessoalidade.

É assegurado ao interessado produzir a mais ampla defesa, envolvendo todos os fatos e argumentos que reputar cabíveis. Poderá valer-se de advogados,[18] produzir a juntada de pareceres especializados e documentos para contrapor-se ao contido nos autos. Será assegurada a faculdade de pleitear a produção de provas admitidas pelo direito.

Excessos e abusos eventualmente ocorridos serão reprimidos segundo os princípios gerais adotados na instância judicial, sem prejuízo da possibilidade da adoção de providências compatíveis com a gravidade dos atos praticados.

21.7   A questão da defesa técnica

O STF reputou que a garantia da defesa mediante advogado não se aplica no âmbito dos processos administrativos. Essa orientação merece revisão, especialmente depois da edição da Lei 14.365/2022.

21.7.1   A garantia da defesa mediante advogado

O direito brasileiro determina que os participantes de processos sejam assistidos por advogado. Essa previsão decorre da regra do art. 133 da Constituição ("O advogado é indispensável à administração da justiça, sendo inviolável por seus atos e manifestações no exercício da profissão, nos limites da lei") e se encontra consagrada em dispositivos legais.

21.7.2   A Súmula Vinculante 5 do STF

O STF editou a Súmula Vinculante 5, com o seguinte teor: "A falta de defesa técnica por advogado no processo administrativo disciplinar não ofende a Constituição".

O entendimento se fundou no argumento da previsão legislativa de hipóteses em que é dispensável a participação de advogado, inclusive em processo judicial. O exemplo é o *habeas corpus*. Não houve consideração, no entanto, à circunstância de que é obrigatória a participação

---

[18]   Lúcia Valle Figueiredo advertia que, embora o interessado não seja impedido de recorrer por não ter advogado, a nomeação do profissional é de grande importância para o exercício da ampla defesa (*Curso de direito administrativo*, 9. ed., p. 522). No entanto, se o interessado não fizer uso de advogado, não poderá, posteriormente, alegar prejuízo à sua ampla defesa, uma vez que se trata de faculdade.

de advogado sempre que a decisão for dotada de eficácia restritiva de direitos e interesses de um sujeito.

O entendimento do STF refletiu a antiga concepção de que o devido processo legal é satisfatoriamente assegurado mediante o acesso ao Poder Judiciário, tese incompatível com a CF/1988.

21.7.3 A alteração introduzida pela Lei 14.365/2022

A Lei 14.365/2022 acrescentou o § 2.º-A ao art. 2.º da Lei 8.906/1994, cuja redação passou a ser a seguinte:

"Art. 2.º O advogado é indispensável à administração da justiça.
(...)
§ 2.º No processo judicial, o advogado contribui, na postulação de decisão favorável ao seu constituinte, ao convencimento do julgador, e seus atos constituem múnus público.
§ 2.º-A. No processo administrativo, o advogado contribui com a postulação de decisão favorável ao seu constituinte, e os seus atos constituem múnus público".

Por decorrência, a administração da justiça, quanto à qual é indispensável a participação do advogado, compreende não apenas o processo judicial, mas também o processo administrativo.

Logo e mesmo que fosse admitida a interpretação do STF relativamente à dimensão constitucional da questão, tornou-se ela superada em vista da alteração da legislação infraconstitucional.

21.7.4 A tutela aos sujeitos economicamente vulneráveis

Um aspecto que não foi considerado pelo STF relaciona-se com a proteção dos economicamente mais vulneráveis. A contratação de advogado envolve o desembolso de recursos financeiros. De modo genérico, os agentes públicos dotados de maior poder econômico sempre dispõem de assessoramento advocatício. Diversamente se passa com os agentes economicamente vulneráveis. Na maior parte dos casos, não têm condições de contratar um advogado, desconhecem os próprios direitos e nem mesmo cogitam de recorrer à Defensoria Pública. A Súmula Vinculante 5 do STF propicia, então, uma grave distorção quanto à tutela dos direitos fundamentais dos sujeitos menos privilegiados.

21.7.5 O agravamento drástico do problema: Súmula 665 do STJ

O problema tornou-se muito mais sério em virtude do entendimento adotado pelo STJ, consagrado na Súmula 665, cujo teor é o seguinte:

"O controle jurisdicional do processo administrativo disciplinar restringe-se ao exame da regularidade do procedimento e da legalidade do ato, à luz dos princípios do contraditório, da ampla defesa e do devido processo legal, não sendo possível incursão no mérito administrativo, ressalvadas as hipóteses de flagrante ilegalidade, teratologia ou manifesta desproporcionalidade da sanção aplicada".

Então, a Súmula Vinculante 5 do STF autoriza a dispensa da participação de advogado no processo administrativo (inclusive punitivo). Por outro lado, a Súmula 665 do STJ limita a revisão judicial da decisão administrativa punitiva. Existe o risco de sacrifício a direitos fundamentais do particular, derivados da ausência da sua defesa por um advogado, sendo vedada a revisão jurisdicional em vista do entendimento do STJ.

250 CURSO DE DIREITO ADMINISTRATIVO · *Marçal Justen Filho*

Por tudo, a aplicação da Súmula 665 do STJ deve ser realizada com grande cautela, no caso concreto. Deve-se adotar interpretação ampliativa quanto à revisibilidade do ato punitivo em vista da garantia do devido processo legal.

21.8   Instrução do processo administrativo

Havendo fatos controversos, será necessário produzir provas. A Administração poderá determinar, de ofício, as provas a produzir. Deverá acatar as provas especificadas pelos interessados, rejeitando aquelas que versarem sobre fatos impertinentes ou irrelevantes, tais como as que se configurarem como procrastinatórias.

Admitem-se os meios de prova permitidos em direito, o que abrange depoimentos das partes, ouvida de testemunhas, perícias de qualquer natureza e inspeção de pessoas, locais ou objetos por parte da própria autoridade julgadora.

Também é admitida a prova emprestada. A prova produzida em outro processo (administrativo ou judicial), envolvendo a mesma parte, pode ser considerada para a decisão. Mas a prova emprestada não será admissível quando padecer de algum vício. O STF adotou a seguinte tese sobre a questão ao apreciar o Tema 1.238 da Repercussão Geral:

"São inadmissíveis, em processos administrativos de qualquer espécie, provas consideradas ilícitas pelo Poder Judiciário".[19]

21.9   Julgamento do processo administrativo

O julgamento traduzir-se-á em decisão motivada. Deve-se aplicar a disciplina do processo judicial, que determina a divisão da peça decisória em três tópicos. Há o relatório, a fundamentação e a decisão propriamente dita. Essa estruturação se aplica ao processo administrativo.

21.9.1   A imparcialidade do julgador

Como já apontado, a Constituição determina que a atividade administrativa deverá sujeitar-se não apenas ao princípio da legalidade, mas, também, à impessoalidade e à moralidade (art. 37). Daí decorre que a decisão administrativa deve considerar, segundo o postulado da ética, os interesses privados.

Não são válidas decisões favoráveis ao Poder Público fundadas exclusivamente na titularidade do poder de decidir. Se o Estado impuser seus interesses, ignorando a incidência dos princípios jurídicos, estará atuando arbitrariamente.

Ainda quando esteja em jogo um bem que interesse a ele próprio, o Estado terá de decidir de modo impessoal. Portanto, a disciplina do procedimento tem de assegurar a imparcialidade do julgador e consagrar o dever de aplicar o direito objetivamente ao caso concreto.

21.9.2   O dever de decidir

Não é lícito utilizar-se do expediente de não proferir decisão, especialmente quando a única alternativa cabível é aquela de proferir decisão favorável ao particular e *inconveniente* ao interesse da Administração. Se a omissão de decidir fosse juridicamente admissível, a Administração poderia escolher entre os pleitos que examinaria e os que não mereceriam sua consideração.

---

[19]   ARE 1.316.369/DF, Pleno, rel. Min. Edson Fachin, rel. p/ acórdão Min. Gilmar Mendes, repercussão geral – mérito j. 08.12.2022, *DJe* 21.03.2023. A decisão foi confirmada no julgamento dos embargos de declaração (ED no ARE 1.316.369/DF, Pleno, rel. Min. Gilmar Mendes, j. 01.07.2024, *DJe* 07.08.2024).

Desse modo, produziria decisão apenas para os pleitos improcedentes. Um Estado Democrático de Direito é incompatível com essa alternativa. Recusar-se a responder as arguições formuladas em defesa do interesse do particular caracteriza ato arbitrário, compatível apenas com as concepções vigentes na época anterior ao Estado de Direito.

Até por isso, o art. 48 da Lei 9.784/1999 determina que "A Administração tem o dever de explicitamente emitir decisão nos processos administrativos e sobre solicitações ou reclamações, em matéria de sua competência".

O prolongamento da omissão em decidir configura ato abusivo da autoridade e comporta o exercício de mandado de segurança – ainda que orientado ao fim específico de obter decisão determinando à autoridade que profira uma decisão.

21.9.3   O dever de decidir de modo exaustivo

Ademais, o Estado tem o dever de examinar integralmente todos os argumentos do particular e decidir motivadamente. Em tal hipótese, surgiria o risco de exame apenas dos argumentos declarados improcedentes. Decidir-se-ia a questão sem enfrentar os obstáculos reputados insuperáveis. A garantia da ampla defesa estaria comprometida, tal como se passaria se houvesse vedação à dedução de certos argumentos.

Há dever de decidir acerca de todos os pleitos do particular. Não se admite rejeição implícita.

21.9.4   O dever de motivar a decisão de modo satisfatório

Há dever de motivar as decisões. É inválida a decisão cujo único alicerce seja a vontade do agente administrativo. Não se concebe decisão baseada somente no poder de império estatal.

Lembre-se de que motivação não significa mera invocação da norma constitucional ou legal que atribua a competência para decidir. Consiste na indicação dos fundamentos de direito e de fato que dão supedâneo às conclusões do agente administrativo. A motivação é a exteriorização do processo de concretização do direito para o caso analisado. Deve indicar as normas e os princípios jurídicos escolhidos pelo agente para nortear sua decisão, o que pressupõe a indicação da avaliação dos fatos por ele promovida. Não é possível omitir, inclusive, os processos de valoração que entranharam a atividade decisória.

Aplicam-se as considerações realizadas relativamente às determinações contidas no art. 20, *caput* e parágrafo único, da LINDB e no art. 489, § 1.º, do CPC.

21.9.5   O dever de considerar as consequências da decisão

Exige-se que a autoridade tome em consideração as diferentes alternativas decisórias e formule uma projeção quanto aos efeitos potenciais de cada qual. Impõe-se avaliar as consequências em vista da proporcionalidade. Essa exigência está consagrada no parágrafo único do art. 20 da LINDB, assim redigido:

> "A motivação demonstrará a necessidade e a adequação da medida imposta ou da invalidação de ato, contrato, ajuste, processo ou norma administrativa, inclusive em face das possíveis alternativas".

21.9.6   O dever de definir exaustivamente os efeitos da decisão

O art. 21 da LINDB exige que a decisão de cunho invalidatório discipline, de modo exaustivo, os efeitos dela derivados. Mas essa imposição se aplica de modo generalizado a todas as decisões administrativas. Em muitos casos, basta a referência aos efeitos disciplinados de modo minucioso em algum dispositivo normativo. Mas, em grande parte dos casos, a repercussão concreta de uma decisão administrativa depende da manifestação da autoridade.

21.10   Recurso administrativo

A parte insatisfeita poderá interpor recurso administrativo, aplicando-se as ponderações realizadas a propósito da impugnação à produção de normas abstratas. Ou seja, será cabível o recurso desde que o órgão encarregado do julgamento não se caracterize como o de mais elevada hierarquia no âmbito da Administração Pública. Se isso ocorrer, poder-se-á admitir pedido de reconsideração ou representação, para apontar defeitos ou manifestar impugnações de cunho inovador.

O STJ proferiu o entendimento, a partir do art. 57 da Lei 9.784/1999, de que só seria admissível a interposição de dois recursos administrativos sucessivos (MS 27.102/DF, 1.ª S., rel. Min. Sérgio Kukina, j. 23.08.2023, *DJe* 30.08.2023).

A garantia de recurso administrativo importa a necessidade de as questões de fato e de direito serem efetivamente reapreciadas. Não atende à garantia constitucional a rejeição do recurso sem análise da controvérsia, simplesmente mediante invocação dos fundamentos da decisão recorrida.

Tal como já pacificado pela jurisprudência, inclusive do STF, a admissibilidade do recurso administrativo não depende de depósito ou indicação de dinheiro ou bens.

"É inconstitucional a exigência de depósito ou arrolamento prévios de dinheiro ou bens para admissibilidade de recurso administrativo" (Súmula Vinculante 21).

Mas o STF reconheceu que não existe impedimento à exigência de pagamento de taxas ou emolumentos como condição do processamento de recurso administrativo (AgRg na Rcl 50.859/DF, 1.ª T., rel. Min. Alexandre de Moraes, j. 14.02.2022, *DJe* 17.02.2022).

22   A QUESTÃO DA PRECLUSÃO E DA COISA JULGADA ADMINISTRATIVA

A procedimentalização da atividade administrativa conduz à inevitável incorporação dos institutos da preclusão e da coisa julgada administrativa ao âmbito do direito administrativo.[20]

22.1   A questão da segurança jurídica

Um dos atributos essenciais do Estado de Direito consiste na promoção da segurança jurídica.[21] A processualização da atividade administrativa, com a observância de um procedimento, é orientada inclusive ao fim da segurança jurídica. Isso envolve a estabilidade das decisões administrativas.

22.2   Preclusão, coisa julgada formal e coisa julgada material

Os institutos da coisa julgada e da preclusão não se identificam de modo perfeito, mas apresentam pontos em comum significativos. Relacionam-se ambos com a necessidade de a atividade decisória, desenvolvida processualmente, atingir um resultado útil e final.

---

[20]   Sobre o tema, cf. BANDEIRA DE MELLO. *Curso de direito administrativo*, 35. ed., p. 377 *et seq.* e 988 *et seq.*; e MEIRELLES. *Direito administrativo brasileiro*, 42. ed., p. 815 *et seq.*

[21]   Sobre o tema, confira-se CABRAL. *Segurança jurídica e regras de transição nos processos judicial e administrativo*: introdução ao art. 23 da LINDB, 2. ed.

22.2.1 A preclusão

A preclusão reflete a concepção de que o processo tem de evoluir em direção a uma decisão, de modo que o exercício efetivo ou possível de poderes no âmbito do processo gera seu potencial exaurimento. Por isso, não é possível que o processo se detenha em certo estágio. A vontade da parte é insuficiente para impedir seu prosseguimento. Aliás, a omissão ou o silêncio do interessado poderão acarretar-lhe consequências negativas ao longo do processo.[22] A preclusão significa a vedação ao reinício da etapa do procedimento já exaurida. Cada etapa procedimental tem uma destinação e a preclusão é o instituto jurídico que assegura que a etapa já encerrada não seja reiniciada.

22.2.2 A coisa julgada

A coisa julgada corresponde a uma qualidade potencialmente agregável à decisão final adotada num processo. Ela significa a irretratabilidade total ou parcial, absoluta ou relativa, quanto ao julgamento final.[23]

22.2.3 A coisa julgada formal e a coisa julgada material

No âmbito do direito processual, diferencia-se a coisa julgada formal da coisa julgada material. A coisa julgada formal consiste na vedação à reapreciação, no mesmo processo, da decisão final. Já a coisa julgada material indica a vedação a que a decisão de mérito seja objeto de nova avaliação *fora* do processo em que produzida.

22.3 A sistemática europeia e o modelo brasileiro

A distinção entre os sistemas europeu continental e brasileiro produz efeitos também no tocante à questão da coisa julgada. Como visto, as discussões ocorridas na via administrativa nos sistemas europeus apresentam natureza jurisdicional. Portanto, não se trata de uma sucessão de atividades revisáveis pelo Poder Judiciário.

Muito diversa é a situação brasileira. A competência jurisdicional é reservada ao Poder Judiciário. Não há contencioso administrativo em sentido próprio, o que significa que todos os atos administrativos poderão ser objeto de revisão por parte do Judiciário.

Como decorrência, não é possível aplicar ao direito brasileiro as lições doutrinárias, elaboradas a propósito do processo administrativo europeu, atinentes à preclusão ou coisa julgada. Mas isso não significa que o direito administrativo brasileiro não aplique, de modo absoluto, a preclusão e a coisa julgada.

Ademais, a ausência de efeito de coisa julgada material não implica a irrelevância do processo administrativo desenvolvido. A revisibilidade dos atos administrativos encontra limites na segurança jurídica.

23 A PRECLUSÃO ADMINISTRATIVA

A preclusão administrativa consiste na restrição a uma faculdade processual originalmente assegurada ao sujeito, em virtude dos eventos verificados ao longo do processo administrativo.

---

[22] Sobre o tema, cf. ARAGÃO. Preclusão: processo civil. *In:* OLIVEIRA (Org.). *Saneamento do processo:* estudos em homenagem ao Prof. Galeno Lacerda, p. 141-183. Também publicado na *Revista do Instituto dos Advogados do Paraná,* n. 21, p. 1-54, 1993.

[23] Sobre o tema, cf. FAZZALARI. *Istituzioni di diritto processuale,* p. 458 *et seq.;* e TALAMINI. *Coisa julgada e sua revisão.*

O instituto da preclusão aplica-se ao processo administrativo por ser da inerência do conceito de procedimento. Sem a preclusão, o procedimento se tornaria uma sucessão desordenada de atos.

23.1 As três espécies de preclusão

Tal como reconhecido no âmbito do direito processual, a preclusão no processo administrativo manifesta-se sob três formas.

23.1.1 A preclusão temporal

Há a preclusão *temporal*, a qual significa que a ausência de exercício de uma prerrogativa no momento apropriado acarreta a impossibilidade desse exercício em momento posterior. Por exemplo, o interessado dispõe de um prazo para interpor recurso contra decisão proferida em licitação. Decorrido o prazo, o recurso não mais pode ser interposto.

23.1.2 A preclusão consumativa

Há a preclusão *consumativa*, que indica a exaustão da prerrogativa uma vez exercitada. Assim, se o sujeito formulou proposta numa licitação, não pode pretender reapresentá-la ou modificá-la posteriormente (ressalvadas as hipóteses em que tal for facultado pela lei).

23.1.3 A preclusão lógica

A preclusão *lógica* se configura quando o sujeito adota determinada conduta (ativa ou omissa), que é incompatível com outra, fazendo presumir a sua vontade de excluir outras alternativas. A preclusão lógica envolve uma presunção sobre a vontade do sujeito. Se existem diversas alternativas de conduta, reciprocamente excludentes entre si, a opção do sujeito por uma delas significa a rejeição quanto às demais. Em alguns casos, o direito expressamente prevê a preclusão lógica.

Um exemplo se encontra no art. 1.425, III, do Código Civil. O dispositivo prevê que a dívida se considera vencida se as prestações não forem pontualmente pagas. Mas, "o recebimento posterior da prestação atrasada importa renúncia do credor ao seu direito de execução imediata".

Anote-se que a preclusão lógica pode ser aplicada independentemente de expressa previsão normativa, bastando existir situação em que as diversas condutas retratem manifestações de vontade excludentes entre si – o que permitirá a inferência de que, ao optar por determinada solução, o sujeito rejeitou outras alternativas.

23.2 Os limites da preclusão administrativa

As disputas sobre os limites da preclusão são clássicas no próprio direito processual. Há dúvidas sobre a aplicação da preclusão relativamente aos chamados "direitos subjetivos indisponíveis", e também se questiona sobre a possibilidade de preclusão em relação ao exercício de competência decisória. Bem por isso, a preclusão não se aplica relativamente às nulidades processuais absolutas, que podem ser conhecidas e pronunciadas a qualquer tempo.

No âmbito do processo administrativo, o instituto da preclusão sujeita-se a dois limites. Em primeiro lugar, incide sobre as faculdades privadas das partes. Em segundo lugar, não significa a impossibilidade de revisão pela Administração de seus próprios atos, o que se fará por meio da anulação ou da revogação, que apresentam regimes jurídicos próprios e distintos.

24 A COISA JULGADA FORMAL ADMINISTRATIVA

A coisa julgada formal administrativa é o efeito jurídico acarretado pelo encerramento de um procedimento administrativo, em virtude do qual se torna vedado rever a decisão nele adotada sem a instauração de um procedimento específico e distinto.

24.1 O encerramento do processo e suas implicações jurídicas

Uma vez encerrado o processo administrativo, as questões nele decididas não se sujeitam a revisão no mesmo processo. Assim, por exemplo, não se admite que a Administração Pública decida, num processo, que certo ato é válido e, posteriormente, desconstitua o mesmo ato, sem instaurar um novo processo específico.

24.2 A eventual revisão da decisão adotada no processo encerrado

O ponto fundamental reside em que a decisão anterior configura um ato jurídico autônomo, cuja existência, validade e eficácia têm de ser enfrentadas *antes* de ser promovido o desfazimento.

Não é cabível revisar diretamente um ato administrativo anterior, ignorando a decisão que o reputou válido. Antes de revisar o ato administrativo anterior, impõe-se examinar o cabimento da revisão do ato decisório (que julgara válido tal ato).

É necessário desfazer o ato decisório que afirmou a validade, imputando-lhe defeito ou omissão aptos a justificar a renovação da competência. Para tanto, não basta invocar a existência de defeito no ato anterior. Ou seja, o primeiro ato administrativo não pode ser revisto diretamente. Equivale a afirmar que a nova decisão não pode versar diretamente sobre o primeiro ato administrativo, mas deve decidir preliminarmente sobre a sua invalidade.

24.3 A inexistência de coisa julgada material administrativa

Não é possível reconhecer a existência de coisa julgada material no âmbito administrativo.

Por um lado, não tem cabimento aludir a coisa julgada material relativamente à competência normativa abstrata da Administração Pública. A coisa julgada material, no direito processual, é um efeito que se pode produzir no tocante à composição da lide e que gera imutabilidade dos efeitos da sentença.

Em segundo lugar, não há possibilidade de aplicação da coisa julgada material quanto ao exercício de competências que se renovam ao longo do tempo. Uma decisão adotada sobre fatos passados não exclui a competência para decidir quanto a fatos posteriores semelhantes.

Em terceiro lugar, admite-se que a Administração Pública promova a revisão de seus próprios atos, enquanto não tiver ocorrido a decadência.

No entanto, a revisão dos atos administrativos, especialmente sob o fundamento de sua invalidade, não autoriza a destruição da segurança jurídica. Devem ser preservados os efeitos de atos administrativos, mesmo que inválidos, quando o seu desfazimento comprometer as expectativas legítimas. Essa orientação foi consagrada pela Lei 13.655/2018, que alterou a LINDB. Nesse sentido, cabe reproduzir o art. 22 do diploma:

> "Art. 22. Na interpretação de normas sobre gestão pública, serão considerados os obstáculos e as dificuldades reais do gestor e as exigências das políticas públicas a seu cargo, sem prejuízo dos direitos dos administrados.

§ 1.º Em decisão sobre regularidade de conduta ou validade de ato, contrato, ajuste, processo ou norma administrativa, serão consideradas as circunstâncias práticas que houverem imposto, limitado ou condicionado a ação do agente".

E o art. 24, também da LINDB, consagrou que:

"Art. 24. A revisão, nas esferas administrativa, controladora ou judicial, quanto à validade de ato, contrato, ajuste, processo ou norma administrativa cuja produção já se houver completado levará em conta as orientações gerais da época, sendo vedado que, com base em mudança posterior de orientação geral, se declarem inválidas situações plenamente constituídas.

Parágrafo único. Consideram-se orientações gerais as interpretações e especificações contidas em atos públicos de caráter geral ou em jurisprudência judicial ou administrativa majoritária, e ainda as adotadas por prática administrativa reiterada e de amplo conhecimento público".

25   A REVISÃO DOS ATOS ADMINISTRATIVOS E O PROCESSO ADMINISTRATIVO

O respeito ao devido processo legal abrange não apenas a produção de atos administrativos, mas também o seu desfazimento.

25.1   A competência administrativa para desfazer os próprios atos

No Brasil, a Administração Pública tem o dever-poder de revisar os próprios atos. O ato administrativo eivado de nulidade deve ser anulado, mas também se admite a revogação dos atos administrativos que, embora válidos, sejam inconvenientes ou inoportunos. No entanto, a Administração é responsável por sua conduta e deve respeitar os interesses dos terceiros, especialmente quando a sua própria atuação tiver produzido o surgimento de expectativas legítimas.

O tema é objeto de considerações mais aprofundadas em capítulo específico sobre o ato administrativo. Cabe, neste tópico, enfocar a questão sob o prisma do processo administrativo.

25.2   O desfazimento do ato administrativo e o devido processo

A Constituição Federal determinou a observância de um devido processo legal para a emissão pela Administração Pública de atos jurídicos aptos a afetar o interesse de terceiros. Por outro lado, a observância de um procedimento adequado é uma garantia de limitação de poder e de controle quanto à regularidade do exercício das competências administrativas.

Daí segue que a procedimentalização é obrigatória não apenas na produção de um ato administrativo, mas também para o seu desfazimento. Esse desfazimento ou a restrição aos efeitos do ato produzem-se por meio de um novo ato administrativo. Ou seja, quando se verificar a existência de um defeito apto a invalidar um ato administrativo, a Administração deverá (em princípio) desfazê-lo por meio de um novo ato. Existirão, então, dois atos administrativos, com a única característica de que o segundo deles terá por objeto o desfazimento do anterior.

Então, se houver a imputação de nulidade a um ato administrativo anterior, a pronúncia do vício dependerá de processo no qual seja verificada a efetiva existência do defeito.

Há garantia do devido processo legal com amplitude e profundidade exatamente idênticas, independentemente de se tratar de um ato administrativo constitutivo de efeitos jurídicos ou de um ato administrativo desconstitutivo de outro.

25.3 A Súmula Vinculante do STF

O tema do devido processo legal em invalidação de atos administrativos foi examinado pelo STF a propósito da atuação do TCU.

"Nos processos perante o Tribunal de Contas da União asseguram-se o contraditório e a ampla defesa quando da decisão puder resultar anulação ou revogação de ato administrativo que beneficie o interessado, excetuada a apreciação da legalidade do ato de concessão inicial de aposentadoria, reforma e pensão" (Súmula Vinculante 3).

Essa orientação é muito relevante não apenas relativamente a processos que tramitem perante o TCU. Também reflete uma orientação a ser observada genericamente pela Administração Pública, sempre que reputar cabível a revisão dos próprios atos pretéritos.

Capítulo 9

LICITAÇÃO PÚBLICA

 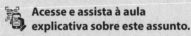

Acesse e assista à aula explicativa sobre este assunto.
> https://uqr.to/1ofef

A licitação é um procedimento administrativo destinado a permitir a competição entre os interessados em contratar com a Administração Pública, disciplinado por lei e por um ato administrativo prévio (edital), que estabelecem critérios objetivos para a seleção da proposta mais vantajosa e a promoção do desenvolvimento nacional sustentável, com observância do princípio da isonomia.

1 A DISCIPLINA CONSTITUCIONAL

A Constituição limita a escolha da Administração Pública quanto à identidade e às condições do relacionamento jurídico a ser estabelecido com particulares.

1.1 Os princípios gerais norteadores da atividade administrativa

Os princípios constitucionais norteadores da atividade administrativa, examinados no Capítulo 4, impõem à Administração os deveres de eficiência, de tratamento isonômico e impessoal relativamente aos particulares, de observância da moralidade, da publicidade e de atuação orientada a promover o desenvolvimento econômico sustentável. A Constituição também determina que as decisões administrativas observem um devido processo legal administrativo.

Por decorrência, não é admissível que a Administração adote soluções arbitrárias, economicamente desvantajosas, socialmente inconvenientes, sem a observância da publicidade ou produzidas sem observância de um procedimento adequado.

Esse regime se aplica amplamente a todas as hipóteses em que a Administração estabeleça relacionamento com particulares, mesmo que não envolvendo contratações.

1.2 As regras específicas sobre licitação

A CF/1998 contempla regras específicas sobre as contratações públicas.

1.2.1 O art. 37, XXI, da CF/1988

O art. 37, XXI, da CF/1988 determina que:

"XXI – ressalvados os casos especificados na legislação, as obras, serviços, compras e alienações serão contratados mediante processo de licitação pública que assegure igualdade de condições a todos os concorrentes, com cláusulas que estabeleçam obrigações de pagamento, mantidas as condições efetivas da proposta, nos termos da lei, o qual somente permitirá as exigências de qualificação técnica e econômica indispensáveis à garantia do cumprimento das obrigações".

Essa regra se aplica no âmbito do art. 37, que disciplina a atuação da "administração pública direta e indireta de qualquer dos Poderes da União, dos Estados, do Distrito Federal e dos Municípios".

1.2.2 A previsão do art. 173, § 1.º, III, da CF/1988

Nos casos de exploração de atividade econômica em sentido restrito por meio de empresas estatais, aplica-se a previsão do art. 173, § 1.º, III, da CF/1988:

"§ 1º A lei estabelecerá o estatuto jurídico da empresa pública, da sociedade de economia mista e de suas subsidiárias que explorem atividade econômica de produção ou comercialização de bens ou de prestação de serviços, dispondo sobre:
(...)
III – licitação e contratação de obras, serviços, compras e alienações, observados os princípios da administração pública".

1.2.3 A discriminação do art. 22, XVII, da CF/1988

A conjugação entre os dois dispositivos constitucionais acima referidos se encontra formalizada no art. 22, XVII, da CF/1988:

"Art. 22. Compete privativamente à União legislar sobre:
(...)
XXVII – normas gerais de licitação e contratação, em todas as modalidades, para as administrações públicas diretas, autárquicas e fundacionais da União, Estados, Distrito Federal e Municípios, obedecido o disposto no art. 37, XXI, e para as empresas públicas e sociedades de economia mista, nos termos do art. 173, § 1.º, III".

1.2.4 O art. 175 da CF/1988

O art. 175 da CF/1988 estabelece o seguinte:

"Incumbe ao Poder Público, na forma da lei, diretamente ou sob regime de concessão ou permissão, sempre através de licitação, a prestação de serviços públicos".

1.2.5 Sumário da disciplina constitucional específica das licitações

Os dispositivos constitucionais específicos sobre licitação permitem as seguintes conclusões:

a) As licitações promovidas pelas entidades administrativas com personalidade de direito público, versando sobre obras, serviços, compras e alienações, sujeitam-se a normas gerais veiculadas pela União;

b)   As licitações promovidas pelas sociedades estatais (dotadas de personalidade de direito privado) são disciplinadas por lei federal, que imporá apenas a observância dos princípios da Administração Pública; e

c)   A outorga de concessões e permissões de serviço público será precedida de licitação, disciplinada por lei federal.

1.2.6   A questão das "normas gerais" editadas pela União

As normas gerais editadas pela União produzem efeitos vinculantes para todas as órbitas federativas. Mas não existe definição explícita para "norma geral", nem há limite preciso quanto ao seu âmbito de aplicação. Adota-se o entendimento de que o limite da norma geral decorre da autonomia federativa. Não se admite que a norma editada pela União viole as competências próprias dos demais entes federativos. A questão foi apreciada de modo aprofundado pelo STF, ao julgar o Tema 1.036 da Repercussão Geral:

"(...) 1. A federação brasileira revela-se ainda altamente centralizada, limítrofe ao federalismo meramente nominal, situação essa que se agrava sobretudo frente à própria engenharia constitucional estabelecida pela repartição de competências dos arts. 21 a 24 da CRFB/88. É necessário revitalizar a vertente descentralizadora do princípio federativo brasileiro, a qual abandona qualquer leitura excessivamente inflacionada das competências normativas da União.

2. A imposição constitucional de existência de um núcleo comum e uniforme de normas deve ser sopesada com a noção de laboratório da democracia (*laboratory of democracy*). É desejável que os entes federativos gozem de certa liberdade para regular assuntos de forma distinta, não apenas porque cada um deles apresenta peculiaridades locais que justificam adaptações da legislação federal, mas também porque o uso de diferentes estratégias regulatórias permite comparações e aprimoramentos quanto à efetividade de cada uma delas.

3. A amplitude com que a Suprema Corte define com conteúdo do que sejam normas gerais influi decisivamente sobre a experiência federalista brasileira. Qualquer leitura maximalista do aludido conceito constitucional milita contra a diversidade e a autonomia das entidades integrantes do pacto federativo, em flagrante contrariedade ao pluralismo que marca a sociedade brasileira. Contribui ainda para asfixiar o experimentalismo local tão caro à ideia de federação. Nesse cenário, é preciso extrema cautela na árdua tarefa de densificar o sentido e o alcance da expressão normas gerais, limitando a censura judicial às manifestações nitidamente abusivas de autonomia.

4. Mercê de a licitação ser regulada em lei federal que estabelece normas gerais, a circunstância não inviabiliza que os legisladores estaduais, distritais e municipais detenham competência complementar para inverter a ordem das fases a licitação, em contraste ao que previsto na Lei 8.666/1993, observados, sempre, os dispositivos constitucionais pertinentes e da explicitação da motivação para realização do ato. A Lei 5.345/2014, do Distrito Federal, sob essa ótica, não viola o artigo 22, inciso XXVII, da Constituição Federal. Isso porque a disciplina da ordem das fases do procedimento, nada obstante compondo o texto da Lei 8.666/1993, não tem natureza de norma geral, já que não afasta a obrigatoriedade de licitação, não cria modalidade ou tipo novo, nem afasta o regime jurídico administrativo. A inversão de fases não produz conteúdo insólito no ordenamento jurídico, configurando-se mera disciplina procedimental que atende a autonomia das entidades federativas subnacionais para editarem leis de auto-organização.

(...) 9. Recurso extraordinário PROVIDO, com a fixação da seguinte tese de repercussão geral: 'São constitucionais as leis dos Estados, Distrito Federal e Municípios que, no procedimento licitatório, antecipam a fase da apresentação das propostas à da habilitação dos licitantes, desde que devidamente motivado o ato administrativo, em virtude da competência dos demais entes federativos de legislar sobre procedimento administrativo'" (RE 1.188.352/DF, Pleno, rel. Min. Luiz Fux, repercussão geral – mérito, j. 27.05.2024, *DJe* 20.06.2024).

A qualificação da norma editada pela União como geral ou não geral não afeta a sua validade, mas apenas a sua eficácia. As normas gerais são vinculantes para todas as esferas federativas. As normas não gerais são válidas, mas vinculam apenas a União.

2   A LICITAÇÃO EM HIPÓTESES DISTINTAS DAS LEIS DE CONTRATOS PÚBLICOS

A licitação também é obrigatória em situações jurídicas distintas, que podem ou não envolver contratações públicas. A Constituição impõe a isonomia no tratamento entre os sujeitos privados e a objetividade e a vantajosidade das decisões administrativas. Por decorrência, é obrigatória a observância de um procedimento seletivo sempre que a atividade administrativa envolver escolhas de natureza excludente. Se for inviável ou inconveniente tratamento uniforme e homogêneo para todos os possíveis interessados, a opção por um ou por alguns deve resultar de um procedimento de cunho licitatório.

O exemplo mais evidente se relaciona com autorização para a exploração de atividades de interesse coletivo. A autorização a particulares para exploração de espectros de radiofrequência em telecomunicações e para a geração de energia elétrica a partir de potencial hidráulico depende de uma licitação.

Nesses exemplos, não é obrigatório promover uma licitação subordinada às leis gerais que dispõem sobre o tema. Deve ser adotado um processo seletivo, subordinado a regras próprias – mas que reflita os princípios gerais das licitações.

3   A NATUREZA INSTRUMENTAL DA LICITAÇÃO

A licitação não se constitui em um fim autônomo da Administração, mas é um instrumento para a realização dos princípios norteadores da atividade administrativa e do seu relacionamento com os particulares.

3.1   A realização dos direitos fundamentais

A finalidade de qualquer atuação administrativa é a realização dos direitos fundamentais. A licitação é um meio específico e diferenciado para promover esse fim e é aplicável em vista das hipóteses de contratação pública. A finalidade da licitação consiste em obter a contratação mais vantajosa para a Administração Pública, mais compatível com o desenvolvimento nacional sustentável e que assegure o tratamento isonômico entre os sujeitos.

3.1.1   *O equívoco em conceber a licitação como uma função administrativa*

É um equívoco supor que a licitação consiste numa função administrativa autônoma. O aparato estatal não é constituído para realizar licitação. A Administração Pública é orientada a produzir resultados concretos de satisfação das necessidades coletivas. Esse resultado é obtido por meio da execução do contrato administrativo resultante da licitação. Portanto, a questão essencial reside na melhor contratação administrativa possível. A licitação é um meio para atingir esse resultado.

3.1.2 O afastamento do enfoque formalista

Não é suficiente realizar uma licitação, eis que o fundamental é dar efetividade às finalidades impostas pela Constituição. Se a licitação não propicia uma contratação efetivamente vantajosa ou se viola a exigência de isonomia, configura-se um defeito na atividade administrativa.

3.1.3 A jurisprudência do STF

A natureza instrumental da licitação foi reconhecida formalmente pelo STF, tal como consta do trecho adiante reproduzido:

> "4. A licitação pública, sabidamente, não representa um fim em si mesmo, mas um *meio* para a tutela dos princípios essenciais à Administração Pública insculpidos no art. 37, *caput* da CRFB. O imperativo da vantajosidade que deve se fazer presente nos contratos públicos reluz como consectário lógico desse cenário: sendo os recursos públicos eminentemente escassos, a Administração Pública deve almejar a obtenção dos melhores resultados possíveis com o menor dispêndio de verbas (custo-benefício).
>
> 5. O texto constitucional, em que pese ter positivado a regra da licitação, não delineou de forma exaustiva o que constituiria um processo licitatório ideal, considerando a diversidade de contratações das quais a Administração Pública lança mão diuturnamente, cujos contornos variam conforme as alterações nas conjunturas econômicas, políticas, sociais e tecnológicas (...)" (ADIs 4.645/DF e 4.655/DF, Pleno, rel. Min. Luiz Fux, j. 12.09.2023, *DJe* 20.10.2023).

3.2 A eventual inaplicabilidade de licitação

As normas constitucionais gerais e específicas sobre a obrigatoriedade de licitação não são incompatíveis com escolhas não antecedidas de uma licitação formal.

3.2.1 As hipóteses de contratação direta

Existem situações previstas em lei ou decorrentes das circunstâncias em que a ausência de licitação é compatível com a Constituição. Há casos em que a decisão administrativa é orientada por outros princípios constitucionais. É obrigatória a observância de um procedimento prévio, mas não é cabível uma competição ampla entre todos os possíveis interessados. Por exemplo, há situações emergenciais, em que a realização de uma licitação formal seria incompatível com a urgência das medidas necessárias. Existem hipóteses em que um único sujeito dispõe das condições para executar a prestação pretendida pela Administração.

3.2.2 A hipótese de "estado de necessidade"

Por outro lado, existem hipóteses de "estado de necessidade", que não necessitam estar previstas em lei. A Administração está legitimada a deixar de promover licitação sempre que a realização efetiva dos direitos fundamentais exigir a adoção de providências administrativa concretas e imediatas. A Administração tem o dever de evitar danos irreparáveis ou de difícil reparação a interesses fundamentais, mesmo que isso signifique deixar de observar algumas formalidades jurídicas. A licitação é uma formalidade jurídica.

Isso não significa admitir práticas abusivas nem respalda interpretações despropositadas. Nem autoriza o afastamento das cautelas necessárias à obtenção das contratações mais vantajosas, com observância de tratamento isonômico.

264 CURSO DE DIREITO ADMINISTRATIVO · *Marçal Justen Filho*

3.3 O afastamento da concepção absolutista da licitação

Rejeita-se a concepção absolutista da licitação, que preconiza que qualquer contratação sem licitação é inconstitucional, reprovável e merecedora de sancionamento. Isso não significa que a realização da licitação dependeria de uma escolha discricionária da Administração. A lei disciplina as hipóteses de realização da licitação, que devem ser observadas. Mas é fundamental exigir que toda e qualquer decisão administrativa cumpra as finalidades constitucionais buscadas.

Enfim, é incorreto o entendimento de que a Constituição teria imposto, de modo absoluto e incondicionado, a realização de licitação em toda e qualquer hipótese de contratação administrativa.

4 A MULTIPLICIDADE DE LEIS FEDERAIS SOBRE LICITAÇÕES PÚBLICAS

Há uma pluralidade de leis federais que disciplinam licitações públicas. Algumas delas têm o mesmo fundamento constitucional e apresentam cunho complementar entre si.

4.1 As leis federais fundadas no art. 37, XXI, da CF/1988

A disciplina dos contratos de obras, serviços, compras e alienações das entidades administrativas com personalidade de direito público consta da Lei 14.133/2021, que substituiu as Leis 8.666/1993, 10.520/2002 e 12.462/2011.

Além dela, existe a Lei 12.232/2010, que trata especificamente da licitação para serviços de publicidade prestados à Administração Pública direta.

4.2 A lei federal fundada no art. 173, § 1.º, III, da CF/1988

As licitações promovidas pelas sociedades estatais são disciplinadas pela Lei 13.303/2016 e não serão objeto de exame na presente obra.[1]

4.3 As leis federais fundadas no art. 175 da CF/1988

As concessões e permissões de serviços públicos são disciplinadas por diversas leis federais.

4.3.1 A Lei Geral e a pluralidade de leis setoriais

A Lei 8.987/1995 disciplinou as normas genéricas sobre o tema. A Lei 9.074/1995 dispôs sobre concessões e permissões de titularidade da União. Mas há leis que dispõem sobre serviços públicos específicos.

Assim, por exemplo, a Lei 10.233/2001 versa sobre concessões e permissões no âmbito dos transportes aquaviário e terrestre. A Lei 12.815/2013 dispõe sobre licitações relativas a atividades portuárias. A Lei 12.783/2013 trata de alguns aspectos das concessões de geração, transmissão e distribuição de energia elétrica.

4.3.2 A aplicação supletiva das normas mais gerais

A existência de leis especiais, pertinentes a setores específicos, não afasta a aplicação supletiva das normas mais gerais. Assim, a Lei 8.987/1995 é aplicável supletivamente em diversas situações pertinentes a concessões objeto de leis especiais.

---

[1] A respeito do tema, consulte-se a obra organizada por este autor *Estatuto jurídico das empresas estatais:* Lei 13.303/2016.

4.4 A situação específica da Lei 9.472/1997

A Lei 9.472/1997 (Lei Geral de Telecomunicações) apresenta uma situação específica. Estabeleceu normas diferenciadas relativamente ao setor e afastou a incidência dos diplomas gerais e específicos. Essa Lei também dispõe sobre licitações relativamente ao setor de telecomunicações.

5 O EXAME JURÍDICO DAS LEIS FUNDADAS NO ART. 37, XXI, DA CF/1988

A exposição desenvolvida no presente Capítulo versa sobre as leis fundadas no art. 37, XXI, da CF/1988.[2] Há algumas considerações superficiais quanto às licitações pertinentes às concessões.[3]

5.1 A situação peculiar relativamente à Lei 14.133/2021

A Lei 14.133/2021 adotou uma solução peculiar relativamente à implantação de uma disciplina legislativa inovadora. O diploma não revogou imediatamente (ressalvadas algumas normas específicas) as leis anteriores sobre o mesmo tema. Determinou que, durante um período de dois anos, todos os diplomas continuariam a coexistir. Facultou às autoridades administrativas escolher o regime jurídico aplicável às suas licitações (e contratações).

5.2 A revogação das leis anteriores e a Lei 14.133/2021

A revogação das leis anteriores acarreta a ausência de sua aplicação para licitações instauradas posteriormente a 30.12.2023.[4] No entanto, os atos jurídicos aperfeiçoados anteriormente continuam a ser disciplinados pelas leis revogadas, em virtude da proibição constitucional do art. 5.º, XXXVI.

Logo, os diplomas anteriores continuam a ser aplicados às licitações instauradas anteriormente à sua revogação, tal como aos contratos que se encontrarem em curso de execução.[5]

5.3 A conjugação da exposição

Por decorrência, é indispensável exposição que conjugue, na medida do possível, as previsões das leis anteriores e da Lei 14.133/2021. Existem alguns princípios e regras que são comuns aos diversos diplomas, mas há outras matérias que são objeto de disciplina inovadora da Lei 14.133/2021.

---

[2]   Para um estudo aprofundado, consultem-se as obras específicas do autor: *Comentários à Lei de Licitações e Contratações Administrativas,* 2. ed.; *Comentários à Lei de Licitações e Contratos Administrativos,* 18. ed.; *Pregão*: comentários à legislação do pregão comum e eletrônico, 6. ed.; *O Estatuto da Microempresa e as Licitações Públicas,* 2. ed.; *Comentários ao RDC*; e *Comentários à Lei 12.232.*

[3]   Sobre o tema, podem ser examinadas as opiniões do autor expostas em *Teoria Geral das Concessões de Serviço Público.*

[4]   Originalmente, estava previsto que as leis de licitação anteriores perderiam a sua vigência dois anos depois da entrada em vigor da Lei 14.133/2021 (art. 193, II). Isso significava que, em 01.04.2023, haveria o término da vigência dos referidos diplomas. Em 31.03.2023, foi editada a Medida Provisória 1.167, determinando que os diplomas permaneceriam em vigor até 30.12.2023. Antes de a Medida Provisória ser apreciada pelo Congresso Nacional, foi editada a Lei Complementar 198 (de 28.06.2023), renovando a determinação de que as leis de licitação e contratação anteriores permaneceriam em vigor até 30.12.2023.

[5]   Por esse motivo, este *Curso* mantém o exame da disciplina das Leis 8.666/1993, 10.520/2002 e 12.462/2011.

6   A COMPLEXIDADE DO INSTITUTO DA LICITAÇÃO

A licitação é um instituto jurídico complexo, na acepção de compreender normas de direito material e também de direito processual.

6.1   As normas de direito material da licitação

As normas de direito material da licitação disciplinam os poderes, direitos e deveres da Administração Pública, dos participantes e de terceiros. Compreendem, por exemplo, o dever de a Administração promover o planejamento adequado da futura contratação. Disciplinam os requisitos de participação no certame. Preveem o acesso de terceiros às informações pertinentes à licitação e à contratação.

6.2   As normas de "direito processual"

As normas de direito processual da licitação dispõem sobre o procedimento a ser observado, que é norteado pela publicidade, pela imparcialidade e pelo contraditório. Essas normas processuais preveem, por exemplo, as etapas da licitação, os atos a serem praticados pelas partes, as decisões de competência da Administração, o direito ao recurso.

7   AS FINALIDADES BUSCADAS PELO PROCEDIMENTO LICITATÓRIO

A licitação destina-se a selecionar a proposta mais vantajosa para a Administração Pública, com observância da isonomia e visando ao desenvolvimento nacional sustentável.

7.1   A determinação da vantajosidade[6]

A maior vantagem se apresenta quando a Administração Pública assume o dever de realizar a prestação menos onerosa e o particular se obriga a realizar a melhor e mais completa prestação. Configura-se, portanto, uma relação custo-benefício. A maior vantagem corresponde à situação de menor custo e maior benefício para a Administração Pública.

De modo geral, a vantagem buscada pela Administração Pública deriva da conjugação dos aspectos da qualidade e da onerosidade patrimonial. Significa dizer que a Administração Pública busca a maior qualidade da prestação e o maior benefício econômico.

7.2   A observância da isonomia

Deverá ser selecionada a proposta mais vantajosa, mas, além disso, tem-se de respeitar os princípios norteadores do sistema jurídico, em especial o da isonomia. Se prevalecesse exclusivamente a ideia da "vantajosidade", a busca da "vantagem" poderia conduzir a Administração Pública a opções arbitrárias ou abusivas.

Há equívoco em supor que a isonomia veda que a Administração Pública adote tratamento discriminatório entre os particulares que pretendem contratar com ela. Quando a Administração escolhe alguém para contratar, está efetivando uma diferenciação entre os interessados. Não se admite, porém, a discriminação arbitrária, produto de preferências pessoais e subjetivas do ocupante do cargo público. A licitação consiste em um instrumento jurídico para afastar a arbitrariedade na seleção do contratante.

---

[6]   Rigorosamente, a palavra "vantajosidade" não existe no vernáculo da língua portuguesa. Trata-se de palavra introduzida pelo autor em obra de 1993 (*Comentários à Lei de Licitações e Contratos Administrativos*, Rio de Janeiro: AIDE, p. 26) para indicar as características que permitem avaliar a vantagem apresentada por um objeto.

O ato convocatório deverá definir, de modo objetivo, as diferenças que são reputadas relevantes para a Administração Pública. Para Lúcia Valle Figueiredo e Sérgio Ferraz, "*a desigualdade não é repelida, o que se repele é a desigualdade injustificada*".[7]

7.3 A prevenção de distorções nos preços

O art. 11, III, da Lei 14.133/2021 aludiu ao objetivo de "evitar contratações com sobrepreço ou com preços manifestamente inexequíveis e superfaturamento na execução dos contratos".

Rigorosamente, essas finalidades estão compreendidas no conceito de contratação mais vantajosa.

7.3.1 Contratações com sobrepreço

As contratações com sobrepreço são aquelas em que o valor a ser desembolsado pela Administração é superior àquele compatível com as condições de mercado. Trata-se das contratações em que o particular obtém lucro abusivo. Portanto, não se configura sobrepreço simplesmente pela existência de lucro.

7.3.2 Contratações com preços manifestamente inexequíveis

O preço é manifestamente inexequível nos casos em que a remuneração pretendida pelo particular é incompatível com os custos necessários à execução do contrato, tomando em vista as circunstâncias.

7.3.3 Superfaturamento na execução dos contratos

O superfaturamento consiste na elevação indevida dos preços originalmente pactuados, em virtude de práticas reprováveis e fraudulentas. Em princípio, o superfaturamento é uma prática verificada durante a execução do contrato. No entanto, as condições previstas por ocasião da licitação propiciam a prática do superfaturamento. Por exemplo, uma estimativa incorreta quanto a quantitativos e preços, na etapa inicial da licitação, pode resultar em distorções na elaboração da proposta e a criação da oportunidade para o superfaturamento futuro.

7.4 O incentivo ao desenvolvimento nacional sustentável

A licitação não se destina apenas a obter uma proposta de contratação vantajosa para a Administração Pública. Também é orientada a incentivar o desenvolvimento nacional sustentável.

Isso significa consagrar uma função regulatória adicional para a licitação e a contratação administrativa. Não se trata apenas de obter a contratação econômica e tecnicamente mais vantajosa, mas também de aproveitar a oportunidade da contratação para fomentar o desenvolvimento nacional sustentável.

A contratação administrativa é concebida como um instrumento para a realização de outros fins, além da promoção de compras, serviços e alienações. Por meio dos contratos administrativos, o Estado brasileiro intervém sobre diversos setores (econômicos, sociais, tecnológicos etc.).[8]

---

[7] FIGUEIREDO; FERRAZ. *Dispensa e inexigibilidade de licitação*, 3. ed., p. 24.

[8] A União Europeia tem aprovado, desde os anos 70, diversas normas que visam a estimular a Administração a adotar critérios ambientais nos procedimentos de compras públicas. Desse modo, opta-se pela aquisição de produtos, bens, serviços e obras que reduzam os impactos ambientais. Por incorporar critérios ambientais, alude-se a "contratações públicas verdes". Sobre o tema, confira-se: GARCÍA. El uso estratégico de la contratación pública como apoyo a las políticas ambientales. *Revista Trimestral de Direito Público – RTDP*, n. 59, p. 5-28, 2013.

O desenvolvimento nacional sustentável significa o crescimento econômico norteado pela preservação do meio ambiente. Portanto, a licitação deve ser estruturada de modo a promover o crescimento econômico nacional em termos compatíveis com a proteção ao meio ambiente.

Rigorosamente, a promoção do desenvolvimento nacional sustentável é obtida não por meio da licitação, mas por via da contratação propriamente dita. Afeta os critérios de participação dos licitantes e de julgamento das propostas. Autoriza o reconhecimento de vantagens às propostas mais adequadas à realização dessa política desenvolvimentista.

Assim, o critério do menor preço pode ser acompanhado da avaliação da vantajosidade sob o prisma do desenvolvimento nacional. Portanto, surge a possibilidade de sagrar-se vencedora uma proposta de valor mais elevado, desde que se evidencie ser ela mais adequada para promover o desenvolvimento nacional sustentável.

É evidente que isso não significa autorizar discriminações arbitrárias, fundadas em critérios puramente subjetivos ou incompatíveis com o princípio da proporcionalidade. É indispensável a existência de regras precisas e exatas, definindo concretamente os critérios de apuração da vantagem relacionada ao desenvolvimento nacional sustentável.

7.5 O incentivo à inovação

O inc. IV do art. 11 da Lei 14.133/2021 aludiu ao incentivo à inovação.

7.5.1 Ainda a função regulatória da contratação administrativa

O incentivo à inovação também se configura como uma função regulatória. Trata-se de se valer da contratação administrativa não apenas para atender às necessidades administrativas, mas também para incentivar a escolha de soluções inovadoras.[9]

7.5.2 As dificuldades envolvidas

É extremamente problemático conjugar a atividade administrativa estatal e o incentivo à inovação. Assim se passa porque a inovação contempla uma ampliação dos riscos de insucesso. Por inerência, a inovação significa a adoção de soluções desconhecidas. Uma parcela significativa das inovações se revela como ineficiente e infrutífera.

A previsão legislativa deve ser interpretada em termos. A inovação deve ser buscada em circunstâncias específicas, com cautela e observância da proporcionalidade.

8 PRINCÍPIOS NORTEADORES DA LICITAÇÃO

O ato convocatório da licitação e todos os atos decisórios decorrentes se subordinam a diversos princípios.

8.1 Atividade administrativa em geral e atividade licitatória

A atividade administrativa em geral se subordina a princípios jurídicos, examinados no Capítulo 4. Esses princípios apresentam configuração específica relativamente à atividade

---

[9] A temática do fomento da inovação tecnológica por meio de contratações administrativas tem sido objeto de diversos diplomas legais, ao longo do tempo. A Lei 10.973/2004 (com diversas alterações posteriores) tratou do tema de modo sistemático. Depois, a Lei Complementar 182/2021 também se referiu à matéria a propósito do marco legal das *startups* e do empreendedorismo inovador. Sobre o tema, confira-se: POMBO. *Contratos públicos na Lei de Inovação*: transferência de tecnologia, acordo de parceria e encomenda tecnológica.

licitatória. Devem ser aplicados tomando em vista a natureza da atividade licitatória, bem como as finalidades buscadas.

8.2 A previsão legislativa explícita

O art. 3.º da Lei 8.666/1993 aludia a oito princípios (legalidade, impessoalidade, moralidade, igualdade, publicidade, probidade administrativa, vinculação ao instrumento convocatório, julgamento objetivo), além daqueles a eles correlatos.

O art. 5.º da Lei 14.133/2021 alude a vinte e dois princípios (legalidade, impessoalidade, moralidade, publicidade, eficiência, interesse público, probidade administrativa, igualdade, planejamento, transparência, eficácia, segregação de funções, motivação, vinculação ao edital, julgamento objetivo, segurança jurídica, razoabilidade, competitividade, proporcionalidade, celeridade, economicidade e desenvolvimento nacional sustentável), além daqueles contemplados na LINDB.

8.3 A natureza dos princípios e a proporcionalidade

É fundamental tomar em vista que os princípios, por sua própria natureza, não impõem uma solução única e excludente. Na concretização dos princípios, é indispensável promover a sua ponderação, inclusive por meio da técnica da proporcionalidade.

8.4 A vedação à transformação do princípio em regra

Especialmente em vista da Lei 14.133/2021 e da profusão de princípios, é vedada a sua transformação em regras. Ou seja, não é cabível decidir o caso concreto mediante a invocação a apenas um princípio, atribuindo-lhe um significado normativo único e específico.

As regras atinentes à licitação encontram-se definidas numa multiplicidade de dispositivos. A eficácia normativa dos princípios consiste em promover critérios hermenêuticos para a aplicação das regras. Não se viola um princípio, mas se violam regras interpretadas conforme o conjunto de princípios norteadores da atividade administrativa.

9 EXAME GENÉRICO DE ALGUNS DOS PRINCÍPIOS DA LEI 14.133/2021

Cabem algumas considerações superficiais quanto a alguns dos princípios referidos na Lei 14.133/2021.

9.1 A promoção do interesse público

A licitação se destina a selecionar a proposta mais vantajosa para Administração Pública. A promoção do interesse público é promovida por meio da escolha mais vantajosa. Não se admite uma invocação ao interesse público desvinculada da vantajosidade ou da realização de algum dos valores relacionados com a atividade administrativa.

9.2 A igualdade

As considerações quanto à igualdade, desenvolvidas no Capítulo 4, aplicam-se à licitação.

9.2.1 A discriminação inerente à licitação

A submissão da licitação ao princípio da isonomia não significa a vedação de tratamento discriminatório dos licitantes. A licitação promove a discriminação entre sujeitos interessados em contratar com a Administração Pública. Como decorrência da licitação, um dos licitantes será reconhecido como vencedor.

9.2.2 A exigência de objetividade e proporcionalidade

A isonomia significa a exigência de que todas as diferenciações, explícitas e implícitas, diretas e indiretas promovidas na licitação sejam fundadas em critérios objetivos predeterminados, com observância da proporcionalidade.

9.2.3 A razoabilidade

A razoabilidade consiste na compatibilidade da licitação com as exigências da lógica, do conhecimento e da realização dos valores fundamentais. A razoabilidade se identifica com a proporcionalidade sob diversos ângulos. Mas é cabível reconhecer que a razoabilidade compreende também a proscrição de soluções e de medidas incompatíveis com um conteúdo mínimo de racionalidade.

9.3 A segregação de funções

A segregação de funções consiste na exigência de dissociação da competência estatal em atribuições materialmente diversas, outorgadas a sujeitos distintos.

9.3.1 A vedação à concentração de atribuições

A segregação de funções impede que as atribuições compreendidas na competência administrativa sejam exercitadas por um único agente ou por um mesmo órgão.

9.3.2 A diferenciação entre as atribuições

Ademais, é indispensável que a dissociação das atribuições observe um critério de diferenciação em vista das suas peculiaridades.

9.3.3 A atribuição a sujeitos especializados

O agente ou órgão investido da atribuição deve apresentar capacitação adequada para o seu exercício.

9.4 A motivação

Aplicam-se ao âmbito da licitação as exigências de motivação, tal como referidas no Capítulo 7. A titularidade do poder jurídico para decidir não é suficiente para assegurar a validade da decisão adotada. É indispensável indicar, de modo formal e explícito, os motivos que fundamentam a escolha adotada.

Ademais, admite-se o controle da existência e da regularidade dos motivos invocados.

9.5 A vinculação ao edital

A vinculação ao edital significa que as competências discricionárias reconhecidas à Administração para conceber e formatar a licitação e o contrato administrativo exaurem-se com a elaboração do edital.

São inválidos os atos administrativos praticados durante a licitação que não sejam compatíveis com as regras do edital.

A Administração se vincula inclusive às respostas por ela formuladas a eventuais questionamentos e impugnações ao edital.

9.6 A segurança jurídica

Aplicam-se as considerações realizadas no Capítulo 4, no tocante à segurança jurídica como princípio norteador da atividade administrativa do Estado. No tocante à licitação, a segurança jurídica impõe a adoção pela Administração Pública de normas jurídicas que determinem o objeto da licitação, as condições da disputa e as regras da futura contratação.

9.6.1 A completude da disciplina jurídica

Isso significa a existência de normas adotadas com antecedência, que disponham de modo exaustivo sobre os temas pertinentes à licitação e ao contrato administrativo.

9.6.2 A observância das regras

Sob outro prisma, a segurança jurídica exige a observância das regras, sem inovações ou surpresas.

9.6.3 O respeito às expectativas legítimas

Um aspecto relevante é o respeito às expectativas legítimas, produzidas a partir da conduta da Administração. É vedada a utilização de subterfúgios predeterminados ou expedientes supervenientes, que produzam a frustração de resultados objetivamente previsíveis por um sujeito atuando de boa-fé.

9.7 A competitividade

A competitividade significa, sob um certo ângulo, a exigência de tratamento isonômico entre os licitantes. Mas apresenta uma outra dimensão, consistente na adoção de soluções norteadas a permitir a disputa mais ampla possível entre os interessados em licitar. Implica a vedação a exigências que restrinjam artificialmente a disputa, inclusive quando conduzam ao impedimento indevido da participação de sujeitos em condição de disputar o objeto licitado.

9.8 A celeridade

A celeridade é uma implicação da eficiência e uma decorrência do direito fundamental à razoável duração do processo – tema exposto no Capítulo 8. Não significa a vedação ao prolongamento do processo por período suficiente para o desenvolvimento satisfatório das atividades administrativas. Seu conteúdo é a vedação à adoção de condutas ativas e omissivas que prolonguem desnecessariamente o procedimento ou que contemplem formalidades excessivas ou desnecessárias.

10 O PRINCÍPIO DA LEGALIDADE

A legalidade significa, no âmbito da atividade licitatória, a exigência de fundamento normativo consagrado por meio de lei.

10.1 A desnecessidade de disciplina legislativa expressa

O princípio da legalidade não significa a necessidade de autorização legislativa explícita, expressa e exaustiva para a decisão administrativa. A legalidade não é incompatível com a discricionariedade.

10.1.1 A disciplina legislativa genérica: a discricionariedade

Em muitos casos, a lei consagra disciplina legislativa genérica, de modo a permitir a escolha pela autoridade administrativa de uma dentre diversas alternativas, configurando competência discricionária.

10.1.2 A disciplina legislativa implícita

Há situações em que a disciplina legislativa é implícita. Extrai-se a disciplina aplicável a partir do exame do conjunto das previsões legais.

10.1.3 A disciplina legislativa teleológica

A disciplina legislativa pode ser finalística. A lei estabelece o fim a ser atingido, o que implica a discricionariedade para a escolha da autoridade quanto aos meios a serem atingidos.

10.2 A legalidade e a necessidade de adequação às circunstâncias

O princípio da legalidade deve ser interpretado em conjugação com a necessidade de adequação das previsões legislativas às circunstâncias da realidade. Há muitos casos em que as necessidades ou conveniências não encontram respaldo na experiência anterior. A disciplina legal não contempla uma determinação específica para a questão. A adoção pela Administração de práticas inovadoras não implica, de modo automático, a infração à legalidade. É fundamental avaliar se a solução adotada é compatível com as finalidades e com os valores consagrados na legislação existente.

10.3 A superação de concepções de engessamento da atividade administrativa

Especialmente em vista da Lei 14.133/2021, é indispensável superar concepções que conduzam ao engessamento da atividade administrativa. A dinâmica da realidade impõe novidades, que exigem práticas que nem sempre refletem os entendimentos vigentes no passado.

11 OS PRINCÍPIOS DA IMPESSOALIDADE E DA OBJETIVIDADE DO JULGAMENTO

A impessoalidade é a emanação da isonomia, da vinculação à lei e ao ato convocatório e da moralidade. Indica vedação a distinções fundadas em caracteres pessoais dos interessados. Ao menos, os caracteres pessoais devem refletir diferenças efetivas e concretas (que sejam relevantes para os fins da licitação). Exclui o subjetivismo do agente administrativo. A decisão será impessoal quando derivar racionalmente de fatores alheios à vontade subjetiva do julgador. A impessoalidade conduz a uma decisão que se pauta em critérios objetivos. Ou seja, ela deve independer da identidade de quem julga.[10]

---

[10] Como afirmou Miguel Seabra Fagundes, é "da essência do processo licitatório, tessitura formal capaz de preservar a eleição dos co-contratantes de qualquer influência parcial dos agentes administrativos"

Cap. 9 – LICITAÇÃO PÚBLICA **273**

A objetividade do julgamento[11] resulta da aplicação das soluções previstas na lei, em regulamentos e no edital de licitação. Isso evita inovações e modificações no decorrer da licitação. A objetividade consiste no oposto ao subjetivismo do julgador, expressão utilizada para indicar decisões fundadas em concepções pessoais da autoridade, não vinculadas a uma norma preexistente.

Todas as decisões produzidas na licitação devem independer da identidade do julgador. Isso produz a objetividade e impessoalidade da atuação decisória.

12 O PRINCÍPIO DA VANTAJOSIDADE

A vantajosidade consiste na obtenção dos maiores benefícios possíveis no contexto da contratação promovida. A vantajosidade de uma contratação pode ser avaliada sob diferentes prismas.[12] Usualmente, a vantajosidade é avaliada exclusivamente sob o prisma econômico. No entanto, podem existir situações em que uma contratação destituída da maior vantajosidade econômica seja a mais compatível com o ordenamento jurídico, em vista da realização de valores de natureza não econômica. Por exemplo, a sustentabilidade ambiental pode acarretar o desembolso de valores mais elevados.

De todo modo, a vantajosidade é incompatível com o desperdício dos recursos públicos.

13 OS PRINCÍPIOS DA EFICIÊNCIA, DA EFICÁCIA E DA ECONOMICIDADE

O tema da eficiência foi examinado no Capítulo 4. No âmbito das licitações, é usual a distinção entre eficiência, eficácia e economicidade (tal como quanto à efetividade). As expressões indicam aspectos da vantajosidade econômica de uma solução.

13.1 A distinção entre as figuras

A eficiência consiste no melhor aproveitamento dos recursos estatais, tomando em vista o atingimento mais satisfatório dos fins buscados. Esse princípio visa a potencializar a relação custo-benefício entre resultados e desembolsos.

A eficácia reside na aptidão de a solução concebida atingir o resultado pretendido, aproximando-se a um conceito de adequação.

A economicidade envolve a avaliação da vantajosidade patrimonial de uma solução, em comparação com outras alternativas possíveis.

A efetividade se relaciona com a realização concreta das finalidades buscadas no tocante ao aproveitamento dos recursos disponíveis.

13.2 A concepção ampla e abrangente

Toda atividade administrativa envolve uma relação sujeitável a enfoque de custo-benefício. O desenvolvimento da atividade implica a produção de custos em diversos níveis. Assim, há custos relacionados com o tempo, com a mão de obra etc.

Exige-se que a atividade administrativa seja enfocada sob prismas econômico, político, ambiental e social. Como os recursos públicos são escassos, é imperioso que sua utilização

---

(Licitação – Formalidades – Evitação da discricionariedade no julgamento. *Revista de Direito Público – RDP*, v. 19, n. 78, p. 78-79, abr./jun. 1986).

[11] A objetividade deve ser observada não apenas durante a licitação, mas também ao longo da execução do contrato. No caso de haver controvérsias quanto ao adimplemento das obrigações pelas partes, as disputas devem ser solucionadas segundo critérios objetivos.

[12] Embora a Lei mencione que a obtenção de uma contratação vantajosa é um objetivo (art. 11, I) e faça referência à vantajosidade diversas vezes, o art. 5.º não menciona a vantajosidade como um princípio.

274 CURSO DE DIREITO ADMINISTRATIVO · *Marçal Justen Filho*

produza os melhores resultados econômicos, do ponto de vista quantitativo e qualitativo. A eficiência da atividade administrativa exige avaliação não apenas dos fatores exclusivamente econômicos. O tema já foi examinado no Capítulo 4.

14   OS PRINCÍPIOS DA MORALIDADE E DA PROBIDADE

A moralidade e a probidade exigem condutas éticas na condução das licitações. Portanto, a licitação deve ser norteada pela honestidade, pela seriedade e pela ética. Esses princípios aplicam-se tanto à conduta do agente da Administração Pública como à dos próprios licitantes. É vedada a atuação norteada pelo oportunismo e orientada à obtenção de benefícios indevidos.

A moralidade e a probidade compreendem também a boa-fé. Como ensina Agustín Gordillo, "se o órgão que desempenha o exercício de uma potestade pública utiliza-a com má-fé, usando subterfúgios ou artimanhas – por ação ou omissão, inclusive o silêncio – para levar a engano ou a erro um administrado; tal tipo de conduta é, por certo, incompatível com o que deve ser o exercício da função administrativa e é também ilegítima, ainda que a faculdade que no caso se exerça seja discricionária".[13]

Tanto a moralidade como a probidade se relacionam a deveres éticos. Mas a probidade tem uma dimensão econômica. Por consequência, a violação à probidade produz danos ao erário. A repressão à improbidade encontra-se disciplinada na Lei 8.429/1992, objeto de exame mais aprofundado no Capítulo 18.

15   OS PRINCÍPIOS DA PUBLICIDADE E DA TRANSPARÊNCIA

Outros princípios referidos são a publicidade[14] e a transparência, que buscam garantir a qualquer interessado as faculdades de participação e de fiscalização dos atos da licitação.[15] Ainda, visam a proibir reserva pela Administração quanto a seus motivos e finalidades.

A transparência envolve a exposição das premissas adotadas em determinadas decisões. Isso pode se dar sem que seja necessário formular algum tipo de requerimento (transparência ativa) ou mediante a requisição de acesso à informação (transparência passiva).[16] Qualquer prática que dificulte ou impeça a obtenção de informações a respeito da atividade administrativa viola o princípio da transparência, respeitadas as hipóteses em que seja autorizado o sigilo.

A publicidade pode ser considerada como uma exigência decorrente do princípio da transparência e desempenha duas funções: permitir o amplo acesso dos interessados ao certame e propiciar a verificação da regularidade dos atos praticados.[17]

Perante a CF/1988, a garantia da publicidade foi ampliada (art. 5.º, XXXIII). A Lei 12.527/2011 regulamentou a garantia constitucional do acesso a informações e explicitamente previu que seus dispositivos se aplicavam aos pertinentes à licitação e aos contratos administrativos (art. 7.º, VI).

A ausência de publicidade somente é admitida quando colocar em risco a satisfação de outros interesses atribuídos ao Estado, tal como ocorre no caso das contratações que envolvam

---

[13]   GORDILLO. *Princípios gerais de direito público*, p. 186.

[14]   Para Adilson Abreu Dallari, o princípio da publicidade é tão essencial que "sem ele tanto o princípio geral da isonomia quanto o princípio específico da igualdade poderiam ser fraudados" (*Aspectos jurídicos da licitação*, 7. ed., p. 44).

[15]   Adilson Abreu Dallari sustentou que a primeira grande necessidade na reforma da legislação de licitação era assegurar a "real publicidade das licitações para que haja o conhecimento mais amplo possível" (Iniciativa privada e serviços públicos. Separata da: *Revista de Direito Público – RDP*, n. 98, p. 59, abr./jun. 1991).

[16]   A esse respeito, consulte-se Clèmerson Merlin Clève; Julia Ávila Franzoni. Administração Pública e a nova Lei de Acesso à Informação. *Interesse Público – IP*, ano 15, n. 79, p. 15-40, maio/jun. 2013.

[17]   Além do que "Com a maior publicidade, com a maior transparência, com o acesso verdadeiramente público aos documentos da licitação, diminuem as possibilidades de conluios e fraudes (...)" (DALLARI. *Aspectos jurídicos da licitação*, 7. ed., p. 122).

questões sigilosas. Em tais situações, o princípio da publicidade poderá ser afastado, mas nos estritos limites da necessidade e nos termos da Lei 12.527/2011.

16   OS PRINCÍPIOS DO DESENVOLVIMENTO NACIONAL E DA ISONOMIA

O princípio do desenvolvimento nacional sustentável exige que as soluções a serem adotadas pela Administração quanto à modelagem da futura contratação (e no tocante à própria licitação) sejam orientadas a incrementar o desenvolvimento nacional, mas sempre destinadas a assegurar a integridade do meio ambiente.

O desenvolvimento econômico envolve o compromisso não apenas com a produção de riquezas, mas também com a preservação dos recursos.

Como se lê em decisão do STF:

"(...) 4. O meio ambiente deve ser considerado patrimônio comum de toda humanidade, para a garantia de sua integral proteção, especialmente em relação às gerações futuras. Todas as condutas do Poder Público estatal devem ser direcionadas no sentido de integral proteção legislativa interna e de adesão aos pactos e tratados internacionais protetivos desse direito humano fundamental de 3.ª geração, para evitar prejuízo da coletividade em face de uma afetação de certo bem (recurso natural) a uma finalidade individual" (RE 654.833/ AC, Pleno, rel. Min. Alexandre de Moraes, repercussão geral – mérito, j. 20.04.2020, *DJe* 23.06.2020).

16.1   A disciplina da Lei 12.187/2009

A Lei 12.187/2009, ao dispor sobre a Política Nacional sobre Mudança do Clima (PNMC), previu a adoção de "critérios de preferência nas licitações e concorrências públicas (...) para as propostas que propiciem maior economia de energia, água e outros recursos naturais e redução da emissão de gases de efeito estufa e de resíduos" (art. 6.º, XII).

16.2   A questão da isonomia

Ressalvadas as preferências autorizadas normativamente, não se admite a imposição de exigências distintas aos licitantes. A isonomia impõe que sejam adotados os mesmos critérios de participação ou de decisão no curso do procedimento licitatório, observadas distinções que sejam proporcionais às peculiaridades do licitante.

A isonomia, assim como os demais princípios, não é absoluta. Por exemplo, admite-se a estipulação de preferências em favor de bens e serviços relacionados à promoção do desenvolvimento nacional sustentável. Trata-se de uma preferência de cunho impessoal, relacionada aos objetivos fundamentais da Nação.

Como afirma Juarez Freitas, "o sopesamento cauteloso dos custos diretos e indiretos converte-se em requisito essencial de contratações sustentáveis, entendidas como aquelas que (i) conferem efetiva prioridade a produtos, obras e serviços que empreguem recursos, ao máximo possível, livres de componentes tóxicos, perigosos ou nocivos e (ii) causem o menor impacto, no tocante às externalidades negativas (...)".[18]

---

[18]   FREITAS. Sustentabilidade dos contratos administrativos. *Revista de Direito Administrativo & Constitucional*, ano 13, n. 52, p. 43, abr./jun. 2013.

17 COMPETÊNCIA PARA CONDUZIR A LICITAÇÃO

A licitação é conduzida por um órgão específico. Usualmente, esse órgão é uma comissão de contratação, a quem são atribuídas competências especializadas para processar a licitação e promover a seleção da proposta mais vantajosa.[19]

Em alguns casos, trata-se de uma comissão permanente composta por, no mínimo, três membros. Em situações específicas, é possível a comissão ser substituída por um único servidor denominado agente de contratação. Quando a licitação observar a modalidade de pregão, será conduzida por um servidor denominado pregoeiro.[20]

Em princípio, os agentes que conduzem a licitação devem integrar o quadro permanente da Administração. Em situações excepcionais, pode-se admitir que essa exigência não seja atendida (TCU, Acórdão 1.917/2024, Plenário, rel. Min. Benjamin Zymler, j. 18.09.2024).

18 A ESTRUTURA PROCEDIMENTAL DA LICITAÇÃO: LEI 14.133/2021

A licitação se desenvolve concretamente como um procedimento administrativo. Aplicam-se os conceitos e a disciplina jurídica expostos no Capítulo 8. O exame da matéria pode ser realizado tomando em vista a disciplina da Lei 14.133/2021, que disciplinou o tema de modo mais minucioso do que o previsto na legislação anterior.

18.1 A dimensão processual da licitação

A Lei 14.133/2021 reconheceu formalmente que a licitação é um processo administrativo. Isso significa não apenas admitir a relevância da dimensão procedimental, mas destacar a exigência do contraditório, da ampla defesa, da imparcialidade de julgamento e de todas as implicações daí decorrentes.

Essa previsão se aplica inclusive às licitações não regidas pela Lei 14.133/2021, eis que decorre da natureza da atividade decisória da Administração, que envolve interesses conflitantes de sujeitos privados.

18.2 A estrutura procedimental da licitação

O art. 17 da Lei 14.133/2021 prevê o seguinte:

"Art. 17. O processo de licitação observará as seguintes fases, em sequência:

I – preparatória;

II – de divulgação do edital de licitação;

III – de apresentação de propostas e lances, quando for o caso;

IV – de julgamento;

V – de habilitação;

VI – recursal;

VII – de homologação".

---

[19] A expressão "comissão de contratação" foi consagrada na Lei 14.133/2021. As leis anteriores se referiam à "comissão de licitação". A alteração não implica modificação significativa.

[20] No âmbito federal, o Dec. 11.246/2022 dispõe sobre as regras para a atuação do agente de contratação e da equipe de apoio, o funcionamento da comissão de contratação e a atuação dos gestores e fiscais de contratos.

Essa previsão reflete estrutura inerente a qualquer licitação, inclusive quanto àquelas disciplinadas pelas leis anteriores.

19 FASE PREPARATÓRIA: O PLANEJAMENTO

Toda licitação se inicia no âmbito interno da Administração Pública. A futura contratação e a atividade licitatória externa obedecerão a regras adotadas pela Administração num momento anterior e que refletirão uma avaliação quanto às soluções mais satisfatórias e adequadas.

19.1 O dever de planejamento adequado

A etapa preparatória se destina ao atendimento ao dever de planejamento adequado e necessário da licitação e da contratação.

19.1.1 O planejamento

O planejamento consiste em atividade organizada, que compreende a antevisão das necessidades, das soluções cabíveis, de avaliação de riscos e de escolha das soluções mais adequadas.[21] Sob um certo ângulo, o planejamento consiste numa espécie de "engenharia reversa", na acepção de que a Administração deve prever os resultados mais desejáveis (fins) e, a partir disso, estabelecer o melhor modo para o seu atingimento (meios).

19.1.2 A definição das necessidades a serem atendidas

O planejamento satisfatório depende da identificação das necessidades a serem atendidas. Essas necessidades podem referir-se ao cumprimento das funções da Administração, tal como se passa em vista da execução de uma obra pública. Mas também podem envolver necessidades da própria Administração, tal como a aquisição de material de escritório.

19.1.3 A concepção da solução contratual adequada

O planejamento envolve a identificação do modelo contratual mais adequado para cada caso. Isso compreende avaliar as diversas alternativas possíveis do ponto de vista jurídico, econômico, técnico, social e ambiental e escolher aquela que se afigura como a mais pertinente. O planejamento envolve também a elaboração da minuta contratual.

19.1.4 A definição do modelo licitatório

Num terceiro momento, a atividade de planejamento se dirige à concepção do modelo licitatório. É inviável planejar adequadamente a licitação sem a elaboração da minuta de contrato administrativo.

19.2 O desenlace da fase preparatória

A fase preparatória pode conduzir a um de três resultados possíveis.

---

[21] O art. 5.º qualifica o planejamento como um "princípio" da licitação. Essa formulação deve ser entendida em termos. A exigência do planejamento é muito mais uma regra. A qualificação como princípio implicaria a atenuação da eficácia vinculante da exigência.

19.2.1 Os resultados possíveis

O primeiro resultado possível é a constatação da inviabilidade ou da inconveniência de promover a contratação, o que resulta no encerramento da atividade administrativa.

O segundo é o reconhecimento de que a contratação é juridicamente cabível e que comporta uma licitação. Deve ser elaborado o edital correspondente e iniciar a etapa subsequente.

O terceiro é o reconhecimento de que, embora a contratação seja cabível, não é o caso de promover licitação. A solução é uma contratação direta, sem licitação. Isso conduz à adoção de um procedimento compatível com as circunstâncias identificadas.

19.2.2 A ausência de estanqueidade da atividade administrativa

A etapa de planejamento não comporta uma dissociação em fases estanques. Por exemplo, as circunstâncias atinentes à elaboração do edital podem afetar a concepção de um modelo contratual anteriormente concebido. É até viável que, ao conceber o edital, a Administração constate a inconveniência da própria licitação e conclua pela extinção do projeto de contratação.

19.3 O planejamento e a realidade concreta

O planejamento se vincula à realidade concreta. Inexiste planejamento teórico, ainda que a atividade de planejar deva ser orientada por métodos e concepções técnico-científicas. Mas o planejamento sempre se refere a situações concretas, que apresentam características variáveis em face da realidade do tempo e do espaço.

19.3.1 O planejamento e os critérios racionais e objetivos

O planejamento exige considerar a realidade e prever o futuro tomando em vista critérios racionais e objetivos. A evolução dos fatos, no futuro, apresenta variações insuscetíveis de cálculo exato. O planejamento consiste numa previsão dos eventos segundo juízos de probabilidade, fundados no conhecimento técnico-científico e na experiência.

19.3.2 O planejamento estratégico e as disponibilidades orçamentárias

Toda contratação administrativa envolve a alocação de recursos escassos da Administração. Por isso, o planejamento de uma licitação e de cada contratação reflete uma decisão quanto a prioridades e finalidades a serem atendidas.

O planejamento de cada licitação e de cada contratação deve observar o planejamento estratégico mais amplo e as disponibilidades orçamentárias.

19.3.3 A revisão contínua

O planejamento envolve uma revisão contínua, que se destina a adequar as projeções originais com a realidade dos fatos.

19.4 A proscrição de atuação meramente formal

O planejamento não se constitui em uma atividade puramente formal, que ignore as circunstâncias efetivas que envolvem cada situação concreta. É indispensável considerar não apenas as circunstâncias administrativas, mas especialmente as peculiaridades do mercado e, quando possível, a experiência de contratações anteriores de objeto similar realizadas pela própria Administração e por outras entidades administrativas.

19.5 O defeito no planejamento e a responsabilização dos agentes competentes

As falhas de planejamento impõem a adoção de medidas adequadas, que podem consistir inclusive na revogação e na anulação da licitação.

19.5.1 As limitações do conhecimento humano

Não se configura falha de planejamento pela simples discordância entre a evolução dos fatos no mundo real e as previsões realizadas de antemão pelos agentes administrativos. O conhecimento humano é limitado e a realidade dos fatos é muito complexa. É inevitável que os eventos não se verifiquem de modo exatamente conforme às projeções originalmente adotadas.

19.5.2 A falha como defeito

Portanto, a falha no planejamento somente se configura quando ocorrer uma insuficiência ou defeito na atividade preparatória. Haverá falha nos casos em que não tiverem sido adotadas formalidades recomendáveis pela ciência, pela técnica e pela experiência, quando tiverem sido formuladas previsões destituídas de respaldo.

19.5.3 A responsabilização do agente

É cabível promover a responsabilização do agente encarregado da atividade de planejamento quando configurada conduta culpável. É indispensável a comprovação de elemento subjetivo reprovável. Não existe cabimento de responsabilização se inexistir, quando menos, a culpa simples.

19.5.4 Ainda as regras da LINDB

A responsabilização por falha no planejamento subordina-se à disciplina da LINDB. Deve ter-se em vista especialmente o art. 22 e seu § 1.º, do referido diploma, que estabelecem que:

"Art. 22. Na interpretação de normas sobre gestão pública, serão considerados os obstáculos e as dificuldades reais do gestor e as exigências das políticas públicas a seu cargo, sem prejuízo dos direitos dos administrados.

§ 1.º Em decisão sobre regularidade de conduta ou validade de ato, contrato, ajuste, processo ou norma administrativa, serão consideradas as circunstâncias práticas que houverem imposto, limitado ou condicionado a ação do agente".

20 O EDITAL DE LICITAÇÃO

O edital de licitação é ato administrativo unilateral, destinado a disciplinar o procedimento da licitação e as condições de futura contratação, tal como a dar publicidade à atividade contratual da Administração.

20.1 Funções do edital de licitação

O edital de licitação apresenta uma função normativa. Contém as regras que disciplinam o procedimento licitatório propriamente dito e as condutas da Administração e das partes, inclusive no tocante à futura contratação.

A função de publicidade consiste na divulgação da instauração da licitação, abrangendo inclusive as condições da disputa e o objeto da futura contratação, de modo a permitir a participação dos interessados. A publicidade também permite a fiscalização da atividade administrativa.

20.2   O conteúdo do edital

É problemática uma definição abrangente de todo o conteúdo possível do edital. Mas nele há seis núcleos fundamentais, cuja inexistência acarreta a invalidade do ato. O edital deve, necessariamente, conter disciplina sobre:

–   o procedimento a ser adotado na licitação;
–   as condições de participação dos interessados no certame;
–   os requisitos de aceitabilidade das propostas;
–   os critérios de seleção da proposta mais vantajosa;
–   a futura contratação, inclusive com a minuta do contrato; e
–   as sanções aplicáveis aos casos de descumprimento do contrato.

20.3   Hierarquia normativa e o edital

O edital é referido, muitas vezes, como a "lei" da licitação. Essa construção deve ser interpretada em termos. O edital é um ato administrativo, cuja validade depende de sua compatibilidade com as normas jurídicas superiores.

Logo, as normas do edital precisam ser compatíveis com a Constituição, com as leis e com os regulamentos pertinentes.

20.4   A eficácia vinculante do edital

As normas contempladas no edital apresentam eficácia vinculante para a Administração e para os particulares. Há um conjunto de temas que são objeto de disciplina por parte do edital. Essas soluções contempladas no edital são de observância obrigatória pela própria Administração.

20.5   A elaboração do edital e o exaurimento da discricionariedade

A eficácia vinculante do edital relaciona-se diretamente ao exaurimento da discricionariedade da Administração. Ao longo da fase de planejamento, a Administração é investida de autonomia para conceber as soluções normativas a serem observadas. Essa autonomia se traduz em escolhas que são formalizadas nas regras do edital. Elaborado o edital e promovida a sua divulgação, a Administração se vincula a seus termos. Não dispõe de autonomia para ignorar as regras que ela própria, Administração, consagrou no edital.

20.6   Os limites da eficácia vinculante do edital

A eficácia vinculante do edital se aplica especificamente no curso da licitação e na configuração básica da contratação. No entanto, não implica a vedação a alterações contratuais adequadas e necessárias durante a execução do contrato. Uma das características do regime dos contratos administrativos é a sua mutabilidade. Quanto mais complexos e quanto maior o prazo de duração dos contratos, tanto mais se exige a adaptação das suas regras às circunstâncias da realidade.

20.7 A Lei 14.133/2021 e a flexibilidade da disciplina

O edital apresenta relevância normativa muito grande, tomando em vista a sua eficácia vinculante. Mas essa importância é ainda mais significativa no âmbito da Lei 14.133/2021.

20.7.1 A ausência de disciplina legal exaustiva

A Lei 14.133/2021 não estabeleceu soluções padronizadas e obrigatórias quanto a uma pluralidade de temas. Atribuiu competência discricionária para a Administração conceber inovações e optar por alternativas distintas.

20.7.2 A formalização das soluções no edital

Essa competência discricionária é o fundamento para a produção das normas que disciplinam a licitação e a futura contratação. São formalizadas no edital e a sua observância é vinculante, tal como exposto.

20.8 Vícios do edital

Todas as limitações e exigências contempladas no ato convocatório deverão observar o princípio da proporcionalidade. Ou seja, deverá existir um vínculo de pertinência entre a exigência ou a limitação e o interesse público a ser satisfeito. Isso equivale a afirmar a nulidade de qualquer edital que contemple exigências excessivas ou inúteis, que impeçam a participação de interessados que poderiam executar prestação útil para a Administração Pública.

20.8.1 A disciplina constante dos arts. 147 e 148 da Lei 14.133/2021

O tema sobre a invalidade da licitação, que abrange inclusive vícios do edital, sujeita-se a tratamento diferenciado previsto nos arts. 147 e 148 da Lei 14.133/2021, que é objeto de exame em tópico específico, adiante.

20.8.2 A configuração da nulidade do edital

A nulidade do edital pode derivar de insuficiência ou de excesso. A nulidade *por insuficiência* se caracterizará quando o edital não contiver os elementos mínimos necessários a cumprir suas funções normativas. A nulidade *por excesso* se dará quando a regulação contiver cláusulas incompatíveis com a lei, incapazes de assegurar a seleção da proposta mais vantajosa ou ofensivas à isonomia.

Todas as limitações e exigências dispostas no ato convocatório deverão observar o princípio da isonomia. O ato convocatório viola a isonomia e, em última análise, a proporcionalidade, quando:

- estabelece discriminação desvinculada do objeto da licitação e ofensiva a valores constitucionais ou legais;
- prevê exigência desnecessária e que não envolve vantagem para a Administração Pública;
- impõe requisitos desproporcionais com as necessidades da futura contratação.

21 PRINCIPAIS ASPECTOS DO PROCEDIMENTO NA LEI 14.133/2021

A estruturação do procedimento licitatório reflete as características do objeto a ser contratado e as peculiaridades do mercado. Há procedimentos mais complexos, que apresentam maior número de etapas, de modo a permitir avaliação mais detalhada das propostas apresentadas.

21.1 A disciplina da Lei 14.133/2021

A estruturação do procedimento licitatório na Lei 14.133/2021 envolve três aspectos principais, que também podem ser afetados pelo critério de julgamento a ser adotado – tema a ser examinado em tópico adiante. São eles a forma, o modo de disputa e a modalidade.

21.2 A forma do procedimento

A forma do procedimento reflete a disciplina quanto ao modo de formalização dos atos do procedimento. Existem duas alternativas, que são a forma eletrônica e a forma presencial.

21.2.1 A forma eletrônica

Na forma eletrônica, os atos do procedimento são produzidos por meio eletrônico, por meio da Internet. Toda a documentação é formalizada por via digital e todos os participantes atuam à distância. A regra geral é a adoção da forma eletrônica para as licitações da Lei 14.133/2021.

21.2.2 A forma presencial

Na forma presencial, os atos do procedimento licitatório se verificam com a presença física dos agentes de contratação, dos licitantes e de possíveis interessados, em local predeterminado – usualmente, a sede da repartição que promove a licitação. Nesses casos, as propostas são formuladas presencialmente ou mediante documentos em papel. Na Lei 14.133/2021, a forma presencial é admitida em situações excepcionais.

21.3 O modo de disputa

O modo de disputa se refere à disciplina no tocante ao conhecimento público e à formulação das propostas por parte dos licitantes. A Lei 14.133/2021 prevê que o modo de disputa pode ser, isolada ou conjugadamente, aberto ou fechado.

21.3.1 Modo aberto e modo fechado

No modo aberto, os licitantes formulam as suas propostas de modo público, por meio de lances sucessivos (crescentes ou decrescentes, conforme o caso).

No modo fechado, as propostas dos licitantes são mantidas em sigilo e divulgadas em data e horário específicos.

21.3.2 A combinação de soluções

É possível que o modo de disputa, num primeiro momento, seja aberto e, depois, passe a ser fechado. Por exemplo, admite-se que os licitantes que formularam os melhores lances no modo aberto sejam convocados a apresentar uma proposta final, no modo fechado. Mas também é cabível o inverso, em que, divulgadas as propostas apresentadas em modo fechado, os licitantes formulem lances abertos de conteúdo mais vantajoso. O tema será aprofundado adiante.

21.4 A modalidade de licitação

A modalidade de licitação refere-se à disciplina procedimental adotada em vista das necessidades da contratação e do critério de julgamento. Segundo o art. 28 da Lei 14.133/2021, as modalidades de licitação são o pregão, a concorrência, o concurso, o leilão e o diálogo competitivo.

21.4.1 O pregão

A Lei 14.133/2021 recepcionou a disciplina do pregão consagrada na Lei 10.520/2002 e consagrou a seguinte definição legal, no seu art. 6.º, XLI:

"XLI – pregão: modalidade de licitação obrigatória para aquisição de bens e serviços comuns, cujo critério de julgamento poderá ser o de menor preço ou o de maior desconto".

Já o inc. XIII do mesmo art. 6.º contemplou a seguinte definição:

"XIII – bens e serviços comuns: aqueles cujos padrões de desempenho e qualidade podem ser objetivamente definidos pelo edital, por meio de especificações usuais de mercado".

O pregão é um procedimento licitatório muito simples e rápido, orientado a obter a proposta de menor custo possível para a Administração e versando sobre prestações destituídas de peculiaridades. Usualmente, o pregão é desenvolvido sob forma eletrônica, em modo aberto.

O pregão é aplicável nos casos em que a necessidade administrativa pode ser satisfatoriamente atendida por uma prestação disponível no mercado. Não significa que todas as prestações ofertadas no mercado sejam objetivamente idênticas. A questão é que a variação da qualidade é irrelevante para a Administração.

Dois exemplos permitem compreender a questão. Se a Administração necessitar adquirir água mineral, será irrelevante a variação da qualidade do produto, da sua composição físico-química ou de seu sabor – desde que sejam atendidos os requisitos mínimos exigidos do produto. Portanto, é cabível adotar o pregão, utilizando como critério o menor desembolso possível.

Mas, se a Administração necessitar contratar serviços de informática complexos, a situação será distinta. A complexidade técnica da prestação conduz à relevância de avaliar detalhadamente a capacidade do fornecedor e as variações da prestação.

21.4.2 A concorrência

A concorrência foi definida no art. 6.º, XXXVIII, da Lei 14.133/2021:

"XXXVIII – concorrência: modalidade de licitação para contratação de bens e serviços especiais e de obras e serviços comuns e especiais de engenharia, cujo critério de julgamento poderá ser:
a) menor preço;
b) melhor técnica ou conteúdo artístico;
c) técnica e preço;
d) maior retorno econômico;
e) maior desconto".

A concorrência deve ser adotada sempre que a prestação contratual não se configurar como um objeto comum. Isso envolve, como regra, as obras de engenharia, mas também pode compreender outras hipóteses de compras e serviços. Envolve um procedimento mais complexo, em que são avaliados com maior profundidade os atributos pessoais do licitante e as condições da proposta formulada.

21.4.3 O concurso

Segundo o art. 6.º, XXXIX, da Lei 14.133/2021:

"XXXIX – concurso: modalidade de licitação para escolha de trabalho técnico, científico ou artístico, cujo critério de julgamento será o de melhor técnica ou conteúdo artístico, e para concessão de prêmio ou remuneração ao vencedor".

No concurso, o licitante não apresenta proposta de conteúdo econômico. O vencedor recebe um prêmio ou uma remuneração predeterminados no edital.

Usualmente, o concurso consiste diretamente em uma performance artística ou na apresentação de uma concepção técnica ou científica.

O concurso como procedimento licitatório não se confunde com o concurso público para provimento de cargo ou emprego público.

21.4.4 O leilão

O leilão não apresenta maior peculiaridade. Consiste na "modalidade de licitação para alienação de bens imóveis ou de bens móveis inservíveis ou legalmente apreendidos a quem oferecer o maior lance" (art. 6.º, XL).

21.4.5 Diálogo competitivo

O diálogo competitivo foi uma inovação da Lei 14.133/2021.[22] A figura foi adotada tomando por base a experiência da legislação da União Europeia. Segundo o art. 6.º, XLII:

"XLII – diálogo competitivo: modalidade de licitação para contratação de obras, serviços e compras em que a Administração Pública realiza diálogos com licitantes previamente selecionados mediante critérios objetivos, com o intuito de desenvolver uma ou mais alternativas capazes de atender às suas necessidades, devendo os licitantes apresentar proposta final após o encerramento dos diálogos".

A estrutura do diálogo competitivo é próxima à de uma concorrência. A peculiaridade reside em que a Administração não estabelece, no edital, as condições mais precisas quanto às condições da prestação. Determina certos resultados reputados como necessários. A primeira etapa do diálogo competitivo consiste numa convocação de interessados para formular concepções quanto ao modo e demais condições de execução do objeto da licitação. A Administração estabelece conversações com os potenciais interessados e atinge a definição da solução reputada como satisfatória. Na sequência, com a publicação de um novo edital, instaura-se uma segunda etapa do procedimento, em que os interessados formulam as propostas, observando-se procedimento similar ao de uma concorrência.

22   A ESTRUTURA PROCEDIMENTAL DA LICITAÇÃO NA LEGISLAÇÃO ANTERIOR

A estrutura procedimental adotada na Lei 14.133/2021 traduziu a experiência adquirida pela Administração com a aplicação da legislação anterior. Portanto, há muitos pontos em comum com as Leis anteriores.

22.1   O modelo da Lei 8.666/1993

A Lei 8.666/1993 apresenta disciplina bastante distinta daquela da Lei 14.133/2021, no tocante à estruturação do procedimento.

---

[22]   Sobre o tema, confira-se: REISDORFER. *Diálogo competitivo*: o regime da Lei nº 14.133/21 e sua aplicação às licitações de contratos de concessão e parcerias público-privadas.

22.1.1 As modalidades licitatórias

A Lei 8.666/1993 previu diversas modalidades licitatórias, disciplinadas em termos rígidos e inflexíveis e em termos muito distintos do modelo adotado Lei 14.133/2021. Originalmente, a Lei 8.666/1993 não previa o pregão, que foi instituído por lei específica. A Lei 8.666/1993 contemplou modalidades licitatórias (tomada de preços e convite) que foram extintas pela Lei 14.133/2021.

22.1.2 A concorrência da Lei 8.666/1993

A concorrência é uma modalidade de licitação de que podem participar quaisquer interessados, que preencherem os requisitos de participação exigidos. A concorrência pode ser utilizada para todo tipo de contrato administrativo, inclusive aqueles que tenham por objeto a alienação de bens e direitos.

Foi prevista a obrigatoriedade de sua utilização para compras e serviços em valor superior a R$ 1.430.000,00 e para obras e serviços de engenharia em valor superior a R$ 3.300.000,00.

Embora a manutenção da terminologia, a concorrência da Lei 14.133/2021 não se confunde com aquela da Lei 8.666/1993.

22.1.3 Tomada de preços

A tomada de preços é uma modalidade licitatória da Lei 8.666/1993, utilizável para compras e serviços no valor de até R$ 1.430.000,00 e para obras e serviços de engenharia valorados em até R$ 3.300.000,00. Nessa modalidade, apenas podem participar os licitantes previamente cadastrados ou aqueles que preencham os requisitos de participação em prazo de até 48 horas antes da data prevista para a entrega das propostas.

22.1.4 Convite

O convite é uma modalidade de licitação apropriada para compras e serviços no valor de até R$ 176.000,00 e obras e serviços de engenharia estimados em até R$ 330.000,00. Dela podem participar apenas os sujeitos convidados pela Administração Pública ou qualquer interessado cadastrado, que requeira a extensão do convite no prazo de até 24 horas antes da apresentação das propostas.

22.1.5 Leilão e concurso

O leilão e o concurso da Lei 8.666/1993 apresentam similitude com a disciplina da Lei 14.133/2021.

22.2 O modelo da Lei 10.520/2002

A Lei 10.520/2002 dispôs sobre o pregão. A Lei 14.133/2021 recepcionou a quase totalidade das disposições pertinentes. No entanto, há distinções que acarretam dificuldade na utilização, no âmbito da Lei de 2021, da regulamentação adotada para a aplicação da Lei de 2002.

22.3 O modelo da Lei 12.462/2011

O modelo da Lei do RDC foi incorporado, em parcelas muito significativas, pela Lei 14.133/2021.

22.3.1 Pressupostos de aplicação

Originalmente, o sistema do RDC podia ser adotado facultativamente para as contratações relacionadas à Copa das Confederações de 2013, à Copa do Mundo de 2014 e aos Jogos Olímpicos e Paralímpicos de 2016. Também se admitia a utilização do sistema normativo para contratações pertinentes a obras de infraestrutura e de contratação de serviços para os aeroportos das capitais dos Estados da Federação distantes até 350 km (trezentos e cinquenta quilômetros) das cidades-sede das duas competições.[23]

Posteriormente, houve alterações legislativas que ampliaram a possibilidade de utilização do RDC.

22.3.2 A previsão dos modos de disputa

A Lei do RDC instituiu o tratamento para modos de disputa, que foi basicamente reiterado pela Lei 14.133/2021.

23 CONSIDERAÇÕES GERAIS SOBRE A SELEÇÃO DA SOLUÇÃO MAIS VANTAJOSA

A licitação destina-se a selecionar a proposta de contratação mais vantajosa. Isso significa avaliar não apenas o conteúdo propriamente dito da proposta, mas também as efetivas condições de confiabilidade quanto à qualificação do sujeito para executar a prestação pretendida pela Administração.

23.1 Vantajosidade objetiva

A vantajosidade objetiva (propriamente dita) é determinada pela análise do conteúdo da proposta formulada pelo licitante. Isso envolve o julgamento da proposta.

23.2 Vantajosidade subjetiva

A vantajosidade subjetiva (habilitação) resulta do exame da qualificação do sujeito para executar a proposta. Isso se relaciona com o julgamento da habilitação.

24 OS CRITÉRIOS DE JULGAMENTO DAS PROPOSTAS (VANTAJOSIDADE OBJETIVA)

Existem diferenças quanto à disciplina legislativa dos critérios de julgamento na Lei 14.133/2021 e nos diplomas anteriores.

A Lei 14.133/2021 aperfeiçoou o tratamento para os critérios de julgamento das propostas.

24.1 O elenco legal

O art. 33 da Lei 14.133/2021 dispõe sobre os critérios de julgamento das propostas (vantajosidade objetiva):

"Art. 33. O julgamento das propostas será realizado de acordo com os seguintes critérios:

I – menor preço;

---

[23] O STF declarou constitucional a Lei 12.462/2011 no julgamento conjunto das Ações Diretas de Inconstitucionalidade (ADIs) 4.645/DF e 4.655/DF (Pleno, rel. Min. Luiz Fux, j. 12.09.2023, *DJe* 20.10.2023).

II – maior desconto;

III – melhor técnica ou conteúdo artístico;

IV – técnica e preço;

V – maior lance, no caso de leilão;

VI – maior retorno econômico".

24.2 O menor preço

O menor preço consiste na determinação do menor custo financeiro a ser arcado pela Administração como contrapartida em favor do particular. Como regra, as licitações devem adotar o critério do menor preço. Isso sem deixar de levar em conta os critérios mínimos de qualidade aceitáveis para cada contratação.[24]

24.3 O maior desconto

O maior desconto apresenta similaridade com o menor preço e se aplica nas hipóteses em que a proposta versa sobre a redução quanto a preços adotados no edital ou praticados no mercado. Essa redução de preço evidentemente deverá ser compatível com a exequibilidade da proposta.

24.4 A melhor técnica ou conteúdo artístico

A melhor técnica ou conteúdo artístico é critério aplicável em situações específicas e diferenciadas, relacionadas com propostas de cunho técnico ou artístico. Inexiste, nesses casos, uma avaliação de custos econômicos.[25]

24.5 A técnica e preço

A licitação de técnica e preço se verifica nos casos em que são exigidas duas propostas distintas dos licitantes, sendo uma de cunho técnico e outra de preço. Cada uma das propostas é avaliada e é considerado vencedor o licitante que obtiver a maior média de pontuação. A licitação de técnica e preço é adotada quando a variação da qualidade da prestação é relevante para a Administração. São situações em que o pagamento de preço mais elevado pode ser justificado pela necessidade de qualidade mais satisfatória da prestação.[26]

24.6 O maior lance

O maior lance é adotado nas hipóteses de alienação de bens e direitos, em que o interesse da Administração é obter o pagamento da maior importância possível. Nesse caso, a modalidade adequada é o leilão.[27]

---

[24] No âmbito da Administração federal direta, autárquica e fundacional, a Instrução Normativa SEGES/ME 73/2022 regulamentou as licitações por menor preço ou maior desconto.

[25] No âmbito da Administração federal direta, autárquica e fundacional, a Instrução Normativa SEGES/MGI 12/2023 regulamentou as licitações por melhor técnica ou conteúdo artístico.

[26] No âmbito da Administração federal direta, autárquica e fundacional, a Instrução Normativa SEGES/MGI 2/2023 regulamentou as licitações por técnica e preço.

[27] No âmbito da Administração federal direta, autárquica e fundacional, a figura do leilão foi regulamentada pelo Dec. 11.461/2023.

24.7 O maior retorno econômico

O critério de maior retorno econômico é aplicável em contratações muito específicas, que se relacionam com investimentos a serem realizados por um particular para elevar a eficiência de gastos públicos. Em tais casos, o particular formula proposta de auferir remuneração proporcional à redução das despesas até então realizadas pela Administração em atividades específicas.[28]

25 OS CRITÉRIOS DE JULGAMENTO NA LEGISLAÇÃO ANTERIOR

O art. 45, § 1.º, da Lei 8.666/1993 previu como critérios de julgamento o menor preço, a melhor técnica, a técnica e preço e o maior lance.

Basicamente, a disciplina da Lei 14.133/2021 sobre o menor preço, a técnica e preço e o maior lance se aplicam ao caso. Com exceção da licitação de melhor técnica, que é muito diversa. Destina-se às mesmas hipóteses de cabimento da licitação de técnica e preço da Lei 14.133/2021, com a peculiaridade da previsão de uma negociação entre a Administração e os licitantes cujas propostas técnicas tenham recebido maior pontuação e não apresentem o menor preço. A Administração buscará obter uma redução da proposta de preço, tendo por parâmetro a proposta de preço mais reduzida.

25.1 O critério de julgamento da Lei 10.520/2002 (Pregão)

O único critério admissível de julgamento do pregão é o menor preço.

25.2 Os critérios de julgamento da Lei 12.462/2011 (RDC)

A Lei 14.133/2021 reproduziu, na sua essência, a disciplina atinente aos critérios de julgamento da Lei 12.462/2011.

26 OS REQUISITOS DE HABILITAÇÃO (VANTAJOSIDADE SUBJETIVA)

O exame das condições do direito de participar da licitação é denominado, usualmente, habilitação. O vocábulo indica tanto a fase procedimental como a decisão proferida pela Administração Pública. Na acepção de fase procedimental, a habilitação consiste no conjunto de atos orientados a apurar a idoneidade e a capacitação de um sujeito para contratar com a Administração Pública. Na acepção de decisão, indica o ato administrativo pelo qual a Administração finaliza essa fase procedimental, decidindo que o sujeito é dotado da idoneidade necessária para ser contratado.

26.1 Pontos em comum na legislação

Há diversos pontos em comum entre a legislação anterior e a Lei 14.133/2021, relativamente às questões de habilitação.

26.1.1 Natureza vinculada da habilitação

A habilitação sujeita-se ao disposto na lei e no ato convocatório, não sendo atribuída autonomia para a autoridade administrativa criar padrões inovadores para avaliar a idoneidade do interessado.

---

[28] No âmbito da Administração federal direta, autárquica e fundacional, a Instrução Normativa SEGES/ME 96/2022 regulamentou as licitações por maior retorno econômico.

26.1.2 Comprovação por meio documental

As exigências de habilitação devem ser as mínimas necessárias à garantia da Administração e a sua comprovação deve ser feita documentalmente. Não se admitem exigências de natureza não documental.

26.2 Requisitos de habilitação inválidos

A CF/1988 consagrou, no art. 37, XXI, o princípio da proporcionalidade relativamente aos requisitos de participação na licitação. Impôs que as exigências seriam as mínimas necessárias.

São inválidas as condições inadequadas ou que não se relacionarem com o objeto da licitação. A comprovação de seu preenchimento não acarreta a presunção de que o sujeito estaria habilitado a executar satisfatoriamente o contrato. O defeito é qualitativo. Assim se dá, por exemplo, quando se exige que o sujeito comprove experiência anterior na execução de tarefas não relacionadas com o objeto do contrato.

São inválidas, também, as condições desnecessárias. Isso se passa naqueles casos de exigências que ultrapassam os requisitos mínimos exigíveis do interessado em formular uma proposta. Caracteriza-se o excesso, provocando a exclusão de pessoas que poderiam executar satisfatoriamente o objeto licitado. O defeito é quantitativo. A Administração Pública poderia impor exigência daquela natureza, mas ultrapassa os limites adequados ao fazê-lo.

27 OS REQUISITOS DE HABILITAÇÃO PREVISTOS NA LEGISLAÇÃO

Quanto a alguns requisitos de habilitação, não há distinção de conteúdo no tratamento adotado pela Lei 14.133/2021 e pelas leis revogadas. O tema está disciplinado nos arts. 62 e seguintes da Lei 14.133/2021.[29]

27.1 A habilitação jurídica

A habilitação jurídica é a comprovação de existência, da capacidade de fato e da titularidade de condições para contratar com a Administração Pública.

Somente pode formular proposta aquele que possa validamente contratar. A comprovação da habilitação jurídica apresenta variações em face da natureza e das peculiaridades do sujeito licitante.

As regras sobre o assunto não são de direito administrativo, mas de direito civil e empresarial. Mais precisamente, a Administração Pública deverá acolher a disciplina adotada na legislação civil e empresarial acerca dos requisitos de capacidade jurídica e de fato dispostas em cada ramo do direito.

27.2 A regularidade fiscal

A regularidade fiscal consiste na comprovação documental de que o sujeito se encontra regularmente inscrito perante os cadastros públicos de contribuintes e que não constam em seu nome débitos fiscais exigíveis e não garantidos.

A exigência de regularidade fiscal representa forma indireta de reprovar a infração às leis fiscais. Mas é indispensável que o ato convocatório determine a exata extensão da interpretação

---

[29] O tema é tratado nos arts. 27 e seguintes da Lei 8.666/1993. As Leis 10.520/2002 (art. 9.º) e 12.462/2011 (art. 14) determinam que a disciplina dos requisitos de habilitação prevista na Lei 8.666/1993 (arts. 27 a 33) se aplica às licitações nelas previstas.

adotada para "regularidade fiscal" e indique os tributos acerca dos quais será exigida a documentação probatória da regularidade. Não se admite que o ato convocatório restrinja-se a repetir o texto da lei e remeta à discricionariedade da comissão de licitação a determinação do tema.

> "Para fim de habilitação, a Administração Pública não deve exigir dos licitantes a apresentação de certidão de quitação de obrigações fiscais, e sim prova de sua regularidade" (Súmula 283 do TCU).

27.3 A regularidade trabalhista

A regularidade trabalhista consiste na comprovação documental de que, perante a Justiça do Trabalho, não constam em nome do licitante débitos inadimplidos exigíveis e não garantidos.

27.4 A qualificação técnica

A qualificação técnica é a comprovação documental da idoneidade técnica para execução do objeto do contrato licitado, mediante a demonstração de experiência anterior na execução de contrato similar e da disponibilidade do pessoal e dos equipamentos indispensáveis.

27.4.1 A proporcionalidade das exigências

A legislação não proíbe as exigências de qualificação técnica, mas reprime exigências desnecessárias ou inadequadas. A Administração Pública não tem liberdade para impor exigências quando a atividade a ser executada não apresentar complexidade nem envolver graus mais elevados de aperfeiçoamento.

27.4.2 A previsão explícita no ato convocatório

Os requisitos de qualificação técnica devem estar previstos de modo expresso no ato convocatório. A qualificação técnica a ser exigida é não apenas aquela teórica, mas também a efetiva, concreta, prática. É a titularidade de condições práticas e reais de execução do contrato. Em vez do exame apenas teórico do exercício da atividade, as exigências se voltam para a efetiva condição prática de desempenhar satisfatoriamente o objeto licitado.

27.4.3 As qualificações técnico-empresarial e técnico-profissional

Admitem-se exigências de duas ordens no tocante à qualificação técnica. Aquelas relacionadas à qualificação técnico-empresarial se referem à própria entidade licitante, envolvendo os atributos empresariais (inclusive experiência anterior) pertinentes à execução de objeto similar ao licitado.

Já a qualificação técnico-profissional versa sobre os vínculos jurídicos mantidos com sujeitos titulares de atributos (inclusive experiência anterior) relacionados com a execução do objeto licitado.

A distinção é relevante especialmente no tocante a licitações de obras e serviços de engenharia, em virtude do regime jurídico pertinente. No âmbito das profissões de engenheiro e de arquiteto, havia uma sistemática de registro da atividade do profissional (e não da empresa). Como decorrência, há casos em que a experiência anterior da empresa é insuficiente porque os responsáveis técnicos pela execução da obra ou serviço de engenharia não mais mantêm vínculos jurídicos com ela.

A questão foi enfrentada pela Resolução 1.137/2023 do Confea (que revogou a Resolução 1.025/2009). Foi reconhecida a existência de acervo operacional de pessoas jurídicas e prevista a emissão da certidão correspondente. Tal sistemática se coaduna com a regra do art. 67, II, da Lei 14.133/2021.

27.5   A qualificação econômico-financeira

A qualificação econômico-financeira consiste na comprovação documental da titularidade de recursos financeiros e de situação econômica adequados à satisfatória execução do objeto da contratação.

Aquele que não dispuser de recursos para executar o contrato não será titular de direito de participar de licitação, pois a carência de recursos faz presumir inviabilidade da execução satisfatória do contrato e impossibilidade de arcar com as consequências de eventual inadimplemento.

A qualificação econômico-financeira não é um conceito absoluto. Depende do vulto dos investimentos e despesas necessários à execução da prestação e será apurada em função das necessidades concretas de cada caso. Por isso, o edital deverá discriminar os requisitos concretos, tomando em vista o elenco legal constante dos incisos do art. 69 da Lei 14.133/2021.

27.6   A comprovação da regularidade quanto ao trabalho de menores

A habilitação para licitações depende da comprovação do cumprimento do disposto no inc. XXXIII do art. 7.º da CF/1988. O dispositivo constitucional impõe a proibição de trabalho noturno, perigoso ou insalubre a menores de 18 e de qualquer trabalho a menores de 16 anos, salvo na condição de aprendiz, a partir de 14 anos.

O Dec. 4.358/2002 regulamentou o inc. V do art. 27 da Lei 8.666/1993, prevendo a apresentação de uma *declaração de regularidade*. O tema foi tratado no art. 68, VI, da Lei 14.133/2021.

27.7   A qualificação social

A qualificação social consiste na comprovação da regularidade do licitante em relação à Seguridade Social e ao FGTS, tal como o atendimento a exigências no tocante à reserva de cargos para pessoa com deficiência e para reabilitado da Previdência Social.

Essa exigência foi expressamente referida no art. 63, IV, da Lei 14.133/2021.[30]

28   A DIVULGAÇÃO DO EDITAL DE LICITAÇÃO

Como exposto, o art. 17 da Lei 14.133/2021 disciplina o procedimento da licitação. Ali está previsto que, elaborado o edital, passar-se-á à fase de sua divulgação, que será efetivada mediante publicação em veículos que permitam o conhecimento de terceiros, interessados ou não em disputar o certame.

28.1   A fixação de prazos dilatórios mínimos

A legislação estabelece prazos mínimos dilatórios – ou seja, destinados a mediar entre a data da publicação e a data da prática do ato jurídico relevante. Esses prazos mínimos permitem

---

[30] A Lei 8.666/1993 tratou do tema regularidade com a Seguridade Social e o FGTS no art. 29, IV. O art. 66-A da Lei 8.666/1993 (com a redação da Lei 13.146/2015) introduziu exigências quanto ao tema da reserva de cargos para pessoa com deficiência ou para reabilitado da Previdência Social.

que o licitante tenha acesso às condições contempladas no edital, inclusive para a obtenção de documentos e a elaboração da proposta.

28.2   A ausência de prazo único e uniforme

As Leis estabelecem prazos mínimos variáveis, tomando em vista as peculiaridades do objeto licitado, do procedimento licitatório e outras circunstâncias.

28.3   A disciplina da Lei 14.133/2021

A Lei 14.133/2021 disciplina os prazos atinentes à apresentação de propostas e de lances no art. 55, mas outros dispositivos apresentam relevância sobre o tema.

28.3.1   Prazos variados: art. 55

No art. 55, há prazos que variam entre oito e sessenta dias úteis. O prazo mais exíguo é reservado para licitações com critério de julgamento de menor preço ou maior desconto. O prazo mais amplo se relaciona com as hipóteses de contratação integrada, que se caracteriza pela alocação de riscos muito relevantes para o particular.

28.3.2   A publicação: art. 54

É obrigatória a divulgação do edital no Portal Nacional de Contratações Públicas (PNCP) e a publicação de seu extrato no Diário Oficial e em jornal de grande circulação.

28.3.3   O Portal Nacional de Contratações Públicas (PNCP): art. 174

O PNCP é um sítio eletrônico destinado a desempenhar funções muito relevantes.[31] Além da publicidade quanto aos editais de licitação de todos os entes federativos, também deve conter um banco de dados com todas as informações pertinentes a todos os contratos administrativos públicos. Entre outras funcionalidades adicionais, está prevista a realização de licitações na forma eletrônica.

28.4   A disciplina da Lei 8.666/1993

A Lei 8.666/1993 tratou da publicidade do edital de Licitação no art. 21, § 2.º.

28.4.1   Os prazos variados

Os prazos contemplados na Lei 8.666/1993 variam entre cinco dias úteis e quarenta e cinco dias.

28.4.2   A publicação

A Lei de 1993 determina que caberá promover a publicação de aviso da licitação no Diário Oficial e em jornal de grande circulação do Estado e, se houver, do Município onde o contrato será executado. Essa exigência não se aplica às licitações na modalidade de convite, quanto ao qual caberá a afixação, "em local apropriado", de cópia do instrumento convocatório (art. 22, § 3.º).

---

[31]   O referido portal por de ser acessado por meio do endereço eletrônico https://www.gov.br/pncp/pt-br.

28.5 A disciplina da Lei 10.520/2002

A Lei 10.520/2002 estabelece que o prazo mínimo entre a publicação e a apresentação das propostas não será inferior a oito dias úteis (art. 4.º, V). A publicação deve contemplar um aviso em diário oficial ou, "não existindo", em jornal de circulação local. O Decreto Federal 10.024/2019, que regulamentou o pregão eletrônico, determina que:

"Art. 20. A fase externa do pregão, na forma eletrônica, será iniciada com a convocação dos interessados por meio da publicação do aviso do edital no Diário Oficial da União e no sítio eletrônico oficial do órgão ou da entidade promotora da licitação.

Parágrafo único. Na hipótese de que trata o § 3.º do art. 1.º, a publicação ocorrerá na imprensa oficial do respectivo Estado, do Distrito Federal ou do Município e no sítio eletrônico oficial do órgão ou da entidade promotora da licitação".

28.6 A disciplina da Lei 12.462/2011

A Lei do RDC disciplina o tema no art. 15.

28.6.1 Os prazos variados

Os prazos da Lei do RDC variam entre cinco e trinta dias úteis.

28.6.2 A publicação

No tocante ao prazo, a disciplina consta do art. 15, § 1.º, nos seguintes termos:

"§ 1.º A publicidade a que se refere o *caput* deste artigo, sem prejuízo da faculdade de divulgação direta aos fornecedores, cadastrados ou não, será realizada mediante:

I – publicação de extrato do edital no Diário Oficial da União, do Estado, do Distrito Federal ou do Município, ou, no caso de consórcio público, do ente de maior nível entre eles, sem prejuízo da possibilidade de publicação de extrato em jornal diário de grande circulação; e

II – divulgação em sítio eletrônico oficial centralizado de divulgação de licitações ou mantido pelo ente encarregado do procedimento licitatório na rede mundial de computadores".

Para contratações com valor reputado como reduzido, admite-se a desnecessidade de publicação em Diário Oficial.

29 CONSIDERAÇÕES SOBRE O PROCEDIMENTO SUBSEQUENTE

Existem variações no tocante à disciplina do procedimento subsequente à divulgação do edital. Essas variações são mais evidentes no âmbito da Lei 14.133/2021, que consagra autonomia mais intensa para a Administração disciplinar o tema no edital.

29.1 As alternativas dos incs. III, IV e V do art. 17 da Lei 14.133/2021

Os incs. III, IV e V do art. 17 da Lei 14.133/2021 consagram alternativas de escolha para a Administração. Nesse ponto, a Lei de 2021 recepcionou as soluções contempladas na Lei do RDC.

29.2   A hipótese de apresentação propostas e lances (inc. III)

A apresentação de propostas e lances compreende tanto as licitações no modo aberto como fechado, ainda que haja variações conforme a forma da disputa (se eletrônica ou presencial). Essas questões foram examinadas em tópico anterior, relativo ao conteúdo do edital.

29.3   O julgamento das propostas

O julgamento das propostas consiste na avaliação de sua compatibilidade com as normas legais e editalícias e a classificação daquelas reputadas como aceitáveis em ordem decrescente de vantajosidade, segundo os critérios objetivos do edital.

29.3.1   A aceitabilidade das propostas

A proposta deverá ser avaliada segundo os critérios de aceitabilidade determinados na lei e no edital. Esses critérios envolvem inclusive o padrão mínimo de qualidade aceitável. A Administração não pode aceitar um objeto destituído da qualidade mínima necessária a satisfazer as necessidades a que se destina, nem mesmo sob o argumento de selecionar a proposta mais vantajosa.

29.3.2   A vantajosidade propriamente dita

A vantajosidade propriamente dita consiste na relação custo-benefício contemplada na proposta apresentada pelo licitante. Há vantagens propiciadas à Administração pela proposta, a que corresponde um conjunto de encargos. A proposta será tanto mais vantajosa quanto maiores forem os benefícios e menores os encargos para a Administração.

Em muitos casos, o edital estabelece de modo preciso e predeterminado uma das facetas da vantajosidade. Assim, por exemplo, considere-se uma licitação para alienação de bem. O edital estabelecerá, de modo exato, a prestação a cargo da Administração, que consistirá na transferência do domínio de um bem. A proposta do particular consistirá exclusivamente na oferta de um valor a ser pago à Administração. Será vencedora a proposta de maior valor. Em tais situações, a avaliação da vantajosidade da proposta é mais simples.

No entanto, há hipóteses complexas. Imagine-se o caso em que caiba ao particular formular proposta que compreenda tanto a prestação a seu cargo como aquela que incumba à Administração. Quanto mais abrangente for a proposta, mais difícil será a tarefa de avaliação de sua vantajosidade. Justamente por isso, exige-se que o edital contemple padrões objetivos e bem delimitados de avaliação da vantajosidade.

29.3.3   Os defeitos irrelevantes ou sanáveis

A regra é que somente podem ser aceitas as propostas que não contenham defeitos insanáveis. Tem-se reconhecido que as propostas não devem ser desclassificadas por defeitos irrelevantes ou sanáveis. A dificuldade reside em determinar a relevância do defeito e os limites para o saneamento. Não existem soluções predeterminadas, disciplinadas de modo abstrato em lei.

Podem ser considerados como irrelevantes os defeitos que não impedem a compreensão da proposta nem violam valores essenciais protegidos pela ordem jurídica. Podem ser sanados os defeitos que, embora dotados de relevância, comportam correção sem que tal comprometa o cunho competitivo da disputa ou as condições essenciais da oferta abrangida na proposta.

29.4 O julgamento da habilitação

O julgamento da habilitação consiste na verificação do preenchimento dos requisitos de habilitação previstos no edital.

29.4.1 A disciplina da Lei 14.133/2021

O art. 63 da Lei 14.133/2021 contempla a disciplina procedimental no tocante à habilitação:

"Art. 63. Na fase de habilitação das licitações serão observadas as seguintes disposições:
I – poderá ser exigida dos licitantes a declaração de que atendem aos requisitos de habilitação, e o declarante responderá pela veracidade das informações prestadas, na forma da lei;
II – será exigida a apresentação dos documentos de habilitação apenas pelo licitante vencedor, exceto quando a fase de habilitação anteceder a de julgamento;
III – serão exigidos os documentos relativos à regularidade fiscal, em qualquer caso, somente em momento posterior ao julgamento das propostas, e apenas do licitante mais bem classificado (...)".

Cabe ao edital dispor sobre o assunto. Será admissível exigir a apresentação por todos os licitantes de uma declaração de preenchimento dos requisitos de habilitação. Mas os documentos correspondentes serão exigidos apenas em relação ao licitante cuja proposta tiver sido selecionada como a mais vantajosa.

29.4.2 A inabilitação e a convocação do segundo mais bem classificado

Se a documentação apresentada pelo autor da proposta mais bem classificada for reprovada, promover-se-á a sua inabilitação e a sua exclusão do certame. Caberá convocar o segundo mais bem classificado para apresentar a sua documentação de habilitação. E assim se procederá até a identificação de um licitante que preencha os requisitos de habilitação.

29.5 A disciplina similar das Leis do Pregão e do RDC

As Leis do Pregão e do RDC adotaram disciplina similar.

29.6 A disciplina da Lei 8.666/1993

A Lei 8.666/1993 adotou disciplina distinta. Previu que a fase de habilitação precede a de julgamento das propostas.

29.6.1 A apresentação dos documentos e das propostas em envelopes distintos

Todos os licitantes tinham o ônus de apresentar, desde logo, a documentação comprovante de habilitação e as propostas. Basicamente, a Lei de 1993 contemplou licitações sob forma presencial. Isso conduzia a que a documentação e a proposta fossem apresentadas em vias físicas, que deviam estar contidas em invólucros distintos e lacrados.

29.6.2 O julgamento da habilitação

Nesse modelo, havia a abertura inicialmente dos envelopes contendo a documentação de habilitação. Havia o exame dos requisitos pertinentes relativamente a todos os licitantes.

Aqueles que não preenchiam os requisitos eram inabilitados e era prevista a restituição a eles dos envelopes contendo as suas propostas, sem que fossem abertos.

29.6.3 O julgamento das propostas

Somente havia a abertura dos envelopes de propostas dos licitantes habilitados, promovendo-se o julgamento conforme as exigências e o critérios previstos em lei e no edital.

29.7 A viabilidade da inversão de fases na Lei 14.133/2021

A Lei 14.133/2021 admite a inversão de fases. Isso significa a possibilidade de que o edital preveja sistemática similar àquela contemplada na Lei 8.666/1993. Em tal hipótese, haverá a apresentação e julgamento dos documentos de habilitação relativamente a todos os licitantes. O julgamento das propostas será precedido da apuração da habilitação.

29.8 A conclusão da etapa: a decisão final, a classificação e a adjudicação

A autoridade julgadora, encerradas as atividades de julgamento de propostas e habilitação, proferirá decisão final com a identificação do vencedor do certame.

30 A FASE RECURSAL

As decisões adotadas pela autoridade julgadora da licitação comportam recurso administrativo ou pedido de reconsideração.

30.1 A sistemática de julgamento anterior das propostas

Na sistemática de julgamento anterior das propostas, cabe recurso apenas contra a decisão final que determinar o vencedor e adjudicar o objeto licitado. Portanto, o direito de recurso poderá abranger não apenas o conteúdo da decisão final, mas de todos os atos pretéritos.

30.2 A sistemática de julgamento anterior da habilitação

Quando for adotada sistemática de julgamento da habilitação anterior ao das propostas, é cabível o recurso contra as decisões proferidas em cada uma dessas oportunidades. Assim se passa porque o julgamento da habilitação, realizado em momento anterior, afeta o próprio conhecimento quanto ao conteúdo das propostas.

30.3 O processamento do recurso

O processamento do recurso segue as regras usuais aplicáveis à hipótese.

30.3.1 A oportunidade de manifestação dos interessados

Uma vez interposto o recurso, assegura-se aos demais participantes do certame a manifestação sobre ele.

30.3.2 A manifestação da assessoria jurídica

Impõe-se a manifestação da assessoria jurídica sobre o recurso, em momento anterior à decisão.

30.3.3   A oportunidade para revisão pela autoridade julgadora

A autoridade julgadora disporá da faculdade de rever a própria decisão, dando provimento ao recurso. Se reputar que o recurso deve ser não conhecido ou não provido, cabe manifestar-se e encaminhá-lo à apreciação da autoridade superior.

30.3.4   A oportunidade para a manifestação da autoridade superior

A autoridade superior deverá manifestar-se. Disporá da faculdade de manter a decisão recorrida ou dar provimento ao recurso. O conteúdo da decisão de provimento do recurso dependerá das questões examinadas. Em alguns casos, o provimento do recurso poderá conduzir à anulação total ou parcial da licitação. Em outros, o provimento do recurso implicará não a anulação (total ou parcial), mas somente a resolução da questão objeto do recurso (reversão da inabilitação do recorrente, por exemplo).

31   PROVIDÊNCIAS COMPLEMENTARES: MANIFESTAÇÃO DA AUTORIDADE SUPERIOR

Exaurida a etapa recursal, o procedimento licitatório é encaminhado à autoridade superior para as formalidades complementares. Existem diversas alternativas, excludentes entre si, no tocante à atuação da autoridade superior.

31.1   A avaliação da regularidade dos atos do procedimento

A autoridade superior deverá realizar a avaliação da legalidade de todos os atos praticados ao longo do certame.

31.1.1   O saneamento dos vícios destituídos de gravidade

Identificando atos defeituosos irrelevantes, caberá promover o seu saneamento. Em alguns casos, a competência para o saneamento será da própria autoridade inferior, investida da atribuição de conduzir a licitação. Se assim se verificar, a autoridade superior deve promover diligência e restituir o procedimento à autoridade a ela subordinada.

31.1.2   A identificação de vícios graves

Constatada a ocorrência de vícios graves, que configurem nulidade absoluta, a autoridade deverá dar aplicação ao art. 147 da Lei 14.133/2021. Reputa-se que o dispositivo é aplicável inclusive a licitações e contratações subordinadas às Leis anteriores. O tema será objeto de comentários em tópico adiante.

31.1.3   O desfazimento dos atos e eventual modulação dos efeitos da decisão

Se não for o caso de preservação dos efeitos de atos nulos, caberá decretar a nulidade. Em tal hipótese, incidirá a disciplina do art. 148 da Lei 14.133/2021, que faculta a modulação dos efeitos da decisão de invalidação dos atos administrativos.

31.1.4 A eventual alteração da classificação

Mas será possível anulação parcial, que preserve a validade da licitação. Nesse caso, poderá resultar alteração na classificação geral. A autoridade superior pronunciará o defeito, devolvendo os autos à comissão julgadora para que produza nova classificação.

Apenas para evitar dúvidas, frise-se que a decretação de nulidade dependerá da observância do devido processo legal e se traduzirá em decisão motivada.

31.2 A avaliação da conveniência do resultado atingido

Se os atos licitatórios não forem eivados de defeitos, caberá examinar a conveniência do resultado. Admite-se a revogação, mas tanto a Lei 8.666/1993 como a Lei 14.133/2021 condicionam essa decisão à ocorrência de fatos supervenientes à instauração do certame. Está vedada, então, a renovação de juízos de oportunidade e conveniência atinentes aos fatos ocorridos antes de iniciada a licitação. Essa regra já era aplicável também às licitações subordinadas ao RDC.

Tal como se passa com a nulidade, a revogação pressupõe o respeito ao devido processo legal e terá de ser motivada. Não basta a simples alegação de conveniência e oportunidade. É necessário que exista uma fundamentação efetivamente pertinente e coerente, que legitime a revogação.

31.3 A adjudicação e a homologação

Se não estiver configurada nulidade nem for caso de revogação, a autoridade superior será obrigada a promover a adjudicação do objeto ao vencedor e a homologação da licitação.

31.3.1 A adjudicação

Adjudicação consiste em ato administrativo unilateral, que declara o preenchimento pelo licitante dos requisitos exigidos e a vantajosidade da proposta formulada, constituindo o seu direito a futura contratação (ou a não ser preterido, conforme a concepção prevalente).

31.3.2 A competência e o momento para a adjudicação

Para alguns,[32] a adjudicação é ato de competência da própria comissão julgadora, produzido conjuntamente com a classificação final. Para outros,[33] trata-se de ato da autoridade superior. Afigura-se que a questão depende do direito positivo.

Nessa linha, o art. 3.º, IV, da Lei 10.520/2002 previa que, entre as atribuições do pregoeiro, encontra-se a adjudicação do objeto ao vencedor – ainda que o art. 4.º, XXI, previsse que a adjudicação incumbia à "autoridade competente" (expressão utilizada para indicar a autoridade superior).

Mas o art. 71 da Lei 14.133/2021 adotou orientação específica, ao estabelecer que a adjudicação caberá à autoridade superior, como providência complementar nos casos em que não for cabível o saneamento de irregularidades, nem a anulação nem a revogação do certame.

---

[32] FIGUEIREDO. *Curso de direito administrativo*. 9. ed., p. 513; e SUNDFELD. *Licitação e contrato administrativo*: de acordo com as Leis 8.666/1993 e 8.883/1994, p. 168-170.

[33] MEIRELLES. *Licitação e Contrato Administrativo*. 15. ed., p. 221; e DI PIETRO. *Direito Administrativo*, 37. ed., p. 425.

31.4 Os efeitos decorrentes da adjudicação

Uma questão clássica se relaciona aos direitos reconhecidos em favor do adjudicatário. Tradicionalmente, afirmava-se que a adjudicação não atribuía ao adjudicatário o direito à contratação, mas apenas constituía o direito de não ser preterido pela Administração Pública.

Se e quando resolvesse contratar, a Administração seria constrangida a promover a contratação do adjudicatário.

Essa construção doutrinária reflete uma concepção autoritária da atividade administrativa, gerando antes efeitos negativos do que positivos para o ente público.

Se a Administração Pública não for obrigada a contratar o adjudicatário, então a atividade licitatória será transformada num ensaio destituído de compromisso para ela. Os particulares, cientes de que nem mesmo a adjudicação lhe assegurará a contratação, serão desincentivados de participar do certame. Essa questão adquirirá ainda maior gravidade quando a licitação envolver objetos de grande complexidade, produzindo custos elevados para os licitantes. Todos os licitantes derrotados terão de absorver os prejuízos correspondentes às despesas para participar no certame. Mas esse risco existirá mesmo em relação ao vencedor. Isso conduzirá o licitante a agregar valores à sua proposta.

31.5 A homologação

A homologação consiste em ato administrativo unilateral por meio do qual a autoridade competente exercita um juízo formal quanto à legalidade e à conveniência do procedimento licitatório e da proposta selecionada como vencedora. Apresenta eficácia declaratória e constitutiva, produzindo o encerramento do procedimento licitatório.

32 A DISCIPLINA DAS NULIDADES

A Lei 14.133/2021 introduziu inovação muito relevante no tocante à disciplina das nulidades. Adota-se o entendimento de que essas regras são aplicáveis inclusive a licitações e contratações subordinadas ao regime das Leis anteriores.

32.1 A sistemática anterior

A disciplina anterior, consagrada no art. 59 da Lei 8.666/1993, apresentava cunho mecanicista quanto à nulidade. O ato nulo não comportava saneamento e não produzia efeitos jurídicos. A decretação da nulidade apresentava cunho declaratório e retroagia os seus efeitos à data do vício. Essa orientação refletia o entendimento consagrado na Súmula 473 do STF:

> "A Administração pode anular seus próprios atos, quando eivados de vícios que os tornam ilegais, porque deles não se originam direitos; ou revogá-los, por motivo de conveniência ou oportunidade, respeitados os direitos adquiridos, e ressalvada, em todos os casos, a apreciação judicial".

32.2 A disciplina do art. 147 da Lei 14.133/2021

O art. 147 da Lei 14.133/2021 adotou solução distinta, seguindo a linha consagrada na reforma da LINDB. Admitiu que, mesmo em hipótese de nulidade absoluta e insanável, poderiam ser preservados os efeitos dos atos defeituosos (inclusive no tocante à contratação administrativa).

32.2.1 A ponderação quanto aos efeitos da invalidação

O referido dispositivo impõe à autoridade competente realizar um juízo formal quanto às implicações do desfazimento dos atos defeituosos.

32.2.2 O Estudo de Impacto Invalidatório – EII

Pode-se aludir a um Estudo de Impacto Invalidatório para indicar o ato administrativo formal exigido pelo referido art. 147, que se refere a uma pluralidade muito ampla de questões a serem tomadas em vista para deliberar sobre o desfazimento ou a manutenção do procedimento licitatório em caso de nulidade absoluta.

32.2.3 A adoção de providências de outra ordem

O dispositivo determina a obrigatoriedade da adoção de providências de outra ordem, que não o desfazimento do ato. Trata-se de identificar medidas aptas a promover a defesa dos valores fundamentais, inclusive de cunho reparatório.

Isso envolve inclusive o reconhecimento do dever de os responsáveis promoverem a indenização de eventuais prejuízos acarretados pela conduta viciada.

32.2.4 O sancionamento dos responsáveis

A preservação dos efeitos dos atos inválidos não se confunde com a tutela à impunidade. São questões distintas. O reconhecimento de condutas reprováveis impõe a instauração dos processos pertinentes, destinados a avaliar a presença dos requisitos de autoria e de tipicidade de condutas puníveis. Admitir que os atos viciados produzam efeitos jurídicos não significa afastar punições e responsabilizações pertinentes às condutas reprováveis que tenham sido praticadas.

32.3 A modulação dos efeitos da anulação

O art. 148 da Lei 14.133/2021 estabelece que, nos casos em que se reputar cabível promover o desfazimento dos atos nulos, a decisão produzirá efeitos retroativos. No entanto, admite-se que a autoridade competente promova a modulação dos efeitos de sua decisão.

32.3.1 A resolução da nulidade em perdas e danos

O dispositivo determina a reposição dos fatos na situação anterior, quando pronunciada a nulidade absoluta. Prevê que, sendo impossível o desfazimento da situação material consolidada, caberá a indenização por perdas e danos.

32.3.2 A modulação dos efeitos da nulidade relativamente aos contratos

Admite-se que, nas hipóteses em que existir contrato administrativo em curso de execução, os efeitos da decretação de nulidade comportam modulação. Admite-se a manutenção da execução do contrato durante o período necessário para o aperfeiçoamento de nova contratação, pelo prazo de até seis meses (prorrogável por uma vez).

33 AS CONTRATAÇÕES DIRETAS

A CF/1988 acolheu a presunção de que prévia licitação produz a melhor contratação – entendida como aquela que assegura a maior vantagem possível à Administração Pública, com observância do princípio da isonomia. Mas o próprio texto constitucional previu a possibilidade de contratação direta, nas hipóteses autorizadas legislativamente.

33.1   As hipóteses de contratação direta

As hipóteses de contratação direta podem ser agrupadas, basicamente, em duas categorias. Há as hipóteses de inexigibilidade e há os casos de dispensa de licitação. Ambas são disciplinadas de modo similar pela Lei 8.666/1993 e pela Lei 14.133/2021.

33.2   A inexigibilidade de licitação

Inexigibilidade de licitação é conceito que, sob o ângulo teórico, antecede o de dispensa. É inexigível a licitação quando for inviável a disputa entre particulares pelo contrato. Havendo viabilidade de disputa, é obrigatória a licitação, excetuados os casos de "dispensa" autorizados por lei.

Logo, a Administração Pública deve verificar, primeiramente, se a licitação é exigível ou inexigível. Se não for caso de inexigibilidade, passará a verificar se estão presentes os pressupostos da dispensa da licitação. Se não for caso nem de inexigibilidade nem de dispensa, então se passará à licitação.

33.3   A dispensa de licitação

Admite-se que a lei dispense a realização de licitação em certas hipóteses, mesmo que exista viabilidade de competição. Essa dispensa somente será válida nos casos em que estiver respaldada por um juízo de proporcionalidade. Os casos de dispensa encontram-se examinados em tópico adiante.

Mas, em todos os casos, a dispensa de licitação somente pode ser instituída mediante determinação legal.

33.4   Diferenças quanto à exaustividade

A inexigibilidade deriva da *natureza das coisas*, enquanto a dispensa é produto da vontade legislativa. Esse é o motivo pelo qual as hipóteses de inexigibilidade indicadas em lei são meramente exemplificativas, enquanto as de dispensa são exaustivas.[34] As hipóteses de inexigibilidade dependem das circunstâncias, impondo-se sua adoção independentemente da vontade do legislador.

34   A CONTRATAÇÃO DIRETA POR INEXIGIBILIDADE DE LICITAÇÃO

Segundo o art. 25 da Lei 8.666/1993 e o art. 74 da Lei 14.133/2021, a inexigibilidade de licitação deriva da inviabilidade de competição, fórmula verbal que não foi definida pelas leis.

34.1   O elenco dos incisos dos dispositivos

Ambos os dispositivos contemplam elencos de casos de inviabilidade, que apresentam cunho exemplificativo.

---

[34]   Conforme o Manual de Licitações e Contratos do TCU: *"O art. 75 da Lei 14.133/2021 lista todas as hipóteses em que a licitação pode ser dispensada. O rol é taxativo, não podendo, portanto, ser ampliado pelo aplicador da norma"* (p. 709).

A esse respeito, veja-se o acórdão do TCU:

"16. De acordo com a legislação citada acima, aplica-se, para a situação em análise, a Lei 8.666/1993, que, na cabeça do seu art. 25, traz a 'inviabilidade de competição' como única condição para que se considere inexigível a licitação, considerando que os incisos desse artigo contêm rol meramente exemplificativo. Dessa forma, tendo em vista a condição de exclusividade da..., gerada pela norma local, entendo que está caracterizada a impossibilidade de disputa pela contratação" (Acórdão 648/2014, Plenário, rel. Min. José Múcio Monteiro, j. 19.03.2014).

34.2 A abrangência do conceito de inviabilidade de competição

A inviabilidade de competição não é um conceito simples, que corresponda a uma ideia única. Trata-se de um gênero, comportando diferentes modalidades.

É difícil sistematizar todos os eventos que podem conduzir à inviabilidade de competição. A dificuldade é causada pela complexidade do mundo real, cuja riqueza é impossível de ser delimitada por meio de regras legais. Uma tentativa de síntese está adiante exposta.

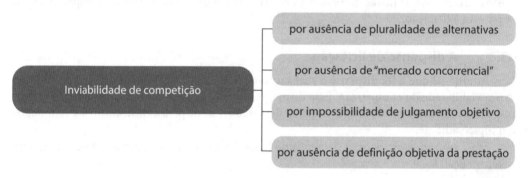

A contratação direta por inexigibilidade de licitação, portanto, não se restringe aos casos em que apenas uma única solução estiver disponível para a Administração Pública contratar determinada prestação.

É possível que existam diferentes alternativas e se configure a inviabilidade de competição. Há hipóteses, por exemplo, em que se configura uma atuação personalíssima do contratado.

34.3 A contratação em caso de necessidade de notória especialização

Tal se passa na hipótese de serviço técnico especializado de natureza predominantemente intelectual, na terminologia da Lei 14.133/2021.

A expressão indica os casos em que o contrato tem por objeto uma atuação humana de cunho criativo, que varia em face de cada caso concreto. Nesses casos, pode haver uma pluralidade de sujeitos aptos a serem contratados. Se a necessidade da Administração for complexa e exigir habilidades diferenciadas e extraordinárias do sujeito a ser contratado (notória especialização), a licitação não será uma solução apropriada.

Segundo o STF:

"A contratação direta de escritório de advocacia, sem licitação, deve observar os seguintes parâmetros: a) existência de procedimento administrativo formal; b) notória especialização profissional; c) natureza singular do serviço; d) demonstração da inadequação da prestação do serviço pelos integrantes do Poder Público; e) cobrança de preço compatível com o praticado pelo mercado" (Inq. 3.074/SC, 1.ª T., rel. Min. Roberto Barroso, j. 26.08.2014, *DJe* 02.10.2014).[35]

"Serviços técnicos profissionais especializados' são serviços que a Administração deve contratar sem licitação, escolhendo o contratado de acordo, em última instância, com o grau de confiança que ela própria, Administração, deposite na especialização desse contratado. Nesses casos, o requisito da confiança da Administração em quem deseje contratar é subjetivo. (...) O que a norma extraída do texto legal exige é a notória especialização, associada ao elemento subjetivo confiança. Há, no caso concreto, requisitos suficientes para o seu enquadramento em situação na qual não incide o dever de licitar, ou seja, de inexigibilidade de licitação: os profissionais contratados possuem notória especialização, comprovada nos autos, além de desfrutarem da confiança da Administração" (AP 348/SC, Pleno, rel. Min. Eros Grau, j. 15.12.2006, *DJe* 02.08.2007).

Já para o STJ:

"4. Conforme disposto no art. 74, III, da Lei n. 14.133/2021 e no art. 3.º-A do Estatuto da Advocacia, o requisito da singularidade do serviço advocatício foi suprimido pelo legislador, devendo ser demonstrada a notória especialização do agente contratado e a natureza intelectual do trabalho a ser prestado.

5. A mera existência de corpo jurídico próprio, por si só, não inviabiliza a contratação de advogado externo para a prestação de serviço específico para o ente público" (AgRg no HC 669.347/SP, 5.ª T., rel. Min. Jesuíno Rissato [Des. convocado do TJDFT], relator p/ acórdão Min. João Otávio de Noronha, j. 13.12.2021, *DJe* 14.02.2022).

"3. Depreende-se, da leitura dos arts. 13 e 25 da Lei 8.666/1993 que, para a contratação dos serviços técnicos enumerados no art. 13, com inexigibilidade de licitação, imprescindível a presença dos requisitos de natureza singular do serviço prestado, inviabilidade de competição e notória especialização.

4. É impossível aferir, mediante processo licitatório, o trabalho intelectual do Advogado, pois trata-se de prestação de serviços de natureza personalíssima e singular, mostrando-se patente a inviabilidade de competição. 5. A singularidade dos serviços prestados pelo Advogado consiste em seus conhecimentos individuais, estando ligada à sua capacitação profissional, sendo, dessa forma, inviável escolher o melhor profissional, para prestar serviço de natureza intelectual, por meio de licitação, pois tal mensuração não se funda em critérios objetivos (como o menor preço). 6. Diante da natureza intelectual e singular dos serviços de assessoria jurídica, fincados, principalmente, na relação de confiança, é lícito ao administrador, desde que movido pelo interesse público, utilizar da discricionariedade, que lhe foi conferida pela lei, para a escolha do melhor profissional" (REsp 1.192.332/RS, 1.ª T., rel. Min. Napoleão Nunes Maia Filho, j. 12.11.2013, *DJe* 19.12.2013).[36]

---

[35] Para uma análise dessa decisão do STF, confira-se PAIVA. Contratação de serviços advocatícios sem licitação: para além da natureza singular e da notória especialização. *Revista Brasileira de Direito Público – RBDP*, Belo Horizonte, ano 13, n. 48, p. 187-204, jan./mar. 2015.

[36] Para uma análise dessa decisão do STJ, confira-se PEREIRA. Discricionariedade na contratação administrativa de serviços advocatícios com inexigibilidade de licitação – Comentários ao REsp 1.192.332/RS. *Revista de Direito Administrativo Contemporâneo – ReDAC*, n. 5, p. 77-96, jan. 2014.

34.4 A eliminação da exigência de singularidade do objeto

A Lei 14.133/2021 suprimiu a exigência de singularidade do objeto para a configuração da inviabilidade de competição relativamente a serviços técnicos especializados. A nova modelagem legislativa não significa que todo e qualquer serviço técnico especializado comportaria contratação por inexigibilidade de licitação. No regime da Lei de 2021, a inviabilidade de competição depende da exigência da prestação por sujeito dotado de notória especialização.

35 A CONTRATAÇÃO DIRETA POR DISPENSA DE LICITAÇÃO

A dispensa de licitação é uma solução prevista em lei para contratação sem licitação nas hipóteses em que tal for exigido pela proporcionalidade.

35.1 A relação custo-benefício da licitação

Toda licitação envolve uma relação de custos e benefícios. Há custos econômicos propriamente ditos, derivados do cumprimento dos atos materiais da licitação (publicação pela imprensa, realização de testes laboratoriais etc.) e da alocação de pessoal. Há custos de tempo, referentes à demora para o desenvolvimento dos atos da licitação. Podem existir outras espécies de custos.

Em contrapartida, a licitação produz benefícios para a Administração Pública. Esses benefícios consistem em que a Administração Pública efetivará (em tese) contratação mais vantajosa do que realizaria se não tivesse existido licitação.

35.2 A viabilidade de competição e a incompatibilidade com outros valores

No entanto, em algumas situações, embora viável a competição entre particulares, a licitação é objetivamente inconveniente, porque os potenciais benefícios obtidos serão inferiores a desvantagens previsíveis. Essa ponderação de interesses conduz o legislador a dispensar a licitação.[37] Assim se passa, por exemplo, com certames que versem sobre contratos com valor econômico reduzido.

Inúmeros diplomas preveem casos de dispensa de licitação.[38] Mas o tema está especificamente disciplinado nos arts. 75 e 76 da Lei 14.133/2021, em termos muito similares aos dos arts. 17 e 24 da Lei 8.666/1993.

A esse respeito já se manifestou o STF:

"4. Ao especificar hipótese de dispensa de licitação na contratação de serviços de tecnologia da informação estratégicos, o art. 67 da Lei n.º 12.249/2010, lei em sentido formal e material, atende à exigência dos arts. 2.º, 5.º, II, e 37, *caput* e XXI, da CF, observados os postulados da separação de Poderes e da legalidade. O Plenário desta Suprema Corte já assentou que razões econômicas e políticas são aptas a legitimar restrições à regra geral das licitações. Precedentes" (ADI 4.829/DF, Pleno, rel. Min. Rosa Weber, j. 22.03.2021, *DJe* 09.04.2021).

---

[37] Aliás, como se passa em todos os casos de inexigibilidade de licitação. Se não há outra escolha para a Administração Pública, a licitação não lhe trará qualquer benefício ou vantagem. Isso não significa que inexigibilidade e dispensa sejam conceitos idênticos. Na inexigibilidade, a ausência de benefício deriva da inutilidade da licitação (pois não há possibilidade de competição); em alguns casos de dispensa, a ausência deriva de que, embora existindo outras opções, sabe-se que nenhuma delas será mais vantajosa.

[38] Exemplificativamente, confiram-se as seguintes Leis: 14.217/2021 (arts. 2.º e 3.º), 12.996/2014 (art. 8.º), 12.873/2013 (arts. 2.º e 42), 9.074/1995 (art. 32), 7.565/1986 (art. 40 – com redação dada pela Lei 14.368/2022), 5.615/1970 (art. 2.º – com a redação dada pela Lei 12.249/2010) e 14.981/2021 (arts. 2.º e 5.º).

Capítulo 10

CONTRATO ADMINISTRATIVO

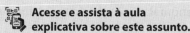

Acesse e assista à aula explicativa sobre este assunto.
> https://uqr.to/1bk3f

O contrato administrativo em sentido restrito é um acordo de vontades para constituir relação jurídica destinada ou a satisfazer de modo direto necessidades da Administração Pública ou a delegar a um particular o exercício de competências públicas.

1   CONTRATO ADMINISTRATIVO EM SENTIDO RESTRITO

O contrato administrativo em sentido restrito compreende duas figuras, que são os contratos de colaboração e os contratos de delegação de competência. O regime de contratos administrativos em sentido restrito foi reservado para as entidades administrativas dotadas de personalidade de direito público e para as sociedades estatais não empresárias.

2   A EXCLUSÃO PARA SOCIEDADES ESTATAIS EMPRESÁRIAS (LEI 13.303/2016)

A Lei 13.303/2016 afastou a adoção dos contratos administrativos em sentido restrito relativamente às sociedades empresárias estatais, que passaram a se subordinar às normas de direito privado (com algumas alterações).

3   A NATUREZA CONTRATUAL

A evolução do pensamento jurídico conduziu ao reconhecimento de que o contrato administrativo apresenta natureza específica, sem se identificar com o contrato de direito privado. As duas figuras apresentam alguns pontos em comum. Por exemplo, tanto o contrato administrativo como o contrato privado são formados por acordo de vontades e contemplam normas que disciplinam a conduta futura das partes. Mas o contrato administrativo é dotado de peculiaridades próprias.

4 O REGIME JURÍDICO ESPECÍFICO DOS CONTRATOS EM SENTIDO RESTRITO

Os contratos administrativos em sentido restrito caracterizam-se por um regime jurídico diferenciado. Produzem uma relação direta e imediata com o desenvolvimento das atividades administrativas. A relevância para o poder público das prestações objeto desses contratos conduziu à sua submissão a um regime jurídico caracterizado pela existência de competências anômalas em favor da Administração Pública e de garantias reforçadas para o particular.

4.1 As competências anômalas em favor da Administração Pública

O regime jurídico dos contratos administrativos em sentido restrito caracteriza-se pela atribuição à Administração Pública de competências extraordinárias peculiares,[1] que se aplicam independentemente de previsão explícita no instrumento contratual.

As competências anômalas reconhecidas à Administração Pública compreendem os poderes para:

a) alterar unilateralmente a prestação a ser executada pela outra parte, inclusive quanto ao objeto, especificações, prazos, locais de entrega;

b) exercitar fiscalização severa, inclusive com poderes de acompanhamento direto das atividades desenvolvidas pela outra parte;

c) extinguir o contrato unilateralmente, em virtude de razões de conveniência e oportunidade;

d) impor sanções ao particular; e

e) ocupar cautelarmente as instalações do particular, em caso de serviços públicos delegados à iniciativa privada.

4.2 Os limites ao exercício das competências anômalas

A existência de fins de interesse coletivo e público não legitima o desvirtuamento da finalidade das competências anômalas (ditas prerrogativas extraordinárias), que se destinam apenas e, tão somente, a propiciar meios de o Poder Público satisfazer adequadamente as necessidades coletivas. Essas prerrogativas não legitimam condutas eticamente reprováveis do Estado. O regime de competências anômalas não significa que a Administração Pública esteja autorizada a infringir a moralidade e a boa-fé. Muito pelo contrário, será inválida toda atuação administrativa infringente da boa-fé, ainda que pretensamente alicerçada na existência de prerrogativas extraordinárias.

4.3 As garantias reforçadas em favor do particular

Para neutralizar os efeitos jurídicos potencialmente danosos aos interesses do particular, o contrato administrativo comporta um conjunto de garantias igualmente excepcionais. Assegura-se ao contratado a manutenção da relação original entre encargos e vantagens, configurando uma contrapartida (e um limite) à existência das competências anômalas da Administração Pública.

---

[1] A doutrina tradicional utiliza as expressões "prerrogativas extraordinárias" e "poderes exorbitantes" para indicar esses poderes diferenciados atribuídos à Administração Pública nos contratos administrativos em sentido restrito. Prefere-se a terminologia "competências anômalas" para acentuar a concepção de que, num Estado Democrático de Direito, existem apenas competências instituídas e delimitadas pela lei.

A ordem jurídica reconhece direitos subjetivos insuprimíveis em favor do particular. Esses direitos não podem ser ignorados pela Administração Pública, nem mesmo mediante a invocação à existência de um interesse público. O Brasil é um Estado Democrático de Direito. Isso significa a vedação de que o Estado ignore os direitos reconhecidos aos particulares.

Essas garantias em favor de uma das partes do contrato administrativo são excepcionais na acepção de não estarem presentes em contratações comuns disciplinadas pelo direito privado.

5 CONTRATO ADMINISTRATIVO E VONTADE FUNCIONALIZADA

Aplicam-se ao contrato administrativo todas as considerações realizadas a propósito do ato administrativo, atinentes à vontade funcionalizada do exercente da atividade administrativa. Um contrato administrativo não retrata a autonomia de vontade típica do direito privado, mas é instrumento da realização dos direitos fundamentais. Por isso, a vontade externada pelo exercente da função pública não pode ser uma manifestação egoística da realização do interesse individual.

6 CLASSIFICAÇÃO DOS CONTRATOS ADMINISTRATIVOS EM SENTIDO RESTRITO

Os contratos administrativos comportam inúmeras classificações, variáveis segundo o critério adotado por cada estudioso. As diversas classificações apresentam relevância porque demonstram a existência de diferenças jurídicas, evidenciando que a disciplina dos contratos administrativos em sentido restrito não é absolutamente uniforme. Existem certas regras que se aplicam limitadamente a algumas espécies de contratos administrativos.

As classificações a seguir arroladas refletem a importância das diferentes categorias jurídicas perante o direito administrativo.

Em termos sumários, essas classificações são assim representadas:

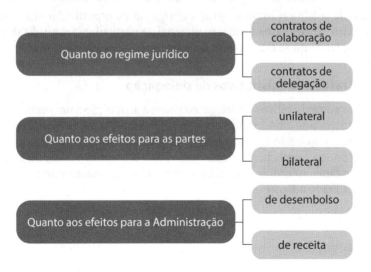

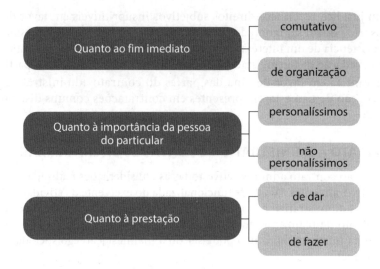

7 CLASSIFICAÇÃO QUANTO AO REGIME JURÍDICO

Os contratos administrativos de colaboração encontram-se referidos no art. 37, XXI, da CF/1988, enquanto aqueles de delegação são previstos no art. 175, também da CF/1988.

7.1 Contratos administrativos de colaboração

Os contratos administrativos de colaboração se caracterizam pela assunção por um particular da obrigação de satisfazer, de modo direto e imediato, necessidades da Administração. Tais contratos têm por objeto especificamente compras, serviços ou obras. Mas a categoria também compreende as alienações gratuitas e onerosas[2] e as locações.

O contrato de colaboração pode gerar a obrigação de o particular atuar materialmente perante um terceiro. Nesses casos, a atuação material do particular será juridicamente atribuída à Administração, tal como se ela estivesse desempenhando as suas funções.

7.2 Contratos administrativos de delegação

Os contratos administrativos de delegação visam à atribuição a um particular do exercício de poderes de titularidade da Administração Pública. Não se trata de transferir a competência propriamente dita (o que não é juridicamente possível), mas de investir um sujeito privado do exercício de poderes específicos e determinados. Essa categoria abrange a concessão de serviço público e também outras figuras compreendidas no conceito de concessão, tal como será melhor examinado adiante.

---

[2] A alienação de bens não configura propriamente a satisfação de uma necessidade pública, mas a inclusão dessas contratações na categoria dos contratos administrativos em sentido restrito decorreu da tradição, que surgiu possivelmente da natureza excepcional das alienações pelo poder público. Eram tão raras e anômalas as oportunidades em que ocorriam alienações que não se justificava a criação de uma categoria contratual específica. Note-se, porém, que usualmente as alienações não comportam a aplicação do regime jurídico próprio dos contratos administrativos em sentido restrito.

8 CLASSIFICAÇÃO QUANTO AOS EFEITOS PARA AS PARTES

Quanto aos efeitos, os contratos administrativos podem ser distinguidos em unilaterais e bilaterais.

8.1 Contratos unilaterais e contratos bilaterais

Alude-se a contrato *unilateral* quando uma das partes adquire apenas direitos e outra somente deveres. Isso se passa na doação e no mútuo, por exemplo. O contrato é *bilateral* quando produz direitos e obrigações para ambas as partes. Aqui se encontra a grande maioria dos contratos administrativos.

8.2 Atos jurídicos bilaterais e contratos bilaterais

Não se confundem atos bilaterais e contratos bilaterais. Os atos bilaterais são aqueles que se aperfeiçoam mediante acordo de duas partes. O principal exemplo é justamente o contrato. Já os contratos são bilaterais quando produzirem o nascimento de direitos e obrigações para ambas as partes. Todo contrato é ato bilateral, mas nem todo contrato é um contrato bilateral.

9 QUANTO AOS EFEITOS PARA A ADMINISTRAÇÃO

Considerando exclusivamente os contratos que impõem uma prestação de natureza pecuniária em face da Administração Pública, independentemente de se tratar de um contrato bilateral ou unilateral, podem ser distinguidos os contratos de desembolso e os de receita.

9.1 Contratos de desembolso

Os contratos de desembolso se caracterizam pelo dever de a Administração realizar uma prestação pecuniária em favor da outra parte. Abrangem as compras, serviços e obras.

9.2 Contratos de receita

Os contratos de receita geram para a Administração o direito de receber valores em dinheiro. Assim se passa nos contratos de locação, alienação definitiva ou na cessão temporária de bens ou direitos pela Administração em favor de particulares.

A locação consiste num contrato para ceder o uso ou a posse de um bem, mediante remuneração.

O exemplo mais simples de alienação é a de bens inservíveis.

A categoria de contratos de receita também compreende as concessões e permissões onerosas, nas hipóteses em que for exigido do particular o pagamento de ônus em favor do poder concedente.

9.3 Contratos sem efeitos de desembolso ou de receita

A classificação exige dois reparos. O primeiro reside em que alguns contratos não geram efeitos pecuniários em sentido próprio para nenhuma das partes, tal como ocorre, por exemplo, na permuta. Se a Administração permutar com um particular um imóvel por outro, não se configurará nem receita nem desembolso.

9.4 Contratos com regime misto

A segunda advertência se relaciona com alguns contratos que podem apresentar um regime jurídico misto. Assim pode ocorrer com a concessão patrocinada. Admite-se que o Poder Público assuma a obrigação de promover repasses para o particular, tal como pode ser previsto que uma parcela dos resultados obtidos pelo concessionário seja transferida para os cofres públicos. Então, existiria um contrato tanto de desembolso como de receita.

10 CLASSIFICAÇÃO QUANTO AO FIM IMEDIATO

Tendo em vista o fim imediato das partes, é possível distinguir contratos comutativos e contratos de organização (ou de comunhão de escopo).

10.1 Contratos comutativos

O *contrato comutativo* envolve uma contraposição de interesses, em que a prestação de uma parte é a causa do dever assumido pela outra. Há dois sujeitos que se confrontam e produzem uma troca: certa utilidade é transferida do patrimônio (ou posse) de uma das partes para o patrimônio (ou posse) da outra. Em contrapartida, aquele que transferiu tal utilidade recebe outra, retirada do âmbito jurídico do cocontratante. Existem, no caso, interesses jurídicos rigorosamente contrapostos, e a execução da prestação de uma das partes produz o exaurimento do vínculo jurídico para si. Afinal, quando cada parte executa a prestação que lhe incumbe, extinguem-se os deveres jurídicos e se atinge o fim do contrato.

10.2 Contratos de organização

Nos *contratos de organização*, a vontade das partes visa criar uma organização de esforços e bens para desempenhar uma atividade de modo continuado. É uma avença de natureza cooperativa (ou organizacional), que visa o aproveitamento conjunto e simultâneo dos bens e recursos humanos. Um exemplo é o contrato de sociedade. O grande teorizador dessa categoria foi Tullio Ascarelli, que a denominou *contrato plurilateral*.[3]

Em um contrato "comutativo", os interesses das partes são contrapostos: a vantagem de uma parte corresponde à desvantagem de outra. Já nos contratos "cooperativos", não se configura essa contraposição de interesses, pois todos os partícipes do ato estão voltados à consecução de um objetivo comum.

Não é possível compreender os institutos da concessão de serviço público sem utilizar o conceito de contrato de organização (ou de comunhão de escopo).

11 CLASSIFICAÇÃO QUANTO À RELEVÂNCIA DA IDENTIDADE DO PARTICULAR

Os contratos administrativos podem ser personalíssimos ou não, conforme a identidade do outro contratante seja ou não essencial para a satisfação do interesse da Administração Pública.

11.1 Contratos personalíssimos e contratos não personalíssimos

Essa distinção é fundamental na seleção do particular a ser contratado, tal como no exame da eventual transferência da posição contratual para terceiro. Os contratos administrativos

---

[3] Cf. ASCARELLI. *Problemas das sociedades anônimas e direito comparado*, 2. ed., p. 255 *et seq.* Outro ilustre estudioso do tema foi Francesco Messineo. Cf. Contratto plurilaterale. In: CALASSO (Coord.). *Enciclopedia del diritto*, v. X (Contr-Cor), p. 139 *et seq.*

personalíssimos são pactuados mediante um procedimento específico e não admitem cessão ou subcontratação. Já os *contratos não personalíssimos* se subordinam a um procedimento de seleção impessoal e admitem cessão ou subcontratação.

11.2 Rejeição à generalização do entendimento do personalismo

Rejeita-se, desse modo, o entendimento de que todos os contratos administrativos seriam personalíssimos.

11.2.1 A prevalência da impessoalidade

A natureza da função pública é incompatível, como regra, com o subjetivismo admitido no direito privado. No direito administrativo, não é admissível escolha irracional e eivada de subjetivismo. Não são válidos processos psicológicos arbitrários no desenvolvimento de função pública. Como regra, a identidade do particular contratado pela Administração Pública é irrelevante. O que se exige é o preenchimento de requisitos subjetivos, os quais devem ser objetivamente definidos. A destinação da licitação é precisamente esta: selecionar um particular para ser contratado, independentemente de uma preferência subjetiva dos agentes públicos.

11.2.2 O direito positivo e a comprovação da tese

Não existe nenhum dispositivo de direito positivo consagrando regra geral no sentido do personalismo do contrato administrativo. E há dispositivos legais evidenciando que, na generalidade dos casos, os atributos personalíssimos do contratado são irrelevantes.

Essa é a orientação contemplada no art. 64, § 2.º, da Lei 8.666/1993 e no art. 90, § 2.º, da Lei 14.133/2021. Esses dispositivos facultam a contratação do segundo colocado, nas mesmas condições constantes da proposta vencedora.

E o art. 27 da Lei 8.987/1995 admite a substituição do concessionário por outro, desde que preenchidos os requisitos de habilitação e mediante aprovação do poder concedente.

11.2.3 O acolhimento da tese pelo STF

O STF, ao julgar a ADI 2.946, reconheceu a superação da tese de que os contratos administrativos possuiriam inerente caráter personalíssimo ou natureza *intuitu personae*. O voto do relator (Min. Dias Toffoli) destacou que "a premissa da natureza personalíssima dos contratos administrativos não resiste a um exame mais rigoroso, segundo o qual o que interessa à Administração, mais que a identidade do contratado, é a seleção da proposta mais vantajosa. É essa proposta que, *prima facie*, vincula a Administração" (ADI 2.946/DF, Pleno, rel. Min. Dias Toffoli, j. 09.03.2022, *DJe* 17.05.2022).

11.2.4 A ocorrência de contratações administrativas personalíssimas

No entanto, há certas contratações em que as características pessoais do contratado são essenciais para o desempenho satisfatório da função administrativa. Nesses casos, haverá contrato administrativo *intuitu personae*. Assim se passa, por exemplo, no caso de contratação de um artista de reputação para produzir uma pintura destinada a ornamentar uma instalação pública. Outro exemplo seria a contratação de um advogado de grande autoridade para defender interesse de pessoa estatal num processo judicial. Usualmente, os contratos administrativos personalíssimos não comportam licitação prévia, configurando-se um caso de inviabilidade de competição.

12 CLASSIFICAÇÃO QUANTO AO OBJETO DA PRESTAÇÃO

Quanto à natureza da prestação, os contratos administrativos podem ser de *dar* ou de *fazer*. Para produzir a classificação, toma-se em vista a prestação principal, aquela que se constitui na via de satisfação do interesse fundamental da parte contrária.

12.1 Prestações de dar e de fazer

Há prestação de dar quando o credor é satisfeito por meio da transferência, promovida pelo devedor, da posse ou domínio de um bem jurídico.

Caracteriza-se prestação de fazer quando a satisfação do credor é obtida mediante uma atividade intelectual ou física desenvolvida pelo devedor (pessoalmente ou por prepostos).

12.2 Ausência de contratações de não fazer

No âmbito do direito privado, admitem-se contratos prevendo obrigação de não fazer, em que a satisfação do credor consiste na omissão pelo devedor quanto à prática de atos determinados.

Não há obstáculo a que um contrato administrativo contemple obrigações de não fazer, mas na vida prática é inexistente a hipótese em que a abstenção seja o interesse principal a ser satisfeito por meio do contrato administrativo. Em muitos casos, são previstas obrigações de não fazer em determinadas contratações administrativas. Assim, por exemplo, um contrato de concessão pode impor ao poder concedente a obrigação de não realizar contratação semelhante com terceiro. Ainda que essa seja uma obrigação relevante, não se configura como objeto central da contratação.

Portanto, reputa-se que não existem contratos administrativos visando, de modo principal, a criação de uma obrigação de não fazer.

12.3 Contratações administrativas com objeto complexo

Muitos contratos administrativos têm objeto complexo, compreendendo prestações tanto de dar como de fazer e de não fazer. O exemplo é o fornecimento de um bem (prestação de dar), com a obrigação de entrega em determinado local (prestação de fazer). Mas o objeto do contrato é determinado em vista da prestação principal, que se constitui em finalidade própria da contratação. Assim, no exemplo citado, trata-se de uma obrigação de dar, já que a prestação visada pelo credor é a aquisição da titularidade do bem.

De modo geral, as obrigações de não fazer produzidas por contrato administrativo envolvem o dever de abster-se de condutas aptas a agravar a situação da outra parte. Por exemplo, um contrato de concessão de serviço público pode ser pactuado com cláusula de exclusividade em favor do concessionário. Em tal hipótese, a Administração assume o dever de não pactuar contratação similar com outro sujeito.

12.4 A boa-fé e a abstenção de condutas nocivas

Por outro lado, a boa-fé impõe a todo contratante o dever de abster-se da prática de condutas aptas a impedir, dificultar ou tornar mais onerosa a prestação da outra parte. Esse dever incide inclusive em face da Administração, quando parte em contratos administrativos. No entanto, esses são deveres acessórios e complementares.

13 A DISCIPLINA LEGISLATIVA: AS NORMAS GERAIS

O art. 22, XXVII, da CF/1988 atribuiu à União competência legislativa privativa para editar normas gerais sobre licitação e contratação administrativa em todas as suas modalidades.

13.1 As normas gerais sobre contratos de colaboração (art. 37, XXI, CF/1988)

No exercício dessa competência e para dispor sobre as hipóteses do art. 37, XXI, da CF/1988, a União produziu a Lei 8.666/1993. Posteriormente, foi editada a Lei 10.520/2002, que instituiu a modalidade do pregão para a aquisição de bens e serviços comuns. Depois, houve a Lei 12.462/2011, que instituiu o Regime Diferenciado de Contratações Públicas – RDC.

A Lei 14.133/2021 contemplou disciplina abrangente para os contratos administrativos de colaboração. Tal como exposto no Capítulo 9, o art. 193, II, da Lei 14.133/2021 previra que, decorridos dois anos de sua vigência, ocorreria a revogação das Leis anteriormente referidas. A data prevista para a referida revogação era 01.04.2023, mas foi prorrogada para 30.12.2023 por meio da Lei Complementar 198/2023.

No período anterior a 30.12.2023, continuaram em vigor conjuntamente todos os diplomas (ressalvadas algumas disposições de natureza penal da Lei 8.666/1993). Por outro lado, as normas das Leis revogadas continuarão a ser aplicadas às licitações e às contratações pactuadas sob a sua égide.

13.2 As normas gerais sobre contratos de delegação (art. 175, CF/1988)

Outros diplomas federais veicularam normas gerais sobre contratos de delegação. Merecem referência as Leis 8.987/1995 (sobre concessões e permissões de serviço público) e 11.079/2004 (sobre parcerias público-privadas), que contemplam normas (gerais e especiais) sobre temas determinados. Além delas, há leis setoriais relativamente a serviços públicos específicos.

13.3 A competência da União para dispor sobre normas gerais

A discussão sobre o conteúdo da cláusula constitucional (*normas gerais*) gera grandes dificuldades.

13.3.1 A eficácia das normas gerais

As normas gerais editadas pela União são dotadas de eficácia vinculante relativamente a todas as órbitas federativas e todos os Poderes. Vinculam não apenas a União, mas também Estados, Distrito Federal e Municípios.

13.3.2 Reserva de competência local

A Constituição Federal reservou competência legislativa específica para cada esfera política disciplinar licitação e contratação administrativa. A competência legislativa sobre o tema não é *privativa* da União. Se a competência para disciplinar licitação e contratação administrativa fosse exclusiva da União, a Constituição não teria aludido a *normas gerais* e teria adotado cláusulas similares às previstas para o direito civil, comercial, penal etc.[4]

O inc. I do art. 22 da CF/1988 prevê a competência privativa da União para dispor integralmente sobre certos campos (direito civil, comercial, penal etc.). O inc. XXVII do mesmo art. 22 da CF/1988 estabelece a competência legislativa da União para editar normas gerais sobre licitação e contratação administrativa. Logo, há vontade constitucional de tratar diferentemente as matérias e de ressalvar a competência dos demais entes federais para disciplinar a mesma matéria.

---

4   O art. 22, I, da CF/1988, ao atribuir à União competência para legislar privativamente sobre essas matérias, não utilizou a expressão *normas gerais*.

13.4 Ressalva ao princípio federativo

A regra do art. 22, XXVII, deve ser interpretada tendo em vista o princípio federativo. A competência da União para legislar sobre normas gerais não se sobrepõe ao princípio da Federação. As competências locais derivadas da organização federal não podem ser limitadas mediante lei da União, destinada a veicular normas gerais. Em termos ainda mais diretos: *norma geral* não é instrumento de restrição da autonomia federativa.

Daí se extrai que todas as regras acerca de organização, funcionamento e competência dos organismos administrativos não se incluem no âmbito de normas gerais.

A lei federal disciplina o procedimento administrativo e as competências, mas não institui órgãos nem interfere sobre os assuntos de peculiar interesse local. É inadmissível considerar como norma geral uma regra acerca da gestão de bens públicos de entes federativos. Em face da Federação, a União não pode estabelecer regras acerca de doação de bens estaduais ou municipais.

13.5 A decisão do STF sobre normas gerais da Lei 8.666/1993

O STF reputou constitucionais os arts. 1.º e 118 da Lei 8.666/1993, ao julgar a medida cautelar na ADI 927,[5] promovida pelo Governador do Estado do Rio Grande do Sul. Na oportunidade, houve a tentativa de definir a extensão do conceito de *normas gerais*, sem que o resultado fosse integralmente satisfatório. De todo modo, poucos dispositivos foram entendidos como normas não gerais, sendo, então, reputados como destituídos de eficácia vinculante para os demais entes da Federação.

Lembre-se de que negar a uma disposição da Lei 8.666/1993 a condição de *norma geral* não equivale a negar sua constitucionalidade. O dispositivo valerá como disposição específica no âmbito da União, liberando-se os demais entes federativos para disciplinar com autonomia a mesma matéria.

A Lei 14.133/2021 reiterou a previsão, inclusive com redação muito similar, de dispositivos da Lei 8.666/1993 que tiveram negada a condição de norma geral. Em tais hipóteses, deve-se reputar que a decisão do STF produz eficácia relativamente aos dispositivos da Lei 14.133/2021. Por exemplo, a redação do art. 76, I, "b", e II, "b", da Lei 14.133/2021 é idêntica à do art. 17, I, "b", e II, "b", da Lei 8.666/1993. Logo, o entendimento adotado pelo STF relativamente aos últimos dispositivos referidos é aplicável àqueles da Lei 14.133/2021. Trata-se de normas não gerais, que produzem efeitos apenas na esfera da União.

14 OS CONTRATOS ADMINISTRATIVOS DE COLABORAÇÃO

Contrato administrativo de colaboração é a espécie de contrato administrativo em sentido restrito em que as prestações são executadas em proveito direto e imediato das próprias partes contratantes.

14.1 A satisfação direta do interesse das partes

O contrato administrativo de colaboração é um instrumento de satisfação direta das necessidades das partes contratantes. Essa categoria compreende os contratos de compra, alienação, serviços e obras promovidos entre a Administração Pública e um particular.

14.2 A ausência de contratos de colaboração nominados

No direito brasileiro, não existe um elenco exaustivo e tipificado de contratos de colaboração. A lei restringe-se a disciplinar gêneros contratuais. Trata, basicamente, de "obras", "serviços", "compras" e "alienações".

---

[5] ADI 927 MC, Pleno, rel. Min. Carlos Velloso, j. 03.11.1993, *DJ* 11.11.1994.

Para exemplificar, o direito brasileiro não prevê, de modo específico, a existência de um contrato administrativo de "transporte", o que não significa vedação à sua utilização: trata-se de modalidade de prestação de serviços. Não há impedimento algum para que a Administração Pública produza distintas espécies de "contratos de prestação de serviço", cada qual com características próprias.

15 A FORMALIZAÇÃO DA CONTRATAÇÃO ADMINISTRATIVA

A contratação administrativa deve subordinar-se a requisitos atinentes à forma contemplados em lei.

15.1 A licitação e a contratação direta

Em princípio, o contrato administrativo de colaboração é antecedido de licitação. Em alguns casos, admite-se a contratação direta. O tema foi objeto de exame no Capítulo 9.

15.2 Dever de promover a contratação

Tal como exposto, reputa-se existir um direito subjetivo de o adjudicatário ser contratado. Ao encerrar o certame (ou o procedimento de contratação direta), a autoridade administrativa avalia a legalidade e a conveniência do resultado. A homologação do resultado impõe à Administração o dever de promover o contrato, a não ser que motivos supervenientes, impeditivos da contratação, sejam revelados.

Poderá haver razões impeditivas de ordem legal, tal como a frustração da receita e a consequente impossibilidade de compatibilizar a contratação com a Lei de Responsabilidade Fiscal.

Também poderá existir motivo de conveniência, consumado posteriormente à homologação.

Não existe prazo para a Administração promover a contratação, mas essa é uma questão superável. Deve aplicar-se a regra atinente ao prazo de validade das propostas. A contratação deverá ser realizada antes do termo final do prazo de validade das propostas. A omissão continuada da Administração caracterizará infração ao dever de contratar.

A ausência imotivada de contratação configura uma conduta ilícita. Daí decorrerá a responsabilidade civil da entidade licitante, a qual poderá ser evitada se o adjudicatário aceitar promover a contratação em momento posterior. Mas não estará constrangido a tanto, uma vez que o decurso do prazo de validade das propostas produz a liberação de todos os licitantes, inclusive quanto ao próprio adjudicatário.

15.3 Questões formais genéricas

O aperfeiçoamento formal do contrato abrange diversas questões.

15.3.1 A distinção entre contrato e instrumento contratual

A relação jurídica contratual não se confunde com o documento escrito destinado à sua formalização (instrumento do contrato).

15.3.2 Formalização por escrito

O contrato administrativo deve ser formalizado por escrito, como regra geral. O art. 95, § 2.º, da Lei 14.133/2021 excepciona os contratos de pequenas compras ou de prestação de serviços de pronto pagamento (com valor não superior a R$ 10.000,00[6]), que poderão fazer-se verbalmente. O art. 60, parágrafo único, da Lei 8.666/1993 contemplava disciplina similar.

No entanto, nada impede que a Administração adote a forma escrita para todos os casos e hipóteses.

O contrato verbal também deve ser reputado como válido quando houver emergência ou situação fática incontornável que inviabilize o cumprimento da formalidade. Nesse caso, devem ser adotadas as providências para a formalização no mais breve espaço de tempo.

Discorda-se do entendimento difundido e adotado inclusive pelo TCU no sentido de que a execução de prestações não previstas formalmente no instrumento contratual configuraria contratação verbal. Contratação verbal e ampliação informal do objeto contratual são situações inconfundíveis. Ambas se configuram como irregulares, mas apresentam grau de irregularidade diverso. A avença puramente verbal merece reprovação muito mais intensa do que a informal ampliação do objeto de uma contratação regularmente documentada.[7]

15.3.3 Convocação do adjudicatário

Uma vez divulgado o resultado da licitação e encerrado o procedimento licitatório, surge para a Administração o dever de convocar o vencedor para firmar o contrato, tal como era previsto no art. 64 da Lei 8.666/1993, no art. 4.º, XXII, da Lei 10.520/2002 e no art. 60, IV, do Dec. 7.581/2011. A Lei 14.133/2021 adota regra idêntica no art. 90.

Se o particular, por conduta expressa ou tácita, se opuser a firmar o contrato, sujeitar-se-á a uma série de sanções. A sanção imediata é a perda do direito à contratação; além disso, estará sujeito a sanções administrativas e civis, inclusive sendo constrangido a indenizar os prejuízos derivados de sua ilicitude.

Frustrando-se a contratação em virtude do não comparecimento do convocado, a solução jurídica variará conforme for aplicável a Lei 8.666/1993, as Leis 10.520/2002 e 12.462/2011 ou a Lei 14.133/2021.

Nas hipóteses da Lei 8.666/1993, a Administração pode convocar os demais licitantes, na ordem da classificação, para assinar contrato nas mesmas condições oferecidas pelo primeiro classificado. Os terceiros não estão obrigados a aceitar a contratação, e sua recusa não acarretará qualquer espécie de punição.

Já quando se tratar de contratação derivada de pregão ou abrangida no RDC, é admissível convocar o segundo classificado para firmar contratação nos termos da proposta que tiver apresentado. Se o segundo classificado não preencher os requisitos para ser contratado ou se recusar a firmar o contrato, passa-se ao terceiro colocado e assim por diante.

A Lei 14.133/2021 estabelece que os licitantes remanescentes, na ordem de classificação, serão convocados para firmar o contrato nas condições constantes da proposta vencedora. Se nenhum deles aceitar, admite-se a negociação com ditos licitantes remanescentes para contratação nas melhores condições possíveis (art. 90, §§ 2.º e 4.º).

16 PRAZO DE VIGÊNCIA CONTRATUAL

Prazo de vigência contratual é o período de tempo de existência do contrato. O contrato administrativo não pode ser pactuado por prazo indeterminado.

---

[6]   O Decreto 12.343/2024 atualizou o valor para R$ 12.545,11.

[7]   Lembre-se de que as licitações instauradas antes de 31.12.2023, subordinadas à legislação anterior, continuam a ser disciplinadas pelo regime jurídico então vigente. Com o passar do tempo, tais situações deixarão de existir.

16.1 Prazo de vigência contratual e prazo para adimplemento das obrigações

Não se confunde o prazo de vigência com o prazo para adimplemento das prestações. O contrato vigorará por um período de tempo durante o qual as partes deverão executar diversas prestações, as quais se sujeitarão a prazos específicos.

16.2 A vigência contratual e a natureza das prestações

A questão do prazo de vigência apresenta relevância diversa conforme se trate de contratos de execução instantânea ou de execução continuada.

Os contratos de execução instantânea impõem o dever de realizar uma conduta específica e definida. Uma vez cumprida a prestação, o contrato se exaure e nada mais pode ser exigido do contratado (excluídas as hipóteses de vícios redibitórios, evicção etc.). Assim se passa, por exemplo, com o contrato de compra e venda à vista.

Já os contratos de execução continuada impõem o dever de realizar uma conduta que se renova ou se mantém no decurso do tempo, sem que o adimplemento produza a liberação do devedor ou a extinção do contrato. Não há uma conduta específica e definida cuja execução libere o devedor.

O prazo de vigência apresenta contornos distintos conforme a natureza do contrato. Se houver contrato de execução instantânea, o prazo de vigência será aquele necessário para que a parte promova a prestação devida. Se a contratação for de execução continuada, as partes fixarão um prazo máximo, que poderá ser bastante longo.

17 O PRAZO DE VIGÊNCIA E A QUESTÃO ORÇAMENTÁRIA

As Leis 8.666/1993 e 14.133/2021 adotaram soluções parcialmente distintas relativamente à questão do prazo de vigência contratual, tomando em vista a disciplina orçamentária.

17.1 A disciplina da Lei 8.666/1993

O art. 57 da Lei 8.666 determinou que, como regra, o prazo de vigência do contrato administrativo não pode ultrapassar os limites de vigência dos créditos orçamentários correspondentes. A contratação que ultrapassa o prazo da lei orçamentária é potencialmente destituída de autorização orçamentária.

17.1.1 Os contratos autorizados no plano plurianual

A primeira exceção da Lei 8.666/1993 encontra-se no art. 57, I. Envolve projetos de longo prazo, desde que previstos no plano plurianual. A previsão no orçamento plurianual é condição para a contratação em período superior ao prazo de vigência do crédito orçamentário. A inserção no plano plurianual gera a presunção de que a contratação reflete uma avaliação meditada e planejada do Estado. O dispositivo autoriza, ainda, a prorrogação do prazo de vigência do contrato, desde que prevista no ato convocatório. A prorrogação deverá ser motivada.

17.1.2 Os serviços contínuos

A segunda exceção encontra-se no art. 57, II. Refere-se aos contratos de prestação de serviços executados de forma contínua, necessários a satisfazer uma necessidade pública permanente e não extinguível. Abrangem não apenas os serviços essenciais. O serviço de limpeza pode ser qualificado como não essencial, mas é contínuo para os fins da fixação de prazo de vigência.

A possibilidade de contratar serviço contínuo por período mais longo deriva de dois motivos. Há a inconveniência (se não impossibilidade) de sua suspensão. Mas há também a presunção de existência de recursos orçamentários nas leis futuras.

O texto do art. 57, II, da Lei 8.666/1993 induz a possibilidade de contratação por período de até sessenta meses, prorrogáveis por mais doze em situações excepcionais. Mas a solução que vem sendo adotada é a contratação pelo período de vigência de cada crédito orçamentário, produzindo-se a renovação da contratação periodicamente até atingir o limite temporal máximo autorizado na lei.

A renovação da contratação depende de explícita autorização no ato convocatório (ressalvada a prorrogação excepcional por doze meses).

17.1.3   Os equipamentos e programas de informática

O aluguel de equipamentos e a utilização de programas de informática podem ser pactuados por prazo de até 48 meses, tal como previsto no art. 57, IV, da Lei 8.666/1993. A regra se justifica porque a Administração pode não ter interesse em aquisição definitiva, em virtude da obsolescência inerente a esses bens.

17.1.4   Necessidade de prazos mais dilatados

O inc. V do art. 57 da Lei 8.666/1993 possibilita a prorrogação de alguns contratos cuja pactuação pode ser promovida com dispensa de licitação nas hipóteses em que o contrato tenha por objeto a defesa nacional, compras de materiais logísticos para as Forças Armadas, inovação e pesquisa científica e tecnológica ou elevada complexidade tecnológica.

17.2   A disciplina da Lei 14.133/2021

A Lei 14.133/2021 tratou do tema em uma pluralidade de dispositivos. O art. 6.º diferenciou os contratos de serviços e fornecimentos contínuos (inc. XV[8]) dos contratos de serviços não contínuos ou por escopo (inc. XVII[9]). Nos arts. 105 e seguintes, adotou regras mais detalhadas sobre a disciplina jurídica pertinente às duas hipóteses.

O art. 105 da Lei 14.133/2021 estabelece que o prazo de vigência do contrato administrativo será disciplinado pelo edital, mas que, "deverão ser observadas, no momento da contratação e a cada exercício financeiro, a disponibilidade de créditos orçamentários, bem como a previsão no plano plurianual, quando ultrapassar 1 (um) exercício financeiro". E o art. 150 estabelece que "Nenhuma contratação será feita (...) sem a indicação dos créditos orçamentários para pagamento das parcelas contratuais vincendas no exercício em que for realizada a contratação, sob pena de nulidade do ato e de responsabilização de quem lhe tiver dado causa".

17.2.1   Ainda a questão da autorização orçamentária

Como não poderia deixar de ser, a Lei 14.133/2021 é compatível com a disciplina constitucional do art. 167, II, da CF/1988, que veda a assunção de obrigações diretas que excedam os créditos orçamentários ou adicionais. No entanto, o diploma estabelece, desde logo, que a

---

[8]   A definição é a seguinte: "serviços contratados e compras realizadas pela Administração Pública para a manutenção da atividade administrativa, decorrentes de necessidades permanentes ou prolongadas".

[9]   A definição é a seguinte: "aqueles que impõem ao contratado o dever de realizar a prestação de um serviço específico em período predeterminado, podendo ser prorrogado, desde que justificadamente, pelo prazo necessário à conclusão do objeto".

questão tomará sempre em vista o plano plurianual e será exigida, em cada exercício, a disponibilidade de créditos orçamentários.

17.2.2 Os serviços e fornecimentos contínuos

O art. 106, I, da Lei 14.133/2021 trata dos fornecimentos e serviços contínuos, que poderão ser contratados desde logo por prazo de até cinco anos. Em tais hipóteses, caberá verificar, no início da contratação e de cada exercício, a existência de créditos orçamentários e a vantajosidade da contratação. Tais contratos poderão ser prorrogados por prazo de até dez anos (art. 107).

17.3 A disciplina constante de leis específicas

Não existe impedimento a que uma lei específica adote disciplina diferenciada para o prazo de duração de certos contratos. Assim, por exemplo, a Lei 10.973/2004 adotou regras peculiares para o prazo de vigência de contratos relacionados com inovação e pesquisa científica.

18 O SISTEMA DE REGISTRO DE PREÇOS

Registro de preços consiste num contrato normativo, produzido mediante licitação e que determina as condições quantitativas e qualitativas para contratações futuras de compras e serviços, realizadas por um único ou por uma pluralidade de órgãos administrativos.

18.1 Contrato normativo

O registro de preços produz um vínculo jurídico de cunho normativo, no sentido de vincular as partes quanto ao modo de promover contratações futuras. O registro de preços disciplina contratos posteriores, cujo aperfeiçoamento dependerá de acordo de vontade específico entre a Administração e o fornecedor. As condições desse acordo de vontade estão predeterminadas no registro de preços.

A Lei 8.666/1993 adotou disciplina muito sumária para o registro de preços, que foi regulamentado no âmbito federal pelo Dec. 7.892/2013 (modificado pelo Dec. 8.250/2014). A Lei 14.133/2021 configurou o sistema de registro de preços como procedimento auxiliar e contemplou normas mais detalhadas (arts. 82 a 86). No âmbito federal, o sistema de registro de preços da Lei 14.133/2021 foi regulamentado pelo Dec. 11.462/2023.

18.2 Cadastro de produtos e serviços e de fornecedores

No sistema de registro de preços, a Administração promove licitação para selecionar produtos, serviços e os respectivos fornecedores. Os interessados formulam suas propostas. Selecionados os vencedores, é firmado um instrumento de cunho normativo (conhecido como *ata de registro de preços*). A partir daí, a Administração contratará na medida de sua conveniência, respeitadas as condições predeterminadas no registro de preços.

18.3 Principais tópicos quanto ao registro de preços

O registro de preços é produzido por uma licitação, cuja finalidade é selecionar não a melhor proposta para determinada contratação, mas as melhores condições para a realização de um certo número de contratos, durante um período de doze meses (prorrogável por igual período). Admite-se o registro de preços para compras, para locações, para serviços e para obras.

No registro de preços, não há direito de o particular ser contratado, mas direito de preferência. Esse direito prevalece durante o prazo de vigência do registro e se aplica tantas vezes quantas forem as contratações que a Administração deliberar realizar, respeitados os limites legais e contratuais.

A existência do registro de preços não pode impor a realização de contratações inadequadas. Por ocasião de cada contratação, o agente estatal deverá verificar se o produto e o preço constantes do registro são satisfatórios. Se não o forem, deverá realizar licitação específica. Se o forem, realizará as contratações sem maior burocracia. O licitante não poderá se negar a contratar (desde que o contrato se compatibilize com os limites estabelecidos no ato convocatório). Mais ainda, podem ocorrer diversas contratações tomando por base o registro, de modo que a licitação não se exaure com uma única contratação.

A Lei 14.133/2021, tal como já o fizera o Dec. 7.892/2013, admite que o registro de preços abranja diferentes órgãos ou entidades.

18.4 Registro de preços e formalização de contratos específicos

O registro de preços não dispensa a pactuação de um contrato específico para cada fornecimento ou prestação de serviço. Cada contratação específica será regida pelas normas gerais sobre contratação administrativa: deverá haver instrumento escrito, sendo o particular convocado para firmá-lo, e assim por diante.

O art. 82, § 5.º, da Lei 14.133/2021 admite o registro de preços para bens e serviços de engenharia, desde que preenchidos certos requisitos.

19 O ADIMPLEMENTO CONTRATUAL

O contrato administrativo deve ser executado pelas partes, no tempo, modo e local previstos contratualmente. A regra foi consagrada, em termos quase idênticos, no art. 66 da Lei 8.666/1993 e no art. 115 da Lei 14.133/2021.

19.1 A disciplina anterior à edição da Lei 14.133/2021

A disciplina da Lei 8.666/1993 sobre adimplemento, inadimplemento, rescisão contratual e sancionamento é, em grande medida, aplicável aos contratos produzidos por pregão e compreendidos no âmbito do RDC. A afirmativa deve ser compreendida em termos, eis que existem sanções diferenciadas no âmbito do pregão e do RDC.

19.2 A fiscalização quanto ao recebimento do objeto

A prestação executada pelo particular deverá, obrigatoriamente, ser examinada e sujeita à verificação de sua compatibilidade com o contrato e com as normas técnicas adequadas. Significa que a simples tradição da coisa não importa aceitação da Administração, à qual incumbe adotar todas as cautelas necessárias para evitar recebimento de objetos defeituosos.

O art. 140 da Lei 14.133/2021 adota regras minuciosas sobre o assunto.

19.3 O pagamento ao particular

A disciplina das condições de pagamento ao particular não é idêntica nas Leis 8.666/1993 e 14.133/2021.

19.3.1 A previsão da Lei 8.666/1993

A Lei de 1993 adotou o princípio do *dies interpellat pro homine*.[10] O art. 40, XIV, *a*, da Lei 8.666/1993 previu prazo de até 30 dias para a liquidação dos débitos. No âmbito federal, o tema foi regulamentado pelo Dec. 1.054/1994.

19.3.2 A previsão da Lei 14.133/2021

A Lei 14.133/2021 remete a disciplina do prazo de pagamento ao edital. Não existe um prazo determinado no próprio texto legislativo. A Instrução Normativa SEGES/ME 77/2022 disciplinou o tema no âmbito da Administração federal. O art. 7.º estabelece o prazo máximo de 10 dias úteis "para a liquidação da despesa, a contar do recebimento da nota fiscal ou instrumento de cobrança equivalente pela Administração" (inc. I) e o prazo máximo de 10 dias úteis "para pagamento, a contar da liquidação da despesa" (inc. II). Além disso, o § 2.º do art. 7.º estabelece que o prazo será reduzido pela metade "para as contratações decorrentes de despesas cujos valores não ultrapassem o limite de que trata o inciso II do art. 75 da Lei nº 14.133, de 2021".

20 AS ALTERAÇÕES DO CONTRATO ADMINISTRATIVO

No direito privado, o tema da alteração dos contratos não desperta maior interesse. Em virtude do princípio da obrigatoriedade das convenções, não há cabimento para alteração unilateral dos contratos e se admitem alterações (sem restrições) produzidas mediante o consenso entre os contratantes. A questão é distinta na contratação administrativa. A modificação unilateral é institucionalizada e não caracteriza rompimento dos princípios aplicáveis.

20.1 Competência discricionária para a alteração de contrato

A alteração do contrato retrata, sob alguns ângulos, uma competência discricionária da Administração. Não existe, porém, liberdade para a Administração impor a alteração como e quando melhor lhe aprouver. Existe uma competência anômala, não uma prerrogativa propriamente dita.

20.2 Limites da modificação contratual

Como princípio geral, não se admite que a modificação do contrato, ainda que por acordo entre as partes, importe alteração radical ou acarrete frustração aos princípios da obrigatoriedade da licitação e isonomia.

20.3 Alterações unilaterais e consensuais

As alterações podem ser produzidas ou por acordo entre as partes ou mediante ato unilateral da Administração Pública. A distinção não significa que a alteração consensual seria facultativa, enquanto a unilateral seria compulsória. A alteração unilateral imposta pela Administração tem de ser acatada pelo particular. Podem ocorrer hipóteses em que a alteração consensual é compulsoriamente imposta por lei. Assim, por exemplo, é obrigatória a recomposição da equação econômico-financeira em caso de alteração unilateral. Mas essa recomposição se fará mediante acordo entre as partes.

---

[10] A expressão indica as hipóteses em que o decurso do tempo produz, de modo automático, a constituição em mora do devedor, sem a necessidade de que o credor promova uma interpelação formal.

20.4 As alterações unilaterais: visão geral

Nas alterações unilaterais, a Administração identifica a necessidade e a conveniência de alterar as condições originalmente pactuadas. Suas determinações traduzem-se em alteração contratual que vincula o particular. A validade dessas modificações e sua obrigatoriedade em face do particular dependem da observância do devido processo legal.

20.4.1 Modificações qualitativas

Os arts. 65, I, *a*, da Lei 8.666/1993 e 124, I, *a*, da Lei 14.133/2021 dispõem em termos idênticos sobre a hipótese de alteração do projeto ou de suas especificações, objetivando satisfazer as necessidades estatais da maneira mais adequada.

A melhor adequação técnica supõe a descoberta ou a revelação de circunstâncias desconhecidas acerca da execução da prestação ou a constatação de que a solução técnica anteriormente adotada não era a mais acertada.

20.4.2 Modificações quantitativas

A lei admite que a Administração introduza alterações (acréscimos ou supressões) que acarretem modificação no valor inicial do contrato (art. 65, I, *b*, da Lei 8.666/1993 e art. 124, I, *b*, da Lei 14.133/2021) em decorrência de acréscimo ou diminuição quantitativa do objeto contratado.

20.5 Os limites para alterações contratuais

A disciplina jurídica sobre os limites das alterações contratuais não é idêntica nas Leis 8.666/1993 e 14.133/2021.

20.5.1 A disciplina da Lei 8.666/1993

O § 1.º do art. 65 determina que o contratado é obrigado a aceitar a elevação ou a redução no objeto contratual até 25% (50% em caso de reforma) do seu valor original atualizado. O § 2.º do mesmo art. 65 estabelece que nenhum acréscimo ou supressão pode superar o referido limite.

20.5.2 A disciplina da Lei 14.133/2021

O art. 125 da Lei 14.133/2021 possui redação equivalente à do § 1.º do art. 65 da Lei 8.666/1993. No entanto, a Lei 14.133/2021 não consagrou limitação idêntica àquela constante do § 2.º do art. 65 da Lei de 1993.

Ou seja, a Lei 14.133/2021 não prevê a regra de que nenhum acréscimo ou supressão pode superar o limite de 25% (ou de 50% em caso de reforma).

Logo, deve-se reputar que o referido limite somente se aplica nas hipóteses de alteração unilateral. Não veda alterações bilaterais que superem aquele limite. Mas essa solução somente será admissível em situações diferenciadas, cuja avaliação será realizada em vista da proporcionalidade.

21 A EQUAÇÃO ECONÔMICO-FINANCEIRA

Equação econômico-financeira é a relação entre encargos e vantagens assumidas pelas partes do contrato administrativo, estabelecida por ocasião da contratação, e que deverá ser preservada ao longo da execução do contrato.

21.1 A relação original entre as partes

Como regra, o contrato administrativo produz direitos e deveres para ambas as partes, em situação de correspondência. Essa noção se encontra na origem do instituto do equilíbrio econômico-financeiro do contrato administrativo. O conjunto de encargos é a contrapartida do conjunto das "retribuições", de molde a caracterizar uma "equação".

André de Laubadère, Jean-Claude Venezia e Yves Gaudemet ensinam que o conceito de equilíbrio financeiro "consiste em considerar o contrato administrativo como formando um todo no qual os interesses das partes se condicionam".[11]

21.2 Abrangência

A equação econômico-financeira abrange todos os aspectos econômicos relevantes para a execução da prestação das partes. Isso compreende não apenas o montante de dinheiro devido ao particular contratado, mas também o prazo estimado para o pagamento, a periodicidade dos pagamentos, a abrangência do contrato e qualquer outra vantagem que a configuração da avença possa produzir.

O mesmo se passa com os encargos. Integram a equação econômico-financeira todos os fatores aptos a influenciar o custo e o resultado da exploração.

21.3 A tutela constitucional à intangibilidade da equação

A tutela à intangibilidade da equação econômico-financeira do contrato administrativo tem sede constitucional. Relaciona-se a certos postulados assegurados pela CF/1988.

21.3.1 O princípio da eficiência

A proteção à equação econômico-financeira decorre do princípio da eficiência administrativa, que exige que a Administração Pública desembolse o menor valor possível nas suas contratações.

A ausência de garantia aumentaria o risco dos particulares, especialmente em vista das competências anômalas peculiares ao contrato administrativo. A Administração obterá as melhores propostas apenas se reduzir os riscos imprevisíveis ou de consequências incalculáveis. A intangibilidade da equação econômico-financeira é a garantia ofertada ao particular de que não correrá risco quanto a eventos futuros, incertos e excepcionais. Essa proteção produz a redução geral dos preços pagos pelo Estado no conjunto global de suas contratações.

21.3.2 O princípio da isonomia

A tutela à equação econômico-financeira deriva também do princípio da isonomia. Se os eventos extraordinários produzissem benefício patrimonial para a Administração, haveria ofensa

---

[11] LAUBADÈRE; VENEZIA; GAUDEMET. *Traité de droit administratif*, t. I, p. 830 (tradução livre). O texto reproduz o famoso voto de Léon Blum no julgado de 1910 no caso *Compagnie Française de Tramways*, que deu origem a toda essa doutrina. Vale a pena reproduzir essa passagem: "É da essência mesma de todo contrato de concessão de procurar e de realizar, na medida do possível, uma igualdade entre as vantagens que são acordadas ao concessionário e as cargas a ele impostas. (...) As vantagens e as cargas devem se equilibrar de modo a formar a contrapartida dos benefícios prováveis e das perdas previstas. Em todo contrato de concessão está implicada, como em uma operação aritmética, a equivalência honesta entre aquilo que é atribuído ao concessionário e aquilo que dele é exigido. (...) É isso que se chama a equivalência financeira e comercial, a equação financeira do contrato de concessão (...)" (tradução livre).

à isonomia. Os benefícios que o particular tivesse deixado de auferir seriam apropriados pela comunidade, o que significaria que todos teriam benefício à custa de um particular específico.

Aliás, o mesmo argumento conduz à vedação do resultado oposto. Se os eventos extraordinários ampliam os benefícios e vantagens do contratado, a Administração deverá rever as condições e reduzir seus próprios encargos, para impor a manutenção da situação original. No entanto, não se pode confundir os resultados da exploração (isto é, o lucro ou prejuízo verificados) com a equação econômico-financeira do contrato. O simples fato de o particular "ganhar mais" do que o inicialmente previsto na sua proposta não significa que o contrato esteja desequilibrado.

21.3.3 A regra explícita do art. 37, XXI, da CF/1988

Esses fundamentos conduziram a CF/1988 a consagrar o respeito às condições originais da proposta. O art. 37, XXI, determinou que as contratações administrativas contemplariam cláusulas que estabelecessem obrigações de pagamento, "mantidas as condições efetivas da proposta".

21.4 O aperfeiçoamento da equação econômico-financeira

A equação econômico-financeira se aperfeiçoa simultaneamente com o próprio contrato administrativo, no sentido de que, sem existir contratação, não há de se cogitar da questão.[12]

Mas isso não significa que o conteúdo do equilíbrio econômico-financeiro seja estabelecido na data da formalização do contrato. Os encargos e as vantagens previstos no contrato foram definidos em momento anterior, no curso da licitação (ou dos atos que conduziram à contratação direta).

Os princípios fundamentais atinentes à equação econômico-financeira são comuns a todos os contratos administrativos em sentido restrito.

22 A QUEBRA DO EQUILÍBRIO ECONÔMICO-FINANCEIRO

A quebra do equilíbrio consiste na alteração do resultado econômico extraível da contratação administrativa e somente pode ser reconhecida por meio de uma comparação entre duas realidades diversas. É necessário cotejar a previsão adotada pelas partes por ocasião da formulação da proposta com as condições de efetiva execução da contratação, verificadas em momento posterior.

22.1 A configuração de eventos econômicos supervenientes

A quebra do equilíbrio econômico-financeiro e o reconhecimento do direito a sua recomposição dependem da presença de dois pressupostos básicos:

- ocorrência superveniente de eventos extraordinários, de cunho imprevisível ou de efeitos incalculáveis; e
- ampliação dos encargos e (ou) redução das vantagens originalmente previstas.

---

[12] Em sentido que não é exatamente diverso, Lúcia Valle Figueiredo distinguia os momentos de *formação* da equação econômico-financeira com a apresentação da proposta; de *eficácia* com a homologação da licitação e, posteriormente, com a assinatura do contrato (*Curso de direito administrativo*, 9. ed., p. 102-104).

22.2 A disciplina distinta nas Leis 8.666/1993 e 14.133/2021

A disciplina da intangibilidade da equação econômico-financeira nas Leis 8.666/1993 e 14.133/2021 apresenta diferenças relevantes.

23 A TUTELA DA EQUAÇÃO ECONÔMICO-FINANCEIRA NA LEI 8.666/1993

A Lei 8.666/1993 consagrou uma disciplina predeterminada, caracterizada por um modelo abstrato quanto à alocação dos riscos assumidos pelas partes.

23.1 A regra geral do art. 65, II, *d*

A regra geral sobre a intangibilidade da equação econômico-financeira e seu restabelecimento encontra-se no art. 65, II, *d*, da Lei 8.666/1993. O dispositivo alude à distinção entre riscos ordinários e riscos extraordinários.

23.2 A distinção entre riscos ordinários e riscos extraordinários

A distinção entre ordinariedade e extraordinariedade se relaciona com a probabilidade da ocorrência dos eventos. O critério diferencial não é a mera possibilidade do evento, o que tornaria inútil a distinção: todo evento possível seria previsível e, por isso, integraria a álea ordinária. Logo comporiam a álea extraordinária apenas os eventos impossíveis, os quais nunca ocorreriam por sua própria definição.

A diferença entre álea extraordinária e álea ordinária somente é simples quando se examinam situações extremas. À medida que o grau de ordinariedade se reduz, aumenta o grau de extraordinariedade – e vice-versa. Mas é impossível estabelecer um limite exato, em que certa situação deixaria de integrar uma categoria e passaria a compor a outra.

23.3 Os eventos causadores de quebra da equação econômico-financeira

Por influência da doutrina francesa, costumam ser arroladas inúmeras categorias de eventos cuja ocorrência pode produzir a quebra da equação econômico-financeira. Destaque-se que a diferenciação entre eles é relevante no direito francês, pois cada espécie de situação gera efeitos diversos.

Nesse sentido, no direito francês, os efeitos jurídicos da aplicação da teoria do fato do príncipe e da teoria da imprevisão são distintos. Configurado o fato do príncipe, o particular tem direito a ser indenizado integralmente. Se for aplicada a teoria da imprevisão, os efeitos onerosos serão distribuídos entre as partes (ainda que a parcela mais significativa dos encargos seja atribuída à Administração Pública).

No direito brasileiro a solução é distinta, uma vez que a ocorrência dos diferentes eventos gera efeitos idênticos. A Lei 8.666/1993, no art. 65, II, *d*, uniformiza a solução jurídica para as diferentes hipóteses, determinando que caberá promover, como regra geral, a recomposição da equação econômico-financeira.

23.4 O fato do príncipe (álea administrativa)

A teoria do *fato do príncipe* consagra o direito à compensação em favor de um particular, que sofra efeitos nocivos diferenciados em virtude da prática pelo Estado de ato lícito e regular.

O ponto nuclear da teoria do fato do príncipe reside em que a lesão patrimonial *derivada de um ato estatal válido, lícito e perfeito* é objeto de indenização. Essa solução decorre de uma valoração produzida pela ordem jurídica, no sentido de que seria injusto e desaconselhável impor ao particular que contrata com o Estado o ônus de arcar com os efeitos onerosos de uma alteração superveniente da disciplina estatal sobre o exercício da atividade necessária à execução da prestação.

23.4.1 A divergência na doutrina francesa

A maior parte da doutrina francesa reputa que o *fato do príncipe* se verifica quando a execução do contrato é onerada por medida proveniente da autoridade pública contratante, mas que exercita esse poder em um campo de competência estranho ao contrato.[13] O exemplo típico consiste na elevação da carga tributária incidente sobre a execução da prestação devida pelo particular.

Na doutrina francesa não se aplica tal teoria quando o ato estatal for emanado de autoridade distinta daquela que é parte do contrato. Por exemplo, uma medida oriunda do governo central, se acarretar agravamento da situação do particular que mantém contrato no âmbito municipal, não conduzirá à aplicação da teoria do *fato do príncipe*.[14] Se for o caso, a situação se resolverá por meio da teoria da imprevisão.

Entre nós, Maria Sylvia Zanella Di Pietro segue a posição francesa,[15] enquanto José dos Santos Carvalho Filho opta por não formular distinção quanto à identidade do sujeito responsável pelo evento que produziu a oneração.[16]

23.4.2 A opção pela irrelevância da identidade da entidade estatal

Adota-se a mesma posição de Carvalho Filho, já que a teoria do *fato do príncipe*, tal como prevista no direito brasileiro, tem pouca relação com a figura existente na França. Tal como antes exposto, a Lei 8.666/1993 estabelece tratamento idêntico para as diversas hipóteses de quebra da equação econômico-financeira.

23.5 A teoria da imprevisão (álea econômica)

Configura-se a quebra da equação econômico-financeira também nas hipóteses em que ocorrerem alterações imprevisíveis nas condições econômicas, tornando inviável ao particular executar o contrato nas condições originalmente previstas. A execução da prestação nos exatos termos inicialmente previstos acarretaria sua ruína, com o enriquecimento correspondente da outra parte.

A aplicação da teoria da imprevisão deriva da conjugação dos seguintes requisitos:

– imprevisibilidade do evento ou incalculabilidade de seus efeitos;
– inimputabilidade do evento às partes;

---

[13] Nesse sentido, e retratando o entendimento majoritário, cf. MORAND-DEVILLER. *Cours de droit administratif*: cours, thèmes de réflexion, commentaires d'arrêts avec corrigés, 9. ed., p. 434. Na mesma linha, LAUBADÈRE; VENEZIA; GAUDEMET. *Traité de droit administratif*, t. I, p. 836.

[14] Lúcia Valle Figueiredo, colacionando o ensinamento de Marienhoff, afirmava que "o *fato do príncipe* pressupõe uma *norma geral* emanada de autoridade pública – de qualquer autoridade pública –, enquanto que a responsabilidade contratual do Estado pressupõe uma norma particular, específica, emanada de qualquer autoridade pública relacionada com o contrato administrativo em questão" (*Curso de direito administrativo*, 9. ed., p. 541).

[15] DI PIETRO. *Direito administrativo*, 37. ed., p. 286.

[16] Parte da doutrina entende que o fato deve emanar da mesma pessoa jurídica que celebrou o ajuste. Afigura-se mais acertada a orientação de Carvalho Filho, no sentido de que a "Administração representa o próprio Estado e pouco importa que o contrato tenha sido celebrado pelo Município e o fato do príncipe se tenha originado da União. No caso é o Estado atuando e rompendo o equilíbrio contratual, com gravame para o contratado" (*Manual de direito administrativo*, 37. ed., p. 168).

Cap. 10 – CONTRATO ADMINISTRATIVO **327**

- grave modificação das condições do contrato; e
- ausência de impedimento absoluto.

O primeiro pressuposto relaciona-se com a impossibilidade de previsão dos fatos, dentro de um panorama de razoabilidade. O art. 65, II, *d*, da Lei 8.666/1993 equipara à imprevisibilidade a hipótese em que, embora o fato seja previsível, haja impossibilidade de calcular os seus efeitos.

O conceito de imprevisibilidade também pode ser utilizado para indicar a ausência de participação da parte interessada na produção do evento danoso.

O art. 65, II, *d*, da Lei 8.666/1993 ampliou a abrangência da teoria da imprevisão para nela fazer incluir os fatos de consequências incalculáveis, o que compreende em especial a desvalorização monetária produzida pela inflação. A inflação pode ser um fato previsível, mas autorizará a incidência da teoria da imprevisão quando os índices inflacionários não puderem ser *estimados* de antemão e apresentarem variação que ultrapasse os limites das previsões generalizadas.

24 A TUTELA DA EQUAÇÃO ECONÔMICO-FINANCEIRA NA LEI 14.133/2021

A Lei 14.133/2021 adotou, como inovação marcante, a flexibilidade no tocante à alocação de riscos inerentes à contratação.

24.1 A alocação contratual dos riscos

O tema se encontra disciplinado especificamente nos arts. 22 e 103 da Lei 14.133/2021, que estabelecem que o edital contemplará a distribuição dos riscos entre as partes. A Lei utiliza a expressão "matriz de risco" para indicar o tópico específico, constante do edital e do contrato, que dispõe sobre a alocação de riscos. A redação legal induz que a referida cláusula apenas seria exigível em alguns casos, mas se trata de equívoco. A alocação de riscos entre as partes é inerente a toda e qualquer contratação e deve ser promovida de modo expresso.

24.1.1 A variação em face das circunstâncias do caso concreto

A distribuição dos riscos entre as partes dependerá das circunstâncias do caso concreto. Haverá variações em vista do objeto a ser executado, dos prazos, dos materiais, das tecnologias empregadas e assim por diante.

24.1.2 O critério de alocação dos riscos: a eficiência econômica

O critério de alocação dos riscos não é a conveniência política – alternativa que conduziria possivelmente à transferência da integralidade dos riscos para o particular. A Lei determina que "A matriz de que trata o *caput* deste artigo deverá promover a alocação eficiente dos riscos de cada contrato" (art. 22, § 1.º).

A alocação eficiente do risco reflete a capacidade de cada parte em promover o seu gerenciamento. Portanto, é indispensável a existência de estudos econômicos que determinem a solução mais satisfatória no caso concreto.

24.1.3 A precificação dos riscos alocados ao particular

A própria Lei 14.133/2021 reconhece que o preço a ser pago ao particular reflete a amplitude dos riscos a ele alocados. Isso significa que a ampliação dos riscos atribuídos ao particular conduz à elevação da remuneração desembolsada pela Administração. O tema está previsto no art. 22 da Lei 14.133/2021:

> "O edital poderá contemplar matriz de alocação de riscos entre o contratante e o contratado, hipótese em que o cálculo do valor estimado da contratação poderá considerar taxa de risco compatível com o objeto da licitação e com os riscos atribuídos ao contratado, de acordo com metodologia predefinida pelo ente federativo".

24.2 A previsão contratual de soluções

O contrato deve contemplar as soluções para as hipóteses em que ocorrer evento danoso não abrangido no risco alocado à parte. O tema está previsto no art. 22, § 2.º:

> "§ 2.º O contrato deverá refletir a alocação realizada pela matriz de riscos, especialmente quanto:
>
> I – às hipóteses de alteração para o restabelecimento da equação econômico-financeira do contrato nos casos em que o sinistro seja considerado na matriz de riscos como causa de desequilíbrio não suportada pela parte que pretenda o restabelecimento;
>
> II – à possibilidade de resolução quando o sinistro majorar excessivamente ou impedir a continuidade da execução contratual;
>
> III – à contratação de seguros obrigatórios previamente definidos no contrato, integrado o custo de contratação ao preço ofertado. (...)".

24.3 A regra do art. 124, II, *d*, da Lei 14.133/2021

O art. 124, II, *d*, da Lei 14.133/2021 deve ser interpretado no contexto das considerações anteriores.

24.3.1 A redação legal

A regra determina o seguinte:

> "Art. 124. Os contratos regidos por esta Lei poderão ser alterados, com as devidas justificativas, nos seguintes casos:
>
> (...)
>
> II – por acordo entre as partes:
>
> (...)
>
> d) para restabelecer o equilíbrio econômico-financeiro inicial do contrato em caso de força maior, caso fortuito ou fato do príncipe ou em decorrência de fatos imprevisíveis ou previsíveis de consequências incalculáveis, que inviabilizem a execução do contrato tal como pactuado, respeitada, em qualquer caso, a repartição objetiva de risco estabelecida no contrato".

24.3.2 A aplicação dos conceitos tradicionais

O dispositivo recepciona conceitos tradicionais adotados no direito brasileiro e consagrados na Lei 8.666/1993, tal como acima referidos.

24.3.3 A remessa à alocação contratual de riscos

A diferença fundamental reside em que a configuração da quebra da equação econômico-financeira não tem por critério parâmetros objetivos predeterminados (riscos ordinários e riscos extraordinários), mas a distribuição de riscos tal como efetuada no caso concreto.

25 O CASO FORTUITO OU DE FORÇA MAIOR

Quando eventos supervenientes, produzidos por causas alheias à vontade das partes, tornarem impossível a execução da avença,[17] o contrato será desfeito, sem sancionamento para qualquer das partes, assegurando-se ao particular a remuneração correspondente ao que tiver executado. Se for possível a execução, dever-se-á adotar solução equivalente à gerada pela teoria da imprevisão, promovendo-se as medidas necessárias ao restabelecimento da equação econômico-financeira original.[18]

25.1 Caso fortuito interno e caso fortuito externo

Tem prevalecido a distinção entre caso fortuito (ou de força maior) interno e externo.

25.1.1 A distinção entre as hipóteses

A diferenciação é sintetizada nos termos seguintes:

"Fortuito externo seria o caso fortuito propriamente dito, causa excludente de responsabilidade. Já o fortuito interno seria aquele fato que, conquanto inevitável e, normalmente, imprevisível, liga-se à própria atividade do agente, de modo intrínseco. Por tal razão, o fortuito interno estaria inserido entre os riscos com os quais deve arcar aquele que, no exercício de sua autonomia privada, gera situações potencialmente lesivas à sociedade".[19]

25.1.2 O fundamento da distinção

O aspecto fundamental da distinção reside em que, no caso fortuito interno, o evento danoso comporta providências preventivas por parte do agente. Logo, é possível reconhecer a relação de causalidade entre o dano e a conduta do agente.

Já no fortuito externo, inexiste vínculo de causalidade entre a conduta do agente e o dano porque o evento não se insere no âmbito das atividades desempenhadas.

Essa orientação foi consagrada na jurisprudência do STJ, tal como a seguir reproduzido:

"A força maior e o caso fortuito vêm sendo entendidos, atualmente, como espécies do gênero fortuito externo, no qual se enquadra a culpa exclusiva de terceiros, sendo aquele fato, impre-

---

[17] É usual a utilização, de modo indistinto, das expressões "caso fortuito" ou "força maior" para indicar a ocorrência de um fato excepcional e imprescindível, estranho à vontade das partes e que impossibilite o cumprimento dos prazos anteriores previstos. O caso fortuito decorre de eventos da natureza, como catástrofes, ciclones etc. Já a força maior resulta de um fato causado pela vontade ou ação humana, como uma greve. O Código Civil não faz distinção entre caso fortuito e força maior, limitando-se a estabelecer no art. 393, parágrafo único, que "O caso fortuito ou de força maior verifica-se no fato necessário, cujos efeitos não era possível evitar ou impedir".

[18] Lembre-se que, no direito francês, somente se alude a força maior como causa de extinção por impossibilidade de execução de seu objeto. Se a execução do objeto continuar a ser possível, não se cogita da aplicação da teoria da força maior, resolvendo-se o problema por meio ou da teoria da imprevisão ou da teoria de fato do príncipe ou da figura da sujeição imprevista. A Lei 8.666/1993 faz referência à força maior como causa de extinção do contrato (art. 78, XVII), assim como fundamento para a modificação contratual destinada a restabelecer a equação econômico-financeira original (art. 65, II, *d*). Solução similar foi adotada na Lei 14.133/2021. O art. 137, V, prevê que a força maior e o caso fortuito acarretam a extinção do contrato quando impeditivos da execução do contrato. E o art. 124, II, *d*, estabelece que a força maior e o caso fortuito conduzem à alteração do contrato quando inviabilizem a sua execução tal como pactuado.

[19] Gustavo Tepedino e Anderson Schreiber. *Fundamentos do Direito Civil*, Obrigações, v. 2, p. 380.

visível e inevitável, estranho à organização da empresa; contrapondo-se ao fortuito interno, que, apesar de também ser imprevisível e inevitável, relaciona-se aos riscos da atividade, inserindo-se na estrutura do negócio" (REsp 1.450.434/SP, 4.ª T., trecho do voto do rel. Min. Luis Felipe Salomão, j. 18.09.2018, *DJe* 08.11.2018).

É o destaque da doutrina:

"Lembre-se, contudo, da distinção entre o caso fortuito interno e o caso fortuito externo, admitindo-se que apenas quando se trate da segunda hipótese (externo) existiria excludente de responsabilidade. O caso fortuito interno consistira no fato 'inevitável e, normalmente, imprevisível que, entretanto, liga-se à própria atividade do agente. Insere-se, portanto, entre os riscos com os quais deve arcar aquele que, no exercício da autonomia privada, gera situações potencialmente lesivas à sociedade'. Já o fortuito externo é aquele fato estranho à organização ou à atividade da empresa, e que por isso não tem seus riscos suportados por ela. Com relação a este, sustenta-se sua aptidão para excluir a responsabilidade objetiva".[20]

25.2   A margem de autonomia para alocação do risco pertinente

Em face da distinção, é cabível à Administração alocar ao particular o risco relacionado com o caso fortuito interno. Mas não é juridicamente válida cláusula que imponha ao particular arcar com o caso fortuito externo.

Essa interpretação resulta da previsão do art. 133, I, da Lei 14.133/2021:

"Art. 133. Nas hipóteses em que for adotada a contratação integrada ou semi-integrada, é vedada a alteração dos valores contratuais, exceto nos seguintes casos:

I – para restabelecimento do equilíbrio econômico-financeiro decorrente de caso fortuito ou força maior".

É da inerência da contratação integrada e semi-integrada a atribuição ao particular da generalidade dos riscos pertinentes à execução do contrato. A previsão do art. 133, I, significa que é vedado atribuir ao particular, mesmo em contratação integrada e semi-integrada, a responsabilidade pelo caso fortuito – externo, presume-se.

Assim se passa porque é impossível que a solução economicamente mais eficiente seja a gestão pelo particular do caso fortuito externo.

26   AS SUJEIÇÕES IMPREVISTAS

As sujeições imprevistas são dificuldades materiais, exteriores à vontade das partes e por elas não conhecidas, preexistentes à execução do contrato, que oneram a execução da prestação contratual.

26.1   A situação objetiva da realidade

As sujeições imprevistas compreendem fatos *anteriores* à contratação, os quais são revelados em momento posterior. O exemplo clássico é a falha geológica do terreno, que inviabiliza a execução da obra de engenharia tal como originalmente concebida. Ela não se confunde com o fato imprevisto, que se caracteriza pela concretização superveniente. No caso da sujeição

---

[20]   MIRAGEM. *Direito civil*: responsabilidade civil. São Paulo: Saraiva, 2015, p. 546.

imprevista, o problema é anterior à contratação, mas desconhecido. Não se trata de um fato novo, mas de um fato pretérito cujo conhecimento não era exigível, configurando-se como apto a impossibilitar a execução contratual tal como originalmente concebida.

26.2 A ausência de tratamento legislativo explícito

A legislação não alude, de modo expresso, à figura da sujeição imprevista. Deve-se reputar que as sujeições imprevistas comportam tratamento jurídico equivalente ao do caso fortuito e força maior.

27 A ALTERAÇÃO UNILATERAL DAS CONDIÇÕES ORIGINAIS

A alteração dos encargos ou das vantagens do particular em virtude de ato unilateral da Administração pode comprometer a relação originalmente existente.

Em tais hipóteses, caberá à Administração promover, concomitantemente com a alteração contratual, o restabelecimento da relação original entre encargos e vantagens. Essa solução consta do art. 130 da Lei 14.133/2021:

> "Art. 130. Caso haja alteração unilateral do contrato que aumente ou diminua os encargos do contratado, a Administração deverá restabelecer, no mesmo termo aditivo, o equilíbrio econômico-financeiro inicial".

28 O ATO ILÍCITO DA ADMINISTRAÇÃO PÚBLICA (FATO DA ADMINISTRAÇÃO)

Difundiu-se a expressão *fato da Administração* para indicar as hipóteses de inadimplemento pela entidade estatal às obrigações assumidas contratualmente.

28.1 A ilicitude da conduta administrativa

A expressão é destituída de qualquer fundamento lógico jurídico, ainda que a sua utilização seja muito conveniente para os agentes estatais.[21]

Em termos práticos, tem-se adotado a solução de enquadrar o ilícito contratual imputável à Administração Pública como causa apta a configurar a quebra da equação econômico-financeira. No entanto, a solução é incorreta e pode ser recusada pelo particular.

28.2 O direito de indenização por perdas e danos

O ato ilícito contratual praticado pela Administração gera o dever de indenizar o particular por perdas e danos. Essa solução jurídica não se confunde com o efeito gerado pela quebra

---

[21] Ao se valer da expressão "fato da Administração", busca-se afastar a ideia da consumação de um *ato ilícito*. Logo, o inadimplemento seria tratado juridicamente como uma ocorrência não derivada da vontade humana, sendo destituído de cunho de reprovabilidade. É evidente que essa construção não é compatível com o Estado Democrático de Direito. O que se pode admitir é a existência de casos de impossibilidade de identificação de um agente público especificamente *culpado* pelo inadimplemento. Assim se passará, por exemplo, quando uma lei posterior não contiver previsão orçamentária para a continuidade de execução de um contrato. No entanto, a ausência de adimplemento por parte da Administração Pública quanto às obrigações assumidas configura *ato ilícito contratual*, do que deriva o dever de a parte culpada indenizar a parte inocente pelas perdas e danos sofridos.

da equação econômico-financeira, que se traduz apenas na necessidade de recomposição da relação original entre encargos e vantagens.

As perdas e danos consistem numa importância em dinheiro a ser paga à parte inocente, e não se confundem com a alteração do valor original a ela devido.

28.3 A conveniência do particular

Na maior parte dos casos, no entanto, o particular prefere a adoção do reequilíbrio econômico-financeiro por ser solução mais simples e prática.

29 NOVAS CONCEPÇÕES SOBRE A EQUAÇÃO ECONÔMICO-FINANCEIRA

As dificuldades práticas envolvidas nessas concepções tradicionais sobre a equação econômico-financeira da contratação administrativa propiciaram questionamentos, não apenas dos órgãos de controle externo (basicamente, o TCU), mas também de parcela da doutrina.

29.1 A obsolescência das concepções clássicas

Um aspecto relevante se relaciona com a desconexão entre a realidade contemporânea e as concepções que deram origem à teoria da equação econômico-financeira do contrato. As construções práticas e teóricas que informam essa teoria foram desenvolvidas nos primórdios do século XX. As circunstâncias da atualidade são extremamente distintas, especialmente em vista da complexidade das contratações, da dificuldade de determinar os custos envolvidos na execução do contrato e da dinamicidade dos eventos verificados posteriormente à pactuação do contrato. Isso induz a necessidade de revisão das soluções a serem adotadas – mas é indispensável cautela para evitar distorções absurdas.

29.2 A abordagem econômica para o problema

Tem-se verificado um esforço em incorporar uma abordagem econômica para o problema.[22] Isso significa inclusive o aproveitamento dos achados da teoria dos leilões. A proposta essencial reside na disparidade do conhecimento das partes sobre o objeto a ser executado e na inviabilidade de um equilíbrio rigoroso, imutável e permanente na execução contratual.

Por outro lado, há soluções incorporadas no âmbito do TCU fundadas em avaliações estatísticas relativamente aos preços praticados no mercado e aqueles verificados no âmbito das contratações administrativas. Isso permite a identificação de desvios prejudiciais à Administração.

29.3 A dificuldade a ser enfrentada: o enfoque unilateral

Esses esforços propiciam o aperfeiçoamento do tratamento da questão do equilíbrio econômico-financeiro. No entanto, a avaliação do conjunto dessas propostas revela uma dificuldade relevante, relacionada com a dimensão unilateral do enfoque.

Todos esses estudos têm sido produzidos no âmbito do controle – inclusive por doutrinadores vinculados aos órgãos públicos. Ocorre que uma distorção marcante da atuação dos órgãos de controle no Brasil reside na ausência de reprovação quanto às práticas antijurídicas adotadas pela Administração **contra** o particular. Os órgãos de controle e os agentes que exercem essas funções reputam que a violação dos direitos e dos interesses dos particulares é uma

---

[22] Nesse sentido, confira-se NÓBREGA (Org.). *Um olhar além do óbvio* – temas avançados de licitações e contratos na Lei 14.133/21 e outros assuntos, 2. ed.

Cap. 10 – CONTRATO ADMINISTRATIVO **333**

questão alheia às suas competências. A sua reprovação incumbe ao Poder Judiciário, mediante provocação do particular ofendido.

Isso conduz a construções orientadas exclusivamente a proteger os direitos e interesses da Administração. Essa ressalva não significa negar a necessidade de tutela à Administração Pública. Traduz o entendimento da inviabilidade da construção de teorias relacionadas com o equilíbrio contratual que sejam norteadas exclusivamente por essa orientação. Se e enquanto os órgãos de controle e os doutrinadores que os integram não se preocuparem em proteger os direitos e interesses de ambas as partes contratantes, prevalecerá uma visão inadequada do problema.

30   FORMAS DE RECOMPOSIÇÃO DA EQUAÇÃO ECONÔMICO-FINANCEIRA

A recomposição da equação econômico-financeira pode fazer-se por diferentes vias, cuja escolha depende das circunstâncias concretas. Há alguns instrumentos jurídicos previstos na legislação, mas isso não exclui o cabimento de soluções de outra ordem.

30.1   O conteúdo das providências adequadas

A recomposição da equação econômico-financeira realiza-se por meio de providências que "compensem" ou "contrabalancem" a redução das vantagens ou (e) ampliação das desvantagens. Caio Tácito afirmou que, "configurada a hipótese de quebra do equilíbrio financeiro da concessão, deve o concedente adaptar, em equivalência, a receita do concessionário mediante revisão de tarifas, subvenções, regalias fiscais ou outras modalidades equivalentes".[23]

30.2   A alteração da remuneração do particular

De regra, a forma mais utilizada para a recomposição da equação consiste na ampliação da remuneração do particular. No âmbito de categorias de contratação que envolvem delegação de serviço público, podem ser utilizados outros mecanismos, como redução dos encargos, por exemplo, ao desincumbir o concessionário da realização de determinada obra, ou a implementação de vantagens não previstas originariamente no contrato, como permitir a exploração publicitária de certos espaços públicos relacionados ao contrato.

30.3   As três modalidades básicas

Existem três instrumentos jurídicos básicos para a recomposição da equação econômico-financeira da contratação administrativa. São eles: a revisão de preços, o reajuste de preços e a repactuação de preços.

30.4   A revisão de preços (recomposição)

A revisão (recomposição) de preços consiste no exame dos custos e vantagens diretos e indiretos, contemplados nas propostas do particular, visando verificar sua alteração substancial e restabelecer, se necessário, a relação originalmente existente.

A revisão de preços envolve análise ampla e minuciosa da situação do particular e abrange várias etapas. A primeira consiste na verificação de todos os custos originariamente previstos pelo contratado para a formulação de sua proposta. A segunda etapa é a investigação dos custos que efetivamente oneraram o particular ao longo da execução do contrato. A terceira etapa é

---

[23]   TÁCITO. Concessão de transporte coletivo. In: TÁCITO. *Temas de direito público*: estudos e pareceres, v. 2, p. 1728.

a comprovação da ocorrência de algum evento imprevisível e superveniente apto a produzir o desequilíbrio entre os custos estimados e os efetivamente existentes. A quarta etapa reside na adoção de providência destinada a reduzir os encargos ou a ampliar as vantagens, de modo a assegurar a manutenção da relação original.

A revisão de preços é figura complexa, inclusive pela dificuldade de determinar a formação do preço particular. Envolve a necessidade de produção de prova sobre a composição de custos, as variações ocorridas e as causas de desequilíbrio. Isso demanda tempo e exige, algumas vezes, a participação de profissionais altamente especializados, o que torna essa solução pouco desejável para ambas as partes.

A recomposição de preços está abrangida na regra geral do art. 65, II, *d*, da Lei 8.666/1993 e do art. 124, II, *d*, da Lei 14.133/2021.

30.5 O reajuste (reajustamento) de preços

O reajuste contratual consiste na indexação dos preços contratuais, submetendo-os a variação periódica e automática segundo a flutuação de índices predeterminados.[24] O art. 6.º, LVIII, da Lei 14.133/2021 consagra a seguinte definição:

"LVIII – reajustamento em sentido estrito: forma de manutenção do equilíbrio econômico--financeiro de contrato consistente na aplicação do índice de correção monetária previsto no contrato, que deve retratar a variação efetiva do custo de produção, admitida a adoção de índices específicos ou setoriais".

30.5.1 A compensação pela desvalorização da moeda

Os índices refletem a variação de preços e a inflação. Sua variação produz a presunção absoluta de quebra do equilíbrio econômico-financeiro e acarreta a alteração dos valores contratuais proporcional à variação dos índices.

30.5.2 A simplicidade do procedimento

O reajuste de preços dispensa as partes de promover demorados levantamentos acerca dos fatos e de seus efeitos e não se subordina à necessidade de comprovação de eventos extraordinários. O reajuste é instituto jurídico cuja adoção e adequação se relacionam especialmente com a inflação.

30.5.3 A disciplina da Lei 8.666/1993

O art. 40, XI, da Lei 8.666/1993 trata do tema. Determina que o edital deve contemplar o critério de reajuste, o qual deve retratar a variação efetiva dos custos pertinentes à execução da prestação.

30.5.4 A disciplina da Lei 14.133/2021

A Lei 14.133/2021 contemplou diversas regras sobre o tema. Segundo o art. 25, § 7.º:

"§ 7.º Independentemente do prazo de duração do contrato, será obrigatória a previsão no edital de índice de reajustamento de preço, com data-base vinculada à data do orçamento

---

[24] STJ, MS 11.539/DF, 1.ª Seção, rel. Min. Eliana Calmon, j. 27.09.2006, *DJ* 06.11.2006.

estimado e com a possibilidade de ser estabelecido mais de um índice específico ou setorial, em conformidade com a realidade de mercado dos respectivos insumos".[25]

O art. 92, V, determina que o instrumento contratual deve necessariamente contemplar regras sobre a data-base e a periodicidade do reajustamento de preços.

Confira-se julgado do TCU a respeito do tema:

"6. Quanto à última questão, a equipe identifica dois achados de auditoria: a) (...); e b) cláusulas contratuais em desacordo com a Lei 8.666/1993 e a jurisprudência do TCU (F/I) – previsão contratual de que 'somente ocorrerá reajustamento do Contrato decorrido o prazo de 24 (vinte e quatro) meses contados da data da sua assinatura'. (...)

11. O art. 40, inciso XI, da Lei 8.666/1993, estabelece que os editais de licitação indicarão obrigatoriamente critério de reajuste, que deverá retratar a variação efetiva do custo de produção, admitida a adoção de índices específicos ou setoriais, desde a data prevista para apresentação da proposta, ou do orçamento a que essa proposta se referir, até a data do adimplemento de cada parcela.

12. No mesmo sentido, o art. 25, § 7.º, da nova Lei de Licitações e Contrato Administrativos, Lei 14.133/2021, prevê que será obrigatória, independentemente do prazo de duração do contrato, a previsão no edital de índice de reajustamento de preço, com data-base vinculada à data do orçamento estimado e com a possibilidade de ser estabelecido mais de um índice específico ou setorial, em conformidade com a realidade de mercado dos respectivos insumos. (...)" (Acórdão 1.587/2023, Plenário, rel. Min. Antonio Anastasia).

30.6 A repactuação de preços

A Lei 14.133/2021 contemplou a definição de repactuação no art. 6.º, LIX, assim redigido:

"LIX – repactuação: forma de manutenção do equilíbrio econômico-financeiro de contrato utilizada para serviços contínuos com regime de dedicação exclusiva de mão de obra ou predominância de mão de obra, por meio da análise da variação dos custos contratuais, devendo estar prevista no edital com data vinculada à apresentação das propostas, para os custos decorrentes do mercado, e com data vinculada ao acordo, à convenção coletiva ou ao dissídio coletivo ao qual o orçamento esteja vinculado, para os custos decorrentes da mão de obra".

30.6.1 Ausência de previsão legislativa anterior

Anteriormente à Lei 14.133/2021, inexistia disciplina legislativa quanto à repactuação. O instituto desenvolveu-se em nível regulamentar.[26] Refletiu as peculiaridades de contratações em que o custo da mão de obra era predominante, o que envolvia problemas diferenciados decorrentes de variações de produzidas pela legislação trabalhista.

A repactuação consiste numa modalidade de revisão de preços, realizada a cada doze meses, de observância obrigatória nos contratos administrativos de serviços contínuos com prazo superior a doze meses.

30.6.2 As peculiaridades da repactuação

A figura da repactuação se assemelha ao reajuste contratual no sentido de ser prevista para ocorrer a cada doze meses ou quando se promover a renovação contratual. Mas se aproxima

---

25 Essa regra foi repetida, quase em termos literais, no art. 92, § 3.º, da Lei 14.133/2021.

26 O tema se encontra disciplinado pelo Decreto 9.507/2018.

336 CURSO DE DIREITO ADMINISTRATIVO · *Marçal Justen Filho*

da revisão de preços quanto ao seu conteúdo: trata-se de uma discussão entre as partes relativamente às variações de custos efetivamente ocorridas. Não se promove a mera e automática aplicação de um indexador de preços, mas se examina a real evolução dos custos do particular.[27]

Segundo o TCU:

"Como cediço, a repactuação contratual é um direito do contratado, que decorre dos arts. 40, inciso XI, e 55, inciso III, da Lei 8.666/93, com vistas a adequar os preços do contrato administrativo de serviços contínuos aos novos preços de mercado. Em que pese a obrigatoriedade de previsão em edital, prevalece o art. 37, inciso XXI da Constituição Federal/1988 que assegura ao prestador o recebimento de pagamento mantidas as condições efetivas da proposta. Assim, o fato de a repactuação não ter sido prevista no edital, não há impedimento de o contrato a prever, até porque o edital possibilitou a prorrogação contratual" (Acórdão 1.680/2022, 1.ª Câm., rel. Min. Vital do Rêgo).

"102. (...) Ou seja, em termos gerais, o direito de repactuar surgirá quando ocorrer um aumento dos custos do contratado, devendo a repactuação ser pleiteada até a data da prorrogação contratual subsequente.

103. Se o contratado não pleitear de forma tempestiva a repactuação e, por via de consequência, prorrogar o contrato sem realizá-la ou, ao menos, prevê-la expressamente, entendo que ocorrerá a preclusão do seu direito a repactuar" (Acórdão 1.828/2008, Plenário, rel. Min. Benjamim Zymler).

30.7   O equívoco da jurisprudência do STJ

O STJ vem mantendo orientação antiga, que rejeitava o reconhecimento da quebra da equação econômico-financeira em virtude de dissídios e convenções trabalhistas. Nesse sentido, confira-se o seguinte julgado:

"2. Esta Corte tem o entendimento de que não se aplica a Teoria da Imprevisão para a recomposição do equilíbrio econômico-financeiro do contrato administrativo (Lei n. 8.666/1993, art. 65, II, 'd') na hipótese de aumento salarial dos empregados da contratada em decorrência de dissídio coletivo, pois constitui evento certo que deveria ser levado em conta quando da efetivação da proposta. Incidência da Súmula 83 do STJ" (AgInt no REsp 1.776.360/AM, 1.ª T., rel. Min. Gurgel de Faria, j. 16.11.2020, *DJe* 27.11.2020).

Em épocas já distantes, reputava-se que a revisão e o reajuste de preços eram soluções inadequadas para manter o equilíbrio econômico-financeiro nas hipóteses em que os custos trabalhistas fossem majorados por eventos alheios à vontade das partes – tal como se passava nos casos de dissídio e convenção coletiva. No âmbito administrativo, foi adotada a solução da repactuação, que é amplamente praticada. A jurisprudência do STJ não acompanhou as inovações ocorridas e se manteve vinculada a situação não mais existente.

De resto, anote-se que a previsibilidade do evento futuro não é causa excludente do direito de obter a recomposição da equação nos casos em que são incalculáveis os efeitos do referido evento. A maior evidência disso é que a inflação, que é um evento superveniente absolutamente previsível, não exclui o cabimento do reajuste anual. Embora o fenômeno da inflação seja previsível, é impossível formular uma estimativa sobre o índice inflacionário efetivo. Considerações similares se aplicam na hipótese de benefícios patrimoniais reconhecidos aos trabalhadores,

---

[27]   Sobre o tema, confira-se OLIVEIRA; HALPERN. A repactuação nos contratos administrativos: regime jurídico atual e análise econômica do direito. *Revista Brasileira de Direito Público – RBDP*, n. 69, p. 33-55, abr./jun. 2020.

por meio de decisões alheias à execução dos contratos, em momento posterior à formulação das propostas.

Enfim, a consagração legislativa formal da figura da repactuação no âmbito da Lei 14.133/2021 evidencia que as variações com o custo da mão de obra impõem a adoção de providências para o restabelecimento da equação econômico-financeira.

31 O INADIMPLEMENTO CONTRATUAL

Cada parte do contrato administrativo tem o dever de cumprir suas prestações na forma, no tempo e no lugar previstos no contrato.

31.1 Os efeitos da inexecução contratual

A inexecução contratual acarreta as consequências discriminadas na lei, no ato convocatório e no contrato. O inadimplemento contratual autoriza, conforme o caso, a responsabilização civil, penal e administrativa dos sujeitos responsáveis.

No entanto, o tratamento jurídico reservado para o inadimplemento da Administração é mais tolerante do que o previsto quanto àquele do particular.

31.2 O regime jurídico do inadimplemento do particular

Há variações na disciplina jurídica da Lei 8.666/1993 e da Lei 14.133/2021 relativamente ao inadimplemento.

31.2.1 A regra do art. 77 da Lei 8.666/1993

Segundo a redação literal do referido art. 77, a inexecução parcial pode ser assimilada à total. Pode derivar, inclusive, de outros eventos, não relacionados diretamente à execução do contrato. Diante do atraso ou de indícios fortes e firmes de que o particular não terá condições de cumprir o contrato, a rescisão torna-se cabível.

A aplicação do art. 77 tem de ser permeada pelo princípio da proporcionalidade. Não é cabível enfocar todos os deveres contratuais identicamente, sem ponderar a gravidade da sanção à infração cometida pelo sujeito. Essa advertência é extremamente relevante em vista do risco de desvio de poder. Como a lei estabelece que a infração a qualquer dever equivale ao inadimplemento absoluto, surge o risco de instauração de processo administrativo relativamente ao particular que se recuse a se sujeitar a exigências abusivas da Administração.

31.2.2 A regra do art. 115 da Lei 14.133/2021

O art. 115 da Lei 14.133/2021 determina que "o contrato deverá ser executado fielmente pelas partes, de acordo com as cláusulas avençadas e as normas desta Lei, e cada parte responderá pelas consequências de sua inexecução total ou parcial". E o art. 155, I, estabelece que haverá a responsabilização do particular quando der causa "à inexecução parcial do contrato".

Em face da Lei 14.133/2021, não é cabível reputar que inadimplemento parcial das obrigações pelo particular identifica-se com o inadimplemento total.

31.3   A exigência de elemento subjetivo

Para configurar-se o inadimplemento é insuficiente a existência apenas de um evento material desconforme com uma norma. O inadimplemento somente se configura quando a conduta exterior incompatível com a norma refletir um elemento subjetivo reprovável.

A relevância das atividades administrativas produz o surgimento de um dever objetivo de diligência, que alcança tanto o particular que contrata com a Administração como os próprios agentes administrativos. Nenhum sujeito pode invocar em seu favor a ignorância ou a imprudência quando assume a responsabilidade de satisfazer necessidades coletivas. A diligência deve ser avaliada em vista da profissionalidade e da funcionalidade que impregnam a função administrativa.

31.4   A questão da exceção de contrato não cumprido

Nos contratos privados sinalagmáticos, vigora a regra de que a parte que deixar de adimplir a própria obrigação não pode exigir que a outra execute a sua. A exceção de contrato não cumprido significa que uma parte pode recusar-se a cumprir sua própria obrigação no caso de inadimplemento da outra. Assim está previsto no Código Civil, art. 476.

31.4.1   A configuração em face do inadimplemento da Administração

A *exceptio non adimpleti contractus* adquire configuração específica no campo dos contratos administrativos. Como regra, a Administração não tem o dever de cumprir suas obrigações antes que o particular o faça. Usualmente, o contrato determina que a Administração executará suas prestações *a posteriori*. O particular não dispõe da faculdade de se recusar a cumprir suas prestações sob invocação de que a Administração não parece disposta a executar as suas próprias.[28]

31.4.2   A tutela ao particular contratado

Mas a lei outorga ao particular, em inúmeras hipóteses, faculdades assemelhadas à exceção de contrato não cumprido. Assim, o particular não pode ser constrangido a executar sua prestação quando tal dependa, causalmente, de providência prévia a cargo da Administração. Aliás, a permanência desse estado de coisas autoriza, inclusive, a rescisão do contrato. Assim está previsto no art. 78, XVI, da Lei 8.666/1993 e no art. 137, § 2.º, V, da Lei 14.133/2021.

É cabível a recusa do particular em executar sua prestação se a Administração deixar de cumprir determinação legal. É o caso da alteração unilateral do contrato, que depende, por força de lei, da recomposição da equação econômico-financeira.

Também se admite a recusa do particular em dar prosseguimento à execução do contrato quando a Administração incorrer em atraso do pagamento de obras, serviços ou fornecimento. O art. 78, XV, da Lei 8.666/1993 refere-se a atraso superior a noventa dias. O art. 137, § 2.º, IV, da Lei 14.133/2021 prevê atraso superior a dois meses para o mesmo efeito jurídico. Nesses casos, é assegurada ao particular a opção de suspender o cumprimento das obrigações até que a Administração cumpra atos indispensáveis à normalização da contratação.

---

[28]   Daí não segue que a Administração disponha da possibilidade de exigir o cumprimento da prestação do particular se tiver conhecimento e ciência de que não adimplirá a própria prestação. Se, antes de o particular cumprir a obrigação que a ele incumbe, a Administração verificar a ausência de recursos, a invalidade da contratação ou qualquer outro obstáculo ao próprio adimplemento, estará obrigada a promover as medidas adequadas a impedir a continuidade da contratação.

32 A EXTINÇÃO DO CONTRATO ADMINISTRATIVO

O contrato administrativo extingue-se por diversas vias. Algumas são normais e não necessitam de tratamento mais minucioso. Outras envolvem peculiaridades.

32.1 O elenco de hipóteses de extinção

A extinção do contrato administrativo pode derivar de:

– acordo entre as partes;
– adimplemento das partes: exaurimento de seu objeto;
– adimplemento das partes: atingimento de seu termo final de vigência;
– decretação de sua invalidade (anulação);
– rescisão por inadimplemento das partes;
– rescisão por inconveniência para a Administração Pública; e
– rescisão por caso fortuito ou de força maior.

32.2 Extinção por acordo entre as partes

O desfazimento do contrato por acordo das partes pressupõe:

a) a validade da contratação;
b) a ausência de cumprimento integral das obrigações pelas partes; e
c) a deliberação consensual pela extinção do vínculo.

Na hipótese examinada, ambas as partes concluem que a contratação não consiste em solução satisfatória para a realização dos próprios interesses.

O distrato da contratação é muito mais excepcional no direito administrativo do que se passa no âmbito privado, em virtude da natureza funcional da atividade administrativa. Se houver inconveniência da manutenção apenas para a Administração, poderá ela liberar-se por decisão unilateral. O distrato ocorrerá quando a inconveniência for comum.

Sob o prisma do direito administrativo, os requisitos para o distrato são semelhantes aos exigidos para a rescisão unilateral por inconveniência para a Administração Pública. Tais requisitos devem ser observados, com a diferença de que o particular não fará jus a indenização por eventos futuros, mas apenas por aquilo que tiver executado até a data do desfazimento amigável.

32.3 Adimplemento das partes: exaurimento do objeto

Quando as partes executam a prestação que lhes incumbe e são satisfeitas as obrigações correspondentes, o vínculo contratual se extingue. Essa modalidade extintiva se aplica especialmente para os contratos de execução instantânea, tal como a compra ou a alienação.

A Lei 14.770/2023 introduziu o § 7.º ao art. 82 da Lei 14.133/2021, prevendo o seguinte:

"Para efeito do disposto nesta Lei, consideram-se como adimplemento da obrigação contratual a prestação do serviço, a realização da obra ou a entrega do bem, ou parcela destes, bem como qualquer outro evento contratual a cuja ocorrência esteja vinculada a emissão de documento de cobrança."

O dispositivo deve ser interpretado com cautela. Seria equivocado reputar que a emissão do documento de cobrança determina o adimplemento. Ao contrário, o adimplemento desencadeia o dever de a Administração satisfazer a própria obrigação, realizando o pagamento em favor do particular.

32.4 Adimplemento das partes: atingimento do termo final de vigência

Outra modalidade de extinção por adimplemento é o atingimento do termo final de vigência do contrato de execução continuada. Como visto, há contratos que demandam das partes a realização reiterada de certas prestações. Nesse caso, o adimplemento de uma prestação não exaure o vínculo jurídico, que se extinguirá apenas com o atingimento do termo final de vigência.

32.5 Decretação de invalidade (anulação)

A contratação pode ter envolvido atos jurídicos defeituosos, o que eventualmente acarretará o seu desfazimento. O tema foi examinado no Capítulo 9, relacionado à disciplina dos arts. 147 e 148 da Lei 14.133/2021 (que reiterou a disciplina consagrada na Lei 13.655/2018). As considerações realizadas aplicam-se ao caso, inclusive no tocante ao entendimento de que os referidos dispositivos revogaram as regras das Lei 8.666/1993 relativamente à nulidade e à invalidação dos contratos administrativos.

33 AS HIPÓTESES DE RESCISÃO DO CONTRATO

A rescisão contratual configura a extinção do contrato antes do termo final do prazo, em virtude da verificação de fato superveniente configurador de inadimplemento da parte, inconveniência ou inviabilidade da continuidade da execução do contrato. A disciplina das causas de inadimplemento, aptas a gerar a rescisão contratual, é distinta nas Leis 8.666/1993 e 14.133/2021.

33.1 O elenco do art. 78 da Lei 8.666/1993

Na Lei 8.666/1993, o art. 78 contempla um elenco de hipóteses que configuram inadimplemento. As previsões dos incs. I a XI e XVIII se referem a condutas praticadas pelo particular. Nos incs. XII a XVI estão referidas condutas adotadas pela Administração.

33.2 A disciplina do art. 137 da Lei 14.133/2021

O art. 137 trata, nos incisos do *caput*, de nove casos que autorizam a rescisão contratual por iniciativa da Administração.

O § 2.º do mesmo art. 137 contempla as hipóteses de rescisão por iniciativa do particular.

33.3 A rescisão contratual por conveniência da Administração Pública

Situação muito peculiar é aquela prevista no inc. XII do art. 78 da Lei 8.666/1993 e no inc. VIII do art. 137 da Lei 14.133/2021, que facultam a "rescisão" do contrato por razões de interesse público (conveniência e oportunidade) da Administração Pública.[29]

---

[29] Para exame mais aprofundado do tema, cf. JUSTEN FILHO. *Comentários à Lei de Licitações e Contratos Administrativos*, 18. ed., p. 1421-1425, e *Comentários à Lei de Licitações e Contratações Administrativas*, 2. ed., p. 1522-1526.

33.3.1 A tutela aos direitos do contratado

Segundo a orientação clássica da Súmula 473 do STF, reproduzida no art. 53 da Lei 9.784/1999, a revogação do ato administrativo não pode ferir os direitos subjetivos gerados pelo ato revogado. Por isso, a rescisão contratual fundada em razão de conveniência não pode suprimir o direito do particular de obter os resultados financeiros provenientes da contratação.

Assegura-se ao particular o direito à indenização por lucros cessantes, que configuram o lucro razoável que a execução do contrato asseguraria ao particular.[30] Esse direito não pode ser unilateralmente suprimido pela Administração sob invocação de conveniência e oportunidade.

33.3.2 O controle quanto à existência dos motivos invocados

A extinção de um contrato administrativo mediante invocação de "interesse público" comporta ataque pelo interessado, inclusive para evidenciar a existência de vício no ato administrativo praticado.

33.3.3 A observância do devido processo legal

A extinção do contrato, mesmo em tal hipótese, depende da adoção do devido processo legal. Mas existiu decisão em sentido diverso do STJ, afastando a observância do devido processo legal para a rescisão unilateral do contrato. Essa orientação não é compatível com essa garantia constitucional. Veja-se:

"II – É possível a rescisão unilateral de contrato administrativo, devidamente justificada por razões de interesse público, de alta relevância e amplo conhecimento, independente de prévio processo administrativo, a teor do inciso XII do art. 78, da Lei n. 8.666/93. Precedentes" (AgInt no RMS 41.474/RO, 1.ª T., rel. Min. Regina Helena Costa, j. 08.11.2018, *DJe* 16.11.2018).

Mas existe jurisprudência do próprio STJ em sentido oposto, tal como adiante reproduzido:

"PROCESSUAL CIVIL E ADMINISTRATIVO. CONTRATO. RESCISÃO UNILATERAL. INTERESSE PÚBLICO. NOTIFICAÇÃO FORMAL PARA O CONTRADITÓRIO E AMPLA DEFESA. NECESSIDADE.

(...)

3. Na hipótese, o Tribunal estadual foi expresso ao consignar que 'não houve notificação formal da rescisão do contrato, tampouco motivo específico, a fim de oportunizar' à empresa contratada o contraditório e a ampla defesa, sendo-lhe enviada somente a 'Ordem de Paralisação.'

4. A manifestação do contratado se faz necessária porque a rescisão unilateral de contrato administrativo por interesse público impõe a obrigação de indenização pelo Poder Público dos danos emergentes e lucros cessantes (EREsp 737.741/RJ, Rel. Ministro TEORI ALBINO ZAVASCKI, PRIMEIRA SEÇÃO, julgado em 12/11/2008, DJe 21/08/2009), sem a possibilidade de o interessado se opor ou impedir que o Poder Público proceda à rescisão unilateral. (...)." (STJ, AgInt no AgInt no REsp 1.650.210/ES, 1.ª T., rel. Min. Gurgel de Faria, j. 07.05.2019, *DJe* 24.05.2019)

---

[30] Nesse sentido, GUIMARÃES. Fundamentos para indenização dos lucros cessantes em caso de extinção de contratos administrativos por interesse da Administração Pública. *Revista de Contratos Públicos – RCP*, n. 4, p. 9-29, set. 2013/fev. 2014.

33.3.4 Rescisão e indenização

O argumento de que o lesado pode recorrer ao Poder Judiciário para obter uma indenização é incompatível com o Estado de Direito. Equivale a afirmar que uma das partes está legitimada a deixar de cumprir as suas obrigações porque a outra dispõe do direito de pleitear indenização por perdas e danos. Nenhuma parte, muito menos a Administração Pública, está facultada a romper um contrato.

33.3.5 A ampliação dos passivos estatais

Esse enfoque incentiva a proliferação de processos judiciais e acarreta a ampliação dos passivos dos entes administrativos. O resultado prático reside na insolvência de grande parte dos Estados e Municípios – que não dispõem de condições para liquidar os precatórios judiciais oriundos de condenações judiciais.

Nesse contexto, remeter o particular à via jurisdicional equivale à consagração da espoliação em favor do Poder Público. Especialmente nesses casos, deve-se reconhecer ao particular o interesse em questionar seja a extinção do contrato, seja o valor da indenização a ele devida – a qual deve ser liquidada de modo espontâneo pelo ente estatal.

33.4 A rescisão por caso fortuito ou de força maior

O inc. XVII do art. 78 da Lei 8.666/1993 e o inc. V do art. 137 da Lei 14.133/2021 referem-se às situações de caso fortuito e força maior, nas quais inexiste inadimplemento de qualquer das partes, eis que se configura a impossibilidade da execução da prestação.

A superveniência de fato alheio à vontade das partes que torne impossível a execução do contrato configura a hipótese de caso fortuito ou força maior. Essa solução, apta a produzir a extinção do contrato, aplica-se de modo indistinto tanto para as situações em que a impossibilidade deriva de fato do príncipe como relativamente às situações em que se configurar fato imprevisível.

33.5 A rescisão por fato do príncipe ou teoria da imprevisão

Nem a Lei 8.666/1993 nem a Lei 14.133/2021 aludem ao fato do príncipe ou à teoria da imprevisão, ao disciplinar as hipóteses de extinção do contrato administrativo. Aplicar-se-á, então, a disciplina para o caso fortuito e a força maior.

33.6 Os princípios hermenêuticos aplicáveis

Não se admite a aplicação mecanicista dos arts. 78 da Lei 8.666/1993 e 137 da Lei 14.133/2021. A ofensa às previsões contratuais é juridicamente relevante na medida em que for nociva a algum valor protegido juridicamente. Não é cabível examinar apenas as ocorrências do mundo físico e afirmar que isso bastaria para produzir a incidência da rescisão. Há condutas que ofendem garantias ou deveres fundamentais à execução do objeto do contrato; outras atingem questões de menor importância. Também por isso, não se pode cominar a rescisão do contrato como a consequência automática para toda e qualquer infração contratual.

Se houver infração à lei ou ao contrato, mas suas consequências forem irrelevantes ou secundárias, sem risco de comprometimento dos valores fundamentais, a Administração poderá impor sanções ao particular. Mas não poderá decretar a rescisão. O mesmo entendimento se aplica nos casos em que a rescisão for apta a gerar efeitos danosos a valores fundamentais.

34 A FORMALIZAÇÃO DA EXTINÇÃO DO CONTRATO ADMINISTRATIVO

A extinção do contrato administrativo poderá ser produzida por ato unilateral da Administração, por consenso entre as partes ou mediante decisão jurisdicional.

34.1 A extinção normal do contrato

Nos casos em que o contrato é extinto por atingimento de suas finalidades, a formalização de sua extinção não apresenta maiores dificuldades. Assim se passa, basicamente, nas hipóteses em que há adimplemento pelas partes. Em tais hipóteses, poderá haver necessidade de um ato formal de cunho declaratório da extinção do contrato (seja pelo decurso do tempo, seja pela execução das prestações devidas pelas partes).

34.2 A extinção anormal do contrato

Nos demais casos, a questão apresenta maior relevo, já que se poderá aludir à extinção anormal da contratação. O tema foi objeto de tratamento nos arts. 79 da Lei 8.666/1993 e 138 da Lei 14.133/2021, que previram três modos para a formalização da rescisão: a rescisão administrativa, a rescisão amigável e a rescisão judicial.

A rescisão administrativa é aquela determinada por ato unilateral (sob forma escrita) da Administração. Compreende tanto a rescisão por inadimplemento do contratado como a hipótese de rescisão por inconveniência para a Administração ou por caso fortuito ou de força maior.

Já a rescisão amigável decorre da vontade consensual e bilateral dos contratantes no sentido de extinguir o contrato.

Por sua vez, a rescisão judicial é aquela na qual a intervenção do Poder Judiciário será necessária quando for invocado pelo particular o inadimplemento da Administração Pública. Quando a rescisão envolver controvérsias a respeito de direitos disponíveis, também será possível a rescisão por decisão arbitral.

34.3 O reconhecimento da indenização devida ao particular

A regra não significa a impossibilidade de reconhecimento espontâneo pela Administração quanto a suas próprias infrações. Aliás, reputa-se que o regime democrático e a tutela constitucional à propriedade privada exigem que a Administração Pública apure a indenização devida ao particular e promova a sua liquidação de modo espontâneo.

Essa garantia pode ser extraída da própria determinação do art. 5.º, XXIV, da CF/1988. Se é vedado ao Estado expropriar a propriedade privada sem prévia e justa indenização em dinheiro, deve-se reconhecer que a mesma disciplina se aplica no caso de rescisão contratual promovida unilateralmente pela Administração Pública.

No caso de a extinção do contrato administrativo importar a privação de um montante financeiro assegurado ao particular, a Administração não poderá deixar de liquidar, de modo prévio à extinção do contrato e em dinheiro, a indenização devida a ele.

34.4 A extinção administrativa e o devido processo legal

A procedimentalização da atividade administrativa incide também sobre a extinção do contrato administrativo. Mesmo nos casos de extinção derivada do adimplemento, deverão ser praticados atos destinados a apurar a ocorrência dos eventos e a formalizar a extinção do vínculo contratual.

Mas as hipóteses mais problemáticas são aquelas em que exista litígio entre as partes, quando se imporá observância rigorosa da garantia do devido processo administrativo.

34.5 A invalidade do contrato e o direito de ampla defesa

A apuração do defeito do contrato administrativo depende da observância do devido processo legal, de modo que a condenação à compensação por danos causados e a restituição de vantagens indevidas sejam apuradas mediante contraditório e ampla defesa.

Nem mesmo os argumentos da notoriedade do vício ou da configuração de *fato incontroverso* podem ser utilizados para afastar o respeito ao devido processo legal. Cabe ao particular o direito de manifestação prévia quanto à nulidade e quanto aos efeitos de eventual invalidação.

34.6 Rescisão do contrato e direito de ampla defesa

Por igual, a rescisão do contrato exige estrito cumprimento ao princípio do contraditório e observância ao devido procedimento administrativo. O direito de ampla defesa significa a necessidade de audiência prévia do interessado. A instauração do processo administrativo para a rescisão do contrato deve ser promovida em vista de indícios de eventos aptos a produzir esse resultado. Não cabe à Administração Pública promover a produção de provas sem a audiência da parte interessada e decretar diretamente a rescisão. Não estará preenchido o requisito do devido processo legal em tal hipótese, mesmo que venha a ser deferida ao interessado a oportunidade de manifestar-se depois de decretada a rescisão.

Ademais disso, é imperioso assegurar ao particular o direito à produção de provas.

34.7 Extinção anormal do contrato e ato administrativo motivado

O ato administrativo de extinção do contrato é estritamente vinculado à comprovação da presença de seus pressupostos. A autoridade tem o dever de descrever, concretamente, os fatos relevantes ocorridos. Isso significa descrever o evento (na sua materialidade), situá-lo no tempo e no espaço, identificar os sujeitos envolvidos, e, depois, qualificar o fato juridicamente. Não se admitem fundamentações "aparentes", que são aquelas em que apenas se invoca um dispositivo legal.

34.8 Indenização por perdas e danos devida ao particular

Em qualquer caso em que o desfazimento não se fundamente em seu inadimplemento, o particular deverá ser amplamente indenizado. Assim se passa tanto nos casos de rescisão fundada em razões de conveniência e oportunidade como nas hipóteses de anulação por defeito no procedimento licitatório.

O ato praticado pelo agente administrativo, ainda quando viciado, vincula a Administração Pública. O terceiro, *desde que de boa-fé*, não pode ser prejudicado pelo vício que desconhecia. Se foram cumpridas as formalidades necessárias à contratação, a Administração tem de responder integralmente pelos atos praticados.

A questão se torna ainda mais complexa se o terceiro tiver executado, total ou parcialmente, as prestações que o contrato (inválido) lhe impunha. O particular estará obrigado a compensar os eventuais danos provocados e a restituir os benefícios indevidos auferidos. Mas não existe cabimento de a Administração obter enriquecimento sem causa, apropriando-se da prestação executada sem desembolsar o valor de mercado correspondente. Essa é a solução da Lei 13.655/2018.

35 DECORRÊNCIAS DA RESCISÃO ADMINISTRATIVA POR INADIMPLEMENTO DO PARTICULAR

Os arts. 80 da Lei 8.666/1993 e 139 da Lei 14.133/2021 enumeram poderes jurídicos reconhecidos à Administração, decorrentes da rescisão por ato unilateral.

35.1 Assunção do objeto do contrato

A Administração tem a faculdade de assumir a posse do "objeto do contrato". O apossamento funda-se no princípio de que, se o particular tivesse adimplido adequadamente suas obrigações, aquele objeto seria transferido para o Poder Público.

Logo, o inadimplemento do particular, que já acarretou inúmeras dificuldades para o Estado, não pode se constituir em obstáculo para o apossamento. O apossamento far-se-á independentemente de autorização ou intervenção judicial.

Se, porém, o bem tiver sido (ainda que indevidamente) transferido a terceiro, a Administração terá de recorrer ao Judiciário.

Quando o encerramento normal do contrato não assegurar à Administração o apossamento do bem, não haverá cabimento em pretender dele apossar-se em virtude da rescisão unilateral. A Administração não pode obter, por meio da rescisão, mais do que perceberia se houvesse cumprimento normal das prestações do particular.

Os dispositivos dos dois diplomas legais não autorizam a Administração a ignorar os limites da propriedade privada. Não propiciam a faculdade de invadir as instalações do particular para retirar de lá, pelo uso da força, os bens que reputar a si devidos. Aliás, nem mesmo bens móveis, de propriedade estatal e cuja posse esteja com o particular para execução da prestação podem ser coercitivamente apreendidos pela Administração.

35.1.1 A ocupação de bens e de equipamentos

O art. 80, II, da Lei 8.666/1993 e o art. 139, II, da Lei 14.133/2021 exigem interpretação conforme. Não se admite que, em caso de extinção de contrato de colaboração, a Administração pretenda apossar-se de bens de titularidade do sujeito privado, que não se encontrem afetados à prestação de serviço público. O dispositivo apenas pode ser interpretado na acepção de que a Administração tomará posse exclusivamente de bens que se encontrem no domínio público.

35.1.2 Indenização das perdas e danos em favor da Administração

A Administração mantém seu direito de ser indenizada pelas perdas e danos sofridos, se for o caso. É necessário distinguir as diversas hipóteses de rescisão contratual. Em algumas delas, a rescisão decorre do cumprimento defeituoso ou da inexistência de prestação. Nesses casos, caracteriza-se dano emergente para a Administração. Em outras hipóteses, porém, o particular não deixou de cumprir diretamente seus deveres e a rescisão funda-se apenas em indícios sérios e fortes de que ele não terá condições de executar as prestações. Quando isso ocorrer, não haverá danos emergentes a reparar.

35.1.3 A aplicação de multa

Além da indenização por perdas e danos, poder-se-á cogitar do pagamento da multa prevista contratualmente. É questionável a cumulação entre multa e indenização por perdas e danos. Se reconhecida à multa a natureza de estimação prévia das perdas e danos, inexiste cabimento na cumulação. Ter-se-ia figura assemelhada à cláusula penal do direito privado. Eventualmente,

346 CURSO DE DIREITO ADMINISTRATIVO · *Marçal Justen Filho*

porém, a multa teria a natureza de penalidade administrativa. Destinar-se-ia não a compensar as perdas e danos, mas a desincentivar a conduta lesiva à Administração.

35.1.4 A constituição de título executivo

O valor das perdas e danos deverá ser cobrado judicialmente, se o particular se recusar a liquidar a dívida espontaneamente. O processo de cobrança judicial dos valores dependerá do regime jurídico aplicável.

36 A REPRESSÃO A CONDUTAS ILÍCITAS DO PARTICULAR

A conduta ilícita do particular,[31] ao longo do procedimento da licitação e da execução do contrato administrativo, é reprimida pelo ordenamento jurídico e envolve a responsabilização do sujeito.[32] Existem três dimensões distintas de responsabilização. Há a responsabilização civil, a penal e a administrativa.

36.1 A responsabilização civil

A responsabilização civil destina-se a recompor o patrimônio do sujeito lesado pela conduta antijurídica praticada por outrem. Consiste na imposição de obrigação de indenizar as perdas e danos sofridos pela parte inocente. Rigorosamente, a responsabilidade civil não apresenta natureza punitiva. Justamente por isso, a indenização não pode produzir o enriquecimento da parte lesada.

Aplicam-se as normas próprias do direito privado no tocante à fixação da indenização devida à Administração Pública.

36.2 A responsabilização penal

A responsabilização penal é orientada a reprimir condutas dotadas de elevado grau de reprovabilidade. A repressão penal destina-se a desincentivar a prática de condutas danosas, tal como a impor uma punição ao sujeito cuja atuação lesou a outrem.

A Lei 14.133/2021 revogou os dispositivos de natureza penal e processual penal que constavam dos arts. 89 a 108 da Lei 8.666/1993. A matéria passou a integrar a legislação penal geral, com as inovações contempladas na dita Lei 14.133/2021.

36.3 A responsabilização administrativa

A responsabilização administrativa é destinada a punir, na órbita administrativa, o sujeito que praticou condutas indevidas no curso de relações jurídicas administrativas. A responsabilidade administrativa conduz à restrição ou à extinção de direitos no âmbito da atividade administrativa do Estado.

Existem várias espécies de sanções administrativas, disciplinadas em diversos diplomas e que não se referem necessariamente a ilícitos praticados no âmbito de contratações públicas. O tema também é examinado no Capítulo 11.

---

[31] As regras de responsabilização alcançam inclusive os agentes estatais que, por ação ou omissão culpável, tenham contribuído para a prática de condutas reprováveis por particulares não integrantes dos quadros de pessoal da Administração Pública.

[32] O Capítulo 19 contempla uma análise da responsabilidade do Estado. O presente tópico envolve a responsabilidade do particular, decorrente de ações ou omissões antijurídicas praticadas no âmbito de licitações e contratações administrativas.

Cap. 10 – CONTRATO ADMINISTRATIVO **347**

37 AS SANÇÕES ADMINISTRATIVAS AO PARTICULAR

A conduta infracional praticada pelo particular relativamente a contratos administrativos pode desencadear não apenas a rescisão do contrato, mas também a aplicação de sanções de outra ordem. Algumas dessas sanções são cominadas a ilícitos praticados no curso da licitação.

37.1 O regime jurídico da punição

A punição administrativa subordina-se a um regime constitucional. Cabe reiterar que incidem as garantias constitucionais atinentes à punição penal, tais como a legalidade, a tipicidade e a proporcionalidade. Também se exige a observância da garantia da ampla defesa e do contraditório, não se admitindo a imposição da punição sem o devido processo legal.

Essas garantias são ainda mais relevantes porque as sanções administrativas são impostas por atuação da própria Administração Pública. A competência punitiva é da própria entidade interessada, o que exige a observância de garantias em favor do sujeito privado.

O regime sancionatório contempla diversas figuras punitivas, cuja aplicação é vinculada à dimensão objetiva da ilicitude. Afinal, certas condutas são destituídas de potencial nocivo mais intenso e a sanção apropriada deve ser mais branda. Considerações mais abrangentes sobre o tema se encontram no Capítulo 11.

37.2 As regras gerais da LINDB

A Lei de Introdução às Normas do Direito Brasileiro – LINDB, com a redação da Lei 13.655/2018, consagrou normas gerais sobre a aplicação das sanções pela Administração Pública. Foi previsto que as sanções devem ser proporcionais à natureza e à gravidade da infração, aos danos produzidos, às circunstâncias agravantes e atenuantes e aos antecedentes do agente (art. 22, § 2.º). Essa disciplina deve ser observada de modo explícito.

Por outro lado, a proporcionalidade também se manifesta em vista da exigência de consideração do conjunto das sanções impostas ao infrator (art. 22, § 3.º).

37.3 A disciplina dos diversos diplomas

As diversas leis atinentes a licitações e contratos administrativos contemplaram disciplina específica sobre o sancionamento de particulares em virtude de condutas ilícitas. Há um núcleo normativo que é comum a todos os diplomas. Mas há diferenças relevantes, o que exige análise diferenciada.

38 O REGIME SANCIONATÓRIO DA LEI 8.666/1993

O art. 87 da Lei 8.666/1993 contempla elenco das sanções administrativas. São elas a advertência, a multa, a suspensão temporária do direito de licitar e de contratar com a Administração e a declaração de inidoneidade para licitar e contratar com a Administração Pública. As duas primeiras sanções são internas ao contrato, porquanto exaurem seus efeitos no âmbito de cada contratação. As outras duas são externas, já que se aplicam fora dos limites do contrato de que se trate.

38.1 A advertência

A advertência corresponde a uma sanção de menor gravidade e envolve dois efeitos peculiares.

348 CURSO DE DIREITO ADMINISTRATIVO · *Marçal Justen Filho*

O primeiro é a submissão do particular a uma fiscalização mais atenta. O segundo consiste na comunicação de que, em caso de reincidência (específica ou genérica), haverá punição mais severa.

Será inválida a aplicação ao particular da sanção da advertência se inexistir discriminação legal dos seus pressupostos. Quando muito, terá cunho de mera comunicação da insatisfação da Administração. Não poderá constar de quaisquer cadastros nem ser invocada para produzir efeitos negativos à reputação e à idoneidade do particular.

38.2 A multa

A multa consiste em penalidade pecuniária que o sancionado deve pagar em favor da entidade sancionadora. A ausência de previsão de multa no edital e no contrato inviabiliza sua exigência.

38.3 A suspensão temporária e a declaração de inidoneidade

Há uma controvérsia relevante no tocante à distinção entre a suspensão temporária do direito de licitar e de contratar com a Administração Pública e a declaração de inidoneidade.

38.3.1 A distinção do nível de severidade

A inidoneidade é dotada do mais elevado grau de severidade e sua aplicação depende da ocorrência de eventos muito reprováveis, que impõem a eliminação da possibilidade de o sujeito sancionado participar de licitações e contratações administrativas em qualquer órbita e perante qualquer entidade da Administração Pública.

Já a suspensão se destina a punir condutas dotadas de reprovabilidade ou danosidade de menor porte e está restrita à esfera federativa de aplicação da sanção.

38.3.2 A distinção quanto ao âmbito de abrangência

Também é possível estabelecer diferenciar a amplitude das duas sanções. A suspensão do direito de participar de licitação produz efeitos no âmbito da entidade administrativa que a aplicar; a declaração de inidoneidade abarca todos os órgãos da Administração Pública. Essa interpretação deriva da redação legislativa, pois o inc. III utiliza apenas o vocábulo *administração*, enquanto o inc. IV contém *administração pública*.[33]

38.3.3 A divergência entre as vias administrativa e judicial

Tal entendimento é verificado na grande maioria dos julgados do TCU e foi formalmente consagrado pela AGU.[34]

Confira-se:

"9.3. (...) a suspensão do direito de licitar prevista no inciso III do art. 87 da Lei 8.666/1993 produz efeitos apenas em relação ao órgão ou entidade contratante que aplicou a penalidade" (Acórdão 266/2019, Plenário, rel. Min. Aroldo Cedraz).

---

[33]   Lembre-se que, no glossário contido no art. 6.º (XI e XII) da Lei 8.666/1993, as duas expressões são diferenciadas. A expressão *administração pública* faz referência a todo o conjunto de entidades estatais exercentes de função administrativa, enquanto a *administração* indica, no corpo da lei, apenas a entidade que participa da contratação.

[34]   Conforme Parecer 08/2013/CPLC/DEPCONSU/PGF/AGU.

"(...) sanção prevista no inciso IV do citado artigo, relativa à declaração de inidoneidade para licitar ou contratar com a Administração Pública, segundo a jurisprudência do TCU, produz efeitos para todos os órgãos e entidades das três esferas de governo" (Acórdão 3.243/2012, Plenário, rel. Min. Ubiratan Aguiar).

No entanto, o STJ tem posicionamento no sentido de que a sanção de suspensão do direito de participar de licitação tem eficácia ampla, devendo ser aplicada a todos os órgãos que integram a Administração Pública. Nesse sentido, veja-se:

"13. É entendimento assente no Superior Tribunal de Justiça que a extensão dos efeitos da pena de suspensão temporária de licitar abrange toda a Administração Pública, e não somente o ente que aplica a penalidade. Nessa linha: AgInt no REsp 1.382.362/PR, Rel. Ministro Gurgel de Faria, Primeira Turma, *DJe* de 31/3/2017; MS 19.657/DF, Rel. Ministra Eliana Calmon, Primeira Seção, *DJe* de 23/8/2013; REsp 174.274/SP, Rel. Ministro Castro Meira, Segunda Turma, *DJ* de 22/11/2004, p. 294, e REsp 151.567/RJ, Rel. Ministro Francisco Peçanha Martins, Segunda Turma, *DJ* de 14/4/2003, p. 208" (AgInt na SS 2.951/CE, Corte Especial, rel. Min. Herman Benjamin, j. 04.03.2020, *DJe* 01.07.2021).[35]

38.3.4   A distinção quanto ao prazo e à competência

A suspensão temporária pode ser decretada pelo prazo máximo de dois anos, cabendo sua imposição à autoridade competente do órgão contratante.

Já a declaração de inidoneidade prevalece por prazo indeterminado (até cessarem os motivos da punição ou até que seja promovida a "reabilitação" do punido), cabendo sua imposição à autoridade máxima do órgão ou entidade. A inidoneidade somente pode ser aplicada por autoridade de hierarquia mais elevada, pois compete à autoridade superior avaliar o cabimento de aplicar uma sanção que produzirá efeitos para além do âmbito interno da própria unidade ou do ente federado.

38.3.5   A "reabilitação" do sujeito declarado inidôneo

Faculta-se a "reabilitação" *do sujeito declarado inidôneo*, a ser concedida mediante ressarcimento pelo interessado dos prejuízos derivados de sua conduta.

Isso não pode significar que a sanção seja reservada apenas a casos em que exista prejuízo para a Administração Pública. Existem condutas graves que não produzem danos ao patrimônio público, mas que comportam punição severa. Suponha-se, por exemplo, a falsificação de documentos indispensáveis à participação em licitação. A descoberta da prática da ilicitude pode acarretar a declaração de inidoneidade, sem que seja possível promover a reabilitação por meio de uma medida destinada a eliminar os efeitos negativos derivados da conduta infracional. Mas isso não pode significar que o sujeito permanecerá submetido aos efeitos da declaração de inidoneidade para todo o sempre. Não existem sanções eternas no direito brasileiro. O particular poderá pleitear a sua reabilitação indicando haver adotado as providências cabíveis para reparar os efeitos da conduta lesiva e prevenir ocorrências similares em hipóteses futuras.

39   O REGIME SANCIONATÓRIO DAS LEIS 10.520/2002 E 12.462/2011

A Lei do Pregão (Lei 10.520/2002) e a Lei do RDC (Lei 12.462/2011) não se referem à suspensão de licitar e contratar nem à declaração de inidoneidade.[36] Além da advertência e

---

[35]   No mesmo sentido, AgInt no RMS 69.337/PR, 1.ª T., rel. Min. Gurgel de Faria, j. 08.04.2024, *DJe* 18.04.2024.

[36]   Mas a Lei do RDC prevê a possibilidade de aplicação subsidiária dessas sanções (art. 45 e § 2.º do art. 47 da Lei 12.462/2011). Sobre o tema, confiram-se as obras do autor *Comentários ao RDC; e Pregão: comentários à legislação do pregão comum e eletrônico*, 6. ed.

350 CURSO DE DIREITO ADMINISTRATIVO · *Marçal Justen Filho*

da multa, preveem a sanção de impedimento de licitar e contratar com a União, os Estados, o Distrito Federal ou os Municípios pelo prazo de até cinco anos. O regime jurídico dessa sanção é distinto tanto da suspensão temporária quanto da declaração de inidoneidade previstas na Lei 8.666/1993.

O tema foi objeto de manifestações do TCU, tal como adiante transcrito:

"(...) A utilização da preposição 'ou' indica disjunção, alternatividade. Isso significa que a punição terá efeitos na órbita interna do ente federativo que aplicar a sanção. Logo, e considerando o enfoque mais tradicional adotado a propósito da sistemática da Lei n. 8.666, ter-se-ia de reconhecer que a sanção prevista no art. 7.º da Lei do Pregão consiste em suspensão do direito de licitar e contratar. Não é uma declaração de inidoneidade. Portanto, um sujeito punido no âmbito de um Município não teria afetada sua idoneidade para participar de licitação promovida na órbita de outro ente federal.

(...)

Deve-se conhecer da representação para, no mérito, considerá-la improcedente, desta vez, com base nos entendimentos esposados nos Acórdãos 653/2008, 3.243/2012, 3.439/2012, 3.465/2012, 842/2013, 739/2013, 1.006/2013, 1.017/2013 e 2.242/2013, todos do Plenário, no sentido de que a sanção prevista no art. 7.º da Lei 10.520/2002 produz efeitos no âmbito interno do ente federativo que a aplicar" (Acórdão 2.081/2014, Plenário, rel. Min. Augusto Sherman).

"(...) 8. No meu entender, a Lei 10.520/2002 criou mais uma sanção que pode integrar-se às previstas na Lei 8.666/1993. Se pode haver integração, não há antinomia. A meu ver, o impedimento de contratar e licitar com o ente federativo que promove o pregão e fiscaliza o contrato (art. 7.º da Lei 10.520/2002) seria pena mais rígida que a mera suspensão temporária de participação em licitação e impedimento de contratar com um órgão da Administração (art. 87, inciso III, da Lei 8.666/1993) e mais branda que a declaração de inidoneidade para licitar ou contratar com toda a Administração Pública (art. 87, inciso IV, da Lei 8.666/1993).

9. Tal entendimento possui amparo em diversas deliberações apontadas pelo Acórdão 2.081/2014-TCU-Plenário e pela unidade instrutiva, como, por exemplo, os Acórdãos 3.243/2012, 3.439/2012, 3.465/2012, 408/2013, 739/2013, 842/2013, 1.006/2013, 1.017/2013, 2.073/2013, 2.242/2013, 2.556/2013 e 1.457/2014, todos do Plenário" (Acórdão 2.530/2015, Plenário, rel. Min. Bruno Dantas).

A Lei do Pregão e a Lei do RDC adotam um elenco muito similar de hipóteses de aplicação da sanção. Em alguns pontos, no entanto, a previsão legal é imprecisa. Assim, por exemplo, ambos os diplomas configuram como ilicitude a conduta consistente em "comportar-se de modo inidôneo", sem qualquer definição do significado dessa expressão.

40 O REGIME SANCIONATÓRIO DA LEI 14.133/2021

A Lei 14.133/2021 manteve, em grande parte, a sistemática da Lei 8.666/1993, mas corrigiu diversas insuficiências que a experiência permitira identificar.

40.1 O elenco de condutas infracionais

A Lei 14.133/2021 contemplou um elenco de condutas infracionais no art. 155.

40.1.1 A natureza exaustiva

O elenco apresenta natureza exaustiva. Não é cabível sancionar o sujeito por condutas não tipificadas no art. 155.

40.1.2 Condutas atinentes à licitação ou à contratação

As infrações tipificadas no art. 155 compreendem tanto condutas ocorridas no âmbito da licitação quanto outras, que se relacionam com a contratação.

40.1.3 A indeterminação de certas previsões

Há pelo menos uma previsão contemplada no art. 155 que padece de defeito grave. Trata-se do disposto no inc. X, que se refere a "comportar-se de modo inidôneo". É muito problemático definir o conteúdo semântico da previsão. Deve-se reputar que o dispositivo alude a condutas dotadas de elevado grau de reprovabilidade, que violem gravemente o dever de lealdade e de boa-fé.

40.2 A manutenção da sistemática de quatro espécies sancionatórias

A Lei 14.133/2021 manteve a sistemática de quatro figuras sancionatórias, ordenadas em grau crescente de gravidade (art. 156). Além da advertência e da multa, previu o impedimento de licitar e contratar e a declaração de inidoneidade para licitar ou contratar.

40.3 O impedimento de licitar e de contratar

O impedimento de licitar ou contratar é uma sanção que produz efeitos no âmbito da órbita da Administração direta e indireta do ente federativo que a tiver imposto, com prazo máximo de três anos. Aplica-se em vista das infrações previstas nos incisos II a VII do art. 155.

40.4 A declaração de inidoneidade

A declaração de inidoneidade produz efeitos no âmbito da Administração direta e indireta de todas as entidades federativas.

40.4.1 A dimensão cumulativa

A redação legal propicia uma dúvida. O inc. IV e o § 5.º do art. 156 utilizam a preposição "ou": declaração de inidoneidade para licitar *ou* contratar. Isso produz dúvida sobre a eventual excludência entre as alternativas. Surge a indagação sobre se a declaração de inidoneidade poderia implicar apenas a declaração de inidoneidade para licitar, sem produzir efeito quanto à contratação. Reputa-se que não é cabível essa interpretação. Existe uma única sanção abrangente, que compreende tanto a participação em licitação como a contratação.[37]

40.4.2 Os pressupostos de aplicação

A declaração de inidoneidade será aplicável nas hipóteses previstas nos incisos VIII a XII do art. 155. Mas se admite a sua aplicação nos casos previstos nos incisos II a VII quando a gravidade da infração o justificar.

---

[37] Há uma questão literal, que não deve ser descartada. Se a vontade da Lei fosse a existência de duas sanções distintas, a redação seria "declaração de inidoneidade **para** licitar ou **para** contratar".

40.4.3 Os prazos mínimo e máximo

O prazo mínimo da sanção de inidoneidade é de três anos e o máximo de seis anos (Lei 14.133/2021, art. 156, § 5.º).

40.5 A previsão explícita de critérios de ponderação para o sancionamento

O § 1.º do art. 156 contemplou um elenco de critérios, instituídos para nortear a imposição do sancionamento. Compreendem inclusive uma avaliação quanto a circunstâncias agravantes ou atenuantes e os danos que a ilicitude tenha causado à Administração. Uma inovação significativa se relaciona com a implantação ou aperfeiçoamento de programa de integridade.

40.6 A disciplina da reabilitação

O art. 163 da Lei 14.133/2021 tratou especificamente da reabilitação para as hipóteses de impedimento e de inidoneidade. Estabeleceu que, em infrações mais graves, um requisito para a reabilitação é a implantação ou o aperfeiçoamento de programa de integridade.[38]

41 O AUTOSSANEAMENTO ("SELF-CLEANING") EMPRESARIAL

A figura da reabilitação, no âmbito dos diversos diplomas atinentes a licitações e contratações administrativas, deve ser orientada pelas concepções de autossaneamento empresarial[39] praticadas em diversos países.

41.1 As soluções de autossaneamento ("self-cleaning") no exterior

O autossaneamento consiste na adoção por empresa envolvida em práticas reprováveis de providências destinadas a eliminar os efeitos negativos de sua atuação pretérita e a implantar sistemas orientados a prevenir a sua reiteração no futuro.

Em termos simplistas, a empresa envolvida comunica ao Poder Público a sua participação em práticas reprováveis, promove a recomposição dos danos causados, aceita punições adicionais e instaura um programa de transparência na sua gestão futura. Em decorrência, admite-se que a empresa volte a participar do mercado de contratações administrativas.

41.2 A preservação da empresa

A figura do autossaneamento se vincula diretamente à concepção de que a vedação à contratação da empresa infratora gera efeitos negativos também relativamente a terceiros. Acarreta uma redução no universo de potenciais fornecedores ao Estado, produz a redução da atividade econômica e pode implicar em desemprego.

Por outro lado, o sancionamento à pessoa jurídica apresenta configuração muito distinta da punição à pessoa física. A empresa é uma organização de recursos econômicos e o seu sancionamento deve fazer-se preponderantemente na via pecuniária. O impedimento à contratação administrativa é uma solução potencialmente violadora da proporcionalidade.

---

[38] No âmbito da Administração federal direta, autárquica e fundacional, o Decreto 12.304/2024 regulamentou os parâmetros e a forma de avaliação dos programas de integridade. As regras se aplicam inclusive para as hipóteses de contratações de grande vulto e de desempate entre duas ou mais propostas.

[39] Sobre o tema, confira-se PEREIRA; SCHWIND. Autossaneamento (*self-cleaning*) e reabilitação no direito brasileiro anticorrupção. *Revista de Direito Administrativo Contemporâneo – ReDAC*, n. 20, p. 13-34, set./out. 2015.

Cap. 10 – CONTRATO ADMINISTRATIVO **353**

42   O ACORDO DE LENIÊNCIA

O art. 17 da Lei 12.846/2013 estendeu para o âmbito dos ilícitos previstos na legislação de licitações e contratações administrativas a possibilidade de celebração de acordo de leniência, figura examinada em tópico adiante.

Segundo o art. 16 da mesma Lei 12.846/2013, cabe à autoridade máxima de cada órgão celebrar o acordo de leniência com a pessoa jurídica responsável pela prática dos ilícitos, para o fim de isentar ou atenuar as sanções administrativas.

43   A QUESTÃO DOS MEIOS ALTERNATIVOS DE COMPOSIÇÃO DE LITÍGIOS

Um tema relevante é a adoção de meios alternativos de composição de litígios em contratações administrativas. Podem ser referidos a mediação, a arbitragem e o comitê de resolução de disputas.

43.1   A mediação

A mediação é disciplinada pela Lei 13.140/2015, que a define como "a atividade técnica exercida por terceiro imparcial sem poder decisório, que, escolhido ou aceito pelas partes, as auxilia e estimula a identificar ou desenvolver soluções consensuais para a controvérsia" (art. 1.º, parágrafo único).

A importância da mediação tem sido reconhecida de modo crescente, inclusive no âmbito da atividade jurisdicional. A sua aplicação não se restringe às relações entre particulares, mas compreende inclusive a Administração Pública.

A mediação relativa a conflitos de que participa a Administração Pública conduz a uma atuação muito diferenciada do agente estatal que servir como mediador. Caber-lhe-á atuar com imparcialidade reforçada, sendo-lhe vedado estabelecer uma preferência apriorística em favor do interesse estatal.

Há uma tendência a exigir o exaurimento prévio da tentativa de mediação antes de as partes recorrerem a uma solução de composição heterônoma do conflito. A informalidade do modelo da mediação permite que essa atuação se desenvolva antes ou depois de instaurado o processo administrativo, arbitral (quando cabível) ou judicial.

O art. 32 da Lei 13.140/2015 previu a possibilidade de criação de câmaras de prevenção e resolução administrativa de conflitos por parte dos entes federados, no âmbito dos órgãos da Advocacia Pública.

O Decreto 12.091/2024 instituiu a Rede Federal de Mediação e Negociação – Resolve. O decreto aplica-se às mediações e negociações que envolvam "os órgãos e as entidades da administração pública federal direta, autárquica e fundacional."

43.2   A arbitragem

A arbitragem é disciplinada pela Lei 9.307/1996. Consiste na atribuição, mediante acordo entre as partes do poder jurídico de composição de um litígio existente ou potencial a sujeito privado, atribuindo-se à sua decisão uma eficácia equivalente àquela reconhecida ao provimento judicial, inclusive no tocante à produção de coisa julgada material.

Admite-se a arbitragem em conflitos de que participe a Administração Pública quando presentes certos requisitos.[40] A questão apresenta relevância específica relativamente a relações jurídicas de cunho contratual.

---

[40]   Os requisitos para a participação da Administração Pública foram analisados por TALAMINI. A (in)disponibi-lidade do interesse público: consequências processuais (composições em juízo, prerrogativas processuais,

A análise da questão se encontra no Capítulo 12, a propósito dos contratos de concessão de serviço público. As considerações lá realizadas são aplicáveis à generalidade dos contratos administrativos.

43.3   O comitê de resolução de disputas

O comitê de resolução de disputas (*dispute board*) é uma solução prevista contratualmente para identificar e prevenir problemas, superar divergências e determinar soluções durante a execução do contrato. Consiste na constituição de um painel de especialistas, a quem incumbe avaliar tecnicamente controvérsias surgidas. Trata-se de uma solução adequada especialmente para contratos de obras e serviços de engenharia.

Em sua modalidade típica, o comitê é instaurado desde o início da execução do contrato, antes do surgimento de algum conflito. Nessa modalidade, o comitê exerce uma atividade permanente de acompanhamento da execução da avença. Entretanto, podem existir comitês *ad hoc*, cuja instauração ocorre após o surgimento de uma disputa contratual. Nesses casos, a atuação do comitê é voltada a resolver um conflito específico, em caráter pontual.

A depender do que for pactuado entre as partes, o comitê pode emitir desde recomendações até decisões contratualmente vinculantes (adjudicatórias), sem prejuízo da possibilidade de submissão posterior da disputa à via judicial ou arbitral.[41]

43.4   A disciplina da Lei 14.133/2021

A Lei 14.133/2021 previu que, "Nas contratações regidas por esta Lei, poderão ser utilizados meios alternativos de prevenção e resolução de controvérsias, notadamente a conciliação, a mediação, o comitê de resolução de disputas e a arbitragem" (art. 151).

44   OS CONTRATOS DE DIREITO PRIVADO PACTUADOS PELA ADMINISTRAÇÃO PÚBLICA

O exercício da atividade administrativa pode abranger a utilização de contratos de direito privado, que se sujeitarão ao regime administrativo apenas acessoriamente.

44.1   A preservação da iniciativa privada e do mercado

É extremamente problemático estabelecer um critério diferencial entre os contratos privados praticados pela Administração e os contratos administrativos propriamente ditos. A diferenciação não pode fundar-se no grau de vinculação entre a avença e a promoção dos direitos fundamentais, pois o contrato de direito privado também é uma via para tanto.[42]

A melhor solução é reconhecer a impossibilidade de submissão integral de certos segmentos do mercado às regras de direito público. A questão reside não na natureza ou no objeto do contrato propriamente dito, mas no setor da iniciativa privada a que a contratação se relaciona.

O fundamental não é o contrato isoladamente considerado, mas as atividades e as empresas que praticam essa contratação. As características da estruturação empresarial geram a

---

arbitragem, negócios processuais e ação monitória) – versão atualizada para o CPC/2015. *Revista de Processo*, São Paulo, v. 42, n. 264, p. 83-107, fev. 2017.

[41]   Sobre o tema, confira-se: ROCHA NETO. *Dispute boards*: aspectos processuais.

[42]   Aliás, esse critério poderia conduzir a que a Administração Pública fosse constrangida a se valer apenas de contratos administrativos propriamente ditos.

impossibilidade de aplicar o regime de direito público, porque isso acarretaria a supressão do regime de mercado que dá identidade à contratação ou o desequilíbrio econômico que inviabilizaria a empresa privada.

Há outra justificativa, de cunho econômico, para a utilização pela Administração Pública de contratações puramente privadas. Trata-se da impossibilidade de satisfazer as suas necessidades, do modo menos oneroso, por meio dos contratos administrativos propriamente ditos. Um exemplo é o caso do seguro. Se a Administração Pública resolver segurar seus bens e interesses, terá de recorrer aos instrumentos disponíveis no âmbito da iniciativa privada. Pretender criar um sistema de seguro próprio e privativo seria extremamente mais oneroso do que simplesmente valer-se das alternativas disponíveis no âmbito privado. Mas isso significa deixar de aplicar as prerrogativas do regime de direito público. Portanto, será pactuado um contrato sujeito, na sua essência, ao regime de direito privado.

44.2   A disciplina da Lei 8.666/1993

A Lei 8.666/1993 tratou explicitamente da hipótese.

44.2.1   A disposição do art. 62, § 3.º, da Lei 8.666/1993

O art. 62, § 3.º, I, da Lei 8.666/1993 estabelece que algumas regras do regime de direito público aplicam-se inclusive àqueles contratos ditos "privados", praticados pela Administração. O dispositivo inclusive contém um elenco exemplificativo de hipóteses.[43]

44.2.2   A submissão genérica às normas de direito privado

Tais contratos, por serem regidos precipuamente por normas de direito privado, apresentam caracteres próprios e não comportam que a Administração exerça as prerrogativas a ela atribuídas pelo regime de direito público. Não se deve atribuir relevância mais destacada ao interesse titularizado por uma das partes.

44.3   A disciplina da Lei 14.133/2021

A Lei 14.133/2021 não se referiu expressamente à figura dos contratos de direito privado pactuados pela Administração. Isso não significa a supressão da existência de tais figuras.

44.3.1   A inviabilidade de eliminação dos contratos privados

É juridicamente impossível eliminar a existência de contratos que, embora praticados pela Administração Pública, são disciplinados de modo genérico pelo direito privado. Assim se passa porque isso conduziria à recusa dos agentes privados a contratar. O efeito prático seria a inviabilidade da satisfação de necessidades relevantes da Administração.

44.3.2   A remessa à disciplina no instrumento contratual

Deve-se reputar que a autonomia quanto à configuração contratual reconhecida pela Lei 14.133/2021 em favor da Administração compreende inclusive a adoção de soluções compatíveis com as necessidades ora referidas.

---

[43]   "Aos contratos de seguro, de financiamento, de locação em que o Poder Público seja locatário, e aos demais cujo conteúdo seja regido, predominantemente, por norma de direito privado".

44.3.3 A regra do art. 184

Ademais, pode-se reputar que a questão se insere na previsão do art. 184 da Lei 14.133/2021, que determina a aplicação supletiva de suas disposições a outros ajustes promovidos pela Administração.

44.4 Regime do contrato de direito privado da Administração Pública

Nos contratos de direito privado, não incidem algumas das competências anômalas da Administração. A alteração unilateral dos contratos é incompatível com o funcionamento dessas atividades. Não será admitida a imposição compulsória de alterações contratuais – o particular poderá a tanto se opor, preferindo a rescisão do contrato. Assim, por exemplo, uma seguradora particular não pode ser constrangida a manter um contrato de seguro se a Administração deliberar ampliar o objeto segurado ou os riscos incidentes.

Mas as demais competências anômalas – tal como a fiscalização reforçada, o regime especial de recebimento de bens e a própria extinção por decisão unilateral da Administração Pública – podem ser exercitadas, uma vez que não geram risco de comprometimento da iniciativa privada.

45 OS CONTRATOS ADMINISTRATIVOS DE DELEGAÇÃO DE COMPETÊNCIAS ADMINISTRATIVAS

O regime jurídico dos contratos administrativos de delegação de competências administrativas é examinado no Capítulo 12, atinente ao serviço público, e no Capítulo 17, atinente aos bens públicos. Em grande parte, as considerações anteriormente realizadas são aplicáveis ao âmbito dos contratos de delegação, tal como se verá adiante.

46 OUTROS AJUSTES DA ADMINISTRAÇÃO PÚBLICA

Existem outros vínculos jurídicos de que participa a Administração, que são produzidos por acordo de vontades destinado a criar, modificar ou extinguir direitos e obrigações, tal como facultado legislativamente.

46.1 A aplicação subsidiária da Lei 14.133/2021

As disposições da Lei 14.133/2021 são aplicáveis a acordos de vontade (tais como convênios) celebrados pelos demais entes federados. Houve a previsão da sua aplicação também a avenças praticadas por entidades filantrópicas e sem fins lucrativos, mas essa solução foi vetada por ocasião do sancionamento da Lei 14.770/2023.

46.2 A aplicação subsidiária das normas sobre consórcios públicos

Por outro lado, o § 4.º do art. 1.º da Lei 11.107/2005 (incluído pela Lei 14.026/2020) previu que:

"§ 4.º Aplicam-se aos convênios de cooperação, no que couber, as disposições desta Lei relativas aos consórcios públicos".

46.3 A previsão da Lei 13.800/2019

Observe-se que o art. 31 da Lei 13.800/2019 determinou que:

"Art. 31. As disposições das Leis n.ºs 8.666, de 21 de junho de 1993, 13.019, de 31 de julho de 2014, e 9.790, de 23 de março de 1999, não se aplicam aos instrumentos de parceria e aos termos de execução de programas, projetos e demais finalidades de interesse público".

46.4 A solução hermenêutica

É necessário examinar as peculiaridades, o conteúdo e as finalidades do acordo de vontades de que participa a Administração para determinar o regime jurídico aplicável. Certos dispositivos das Leis 8.666/1993 e 14.133/2021 são incompatíveis com as peculiaridades desses outros acordos da Administração. Mas há algumas de suas disposições que comportam aplicação supletiva.

47 CONVÊNIOS PÚBLICOS

O convênio público consiste numa avença por meio da qual dois ou mais sujeitos, sendo ao menos um deles integrante da Administração Pública, comprometem-se a atuar de modo conjugado para a satisfação de necessidades de interesse coletivo, sem intento de cunho lucrativo.

47.1 Convênio e os contratos administrativos em sentido restrito

O convênio não se confunde com o contrato administrativo em sentido restrito. O convênio é um contrato associativo, de cunho organizacional. Isso significa que a prestação realizada por uma das partes não se destina a ser incorporada no patrimônio da outra. As partes do convênio assumem direitos e obrigações visando à realização de um fim comum. Diversamente se passa com a maioria dos contratos administrativos, que apresentam cunho comutativo: as partes se valem da contratação para produzir a transferência entre si da titularidade de bens e interesses.

Nos contratos administrativos em sentido restrito, o usual é a existência de interesses contrapostos, existindo interesse lucrativo pelo menos de uma das partes (o particular). Desse modo, em regra, impõe-se a realização de procedimento licitatório para a celebração de contratações administrativas, ressalvadas aquelas hipóteses de contratação direta. Como regra, não há obrigatoriedade de os convênios serem precedidos de licitação.

47.2 As duas espécies de convênios

Existem duas espécies de convênios. Há aqueles que envolvem a transferência de recursos pecuniários dos cofres públicos e há os que não comportam essa solução. A distinção é fundamental porque existe uma ampla disciplina normativa para os convênios com transferência de recursos. São impostas exigências severas, cujo descumprimento acarreta sancionamento relevante. Já os convênios que não acarretam transferências financeiras comportam uma autonomia muito mais ampla para as partes.

47.3 As regras específicas do art. 184-A da Lei 14.133/2021

O art. 184-A, introduzido pela Lei 14.770/2023, prevê regime simplificado para acordos de que participe a União, com valor de até R$ 1.500.000,00.

48 OS ACORDOS DE VONTADES DA ADMINISTRAÇÃO PÚBLICA

Acordo de vontades da Administração Pública é um ato jurídico de natureza consensual, em que pelo menos uma das partes integra a Administração Pública estatal, destinado a regular o relacionamento futuro entre as partes, sendo usualmente destituído de natureza comutativa e podendo compreender soluções pertinentes à regularização de práticas ilícitas.

48.1 O conteúdo e a finalidade

Os acordos de vontades da Administração Pública não se destinam a satisfazer, de modo direto e imediato, uma necessidade do aparato administrativo ou dos membros da comunidade.

48.2 Ausência de finalidade lucrativa

Esses acordos não são instrumento para as partes obterem lucro, ainda que possam gerar transferência de recursos econômicos da titularidade de uma parte para outra.[44]

Não existe, geralmente, comutatividade em tais contratos – entendida a expressão comutatividade como a correspondência entre as prestações realizadas reciprocamente pelas partes, de modo que a execução do contrato acarreta uma compensação econômica para cada qual.

48.3 Fomento de atividades

Em muitos casos, os acordos da Administração Pública são utilizados para o fomento de atividades. Assim se passa nos casos em que a Administração Pública transfere a outrem recursos financeiros, bens ou servidores, visando a incentivar o desempenho de atividades de interesse coletivo.

48.4 Eliminação de condutas indesejáveis

Em muitas hipóteses, o acordo da Administração Pública tem por objeto a eliminação de condutas indesejáveis ou a adoção consensual de medidas destinadas a compensar os efeitos delas derivados.

48.5 A ampliação crescente das figuras típicas

Verifica-se, então, o crescimento contínuo das hipóteses legislativas disciplinando o desempenho de competências administrativas. Isso conduz à inviabilidade de uma exposição exaustiva, até porque as diversas figuras são muito heterogêneas. A sua natureza, estrutura, finalidade e disciplina são variadas.

48.6 A irrelevância da denominação

Nesse cenário, a primeira advertência se relaciona com a irrelevância da denominação formal adotada na lei e praticada no mundo real. Cada diploma legal pode escolher uma denominação específica, tal como "contrato", "convênio", "termo" etc.

A natureza jurídica e a disciplina aplicável independem do nome adotado, seja pela lei, seja pela Administração Pública.

48.7 A previsão do art. 84 da Lei 13.019/2014

O art. 84 da Lei 13.019/2014 (com a redação da Lei 13.204/2015) determinou que os convênios são reservados para avenças entre entes federados. A regra deve ser entendida em termos. O mesmo diploma determinou que o termo de colaboração é a única solução admissível nos casos de acordos por meio dos quais a Administração Pública transfere recursos, bens ou pessoal para a gestão de organização da sociedade civil (art. 2.º, VII). E que o acordo de cooperação é o instrumento para parceria entre a Administração Pública e organização da sociedade civil que não envolva a transferência de recursos financeiros (art. 2.º, VIII-A).

Mas a natureza jurídica de uma figura independe da denominação a ela atribuída. Seria um erro crasso supor que existiria uma infração à ordem jurídica simplesmente porque a avença, em si mesma perfeita e válida, conteria um defeito por ser denominada de convênio e

---

[44] No âmbito da União, por exemplo, o Decreto 11.531/2023 prevê, no art. 2.º, II, que o instrumento que possibilita a transferência de recursos geridos para o atendimento de interesses coletivos comuns é o contrato de repasse.

não de contrato de repasse. Em suma, essas figuras todas são formas de convênio (entendida a expressão em sentido amplo).

49 CONTRATOS DE CONSÓRCIO PÚBLICO

O consórcio público decorre de um acordo de vontades associativo, pactuado entre entes federativos, visando o desempenho de atribuições de interesse comum. A figura foi definida e examinada no Capítulo 6.

Convênio e consórcio público apresentam semelhanças, mas não se confundem entre si. Ambos se destinam a promover a cooperação de esforços visando satisfazer um interesse comum. Mas o convênio disciplina a cooperação relativamente a objeto isolado, de modo temporário, sem a instituição de uma nova pessoa jurídica, distinta das partes.

O consórcio público gera um novo sujeito de direito, que é titular de direitos e obrigações em nome próprio, inclusive oponíveis aos próprios entes consorciados.

Há requisitos formais mais exacerbados para a formalização do contrato de consórcio público. Por exemplo, a criação do consórcio depende de autorização legislativa (envolvendo cada um dos entes consorciados), o que não é demandado para a pactuação de um convênio.

50 CONTRATOS DE PROGRAMA

O contrato de programa consiste em um acordo de vontades pactuado por entes da federação entre si (diretamente ou mediante entidade da Administração indireta) ou com consórcio público, visando a regular a gestão associada de serviços públicos. Foi disciplinado no art. 13 da Lei 11.107/2005 e regulado no Dec. 6.017/2007 (arts. 30 a 35). Pode ser enquadrado como uma modalidade de convênio público.

O contrato de programa disciplina o relacionamento entre os entes federativos titulares dos serviços públicos, inclusive para disciplinar eventuais transferências de encargos, bens, recursos ou pessoal.

A Lei 14.026/2020 vedou que o contrato de programa seja o instrumento para a delegação da prestação de serviços públicos autorizada no art. 175 da Constituição, ressalvadas as relações jurídicas pactuadas anteriormente.

51 CONTRATOS DE RATEIO

O contrato de rateio consiste em um acordo de vontades pactuado por entes da federação, tendo por objeto a disciplina da partilha e da transferência dos recursos financeiros necessários à constituição e ao funcionamento de consórcio público. É outra espécie de convênio e está disciplinado na Lei 11.107/2005 e no Dec. 6.017/2007.

O prazo de vigência do contrato de rateio não pode ser superior à vigência do crédito orçamentário que lhe der fundamento, ressalvada a hipótese de contratos que tenham por objeto "exclusivamente projetos consistentes em programas e ações contemplados em plano plurianual" (Lei 11.107/2005, art. 8.º, § 1.º, com a redação da Lei 14.026/2020). Isso significa que os entes federados deverão pactuar o contrato de rateio anualmente, salvo nos casos em que o objeto for relacionado a programas e ações previstos em plano plurianual.

52 CONTRATO DE GESTÃO

A expressão "contrato de gestão" foi utilizada em diversos diplomas legais com acepções distintas. Em todas essas hipóteses, não se configura um contrato em acepção própria. Há acordo de vontades, com natureza próxima a de um convênio.

52.1 As duas modalidades de contratos de gestão

Há duas modalidades básicas de contratos de gestão. Há aqueles firmados internamente entre entidades integrantes da Administração Pública e há aqueles envolvendo entidades privadas (integrantes do terceiro setor).

52.2 O contrato de gestão para ampliação de autonomia

O art. 37, § 8.º, da CF/1988 previu a possibilidade de ampliação por meio de contrato da autonomia gerencial, orçamentária e financeira de órgãos e entidades da administração direta e indireta. É um instrumento pactuado entre entidades integrantes da Administração Pública, visando a reduzir a intensidade do controle interno.

A Lei 9.649/1998 determinou que o meio prático para implementar a referida previsão constitucional seria o contrato de gestão (art. 51, II). O instrumento prevê metas e procedimentos a serem adotados no âmbito de uma certa entidade.

52.3 A previsão dos serviços sociais impróprios

A expressão também foi utilizada em diversos diplomas que disciplinaram serviços sociais impróprios (referidos no Capítulo 6). Pode ser indicado o art. 12 da Lei 12.897/2013, que dispôs sobre o contrato de gestão entre a União e a Agência Nacional de Assistência Técnica e Extensão Rural – Anater.

53 CONTRATO EXTERNO DE GESTÃO

O contrato externo de gestão que vincula uma organização social à Administração Pública consiste numa modalidade de convênio público, subordinado a regras específicas e diferenciadas. Mas isso não significa a identidade entre contrato de gestão e convênio,[45] eis que existem regras legais específicas para a figura.

Esses contratos de gestão podem gerar a delegação à organização social da prestação de um serviço público. Mas não configuram uma concessão de serviço público, que é um contrato típico em que o concessionário atua visando lucro. A organização social não visa ao lucro e, se vier a obter resultados econômicos positivos, não poderá deles se apropriar. Estará obrigada a aplicar os resultados obtidos na própria atividade desenvolvida.

Os contratos de gestão não podem envolver atividades econômicas, tipicamente privadas e orientadas à acumulação lucrativa egoística. A atuação empresarial, reservada preferencialmente aos particulares, não é o campo dos contratos de gestão e das organizações sociais.

A Lei 13.019/2014, regulamentada pelo Dec. 8.726/2016 (alterado pelo Dec. 11.948/2024), consagrou um amplo conjunto de normas, visando a impedir que as normas comuns sobre convênio incidam sobre essa categoria de acordos. Deve-se ter em vista que, apesar disso, essas convenções também apresentam a natureza de convênio, entendida a expressão num sentido amplo.

O art. 24 da referida Lei 13.019/2014 determinou que, como regra geral, as avenças subordinadas ao seu regime sujeitem-se a chamamento público. O tema também foi disciplinado

---

[45] Fernando Borges Mânica e Fernando Menegat defendem a distinção entre contrato de gestão e convênio (A natureza jurídica do contrato de gestão com as Organizações Sociais e suas repercussões no sistema de controle pelos Tribunais de Contas. *Revista de Contratos Públicos – RCP*, n. 3, p. 47-72, mar./ago. 2013). Em sentido oposto, manifesta-se Marcos D'avino Mitidieri (As organizações sociais violam a Constituição Federal? *Revista de Direito Administrativo Contemporâneo – ReDAC*, n. 1, p. 285-305, jul./ago. 2013). O STF também afirmou que o contrato de gestão possui natureza de convênio (ADI 1.923/DF, Pleno, rel. Min. Ayres Britto, rel. p/ acórdão Min. Luiz Fux, j. 16.04.2015, *DJe* 16.12.2015).

no Dec. 8.726/2016, nos arts. 8.º a 12, cujas exigências foram atenuadas pelas alterações contempladas no Dec. 11.948/2024.

54   TERMO DE PARCERIA

O termo de parceria é previsto na Lei 9.790/1999, que dispõe sobre as organizações da sociedade civil de interesse público – OSCIPs. Tal como o contrato de gestão, o termo de parceria é uma modalidade de convênio, que exige a cooperação entre as partes para o fomento e execução de atividades de interesse coletivo.

O TCU, no Acórdão 1.777/2005-Plenário, reconheceu a semelhança entre convênio e termo de parceria, mas asseverou que a disciplina legal aplicável não é a mesma.

55   TERMO DE COLABORAÇÃO, TERMO DE FOMENTO E ACORDO DE COOPERAÇÃO

As figuras do termo de colaboração, do termo de fomento e do acordo de cooperação foram previstas pela Lei 13.019/2014. Também apresentam natureza próxima à do convênio. Envolvem um acordo entre a Administração Pública e uma organização da sociedade civil (OSC). Há um termo de colaboração quando a avença contemplar a transferência de recursos financeiros, pactuada a partir de proposta da Administração Pública. O termo de fomento configura avença similar, versando sobre o plano de trabalho proposto por uma OSC e envolvendo a transferência de recursos financeiros. Existe acordo de cooperação quando a parceria não envolver a transferência de recursos financeiros.

A Lei 13.019/2014 consagrou uma disciplina ampla e bastante complexa para a cooperação entre Estado e organizações da sociedade civil.

56   CONTRATOS DE FOMENTO

Contratos de fomento são acordos de vontade que disciplinam a conduta empresarial de um ou mais agentes econômicos, visando promover práticas reputadas relevantes para o desenvolvimento econômico e social, e que correspondam a benefícios ou vantagens outorgadas pelo poder público. O contrato de fomento é um instrumento utilizado pelo Estado no exercício de uma função específica de fomento, tal como exposto no Capítulo 15. A Lei 14.903/2024 dispôs sobre o Marco Regulatório do Fomento à Cultura do Brasil e contemplou várias soluções nesse tema, inclusive afastando a incidência das normas da Lei 14.133/2021.

56.1   Conteúdo e finalidade

O contrato de fomento é um acordo de vontade adotado no âmbito da intervenção estatal no domínio econômico. É um ajuste por meio do qual um particular se obriga a observar certas práticas no âmbito da atividade empresarial, com a contrapartida da obtenção de vantagens perante o Estado (tal como a cessão gratuita de áreas imóveis ou a redução da carga tributária).

Usualmente, o contrato de fomento não gera obrigação de o particular realizar uma prestação diretamente em favor da Administração Pública. O dever assumido pelo particular envolve condutas reputadas como necessárias para o bem-estar da comunidade, para a elevação do nível de vida das populações, para a proteção do meio ambiente, para o aumento do emprego, para a elevação da arrecadação tributária e assim por diante. Em suma, trata-se de outorgar um benefício ao particular como pressuposto ou consequência de condutas empresariais diferenciadas.

A outorga de benefícios aos particulares deverá fazer-se nos estritos limites autorizados por lei.

56.2   O descabimento de licitação prévia

O contrato de fomento não comporta prévia licitação. Em alguns casos, porque os benefícios previstos são assegurados a todos quantos se dispuserem a cumprir os requisitos exigidos em lei – portanto, a ausência de excludência torna inexigível a licitação.

Em outros casos, configura-se inviabilidade de competição, eis que não é viável comparar as diversas alternativas disponíveis segundo critérios objetivos de vantajosidade.

Quando, no entanto, existir a possibilidade de comparação entre as diversas alternativas, a solução será instaurar um procedimento seletivo simplificado, não subordinado ao regime das Leis 8.666/1993 ou 14.133/2021.

56.3   O regime jurídico

O regime jurídico do contrato de fomento exclui a incidência de prerrogativas extraordinárias do Estado, especialmente porque a contratação não tem por objeto o desempenho de uma prestação em favor do poder público. Caberá à lei que autorizar a avença estabelecer as consequências do inadimplemento, que envolverão basicamente a supressão do benefício outorgado, acompanhada ou não da imposição de penalidade pecuniária.

57   TERMOS DE AJUSTAMENTO DE CONDUTA (TAC)

Em muitas oportunidades, o Estado se vale de uma solução alternativa à imposição de sanções.[46] Essa figura é usualmente conhecida como termo de ajustamento de conduta ("TAC").

57.1   A prevenção ou a eliminação de conflitos

Configura-se essa hipótese nos casos em que, em face de controvérsia quanto à prática de condutas irregulares ou indesejáveis, o Estado e um ou mais particulares estabelecem solução consensual destinada a eliminar a incerteza e a disciplinar a conduta futura. A avença envolve a assunção pelo particular de obrigações de dar, fazer ou não fazer, cujo adimplemento acarretará eliminação ou redução de sanções possíveis em vista de eventos passados, ou a alteração do regime jurídico até então aplicável.

57.2   As hipóteses previstas em lei

A avença de ajustamento de condutas encontra-se, em muitos casos, autorizada expressamente em lei. Assim, por exemplo, existe previsão expressa relativamente ao TAC no § 6.º do art. 5.º da Lei 7.347/1985 (que disciplina a ação civil pública). Mas se pode reputar que a competência discricionária para regular condutas privadas contemple o poder jurídico para avençar ajustamento de conduta de forma ampla. As condutas socialmente desejáveis podem ser promovidas por meio de soluções negociadas, ao invés de impostas de modo unilateral pelo poder público.

57.3   A exigência de tratamento isonômico

É evidente, no entanto, a necessidade de tratamento isonômico para todos os sujeitos privados em situação similar. Logo, viola a CF/1988 promover tratamento discriminatório

---

[46]   Sobre o tema, confira-se WILLEMAN. Termo de Ajustamento de Gestão nas Concessões: conversibilidade das sanções administrativas pecuniárias em investimentos. In: ROCHA (Coord.). *Temas relevantes no direito de energia elétrica*, p. 809-823; FERRAZ. Termos de Ajustamento de Gestão (TAG): do sonho à realidade. *Revista Brasileira de Direito Público – RBDP*, n. 31, p. 43-50, out./dez. 2010; MARQUES NETO; CYMBALISTA. Os acordos substitutivos do procedimento sancionatório e da sanção. *Revista Brasileira de Direito Público – RBDP*, n. 31, p. 51-68, out./dez. 2010.

relativamente aos diversos sujeitos privados em situação semelhante, no tocante a avenças de ajustamento de conduta.

Logo, é desejável que o ente estatal promova regulamentação do procedimento, dos requisitos e das condições para promover as avenças de ajustamento de condutas. Isso assegurará o tratamento harmônico e uniforme nas diversas hipóteses.

58   ACORDO DE LENIÊNCIA

O acordo de leniência é uma solução consensual por meio do qual um sujeito privado (pessoa física ou jurídica), envolvido em ilícito, transmite informações ao Poder Público sobre a ocorrência e a identidade dos agentes da ilicitude, comprometendo-se com a cessação das práticas (se for o caso) e subordinando-se a sanções pecuniárias e (ou) não pecuniárias. O sancionamento previsto é menos severo daquele que seria aplicado caso o acordo não fosse atingido. Isso significa a redução ou, mesmo, a extinção da punição.

58.1   As hipóteses de tratamento explícito

A figura foi introduzida no Brasil no sistema de defesa da concorrência, estando disciplinada no art. 86 da Lei 12.529/2011. A Lei 12.846/2013 (Lei Anticorrupção) também previu a sua prática, admitindo inclusive a sua adoção no âmbito da Lei 8.666/1993 (Lei de Licitações).[47] A disciplina pertinente estende-se também a ilícitos relativos à Lei 14.133/2021, cujo art. 189 prevê:

> "Art. 189. Aplica-se esta Lei às hipóteses previstas na legislação que façam referência expressa à Lei n.º 8.666, de 21 de junho de 1993, à Lei n.º 10.520, de 17 de julho de 2002, e aos arts. 1.º a 47-A da Lei n.º 12.462, de 4 de agosto de 2011".

58.2   As finalidades do instituto e sua legitimidade

A figura do acordo de leniência apresenta uma natureza consensual. A sua vinculação à prática de ilícito não é incompatível com a configuração de um acordo, entendida a expressão em sentido amplo. O acordo propicia ao Estado a obtenção de informações que, de outro modo, dificilmente seriam obtidas. Conduz à cessação do ilícito e facilita a recuperação pelos cofres públicos dos prejuízos. Em contrapartida, propicia ao particular a atenuação do sancionamento por condutas ilícitas. Não se trata, como é evidente, de um contrato bilateral e comutativo, eis que não há uma equivalência entre as prestações assumidas pelas partes.

---

[47]   Sobre o tema, confira-se CUÉLLAR; PINHO. Reflexões sobre a Lei Federal 12.846/2013 (Lei Anticorrupção). *Revista de Direito Público da Economia – RDPE* 46/131-170, abr./jun. 2014.

Capítulo 11
PODER DE POLÍCIA ADMINISTRATIVA

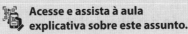

Acesse e assista à aula explicativa sobre este assunto.
> https://uqr.to/1bk3g

1 DEFINIÇÃO

O poder de polícia administrativa é a competência para disciplinar o exercício da autonomia privada para a realização de direitos fundamentais e da democracia, segundo os princípios da legalidade e da proporcionalidade.[1]

1.1 Competências legislativas e administrativas

Em acepção ampla, o poder de polícia compreende competências legislativas e administrativas.

O poder de polícia abrange competências estatais orientadas a conformar a autonomia dos sujeitos. Isso envolve a imposição de limites e a criação de deveres. Por isso, o poder de polícia se manifesta primariamente por via da Constituição e da edição de leis. A competência administrativa de poder de polícia tem por fundamento as normas constitucionais e legais.

O poder de polícia administrativa contempla providências destinadas a dar concretude a valores, princípios e regras consagrados em normas constitucionais e legais.

1.2 Ausência de cunho prestacional

A atividade de poder de polícia não apresenta cunho prestacional. Ou seja, não se traduz no fornecimento pela Administração de bens e serviços, a serem fruídos pela população ou para satisfazer necessidades individuais ou coletivas.

O poder de polícia visa a evitar que a fruição das liberdades e dos direitos privados produza lesões a direitos, interesses e bens alheios, públicos ou privados.

---

[1] Para uma análise aprofundada do instituto do poder de polícia, confiram-se as obras de Carlos Ari Sundfeld, *Direito Administrativo Ordenador*, e de Gustavo Binenbojm, *Poder de polícia, ordenação, regulação*: transformações político-jurídicas, econômicas e institucionais do direito administrativo ordenador, 3. ed.

A atividade de poder de polícia conforma o exercício individual ou coletivo das liberdades para permitir a satisfação de necessidades alheias.

1.3 Deveres de abstenção e deveres de atuação ativa

Por outro lado, a disciplina do exercício da autonomia privada pode se traduzir não apenas em deveres de abstenção, mas também em deveres de atuação positiva impostos a sujeitos determinados ou determináveis.

Por exemplo, o poder de polícia pode traduzir-se na vedação à edificação de construções em determinados locais (tal como nascentes de cursos de água). Trata-se de uma exigência de abstenção.

Mas o poder de polícia também pode fundamentar a exigência de que as construções sejam dotadas de condições de acesso para pessoas com dificuldades de locomoção. Esse é um dever de fazer.

1.4 A conformação das liberdades

A expressão "conformação" significa a adoção pelo Estado de modelos de conduta reputados como proibidos, como obrigatórios ou como limitados. Portanto, a atividade de poder de polícia traduz-se tanto na repressão como no fomento de condutas.[2] Reprimem-se as condutas indesejáveis e incentivam-se aquelas reputadas como necessárias ou úteis à realização de valores buscados.

1.5 Eventual fornecimento de utilidades

A atividade de poder de polícia pode, no entanto, produzir o fornecimento estatal de utilidades, como decorrência acessória da limitação às liberdades. O exemplo característico é a emissão de passaportes, destinados a identificar o indivíduo nacional no seu deslocamento além das fronteiras do território do Estado.

1.6 Normas gerais e providências concretas

A disciplina da autonomia privada por meio do poder de polícia envolve a edição de normas gerais e abstratas, mas também a edição de normas específicas e concretas. Mais ainda, também compreende a execução material dessas ordens, inclusive mediante o uso efetivo da força. Portanto, trata-se não apenas de disciplina na acepção de emissão de normas de conduta, mas também no sentido de adoção dos meios materiais necessários a impor concretamente a observância dos comandos jurídicos.

1.7 A orientação à realização dos direitos fundamentais

A atividade de poder de polícia se orienta a produzir a realização de direitos fundamentais do conjunto dos integrantes da coletividade. A convivência social acarreta a necessidade de limitação dos direitos individuais, de modo a evitar que a máxima liberdade de cada um produza a redução da liberdade alheia.

Essa competência não se subordina a cláusulas abstratas, destituídas de conteúdo preciso, tal como *ordem pública, bem comum, interesse público*, que propiciam a utilização do aparato estatal para satisfazer interesses secundários, antes do que os direitos fundamentais.

---

2   O fomento, como função estatal específica, é objeto de exame mais aprofundado no Capítulo 15.

1.8 O recurso ao uso da violência

O poder de polícia compreende a utilização da força e a estruturação de um aparato estatal destinado à coerção dos particulares. Propicia a intervenção estatal na órbita individual.

Limitar o exercício de liberdades envolve uma atuação estatal dotada de potencial antidemocrático. Por isso, o poder de polícia se encontra sujeito aos princípios constitucionais e legais disciplinadores da democracia republicana. A atividade de poder de polícia é condicionada à promoção concreta e efetiva da realização de direitos fundamentais e da democracia.

2 A MODIFICAÇÃO DO CONCEITO TRADICIONAL DE PODER DE POLÍCIA

O conceito tradicional de poder de polícia sofreu duas modificações marcantes nos tempos atuais.

2.1 A instrumentalização à proteção dos direitos fundamentais

Na visão clássica francesa, o poder de polícia era considerado como instrumento de manutenção da ordem pública, "vale dizer, da segurança, da tranquilidade, da saúde".[3]

Mas o conceito de ordem pública foi sendo impregnado por outros valores, mesmo no direito francês. Assim, Gilles Lebreton afirmou que "sempre que a ordem pública é expressamente invocada, a dignidade da pessoa humana não está longe".[4]

O tema foi trazido à luz num famoso precedente jurisprudencial francês, que ficou conhecido como "caso do arremesso de anões". Uma casa noturna promovia uma espécie de "competição", consistente em "arremesso de anões a distância". Não havia risco à integridade física dos envolvidos, os quais se prestavam voluntariamente a participar da atividade mediante remuneração. A municipalidade proibiu a atividade, invocando o poder de polícia. Houve impugnação ao ato administrativo pelos interessados, sendo a decisão invalidada sob o argumento da ausência de ofensa à ordem, à segurança ou à liberdade. Em grau de recurso, o Conselho de Estado cassou a decisão inferior, reconhecendo que o poder de polícia é orientado, também, à proteção da dignidade da pessoa humana.[5] É perfeitamente cabível questionar a orientação prevalente, que conduziu à negativa da autonomia individual. Mas a questão apresenta relevância sob outro enfoque, que é a afirmação de que o poder de polícia se orienta, inclusive, à realização dos direitos fundamentais.

A ordem pública é um valor a ser preservado como *meio* de promoção dos direitos fundamentais, com observância da democracia.

A alteração do enfoque apresenta grande relevância, porque se reflete sobre o próprio conteúdo das providências em que se traduz a competência de polícia.

---

[3] VEDEL; DELVOLVÉ. *Droit administratif*, t. I, 12. ed., p. 684.

[4] LEBRETON. Ordre public et dignité de la personne humaine: un problème de frontière. In: REDOR (Dir.). *L'ordre public*: ordre public ou ordres publics? Ordre public et droits fondamentaux. Actes du Colloque de Caen des jeudi 11 et vendredi 12 mai 2000, p. 353, tradução livre.

[5] Toda a doutrina francesa comenta essa decisão. O texto do julgado pode ser encontrado in: *AJDA – LAActualité Juridique Droit Administratif*, vol. 51, p. 942, 1995. Vale conferir as observações de René Chapus sobre o tema (*Droit administratif général*, t. I, 15. ed., p. 708-711). Anote-se que o sujeito interessado recorreu ao Comitê de Direitos Humanos da ONU, alegando que o arremesso não trazia riscos à sua integridade física. Acrescentou que o efeito necessário da decisão questionada seria a perda do emprego e do correspondente salário, o que colocaria em risco a sua existência digna. No entanto, a decisão do contencioso administrativo francês foi mantida. Sobre o tema, confira-se: BARROSO. A dignidade da pessoa humana no direito constitucional contemporâneo: natureza jurídica, conteúdos mínimos e critérios de aplicação. *Interesse Público – IP*, n. 76, p. 29-70, nov./dez. 2012.

2.2 A imposição de deveres de fazer

Na concepção clássica, o poder de polícia administrativa consistia na imposição de deveres de abstenção (não fazer) aos indivíduos. Reputava-se que impor a abstenção pelo sujeito na fruição da sua autonomia privada própria era bastante e suficiente para a manutenção da "ordem pública" e para a realização de valores de interesse coletivo. Essa concepção foi superada pelas alterações consagradas na Constituição de 1988.

A ordem constitucional fundada na supremacia dos direitos fundamentais implica a insuficiência da mera abstenção privada para a realização dos valores coletivos. A promoção da ordem pública e a realização dos direitos fundamentais envolvem também deveres de colaboração ativa por parte de todos os integrantes da comunidade.

A funcionalização dos direitos e garantias individuais e sociais exige que os sujeitos adotem cautelas omissivas e também ativas, sem as quais se coloca em risco a integridade alheia.

Um exemplo é a segurança das edificações. Os edifícios devem contemplar saídas de emergência, concebidas segundo normas apropriadas. Outra manifestação de poder de polícia refere-se à segurança alimentar, com o dever de providências para impedir a deterioração de alimentos perecíveis e de fornecimento de informações adequadas aos consumidores sobre a composição e os efeitos dos produtos.

O direito administrativo é orientado não apenas a evitar que um particular produza lesões a terceiros, o que poderia ser obtido por meio da mera abstenção. O poder de polícia também compreende a competência para impor aos sujeitos o dever de atuar ativamente para satisfazer os direitos fundamentais alheios e os interesses coletivos. Sob esse prisma, o poder de polícia se torna um instrumento da eficácia horizontal dos direitos fundamentais, deixando de ser um simples instrumento de defesa da liberdade e da propriedade.[6]

3 SERVIÇO PÚBLICO E PODER DE POLÍCIA

Poder de polícia e serviço público são institutos jurídicos distintos.

3.1 A distinção teórica entre poder de polícia e serviço público

Charles Debbasch sintetizou o entendimento tradicional quanto à diferenciação entre poder de polícia e serviço público "diferenciam-se em seus procedimentos: a polícia prescreve e não fornece prestações; estas são do domínio do serviço público. Opõem-se em seus efeitos: a medida de polícia limita as liberdades públicas, a intervenção do serviço público tende a facilitar o exercício dos direitos e liberdades dos cidadãos".[7]

Tal como afirmado anteriormente, a concepção tradicional de polícia administrativa traduz medidas de natureza preventiva de lesões a interesses públicos e privados. Essas medidas consistem em atos estatais que estabelecem de modo abstrato limitações à autonomia dos particulares e também em atos materiais de coerção para dar execução às determinações normativas (repressão).

Já o serviço público se traduz numa atividade prestacional da Administração Pública, destinada a fornecer utilidades necessárias diretamente à realização dos direitos fundamentais.

---

[6] Gustavo Binenbojm destaca que "A eficácia horizontal dos direitos fundamentais demanda a atuação protetiva da polícia administrativa no âmbito das relações privadas. Embora, na seara das relações entre particulares, a liberdade seja a regra e a restrição a polícia, a exceção (...), há situações especiais em que a atividade ordenadora é não apenas desejável, mas imperiosa para resguardo de seus direitos fundamentais" (*Poder de polícia, ordenação, regulação*: transformações político-jurídicas, econômicas e institucionais do direito administrativo ordenador, 3. ed., p. 134).

[7] DEBBASCH. *Droit administratif*, 6. ed., p. 447, tradução livre.

Cap. 11 – PODER DE POLÍCIA ADMINISTRATIVA **369**

Existe serviço público quando, por exemplo, o Estado promove a geração, a transmissão e a distribuição de energia elétrica ou quando desempenha as atividades de transporte coletivo de passageiros.

Em suma, a essência da distinção está na natureza da atividade estatal. O poder de polícia configura-se como restrição à autonomia privada. Trata-se de atuação estatal orientada a reprimir os excessos e os desvios no exercício dessa autonomia. Já o serviço público consiste na satisfação de necessidades inerentes à realização dos direitos fundamentais, por meio do fornecimento de bens materiais e imateriais.

3.2 A integração material das atividades

Mas, se é possível consagrar a distinção teórica, isso não significa a absoluta dissociação entre ambas as atividades, especialmente porque as estruturas estatais organizadas para o desempenho de atividades de polícia também compreendem, conjuntamente, "atividades de serviço público em sentido material: socorro às vítimas de acidentes, entrega de documentos, passaportes ou carteiras de identidade etc.".[8]

Ou seja, há uma tendência a que toda a atividade estatal apresente natureza complexa, de modo que não apenas haja a limitação à autonomia privada, mas, concomitantemente, verifique-se a satisfação de necessidades coletivas. A atuação estatal orientada a restringir a autonomia privada é necessária, mas não suficiente para promover muitos direitos fundamentais. Os fins buscados pelo Estado somente podem ser efetivamente realizados mediante atuação integrada, complexa e completa. Por exemplo, a disciplina do trânsito de veículos em vias públicas compreende limitações e penalidades aos infratores. Mas a prevenção de acidentes e a preservação da integridade dos indivíduos dependem da educação de motoristas e pedestres. O poder de polícia compreende poderes para reprimir e punir, mas a realização dos fins de interesse coletivo depende também do atendimento às necessidades dos sujeitos e da participação da comunidade.

3.3 A vinculação aos direitos fundamentais

Em suma, a restrição à autonomia privada para realização da ordem pública é vinculada aos mesmos valores inerentes ao serviço público, consistente na promoção dos direitos fundamentais. Serviço público e poder de polícia refletem vias diversas orientadas aos mesmos fins.

3.4 Síntese

A concepção que isola e diferencia de modo absoluto as atividades de serviço público e de poder de polícia produz a redução da eficiência da atuação estatal no cumprimento dos compromissos assumidos pela Nação. Mais ainda, retrata uma ideologia autoritária, que pressupõe que ameaçar e punir é a melhor solução para alcançar a paz social – o que se mostra, evidentemente, equivocado.

4 A POLÍCIA ADMINISTRATIVA E A POLÍCIA JUDICIÁRIA

A expressão *polícia*, no vocabulário não técnico, é utilizada para indicar uma pluralidade de atuações distintas entre si. Sob o prisma técnico-jurídico, a polícia administrativa consiste num conjunto mais restrito de poderes estatais.

---

[8]   RIVERO; WALINE. *Droit administratif*, 19. ed., p. 433-434, tradução livre.

370 CURSO DE DIREITO ADMINISTRATIVO · *Marçal Justen Filho*

4.1 A segurança pública e a polícia administrativa

As competências constitucionais atinentes à segurança pública e à polícia administrativa não se confundem.

A segurança pública foi referida no art. 144 da CF/1988, que atribuiu a sua promoção a organizações policiais mantidas pela União e pelos Estados. Envolve um aspecto muito específico de preservação da integridade de pessoas e bens públicos e privados. Demanda a estruturação de determinados órgãos estatais, a quem são reservados poderes para prevenir e para reprimir manifestações individuais e coletivas incompatíveis com certos valores protegidos pelo direito. A promoção da segurança pública compreende poderes de coerção física, inclusive com o exercício da violência legítima – aquela exercitada segundo a ordem jurídica e com observância da proporcionalidade, visando a prevenir e a reprimir a autossatisfação pelos particulares de seus próprios interesses (ainda que legítimos).

O poder de polícia administrativa apresenta abrangência muito mais ampla e é atribuído à titularidade dos diversos entes federativos. Uma parcela das competências de poder de polícia é exercida por autarquias.

Rigorosamente, muitas manifestações da segurança pública podem ser reconduzidas ao poder de polícia administrativa (como também à polícia judiciária). Mas as competências não se confundem, em vista do tratamento específico dado ao tema pela Constituição.

4.2 A polícia administrativa e a polícia judiciária

A expressão "polícia" também é relacionada, na linguagem vulgar, a outra figura jurídica, que é a chamada polícia judiciária. Um mesmo agente estatal pode desempenhar atividades de polícia administrativa e de polícia judiciária. Mas são duas funções diferenciadas entre si.

4.2.1 A polícia judiciária

A ocorrência efetiva ou potencial de uma infração penal desencadeia atividades de persecução, que são desempenhadas em grande parte por meio de autoridades administrativas que exercitam atividade de polícia judiciária. Como regra, a polícia judiciária se preocupa em cumprir as determinações de autoridades judiciárias, em evitar a ocorrência de ilícitos ou em adotar providências destinadas a identificar a consumação e a autoria de ilícitos penais.

4.2.2 A amplitude da polícia administrativa

A polícia administrativa compreende competências amplas e diversas, que não se confundem com aquelas atribuídas à polícia judiciária. Por exemplo, disciplinar padrões de segurança na comercialização de alimentos não apresenta qualquer relação com a atividade de polícia judiciária.

4.2.3 O vínculo com a função jurisdicional

Alguns propugnam que a atividade de polícia administrativa é preventiva, enquanto a polícia judiciária teria atuação repressiva. A distinção não é satisfatória.[9]

---

[9] Seguindo a visão clássica, Celso Antônio Bandeira de Mello (*Curso de direito administrativo*, 37. ed., p. 725) afirma que o que distingue a polícia administrativa da polícia judiciária "é que *a primeira se predispõe unicamente a impedir ou paralisar atividades antissociais*, enquanto a segunda se preordena à responsabilização dos violadores da ordem jurídica". Na mesma linha, Diogenes Gasparini afirmava que "o exercício da polícia administrativa está *disseminado pelos órgãos e agentes da Administração Pública*, ao passo que o da polícia judiciária é privativo de certo e determinado órgão (Secretaria de Segurança). O objeto da polícia administrativa

Cap. 11 – PODER DE POLÍCIA ADMINISTRATIVA **371**

O âmago da diferenciação reside em que a polícia judiciária desempenha atuação conexa e acessória em relação à função jurisdicional. Por essa razão é que se costumava afirmar que a atuação da polícia administrativa seria mais diretamente vinculada à prevenção de ilícitos, enquanto a polícia judiciária teria um cunho repressivo (refletindo a concepção de que o Poder Judiciário atua mediante provocação de algum interessado, o que faz supor uma atuação para reprimir ilícitos consumados ou em via de consumação). Essa diferenciação ficou superada pelas modificações radicais experimentadas pelo direito, especialmente pela ampliação das competências jurisdicionais preventivas e acautelatórias.

Além disso, a multiplicação de atividades de polícia administrativa conduziu à impossibilidade de fundar a distinção em face da polícia judiciária num critério material, relacionado com a natureza das atividades.

Já a polícia administrativa é uma atividade que não apresenta relacionamento direto e imediato com o Poder Judiciário. Por exemplo, existe o exercício de função de polícia administrativa quando a autoridade municipal impõe vedação à realização de uma festividade em determinado local por reputá-lo destituído de condições de segurança.

4.2.4 A conjugação das atividades

É cabível que as duas atividades se conjuguem. Suponha-se, para exemplificar, que a determinação de polícia administrativa seja descumprida por parte do organizador da festividade. Em consequência, a autoridade administrativa deverá adotar providências para impedir concretamente a realização do evento e, eventualmente, desencadear a instauração de persecução penal cabível. Ou seja, haverá casos em que a conduta de infração à determinação produzida no exercício de função de polícia administrativa configurará infração penal. Logo, a sua repressão configurará tanto medida de polícia administrativa como exercício de função de polícia judiciária (ainda que por fundamentos distintos), eventualmente a cargo de autoridades distintas.

5   PODER DE POLÍCIA, DISCRICIONARIEDADE E VINCULAÇÃO

Uma questão fundamental se relaciona aos limites da competência administrativa em matéria de poder de polícia.

5.1   A limitação à liberdade como função estatal

A limitação dos excessos na fruição de liberdades privadas não é uma função exclusivamente administrativa. Trata-se de um dos fins buscados pelo Estado, que justificam sua existência. A limitação da autonomia individual materializa-se em competências legislativas, jurisdicionais e administrativas.

5.2   A competência legislativa e administrativa de poder de polícia

O chamado *poder de polícia* se configura, primariamente, como uma competência legislativa. Afinal, ninguém é obrigado a fazer ou deixar de fazer algo senão em virtude de lei. O princípio

---

é a *propriedade* e a *liberdade*, enquanto o da polícia judiciária é a *pessoa*, na medida em que lhe cabe apurar as infrações penais, exceto as militares (art. 144, § 4.º, da CF/1988). A polícia administrativa predispõe-se a impedir ou paralisar atividades *antissociais*; a polícia judiciária preordena-se a descobrir e conduzir ao Judiciário os infratores da ordem jurídica penal (art. 144, § 4.º, da CF/1988). Por último, a polícia administrativa *rege-se por normas administrativas*; a judiciária, por normas processuais penais" (*Direito administrativo*, 17. ed., p. 182-183).

da legalidade significa que a competência de poder de polícia é criada, disciplinada e limitada por lei. Até se poderia aludir a *poder de polícia legislativo* para indicar essa manifestação, cuja característica fundamental consiste na instituição de restrições à autonomia privada na fruição da liberdade e da propriedade, caracterizando-se pela imposição de deveres e obrigações de abstenção e de ação.

Em virtude do princípio da legalidade, cabe à lei dispor sobre a estrutura essencial das medidas de poder de polícia. A competência administrativa de poder de polícia pressupõe a existência de norma legal. Essa competência se configura como uma atividade infralegislativa, de natureza discricionária ou vinculada.

5.3 Poder de polícia e poder discricionário

Não é exata a conhecida afirmativa de que o poder de polícia consiste em um *poder discricionário*.[10] Primeiramente, não existe a categoria de *poder discricionário*. Há competências administrativas disciplinadas por lei, as quais podem contemplar margem de discricionariedade.

Depois, as competências de poder de polícia envolvem tanto disciplina discricionária como vinculada.[11] Há inúmeras atribuições que são reguladas de modo vinculado pela lei.

5.4 A discricionariedade no âmbito do poder de polícia

Há uma impossibilidade de a lei exaurir a disciplina das limitações às liberdades, uma vez que o tema depende das circunstâncias de cada caso. Um regime democrático exige que a solução para o exercício da liberdade seja proporcionada às circunstâncias concretas. Logo, a lei conterá uma disciplina que funcionará como moldura delimitadora das decisões administrativas.

Por outro lado, a riqueza das circunstâncias do mundo real propicia o surgimento de situações imprevistas, não contempladas expressamente na lei. A ausência de previsão legislativa expressa não significa que o direito não regule as situações existentes, nem significa impossibilidade de exercício do poder de polícia.

O poder de polícia compreende competências instituídas de modo expresso ou implícito pela lei. Situações não expressamente previstas na lei devem ser reguladas pela Administração Pública em vista dos princípios jurídicos fundamentais.

5.5 Os limites da discricionariedade e o poder de polícia administrativa

O poder de polícia encontra fundamento e limite na lei (constitucional e infraconstitucional) e na proporcionalidade. As restrições e imposições autorizadas explícita ou implicitamente na lei serão determinadas para o caso concreto em vista da proporcionalidade.

Costuma-se afirmar que a providência de polícia não pode ser tão restritiva que impeça a fruição de um direito ou que retire integralmente seus benefícios econômicos. Essa afirmativa deve ser bem entendida.

Admite-se que a determinação acarrete a interdição absoluta de certa atividade ou conduta, desde que tal seja a única solução apta a preservar os valores protegidos constitucionalmente. Se não houver solução que permita compatibilizar a conduta e os valores fundamentais, é cabível proscrever dita conduta de modo absoluto.

---

[10] Nesse sentido, BANDEIRA DE MELLO. *Curso de direito administrativo*, 37. ed., p. 726.
[11] Confira-se SCHIRATO. O poder de polícia é discricionário? In: MEDAUAR; SCHIRATO (Coord.). *Poder de polícia na atualidade*: Anuário do Centro de Estudos de Direito Administrativo, Ambiental e Urbanístico – CEDAU do ano de 2011.

Mas não se admite que todas as manifestações de liberdade sejam proscritas. O regime democrático exige a preservação de espaços de autonomia individual.

6   PODER DE POLÍCIA ADMINISTRATIVA E PRINCÍPIO DA LEGALIDADE

A atividade de poder de polícia administrativa subordina-se ao princípio da legalidade. A lei é o instrumento jurídico para impor deveres de agir e de abster-se, para configurar ilícitos, para cominar sanções e para autorizar o uso da violência pelo Estado.

A atividade de poder de polícia administrativa não apresenta natureza inovativa, mas meramente regulamentar. As limitações constantes das leis são tornadas concretas por meio da atividade administrativa de poder de polícia.

É ilegal introduzir, por meio da atividade de poder de polícia, limitação ou constrangimento não autorizado na lei.

Isso não afasta a possibilidade de a lei adotar disciplina discricionária, atribuindo à Administração Pública a faculdade de especificar a solução mais adequada, em vista das circunstâncias concretas.

7   PODER DE POLÍCIA ADMINISTRATIVA E PROPORCIONALIDADE

Como toda competência estatal de limitação de direitos, o poder de polícia é norteado de modo essencial pela proporcionalidade.

A exigência de proporcionalidade significa que qualquer limitação, prevista em lei ou em ato administrativo, somente será válida se for adequada, necessária e compatível com os valores consagrados na Constituição e nas leis, que dão identidade ao interesse sujeito à dita limitação.

A adequação significa a necessidade de um vínculo de causalidade lógica entre a providência limitativa adotada e o fim concreto que a justifica.

A necessidade impõe a adoção da providência dotada de menor potencial de restritividade possível dentre as diversas que se revelarem como adequadas.

A compatibilidade com a Constituição e as leis impede a consagração de providências restritivas que suprimam ou ofendam valores ou direitos fundamentais.

8   TAMBÉM OS DIREITOS PRIVADOS SE SUBORDINAM À PROPORCIONALIDADE

O poder de polícia, numa democracia republicana, encontra seu fundamento constitucional na *funcionalização* dos direitos e garantias individuais e sociais. Nenhuma atuação individual ou coletiva se legitima quando ultrapassa os limites da satisfação razoável dos interesses e se transforma em via de lesão ao próximo.

Por isso, não se admite o exercício *abusivo* dos direitos e garantias individuais e coletivos. O abuso de direito consiste na ofensa ao princípio da proporcionalidade e se verifica quando um sujeito se vale de faculdades a si reservadas de modo excessivo ou inadequado, o que prejudica a outrem.

9   A DISCRIMINAÇÃO DE COMPETÊNCIAS FEDERATIVAS

Numa federação, a titularidade da competência de poder de polícia é partilhada entre os diversos entes estatais. Isso significa a existência de critérios de discriminação de competência de poder de polícia, que se orientam segundo as regras gerais da atividade administrativa.

Assim se passa, por exemplo, no tocante ao poder de polícia de defesa do meio ambiente ou do consumidor. Há sistemas nacionais que congregam órgãos federais, estaduais e municipais. Na prática, nesses casos, não é simples a identificação da órbita federativa competente para a medida de polícia.

9.1 A competência territorial

Se não houver regra específica, o princípio supletivo a ser aplicado será vincular a competência ao interesse envolvido. Assim, a competência municipal de poder de polícia envolve eventos cuja repercussão se limite ao âmbito do Município. Quando um evento ultrapassa os limites de um Município, a competência é atribuída ao Estado. Enfim, a União detém a competência para exercitar o poder de polícia relativamente aos eventos que transcendam os limites de um único Estado-membro. Nesse caso, existe um critério territorial para a fixação da competência de poder de polícia.

Lembre-se que a competência de poder de polícia pode ser fracionada e distribuída entre órgãos e repartições diversos, dentro da mesma órbita federativa.

9.2 A adoção de outros critérios

Mas pode haver outros critérios de partilha de competência do poder de polícia administrativa, o que depende da disciplina constitucional. Certos temas são de competência privativa da União, tal como se passa no tocante a algumas atividades econômicas. Um exemplo é a telefonia celular: cabe à União disciplinar os parâmetros técnico-científicos da sua exploração por força do art. 21, XI, da CF/1988.

Isso não impede, no entanto, que aspectos de uma mesma atividade se subordinem à competência de poder de polícia de diversos entes federativos. Lembre-se, por exemplo, que o art. 23 da CF/1988 estabelece competências comuns aos diversos entes federativos. Essa questão produz problemas muito complexos, que ainda não mereceram resposta satisfatória da legislação, da doutrina e da jurisprudência.

10 A QUESTÃO DO MONOPÓLIO ESTATAL DO PODER DE POLÍCIA

A afirmação do Estado Democrático de Direito conduziu ao reconhecimento de que os particulares não podem ser investidos de certos poderes que implicam restrição à autonomia privada. A isonomia impõe limites à criação de situações de submissão jurídica de um particular em face de outro.

Justamente por isso, cabe, preponderantemente, à lei estabelecer restrições à autonomia individual. As manifestações de violência legítima que podem ser exercitadas por um sujeito privado em face de outro foram restringidas pela ordem jurídica. Mas há uma clara tendência a alterações nas concepções tradicionais sobre esse tema.

10.1 A viabilização de soluções de delegação

A evolução social e o progresso tecnológico têm propiciado soluções que permitem a delegação à iniciativa privada de atribuições anteriormente reputadas tipicamente estatais. Assim se passa por duas razões fundamentais.

10.1.1 A fragmentação das competências de poder de polícia

A primeira reside na dissociação de funções e atribuições anteriormente concebidos como manifestações unitárias e indivisíveis. Muitos dos poderes compreendidos no poder de polícia podem ser diferenciados e uma parcela deles atribuídos a particulares, sem que isso implique violação à estrutura democrática do Estado, ao princípio da isonomia ou à garantia da legalidade.

Cap. 11 – PODER DE POLÍCIA ADMINISTRATIVA **375**

10.1.2 A preservação do núcleo da competência na titularidade do Estado

Exige-se que o Estado mantenha um núcleo de competências, definindo por meio de lei e de regulamentos as limitações e as exigências a serem observadas pelos particulares. Também existe o monopólio estatal para estabelecer e executar as sanções.

10.1.3 A delegação da fiscalização aos particulares

As atividades de mera verificação da regularidade das condutas dos particulares podem ser delegadas à iniciativa privada, sem que isso configure lesão aos valores fundamentais. Isso compreende atividades de acompanhamento, fiscalização e identificação de práticas eventualmente irregulares, sem abranger competências discricionárias nem o exercício de manifestações inerentes à soberania popular. Trata-se de prestação de serviços por um particular em favor do Estado.

Por isso, admite-se a delegação à iniciativa privada de atribuições compreendidas no conceito tradicional (e superado) de poder de polícia.

10.1.4 O controle estatal da atuação dos particulares

É indispensável que o Estado controle o exercício pelos particulares dessas atribuições delegadas. Não se admite que o sujeito privado ignore a natureza funcional e pública das atribuições a ele delegadas. Essa exigência é facilitada também pelo progresso tecnológico e científico. É possível estabelecer mecanismos de controle para fiscalizar à distância a atuação do particular a quem foram delegadas essas atribuições secundárias e acessórias.

10.2 A relevância da superação do conceito de "poder discricionário"

Mas há um outro fator relevante para a viabilização da delegação à iniciativa privada de atribuições de poder de polícia. Trata-se da superação da tradicional concepção de que o poder de polícia seria um "poder discricionário". Segundo a visão tradicional, o titular do poder de polícia seria investido de um poder jurídico para escolher autonomamente as restrições às condutas dos particulares. Logo, toda e qualquer manifestação de poder de polícia seria inerentemente privativa do Estado.

A recondução do instituto do poder de polícia ao conceito de competência administrativa, a delimitação crescente da discricionariedade e a submissão dos poderes estatais a controles cada vez mais intensos alteraram radicalmente esse cenário. Se as atribuições de poder de polícia podem ser objeto de controle (inclusive pelo Poder Judiciário), segundo critérios razoavelmente objetivos, o seu exercício por um sujeito privado torna-se plenamente aceitável. Ou seja, a submissão do exercício do poder de polícia a controles definidos permite a sua delegação a sujeitos privados. Qualquer desvio ou irregularidade no exercício do poder de polícia autorizará medidas de defesa dos interesses violados. É indiferente, então, a identidade do sujeito que exercita o poder de polícia. A disciplina jurídica será a mesma, independentemente de que o poder de polícia seja exercido pelo Estado ou por um particular delegatário.

10.3 A tendência à ampliação da delegação

Portanto, a própria experiência concreta vai conduzindo à prática de que algumas atividades materiais acessórias ou conexas ao poder de polícia sejam delegadas a particulares.[12] Nessa linha,

---

[12] Para uma ampla e profunda análise do tema, confira-se KLEIN. A delegação do exercício de poder de polícia a entidades privadas. In: DI PIETRO (Coord.). *Tratado de direito administrativo*: funções administrativas do Estado, v. 4, 3. ed. Confiram-se ainda: SCHWIND. Particulares em colaboração com o exercício do poder de

por exemplo, a Lei 13.190/2015 alterou a redação da Lei 7.210/1984 (Lei de Execução Penal) para expressamente admitir a execução por particulares de atividades materiais acessórias, instrumentais ou complementares desenvolvidas em estabelecimentos penais. O art. 83-B arrolou atividades indelegáveis, entre as quais se encontram aquelas propriamente de poder de polícia.

A tendência crescente à delegação de competências de poder de polícia para o setor privado pode ser relacionada à funcionalização de posições jurídicas de particulares. Em muitas hipóteses, um sujeito privado se encontra em condições de controlar a conduta de outros particulares. Admite-se, então, que exercite um poder funcionalizado similar àquele desempenhado pelo Estado. Exige-se a observância de parâmetros normativos equivalentes àqueles que norteiam o poder de polícia estatal, com exigências adicionais destinadas a evitar desvios ou abusos. Essa situação se tornou evidente nos casos de serviços de vigilância e manutenção da ordem em ambientes privados, tal como se passa em espetáculos artísticos ou em eventos esportivos.

Outra circunstância é o interesse de ampliação da eficiência na gestão dos recursos públicos, agravada pelas dificuldades na formalização de contratações administrativas e provimento de cargos públicos. Em muitos casos, o setor privado dispõe de condições para executar de modo mais satisfatório (inclusive para os próprios destinatários) certas atividades de poder de polícia.

Pode-se estimar que, no futuro, será praticada a delegação à iniciativa privada inclusive de poderes de violência física, sempre se insistindo que tal dependerá da incidência de garantias até mais intensas do que as previstas relativamente à atuação tipicamente estatal.

10.4   A questão do controle da atuação do delegatário privado

O aspecto mais relevante não é a delegação propriamente dita de competências de poder de polícia ao setor privado. A questão prática essencial é a existência de mecanismos de controle social e político destinados a impedir que o delegatário privado valha-se dos poderes recebidos para infringir as finalidades a que a referida competência se orienta.

Nesse sentido, exige-se que o delegatário privado adote protocolos padronizados de atuação, sujeite-se a certificação de entidades especializadas, divulgue amplamente as condutas adotadas e respeite exatamente os mesmos limites vigentes em face da atuação administrativa do Estado. O particular delegatário será investido, portanto, de posição jurídica equivalente à da Administração Pública.

10.5   O cenário jurídico atual

No atual cenário, reconhece-se a existência de um núcleo de competências de poder de polícia que são essencialmente estatais. São aquelas que envolvem o estabelecimento de normas gerais e abstratas (compreendendo inclusive as sanções) e as que se traduzem no exercício da violência física. Tal como exposto anteriormente, no entanto, não é absurdo considerar que, no futuro, essas manifestações possam vir a ser objeto de transferência para setores privados, sujeitos a intensos controles estatais.

10.6   A decisão do STF quanto ao poder de polícia de profissões

Anote-se que o STF declarou a inconstitucionalidade do art. 58, *caput* e §§ 1.º, 2.º, 4.º, 5.º, 6.º, 7.º e 8.º da Lei 9.649/1998 sob o fundamento de que o poder de polícia de profissões não

---

polícia – O "procedimento de polícia". In: MEDAUAR; SCHIRATO (Coord.). *Poder de polícia na atualidade*; SOUZA. Empresas estatais constituídas para o exercício de poder de polícia. In: MEDAUAR; SCHIRATO (Coord.). *Poder de polícia na atualidade*; e MIGUEL. Limites à delegação do poder de polícia. In: MEDAUAR; SCHIRATO (Coord.). *Poder de polícia na atualidade*.

Cap. 11 – PODER DE POLÍCIA ADMINISTRATIVA **377**

pode ser delegado legislativamente para entidades privadas (ADI 1.717/DF, Pleno, rel. Min. Sydney Sanches, j. 07.11.2002, *DJ* 28.03.2003).

Melhor seria que o STF tivesse adotado outro entendimento. O poder de polícia de profissões apresenta uma relevância diferenciada relativamente aos exercentes da atividade profissional – a quem interessa promover a sua autorregulação. Impor aos conselhos profissionais a condição de autarquias e submetê-los ao regime de direito público é uma solução excessiva. Reflete um enfoque que concentra no Estado todas as funções de interesse coletivo e que nega aos setores privados a autonomia para disciplinar os próprios interesses. É muito desejável que, no futuro, o STF reveja o seu entendimento e reconheça a legitimidade da autorregulação privada das profissões.

10.7   A decisão do STF quanto a multas de trânsito

O STF manifestou-se em diversas oportunidades relativamente à questão da delegação do poder para emitir multas de trânsito. Numa decisão anterior, ao decidir o Tema 472 da Repercussão Geral, tratou da guarda municipal. Veja-se:

"Direito administrativo. Recurso extraordinário. Poder de polícia. Imposição de multa de trânsito. Guarda municipal. Constitucionalidade. 1. Poder de polícia não se confunde com segurança pública. O exercício do primeiro não é prerrogativa exclusiva das entidades policiais, a quem a Constituição outorgou, com exclusividade, no art. 144, apenas as funções de promoção da segurança pública. 2. A fiscalização do trânsito, com aplicação das sanções administrativas legalmente previstas, embora possa se dar ostensivamente, constitui mero exercício de poder de polícia, não havendo, portanto, óbice ao seu exercício por entidades não policiais. 3. O Código de Trânsito Brasileiro, observando os parâmetros constitucionais, estabeleceu a competência comum dos entes da federação para o exercício da fiscalização de trânsito. 4. Dentro de sua esfera de atuação, delimitada pelo CTB, os Municípios podem determinar que o poder de polícia que lhe compete seja exercido pela guarda municipal. 5. O art. 144, § 8.º, da CF, não impede que a guarda municipal exerça funções adicionais à de proteção dos bens, serviços e instalações do Município. Até mesmo instituições policiais podem cumular funções típicas de segurança pública com exercício de poder de polícia. Entendimento que não foi alterado pelo advento da EC n. 82/2014. 6. Desprovimento do recurso extraordinário e fixação, em repercussão geral, da seguinte tese: é constitucional a atribuição às guardas municipais do exercício de poder de polícia de trânsito, inclusive para imposição de sanções administrativas legalmente previstas" (RE 658.570/MG, Pleno, rel. Min. Marco Aurélio, rel. p/ acórdão Min. Roberto Barroso, repercussão geral – mérito, j. 06.08.2015, *DJe* 29.09.2015).

Posteriormente, o STF apreciou a Repercussão Geral 532 (RE 633.782) e deliberou pela possibilidade de aplicação de multas de trânsito por sujeitos de direito privado integrantes da Administração Pública indireta que prestem serviços públicos em regime não concorrencial. Confira-se o trecho a seguir:

"1. O Plenário deste Supremo Tribunal reconheceu repercussão geral ao *thema decidendum*, veiculado nos autos destes recursos extraordinários, referente à definição da compatibilidade constitucional da delegação do poder de polícia administrativa a pessoas jurídicas de direito privado integrantes da Administração Pública indireta prestadoras de serviço público. (...)
4. A extensão de regras do regime de direito público a pessoas jurídicas de direito privado integrantes da Administração Pública indireta, desde que prestem serviços públicos de atuação própria do Estado e em regime não concorrencial é admissível pela jurisprudência da Corte. (...)

7. As estatais prestadoras de serviço público de atuação própria do Estado e em regime não concorrencial podem atuar na companhia do atributo da coercibilidade inerente ao exercício do poder de polícia, mormente diante da atração do regime fazendário.

8. *In casu*, a Empresa de Transporte e Trânsito de Belo Horizonte – BHTRANS pode ser delegatária do poder de polícia de trânsito, inclusive quanto à aplicação de multas, porquanto se trata de estatal municipal de capital majoritariamente público, que presta exclusivamente serviço público de atuação própria do Estado e em regime não concorrencial, consistente no policiamento do trânsito da cidade de Belo Horizonte" (RE 633.782/MG, Pleno, rel. Min. Luiz Fux, j. 26.10.2020, *DJe* 24.11.2020).

10.8 O desenvolvimento de instrumentos contratuais de delegação

A orientação do STF é relevante porque o precedente pode ser estendido a outras situações que envolvam o exercício de poder coercitivo típico ao poder de polícia. Essa solução será promovida por meio de instrumentos contratuais enquadráveis no conceito de concessão. Evidencia-se, desse modo, a amplitude do próprio instituto da concessão – que, durante um certo período, foi identificado exclusivamente com a concessão de serviço público.

Não há impedimento à existência do contrato de concessão de atribuições de poder de polícia. Anote-se que diversas figuras enquadráveis nessa categoria vêm sendo praticadas na experiência concreta. Um exemplo marcante é a concessão de porto, disciplinada na Lei 12.815/2013. Rigorosamente, as atividades de serviço público objeto de delegação são irrelevantes. O núcleo da delegação é a competência de poder de polícia.

11 OS INSTRUMENTOS FORMAIS DE EXERCÍCIO DO PODER DE POLÍCIA

A atividade de poder de polícia administrativa desenvolve-se por meio de três categorias de providências jurídicas: a regulamentação (edição de normas gerais), a emissão de decisões particulares e a coerção fática propriamente dita.

A natureza da competência de poder de polícia conduz, na grande parte dos casos, à sua exteriorização por meio de atos administrativos unilaterais. A especificação da espécie de ato adequado depende das circunstâncias e da natureza da providência. Assim, providência de polícia de competência do Presidente da República, que apresente cunho normativo, deverá traduzir-se num decreto regulamentar.[13] Mas o poder de polícia pode traduzir-se também em ordens verbais ou ser intermediado por aparato físico (tal como um semáforo).

Uma questão interessante reside na contratualização da competência de poder de polícia. Uma manifestação envolve os Termos de Ajustamento de Condutas, objeto de análise no Capítulo 10. São acordos de vontade, por meio dos quais o particular se compromete a adotar certas providências ou a cessar determinadas práticas e, em contrapartida, a Administração Pública restringe ou delimita suas decisões derivadas da competência de poder de polícia.

12 AS TAXAS PELO EXERCÍCIO DO PODER DE POLÍCIA

O exercício do poder de polícia pode acarretar custos para a Administração Pública. O art. 145, II, da CF/1988 fixou que os entes políticos poderão instituir "taxas, em razão do exercício do poder de polícia". O Código Tributário Nacional veiculou as normas destinadas a regulamentar a matéria.

---

[13] Há outros instrumentos formais de exercício de poder de polícia, como a edição de decretos não regulamentares, resoluções, deliberações, portarias, instruções e despachos, e a expedição de licenças e autorizações. A propósito, cf. MEDAUAR. *Direito administrativo moderno*, 22. ed., p. 354-355.

12.1 Pressupostos e limites da taxa pelo exercício do poder de polícia

A taxa de poder de polícia é instituída, necessariamente, por lei e se subordina ao regime da estrita legalidade. A sua exigibilidade é condicionada ao exercício efetivo do poder de polícia e o seu dimensionamento quantitativo é balizado pelo custo correspondente.

A taxa pelo exercício do poder de polícia não pode ser proporcionada à riqueza do sujeito passivo tributário nem ser um instrumento de incentivo ou de desincentivo ao desempenho de alguma atividade. Assim, a taxa exigida para a outorga de licença para um estabelecimento comercial deve ser orientada a cobrir os custos da realização dos exames e outras diligências eventualmente necessárias.

De acordo com a Constituição, a taxa é o único instrumento jurídico que pode ser utilizado para arrecadação de valores em virtude de custos e despesas relacionados com o exercício do poder de polícia. Logo, não se admite que a Administração institua, sem lei e mediante a denominação que for, exações com o mesmo fundamento.

12.2 A vedação à função regulatória da taxa

Mais ainda, não se admite que a taxa seja utilizada com função regulatória. Assim, por exemplo, é inconstitucional estabelecer taxas de poder de polícia com valor elevado para atividades reputadas como socialmente indesejáveis, visando a desincentivar a sua implementação. Igualmente, não cabe estabelecer variações no montante cobrado proporcionais ao local do desempenho da atividade – exceto se a localização geográfica afetar o custo necessário ao desenvolvimento da atividade de poder de polícia.

> "A taxa cobrada exclusivamente em razão dos serviços públicos de coleta, remoção e tratamento ou destinação de lixo ou resíduos provenientes de imóveis, não viola o artigo 145, II, da Constituição Federal" (Súmula Vinculante 19 do STF).

13 A CLASSIFICAÇÃO DO PODER DE POLÍCIA ADMINISTRATIVA

A ampliação da complexidade da vida social e a incorporação permanente de novas tecnologias na atividade empresarial produziram a ampliação das competências estatais de polícia, tal como a multiplicação de regulamentos específicos e diferenciados.

Como decorrência, a atividade de poder de polícia se fragmentou e se especializou.

Há uma atividade de polícia administrativa geral, que disciplina de modo genérico o exercício da autonomia privada em qualquer setor, no âmbito da convivência comum.

Ademais, existem competências de polícia administrativa especial, atinentes às profissões, atividades industriais, edificações, alimentos e assim por diante.

A distinção se destina a fins didáticos e operacionais. É impossível examinar de modo conjunto todas as competências administrativas de polícia. Muito menos possível é expor todas as regulações estatais decorrentes do exercício da competência de polícia, quanto aos diversos direitos e garantias individuais.

Por outro lado, a classificação setorial é relevante para indicar que cada setor objeto de disciplina pelo poder de polícia é composto por um conjunto harmônico de regras, que apresentam um certo grau de autonomia. Por exemplo, o poder de polícia das construções usualmente se materializa em "Código de Posturas Edilícias". Há um "Código de Trânsito". E assim por diante.

14 VIGÊNCIA E EFICÁCIA DAS MEDIDAS DE POLÍCIA

Costuma-se afirmar que as medidas de polícia são dotadas de exigibilidade. Isso deve ser entendido em termos. A exigibilidade não é característica de toda e qualquer medida de polícia, mas apenas de algumas. O tema já foi examinado de modo genérico anteriormente, a propósito da eficácia dos atos administrativos em geral,[14] mas comporta um aprofundamento específico.

14.1 A questão da irretroatividade

Tal como exposto anteriormente, os atos administrativos não podem ofender o ato jurídico perfeito, o direito adquirido ou a coisa julgada, gerados sob a vigência de disciplina normativa anterior. Portanto, nenhuma medida de poder de polícia pode gerar efeitos retroativos ou infringir os efeitos produzidos por atos válidos e eficazes praticados anteriormente.[15]

14.2 Os graus de eficácia das medidas de polícia

Por outro lado, as medidas de poder de polícia não apresentam eficácia (exigibilidade) idêntica. A natureza da atividade de polícia pressupõe a atribuição de eficácia diferenciada às medidas adotadas. Como se trata de impor restrições à autonomia, visando a assegurar a realização dos direitos fundamentais, a eficácia das determinações estatais deve ser adequada. Mas, como todos os atos administrativos, é possível diferenciar três graus de eficácia também nas providências de polícia.

14.3 Medidas de polícia com grau de eficácia mínimo

A maioria das providências de polícia surge com grau de eficácia mínimo. Nesse caso, a providência de polícia contempla a imposição de determinado dever, sem que isso signifique a exigibilidade por parte do Estado de uma conduta do particular. Assim, um regulamento municipal pode impor certas providências cujo cumprimento deverá ocorrer a partir de uma data futura. Será fixado que, a partir de determinada data, será vedada a afixação de publicidade em certos locais ou com certa configuração. A medida de polícia existe, mas a sua eficácia apresenta grau mínimo, no sentido de que o destinatário não pode ser constrangido imediatamente a promover a sua execução.

14.4 Medidas de polícia com grau de eficácia médio

As medidas de polícia podem adquirir grau médio de eficácia quando ocorrida a condição ou o termo a que se subordinam. Mas também a medida pode aperfeiçoar-se já no momento inicial de sua existência com grau médio de eficácia. Nesses casos, há uma conduta que pode ser exigida desde logo pela Administração, a qual deve ser adotada pelo particular. Por exemplo, a Administração Pública pode estabelecer que, a partir da data da emissão de uma determinada medida, fica proibida a comercialização de certos medicamentos ou que deverá haver o abate de animais infectados com determinada doença.

Nesses casos, os efeitos jurídicos produzidos pela medida compreendem não apenas a imposição de direitos e obrigações, mas também a sua exigibilidade.

14.5 Medidas de polícia com grau de eficácia máximo

O grau de eficácia da medida de polícia pode ser máximo, no sentido de que a Administração Pública pode promover as medidas concretas e materiais necessárias à satisfação das

---

[14] Sobre a questão dos graus de eficácia dos atos administrativos, cf. a exposição constante do Capítulo 7.

[15] A propósito da questão, confira-se MARQUES NETO e LOUREIRO. Direito adquirido e alterações urbanísticas supervenientes. *Revista de Direito Administrativo e Contemporâneo – ReDAC*, n. 8, p. 33-52, maio 2014.

determinações impostas. O grau de eficácia máximo traduz-se na utilização da força material destinada a constranger fisicamente os sujeitos envolvidos, ou no exercício de pretensão perante o Poder Judiciário.

Assim, por exemplo, a Administração pode apreender medicamentos deteriorados, simplesmente por descobrir que se encontram à venda.

Em certas hipóteses, admite-se que o ato administrativo já nasça com esse grau de eficácia máximo, em vista da urgência ou gravidade da situação a ser atendida. Mas, geralmente, o grau máximo de eficácia decorrerá do decurso do tempo ou da ausência de atendimento espontâneo pelo interessado a determinações de correção de irregularidades.

14.6 A utilização da força material

A utilização da força material somente é admitida quando expressamente autorizada em lei ou quando se configurar, em vista da proporcionalidade, como a única alternativa apta a evitar o sacrifício dos direitos fundamentais ou da convivência democrática.

Como exposto no início, o poder político não pode legitimar-se por meio da violência, mas isso não significa a vedação à sua utilização por parte do Estado. Sempre que o Estado recorre ao uso da violência física, reduz-se sua carga de legitimidade política. Até por isso, é indesejável o uso da violência, que deve ser reservado como última alternativa. No entanto, há um dever-poder de o Estado utilizar a violência em determinadas situações, cujo exercício se imporá sempre que a omissão gerar o risco de resultados mais danosos e prejudiciais a interesses (públicos ou privados, transindividuais ou não) protegidos pela ordem jurídica.

15 PODER DE POLÍCIA, ILÍCITO E SANÇÕES ADMINISTRATIVAS

A questão das sanções administrativas se relaciona com a atividade de poder de polícia. Nem todos os ilícitos administrativos configuram uma infração a medidas de poder de polícia. Mas o sancionamento administrativo reflete uma competência inerente ao poder de polícia. Trata-se de promover uma restrição às liberdades individuais por meio da adoção de providências administrativas.

Segundo o STF:

"10. O poder de polícia administrativa manifesta-se tanto preventiva quanto repressivamente, traduzindo-se ora no consentimento prévio pela Administração Pública para o exercício regular de certas liberdades, ora no sancionamento do particular em razão do descumprimento de regras materiais aplicáveis à atividade regulada. Em qualquer caso, a ingerência estatal (fiscalizatória e punitiva) exsurge como garantia da efetividade da disciplina jurídica aplicável" (ADI 4.679/DF, Pleno, rel. Min. Luiz Fux, j. 8.11.2017, *DJe* 04.04.2018).

15.1 A sanção administrativa como manifestação do poder de polícia

A sanção administrativa pode ser considerada como manifestação do poder de polícia. A atividade de poder de polícia traduz-se também na apuração da ocorrência de infrações a deveres da mais diversa ordem, e na imposição da punição correspondente.[16]

Logo, cabe estudar as sanções administrativas no capítulo pertinente ao poder de polícia.

---

[16] Sobre o tema, SCHIRATO. O manejo dos poderes fiscalizador e sancionador pela Administração Pública. *Revista de Direito Administrativo Contemporâneo – ReDAC*, n. 3, p. 41-70, nov./dez. 2013.

15.2 O direito administrativo sancionador

As sanções administrativas apresentam configuração próxima às sanções de natureza penal, sujeitando-se a regime jurídico se não idêntico, ao menos semelhante.[17] Os princípios fundamentais de direito penal vêm sendo aplicados no âmbito do direito administrativo repressivo. Lúcia Valle Figueiredo afirmava que os procedimentos sancionatórios caracterizam-se precisamente pela aplicação dos princípios do processo penal.[18]

Passou-se a aludir a um "direito administrativo sancionador", expressão que foi formalmente utilizada na redação adotada pela Lei 14.230/2021 para o art. 1.º, § 4.º, da Lei de Improbidade Administrativa.

Em suma, as garantias constitucionais pertinentes ao direito penal e ao direito processual penal são extensíveis ao sancionamento administrativo, com as adequações inerentes às peculiaridades que diferenciem os institutos.[19]

15.3 O princípio da legalidade

A legalidade é instituto fundamental tanto do direito penal como do direito administrativo. Logo, não se poderia deixar de reconhecer que também o direito administrativo repressivo se submete a tal princípio. Não se pode imaginar um Estado Democrático de Direito sem obediência ao princípio da legalidade das infrações e sanções.

O princípio da legalidade, no campo repressivo, representa uma garantia sob diversas abordagens.

15.4 Legitimação democrática da punição

A previsão da sanção em lei legitima democraticamente a punição, vinculando-a à soberania popular. Submeter a competência punitiva ao princípio da legalidade equivale a afirmar que somente o povo, como titular da soberania última, é quem se encarregará de qualificar certos atos como ilícitos e de escolher as sanções correspondentes e adequadas.

15.5 A previsibilidade quanto ao exercício de poderes de coação

O princípio da legalidade propicia a certeza e previsibilidade da ilicitude, proporcionando a todos a possibilidade de ordenar suas condutas futuras. Tipificar legislativamente a ilicitude e sua sanção equivale a atribuir ao particular a possibilidade de escolha entre o lícito e o ilícito.

A supressão da legalidade das infrações elimina garantias do particular em face do Estado e atenta contra princípios fundamentais. Basta considerar o inc. XXXIX do art. 5.º da Constituição, que impede a penalização dos particulares sem uma lei prévia que defina a infração e a sanção.

No âmbito das sanções administrativas, a incidência do princípio da legalidade foi lembrada por Eduardo Rocha Dias, que advertiu: "O Supremo Tribunal Federal, antes mesmo do advento

---

[17] Cf. NIETO. *Derecho administrativo sancionador*, p. 167 *et seq*. No mesmo sentido, CASSAGNE. En torno al derecho administrativo sancionador y la aplicabilidad de los principios del derecho penal. In: MEDAUAR; SCHIRATO (Coord.). *Poder de polícia na atualidade*, p. 64.

[18] FIGUEIREDO. *Curso de direito administrativo*, 9. ed., p. 458.

[19] O tema da extensão das garantias do direito penal ao direito administrativo sancionador foi objeto de controvérsia no STF, por ocasião do ARE 843.989/PR (Pleno, rel. Min. Alexandre de Moraes, repercussão geral – mérito, j. 18.08.2022, *DJe* 09.12.2022). Mas a discussão foi influenciada por uma análise consequencialista quanto aos efeitos de eventual reconhecimento da retroatividade das normas introduzidas pela Lei 14.230/2021 relativamente aos casos de improbidade administrativa.

Cap. 11 – PODER DE POLÍCIA ADMINISTRATIVA **383**

da atual Carta Magna, já estendeu às sanções administrativas em geral e às fiscais em particular o princípio da legalidade e a proibição de ato administrativo inferior à lei fixar sanção".[20]

15.6   O princípio da especificação (tipicidade)

Alguma discordância se desenvolve, no entanto, a propósito da aplicação do princípio da tipicidade penal. Alguns reputam ser desnecessário a lei adotar um tipo para a infração administrativa ou determinar de modo mais preciso os pressupostos da sanção.

15.7   O argumento da sujeição especial

Essa solução é reforçada nos casos em que a relação jurídica entre Administração e particular envolve uma situação peculiar. Há referência à chamada sujeição especial, verificada quando se impõe uma modalidade de relação estatutária ou semelhante.

Em tais situações, surgem deveres e direitos inerentes à obtenção de uma finalidade contratual, com grande amplitude e complexidade, inclusive de modo a impedir exaustiva descrição legal. Daí surge o argumento da impossibilidade de adoção do princípio da tipicidade, porque isso inviabilizaria o sancionamento a infrações relevantes, não objeto de explícita previsão anterior.

No entanto, e tal como exposto no Capítulo 5, rejeita-se a concepção da sujeição especial, porque incompatível com a Constituição brasileira. Cabe à lei ou ao contrato definir, de modo suficientemente preciso, a infração e a sanção correspondente – o que não elimina a utilização de conceitos indeterminados nem significa o dever de estrita legalidade – tal como se passa, aliás, no direito penal.

O argumento da impossibilidade material de previsão antecipada das condutas ilícitas é improcedente. É perfeitamente viável prever as condutas reputadas como reprováveis, a elas vinculando uma sanção. A grande demonstração da improcedência desse argumento reside na disciplina do direito penal. Os princípios da legalidade e da tipicidade penal não podem ser eliminados mediante argumento de que alguém poderia praticar uma conduta reprovável não prevista na lei penal. Os Códigos Penais contemplam um elenco exaustivo de condutas reprováveis. Não há obstáculo a que elencos igualmente exaustivos de ilícitos sejam produzidos a propósito de infrações administrativas, ainda que sob a forma de definições tipológicas (ou seja, que descrevem os aspectos essenciais da conduta reprovada).

15.8   A necessidade de determinação legal mínima

Não é cabível o silêncio legislativo ou a adoção de uma cláusula legislativa geral, delegando à Administração a competência discricionária para determinar os ilícitos e escolher as sanções a eles correspondentes. Essa solução é incompatível com os incs. XXXIX e XLVI do art. 5.º da CF/1988.

Definir a infração e regular a individualização da sanção significa determinar com um mínimo de precisão os pressupostos de cada sanção cominada em lei.

Mas é admissível que a lei remeta à avaliação do administrador a aplicação da sanção cabível segundo uma análise norteada pela proporcionalidade. Assim, em vista da gravidade dos fatos, pode-se conceder discricionariedade para o administrador aplicar advertência ou multa. A lei também pode estabelecer agravantes e atenuantes, cuja aplicação exigirá uma avaliação subjetiva do administrador. A complexidade da situação pode, no entanto, acarretar a necessidade de regulamentação da atividade administrativa em face do caso concreto.

---

[20]   DIAS. *Sanções administrativas aplicáveis a licitantes e contratados*, p. 49.

384 CURSO DE DIREITO ADMINISTRATIVO · Marçal Justen Filho

15.9 A proporcionalidade

O sancionamento ao infrator deve ser compatível com a gravidade e a reprovabilidade da infração. São inconstitucionais os preceitos normativos que imponham sanções excessivamente graves, tal como é dever do aplicador dimensionar a extensão e a intensidade da sanção aos pressupostos de antijuridicidade apurados. O tema traz a lume a proporcionalidade.

Franck Moderne esclarece: "Como o princípio da especificação e o princípio da não retroatividade, o princípio da proporcionalidade originalmente se impôs no direito penal. De lá, foi passado ao direito administrativo repressivo, onde ele é entranhado das mesmas preocupações e produz os mesmos efeitos: adaptar a sanção à gravidade da infração, evitar as punições excessivas em relação aos fatos que as motivam (o que implica a motivação das decisões)".[21]

15.10 O princípio da culpabilidade

A imposição da penalidade pressupõe a verificação de elementos subjetivos (ainda quando se tratar de conduta imputável a pessoa jurídica). Não se admite a configuração da responsabilização administrativa sem culpa, a não ser em situações especiais, extremamente limitadas.

15.10.1 A regra geral da exigência de elemento subjetivo reprovável

A culpabilidade é princípio fundamental do direito penal e do direito civil. Não se passa diversamente no direito administrativo.

O Estado Democrático de Direito exclui o sancionamento punitivo dissociado da comprovação da culpabilidade. Não se pode admitir a punição apenas em virtude da concretização de uma ocorrência danosa material. Pune-se *porque* alguém agiu mal, de modo reprovável, em termos antissociais. A comprovação do elemento subjetivo é indispensável para a imposição de penalidade, ainda quando se possa pretender uma objetivação da culpabilidade em determinados casos.[22]

Franck Moderne ensina que "a repressão administrativa, como a repressão penal, obedece ao princípio da culpabilidade e que as sanções administrativas, como as sanções penais, não podem ser infligidas sem que o comportamento pessoal do autor da infração não tenha revelado uma culpa, intencional ou de negligência".[23] O mesmo autor acrescenta, logo após, que a responsabilização administrativa (ou penal) das pessoas jurídicas pressupõe a transferência à entidade personalizada das condutas culposas "cometidas pelos órgãos que exprimem sua capacidade jurídica ou por seus agentes".[24]

Portanto, não basta a mera verificação da ocorrência objetiva de um evento danoso. É imperioso avaliar a dimensão subjetiva da conduta do agente, subordinando a sanção não apenas à existência de elemento reprovável, mas também fixando a punição em dimensão compatível (proporcionada) à gravidade da ocorrência.

---

[21] MODERNE. *Sanctions administratives et justice constitutionnelle*: contribution à l'étude du jus puniendi de l'État dans les démocraties contemporaines, p. 263, tradução livre.

[22] É a hipótese, por exemplo, da multa de trânsito. Como regra, há um dever objetivo do motorista de cumprir certos parâmetros. A infração às posturas de tráfego faz presumir a presença do elemento subjetivo reprovável. Mas é evidente que a situação não pode ser levada às últimas consequências – ainda que alguns agentes públicos assim não o compreendam. Suponha-se o exemplo do motorista que, acometido de ataque cardíaco, perde o domínio dos sentidos e produz infração às regras de trânsito. É evidente que, nesse caso, não há caracterização de conduta punível com multa.

[23] MODERNE. *Sanctions administratives et justice constitutionnelle*: contribution à l'étude du jus puniendi de l'État dans les démocraties contemporaines, p. 283, tradução livre.

[24] MODERNE. *Sanctions administratives et justice constitutionnelle*: contribution à l'étude du jus puniendi de l'État dans les démocraties contemporaines, p. 287, tradução livre.

Cap. 11 – PODER DE POLÍCIA ADMINISTRATIVA

15.10.2 A objetivização da culpa

No entanto, há uma tendência à objetivização da culpa, como uma implicação da funcionalização dos direitos e poderes privados. A autonomia privada não autoriza a violação a direitos e interesses dos demais integrantes da comunidade, nem a destruição do meio ambiente. Todos os direitos e poderes são dotados de uma função social.

Por decorrência, a ordem jurídica impõe (inclusive de modo implícito) um dever exacerbado de vigilância relativamente ao exercício de qualquer direito ou poder jurídico. Isso significa que o sujeito, ao exercitar a sua autonomia para desempenhar certa atividade, tem o dever de adotar todas as precauções para evitar a consumação de um dano individual, coletivo ou difuso. Se um dano vier a consumar-se em decorrência da ação ou da omissão do sujeito, no exercício de um direito ou de um poder, a relação de causalidade é suficiente para gerar uma presunção da presença de um elemento subjetivo reprovável. Ou seja, presume-se que o dano se verificou porque o agente deixou de adotar as precauções inerentes ao desempenho da atividade por ele exercitada.

15.10.3 A presunção relativa

A referida presunção é relativa, o que significa a inversão do ônus da prova. Caberá ao sujeito comprovar ter adotado todas as precauções necessárias a impedir que um dano ocorresse.

15.10.4 A eventual presunção absoluta

Admite-se que a lei institua uma presunção absoluta de culpabilidade relativamente a atividades dotadas de um grau diferenciado de riscos ou em vista da vulnerabilidade dos sujeitos afetados pelos danos. Assim se passa, por exemplo, no tocante à produção e comercialização de medicamentos e alimentos.

Sob um certo ângulo, a questão se relaciona com a concepção do risco-proveito. A exploração empresarial de atividade dotada de um elevado potencial de riscos permite ao agente a obtenção de vantagens econômicas relevantes, mas impõe a ele, de modo concomitante, a sujeição a uma presunção absoluta de culpa se a sua atividade produzir danos a terceiros.

15.11 As garantias na aplicação das sanções

A incidência do regime penalístico produz necessariamente a extensão dos princípios processuais pertinentes no tocante à aplicação das sanções administrativas. O sancionamento tem de ser produzido segundo rigoroso processo administrativo, no qual se adotarão garantias de extrema relevância em prol do acusado. Ademais, não se admitirão punições fundadas em meros indícios do evento ilícito imputado. Os indícios prestam-se apenas para eventual prova de circunstâncias acessórias – nos termos do art. 158, combinado com o art. 239 do CPP – depois de cabalmente comprovado, por meios instrutórios diretos, o fato principal.

Idêntica orientação se aplica aos processos sancionatórios administrativos. Para utilizar uma expressão clássica (e objeto de inúmeras críticas), prevalece, no âmbito dos processos repressivos, o *princípio da verdade real*, o que significa orientar a atividade persecutória para a revelação da verdade dos fatos.

16 O REGIME SANCIONATÓRIO DA LEI 12.846/2013

A Lei 12.846/2013 dispôs sobre um regime específico de punição a pessoas jurídicas por atos de corrupção em face da Administração Pública nacional ou estrangeira.[25] Trata-se de

---

[25] Confira-se SANTOS; BERTONCINI; COSTÓDIO FILHO. *Comentários à Lei 12.846* – Lei Anticorrupção, 2. ed.

386 CURSO DE DIREITO ADMINISTRATIVO · Marçal Justen Filho

uma manifestação do poder de polícia estatal relativamente a práticas reprováveis envolvendo particulares e agentes da Administração Pública.

16.1 Alguns pontos controvertidos

Muitas das condutas referidas em outros diplomas são também sancionadas no âmbito da Lei 12.846/2013 e ainda não se definiu se isso teria importado revogação parcial da legislação anterior.

Uma parcela relevante da matéria envolve repressão penal, o que inviabiliza a previsão de responsabilização pela autoridade administrativa.

16.2 Responsabilização objetiva do particular

Outro aspecto relevante é a previsão de responsabilização objetiva das pessoas jurídicas (art. 1.º). O texto literal deve ser interpretado em termos.

16.2.1 Ainda a aplicação da teoria do órgão

As pessoas jurídicas formam e exteriorizam a sua vontade por meio de seres humanos, que atuam como seus órgãos, tal como exposto no Capítulo 16. Assim se passa inclusive no tocante à prática de ilicitudes.

As infrações, ainda quando imputadas a pessoas jurídicas, são consumadas por meio da conduta de uma ou mais pessoas físicas.

Ocorre que a prática do ilícito pela pessoa física pressupõe a presença de elemento subjetivo.

16.2.2 O elemento subjetivo na conduta do agente da pessoa jurídica

Somente se aperfeiçoa uma infração prevista na Lei 12.846/2013 quando a conduta de uma pessoa física for eivada de um elemento subjetivo reprovável. Esse elemento será necessariamente o dolo – eis que o elenco de infrações contemplado no diploma exige a consciência da ilicitude e a vontade de consumar a infração.

Em momento algum a Lei 12.846/2013 instituiu uma espécie de "corrupção objetiva", em que seria bastante e suficiente a ocorrência de eventos materiais.[26]

16.2.3 A responsabilidade objetiva da pessoa jurídica

Consumada a infração em virtude da conduta reprovável de um ou mais indivíduos, poderá produzir-se a responsabilização de pessoa jurídica. Essa responsabilização será "objetiva", na acepção de que bastará a existência de um vínculo jurídico com a pessoa física infratora. Configurar-se-á a responsabilidade objetiva da pessoa jurídica se o indivíduo que cometeu a infração for a ela relacionado, ainda que não na qualidade de administrador ou representante.

O vínculo exigido compreende os casos de representação formal, mas também abrange aquelas hipóteses em que a pessoa jurídica forneceu elementos ou recursos para a prática da infração. Mais precisamente, é indispensável existir um vínculo que permitisse à pessoa jurídica controlar a conduta do indivíduo infrator, especificamente para adotar as providências necessárias a impedir a prática da infração.

---

[26] No mesmo sentido, confira-se ZYMLER; DIOS. *Lei Anticorrupção (Lei n.º 12.846/2013)*: uma visão do controle externo, 2. ed.

Cap. 11 – PODER DE POLÍCIA ADMINISTRATIVA **387**

16.2.4 A exigência de um dever especial de diligência

Rigorosamente, a responsabilização objetiva da pessoa jurídica por atos de corrupção praticados por seus agentes decorre da violação a um dever especial de diligência. O direito exige que as empresas privadas estruturem as suas atividades de modo a impedir que algum sujeito a elas vinculado pratique condutas de corrupção.

Isso significa adotar padrões de governança corporativa transparente, em que nenhum agente vinculado à empresa goze da oportunidade para engajar-se em práticas de corrupção.

A responsabilização da pessoa jurídica decorrerá, em última análise, da falha na implantação de controles apropriados. Há uma presunção absoluta de que, se o indivíduo envolveu a empresa numa prática de corrupção, isso foi resultado de defeitos organizacionais e gerenciais. No entanto, deve-se reputar que o vínculo de causalidade entre a atuação corrupta de um agente e a pessoa jurídica comporta ruptura, especialmente em vista de fatores alheios à sua atuação. Em tais hipóteses, a ausência de vínculo causal afasta a responsabilização da pessoa jurídica.

17 O PODER DE POLÍCIA E DIREITOS REAIS

A competência de poder de polícia é exercida em muitos setores, relativamente a direitos, profissões e atividades de diversa natureza. A tradição dá grande destaque, no entanto, à aplicação do poder de polícia no âmbito dos direitos reais, especialmente no tocante à propriedade.

17.1 A consagração da função social da propriedade

A propriedade, no passado, foi conceituada como o poder de dispor de uma coisa de modo absoluto e insuscetível de limitação ou questionamento.

Atualmente, reconhece-se a função social da propriedade, que significa a vinculação das faculdades inerentes ao domínio à realização das necessidades coletivas, segundo a proporcionalidade.

Os bens devem ser explorados de modo compatível com a sua função social, impedindo-se que o proprietário exercite as faculdades do domínio de modo abusivo. Isso se verifica quando o uso e a fruição da propriedade são inadequados, excessivos ou inúteis e produzem lesão a interesse protegido juridicamente.

A utilização inadequada ocorre quando o uso ou a fruição são incompatíveis com a natureza e as características do objeto.

A utilização excessiva verifica-se quando o uso ou a fruição são tão intensos que produzem a destruição da coisa, ressalvadas as hipóteses em que tal é inevitável.

A utilização inútil é aquela que não produz nenhum benefício para o proprietário.

Mas o uso abusivo se configura apenas quando os efeitos negativos atingem algum interesse protegido juridicamente. Se não houver interesse a ser protegido, a utilização inadequada, excessiva ou inútil não apresenta relevância jurídica.

17.2 Ainda a proporcionalidade

Tal como exposto anteriormente, as liberdades e os direitos devem ser fruídos pelos particulares com observância das exigências da proporcionalidade. E as limitações estatais impostas ao gozo pelos particulares de suas liberdades também se orienta pelo mesmo regime jurídico.

Logo, a função social da propriedade não gera efeitos despropositados ou absurdos, mas a adoção das providências estritamente adequadas e necessárias a evitar a infração aos interesses protegidos, respeitada a substância econômica da propriedade privada.

17.3 Limitações e restrições à propriedade privada

A função social da propriedade está expressamente determinada no art. 5.º, XXIII, da Constituição. Mas o princípio se manifesta em inúmeros dispositivos constitucionais e em vários institutos jurídicos.

Como decorrência da função social da propriedade, o direito consagra limites e restrições de diversa ordem. Algumas restrições à propriedade privada têm cunho supraindividual e pressupõem a atuação estatal. Surge uma manifestação do poder de polícia para restringir a autonomia privada na fruição do direito de propriedade.

17.4 Regime jurídico da propriedade privada

O regime jurídico geral da propriedade privada é produzido por normas de natureza civil e comercial. Essas normas são editadas pela União, no exercício de competência legislativa privativa (art. 22, I, da CF/1988). Mas é assegurada competência material comum para os entes políticos (União, Estados-membros, Distrito Federal e Municípios) produzirem, sob regime de direito público, a harmonização das faculdades inerentes ao domínio com os interesses coletivos e a realização dos direitos fundamentais. Assim, o art. 23 da Constituição prevê a competência comum para os entes federativos adotarem providências para proteção de bens e documentos de valor histórico, artístico e cultural (incs. III e IV), proteger o meio ambiente e combater a poluição (incs. VI e VII) e promover a melhoria das condições habitacionais e do saneamento básico (inc. IX).

Todas essas competências materiais também dependem da edição de leis. Em alguns casos, a competência legislativa é de titularidade exclusiva da União, tal como ocorre com o regime jurídico geral da propriedade. Assim se passa no caso de desapropriação (art. 22, II). E há competências legislativas concorrentes entre União, Estados e Distrito Federal, previstas no art. 24. É o que ocorre em matéria de direito urbanístico (inc. I), meio ambiente (inc. VI), proteção ao patrimônio histórico, cultural, artístico, turístico e paisagístico (inc. VII).

Em suma, é possível afirmar que o regime jurídico da propriedade é delineado de modo genérico pelo direito privado, mas também é integrado por normas específicas de direito público, produzidas pelos entes políticos, que impõem limites às faculdades de usar, fruir e dispor dos bens visando à preservação e à realização de valores de interesse coletivo.

18 OS PRINCIPAIS INSTITUTOS DE ALTERAÇÃO DO REGIME GERAL DOS DIREITOS REAIS

Podem ser arrolados como institutos de direito administrativo que dão conformação à propriedade: (a) a limitação administrativa à propriedade; (b) a servidão administrativa; (c) o tombamento; (d) a ocupação temporária; (e) o parcelamento, a edificação ou a utilização compulsórios; (f) a desapropriação e (g) a requisição de bens.

As figuras mais próximas entre si são a limitação administrativa à propriedade, a servidão administrativa e o tombamento, que apresentam diversos pontos em comum. Assim, a essência dessas figuras reside num dever de abstenção que recai sobre os proprietários e possuidores de bens e que é imposto em vista de características próprias desses bens e da realização de valores de interesse coletivo. Mais ainda, todas essas figuras não geram, *em princípio*, direito de indenização. No entanto, pode surgir o direito à indenização caso haja imposição de obrigações de grande intensidade ou que importem a eliminação do substrato econômico da propriedade.

As diferenças entre as figuras podem ser assim sumariadas:

	Abrangência	Incidência	Efeitos (obrigações)
Limitação	geral	bens imóveis	não fazer
Servidão	limitada	bens imóveis	não fazer e suportar
Tombamento	limitada	bens móveis e imóveis	não fazer e fazer

19 A LIMITAÇÃO ADMINISTRATIVA À PROPRIEDADE

Limitação administrativa à propriedade consiste na restrição às faculdades de usar e fruir de bem imóvel, que dá configuração ao direito privado de propriedade, mediante ato administrativo unilateral de cunho geral.

19.1 A concepção tradicional sobre o tema

Uma das mais clássicas manifestações da competência de poder de polícia é a limitação administrativa da propriedade privada.[27] Essas limitações consistem, por exemplo, na vedação à edificação a certa distância da linha da rua ou no impedimento a determinado tipo de exploração de atividades em certos locais. De modo genérico, as posturas sobre edificação e zoneamento configuram limitações administrativas à propriedade privada.

19.2 A preservação das faculdades essenciais

A limitação acarreta limites ao uso e à fruição do bem imóvel, sem acarretar a "supressão" absoluta ou essencial das faculdades inerentes ao domínio. A vedação absoluta ou a eliminação do conteúdo econômico da propriedade descaracterizam a limitação administrativa.

19.3 A configuração do próprio direito real

A limitação apenas determina o conteúdo e a extensão do direito privado de propriedade, estabelecendo os seus limites. Sob o prisma jurídico, a limitação não produz a "redução" do direito de propriedade. O direito de propriedade apenas existe nos limites impostos pela limitação administrativa. Esse entendimento é expresso na afirmativa de que existe limitação à propriedade, sendo impreciso afirmar que se trata de limitação ao "direito de propriedade". Não é um jogo de palavras: não há um direito de propriedade autônomo e distinto da limitação administrativa.

19.4 A natureza geral da limitação

A limitação administrativa importa uma restrição geral, o que significa que alcança todos os bens de uma categoria ou espécie. Como decorrência, não há necessidade de atos administrativos concretos destinados a individualizar os bens sujeitos à limitação.

---

[27] O tema da limitação à propriedade privada recebeu tratamento de OLIVEIRA. *Limitações administrativas à propriedade privada imobiliária.*

19.5 A questão da indenização: preservação da essência do direito

A limitação à propriedade não pode desnaturar a essência econômica do direito. A natureza geral da determinação e seu cunho de conformação conduzem à ausência de dano indenizável em virtude da limitação. Ademais, a limitação atinge todos os integrantes da sociedade de igual maneira, o que também justifica a ausência de dano indenizável.

Se a restrição administrativa produzir efeitos de tamanha extensão que resultem na desnaturação da propriedade privada, não se configurará uma mera limitação. Surgirá direito de indenização para o proprietário. Essa situação se verificará nos casos em que a limitação produzir efeito diferenciado em face de determinadas propriedades ou se acarretar a eliminação do conteúdo econômico da propriedade.

Esse entendimento não é negado pela doutrina, quando afirma que a limitação *não gera* direito à indenização. Todos estão de acordo em que uma limitação não pode ir além de restrições que preservem o substrato econômico do bem. Em outras palavras, *se* a limitação importar restrição de grande extensão, deixará de configurar-se uma limitação propriamente dita. Haverá uma situação similar à desapropriação.[28] O direito à indenização decorrerá não da prática de um ato ilícito estatal,[29] mas do reconhecimento de que a eliminação do conteúdo econômico da propriedade ou a imposição de uma carga diferenciada relativamente a determinado sujeito deve ser acompanhada da recomposição patrimonial.

19.6 A competência estatal

Todas as esferas da Federação dispõem de competências para produzir limitação da propriedade. Tais competências não são homogêneas, na acepção de apresentarem pressupostos e finalidades idênticas. Assim, por exemplo, o Município é competente para disciplinar o zoneamento urbano. A União e os Estados-membros são titulares de poderes relativos ao meio ambiente, de que podem resultar limitações às propriedades. A União pode impor limitações em virtude de sua competência para legislar sobre propriedade.

19.7 A questão da discricionariedade

A limitação à propriedade deriva da lei, a qual pode determinar com maior ou menor precisão sua extensão. Nas hipóteses de discricionariedade, a autoridade administrativa será investida da competência para adotar a solução concreta mais satisfatória.

A imposição da medida de limitação da propriedade subordina-se à procedimentalização. São *inválidas* decisões desvinculadas de critérios objetivos. Uma garantia essencial reside na adoção de soluções padronizadas, consagradas por meio de normas regulamentares. Assim se passa porque a limitação apresenta essa natureza de restrição de cunho geral.

19.8 A desnaturação da limitação à propriedade

Não se caracteriza limitação à propriedade quando a medida adotada extrapolar os limites antes referidos. Se a providência administrativa impuser vedação absoluta à fruição da coisa

---

[28] Confira-se ARAGÃO. Limitações administrativas e a sua excepcional indenizabilidade. In: MEDAUAR; SCHIRATO (Coord.). *Poder de polícia na atualidade.*

[29] A questão deve ser entendida em termos. A imposição de limitação extraordinária não configurará ilicitude do poder público quando for acompanhada da necessária indenização. Se houver a pura e simples imposição da limitação, existirá a prática da ilicitude. Sob esse ângulo, a questão apresenta a mesma configuração da desapropriação. Não é ilícito desapropriar bem privado, mas é ilícito deixar de observar o procedimento apropriado para tanto.

Cap. 11 – PODER DE POLÍCIA ADMINISTRATIVA **391**

ou retirar seu conteúdo econômico, não haverá limitação. Estará configurada uma outra figura jurídica – a desapropriação, examinada a seguir, o que significará ou a invalidade da providência adotada a título de limitação ou a necessidade de indenização ao particular.

Ressalte-se que o vínculo necessário entre a limitação e a satisfação de interesses coletivos não afasta o eventual direito à indenização em prol do particular. Se a limitação desnaturar o direito de propriedade, equivalerá à desapropriação e estará sujeita a idêntico regime.

Segundo o STF:

"(...) I – Se a restrição ao direito de construir advinda da limitação administrativa causa aniquilamento da propriedade privada, resulta, em favor do proprietário, o direito à indenização. Todavia, o direito de edificar é relativo, dado que condicionado à função social da propriedade. Se as restrições decorrentes da limitação administrativa preexistiam à aquisição do terreno, assim já do conhecimento dos adquirentes, não podem estes, com base em tais restrições, pedir indenização ao Poder Público" (RE 140.436/SP, 2.ª T., rel. Min. Carlos Velloso, j. 25.05.1999, *DJ* 06.08.1999).

20   AS SERVIDÕES ADMINISTRATIVAS

A servidão administrativa consiste num dever de suportar e de não fazer, que recai sobre bem imóvel determinado e é imposto por ato administrativo unilateral.[30]

20.1   O conteúdo jurídico da servidão administrativa

A servidão administrativa consiste numa restrição às faculdades normais de uso e fruição de um bem determinado, instituída em virtude da necessidade de preservar certo valor ou de desenvolvimento de certos serviços públicos. De modo genérico, a servidão administrativa impõe ao proprietário ou possuidor o dever de não fazer. Mas pode apresentar conteúdo mais extenso, já que a ele é imposto o dever de suportar interferências materiais sobre o uso e a fruição da coisa. Nesse ponto, fica evidente a distinção entre limitação e servidão administrativa.

O dever de não edificar a certa distância do alinhamento da rua é uma limitação. Consiste numa obrigação de não fazer. Muito diversa é a situação em que o proprietário é obrigado a suportar que linhas elétricas passem sobre seu imóvel. A restrição produzida pela servidão administrativa é muito mais intensa.

20.2   O vínculo entre bens imóveis

A servidão administrativa pode consistir não apenas em restrições às faculdades do domínio, como também no dever de suportar conduta decorrente da utilização de outro bem imóvel. Um exemplo de servidão administrativa envolve a passagem de linhas de energia elétrica sobre certo bem imóvel.

20.3   Ainda a funcionalização do direito de propriedade

O titular do imóvel sobre o qual recai a servidão deverá admitir que a Administração Pública se valha dele para usos relacionados com o interesse comum.[31] É problemático formular

---

[30]   O tema das servidões administrativas encontra tratamento completo e exaustivo em DI PIETRO. *Direito administrativo*, 37. ed., p. 160 *et seq.*

[31]   Defendendo a possibilidade de servidão pública com função regulatória, confira-se MARQUES NETO. A servidão administrativa como mecanismo de fomento de empreendimentos de interesse público. *Revista de Direito Administrativo – RDA*, n. 254, p. 109-136, maio/ago. 2010.

uma generalização das hipóteses, eis que, em alguns casos, a servidão acarreta apenas o dever de suportar, enquanto em outros pode produzir uma obrigação de não fazer. Mas em todos eles, não se admitirá o exercício das faculdades inerentes ao domínio privado em termos que frustrem a finalidade da servidão.

20.4 Deveres de suportar e de fazer

A servidão pode impor o dever de suportar (por exemplo, no caso de afixação na propriedade privada de placa com identificação do logradouro), mas também pode comportar deveres de não fazer (por exemplo, quando for vedado o cultivo de áreas próximas àquelas em que estão localizadas linhas de transmissão de energia elétrica).

20.5 A obrigação real

A servidão é produzida relativamente a determinado bem imóvel, o qual apresenta certas características que exigem a adoção do regime jurídico diferenciado. Ressalte-se que a servidão administrativa vincula-se ao bem imóvel (obrigação *propter rem*), e não à pessoa do proprietário. Por isso, a alteração da titularidade do domínio não afeta a servidão: qualquer que seja o titular dos direitos de usar e fruir do bem, será afetado pela servidão administrativa.

20.6 A questão do direito real de natureza pública

Parte respeitável da doutrina qualifica a servidão administrativa como direito real limitado, de natureza pública. Isso significa assemelhar, ainda que indiretamente, servidão administrativa e servidão de direito privado.[32] Opta-se por entendimento diverso, partindo do pressuposto de que a servidão administrativa não obedece ao regime jurídico da servidão de direito civil.

O ponto comum reside em que ambos os institutos recaem sobre um imóvel propriamente dito e se traduzem na imposição de deveres quanto à sua fruição, que atingirão o sujeito que detiver direito real sobre o bem. Mas a servidão administrativa configura uma relação de direito administrativo, sujeita ao regime de direito público. Ademais, a servidão administrativa não envolve, necessariamente, uma relação entre imóveis, tal como anteriormente apontado.

20.7 A questão da relação de dependência

Alguns doutrinadores defenderam, no passado, que a servidão administrativa envolveria uma relação de dependência na fruição de faculdades de domínio atinentes a dois imóveis, derivada de razões de interesse coletivo. Mas prevalece atualmente o entendimento de que a servidão administrativa não pressupõe necessariamente uma relação entre dois imóveis.[33] Ela pode ser imposta a um imóvel simplesmente em vista da necessidade de um serviço público. Assim, todos estão de acordo em que a passagem de fios de eletricidade é um caso de servidão administrativa. Mas não existe, nessa hipótese, relação entre dois imóveis.

20.8 A indenização em virtude da instituição da servidão administrativa

É possível que a servidão acarrete direito de indenização para o proprietário privado. Tal ocorrerá quando a servidão produzir restrições ao conteúdo econômico do direito de propriedade.

---

[32] Nesse sentido, MEIRELLES. *Direito administrativo brasileiro*, 42. ed., p. 757-758. Ruy Cirne Lima chegava a afirmar que "as servidões administrativas são, entretanto, análogas, às servidões reais de direito privado" (*Princípios de direito administrativo*, 7. ed., p. 526).

[33] BANDEIRA DE MELLO. *Curso de direito administrativo*, 37. ed., p. 781; DI PIETRO. *Direito administrativo*, 37. ed., p. 162.

Assim, por exemplo, suponha-se o caso de servidão que impeça o cultivo de certas áreas do imóvel. Isso significa a redução do potencial de exploração econômica do bem. Mas haverá casos em que a servidão não produzirá qualquer efeito econômico relativamente ao proprietário.

Por isso, o Dec.-lei 3.365/1941 (Lei de Desapropriações) estabelece, no art. 40, que a constituição de servidões poderá fazer-se segundo as regras ali previstas. O dispositivo se refere aos casos em que a servidão produzir efeitos equivalentes aos da desapropriação.

O STJ editou a Súmula 56, no sentido de que, "na desapropriação para instituir servidão administrativa são devidos os juros compensatórios pela limitação de uso da propriedade".

A indenização será sempre proporcional à extensão da restrição imposta à exploração econômica do imóvel privado. Nesse sentido, confira-se o entendimento do STJ no julgado abaixo:

"6. O direito de uso previsto no artigo 73 da Lei Geral de Telecomunicações constitui servidão administrativa instituída pela lei em benefício das prestadoras de serviços de telecomunicações de interesse coletivo, constituindo-se direito real de gozo, de natureza pública, a ser exercido sobre bem de propriedade alheia, para fins de utilidade pública.

7. Em vista da característica de servidão administrativa, só haveria de cogitar-se em indenização se houvesse redução do potencial de exploração econômica do bem imóvel – o que não ocorre, visto que a autora está recebendo regularmente aluguéis, que não são em nada prejudicados pelo uso compartilhado da infraestrutura pertencente à locatária" (REsp 1.309.158/RJ, 4.ª T., rel. Min. Luis Felipe Salomão, j. 26.09.2017, *DJe* 20.10.2017).

20.9   A instituição por ato administrativo unilateral

A servidão administrativa é produzida por um ato administrativo unilateral. Esse é um dos pontos mais controvertidos sobre a definição da servidão administrativa, já que existem doutrinadores que admitem a servidão administrativa produzida por efeito direto da lei, posicionamento que não é adotado nesta obra.

A ausência de disciplina legislativa genérica quanto às servidões administrativas gera disputas doutrinárias quanto a inúmeros tópicos.

20.10   A controvérsia sobre o nascimento da servidão administrativa

Como decorrência da sua tese quanto à natureza jurídica da servidão administrativa, Maria Sylvia Zanella Di Pietro entende que a servidão poderá surgir de modo genérico, diretamente como efeito da lei.[34] Assim, as restrições no tocante a bens localizados próximos a aeroportos ou a nascentes de água, segundo essa concepção, configuram servidão administrativa.

Já outros autores afirmam que toda restrição de cunho genérico, imposta a uma categoria indeterminada de bens, apresenta natureza de limitação à propriedade, e, não, de servidão. Para esses autores, a servidão apenas pode existir como decorrência de um ato administrativo concreto, relativo a bens determinados. É a orientação de Hely Lopes Meirelles.[35]

Prefere-se o entendimento de que a servidão administrativa depende de ato administrativo concreto. Sempre que a lei estabelecer, de modo genérico, restrição aplicável diretamente a toda uma categoria de bens, haverá limitação administrativa. A servidão administrativa depende da existência de uma lei que autorize sua instituição, mas não surge senão em virtude de ato administrativo concreto e determinado.

---

[34]   DI PIETRO. *Direito administrativo*, 37. ed., p. 162.

[35]   MEIRELLES. *Direito administrativo brasileiro*, 42. ed., p. 755-756.

20.11 A questão do modo de constituição da servidão administrativa

Refletindo a concepção privatista da servidão administrativa, Hely Lopes Meirelles entendia que sua constituição dependia da inscrição no registro imobiliário.[36]

Essa orientação não se afigura como a mais satisfatória. A edição do ato administrativo é suficiente para produzir o nascimento da servidão e das obrigações dela decorrentes.

Assim se passa porque não há cabimento em aplicar, no âmbito das relações entre Administração e particular, o regime privatístico dos direitos reais. A função constitutiva do registro público relativamente aos direitos reais privados se vincula à necessidade de certeza e segurança. Tratando-se de direitos oponíveis *erga omnes* e de cunho perpétuo, o direito privado restringiu o âmbito da autonomia de vontade, inclusive no tocante aos requisitos formais de constituição.

Essas razões não estão presentes no âmbito das relações administrativas. Isso não significa a ausência de cabimento de inscrição da servidão administrativa no registro imobiliário, o que envolverá uma função de publicidade em face de terceiros. Entretanto, no âmbito do relacionamento direto entre Administração Pública e particular titular do direito real, a constituição da servidão faz-se por meio do ato administrativo unilateral. O proprietário privado sujeita-se aos efeitos da servidão a partir do ato administrativo que a constitui.

Outra é a questão da oponibilidade a terceiros. A inscrição da servidão no registro importa a presunção de conhecimento de todos quanto à existência de determinada servidão administrativa. Deixar de produzir a inscrição impede sua oponibilidade a terceiros, sendo inviável afirmar que o conteúdo do ato administrativo se presume do conhecimento de qualquer pessoa.

Há outro ângulo da questão, quando a instituição da servidão acarretar sacrifício tão intenso da propriedade que corresponda a uma forma de expropriação. Em tal hipótese, a instituição da servidão dependerá não apenas do ato administrativo, mas, também, do pagamento de indenização prévia.

20.12 A instituição da servidão e a observância do devido processo legal

A validade da constituição da servidão depende da adoção do devido processo administrativo, em que o particular titular do imóvel afetado possa manifestar-se previamente.

É evidente que, adotada a tese de que a instituição de servidão administrativa pode surgir diretamente em virtude da lei, não haveria cabimento do processo administrativo.

Segundo o STJ:

"1. Segundo a doutrina, as servidões administrativas, em regra, decorrem diretamente da lei (independente de qualquer ato jurídico, unilateral ou bilateral) ou constituem-se por acordo (precedido de ato declaratório de utilidade pública) ou por sentença judicial (quando não haja acordo ou quando adquiridas por usucapião).

2. Não observadas as formalidades necessárias à implementação da servidão administrativa (decreto de declaração de utilidade pública), em atenção ao princípio da eficiência e da continuidade do serviço público, deve ser mantida a servidão, com a indenização correspondente à justa reparação dos prejuízos e das restrições ao uso do imóvel, como ocorre com a desapropriação indireta" (REsp 857.596/RN, 2.ª T., rel. Min. Eliana Calmon, j. 06.05.2008, *DJe* 19.05.2008).

21 O TOMBAMENTO

O tombamento consiste no dever de manutenção da identidade de coisa móvel ou imóvel determinada, cuja conservação seja de interesse da coletividade, imposto por ato administrativo unilateral de cunho singular.

---

[36] MEIRELLES. *Direito administrativo brasileiro*, 42. ed., p. 757-758.

21.1 Tombamento e servidão administrativa

Até seria possível reconduzir a figura do tombamento ao conceito de servidão administrativa. Mas o tombamento apresenta peculiaridades próprias, que autorizam considerá-lo como uma manifestação autônoma e diferenciada das restrições aos direitos privados.

O tombamento orienta-se a assegurar a manutenção da identidade do objeto e compreende a imposição de deveres de não fazer (omitir toda conduta apta a produzir uma alteração de sua identidade) e de fazer (produzir os reparos e manutenções necessários a evitar seu perecimento).

21.2 Bens móveis e bens imóveis

O tombamento pode recair sobre coisa móvel ou imóvel. É pouco usual aludir ao tombamento de bens móveis, mas os mesmos motivos que conduzem ao tombamento de imóveis conduzem à possibilidade de tombamento das coisas móveis. Assim, por exemplo, pode ser promovido o tombamento de um documento relevante para a história nacional. Se tal ocorrer, o bem continuará no domínio privado, mas serão excluídas algumas das faculdades usualmente inerentes ao regime da propriedade. Por exemplo, será vedado ao proprietário promover a destruição daquele bem móvel.

21.3 Objeto determinado

O tombamento atinge bem determinado. Até é possível, como ensina Maria Sylvia Zanella Di Pietro, que o tombamento atinja todos os bens em situação equivalente (os imóveis de um bairro ou de uma cidade),[37] mas isso deriva sempre das características individuais que cada bem apresenta. Ou seja, apenas serão tombáveis os bens que apresentarem características especiais. Em outras palavras, não se tomba a "cidade" nem o "bairro", mas cada imóvel ali existente que apresente características peculiares e especiais.

21.4 O tombamento de bens imateriais

Uma questão controvertida é o tombamento de bens imateriais. Tem sido praticado o tombamento de gêneros musicais, de tradições sociais e mesmo de manifestações visuais do panorama urbano. Essa prática deve ser interpretada em termos, compreendendo muito mais uma dimensão simbólica do que efeitos práticos.

O tombamento tem por conteúdo a preservação da identidade material de um objeto, o qual se encontra sujeito a uma relação jurídica de propriedade. Os efeitos do tombamento consistem na restrição a faculdades inerentes ao domínio. Por isso, o tombamento de um objeto imaterial não produz os efeitos jurídicos típicos do instituto. Não existe propriedade (em sentido próprio) quanto a um gênero musical, por exemplo. Outra questão envolve as manifestações culturais tradicionais. Existem, nesse caso, processos sociais dinâmicos, compartilhados por um número indeterminado e não excludente de sujeitos. É juridicamente inviável promover o congelamento da vida social, o que configuraria uma violação à liberdade inerente à condição de sujeito.

Nem mesmo é viável promover o tombamento de cenários, vistas, panoramas, sejam naturais ou resultantes da intervenção humana. Pode-se promover o tombamento dos bens móveis e imóveis que dão suporte a essas circunstâncias.

Em suma, o tombamento de bens imateriais deve ser interpretado como uma manifestação estatal de proteção, inclusive compreendendo a adoção de políticas públicas orientadas à sua preservação. Mas não se configura um tombamento em sentido próprio, nem incide o regime jurídico correspondente.

---

[37] DI PIETRO. *Direito administrativo*, 37. ed., p. 154.

21.5 O interesse coletivo

O tombamento apenas pode recair sobre bens cuja conservação seja de interesse coletivo. São bens integrantes do chamado "patrimônio histórico e artístico nacional", definidos no art. 1.º do Dec.-lei 25/1937, que traduzem valores relevantes no processo civilizatório da Nação.

21.6 A instituição mediante ato administrativo unilateral

O tombamento é resultado de um ato administrativo unilateral, de cunho específico, em relação a uma situação concreta. Por isso, não se tombam bens "futuros", que ainda não existem no momento do tombamento.

21.7 Direito de indenização

Em princípio, o tombamento não gera direito à indenização. O bem permanece no domínio do anterior proprietário, que dele pode usar e fruir, inclusive retirando os proveitos econômicos compatíveis com o tombamento. No entanto, surgirá direito de indenização quando o tombamento impuser deveres de cunho econômico ou quando impedir a exploração econômica que o bem apresenta potencialmente.

21.8 O fundamento constitucional do tombamento

Existe um fundamento constitucional específico para o tombamento. O art. 23 da Constituição reconhece a *competência comum* de todos os entes federativos para *promover* a defesa dos documentos e dos bens relacionados à história e à cultura, dotados de vínculo relevante com a Nação, e do meio ambiente (incs. III, IV, VI, VII).[38]

21.9 As normas gerais sobre tombamento

A disciplina do tombamento segue as normas gerais do Dec.-lei 25/1937. A expressão "tombamento" deriva da previsão de que os bens sujeitos ao regime especial correspondente serão inscritos em um *Livro de Tombo*.

Cada ente federativo editará as normas específicas disciplinando o tombamento nos limites de sua competência (art. 24, VII, da CF/1988).

Segundo o STF:

"(...) a Constituição da República Federativa do Brasil de 1988 representou um marco evolutivo em termos de reconhecimento e proteção jurídica do patrimônio cultural brasileiro. Reconheceu-se, a nível constitucional expresso, a necessidade de tutelar e salvaguardar o patrimônio histórico-cultural, enquanto direito fundamental de terceira geração, isto é, de titularidade difusa, não individualizado, mas pertencente a uma coletividade.

Nesse sentido, as disposições do art. 216, IV e V, §§ 1.º e 5.º, da CRFB/1988 (...).

Deveras, em meio a esse novo estado de consciência e democracia cultural, como reflexo da busca da própria identidade de um povo, uma das ferramentas contempladas no texto constitucional para proteção do patrimônio histórico-cultural foi o instituto do tombamento. Trata-se de processo administrativo em que se reconhece, por meio do Poder Público competente

---

[38] Dando especial relevância à dimensão constitucional do tema, confira-se ARAÚJO. Conceito jurídico indeterminado e discricionariedade no controle jurisdicional de tombamentos. *Revista de Direito Administrativo Contemporâneo – ReDAC*, n. 8, p. 177-198, maio 2014.

para tanto, que determinado bem possui um valor histórico, artístico, paisagístico, turístico, cultural ou científico, merecendo, portanto, especial tutela estatal. Finalizado o processo de tombamento, o bem é inscrito no Livro dos Tombos e passam a pender sobre ele algumas restrições ao exercício dos direitos de uso e de propriedade, com vistas ao seu resguardo e à manutenção do interesse público que sobre ele recai" (AgRg na ACO 1.966/AM, Pleno, rel. Min. Luiz Fux, j. 17.11.2017, *DJe* 24.11.2017).

21.10 A competência para o tombamento

A competência administrativa para o tombamento segue a disciplina geral atinente às competências administrativas. Isso significa reconhecer a existência da titularidade de todos os entes da Federação para promover o tombamento.

Segundo o STF:

"A União assevera que o Decreto-lei 3.365/1941, o qual trata da desapropriação, veda que os Estados desapropriem bens da União, em decorrência do princípio da hierarquia verticalizada. Aduz, sob essa ótica, que esse mesmo princípio também se aplica em relação ao tombamento, de forma que os Estados não poderiam tombar bens da União, com única exceção: caso o Estado requeresse o tombamento junto ao órgão federal competente. Sem razão a União, conforme passo a expor. Inicialmente, destaque-se que o tombamento possui disciplina própria, qual seja, o Decreto-lei 25/1937. Em razão disso, é necessário realizar a devida diferenciação entre o que se encontra disposto na mencionada norma e o que previsto no Decreto-lei 3.365/1941, o qual trata de desapropriação. (...)

Vê-se que, quando há intenção do legislador de que se observe a 'hierarquia verticalizada', assim o fez expressamente, ao referir-se como desapropriáveis os bens dos Municípios pelos Estados e pela União, e os bens dos Estados e do Distrito Federal, apenas pela União. Portanto, da interpretação literal dos dispositivos, extrai-se que os bens da União não são excepcionados do rol de bens que não podem ser tombados, tal como são excluídos do rol dos bens passíveis de serem desapropriados pelos Estados e pelo Distrito Federal, motivo pelo qual se conclui que os bens da União podem ser, em tese, tombados pelos Estados, Distrito Federal e Municípios" (AgRg na ACO 1.208/MS, Pleno, rel. Min. Gilmar Mendes, j. 24.11.2017, *DJe* 01.12.2017).

21.11 O procedimento administrativo de tombamento

O tombamento é resultado de um procedimento administrativo, cuja estrita observância é uma garantia aos sujeitos atingidos e à comunidade.

O tombamento de bens privados poderá fazer-se de modo voluntário, a pedido do proprietário, e os requisitos apropriados serão verificados em procedimento administrativo. O Dec.-lei 25/1937 admite o tombamento compulsório, que também envolverá um processo administrativo destinado a determinar a presença dos requisitos exigidos. Quando se tratar de bem público, o tombamento não envolverá a participação de proprietário privado. Mas deverá ser instaurado o processo envolvendo o sujeito titular do domínio.

21.12 A formalização do tombamento

O tombamento se faz por ato administrativo unilateral. Para efeitos de conhecimento de terceiros, o tombamento constará de inscrição em um *Livro de Tombo* – mas a inscrição nesse livro é consequência do tombamento.

Por igual, a inscrição do tombamento no registro imobiliário, quando versar sobre bens imóveis, destina-se a dar conhecimento a terceiros.

21.13 O tombamento de bens públicos

Admite-se o tombamento de bens públicos, inclusive de propriedade de outros entes da Federação. Mas essa solução apenas pode ser admitida na medida em que não envolver frustração do princípio da autonomia federativa.

21.14 Os efeitos jurídicos do tombamento

A essência do tombamento consiste no dever de conservação da identidade do objeto, o que se traduz em obrigações de fazer e não fazer.

21.14.1 Efeitos em relação ao proprietário

O tombamento produz efeitos, primeiramente, em relação ao proprietário – e, por extensão, ao possuidor. O tombamento não afeta o direito de disposição da coisa. Importa restrição quanto ao modo de usar, fruir e dispor do bem, que deve ser compatível com a preservação de sua identidade.

O tombamento produz o surgimento de deveres de fazer e de não fazer específicos, relacionados com a manutenção do bem e, eventualmente, com a sua recuperação.

Os efeitos específicos do tombamento variam em função da natureza do bem e do tipo de vínculo que mantém com o patrimônio artístico, histórico e ambiental nacional.

Assim, por exemplo, uma coisa móvel tombada não pode sair do País, senão por curto prazo e sem transferência de domínio (Dec.-lei 25/1937, art. 14). De modo genérico, "as coisas tombadas não poderão, em caso nenhum ser destruídas, demolidas ou mutiladas nem, sem prévia autorização (...), ser reparadas, pintadas ou restauradas, sob pena de multa (...)" (art. 17).

21.14.2 Efeitos em relação ao Poder Público

A preservação da identidade dos bens tombados é dever não apenas do proprietário e possuidor. Também incumbe ao Poder Público adotar todas as providências que lhe caibam, necessárias a tanto. Assim, há um dever geral de fiscalização do Poder Público quanto à observância dos deveres derivados do tombamento.

Mas se prevê que, se o proprietário da coisa tombada não dispuser de recursos para as obras de conservação, deverá (sob pena de multa) comunicar a necessidade ao Poder Público, a quem incumbirá custear as obras e serviços. Se não forem adotadas as providências adequadas, o proprietário poderá pleitear o "cancelamento" do tombamento. Essas regras estão previstas no art. 19 do Dec.-lei 25/1937.

21.14.3 Efeitos do tombamento sobre terceiros

Todos os particulares estão obrigados a respeitar os bens tombados e omitir comportamentos aptos a prejudicá-los. Uma hipótese peculiar reside na vedação a que terceiros, não proprietários nem possuidores do bem tombado, usufruam dos próprios bens de modo a prejudicar os bens tombados. O art. 18 do Dec.-lei 25/1937 veda a possibilidade de construção no imóvel vizinho ao tombado que impeça ou reduza a visibilidade dele.

21.15 A antecipação dos efeitos do tombamento

A delonga no processo administrativo destinado a constituir o tombamento poderia dar oportunidade à consumação de fatos que ponham em risco a eficácia da decisão administrativa.

Assim, por exemplo, o proprietário promoveria a demolição do imóvel antes de formalizado o tombamento. Em razão disso, o art. 10 do Dec.-lei 25/1937 facultou uma solução de cunho acautelatório e preventivo. Estabeleceu que, iniciado o processo administrativo pela notificação, configura-se o tombamento provisório. O tombamento definitivo dependeria da inscrição dos bens no "Livro de Tombo".

Deve-se observar que a evolução do ordenamento jurídico conduziu a um aperfeiçoamento do regime jurídico do tombamento. Nada impede que a Administração Pública pleiteie perante o Poder Judiciário a antecipação dos efeitos do tombamento, inclusive para momento anterior à própria notificação do particular. Por outro lado, e como anteriormente apontado, o reconhecimento da natureza de direito público do instituto do tombamento dispensa a inscrição no "Livro de Tombo" para fins de seu aperfeiçoamento jurídico.

21.16   O tombamento "sustentável"

O instituto do tombamento não deve ser um instrumento de eliminação absoluta da utilidade de um bem, nem pode resultar na supressão de sua função social. Os bens tombados necessitam ser preservados, mas isso não implica a vedação à sua utilização para satisfação de necessidades individuais e coletivas. Essa concepção deve orientar inclusive as alterações que permitam a ampliação de sua fruição por um número ainda maior de sujeitos. Isso pode envolver a adoção de soluções orientadas a incrementar a utilidade econômica do bem tombado.

Utiliza-se, então, a expressão "tombamento sustentável" para indicar as soluções que, embora assegurem a preservação da identidade do objeto tombado, sejam compatíveis com a sua utilização para satisfação de necessidades individuais e coletivas.

22   A OCUPAÇÃO TEMPORÁRIA DE BENS PRIVADOS

Ocupação temporária consiste no apossamento, mediante ato administrativo unilateral, de bem privado móvel ou imóvel para uso temporário, em caso de iminente perigo público, com o dever de restituição no mais breve espaço de tempo possível e o pagamento da indenização pelos danos eventualmente produzidos.

22.1   O fundamento constitucional

A Constituição, no art. 5.º, XXV, determina que, "no caso de iminente perigo público, a autoridade competente poderá usar de propriedade particular, assegurada ao proprietário indenização ulterior, se houver dano".

Essa disposição autoriza a ocupação temporária de bem privado, tal como sua requisição compulsória.

22.2   A natureza cautelar da medida

A ocupação é uma providência vinculada ao dever-poder de a Administração Pública adotar providências de natureza acautelatória, visando a impedir a consumação de danos irreversíveis. Pressupõe situação emergencial, cujo atendimento satisfatório exige a utilização do bem privado. Se houver alternativa menos restritiva de direitos, que não a utilização do bem privado, a ocupação não será legítima.

A ocupação temporária corresponde a uma situação de estado de necessidade, em que se restringe a propriedade privada alheia para dela se valer como instrumento de evitar um mal maior.

22.3 A atuação material da Administração

O apossamento consiste numa atuação material, por meio da qual a Administração Pública se investe fisicamente no uso e fruição de uma coisa. A ocupação independe de concordância do particular, mas deve traduzir-se não apenas no ato físico de apossamento.

Há um ato administrativo de formalização da ocupação. Em situação emergencial, o ato administrativo até pode ser verbal. O particular deverá atender à determinação da autoridade administrativa, sob pena de, não o fazendo, admitir-se o apossamento por meio da força física. O atendimento pelo particular à determinação estatal não produz o surgimento de um contrato.

22.4 A competência para a ocupação temporária

A competência para o apossamento é determinada, em princípio, pela titularidade da competência para o atendimento à necessidade.

22.5 A ocupação temporária de bem público

Não se admite a ocupação de bens públicos. O regime federativo não impede que os diversos entes federativos colaborem entre si e cedam a posse dos bens próprios para atividades desempenhadas por outros sujeitos públicos. No entanto, isso deverá fazer-se mediante o consenso, o que exclui providências de cunho unilateral.

22.6 A natureza instrumental

A Administração ocupa o bem privado visando, desde logo, a sua restituição. Trata-se de uma ocupação instrumental, como forma de satisfazer outra necessidade. A ocupação do bem não é um fim em si mesmo.

22.7 A inviabilidade de restituição e vedação à ocupação

Não cabe ocupação quando a natureza da necessidade pública excluir a possibilidade de restituição.

22.8 A questão do prazo para restituição

Não há definição constitucional quanto ao prazo em que a restituição deverá ocorrer, mas é evidente que não cabe a ocupação quando se estimar que a necessidade estatal se prolongará por período razoável.

22.9 O dever de diligência para a restituição do bem

Por outro lado, a Administração tem o dever de promover, com urgência, as medidas necessárias a dispensar a utilização do bem privado.

22.10 A indenização ao particular

A ocupação não é instrumento de redução do valor ou das aptidões do bem. A Administração não se apossa do bem para dele retirar os frutos. Por isso, o bem deve ser restituído nas mesmas condições em que se encontrava quando houve o apossamento, incumbindo à Administração Pública promover a indenização ao particular pelas perdas e danos eventualmente ocorridos.

23 REQUISIÇÃO DE BENS

A requisição de bens consiste numa modalidade especial de ocupação temporária de bens, fundada no art. 5.º, XXV, da CF/1988, que se verifica quando um bem, necessário à satisfação de situação de urgência, é consumível por natureza.

Nesse caso, a "ocupação" do bem acarretará seu desaparecimento, de modo que é possível estimar, desde logo, a impossibilidade de sua restituição. Por isso, a destinação da requisição é resolver-se no pagamento da indenização correspondente.

A circunstância não autoriza a Administração Pública a promover a requisição e remeter o particular à via judicial. É dever do administrador instaurar o processo administrativo, no mais breve espaço de tempo, e produzir a liquidação espontânea do valor apurado. A omissão em adotar essa solução configurará pressuposto de responsabilização administrativa do agente por eventuais perdas e danos adicionais, verificados em virtude da demora na liquidação da indenização.

O tema foi objeto de decisão do STF, tal como adiante indicado. A interpretação adotada deve ser reputada no contexto da pandemia da Covid-19. Não é cabível reputar que a requisição, por refletir competência discricionária, seria insuscetível de controle jurisdicional.

"(...) V – Dentre as medidas de combate à pandemia, a Lei 13.979/2020 estabelece que qualquer ente federado poderá lançar mão da 'requisição de bens e serviços de pessoas naturais e jurídicas, hipótese em que será garantido o pagamento posterior de indenização justa' (art. 3°, VII). VI – Tais requisições independem do prévio consentimento do Ministério da Saúde, sob pena de invasão, pela União, das competências comuns atribuídas aos Estados, Distrito Federal e Municípios, os quais, todavia, precisam levar em consideração evidências científicas e análises sobre as informações estratégicas antes de efetivá-las (art. 3°, § 1°). VII – Como todas as ações estatais, as requisições administrativas precisam balizar-se pelos critérios da razoabilidade e da proporcionalidade, só podendo ser levadas a cabo após a constatação de que inexistem outras alternativas menos gravosas. VIII – Essa fundamentação haverá de estar devidamente explicitada na exposição de motivos dos atos que venham a impor as requisições, de maneira a permitir o crivo judicial. IX – Ao Judiciário, contudo, é vedado substituir-se ao Executivo ou ao Legislativo na definição de políticas públicas, especialmente aquelas que encontrem previsão em lei, considerado o princípio da separação dos poderes. X – A requisição administrativa configura ato discricionário, que não sofre qualquer condicionamento, tendo em conta o seu caráter unilateral e autoexecutório, bastando que fique configurada a necessidade inadiável da utilização de um bem ou serviço pertencente a particular numa situação de perigo público iminente, sendo por isso inexigível a aquiescência da pessoa natural ou jurídica atingida ou a prévia intervenção do Judiciário. XI – A criação de novos requisitos para as requisições administrativas por meio da técnica de interpretação conforme à Constituição (art. 3°, *caput*, VII, da CF e § 7°, III, da Lei 13.979/2020), não se aplica à espécie, dada a clareza e univocidade da disposição legal impugnada" (ADI 6.362/DF, Pleno, rel. Ricardo Lewandowski, j. 2.9.2020, *DJe* 7.12.2020).

"2. Requisição, pela União Federal, de bens públicos estaduais. Precedente do Supremo Tribunal Federal que entende inadmissível a prática, mesmo quando efetivada pela União Federal, desse ato requisitório em face de bens públicos (MS 25.295/DF, Rel. Min. JOAQUIM BARBOSA, Pleno), considerada a cláusula restritiva fundada no art. 5.º, inciso XXV, da Constituição da República, exceto quando se tratar de requisição federal de bens públicos na vigência do estado de defesa (CF, art. 136, § 1.º, II) ou do estado de sítio (CF, art. 139, inciso VII)" (TP na ACO 3.385/MA, decisão monocrática, rel. Celso de Mello, j. 20.4.2020, *DJe* 23.4.2020).

24 PARCELAMENTO, EDIFICAÇÃO OU UTILIZAÇÃO COMPULSÓRIOS

Parcelamento, edificação ou utilização compulsórios são atos administrativos unilaterais, de competência municipal, que impõem alteração compulsória na configuração do uso e da fruição de imóvel privado urbano, para adequá-lo à sua função social, nos termos de lei municipal específica e de acordo com o plano diretor da cidade.

24.1 A disciplina constitucional da função social de imóveis urbanos

A Constituição consagrou regras específicas e mais rígidas atinentes à função social da propriedade imobiliária urbana, tal como se observa nos arts. 182 e 183. Os dispositivos foram regulamentados pela Lei 10.257/2001 (Estatuto da Cidade).

As figuras examinadas restringem a concepção de que a propriedade autoriza o proprietário a escolher entre usar ou não usar, entre fruir ou não fruir do bem.

24.2 A disciplina legislativa municipal

A competência municipal para impor o parcelamento, a edificação e a utilização compulsórios é vinculada não apenas a normas gerais editadas pela União como também a normas legislativas municipais.

Em primeiro lugar, a utilização das figuras referidas depende da existência e do conteúdo do plano diretor municipal, o qual deverá discriminar a destinação para as diversas áreas. Depois, será necessária autorização legislativa específica para a imposição dos deveres de parcelamento, edificação e utilização compulsórios de áreas determinadas.

24.3 A formalização do ato

As figuras examinadas se configuram como atos administrativos unilaterais, emitidos pelo Município em cujo território se situa o imóvel.

Segundo o STF:

"2. É legítima, sob o aspecto formal e material, a Lei Complementar Distrital 710/2005, que dispôs sobre uma forma diferenciada de ocupação e parcelamento do solo urbano em loteamentos fechados, tratando da disciplina interna desses espaços e dos requisitos urbanísticos mínimos a serem neles observados. A edição de leis dessa espécie, que visa, entre outras finalidades, inibir a consolidação de situações irregulares de ocupação do solo, está inserida na competência normativa conferida pela Constituição Federal aos Municípios e ao Distrito Federal, e nada impede que a matéria seja disciplinada em ato normativo separado do que disciplina o Plano Diretor.

3. Aprovada, por deliberação majoritária do Plenário, tese com repercussão geral no sentido de que 'Os municípios com mais de vinte mil habitantes e o Distrito Federal podem legislar sobre programas e projetos específicos de ordenamento do espaço urbano por meio de leis que sejam compatíveis com as diretrizes fixadas no plano diretor'" (RE 607.940/DF, Pleno, rel. Min. Teori Zavascki, repercussão geral – mérito, j. 29.10.2015, *DJe* 25.02.2016).

24.4 As providências autorizadas

Admitem-se o parcelamento, a edificação e a utilização compulsórias.

24.4.1 Parcelamento compulsório

O parcelamento consiste no desmembramento de imóvel, para fins de produzir unidades com dimensões mais reduzidas. O parcelamento do solo dá oportunidade à instalação de diferentes utilizações para os lotes, eliminando a prática de manter grandes áreas não ocupadas aguardando valorização futura.

Observe-se que o mero parcelamento do solo é uma providência administrativa destituída de eficácia material. Produzir compulsoriamente o parcelamento do solo não conduz a imprimir à propriedade uso compatível com a função social. O parcelamento é providência prévia, eventualmente indispensável, à qual se seguirá a imposição do uso compulsório.

É possível determinar, de acordo com a lei, módulos mínimos e máximos para imóveis em certos locais.[39] O proprietário sempre disporá de autonomia (dentro dos limites legais) para escolher a configuração que adotará para os seus bens.

24.4.2 Edificação compulsória

A edificação compulsória consiste na determinação de utilização do imóvel para o fim de edificação. A destinação da edificação dependerá das regras de zoneamento. Haverá casos em que a edificação será destinada à habitação, mas essa não será a única alternativa possível.

Admite-se a imposição do dever de edificação não apenas ao imóvel sem edificação como também àquele em que a edificação é irrisória. Não basta construir alguns metros quadrados para impedir a incidência da figura examinada. Se houver desproporção entre a edificação existente e a dimensão do lote, poderá ser aplicada a edificação compulsória.

24.4.3 Utilização compulsória

A utilização compulsória é a imposição da utilização do imóvel, edificado ou não, para os fins a que se destina, em face das circunstâncias. De nada serviria determinar a edificação se, depois de promovida a construção, o proprietário pudesse manter os prédios vazios. A utilização compulsória é uma solução jurídica complementar à edificação compulsória e ao parcelamento compulsório, para dar integral eficácia à providência estatal.

24.5 A interpretação quanto à compulsoriedade

Existe compulsoriedade na acepção de criação de um dever jurídico de parcelar, edificar e utilizar o bem. Mas essa compulsoriedade não significa a possibilidade de o Município se substituir ao proprietário, produzindo diretamente esses atos. Logo, existe o risco de o proprietário ignorar a determinação estatal.

Nesse caso, o Poder Público deverá pleitear provimento jurisdicional destinado a condenar o particular a executar as medidas de parcelamento, edificação e utilização compulsórias. O elenco de alternativas indicadas nos três incisos do art. 182, § 4.º, da Constituição não significa a impossibilidade de recorrer ao Poder Judiciário para obter sentença de execução da obrigação de fazer imposta legalmente.

Ademais disso, decorrido o prazo concedido ao proprietário sem que satisfaça as determinações municipais, ficará ele sujeito à incidência de IPTU progressivo no tempo (Lei 10.257/2001, art. 7.º). Caberá à lei dispor sobre o aumento progressivo da alíquota do IPTU, mas não se admite que supere no exercício subsequente o dobro daquela vigente para o exercício anterior. O limite

---

[39] Não se afigura constitucional que a lei determine a divisão em módulos de tamanho determinado, eliminando a faculdade de escolha do proprietário.

404 CURSO DE DIREITO ADMINISTRATIVO · *Marçal Justen Filho*

máximo da alíquota aplicável será de 15%. Se o particular mantiver sua recusa por cinco anos, o Município poderá manter a tributação progressiva até que o dever seja satisfeito (respeitado sempre o limite máximo de 15%), mas também lhe será facultado promover a desapropriação do imóvel mediante pagamento com títulos da dívida pública (Lei 10.257/2001, art. 8.º).

24.6 A autonomia privada

O Município pode exigir que o particular dê ao imóvel destinação compatível com a legislação municipal, mas não pode substituir-se a ele no tocante a escolhas fundamentais. Assim, o proprietário poderá escolher, por exemplo, o tipo e o padrão de habitação que edificará, sem que o Poder Público possa interferir sobre o tema.

24.7 O devido processo legal

É evidente que as providências anteriormente indicadas dependem da observância do devido processo legal, assegurando-se ao particular o direito de ampla defesa.

25 LICENCIAMENTO COMPULSÓRIO DE PATENTE

Licenciamento compulsório de patente é ato administrativo de competência federal, por meio do qual é assegurada a exploração de objeto abrangido por patente, independentemente de concordância do seu titular e mediante remuneração justa.

25.1 Os direitos de exclusividade da propriedade industrial

As inovações técnicas e científicas são protegidas por meio de patentes, que asseguram ao titular não apenas o reconhecimento da autoria, mas também o privilégio temporário de utilização exclusiva. Assim está previsto no art. 5.º, XXIX, da CF/1988 ("a lei assegurará aos autores de inventos industriais privilégio temporário para sua utilização, bem como proteção às criações industriais, à propriedade das marcas, aos nomes de empresas e a outros signos distintivos, tendo em vista o interesse social e o desenvolvimento tecnológico e econômico do País").

25.2 Ainda a função social do invento

A proteção assegurada ao invento se relaciona com o interesse coletivo no aperfeiçoamento e desenvolvimento das soluções técnico-científicas. Por isso, o titular tem o dever de explorar o invento e de o fazer em condições compatíveis com o interesse coletivo.

25.3 A violação à função social e o licenciamento compulsório

A violação à função social se verifica nas hipóteses específicas previstas nos arts. 68 e 69 da Lei 9.279/1996. Nesses casos, admite-se que um terceiro interessado pleiteie à autoridade competente (INPI) a exploração do objeto da patente mediante um licenciamento compulsório.

O licenciamento compulsório consiste num ato administrativo de cunho declaratório e constitutivo, por meio do qual um terceiro – não titular da patente – é investido no direito de explorá-la.

25.4 O devido processo legal administrativo

O licenciamento compulsório será deferido em um processo administrativo, destinado a apurar a presença dos requisitos exigidos por lei e a definir o montante da remuneração assegurado ao titular da patente.

Cap. 11 – PODER DE POLÍCIA ADMINISTRATIVA **405**

25.5 A ausência de extinção da patente e dos direitos do titular

O licenciamento compulsório não acarreta a extinção da patente. Portanto, não implica que o invento caia no domínio público, o que significa que os efeitos da patente continuam a vigorar.

O licenciamento compulsório não elimina nem suspende os direitos do titular da patente, o qual poderá continuar a explorá-la, ainda que em competição com o sujeito que obteve a licença compulsória.

26 DESAPROPRIAÇÃO

Desapropriação é um ato estatal unilateral que produz a extinção da propriedade sobre um bem ou direito e a aquisição do domínio sobre ele pela entidade expropriante, mediante indenização justa.

26.1 A funcionalização da propriedade privada

A desapropriação é a solução jurídica destinada a assegurar que o Estado adquira o domínio de bens alheios, nas hipóteses em que a realização de direitos fundamentais dependa da sua utilização. No Estado Democrático de Direito, a desapropriação envolve diversas garantias para o particular.

A desapropriação não é um procedimento, mas um ato. Mas esse ato *pressupõe*, de modo inafastável, um procedimento prévio. A desapropriação é o ato final desse procedimento.

26.2 A dupla eficácia da desapropriação

A desapropriação é um ato de duplo efeito: é causa de extinção da propriedade privada e é causa de aquisição de domínio pelo ente público. Mas não é um ato de *transferência* de propriedade. O domínio do proprietário desapropriado é *extinto*, surgindo o domínio do Poder Público expropriante.

A desapropriação é um modo de aquisição do domínio originário. Isso significa que todas as características e eventuais defeitos inerentes à relação jurídica anterior não se transferem à nova relação de domínio.

Um exemplo prático permite compreender a importância da distinção. Suponha-se que um imóvel tivesse sido adquirido de "João" pelo sujeito "Pedro" por meio de um ato jurídico eivado de algum defeito. Admita-se que o Município promova a desapropriação do referido imóvel e adquira a propriedade sobre ele. Se "João" pretender posteriormente fazer valer os seus direitos, não poderá dirigir-se contra o Município, porque este não adquiriu a (mesma) propriedade que era de "Pedro". O Município será proprietário do imóvel, mas por título autônomo e distinto, sem continuidade com o vínculo anteriormente existente. Por isso, "João" poderá apenas pleitear seus direitos contra "Pedro", pretendendo direito sobre a indenização por ele recebida.

Outro ângulo do mesmo raciocínio é exposto quando se diz que a desapropriação *substitui*, no patrimônio do sujeito, o bem objeto da desapropriação. Isso significa que o vínculo de propriedade do proprietário expropriado permanece existindo, mas sobre bem diverso: o domínio deixa de incidir sobre o bem expropriado e passa a alcançar a indenização correspondente.

26.3 Desapropriação judicial e extrajudicial

A desapropriação pode consistir num ato administrativo ou num ato judicial, conforme as circunstâncias. Embora a Administração Pública tenha o dever-poder de desencadear um

406 CURSO DE DIREITO ADMINISTRATIVO · *Marçal Justen Filho*

procedimento orientado a obter a desapropriação, a discordância do particular quanto aos pressupostos ou à validade dos atos administrativos conduzirá à intervenção do Poder Judiciário. Havendo discordância do particular, a desapropriação far-se-á por ato judicial.

Esse ato é promovido pelo Estado, que é o único sujeito titular da competência para impor unilateralmente a extinção compulsória da propriedade alheia. Admite-se que seja atribuída a prática de alguns atos jurídicos atinentes à desapropriação a outros sujeitos, tal como será adiante exposto.

26.4 Desapropriação e institutos similares

A desapropriação produz a aquisição pelo Estado do domínio de bem alheio e não se confunde com institutos jurídicos aptos a produzir efeitos similares.

26.4.1 Desapropriação e compra e venda

A desapropriação não se confunde com uma compra e venda, caracterizada pelo acordo de vontades de duas partes sobre a coisa e o preço. Na desapropriação, o Estado delibera a supressão da propriedade privada, sem a necessidade de concordância do titular do domínio. Poderá haver aquiescência no tocante ao valor da indenização, mas isso conduz à caracterização de dois atos jurídicos distintos, ainda que relacionados entre si. Há o ato estatal de desapropriação e o da fixação da indenização. O particular pode aquiescer com essa determinação unilateral. Se o fizer, o procedimento desapropriatório se encerra na via administrativa. Se houver discordância, será necessário recorrer ao Poder Judiciário, o qual determinará o valor justo e emitirá provimento jurisdicional constitutivo da desapropriação.

26.4.2 Desapropriação e confisco

Desapropriação não autoriza confisco, hipótese admitida no direito brasileiro apenas em situação de perda de bem resultado de atividade criminosa.[40]

O ponto fundamental da diferenciação reside em que a desapropriação se faz unilateralmente, mediante indenização justa, ainda que não seja paga previamente em dinheiro. Já o confisco é ato unilateral extintivo do domínio sobre um bem, sem contrapartida ou mediante pagamento simbólico.

De regra, a indenização será paga previamente em dinheiro, como requisito para o aperfeiçoamento da desapropriação. No entanto, a Constituição estabelece exceções, em que a indenização poderá ser paga posteriormente e em valores distintos de dinheiro. As exceções estão previstas no art. 182, § 4.º, inc. III (frustração da função social da propriedade urbana), e no art. 184 (reforma agrária).

26.4.3 Desapropriação e encampação

O regime da desapropriação é aplicável à hipótese de encampação de serviço público concedido à iniciativa privada. A encampação consiste na extinção de uma concessão, antes

---

[40] É o caso referido pelo art. 243 da CF/1988, cuja redação foi introduzida pela EC 81, de 2014: "As propriedades rurais e urbanas de qualquer região do País onde forem localizadas culturas ilegais de plantas psicotrópicas ou a exploração de trabalho escravo na forma da lei serão expropriadas e destinadas à reforma agrária e a programas de habitação popular, sem qualquer indenização ao proprietário e sem prejuízo de outras sanções previstas em lei, observado, no que couber, o disposto no art. 5.º. Parágrafo único. Todo e qualquer bem de valor econômico apreendido em decorrência do tráfico ilícito de entorpecentes e drogas afins e da exploração de trabalho escravo será confiscado e reverterá a fundo especial com destinação específica, na forma da lei".

Cap. 11 – PODER DE POLÍCIA ADMINISTRATIVA **407**

do atingimento do termo final contratual, por ato unilateral do poder concedente, produzido sob o fundamento da ausência de conveniência da manutenção do vínculo. O fundamento da encampação não é o inadimplemento do concessionário a seus deveres, mas a ocorrência de eventos supervenientes que produzam a ausência de conveniência da continuidade do contrato.

A encampação se aproxima da desapropriação porque também implica a extinção de direitos de sujeitos privados, referidos à exploração de atividades destinadas a assegurar a amortização de investimentos realizados. A encampação produz efeito jurídico equivalente ao da desapropriação, na acepção de que se trata de ato estatal que acarreta (a) a apropriação pelo Estado de bens e direitos dotados de valor econômico e (b) a redução patrimonial para um sujeito privado. A ausência de justa indenização em caso de encampação produziria efeito equivalente ao confisco.

Por isso, a garantia constitucional à propriedade se constitui em fundamento para a exigência de pagamento de justa indenização prévia e em dinheiro tanto nas hipóteses de desapropriação como nos casos de encampação de serviço público concedido.

A encampação está disciplinada no art. 37 da Lei 8.987/1995.

26.5 Uma advertência prévia sobre a questão da competência

É necessário destacar que a Constituição reservou privativamente à União a competência legislativa atinente à desapropriação (art. 22, II).

Essa regra constitucional não alcança a competência administrativa. Em princípio, a autonomia federativa traz consigo a competência para promover desapropriações.

No entanto, apenas a União dispõe de competência para promover desapropriação visando à reforma agrária, tal como consta do art. 184 da Constituição.

26.6 As diversas modalidades expropriatórias

O direito brasileiro contempla diversas modalidades expropriatórias, conforme o tipo de necessidade a que o bem se destina. Há diversos regimes jurídicos, referidos mesmo na Constituição.

O art. 5.º, XXIV, estabelece duas espécies básicas de desapropriação. Há a desapropriação:

a) por *necessidade ou utilidade pública*; e
b) por *interesse social*.

26.6.1 A desapropriação por necessidade ou utilidade pública

A desapropriação por necessidade ou utilidade pública corresponde à figura ampla e geral. Destina-se a ser utilizada sempre que o cumprimento das funções estatais exigir a aquisição do domínio de bens alheios. Encontra-se disciplinada no Dec.-lei 3.365/1941 e está condicionada ao pagamento prévio e em dinheiro da indenização correspondente.

A desapropriação por necessidade ou utilidade pública pode ser utilizada em todos os níveis da Federação.

26.6.2 A desapropriação por interesse social

A desapropriação por interesse social foi concebida como instrumento de promoção da reforma agrária, e sua utilização é de competência privativa da União, como apontado anteriormente. Nesse caso, a desapropriação se funda na ausência de cumprimento da função social da propriedade, o que justifica a extinção do vínculo de domínio privado.

A desapropriação por interesse social sujeita-se a regime jurídico diferenciado, uma vez que o pagamento da indenização se fará em títulos de dívida agrária com prazo de até vinte anos – excluídas as benfeitorias necessárias e úteis, que serão indenizadas em dinheiro (por força do art. 184, § 1.º, da CF/1988).

A desapropriação por interesse social está disciplinada nas Leis 4.132/1962 e 8.629/1993 (que sofreu relevantes alterações pelas Leis 13.001/2014, 13.465/2017 e 14.757/2023) e na LC 76/1993.

26.6.3 A desapropriação no âmbito urbanístico

Pode-se enquadrar a desapropriação prevista no art. 182, § 4.º, III, da CF/1988 como uma modalidade de desapropriação por interesse social. Trata-se da desapropriação promovida pelo Município, nas hipóteses de recusa do proprietário do imóvel urbano em promover utilização conforme a sua função social. Essa espécie de desapropriação apresenta regime jurídico específico.

26.7 O regime jurídico complexo

O regime jurídico pertinente à desapropriação é complexo. Compõe-se de regras de *direito material* e de *direito processual* (administrativo e, mesmo, jurisdicional).

26.7.1 Os efeitos da edição superveniente da CF/1988

Os regimes jurídicos da desapropriação estão contemplados em diversas leis, algumas editadas há muito tempo. Certas disposições dessas leis são claramente incompatíveis com a Constituição de 1988 e não foram recepcionadas pelo novo diploma.[41] Essa advertência é especialmente relevante a propósito de dispositivos contidos em leis anteriores que impunham o sacrifício de direitos e garantias em termos incompatíveis com a proteção outorgada pela Constituição vigente.

26.7.2 Competências estatais anômalas e garantias ao particular

A desapropriação é uma manifestação do império estatal, autorizada constitucionalmente a produzir o sacrifício dos direitos individuais para o bem comum. Mas daí não segue que a desapropriação seja um instrumento de violação aos direitos subjetivos privados.

Tal como se passa em todas as demais hipóteses de competências estatais anômalas, a prerrogativa extraordinária atribuída ao Estado é compensada por garantias excepcionais reconhecidas aos particulares. Essa é uma característica da democracia republicana instaurada pela Constituição de 1988.

26.8 O princípio da eficácia administrativa

A desapropriação acarreta o dever de pagamento da justa indenização, de regra em dinheiro e previamente, pela Administração em prol do particular. É inconstitucional produzir a aplicação de recursos estatais para o pagamento de desapropriação desnecessária ou inútil.

---

[41] Não se trata de revogação, mas de ausência de recepção, uma vez que são leis infraconstitucionais que não foram recepcionadas pela Constituição Federal posterior.

Cap. 11 – PODER DE POLÍCIA ADMINISTRATIVA **409**

A história brasileira é recheada de decisões despropositadas e arbitrárias, que conduziram ao pagamento de indenizações extremamente elevadas em prol de particulares. Em inúmeros casos, o resultado ofendeu o princípio da eficácia administrativa, uma vez que o valor desembolsado pelos cofres públicos não se traduziu em benefícios equivalentes para a sociedade.

É inválida a desapropriação quando o poder expropriante não evidenciar os benefícios resultantes da expropriação ou a disponibilidade de recursos públicos para liquidar a indenização correspondente.

26.9 A proporcionalidade

Tal como se passa em todas as hipóteses de sacrifício de direitos individuais, a desapropriação se sujeita à proporcionalidade. Isso significa a invalidade da desapropriação em que o Estado não evidenciar que essa é a solução adequada e necessária para o cumprimento de suas funções, e a que mais privilegia direitos e valores protegidos constitucionalmente.

26.10 O controle jurisdicional da atividade administrativa

As características autoritárias do Estado brasileiro, anteriores à edição da Constituição de 1988, fundamentavam a preponderância de concepções restritivas do controle jurisdicional da validade dos atos administrativos pertinentes à desapropriação.

Com a Constituição de 1988 e as diversas garantias por ela asseguradas aos particulares, essas restrições foram superadas. Assim e para evidenciar as novas concepções vigentes, pode-se lembrar decisão do STJ, ao julgar o REsp 97.748/RJ, no qual foi afirmado:

"(...) Submete-se ao conhecimento do Poder Judiciário a verificação da validade de utilidade pública da desapropriação e o seu enquadramento nas hipóteses previstas no Decreto-lei n. 3.365. O que refoge ao controle jurisdicional é o juízo valorativo da utilidade pública" (REsp 97.748/RJ, 2.ª T., rel. Min. João Otávio de Noronha, j. 05.04.2005, *DJ* 30.05.2005).

27 O SUJEITO ATIVO DA DESAPROPRIAÇÃO

O sujeito ativo da desapropriação é o Estado, por meio de uma de suas entidades federativas. A Constituição, ao promover a partilha de competências, conferiu aos diversos entes federados o poder para desapropriar. Assim, União, Estados, Distrito Federal e Municípios são todos investidos de poderes para tanto.

27.1 A vinculação às competências federativas

Em princípio, a competência para desapropriar é um instrumento jurídico para a realização das atribuições de que o ente federado é titular. A Constituição reserva exclusivamente à União a competência para promover a desapropriação por interesse social para fins de reforma agrária de imóveis rurais (art. 184).

27.2 A competência estatal privativa

Somente o Estado é investido do poder jurídico para declarar o bem como de utilidade pública ou interesse social para fins de desapropriação. O art. 6.º do Dec.-lei 3.365/1941 determina que a declaração de utilidade pública, para fins de desapropriação, será de titularidade privativa do Chefe do Executivo (ressalvada a possibilidade de o Legislativo adotar essa decisão, tal como se vê no art. 8.º do Dec.-lei 3.365/1941). Isso significa que a desapropriação traduz um juízo político fundamental, cujo exercício é reservado aos representantes do povo.

27.3 A exceção relacionada a obras e serviços relevantes

O art. 3.º do Dec.-lei 3.365/1941, com redação dada pela Lei 14.620/2023, autoriza que a promoção da desapropriação propriamente dita seja atribuída a concessionários de serviços públicos, permissionários, autorizatários, arrendatários, entidades públicas ou que exerçam funções públicas delegadas e particulares contratados pelo poder público para fins de execução de obras e serviços de engenharia sob os regimes de empreitada por preço global, empreitada integral e contratação integrada.

27.4 A delegação de atribuições complementares

Uma vez produzido o ato jurídico privativo do ente federado, admite-se a atribuição a particulares das atividades necessárias à conclusão da expropriação. Por meio de lei ou de ato (inclusive contrato) administrativo, é possível atribuir a outro sujeito a tarefa de promover as medidas de execução do decreto de expropriação, inclusive promovendo a ação judicial de desapropriação, se ela se fizer necessária.

28 O SUJEITO PASSIVO DA DESAPROPRIAÇÃO

O sujeito passivo é, em princípio, um particular, titular do domínio de um bem ou direito necessário à satisfação de uma necessidade coletiva. Admite-se em certas hipóteses a desapropriação de bens de titularidade de outros sujeitos estatais.

São assegurados ao sujeito passivo da desapropriação diversos direitos, que podem ser assim sumariados:

a) observância de um procedimento administrativo anterior à instauração de qualquer litígio, caracterizado pelo contraditório e pela ampla defesa;

b) opor ao poder expropriante todos os argumentos contra a validade e a conveniência da desapropriação, como também quanto ao valor da indenização a ele proposta;

c) receber o pagamento da justa indenização, que deverá fazer-se previamente e em dinheiro, ressalvadas as exceções constitucionais; e

d) preferência para a aquisição do domínio do bem imóvel em caso de inviabilidade ou perda de interesse na sua utilização para fim de interesse coletivo.

Portanto, e como regra, o proprietário expropriado manterá a posse dos bens até que se promova o pagamento da indenização, ressalvadas as exceções permitidas.

29 OS BENS E DIREITOS SUJEITOS À DESAPROPRIAÇÃO

Podem ser objeto de desapropriação os bens e os direitos economicamente avaliáveis, inclusive participações societárias.

29.1 Bens privados

Em princípio, a desapropriação versa sobre bens e direitos na titularidade de sujeitos privados.

29.2 Bens públicos

Mas também se admite a expropriação de bens públicos (art. 2.º, § 2.º e § 2.º-A, do Dec.-lei 3.365/1941). Como regra, é exigida a autorização legislativa, a ser produzida na órbita federativa que produzir a desapropriação. A União pode expropriar bens públicos dos demais entes federados. Os Estados podem desapropriar os bens públicos dos Municípios. Mas, segundo o texto legal, a recíproca não é verdadeira. A autorização legislativa é dispensada quando existir acordo entre os entes federados, exigindo-se a definição legislativa quanto às responsabilidades financeiras pelas indenizações pertinentes.

Essa diferenciação não é compatível com a Constituição de 1988, que determina que a federação importa igualdade entre todos os entes federativos (art. 19, III).

No entanto, há orientação do STF em sentido distinto, tal como se vê no julgado adiante:

> "(...) 2. Decreto expropriatório 73.892/2012, do Estado do Rio de Janeiro. 3. Impossibilidade de desapropriação, por Estado Membro, de bem integrante do patrimônio da União. Precedente: RE 172.816/RJ" (AgRg na ACO 2.162/SP, Pleno, rel. Min. Gilmar Mendes, j. 21.8.2020, *DJe* 22.10.2020).

29.3 Propriedade imaterial

Direitos personalíssimos não podem ser desapropriados. Os direitos da propriedade industrial podem ser objeto de desapropriação no tocante à utilização econômica. Assim, uma patente de invenção pode ser objeto de desapropriação, mas isso não transfere a autoria do invento para o ente expropriante.

29.4 Impossibilidade de expropriação de competência alheia

Por outro lado, não é cabível uma pessoa política promover a desapropriação das ações de concessionária de serviço público de titularidade de outro ente político. Isso equivaleria a frustrar a discriminação legal ou constitucional dos serviços públicos. Assim, se a União outorgou concessão a uma empresa para a prestação de determinado serviço público, a desapropriação pelo Estado das ações representativas do capital da concessionária equivaleria à assunção da prestação do serviço. Essa solução não pode ser imposta por um ente federativo a outro, o que se confirma, inclusive, pela regra do art. 27 da Lei 8.987/1995.[42]

30 PRESSUPOSTOS FORMAIS DA DESAPROPRIAÇÃO

A desapropriação depende da presença de certos pressupostos.

30.1 A autorização orçamentária

A desapropriação está sujeita ao princípio da autorização orçamentária, contido no art. 167, I e II, da Constituição, que exige que os programas e projetos estejam incluídos na lei orçamentária anual e que veda a realização de despesas ou a assunção de obrigações diretas que excedam os créditos orçamentários. É evidente que, prevendo-se o pagamento da indenização no futuro, será indispensável constar a previsão dessa despesa no plano plurianual. Essa solução deriva do art. 165, § 1.º, da Constituição.

---

[42] O dispositivo determina que "a transferência de concessão ou do controle societário da concessionária sem prévia anuência do poder concedente implicará a caducidade da concessão".

A mesma interpretação pode ser extraída do art. 16, § 4.º, II, da Lei de Responsabilidade Fiscal (LC 101/2000), que subordina ao *caput* do artigo a desapropriação de imóveis urbanos, autorizada no art. 182, § 3.º, da Constituição.

30.2 A autorização legislativa

Isso significa a invalidade de desapropriação sem autorização legislativa, a qual deverá constar da lei orçamentária. Também deverá haver a autorização legislativa quando determinado ente da Federação deliberar desapropriar bem ou direito de titularidade de outro ente federativo.

Mas o § 2.º-A do art. 2.º do Dec.-lei 3.365/1941 (incluído pela Lei 14.620/2023) dispensou a autorização legislativa "quando a desapropriação for realizada mediante acordo entre os entes federativos, no qual serão fixadas as respectivas responsabilidades financeiras quanto ao pagamento das indenizações correspondentes".

30.3 Empresas sujeitas a autorização federal

Por outro lado, quando se tratar de desapropriação de participação societária no capital de empresas cujo funcionamento pressuponha autorização federal, a desapropriação dependerá de manifestação formal de concordância do Presidente da República. Assim está disposto no art. 2.º, § 3.º, do Dec.-lei 3.365/1941.

"É necessária prévia autorização do Presidente da República para desapropriação, pelos Estados, de empresa de energia elétrica" (Súmula 157 do STF).

31 A CHAMADA DESAPROPRIAÇÃO POR ZONA

A desapropriação por zona se configura quando o ato expropriatório versa sobre uma área imóvel ampla, destinada não apenas à implantação de determinado empreendimento, mas também a assegurar ao expropriante o domínio sobre os bens adjacentes. Nesses casos, prevê-se que a satisfação da necessidade, que se sucederá à expropriação, produzirá a valorização das áreas contíguas. Logo, promove-se a desapropriação também dessas áreas para evitar que os particulares se apropriem desse benefício.

31.1 A superação da controvérsia sobre a validade da hipótese

No passado, questionava-se a validade da desapropriação por zona, especialmente mediante a invocação da tredestinação ilícita, e se pretendia aplicar o instituto da retrocessão. Mas a desapropriação por zona não obriga à retrocessão, porque o ato expropriatório determina, desde logo, a abrangência da área desapropriada.

No presente, não há dúvidas sobre a validade da solução, em vista da concepção de eficiência econômica que deve nortear a atividade administrativa. Exige-se que a Administração Pública implemente soluções de atendimento às necessidades coletivas em termos econômicos racionais, o que significa a redução dos encargos e a ampliação das vantagens.

31.2 A eventual implantação de soluções integradas

Em muitas hipóteses, a implementação dos equipamentos sociais ou dos serviços públicos preconizados pode ser promovida com ônus menores para os cofres públicos na medida em que se promovam soluções integradas. Isso significa o aproveitamento por parte do Estado das oportunidades empresariais conexas ou acessórias. Então, a execução da infraestrutura necessária à satisfação do interesse coletivo poderá ser custeada com recursos provenientes de outros empreendimentos empresariais conexos. A desapropriação por zona é o instrumento jurídico que permite ao Estado promover a solução dotada de maior eficiência econômica.

31.3 A assunção do empreendimento pela iniciativa privada

Se o Estado não promover diretamente essa solução integrada, a oportunidade econômica poderá ser atribuída à iniciativa privada. Em tais casos, os particulares embolsarão as vantagens acessórias, em vez de o Estado o fazer – solução que corresponde à negação dos imperativos da democracia republicana.

31.4 A reversão dos benefícios para a modicidade tarifária

Essa disciplina constitucional traduz-se, inclusive, na regra do art. 11 da Lei Geral de Concessões (Lei 8.987/1995), que faculta a possibilidade de o concessionário de serviço público ser autorizado a obter rendas provenientes de fontes alternativas. Entre essas fontes, será admissível a exploração comercial de espaços relacionados com a implementação do serviço público. Isso poderá abranger, inclusive, a desapropriação por zona.

31.5 A utilização para concessão urbanística

A desapropriação por zona é um instrumento fundamental para a implementação de outras soluções para captar investimentos destinados a enfrentar dificuldades das grandes cidades.

O parágrafo único do art. 4.º do Dec.-lei 3.365/1941 (com redação da Lei 14.620/2023) consagrou regras compatíveis com as soluções empresariais adotadas mais recentemente (inclusive a concessão urbanística, figura examinada no Capítulo 12). Admite-se que a área expropriada seja utilizada para fins de renovação urbanística, parcelamento ou reparcelamento do solo, atribuindo-se a um concessionário privado a receita proveniente da exploração imobiliária ou da revenda.

31.6 A contribuição de melhoria

O Estado dispõe de competência tributária para, por meio de contribuição de melhoria, apropriar-se da valorização imobiliária proveniente de execução de obra pública (CF/1988, art. 145, III). Mas o instrumento tributário não é excludente de outras soluções.

Há casos em que a determinação do montante exato da valorização gerará disputas intermináveis – aliás, essa é uma experiência comum (e muito negativa) no tocante às tentativas de cobrança de contribuição de melhoria. Acrescente-se que a desapropriação por zona não apenas produz a transferência ao Estado da mais-valia gerada por obras públicas, mas também propicia atuação mais ampla sobre regiões em que se implantam novos projetos.

32 O DIREITO DE EXTENSÃO

Há hipóteses em que a desapropriação versa apenas sobre uma parcela do imóvel privado – a parte necessária à satisfação das necessidades que justificam e legitimam o ato expropriatório. Pode ocorrer que a parte remanescente do bem se torne inútil ou de difícil utilização. Nesse caso, é assegurado ao particular o direito de extensão da desapropriação às frações do imóvel que se tornarão inúteis ou de difícil utilização.

Em se tratando de desapropriação amigável, o particular deverá exercitar o direito de extensão na instância administrativa. Se a desapropriação for judicial, caberá o seu exercício na contestação – ainda que seja plenamente cabível que o particular invoque esse direito já por ocasião da formulação do pedido de imissão provisória na posse pela Administração.

Reconhecidos os pressupostos da existência do direito de extensão, a desapropriação incidirá não apenas sobre a área necessária à satisfação do interesse perseguido pela Administração. Também compreenderá as parcelas que seriam tornadas inúteis ou de difícil utilização. Evidentemente, a indenização deverá abranger a integralidade da área desapropriada (aquela necessária à satisfação da necessidade ou utilidade pública ou interesse social acrescida daquela que seria tornada inútil ou de difícil utilização).

33 O REGIME DE DIREITO PROCESSUAL DO INSTITUTO DA DESAPROPRIAÇÃO

Há variações procedimentais em vista da espécie de desapropriação de que se trate. As regras processuais (administrativas e jurisdicionais) atinentes à desapropriação por necessidade ou utilidade pública são diversas das pertinentes à desapropriação por interesse social. Mas, na essência, é possível reconhecer um regime jurídico básico, comum a ambas as hipóteses.

34 A DECRETAÇÃO DE UTILIDADE OU NECESSIDADE PÚBLICA OU INTERESSE SOCIAL

A desapropriação é um ato unilateral, destituído de cunho consensual. Mas isso não significa a irrelevância da participação do particular expropriado na produção da desapropriação.[43]

Uma das principais manifestações da garantia reconhecida ao particular expropriado é a necessidade de observância do devido processo legal, o que está imposto no art. 5.º, LIV e LV, da Constituição.

A garantia do devido processo legal afasta a possibilidade de decisões arbitrárias, reflexo de escolhas subjetivas, irracionais ou inconsequentes, tal como impõe a produção da desapropriação como resultado da atuação conjugada de todos os envolvidos.

34.1 O processo administrativo prévio

Atribuir a competência expropriatória ao Estado não implica negar a titularidade de direitos subjetivos ao particular. É inválida a desapropriação que não for iniciada por um processo administrativo prévio em que a Administração Pública identifique objetivamente:

- a adequação e a necessidade do bem a ser expropriado para satisfazer necessidades coletivas;
- a apuração do valor de indenização a ser pago; e
- os encargos a que deve satisfazer e os recursos econômico-financeiros de que dispõe.

A exigência do processo administrativo anterior à desapropriação decorre da gravidade dos efeitos do ato expropriatório. Esse processo administrativo subordina-se aos princípios e regras genéricos.

---

[43] Aliás, não há qualquer novidade nessa consideração. No direito processual, não há dúvida quanto a ser a sentença um ato estatal unilateral, cuja validade depende da observância do devido processo legal, em que seja assegurada ao interessado a participação ampla e irrestrita.

34.2 O decreto de desapropriação

O procedimento prévio se conclui por um decreto de utilidade ou necessidade pública ou de interesse social, para fins de desapropriação.

Em princípio, trata-se de competência administrativa, privativa do Chefe do Poder Executivo do ente político expropriante (Dec.-lei 3.365/1941, art. 6.º; LC 76/1993, art. 2.º). Mas o art. 8.º do Dec.-lei 3.365/1941 autoriza o Poder Legislativo a "tomar a iniciativa da desapropriação", dispositivo que propicia uma disputa teórica sobre os limites da separação de Poderes. Em princípio, cabe reputar que a competência para desapropriar apresenta natureza administrativa. Logo, não seria facultado ao Poder Legislativo promover a declaração de utilidade ou necessidade pública ou de interesse social do bem para fins de desapropriação. Portanto, deve-se entender que será inválido o ato do Poder Legislativo que pretender substituir-se à atuação do Poder Executivo, desencadeando a desapropriação.

34.3 Decreto expropriatório como ato administrativo comum

O decreto expropriatório é um ato administrativo como qualquer outro, cuja existência e validade serão examinadas segundo os preceitos comuns. Portanto, sujeita-se aos instrumentos de controle usuais, sem qualquer peculiaridade.[44]

34.4 Efeitos do decreto de desapropriação

O decreto de desapropriação não produz a extinção da propriedade privada, nem restringe a posse do particular. Os efeitos jurídicos do decreto são os seguintes:

a)   permite o início da fase de desapropriação propriamente dita, seja amigável, seja jurisdicional;

b)   autoriza os agentes competentes a ingressar nos prédios compreendidos na declaração de desapropriação, podendo recorrer, em caso de oposição, ao auxílio de força policial, mediante autorização judicial (Dec.-lei 3.365/1941, art. 7.º; LC 76/1993, art. 2.º, § 2.º);

c)   desencadeia o decurso do prazo para ser promovida a ação de desapropriação; e

d)   sujeita o expropriado a pleitear ao poder expropriante autorização para introduzir benfeitorias úteis, sob pena de não serem indenizadas.

Se, no curso de exames e inspeções, a autoridade pública ou seus representantes acarretarem qualquer dano ao expropriado, caberá indenização correspondente (sem prejuízo de eventual ação penal).

Insista-se que o decreto de utilidade pública ou de interesse social, para fins de desapropriação, gera a mera perspectiva da desapropriação, cujo aperfeiçoamento depende de fatos supervenientes.

"Verificados os pressupostos legais para o licenciamento da obra, não o impede a declaração de utilidade pública para desapropriação do imóvel, mas o valor da obra não se incluirá na indenização, quando a desapropriação for efetivada" (Súmula 23 do STF).

---

[44]   "Como ato administrativo discricionário, não pode ser examinado pelo Judiciário quanto ao momento de sua edição ou quanto à declaração da necessidade pública, utilidade pública ou interesse social. Mas, sem dúvida, pode ser examinado quanto aos aspectos de legalidade, a exemplo do desvio de poder" (GASPARINI. *Direito administrativo*, 17. ed., p. 941).

34.5 Natureza constitutiva do decreto

Costuma-se afirmar que o decreto tem natureza *declaratória*, mas assim não é. O decreto de utilidade ou necessidade pública ou de interesse social também apresenta eficácia de natureza *constitutiva*.[45] Seus efeitos se produzem a partir da data de publicação, e seria um equívoco imaginar que se trata da mera *declaração* de um interesse preexistente. Sem o decreto, não há nem sequer a possibilidade de a desapropriação chegar a ser formalizada. Mas afirmar a natureza constitutiva do decreto não significa afirmar que a desapropriação se aperfeiçoa por meio dele. O decreto institui um novo regime jurídico até então não aplicável.

34.6 Conteúdo do decreto

É indispensável que o decreto explicite, de modo preciso e claro, o interesse a ser satisfeito por meio da desapropriação do bem, inclusive para o fim de comprovar a ausência de outra solução dotada de menor lesividade – tanto ao interesse privado como aos cofres públicos.

Não basta uma fórmula genérica (tal como "é declarada utilidade pública, para fins de desapropriação"). Essa solução talvez fosse compatível com a ordem jurídica não democrática anterior à Constituição de 1988. Perante ela, configura ato arbitrário e inválido.

Ademais disso, o decreto de desapropriação deverá indicar os recursos e as soluções cogitadas para a liquidação da desapropriação.

34.7 A vinculação do decreto ao elenco legal

O decreto de utilidade pública ou interesse social não traduz a pura e simples exteriorização do poder de império estatal. Não se trata de promover a desapropriação invocando, pura e simplesmente, a competência para tanto.

34.7.1 A delimitação dos motivos autorizadores da desapropriação

A validade da decretação de utilidade pública ou interesse social depende da invocação de uma situação fática que se configure como *causa jurídica hábil* a acarretar, como efeito, a desapropriação do bem. As leis que disciplinam a desapropriação contemplam um elenco exaustivo de causas autorizadoras.

Portanto, é nula a decretação de utilidade pública ou de interesse social que omita referência aos fatos pertinentes e que não contemple a qualificação jurídica pertinente.

Mais ainda, a declaração de utilidade pública ou de interesse social deverá refletir os fatos apurados no procedimento administrativo anterior.

34.7.2 Os motivos para desapropriação por utilidade pública

Quanto à desapropriação por utilidade pública, o art. 5.º do Dec.-lei 3.365/1941 contempla um elenco de dezesseis hipóteses. A validade do decreto expropriatório dependerá da invocação e existência de um desses "motivos determinantes".[46] Não basta a mera invocação genérica de uma das cláusulas legais. Assim, por exemplo, não basta desapropriar invocando a "segurança

---

[45] Sobre os efeitos constitutivos do decreto de desapropriação, confira-se julgado do TCU, Acórdão 1.304/2019, 2.ª Câm., rel. Min. Marcos Bemquerer, j. 26.02.2019.

[46] A teoria dos motivos determinantes, cuja aplicação foi reputada superada de modo genérico, aplica-se ao caso por força de explícita determinação legal.

nacional". É indispensável expor um vínculo concreto e definido entre a utilização futura do bem a ser expropriado e a satisfação da necessidade pública.

34.7.3   Os motivos para a desapropriação por interesse social

Quando se tratar de desapropriação por interesse social, o decreto deverá indicar a ocorrência de descumprimento da função social da propriedade, evidenciada em vista de fatos apurados no procedimento administrativo prévio.

34.8   O controle de validade do decreto expropriatório

Por fim, o decreto expropriatório pode ser controlado tal como todos os demais atos administrativos. Configura-se a sua invalidade inclusive nas hipóteses de desvio de finalidade.

Um exemplo clássico verificou-se num grande município brasileiro, em que o prefeito municipal decretou a expropriação da residência privada de um desafeto político, invocando a necessidade de implantação de uma creche para crianças carentes. O Poder Judiciário proclamou a invalidade do decreto expropriatório. É evidente que a desapropriação não pode ser utilizada como instrumento para afastar ou prejudicar inimigos, impedir o desempenho de atividades ou neutralizar os opositores ao governante.

34.9   O controle por meio de mandado de segurança

A validade do decreto declaratório de utilidade pública ou de interesse social sujeita-se ao controle jurisdicional, inclusive por meio de mandado de segurança.

As concepções anteriores à Constituição Federal de 1988, que rejeitavam o controle jurisdicional da validade do ato administrativo declaratório de utilidade pública ou interesse social, decorriam de uma concepção autoritária e não democrática de Estado. Qualquer fundamento para defender essa orientação deixou de existir depois da vigência da atual Constituição.

Lembre-se que a desapropriação é uma das manifestações mais intensas da decantada *supremacia do interesse público*. Em assim sendo, é inquestionável a necessidade de justificativa clara e completa para a promoção da desapropriação. Mais ainda, o ato expropriatório se sujeita a controle tão amplo e tão profundo quanto qualquer outro ato administrativo.

Em outras palavras, não tem cabimento admitir que todos os atos administrativos sejam submetidos ao controle jurídico, mas que a desapropriação estaria imune ao exame dos órgãos competentes para verificar a regularidade e a legitimidade dos atos estatais. Até se poderia afirmar que a gravidade da desapropriação exige um controle mais completo.

34.10   Caducidade do decreto

Há prazo para ser exercitada a ação de desapropriação, sob pena de caducidade do decreto. Esse prazo será de cinco anos para a desapropriação por utilidade pública (art. 10 do Dec.-lei 3.365/1941) ou de dois anos para a desapropriação por interesse social (art. 3.º da LC 76/1993). A ausência do ajuizamento da ação configura a caducidade do decreto, o que não impede que outro seja produzido, desde que respeitado o intervalo mínimo de um ano.

35   O PROCEDIMENTO ADMINISTRATIVO POSTERIOR AO DECRETO

Emitido o decreto expropriatório, a Administração Pública poderá promover os atos subsequentes, destinados a formalizar a desapropriação propriamente dita.

35.1 A avaliação da validade e conveniência pela Administração

Isso envolve a convocação do particular para um processo administrativo norteado pelas garantias constitucionais, em que poderão ser discutidos todos os temas pertinentes – inclusive a validade do decreto expropriatório. Aplicam-se ao caso as regras indicadas no capítulo atinente ao processo administrativo e à procedimentalização.

Caberá determinar o valor da indenização devida, o que se faz segundo os parâmetros apontados adiante. De todo modo, a questão se sujeita ao acordo entre as partes sobre o valor devido.

A Administração Pública promoverá ato decisório, em que analisará todos os argumentos apresentados. Se ficar evidenciada a nulidade ou a inconveniência do decreto expropriatório, a Administração Pública terá o dever de pronunciar a sua nulidade ou promover a sua revogação. Se for o caso de manutenção do decreto, deverá ser fixada a indenização devida ao particular.

35.2 Atos complementares e a desapropriação administrativa

Se o particular reputar que o valor apurado corresponde ao montante apropriado, manifestará sua concordância. Nas hipóteses em que é obrigatória a indenização prévia e em dinheiro, o poder expropriante deverá promover a sua liquidação. Nos outros casos, será necessária a emissão e entrega ao particular dos títulos representativos da dívida pública. Aperfeiçoa-se, então, a desapropriação – designada, nesse caso, como amigável.

A concordância do particular não atribui natureza consensual à desapropriação. Existirão dois atos jurídicos unilaterais distintos e não um contrato. Haverá o ato administrativo unilateral de expropriação e a concordância do particular quanto ao valor oferecido. O fundamental reside na regra vinculando a desapropriação ao pagamento da justa indenização.

35.3 O recurso à arbitragem e à mediação

O art. 10-B do Dec.-Lei 3.365/1941 (com a alteração da Lei 13.867/2019) previu a alternativa de, em caso de discordância sobre o valor da indenização, as partes recorrerem à mediação ou à arbitragem.

Sendo avençada a arbitragem, deve-se reputar que as partes ficarão vinculadas ao valor reconhecido na sentença arbitral.

35.4 O aperfeiçoamento da desapropriação

Atingido um acordo e paga a indenização devida, aperfeiçoa-se a desapropriação, produzindo-se a extinção do domínio do particular e o surgimento da propriedade em prol do poder expropriante.

Em se tratando de imóveis, deverá ser promovida a matrícula dos documentos comprobatórios das formalidades no registro imobiliário. Mas a inscrição no registro imobiliário não tem cunho constitutivo de direitos. O pagamento da indenização será suficiente para promover a extinção do domínio privado e o surgimento do domínio do expropriante.

Disso decorre que, se houver ato de alienação do imóvel depois de formalizada a indenização e antes de promovida a nova matrícula, o ato terá sido praticado *a non domino*, não gerando efeitos reais.[47]

---

[47] O que não eliminará o direito do pretenso adquirente de responsabilizar a Administração Pública pela omissão de promover imediatamente a matrícula e evitar, desse modo, os equívocos de terceiros de boa-fé.

Cap. 11 – PODER DE POLÍCIA ADMINISTRATIVA **419**

36 O PROCESSO JUDICIAL (DESAPROPRIAÇÃO JUDICIAL)

Se o particular opuser-se à pretensão da Administração, o aperfeiçoamento da desapropriação dependerá de sentença judicial ou, nos casos em que for exigido o pagamento prévio da justa indenização, da sua efetiva liquidação.

36.1 Ação de desapropriação

O procedimento da ação expropriatória está determinado nas leis especiais, aplicando-se supletivamente o Código de Processo Civil.

36.1.1 As condições da ação e os pressupostos processuais

Na petição inicial da ação de desapropriação, o poder expropriante pleiteará provimento jurisdicional de natureza constitutiva que decrete a extinção do domínio do expropriado e o surgimento do domínio do expropriante. A inicial deve formular uma estimativa da indenização, que será fixada por sentença.

Cabe ao Poder Judiciário verificar, de ofício, a presença dos pressupostos de validade da desapropriação. Se o decreto expropriatório não preencher os requisitos legais, caberá indeferir liminarmente a inicial.

36.1.2 A não recepção da previsão limitadora do controle judicial

É incompatível com a Constituição de 1988 a regra contemplada no art. 9.º do Dec.-lei 3.365/1941, que estabeleceu: "Ao Poder Judiciário é vedado, no processo de desapropriação, decidir se se verificam ou não os casos de utilidade pública".

36.1.3 A não recepção da previsão limitadora da ampla defesa

Por igual, não é compatível com o princípio da ampla defesa a determinação do art. 20, no sentido de que "a contestação só poderá versar sobre vício do processo judicial ou impugnação do preço; qualquer outra questão deverá ser decidida por ação direta". O dispositivo não foi recepcionado pela CF/1988.

36.2 A imissão provisória na posse

Admite-se que o poder expropriante, em hipóteses de urgência, pleiteie a imissão provisória na posse, mediante depósito da indenização estimada.

36.2.1 A excepcionalidade da imissão provisória na posse

Rigorosamente, até se poderia cogitar da inconstitucionalidade da figura da imissão provisória na posse. Afinal, a Constituição estabelece que a transferência do domínio depende do pagamento de indenização prévia e justa, em dinheiro. Se for reconhecida a imissão na posse, mesmo que provisória, como irreversível – acarretando a incorporação definitiva do bem expropriado no patrimônio público –, a lei estaria assegurando algo que a Constituição vedou. Quando muito, poder-se-ia adotar uma interpretação conforme para os dispositivos do Dec.-lei 3.365/1941. Anote-se que a orientação jurisprudencial, todavia, é diversa.

A imissão provisória na posse somente é admissível em situação excepcional, em que se evidencie a sua necessidade para a satisfação de necessidades concretas e determinadas,

CURSO DE DIREITO ADMINISTRATIVO · *Marçal Justen Filho*

indicadas de modo preciso pelo expropriante. Sob um certo ângulo, a imissão provisória na posse apresenta uma natureza cautelar: admite-se a sua adoção quando a previsível delonga no processo expropriatório gerar risco de perecimento de interesses. Aplica-se a proporcionalidade, o que envolve demonstrar a ausência de solução menos lesiva ao interesse do expropriado.

36.2.2   A declaração de urgência

Para pleitear a imissão provisória, o poder expropriante deve declarar formalmente a urgência, o que poderá estar contemplado no corpo do decreto de desapropriação ou não. Se a declaração de urgência não constar do corpo do referido decreto, o poder expropriante poderá, a qualquer tempo, mesmo depois de iniciado o processo judicial expropriatório, decretar a urgência e pedir a imissão provisória.

36.2.3   O prazo de caducidade da declaração de urgência

Uma vez produzida a declaração de urgência, o poder expropriante disporá de 120 dias para requerer a imissão provisória. Decorrido esse prazo sem o requerimento, ficará preclusa a faculdade de obter a imissão provisória, e será vedada sua renovação (Dec.-lei 3.365/1941, art. 15, §§ 2.º e 3.º).

36.3   O valor a ser depositado a título de indenização

A imissão provisória na posse depende não apenas da comprovação da urgência. É indispensável que o expropriante promova o depósito do valor da indenização calculado segundo parâmetros que evidenciem a sua adequação. Devem ser apresentados estudos e pareceres, fundados em trabalhos periciais confiáveis, indicando que o valor ofertado se aproxima da indenização devida.

36.3.1   A incidência da garantia do devido processo

A garantia constitucional do art. 5.º, LIV e LV, tornou inviável a Administração Pública impor uma avaliação unilateral dos bens. O valor proposto em juízo deverá resultar de um processo administrativo, para o qual o particular deve ter sido convidado a participar.

36.3.2   O descabimento de oferta destituída de comprovação satisfatória

Não é compatível com a ordem jurídica que a Administração apresente estimativas irrisórias, ainda que mediante prévio processo administrativo. Se houver defeitos e inconsistências na avaliação produzida pela Administração, o interessado poderá apontá-los ao juiz, o qual deverá se pronunciar sobre o tema.

36.3.3   O ônus da prova do valor do bem

A entidade expropriante se subordina ao ônus de comprovar que o valor oferecido atende à exigência da justa indenização. É insuficiente a afirmação unilateral da Administração Pública de que o valor da indenização por ela calculado corresponde à solução justa. É imprescindível que sejam apresentados elementos comprobatórios do valor do bem a ser desapropriado.

36.3.4   A ausência de incidência da presunção de legitimidade

A gravidade dos efeitos da desapropriação e a incidência de garantias constitucionais explícitas, relacionadas à proteção de direito fundamental do expropriado, afastam a incidência da presunção de legitimidade do ato administrativo de estimativa do valor da indenização devida ao particular.

A CF/1988 determinou que a desapropriação, existindo controvérsia, depende de pagamento de indenização justa, a ser determinada por sentença judicial. Daí se extrai a ausência de qualquer eficácia diferenciada do ato administrativo de avaliação do bem. O sujeito expropriante exerce o direito de ação para obter provimento jurisdicional de tutela à sua pretensão. Incumbe-lhe, por isso, produzir prova quanto aos fatos constitutivos de seu direito. Entre eles, encontra-se a prova quanto à correção do valor ofertado a título de indenização.

36.3.5 A comprovação objetiva da adequação do valor ofertado

O valor ofertado pelo poder expropriante comporta questionamento, mesmo como condição prévia ao deferimento da imissão provisória na posse. A seriedade dos efeitos da perda da posse relativamente ao expropriado autoriza que seja instaurado um contraditório já nessa fase inicial do processo, de modo a avaliar a satisfatoriedade do valor oferecido.

36.4 O deferimento da imissão provisória na posse

Se estiverem presentes os pressupostos, inclusive no tocante ao cabimento da desapropriação e quanto à oferta de valor compatível com a justa indenização, caberá a decisão judicial de imissão provisória.

Na sequência, o particular será autorizado a levantar até 80% do valor depositado desde que prove a propriedade, a quitação de dívidas fiscais que recaiam sobre o bem expropriado, e a publicação de editais, com o prazo de 10 dias, para conhecimento de terceiros (de modo a assegurar que formulem os pleitos pertinentes à titularidade do imóvel ou aos valores de indenização).

36.5 As implicações da imissão provisória na posse

A imissão provisória na posse gera implicações jurídicas relevantes para a Administração Pública.

A imissão provisória na posse significa que o expropriado, que permanece titular da propriedade até a conclusão do processo, deve ser indenizado pela inviabilidade de continuar a usar e fruir do bem. Essa indenização será calculada sobre a diferença entre o valor oferecido para fundamentar a imissão provisória e aquele que vier a ser determinado na sentença como justa indenização.

Logo, o expropriante será obrigado a pagar a indenização correspondente ao valor do domínio do bem *mais* a indenização pela utilização desse bem no período entre a imissão provisória e a extinção do domínio.

Isso pode implicar a elevação significativa do valor total da indenização devida ao expropriado. Por isso, a imissão provisória na posse deve ser evitada tanto quanto possível e o valor oferecido inicialmente deve ser o mais próximo da justa indenização.

"Não contraria a Constituição o art. 15, § 1.º, do Decreto-lei 3.365/1941 (Lei da Desapropriação por Utilidade Pública)" (Súmula 652 do STF).

"Nas desapropriações por utilidade pública, não obstante o contido no art. 15, § 1.º, do Dec.--lei 3.365/1941, exige-se a avaliação judicial prévia ao deferimento na imissão provisória da posse do imóvel" (Súmula 28 do TJPR).

422 CURSO DE DIREITO ADMINISTRATIVO · *Marçal Justen Filho*

36.6 Ainda a questão do interesse público

Cabe um acréscimo específico, relacionado com a invocação indiscriminada da supremacia do *interesse público* para o deferimento de imissão provisória na posse. Não é incomum que se adote esse argumento e se remeta o particular à obtenção da justa indenização por meio de um processo judicial.

Quanto a isso, é imperioso destacar a trágica experiência da Administração Pública relativamente a condenações elevadíssimas em ações de desapropriação. A ausência de controle sobre a dimensão do valor da indenização a ser arcada pelos cofres públicos redunda em situações danosas ao mesmo *interesse público*. Invocar o interesse público para ter a posse de um bem e ser condenado como decorrência a pagar indenização vultosíssima, incompatível com os recursos estatais, não se afigura como a solução mais apropriada.

Por isso, o controle da compatibilidade da desapropriação com a efetiva promoção do chamado *interesse público* deve ser realizado já no momento inicial da propositura da ação. Não se pode conceber que o Poder Judiciário se omita no exame concreto da consistência da invocação do interesse público – o que envolve um juízo de compatibilidade entre a indenização a ser paga e os recursos públicos disponíveis. Se o ente expropriante não dispõe de condições nem sequer para o pagamento das despesas correntes, não se pode admitir que a desapropriação tenha curso sem uma estimativa realista e concreta quanto aos valores que serão devidos ao particular expropriado.

Enfim, se esse controle tivesse sido implementado no passado, é muito provável que os cofres públicos não tivessem sido onerados com o pagamento de indenizações gigantescas – que geraram passivos quase impossíveis de liquidação por parte dos entes estatais.

36.7 A imissão provisória na posse de imóveis residenciais

O Dec.-lei 1.075/1970 disciplinou a imissão provisória na posse de imóveis residenciais para evitar situações de grande lesividade ao interesse individual. Subordinou a imissão provisória a uma discussão prévia em juízo sobre o valor a ser ofertado, com a possibilidade de que o deferimento seja subordinado à complementação desse valor.

A edição desse diploma se coadunou com a época em que foi produzido. Considerando o sistema constitucional ora vigente, é necessário entender que as normas constantes do aludido decreto-lei devem ser aplicadas em todas as hipóteses de imissão provisória na posse, na medida em que assim o repute adequado o magistrado. Essa aplicação deverá ocorrer especialmente quando o poder expropriante deixar de justificar apropriadamente o preço ofertado (especialmente em caso de ausência de prévio procedimento administrativo de avaliação).

37 A APURAÇÃO DA JUSTA INDENIZAÇÃO

O processo judicial terá seguimento, adotado o procedimento ordinário. Serão produzidas todas as provas, dentre as quais avulta em importância a pericial. Na ação de desapropriação, busca-se determinar a justa indenização.

37.1 A garantia constitucional da justa indenização

A Constituição assegura ao desapropriado a percepção de indenização justa – garantia aplicável mesmo nos casos em que o pagamento não deva ocorrer previamente em dinheiro. A justa indenização corresponde ao valor venal do bem. Ou seja, o valor devido será aquele que

Cap. 11 – PODER DE POLÍCIA ADMINISTRATIVA **423**

o particular obteria se o bem fosse vendido no mercado.[48] Deverão ser promovidas avaliações destinadas a identificar as condições e circunstâncias próprias do bem e a apurar o valor de operações de mercado envolvendo bens similares.

A sentença poderá conhecer amplamente de todas as questões, inclusive no tocante à ausência dos pressupostos de existência e de validade do decreto expropriatório. Se concluir pela presença desses pressupostos, fixará o valor da indenização.

37.2   A determinação do valor dos bens

A indenização deve abranger o valor do bem e das eventuais benfeitorias realizadas antes do decreto expropriatório.

37.2.1   A abrangência de benfeitorias

Quanto àquelas executadas depois do decreto expropriatório, somente serão abrangidas na indenização as benfeitorias necessárias e as úteis que tenham sido autorizadas pelo expropriante. Presume-se que o expropriado poderá levantar as benfeitorias voluptuárias executadas depois de editado o decreto.

37.2.2   A data-base da avaliação

A jurisprudência tradicional entendia que a perícia deve determinar o valor dos bens expropriados *à época em que realizada*, sem tomar em vista as circunstâncias existentes no momento em que foi emitido o decreto de expropriação ou naquele em que se verificou a perda da posse.

Isso significava que o decurso do tempo entre o início da ação de desapropriação e a data da realização da perícia pode gerar sérias distorções, especialmente quando a Administração tiver introduzido inovações aptas a elevar o valor dos bens.

Mas o STJ tem se inclinado a rejeitar indenização que abranja valorização imobiliária verificada em momento posterior ao ajuizamento da ação. Nesse sentido:

> "(...) 3. A jurisprudência deste STJ já se consolidou pela contemporaneidade do valor da indenização com a data da pericial, critério que somente pode ser excepcionado quando houver grande lapso temporal entre a imissão da posse e a prova técnica, e ainda, grande valorização imobiliária injustificada" (REsp 1.306.051/MA, 1.ª T., rel. Min. Napoleão Nunes Maia Filho, j. 8.5.2018, *DJe* 28.5.2018).

37.3   A questão da correção monetária do valor apurado na perícia

Como visto, a perícia destina-se a apurar o valor contemporâneo dos bens expropriados. A partir da data-base adotada pela perícia para a avaliação, promove-se a atualização do valor da indenização.

37.4   A incidência de juros compensatórios e moratórios

O valor da indenização compreenderá a incidência de juros compensatórios na hipótese de desapossamento antecipado do bem. Se tiver ocorrido a imissão provisória na posse, os juros

---

[48]   Segundo o art. 12 da Lei 8.629/1993, que disciplina a desapropriação por interesse social, "considera-se justa a indenização que reflita o preço atual de mercado do imóvel em sua totalidade, aí incluídas as terras e acessões naturais, matas e florestas e as benfeitorias indenizáveis".

compensatórios incidirão sobre a diferença entre o valor da indenização e o valor depositado como pressuposto do apossamento antecipado.

No julgamento da ADI 2.332, o STF conferiu interpretação conforme a Constituição ao art. 15-A do Dec.-lei 3.365/1941, fixando a seguinte tese: "(ii) A base de cálculo dos juros compensatórios em desapropriações corresponde à diferença entre 80% do preço ofertado pelo ente público e o valor fixado na sentença" (ADI 2.332/DF, Pleno, rel. Min. Roberto Barroso, j. 17.05.2018, *DJe* 15.04.2019).

Incidem os juros moratórios sobre o montante total a partir do trânsito em julgado da decisão.

Uma análise mais detalhada sobre o regime jurídico dos juros encontra-se no Capítulo 19 deste *Curso*.

38   O PAGAMENTO DA INDENIZAÇÃO MEDIANTE PRECATÓRIO JUDICIAL

Segundo o art. 100 da CF/1988, a execução da sentença judicial transitada em julgado, condenatória da Fazenda Pública ao pagamento de uma quantia certa em dinheiro, obedece a uma sistemática específica, tal como examinado no Capítulo 19. Existem algumas peculiaridades quanto aos precatórios atinentes à desapropriação, mas o tema apenas pode ser compreendido no âmbito de uma exposição mais específica, que compreenda todas as peculiaridades abrangidas na figura – o que ultrapassa os limites da presente obra.

39   A COMPLEMENTAÇÃO DO VALOR OFERTADO INICIALMENTE

O deferimento da imissão provisória na posse não implica a vedação ao reconhecimento da insuficiência do valor oferecido pelo poder expropriante a título de justa indenização. Por decorrência, existe o risco de que a sentença reconheça, ao final do processo, que o valor devido ao expropriado supera os montantes ofertados anteriormente. Essa questão conduziu a controvérsia sobre o modo de satisfação do direito do expropriado. O STF adotou a tese abaixo para o Tema 865 da Repercussão Geral:

> "No caso de necessidade de complementação da indenização, ao final do processo expropriatório, deverá o pagamento ser feito mediante depósito judicial direto se o Poder Público não estiver em dia com os precatórios".[49]

40   O APERFEIÇOAMENTO DA DESAPROPRIAÇÃO

A liquidação da indenização é requisito para o aperfeiçoamento da desapropriação, quando assim for exigido constitucionalmente.

40.1   A regra geral da indenização prévia e em dinheiro

A regra geral é a obrigatoriedade do pagamento prévio e em dinheiro da justa indenização.

---

[49]   RE 922.144/MG, Pleno, rel. Min. Roberto Barroso, repercussão geral – mérito, j. 19.10.2023. Foi estabelecido que a interpretação adotada somente será aplicável às ações de desapropriações instauradas posteriormente à publicação da ata do referido julgamento, que ocorreu em 26.10.2023, ressalvadas as ações já em curso que discutam expressamente a constitucionalidade do pagamento da complementação da indenização por meio de precatório.

40.2 A desapropriação por interesse social

Isso não é obrigatório quando a desapropriação ocorre por interesse social. Nesse caso, a desapropriação se fará mediante a emissão e entrega ao expropriado de títulos da dívida pública. Lembre-se que, na desapropriação por interesse social, as benfeitorias úteis e necessárias deverão ser indenizadas em dinheiro e previamente (Lei 8.629/1993, art. 5.º, § 1.º).

No caso de desapropriação para reforma agrária, a indenização será feita mediante o pagamento prévio com títulos da dívida agrária (TDA), os quais conterão cláusula de preservação de seu valor nominal e serão resgatáveis em prazo de até vinte anos, mas a partir do segundo ano de sua emissão (Lei 8.629/1993, art. 5.º, § 3.º).

40.3 A matrícula do imóvel em nome do expropriante

A inscrição do ato que formaliza a desapropriação em registros (imobiliários ou de outra ordem) destina-se a produzir efeitos perante terceiros. Tal como exposto anteriormente neste mesmo capítulo, a inscrição no registro imobiliário não apresenta natureza constitutiva quando se trata de aplicação do regime publicístico sobre as limitações ou, mesmo, perda da propriedade privada.

41 AINDA A PREVISÃO DA MEDIAÇÃO E DA ARBITRAGEM

A regra do art. 10-B do Dec.-lei 3.365/1941, incluído pela Lei 13.867/2019, autoriza a utilização da mediação e da arbitragem para determinar o valor da justa indenização na ação de desapropriação.

42 A ALTERAÇÃO DA DESTINAÇÃO ORIGINAL DO BEM

É cabível invalidar a expropriação quando evidenciados defeitos no ato expropriatório, tais como a infração à proporcionalidade ou o desvio de finalidade. Cabe diferenciar desvio de finalidade e tredestinação.

42.1 O desvio de finalidade

O desvio de finalidade consiste na utilização da competência expropriatória para finalidade distinta daquela a que é reservada. É um defeito contemporâneo à edição do ato. Por exemplo, há desvio de finalidade quando a expropriação é destinada a prejudicar um inimigo político, tal como se passa quando se pretende desapropriar a residência do adversário do governante.

Se for evidenciado que, no momento da declaração de utilidade pública, a autoridade estatal conhece e prevê a inviabilidade de destinar o bem para o fim invocado, configura-se um defeito na formação do ato administrativo. Há desvio de finalidade e a expropriação deve ser invalidada.

42.2 A tredestinação

Denomina-se tredestinação a alteração superveniente da destinação a ser dada pelo poder expropriante ao bem expropriado. A tredestinação pressupõe, então, a superveniência de fatos que acarretem a impossibilidade ou a inconveniência da manutenção da finalidade original que motivara a desapropriação.

A validade da tredestinação depende de que a nova destinação dada ao bem mantenha-se dentro dos limites próprios da competência expropriante. Aquilo que seria vedado ao poder

426 CURSO DE DIREITO ADMINISTRATIVO · *Marçal Justen Filho*

expropriante obter no momento original continua a lhe ser interditado. Logo, será ilícita a tre-destinação que frustrar, no momento superveniente, as exigências que incidiam no momento original da expropriação.

42.3 A retrocessão

A alienação do bem ao próprio expropriado é denominada de retrocessão. O art. 519 do Código Civil de 2002 alterou a disciplina do instituto.

42.3.1 A disciplina no Código Civil de 1916

O art. 1.150 do Código Civil de 1916 previa que o ente expropriante, em caso de retroces-são, ofereceria "ao ex-proprietário o imóvel desapropriado, pelo preço por que o foi, caso não tenha o destino para que se desapropriou".

42.3.2 A disciplina do Código Civil de 2002

Já o art. 519 do atual Código Civil estabelece: "Se a coisa expropriada para fins de necessidade ou utilidade pública, ou por interesse social, não tiver o destino para que se desapropriou, ou não for utilizada em obras ou serviços públicos, caberá ao expropriado direito de preferência, pelo preço atual da coisa".

Portanto, nas hipóteses de retrocessão, o preço a ser pago pelo expropriado não será aquele que havia recebido (com atualizações e outros acréscimos) a título de indenização, mas o valor atual do bem.

42.3.3 A resolução em perdas e danos

Eventualmente, no entanto, a questão poderá resolver-se em perdas e danos. Assim se passará quando o direito de preferência inerente à retrocessão não for respeitado. Surgindo situação irreversível (tal como a alteração irreversível da configuração do bem), que exclua o cabimento de o particular expropriado adquirir novamente o domínio do bem, caberá a inde-nização – tal como se passa nos casos usuais de violação ao direito de preferência no âmbito do direito privado.

43 A CHAMADA DESAPROPRIAÇÃO INDIRETA

A desapropriação indireta é uma teorização desenvolvida a partir da jurisprudência rela-cionada com uma prática ilícita, abusiva e incompatível com o Estado de Direito.

43.1 A configuração da desapropriação indireta

A desapropriação indireta consiste no apossamento fático pelo Poder Público, sem autoriza-ção legal nem judicial, de bens privados. Trata-se, em última análise, de prática inconstitucional, cuja solução haveria de ser a restituição do bem ao particular, acompanhada da indenização por perdas e danos, e a punição draconiana para os responsáveis pela ilicitude.

Lamentavelmente, reputa-se que o apossamento fático pelo Estado de um bem acarreta sua integração no domínio público, tese fundada no art. 35 do Dec.-lei 3.365/1941 e em outras disposições editadas antes da CF/1988.

Essa concepção é incompatível com a Constituição: se a desapropriação depende da prévia e justa indenização em dinheiro, a ser fixada judicialmente, não há fundamento jurídico para afirmar a aquisição do domínio por parte do Estado mediante um ato de força, incompatível com a ordem jurídica. Em face da Constituição, cabe a reivindicação de bens indevidamente apossados pelo Estado. Aliás, cabe também a punição civil, administrativa e penal para o agente público que ousou ignorar a Constituição.

43.2   Ação de indenização seguindo procedimento ordinário

A desapropriação indireta gera uma ação de indenização, que segue procedimento ordinário e na qual o lesado busca obter a condenação do Estado ao pagamento de indenização por perdas e danos derivados da conduta ilícita de apropriar-se de bens privados sem a observância das exigências jurídicas.

43.2.1   O cálculo da indenização

A indenização deve ser fixada segundo as regras gerais anteriormente estudadas e compreende o valor do imóvel e de suas benfeitorias (como dano emergente), acrescido de juros compensatórios a partir da data do efetivo apossamento do bem.

Sobre o montante total incidem os juros moratórios a partir do trânsito em julgado da decisão, de modo semelhante ao que se passa na desapropriação direta.

43.2.2   O prazo inicial da incidência dos juros compensatórios

A Medida Provisória 2.183-56/2001 tinha previsto a proibição de incidência de juros compensatórios relativamente ao período anterior à aquisição da propriedade ou da posse pelo autor da ação de indenização por desapropriação indireta (art. 15-A, § 4.º, do Dec.-lei 3.365/1941). No julgamento da ADI 2.332, o STF declarou a inconstitucionalidade desse dispositivo.

Segundo o STF:

"Administrativo. Ação Direta de Inconstitucionalidade. Regime Jurídico dos Juros Compensatórios e dos Honorários Advocatícios na Desapropriação. Procedência Parcial. (...) iv) por maioria, e nos termos do voto do Relator, declarar a inconstitucionalidade do § 4.º do art. 15-A do Decreto-Lei 3.365/41, vencido o Ministro Marco Aurélio" (ADI 2.332/DF, Pleno, rel. Min. Roberto Barroso, j. 17.05.2018, *DJe* 15.04.2019).

O tema foi examinado pelo STJ:

"1. Em 17/6/2018, o Supremo Tribunal Federal julgou o mérito da ADI 2.332, estabelecendo balizas para a fixação da taxa de juros compensatórios incidente nas desapropriações, em termos diversos do entendimento adotado por esta Corte Superior nos precedentes obrigatórios. 2. Diante de referido julgado, superveniente e em controle concentrado de constitucionalidade, faz-se necessária a adequação das Teses Repetitivas 126, 184, 280, 281, 282 e 283 e da Súmula 408 do STJ.

(...) 5. Questão de ordem acolhida, para fins de revisão de entendimento das teses repetitivas firmadas nos REsps 1.114.407/SP, 1.111.829/SP e 1.116.364/PI" (QO no REsp 1.328.993/CE, 1.ª S., rel. Min. Og Fernandes, j. 8.8.2018, *DJe* 04.09.2018).

Mas a Lei 14.620/2023 reintroduziu a mesma limitação, na redação prevista para o § 3.º do art. 15-A do Dec.-lei 3.365/1941. Presume-se que o STF reiterará o seu entendimento anterior e pronunciará a inconstitucionalidade do dito dispositivo.

43.3 A prescrição da pretensão em desapropriação indireta

Segundo o STJ, o prazo prescricional para pretensão versando sobre indenização por desapropriação indireta é de dez anos.

43.3.1 A orientação anterior ao Código Civil de 2002

A interpretação adotada pelo STJ antes de 2003 reconhecia o prazo prescricional vintenário, computado a partir do apossamento fático indevido por parte do Estado. Isso confirmava que o mero apossamento do bem por parte do Poder Público é insuficiente para gerar a aquisição do domínio. A previsão do prazo de vinte anos correspondia, em última análise, à consumação do prazo de usucapião.

43.3.2 As alterações promovidas pelo Código Civil de 2002

O Código Civil de 2002 alterou o prazo para usucapião extraordinária de 20 para 15 anos, podendo ser reduzido para 10 anos quando o possuidor tiver moradia habitual no local ou tiver introduzido obras ou serviços de caráter produtivo (art. 1.238). Por outro lado, o prazo máximo prescricional passou a ser de 10 anos (quando a lei não haja fixado prazo menor – segundo o art. 205). A vigência dessas regras gerava dúvidas quanto ao prazo de prescrição da ação de indenização por desapropriação indireta.

O STJ adotou a seguinte orientação:

"(...) fixa-se a seguinte tese no julgamento deste recurso repetitivo: 'O prazo prescricional aplicável à desapropriação indireta, na hipótese em que o Poder Público tenha realizado obras no local ou atribuído natureza de utilidade pública ou de interesse social ao imóvel, é de 10 anos, conforme parágrafo único do art. 1.238 do CC'" (REsp 1.757.352/SC, 1.ª S., rel. Min. Herman Benjamin, j. 12.02.2020, *DJe* 07.05.2020).

43.4 A necessidade de repressão a condutas ilícitas

Os cofres públicos têm arcado com o pagamento de indenizações vultosíssimas, a propósito das chamadas *ações de indenização por desapropriação indireta*. A experiência demonstrou que, em vez de trazer algum tipo de benefício (imaginário) para os cofres públicos, a pura e simples invasão de terras privadas e sua apropriação para a satisfação de interesses coletivos geram efeitos extremamente nocivos. O montante das indenizações supera largamente o preço de mercado dos bens, especialmente por efeito da incidência dos juros compensatórios desde a ocupação.

A única solução para o problema reside no respeito aos princípios fundamentais da democracia republicana em que vivemos: a abstenção dos agentes estatais em promover a ilicitude denominada *desapropriação indireta*. Mas, se isso vier a ocorrer, é imperioso submeter os agentes políticos[50] e administrativos à devida responsabilização.

---

[50] É evidente que o Chefe do Poder Executivo deve responder pessoalmente por atos dessa ordem, sendo inconcebível imaginar que o apossamento indevido de bens privados, realizado por agentes sob sua fiscalização, poderia ocorrer sem seu conhecimento e aprovação. De todo modo, a responsabilidade pessoal do governante será inquestionável se, comunicada a ele formalmente a ocorrência da ilicitude, deixar de adotar as providências necessárias a reprimi-la.

44 DESFAZIMENTO DA DESAPROPRIAÇÃO

A desapropriação pode ser desfeita, segundo os mecanismos comuns do direito administrativo. Assim, é possível a anulação da desapropriação, quando verificada a ocorrência de vício nos atos administrativos pertinentes. Essa invalidação poderá ser obtida tanto em virtude da insatisfação do expropriado quanto por via das ações de defesa do interesse jurídico objetivo (basicamente, ação popular ou ação civil pública).

A doutrina tradicional reputa que a revogação (denominada *renúncia*) da desapropriação somente é possível até a data em que o bem se integrar faticamente na posse do poder expropriante.[51] Essa orientação se funda em entendimento do qual se discorda, consistente em presumir que a integração fática do bem na detenção física do Estado produz a transferência do domínio. Tal como já apontado, essa tese é incompatível com a ordem constitucional vigente: a desapropriação somente se aperfeiçoa mediante o pagamento da indenização, a se fazer previamente em dinheiro ou, quando permitido constitucionalmente, mediante a entrega de títulos da dívida pública.

Logo, enquanto não paga a indenização, cabem a revogação do ato expropriatório e a restituição do bem ao particular (como também a reivindicação ou persecução possessória). Nesse caso, no entanto, será imperioso indenizar o particular por todas as perdas e danos sofridos. Para ser mais preciso, o desfazimento do ato administrativo e a restituição do bem ao particular dependerão da viabilidade material de colocação das coisas no estado anterior, tomando em vista as considerações anteriormente realizadas a propósito do desfazimento dos atos administrativos viciados.

---

51 Nesse sentido, cf. MEIRELLES. *Direito administrativo brasileiro*, 42. ed., p. 754.

Capítulo 12

TIPOS DE ATIVIDADE ADMINISTRATIVA: SERVIÇO PÚBLICO

1 A PLURALIDADE DE ACEPÇÕES PARA A EXPRESSÃO

A expressão "serviço público" é utilizada em diversas acepções no Brasil.

1.1 A terminologia vulgar

Na linguagem vulgar, serviço público pode ser sinônimo de Estado, indicando o conjunto dos agentes estatais e dos bens públicos. Nesse contexto, costuma-se afirmar que as necessidades da Nação são atendidas pelo serviço público.

Em outros casos, utiliza-se a expressão *serviço público* para indicar especificamente os servidores públicos. Por exemplo, afirma-se que a carreira do serviço público merece ser prestigiada pelos governantes.

1.2 A utilização em sentido amplo

Mesmo no âmbito legislativo, a expressão *serviço público* algumas vezes é utilizada em acepção ampla. Assim se passa com a Lei 13.460/2017, que dispôs sobre a tutela ao usuário dos serviços públicos em um sentido abrangente. O art. 2.º, II, da Lei 13.460/2017 definiu serviço público como a "*atividade administrativa ou de prestação direta ou indireta de bens ou serviços à população, exercida por órgão ou entidade da administração pública*".

Como decorrência, as regras da Lei 13.460/2017 são aplicáveis amplamente às atividades da Administração Pública, inclusive em hipóteses em que se configuram atividades de outra natureza, tais como o exercício do poder de polícia.

Isso não significa que a definição da Lei 13.460/2017 seja incorreta. Trata-se de uma definição adotada para fins limitados, tomando em vista o âmbito de vigência do referido diploma.

Existem algumas disposições da Lei 13.460/2017 que têm pertinência com o serviço público na sua acepção técnico-jurídica. Nesses casos, haverá referência ao diploma no âmbito deste Capítulo.

2 A DEFINIÇÃO DE SERVIÇO PÚBLICO NO DIREITO BRASILEIRO

Serviço público é uma atividade pública administrativa, executada sob regime de direito público, tendo por objeto a utilização de recursos econômicos para a satisfação concreta de necessidades individuais ou transindividuais, materiais ou imateriais, vinculadas diretamente a um direito fundamental, insuscetíveis de atendimento adequado mediante os mecanismos da livre-iniciativa privada.

2.1 A atuação contínua e a estrutura organizacional

O serviço público é uma atividade, o que significa uma atuação permanente, contínua e sistemática, cuja execução exige a organização de esforços humanos e a aplicação de recursos materiais.

2.2 O regime de direito público

O serviço público é uma atividade desenvolvida sob regime de direito público. Não se aplicam as normas próprias das atividades privadas.

2.3 A utilização de recursos econômicos

Muitas atividades administrativas envolvem atuação normativa, de cunho imaterial. O serviço público delas se diferencia porque consiste na utilização de recursos econômicos. Compreende a execução de atividades mediante a exploração de bens econômicos.

2.4 A satisfação de necessidades

O serviço público produz a satisfação de necessidades individuais, homogêneas ou não, assim como as de interesses transindividuais (coletivos ou difusos).

Isso não significa que apenas existiriam serviços públicos quando fossem produzidas utilidades fruíveis individualmente pelo usuário. Existem serviços públicos fruíveis individualmente e outros cuja fruição se faz coletivamente. Varrer as ruas é um serviço público que não é fruível individualmente. Já o fornecimento doméstico de energia é um serviço público que atende interesses difusos, coletivos e individuais. Aliás, há forte tradição em classificar os serviços públicos em fruíveis *uti singuli* e *uti universi*, o que influencia, inclusive, a disciplina tributária.[1] A questão da fruição individual ou coletiva da utilidade tem relevância para a disciplina da remuneração cabível, não como pressuposto da configuração do serviço público.

Quando o Estado fornece cestas básicas para carentes, está prestando um serviço público. Também está prestando serviço público quando fornece assistência psicológica a pessoas portadoras de transtornos mentais. Outro exemplo é o serviço de radiodifusão de sons e imagens. As atividades de rádio e de televisão se configuram como serviço público, sem que se traduzam na oferta de utilidades materiais.

2.5 O serviço ao público em geral

O serviço público destina-se ao atendimento de necessidades de sujeitos indeterminados. Trata-se de um serviço ao público em geral. Não é serviço público a atividade em que os benefícios não sejam oferecidos a um número indeterminado de potenciais beneficiários.

---

[1] O art. 145, inc. II, da CF/1988 reflete essa concepção, ao restringir a abrangência das taxas aos serviços públicos específicos e divisíveis. A jurisprudência dos tribunais, com base nesse dispositivo, rejeita a cobrança de taxa vinculada a serviços públicos genéricos e não divisíveis.

2.6   A instrumentalidade para a realização dos direitos fundamentais

O serviço público destina-se a satisfazer direitos fundamentais. As necessidades objeto de atendimento por meio do serviço público são relacionadas a direitos fundamentais.

2.7   A insuficiência dos mecanismos da livre-iniciativa

O serviço público é instituído nas hipóteses em que os mecanismos da livre-iniciativa são insuficientes ou inadequados para satisfação dos direitos fundamentais. Existe o dever do Estado de promover tais direitos fundamentais, o que conduz à implementação do serviço público.

2.8   A titularidade estatal

A natureza funcional da atividade de serviço público e a indisponibilidade dos direitos fundamentais acarretam usualmente a atribuição da titularidade do serviço público ao Estado. A delegação a um terceiro não afeta a existência do serviço público. Dito serviço permanecerá como público, ainda que seja executado por delegatários privados.

2.9   A atividade estatal de natureza administrativa

O serviço público é uma atividade administrativa, o que exclui as atuações de natureza legislativa e jurisdicional. Prestar um serviço público não abrange compor jurisdicionalmente um litígio nem produzir uma lei.

3   VÍNCULO ENTRE SERVIÇO PÚBLICO E DIREITOS FUNDAMENTAIS

A atividade de serviço público é um instrumento de satisfação direta e imediata dos direitos fundamentais, relacionados à dignidade humana, cuja satisfação não pode ser obtida mediante a atuação da livre-iniciativa privada.

3.1   O dever constitucional de realização dos direitos fundamentais

O serviço público existe porque os direitos fundamentais não podem deixar de ser satisfeitos. Isso não significa afirmar que o único modo de satisfazer os direitos fundamentais seja o serviço público, nem que este seja a única atividade estatal norteada pela supremacia dos direitos fundamentais.

Todas as atividades estatais, mesmo as não administrativas, são um meio de promoção dos direitos fundamentais. Mas o serviço público é o desenvolvimento de atividades de fornecimento de utilidades necessárias, de modo direto e imediato, à satisfação dos direitos fundamentais. Isso significa que o serviço público é o meio de assegurar a existência digna do ser humano.

Há um vínculo direto entre o serviço público e a satisfação de direitos fundamentais. Se esse vínculo não existir, não se configurará um serviço público.

A advertência é relevante porque há atividades estatais que não se orientam a promover, de modo direto e imediato, os direitos fundamentais. Essas atividades não são serviços públicos e, bem por isso, não estão sujeitas ao regime de direito público. O exemplo é a atividade econômica em sentido restrito, desenvolvida com recursos estatais e sob regime de direito privado.

3.2   A insuficiência ou inadequação do regime de direito privado

A qualificação de uma atividade como serviço público pressupõe o vínculo com os direitos fundamentais, mas esse não é um requisito suficiente. É indispensável a inadequação dos mecanismos da livre-iniciativa privada para a satisfação das necessidades correspondentes.

434 CURSO DE DIREITO ADMINISTRATIVO • *Marçal Justen Filho*

Essa circunstância atribui cunho variável ao elenco dos serviços públicos e conduz à relatividade da disciplina nas diversas ordens jurídicas.

Assim, a produção e o fornecimento de alimentos e medicamentos são atividades diretamente relacionadas à satisfação de direitos fundamentais. No entanto, não são qualificadas como serviço público por se evidenciar que a atuação econômica privada é plenamente apta a produzir a sua satisfação de modo adequado.

É possível que o serviço público venha a desaparecer. Se o sistema econômico privado dispuser de condições para assegurar a satisfação dos direitos fundamentais de todos os integrantes da sociedade, não será necessária a existência de serviços públicos. Mas essa é uma situação hipotética.

4 O SERVIÇO PÚBLICO É UMA INTERVENÇÃO ESTATAL NO DOMÍNIO ECONÔMICO

A prestação do serviço público pressupõe a exploração de recursos econômicos limitados para a satisfação de necessidades entre si excludentes.

4.1 A exploração de recursos econômicos escassos

Isso envolve a utilização de recursos econômicos escassos, produzindo uma escolha de sua alocação entre diversas alternativas possíveis e visando a obter o resultado mais eficiente e satisfatório possível. Logo, o serviço público corresponde a uma atividade econômica em acepção ampla. No entanto, o serviço público é uma atividade econômica (em sentido amplo) atribuída juridicamente à titularidade do Estado. Logo, configura-se como uma intervenção direta do Estado no domínio econômico. Sempre que uma certa atividade é qualificada como serviço público, existe uma intervenção estatal na ordem econômica. Afastam-se os princípios da livre-iniciativa (porque a exploração daquela atividade passa a ser de titularidade do Estado) e da livre concorrência (eis que, em princípio, o serviço público é um monopólio estatal).

Portanto, a qualificação de uma atividade como serviço público exclui a aplicação do regime próprio do direito privado. A submissão de uma atividade ao âmbito do serviço público acarreta a redução da órbita da livre-iniciativa. Quanto mais amplo o universo dos serviços públicos, menor é o campo das atividades de direito privado. E a recíproca é verdadeira.

4.2 A exigência de exclusividade

A exigência da exploração de certas atividades apenas como serviço público pode resultar de razões econômicas. Em muitos casos, essa solução poderia resultar na inviabilidade econômica do serviço público. Especialmente em se tratando de serviços públicos comerciais ou industriais, a ausência de exclusividade tornaria inviável a manutenção da atividade. A questão se relaciona com hipóteses referidas aos casos de monopólio natural.

4.3 A figura do monopólio natural

Monopólio natural é uma situação econômica em que a duplicação de operadores é incapaz de gerar a redução do custo da utilidade. O monopólio natural envolve, geralmente, as hipóteses de custos fixos (atinentes à infraestrutura necessária à produção da utilidade) muito elevados. A duplicação das infraestruturas conduziria a preços unitários mais elevados do que a exploração por um único agente econômico.[2] Ou seja, quanto maior o número de usuários do sistema, menor o custo para fornecer outras prestações.

---

[2] Na definição de Ana Maria de Oliveira Nusdeo, o monopólio natural se configura quando "os custos de produção por uma única empresa – em um determinado nível absorvível pelo mercado – são decrescentes

Cap. 12 – TIPOS DE ATIVIDADE ADMINISTRATIVA: SERVIÇO PÚBLICO **435**

Nos casos de monopólio natural, a exploração econômica mais eficiente é aquela desenvolvida por um único operador. A existência de dois operadores conduz à redução da participação de cada um deles no mercado e gera preços mais elevados.

Os exemplos de monopólios naturais são os serviços prestados em rede, tais como a transmissão e a distribuição de energia elétrica, a distribuição de água e coleta de esgoto, as ferrovias etc.

Desde o final do século XIX até meados do século XX, houve forte tendência à transformação dos monopólios naturais em serviço público.

4.4 O serviço público reflete decisões políticas fundamentais

Discutir serviço público implica enfrentar questões políticas e jurídicas fundamentais para a sociedade e o Estado. Trata-se de definir a função do Estado, seus limites de atuação e o âmbito reservado à livre-iniciativa dos particulares. Essa é uma questão histórica, e cada Estado desenvolve um modelo peculiar. O elenco de serviços públicos reflete determinada concepção política. A Constituição de cada país identifica a disciplina adotada para o serviço público e a atividade econômica.

4.5 A titularidade estatal do serviço

Segundo os conceitos clássicos do direito administrativo, o serviço público é de titularidade do Estado, ainda que sua gestão possa ser atribuída a particulares. Não se aplicam os princípios de livre-iniciativa, uma vez que a prestação do serviço público incumbe ao Estado. Nem se poderia cogitar de livre concorrência, pois a titularidade estatal se retrata no monopólio estatal. O fundamento constitucional dessa disciplina se encontra no art. 175.

Em alguns outros casos, o direito permite que os particulares assumam certas atividades de interesse coletivo, tal como se passa com as atividades de educação, de saúde, de assistência social. Nessas hipóteses, é usual o entendimento de que haverá serviço público quando o Estado assumir a sua prestação. Se os particulares explorarem essas atividades, haveria atividade econômica. Esse entendimento se funda na explícita previsão constitucional de que essas atividades são configuradas como serviço público, admitindo-se sua exploração pela iniciativa privada. Portanto, a qualificação jurídica da atividade (como serviço público ou como atividade econômica) dependeria da identidade do sujeito que a explorar. Para alguns, tal orientação excluiria a possibilidade de aplicação de idêntica solução a outros serviços públicos, por não existir expressa previsão constitucional de concomitante exploração por particulares.

Essa posição é insatisfatória porque não teria cabimento que as atividades mais essenciais (saúde, assistência social e educação) comportassem uma exploração mista, enquanto outras, de relevo político, social e econômico muito menor, fossem reservadas privativamente ao Estado.

4.6 A exigência de qualificação legislativa formal como serviço público

Não existe serviço público sem lei assim o reconhecendo – afirmativa que não equivale a dizer que o Estado disponha de ilimitada autonomia para qualificar como serviço público uma atividade irrelevante ou deixar de aplicar o regime de serviço público em casos em que deverá estar presente.

à medida que sua produção aumenta, seguindo essa tendência até alcançar toda a produção do mercado" (*Defesa da concorrência e globalização econômica*: o controle da concentração de empresas, p. 40).

5 OS TRÊS ASPECTOS DO CONCEITO DE SERVIÇO PÚBLICO

Afirma-se, tradicionalmente, que o conceito de serviço público se integra pela presença de três aspectos.

Sob o *ângulo material* ou *objetivo*, o serviço público consiste numa atividade de satisfação de necessidades individuais ou transindividuais de cunho essencial.

Sob o *ângulo subjetivo*, trata-se de atuação desenvolvida pelo Estado (ou por quem lhe faça as vezes).

Sob o *ângulo formal*, configura-se o serviço público pela aplicação do regime jurídico de direito público.

A qualificação formal é logicamente dependente das outras duas. O serviço público se peculiariza pela existência de um regime jurídico específico. Mas a aplicação desse regime depende da presença de certos requisitos. Todo serviço público está sujeito ao regime de direito público, mas nem toda atividade (estatal ou privada) é um serviço público. Uma questão fundamental, portanto, reside em determinar quando e por que uma atividade pode (ou deve) ser considerada serviço público e, desse modo, submeter-se a um regime jurídico peculiar. Então, o regime jurídico fornece subsídios para responder à pergunta "como está disciplinado o serviço público?", mas não propicia elementos para outra indagação fundamental, sobre "o que pode ser considerado como serviço público?".

Há requisitos necessários para uma atividade ser qualificada como serviço público e, desse modo, sujeitar-se ao regime jurídico correspondente.

O aspecto material ou objetivo é mais relevante do que os outros dois, do ponto de vista lógico. Os outros dois aspectos dão identidade ao serviço público, mas são decorrência do aspecto material. Certa atividade é qualificada como serviço público em virtude de dirigir-se à satisfação direta e imediata de direitos fundamentais. Como consequência, essa atividade é submetida ao regime de direito público e, na maior parte dos casos, sua titularidade é atribuída ao Estado.

Em síntese: um serviço é público porque se destina à satisfação de direitos fundamentais e não por ser de titularidade estatal nem por ser desenvolvido sob regime de direito público. Essas duas características são consequências da existência de um serviço público.

6 O REGIME DE SERVIÇO PÚBLICO

O serviço público é instituído por meio de lei, que fixa as condições gerais atinentes à prestação e à fruição.

6.1 O vínculo jurídico não contratual

Existe um vínculo jurídico entre o Poder Público titular do serviço público e o usuário. Esse vínculo não apresenta natureza contratual, mas decorre de atos unilaterais sucessivos. O Poder Público tem o dever de prestar o serviço e a isso corresponde um direito do usuário potencial. O Poder Público organiza e fornece o serviço ao usuário, mediante uma atuação unilateral. O usuário, de modo unilateral, aceita as condições estabelecidas e usufrui do serviço.

As condições do serviço público e a remuneração correspondente não têm um fundamento jurídico contratual. Não há um acordo de vontades entre Poder Público e usuário. Por isso, são juridicamente inócuas as soluções muitas vezes praticadas, que formalizam um "contrato de prestação de serviço público". Os direitos, deveres e poderes das partes derivam da lei e do regulamento, não do acordo de vontades.

Cap. 12 – TIPOS DE ATIVIDADE ADMINISTRATIVA: SERVIÇO PÚBLICO **437**

Esse modelo jurídico é largamente difundido no direito administrativo. O relacionamento jurídico entre Poder Público e usuário apresenta natureza e peculiaridades muito próximas àquele instaurado entre Estado e servidor público.

6.2 As competências anômalas

O regime de serviço público comporta competências anômalas, que se externam no relacionamento com os particulares, usuários ou não do serviço público. Essas competências anômalas se traduzem em deveres-poderes de diversa natureza, cujo surgimento e exercício não dependem de concordância concreta do usuário.

A democratização dos serviços públicos conduz à intervenção de representantes dos usuários na concepção das medidas, como instrumento de aperfeiçoamento da atividade estatal e de redução do arbítrio. Em termos práticos, isso significa que a disciplina dos serviços públicos deve ser precedida da audiência do público em geral, da consideração às manifestações dos eventuais delegatários e da obtenção de sugestões dos usuários (e das associações deles representativas).

6.3 Os princípios de serviço público

É usual indicar alguns princípios fundamentais do serviço público, retratando uma construção de Louis Rolland.[3] Diz-se que o serviço público é norteado pelos princípios da continuidade, da igualdade e da mutabilidade.

6.3.1 A continuidade

A continuidade significa que a atividade de serviço público deverá desenvolver-se regularmente, sem interrupções. Dela derivam inúmeras consequências jurídicas, entre as quais a impossibilidade de suspensão dos serviços por parte da Administração ou do delegatário e a responsabilização civil do prestador do serviço em caso em falha.

Tal princípio também justifica a utilização do poder de coação estatal para assegurar a supressão de obstáculos a tanto ou para produzir medidas necessárias a manter a atividade em funcionamento.

Há uma contrapartida para a continuidade, que se traduz na intangibilidade da equação econômico-financeira para o delegatário do serviço público, e, para o usuário, o direito a ser indenizado por todos os prejuízos decorrentes da descontinuidade da prestação do serviço em situação de normalidade.

Lembre-se que o art. 37, VII, da CF/1988 assegurou o direito de greve aos servidores públicos, remetendo o tema à disciplina legislativa. Existem as Leis 7.783/1989 e 11.473/2007, que dispõem sobre providências atinentes à continuidade de serviços públicos, em caso de greve. O Dec. 7.777/2012 dispõe sobre a continuidade de serviços públicos em caso de greves, paralisações e movimentos assemelhados.

Um problema muito intrincado se relaciona com a interrupção do serviço público em virtude do inadimplemento do usuário, nos casos de serviços remunerados. O tema será melhor analisado abaixo, a propósito do relacionamento entre o concessionário e os usuários.

---

[3] ROLLAND. *Précis de droit administratif,* 10e éd., p. 18-19. Acerca da questão, cf. MOREAU. *Droit administratif,* p. 333; e LAUBADÈRE; VENEZIA; GAUDEMET. *Traité de droit administratif,* t. I, p. 905 *et seq.*

6.3.2 A igualdade

A igualdade envolve o tratamento não discriminatório e universal para todos os usuários. Não se pode restringir o acesso aos benefícios do serviço público para os sujeitos que se encontrem em igualdade de condições. Nesse ponto, o intérprete se depara com a conhecida dificuldade inerente ao princípio da isonomia, relacionada ao problema de identificar os limites da igualdade.

Os desdobramentos da igualdade são a universalidade e a neutralidade.

6.3.3 A universalidade

A universalidade significa que o serviço público deve ser prestado em benefício de todos os sujeitos que se encontrem em situação equivalente, de modo indeterminado. Admite-se, como é da essência da isonomia, a discriminação fundamentada em critérios adequados.

6.3.4 A neutralidade

A neutralidade consiste em vedar a prestação do serviço a qualquer circunstância individual incompatível com o postulado da isonomia. Assim, não é possível produzir privilégios fundados em sexo, raça, credo religioso ou local de domicílio, exceto quando tais circunstâncias refletirem valores distintos, que demandem diferenciação.

6.3.5 A isonomia e as tarifas

A igualdade se aplica também à formulação das tarifas, as quais devem ser fixadas em valores idênticos para os usuários que estejam em mesma situação. Bertrand Du Marais lembra que é válida a discriminação tarifária de pedágios de rodovias fundada na intensidade do tráfego.[4] Por igual, admite-se a variação tarifária em função do horário de fruição do benefício, desde que isso não inviabilize a prestação do serviço e haja transparência de critérios na fixação dos valores.

6.3.6 A mutabilidade ou adaptabilidade

A mutabilidade significa a adaptação permanente e contínua das condições jurídicas e técnicas pertinentes à atividade, de modo a incorporar avanços e aperfeiçoamentos. A modificação das necessidades e o surgimento de novas soluções devem refletir-se no modo de desempenho do serviço público. A Administração Pública tem o dever de atualizar a prestação do serviço, tomando em vista as modificações técnicas, jurídicas e econômicas supervenientes. Uma das decorrências reside na ausência de direito adquirido dos prestadores do serviço e dos usuários à manutenção das condições anteriores ou originais.[5]

7 AS EXIGÊNCIAS CONTEMPORÂNEAS QUANTO AO SERVIÇO PÚBLICO

O regime dos serviços públicos foi sendo ampliado com o passar do tempo, de modo a incorporar outros princípios fundamentais, que refletem a integração da pessoa do usuário no âmbito do instituto.

---

[4] DU MARAIS. *Droit public de la régulation économique*, p. 109.

[5] Como afirma Jacques Moreau, "o princípio da mutabilidade não pode não afetar a situação daqueles aos quais o serviço fornece satisfação, consequência que põe em plena luz a questão do 'estatuto' do usuário" (*Droit administratif*, p. 341, tradução livre). Egon Bockmann Moreira asseverou que é necessário reconhecer "*a segurança jurídica advinda da certeza da mudança*" (*Direito das concessões de serviço público*, p. 37).

Podem ser lembradas a adequação do serviço, a transparência e a participação do usuário, a ausência de gratuidade e a modicidade de tarifas.

7.1   A adequação do serviço

A adequação do serviço é um pressuposto da própria mutabilidade. Consiste no dever de prestar o melhor serviço possível, em vista das circunstâncias. Respeitado o limite da possibilidade técnica e econômica, é obrigatório prestar o melhor serviço. Compete ao Poder Público fixar critérios objetivos para determinar o serviço público adequado.

7.2   A transparência e a participação do usuário

O usuário é interpretado como sujeito interessado na prestação do serviço e alçado à condição de titular de interesses na sua concepção e organização. Em vez de um terceiro beneficiário de liberalidade estatal, o usuário é integrado como sujeito responsável pelo serviço.

Por isso, o usuário passa a integrar as relações jurídicas atinentes à organização do serviço e à própria delegação à iniciativa privada. Esse princípio significa o dever de o Estado e o prestador do serviço fornecerem ao usuário todos os esclarecimentos e admitirem a participação de representantes dos usuários na estrutura organizacional do serviço público.[6]

Nesse sentido, a Lei 13.673/2018 incluiu o § 5.º ao art. 9.º da Lei 8.987/1995 para determinar que as concessionárias de serviços públicos disponibilizem tabelas com a indicação detalhada dos valores da tarifa ao longo da concessão, incluídas as informações relativas ao equilíbrio econômico-financeiro. Dispositivos semelhantes foram inseridos também nas Leis 9.427/1996 (art. 15, § 3.º) e 9.472/1997 (art. 3.º, parágrafo único), que regulam, respectivamente, os setores de energia e telecomunicações.

7.3   A ausência de gratuidade

A essencialidade dos serviços e seu vínculo imediato com os direitos fundamentais não acarretam sua gratuidade. Isso não significa afirmar que a fruição do serviço público dependa de condições econômicas, mas consiste em reconhecer um princípio geral de capacidade contributiva.

Todo usuário deve contribuir para a prestação dos serviços, na medida de suas possibilidades, tomando em vista a intensidade dos benefícios auferidos e da própria riqueza individual.

Por isso, os indivíduos carentes terão acesso aos serviços públicos, mas o custeio das prestações realizadas em proveito deles deverá ser arcado por outrem. Isso significa a adoção de soluções não tarifárias, tais como os subsídios provenientes dos cofres públicos ou a exploração de receitas ancilares (relacionadas a oportunidades econômicas conexas à atividade).

7.4   A modicidade tarifária

A modicidade tarifária significa a menor tarifa possível, em vista dos custos necessários à oferta do serviço adequado. A modicidade tarifária pode afetar a própria decisão quanto à concepção do serviço público. Não terá cabimento conceber um serviço tão sofisticado que o custo torne inviável aos usuários fruir dos benefícios.

---

[6]   Há uma excelente obra que examina o tema do serviço público sob o prisma inovador do interesse do usuário: cf. PEREIRA. *Usuários de serviços públicos*: usuários, consumidores e os aspectos econômicos dos serviços públicos. 2. ed.

440 CURSO DE DIREITO ADMINISTRATIVO · *Marçal Justen Filho*

Indaga-se se é possível invocar a modicidade tarifária para impor o subsídio ao valor da tarifa. A resposta é positiva. A essencialidade do serviço em vista dos direitos fundamentais poderá acarretar a necessidade de tarifas insuficientes para remunerar o custo do serviço. A modicidade significa, então, não apenas a menor tarifa possível sob o prisma econômico, mas também o seu dimensionamento, de modo a assegurar o acesso dos usuários a serviços essenciais.[7]

É evidente que isso não significa transferir para o prestador o dever de prestar serviços deficitários, especialmente quando for verificada a sua delegação a particulares.

8 A APLICAÇÃO SUBSIDIÁRIA DO DIREITO DO CONSUMIDOR

Esse é o fundamento pelo qual o direito do consumidor se aplica subsidiariamente – mas não integralmente – aos serviços públicos.

8.1 As regras legais pertinentes

O Código de Defesa do Consumidor (Lei 8.078/1990) contempla regras específicas relativamente aos serviços públicos. O art. 22 tem a seguinte redação:

> "Art. 22. Os órgãos públicos, por si ou suas empresas, concessionárias, permissionárias ou sob qualquer outra forma de empreendimento, são obrigados a fornecer serviços adequados, eficientes, seguros e, quanto aos essenciais, contínuos.
>
> Parágrafo único. Nos casos de descumprimento, total ou parcial, das obrigações referidas neste artigo, serão as pessoas jurídicas compelidas a cumpri-las e a reparar os danos causados, na forma prevista neste código".

O art. 7.º da Lei 8.987/1995 fixa que, "Sem prejuízo do disposto na Lei n.º 8.078, de 11 de setembro de 1990, são direitos e obrigações dos usuários: (...)". Há um elenco de previsões relacionadas especificamente ao regime de serviços públicos.

Existem impedimentos à aplicação automática e ilimitada das previsões do Direito do Consumidor às relações de serviço público, em virtude da eventual incompatibilidade entre os regimes jurídicos correspondentes. Mais especificamente, a relação de serviço público não se confunde com relação de consumo propriamente dita.

8.2 As relações de consumo

O direito do consumidor foi concebido como instrumento de defesa daquele que se encontra subordinado ao explorador de atividades econômicas, organizadas empresarialmente para a produção e apropriação do lucro. A proteção ao consumidor foi desenvolvida, em termos específicos, no âmbito do sistema do *common law*, que desconhece o instituto do serviço público.

O serviço público é um instrumento de satisfação dos direitos fundamentais, em que as condições unilateralmente fixadas pelo Estado refletem o modo de satisfazer o maior número de sujeitos, com o menor custo possível.

O regime de direito público, que se traduz em competências estatais anômalas, é indispensável para assegurar a continuidade, a generalidade e a adequação do serviço público. Se cada usuário pretendesse invocar o maior benefício individual possível, por meio das regras do direito do consumidor, os efeitos maléficos recairiam sobre outros usuários.

---

[7] Nesse sentido, cf. GUIMARÃES. *Concessão de serviço público*, p. 183.

Cap. 12 – TIPOS DE ATIVIDADE ADMINISTRATIVA: SERVIÇO PÚBLICO **441**

Em suma, o direito do consumidor não pode ser aplicado integralmente no âmbito do serviço público por uma espécie de solidariedade entre os usuários, em virtude da qual nenhum deles pode exigir vantagens especiais cuja fruição acarretaria a inviabilização de oferta do serviço público em favor de outros sujeitos.

8.3 A distinção em nível constitucional

A questão foi diferenciada em nível constitucional. O art. 48 do ADCT determinou que "O Congresso Nacional, dentro de cento e vinte dias da promulgação da Constituição, elaborará código de defesa do consumidor". Na sequência, foi editada a Lei 8.078/1990.

Por outro lado, o art. 27 da EC 19/1998 fixou que "O Congresso Nacional, dentro de cento e vinte dias da promulgação desta Emenda, elaborará lei de defesa do usuário de serviços públicos".

O art. 27 da EC 19/1998 evidencia que o Código de Defesa do Consumidor não se aplica de modo amplo e ilimitado às relações de serviço público. Se se aplicasse, o art. 27 da EC 19/1998 perderia a sua razão de ser. Quando menos, o dispositivo poderia ter estabelecido que o usuário do serviço público beneficiar-se-ia da tutela deferida aos consumidores. Mas essa não foi a solução. Portanto, existe disciplina legislativa impondo a diferenciação entre relações de serviço público e relações de consumo.

8.4 A disciplina da Lei 13.460/2017

A exigência de adequação do serviço público foi reiterada na Lei 13.460/2017, aplicável a todas as órbitas federativas. O diploma foi regulamentado pelo Decreto 9.492/2018 (que sofreu sucessivas alterações em sua redação).

8.4.1 A Lei 13.460/2017 e a controvérsia hermenêutica

A edição da Lei 13.460/2017 propicia uma controvérsia hermenêutica específica, decorrente da disciplina consagrada pela EC 19/1998. Esse diploma promoveu a alteração da redação do art. 37, § 3.º, da CF/1988, cujo inc. I passou a prever uma lei para disciplinar as reclamações quanto aos "serviços públicos em geral".

Por outro lado, o já referido art. 27 da própria EC 19/1998 determinara a edição de uma lei de defesa dos usuários dos serviços públicos.

Ora, não há cabimento em presumir que os dois dispositivos da EC 19/1998 teriam conteúdo idêntico. Se a defesa do usuário do serviço público estivesse abrangida na previsão do art. 37, § 3.º, inc. I, então o art. 27 da própria EC 19/1998 seria inútil. A interpretação não é aceitável. Há duas questões autônomas e distintas entre si.

Portanto, a lei de defesa do usuário de serviço público (art. 27 da EC 19/1998) não se confunde com a lei de reclamações relativas à prestação dos serviços públicos em geral (art. 37, § 3.º, I, da CF/1988).

É evidente, no entanto, que um mesmo diploma legal poderia dar cumprimento aos dois dispositivos constitucionais.

Em algumas passagens, a Lei 13.460/2017 dispõe sobre direitos dos usuários de serviços públicos. Mas o diploma não consiste num estatuto específico sobre esse tema.

Lembre-se que o STF deferiu medida cautelar na ADO 24 para reconhecer o estado de mora do Congresso Nacional e determinar providências legislativas necessárias ao cumprimento do art. 27 da EC 19/1998. A ADO 24 foi extinta por perda de objeto após a edição da Lei 13.460/2017, o que não altera a opinião adotada nesta obra.

8.4.2 A exigência de configuração de relação de consumo

A procedência dos raciocínios anteriores é confirmada pela redação do art. 1.º, § 2.º, inc. I da Lei 13.460/2017, que determinou que "A aplicação desta Lei não afasta a necessidade de cumprimento do disposto: (...) II – na Lei n.º 8.078, de 11 de setembro de 1990, quando caracterizada relação de consumo".

Portanto, a aplicação do CDC no âmbito dos serviços públicos apenas será cabível quando configurada uma relação de consumo. A ressalva final do dispositivo evidencia que não existe, de modo automático, uma relação de consumo em toda e qualquer prestação de serviço público.

8.4.3 A aplicação aos serviços públicos executados diretamente

As exigências previstas na Lei 13.460/2017 já haviam constado da Lei 8.987/1995 (Lei Geral de Concessões de Serviço Público). Reputava-se (incorretamente) que as determinações dessa Lei 8.987/1995 somente incidiriam quando houvesse delegação do serviço por meio de concessão ou permissão. Com a edição da Lei 13.460/2017, superou-se esse argumento. O Poder Público, quando prestar os serviços públicos diretamente, também está obrigado a assegurar um serviço adequado.

8.4.4 A centralidade no usuário do serviço público

A Lei 13.460/2017 consagra o protagonismo do usuário do serviço público. Essa determinação até seria desnecessária, eis que o fundamento constitucional do instituto do serviço público é a satisfação de direitos fundamentais titularizados pelos usuários.

9 ATIVIDADES ESTATAIS QUE NÃO CONFIGURAM SERVIÇO PÚBLICO

Sob o prisma técnico-jurídico, nem todas as competências estatais são serviços públicos.

9.1 As atividades estatais não administrativas

Tal como exposto, as atividades estatais de natureza não administrativa não configuram serviço público. As funções legislativa e jurisdicional não se enquadram como serviço público.

9.2 A exclusão das atividades administrativas de natureza política

O conceito técnico-jurídico de serviço público não abrange o exercício de competências inerentes à organização política do Estado, que traduzam o monopólio estatal da violência e outras competências reflexas, que se relacionam à concepção de que "todo o poder emana do povo, que o exerce por meio de representantes eleitos ou diretamente" (CF/1988, art. 1.º, parágrafo único).

Não se constituem em serviço público, por exemplo, as funções políticas do Chefe do Poder Executivo, a execução de sanções (inclusive penais), a fiscalização e arrecadação tributárias, os serviços de segurança pública (interna e externa).

9.3 As atividades administrativas de poder de polícia

Como exposto no Capítulo 11, as atividades administrativas de poder de polícia não se enquadram no conceito de serviço público.

Cap. 12 – TIPOS DE ATIVIDADE ADMINISTRATIVA: SERVIÇO PÚBLICO **443**

10 SERVIÇO PÚBLICO E ATIVIDADE ECONÔMICA EM SENTIDO RESTRITO

A CF/1988, ao dispor sobre a Ordem Econômica, determinou que a atividade econômica, entendida como gênero, compreende as figuras do serviço público e da atividade econômica propriamente dita (ou em sentido restrito).

10.1 Os arts. 170 e 175 da CF/88

A atividade econômica em sentido restrito é disciplinada no art. 170 da CF/1988, que consagra o regime capitalista, a livre-iniciativa e a livre concorrência. O parágrafo único do referido art. 170 da CF/1988 estabelece que "É assegurado a todos o livre exercício de qualquer atividade econômica, independentemente de autorização de órgãos públicos, salvo nos casos previstos em lei".

Já o serviço público está previsto no art. 175 da CF/1988, que determina que "Incumbe ao Poder Público, na forma da lei, diretamente ou sob regime de concessão ou permissão, sempre através de licitação, a prestação de serviços públicos".

Por decorrência, é facultado a qualquer pessoa o exercício das atividades econômicas em sentido restrito, que se faz segundo regime de direito privado. Já o serviço público é reservado à titularidade do Estado e é prestado sob regime de direito público.

10.2 A exploração de atividade econômica pelo Estado

Em situações específicas, o Estado é autorizado a explorar atividade econômica em sentido restrito. Os arts. 173 e 177 da CF/1988 dispõem sobre essa situação, que será mais bem examinada no Capítulo 13. É indispensável assinalar que a exploração pelo Estado da atividade econômica em sentido restrito se desenvolve sob regime de direito privado e, em princípio, subordina-se à livre concorrência.

Todas as atividades estatais, mesmo as não administrativas, são um meio de promoção dos direitos fundamentais. Mas o serviço público é o desenvolvimento de atividades de fornecimento de utilidades necessárias, de modo direto e imediato, à satisfação dos direitos fundamentais. Isso significa que o serviço público é o meio de assegurar a existência digna do ser humano.

Há um vínculo direto entre o serviço público e a satisfação de direitos fundamentais. Se esse vínculo não existir, não se configurará um serviço público.

A advertência é relevante porque há atividades estatais que não se orientam a promover, de modo direto e imediato, os direitos fundamentais. Essas atividades não são serviços públicos e, bem por isso, não estão sujeitas ao regime de direito público. O exemplo é a atividade econômica em sentido restrito, desenvolvida com recursos estatais e sob regime de direito privado.

11 A AUSÊNCIA DE UM ELENCO IMUTÁVEL DE SERVIÇOS PÚBLICOS

A evolução social, o desenvolvimento econômico e os recursos tecnológicos impõem alterações significativas no elenco tradicional de serviços públicos e nas soluções que vinham sendo praticadas ao longo do tempo. Um exemplo marcante é o Uber. Ainda que seja necessária a intervenção regulatória estatal, os mecanismos de direito privado conduziram ao surgimento de uma solução amplamente aceita nos diversos países do mundo. A tutela constitucional aos interesses dos usuários impõe o acolhimento pelo Estado de novas soluções, concebidas a partir da criatividade empresarial, que possam implantar mecanismos de competição, de elevação da qualidade dos serviços e de redução de preços.[8]

---

[8] Confira-se a obra do autor Serviços de Interesse Econômico Geral no Brasil: Os Invasores, In: WALD; JUSTEN FILHO; PEREIRA (Org.). *O Direito Administrativo na atualidade*. Estudos em homenagem ao centenário de Hely Lopes Meirelles, 785-819.

12 AS PREVISÕES CONSTITUCIONAIS DO ART. 21, XI E XII

Os incs. XI e XII do art. 21 da CF/1988 contemplam diversas previsões acerca de serviços públicos, dispondo que incumbe a sua prestação à União, diretamente ou mediante autorização, concessão ou permissão.

12.1 O elenco do art. 21, XI e XII

Uma parte da doutrina reputa que as atividades referidas nos incisos do art. 21 seriam obrigatoriamente prestadas sob regime de direito público pelo próprio Estado.[9] Não se compartilha desse entendimento.

12.2 A orientação adotada

Reputa-se que as atividades referidas nos diversos incisos do art. 21 da CF/1988 poderão ou não ser qualificadas como serviços públicos, de acordo com as circunstâncias. Caberá verificar se as necessidades pertinentes podem ser adequadamente atendidas mediante mecanismos de mercado.

Se houver cabimento de satisfação dos direitos fundamentais por meio da atuação empresarial privada, sob regime de direito privado, a manutenção do serviço público será desnecessária. Em tal caso, o regime jurídico deverá ser alterado e a atividade será configurada como uma atuação econômica em sentido restrito. A eliminação do regime de serviço público não significa, no entanto, uma vedação à submissão dessa atividade à regulação estatal. Em muitos casos, haverá uma regulação intensa, em vista da configuração de um serviço de interesse econômico geral.

Um exemplo é o serviço de telefonia fixa. No passado, foi disciplinado como um serviço público. As circunstâncias tecnológicas e econômicas conduziram à despublicização da atividade, mas com a manutenção de uma regulação estatal bastante significativa.

12.3 A previsão constitucional de autorização

O art. 21 da Constituição prevê que a União é titular da competência para outorgar concessão, permissão ou *autorização* para o desempenho das atividades.

12.3.1 A acepção tradicional para autorização

Existe um significado tradicional para o vocábulo *autorização* no âmbito do direito administrativo. Trata-se de ato administrativo praticado no exercício de competência discricionária facultando o desempenho de uma atividade privada ou o uso de bem público, caracterizando-se pelo cunho de precariedade e temporariedade. Essa concepção foi exposta no Capítulo 7.

12.3.2 A autorização de serviço público

Não se outorga *autorização de serviço público*, ressalvadas hipóteses anômalas e transitórias. Admite-se tradicionalmente que o Estado edite autorização para que particulares "desempenhem" atividades de serviço público, em tais situações. O exemplo típico é a greve ou a calamidade, em que seja necessário recorrer a particulares para o atendimento de necessidades coletivas. Por exemplo, um particular pode ser autorizado, de modo excepcional e precário, a transportar pessoas para suprir as deficiências do serviço público de transporte coletivo.

---

[9] Esse entendimento, aliás, era professado anteriormente pelo próprio autor.

Cap. 12 – TIPOS DE ATIVIDADE ADMINISTRATIVA: SERVIÇO PÚBLICO **445**

12.3.3 A ausência de referência a autorização no art. 175

Mas essa é uma situação tão excepcional que não faria sentido que a Constituição a ela se referisse. Tanto é assim que o art. 175, ao disciplinar os serviços públicos, alude apenas às alternativas de prestação direta pelo Estado ou de sua delegação a particulares mediante concessão ou permissão. Não há referência alguma, naquela regra específica, à figura da autorização.

12.3.4 A referência a autorização no art. 170

Outra acepção para o vocábulo autorização, referida anteriormente, consta do art. 170, parágrafo único, da CF/1988. Ali está previsto que as atividades econômicas são desempenhadas sob regime de livre-iniciativa, "independentemente de autorização de órgãos públicos, salvo nos casos previstos em lei".

Existe, então, outra modalidade de autorização, que se destina a remover um impedimento ao desempenho de atividades privadas, em casos em que assim for exigido por lei. Nessas hipóteses, a autorização envolve certas atividades econômicas em sentido restrito, cuja relevância subordina seu desempenho à fiscalização mais ampla e rigorosa do Estado. Quando o vocábulo for utilizado nessa acepção, a autorização não versará sobre serviço público.

Adota-se a orientação de que o art. 21, XI e XII, da CF/1988 utiliza a expressão *autorização* no segundo sentido. Nessas passagens, a Constituição reconhece que determinadas atividades podem constituir objeto de serviço público (prestadas diretamente pelo Estado ou delegadas a particulares mediante concessão ou permissão) como também podem ser qualificadas como atividades econômicas privadas (exploradas por particulares mediante uma autorização).

13 A EXPLORAÇÃO SOB REGIME PRIVADO

A exploração privada de atividades destinadas a satisfazer necessidades coletivas relevantes e a promover os direitos fundamentais é compatível com a Constituição. Uma evidência dessa orientação se relaciona com os serviços públicos ditos sociais ou culturais.

13.1 Serviços públicos industriais ou comerciais

As atividades referidas no art. 21, XI e XII, da CF/1988 são usualmente referidas como serviços públicos industriais ou comerciais. Essa qualificação decorre de que tais atividades envolvem a exploração de recursos econômicos segundo princípios de eficiência e para a satisfação de necessidades materiais dos usuários. A categoria compreende outros serviços públicos, tais como o transporte coletivo.

13.2 Os serviços públicos sociais e culturais

Mas a Constituição também prevê a existência de outros serviços públicos, que envolvem outras facetas da dignidade humana. Isso se passa com a assistência à saúde (art. 199), a previdência privada (art. 202) e a educação (art. 209). Essas atividades são usualmente referidas como serviços públicos sociais e culturais. A Constituição prevê que esses serviços culturais ou sociais podem ser prestados ou pelo Estado ou pela iniciativa privada.

Mesmo no silêncio da Constituição, reputa-se que a mesma solução se aplica à assistência social, à cultura, ao desporto, à ciência e à tecnologia.

446 CURSO DE DIREITO ADMINISTRATIVO · *Marçal Justen Filho*

13.3   A identidade de regime jurídico

A disciplina constitucional para os serviços públicos sociais e culturais deve ser estendida também para aqueles ditos comerciais e industriais. Esses serviços públicos sociais e culturais são tão essenciais como os serviços públicos ditos comerciais e industriais (tais como o fornecimento de água, energia etc.). Não teria cabimento que o Estado fosse obrigado a manter escolas públicas e que um particular pudesse explorar a atividade de escola privada, mas que idêntica solução fosse vedada no tocante a outras atividades de cunho comercial e industrial. A atividade de natureza educacional é, do ponto de vista axiológico, tão ou mais relevante do que outras. Logo, se a ordem constitucional admite que atividades de cunho social e cultural sejam exploradas como serviço público e como uma atividade econômica privada, deve ser reconhecido que a Constituição admite solução similar para os demais serviços públicos.

14   A EXPLORAÇÃO CUMULATIVA SOB REGIMES JURÍDICOS DISTINTOS

Admite-se, em situações específicas, a solução da regulação assimétrica. Tal consiste na previsão estatal de que determinados serviços serão considerados serviços públicos, sem que isso exclua a sua exploração também como atividade econômica privada. Haverá, então, competição entre o Estado (usualmente por meio de concessionários de serviço público) e a iniciativa privada. Um exemplo típico ocorreu no passado relativamente ao serviço de telefonia fixa. Presentemente, essa situação ocorre no âmbito de terminais portuários.

15   SERVIÇOS PÚBLICOS E A OPÇÃO LEGISLATIVA INFRACONSTITUCIONAL

Segundo a tese ora adotada, a configuração de atividades como serviço público faz-se a partir dos critérios da referibilidade direta e imediata aos direitos fundamentais e da ausência de viabilidade da satisfação de tais direitos sob o regime de direito privado.

Justamente por isso, reputa-se que a Constituição não exauriu o elenco dos possíveis serviços públicos. Outras atividades podem ser qualificadas como tais, desde que presentes os requisitos da referibilidade direta e imediata aos direitos fundamentais e da inadequação de sua satisfação sob regime de direito privado.

15.1   A limitação da autonomia para qualificação como serviço público

Cabe à lei ordinária determinar a publicização de certa atividade e as hipóteses em que configurará serviço público. Isso não equivale a reconhecer uma autonomia ilimitada para o legislador ordinário. Não é indiferente para a Constituição que as atividades referidas nos incs. XI e XII do art. 21 sejam tratadas como serviço público ou como atividade econômica em sentido restrito. Tese dessa ordem é indefensável e infringe os arts. 170, 173 e 175 da CF/1988.

O STF adotou orientação relevante sobre o tema no julgado abaixo reproduzido:

"Direito constitucional. Recurso Extraordinário. Repercussão Geral. Transporte individual remunerado de passageiros por aplicativo. Livre iniciativa e livre concorrência.

1. Recurso Extraordinário com repercussão geral interposto contra acórdão que declarou a inconstitucionalidade de lei municipal que proibiu o transporte individual remunerado de passageiros por motoristas cadastrados em aplicativos como Uber, Cabify e 99.

2. A questão constitucional suscitada no recurso diz respeito à licitude da atuação de motoristas privados cadastrados em plataformas de transporte compartilhado em mercado até então explorado por taxistas.

Cap. 12 – TIPOS DE ATIVIDADE ADMINISTRATIVA: SERVIÇO PÚBLICO **447**

3. As normas que proíbam ou restrinjam de forma desproporcional o transporte privado individual de passageiros são inconstitucionais porque: (i) não há regra nem princípio constitucional que prescreva a exclusividade do modelo de táxi no mercado de transporte individual de passageiros; (ii) é contrário ao regime de livre iniciativa e de livre concorrência a criação de reservas de mercado em favor de atores econômicos já estabelecidos, com o propósito de afastar o impacto gerado pela inovação no setor; (iii) a possibilidade de intervenção do Estado na ordem econômica para preservar o mercado concorrencial e proteger o consumidor não pode contrariar ou esvaziar a livre iniciativa, a ponto de afetar seus elementos essenciais. Em um regime constitucional fundado na livre iniciativa, o legislador ordinário não tem ampla discricionariedade para suprimir espaços relevantes da iniciativa privada.

4. A admissão de uma modalidade de transporte individual submetida a uma menor intensidade de regulação, mas complementar ao serviço de táxi afirma-se como uma estratégia constitucionalmente adequada para acomodação da atividade inovadora no setor. Trata-se, afinal, de uma opção que: (i) privilegia a livre iniciativa e a livre concorrência; (ii) incentiva a inovação; (iii) tem impacto positivo sobre a mobilidade urbana e o meio ambiente; (iv) protege o consumidor; e (v) é apta a corrigir as ineficiências de um setor submetido historicamente a um monopólio 'de fato'.

(...) 6. Recurso extraordinário desprovido, com a fixação das seguintes teses de julgamento: '1. A proibição ou restrição da atividade de transporte privado individual por motorista cadastrado em aplicativo é inconstitucional, por violação aos princípios da livre iniciativa e da livre concorrência; e 2. No exercício de sua competência para regulamentação e fiscalização do transporte privado individual de passageiros, os Municípios e o Distrito Federal não podem contrariar os parâmetros fixados pelo legislador federal (CF/1988, art. 22, XI)'" (RE 1.054.110/SP, Pleno, rel. Min. Roberto Barroso, repercussão geral – mérito, j. 09.05.2019, *DJe* 05.09.2019).

15.2   Ainda a inadequação da iniciativa privada

Deve-se reputar que a Constituição determinou que as atividades referidas no art. 21, XI e XII, serão qualificadas como serviço público quando estiver presente o pressuposto necessário: a satisfação imediata de direitos fundamentais em situações nas quais os mecanismos de direito privado inerentes ao regime de mercado não forem suficientes para assegurar os resultados adequados.

15.3   Sempre o dever de promoção dos direitos fundamentais

A existência de um elenco constitucional de atividades, atribuídas à titularidade do Estado, evidencia o dever de satisfação dos direitos fundamentais envolvidos nas atividades ali referidas. Portanto, e como regra, é obrigatória a existência do serviço público em tais casos.

No entanto, há duas exceções. Em primeiro lugar, há casos em que a manutenção do serviço público não é incompatível com a existência de atividade privada. Há situações concretas em que é viável a coexistência de serviço público e de atividade econômica. Essa viabilidade é avaliada sob o prisma econômico e se relaciona com a figura do chamado "monopólio natural" (adiante examinado).

A segunda exceção se verifica nos casos em que a atividade desenvolvida segundo os mecanismos de mercado for suficiente para assegurar a satisfação dos direitos fundamentais envolvidos. Um exemplo é o da telefonia, que parece encaminhar-se para prestação, exclusivamente, sob regime de direito privado.

16 OS SERVIÇOS PÚBLICOS VIRTUAIS (SERVIÇOS DE INTERESSE ECONÔMICO GERAL)

Na doutrina tradicional, essas atividades econômicas são denominadas usualmente de *serviços públicos virtuais*. A figura dos *serviços de interesse econômico geral*, tal como difundida na União Europeia,[10] reflete esse enfoque. A hipótese abrange os casos de transporte por meio de táxi,[11] profissões regulamentadas, atividades de hotéis, de bancos, de seguros etc.

16.1 A influência comunitária europeia

No âmbito da União Europeia, alude-se a *serviços de interesse econômico geral*, que, como regra, são submetidos ao regime jurídico das atividades privadas. Esse enfoque atenuou a distinção entre os regimes jurídicos de atividade econômica privada e serviço público.

O resultado prático seria o desaparecimento do *regime de serviço público*, com a multiplicação de regimes jurídicos anômalos em vista de cada categoria de atuação. Por exemplo, haveria um *direito da energia elétrica*, disciplinado segundo os modelos de direito privado, mas com regras específicas para assegurar a satisfação de necessidades coletivas. O mesmo se passaria no setor de transportes coletivos, ferrovias, rodovias, portos e assim por diante.

16.2 A situação no direito brasileiro

Como visto, no Brasil também se admite que certos serviços de grande importância para a comunidade sejam prestados sob regime de direito privado. Em tais circunstâncias, há uma intervenção regulatória estatal relevante. Embora se configure uma atividade econômica privada, o seu desempenho pode ser subordinado por lei ao controle estatal, cuja intensidade é variável.

O art. 170, parágrafo único, da CF/1988 inclusive faculta à lei subordinar o exercício de certas atividades a uma autorização estatal prévia.

17 CLASSIFICAÇÃO DOS SERVIÇOS PÚBLICOS

Os serviços públicos podem ser classificados segundo critérios diversos.

17.1 Serviços públicos quanto ao grau de essencialidade

É costumeiro diferenciar serviços públicos essenciais e não essenciais. Trata-se de distinção problemática, já que, em tese, todos os serviços públicos são essenciais. Mas a diferença pode ser admitida em vista da característica da necessidade a ser atendida. Há necessidades cujo atendimento pode ser postergado e outras que não comportam interrupção.

---

[10] A expressão *serviço econômico de interesse geral* foi utilizada no Tratado de Roma e ainda é mantida no Tratado de Amsterdã, de 1997. A exposição acerca da evolução do instituto do serviço público no cenário comunitário extravasa largamente os limites desta exposição. O tema gerou enorme produção bibliográfica. Há duas coletâneas de qualidade excepcional acerca da matéria, ambas derivadas de colóquios produzidos na França. Cf. KOVAR; SIMON (Dir.). *Service public et Communauté Européenne*: entre l'intérêt général et le marché: actes du Colloque de Strasbourg 17-19 octobre 1996; e STOFFAES, Christian (Dir.). *Services publics comparés en Europe*: exception française, exigence européenne. MODERNE; MARCOU (Dir.). *L'idée de service public dans le droit des États de l'Union Européenne*.

[11] Daniel Sarmento explica que: "O transporte individual de passageiros não é serviço público, mas atividade econômica em sentido estrito. Ele se desdobra em duas modalidades: o transporte público individual de passageiros e o transporte privado individual de passageiros. O primeiro configura serviço de utilidade pública, que, conquanto pertencente à esfera da atividade econômica *strictu sensu*, se sujeita à intensa regulação estatal. O segundo é atividade econômica comum, também sujeita à regulação estatal, embora com menor intensidade" (*Direitos, Democracia e República*, p. 329).

A distinção apresenta pertinência no tocante ao regime jurídico, especialmente quanto à impossibilidade de interrupção.

17.2 Serviços públicos quanto à natureza da necessidade a ser satisfeita

Quanto à natureza da necessidade a ser satisfeita, os serviços públicos se classificam em:

- *sociais* – aqueles que satisfazem necessidades de cunho social ou assistencial, tais como a educação, a assistência, a seguridade;
- *comerciais e industriais* – aqueles que envolvem o oferecimento de utilidades materiais necessárias à sobrevivência digna do indivíduo, tais como a água tratada, a energia elétrica, as telecomunicações;
- *culturais* – os que satisfazem necessidades culturais, envolvendo o desenvolvimento da capacidade artística e o próprio lazer, tais como museus, cinema, teatro.

18 SERVIÇOS PÚBLICOS QUANTO À TITULARIDADE FEDERATIVA

A organização federativa do Estado brasileiro acarreta a atribuição da titularidade dos serviços públicos a entes federais diversos. Portanto, existem serviços públicos federais, estaduais e municipais.[12] No entanto, há hipóteses em que a titularidade do serviço é comum a mais de um ente federativo.

18.1 A discriminação constitucional

As disposições constitucionais referidas (em especial o art. 21 da CF/1988) não se destinam apenas a diferenciar serviço público e atividade econômica em sentido restrito. Sua finalidade é, também, promover a discriminação de competências entre os diversos entes federais. A disciplina da atividade econômica (em sentido amplo) não foi consagrada no art. 21 da CF/1988, mas no título reservado à ordem econômica e financeira.

18.2 A distinção entre competência administrativa e competência legislativa

A competência administrativa para a prestação do serviço público não implica a titularidade da competência para editar as normas atinentes à sua prestação. Essa diferenciação foi reconhecida formalmente pelo STF, a propósito dos serviços públicos de loterias.

Em trecho do voto do Min. Gilmar Mendes, lê-se a seguinte passagem:

"Nessa matéria não podemos cair na armadilha de confundir a competência legislativa sobre determinado assunto com a competência material de exploração de serviço a ele correlato. Lograr em tal impropriedade técnica seria tomar a nuvem por Juno. Isso porque o art. 22, XX, da Constituição confere competência privativa da União apenas para legislar sobre a matéria. Sendo a competência prevista apenas formal, a esse dispositivo não se pode conferir interpretação estendida para também gerar uma competência material exclusiva do ente federativo, que não consta do rol taxativo previsto no art. 21 da Constituição" (ADPF 492/RJ, Pleno, rel. Min. Gilmar Mendes, j. 30.09.2020, *DJe* 14.12.2020).[13]

---

[12] Pode-se aludir a serviços públicos distritais para indicar aqueles de titularidade do Distrito Federal.

[13] No caso específico, o STF reconheceu que incumbe à União legislar sobre loterias. Mas isso não significa a vedação a que os Estados-membros instituam serviços públicos de loterias. As loterias estaduais devem observar as normas editadas pela União.

18.3 A competência legislativa mínima

A titularidade da competência administrativa para o serviço público envolve, de modo necessário, uma margem de competência legislativa, relacionada com a sua instituição e organização. Mas o ente federativo titular da competência administrativa se subordina às normas que tenham sido editadas pelo titular da competência legislativa pertinente à prestação do serviço público.

Um exemplo envolve o transporte urbano de passageiros, que é um serviço público de competência municipal, quando prestado nos limites de um único Município. O transporte intermunicipal e estadual é atribuído ao Estado-membro.[14] E a União é titular do transporte interestadual e internacional de passageiros.

No entanto, existe competência legislativa federal privativa para dispor sobre diretrizes da política nacional de transportes e transportes propriamente ditos (art. 22, IX e XI, da CF/1988). No exercício dessa competência, a União editou a Lei 13.640/2018, que dispôs sobre vários temas, inclusive o "transporte remunerado privado individual de passageiros". Esse tema envolve o compartilhamento de veículos para transporte individual mediante a utilização de aplicativos de celulares (Uber, 99 etc.).

O tema foi examinado pelo STF, no julgado adiante transcrito:

"(...) 5. A União Federal, no exercício de competência legislativa privativa para dispor sobre trânsito e transporte (CF/1988, art. 22, XI), estabeleceu diretrizes regulatórias para o transporte privado individual por aplicativo, cujas normas não incluem o controle de entrada e de preço. Em razão disso, a regulamentação e a fiscalização atribuídas aos municípios e ao Distrito Federal não podem contrariar o padrão regulatório estabelecido pelo legislador federal. 6. Recurso extraordinário desprovido, com a fixação das seguintes teses de julgamento: '1. A proibição ou restrição da atividade de transporte privado individual por motorista cadastrado em aplicativo é inconstitucional, por violação aos princípios da livre iniciativa e da livre concorrência; e 2. No exercício de sua competência para regulamentação e fiscalização do transporte privado individual de passageiros, os Municípios e o Distrito Federal não podem contrariar os parâmetros fixados pelo legislador federal (CF/1988, art. 22, XI)'" (RE 1.054.110/SP, Pleno, rel. Min. Roberto Barroso, repercussão geral – mérito, j. 09.05.2019, *DJe* 05.09.2019).

18.4 Titularidade privativa e titularidade comum

Sob o prisma da competência administrativa, existem serviços públicos de *competência comum* e os de *competência privativa*. Os de competência comum são aqueles atribuídos a todos os entes federativos em conjunto, tais como a educação e a saúde. Já os de competência privativa são de titularidade de determinada órbita federativa. A diferenciação se faz segundo os critérios gerais de discriminação de competências federativas ou em vista de regra constitucional específica.

Assim, a Constituição indica, de modo expresso, alguns serviços públicos como de titularidade da União (art. 21, X a XII). Outros serviços são identificados segundo os critérios gerais de interesse. Isso conduz a que os serviços públicos prestados no âmbito estritamente municipal sejam de titularidade do Município, e aqueles que ultrapassam limites municipais (mas não os estaduais) sejam atribuídos aos Estados, cabendo à União os interestaduais.

---

[14] "Consolidação, na jurisprudência desta Suprema Corte, do entendimento de que é dos Estados a competência para legislar sobre prestação de serviços públicos de transporte intermunicipal" (ADI 5.677/PA, Pleno, rel. Min. Rosa Weber, j. 06.12.2021, *DJe* 10.12.2021).

18.5 Situações complexas

A classificação de alguns serviços apresenta grande dificuldade, em vista da evolução socioeconômica. Por exemplo, era pacífico no passado que o serviço de saneamento era de titularidade municipal. Mas o surgimento de grandes metrópoles, que se estendem de modo contínuo pelo território de vários Municípios, propiciou dúvida sobre o tema.

Essas dificuldades já tinham conduzido à previsão constitucional da criação de região metropolitana (art. 25, § 3.º) e de consórcio público (art. 241), visando a promover compartilhamento de atribuições entre os diversos entes políticos quanto a serviços públicos de interesse comum.

O Estatuto da Metrópole (Lei 13.089/2015, com as alterações da Lei 13.683/2018) previu o compartilhamento de competências decisórias e executivas entre Estados e Municípios, quanto a funções públicas de interesse comum no âmbito de regiões metropolitanas.

No setor de saneamento, a Lei 11.445/2007 (com a redação dada pela Lei 14.026/2020) fixou que:

"Art. 8.º Exercem a titularidade dos serviços públicos de saneamento básico:

I – os Municípios e o Distrito Federal, no caso de interesse local;

II – o Estado, em conjunto com os Municípios que compartilham efetivamente instalações operacionais integrantes de regiões metropolitanas, aglomerações urbanas e microrregiões, instituídas por lei complementar estadual, no caso de interesse comum".

19 A CHAMADA CRISE DO SERVIÇO PÚBLICO

O instituto do serviço público tem experimentado seguidas crises. Nos últimos anos, chegou-se a proclamar sua morte.[15] A concepção de crise deve ser entendida como a necessidade de adequação do instituto às circunstâncias sociais e econômicas.

19.1 A evolução tecnológica e seus efeitos

A relatividade do conceito de serviço público é propiciada, inclusive, por variações tecnológicas, que produzem o surgimento ou a extinção de necessidades comuns a todos os seres humanos.

Isso permite compreender a variação ocorrida ao longo do século XX. O conceito e o elenco dos serviços públicos foram definidos no início daquele século, especialmente em vista das grandes invenções e descobertas. Muitas décadas depois, o progresso tecnológico gerou novos modos de atender às antigas necessidades, tanto quanto produziu novas demandas e exigências.

Um exemplo marcante é o dos chamados monopólios naturais, tradicionalmente considerados como serviços públicos. A evolução tecnológica produziu inovações no âmbito econômico. Veja-se o caso da energia elétrica.

O modelo econômico de oferta da utilidade "energia elétrica" foi construído a partir da ideia de ciclo completo, em que uma única e mesma empresa dominava todas as atividades pertinentes (desde a geração até a comercialização de energia). Mas o progresso científico, ao longo das últimas décadas, propiciou alterações radicais. Novas tecnologias permitem a geração de energia por processos muito mais baratos e com elevadíssima eficácia. Há plena possibilidade de competição no plano da geração da energia.

---

[15] Cf. ARIÑO ORTIZ et al. Principios de derecho público económico: modelo de Estado, gestión pública, regulación económica, 3. ed., p. 600.

452 CURSO DE DIREITO ADMINISTRATIVO · *Marçal Justen Filho*

Ou seja, a realidade contemporânea apresenta um panorama econômico-material distinto daquele do início do século XX.

Em suma, as concepções clássicas sobre serviço público necessitam ser adaptadas à realidade econômica e cultural.

19.2 A dissociação entre a regulação e a prestação do serviço público

Uma característica marcante do novo serviço público reside na dissociação entre as atividades de regulação e de prestação do serviço público. A titularidade da competência regulatória para um serviço público não corresponde necessariamente à titularidade do poder-dever quanto à sua prestação. São criadas entidades administrativas dotadas de autonomia mínima, a quem incumbe disciplinar o desempenho dos serviços, visando a assegurar a imparcialidade, a democratização e a transparência na gestão dos serviços.

19.3 A exclusividade na prestação do serviço

A exclusividade na prestação do serviço é, em princípio, uma decorrência do monopólio estatal. Se determinado serviço público é de titularidade exclusiva do Estado, sua prestação tende a ser promovida em regime de exclusividade.

Mas a questão da exclusividade não é uma derivação inerente ao conceito de serviço público. O núcleo do problema é de natureza econômica. A exclusividade pode ser uma decorrência da existência de um monopólio natural. Em termos simplistas, a exclusividade é adotada quando a exploração por uma pluralidade de agentes diversos for incompatível com a eficiência econômica.

Os serviços públicos envolvem, em grande parte, monopólios naturais. Somente nesses casos é que se justifica a exclusividade na sua prestação. Justamente por isso, o art. 16 da Lei 8.987/1995 determina: "A outorga de concessão ou permissão não terá caráter de exclusividade, salvo no caso de inviabilidade técnica ou econômica justificada no ato a que se refere o art. 5.º desta Lei".

A exclusividade dependerá da impossibilidade material ou econômica de desempenho do serviço público em regime de competição.

A questão foi examinada pelo STF a propósito do serviço postal (ADPF 46[16]). O exame desse julgado não é fácil, especialmente pela pluralidade de entendimentos heterogêneos por parte dos Ministros. Pode-se inferir que a maioria reconheceu a possibilidade de adoção de exclusividade quando necessária para assegurar a viabilidade econômica da manutenção do serviço público. No caso específico em discussão, o problema residia em que uma mesma entidade estatal (a ECT) explorava não apenas atividades de serviço público (previstas constitucionalmente como exclusivas da União), mas também outras, de natureza econômica.

Para o STF:

> "4. No julgamento da Arguição de Descumprimento de Preceito Fundamental 46 (Plenário, Min. EROS GRAU, DJ de 26/2/2010), estabeleceu-se que a prestação exclusiva de serviço postal pela União, nos termos do art. 9.º da Lei 6.538/1978, não engloba a distribuição de boletos bancários, de contas telefônicas, de luz e água, de encomendas, v.g., livros e jornais, pois a atividade desenvolvida pelo ente central restringe-se ao conceito de carta, cartão-postal e correspondência agrupada. (...)" (ARE 649.379/RJ, Pleno, rel. Min. Gilmar Mendes, rel. p/ acórdão Min. Alexandre de Moraes, repercussão geral – mérito, j. 16.11.2020, *DJe* 18.01.2021).

---

16   ADPF 46/DF, Pleno, rel. Min. Marco Aurélio, rel. p/ acórdão Min. Eros Grau, j. 05.08.2009, *DJe* 26.02.2010.

Cap. 12 – TIPOS DE ATIVIDADE ADMINISTRATIVA: SERVIÇO PÚBLICO **453**

20   O TRATAMENTO JURÍDICO PECULIAR PARA OS SERVIÇOS EM REDE

Um conjunto de providências foi implantado a propósito dos serviços públicos cuja prestação pressupõe uma infraestrutura em rede, tal como se passa com a energia elétrica, as telecomunicações, as ferrovias e as rodovias.

20.1   Fragmentação (dissociação) das atividades de serviço público

O conceito clássico de serviço público considerava de modo unitário todas as atividades necessárias à prestação de certa utilidade. A inovação reside em verificar se existem atividades heterogêneas e, em caso positivo, diferenciá-las entre si, aplicando a cada qual regras distintas. Reconhece-se, inclusive, que nem todos os segmentos das atividades exigem exploração sob regime próprio de serviço público.

Produz-se a dissociação (*unbundling*) da atividade, inclusive para evitar que sua exploração conjunta conduza a efeitos de abuso de poder econômico e dominação de mercado.

20.2   A ampliação da competição

O novo regime do serviço público busca ampliar a competição econômica, como instrumento de limitação do poder econômico e de ampliação da eficiência na gestão dos recursos necessários. Os efeitos positivos da competição econômica dificilmente se verificariam se um mesmo sujeito dominasse as diversas etapas. É necessário evitar o fenômeno de *subsídio cruzado*, pelo qual o agente econômico transfere custos da etapa competitiva para aquela monopolizada, eliminando os efeitos positivos da competição.[17]

20.3   A dissociação entre propriedade e exploração da rede

Os serviços públicos em rede configuram, usualmente, monopólios naturais – conceito examinado anteriormente.[18] Em tais casos, existe impossibilidade econômica da duplicação da infraestrutura necessária à prestação do serviço. Isso não impede a competição em termos absolutos. A concorrência entre diversos agentes econômicos pode ser implantada em muitos casos e exige, dentre outras providências, a dissociação entre a titularidade e a exploração da infraestrutura.

Ademais, é perfeitamente possível que uma pluralidade significativa de empresas se valha de uma mesma infraestrutura, oferecendo utilidades diversas aos usuários. O exemplo característico é a utilização da infraestrutura de transmissão de energia elétrica por uma pluralidade de empresas.

Prevalece o dever de compartilhamento compulsório. O titular de uma infraestrutura econômica não pode invocar a propriedade como fundamento para negar sua utilização por competidores, especialmente quando existente capacidade ociosa de exploração. É a ele assegurada uma remuneração compatível e adequada pela primazia na concepção do empreendimento – mas

---

[17]   Assim, o usuário paga menos pela atividade prestada em regime de competição, mas seu benefício desaparece por ser obrigado a pagar muito mais pelos serviços monopolizados.

[18]   Nesse sentido, Gaspar Ariño Ortiz afirma que: "as redes (...) geralmente constituem monopólios naturais (assim, as vias férreas, as redes elétricas de alta ou muita tensão, os oleodutos e gasodutos, as rodovias, os aeroportos e outras), mas algumas podem ser duplicadas e atuar, elas mesmas, em regime competitivo, como ocorre com as redes de telecomunicações fixas, móveis ou por satélite, ou também com as plantas de regasificação, que formam parte da rede básica de gás; em um e outro caso, os mesmos serviços podem ser prestados por meio delas e atuar com base no direito de competência" (A afetação de bens ao serviço público. O caso das redes. *Revista de Direito Administrativo – RDA*, n. 258, set./dez. 2011, p. 21).

não o impedimento à livre competição.[19] É evidente que essa solução deve observar as regras contratuais aplicáveis e respeitar a viabilidade econômica do compartilhamento.

Seguindo essa linha, a Lei 13.116/2015 consagrou normas gerais para implantação e compartilhamento de infraestruturas na área de telecomunicações. Uma regra fundamental dispõe que "É obrigatório o compartilhamento da capacidade excedente da infraestrutura de suporte, exceto quando houver justificado motivo técnico" (art. 14). A questão mais problemática, no entanto, é o preço pelo qual haverá a remuneração do titular da infraestrutura.

21   A SOBREVIVÊNCIA DO SERVIÇO PÚBLICO

Não há cabimento em afirmar a morte do serviço público. O instituto permanece existente como manifestação direta e imediata da concepção política consagrada por cada povo.

A sociedade produz os meios de satisfação solidarística das necessidades individuais e coletivas. Isso compreende institutos cuja estruturação não se subordina integralmente à disciplina reservada para as atividades econômicas propriamente ditas. Em todos os países do mundo, diferencia-se o regime jurídico privado, reservado para a exploração econômica em sentido restrito, daquele aplicável às atividades relacionadas com o interesse coletivo. As denominações reservadas para essas diferentes hipóteses variam de país a país, tal como o conteúdo do regime jurídico correspondente e sua extensão de abrangência. Mas sempre existe um núcleo reconduzível ao que se denomina de *serviço público*.

A tendência à redução das tarefas atribuídas ao Estado deve ser examinada segundo a dimensão dos princípios jurídicos fundamentais. A atividade estatal é necessária e indispensável para a realização de valores fundamentais. Portanto, a morte do serviço público apenas pode ser entendida como a extinção de atividades estatais secundárias e irrelevantes, que foram indevidamente enquadradas como serviço público.

O serviço público somente desaparecerá se e quando houver viabilidade de satisfação dos direitos fundamentais mediante atuação privativa da iniciativa privada, sem a intervenção estatal – alternativa que não se afigura plausível, pois conduz ao desaparecimento da justificativa da existência do próprio Estado. Deve-se reconhecer que a atuação estatal não se reduz à prestação dos serviços públicos e que o exercício da competência regulatória é um instrumento para impor aos particulares a promoção dos direitos fundamentais. Mas há limites para a substituição do serviço público pela regulação. Isso fica evidente no âmbito de setores como saúde e educação, nos quais a atuação direta do Estado é uma garantia da manutenção da democracia.

22   A DELEGAÇÃO DO SERVIÇO PÚBLICO

A expressão "delegação de serviço público" abrange diversas figuras jurídicas, pelas quais o Estado transfere a prestação de serviço público para um sujeito privado. A forma mais conhecida de delegação é a concessão de serviço público, que compreende três espécies segundo uma determinação imposta pela Lei 11.079/2004: a concessão comum, a concessão patrocinada e a concessão administrativa.

22.1   O direito positivo brasileiro e a concessão de serviço público

A Constituição Federal determina, no art. 175, que a prestação dos serviços públicos incumbe ao Poder Público, diretamente ou "sob regime de concessão ou permissão". Em outras

---

[19] Sobre o tema, cf. FARACO. *Regulação e direito concorrencial: as telecomunicações*; e NESTER. *Regulação e concorrência*: compartilhamento de infraestruturas e redes.

Cap. 12 – TIPOS DE ATIVIDADE ADMINISTRATIVA: SERVIÇO PÚBLICO **455**

inúmeras passagens, a Constituição faz menção ao instituto da concessão de serviço público.[20] Não existe, porém, uma formulação conceitual constitucional sobre o instituto.[21]

A omissão normativa se verificava também no nível infraconstitucional, à época da entrada em vigor da Constituição. Em 1995 surgiu a Lei 8.987, que forneceu definição legislativa formal para o instituto da concessão.

22.2 A concessão como instrumento de políticas públicas

Soluções jurídicas similares à concessão de serviço público são praticadas há séculos.[22] Até o final do século XVIII, a concessão era uma manifestação de privilégio arbitrário. A configuração do contrato de concessão de serviço público ocorreu no início do século XX. Mas a evolução política conduziu a inovações significativas na última década.

A concessão de serviço público é um instrumento de implementação de políticas públicas. Não é, pura e simplesmente, uma manifestação da atividade administrativa contratual do Estado. É um meio para realização de valores constitucionais fundamentais.

23 A DEFINIÇÃO DE CONCESSÃO DE SERVIÇO PÚBLICO

A concessão de serviço público é um contrato plurilateral de natureza organizacional e associativa, por meio do qual a prestação de um serviço público é temporariamente delegada pelo Estado a um sujeito privado que assume seu desempenho diretamente em face dos usuários, mas sob controle estatal e da sociedade civil, mediante remuneração extraída do empreendimento.[23]

23.1 A relação jurídica trilateral

O contrato de concessão é pactuado entre três partes,[24] que são (a) o "poder concedente" (o ente federativo titular da competência para prestar o serviço), (b) a sociedade, personificada em instituição representativa da comunidade, e (c) o particular (concessionário). Essa posição não é prevalente na doutrina e na jurisprudência, mas muitas de suas implicações são adotadas inclusive na legislação. Assim, por exemplo, a Lei 13.460/2017, ao dispor sobre a situação dos

---

[20] Por exemplo, o art. 21 estabelece que "Compete à União: (...) XII – explorar, diretamente ou mediante autorização, concessão ou permissão: (...)". As alíneas que seguem contemplam uma relação variada de serviços públicos.

[21] O instituto da concessão de serviço público foi objeto de monografias, que lançaram novas luzes sobre questões clássicas. Cf. GUIMARÃES. *Concessão de serviço público*; MOREIRA. *Direito das concessões de serviço público: inteligência da Lei 8.987/1995 (parte geral)* e MONTEIRO. *Concessão*.

[22] Podem ser localizadas manifestações similares ao instituto da concessão em períodos pretéritos. Quando menos, o instituto começou a delinear-se a partir do final da Idade Média. Sua adoção na França já ocorria no século XVI. Mas a generalização e consolidação do instituto verificou-se ao longo do século XIX. Não é objeto desta obra realizar um levantamento histórico sobre o instituto. Para isso, a melhor fonte talvez seja BEZANÇON. *Essai sur les contrats de travaux et de services publics: contribution à l'histoire administrative de la délégation de mission publique.*

[23] Confira-se também a definição adotada pelo STJ: "1. A Concessão de serviço público é o instituto através do qual o Estado atribui o exercício de um serviço público a alguém que aceita prestá-lo em nome próprio, por sua conta e risco, nas condições fixadas e alteráveis unilateralmente pelo Poder Público, mas sob garantia contratual de um equilíbrio econômico-financeiro, remunerando-se pela própria exploração do serviço, e geral e basicamente mediante tarifas cobradas diretamente dos usuários do serviço" (REsp 976.836/RS, 1.ª S., rel. Min. Luiz Fux, j. 25.08.2010, *DJe* 05.10.2010).

[24] Essa posição é isolada na doutrina e na jurisprudência, que entendem que a concessão é pactuada apenas entre o poder concedente e o concessionário. Apesar de constituir voz isolada, nem por isso se reputa que a orientação é incorreta e se defende a orientação com a expectativa de que venha ela a prevalecer no futuro.

usuários de serviço público, reconhece direitos e obrigações diretamente oponíveis tanto ao poder concedente quanto ao concessionário.

Daí não se infere que todas as partes do contrato de concessão de serviço público sejam titulares de posições jurídicas homogêneas. A triangularidade da concessão não significa que as competências reservadas ao poder concedente apenas possam ser exercitadas em conjunto com a sociedade. Nem traduz a concepção de que os usuários sejam dotados de poderes para interferir no relacionamento entre poder concedente e concessionário. A validade dos atos praticados pelo Estado não depende de nenhuma ratificação por parte dos usuários. A extensão dos efeitos da triangularidade será exposta adiante.

23.2 Natureza organizacional do contrato de concessão

O contrato de concessão apresenta natureza organizacional, por meio do qual se institui uma estrutura de bens e um conjunto de pessoas visando ao desempenho de atividade de interesse comum das partes.

A prestação de serviço público adequado e satisfatório se configura como um objetivo comum, compartilhado pelo Estado, pela sociedade civil e pelo concessionário. A concessão é um meio de obter a colaboração dos particulares no desempenho de serviços públicos. O intento de realizar o bem comum autoriza o Estado a estabelecer unilateralmente as regras acerca do serviço e a fiscalizar a atividade do concessionário. Mas o concessionário não é um "inimigo" da Administração, tanto como não pode ser combatido como "explorador" da comunidade.

Como apontam Eduardo García de Enterría e Tomás-Ramon Fernández, "administração concedente e concessionário privado aparecem desse modo como colaboradores comprometidos na consecução de um mesmo fim, mais do que como antagonistas em uma pura relação de intercâmbio".[25]

O intuito lucrativo é o objetivo indireto do concessionário. O objetivo direto e imediato de todas as partes é a prestação de serviços públicos satisfatórios. Nenhuma diferença se põe entre Estado, sociedade civil e concessionário: todos se predispõem a colaborar e a concentrar esforços e recursos para o desempenho satisfatório das atividades que configuram o serviço público.

23.3 A preservação da natureza pública do serviço

A concessão não acarreta a transformação do serviço em privado. A outorga da concessão não representa modalidade de desafetação do serviço, retirando-o da órbita pública e inserindo-o no campo do direito privado.

Havendo concessão, o Estado continua a ser o titular do poder de prestação do serviço. O concessionário atua perante terceiros como se fosse o próprio Estado. Existe o dever-poder de o Estado fiscalizar, regular e retomar os serviços concedidos. Essa atividade deve ser realizada em conjugação com a sociedade civil, na condição de titular de um polo da relação jurídica.

Justamente por isso, a concessão é um contrato temporário. Não se admitem concessões eternas, nem aquelas em que o concedente renuncie definitivamente ao poder de retomar o serviço.

23.4 O prazo contratual determinado

O prazo da delegação é determinado e desempenha duas funções fundamentais. A primeira é a delimitação do período pelo qual o particular desenvolverá o serviço. Atingido o

---

[25] GARCÍA DE ENTERRÍA; FERNÁNDEZ. *Curso de derecho administrativo*, 3. ed., v. 1, p. 614. No mesmo sentido, GORDILLO. *Tratado de derecho administrativo*, 4. ed., t. I, p. XI-46 (tradução livre). No mesmo sentido e com precedência, LAUBADÈRE; MODERNE; DELVOLVÉ. *Traité des contrats administratifs*, t. I, p. 288-291.

termo avençado, o serviço retornará ao concedente. A segunda é a garantia de que a extinção antecipada, sem culpa do concessionário, acarretará ampla indenização a ele.

Ademais disso, o prazo determinado é um dos fatores para a fixação das condições econômicas da exploração, traduzindo-se num dos aspectos da equação econômico-financeira da avença.

23.5   A exploração por conta e risco do concessionário

Costuma-se afirmar que o concessionário assume o "risco" do empreendimento, afirmativa que deve ser bem compreendida para evitar equívoco.

Somente seria possível atribuir integralmente o risco do empreendimento ao particular se a concessão transformasse o serviço em privado. Nesse caso, o insucesso da empresa seria pertinente apenas ao interesse do particular.

Como o serviço continua a ser público e indispensável à promoção dos direitos fundamentais, é vedada, como regra geral, a sua interrupção. O serviço público deve ser mantido, o que conduz à impossibilidade de transformá-lo num instrumento de risco privado.

23.6   A partilha de riscos entre as partes

Como o serviço permanece sendo público, não é correto afirmar que ele é prestado "por conta" do concessionário. É evidente que o serviço delegado é prestado por conta do poder concedente. O concessionário atua em nome próprio e assume inúmeros direitos e deveres, mas o poder concedente ainda detém a titularidade do serviço. Por isso, é incorreto atribuir exclusivamente ao particular todos os riscos decorrentes da avença. Isso somente seria possível se a concessão caracterizasse o serviço como exclusivamente privado.

Manter economicamente viável a concessão de serviço público é interesse também do concedente e da sociedade, uma vez que a frustração do empreendimento prejudicará a todos e colocará em risco a continuidade do serviço público.

23.7   A obtenção de receitas a partir do empreendimento

A concessão produz a exploração empresarial de um serviço público. Em muitos casos, o concessionário obtém a sua remuneração mediante a cobrança de tarifa dos usuários de serviços públicos. Em outros, existem receitas propiciadas por oportunidades econômicas relacionadas à prestação do serviço. Tais receitas podem ser uma fonte secundária, mas também podem produzir a maior parte dos rendimentos do concessionário. Assim se passa, por exemplo, com a concessão de aeroporto.[26] É essencial à concessão o vínculo entre a remuneração do particular e a exploração do serviço, o que significa que a remuneração será variável em vista da eficiência organizacional e do consumo dos usuários.

24   A MULTIPLICIDADE DE ESPÉCIES DE CONCESSÃO DE SERVIÇO PÚBLICO

No direito positivo, existem três espécies de concessão de serviço público, que são a concessão comum, a concessão patrocinada e a concessão administrativa.

---

[26]   Relativamente às concessões de aeroporto, destaca-se recente entendimento do STF no sentido de que devem ser excluídos da imunidade tributária recíproca quanto ao IPTU os imóveis utilizados para a exploração de atividades comerciais acessórias, distintas da concessão, e desempenhadas na área do aeroporto com finalidade lucrativa (AgR na Rcl 60.726/RN, 1.ª T., rel. Min. Roberto Barroso, j. 02.10.2023, *DJe* 19.10.2023).

458 CURSO DE DIREITO ADMINISTRATIVO · *Marçal Justen Filho*

Em termos sumários, a concessão comum configura-se quando o concessionário obtém a sua remuneração mediante a cobrança de tarifas dos usuários.

A concessão patrocinada verifica-se nas hipóteses em que o empreendimento, desde o momento de sua concepção, prevê que a remuneração do concessionário será proveniente não apenas da tarifa, mas também dos cofres públicos. Existe um subsídio dos cofres públicos, o que permite que a tarifa cobrada do usuário seja mais reduzida do que o necessário para assegurar a viabilidade econômica do empreendimento.

Na concessão administrativa, o concessionário não é remunerado por tarifas, mas a sua remuneração, ainda que seja vinculada ao seu desempenho, é proveniente dos cofres públicos.

A concessão patrocinada e a concessão administrativa são modalidades de parceria público-privada.

25 VARIAÇÕES QUANTO AO OBJETO DA CONCESSÃO

O objeto da delegação promovida por meio da concessão é variável, produzindo reflexos no vulto dos encargos assumidos pelas partes e na dimensão da tarifa a ser exigida.

25.1 Concessão exclusivamente de serviço público

A hipótese mais simples é aquela em que o objeto da delegação é exclusivamente a prestação do serviço público. O particular assume o dever de promover o fornecimento de utilidades determinadas, que dão identidade a um serviço público. Assim se passa, por exemplo, no caso da concessão de transporte urbano de passageiros. Nessa situação, o particular assume o encargo de promover o aparelhamento necessário à prestação do serviço.

A existência de concessão exclusivamente de serviço público não significa a uniformidade de regime jurídico. Há normas próprias que disciplinam as diversas espécies de concessão de serviço público, tomando em vista as características de cada atividade. Assim, por exemplo, a concessão de telefonia fixa não se subordina ao mesmo regime da concessão de distribuição de energia elétrica.

25.2 Concessão de serviço público antecedida da execução de obra pública

A segunda hipótese é a concessão de serviço público antecedida da execução de obra pública. Nesse caso, a implantação de determinado serviço público depende da realização de uma obra. É o caso da concessão para geração de energia elétrica a partir de certo potencial hidrelétrico. Somente será possível gerar energia depois de edificar a usina. Ao final do prazo da concessão, a obra reverterá ao patrimônio público.[27]

25.3 Concessão de exploração de obra pública a ser edificada

Outra situação ocorre quando a edificação da obra pública gera, por si só, a satisfação do interesse estatal.

25.3.1 A execução da obra e a sua utilização pelos usuários

O particular executa a obra, que passa a ser utilizada pelos usuários como instrumento de satisfação de suas necessidades. Não existe um serviço público propriamente dito a ser

---

[27] A hipótese corresponde à contratação usualmente conhecida como BOT (*build, operate, transfer*), que indica a situação do particular em face do Poder Público. Para uma análise mais aprofundada do tema, cf. BETTINGER. *La gestion déléguée des services publics dans le monde:* concession ou BOT.

Cap. 12 – TIPOS DE ATIVIDADE ADMINISTRATIVA: SERVIÇO PÚBLICO **459**

prestado posteriormente. Podem existir tarefas complementares e secundárias, relacionadas com a manutenção e conservação do empreendimento.

É o que se passa com a construção de rodovias e obras assemelhadas. Nesses casos e quando muito, há o dever de atividades complementares posteriores, atinentes à manutenção das obras e bens públicos, assim como de prestação de serviços acessórios aos usuários.

25.3.2 A concessão de obra pública

Usualmente, essa hipótese é denominada *concessão de obra pública*. A exploração da obra pública pelo particular será destinada precipuamente a assegurar-lhe a percepção de rendimentos suficientes para a amortização dos investimentos realizados.

25.3.3 A ausência de subsunção ao art. 175 da CF/1988

Rigorosamente, essa hipótese de concessão de obra pública não está compreendida no art. 175 da CF/1988. Isso não implica, no entanto, vedação à sua adoção ou à aplicação do regime da concessão de serviço público. Não há necessidade de autorização constitucional para adoção dessa variedade de figuras.

Se o art. 175 da CF/1988 não existisse, ainda assim haveria a possibilidade de as normas infraconstitucionais delinearem diversos tipos de concessão de serviço público.

Esse dispositivo não impôs uma disciplina restritiva para o legislador. A referência à delegação por meio de concessão de serviço público não significou nem a consagração de um único e determinado tipo de avença nem a vedação a que outras avenças sejam praticadas a propósito de obras públicas.

Por isso, não houve vício no art. 2.º, III, da Lei 8.987/1995, ao se referir expressamente a essa modalidade de concessão.[28]

25.4 A concessão da exploração de obras já existentes

Há outra hipótese, similar à anterior. Trata-se da outorga da faculdade de exploração de bens públicos já existentes, com imposição de dever de reforma, manutenção ou ampliação e atribuição da faculdade de cobrança de tarifa.

Rigorosamente, a hipótese se identifica com aquela em que o particular executa a obra previamente à sua exploração. Não há diferença jurídica significativa, já que em todos os casos o substrato da relação jurídica é idêntico: um particular assume o encargo de realizar certas prestações em face de uma obra pública com a previsão de remuneração por meio da exploração do bem ou conjunto de bens.

A distinção existente é econômica. Reflete no custo do desembolso e na tarifa a ser cobrada. Quanto maior o investimento a ser realizado pelo particular, ou se o particular for obrigado a executar a obra previamente à sua exploração, isso significará encargos mais elevados. Logo, a tarifa será mais alta. Se já existir a obra e o encargo do particular for de sua conservação e ampliação, o custo econômico será mais reduzido, do que derivará tarifa mais reduzida.

---

[28] Lembre-se que o fundamento constitucional da Lei 8.987/1995 é não apenas o art. 175, mas também o art. 22, XXVII, da CF/1988, que atribui à União competência para editar normas gerais sobre todas as modalidades de contratações administrativas. E a Lei 8.987/1995 consagra normas gerais sobre concessão e permissão de serviços públicos.

26 AS CONCESSÕES IMPRÓPRIAS

Somente existe concessão de serviço público em sentido próprio quando a delegação for feita a um particular (ou a uma entidade estatal que explore atividade econômica segundo o regime de direito privado). A delegação em prol das entidades da Administração direta (e, em alguns casos, relativamente também a empresas estatais) não configura uma concessão propriamente dita, cabendo aludir a uma *concessão imprópria*.

Há duas espécies de concessões impróprias, que podem ser referidas como concessão-descentralização e concessão-convênio.

26.1 A concessão-descentralização

A concessão-descentralização se verificava nos casos em que o ente federado titular do serviço público institui uma sociedade estatal para assumir o seu desempenho.

26.1.1 A autonomia para organizar a prestação do serviço público

O Estado dispõe da competência para organizar seus recursos para prestação direta do serviço público. Os encargos correspondentes podem ser atribuídos a uma repartição pública destituída de personalidade própria. Também podem ser atribuídos a autarquias. Eventualmente, são criadas sociedades estatais, dotadas de personalidade de direito privado, para a prestação dos serviços. Em todos esses casos, não há delegação da prestação do serviço para um terceiro.

No passado, difundiu-se a prática de qualificar como concessão a solução jurídica adotada pelo poder concedente de atribuir a prestação do serviço a uma sociedade estatal sob seu controle.

26.1.2 A ausência de distinção de interesses jurídicos

A sociedade estatal sob controle do poder concedente não dispõe de interesses próprios. A sua autonomia de atuação é muito restrita. Assim se passa, de modo especial, no tocante às empresas públicas. Respeitadas distinções entre as duas figuras, isso pode ocorrer mesmo no tocante a sociedades de economia mista.

26.1.3 A questão da obrigatoriedade da licitação

O tema passou a despertar atenção em vista do art. 175 da CF/1988, que impôs a obrigatoriedade da licitação como requisito para a outorga de concessões de serviço público. O tema começou a ser reexaminado e se constatou que nem havia concessão em sentido próprio, nem cabia licitação prévia.

26.1.4 A irrelevância da denominação adotada

Pode até ter existido um ato administrativo formal, qualificando a atribuição do serviço à entidade descentralizada como *concessão de serviço público*. Isso não altera a natureza jurídica do vínculo. Continua a existir prestação direta do serviço pela Administração Pública, o que justifica a ausência de prévia licitação.

26.1.5 O regime jurídico aplicável

A descentralização administrativa não configura a concessão do serviço, já que os recursos aplicados continuam a ter origem pública, o regime jurídico não se altera e não se transfere a

Cap. 12 – TIPOS DE ATIVIDADE ADMINISTRATIVA: SERVIÇO PÚBLICO **461**

prestação do serviço para órbita estranha à da Administração Pública. Essa opinião tem sido perfilhada pelos mais influentes setores da doutrina. Geraldo Ataliba se manifestara sobre o tema.[29] No mesmo sentido posicionaram-se Eros Grau,[30] Adilson Abreu Dallari,[31] José Afonso da Silva,[32] Torquato Jardim,[33] Alexandre Santos de Aragão[34] e Victor Rhein Schirato.[35]

26.2   A concessão-convênio

Uma situação distinta ocorria nos casos em que existiam interesses comuns a diversos entes federados e a prestação era atribuída a um ente da Administração indireta de um deles.

26.2.1   A ausência de vínculo de controle

Nessas situações, não se configurava vínculo de controle entre o titular da competência para prestação do serviço e a entidade que os desempenha. Todos os sujeitos pertenciam à Administração Pública, mas não integravam a mesma órbita federativa. Mas isso não eliminava o cabimento de convênios entre os entes estatais, por meio dos quais se promovia a conjugação de esforços e recursos visando ao desempenho de atividades de interesse comum.

26.2.2   A ausência de contrato administrativo em sentido próprio

Nesses casos, não existia concessão em sentido próprio porque os sujeitos associados eram todos entes federativos. Não se aplicava o regime próprio da concessão, que era incompatível com a condição jurídica dos entes políticos.

Essa ponderação se impunha mesmo nas hipóteses em que o convênio envolvesse a participação de uma entidade integrante da Administração indireta de um ente político. Tal como exposto a propósito da concessão-descentralização, o serviço público continuava a ser prestado com recursos estatais, mediante uma pessoa administrativa que está sob controle público e que pode ser extinta a qualquer tempo.

Também nessa hipótese não havia incidência do regime da concessão de serviço público, o que excluía a necessidade de prévia licitação.

26.3   As implicações da disciplina legislativa do setor de saneamento

A ausência de configuração de uma concessão em sentido próprio nas hipóteses acima referidas foi reconhecida legislativamente no âmbito do saneamento. A referência à legislação

---

[29]   ATALIBA. SABESP: Serviço público – Delegação a empresa estatal – Imunidade a impostos – Regime de taxas. *Revista de Direito Público – RDP*, ano 22, n. 92, p. 70-95, out./dez. 1989. Cf. também ATALIBA. Patrimônio administrativo – Empresas estatais delegadas de serviço público – Regime de seus bens: execução de suas dívidas. *Revista Trimestral de Direito Público*, n. 7, p. 21-40, 1994.

[30]   GRAU. *A ordem econômica na Constituição de 1988: interpretação e crítica*, 19. ed., p. 136 *et seq*.

[31]   DALLARI. Empresa estatal prestadora de serviços públicos – Natureza jurídica – Repercussões tributárias. *Revista de Direito Público – RDP*, ano 23, n. 94, abr./jun. 1990, p. 94. No mesmo sentido, DALLARI. Licitação – Consórcio, Construção e Exploração de Usina Elétrica. *Revista Trimestral de Direito Público – RTDP*, n. 10, 1995, p. 70-72 e DALLARI. Contrato Interadministrativo: inexigibilidade de licitação. *Gênesis – Revista de Direito Administrativo Aplicado*, n. 8, p. 166, jan./mar. 1996.

[32]   SILVA. *Curso de direito constitucional positivo*, 41. ed., p. 817.

[33]   JARDIM. PASEP, PIS e concessionária de serviço público. *Revista Trimestral de Direito Público – RTDP*, n. 10, p. 110-112, 1995.

[34]   ARAGÃO. *Empresas estatais*: o regime jurídico das empresas públicas e sociedades de economia mista, p. 121-122.

[35]   SCHIRATO. *As empresas estatais no direito administrativo econômico atual*, p. 77-79.

setorial é relevante porque as concessões impróprias foram largamente utilizadas especialmente na esfera dos serviços públicos de saneamento.

26.3.1 A disciplina da Lei 11.107/2005

A Lei 11.107/2005 instituiu os consórcios públicos. Uma das finalidades típicas dos consórcios públicos é a prestação integrada de serviços públicos.

O diploma dispôs sobre a figura do contrato-programa, a ser pactuado inclusive quando "(...) a gestão associada envolver também a prestação de serviços por órgão ou entidade de um dos entes da Federação consorciados" (art. 4.º, XI, *d*). Isso significa que a atribuição para um ente integrante da Administração indireta da prestação do serviço de interesse de diversas pessoas políticas não configura concessão de serviço público.[36]

Essas disposições legais evidenciavam que somente se configurava a concessão quando houvesse a delegação dos serviços públicos para a iniciativa privada. A atribuição da prestação do serviço para uma entidade sob controle estatal, como regra geral, descaracteriza uma concessão.

26.3.2 As inovações da Lei 14.026/2020

Qualquer dúvida remanescente foi superada pelas alterações introduzidas pela Lei 14.026/2020 (Novo Marco do Saneamento), que adotou nova redação para o art. 10 da Lei 11.445/2007, estabelecendo expressamente que:

> "Art. 10. A prestação dos serviços públicos de saneamento básico por entidade que não integre a administração do titular depende da celebração de contrato de concessão, mediante prévia licitação, nos termos do art. 175 da Constituição Federal, **vedada a sua disciplina mediante contrato de programa, convênio, termo de parceria ou outros instrumentos de natureza precária**" (original sem negrito).

A determinação evidencia que a concessão prevista no art. 175 da Constituição não se confunde com convênios pactuados entre entes estatais.

26.4 A exploração da concessão como atividade econômica

No entanto, pode existir concessão de serviço público em sentido próprio tendo como delegatária uma entidade administrativa.

Tal se passará quando uma sociedade estatal dedicar-se à exploração do serviço público *como* se fosse uma atividade econômica qualquer, competindo com a iniciativa privada e se valendo da concessão para ampliar os seus lucros.

Um exemplo envolve as empresas estaduais de energia, que existem em alguns Estados--membros. Suponha-se que uma dessas entidades se disponha a obter uma concessão para produzir energia fora do território do Estado-membro sob cujo controle se encontra.

Nesse caso, estarão presentes os pressupostos da concessão, o que tornará necessária a prévia licitação e subordinará a entidade administrativa exatamente ao mesmo regime reservado para o concessionário privado.

---

[36] Como consta no Capítulo 10, a Lei 11.107/2005 instituiu o inc. XXVI para o art. 24 da Lei 8.666/1993, autorizando a contratação direta para a celebração de contrato de programa, nos casos de consórcio público ou convênio. Esse tema foi disciplinado de modo muito semelhante na Lei 14.133/2021, art. 75, inc. XI.

Se, nos exemplos apontados, a entidade administrativa vier a ser contratada, haverá uma concessão de serviço público em sentido próprio, outorgada em favor de uma entidade integrante da Administração Pública.

27 A QUESTÃO DA RENTABILIDADE ECONÔMICA DO SERVIÇO DELEGADO

É costumeiro afirmar que a concessão apenas é admitida quando o serviço público apresenta "natureza econômica".

27.1 A pertinência ao direito francês

Essa solução reflete, sob um certo prisma, a influência do pensamento francês. Na França, todas as funções públicas são abrangidas no conceito de serviço público. Por isso, estabelece-se diferença entre serviços públicos administrativos e aqueles econômicos. Nesse contexto, os serviços públicos econômicos franceses são, basicamente, os serviços públicos brasileiros.

Portanto, a ressalva deve ser entendida no sentido de que não cabe produzir a concessão de funções estatais de natureza política, jurisdicional ou legislativa.

27.2 O serviço público rentável

Outros afirmam que a concessão apenas pode versar sobre serviço público que comporte remuneração satisfatória mediante a cobrança de tarifas dos usuários.

27.2.1 Ainda a influência do direito francês

Essa orientação também é baseada no direito francês, em que os serviços públicos não rentáveis são objeto de delegação por meio de figuras contratuais desconhecidas no Brasil.

27.2.2 O surgimento das parcerias público-privadas

No Brasil, a questão foi solucionada por meio da Lei 11.079/2004, que criou a concessão patrocinada e a concessão administrativa. São tipos contratuais destinados a permitir a delegação de serviço público à iniciativa privada, em hipóteses em que não é viável (por razões econômicas ou não) a amortização dos investimentos por meio da cobrança de tarifas dos usuários. O tema será mais bem examinado em tópico específico, adiante.

28 O CONTRATO DE CONCESSÃO DE SERVIÇO PÚBLICO

A concessão de serviço público tem natureza contratual, segundo a opinião majoritária. Tal como se passa com os demais contratos administrativos, a concessão de serviço público comporta uma série de competências anômalas em prol do Estado.

28.1 A natureza institucional-associativa da concessão

Por se tratar de um contrato associativo e organizacional, a concessão de serviço público contempla princípios e regras destinados a implantar uma atividade permanente e contínua, orientada à satisfação de direitos fundamentais. A concessão pressupõe a organização de recursos materiais e humanos para a institucionalização do serviço público ao qual se referir.

464 CURSO DE DIREITO ADMINISTRATIVO · *Marçal Justen Filho*

As partes assumem compromissos recíprocos para executar prestações permanentes e continuadas. Não se trata de uma prestação única, mesmo quando possam ser identificadas prestações principais ou dotadas de maior relevância, tal como se passa em concessões precedidas da execução de obra pública.

28.2 As competências anômalas do poder concedente

A concessão de serviço público assegura ao poder concedente as competências anômalas (prerrogativas extraordinárias) de:

– regulamentar as condições da prestação do serviço e alterá-las unilateralmente;
– exercitar fiscalização severa, inclusive com poderes de acompanhamento direto das atividades desenvolvidas pela outra parte;
– extinguir o contrato unilateralmente, inclusive em virtude de razões de conveniência e oportunidade;
– impor unilateralmente sanções ao particular; e
– intervir extraordinária e temporariamente na administração do concessionário, ocupando instalações e exercitando a gerência do pessoal.

As características dessas diversas prerrogativas são similares àquelas apontadas quanto aos demais contratos administrativos no Capítulo 10. A concessão de serviço público admite uma competência anômala que não existe no âmbito dos demais contratos, consistente na intervenção temporária e extraordinária.

28.3 A garantia da intangibilidade da equação econômico-financeira

A intangibilidade da equação econômico-financeira também é assegurada ao concessionário de serviço público, em termos similares àqueles referidos a propósito dos contratos administrativos examinados no Capítulo 10. A evolução das concepções quanto à prestação do serviço induz, no entanto, ao surgimento de novas soluções para ampliar a eficácia na gestão econômica do serviço, tema exposto em tópico adiante.

28.4 A participação dos usuários

A concessão de serviço público envolve a participação dos usuários, não como um objeto do contrato, mas como sujeitos de direitos, que integram a relação de serviço público. Em decorrência da trilateralidade já exposta nesse capítulo, os usuários são parte no contrato de concessão, o que não significa a atribuição a eles de direitos e deveres idênticos aos reservados ao poder concedente e ao concessionário.

Os usuários dispõem basicamente de direitos de fiscalização, compreendendo não apenas a execução do contrato, mas também a licitação que o anteceder. O poder concedente e a concessionária devem prestar todos os esclarecimentos pertinentes ao empreendimento. As decisões regulatórias devem ser antecedidas da manifestação da sociedade civil.[37]

29 O REGIME JURÍDICO DOS BENS NA CONCESSÃO DE SERVIÇO PÚBLICO

A concessão de serviço público produz o surgimento de uma estrutura material, indispensável à execução das atividades necessárias. O contrato de concessão de serviço público

---

[37] Para um aprofundamento sobre a posição jurídica da sociedade civil e análise dos argumentos contrários a essa tese, cf. JUSTEN FILHO. *Teoria geral das concessões de serviço público*, p. 295 *et seq.*

disciplina os diversos aspectos da organização dessa estrutura material. Esse patrimônio afetado não é dotado de personalidade jurídica. É de titularidade pública ou privada, mas sua afetação à prestação do serviço público produz um regime peculiar. Esses bens, porque necessários à prestação do serviço público, somente poderão ter outra destinação se tal não prejudicar a continuidade do serviço.

O contrato deve disciplinar o tema, indicando os bens públicos e privados afetados e o destino deles ao final da outorga.

Os bens afetados à concessão enquadram-se em dois grandes grupos. Há bens públicos[38] e há bens privados. Por seu turno, esses bens privados podem ser reversíveis ou não reversíveis.

29.1 Os bens públicos afetados ao serviço público

Os bens públicos vinculados à concessão variarão conforme o objeto da outorga. Assim, uma concessão para conservação de rodovia envolve a via pública propriamente dita, as construções para abrigar instalações, máquinas, veículos etc. A via pública é um bem público de uso comum do povo. Os edifícios são bens de uso especial. Os veículos são bens dominicais.[39] Esses bens são atribuídos à guarda do concessionário, que os utiliza para a prestação do serviço público. Eles reverterão automaticamente ao poder concedente, quando encerrada a concessão.

Na pendência da concessão, a situação jurídica do concessionário quanto aos bens públicos é equivalente à de um possuidor; assim, ele não exercita poderes sobre a coisa como se proprietário fosse. Incumbe-lhe promover sua manutenção, conservação e aperfeiçoamento. Uma vez encerrada a concessão, a *posse* desses bens será retomada pela entidade concedente e, se for o caso, transferida para um novo concessionário.

29.2 Os bens privados afetados e reversíveis

Outra parcela de bens afetados ao serviço público concedido compreende aqueles adquiridos ou edificados pelo concessionário e que serão integrados ao patrimônio público ao fim da outorga.[40] A transferência do domínio desses bens para o poder concedente depende da extinção da concessão de serviço público e da amortização dos custos pertinentes. Sobre o tema, confira-se o entendimento de Eros Grau:

"É importante observamos que parcela dos bens reversíveis, embora sejam públicos, até o momento da reversão consubstanciam propriedade do concessionário, propriedade ainda não incorporada ao domínio público. Refiro-me aos bens nos quais tenham sido feitos investimentos, pelo concessionário, com o objetivo de garantir a continuidade e atualidade do serviço concedido, desde que esses investimentos não tenham ainda sido amortizados ou depreciados. A propriedade desses bens é do concessionário que neles investiu capital e/ou adquiriu. Não obstante, hão de ser revertidos – em verdade vertidos, os últimos – ao poder concedente ao fim do prazo da concessão".[41]

---

[38]   Quanto ao conceito e regime jurídico dos bens públicos, cf. o Capítulo 17.

[39]   Sobre a insuficiência e a superação da classificação dos bens públicos em bens de uso comum, de uso especial e dominicais, cf. o Capítulo 17.

[40]   Sobre o tema, confira-se MARQUES NETO e COSCIONE. A reversibilidade dos bens no setor de telecomunicações de acordo com os precedentes da Anatel. *Revista de Direito Administrativo Contemporâneo – ReDAC*, n. 10, p. 41-59, jul./2014.

[41]   GRAU. Contrato de concessão: propriedade de bens públicos, encerramento do contrato e o artigo 884 do Código Civil. *Revista de Direito Administrativo – RDA*, n. 261, set./dez. 2012, p. 39.

29.3 Os bens privados afetados e não reversíveis

Mas há também bens privados do concessionário, aplicados à prestação do serviço e que não se destinam à reversão. Esses bens se sujeitam a um regime jurídico especial. Não são bens públicos porque não integram o domínio do poder concedente. No entanto, sua afetação à prestação do serviço produz a aplicação do regime jurídico dos bens públicos. Logo, esses bens não são penhoráveis nem podem ser objeto de desapossamento compulsório por dívidas do concessionário. Esses bens não se confundem com a receita auferida pelo concessionário.

29.4 Ainda a distinção entre bens reversíveis e não reversíveis

Como visto, os bens privados podem ser distinguidos em duas categorias. Há os bens reversíveis e os não reversíveis.[42] Os primeiros são aqueles bens privados que deverão integrar-se no domínio público, ao final do contrato de concessão. Já os segundos serão utilizados pelo concessionário para executar o objeto da concessão. No entanto, extinto o contrato, tais bens serão desafetados e o concessionário poderá promover o destino que bem lhe aprouver para eles.

A distinção entre bens reversíveis e não reversíveis abrange, basicamente, bens não consumíveis. Não há maior sentido em aludir ao problema quando o bem tem vida útil inferior ao período de duração da concessão.[43] Não se disputa sua reversibilidade, a não ser que o contrato seja extinto antes do término do prazo e o Estado necessite desse bem na continuidade da prestação dos serviços. Neste caso caberá indenização ao particular.

Os bens do particular que não se integrem de imediato e automaticamente ao domínio público deverão ter algum destino ao final da concessão. Tanto poderá cogitar-se de integração definitiva no domínio público como de sua restituição ao concessionário.

29.5 Inexistência ou irrelevância de bens reversíveis

No passado, havia a orientação de que todos os bens utilizados no desempenho do serviço público reverteriam ao domínio público, ao final do prazo da concessão.

29.5.1 A reversão dos bens afetados e seus reflexos sobre a remuneração

Há uma forte tendência à alteração desse entendimento. Em muitos setores, adota-se um modelo de concessão em que não existem bens privados reversíveis (ou, quando muito, há uma parcela irrelevante de bens em tal situação).

Assim se passa por razões econômicas e técnicas. A reversão do bem privado depende da existência em favor do concessionário de remuneração adequada a assegurar a amortização do seu valor ao longo da concessão. Não se admite que o bem privado seja integrado no patrimônio público sem uma compensação adequada para o concessionário. Portanto, a previsão contratual da reversão do bem acarreta a elevação dos custos atinentes ao empreendimento. Em muitos casos, isso conduz a tarifas de valor muito elevado. Portanto, a própria modicidade

---

[42] Isso não significa que os bens públicos não sejam reversíveis. Essa seria uma falsa questão. Os bens públicos, aplicados à prestação de um serviço público delegado, continuam sendo públicos. Ao final do contrato, tais bens retornarão à utilização do poder público. O problema da distinção entre bens reversíveis e não reversíveis coloca-se apenas no tocante aos bens privados do concessionário. Alguns desses bens reverterão, ao final da concessão, para o poder público. Aqueles que não reverterem para o poder público continuarão na posse do antigo concessionário, deixando de ser aplicados à prestação do serviço público.

[43] Entenda-se a afirmação em termos: se o poder concedente resolver encampar a concessão, deverá promover a indenização prévia ao concessionário. A indenização abrangerá tanto os bens reversíveis como outros, não reversíveis, que não possam ser utilizados para outros fins empresariais privados.

tarifária poderá conduzir à decisão de eliminar a reversibilidade de todos ou de parte dos bens privados utilizados pelo concessionário na prestação do serviço.

29.5.2 A eventual inutilidade dos bens afetados

Mas há também razões técnicas. Em muitos casos, o progresso tecnológico conduz à obsolescência da infraestrutura necessária à prestação do serviço. Nessas situações, é irrelevante para o poder concedente ser investido na propriedade de bens que não mais preenchem os requisitos de atualidade. É muito mais satisfatório que o concessionário mantenha a propriedade de tais bens, inclusive para o efeito de substituí-los à medida da evolução tecnológica.

29.5.3 O cabimento da ausência de reversão de bens

Portanto, é perfeitamente cabível a supressão da reversão de bens na concessão. Essa solução tende a ser crescentemente utilizada, especialmente nos casos de serviços públicos pouco rentáveis. O exemplo mais evidente é o da concessão de telefonia fixa. Além de subordinada a um regime diferenciado previsto na Lei Geral de Telecomunicações, a evolução tecnológica e econômica vai conduzindo à sua inviabilidade econômica. Isso impõe a redução dos custos do concessionário, inclusive mediante a eliminação da reversão de bens.

29.6 A obrigatoriedade de oportunidade para a amortização dos investimentos

Existe garantia em favor do concessionário quanto à oportunidade de obtenção de receitas para compensar os investimentos realizados, inclusive no tocante aos bens afetados ao serviço concedido. Satisfeita essa exigência, o antigo concessionário não terá qualquer direito sobre os bens aplicados na concessão, sempre que ocorrer o seu desapossamento (durante ou ao final da concessão).

Se houver restituição dos bens ao concessionário, no entanto, não se falará de amortização integral do valor, mas de depreciação do valor pelo tempo em que foi utilizado na concessão.

30 A REMUNERAÇÃO DOS SERVIÇOS PÚBLICOS CONCEDIDOS

Um ponto essencial relativamente ao instituto da concessão comum envolve a remuneração do concessionário.

30.1 A controvérsia "taxa-tarifa"

Um tema controverso envolve a solução para a remuneração do concessionário, entre as figuras da taxa e da tarifa. A Constituição previu a cobrança de "taxas (...) pela utilização, efetiva ou potencial, de serviços públicos específicos e divisíveis, prestados ao contribuinte ou postos à sua disposição" (art. 145, II). O art. 175 da CF/1988 determinou que, na prestação de serviços públicos, incumbiria à lei dispor sobre a "política tarifária" (parágrafo único, III).

No caso da taxa, aplica-se o regime tributário. O regime da tarifa é de direito administrativo.

30.2 A fruição compulsória do serviço público

Quando for instituída taxa, admite-se a exigência do pagamento da prestação tributária mesmo quando não tiver ocorrido a fruição efetiva do serviço público. Já o regime jurídico da tarifa não comporta solução exatamente idêntica – ainda que se possa admitir a existência de tarifas mínimas. Não é possível o usuário ser constrangido, contra a própria vontade, a usufruir o serviço e pagar a tarifa.

30.2.1 A exigência da estrita legalidade para os tributos

A segunda diferença consiste no *princípio da estrita legalidade*, característico do direito tributário. Consagrado no art. 150, I, da CF/1988, traduz-se na necessidade de todos os aspectos do tributo serem definidos por lei, eliminando-se a discricionariedade administrativa. Uma taxa de serviço público apenas pode ser cobrada se tiver sido instituída em lei, e é necessário que seu montante conste de um mandamento normativo legal. Já a tarifa tem regime jurídico distinto, sendo fixada na via administrativa. Não se sujeita ao princípio da estrita legalidade, seja no tocante à sua instituição, seja em relação à sua modificação.

30.2.2 O princípio da anterioridade

A terceira diferença diz respeito ao *princípio da anterioridade*, pelo qual nenhum tributo será exigido no mesmo exercício em que tiver sido publicada a lei que o instituiu ou aumentou (art. 150, III, *b*, CF/1988). O princípio se aplica a taxas, e não a tarifas.

30.3 O cabimento da remuneração por tarifa

A disputa sobre a solução jurídica mais adequada para a remuneração do concessionário tem sido objeto de concepções diversas.

30.3.1 A concepção contratualista

A corrente mais antiga relacionava tarifa e preço público. Reputava existir uma espécie de contrato de direito público entre o Estado e o usuário, o que conduzia à espontaneidade da prestação do serviço público remunerado por tarifa, contrariamente ao que se passava com a taxa. A taxa se fundaria em poder de autoridade, e o particular não disporia de alternativa (entre consumir ou não o serviço e entre pagar ou não a taxa).

Essa concepção estava, em última análise, na fundamentação da Súmula 545 do STF, com a seguinte redação: "Preços de serviços públicos e taxas não se confundem, porque estas, diferentemente daqueles, são compulsórias e têm sua cobrança condicionada à prévia autorização orçamentária, em relação à lei que as instituiu".

A partir dessa diferenciação, concluiu-se que a taxa seria utilizada quando o consumo de certo serviço público fosse compulsório, enquanto a tarifa caberia para a remuneração de serviços de consumo facultativo.

Essa orientação perdeu quase todo o prestígio doutrinário, como já ensinava Aliomar Baleeiro,[44] mas não é incomum sua utilização pelos tribunais.

30.3.2 A escolha fundada no regime jurídico da concessão

O ponto central reside em que o concessionário assume o serviço segundo o modelo empresarial.

Somente é possível atribuir ao particular uma parcela significativa dos riscos do empreendimento se a sua remuneração sujeitar-se a um regime jurídico flexível. Esse regime jurídico específico funda-se na intangibilidade da equação econômico-financeira.

---

[44] BALEEIRO. *Direito tributário brasileiro*, p. 330-331.

Cap. 12 – TIPOS DE ATIVIDADE ADMINISTRATIVA: SERVIÇO PÚBLICO **469**

Como a recomposição da equação econômico-financeira faz-se na via administrativa, a variação da remuneração do concessionário não pode ser subordinada à previsão em lei. É indispensável que a alteração da remuneração possa ocorrer a qualquer tempo, sem se sujeitar ao princípio da legalidade.

30.3.3   A jurisprudência do STF e do STJ

Há decisão do STF bastante antiga, mas que é frequentemente invocada. A ementa é a seguinte:

"Tarifa básica de limpeza urbana. Em face das restrições constitucionais a que se sujeita a instituição de taxa, não pode o Poder Público estabelecer, a seu arbítrio, que à prestação de serviço público específico e divisível corresponde contrapartida sob a forma, indiferentemente, de taxa ou de tarifa de serviço público. Sendo compulsória a utilização do serviço público de remoção de lixo – o que resulta, inclusive, de sua disciplina como serviço essencial à saúde pública – a tarifa de lixo instituída pelo Decreto n.º 196, de 12 de novembro de 1975, do Poder Executivo do Município do Rio de Janeiro, é, em verdade, taxa (...)" (RE 89.876/RJ, Pleno, rel. Min. Moreira Alves, j. 04.09.1980).[45]

No corpo da decisão, reprovou-se a pretensão de remuneração de um serviço reputado como de consumo obrigatório por meio de tarifa.

Mas há jurisprudência tida por consolidada no STF no sentido de que o serviço de fornecimento de água (essencial e, ao que parece, de consumo obrigatório) comporta remuneração por tarifa, e não taxa.

Posteriormente, o STF reconheceu a repercussão geral da questão, em julgado assim redigido:

"Repercussão geral. Tributário. Serviço de coleta e remoção de resíduos domiciliares prestado mediante contrato de concessão. Natureza jurídica da contraprestação do serviço público (taxa ou tarifa). Possui repercussão geral a questão constitucional relativa à possibilidade de delegação, mediante contrato de concessão, do serviço de coleta e remoção de resíduos domiciliares, bem como a natureza jurídica da remuneração de tais serviços, no que diz respeito à essencialidade e à compulsoriedade" (RE 847.429 RG/SC, Pleno, rel. Dias Toffoli, j. 16.06.2016, *DJe* 09.08.2016).

No STJ, foi fixada a seguinte tese para o Tema Repetitivo 253:

"A natureza jurídica da remuneração dos serviços de água e esgoto, prestados por concessionária de serviço público, é de tarifa ou preço público, consubstanciando, assim, contraprestação de caráter não-tributário, razão pela qual não se subsume ao regime jurídico tributário estabelecido para as taxas" (REsp 1.117.903/RS, 1.ª S., rel. Min. Luiz Fux, j. 09.12.2009, *DJe* 01.02.2010).

30.3.4   Opinião pessoal do autor

Reputa-se que a concessão de serviço público comporta remuneração por meio de tarifa, em vista do estabelecimento de uma relação contratual entre Poder Concedente e concessionário. A referência constitucional à utilização da taxa em relação aos serviços públicos não implica vedação à adoção de modelo tarifário, especificamente nos casos de concessão. É inviável promover concessão e subordinar a remuneração do concessionário a regime tributário. Essa

---

[45]   *Revista Trimestral de Jurisprudência do STF – RTJ*, v. 25, n. 98, p. 230, out./dez. 1981.

470 CURSO DE DIREITO ADMINISTRATIVO · *Marçal Justen Filho*

solução conduziria, inclusive, à violação da reserva de Administração que se verifica relativamente à gestão do serviço público objeto de concessão.

30.4 A questão da inviabilidade de fruição individual do serviço

Outro tema controvertido se relaciona com a exigência de que o serviço seja fruível individualmente pelo sujeito, como condição para cobrança de uma remuneração.

30.4.1 Os serviços públicos não fruíveis individualmente

Nem todos os serviços públicos podem ser fruídos individualmente, uma vez que se traduzem em atividades que beneficiam a coletividade em seu conjunto.[46] Isso se passa na medida em que tais serviços públicos não se exteriorizam em unidades diferenciáveis, que possam ser apropriadas pelo beneficiário.

Os serviços públicos genéricos, de interesse coletivo ou difuso, devem ser custeados por toda a comunidade, de modo indistinto. Como todas as pessoas são beneficiadas pelos serviços de modo equivalente, todos deverão contribuir para sua instituição e funcionamento, sem diferenciação.

Pode-se afirmar, então, que os serviços públicos não específicos e não divisíveis não podem ser remunerados mediante taxa nem tarifa, mas devem ser custeados pelas receitas geradas por outras fontes – entre as quais o imposto apresenta grande importância.

Essa orientação é partilhada pela maioria esmagadora da doutrina. Lembrem-se as palavras de Hely Lopes Meirelles, no sentido de que "a especificidade e a divisibilidade ocorrem, em regra, nos serviços de caráter domiciliar, como os de energia elétrica, água, esgotos, telefonia e coleta de lixo, que beneficiam individualmente o usuário e lhe são prestados na medida de suas necessidades, ensejando a proporcionalidade da remuneração".[47]

30.4.2 A jurisprudência do STF

O Supremo Tribunal se pronunciou sobre o tema diversas vezes.[48] E esclareceu a discussão, de modo muito preciso, ao apreciar disputa atinente à diferença entre a coleta de lixo domiciliar e outros serviços de limpeza urbana.

Em suas palavras:

"I – A Corte tem entendido como específicos e divisíveis os serviços públicos de coleta, remoção e tratamento ou destinação de lixo ou resíduos provenientes de imóveis, desde que essas atividades sejam completamente dissociadas de outros serviços públicos de limpeza realizados em benefício da população em geral (*uti universi*) e de forma indivisível. (...) Decorre daí que as taxas cobradas em razão exclusivamente dos serviços públicos de coleta, remoção e tratamento ou destinação de lixo ou resíduos provenientes de imóveis são constitucionais, ao passo que é inconstitucional a cobrança de valores tidos como taxa em razão de serviços de conservação e limpeza de logradouros e bens públicos" (RE 557.957 AgR, 1.ª T., rel. Min. Ricardo Lewandowski, j. 26.05.2009, *DJe* 25.06.2009).

---

[46] Essa questão é superada quando adotado o entendimento de que o serviço público somente se configura quando a utilidade for fruível individualmente. Mas esse entendimento não é compartilhado pelo autor.

[47] MEIRELLES. *Direito municipal brasileiro*, 17. ed., p. 160. No mesmo sentido, MORAES. *Doutrina e prática das taxas*, p. 147-148.

[48] Lembre-se a Súmula Vinculante 41 do STF, segundo a qual "o serviço de iluminação pública não pode ser remunerado mediante taxa".

Esse julgado sublinha a dificuldade de estabelecer a remuneração por alguns serviços que são prestados parcialmente em benefício de um usuário determinado e parcialmente em benefício da coletividade. É o caso do serviço público de limpeza, que abrange tanto a coleta de lixo residencial como a varredura das vias públicas e a retirada dos dejetos ali existentes. A referida dificuldade não pode ser resolvida pela pura e simples gratuidade do referido serviço. É evidente que a limpeza pública propriamente dita é prestada em benefício da coletividade em seu conjunto, mas a coleta do lixo domiciliar, industrial e hospitalar envolve serviços específicos e divisíveis em favor de usuários perfeitamente determináveis.

Segundo o enfoque tradicional, o custeio de serviços genéricos e universais não pode fazer-se por meio de taxa (nem por tarifa, aliás). Por decorrência, tais serviços não poderiam ser objeto de concessão comum, em vista da impossibilidade de remuneração proporcional à exploração.

O STF fixou entendimento sobre o tema por meio da Súmula Vinculante 19:

"A taxa cobrada exclusivamente em razão dos serviços públicos de coleta, remoção e tratamento ou destinação de lixo ou resíduos provenientes de imóveis, não viola o artigo 145, II, da Constituição Federal".

O tema voltou a ser analisado pelo STF, ao definir a Repercussão Geral 146:

"I – A taxa cobrada exclusivamente em razão dos serviços públicos de coleta, remoção e tratamento ou destinação de lixo ou resíduos provenientes de imóveis não viola o artigo 145, II, da Constituição Federal; II – A taxa cobrada em razão dos serviços de conservação e limpeza de logradouros e bens públicos ofende o art. 145, II, da Constituição Federal; III – É constitucional a adoção, no cálculo do valor de taxa, de um ou mais elementos da base de cálculo própria de determinado imposto, desde que não haja integral identidade entre uma base e outra" (QO-RG no RE 576.321/SP, Pleno, rel. Min. Ricardo Lewandowski, repercussão geral – mérito, j. 04.12.2008, *DJe* 12.02.2009).

30.4.3 A viabilidade econômica de outras receitas

A orientação deve ser adaptada à evolução das concepções jurídicas. É cabível uma concessão versando sobre um serviço genérico e universal, em que a remuneração do concessionário seja obtida por meio da exploração industrial dos dejetos e parcialmente por meio de recursos provenientes dos cofres públicos (em variação proporcional ao desempenho do concessionário). Essa solução está prevista a propósito da concessão administrativa.

31 RECEITAS ALTERNATIVAS E EXPLORAÇÃO ECONÔMICA INTENSIVA

Outra prática difundida nos modelos de concessão mais recentes é o aproveitamento de ganhos derivados de oportunidades econômicas acessórias ou secundárias. Se o serviço público comportar a exploração de atividades conexas, os ganhos econômicos correspondentes devem ser aproveitados para gerar a redução de tarifas.[49]

As atividades econômicas acessórias ao serviço público continuam a ser exploradas segundo o postulado de produzir lucro, mas com a característica de que tal lucro reverterá para a organização e desenvolvimento dos serviços públicos. Significará redução de encargos para os usuários. A solução foi acolhida pelo art. 11 da Lei 8.987/1995.

---

[49] Confira-se MARQUES NETO; ZAGO. Utilização das faixas de domínio por concessionária de rodovias federais. *Fórum de Contratação e Gestão Pública – FCGP*, ano 10, n. 111, mar./2011, p. 12.

Segundo o STJ:

"IV. O acórdão recorrido encontra-se em desconformidade com o entendimento firmado pela Primeira Seção desta Corte, no julgamento dos EREsp 985.695/RJ, que – ao analisar situação análoga, na qual o acórdão embargado entendera, em razão do Decreto 84.398/80, pela impossibilidade de cobrança de concessionária de distribuição de energia elétrica pelo uso de faixa de domínio de rodovia estadual concedida – concluiu, dando provimento aos Embargos de Divergência, no sentido de que 'poderá o poder concedente, na forma do art. 11 da Lei n. 8.987/95, prever, em favor da concessionária, no edital de licitação, a possibilidade de outras fontes provenientes de receitas alternativas, complementares, acessórias ou de projetos associados, com ou sem exclusividade, com vistas a favorecer a modicidade das tarifas' (STJ, EREsp 985.695/RJ, Rel. Ministro HUMBERTO MARTINS, PRIMEIRA SEÇÃO, *DJe* de 12/12/2014), desde que haja previsão no contrato de concessão de rodovia. Nesse sentido: STJ, AgInt no AREsp 1.760.845/SP, Rel. Ministro HERMAN BENJAMIN, SEGUNDA TURMA, *DJe* de 04/11/2021; AgInt no AREsp 1.162.082/SP, Rel. Ministro OG FERNANDES, SEGUNDA TURMA, *DJe* de 14/09/2020; AgInt no REsp 1.555.967/SP, Rel. Ministro FRANCISCO FALCÃO, SEGUNDA TURMA, *DJe* de 30/04/2018; AgInt no AREsp 793.457/PR, Rel. Ministro HUMBERTO MARTINS, SEGUNDA TURMA, *DJe* de 30/08/2016" (AREsp 1.510.988/SP, 2.ª T., rel. Min. Assusete Magalhães, j. 08.02.2022, *DJe* 10.02.2022).

O entendimento foi reiterado em julgados mais recentes do STJ (AgInt no REsp 1.747.700/SP, 2.ª T., rel. Min. Afrânio Vilela, j. 15.04.2024, *DJe* 18.04.2024; AgInt no AREsp 2.125.311/SP, 2.ª T., rel. Min. Assusete Magalhães, j. 30.10.2023, *DJe* 06.11.2023).

Discorda-se da interpretação literal adotada pelo STJ para o art. 11 da Lei 8.987/1995. A previsão no edital de oportunidades econômicas nem sempre é viável. De modo genérico, o prazo de vigência de um contrato de concessão é muito longo. É inviável e inadequado que o edital contemple todas as oportunidades econômicas propiciadas pela exploração da concessão. Em muitos casos, essas alternativas podem nem existir à época da elaboração do edital. O enfoque do STJ reflete a concepção de que o contrato de concessão é completo e perfeito, desde o momento de sua pactuação. Mas a realidade dos fatos é muito diversa.

32   A TARIFA E A PARTILHA DE ENCARGOS ENTRE OS USUÁRIOS

Existem diversas alternativas no tocante à repartição dos encargos entre os usuários.

32.1   Tarifa e expansão do serviço

A universalização do serviço público envolve custos adicionais. Se o concessionário receber apenas as verbas correspondentes aos serviços prestados, poderá não dispor de recursos para promover a ampliação e a expansão dos serviços. Por isso, admite-se a solução de financiamento da expansão dos serviços pela própria tarifa. Neste caso, a tarifa exigida do usuário compreenderá a remuneração dos serviços prestados e um adicional destinado a assegurar a expansão.[50]

---

[50]   Sobre a solução de financiamento através da tarifa no setor de saneamento, confira-se: JUSTEN FILHO. Cobrança de tarifa pela prestação dos serviços públicos de saneamento básico. *In:* MARQUES NETO; ALMEIDA; NOHARA e MAHARA (coord.). *Direito e administração pública:* estudos em homenagem a Maria Sylvia Zanella Di Pietro.

A respeito da ampliação do serviço de esgoto, o STJ decidiu no sentido de ser "legal a exigência do pagamento da tarifa quando o serviço de esgoto é oferecido, iniciando-se a coleta das substâncias com a ligação do sistema às residências dos usuários".[51]

O entendimento foi reiterado no julgamento do REsp 1.339.313/RJ (Tema Repetitivo 565), em que o STJ firmou a seguinte tese:

"A legislação que rege a matéria dá suporte para a cobrança da tarifa de esgoto mesmo ausente o tratamento final dos dejetos, principalmente porque não estabelece que o serviço público de esgotamento sanitário somente existirá quando todas as etapas forem efetivadas, tampouco proíbe a cobrança da tarifa pela prestação de uma só ou de algumas dessas atividades" (REsp 1.339.313/RJ, 1.ª S., rel. Min. Benedito Gonçalves, j. 12.06.2013, *DJe* 21.10.2013).

32.2 Critérios político-sociais de fixação das tarifas

Independentemente dos modelos econômicos e jurídicos para fixação e reajuste das tarifas, cabe ao poder concedente concretizar uma proposta político-social atinente à fórmula tarifária.

A mera outorga de uma concessão já reflete uma proposta política sobre a repartição dos encargos atinentes ao fornecimento de utilidades essenciais. Celebrada a concessão, consagra-se o postulado de que *paga quem usa e na medida em que o faz*.

Mas a fixação das tarifas não se faz obrigatoriamente pela repartição aritmética dos custos entre os usuários. Podem ser estabelecidas diferenciações em vista de características quanto à situação pessoal do usuário. Essas diferenciações são admissíveis nos limites do princípio da isonomia.

32.3 A tarifa social

Usa-se a expressão tarifa social para indicar a variação da tarifa em função da ausência de recursos econômicos do usuário. Aquele que não dispuser de riqueza ou que se encontrar num estado individual reputado como merecedor de tutela não perderá, desse modo, o acesso aos serviços públicos.

As tarifas sociais significam pagamento inferior ao necessário para assegurar a rentabilidade da exploração ou a manutenção da equação econômico-financeira. Portanto, a diferença a menor, que deixa de ser produzida em virtude da fixação de tarifas sociais, deve ser coberta de outra forma. Esse foi o motivo pelo qual a Lei 9.074/1995 determinou, no art. 35, que a estipulação de novos benefícios tarifários depende da previsão da origem dos recursos ou da revisão da estrutura tarifária.

Em princípio, a solução para a outorga de benefícios sociais reside ou em subsídios estatais ao concessionário ou na incorporação desse custo nas tarifas pagas pelos demais usuários.

A Lei 14.898/2024 instituiu diretrizes específicas para a Tarifa Social de Água e Esgoto em âmbito nacional.

32.4 A tarifa mínima

Outra alternativa reside em promover uma espécie de *subsídio interno*, consistente na diferenciação do valor das tarifas em vista da quantidade do consumo. A tarifa mínima poderá ser mais reduzida ou mais elevada.

---

[51] REsp 431.121/SP, 1.ª T., rel. Min. José Delgado, j. 20.08.2002, *DJe* 07.10.2002.

O pagamento mais elevado pelo consumo de algumas unidades destina-se a compensar o custo da disponibilidade de um serviço, cuja implantação demandou investimentos que não seriam amortizados se a tarifa fosse fixada segundo o custo daquela específica operação. A jurisprudência admite a cobrança de tarifas mínimas. O STJ manifestou-se sobre a legalidade da cobrança em tarifas mínimas de água e telefonia fixa.[52]

A jurisprudência do STJ também já reconheceu o cabimento da cobrança de tarifa mínima mesmo quando não existir a prestação integral de todas as etapas dos serviços de esgotamento sanitário. Se o usuário fosse dispensado do pagamento correspondente aos serviços recebidos, tornar-se-ia inviável a ampliação e mesmo a manutenção dos serviços.

Ao julgar o Tema Repetitivo 414, o STJ firmou a tese de que condomínios com medidor único devem cobrar a tarifa mínima de água e esgoto, além de pagar índice progressivo sobre o volume excedente:

"1. Nos condomínios formados por múltiplas unidades de consumo (economias) e um único hidrômetro é lícita a adoção de metodologia de cálculo da tarifa devida pela prestação dos serviços de saneamento por meio da exigência de uma parcela fixa ('tarifa mínima'), concebida sob a forma de franquia de consumo devida por cada uma das unidades consumidoras (economias); bem como por meio de uma segunda parcela, variável e eventual, exigida apenas se o consumo real aferido pelo medidor único do condomínio exceder a franquia de consumo de todas as unidades conjuntamente consideradas.

2. Nos condomínios formados por múltiplas unidades de consumo (economias) e um único hidrômetro é ilegal a adoção de metodologia de cálculo da tarifa devida pela prestação dos serviços de saneamento que, utilizando-se apenas do consumo real global, considere o condomínio como uma única unidade de consumo (uma única economia).

3. Nos condomínios formados por múltiplas unidades de consumo (economias) e um único hidrômetro é ilegal a adoção de metodologia de cálculo da tarifa devida pela prestação dos serviços de saneamento que, a partir de um hibridismo de regras e conceitos, dispense cada unidade de consumo do condomínio da tarifa mínima exigida a título de franquia de consumo" (REsp 1.937.887/RJ e REsp 1.937.891/RJ, 1.ª S., rel. Min. Paulo Sérgio Domingues, j. 20.06.2024, *DJe* 25.06.2024).

O art. 30, III, da Lei 11.445/2007, com redação dada pela Lei 14.026/2020 (Marco Regulatório de Saneamento Básico), dispõe o seguinte:

"Art. 30. Observado o disposto no art. 29 desta Lei, a estrutura de remuneração e de cobrança dos serviços públicos de saneamento básico considerará os seguintes fatores:

(...)

III – quantidade mínima de consumo ou de utilização do serviço, visando à garantia de objetivos sociais, como a preservação da saúde pública, o adequado atendimento dos usuários de menor renda e a proteção do meio ambiente".

32.5 A tarifa extrafiscal

Outra hipótese é a fixação orientada a alterar o comportamento do usuário quanto à fruição do serviço. São os casos em que as tarifas são mais elevadas em certo horário ou em determinado período do ano. Reputa-se válida a adoção de tarifas *extrafiscais*,[53] desde que observado o princípio da proporcionalidade.

---

[52] "É legítima a cobrança de tarifa básica pelo uso dos serviços de telefonia fixa" (Súmula 356 do STJ).

[53] Segundo Hugo de Brito Machado, tem-se tributo extrafiscal "quando seu objetivo principal é a intervenção no domínio econômico, buscando efeito diverso da simples arrecadação de recursos financeiros" (*Curso de*

"É legítima a cobrança da tarifa de água fixada de acordo com as categorias de usuários e as faixas de consumo" (Súmula 407 do STJ).

33 A REGULAÇÃO CONTRATUAL E INOVAÇÕES SUBSEQUENTES

O regime jurídico da concessão é complexo, especialmente em vista da trilateralidade da relação jurídica, mas também em vista das relações jurídicas travadas com terceiros. Esse regime jurídico se traduz na disciplina de *posições jurídicas* das diversas partes. Tais posições jurídicas consistem num conjunto de direitos, deveres, poderes e encargos, relacionados com a titularidade, com a finalidade e com o interesse de cada parte, o que lhes dá unidade.

33.1 A disciplina da prestação do serviço público concedido

As regras sobre a atuação do concessionário estão contidas no contrato de concessão. No entanto, essas previsões são insuficientes para assegurar um serviço adequado, especialmente considerando que o prazo de vigência dos contratos de concessão costuma ser longo.

33.1.1 A disciplina contratual

A disciplina jurídica sobre o relacionamento entre poder concedente, concessionário e usuário do serviço público encontra-se delineada no contrato de concessão. No entanto, essa disciplina é incompleta, na acepção tanto da insuficiência das regras contratuais para dispor sobre todos os aspectos da prestação do serviço público como da necessidade de adequação a circunstâncias supervenientes.

33.1.2 A regulação mutável ao longo do contrato

Durante a execução do contrato, é necessário completar e alterar as regras originalmente previstas. Isso envolve uma atuação permanente de fiscalização quanto ao desempenho do concessionário, à identificação de inovações necessárias e a outras providências de acompanhamento. Esse conjunto de competências está compreendido no conceito de regulação, que se configura como uma função estatal específica.

33.1.3 A regulação por órgão técnico autônomo

Embora a implantação de uma concessão de serviço público não seja condicionada formalmente a isso, tem-se desenvolvido o modelo de atribuição de competência regulatória a uma agência independente. A figura da regulação estatal e o estudo das agências reguladoras independentes encontram-se no Capítulo 14.

34 A POSIÇÃO JURÍDICA DO PODER CONCEDENTE

A posição jurídica de poder concedente compreende uma pluralidade de deveres-poderes que, muitas vezes, são distribuídos entre diversos órgãos e sujeitos.

---

direito tributário, 43. ed., p. 81). Trata-se de estimular ou desestimular um certo comportamento dos administrados. Nestes termos, a ideia pode ser aplicada às tarifas.

34.1 A condição de parte no contrato

Poder concedente é o Estado. A formalização da outorga envolve atuação do Poder Legislativo e do Poder Executivo. Isso não significa que "poder concedente" seja sinônimo de Administração Pública. O poder concedente é o ente federativo titular da competência para prestar o serviço.

34.2 A situação das agências reguladoras independentes

Há casos, no entanto, em que a condição de poder concedente é atribuída à agência reguladora, objeto de análise no Capítulo 14. Essa solução tende a ser desastrosa, eis que compromete a posição de imparcialidade exigida da agência. O sujeito que é parte no contrato não dispõe de distanciamento para deliberar sobre os direitos e obrigações da outra parte.

34.3 Os deveres-poderes do poder concedente

O art. 29 da Lei 8.987/1995 contém um elenco genérico de atribuições do poder concedente, que se configuram como deveres-poderes. Aplicam-se as considerações realizadas no Capítulo 10, relativas aos contratos administrativos propriamente ditos.

A questão da intervenção temporária será examinada a propósito da extinção do contrato de concessão.

34.4 Deveres propriamente ditos em vista do concessionário

Mas se impõem ao poder concedente alguns deveres em sentido próprio, cujo adimplemento é indispensável para a satisfação do interesse do concessionário.

34.4.1 Dever de adotar as providências de coerção jurídica

A concessão não transfere para o concessionário senão poderes de polícia mínimos. Assim, por exemplo, o motorista do ônibus pode impedir o acesso do passageiro que não pagou a passagem. Mas incumbe ao poder concedente o exercício das atividades de polícia, necessário para a proteção das instalações e do pessoal da concessionária. Essa hipótese depende, evidentemente, da titularidade da competência para tanto. Ressalte-se que a Lei 13.022/2014 veiculou o Estatuto Geral das Guardas Municipais, reconhecendo-lhes diversas competências no tocante à proteção da população que utilizar bens, serviços e instalações municipais.

34.4.2 Dever de suprimir obstáculos à exploração

O poder concedente é obrigado a promover todas as providências materiais destinadas a impedir a turbação da posse ou a introdução de obstáculos ao desempenho da atividade inerente à prestação do serviço público, sempre que tal não se inserir nas atribuições do concessionário.

34.4.3 Dever de reprimir condutas de frustração da exclusividade

A outorga poderá fazer-se em regime de exclusividade ou não. Quando constituída a exclusividade, o poder concedente tem de assegurar ao concessionário a exploração em regime de monopólio. A exploração indevida por um terceiro representa infração às prerrogativas do próprio poder concedente, além de frustrar o direito do concessionário à remuneração a ele garantida.

As considerações são aplicáveis quando a outorga se fizer sem exclusividade e um terceiro exercitar atividade de competição sem preencher os requisitos pertinentes.

34.4.4   Dever de realizar pagamentos

A natureza da concessão minimiza, como regra geral, o cabimento de prestações financeiras por parte do Estado em favor do concessionário. Mas há exceções. Nessas hipóteses os valores financeiros deverão obrigatoriamente ser transferidos ao concessionário, no modo e no tempo pactuados.

34.4.5   Dever de pagar o justo preço por bens revertidos

Em inúmeros casos, configurar-se-á, ao longo da concessão, o dever de indenizar o particular em situações equivalentes à de desapropriação. Isso se passará sempre que houver incorporação ao patrimônio público de bens custeados com recursos do particular, os quais não tenham tido seu valor amortizado por meio de tarifas.

O Estado e a sociedade sujeitam-se, no relacionamento com o concessionário, ao princípio consagrado no art. 5.º, XXII e XXIV, da CF/1988. Isso significa que a concessão não legitima a apropriação por parte do Estado, sem a justa indenização, de bens e direitos de titularidade do particular.

A hipótese mais evidente se configura relativamente aos bens afetados à prestação do serviço público, cujo valor não tiver sido amortizado ao longo do prazo da concessão. Mas isso pode não acontecer, o que acarretará o dever de o poder concedente (diretamente ou por meio do concessionário subsequente) promover o pagamento em dinheiro do valor correspondente aos bens não amortizados.

Outro caso é a encampação da concessão, em que o poder concedente delibera promover a extinção antecipada da concessão, por razões de interesse público. Essa alternativa equivale à desapropriação da propriedade privada e deverá sujeitar-se ao adequado processo, inclusive com o pagamento prévio da justa indenização.

A anulação da concessão, total ou parcialmente, por ato administrativo ou judicial é uma figura jurídica distinta.

35   A POSIÇÃO JURÍDICA DO CONCESSIONÁRIO

A posição jurídica do concessionário deve ser diferenciada em vista do poder concedente, dos usuários e dos terceiros.

35.1   Relacionamento com o poder concedente

O concessionário está obrigado a executar seus deveres jurídicos, nos termos do contrato e das normas técnicas previstas, tomando em vista a regulamentação produzida pelo poder concedente.

Não há vínculo de subordinação hierárquica entre o poder concedente e o concessionário. Há competências estatais anômalas, em virtude das quais se reduz a autonomia do concessionário relativamente à prestação do serviço público. Em contrapartida, o concessionário tem assegurada a intangibilidade da equação econômico-financeira, tal como delineada originalmente por ocasião da outorga – tema ao qual se aplicam os princípios e as regras expostos no capítulo 10, a propósito das contratações administrativas propriamente ditas.

35.2 Relacionamento com os usuários

Em face do usuário, o concessionário se posiciona como se fosse o próprio Estado. As relações jurídicas com os usuários não apresentam natureza contratual – ressalvados os casos em que tal venha a ocorrer, o que se dará em situações conexas ou acessórias ao serviço público propriamente dito.

Por outro lado, os usuários devem ser considerados participantes essenciais ao sucesso da concessão. O concessionário deve respeitar os interesses dos usuários e prestar-lhes não apenas o serviço adequado, mas também todas as informações necessárias à fruição do serviço e à correção dos defeitos.

Admitem-se mecanismos de premiação da fidelidade dos usuários, o que não importa discriminação indevida. O consumo mais intenso autoriza tarifas privilegiadas ou outros benefícios similares.

35.3 Relacionamento com terceiros

O relacionamento jurídico entre o concessionário e seus fornecedores e prestadores de serviços faz-se segundo as regras comuns, sem que a existência da concessão produza algum efeito específico.

35.3.1 A questão da interrupção dos serviços

A natureza do serviço público impõe sua continuidade, sem interrupções. Por exceção, admite-se a suspensão da sua prestação em duas hipóteses, disciplinadas no art. 6.º, § 3.º, da Lei 8.987/1995.

A primeira se relaciona com motivos de ordem técnica ou de segurança, em que a interrupção não configura faculdade, mas dever-poder. Não havendo emergência, o prestador do serviço tem o dever de comunicar previamente aos usuários que os serviços serão suspensos (art. 5.º, XVI, da Lei 13.460/2017, incluído pela Lei 14.015/2020), escolhendo-se dia e horário em que os serviços sejam objeto de menor demanda. A Lei 14.015/2020 introduziu o § 4.º no art. 6.º da Lei 8.987/1995 para vedar o início da interrupção dos serviços em sexta-feira, sábado, domingo ou em feriado ou no dia anterior a feriado.

A segunda hipótese legal tem que ver com o inadimplemento do usuário, o que traduz um problema relevante, eis que o serviço (justamente por ser público) é necessário à satisfação de um direito fundamental. Nesse contexto, a remuneração propicia os recursos para a implantação, manutenção e aperfeiçoamento do serviço público.

O tema envolve duas questões distintas. Por um lado, existe o problema dos carentes de recursos, que não dispõem de condições econômicas para arcar com o pagamento de uma remuneração para ter acesso ao serviço. Por outro lado, há o caso dos inadimplentes, que deixam de liquidar os pagamentos devidos. São duas questões distintas, que exigem tratamento diverso.

35.3.2 O serviço público em favor dos carentes de recursos

Um Estado Social, comprometido com os direitos fundamentais, tem o dever de assegurar a todos prestações necessárias à preservação da dignidade. Tal se impõe, de modo especial, relativamente aos carentes de recursos. Por isso, deve haver um serviço público mínimo assegurado aos que não têm condições de pagar por ele. Isso propicia uma série de problemas.

O primeiro reside em que o custo correspondente a esse serviço mínimo deve ser arcado pela sociedade em seu todo. Portanto, o valor correspondente será ou custeado pelos cofres públicos ou transferido para a tarifa exigida daqueles que dispõem de maior capacidade contributiva.

Seria um equívoco afirmar que esse serviço mínimo seria prestado gratuitamente. Existe um custo e cabe uma remuneração. O preço não será pago pelo usuário carente, mas será arcado pelo Estado, pela sociedade em geral ou pelo conjunto dos demais usuários do serviço público.[54]

Outra dificuldade envolve a determinação dos requisitos para a percepção do benefício, o modo de comprovação da carência e outros detalhes. Cabe promover uma solução consensual entre todos os setores da sociedade e uma fiscalização permanente e rigorosa para reprimir desvios.

35.3.3 A interrupção em virtude do inadimplemento do usuário

Uma vez definidos os limites para a obtenção de benefício no tocante à fruição do serviço público, a decorrência inafastável é que todos os demais sujeitos estão obrigados ao pagamento da tarifa correspondente.

Ou seja, não é cabível invocar o argumento da carência de recursos, porque tal questão se resolve na fixação de condições de fruição privilegiada. Quem não fizer jus a privilégio de recebimento do serviço está obrigado ao pagamento da remuneração prevista.

Esse pagamento é essencial porque a manutenção do serviço de modo permanente e contínuo depende de recursos financeiros. O montante arrecadado dos usuários é aplicado na manutenção do serviço público. Se um ou alguns dos usuários deixam de promover o pagamento da remuneração a seu cargo, deixa de haver a arrecadação do montante necessário à continuidade do serviço.

Ou seja, a ausência de pagamento por um usuário põe em risco a existência do serviço público. O argumento de que o serviço deve ser mantido para assegurar a satisfação dos direitos fundamentais implica a inafastável necessidade de que todos contribuam na medida de seus recursos e de seu consumo.

Por outro lado, é evidente que a ausência de interrupção da prestação do serviço ao inadimplente viola o princípio da isonomia (eis que alguns usufruirão do serviço sem por ele pagar) e representa um incentivo ao inadimplemento generalizado, o que compromete a existência de um serviço público adequado.

A solução que vem sendo adotada é a admissão da interrupção, subordinando-se o corte do serviço a uma série de formalidades prévias.

O STF tem julgado nos seguintes termos:

"2. Lei do estado de Mato Grosso do Sul que dispõe sobre a proibição de interrupção, por parte das empresas concessionárias, do fornecimento de serviços públicos essenciais à população, em decorrência da falta de pagamento. (...) 4. O Supremo Tribunal Federal possui firme entendimento no sentido da impossibilidade de interferência do Estado-membro nas relações jurídico-contratuais entre poder concedente federal ou municipal e as empresas concessionárias, especificamente no que tange a alterações das condições estipuladas em contrato de concessão de serviços públicos, sob regime federal ou municipal, mediante a edição de leis estaduais. Precedentes. 5. Ação direta de inconstitucionalidade julgada procedente" (ADI 3.866/MT, Pleno, rel. Min. Gilmar Mendes, j. 30.08.2019, *DJe* 13.09.2019).

O STJ tem jurisprudência pacífica no sentido da validade da suspensão dos serviços em virtude do inadimplemento do usuário, ainda que se trate de órgão ou ente público. Impõe,

---

[54] Confira-se: BINENBOJM. Isenções e Descontos Tarifários de caráter assistencial em serviços públicos concedidos: requisitos de validade e eficácia, p. 125-147. In: MOREIRA. *Contratos administrativos, equilíbrio econômico-financeiro e a taxa interna de retorno*, 2016.

todavia, que sejam preservadas as unidades públicas cuja paralisação é inadmissível, porque provedoras de necessidades inadiáveis. Exige, ainda, que haja aviso prévio, bem como que não se trate de débitos antigos e consolidados.

Segundo o STJ:

"2. Entendimento pacífico desta Corte no sentido da ilegalidade do corte no fornecimento de serviços públicos essenciais, tais como água e energia elétrica, quando a inadimplência do consumidor decorrer de débitos consolidados pelo tempo.

3. O Superior Tribunal de Justiça já se manifestou no sentido de que a obrigação pelo pagamento de contas de consumo de energia e de água possui natureza pessoal, não se vinculando ao imóvel. Precedentes" (AgRg no AREsp 360.286/RS, 2.ª T., rel. Min. Mauro Campbell Marques, j. 03.09.2013, *DJe* 11.09.2013).

36   A POSIÇÃO JURÍDICA DOS USUÁRIOS

Existem duas posições jurídicas reservadas aos usuários. A disciplina jurídica do assunto toma em vista ou a categoria dos usuários (considerados como um conjunto indeterminado de sujeitos) ou o fruidor do serviço público isoladamente.

36.1   A posição dos usuários como uma categoria de sujeitos

Os usuários são parte no contrato de concessão, mas não na condição individual. São assim considerados no seu conjunto, enquanto uma espécie de *categoria*, formada a partir da comunhão de interesses na fruição do serviço.[55] Por isso, sua participação se fará por meio de instituições representativas.

Como categoria, os usuários têm direito de manifestação sobre o modo de concepção do empreendimento, a fixação do serviço adequado e a política tarifária. Devem participar da fiscalização sobre a concessionária, mas também lhes é assegurado controlar a própria atividade do poder concedente.

A única alternativa para viabilizar o exercício dessas faculdades é a procedimentalização. Se cada um dos usuários deliberasse exercitar em nome individual as faculdades correspondentes à categoria, o resultado seria o caos.

36.2   A posição dos usuários como fruidores do serviço

O usuário, individualmente, é titular do direito à prestação do serviço adequado, tal como definido na lei (art. 7.º da Lei 8.987/1995) e regulamentado no contrato.

Em contrapartida, está obrigado a pagar a tarifa ou a taxa e fruir do serviço nas condições pertinentes. Poderá haver casos em que a fruição será compulsória, tal como acima exposto.

37   INTERVENÇÃO DO PODER CONCEDENTE NA CONCESSIONÁRIA

A intervenção consiste na assunção temporária pelo poder concedente de uma parcela do poder de controle do concessionário, tal como definido nos arts. 32 e ss. da Lei 8.987/1995.[56]

---

[55]   Não há maior novidade jurídica quanto a isso. O direito do trabalho conhece, de há muito, a figura.

[56]   O art. 32 dispõe: "O poder concedente poderá intervir na concessão, com o fim de assegurar a adequação na prestação do serviço, bem como o fiel cumprimento das normas contratuais, regulamentares e legais pertinentes. Parágrafo único. A intervenção far-se-á por decreto do poder concedente, que conterá a designação do interventor, o prazo da intervenção e os objetivos e limites da medida".

Não acarreta extinção da concessão, que permanece existindo. Não produz efeitos externos ao concessionário. Não significa a perda do domínio dos bens do concessionário em favor do poder concedente. Nem produz a desapropriação das participações societárias dos sócios do concessionário. Há uma única alteração: o poder de determinar o destino da atuação do concessionário é assumido pelo poder concedente.

37.1 Prevalência do princípio da continuidade do serviço público

A intervenção se fundamenta no princípio de que os serviços públicos não podem ser interrompidos nem prestados inadequadamente. O concessionário assume o dever de manter a regularidade dos serviços públicos. Se não conseguir cumprir seus deveres, poderá ser afastado da administração do empreendimento.

Mas o Estado apenas pode apossar-se de bens privados mediante desapropriação, com prévia e justa indenização. Por isso, a intervenção é uma providência excepcional e acautelatória.

37.2 A excepcionalidade da intervenção

Se o concessionário estiver gerindo satisfatoriamente o serviço público, será vedada a intervenção. A intervenção apenas será admitida se preenchidos os pressupostos legais e contratuais, que revelam a ausência de outra alternativa para assegurar o fornecimento de serviço público adequado aos usuários. Aplica-se o princípio da proporcionalidade.

37.3 A intervenção como providência de cunho cautelar

A intervenção é um provimento cautelar desencadeado pelo poder concedente, destinado a assegurar a continuidade e a regularidade do serviço público. A intervenção é temporária, precária e instrumental. Vigorará pelo prazo máximo de 180 dias, mas deverá ser extinta a qualquer tempo se cessados os seus pressupostos. Destina-se a permitir a implantação de uma solução que assegure o prosseguimento do serviço público.

37.4 A formalização da intervenção

A existência e a regularidade da intervenção pressupõem o cumprimento do procedimento adequado. A intervenção deve ser antecedida de todas as oportunidades para correção espontânea pelo interessado do inadimplemento de seus deveres. Por isso, somente em situações anômalas se admite a intervenção sem prévia audiência do concessionário. A intervenção será formalizada em ato do poder concedente, contendo a motivação necessária, os limites materiais e temporais do ato e o nome do interventor.

O interventor assumirá o controle da estrutura material e humana da concessionária, visando ao cumprimento das finalidades indicadas no ato interventivo. Em essência, buscará impor a regularidade do serviço e colocar fim à intervenção.

37.5 A extinção da intervenção

A intervenção destina-se a ser extinta. Tal decorrerá da consumação de quatro eventos possíveis, a saber:

- nulidade da decretação da intervenção;
- advento do termo final da intervenção;
- correção dos defeitos existentes;
- extinção da concessão.

482 CURSO DE DIREITO ADMINISTRATIVO · Marçal Justen Filho

Nas três primeiras hipóteses, a extinção da intervenção conduz à retomada do serviço pelo concessionário. Já na quarta situação, a concessão deixa de existir.

Em todas as hipóteses, o interventor deverá prestar contas de sua gestão, sendo o poder concedente responsável pelas perdas e danos derivados de atuação defeituosa.

38 A EXTINÇÃO DA CONCESSÃO DE SERVIÇO PÚBLICO: EFEITOS

A concessão é outorgada por prazo determinado, e sua destinação é extinguir-se. Tal poderá ocorrer pelo mero decurso do prazo, como também dar-se antecipadamente, em virtude de outros fatos. As hipóteses de extinção da concessão foram contempladas no elenco do art. 35 da Lei 8.987/1995.[57]

Existem princípios comuns e efeitos necessários, cuja ocorrência será sempre relacionada com a extinção da concessão.

38.1 Assunção do serviço pelo poder concedente

A primeira e imediata consequência da extinção da concessão é a assunção do serviço pelo poder concedente, de modo automático.[58]

38.2 Ocupação de instalações

Por isso, o Estado será legitimado a ocupar, sem necessidade de recorrer ao Poder Judiciário, as instalações necessárias à prestação do serviço. Aplica-se o princípio da continuidade dos serviços públicos. A extinção da concessão não pode acarretar interrupção na prestação do serviço público.

Ressalte-se, porém, que isso não autoriza o Estado a apropriar-se de bens do particular cujo valor não tiver ainda sido amortizado.

38.3 Reversão de bens

Extingue-se o poder que o concessionário exercitava sobre os bens públicos afetados ao serviço público. O Estado volta a ter a posse deles. A identificação dos bens reversíveis faz-se a partir das regras contidas no edital e no contrato. A lei insiste na obrigatoriedade de determinação prévia dos bens que, ao final da concessão, reverterão ao poder concedente.

38.4 Indenização ao concessionário por bens não amortizados ou depreciados

No término da concessão, assegura-se ao concessionário a indenização pelos bens reversíveis, ainda não amortizados. Essa transferência compulsória de domínio de bens corresponde a

---

[57] O dispositivo tem a seguinte redação: "Art. 35. Extingue-se a concessão por: I – advento do termo contratual; II – encampação; III – caducidade; IV – rescisão; V – anulação; e VI – falência ou extinção da empresa concessionária e falecimento ou incapacidade do titular, no caso de empresa individual. § 1.º Extinta a concessão, retornam ao poder concedente todos os bens reversíveis, direitos e privilégios transferidos ao concessionário conforme previsto no edital e estabelecido no contrato. § 2.º Extinta a concessão, haverá a imediata assunção do serviço pelo poder concedente, procedendo-se aos levantamentos, avaliações e liquidações necessários. § 3.º A assunção do serviço autoriza a ocupação das instalações e utilização, pelo poder concedente, de todos os bens reversíveis. § 4.º Nos casos previstos nos incs. I e II deste artigo, o poder concedente, antecipando-se à extinção da concessão, procederá aos levantamentos e avaliações necessários à determinação dos montantes da indenização que será devida à concessionária, na forma dos arts. 36 e 37 desta Lei".

[58] Desde que, como é óbvio, o serviço continue existindo. Se a causa da extinção foi o perecimento do objeto, é evidente que serão inaplicáveis as considerações aqui desenvolvidas.

uma modalidade de desapropriação. Exige-se, portanto, prévia e justa indenização em dinheiro. Quando a extinção se faz pelo advento do termo, há presunção de que todos os bens foram amortizados ao longo da concessão. Se houver extinção antecipada, a presunção é da ausência de amortização. Ambas as presunções são relativas.

Se houver bens cujo valor não tiver sido amortizado ou depreciado, o poder concedente será obrigado a promover o pagamento da indenização prévia em dinheiro.

Cabe destacar a procedência do entendimento de Maurício Portugal Ribeiro, relativamente aos casos em que o concessionário contraiu financiamentos para execução das obrigações contratuais. Em tais hipóteses, a garantia é vinculada à amortização dos referidos empréstimos, independentemente da amortização ou depreciação dos bens propriamente ditos.[59]

Segundo o STJ:

"(...) I – O termo final do contrato de concessão de serviço público não está condicionado ao pagamento prévio de eventual indenização referente a bens reversíveis não amortizados ou depreciados.

II – Com o advento do termo contratual tem-se de rigor a reversão da concessão e a imediata assunção do serviço pelo poder concedente, incluindo a ocupação e a utilização das instalações e dos bens reversíveis. A Lei 8.987/1995 não faz qualquer ressalva acerca da necessidade de indenização prévia de tais bens (...)" (REsp 1.059.137/SC, 1.ª T., rel. Min. Francisco Falcão, j. 14.10.2008, *DJe* 29.10.2008).

"2. O STJ firmou o entendimento de que, havendo a extinção de concessão de serviço público por decurso do prazo, cabe ao ente concedente a retomada imediata da prestação do serviço público até a realização de nova licitação, para garantir a continuidade do serviço, não se condicionando o termo final do contrato ao pagamento prévio de eventual indenização, a ser requerida nas vias ordinárias. 3. Agravo interno a que se nega provimento" (AgInt no AREsp 644.026/MG, 2.ª T., rel. Min. Og Fernandes, j. 19.06.2018, *DJe* 26.06.2018).

O entendimento adotado pelo STJ é contrário à generalidade do entendimento doutrinário, o qual encontra fundamento inclusive na disciplina constitucional sobre a proteção à propriedade privada. Portanto, discorda-se da orientação referida. A própria disciplina consagrada nos §§ 3.º a 6.º do art. 42 da Lei 8.987/1995 (com a redação dada pela Lei 11.445/2007) evidencia o reconhecimento do direito do delegatário a ser previamente indenizado pelos investimentos não amortizados.

Nem se argumente que o serviço público essencial caracteriza-se pela sua continuidade. O problema reside na infração pelo poder concedente do dever explícito contemplado na Lei 8.987/1995 de identificação antecipada de investimentos não amortizados e de bens não depreciados, que exijam indenização. A violação ao dever legal por parte do poder concedente não autoriza a sua liberação quanto ao pagamento da indenização assegurada constitucionalmente e exigida expressamente em nível legislativo.

38.5 Extinção de garantias

Com a extinção da concessão, idêntico destino será dado às garantias eventualmente prestadas pelo concessionário. Haverá peculiaridade no caso de caducidade ou, mesmo, de apuração de alguma infração por parte do concessionário que não tenha motivado a extinção.

---

[59] Confira-se em https://www.agenciainfra.com/blog/infradebate-antt-crivella-e-requiao-regra-sobre-indenizacao-aprovada-pela-antt-ajuda-populistas-a-estatizar-concessoes/. Acesso em: 30 out. 2024.

484 CURSO DE DIREITO ADMINISTRATIVO • *Marçal Justen Filho*

Em tal caso, a garantia será excutida. O poder concedente terá direito de exigir indenização por perdas e danos e (ou) multa, podendo valer-se da garantia para satisfação de sua pretensão.

39 EXTINÇÃO POR ADVENTO DO TERMO CONTRATUAL

O modo normal de extinção da concessão, tal como se passa com qualquer contrato, é o atingimento do termo final. O decurso do prazo previsto acarreta a extinção automática do vínculo jurídico entre as partes. Isso não elimina o dever de a Administração promover todas as providências prévias necessárias a assegurar a continuidade do serviço e a assunção do patrimônio vinculado à outorga.

40 EXTINÇÃO POR ENCAMPAÇÃO

A encampação é a extinção da concessão antecipadamente, por ato unilateral do poder concedente, fundada em motivo de interesse público e mediante a indenização prévia ao concessionário, observada a garantia do devido processo legal.[60]

A encampação não apresenta natureza sancionatória. Distingue-se, desse modo, da caducidade, em que a extinção deriva da inexecução pelo concessionário de seus deveres.

40.1 Encampação e desapropriação

Encampação e desapropriação não são institutos idênticos, mas traduzem de modo equivalente a garantia constitucional à propriedade privada.

A encampação é a extinção da concessão, com a retomada do serviço público pelo poder concedente, em virtude da ausência de conveniência na continuidade da relação jurídica.

A desapropriação é a extinção compulsória do direito de propriedade do particular e a sua aquisição originária por parte do Estado. O instituto está examinado no Capítulo 11.

Os objetos dos dois institutos são distintos. A encampação incide sobre a relação jurídica de outorga, existente entre poder concedente e concessionário. A desapropriação versa sobre a relação de propriedade mantida por um particular sobre um bem.

A encampação é um instituto específico relacionado à concessão de serviço público. É a via adequada para retomada, fundada em motivos de conveniência, dos serviços concedidos. Logo, não cabe a desapropriação (seja dos bens e direitos da concessionária, seja das participações societárias representativas do controle dela) como instrumento para que o Estado assuma a prestação do serviço concedido.

Mas as limitações constitucionais à desapropriação se aplicam igualmente à encampação.

40.2 A autorização legislativa para a encampação

A encampação pressupõe autorização legislativa, tal como previsto no art. 37 da Lei de Concessões. Resulta de competência cuja natureza é equivalente àquela que gerou a outorga.

40.3 Providências prévias e devido processo legal

A encampação deverá ser precedida de providências que envolvam todos os aspectos fáticos fundamentais, indispensáveis à formulação do juízo de conveniência do ato de encampação em

---

[60] A encampação é objeto de disciplina pelo art. 37 da Lei 8.987/1995, assim redigido: "Considera-se encampação a retomada do serviço pelo poder concedente durante o prazo da concessão, por motivo de interesse público, mediante lei autorizativa específica e após prévio pagamento da indenização, na forma do artigo anterior".

face dos interesses coletivos, tal como a apuração do valor da indenização devida. Deverá ser observado o devido processo legal, na modalidade de processo administrativo.

40.4 O pagamento prévio da indenização

O art. 37 da Lei 8.987/1995 prevê que a indenização, nas hipóteses de encampação, será calculada nos termos do art. 36 do mesmo diploma.

40.4.1 A disciplina do art. 36 da Lei 8.987/1995

Esse dispositivo estabelece que "A reversão no advento do termo contratual far-se-á com a indenização das parcelas dos investimentos vinculados a bens reversíveis, ainda não amortizados ou depreciados, que tenham sido realizados com o objetivo de garantir a continuidade e atualidade do serviço concedido".

40.4.2 Encerramento antecipado do contrato e suas implicações

Mas a antecipação do encerramento do contrato importa a frustração da concretização da equação econômico-financeira assegurada ao concessionário. A encampação tem de respeitar a equação econômico-financeira do contrato, no sentido de que o poder concedente deverá assegurar ao concessionário a percepção exata e precisa dos lucros que poderiam ser auferidos em virtude da continuidade do contrato.[61]

40.4.3 O dever de indenizar danos emergentes

Ademais, o concessionário terá direito à indenização por danos emergentes, relacionados com a interrupção repentina de sua atuação, abrangendo contratos civis e trabalhistas pactuados com terceiros.

40.4.4 A indenização prévia, justa e em dinheiro

A indenização deverá ser prévia e justa, paga em dinheiro, relativamente a todas as verbas. Segundo o STF:

"(...) O texto normativo atacado modifica substancialmente a relação original alusiva a encargos e vantagens do contrato pactuado entre a Companhia de Saneamento Básico do Estado de São Paulo e os municípios. A dilação do prazo de ressarcimento, no caso de encampação, para até vinte e cinco anos, traz grave ônus financeiro à contratada. A regra implica a possibilidade de expropriação imediata do patrimônio de pessoa jurídica de direito privado, sem indenização concomitante, desconsiderando os investimentos já realizados pela empresa para garantir a continuidade e a atualidade do abastecimento de água e esgoto.

Retira-lhe ainda bens e instalações que são utilizados na prestação do serviço e valem de garantia a empréstimos contraídos.

---

[61] Nas palavras de Rafael Bielsa, "se a concessão se extingue por qualquer causa antes do tempo pactuado, o concedente pode adquirir a propriedade do que deveria passar *ipso jure* no vencimento do termo, mas deve pagar ao concessionário o valor proporcional ao período que ainda falta, é dizer, capital não amortizado e juros pela exploração temporal" (*Derecho administrativo: legislación administrativa argentina*, 4. ed., v. 1, p. 422). Segundo Diogenes Gasparini, "ainda que dita lei não o prescreva, cabe à Administração concedente responder pelo lucro cessante e por outros prejuízos que a extinção por interesse público causou ao concessionário" (*Direito administrativo*, 17. ed., p. 450).

O poder de modificar unilateralmente o contrato constitui prerrogativa à disposição da Administração para atender ao interesse público, e não instrumento de arbitrariedade ou fonte de enriquecimento ilícito do Estado. Assim se depreende não apenas das garantias decorrentes da observância do ato jurídico perfeito, mas do artigo 37, inciso XXI, da Carta da República, o qual impõe à Administração o respeito às condições efetivas da proposta formalizada" (ADI 1.746/SP, Pleno, rel. Min. Marco Aurélio, j. 18.09.2014, *DJe* 12.11.2014).

O STJ firmou entendimento pela viabilidade de encampação da concessão de serviço público sem prévia indenização. Esse entendimento foi proferido no julgamento parcial do AgInt na SLS 2.792. Confira-se:

"8. O sinal do bom direito que autoriza a encampação, porquanto observada, conforme destacado na decisão agravada, lesão à ordem pública e administrativa da municipalidade, em especial quando sopesado que a encampação foi precedida por robusta manifestação unânime da Câmara Municipal favorável à retomada da concessão, o que refuta as alegações das agravantes que a retomada da concessão atende tão somente pretensões eleitorais do atual prefeito. 9. A prévia indenização não é obstáculo à retomada do serviço público pelo respectivo ente concedente, visto que tal questão há de ser resolvida nas vias ordinárias próprias, procedimento do qual já se valeu a (...)" (AgInt na SLS 2.792/RJ, trecho do voto do rel. Min. Humberto Martins, j. 21.10.2020, proclamação parcial de julgamento).[62]

O STF suspendeu a continuidade do julgamento da SLS 2.792 até que seja apreciado o mérito da Rcl 43.697:

"Deveras, a análise perfunctória dos autos, indica a natureza constitucional da matéria controvertida, vez que relacionada ao direito fundamental de propriedade, à livre-iniciativa e à liberdade econômica, bem como à própria compatibilidade, ou não, da lei local em face da Constituição. Ademais, a gravidade da situação narrada pela petição superveniente e a presença do efetivo risco de grave lesão à ordem e à economia públicas no cumprimento da decisão impugnada (art. 4.º, *caput*, da Lei 8.437/1992; art. 15 da Lei 12.016/2009 e art. 297 do RISTF) impõe a suspensão cautelar da decisão reclamada até que o Plenário do Supremo Tribunal Federal manifeste-se sobre a matéria. *Ex positis*, defiro o pedido cautelar incidental para suspender, até decisão posterior do Plenário desta Corte, a decisão reclamada proferida pela Presidência do Superior Tribunal de Justiça nos autos da SLS 2.792, impedindo a continuidade de execução do processo de encampação da..." (MC na Rcl 43.697/RJ, decisão monocrática, rel. Min. Luiz Fux, j. 02.03.2021, *DJe* 03.03.2021).

41 EXTINÇÃO POR CADUCIDADE

A extinção da concessão por infração do concessionário aos seus deveres configura a caducidade. Trata-se de uma modalidade de punição ao concessionário. Devem ser aplicadas, a propósito da caducidade, todas as considerações realizadas no capítulo anterior, a propósito do inadimplemento do contrato administrativo e sua punição.

---

[62] Sobre o tema, veja-se: JUSTEN FILHO; MARQUES NETO; BINENBOJM; JORDÃO; MOREIRA. O STJ na encruzilhada: há ou não segurança jurídica nas concessões brasileiras? *Consultor Jurídico – Conjur*, matéria veiculada em 04.11.2020. Disponível em: https://www.conjur.com.br/2020-nov-04/opiniao-ou-nao-seguranca-juridica--concessoes-brasileiras. Acesso em: 30 out. 2024.

41.1 A questão terminológica

A Lei de Concessões adotou terminologia específica para designar a extinção da concessão por inadimplemento do concessionário ou supressão de requisito indispensável à manutenção do contrato.

41.2 A definição legal de caducidade

Há uma definição legal de caducidade no art. 38 da Lei 8.987/1995, que é defeituosa. A caducidade deriva não apenas da inexecução do contrato, mas da infração à lei ou ao regulamento concernente à concessão. Depois, abrange não apenas os casos de inadimplemento propriamente dito, como também os de desaparecimento superveniente de requisito necessário ao desempenho das atividades objeto da concessão.

41.3 Natureza da sanção de caducidade

A caducidade destina-se a punir o concessionário, mas essa é uma finalidade acessória. Sua finalidade principal é assegurar a prestação de um serviço público adequado, o que não se afigura possível numa situação concreta de atuação defeituosa do concessionário.

41.4 Processo administrativo

A decretação da caducidade deverá ser antecedida da apuração da ocorrência de seus pressupostos, na via administrativa. Deverá existir o processo administrativo.

Mas o art. 38, § 3.º, da Lei 8.987/1995 condiciona a instauração do processo administrativo a uma sindicância prévia. Somente se admite a instauração desse processo se existirem indícios de irregularidades. Não se admitirá a instauração de processo sem indicação da prática de infrações ou da existência de irregularidades. Deve-se ter em vista, porém, que as conclusões da sindicância darão embasamento à instauração do processo administrativo.

A sindicância pode desaguar na determinação de oportunidade para o concessionário regularizar o defeito, tal como consta do § 3.º do art. 38. Essa oportunidade não se confunde com a notificação em processo administrativo para apresentação de defesa.

O processo administrativo será instaurado diretamente, no caso de infração não passível de suprimento.

41.5 Desnecessidade de autorização legislativa

A decretação da caducidade independe de autorização legislativa, porque não reflete um juízo de conveniência sobre a extinção da concessão. A infração às regras norteadoras da concessão retrata incompatibilidade com a vontade legislativa.

41.6 Caducidade e direito a indenização

A caducidade não acarreta a supressão do direito de o concessionário ser indenizado pela perda da propriedade dos bens reversíveis. Entre as sanções pela atuação insatisfatória do concessionário, não se encontra o confisco de bens. Portanto, o poder concedente terá o dever de indenizar os bens que expropriar. A indenização deverá ser justa e em dinheiro, mas não se fará previamente. Haverá o imediato apossamento pelo poder concedente de todos os bens, sem prévia indenização.

488 CURSO DE DIREITO ADMINISTRATIVO · Marçal Justen Filho

O direito do concessionário, quando decretada a caducidade, restringe-se à indenização pelos bens reversíveis, assim como por outros bens ou prestações cuja execução esteja em curso.[63]

42 EXTINÇÃO POR RESCISÃO POR INADIMPLEMENTO DO PODER CONCEDENTE

Segundo o art. 39 da Lei 8.987/1995, rescisão é a extinção do contrato em virtude de decisão judicial, decorrente do inadimplemento do poder concedente.

42.1 Inadimplemento do Estado e indenização

O particular tem direito a obter a extinção do contrato de concessão, quando houver inadimplemento pelo Estado de deveres essenciais à execução das prestações assumidas pelo concessionário.

Ademais, deverá ser indenizado amplamente. Nesse ponto, sua situação é idêntica à do concessionário que sofreu encampação. Observe-se, porém, que a extensão material das perdas e danos poderá ser muito superior à verificada na hipótese de encampação. É que, na encampação, o concessionário recebe indenização prévia e não sofre danos emergentes derivados do inadimplemento do poder concedente. Já no caso de rescisão, o inadimplemento do poder concedente pode acarretar sacrifícios patrimoniais extensos ao concessionário.

42.2 A questão da "exceptio non adimpleti contractus"

O parágrafo único do art. 39 consagra a impossibilidade de o concessionário invocar a exceção de contrato não cumprido. Mas o dispositivo tem de ser interpretado nos limites da proporcionalidade e segundo a estruturação constitucional do Estado.

Se a manutenção do serviço, em face do inadimplemento do poder concedente, for hábil a acarretar o desaparecimento do concessionário ou o sacrifício de interesses fundamentais, não incidirá o parágrafo único do art. 39.

Situação similar ocorre quando a atuação do concessionário pressupuser, causalmente, a execução de certa prestação pelo poder concedente.[64] A omissão do Estado significaria que o particular teria de assumir a realização daquela prestação à própria custa. Isso corresponderia a um efeito similar ao da expropriação.

Depois, não se extrai do parágrafo único do art. 39 uma autorização para o Estado manter indefinidamente seu inadimplemento, constrangendo o concessionário a continuar a prestar serviços. Isso seria a mais completa consagração do arbítrio.

43 EXTINÇÃO POR ANULAÇÃO DA OUTORGA

Anulação é o desfazimento da concessão, por ato do próprio poder concedente ou do Poder Judiciário, em virtude de defeito em sua constituição.

A anulação diferencia-se de todas as demais modalidades extintivas da concessão por relacionar-se a evento ocorrido no passado, até o momento da formalização da concessão. Não depende da conduta do concessionário no desempenho da concessão, nem se relaciona com um juízo de conveniência acerca da sua extinção.

---

[63] A indenização será devida quanto aos bens que não foram totalmente amortizados ou depreciados, tal como reafirmavam Lúcia Valle Figueiredo (*Curso de direito administrativo*, 9. ed., p. 114) e Diogenes Gasparini (*Direito administrativo*, 17. ed., p. 458).

[64] O que se verifica quando o poder concedente se obriga a ceder certas áreas, promover desapropriação etc.

Seria possível o Tribunal de Contas decretar diretamente a anulação, no caso do art. 71, X, da CF/1988? A resposta é negativa.[65] No entanto, lembre-se que o STF, ao julgar o MS 24.510 (Pleno, rel. Min. Ellen Gracie, j. 19.11.2003, *DJ* 19.03.2004), reputou dispor o TCU de competência de natureza cautelar para suspender a realização de licitação. Essa solução foi formalmente reconhecida pelo art. 171, § 1.º, da Lei 14.133/2021.

Aplicam-se os princípios gerais sobre invalidade e desfazimento de atos administrativos, já examinados em capítulos anteriores.

A anulação acarreta o dever de indenizar o concessionário, desde que ele não tenha concorrido para o vício ou para uma contratação indevida. A situação se identifica com a da encampação, para efeitos exclusivos de indenização do concessionário. É que a extinção do contrato deriva de ocorrência imputável ao Estado, sem qualquer participação do concessionário.

44 EXTINÇÃO POR IRREGULARIDADE DA SITUAÇÃO DA CONCESSIONÁRIA

O art. 35, VI, da Lei 8.987/1995 faz referência a eventos jurídicos pertinentes à existência da concessionária e que impossibilitam a manutenção da concessão. Trata-se da falência, da extinção da empresa e do falecimento ou incapacidade do titular de empresa individual.

44.1 A hipótese de falência do concessionário

A falência consiste em regime jurídico especial, cuja finalidade é a liquidação judicial do passivo de devedor comerciante insolvente. Importa restrição a uma série de direitos do falido, entre os quais o de administrar o próprio patrimônio e o de dar continuidade às atividades normais. A falência impossibilita a habilitação do licitante.

Logo, a decretação superveniente da falência acarreta ausência de condições para manter-se a concessão. Rigorosamente, esse resultado já se extrairia da regra do art. 38, § 1.º, IV. A Lei preferiu, no entanto, dar autonomia à hipótese.

Verificada a falência do particular, a Administração deverá assumir diretamente a continuidade dos serviços ou das obras. Em consonância com esse entendimento, o art. 195 da Lei 11.101/2005 determina que "a decretação da falência das concessionárias de serviços públicos implica extinção da concessão, na forma da lei".

44.2 A extinção da pessoa jurídica do concessionário

Outra hipótese é a extinção da pessoa jurídica. Uma vez em dissolução, a sociedade passa a ter um regime jurídico peculiar e somente podem ser praticados atos norteados a conduzir a entidade ao seu término. Os negócios pendentes devem ser concluídos e não podem ser iniciados novos empreendimentos. Quando todas as dívidas estiverem saldadas e todos os bens tiverem sido transferidos a quem de direito, formaliza-se um ato de conclusão da dissolução e se o leva ao Registro competente. Dá-se baixa na existência da pessoa jurídica – ao que se denomina de extinção.

Não é viável aguardar esse último momento para considerar-se extinta a concessão. No momento da extinção formal da pessoa jurídica não existirão condições materiais para o desenvolvimento de qualquer atividade relacionada ao serviço concedido. Portanto, o Estado deverá retomar o serviço assim que ocorrida uma causa de dissolução da concessionária, tendo em vista a perspectiva de desaparecimento posterior da pessoa jurídica.

---

[65] Nesse sentido, cf. JUSTEN FILHO. *Comentários à Lei de Licitações e contratos administrativos*, 18. ed., p. 1.595 *et seq.* Análise similar foi realizada a propósito da Lei 14.133/2021, em *Comentários à Lei de Licitações e contratações administrativas*, 2. ed., p. 1.755 *et seq.*

44.3 O falecimento ou incapacidade da pessoa física

Já o falecimento da pessoa física produz, dentre outros efeitos, a abertura da sucessão universal. Logo, todas as relações jurídicas de que participava o *de cujus* são transferidas para os herdeiros, excluídas aquelas cujo cunho personalíssimo o impeça. Essas serão extintas simultaneamente ao falecimento.

Destaque-se que o art. 2.º, II e III, da Lei 8.987/1995 previu que a concessão de serviço público somente pode ser outorgada em favor de pessoa jurídica. O inc. IV admite que a permissão de serviço público seja pactuada em favor de pessoa física.

Logo, a previsão do dispositivo somente é aplicável em hipóteses de permissão de serviço público.

44.4 O regime jurídico correspondente

O regime jurídico, nas hipóteses do art. 35, VI, será similar ao da caducidade, aplicando-se o art. 38, § 1.º, IV, da Lei 8.987/1995. Significa que o Estado poderá apropriar-se imediatamente dos bens reversíveis, sem necessidade de indenização prévia. É que em todos esses casos configura-se risco de interrupção dos serviços.

45 EXTINÇÃO POR DISTRATO

É cabível o desfazimento da concessão por ato bilateral e consensual. A hipótese do distrato não é comum, no sentido de que o particular a quem foi outorgada a concessão não pode desistir de executar os encargos assumidos. Por sua parte, o Estado não pode, em regra, renunciar a exigir o cumprimento dos deveres ou a imposição das sanções correspondentes.

46 EXTINÇÃO POR DESAPARECIMENTO DO OBJETO

Outra modalidade de extinção poderia consistir no desaparecimento do objeto da concessão. Diogenes Gasparini refere-se ao esgotamento do objeto, lembrando os casos de guerras e revoluções que podem destruir o objeto da concessão.[66] Nessas modalidades, a extinção não produz direito à indenização para o concessionário, eis que a hipótese se assemelha ao caso fortuito ou de força maior.

Diogenes Gasparini também se referia a outra modalidade de desaparecimento do objeto, consistente na desafetação do serviço.[67] Aquele que era um serviço público perde essa qualidade, transformando-se em atividade sujeita a outro regime. Resta indagar acerca da possibilidade de tal resultado ser determinado legislativamente sem se realizar, previamente, a encampação. É problemático responder à questão sem ter em mente as circunstâncias práticas. Em regra, caberá ao Estado indenizar, nessas situações, as perdas e danos sofridos pelo concessionário.

47 EXTINÇÃO POR FORÇA MAIOR

Também não se pode excluir a possibilidade de extinção da concessão por evento decorrente de força maior. A extinção, na hipótese, é provocada pela superveniência de evento não derivado da vontade ou da conduta das partes, impossibilitando a continuidade do contrato. A situação será assimilável à do desaparecimento do objeto da concessão.

---

[66] GASPARINI. *Direito administrativo*, 17. ed., p. 858.

[67] Ibidem, p. 455-456.

No caso, o contrato se extingue, sem incumbir a qualquer das partes direito à indenização por perdas e danos. Assim se passa porque a execução do contrato se inviabiliza sem que tal tenha tido origem na conduta culposa de uma das partes. É evidente, no entanto, que poderá haver direito à indenização quando a extinção acarretar um benefício diferenciado para uma das partes.

48   A EXTINÇÃO ANÔMALA DA LEI 13.448/2017

A Lei 13.448/2017 previu regime especial de extinção de concessões de diversos setores, que tinham sido licitados em período imediatamente anterior à grave crise econômica de 2014.

As soluções adotadas envolveram os setores rodoviário, ferroviário e aeroportuário. Foi facultada a extinção de contratos "cujas disposições contratuais não estejam sendo atendidas ou cujos contratados demonstrem incapacidade de adimplir as obrigações contratuais ou financeiras assumidas originalmente" (art. 13). A solução prevista foi a relicitação dos contratos, vedando-se a participação do anterior delegatário no novo certame, de quem se exige a renúncia a todas as pretensões, objeções e exceções.

Foi reconhecido a esse delegatário o direito a ser indenizado por investimentos em bens reversíveis não amortizados ou depreciados. Mas a referida indenização será de responsabilidade do novo delegatário. O diploma determinou que, não existindo interessados em assumir a concessão, deverão ser adotadas as providências para a decretação da caducidade (art. 20, § 1.º).

49   A QUESTÃO DA PRORROGAÇÃO DA CONCESSÃO

Existe controvérsia sobre a possibilidade jurídica da prorrogação das concessões. Como visto, as concessões são sempre temporárias e devem ser outorgadas por prazo determinado. Atingido o termo final, produz-se a extinção da concessão *ope legis*. Mas a prorrogação pode ocorrer em alguns casos.

49.1   A disciplina da prorrogação

A própria CF/1988 determina, no art. 175, parágrafo único, I, que incumbirá à lei dispor sobre a prorrogação do contrato de concessão. Caberá ao ato convocatório da licitação disciplinar as condições da prorrogação, hipótese em que dita prorrogação se configurará como um direito das partes, ainda que vinculado à presença de certos pressupostos.

Já segundo o STF:

"2. A discricionariedade da prorrogação é uma das marcas mais acentuadas do contrato administrativo e, assim, está, inclusive, prevista nas sucessivas legislações relativas às concessões de energia elétrica (Leis n.º 9.074/95 e n.º 12.783/13) e também no termo cujas cláusulas se questiona nos autos" (RMS 34.203, 2.ª T., rel. Min. Dias Toffoli, j. 21.11.2017, *DJe* 19.03.2018).

49.2   A prorrogação como instrumento de recomposição da equação

A prorrogação do prazo pode ser um instrumento para assegurar a recomposição da equação econômico-financeira do contrato. Nesse caso, amplia-se o prazo original do contrato, visando a permitir que a exploração do empreendimento por um período de tempo mais longo produza a preservação da relação original entre encargos e vantagens. No entanto, o STJ tem jurisprudência contrária a essa solução:

"1. O STJ entende que, fixado estabelecido prazo de duração para o contrato, não pode a Administração alterar essa regra e elastecer o pacto para além do inicialmente fixado, sem prévia abertura de novo procedimento licitatório, porquanto tal prorrogação implicaria quebra da regra da licitação, ainda que, *in casu*, se verifique a ocorrência de desequilíbrio econômico--financeiro do contrato com o reconhecimento de que as concessionárias dos serviços devam ser indenizadas. 2. O Superior Tribunal de Justiça também possui a orientação de que, nos termos do art. 42, § 2.º, da Lei 8.987/95, deve a Administração promover certame licitatório para novas concessões de serviços públicos, não sendo razoável a prorrogação indefinida de contratos de caráter precário" (REsp 1.549.406/SC, 2.ª T., rel. Min. Herman Benjamin, j. 16.08.2016, *DJe* 06.09.2016).

Apesar da orientação do STJ, reputa-se que a prorrogação pode ser praticada com fundamento nos princípios da intangibilidade da equação econômico-financeira da outorga e da modicidade tarifária. Se a prorrogação não for admitida, então caberá assegurar ou a indenização ao particular mediante o pagamento em espécie ou a elevação das tarifas. O que não se admite é negar ao particular a compensação pelos investimentos não amortizados ou outros créditos surgidos durante a execução da concessão.

49.3   A prorrogação "antecipada" prevista em leis específicas

A Lei 12.815/2013 admitiu a prorrogação dita antecipada de contratos de arrendamento de terminal portuário, que configuram basicamente uma modalidade de concessão de serviço público.[68] Essa prorrogação tem por pressuposto a realização de investimentos adicionais aos até então pactuados.

A Lei 13.448/2017 (com alterações da Lei 14.368/2022) admitiu a prorrogação contratual, inclusive de modo antecipado, para contratos de concessão de serviço público nos setores rodoviário e ferroviário. Basicamente, a prorrogação antecipada foi condicionada à inclusão de investimentos não previstos originalmente. A prorrogação do término do prazo do contrato dependerá da comprovação da vantajosidade dessa solução em face da alternativa de nova licitação.

O STF analisou a questão e se manifestou pela constitucionalidade da solução:

"1. O parâmetro temporal e material estabelecido pelo inc. II do § 2.º do art. 6.º da Lei n. 13.448/2017 não compromete, em tese, a adequação do serviço público, não se comprovando inconstitucionalidade da previsão legal de prorrogação antecipada do contrato. (...) 5. A imutabilidade do objeto da concessão não impede alterações no contrato para adequar-se às necessidades econômicas e sociais decorrentes das condições do serviço público concedido e do longo prazo contratual estabelecido, observados o equilíbrio econômico-financeiro do contrato e os princípios constitucionais pertinentes. (...)" (ADI 5.991/DF, Pleno, rel. Min. Cármen Lúcia, j. 07.12.2020, *DJe* 09.03.2021).

Esse entendimento foi reiterado no julgamento da ADI 7.048. Prevaleceu o voto do Min. Gilmar Mendes, segundo o qual "a prorrogação antecipada, em abstrato, é uma medida constitucional, observados os requisitos legais bem delimitados no acórdão da ADI n. 5.991" (ADI 7.048/SP, Pleno, rel. Min. Cármen Lúcia, rel. p/ acórdão Min. Gilmar Mendes, j. 22.08.2023, *DJe* 06.09.2023).

---

[68]   Sobre o tema, SCHWIND. Prorrogação dos contratos de arrendamento portuário. In: PEREIRA; SCHWIND (Org.). *Direito portuário brasileiro*. 3. ed. Belo Horizonte: Fórum, 2022.

50 A ADOÇÃO DA ARBITRAGEM PARA COMPOSIÇÃO DE LITÍGIOS

A arbitragem consiste no exercício por sujeito privado do poder jurídico para compor um litígio, proferindo decisão com efeitos jurisdicionais, sendo uma solução admissível quando prevista consensualmente pelos sujeitos envolvidos, desde que versando sobre direitos patrimoniais disponíveis.

50.1 As competências de natureza jurisdicional

A arbitragem atribui ao juízo arbitral todas as competências jurisdicionais (até mesmo de natureza cautelar), mas não abarca o exercício da coerção física. As medidas necessárias à efetiva execução da decisão arbitral deverão ser promovidas perante o Poder Judiciário.

50.2 O momento da pactuação da arbitragem

A solução arbitral pode ser adotada depois de instaurado o litígio, mas também pode constar de um compromisso arbitral previsto pelas partes por ocasião de uma contratação. A cláusula compromissória é uma cláusula contratual que prevê que os eventuais litígios entre as partes serão obrigatoriamente compostos por meio de arbitragem. A cláusula vincula as partes e o próprio Poder Judiciário. Instaurado o litígio entre as partes, será vedado ao Poder Judiciário exercer a função jurisdicional. Se for provocado por qualquer das partes, caber-lhe-á remeter a questão ao juízo arbitral.

50.3 Pressupostos da pactuação da arbitragem

A arbitragem apenas pode ser instituída por via do consenso entre as partes. Não se admite que uma disposição legal imponha a adoção compulsória da arbitragem para composição de litígios. Isso violaria a universalidade da jurisdição, consagrada no art. 5.º, XXXV, da CF/1988: "a lei não excluirá da apreciação do Poder Judiciário lesão ou ameaça a direito".

O poder jurídico para criar obrigações vinculantes compreende inclusive a disciplina do modo de solucionar litígios instaurados entre sujeitos determinados. Em outras palavras, a arbitragem é uma manifestação indissociável da autonomia contratual.

50.4 Os limites da adoção da arbitragem

A arbitragem nem sempre poderá ser adotada como instrumento de composição de litígios. A Lei 9.307/1996 (Lei de Arbitragem) determina, no art. 1.º, que "As pessoas capazes de contratar poderão valer-se da arbitragem para dirimir litígios relativos a direitos patrimoniais disponíveis".

Já o art. 852 do Código Civil estabelece que "É vedado o compromisso para a solução de questões de estado, de direito pessoal de família e de outras que não tenham caráter estritamente patrimonial".

O STJ consagrou o entendimento de que "A Lei de Arbitragem aplica-se aos contratos que contenham cláusula arbitral, ainda que celebrados antes da sua edição" (Súmula 485 do STJ).

"2. O entendimento de que, antes das alterações promovidas na Lei de Arbitragem pela Lei 13.129/2015, era vedado à administração pública sujeitar-se ao procedimento arbitral contraria a orientação dominante na doutrina especializada ao tempo em que essa possibilidade não era explícita na legislação. Também destoa de precedentes do Superior Tribunal de Justiça e do Supremo Tribunal Federal.

494 CURSO DE DIREITO ADMINISTRATIVO • *Marçal Justen Filho*

(...)

6. No caso dos autos, exsurge o impedimento ético-jurídico de que se reclame indenização pelo descumprimento do contrato e, ao mesmo tempo, pretenda-se descumprir a cláusula compromissória nele inserida. Aplica-se o consolidado entendimento que determina a transmissibilidade da convenção de arbitragem em caso de sucessão.

7. Recurso especial provido, a fim de acolher a preliminar de convenção de arbitragem e extinguir o feito sem resolução do mérito" (STJ, REsp 2.143.882/SP, 1.ª T., rel. Min. Paulo Sérgio Domingues, j. 11.06.2024, *DJe* 18.06.2024).

50.5   A arbitragem na concessão

A utilização da arbitragem para a composição de litígios no âmbito de contratos administrativos tem sido combatida por muitos sob o argumento da indisponibilidade do interesse público. Partindo-se do pressuposto de que todo *interesse público é indisponível*, afirma-se que os litígios surgidos no relacionamento contratual entre Administração Pública e particulares apenas poderiam ser compostos por via da atuação do Poder Judiciário.

50.6   A expressa autorização para a cláusula compromissória

Havia ainda um argumento formal contrário à adoção da arbitragem no âmbito das concessões. Tratava-se da ausência de autorização legislativa para tanto. A objeção foi eliminada por meio da Lei 11.196/2005, que introduziu o art. 23-A na Lei 8.987/1995. Expressamente se autorizou a utilização da arbitragem no âmbito das concessões de serviço público.

Ademais, o § 1.º do art. 1.º da Lei 9.307/1996 (incluído pela Lei 13.129/2015) estabeleceu que "A administração pública direta e indireta poderá utilizar-se da arbitragem para dirimir conflitos relativos a direitos patrimoniais disponíveis". Admitiu-se, desse modo, a utilização generalizada da arbitragem no âmbito da Administração Pública.

50.7   A disputa superada

A disciplina legislativa superou a controvérsia sobre a possibilidade de adoção de arbitragem para composição de litígios de que participe a Administração Pública. Muitos sustentavam que a indisponibilidade do interesse público inviabilizava a adoção da arbitragem nesses litígios. Esse argumento implica a inviabilidade jurídica dos próprios contratos administrativos – que são um instrumento para a disposição de direitos de titularidade da Administração.

Ou seja, seriam inválidas não apenas as cláusulas de arbitragem, mas também e igualmente todos os contratos administrativos.

Reputa-se que a indisponibilidade do interesse público não é impeditiva da adoção da arbitragem para conflitos de que participe a Administração. Também não se constitui em obstáculo à pactuação de contratos, à prática de transação, à renúncia a direitos, à doação de bens e assim por diante.

Mas há vedação à utilização da arbitragem quando a controvérsia envolver matérias que não possam ser objeto de disposição por via de contrato, tal como previsto no Código Civil. Por exemplo, não se admite arbitragem para compor litígio versando sobre competências políticas.

50.8   A regra do art. 31 da Lei 13.448/2017

Posteriormente, a Lei 13.448/2017 contemplou dispositivo muito relevante a propósito da arbitragem em contratos administrativos, especificamente de concessões. Adotou regra geral sobre cabimento de arbitragem (art. 31), inclusive para eliminar argumentação usual no sentido da indisponibilidade de certos direitos. Foi determinado o seguinte:

"§ 4.º Consideram-se controvérsias sobre direitos patrimoniais disponíveis, para fins desta Lei:
I – as questões relacionadas à recomposição do equilíbrio econômico-financeiro dos contratos;
II – o cálculo de indenizações decorrentes de extinção ou de transferência do contrato de concessão; e
III – o inadimplemento de obrigações contratuais por qualquer das partes".

Ainda que o dispositivo tenha estabelecido que tais regras eram aplicáveis nos limites da Lei em questão, é evidente que a regra afastou a impugnação à arbitrabilidade dos temas referidos. Afinal, não teria cabimento argumentar que recomposição do equilíbrio econômico-financeiro de contrato administrativo envolveria direito disponível apenas naqueles contratos subordinados à Lei 13.448/2017. Essa disciplina aplica-se amplamente a todo e qualquer contrato administrativo.

O Decreto 10.025/2019 regulamentou a aplicação da arbitragem na órbita federal, inclusive no tocante às hipóteses da Lei 13.448/2017.

50.9   A Lei 14.133/2021

A Lei 14.133/2021 também admitiu expressamente a aplicação da arbitragem aos contratos administrativos de colaboração – previsão que se aplica também aos contratos de concessão. A regra está adiante reproduzida:

"Art. 151. Nas contratações regidas por esta Lei, poderão ser utilizados meios alternativos de prevenção e resolução de controvérsias, notadamente a conciliação, a mediação, o comitê de resolução de disputas e a arbitragem.
Parágrafo único. Será aplicado o disposto no *caput* deste artigo às controvérsias relacionadas a direitos patrimoniais disponíveis, como as questões relacionadas ao restabelecimento do equilíbrio econômico-financeiro do contrato, ao inadimplemento de obrigações contratuais por quaisquer das partes e ao cálculo de indenizações".

50.10   A restrição imposta

O art. 23-A da Lei 8.987/1995 adotou uma restrição salutar. Determinou que a arbitragem deve realizar-se no Brasil e em língua portuguesa. Deve-se acrescentar que também é obrigatória a aplicação do direito brasileiro para compor o litígio.[69]

A restrição contemplada no art. 23-A destina-se a afastar práticas indesejáveis. No âmbito de contratações privadas brasileiras, tem-se adotado a arbitragem internacional, realizada no estrangeiro e em língua inglesa. O resultado prático atinge as raias do surreal. Advogados que não conhecem nem o português defendem teses sobre o direito brasileiro perante árbitros que jamais estiveram no Brasil. Usualmente, são grandes juristas em seus países. Mas, na grande parte dos casos, sua formação jurídica fez-se à luz do direito anglo-saxão. Surgem situações

---

[69]   Lembre-se que existem hipóteses em que as partes podem escolher o direito aplicável a determinada relação jurídica, eliminando problemas de direito internacional privado. Mas assim não se passa no âmbito de contratos administrativos brasileiros. Nesse caso, a aplicação do direito brasileiro é inafastável, independentemente da nacionalidade do particular contratado.

disparatadas, tal como o *testemunho* sobre o direito brasileiro, em que especialistas nacionais tentam explicar aos árbitros a nossa realidade jurídica. Como decorrência, são produzidas decisões esdrúxulas, que infringem a natureza própria do direito brasileiro.

Por tudo isso, não se pode admitir que a arbitragem envolvendo contratos de concessões de serviços públicos brasileiros seja conduzida no estrangeiro por árbitros que nem sequer conhecem a língua portuguesa e não têm o menor conhecimento do direito brasileiro.

50.11 A relação entre Administração e árbitros (e câmara de arbitragem)

A relação jurídica entre a Administração Pública e os árbitros (e a câmara de arbitragem) não apresenta natureza contratual.

50.11.1 A ausência de vínculo de natureza contratual

Os árbitros não são prestadores de serviços à Administração. São sujeitos investidos de poder jurídico equivalente à jurisdição. Justamente por isso, não cabe à Administração Pública exigir que os árbitros decidam a seu favor. O árbitro é imparcial, na acepção primária de não ser parte na relação jurídica objeto do litígio – mas também no sentido de não ser subordinado pessoalmente em face da Administração.

A Administração Pública emite ato administrativo unilateral ao indicar o árbitro. A aceitação por parte desse também se configura como um ato unilateral. Situação similar se verifica relativamente à câmara de arbitragem.

Ainda que se possa aludir a "serviços de arbitragem", não há uma relação jurídica de natureza contratual.

50.11.2 A ausência de incidência das leis sobre contrato administrativo

As Leis 8.666/1993 e 14.133/2021 não se aplicam relativamente ao relacionamento entre Administração Pública e árbitro (ou câmara arbitral). A escolha do árbitro e da câmara arbitral não se subordina a um procedimento licitatório prévio.

A indicação de árbitro e de câmara arbitral funda-se em competência discricionária da Administração. Há uma margem de autonomia na escolha.

A hipótese não configura inexigibilidade de licitação, instituto que pressupõe a existência de um contrato administrativo. A adoção da inexigibilidade acarretaria a incidência do regime dos contratos administrativos, o que não é compatível com a relação jurídica examinada.

Também por isso, a solução do credenciamento não resolve o problema. O credenciamento é adotado para serviços prestados sob regime contratual, em que diversos sujeitos privados podem ser escolhidos de modo indistinto para uma contratação com a Administração Pública. A solução do credenciamento resultaria na indiferença quanto à identidade do sujeito a atuar como árbitro ou da câmara arbitral a ser escolhida.[70]

50.11.3 A previsão do art. 154 da Lei 14.133/2021

A Lei 14.133/2021 contemplou previsão que reflete a disciplina mais adequada para a questão. O art. 154 previu o seguinte:

---

[70] Para uma análise mais aprofundada do pensamento do autor sobre o tema, confira-se Administração Pública e arbitragem: o vínculo com a câmara de arbitragem e os árbitros. *Revista Brasileira da Advocacia*, n. 1, p. 103-150, abr./jun. 2016.

Cap. 12 – TIPOS DE ATIVIDADE ADMINISTRATIVA: SERVIÇO PÚBLICO **497**

"O processo de escolha dos árbitros, dos colegiados arbitrais e dos comitês de resolução de disputas observará critérios isonômicos, técnicos e transparentes".

A previsão comporta aplicação no âmbito das concessões de serviço público e reflete o tratamento apropriado para o exercício de competência discricionária.

51 AS PARCERIAS PÚBLICO-PRIVADAS (PPP)

A expressão parceria público-privada foi utilizada no direito positivo brasileiro para indicar uma categoria específica de contrato administrativo.

A Lei 11.079/2004 estabeleceu duas modalidades de parceria público-privada: a concessão patrocinada e a concessão administrativa.[71] Isso não implica afirmar a existência de um regime único e uniforme para todas as parcerias público-privadas. Cada contratação será modelada de acordo com as características do objeto contratual e das condições de sua execução.

A parceria público-privada, tal como disciplinada na Lei 11.079/2004, consiste num contrato administrativo em que um particular se obriga a aplicar os seus recursos materiais, seu pessoal e seu conhecimento para executar uma prestação de natureza complexa, que compreende a execução de obras e a prestação de serviços, mediante remuneração proveniente total ou parcialmente dos cofres públicos. A Lei reconhece a existência de uma comunhão de interesses entre setores público e privado, o que se traduz na própria qualificação das partes (parceiro público e parceiro privado).

Uma das características da parceria público-privada brasileira é o regime diferenciado de garantias em favor do parceiro privado. O contrato prevê mecanismos jurídicos destinados a evitar a necessidade de o sócio privado submeter-se ao regime usual de precatórios.

52 A CONCESSÃO PATROCINADA

A concessão patrocinada consiste numa concessão de serviço público, subordinada generi-camente às regras da Lei 8.987/1995, em que o poder concedente se responsabiliza parcialmente pela remuneração devida ao concessionário.

52.1 A similaridade com a concessão comum

Por meio da concessão patrocinada, a prestação de um serviço público é delegada a um particular, o qual assumirá o seu desempenho perante os usuários, de acordo com a disciplina já consagrada para a concessão comum. Isso significa o seu enquadramento como um contrato administrativo em sentido restrito, compreendendo a atribuição de competências anômalas para a Administração Pública e a proteção da equação econômico-financeira da avença.

O regime jurídico da concessão patrocinada é, na essência, idêntico ao das concessões comuns. As diversas modalidades de concessão de serviço público (inclusive com a execução de obras públicas) podem ser objeto de concessão patrocinada. Isso significa que a quase totalidade das regras da Lei 8.987/1995 incide sobre a concessão patrocinada. Há algumas diferenças e acréscimos, quanto às quais se afastam as normas daquele diploma e se aplicam aquelas da Lei 11.079/2004, que dispõe sobre a figura no art. 2.º, § 1.º.

---

[71] Para aprofundamento sobre o tema das parcerias público-privadas, consulte-se JUSTEN FILHO; SCHWIND (coord.). *Parcerias público-privadas:* reflexões sobre a Lei 11.079/2004, 2. ed.

52.2   As peculiaridades da concessão patrocinada

A distinção mais evidente entre concessão comum e concessão patrocinada reside em que, nesta última, a remuneração do concessionário é parcialmente arcada pelo poder concedente.

É relevante destacar que, mesmo antes da Lei 11.079/2004, já se admitia essa hipótese. Mas havia quem a negasse, o que gerava grande insegurança. Logo, a remuneração do particular se fará por meio da cobrança de tarifa dos usuários (e da receita oriunda da exploração de outras oportunidades econômicas) e do recebimento de recursos provenientes dos cofres públicos do poder concedente.

O ponto diferencial reside em que a concessão patrocinada envolve a remuneração contínua e sistemática a cargo do poder concedente, com cunho de permanência ao longo da existência do contrato.[72]

52.3   As características das parcerias público-privadas

No entanto, seria uma simplificação indevida afirmar que a única diferença entre a concessão patrocinada e a concessão comum reside em que aquela comporta sistemática de remuneração complexa (parte proveniente das tarifas e parte dos cofres públicos).

O exame em tópico adiante do regime jurídico das parcerias público-privadas permite identificar diferenças marcantes entre concessão patrocinada e concessão comum.

53   A CONCESSÃO ADMINISTRATIVA

A concessão administrativa é um contrato administrativo, de objeto complexo, que impõe a um particular obrigações de dar e fazer direta ou indiretamente em favor da Administração Pública, mediante remuneração total ou parcialmente proveniente dos cofres públicos.

53.1   O objeto complexo

O objeto da concessão administrativa é complexo, na acepção de que envolve obrigações de naturezas distintas para as partes.

O particular assume obrigações de dar e fazer, conjuntamente. É vedado qualificar como concessão administrativa um contrato cujo objeto seja pura e simplesmente a execução de uma obra pública.

Também não é cabível aludir à concessão administrativa para os contratos cujo objeto seja exclusivamente o fornecimento de bens ou a prestação de serviços.

53.2   Contratos versando sobre obra e prestações complementares

A concessão administrativa envolve, usualmente, obras públicas seguidas da prestação de serviços e do fornecimento de bens, tal como previsto no art. 2.º, § 2.º, da Lei 11.079/2004. Considere-se como exemplo a concessão administrativa para a construção de um hospital, com a obrigação de o parceiro privado prestar serviços de manutenção, vigilância, fornecimento de refeições e outras atividades relacionadas ou não com os serviços médicos propriamente ditos.

Portanto, a concessão administrativa não pode ser um instrumento substitutivo de contratos com objeto simples, tal como os contratos de obra pública, compra ou prestação de serviços.

---

[72]   Nesse sentido, cf. GUIMARÃES. *Parceria público-privada*, 2. ed., p. 91 *et seq.*

Cap. 12 – TIPOS DE ATIVIDADE ADMINISTRATIVA: SERVIÇO PÚBLICO **499**

53.3 Concessão administrativa e serviço público

A definição legal de concessão administrativa, consagrada no art. 2.º, § 2.º, da Lei 11.079/2004, não alude à delegação de serviço público. Isso propicia dúvidas doutrinárias sobre a sua configuração como uma concessão.

53.3.1 A execução de prestações diretamente ao parceiro público

A execução pelo parceiro privado de prestações diretamente em favor do parceiro público compreende, usualmente, hipóteses de satisfação das necessidades exclusivas da Administração Pública. Assim se passa quando o contrato versa sobre a construção de um edifício destinado à instalação de repartições administrativas (acompanhado da prestação de serviços).

53.3.2 A execução de prestações indiretamente ao parceiro público

Já nos casos da execução da prestação indiretamente em favor do parceiro público, o parceiro privado atuará em proveito imediato de terceiros. Em tais hipóteses, a concessão administrativa poderá, inclusive, envolver serviços públicos. Um exemplo seria o contrato em que o particular assumisse o dever de promover a coleta de lixo e dar destinação apropriada aos dejetos sólidos. Nesse caso, as atividades objeto da concessão administrativa configurariam serviço público (ainda que apenas em parte).

53.3.3 A ausência de delegação de serviço público

No entanto, a hipótese não configura *delegação* do serviço público. Ao contrário das outras modalidades de concessão (comum e patrocinada), o particular não assumirá o dever de desempenhar as atividades em nome próprio perante os usuários. Atuará sempre em prol da Administração Pública. Em outras palavras, seus atos serão atribuídos à Administração.

53.4 A remuneração do parceiro privado

A remuneração do parceiro privado será proveniente, total[73] ou parcialmente, dos cofres públicos. A hipótese de remuneração integralmente proveniente dos cofres públicos não desperta maiores dúvidas, já que essa é a solução típica para os contratos de colaboração. Têm sido fornecidos exemplos de edificação e manutenção de presídios. O particular seria contratado para a obra pública e, após a sua entrada em operação, para fornecer serviços e bens destinados à sua exploração. A sua remuneração seria paga integralmente pelos cofres públicos.

Mas também se admite que a remuneração seja arcada apenas parcialmente pelo Estado. No exterior, existem muitos exemplos dessa ordem. Assim, houve hipótese em que um particular foi contratado para edificar prédios e anexos, destinados à instalação de uma escola. Incumbia ao particular também o fornecimento dos equipamentos necessários à operação do estabelecimento.

Mais ainda, o particular devia promover a operação do estabelecimento, ressalvados os aspectos propriamente educacionais – que ficavam a cargo do Estado. O particular tinha direito a uma remuneração oriunda dos cofres públicos, mas também lhe era facultado explorar as quadras esportivas, auditórios e outras áreas. O produto da locação desses espaços compunha a sua remuneração.

---

[73] Benedicto Porto Neto, em trabalho precursor sobre a matéria no direito brasileiro, asseverava que "a Administração Pública pode transferir a prestação de serviço público a terceiro, sob o mesmo regime jurídico da concessão, sem que sua remuneração guarde relação com o resultado da exploração do serviço" (*Concessão de serviço público no regime da Lei n. 8.987-95*: conceitos e princípios, p. 76).

500 CURSO DE DIREITO ADMINISTRATIVO · *Marçal Justen Filho*

53.5 A ausência de remuneração por parte do usuário

A concessão administrativa é incompatível com a remuneração tarifária, exigida pelo parceiro privado em face de usuários privados das utilidades produzidas.

54 REGRAS GERAIS APLICÁVEIS ÀS PPPS

Há regras gerais aplicáveis às duas modalidades de Parcerias Público-Privadas.

54.1 Vedações legais

De acordo com o art. 2.º, § 4.º, da Lei 11.079/2004, as PPPs não podem ser utilizadas para contratações de valor inferior a dez milhões de reais, nem para aquelas cujo período de prestação do serviço seja inferior a cinco anos, ou que tenham por objeto apenas o fornecimento de mão de obra, o fornecimento e instalação de equipamentos ou a execução de obra pública.

Essas regras destinam-se a impedir a banalização das PPPs ou a utilização do regime jurídico para contratos que deveriam submeter-se à Lei 8.666/1993 ou à Lei 14.133/2021.

As regras vedando a aplicação de PPPs em contratações com valor inferior a dez milhões de reais ou com prazo inferior a cinco anos propiciam forte controvérsia. A eficácia dessas disposições em face de Estados e Municípios é duvidosa, existindo argumentação no sentido da sua não configuração como norma geral sobre contratação pública.

Assim se passa em virtude da autonomia local inerente à Federação e à impossibilidade de estabelecer regra restritiva da utilização de instrumentos contratuais em face de seu valor ou prazo de duração mínima.

54.2 A questão de PPP promovida pelo Poder Judiciário

Uma decisão do CNJ firmou entendimento contrário à possibilidade de o Poder Judiciário promover contratação de PPP.[74] O entendimento decorreu de uma confusão entre as atribuições administrativas e jurisdicionais do Poder Judiciário. É evidente que a PPP nunca poderia versar sobre a transferência para um particular de funções propriamente jurisdicionais. Mas nada impediria que a PPP versasse sobre funções administrativas do Poder Judiciário. De todo modo, a Lei 13.137/2015 deu nova redação ao parágrafo único do art. 1.º da Lei 11.079/2004. Previu que os contratos de PPP poderiam ser adotados pela administração direta dos Poderes Executivo e Legislativo, silenciando-se sobre o Poder Judiciário.

54.3 As PPPs promovidas pela Administração indireta

O contrato de PPP pode ser adotado por qualquer sujeito integrante da Administração Pública indireta – inclusive pelas entidades controladas direta ou indiretamente pelos entes federativos.

54.4 A questão de consórcio interfederativo

A PPP poder ser praticada inclusive por meio de consórcio interfederativo. Essa solução é muito relevante no âmbito de interesses comuns de Municípios diversos. O Estatuto da Metrópole (Lei 13.089/2015), no art. 9.º, X, expressamente alude a essa solução. Em tal hipótese, a posição de parceiro público será assumida pelo consórcio público.

---

[74] CNJ, Consulta 0002583-36.2010.2.00.0000, rel. Cons. Deborah Ciocci, rel. p/ acórdão Cons. Carlos Ayres Britto, j. 11.03.2014.

54.5 A remuneração subordinada à disponibilização da prestação

A concessão patrocinada e a concessão administrativa envolvem uma modalidade de financiamento privado em favor da Administração Pública. Essa característica foi atenuada pela reforma introduzida pela Lei 12.766/2012 na redação original da Lei 11.079/2004. Passou-se a admitir a prática de repasses de valores pelo poder público para o parceiro privado ao longo da execução do objeto. Basicamente, estabeleceu-se uma disciplina que diferencia a remuneração pelos serviços e aquela pertinente à realização da infraestrutura. Admitiu-se também que o aporte do parceiro público relacionado às obras e construções seja executado ainda durante a fase de investimentos. Essa solução permite a redução dos custos do particular e se traduz em benefícios para a própria Administração.

54.6 A natureza da remuneração

Na disciplina original da Lei 11.079/2004, não havia remunerações diferenciadas em vista das obras, dos fornecimentos e dos serviços. Existia uma remuneração complexa, em valor global. No entanto, a reforma trazida pela Lei 12.766/2012 alterou essa solução.

A partir de então, a lei passou a determinar que o aporte público correspondente a obras e outras despesas poderia ser implementado durante o período de construção. Isso conduziu à necessidade de diferenciação dos valores pertinentes a cada tópico componente da remuneração do parceiro privado.[75] Por outro lado, houve diversas modificações do tratamento tributário reservado às diferentes parcelas recebidas pelo parceiro privado, sendo a mais recente introduzida pela Lei 13.043/2014.

54.7 O regime de garantias

Talvez a característica mais marcante das PPPs seja o regime de garantias prestadas pelo Estado. A essência das PPPs reside em reduzir custos e riscos, de modo a obter condições mais favoráveis de financiamento para investimentos de grande relevo social.[76] No Brasil, a questão apresenta peculiaridades sem paralelo no estrangeiro.

54.7.1 A demora dos processos envolvendo a Fazenda Pública

A questão se relaciona, primeiramente, à demora dos processos em que a Fazenda Pública seja ré. As dificuldades do Poder Judiciário são agravadas nesses casos, e é usual que o trânsito em julgado da sentença condenatória da Administração Pública demore longos anos.

54.7.2 A incerteza quanto ao pagamento de precatórios

Outra dificuldade se relaciona à disciplina do art. 100 da CF/1988. Ali se estabelece que as dívidas da Fazenda Pública serão liquidadas mediante o regime de precatórios, em que o montante dos créditos do particular será incluído na lei orçamentária de exercício financeiro posterior.

---

[75] Sobre o tema, SCHWIND. Contraprestação pública nos contratos de PPP – Natureza jurídica, momento de disponibilização e a figura do aporte de recursos. *Revista de Contratos Públicos – RCP*, n. 3, p. 209-236, mar./ago. 2013; e DAL POZZO e FACCHINATTO. Modificação nos regimes jurídicos das parcerias público-privadas e do setor educacional – Fomento aos investimentos e redução de riscos para a iniciativa privada. *Revista Brasileira de Infraestrutura – RBINF*, n. 4, p. 259-274, jul./dez. 2013.

[76] Consulte-se AGUIRRE DE CASTRO e LOVATO. Breves considerações e análise de caso sobre o *project finance* como instrumento facilitador das parcerias público-privadas. *Revista de Direito Administrativo Contemporâneo – ReDAC*, n. 6, p. 113-143, mar. 2014.

502 CURSO DE DIREITO ADMINISTRATIVO · Marçal Justen Filho

O resultado prático desse sistema, no âmbito de Estados e Municípios, tem sido desastroso. Os montantes devidos pela Fazenda Pública, embora incluídos no orçamento, acabam não sendo pagos. O resultado é a ausência de efetividade das decisões judiciais condenatórias da Fazenda Pública.

54.7.3 A elevação da insegurança jurídica e suas repercussões

Como decorrência, a assunção de obrigações por parte da Administração Pública desperta desconfiança dos investidores e se traduz em encargos financeiros muito elevados. Logo, os custos de empreendimentos indispensáveis à satisfação de necessidades coletivas são extremamente onerosos.

54.7.4 A redução da insegurança jurídica

A legislação das PPP buscou superar essas dificuldades, prevendo uma sistemática de garantias jurídicas destinadas a afastar o regime de pagamento mediante precatórios.

Foi previsto um sistema de garantias mais satisfatórias por parte do Estado, de modo que os particulares possam obter a efetiva liquidação de eventuais créditos de que disponham. No âmbito da União, houve a criação de um fundo garantidor, com regime de direito privado, a quem incumbirá responder por possíveis créditos dos concessionários.

54.7.5 A validade do tratamento diferenciado para certos credores

A adoção de garantias específicas e autônomas para a liquidação das obrigações assumidas pela Administração Pública não se evidencia como uma anomalia jurídica, ainda que seja chocante. No âmbito das obrigações assumidas por particulares, é usual a constituição de garantias jurídicas. Essas garantias podem ser reais ou pessoais. A última hipótese, inclusive, propiciou o desenvolvimento da teoria dualista da obrigação, a qual é reputada como compreendendo um aspecto de débito e outro de responsabilidade.

Não existe impedimento a que idêntico regime seja praticado no âmbito das pessoas administrativas. Aliás, sempre se admitiu a prática de garantias para operações de endividamento público, especialmente em relação a entidades da Administração indireta. Não existe vedação jurídica, então, a que uma pessoa estatal assuma a responsabilidade pela satisfação de uma dívida de titularidade de outro sujeito estatal.

A questão surpreendente deriva da circunstância de que essa inovação foi necessária para afastar um regime de proteção e benefício em favor da Fazenda Pública. O aspecto chocante decorre da ausência de credibilidade do Estado brasileiro em face dos potenciais credores.

A Lei 12.766/2012 introduziu diversas inovações na disciplina da remuneração e das garantias previstas na Lei 11.079/2004.

55 A PERMISSÃO DE SERVIÇO PÚBLICO

A Lei 8.987/1995 define a permissão, no art. 2.º, IV, como "delegação, a título precário, mediante licitação, da prestação de serviços públicos, feita pelo poder concedente à pessoa física ou jurídica que demonstre capacidade para seu desempenho, por sua conta e risco".

A definição padece de inúmeros defeitos. Prefere-se afirmar que *permissão é o contrato administrativo de delegação da prestação de serviço público a particular, sem a imposição de deveres de investimento amortizáveis em um prazo mínimo de tempo.*

Cap. 12 – TIPOS DE ATIVIDADE ADMINISTRATIVA: SERVIÇO PÚBLICO 503

55.1 A permissão como ato jurídico unilateral e precário

Permissão e *concessão* sempre foram conceitos distintos perante legislação, doutrina e jurisprudência. Tradicionalmente, afirmava-se que a *permissão* consiste em ato unilateral, precário e revogável a qualquer tempo, praticado no desempenho de competência discricionária. Já a *concessão* seria ato bilateral, gerando direitos e obrigações para ambas as partes.

55.2 A consagração do Estado Democrático de Direito

A distinção tornou-se esmaecida com o desenvolvimento do Estado Democrático de Direito, em que se garantem interesses privados. Antes do reconhecimento de direitos oponíveis pelos particulares à Administração Pública e numa época em que o agente político podia dispor como bem lhe aprouvesse dos interesses em jogo, a natureza precária de um ato administrativo significava a ausência de limites à decisão administrativa. Sob esse enfoque, a precariedade própria da permissão significava a ausência de tutela a qualquer interesse do permissionário.

Mudanças relevantes foram provocadas pela instauração de um Estado Democrático de Direito, especialmente com a edição da Constituição Federal de 1988.

55.3 A disputa sobre a natureza da permissão

Surgiu intensa disputa doutrinária sobre a natureza da permissão de serviço público, porque o art. 175 da CF/1988 aludiu à obrigatoriedade de licitação e o art. 40 da Lei 8.987/1995 reconheceu a existência de um contrato administrativo.

55.3.1 A variação da configuração em vista do caso concreto

Há casos em que a permissão de serviço público configura ato administrativo unilateral. Em outras situações, tem natureza contratual.

A identificação da existência ou não de um contrato depende do exame da disciplina normativa adotada em concreto para cada caso.

55.3.2 A configuração de permissão contratual

Haverá contrato quando existir a participação da vontade privada na formação do ato jurídico de permissão. Em outros casos, o conteúdo do ato de permissão será determinado exclusivamente pela Administração Pública – ainda que possa ser necessária uma manifestação de vontade própria do particular em momento posterior, como requisito de aperfeiçoamento da relação jurídica.

55.3.3 As implicações da modelagem contratual da permissão

A adoção de modelo contratual para a permissão implica a obrigatoriedade de uma licitação para sua outorga. Isso significa, usualmente, que o conteúdo da permissão será determinado pela proposta selecionada como vencedora.

Quando assim se passar, o ato jurídico resultante terá natureza contratual, precisamente porque terá existido uma "proposta" do particular, que foi "aceita" pela Administração. Em suma, o ato jurídico final será o resultado da conjugação de vontades entre Administração e particular – tal como se passa, aliás, nos contratos administrativos em geral (cujo conteúdo é resultado de um procedimento licitatório similar).

504 CURSO DE DIREITO ADMINISTRATIVO · *Marçal Justen Filho*

55.4 A obrigatoriedade de licitação

A Constituição de 1988 subordinou a outorga da permissão à prévia licitação, o que limita a decisão administrativa tanto para outorgar a permissão como para extingui-la.

A permissão depende de um procedimento, destinado a selecionar a solução mais vantajosa, segundo critério objetivo. A obrigatoriedade da licitação elimina a competência discricionária na outorga da permissão, mas não modifica sua natureza intrínseca.

55.5 A referência a contrato de adesão

A expressão *contrato de adesão* foi mal-empregada no art. 40 da Lei 8.987/1995. A figura do contrato de adesão foi elaborada no direito privado para proteger o particular subordinado a poder econômico empresarial. O contrato de adesão reflete as condições de superioridade econômica de uma parte, e sua disciplina pelo direito foi orientada a proteger a parte hipossuficiente.

A relação entre o Estado e o permissionário não corresponde ao modelo do contrato de adesão. Aliás, a referência da lei a contrato de adesão é inútil e inócua.

55.6 A questão do prazo

Também se tornou superada a distinção entre permissão e concessão fundada no aspecto do prazo. A imposição de prazo determinado para a permissão não elimina a competência da Administração de extinguir o vínculo a qualquer tempo. O permissionário não tem direito a ser indenizado, como regra, se houver a extinção antecipada. Portanto, o prazo da permissão corresponde ao limite máximo de sua vigência, não a uma garantia de prazo mínimo.

55.7 As práticas de desnaturação da permissão

São muito frequentes as tentativas de desnaturar a permissão, visando a evitar o reconhecimento de garantias inerentes à concessão de serviço público. O Estado denomina *permissão* uma relação jurídica que apenas pode ser configurada como concessão. A denominação é irrelevante, aplicando-se o regime jurídico da concessão.

Sempre que uma delegação de serviço público importar um prazo mínimo de garantia para o delegatário ou impuser a ele a realização de obrigações de investimento, cuja amortização dependerá da exploração do serviço por um período mínimo de tempo, será aplicável o regime da concessão de serviço público.

O entendimento foi consagrado na doutrina há muito tempo, surgindo a expressão "permissão qualificada" ou "permissão condicionada". José Horácio Meirelles Teixeira afirmou que permissão que assegure certos direitos ao permissionário não se subordina ao regime da precariedade.[77] Hely Lopes Meirelles,[78] Caio Tácito,[79] Miguel Reale,[80] Eros Roberto Grau[81]

---

[77] TEIXEIRA. Permissão e concessão de serviço público. *Revista de Direito Público – RDP*, n. 6, p. 100-134, out./ dez. 1968.

[78] MEIRELLES. *Estudos e pareceres de direito público*, v. 9, p. 252-261.

[79] TÁCITO. Permissão de transporte coletivo. In: TÁCITO. *Temas de direito público: estudos e pareceres*, v. 2, p. 1689-1690.

[80] REALE. Permissão de serviço municipal de transporte coletivo urbano. *Revista dos Tribunais*, n. 631, p. 7-13, maio 1988.

[81] GRAU. Permissões de transporte coletivo rodoviário. *Revista de Direito Público – RDP*, n. 77, p. 104-109, jan./ mar. 1986; e GRAU. Concessão de direito real de uso: concessão, permissão e autorização de serviço público e empresas estatais prestadoras de serviço público. *Revista Trimestral de Direito Público*, n. 5, p. 75-97, 1994.

e Edmir Netto de Araújo[82] se manifestaram no mesmo sentido. Celso Antônio Bandeira de Mello afirma que a realização de investimentos por parte do permissionário conduz a uma estabilidade "análoga" à concessão.[83] Ainda, lembra dois julgados no sentido de que a permissão condicionada não pode ser revogada unilateralmente, sem indenização (RMS 18.787 e o REsp 120.113).

O STJ decidiu:

"Administrativo. Exploração de serviço público. Permissão. Outorga a prazo fixo. Concessão. Reajuste de tarifas. Manutenção do equilíbrio financeiro. Na execução de serviço de transporte mediante permissão, impõe-se o reajuste de tarifas, sempre que necessário para restabelecer o equilíbrio financeiro do empreendimento (Dec.-lei 2.300/1986, art. 55). O credenciamento de empresa privada para executar serviço de transporte, a título permanente e a prazo certo, traduz concessão, não singela permissão" (REsp 120.113/MG, 1.ª T., rel. Min. Humberto Gomes de Barros, j. 13.06.2000, *DJ* 14.08.2000).

No voto do relator do REsp 120.113, houve a seguinte ponderação, cuja procedência se afigura inquestionável:

"O preceito contido no art. 55, II, d, do Dec.-lei 2.300/1986, a garantir o equilíbrio econômico da prestação de serviço, não se aplicaria ao permissionário, porque esse dispositivo legal refere-se, apenas, aos contratos. Ora, diz o acórdão, permissão é ato unilateral.

Tal orientação, data venia, não homenageia o cânone de hermenêutica traduzido na advertência de que nenhuma interpretação pode levar ao absurdo. Para conferir essa afirmação, imagine-se a situação de duas empresas transportadoras, explorando, em concorrência, um determinado itinerário. Imagine-se mais, que uma dessas transportadoras é titular de concessão, enquanto a outra é mera permissionária. A ser verdadeira a tese do acórdão recorrido, somente a concessionária teria direito a reajustes de tarifas, capazes de manter o equilíbrio financeiro da atividade empresarial; a permissionária, sem direito algum, estaria exposta aos humores do Administrador e à possibilidade de 'trabalhar no vermelho'.

Não bastasse a enormidade de semelhante situação, o exame dos autos revelou-me que a polêmica gera-se em uma questão de nomes, ou melhor, de títulos. De fato, o documento que habilita a recorrente à exploração do serviço público foi denominado 'Termo de Permissão'. No entanto, a leitura revela que nele está documentada uma concessão de serviço público. (...) Em suas cláusulas estão definidos: a linha a ser explorada, o respectivo itinerário, o número de ônibus a ser obrigatoriamente empregado, a submissão aos regulamentos públicos, obrigação de remunerar o Município, pelo gerenciamento operacional, e o prazo de duração do ajuste (...). Por último, merece atenção a circunstância de que o documento foi assinado pelo Presidente da autarquia Transmetro e pelo gerente da Permissionária.

Não me pretendo alongar em referências doutrinárias, nem tomar-lhes o tempo com desnecessárias citações. A qualidade intelectual dos demais integrantes da Turma dispensa-as. Lembro, apenas, que a tênue diferença entre concessão e permissão de serviço público encontra-se em um atributo: a precariedade desta última.

Ora, a execução do serviço público não foi outorgada a título precário, mas por tempo certo, explicitamente fixado no documento de outorga".

---

[82] ARAÚJO. *Curso de direito administrativo*, 8. ed., p. 196.

[83] BANDEIRA DE MELLO. *Curso de direito administrativo*, 37. ed., p. 664 *et seq.*

55.8 A questão da licitação e dos direitos do permissionário

O STJ proferiu diversas decisões no sentido de que, embora desnaturada a permissão, nenhum direito seria reconhecido ao delegatário caso a delegação não tivesse sido precedida de licitação. Nesse sentido, confira-se:

"2. O contrato firmado entre a Viação Fortaleza Ltda. e o DETRO/RJ constitui apenas um contrato de permissão DE CARÁTER PRECÁRIO, portanto sem qualquer licitação, submetendo-se, o permissionário, a todos os riscos inerentes de tal repugnante prática. A jurisprudência desta Corte Superior é no sentido de que 'é indispensável a realização de prévio procedimento licitatório para que se possa cogitar de indenização aos permissionários de serviço público de transporte coletivo em razão de tarifas deficitárias, ainda que os Termos de Permissão tenham sido assinados em período anterior à Constituição Federal de 1988.' (REsp 886.925/MG, Rel. Min. Castro Meira, Segunda Turma, DJ 21.11.2007). Dessa forma, conclui-se ser indispensável o cumprimento dos ditames constitucionais e legais, com a realização de prévio procedimento licitatório para que se possa cogitar de indenização aos permissionários de serviço público de transporte coletivo, o que não ocorreu no presente caso.

3. Saliente-se que o artigo 42, § 2º, da Lei n. 8.987/95 aplica-se somente às concessões de serviço público, e não às permissões. Precedente: REsp 443.796/MG, Rel. Min. Franciulli Netto, Segunda Turma, DJ de 03.11.03.

4. Agravo interno não provido" (AgInt no AREsp 1.897.180/RJ, 2.ª T., rel. Min. Mauro Campbell Marques, j. 16.05.2022, *DJe* 19.05.2022).

Essa orientação não se afigura como a mais compatível com a ordem constitucional.

55.8.1 Ausência de licitação e tutela à equação contratual

A tutela à equação econômico-financeira do contrato administrativo não é condicionada à existência de prévia licitação. Os contratos avençados diretamente, por dispensa ou inexigibilidade de licitação, subordinam-se ao mesmo regime daqueles precedidos de licitação.

A intangibilidade da equação econômico-financeira se vincula à proteção constitucional à propriedade privada e a diversos princípios constitucionais – inclusive à existência de um regime jurídico de competências anômalas em favor da Administração Pública. Tanto bastaria para afastar qualquer fundamento para o entendimento de que permissões outorgadas sem licitação não acarretariam proteção jurídica em favor do particular.

55.8.2 O descabimento da imputação de irregularidade

Não é cabível afirmar que a ausência de proteção à equação econômico-financeira deriva da irregularidade do ato. Isso equivaleria a promover a aplicação retroativa de uma regra constitucional introduzida apenas em 1988. Antes da CF/1988 reputava-se que a outorga de permissão de serviço público não necessitava ser precedida de licitação.

Tal orientação se aplicava mesmo quando se tratasse de permissão condicionada ou qualificada, concedida a prazo determinado e impondo ao delegatário encargos vultosos e cuja amortização dependesse de exploração durante prazo mínimo. Isso significa que a outorga de permissão sem licitação não configurava nenhuma irregularidade, *à época em que ocorrida*. Não teria cabimento considerar irregular uma outorga verificada antes de 1988 sob o argumento de infração a uma regra constitucional vigente somente depois de 5 de outubro de 1988.

55.8.3 Descabimento da aplicação retroativa do art. 175 da CF/1988

Não se argumente que, entrando em vigência a Constituição Federal de 1988, todas as outorgas realizadas sem licitação em data anterior estariam automaticamente extintas. Esse entendimento enfrenta dois obstáculos invencíveis.

O primeiro reside em que as outorgas realizadas sem licitação, antes da Constituição Federal de 1988, mas com prazo determinado, permaneciam válidas e perfeitas até o término do referido prazo.

As outorgas realizadas sem licitação antes da vigência da Constituição Federal de 1988 permaneceram plenamente válidas até o decurso de seu prazo.

Por outro lado, a regra da obrigatoriedade da licitação deve ser interpretada à luz do princípio da continuidade do serviço público e da supremacia dos direitos fundamentais. Não se pode promover a interrupção de um serviço público e extinguir o fornecimento de prestações essenciais à satisfação de direitos fundamentais.

56 AUTORIZAÇÃO DE SERVIÇO PÚBLICO (EM SENTIDO TRADICIONAL)

A *autorização de serviço público* (em sentido tradicional) somente pode ser adotada em hipóteses excepcionais.

56.1 A utilização excepcional da autorização para o serviço público

A situação era apontada por Lúcia Valle Figueiredo nos casos de serviços públicos "emergenciais, não constantes". Como exemplo a autora citava "a autorização que vier a ser dada para, durante greves, empresas de turismo prestarem serviços de transporte à população", demonstrando que a autorização requer um acontecimento relevante, "sem natureza constante, cuja necessidade seja absolutamente aleatória ou passageira".[84]

Seguindo essa linha, o art. 3.º do Decreto Federal 2.521/1998 definiu autorização como a "delegação ocasional, por prazo limitado ou viagem certa, para prestação de serviços de transporte em caráter emergencial ou especial".

56.2 O mascaramento de figura jurídica distinta

Existe o risco de qualificar-se como autorização uma avença dotada de outro conteúdo. Muitas vezes, produz-se a outorga de *autorização de serviços públicos*, impondo-se ao particular os encargos correspondentes à concessão ou permissão. Ou seja, a figura apresenta apenas o nome de autorização, uma vez que o regime jurídico aplicável é o da concessão ou da permissão.

Obviamente, são distintos entre si os regimes jurídicos de autorização, permissão e concessão. Os poderes, direitos e deveres que decorrem para as partes, nas três hipóteses, são inconfundíveis entre si. É impossível a substituição de concessão e permissão por autorização. Não são três institutos fungíveis entre si, cuja adoção dependeria de mera opção da Administração Pública.

A alteração da denominação é irrelevante, e cabe aplicar o regime correspondente à atividade adequada.

57 A CONCESSÃO URBANÍSTICA

Concessão urbanística é um contrato organizacional, de longa duração, visando a atribuir a um particular o encargo de produzir todas as atividades e arcar com todos os ônus financeiros

---

[84] FIGUEIREDO. *Curso de direito administrativo*, 9. ed., p. 123.

necessários à urbanização de áreas imóveis, mediante a atribuição da titularidade de domínio das áreas privadas resultantes e da exploração dos espaços públicos produzidos.[85]

57.1   A atribuição de encargos complexos

A concessão urbanística encontra-se prevista no art. 4.º, parágrafo único, do Dec.-lei 3.365/1941 (com a redação dada pela Lei 14.620/2023).

A concessão urbanística não atribui à iniciativa privada a execução de uma única e específica obra, mas a atividade de *urbanização* e *reurbanização*, o que envolve inclusive promover loteamentos, demolições e incorporação de conjuntos de edificações. A concessão urbanística é um instrumento de intervenção ampla no ambiente urbano. Pode comportar a execução de obra pública, mas com dois pontos diferenciais.

O primeiro reside na possibilidade da pluralidade e heterogeneidade de obras públicas comportadas no âmbito da contratação. Assim, a concessão urbanística poderá impor ao particular a execução de vias públicas, de edifícios destinados à instalação de repartições públicas e de toda a infraestrutura necessária a serviços públicos e privados.

O segundo tópico peculiar consiste na possibilidade de atribuição de encargos de outra natureza, que não configurem obra pública. Se for o caso, o concessionário será autorizado a promover atividades de cunho puramente econômico, destinadas a propiciar rendimentos lucrativos e assegurar a viabilidade do empreendimento.

Ou seja, a concessão urbanística envolve a transferência para o particular do encargo de produzir tanto obras públicas como *não públicas*.

57.2   O modo de remuneração

Na concessão urbanística, o concessionário não se remunera diretamente pelos cofres públicos. Pode ser investido na faculdade de cobrar tarifas, quando surgirem espaços públicos destinados à fruição pelos usuários. Mas é investido, preponderantemente, na faculdade de exploração econômica das áreas privadas resultantes. Ou seja, a receita substancial será resultante da venda e locação de imóveis e de outras utilidades surgidas em virtude da urbanização promovida.

57.3   A adoção de medidas compensatórias

O art. 4.º-A (incluído pela Lei 14.620/2023) do Dec.-lei 3.365/1941 estabeleceu que, nos casos em que a implantação da concessão urbanística afetar populações vulneráveis e de baixa renda, deverão ser adotadas medidas compensatórias. Isso compreende a realocação das pessoas em outras unidades habitacionais, indenização por benfeitorias ou compensação financeira que assegure o restabelecimento em outro local.

58   FRANQUIA EMPRESARIAL

Franquia empresarial é um contrato organizacional, por meio do qual um sujeito cede a outro a faculdade de explorar atividade econômica sobre a qual detém privilégio de exclusividade

---

[85] A Lei 9.636/1998, que dispõe sobre regularização administrativa de bens imóveis no âmbito federal, contém referência a uma figura similar à concessão urbanística. O art. 4.º, com redação dada pela Lei 14.011/2020, previu uma figura contratual orientada à implementação de projetos urbanísticos, em que a remuneração do empreendedor se faria por meio de arrecadação de taxas e vendas de domínio útil de bens. Por outro lado, a figura da operação urbana consorciada, prevista no art. 32 da Lei 10.257/2001, pode conduzir a um modelo jurídico similar. Confira-se OLBERTZ. *Operação urbana consorciada*.

Cap. 12 – TIPOS DE ATIVIDADE ADMINISTRATIVA: SERVIÇO PÚBLICO

e (ou) se obriga a ceder-lhe direitos e conhecimentos essenciais à sua exploração, mediante remuneração consistente num preço e (ou) numa participação nos resultados.

58.1   Configuração econômica da franquia

A franquia mercantil se enquadra no âmbito dos contratos de distribuição. Por meio dela, determinado empresário se interpõe entre o consumidor e um produtor – entendido este último vocábulo em acepção ampla, para abranger desde o industrial até o titular de marcas, patentes, tecnologia etc.

58.2   Utilização da franquia no âmbito de serviços públicos

Em princípio, a franquia empresarial não pode ser utilizada para delegação de serviços públicos a particulares. Os serviços públicos ou são prestáveis diretamente pela pessoa política ou podem ser transferidos aos particulares por via de concessão ou permissão.

A franquia é contrato de direito privado, apto a instrumentalizar relações jurídicas entre particulares, cujo objeto não envolva serviços submetidos ao regime de direito público. É que o franqueador não dispõe da faculdade de interferir sobre a órbita interna do franqueado, sendo impossível a adoção das chamadas cláusulas exorbitantes, características da permissão e da concessão.

Franquia de serviço público é uma contradição em termos. Somente existiria franquia se não houvesse serviço público. Em havendo, seria descabido promover sua franquia.

A denominação formal do contrato, como já afirmado, é irrelevante. Pode produzir-se uma concessão ou permissão de serviço público, atribuindo-lhe a denominação de *franquia*, sem que isso afete sua real natureza jurídica. Aplicar-se-ia, então, o regime próprio dos serviços públicos e das concessões e permissões.

58.3   A franquia de serviços postais

As ponderações anteriores são aplicáveis em vista da franquia de serviços postais, que se desenvolveu como solução prática e vinha sendo adotada pela Empresa Brasileira de Correios e Telégrafos – ECT ao longo de muitos anos. Por força da Lei 11.668/2008, foi criado um contrato típico e nominado de franquia postal.

A despeito dos termos do referido diploma, permanece a orientação no sentido de que não se trata de um contrato de prestação de serviços em favor da Administração Pública. O franqueado postal apresenta-se em face do usuário como a própria ECT, configurando-se uma delegação de serviço público.

Cabe ao particular assumir os encargos de promover a implantação de um estabelecimento (agência de correio), em cujo âmbito se faz basicamente a coleta de correspondências e de encomendas.

Até se poderia admitir a dissociação de alguns serviços acessórios em face do serviço público postal, mas isso não se passa no caso da franquia postal.

A entrega da correspondência num posto de Correios (franqueado ou não) envolve a imediata submissão da atividade a um regime jurídico de direito público. Perante o usuário, é irrelevante a existência de uma franquia, na exata medida em que o Estado responde por todo e qualquer evento ocorrido com a correspondência postada na agência franqueada.

Uma agência de Correios não é algo equivalente a uma lanchonete integrante de uma franquia.

Enfim e não obstante os termos da Lei 11.668/2008, a franquia de agência de Correios subordina-se a regime jurídico de uma concessão de serviço público, no sentido de que as

510 CURSO DE DIREITO ADMINISTRATIVO • *Marçal Justen Filho*

atividades delegadas ao particular permanecem sujeitas ao regime correspondente. Não há fragmentação do serviço público. Mais ainda, não se subordina uma parcela das atividades ao regime jurídico próprio das atividades econômicas em sentido restrito. Em síntese, a franquia é uma denominação incorreta e inadequada para qualificar o vínculo jurídico de direito público existente entre a Administração Pública e um particular delegatário de serviços públicos.

Segundo o STF:

"(...) A Constituição (art. 37, XXI) e a Lei 8.666/1993 (art. 2.º) expressamente vinculam a prestação de serviços públicos remunerados por particulares à prévia licitação. O prolongamento da cessão do direito de explorar os serviços de agência ou de correspondente postal sem a observância dos requisitos constitucionais e legais coloca em dúvida a capacidade do Estado de assegurar igualdade de condições a todos os eventuais interessados no exercício dessas atividades. (...)" (STA 685 MC, decisão monocrática, rel. Min. Joaquim Barbosa, j. 18.12.2012, *DJ* 31.01.2013).

De acordo com o STJ:

"1. Discute-se a possibilidade de manutenção dos contratos de franquia dos Correios em vigor, ainda que firmados sem prévia licitação, até que sejam formalizados os contratos precedidos de regular procedimento licitatório.

2. Cotejando as normas que regem a matéria, verifica-se que o Decreto 6.639/2008, ao prever a extinção automática dos contratos firmados com agências franqueadas após o prazo fixado no parágrafo único do art. 7.º da Lei n. 11.668/2008, extrapolou o disposto nesta legislação, que se limitou a fixar prazo para o encerramento da licitação das novas agências, tendo assentado, expressamente, a validade dos contratos antigos até a entrada em vigor dos novos.

3. Sendo assim, é de se reconhecer o direito das agências franqueadas de continuarem em atividade até que os novos contratos, devidamente licitados, sejam firmados. Nesse sentido, já se manifestou a Segunda Turma desta Corte, no bojo do AgRg no REsp 1.393.593/SC, Rel. Min. Humberto Martins, DJe 14/8/2015" (AREsp 613.239/RS, 1.ª T., rel. Min. Benedito Gonçalves, j. 07.11.2017, *DJe* 16.11.2017).

"Administrativo. ECT. Sesi. Licitação. Entrega de faturas. Monopólio estatal.

1. Documentos bancários e títulos incluem-se no conceito de carta, cuja distribuição é explorada pela União (ECT) em regime de monopólio. Precedentes.

2. Recurso especial provido em parte" (REsp 1.014.778/SC, 2.ª T., rel. Min. Eliana Calmon. j. 19.11.2009, *DJe* 02.12.2009).

Para o TCU:

"(...) 1. As Agências de Correio Franqueadas prestam serviço de natureza pública, cuja outorga a particulares, por meio de concessão ou permissão, faz-se mediante licitação pública, *ex vi* do disposto no art. 175 da CF/1988. (...) Portanto, deve-se reafirmar o entendimento exarado no Acórdão n.º 574/2006 quanto à inconstitucionalidade da aplicação da lei anteriormente mencionada [Lei 10.577/2002], bem assim a necessidade de realização de licitação para outorga de serviços postais a particulares, na conformidade do que dispõe o art. 175 da Constituição Federal" (Acórdão 2.444/2007, Plenário, rel. Min. Guilherme Palmeira).

"1. É inconstitucional a Lei 10.577/2002, que estendeu os prazos de vigência dos contratos de franquias de agências da ECT celebrados sem realização de prévia licitação" (Acórdão 783/2006, Plenário, rel. Min. Ubiratan Aguiar).

Capítulo 13

TIPOS DE ATIVIDADE ADMINISTRATIVA: EXPLORAÇÃO DIRETA DE ATIVIDADE ECONÔMICA PELO ESTADO

O art. 173 da CF/1988 faculta ao Estado a exploração direta de atividade econômica, submetendo a hipótese a pressupostos especiais e a regime jurídico próprio.

1 DEFINIÇÃO

O exercício de atividade econômica pelo Estado consiste no desempenho por entidade administrativa, sob forma e regime de direito privado, de atividade econômica propriamente dita, nas hipóteses previstas na Constituição ou em lei, quando necessário aos imperativos da segurança nacional ou à satisfação de relevante interesse coletivo.

1.1 O desempenho direto de atividade econômica propriamente dita

O desempenho direto de atividade econômica propriamente dita pelo Estado se configura como excepcional. O exame das entidades administrativas constituídas para exercitar atividade econômica propriamente dita ocorreu no Capítulo 6.

1.2 O capitalismo e a atuação econômica privada

A Constituição consagrou um regime capitalista, fundado nos princípios da livre-iniciativa e da livre concorrência. Os serviços públicos são excluídos do âmbito desses princípios.

Se o Estado pudesse assumir o desempenho direto das atividades econômicas propriamente ditas e a elas aplicar privilégios e benefícios, estaria destruída a distinção básica. Então, todas as atividades poderiam ser transformadas em serviço público, inclusive aquelas destituídas de cunho essencial.

Assim não o é, uma vez que não se admite que o Estado qualifique como serviço público atividade não vinculada diretamente aos direitos fundamentais. Não pode fazê-lo nem mesmo por via do expediente de atribuir a si próprio benefícios no exercício de certa atividade econômica.

512 CURSO DE DIREITO ADMINISTRATIVO • *Marçal Justen Filho*

Ou seja, a atividade econômica se sujeita a regras uniformes, que se aplicam a todos os agentes – sejam eles particulares ou entidades administrativas estatais.

1.3 A observância do regime de direito privado

Para manutenção da ordem econômica constitucionalmente consagrada, é indispensável que o Estado não goze de privilégios ou vantagens quando desempenhar atividade econômica propriamente dita. Se assim não for, haverá a destruição da livre concorrência e o Estado eliminará as empresas privadas, não por ser mais eficiente, mas porque as leis a ele asseguram benefícios desiguais.

A criação de benefícios desiguais em favor do Estado, no desempenho de atividades econômicas, é uma decisão política, somente admissível se autorizada constitucionalmente. Um ponto relevante reside em que os Estados que adotaram essa solução passaram a sofrer sérias dificuldades de ausência de eficiência econômica.

A solução constitucional brasileira não deixa margem de dúvida. Somente em situações excepcionais o Estado desempenhará atividade econômica propriamente dita. E, quando o fizer, será inconstitucional criar qualquer privilégio em seu próprio benefício.

1.4 O princípio da subsidiariedade

A atuação direta do Estado não é justificável mediante a mera invocação de algum interesse público que se considere relevante. É necessário evidenciar que a intervenção direta do Estado é a solução adequada e imprescindível para a satisfação de necessidades determinadas. Aplica-se o princípio da proporcionalidade, o que significa que somente se legitimará a intervenção estatal *se* outra alternativa não for mais satisfatória. Sob esse prisma, o princípio da proporcionalidade se manifesta como princípio da subsidiariedade.

O princípio da subsidiariedade impõe o dever de intervenção supletiva do Estado no domínio econômico, intervenção que se legitima apenas quando a iniciativa privada for incapaz de solucionar de modo adequado e satisfatório certa necessidade. O princípio da subsidiariedade foi expressamente consagrado no art. 2.º, III, da Lei 13.874/2019.

Os recursos públicos são escassos e limitados, sendo vedada a sua aplicação inadequada e o afastamento à prioridade derivada da supremacia dos direitos fundamentais. Os recursos públicos não podem ser destinados ao desenvolvimento de atividades secundárias à proteção dos direitos fundamentais – mesmo que lucrativas. A perspectiva da lucratividade não é justificativa suficiente para a assunção direta de uma atividade por parte do Estado. Muito menos cabível é desperdiçar recursos públicos em atividades econômicas irrelevantes.

1.5 Ainda a questão da promoção dos direitos fundamentais

As considerações anteriores não excluem o cabimento de atuação direta do Estado na economia nas hipóteses em que tal se faça necessário para a promoção de direitos fundamentais, ainda que inexista uma falha de mercado.[1]

1.6 A exigência de autorização constitucional ou legislativa

O desempenho direto pelo Estado de atividade no domínio econômico depende de previsão Constitucional ou de autorização legislativa. Normalmente, essa autorização legislativa está

---

[1] Nesse sentido, MENDONÇA. *Direito Constitucional Econômico*, p. 280.

Cap. 13 – TIPOS DE ATIVIDADE ADMINISTRATIVA: EXPLORAÇÃO DIRETA DE ATIVIDADE ECONÔMICA PELO ESTADO **513**

contida na própria lei que autoriza a criação da entidade administrativa dotada de personalidade jurídica de direito privado. Como já visto, a criação da entidade de direito privado depende de autorização legislativa (art. 37, XIX e XX, da CF/1988). Essa lei, ao identificar o âmbito de atuação da entidade estatal, contemplará implicitamente a autorização para sua atuação.

Aplicam-se os comentários contemplados no Capítulo 6, relativos à impossibilidade de outorga de autorização ilimitada e indeterminada para o objeto de atuação de uma entidade da Administração indireta. Não é constitucional delegar para a entidade o poder de escolher as atividades às quais se dedicará. No entanto, a autorização legislativa será limitada a um segmento determinado de atividades.

A autorização legislativa deve indicar um dos fundamentos constitucionais previstos para a exploração direta da atividade pelo Estado.

Tal como exposto no Capítulo 6, o STF adotou entendimento de que a extinção das sociedades estatais também depende de autorização legislativa. O entendimento se aplica inclusive na hipótese de alienação do poder de controle.

2 AS HIPÓTESES DE ATUAÇÃO DIRETA DO ESTADO NO DOMÍNIO ECONÔMICO

A atuação direta do Estado no domínio econômico ocorre em três casos (art. 173).

Atuação direta do Estado
- casos previstos na Constituição
- imperativo de segurança nacional
- relevante interesse coletivo

3 OS CASOS PREVISTOS NA CONSTITUIÇÃO

Os casos previstos na Constituição de atuação direta do Estado no domínio econômico são, basicamente, aqueles previstos no art. 177.[2] Nesses casos, a Constituição impõe que o Estado atue no domínio econômico em regime de monopólio. Trata-se de uma aparente contradição, somente admitida em virtude da previsão constitucional do art. 177.

3.1 Atividade econômica e monopólio estatal

Um princípio inerente à ordem econômica consiste na livre-iniciativa e na livre concorrência para as atividades econômicas propriamente ditas. Estabelecer que certa atividade se configura como econômica em sentido próprio e impor monopólio estatal é uma contradição aparente.

---

[2] O autor adotou entendimento de que o serviço de gás canalizado, no âmbito estadual, previsto no art. 25, § 2.º, da CF/1988 configura atividade econômica monopolizada e não um serviço público. No entanto, esse entendimento não é compartilhado pela generalidade da doutrina e da jurisprudência. Logo e embora a convicção pessoal seja mantida, impõe-se deferência à orientação consagrada. Portanto e para os fins da presente obra, os serviços de gás estaduais de gás canalizado são reconhecidos como serviço público. Considerações similares podem ser adotadas relativamente aos serviços lotéricos, que são reconhecidos pelo autor como atividade econômica explorada monopolisticamente pelo Estado, mas que recebem do direito positivo o tratamento de serviço público.

A Constituição afastou a livre-iniciativa e a livre concorrência quanto a certas atividades, em virtude de sua relevância política e econômica. As atividades referidas no art. 177 não são destinadas a satisfazer direitos fundamentais, no entanto foram reservadas ao monopólio estatal porque podem produzir reflexos sobre a soberania nacional ou outros valores essenciais.

3.2 Monopólio estatal e serviço público

O monopólio estatal não se confunde com o serviço público porque não se destina a satisfazer, de modo direto e imediato, direitos fundamentais, que não comportem satisfação sob regime de direito privado. No monopólio estatal, existe uma atividade econômica que, por razões políticas, é atribuída ao Estado.

3.3 O regime de exploração

Em termos práticos, o regime jurídico da exploração da atividade econômica monopolizada não é o mesmo previsto para um serviço público.

O serviço público é prestado sob regime de direito público, o que envolve competências anômalas destinadas a permitir a satisfação dos direitos fundamentais.

A atividade econômica monopolizada é exercitada sob regime de direito privado.

Logo, o Estado não se beneficia, nas atividades econômicas monopolizadas, de competências anômalas. Não pode invocar a necessidade de satisfação de direitos fundamentais para restringir direitos ou interesses alheios.

Por outro lado, os particulares não podem invocar os princípios do serviço público a propósito das atividades econômicas monopolizadas. Assim, ninguém pode exigir que a si seja fornecido um derivado de minério nuclear, contrariamente ao que se passa com uma utilidade objeto de serviço público.

4 O IMPERATIVO DE SEGURANÇA NACIONAL

Outra hipótese de exercício de atividade econômica pelo Estado envolve o imperativo da segurança nacional.

4.1 O conceito de segurança nacional

A segurança nacional consiste no *conjunto de condições necessárias e indispensáveis à existência e manutenção da soberania estatal e ao funcionamento das instituições democráticas.* Não é integrado por fatores precisos e predeterminados, mas é o resultado da conjugação de circunstâncias, que variam segundo as condições históricas.

A segurança nacional é um conceito relativo. Cada país apresenta circunstâncias diversas no tocante à questão da segurança. Enfim, cada momento histórico condiciona diversamente o tema da segurança nacional.

4.2 O núcleo do conceito de segurança nacional

A expressão *segurança nacional* indica uma situação de fato, caracterizada pela existência e independência do Estado brasileiro, com a preservação dos valores fundamentais da Nação. Portanto, a segurança nacional se relaciona com a soberania estatal e com a preservação da nacionalidade.

4.2.1 A questão do "imperativo"

Não basta existir um interesse relacionado com a segurança nacional para autorizar a exploração de atividade econômica pelo Estado. É indispensável que essa atuação se configure como um "imperativo". Não se trata, portanto, de mera conveniência, mas de necessidade.

4.2.2 Segurança nacional como conceito jurídico indeterminado

Segurança nacional é um conceito indeterminado. A aplicação do conceito de segurança nacional à realidade permite identificar casos que se inserem na zona de certeza positiva. Há os que se enquadram na zona de certeza negativa. E existem casos que, abrangidos numa zona de incerteza, propiciam dificuldades.

Por exemplo, a exploração de atividades bancárias pelo Estado pode ser justificada por relevante interesse coletivo. Mas não poderia ser qualificada como um imperativo de segurança nacional. Atividade bancária, por mais relevante que o seja para a economia de um país, não se constitui em atividade relacionada à segurança nacional. A situação se submete ao âmbito de certeza negativa.

Já a fabricação de veículos de combate se enquadra inquestionavelmente em atividade pertinente à segurança nacional e a sua exploração por uma empresa estatal seria perfeitamente justificada.[3] Esse seria um exemplo de caso enquadrado no âmbito de certeza positiva.

Um caso de difícil enquadramento seria a fabricação de armas de fogo. Existem razões para considerar a atividade como pertinente à segurança nacional, mas há argumentos contrários.

A exposição apresentada serve para fundamentar a conclusão de que a lei pode autorizar a exploração direta pelo Estado de atividades econômicas que inquestionavelmente se enquadrem no conceito de segurança nacional. Também pode emitir tal autorização relativamente a casos enquadrados na zona de incerteza, mas desde que seja evidenciada uma razão satisfatória. Porém será inconstitucional a Lei que pretender autorizar o exercício de atividade econômica pelo Estado em hipótese enquadrável no âmbito de certeza negativa do conceito de segurança nacional.

4.3 As atividades necessárias à segurança nacional

São indispensáveis à segurança nacional as atividades aptas à preservação da soberania e da integridade da Nação, tais como aquelas cujo desenvolvimento possa importar o surgimento de situações de risco.

A aplicação da hipótese no caso concreto não é fácil. São poucas as atividades econômicas em sentido próprio relacionadas à segurança nacional que não tenham sido desde logo apontadas pela Constituição.

4.4 A relação entre segurança nacional e a atividade econômica

Em muitos casos, a segurança nacional se traduz em atividades públicas propriamente ditas, vinculadas ao monopólio estatal da violência. Nesses casos, não há cabimento de atuação econômica privada. Mas pode haver casos em que certa atividade econômica propriamente dita apresente relações com a segurança nacional.

---

[3] Lembre-se de que a exploração de atividades econômicas fundada em segurança nacional não se confunde com os casos de monopólio estatal. Portanto, a exploração de atividade pelo Estado em virtude de razões de segurança nacional não exclui a possibilidade de que um particular também se dedique a ela.

4.5 A incidência da proporcionalidade

O vínculo entre a atividade econômica e a segurança nacional somente autorizará a atuação direta da União quando preenchidos os requisitos da proporcionalidade.

Isso significa que a atividade econômica exercitada diretamente pelo Estado precisa revelar-se como uma solução adequada para os imperativos de segurança nacional. Essa é uma questão relevante porque, em muitos casos, as peculiaridades da situação tornam inviável o atingimento das finalidades buscadas.

Depois, a atuação estatal deve restringir-se apenas aos aspectos e aos objetos indispensáveis à promoção da segurança nacional.

Enfim, deve-se tomar em vista que os princípios norteadores da atividade econômica, inclusive a livre-iniciativa, devem ser preservados.

4.6 A competência da União

A União é titular das competências políticas e administrativas relacionadas com a promoção da segurança nacional. Os demais entes federativos detêm competência quanto à segurança local e regional. Logo, a previsão examinada apenas justifica a atuação econômica direta da própria União.

5 O RELEVANTE INTERESSE COLETIVO

O interesse coletivo consiste na *existência de uma necessidade supraindividual comum a um número relevante de pessoas, a ser satisfeita mediante atuação empresarial sujeita ao direito privado, mas que exija a atuação própria do Estado.*

5.1 A exigência de relevância

É necessário existir interesse coletivo *relevante*, qualificação que se afigura essencial. Em tese, qualquer atividade econômica pode satisfazer o interesse coletivo. Isso não basta, porque é indispensável um interesse coletivo significativo.

5.2 A configuração de conceito jurídico indeterminado

O relevante interesse coletivo se configura como conceito jurídico indeterminado. Isso significa que há hipóteses em que é inquestionável a presença dos requisitos para a atuação estatal, tal como há outras em que é indubitável a ausência dos requisitos necessários. Haverá, enfim, uma zona cinzenta que propiciará controvérsias.

5.3 A multiplicidade de hipóteses

A previsão atinente a relevante interesse coletivo abrange uma pluralidade de situações heterogêneas, insuscetíveis de exposição exaustiva. Há casos em que a atuação estatal se justifica em vista da ausência de viabilidade econômica da exploração privada. Em outros, a atividade estatal se destina a ampliar a competição, visando à redução dos preços praticados no mercado. Mas existem situações de outra ordem, que também configuram relevante interesse coletivo.

5.4 O princípio da subsidiariedade

Segundo o princípio da subsidiariedade, somente se legitima a atribuição da atividade econômica a uma entidade estatal quando essa for a solução adequada e necessária para a satisfação do interesse coletivo relevante.

Cap. 13 – TIPOS DE ATIVIDADE ADMINISTRATIVA: EXPLORAÇÃO DIRETA DE ATIVIDADE ECONÔMICA PELO ESTADO **517**

6   A LEI 13.303/2016 E SEU ÂMBITO DE APLICAÇÃO

A Lei Federal 13.303/2016 veiculou uma pluralidade de normas relacionadas com a instituição, organização e funcionamento das sociedades privadas sob controle direto ou indireto de um ente estatal.

6.1   As considerações gerais do Capítulo 6

No Capítulo 6, houve a avaliação genérica sobre as questões atinentes às pessoas e aos órgãos integrantes da Administração Pública. Houve diversas considerações relativamente às sociedades estatais. No entanto, o exame específico das regras da Lei 13.303/2016 é mais apropriado como parte do estudo da atividade econômica desenvolvida pelo Estado.

6.2   A questão da abrangência da Lei 13.303/2016

A Lei 13.303/2016 adotou um critério distinto daquele tradicional para diferenciar o tratamento jurídico entre as sociedades estatais.

6.2.1   O critério da natureza da atividade

O critério da natureza da atividade conduz à diferenciação entre as sociedades estatais exploradoras de atividade econômica e daquelas prestadoras de serviço público. Essa temática foi examinada no Capítulo 6.

6.2.2   O critério do modo de organização da entidade

Em vez de recorrer ao critério da natureza material da atividade desempenhada, a Lei 13.303/2016 optou pelo critério do modo de organização dessa atividade, tal como contempla o seu art. 1.º:

"Esta Lei dispõe sobre o estatuto jurídico da empresa pública, da sociedade de economia mista e de suas subsidiárias, abrangendo toda e qualquer empresa pública e sociedade de economia mista da União, dos Estados, do Distrito Federal e dos Municípios que explore atividade econômica de produção ou comercialização de bens ou de prestação de serviços, ainda que a atividade econômica esteja sujeita ao regime de monopólio da União ou seja de prestação de serviços públicos".

6.2.3   A relação com o art. 966 do Código Civil

A solução adotada pelo art. 1.º da Lei 13.303/2016 apresenta vínculo direto com a disciplina do art. 966 do Código Civil, abaixo reproduzido:

"Considera-se empresário quem exerce profissionalmente atividade econômica organizada para a produção ou a circulação de bens ou de serviços".

Portanto, o Código Civil reputa que empresa[4] consiste na atividade economicamente organizada para a produção ou circulação de bens ou de serviços. A Lei 13.303/2016 incorporou

---

4   A expressão "empresa" no Direito Comercial não é sinônimo de "pessoa jurídica". Existem pessoas jurídicas empresárias e pessoas jurídicas não empresárias. Essa distinção é plenamente aplicável ao âmbito das entidades

518 CURSO DE DIREITO ADMINISTRATIVO • *Marçal Justen Filho*

esse enfoque relativamente às sociedades estatais, reconhecendo que algumas são organizadas empresarialmente e outras, não. A natureza da atividade desempenhada pela estatal é irrelevante, eis que o critério adotado é o modo de sua exploração.

6.2.4 A disciplina das sociedades estatais organizadas como empresa

Isso significa que a Lei 13.303/2016 reservou o regime jurídico por ela instituído para as entidades estatais organizadas como empresa, na acepção técnico-jurídica prevalente no Direito Comercial. Logo, a Lei das Estatais não é aplicável a toda e qualquer entidade estatal prestadora de serviço público. Aliás, se a vontade legislativa fosse de alcançar todas as prestadoras de serviço público, a redação legislativa seria outra, muito mais simples. O art. 1.º teria simplesmente estabelecido que o seu regime seria aplicável a todas as sociedades sob controle direto ou indireto do Estado.

6.3 A evolução do Direito Comercial e o conceito de empresa

A compreensão mais adequada da problemática pode ser obtida por uma breve incursão no âmbito do Direito Comercial, que experimentou uma disputa muito intensa para delimitação de seu âmbito de aplicação.

6.3.1 A diferenciação entre Direito Civil e Direito Empresarial

Um dos temas clássicos do Direito Privado é a dissociação entre Direito Civil e Direito Empresarial. Ao longo do tempo, esses dois ramos têm convivido, com disputas intensas sobre o critério apropriado para diferenciar o âmbito de sua aplicação.

A orientação prevalente no passado fundava-se na natureza da atividade desenvolvida. Reputava-se que o Direito Comercial disciplinava o "comércio", enquanto as demais atuações no âmbito privado seriam subordinadas ao Direito Civil.

Essa distinção resultou na proposta da existência de "atos de comércio", que seriam intrinsecamente mercantis ou que poderiam ser assim qualificados em virtude da prática reiterada. Essa concepção permeava o Código Comercial brasileiro de 1850.

6.3.2 A prevalência do conceito de empresa

Mas a evolução da exploração econômica conduziu à superação do critério da natureza da atividade, passando a prevalecer o critério do modo de organização da exploração. Admitiu-se que o Direito Comercial dispunha sobre a exploração profissional dos recursos econômicos, organizada para a produção ou comercialização de bens ou para a prestação de serviços. Em suma e tal como veio a ser contemplado no Direito Italiano, reputou-se que o critério do Direito Comercial era a existência de uma atividade empresarial.[5]

A expressão empresa pode ser utilizada para indicar o sujeito (pessoa física ou jurídica) que explora uma atividade empresarial. No entanto, a acepção mais própria é aquela referida à

---

estatais. O raciocínio é dificultado pela circunstância de ter-se difundido a expressão "empresa estatal" para indicar toda e qualquer pessoa jurídica de direito privado sob controle direto ou indireto do Estado. Mas o problema é semântico: a expressão "empresa" possui acepções muito diversas nos vários ramos do direito.

[5] Para uma exposição mais aprofundada sobre o tema, confira-se a obra do autor *O Imposto sobre Serviços na Constituição*, 1985. Como não poderia deixar de ser, o enfoque se alicerça sobre o clássico estudo de ASQUINI. *Perfis da Empresa*, cuja versão em português está publicada na *Revista de Direito Mercantil, Industrial, Econômico e Financeiro*, trad. Fábio Konder Comparato, v. 104, p. 109 e ss., out./dez. 1996.

Cap. 13 – TIPOS DE ATIVIDADE ADMINISTRATIVA: EXPLORAÇÃO DIRETA DE ATIVIDADE ECONÔMICA PELO ESTADO **519**

organização empresarial. O Código Civil de 2002 promoveu a unificação legislativa do direito privado brasileiro, tal como se passara em outros países. Mas isso não significou a eliminação do Direito Comercial. As atividades empresariais – com algumas ressalvas – são subordinadas a regras específicas. O próprio Código Civil de 2002 diferenciou as sociedades empresárias e as sociedades simples (tal como previsto no art. 982). Essa é a razão pela qual, após a edição do Código Civil de 2002, passou a se aludir preferencialmente a Direito Empresarial e não mais a Direito Comercial.

6.4   A Lei 13.303/2016 e a relevância do modo de organização

A Lei 13.303/2016 incorporou a distinção entre sociedades empresárias e não empresárias, dando-lhe aplicação no âmbito das entidades estatais. A vedação constitucional à instituição de benefícios ou vantagens não extensivas aos agentes privados já representava a imposição de aplicação do Direito Empresarial às entidades estatais exploradoras de atividade econômica.

6.4.1   A atividade estatal organizada empresarialmente

O regime jurídico próprio para os agentes privados, que atuam de modo organizado e profissional no setor privado, é aquele do Direito Empresarial. Ora, a incidência do regime básico de Direito Empresarial à entidade estatal organizada como empresa é uma decorrência do próprio sistema de Direito Privado. Essa sistemática jurídica não se subordina à natureza da atividade desempenhada. Ou seja, é irrelevante determinar se a atividade objeto da exploração consiste no fornecimento de bens ou na prestação de serviços.

6.4.2   A atividade estatal não organizada empresarialmente

Nada impede, no entanto, que a entidade estatal não esteja organizada como empresa. Assim se passará, por exemplo, nas hipóteses em que a dita entidade atuar como uma *longa manus* da própria Administração Pública – valendo-se, inclusive, das prerrogativas e dos procedimentos inerentes ao Direito Administrativo. Em tais hipóteses, a entidade não se subordinará à Lei 13.303/2016, eis que não exercitará atividade organizada para a produção ou comercialização de bens ou prestação de serviços.[6]

6.5   A constitucionalidade da solução

O modelo consagrado na Lei 13.303/2016 não é incompatível com a Constituição, ainda que possa ser heterodoxo em face da doutrina clássica do Direito Administrativo. A Constituição não consagrou distinção específica, rígida e insuperável entre as estatais exploradoras de atividade econômica e as prestadoras de serviço público. Essa diferenciação foi delineada na prática e pelo trabalho da doutrina.

A Lei 13.303/2016 contemplou solução adequada à evolução das circunstâncias econômicas. Ela deixou de lado a distinção fundada na natureza da atividade e reconheceu que a diferenciação entre exploração de atividade econômica e prestação de serviço público tornou-se insuficiente para determinar o regime jurídico aplicável as entidades estatais dotadas de personalidade de direito privado. O reconhecimento da submissão das sociedades estatais, quando organizadas sob forma empresarial, às normas de Direito Empresarial representa uma evolução não apenas compatível com a Constituição, mas indispensável à sua atuação eficiente como sujeitos privados.

---

6   Deve-se ressaltar que a forma de sociedade anônima não apresenta relevância para determinar a qualificação da entidade como empresa. Essa advertência é relevante porque a generalidade das entidades estatais está constituída sob forma de companhia.

7 O REGIME JURÍDICO PREVISTO NA LEI DAS ESTATAIS

A Lei 13.303/2016 fornece soluções compatíveis com a exploração de atividades empresariais por parte das sociedades estatais, seguindo as práticas consagradas no setor privado.

7.1 A eficácia da Lei e as estatais já existentes

O art. 13 da Lei 13.303/2016 determinou que a lei autorizadora da criação da empresa pública e da sociedade de economia mista deve contemplar as diretrizes e restrições a serem observadas no estatuto da sociedade.

Quanto às estatais já existentes, foi fixado prazo de vinte e quatro meses para a adaptação dos estatutos. A Lei entrou em vigor no dia 4 de julho de 2016 (primeiro dia útil seguinte ao da sua publicação). Logo, o prazo para a adaptação encerrou-se em 3 de julho de 2018.

A ausência de observância desse prazo configura violação à Lei e sujeita o acionista controlador e os administradores da companhia à responsabilização pessoal, sem prejuízo da responsabilidade da própria sociedade em face de terceiros (se for o caso). A submissão da estatal à Lei 13.303/2016 não é facultativa, nem depende de um juízo de conveniência e oportunidade.

7.2 A distinção entre sociedades privadas e sociedades estatais

O regime jurídico previsto na Lei 13.303/2016 é significativamente distinto daquele contemplado na Lei das S.A.

7.2.1 A sociedade não estatal empresária

O modelo societário de direito privado desenvolveu-se em vista dos potenciais conflitos de interesses entre sócios e, eventualmente, empregados e os terceiros. Na sociedade privada, o acionista controlador é titular do domínio dos valores investidos e seu interesse primordial reside em maximizar os seus proveitos. Isso exige mecanismos de limitação dessa atuação.

7.2.2 A sociedade estatal empresária

A sociedade estatal propicia outros problemas, porque não se constitui simplesmente como uma sociedade mercantil sob controle do Estado. Um ponto marcante reside em a sociedade estatal não ser constituída com a finalidade principal de propiciar lucros ao acionista controlador.

7.3 Os riscos atinentes às sociedades estatais

O risco propiciado pela existência da sociedade estatal envolve quatro temas principais, que são a corrupção, a ausência de habilidades gerenciais, o populismo e o corporativismo.

7.3.1 A corrupção

O problema da corrupção nas sociedades estatais relaciona-se com a transferência indevida de benefícios decorrentes da atuação empresarial para beneficiar indivíduos ou grupos escolhidos pelo governante.

7.3.2 A ausência de habilidades gerenciais

A dificuldade da ausência de habilidades gerenciais deriva da ausência de critérios técnicos na escolha dos administradores, o que propicia a gestão da sociedade por indivíduos que não dispõem das habilidades indispensáveis.

7.3.3 O populismo

A questão do populismo refere-se à orientação da sociedade para adotar práticas destinadas a assegurar benefícios políticos ao governante, visando captar votos e conquistar o eleitorado.

7.3.4 O corporativismo

A temática do corporativismo compreende as medidas incompatíveis com as práticas de mercado, que se traduzem em vantagens injustificáveis para os empregados da sociedade.

7.4 A ausência de reflexo sobre o patrimônio privado

Esses desvios relacionam-se com a circunstância de que as perdas sofridas pela sociedade estatal no curso de suas atividades empresariais não se refletem sobre o patrimônio pessoal dos indivíduos investidos do poder jurídico decisório.

Por outro lado, o insucesso da sociedade estatal é relativamente irrelevante, porque não impõe o encerramento das atividades. Todas as perdas são transferidas para o patrimônio público.

7.5 As medidas adotadas pela Lei 13.303/2016

Por isso, a disciplina das sociedades estatais incorpora medidas destinadas a tutelar os interesses da Nação em face dos mecanismos burocráticos. Há mecanismos de controle jurídico objetivo, dissociado da participação societária. Essas soluções jurídicas destinam-se a proteger os interesses coletivos atribuídos à sociedade de desvios provenientes da conveniência dos governantes, dos sócios, dos administradores e dos funcionários.

Essa configuração normativa foi reforçada pela Lei 13.303/2016, que criou mecanismos de controle interno nas sociedades estatais e restringiu a autonomia dos governantes para o preenchimento dos cargos de administração e submeteu os administradores a exigências, tais como a experiência profissional prévia e a formações acadêmicas compatíveis com as atividades a serem desempenhadas. Ademais, determinou o impedimento para cargo de administrador relativamente a indivíduos cujos vínculos pessoais dificultassem a autonomia no exercício das atribuições correspondentes.

8 A TUTELA À AUTONOMIA DOS ADMINISTRADORES

Uma determinação marcante da Lei 13.303/2016 consiste no dever de o acionista controlador preservar a independência do Conselho de Administração no exercício de suas funções (art. 14, II). Essa determinação significa a imposição de mecanismos de proteção dos administradores contra determinações de natureza política, que porventura sejam emanadas da entidade estatal controladora.

9 AINDA O COMBATE À CORRUPÇÃO

Os controles burocráticos tradicionais adotados nas sociedades estatais eram incompatíveis com a eficiência econômica. O mais grave era a sua incapacidade de eliminar a corrupção. As revelações dos últimos anos, decorrentes de investigações em estatais federais, demonstraram que as influências políticas dão oportunidade à corrupção e a perdas patrimoniais insuportáveis.

A Lei 13.303/2016 orienta-se no sentido da profissionalização da gestão societária. Assim, por exemplo, o art. 17 estabelece requisitos e impedimentos para a indicação dos administradores. Dentre outras providências, houve a vedação à indicação de pessoa titular de mandato, função ou cargo público para compor o Conselho de Administração e a diretoria (§ 2.º, I). Essa determinação elimina uma prática tradicional do setor público e contribui para a profissionalização.

O STF reconheceu a constitucionalidade dos requisitos e das limitações previstos na Lei das Estatais para os cargos de administração. A ementa da decisão está reproduzida adiante:

"Direito Administrativo e Empresarial. Ação direta de inconstitucionalidade. Vedações à assunção de cargos diretivos em Empresas estatais. Normas que densificam o direito fundamental à boa administração. Restrições que se inserem no espaço de conformação do legislador. Pedido julgado improcedente. (...) 5. Concretização do direito fundamental à boa administração. O denominado estatuto jurídico das empresas públicas surge como instrumento de aperfeiçoamento e fortalecimento da incidência dos princípios constitucionais da impessoalidade, da transparência, da moralidade e da eficiência na gestão de tais entidades, robustecendo o modelo gerencial de governança corporativa (...)" (STF, ADI 7.331/DF, rel. Min. Ricardo Lewandowski, red. para o acordão Min. André Mendonça, j. 09.05.2024, *DJe* 09.08.2024).

10 A IMPLEMENTAÇÃO DE MECANISMOS DE GOVERNANÇA CORPORATIVA

Em 9 de dezembro de 2024, foram publicados três decretos presidenciais, dispondo sobre e governança corporativa em empresas estatais integrantes da Administração federal.

O Decreto 12.301 tem como principal previsão a designação de uma Comissão Interministerial de Governança Corporativa e de Administração de Participações Societárias da União (CGPAR), para reforçar a governança corporativa e ampliar a transparência e o acesso a informações relativos à tomada de decisões.

O Decreto 12.302 criou o Sistema de Coordenação da Governança e da Supervisão Ministerial das Empresas Estatais Federais (Sisest), visando organizar e aprimorar as atividades de governança das empresas estatais no âmbito do Poder Executivo federal.

O Decreto 12.303 previu o Programa de Governança e Modernização das Empresas Estatais (Inova), para fortalecer as capacidades institucionais das empresas estatais federais e do Poder Executivo federal.

Um conjunto de normas da Lei das Estatais dispõe sobre mecanismos de governança corporativa, destinados a promover soluções de separação de atribuições na gestão da entidade. A sociedade estatal deve implementar práticas de "compliance", expressão difundida para indicar procedimentos internos padronizados, que conduzem à instauração de procedimentos predeterminados para a gestão da sociedade, à transparência das decisões, à eliminação das oportunidades para desvios e à fiscalização permanente das atividades por órgãos da própria entidade.

Trata-se de providências destinadas a impedir a concentração de poderes no âmbito da sociedade, tal como a impedir que sujeitos externos (inclusive ocupantes de mandatos políticos) imponham decisões empresarialmente desastrosas.

As soluções de governança corporativa encontram-se para a sociedade empresária tal como o princípio de separação de poderes está para o Estado. A sua finalidade consiste em que o poder limite o poder, numa sistemática de freios e contrapesos, ao interno da organização empresarial.

As regras são orientadas a impedir a preponderância de decisões incompatíveis com a racionalidade econômica ou que atendam a conveniências pessoais dos ocupantes de mandatos eletivos ou envolvidos em atividades partidárias. Há inclusive limitações à autonomia para indicação de administradores e a obrigatoriedade de implementação de procedimentos internos destinados a assegurar a transparência das decisões e da condução dos negócios societários.

Há duas inovações marcantes, que alteram as regras do direito societário. Uma delas é a obrigatoriedade de membro independente no Conselho de Administração (art. 22). A outra é a criação de um Comitê de Auditoria Estatutário, órgão auxiliar do Conselho de Administração e destinado a verificar a qualidade da gestão societária (art. 24). É obrigatório dotar esse órgão

Cap. 13 – TIPOS DE ATIVIDADE ADMINISTRATIVA: EXPLORAÇÃO DIRETA DE ATIVIDADE ECONÔMICA PELO ESTADO **523**

de mecanismos para recebimento de denúncias (inclusive sigilosas). O referido Comitê deve ser composto por três a cinco membros, a maioria independentes.

11 A REDUÇÃO DOS CONTROLES BUROCRÁTICOS

A Lei das Estatais reduz os controles burocráticos, centrados em formalidades quanto ao modo de formação e formalização das decisões societárias. O diploma incentiva a eficiência, permitindo que a sociedade estatal adote soluções similares àquelas da iniciativa privada. Isso significa a eliminação dos mecanismos jurídicos típicos da atividade administrativa propriamente dita.

11.1 O regime próprio para contratação

Outra característica marcante da disciplina da Lei das Estatais é a eliminação da submissão das sociedades estatais às normas licitatórias e contratuais da Lei 8.666/1993, determinação reiterada na Lei 14.133/2021.[7]

11.1.1 A determinação da EC 19/1998

Nesse ponto, a Lei 13.303/2016 regulamenta um dispositivo constitucional introduzido pela Emenda Constitucional 19/1998, que restringiu a aplicação do art. 37, inc. XXI, da CF/1988[8] para os sujeitos administrativos com personalidade jurídica de direito público. As sociedades empresárias estatais passaram a ser sujeitas, tal como determinado no art. 22, inc. XXVII, da própria CF/1988, ao disposto no art. 173, § 1.º, inc. III, que estabelece que:

> "§ 1º A lei estabelecerá o estatuto jurídico da empresa pública, da sociedade de economia mista e de suas subsidiárias que explorem atividade econômica de produção ou comercialização de bens ou de prestação de serviços, dispondo sobre:
> (...) III – licitação e contratação de obras, serviços, compras e alienações, observados os princípios da administração pública".

Portanto, a Lei 13.303/2016 produziu a especificação dos princípios jurídicos a que se subordinarão as licitações e contratações praticadas *pelas sociedades estatais*.

11.1.2 A adoção de procedimentos de contratação

A sociedade empresária estatal foi legitimada a adotar em seu estatuto normas próprias para o procedimento de contratação, respeitados os princípios da Administração Pública e os limites determinados na Lei 13.303/2016.[9]

---

[7] Mas a Lei 13.303/2016 ainda prevê a aplicação de alguns dispositivos da Lei 8.666/1993, tais como o § 2.º do art. 3.º e as normas penais dos arts. 89 a 99 (conforme indicado nos arts. 55, inc. III e art. 41). A Lei 14.133/2021 previu a revogação da Lei 8.666/1993 e alterou o Código Penal, que passou a contemplar normas pertinentes a licitações e contratações. Essas normas específicas, relativas à repressão penal, são aplicáveis inclusive no âmbito das sociedades estatais, em vista do art. 1.º, § 1.º, da dita Lei 14.133/2021.

[8] A redação do dispositivo é a seguinte: "(...) ressalvados os casos especificados na legislação, as obras, serviços, compras e alienações serão contratados mediante processo de licitação pública que assegure igualdade de condições a todos os concorrentes, com cláusulas que estabeleçam obrigações de pagamento, mantidas as condições efetivas da proposta, nos termos da lei, o qual somente permitirá as exigências de qualificação técnica e econômica indispensáveis à garantia do cumprimento das obrigações".

[9] Reputa-se que inclusive as condutas no âmbito privado podem estar sujeitas ao art. 37 da CF/88. Nesse sentido, Alexandre Santos de Aragão destaca: "Vê-se que os princípios da moralidade, impessoalidade e

11.1.3 A submissão dos contratos ao direito privado

Foi reconhecida a submissão dos contratos promovidos pelas sociedades empresárias estatais ao regime de direito privado. Segundo o art. 68 da Lei 13.303/2016, "Os contratos de que trata esta Lei regulam-se pelas suas cláusulas, pelo disposto nesta Lei e pelos preceitos de direito privado".

A Lei 13.303/2016 assegura às sociedades estatais certos poderes jurídicos diferenciados. No entanto, isso não se confunde com o clássico regime dos contratos administrativos, sintetizado no art. 104 da Lei 14.133/2021.[10]

12 O CONTROLE EXTERNO PELO TRIBUNAL DE CONTAS

A atuação das sociedades estatais empresárias se subordina ao controle indireto por parte do Tribunal de Contas.

No âmbito federal, a questão está sumariada na Súmula 75 do TCU, que estabelece:

"A competência conferida ao Tribunal de Contas da União pelo art. 7.º da Lei 6.223, de 14/7/75, não está condicionada à feição jurídica atribuída à entidade fiscalizada, nem à sua criação por lei ou por ato presidencial; tampouco, se restringe à participação acionária direta ou primária da União e entidades da sua administração indireta, compreendendo, ao invés, as chamadas subsidiárias de segundo ou terceiro grau, mas sem obrigatoriedade de remessa das contas anuais quanto às entidades em que houver participação apenas minoritária".

Mas o controle do TCU se realiza tomando em vista as características e atributos da atividade desempenhada pela entidade. De modo genérico, produz-se pela verificação da atuação da entidade integrante da Administração Pública titular do poder de controle societário.

13 A QUESTÃO DA FINALIDADE LUCRATIVA

A atuação da sociedade estatal continua a ser uma atividade administrativa, dotada de cunho funcional (ou seja, orientada à realização de interesses transcendentes aos dos agentes administrativos que a gerenciam). Isso conduz a uma clássica disputa sobre a questão da finalidade lucrativa.

13.1 A vedação à orientação exclusiva ou primordial ao lucro

A atuação concreta da entidade tem de ser orientada por sua natureza funcional, consistente na produção de utilidades para a coletividade. A lucratividade da entidade estatal tem de ser compatível com sua natureza funcional. Por isso, não se admite que o fim único ou primordial

---

eficiência não apenas são compatíveis com os critérios de governança corporativa usuais nas grandes organizações empresariais privadas, como com eles se fortalecem reciprocamente. Se nas organizações privadas a adoção de critérios de governança corporativa já é uma tendência extremamente forte, porém em parte voluntária, nas empresas estatais ela deve ser ainda mais intensa e juridicamente necessária, pois há uma dupla incidência principiológica demandando-a" (*Empresas estatais*: o regime jurídico das empresas públicas e sociedades de economia mista. 2. ed., p. 194).

[10] O art. 104 da Lei 14.133/2021 prevê: "O regime jurídico dos contratos administrativos instituído por esta Lei confere à Administração, em relação a eles, a prerrogativa de: I – modificá-los, unilateralmente, para melhor adequação às finalidades de interesse público, respeitados os direitos do contratado; II – extingui-los, unilateralmente, nos casos especificados nesta Lei; III – fiscalizar sua execução; IV – aplicar sanções motivadas pela inexecução total ou parcial do ajuste; V – ocupar provisoriamente bens móveis e imóveis e utilizar pessoal e serviços vinculados ao objeto do contrato nas hipóteses de: a) risco à prestação de serviços essenciais; b) necessidade de acautelar apuração administrativa de faltas contratuais pelo contratado, inclusive após extinção do contrato.

Cap. 13 – TIPOS DE ATIVIDADE ADMINISTRATIVA: EXPLORAÇÃO DIRETA DE ATIVIDADE ECONÔMICA PELO ESTADO **525**

de uma sociedade estatal seja a obtenção de lucro. O Estado dispõe de mecanismos próprios de Direito Público para auferir os recursos necessários para fazer face às despesas assumidas.

A entidade deverá produzir benefícios para a sociedade, de modo a atender as determinações constitucionais, satisfazer interesses coletivos relevantes e promover a segurança nacional.

13.2   A legitimidade da atuação lucrativa

Isso não significa negar às entidades estatais a autorização para buscar o lucro, como um parâmetro necessário da legitimidade da existência de uma sociedade estatal.

A ausência de lucratividade significaria a necessidade de ampliação dos investimentos públicos para manutenção da entidade. Uma estatal permanentemente deficitária deve ser extinta, a não ser que exista forte justificativa para que o Estado e a sociedade continuem a custear seu funcionamento.

Depois, porque a atuação deficitária perturba o mercado e pode configurar prática incompatível com a competição. Se uma sociedade estatal ofertar bens no mercado por preços irrisórios, acabará por destruir a concorrência. A médio prazo, o resultado será muito danoso para a economia em seu conjunto.

13.3   A obrigatoriedade da atuação lucrativa

Há duas situações em que é obrigatória a atuação lucrativa da sociedade estatal. A primeira se configura nos casos de competição com particulares. Se o Estado se dispuser a atuar num setor em que exista a livre concorrência (inclusive em casos de serviço público), será imperioso que norteie a sua atividade pelos preceitos da mais ampla eficiência. Assim se impõe para evitar que o Estado destrua os competidores privados, praticando preços reduzidos e ruinosos, para angariar clientela à custa de seu próprio prejuízo. O resultado seria a inviabilidade econômica dos competidores privados, os quais não disporiam de condições para arcar com prejuízos em condições equivalentes às em que se encontra o Estado. Assim, considere-se o exemplo de sociedades estatais municipais que prestam serviços de transporte público de passageiros em competição com empresas privadas. Se for praticada tarifa inferior aos custos, os competidores privados serão prejudicados. Isso não significa, no entanto, o dever de obter lucros superiores aos estritamente necessários à preservação da entidade. Em muitos casos, o interesse coletivo que justifica a existência da sociedade estatal pode consistir em promover competição que conduza os agentes privados a reduzir margem de lucros excessiva.

A segunda situação relaciona-se com as sociedades de economia mista com sócios privados. Se o Estado recorrer aos particulares para captar recursos para a exploração de uma atividade empresarial, acenando com o retorno de lucros, ser-lhe-á vedado ignorar os interesses dos particulares aos quais se associou.

Em todos os casos, o dever de obter lucro não autoriza práticas predatórias ou destrutivas dos interesses individuais ou coletivos.[11]

Segundo o STJ:

"VII – As chamadas empresas estatais cumprem papel estratégico para o Estado (art. 174 da Constituição Federal). O Estado pode, por razões estratégicas, e com amparo legal, adotar decisões bem diferentes daquelas que um acionista privado faria, pois a existência desse tipo de

---

[11] Confira-se o entendimento parcialmente diverso de CÂMARA. O lucro nas empresas estatais. *Revista Brasileira de Direito Público – RBDP*, n. 37, p. 9-18, abr./jun. 2012. Confira-se também PINTO JUNIOR. *Empresa Estatal. Função econômica e dilemas societários*, p. 350 *et seq.*

companhia não visa somente o lucro e sim '...imperativos de segurança nacional ou a relevante interesse coletivo, conforme definidos em lei'. Isso inclui aliená-las total ou parcialmente.

VIII – Sendo a União detentora do controle dessas companhias e por ter o Congresso Nacional aprovado a Lei 8.031/1990, com a severidade dos artigos 22 e 23, é evidente que os representantes dos interesses da União nas companhias tinham o dever legal de votar de acordo com as determinações da União e da Lei 8.031/1990.

IX – As várias modalidades de pagamento previstas no art. 16 da Lei 8.031/1990 não retiram do comprador o direito de efetuar o pagamento dentro de qualquer uma delas. Equivocado, portanto, o entendimento do egrégio Tribunal Estadual de que houve violação ao art. 117 da Lei. 6.404/1976, pois não ocorreu nenhum tipo de abuso de poder por parte do controlador em cumprir o determinado na Lei 8.031/1990 e receber, como pagamento das ações alienadas da empresa controlada, Títulos da Dívida Pública emitidos pelo Tesouro Nacional ou as chamadas 'moedas podres', pois esse era um direito assegurado ao comprador pelo art. 16 da Lei 8.031/1990. (...)" (REsp 745.739/RJ, 3.ª T., rel. Min. Massami Uyeda, j. 28.08.2012, *DJe* 20.09.2012).

A decisão proferida no REsp 745.739/RJ admitia que uma sociedade estatal fosse instrumento de políticas públicas diferenciadas. Esse entendimento deve ser interpretado em termos. Não podem ser aceitas práticas gerenciais ruinosas no âmbito de uma sociedade estatal, ainda que sob a justificativa de realização do bem comum.

13.4   A atuação deficitária da sociedade estatal

A atuação deficitária preordenada de uma sociedade estatal apenas pode ser admitida quando indispensável à realização de algum fim de interesse coletivo, em situações temporárias e excepcionais. Ainda assim, essa hipótese deverá ser acompanhada de uma solução orçamentária adequada e compatível com a Lei de Responsabilidade Fiscal (Lei Complementar 101/2000).

Essa hipótese não se confunde com a frustração de resultados positivos, em virtude do desenvolvimento das atividades empresariais. As circunstâncias podem conduzir a resultados negativos, o que é uma circunstância inerente à atividade econômica. No entanto, não se admite a eternização dos prejuízos de uma sociedade estatal, sem que tal tenha sido previsto na lei de regência. Constatando-se a inviabilidade empresarial de uma sociedade estatal e não existindo um fim transcendente que justifique a continuidade de sua existência, é dever do ente estatal controlador adotar providências para extinguir essa situação. Deverão ser adotadas providências para eliminar os prejuízos e promover resultados positivos. Se tal não se revelar viável, deverá ser promovida a extinção da sociedade ou a sua privatização. O que não se admite é o prosseguimento da existência de sociedades endividadas, inviáveis e que não apresentam perspectiva de recuperação de equilíbrio orçamentário – sem que exista um fim de interesse transcendente que justifique a criação de passivos que terão de ser liquidados mediante recursos públicos.

14   O REGIME DAS ESTATAIS NÃO EMPRESÁRIAS

A Lei 13.303/2016 não se aplica às sociedades estatais não empresárias, que não se subordinam à vedação constitucional de tratamento diferenciado em face da iniciativa privada.

15   A PARTICIPAÇÃO MINORITÁRIA EM EMPRESAS PRIVADAS

Outra manifestação da intervenção direta do Estado no domínio econômico para desempenho de atividade econômica envolve a participação minoritária em empresas privadas. O tema é objeto de análise nos Capítulos 6 e 15, e qualificado como uma modalidade de atividade administrativa de fomento.

Capítulo 14

TIPOS DE ATIVIDADE ADMINISTRATIVA: A REGULAÇÃO ECONÔMICO-SOCIAL

A regulação econômico-social consiste na atividade estatal de intervenção indireta sobre a conduta dos sujeitos públicos e privados, de modo permanente e sistemático, para implementar as políticas de governo e a realização dos direitos fundamentais.

1 REGULAÇÃO E REGULAMENTAÇÃO: DISTINÇÕES

Regulação não se confunde com regulamentação.

1.1 Regulamentação

Na terminologia consagrada entre nós, a expressão "regulamentação" corresponde ao desempenho de função normativa infraordenada, pela qual se detalham as condições de aplicação de uma norma de cunho abstrato e geral,[1] tal como dispõe o art. 84, IV, da Constituição.

1.2 Regulação

O conceito de *regulação* é muito mais amplo e qualitativamente distinto. Eventualmente, a *regulação* pode se traduzir em atos de *regulamentação*. O aprofundamento no conceito de regulação se fará adiante.

2 CARACTERÍSTICAS DA REGULAÇÃO ECONÔMICO-SOCIAL

A regulação econômico-social apresenta características que conduzem à identificação de uma função estatal própria e específica, inconfundível com as funções administrativas tradicionais.

---

[1] Sob enfoque algo distinto, cf. GRAU. *O direito posto e o direito pressuposto*, 6. ed.

2.1 A multiplicidade de atuações abrangidas

A regulação econômico-social é um dos tipos de atividade estatal, que se traduz no desempenho tanto de função administrativa como legislativa, jurisdicional[2] e de controle. É um equívoco imaginar que a regulação corresponde apenas ao exercício de atividade administrativa.

Ademais disso, a regulação econômico-social compreende atuações provenientes das diversas órbitas federativas.

2.2 A natureza preponderantemente normativa

Uma característica essencial da regulação reside na sua natureza preponderantemente normativa – o que não exclui a adoção de normas de cunho individual ou a execução coativa de determinações. A regulação consiste na elaboração de normas e na prática de outras atribuições de autoridade. Mas não comporta o desempenho direto de atividades econômicas. Por exemplo, a União regula os serviços de telefonia celular, mas não os presta diretamente.

A regulação estatal consiste numa atuação jurídica, de natureza repressiva e promocional, que visa a influenciar a conduta dos agentes públicos e privados.

2.3 O processo regulatório contínuo e estável

A regulação se caracteriza pela organização de meios materiais e humanos, com a criação de estruturas administrativas especializadas, objetivando uma atuação contínua e racional. A regulação consiste não apenas na produção de normas e atos decisórios, mas na produção *ordenada* de normas e atos decisórios.

Como afirmou Philip Selznick, a regulação consiste em um controle permanente e concentrado, exercido por uma autoridade pública sobre atividades dotadas de certo valor social.[3]

2.4 A dimensão finalística da regulação

A regulação não é uma atividade dotada de fim em si mesma, mas um instrumento para promover conscientemente os fins essenciais do Estado. A característica da racionalidade da regulação se revela também nessa necessária vinculação entre as providências adotadas e os fins políticos e valores fundamentais buscados pelo Estado.

3 A REGULAÇÃO DAS ATIVIDADES ECONÔMICAS

A Constituição atribuiu ao Estado uma função regulatória.

3.1 A regra constitucional explícita e o conjunto das determinações

O art. 174, *caput*, da CF/1988 determina que:

"Como agente normativo e regulador da atividade econômica, o Estado exercerá, na forma da lei, as funções de fiscalização, incentivo e planejamento, sendo este determinante para o setor público e indicativo para o setor privado".

---

2 Assim, por exemplo, as tarifas por serviços públicos podem ser questionadas perante o Poder Judiciário, não sendo incomum a sua fixação por provimento jurisdicional. Ao longo do século XIX, uma série de decisões judiciais nos EUA relativamente aos fretes ferroviários tiveram enorme importância para fins regulatórios.

3 SELZNICK. Focusing Organizational Research on Regulation. In: NOLL (Ed.). *Regulatory Policy and the Social Sciences*, p. 363 *apud* MAJONE. *La Communauté Européenne*: un État régulateur, p. 16.

Cap. 14 – TIPOS DE ATIVIDADE ADMINISTRATIVA: A REGULAÇÃO ECONÔMICO-SOCIAL **529**

Esse dispositivo se constitui num fundamento normativo relevante, mas não o único, para o Estado interferir sobre a exploração de recursos econômicos e não econômicos no âmbito público e privado. A função estatal de regulação decorre da exigência constitucional da promoção dos direitos fundamentais, que norteiam inclusive a atuação da iniciativa privada.

3.2 As peculiaridades da atuação regulatória

Sempre se reconheceram poderes de natureza *regulatória* ao Estado, uma vez que as características dos institutos jurídicos compreendem uma dimensão dessa ordem. Mas as expressões *regulação* e *Estado regulador* têm conteúdo muito específico.[4]

4 A REGULAÇÃO ECONÔMICO-SOCIAL

Na doutrina econômica, é usual apontar a regulação estatal como instrumento para suprir as deficiências do mercado. Essa visão foi sendo alterada ao influxo dos acontecimentos, especialmente na segunda metade do século XX.

4.1 A proposta da autorregulação do mercado

Algumas escolas econômicas afirmam que os mecanismos de mercado seriam aptos a produzir, por si sós e autonomamente, a realização dos fins de interesse coletivo. Ainda que cada agente econômico oriente sua atuação à obtenção da solução egoística mais satisfatória, o resultado conjunto seria a satisfação do bem comum. Sob esse ângulo, a regulação consiste no oposto ao livre funcionamento do mercado.

Essa concepção de autorregulação espontânea do mercado somente pode ser interpretada como uma formulação teórica. Nunca se verificou, concretamente, em país algum. Mais precisamente, a intervenção estatal é condição de possibilidade da existência do mercado.

4.2 A regulação exclusivamente econômica – a primeira "onda regulatória"

Numa etapa inicial, a regulação se caracterizou como a intervenção estatal destinada *exclusivamente* a suprir as deficiências e as insuficiências do mercado.[5]

A regulação estatal se torna necessária (e legítima) quando não há condições de funcionamento satisfatório (eficiente) do mercado, o que se passa especialmente nos casos de ausência de concorrência perfeita. O conjunto de normas destinadas a prevenir e a reprimir deficiências na concorrência é denominado de direito antitruste ou de direito de defesa da concorrência. No Brasil, a matéria está disciplinada especialmente pela Lei 12.529/2011.

As deficiências de mercado[6] envolvem (a) as hipóteses de deficiência na concorrência; (b) os chamados bens coletivos; (c) externalidades; (d) assimetrias de informação; e (e) desequilíbrio econômico.[7]

---

[4] Em sentido similar, SALOMÃO FILHO. *Regulação da atividade econômica*: princípios e fundamentos jurídicos, 3. ed., p. 17 *et seq*. Sobre o tema do Estado regulador, confira-se MAJONE. As transformações do Estado Regulador. *Revista de Direito Administrativo – RDA*, n. 262, p. 11-43, jan./abr. 2013.

[5] Como afirma Calixto Salomão Filho, "a regulação não visa a eliminar falhas do mercado, mas sim a estabelecer uma pluralidade de escolhas e um amplo acesso ao conhecimento econômico, que jamais existirá em um mercado livre" (*Regulação da atividade econômica*: princípios e fundamentos jurídicos, 3. ed., p. 62).

[6] Sobre o tema, cf. NUSDEO. Agências reguladoras e concorrência. In: SUNDFELD (Coord.). *Direito administrativo econômico*, p. 163 *et seq*. Da mesma autora, para um estudo mais amplo e aprofundado, *Defesa da concorrência e globalização econômica*: o controle da concentração de empresas.

[7] Nesse sentido, MAJONE. *La Communauté Européenne*: un État régulateur, p. 76.

4.2.1 Deficiência na concorrência

A deficiência na concorrência caracteriza-se quando não existe disputa suficiente e equilibrada no mercado, o que impede que a concorrência econômica produza seus efeitos positivos. A deficiência de mercado pode derivar de inúmeros fatores. O caso mais evidente reside no monopólio, situação em que existe no mercado um único sujeito em condições de fornecer os bens ou os serviços objeto da demanda.

4.2.2 Bens coletivos (satisfação de necessidades essenciais)

A expressão "bens coletivos" é utilizada numa acepção econômica, não jurídica. Nesse sentido, os bens coletivos são aqueles necessários à satisfação das necessidades comuns e essenciais de todos os integrantes da sociedade. Não existem condições para que tais necessidades fundamentais sejam atendidas de modo satisfatório mediante as operações desenvolvidas segundo as regras de mercado. Assim se passa nas áreas de saúde, educação e assim por diante. Os mais desvalidos não dispõem de condições para obter essas utilidades por meio do funcionamento espontâneo do mercado. O direito tem de regular essas atividades, se não for o caso de transformá-las em serviço público.

4.2.3 Externalidades

Externalidade é uma circunstância econômica (consistente em vantagens ou desvantagens) cujo custo, não contido nos preços praticados, é transferido (intencionalmente ou não) a terceiros.[8] Assim se passa, por exemplo, quando o Estado é obrigado a suportar despesas decorrentes da poluição causada por uma indústria. A regulação se orienta a evitar os efeitos danosos das externalidades.

4.2.4 Assimetria na informação

A assimetria de informação significa que os diversos agentes que participam do processo econômico detêm diferentes graus de informação, o que indica que alguns dispõem de melhor condição de escolha do que outros. A grande massa de sujeitos participa das relações econômicas (e de outra natureza) sem dispor de conhecimento equivalente, de modo que suas decisões são imperfeitas ou inadequadas. Um exemplo é o consumidor, que costuma ser o maior prejudicado pelo fenômeno da assimetria de informações.

A regulação estatal tenta neutralizar o fenômeno. Lembre-se, no entanto, que o problema da assimetria de informações atinge o próprio Estado. Muitas vezes, a informação é tão privilegiada e secreta que o próprio Estado nem sequer dela tem ciência e deixa de adotar as providências adequadas por absoluto desconhecimento quanto aos eventos e às circunstâncias pertinentes a uma dada atividade privada relevante.

4.2.5 Desequilíbrio de mercado

Outro tema relacionado com a regulação envolve o processo de desequilíbrio próprio do mercado. O processo de acumulação de riquezas, inerente ao capitalismo, propicia movimentos cíclicos. Há períodos de desenvolvimento a que se seguem épocas de crise, e assim sucessivamente. A atividade empresarial conduz ao lucro e à sua incorporação ao patrimônio privado.

---

[8] Nada impede, contudo, que a externalidade apresente um aspecto positivo, na acepção de que um operador econômico seria beneficiado por circunstâncias alheias ao processo produtivo propriamente dito.

Cap. 14 – TIPOS DE ATIVIDADE ADMINISTRATIVA: A REGULAÇÃO ECONÔMICO-SOCIAL **531**

Ao retirar os lucros da atividade econômica, o empresário acarreta a redução do ritmo de crescimento, o que gera desemprego – fenômeno agravado pelo acesso permanente de novos sujeitos ao mercado de trabalho e pelo desenvolvimento de novas tecnologias. A situação de crise resulta na redução de preços e de salários. Isso abre oportunidade para o ingresso de novos agentes no mercado, o que desencadeia uma etapa de crescimento econômico.

A alternância de ciclos é inerente ao capitalismo, e não deriva de eventos externos marcantes. Muitos economistas liberais reputam que a evolução espontânea do processo econômico produz a superação da crise. Portanto, basta aguardar o decurso do tempo para que uma nova etapa de crescimento ocorra. O problema reside em que, durante o período de crise, os sujeitos mais carentes enfrentam dificuldades insuportáveis, que sacrificam a sua dignidade. Isso conduz à concepção de que o Estado deve adotar as providências necessárias a eliminar o desequilíbrio, evitando as causas que levam à crise e propiciando fatores para o desenvolvimento.

4.3   A regulação social – a segunda "onda regulatória"

Essas concepções foram objeto de intensa revisão, a propósito do que se poderia identificar como uma *segunda onda intervencionista*. Trata-se da *regulação social*, que assume outras propostas. Constatou-se que o mercado, ainda que em funcionamento perfeito, pode conduzir à não realização de certos fins de interesse comum.

A realização de inúmeros outros fins de natureza sociopolítica também é buscada pela regulação, que não pode restringir-se a preocupações meramente econômicas.

É necessário proteger o meio ambiente que, por exemplo, pode ser drasticamente afetado pela racionalidade econômica imediatista.

A regulação também se orienta a garantir direitos de minorias e a promover outros valores políticos, sociais e culturais.

4.4   A desregulação e a rerregulação

No início da década de 1980, alguns países constataram que a atuação desordenada da intervenção estatal ultrapassara o limite do cabível. A pluralidade de regras, contraditórias e ultrapassadas, dificultava a realização dos valores tutelados. As finalidades essenciais buscadas pelo Estado eram frustradas não pela sua omissão, mas por razões opostas. Havia um *excesso* de regulação, o que impedia a obtenção dos melhores resultados.

Cada atividade era subordinada a um grande número de posturas, muitas delas inúteis, contraditórias ou arcaicas. Surgiu a expressão *custo regulatório*, indicando o efeito econômico que o cumprimento dessas posturas governamentais gerava.

Produziu-se, nos diversos países, uma reforma do Estado comprometida com a desregulação e a rerregulação.

Como acentuou Paolo Lazzara, "o fenômeno da desregulação explica-se não tanto como uma diminuição quantitativa das prescrições, mas, sobretudo em termos de clareza, transparência e previsibilidade das normatizações".[9]

Isso tudo produziu um movimento de *rerregulação*, o que significa a defesa da substituição das regras inadequadas por outras, mais compatíveis com a nova realidade social e tecnológica, menos onerosas para a sociedade em seu conjunto e produzidas segundo parâmetros de participação da sociedade civil.

---

[9]   LAZZARA. *Autorità indipendenti e discrezionalità*, p. 70, tradução livre.

5 A REGULAÇÃO COMO INTERVENÇÃO INDIRETA

A *regulação* reflete a opção preferencial do Estado pela intervenção indireta, preponderantemente normativa. O Estado Regulador reserva para si o desempenho direto de algumas atividades essenciais e concentra seus esforços em orientar a iniciativa privada a assumir as atividades econômicas de interesse coletivo.

5.1 A regulação não se confunde com o dirigismo estatal

O modelo regulatório diferencia-se do dirigismo econômico, que, visando à realização do projeto de bem-estar, foi praticado em inúmeros países.

O dirigismo consiste na supressão da autonomia empresarial privada (se não na eliminação da própria empresa privada) e atribuição ao Estado de competências amplas e ilimitadas no setor econômico. Esse modelo caracteriza-se pelo planejamento centralizado e rejeita espaços alheios ao Estado para a implantação de projetos com outra configuração.

Como assinala Carlos Ari Sundfeld:

"A regulação é – isso, sim – característica de certo modelo econômico, aquele em que o Estado não assume diretamente o exercício de atividade empresarial, mas intervém enfaticamente no mercado utilizando instrumentos de autoridade. Assim, a regulação não é própria de certa família jurídica, mas sim de uma opção de política econômica".[10]

5.2 O Estado Regulador e o Estado de Providência

A relevância reconhecida à regulação conduziu a doutrina a afirmar a existência de um novo modelo de Estado.[11]

Segundo esse enfoque, é possível afirmar que o Estado de Bem-Estar Social evoluiu para transformar-se num Estado Regulador. Os poderes regulatórios externam não apenas mera circunstância da existência do Estado como instituição política, mas lhe asseguram natureza própria e inconfundível.

O modelo regulatório propõe a extensão ao setor dos serviços públicos de concepções desenvolvidas na atividade econômica privada. Somente incumbe ao Estado desempenhar atividades diretas nos setores em que a atuação da iniciativa privada, orientada à acumulação egoística de riqueza, colocar em risco valores coletivos ou for insuficiente para propiciar sua plena realização.

O Estado deve manter a participação no âmbito da segurança, da educação e da seguridade social, evitando a mercantilização de valores fundamentais. Isso não significa a vedação à exploração dessas atividades sob regime de direito privado, sujeitos a regulação. A atuação direta do Estado em certos setores é um instrumento para assegurar a universalização do atendimento e impedir que segmentos mais vulneráveis da população sejam excluídos do acesso a benefícios indispensáveis à realização da dignidade humana.

6 AS PECULIARIDADES DO ESTADO REGULADOR

O modelo regulatório apresenta algumas modificações essenciais em face dos modelos clássicos de Estado de Providência.

---

[10] SUNDFELD. Introdução às agências reguladoras. In: SUNDFELD (Coord.). *Direito administrativo econômico*, p. 23.

[11] O Estado Regulador foi objeto de teorização especialmente por Giandomenico Majone. Cf. MAJONE. *La Communauté Européenne*: un État régulateur. Mais recente e sob enfoque mais amplo, cf. LA SPINA; MAJONE. *Lo Stato regolatore*.

6.1 O âmbito de abrangência

A primeira característica relaciona-se com o âmbito de abrangência das atividades sujeitas aos regimes de direito público e de direito privado. Por um lado, há a transferência para a iniciativa privada de atividades desenvolvidas pelo Estado, desde que dotadas de forte cunho de racionalidade econômica. Por outro, há a liberalização de atividades até então monopolizadas pelo Estado, para propiciar a disputa pelos particulares em regime de mercado.

6.2 A intervenção por meio da disciplina normativa

A segunda característica da concepção regulatória de Estado reside na inversão da relevância do instrumento interventivo. Anteriormente, preconizou-se o exercício direto pelo Estado de funções econômicas. O novo paradigma privilegia a competência regulatória. O Estado permanece presente no domínio econômico, mas não mais como exercente direto de atividades. Como assevera Paolo Lazzara, "de empresário privilegiado, o Estado se transforma em garantidor imparcial das regras do mercado".[12]

6.3 A superação da concepção puramente econômica

A terceira característica reside no fato de a atuação regulatória do Estado se nortear não apenas pela proposta de atenuar ou eliminar os defeitos do mercado. Tradicionalmente, supunha-se que a intervenção estatal no domínio econômico destinava-se a dar suporte ao mecanismo de mercado e a eliminar eventuais desvios ou inconveniências. Já o modelo regulatório admite a possibilidade de intervenção destinada a propiciar a realização de certos valores de natureza política ou social. O mercado não estabelece todos os fins a serem realizados pela atividade econômica. Isso se torna especialmente evidente quando o mecanismo de mercado passa a disciplinar a prestação de serviços públicos. A relevância dos interesses coletivos envolvidos impede a prevalência da pura e simples busca do lucro.

6.4 A atuação contínua e sistêmica

A quarta característica do Estado Regulador reside na institucionalização de mecanismos de disciplina permanente das atividades reguladas. Passa-se de um estágio de regramento *estático* para uma concepção de regramento *dinâmico*. Como apontam Antonio La Spina e Giandomenico Majone, a regulação deve ser entendida "como um processo, em que interessa não apenas o momento da formulação das regras, mas também aqueles da sua concreta aplicação, e, por isso, não a abstrata, mas a concreta modificação dos contextos de ação dos destinatários".[13]

7 A DISPUTA IDEOLÓGICA

O modelo do Estado Regulador ainda está sendo produzido no processo histórico dos diversos países. Há um ponto comum nas diversas propostas encontradas: a redução da atuação direta do Estado.

7.1 As posições extremadas

Mas existem divergências de grande extensão. Num extremo encontram-se os defensores do absenteísmo estatal, partidários de concepções qualificadas como neoliberais. Antagonicamente, posicionam-se os que propugnam por uma intervenção estatal exaustiva, mesmo que regulatória.

---

[12] LAZZARA. *Autorità indipendenti e discrezionalità*, p. 69, tradução livre.

[13] LA SPINA; MAJONE. *Lo Stato regolatore*, p. 28.

534 CURSO DE DIREITO ADMINISTRATIVO · *Marçal Justen Filho*

7.2 A orientação moderada

Os excessos de ambas as posições devem ser atenuados. A democracia exige a garantia da autonomia individual e da sociedade civil, mas a realização dos valores fundamentais a um Estado Social impõe a participação de todos os segmentos sociais.

Portanto, é necessário promover a redução da intervenção direta do Estado, porque o custo econômico pode tornar-se insuportável para a sociedade. Mas essa redução somente pode ser admitida quando acompanhada da *funcionalização* de poderes reconhecidos à iniciativa privada.

7.3 A tutela estatal aos direitos fundamentais

A retirada da atuação direta do Estado não equivale à supressão da garantia de realização dos direitos fundamentais, mas apenas à modificação do instrumental para tanto. Somente se admite a *privatização* na medida em que existam instrumentos que garantam que os mesmos valores buscados anteriormente pelo Estado serão realizados por meio da atuação da iniciativa privada.

Como assevera Paolo Lazzara, "as tarefas de 'garantia' e 'regulação' aumentam em medida diretamente proporcional à diminuição da produção 'direta' de bens e serviços; quanto mais o Estado se afasta dos fatores da produção, tanto mais deve reforçar as funções orientadas a compensar a supressão das garantias legais inerentes ao sistema de produção pública de bens e serviços".[14]

8 REGULAÇÃO E PODER DE POLÍCIA

Sob certo ângulo, a regulação consiste na utilização contínua, racional e intensificada das competências de poder de polícia.

A concepção clássica do direito administrativo enfocava o poder de polícia como uma competência estatal orientada a reprimir o exercício de faculdades privadas, visando a assegurar a ordem pública. Ocorre que o aumento da complexidade socioeconômica conduziu à necessidade de ampliação do âmbito de intervenção estatal.

A regulação é um estágio posterior nessa evolução, em que o Estado restringe a autonomia dos particulares, valendo-se de diferentes soluções. Em alguns casos, o Estado consagra incentivos positivos e negativos, resguardando a autonomia do particular quanto à escolha a realizar. Em outras hipóteses, o Estado adota soluções de cunho compulsório, inclusive impondo sanções pela conduta infracional.

9 A COMPETÊNCIA FEDERATIVA

Tal como se passa com as demais atividades administrativas, a regulação é atribuída aos diversos entes federativos, e a discriminação de competências obedece aos critérios constitucionais gerais. A atividade regulatória envolve tanto competências legislativas como administrativas,[15] conforme discriminado constitucionalmente. O tema será mais bem desenvolvido adiante.

10 AS AGÊNCIAS REGULADORAS INDEPENDENTES

A adoção de um modelo regulatório de Estado envolve a criação de entidades administrativas, dotadas de autonomia em face do Poder Executivo, investidas de competências regulatórias setoriais.[16]

---

[14] LAZZARA. *Autorità indipendenti e discrezionalità*, p. 72, tradução livre.

[15] Mas, como indicado, pode, também, ser produzida por intervenção jurisdicional.

[16] O autor dedicou atenção específica e mais aprofundada ao tema das agências na obra *O direito das agências reguladoras independentes*.

Cap. 14 – TIPOS DE ATIVIDADE ADMINISTRATIVA: A REGULAÇÃO ECONÔMICO-SOCIAL **535**

10.1 A alteração da organização estrutural do Estado

Alguns afirmam que a difusão das agências reguladoras produz um Estado "policêntrico", cuja configuração pode ser mais bem representada como uma "rede governativa".[17]

A compreensão da figura da agência pressupõe pelo menos duas cautelas fundamentais. A primeira envolve a ausência de um perfil jurídico único para as agências. A segunda se vincula à necessidade de submissão da modelagem das agências ao sistema jurídico pátrio.

10.2 A adaptação do modelo estrangeiro à ordem jurídica nacional

A adoção de um modelo estrangeiro exige sua adaptação aos princípios e regras que estruturam o direito nacional. Essa advertência é relevante porque o modelo de agências reguladoras surgiu e se desenvolveu no direito estadunidense. Muitas das características das agências reguladoras surgidas em outros países, inclusive no Brasil, retratam a influência desse modelo estadunidense. Assim se passa, por exemplo, com a garantia contra a demissão imotivada e com a não coincidência do mandato de todos os membros da diretoria da agência.

10.3 A distinção dos modelos estadunidense e brasileiro

No entanto, isso não significa que as agências brasileiras seriam uma simples cópia das instituições existentes nos EUA ou que a experiência estadunidense poderia ser aplicada diretamente no Brasil.

Há uma diferença fundamental entre o modelo estadunidense e o brasileiro. Nos EUA, a competência estatal é exercitada de modo exclusivo pela agência.

No Brasil, reconhece-se que uma parcela da competência é mantida com a Administração central. Portanto, a análise jurídica do tema das agências reguladoras no Brasil envolve, de modo necessário, a coexistência de entidades estatais dotadas de competência similar para regular um mesmo setor.

Para exemplificar, existem o Ministério das Comunicações e a Agência Nacional de Telecomunicações (Anatel); há o Ministério de Minas e Energia e a Agência Nacional de Energia Elétrica (Aneel), e assim por diante.

10.4 As agências reguladoras e agências executivas

A distinção entre agências executivas e reguladoras foi copiada do direito norte-americano, em que essa diferença tem algum sentido.

No direito brasileiro, não é possível apontar precisamente as características que identificam uma agência executiva. Trata-se de uma autarquia em geral. A Lei 9.649/1998 previu a possibilidade de autarquias (ou fundações) serem qualificadas como agência executiva, desde que atendessem a certas exigências, especificamente a adoção de um plano estratégico e a pactuação de um contrato de gestão.[18]

Sob um certo ângulo, a agência executiva se identifica por um critério *negativo*: seria uma autarquia destituída de competências regulatórias, dedicada a desenvolver atividades administrativas clássicas, inclusive a prestação de serviços públicos.

---

[17] Substitui-se, assim, o modelo piramidal, de influência napoleônica. Cf. CHEVALLIER. *O Estado pós-moderno*. Trad. Marçal Justen Filho.

[18] Acerca do contrato de gestão, cf. a exposição adiante realizada.

536 CURSO DE DIREITO ADMINISTRATIVO · *Marçal Justen Filho*

A Lei pretendeu reservar a expressão *agência executiva* para as autarquias subordinadas a um plano estratégico e a um contrato de gestão. Isso não produz nenhum regime jurídico peculiar, dotado de consistência suficiente para diferenciar uma autarquia das demais.

Segundo Paulo Modesto: "A novidade das agências executivas é que elas introduzem no direito brasileiro um mecanismo flexível de modificar o regime de autonomia ou independência de autarquias e fundações públicas mediante um simples *ato administrativo de qualificação*".[19]

Sob esse enfoque, a peculiaridade da agência executiva residiria não na titularidade de competência regulatória setorial nem na existência de um regime organizatório peculiar (tal como a garantia dos diretores contra demissão imotivada). Haveria uma agência executiva quando se reservasse um regime jurídico diferenciado para uma autarquia, contemplando a possibilidade de ampliação de sua autonomia e a flexibilidade de sua gestão por meio de atos administrativos infralegais.

10.5   A agência reguladora independente no direito brasileiro

A figura das agências reguladoras se insere no processo de dissociação entre a prestação de serviços públicos e a sua regulação. Reflete a concepção de que a disciplina dos serviços públicos deve ser norteada por critérios não exclusivamente políticos.

É usual considerar as agências reguladoras como fenômeno inovador. E alguns reprovam tal novidade, imputando-lhe o cunho de inconstitucionalidade. No entanto, as inovações trazidas, isoladamente consideradas, são muito reduzidas.

A maior parte das "novidades" já se encontrava em instituições administrativas brasileiras muito antigas. Talvez a grande inovação trazida pela proposta das agências reguladoras seja a concentração em uma única instituição autárquica de diversas características que existiam isoladamente em certos órgãos.

11   A MULTIPLICIDADE DAS AGÊNCIAS REGULADORAS

Mas não existe homogeneidade na configuração do regime jurídico das diversas agências reguladoras independentes. Isso permite, inclusive, a variação de intensidade e da extensão da sua autonomia.

A categoria é integrada por entidades dotadas de características não uniformes, variáveis dentro de determinados limites. Sob esse ângulo, figuras novas e antigas podem ser enquadradas nessa categoria.

11.1   Entidades tradicionais no direito brasileiro

Existem diversas entidades, há muito tempo no direito brasileiro, que apresentam algumas das características próprias das agências reguladoras. Podem ser indicados o Banco Central do Brasil, a Comissão de Valores Mobiliários – CVM, o Conselho Administrativo de Defesa Econômica – CADE. No entanto, essas entidades não são investidas de competência normativa em termos equivalentes àqueles reconhecidos às agências reguladoras propriamente ditas.

11.1.1   *As entidades formalmente reconhecidas como agências reguladoras*

Por outro lado, a Lei 13.848/2019 reconheceu formalmente um elenco de agências reguladoras no âmbito federal.

---

[19] Cf. MODESTO. Agências executivas: a organização administrativa entre o casuísmo e a padronização. *Revista Interesse Público – IP*, ano 4, n. 13, p. 124-141, jan./mar. 2002. O estudo contempla uma análise minuciosa e profunda sobre as características do instituto da agência executiva, sem paralelo na doutrina pátria.

Cap. 14 – TIPOS DE ATIVIDADE ADMINISTRATIVA: A REGULAÇÃO ECONÔMICO-SOCIAL **537**

"Art. 2.º Consideram-se agências reguladoras, para os fins desta Lei e para os fins da Lei n.º 9.986, de 18 de julho de 2000:

I – a Agência Nacional de Energia Elétrica (Aneel);

II – a Agência Nacional do Petróleo, Gás Natural e Biocombustíveis (ANP);

III – a Agência Nacional de Telecomunicações (Anatel);

IV – a Agência Nacional de Vigilância Sanitária (Anvisa);

V – a Agência Nacional de Saúde Suplementar (ANS);

VI – a Agência Nacional de Águas (ANA);

VII – a Agência Nacional de Transportes Aquaviários (Antaq);

VIII – a Agência Nacional de Transportes Terrestres (ANTT);

IX – a Agência Nacional do Cinema (Ancine);

X – a Agência Nacional de Aviação Civil (Anac);

XI – a Agência Nacional de Mineração (ANM).

Parágrafo único. Ressalvado o que dispuser a legislação específica, aplica-se o disposto nesta Lei às autarquias especiais caracterizadas, nos termos desta Lei, como agências reguladoras e criadas a partir de sua vigência".

O art. 51 determinou que diversos dispositivos da Lei aplicam-se também ao Conselho Administrativo de Defesa da Concorrência – CADE.

11.1.2   A previsão constitucional de órgãos reguladores

Na Constituição Federal existem apenas duas disposições específicas atinentes a agências. O art. 21, XI, estabelece que cabe à Lei criar um órgão regulador dos serviços de telecomunicação. E o art. 177, § 2.º, III, prevê que a Lei disciplinará a estrutura e as atribuições do órgão regulador do monopólio federal sobre as atividades relacionadas a petróleo.

A Constituição autoriza expressamente a criação dessas duas agências, mas outras podem ser instituídas por vontade legislativa.

Também não cabe afirmar que essas duas agências objeto de disciplina constitucional expressa seriam as únicas dotadas de um regime especial e diferenciado. Cabe à Lei dispor sobre o regime de cada agência, respeitando as limitações constitucionais vigentes. Em outras palavras, não é correto afirmar que as duas disposições constitucionais citadas teriam facultado que competências genericamente previstas, como de titularidade dos Poderes Legislativo e Judiciário, poderiam ser atribuídas para as agências reguladoras do setor de telecomunicações e de petróleo.

12   A LEI DAS AGÊNCIAS REGULADORAS (LEI FEDERAL 13.848/2019)

As agências reguladoras foram instituídas no âmbito da União por meio de leis específicas, produzidas ao longo do tempo. Como decorrência, cada agência reguladora subordinava-se a regras próprias e não uniformes.

A Lei 9.986/2000 tinha veiculado as regras sobre recursos humanos das agências reguladoras, dispondo sobre o relacionamento entre a entidade e as diversas categorias de agentes que nela atuam.

A Lei 13.848/2019 adotou regras gerais e uniformes, destinadas a padronizar o regime jurídico das agências. Essa Lei introduziu alterações relevantes na Lei 9.986/2000 e nas Leis específicas que disciplinam as principais agências reguladoras existentes no âmbito federal.

As diversas órbitas federativas dispõem de autonomia para instituir agências reguladoras, que passarão a integrar as respectivas Administrações indiretas.

13 O REGIME JURÍDICO DAS AGÊNCIAS REGULADORAS INDEPENDENTES

Agência reguladora independente é uma autarquia especial, sujeita a regime jurídico que assegura a autonomia em face da Administração direta e que é investida de competência para a regulação setorial.

13.1 As características jurídicas das agências reguladoras

As características jurídicas da agência reguladora se encontram sintetizadas no art. 3.º da Lei 13.848/2019 (Lei das Agências Reguladoras):

"A natureza especial conferida à agência reguladora é caracterizada pela ausência de tutela ou de subordinação hierárquica, pela autonomia funcional, decisória, administrativa e financeira e pela investidura a termo de seus dirigentes e estabilidade durante os mandatos, bem como pelas demais disposições constantes desta Lei ou de leis específicas voltadas à sua implementação".

13.2 Pessoa jurídica de direito público: autarquia

Uma agência reguladora independente consiste em uma autarquia especial, o que significa que a Lei instituidora prevê algumas peculiaridades no regime jurídico aplicável à entidade, propiciando uma margem de autonomia jurídica que não se encontra na maior parte das entidades autárquicas. Isso envolve a redução do grau de subordinação da entidade em face da Administração direta.

Há um regime especial de investidura e demissão dos administradores das agências, os quais são providos em cargos em comissão por prazo certo e sujeitos à demissão apenas em virtude da prática de atos irregulares (tal como adiante será mais bem examinado).

13.3 A ausência de revisibilidade das decisões da agência

Os atos da agência reguladora não se sujeitam à revisão por autoridade integrante da Administração direta, mas apenas perante o Poder Judiciário.[20] No entanto, o TCU proferiu decisão determinando a invalidação de ato de agência reguladora (Acórdão 1.825/2024, Plenário, rel. Min. Augusto Nardes, j. 04.09.2024).

13.4 A autonomia econômico-financeira

Ademais, pode configurar-se um regime de autonomia econômico-financeira, por meio de receitas próprias destinadas a dotar a entidade de meios para o desempenho de suas funções.

---

[20] Existe um entendimento doutrinário respeitável no sentido de que caberia recurso administrativo hierárquico impróprio contra uma decisão produzida pela agência que extrapolasse a competência a ela atribuída. Nesse sentido, cf. GUERRA. *Controle judicial dos atos regulatórios*, p. 256. Reputa-se que essa orientação não deve ser adotada, já que conduz à inevitável eliminação da autonomia da agência. Se a autoridade central for titular do poder para avaliar os limites da competência da agência reguladora, isso acarreta a extinção da autonomia do ente regulador. Se a autoridade central (ou qualquer pessoa) reputar que a agência atuou fora dos limites da competência atribuída legislativamente, a única solução reside em recorrer ao Poder Judiciário para questionar o ato.

13.5 A competência regulatória setorial

A agência reguladora independente é titular da competência regulatória setorial. Isso significa o poder de editar normas abstratas infralegais, adotar decisões discricionárias e compor conflitos num setor econômico. Esse setor pode abranger serviços públicos e (ou) atividades econômicas propriamente ditas.

As decisões adotadas são vinculantes para os diversos setores estatais e não estatais, ressalvada a revisão jurisdicional.

14 OS DIRIGENTES DA AGÊNCIA REGULADORA

A administração da agência é atribuída a titulares de cargo *em comissão*, mas investidos de mandato com prazo determinado, excluída a exoneração a qualquer tempo senão em face da comprovação de um elenco específico de causas.

14.1 O número de cinco diretores

De modo genérico, cada agência é dirigida por cinco diretores.[21] Um deles ocupa a condição de diretor-geral.

14.2 Investidura sem concurso público

A investidura se faz sem concurso público, exigindo-se o preenchimento pelo interessado de determinados requisitos. A investidura se faz por prazo determinado, com eventual possibilidade de recondução.

14.3 Os requisitos para nomeação

O art. 5.º da Lei 9.986/2000 contempla o elenco de requisitos para o provimento no cargo de diretor de agência reguladora.[22] Os cargos são privativos de brasileiros e se exige a experiência profissional e a formação acadêmica compatível com o cargo.

O art. 8.º-A contempla um elenco de impedimentos, destinados a assegurar a autonomia objetiva do dirigente. Esses impedimentos compreendem, dentre outros, a vedação ao nepotismo, a proibição de indicação de exercentes de funções ministeriais e de titulares de cargos legislativos.

14.4 O procedimento complexo de provimento dos cargos

O procedimento de nomeação comporta a participação de diversos órgãos ou autoridades. As Leis que disciplinam as diversas agências reguladoras (com as alterações promovidas pela Lei 13.848/2019) estabeleceram que os membros da diretoria da agência serão nomeados pelo Presidente da República, depois de aprovação pelo Senado Federal (tal como previsto no art. 52, III, "f", da CF/1988). O TCU reconheceu não ser investido de competência para controlar a regularidade dos atos de nomeação dos diretores de agência reguladora (Acórdão 1.584/2024, Plenário, rel. Min. Walton Alencar Rodrigues, j. 07.08.2024).

---

[21] A ANCINE é administrada por quatro diretores.

[22] Para aprofundar o tema, consulte-se GRP, FGV DIREITO SP. *Nomeação de dirigentes das agências reguladoras*: um estudo descritivo. Disponível em: https://direitosp.fgv.br/produtos-pesquisa/5027. Acesso em: 16 out. 2024.

14.5 Nomeação a prazo certo

O mandato é de cinco anos, sendo vedada a recondução (ressalvada a possibilidade de nomeação como diretor presidente).

14.6 Prazos não coincidentes

Os mandados não são coincidentes, de modo que o termo do mandato dos primeiros diretores pode ser inferior a cinco anos.

14.7 As hipóteses de perda do cargo

Os diretores da agência não são exoneráveis por vontade do Chefe do Poder Executivo. Segundo o art. 9.º da Lei 9.986/2000:

"O membro do Conselho Diretor ou da Diretoria Colegiada somente perderá o mandato:
I – em caso de renúncia;
II – em caso de condenação judicial transitada em julgado ou de condenação em processo administrativo disciplinar;
III – por infringência de quaisquer das vedações previstas no art. 8.º-B desta Lei".

14.8 Afastamento da demissão como ato complexo

Não se pode determinar, por meio de lei, que a exoneração ou demissão de ocupantes de cargos de administração de agência apresentaria natureza de ato complexo, aperfeiçoando-se mediante a atuação do Executivo e do Legislativo.[23]

A demissão do diretor da agência não constitui um ato complexo, ainda que a nomeação o seja.

As hipóteses de conjugação de competências do Poder Executivo e do Poder Legislativo para o aperfeiçoamento de um ato complexo devem ser previstas constitucionalmente ou, quando não, autorizadas pela Constituição.

Há inúmeras hipóteses em que a Constituição prevê a intervenção do Senado Federal na nomeação de servidores, sem que daí se extraia o cabimento de sua participação na produção do ato de demissão. A mais forte demonstração da correção dessa interpretação está na conjugação dos incs. III e XI do art. 52 da CF/1988.

14.9 A vacância antecedente à nomeação e à substituição

O art. 10 da Lei 9.986/2000 determina que o cargo vago, em situações antecedentes à nomeação de um novo titular de cargo de dirigente, será exercitado por um substituto.

O dispositivo prevê a instituição de uma lista de substituição, integrada por três servidores da agência (ocupantes de cargos de nível hierárquico elevado). Essa lista será designada pelo Presidente da República, a quem caberá indicar a ordem de precedência entre os seus integrantes. A escolha presidencial far-se-á dentre nomes indicados pela diretoria da agência, a quem incumbe indicar três nomes para cada vaga na lista.

---

[23] Confira-se julgado do STF: "2. São inconstitucionais as disposições que amarram a destituição dos dirigentes da agência reguladora estadual somente à decisão da Assembleia Legislativa" (ADI 1.949/RS, Pleno, rel. Min. Dias Toffoli, j. 17.09.2014, *DJe* 13.11.2014).

Cap. 14 – TIPOS DE ATIVIDADE ADMINISTRATIVA: A REGULAÇÃO ECONÔMICO-SOCIAL **541**

O sujeito pode permanecer na lista de substituição por até dois anos, mas o prazo limite para o exercício efetivo da substituição é de cento e oitenta dias. Ultrapassado esse prazo, caberá convocar outro substituto, seguindo a ordem de precedência determinada pelo Presidente da República.

Se a lista de substituição não tiver sido elaborada, o cargo vago será exercido pelo superintendente (ou titular de cargo equivalente) com tempo mais longo de exercício na função.

15 REJEIÇÃO À CRÍTICA ÀS GARANTIAS RECONHECIDAS AOS DIRIGENTES DE AGÊNCIAS

Como visto, os dirigentes das agências têm garantia contra exoneração fundada em simples critério de conveniência. Somente se admite sua demissão mediante demonstração de ação ou omissão incompatível com os deveres inerentes à função.

15.1 O argumento da existência de duas categorias de cargos públicos

Uma crítica fundou-se no art. 37, II, da CF/1988, que prevê que a investidura em cargo ou emprego público depende de aprovação prévia em concurso público, ressalvadas as nomeações para cargo em comissão (que comporta livre nomeação e exoneração). Daí se extrairia a existência de apenas dois regimes jurídicos para os cargos públicos. Existem os cargos e empregos cuja investidura se faz mediante concurso. Quanto a esses, existem limitações à exoneração. Além desses, há cargos de livre nomeação, independentemente da realização de algum tipo de concurso. O regime jurídico para esses cargos compreende a faculdade de livre exoneração do ocupante, a qualquer tempo.

Seguindo essa linha, a esquematização constitucional excluiria a possibilidade de conjugar-se a livre investidura no cargo (sem concurso), por prazo determinado e com garantia contra demissão discricionária.

Rejeita-se esse entendimento, remetendo o leitor ao exame do tema no Capítulo 16, que versa sobre os agentes estatais. Tal como lá exposto, reputa-se que a Constituição permite que a investidura em cargos em comissão seja condicionada a determinados requisitos, bem como também autoriza restrições à livre exoneração de seus ocupantes.

15.2 O argumento da infringência às competências do Presidente

Outra objeção funda-se em que o prolongamento do mandato dos dirigentes das agências reguladoras para além do mandato do Presidente da República seria incompatível com a Constituição. Tal argumento se apoia numa concepção de hierarquia que conduz à ausência de limitação das competências internas do Chefe do Poder Executivo.

O argumento é improcedente porque a tese não é compatível com a própria República, que é propícia à instauração de restrições ao exercício dos poderes públicos.

15.3 A orientação adotada

A democracia exige que o Chefe do Poder Executivo não seja investido de poderes imperiais. Isso se traduz, inclusive, em garantias aos servidores públicos contra a destituição imotivada e a qualquer tempo.

É indispensável assegurar aos servidores investidos de competências relevantes a proteção em face das autoridades políticas. Tal como se reconhece em relação à magistratura, garantias

542 CURSO DE DIREITO ADMINISTRATIVO · Marçal Justen Filho

similares são instituídas não em favor do ocupante do cargo ou função, mas em defesa da sociedade.

Os administradores podem ser demitidos, desde que comprovada (mediante processo administrativo ou judicial) a infração a determinados deveres ou a perda de requisitos essenciais para o exercício do cargo. O que não se admite é sua exoneração ao sabor das conveniências políticas.

16 AS COMPETÊNCIAS ADMINISTRATIVAS ATRIBUÍDAS À AGÊNCIA REGULADORA

A agência reguladora desempenha atividade administrativa, a qual tanto pode ser disciplinada legislativamente em termos vinculados como de modo discricionário. Isso significa que a agência não é investida de competência para editar normas de cunho legislativo.

A instituição de agências reguladoras não significa a inovação sobre a distribuição constitucionalmente delineada do poder político estatal. Assim colocada a questão, todas as disputas sobre a atuação das agências são mera repetição das controvérsias anteriormente já existentes sobre a atividade administrativa do Estado e seu controle.

Isso não equivale a afirmar que as agências não importam efeitos relevantes na organização do Poder Executivo. Esse é o ponto central: as agências representam uma inovação significativa quanto ao desempenho da função administrativa. Mas essa inovação envolve, de modo principal, a reorganização das competências administrativas. Se as agências reguladoras dispõem de competências privativas, continuam tais competências a apresentar natureza administrativa. E são ditas privativas *em face* do Poder Central.

Portanto, a atividade regulatória desempenhada pelas agências pode ser objeto de controle jurisdicional, respeitada a separação de Poderes.

17 A COMPETÊNCIA NORMATIVA DAS AGÊNCIAS REGULADORAS INDEPENDENTES

A agência é investida na competência para editar normas de cunho infralegal.[24]

17.1 A competência regulamentar diferenciada

A competência normativa das agências reguladoras não se confunde com a competência para editar regulamentos atribuída ao Chefe do Poder Executivo pelo art. 84, IV, da CF/1988.

Acolher o argumento da impossibilidade de atribuição de competências normativas abstratas para outras autoridades administrativas acarretaria um verdadeiro caos para a atividade administrativa do Estado, pois seria impossível que o Presidente da República concentrasse em suas mãos a competência para editar todos os regulamentos administrativos.

A atividade administrativa teria de ser totalmente centralizada, incumbindo a todas as demais autoridades – além do Chefe do Executivo – produzir atos de natureza concreta.

Em sentido similar, ainda que com uma ressalva a propósito da questão terminológica, Luís Roberto Barroso reconhece que órgãos e entidades integrantes da Administração Pública "titularizam, em certos casos, competências para expedir atos administrativos normativos – gênero do qual o regulamento é espécie".[25]

---

[24] Sobre o tema, confira-se ARAGÃO. *O poder normativo das agências reguladoras*, 2. ed.

[25] BARROSO. Princípio da legalidade: delegações legislativas: poder regulamentar: repartição constitucional das competências legislativas. *Boletim de Direito Administrativo*, v. 13, n. 1, p. 23, jan. 1997.

Cap. 14 – TIPOS DE ATIVIDADE ADMINISTRATIVA: A REGULAÇÃO ECONÔMICO-SOCIAL **543**

Na mesma linha, Caio Tácito defende que a regulação estatal no domínio econômico faz-se nos termos da Lei e acrescenta que "nada impede que, ao fazê-lo, a Lei reserve aos órgãos administrativos incumbidos da gestão da política adotada, uma parcela secundária de poder normativo, de modo a ajustar os meios de ação às cambiantes manifestações da atividade econômica, de difícil previsão".[26]

17.2 A orientação jurisprudencial

O Poder Judiciário manifestou-se em diversas oportunidades sobre o tema. Nesse sentido, podem ser referidas as seguintes decisões do STF:

"CONSTITUCIONAL. ADMINISTRATIVO. AGÊNCIAS REGULADORAS E PODER REGULAMENTAR. ART. 24, VIII, E ART. 78-A DA LEI 10.233/2011. RESOLUÇÃO ANTT 233/2003. PREVISÃO LEGAL DA COMPETÊNCIA PARA A AGÊNCIA REGULADORA EDITAR REGULAMENTO SOBRE INFRAÇÕES ADMINISTRATIVAS. PREVISÃO DAS SANÇÕES CABÍVEIS E CRITÉRIOS MÍNIMOS PARA A REGULAMENTAÇÃO. ALEGAÇÃO DE VIOLAÇÃO AO PRINCÍPIO DA LEGALIDADE. IMPROCEDÊNCIA. 1. As Agências Reguladoras, criadas como autarquias especiais pelo Poder Legislativo (CF, art. 37, XIX), recebem da lei que as instituem uma delegação para exercer seu poder normativo de regulação, competindo ao Congresso Nacional a fixação das finalidades, dos objetivos básicos e da estrutura das Agências, bem como a fiscalização de suas atividades. 2. As Agências Reguladoras não poderão, no exercício de seu poder normativo, inovar primariamente a ordem jurídica sem expressa delegação, tampouco regulamentar matéria para a qual inexista um prévio conceito genérico, em sua lei instituidora (*standards*), ou criar ou aplicar sanções não previstas em lei, pois, assim como todos os Poderes, Instituições e órgãos do poder público estão submetidas ao princípio da legalidade (CF, art. 37, *caput*) (...)" (ADI 5.906/DF, Pleno, rel. Min. Marco Aurélio, rel. p/ acórdão Min. Alexandre de Moraes, j. 06.03.2023, *DJe* 15.03.2023).

"3. O poder de expedir normas quanto à outorga, prestação e fruição dos serviços de telecomunicações no regime público e no regime privado é imanente à atividade regulatória da agência, a quem compete, no âmbito de sua atuação e nos limites do arcabouço normativo sobre o tema, disciplinar a prestação dos serviços. Interpretação conforme à Constituição para fixar o entendimento de que a competência da Agência Nacional de Telecomunicações para expedir tais normas subordina-se aos preceitos legais e regulamentares que regem matéria" (ADI 1.668/DF, Pleno, rel. Min. Edson Fachin, j. 01.03.2021, *DJe* 22.03.2021).

Em outro caso, a questão foi examinada de modo mais amplo:

"2. A função normativa das agências reguladoras não se confunde com a função regulamentadora da Administração (art. 84, IV, da Lei Maior), tampouco com a figura do regulamento autônomo (arts. 84, VI, 103-B, § 4.º, I, e 237 da CF)" (ADI 4.874/DF, Pleno, rel. Min. Rosa Weber, j. 01.02.2018, *DJe* 31.01.2019).

Segundo o STJ:

"4. Nos termos da jurisprudência do Superior Tribunal de Justiça, 'não há violação do princípio da legalidade na aplicação de multas previstas em resoluções criadas por agências reguladoras, haja vista que elas foram criadas no intuito de regular, em sentido amplo, os serviços públicos, havendo previsão na legislação ordinária delegando à agência reguladora compe-

---

[26] TÁCITO. *Temas de direito público*: estudos e pareceres, v. 2, p. 1.089.

tência para a edição de normas e regulamentos no seu âmbito de atuação' (AgRg no AREsp 825.776/SC, Rel. Ministro Humberto Martins, Segunda Turma, *DJe* 13/4/2016)" (AgInt no AREsp 1.872.884/RS, 1.ª T., rel. Min. Sérgio Kukina, j. 21.03.2022, *DJe* 24.03.2022).

"3. As agências reguladoras foram criadas com o intuito de regular, em sentido amplo, os serviços públicos, havendo previsão na legislação ordinária delegando a elas competência para a edição de normas e regulamentos no seu âmbito de atuação. Dessa forma, não se vislumbra ilegalidade na aplicação da penalidade pela ANTT, que agiu no exercício do seu poder regulamentar/disciplinar, amparado na Lei 10.233/2001" (REsp 1.807.533/RN, 2.ª T., rel. Min. Herman Benjamin, j. 11.02.2020, *DJe* 04.09.2020).

17.3 A titularidade de competência discricionária

As agências reguladoras são investidas de competências discricionárias para *decidir* a solução mais adequada em face do caso concreto. Trata-se de competência própria da Administração, e que já foi referida e examinada anteriormente. Essa competência discricionária compreende inclusive questões técnicas e regulatórias, no tocante à prestação de serviços públicos e à disciplina de atividades econômicas.

O que merece destaque é que essa competência é de titularidade privativa da agência, de modo a impedir interferências de outros órgãos externos a ela.

18 O INSTRUMENTAL JURÍDICO DA REGULAÇÃO

As estratégias regulatórias adotadas na regulação consistem em:

a) comando e controle;
b) competição;
c) consenso;
d) incentivo.

Mesmo com algumas variações de nomenclatura, essas categorias são amplamente aceitas na literatura.[27]

18.1 Os comandos normativos proibitivos e mandatórios

A solução mais tradicional consiste na edição de normas jurídicas contemplando condutas como vedadas ou obrigatórias, respaldadas por sanções de diversa natureza. Esse instrumento regulatório é indispensável e não pode ser eliminado. Mas esse modelo nem sempre pode ser adotado para assegurar a realização dos fins protegidos pelo ordenamento jurídico.

Em primeiro lugar, há casos em que o próprio ordenamento consagra a autonomia privada no tocante às condutas reputadas como relevantes para o atingimento dos fins de interesse coletivo. O Estado não pode invadir a esfera de autonomia privada protegida juridicamente. Existem condutas que, embora desejáveis, não podem ser compulsoriamente impostas ao particular. Assim se passa, por exemplo, com a realização de investimentos em regiões carentes.

---

[27] JUSTEN NETO. *Assessing Regulatory Strategies to Implement Social Tariffs in the British Energy Market*, p. 21. O autor acrescenta que "é importante destacar que (...) esses mecanismos tendem a se fundir, gerando espécies de estratégias híbridas ou misturas regulatórias", p. 21, tradução livre.

Cap. 14 – TIPOS DE ATIVIDADE ADMINISTRATIVA: A REGULAÇÃO ECONÔMICO-SOCIAL **545**

Em segundo lugar, o modelo impositivo apresenta eficácia limitada. A concepção regulatória unilateral, em que o Estado emite ordens respaldadas por ameaças, gera conflitos permanentes e produz um grau mínimo de adesão da comunidade.

Em suma, o modelo impositivo é adequado para proteger os valores essenciais e deve ser utilizado com parcimônia. Existem outros instrumentos jurídicos que podem assegurar resultados muito mais satisfatórios e eficazes.

18.2   A competição

O modelo regulatório de competição consiste na utilização dos mecanismos de mercado para condicionar, limitar e alterar a conduta dos particulares. Ao invés de impor unilateralmente modelos de conduta, o Estado propicia oportunidade a que os agentes privados exercitem a sua autonomia privada visando à obtenção do lucro. Esse modelo regulatório alicerça-se no pressuposto de que a competição entre os particulares acarretará a necessidade da elevação do padrão de qualidade e resultará na redução dos custos praticados.

São conhecidas as controvérsias sobre as virtudes e malefícios dos mecanismos de mercado, o que dispensa a sua reprodução nessa obra.[28] No atual estágio civilizatório, existem algumas conclusões pacíficas sobre o tema.

Em primeiro lugar, a competição produz efeitos benéficos impossíveis de serem obtidos de outro modo. Não existe solução mais satisfatória do que a competição entre certas atividades, especialmente quando se trata de oferta de utilidades ao público em geral mediante remuneração.

Em segundo lugar, a competição não é um instrumento jurídico adequado à regulação em certos setores de atividades. Existem situações em que a competição acarretaria o sacrifício de interesses de partes hipossuficientes, violando valores fundamentais. Porém, ainda nesses casos, a competição pode ser utilizada de modo adicional e secundário. Considere-se o caso do preenchimento das vagas de universidades públicas. O modelo regulatório da concorrência consiste na seleção dos melhores classificados num teste seletivo. Essa solução acarreta a interdição do acesso de extratos carentes da sociedade à universidade pública e gratuita. Logo, é cabível assegurar uma parcela de vagas para segmentos carentes da população. No entanto, é perfeitamente cabível estabelecer uma competição específica e delimitada entre os pretendentes às vagas reservadas a esses segmentos.

Em terceiro lugar, os casos de competição perfeita são excepcionais. Existem monopólios e oligopólios, em que determinados agentes desfrutam de posições dominantes. Portanto, cabe ao Estado exercitar uma atividade regulatória para garantir a concorrência livre, leal e honesta.

Em quarto lugar, é indispensável a atuação estatal para assegurar a seriedade da competição e limitar os efeitos negativos dela derivados. O regime capitalista produz crises cíclicas, que geram efeitos perniciosos especialmente para as classes econômicas mais carentes. Portanto, reconhecer a utilidade e a indispensabilidade da concorrência não equivale a negar a intervenção estatal regulatória.

18.3   O consenso

O modelo de consenso é norteado pela harmonização e composição entre os diversos interesses envolvidos na situação concreta. O Estado abre oportunidade para que os particulares

---

[28] Adoto o posicionamento ideológico de que a competição é um atributo dos seres vivos, o que significa a impossibilidade de sua supressão. Sob esse prisma, trata-se de uma característica insuscetível de ser avaliada axiologicamente. Não é "boa" nem "má". No entanto, a exacerbação da competição pode resultar em distorções negativas, que precisam ser reprimidas – o que justifica a existência do Estado e dos sistemas normativos. A ética consiste numa conformação social das condutas competitivas egoísticas. O modelo regulatório de competição orienta-se a obter resultados positivos e vantajosos da atuação competitiva dos sujeitos em sociedade.

externem o seu entendimento sobre questões de interesse comum, formulem sugestões para a adoção de regras e colaborem para a fixação das metas e normas aplicáveis.

O modelo de consenso compreende os casos em que a edição de um ato normativo unilateral é precedida da oportunidade para a manifestação dos interessados. Mas também abrange as hipóteses em que a disciplina regulatória é produzida por meio de atos de natureza consensual, de feição contratual.

Os instrumentos regulatórios de natureza consensual podem reduzir a litigiosidade e traduzir soluções não apenas tecnicamente mais adequadas, mas também merecedoras da adesão voluntária dos interessados.

É evidente que o modelo consensual encontra limites na sua utilização. A disciplina regulatória consensual pressupõe uma solução de compromisso, em que as diversas partes atingem um resultado mediante concessões recíprocas.

A primeira objeção reside em que existem situações nas quais estão em conflito valores absolutamente contraditórios. A solução negociada torna-se muito problemática em virtude da dificuldade em conciliar interesses reciprocamente excludentes.

Em outros casos, a solução negociada é excluída por posicionamentos irredutíveis e caracterizados pela intransigência das partes. Nenhuma delas está disposta a abrir mão de qualquer de seus interesses, de modo que o consenso apenas poderá ser obtido mediante a renúncia integral de uma das partes ao seu posicionamento.

As circunstâncias anteriormente referidas nunca excluem, no entanto, a possibilidade de utilização de mecanismos de negociação em termos complementares e adicionais.

18.4 O incentivo

O incentivo consiste na instituição de benefícios diferenciados para a adoção de condutas ativas ou omissivas reputadas como desejáveis. Preserva-se a autonomia de escolha dos sujeitos entre diversas alternativas. O Estado agrega uma vantagem à prática de uma ou mais condutas qualificadas como satisfatórias. Logo, o sujeito é induzido a adotar uma conduta dentre as possíveis, na medida em que isso lhe assegurará uma vantagem. Portanto, a conduta desejada não é qualificada como obrigatória; a conduta indesejável não é definida como proibida. Mas o sujeito apenas obterá um benefício se escolher praticar uma certa conduta juridicamente definida.

A difusão do modelo regulatório de incentivo exige um tratamento mais aprofundado e justifica aludir a uma função estatal de fomento, tal como exposto em capítulo específico adiante.

18.5 Síntese

A intervenção estatal regulatória se configura como uma conjugação de modelos diversos. A disciplina das diversas atividades é composta por normas que contemplam comandos, que incentivam e disciplinam a competição, que prestigiam o consenso e que estabelecem incentivos. Portanto, o direito administrativo se traduz não apenas em normas impondo proibições e comandos. Há manifestações estatais de incentivo, orientação, sugestão. Em muitos casos, o Estado não determina, mas *solicita* a adoção de certos parâmetros. Em outros, há soluções negociadas, em que se compõem os interesses por meio de avenças de cunho bilateral.

Por isso, é problemático reconduzir essas espécies de providências estatais ao esquema normativo tradicional, concebido sobre a ideia de sanção punitiva. O Estado veicula normas que, em muitos casos, não contêm uma sanção (na acepção tradicional do termo). Não é estranhável, por isso, que tais fórmulas de atuação estatal sejam classificadas como *não jurídicas* ou meras manifestações irrelevantes. No entanto, constata-se que esses instrumentos prestam-se a influenciar, de modo efetivo, a conduta dos seres humanos e das empresas. Generalizou-se na doutrina a denominação *soft-law* (direito suave) para indicar "uma declaração cujo intento é normativo (no sentido de dirigir-se a influenciar a conduta dos destinatários), as mais das vezes adotadas pela Administração Pública ou por organizações internacionais, mas definidas (geralmente pelos próprios autores) como carentes de uma plena força jurídica vinculante".[29]

19   A PRODUÇÃO DA REGULAÇÃO

A competência regulatória compreende atividades de cunho vinculado e decisões fundadas em discricionariedade (usualmente, técnica).[30]

19.1   A decisão fundada em conhecimento técnico-científico especializado

A agência reguladora é investida de poder para produzir regulação fundada nos elementos da realidade fática e no conhecimento técnico-científico. Não é válida a decisão regulatória resultante de cogitações subjetivas e que não encontre fundamento racional e objetivo.

Uma parcela substancial da atuação das agências reguladoras envolve a chamada discricionariedade técnica, conceito examinado no Capítulo 5. A discricionariedade técnica comporta uma margem de autonomia decisória para a autoridade. No entanto, não se admite uma escolha fundada exclusivamente em juízo de conveniência e oportunidade, sem apoio em razões técnicas e científicas.

Sobre o assunto, cabe reiterar a transcrição de julgado do STF, nos termos seguintes:

"2. Decisões administrativas relacionadas à proteção à vida, à saúde e ao meio ambiente devem observar standards, normas e critérios científicos e técnicos, tal como estabelecidos por organizações e entidades internacional e nacionalmente reconhecidas. Precedentes: ADI 4066, Rel. Min. Rosa Weber, j. 24.08.2017; e RE 627189, Rel. Min. Dias Toffoli, j. 08.06.2016. No mesmo sentido, a Lei n.º 13.979/2020 (art. 3.º, § 1.º), que dispôs sobre as medidas para o enfrentamento da pandemia de COVID19, norma já aprovada pelo Congresso Nacional, previu que as medidas de combate à pandemia devem ser determinadas 'com base em evidências científicas e em análises sobre as informações estratégicas em saúde' (...)" (MC na ADI 6.425/DF, Pleno, rel. Min. Roberto Barroso, j. 21.05.2020, *DJe* 12.11.2020).

19.2   A necessidade de evidência da adequação e necessidade

A imposição de inovações regulatórias somente será válida se existirem evidências objetivas da sua adequação e necessidade. Nesse sentido, o STF tem decisão específica:

"(...) 18. A Constituição impõe ao regulador, mesmo na tarefa de ordenação das cidades, a opção pela medida que não exerça restrições injustificáveis às liberdades fundamentais de iniciativa e de exercício profissional (art. 1.º, IV, e 170; art. 5.º, XIII, CRFB), sendo inequívoco que a necessidade de aperfeiçoar o uso das vias públicas não autoriza a criação de um oligopólio prejudicial a consumidores e potenciais prestadores de serviço no setor, notadamente quando há alternativas conhecidas para o atingimento da mesma finalidade e à vista de evidências empíricas sobre os benefícios gerados à fluidez do trânsito por aplicativos de transporte, tornando patente que a norma proibitiva nega 'ao cidadão o direito à mobilidade urbana eficiente', em contrariedade ao mandamento contido no art. 144, § 10, I, da Constitui-

---

[29]   LA SPINA; MAJONE. *Lo Stato regolatore*, p. 87.

[30]   O Decreto 12.150/2024 instituiu "no âmbito do Programa de Fortalecimento da Capacidade Institucional para Gestão em Regulação, a Estratégia Nacional de Melhoria Regulatória". O Decreto estabelece as finalidades, as diretrizes e os objetivos da Estratégia Regula Melhor.

ção, incluído pela Emenda Constitucional n.º 82/2014" (ADPF 449/DF, Pleno, rel. Min. Luiz Fux, j. 08.05.2019, *DJe* 30.08.2019).

Isso acarreta a necessidade de observância de um devido processo, destinado a identificar a necessidade da alteração regulatória, as alternativas disponíveis e a solução mais satisfatória.

19.3 A observância do devido processo

A validade da regulação também depende da observância de um procedimento adequado a identificar os problemas, a avaliar as consequências das soluções cabíveis, a permitir a ampla discussão das propostas e a demonstrar que a escolha adotada é a mais satisfatória.

19.3.1 A exposição realizada no Capítulo 8

A exposição realizada no Capítulo 8, relativa ao procedimento administrativo, aplica-se à atuação das agências reguladoras.

19.3.2 A relevância dos efeitos da inovação regulatória

A análise sobre uma proposta de disciplina regulatória setorial deve iniciar com a ponderação de que o exercício da competência regulamentar administrativa subordina-se a requisitos procedimentais inafastáveis. A gravidade dos efeitos da modificação regulatória exige a observância de certos procedimentos, destinados a preservar a racionalidade das decisões e a garantir a participação democrática dos diversos setores da sociedade.[31]

Em suma, a competência administrativa discricionária não legitima decisões impensadas ou mal formuladas.

19.4 A observância de procedimento preparatório

A ordem jurídica abomina a atuação descuidada de qualquer sujeito e reprova severamente os danos decorrentes de conduta culposa. Assim se passa no âmbito dos particulares, que podem ser responsabilizados civil e penalmente por resultados danosos decorrentes da ausência da adoção das cautelas adequadas.

Com muito maior razão, o direito reprova o exercício defeituoso de competências estatais. O agente estatal é investido de poderes jurídicos como instrumento para o cumprimento do dever de satisfazer as necessidades coletivas e promover o bem de todos.

19.4.1 A vedação à "imprudência" e à "imperícia" regulatórias

Recai sobre todo agente estatal um dever de diligência especial. O sujeito investido em competências estatais tem o dever jurídico de cercar-se de todas as precauções para evitar atuação imprecisa, defeituosa ou inadequada.

---

[31] Os efeitos da modificação regulatória são tão graves que exigem máxima cautela. No Reino Unido, por exemplo, há um Órgão de Governo destinado a examinar propostas de reformas regulatórias (Department for Business, Energy & Industrial Strategy) e Lei disciplinando a introdução de reforma regulatória em setores econômicos (*Regulatory Reform Act*, 2006). Assim, um Ministro que pretenda reformar legislação que gere efeitos de restringir direitos de pessoas que pratiquem qualquer atividade econômica está sujeito aos ditames da referida Lei. O procedimento para aprovação de lei que pretenda modificação regulatória é significativamente mais complexo do que aquele para aprovação de uma Lei comum. Em primeiro lugar, a modificação regulatória só pode ser introduzida mediante lei. Ademais disso, são previstos requisitos de consulta pública, escrutínio por comitês específicos do Parlamento e dever de exame minucioso de todas as proposições e sugestões apresentadas. Sobre o tema, cf. CRAIG. *Administrative Law*, 6. ed., p. 728 *et seq.*

Cap. 14 – TIPOS DE ATIVIDADE ADMINISTRATIVA: A REGULAÇÃO ECONÔMICO-SOCIAL **549**

Assim se passa no tocante à competência regulatória. A titularidade da competência para regular um setor não autoriza a edição de regras inadequadas ou incorretas. O exercício pelo agente público da competência regulatória com imperícia ou imprudência configura infração ao princípio da República.

Nem sequer é necessária a presença de elemento subjetivo reprovável, eis que a responsabilização civil objetivada do Estado reflete a determinação constitucional no sentido de que a conduta defeituosa do agente estatal, que acarretar danos a particulares, implicará o dever de indenizar as perdas e danos sofridos.

19.4.2   O planejamento

A natureza contínua e permanente da regulação estatal compreende uma função de planejamento. O Estado tem o dever jurídico de avaliar a situação contemporânea, identificar os problemas previsíveis do futuro e estimar as providências cabíveis e adequadas a serem adotadas.

O planejamento deve traduzir-se em projetos de atuação concreta, visando a interferir sobre a realidade e orientar as providências futuras. Em outras palavras, a produção de cada decisão e a formulação das diversas escolhas, ao longo do tempo, não significam o início de uma nova história, mas um momento no desenrolar de um processo decisório vinculado a um projeto.[32]

É possível (mais, é necessário) atualizar o planejamento desenvolvido no passado, mas com a cautela apropriada para evitar o desperdício de recursos públicos e a tomada de decisões impensadas e defeituosas. A titularidade da competência pública para decidir não compreende o poder jurídico para decidir de modo defeituoso. Justamente por isso, o art. 174 da CF/1988 estabelece que "Como agente normativo e regulador da atividade econômica, o Estado exercerá, na forma da lei, as funções de fiscalização, incentivo e planejamento, sendo este determinante para o setor público e indicativo para o setor privado". Portanto, a própria CF/1988 reconhece que o planejamento é vinculante para o setor público.

19.4.3   O princípio da prevenção (ou precaução)

O planejamento e a regulação estatal subordinam-se a um dever geral de prevenção ou precaução, que exige que a atuação estatal e a exploração privada sejam cercadas de todas as cautelas possíveis – especialmente aquelas identificadas pela técnica e pela ciência. Se for impossível estimar os efeitos de uma certa decisão (pública, inclusive), então existe um impedimento à sua implementação. Como ensinam Carlos Ari Sundfeld e Jacintho Arruda Câmara, "a noção vinculada ao princípio da precaução é a de que não seria necessária a verdade científica para que sejam adotadas medidas mitigadoras de riscos ambientais ou à saúde humana (...). Esse padrão de cautela vem sendo adotado, de modo expresso, em tratados por meio dos quais a comunidade internacional se compromete a tomar medidas protecionistas, mesmo quando não há evidência científica definitiva a respeito da existência de danos ao meio ambiente ou da relação de causalidade entre danos perceptíveis e determinada prática suspeita".[33]

No entanto, a consagração absoluta e ilimitada da precaução acarretaria o imobilismo e poderia impedir o progresso social. Por isso, a aplicação do princípio da prevenção ou da precaução é norteada pela proporcionalidade. É imperioso comparar os resultados potencialmente

---

[32]   Sobre o tema, confira-se MARRARA. A atividade de planejamento na Administração Pública: o papel e o conteúdo das normas previstas no anteprojeto da Nova Lei de Organização Administrativa. *Revista Brasileira de Direito Público – RBDP*, n. 9, n. 34, p. 9-45, jul./set. 2011.

[33]   SUNDFELD; CÂMARA. Produtos perigosos: como a regulação equilibra interesses conflitantes? *Revista Brasileira de Direito Público – RBDP*, n. 34, p. 83-84, jul./set. 2011.

decorrentes das diversas alternativas e optar pela que se revelar menos nociva e, concomitantemente, mais apta a produzir resultados satisfatórios. Em suma, é impossível consagrar um modelo que elimine o risco de danos de modo absoluto.

19.4.4 A definição de políticas públicas

A compatibilidade com o plano é pressuposto de validade da definição de políticas públicas e programas de governo. Esse dever decorre diretamente do princípio da República e de dispositivos constitucionais explícitos. A CF/1988 impõe a elaboração de planos em diversos dispositivos, tais como: art. 21, IX e XVIII; art. 25, § 3.º; art. 30, VIII; art. 43, § 1.º; art. 48, II e IV, art. 164-A, parágrafo único e art. 165. O plano diretor da cidade foi consagrado como instrumento indispensável da gestão das cidades e sua existência é compulsória para cidades com mais de vinte mil habitantes (CF/1988, art. 182, § 1.º).

No âmbito federal, vêm sendo editados diversos diplomas dispondo sobre as políticas públicas setoriais, impondo a obrigatoriedade do planejamento e subordinando a validade de decisões administrativas à compatibilidade com as diretrizes consagradas.

19.5 A exigência da Análise de Impacto Regulatório

A seriedade do planejamento conduziu à concepção da figura da Análise de Impacto Regulatório, que se configura como requisito prévio necessário à implantação de qualquer inovação relevante na regulação setorial. Essa solução é adotada na generalidade dos países democráticos. Consiste na avaliação dos custos, dos benefícios e dos efeitos das inovações regulatórias pretendidas.

19.5.1 A disciplina constante das Leis 13.874/2019 e 13.848/2019

A Lei 13.874/2019 (Lei da Liberdade Econômica) impôs a obrigatoriedade da elaboração de uma Análise de Impacto Regulatório, nos termos seguintes:

> "Art. 5.º As propostas de edição e de alteração de atos normativos de interesse geral de agentes econômicos ou de usuários dos serviços prestados, editadas por órgão ou entidade da administração pública federal, incluídas as autarquias e as fundações públicas, serão precedidas da realização de análise de impacto regulatório, que conterá informações e dados sobre os possíveis efeitos do ato normativo para verificar a razoabilidade do seu impacto econômico.
>
> Parágrafo único. Regulamento disporá sobre a data de início da exigência de que trata o caput deste artigo e sobre o conteúdo, a metodologia da análise de impacto regulatório, os quesitos mínimos a serem objeto de exame, as hipóteses em que será obrigatória sua realização e as hipóteses em que poderá ser dispensada".

A Lei 13.848/2019 (Lei das Agências Reguladoras) também se referiu à Análise de Impacto Regulatório:

> "Art. 6.º A adoção e as propostas de alteração de atos normativos de interesse geral dos agentes econômicos, consumidores ou usuários dos serviços prestados serão, nos termos de regulamento, precedidas da realização de Análise de Impacto Regulatório (AIR), que conterá informações e dados sobre os possíveis efeitos do ato normativo".

Os dispositivos foram regulamentados pelo Decreto 10.411/2020. Segundo o disposto no art. 2°, inc. I, a Análise de Impacto Regulatório consiste em "procedimento, a partir da definição de problema regulatório, de avaliação prévia à edição dos atos normativos de que trata este Decreto, que conterá informações e dados sobre os seus prováveis efeitos, para verificar a razoabilidade do impacto e subsidiar a tomada de decisão".

O Decreto 11.243/2022 alterou alguns dispositivos do Decreto 10.411/2020. Entre outras, incluiu exigência no sentido de que "o conteúdo do relatório de AIR deverá ser detalhado e complementado com elementos adicionais específicos do caso concreto, de acordo com o seu grau de complexidade, a abrangência e a repercussão da matéria em análise" (art. 6.º, § 1.º).[34]

19.5.2 A ausência de Análise de Impacto Regulatório

A ausência da Análise de Impacto Regulatório revela a carência de meditação e ponderação sobre as providências pretendidas. Traduz uma decisão subjetiva, desvinculada de fundamentos técnico-científicos. Em se tratando de decisões de grande relevo, a inexistência da Análise de Impacto Regulatório se constitui em defeito insanável e insuperável. Assim se passa porque a autoridade administrativa não pode impor à sociedade alterações radicais e relevantes sem avaliar minuciosamente os efeitos decorrentes.

A Organização para a Cooperação e Desenvolvimento Econômico (OCDE) conduziu estudo sobre o sistema regulatório brasileiro, apontando a necessidade de adoção de Análises de Impacto Regulatório e afirmando que "todos os órgãos da administração federal, sem exceção, deveriam ser responsáveis para utilizar AIR".[35]

19.6 A exigência de consulta e audiência pública

Além disso, alterações regulatórias essenciais dependem de procedimentos destinados a assegurar a participação dos setores da sociedade envolvidos, inclusive dos usuários de serviços públicos. Essa imposição encontra-se na essência do sistema democrático.

Por isso é que se afirma que "uma política pública também deve ser expressão de um processo público, no sentido de abertura à participação de todos os interessados, diretos e indiretos, para a manifestação clara e transparente das posições em jogo".[36]

19.6.1 O fundamento constitucional

Submeter a decisão regulatória a consultas e audiências públicas não se constitui em uma liberalidade do governante. Traduz uma determinação constitucional. O art. 1.º, parágrafo único, da Constituição consagra a soberania popular e prevê a participação popular na adoção das decisões públicas.

E o art. 5.º, LIV e LV, consagra o direito fundamental à existência de um processo administrativo sempre que houver o exercício de competência administrativa apta a afetar direitos e interesses individuais. As garantias constitucionais devem ser interpretadas em termos amplos, compatíveis com a natureza democrática da ordem jurídica brasileira.

---

[34] O Projeto Regulação em Números da FGV-Rio produziu, em agosto de 2024, um relatório de pesquisa referente a uma análise dos três anos de regulamentação da AIR no Brasil, a partir do Decreto 10.411/2020 (https://regulacaoemnumeros-direitorio.fgv.br/sites/regulacaoemnumeros-direitorio.fgv.br/files/relatorios/analise_dos_tres_anos_de_regulamentacao_da_air_no_brasil_1.pdf).

[35] OCDE. *Relatório sobre a reforma regulatória*: Brasil: fortalecendo a governança para o crescimento, p. 342. Em 2022, a OCDE produziu um novo relatório a respeito da Reforma Regulatória no Brasil (https://www.oecd.org/pt/publications/reforma-regulatoria-no-brasil_f7455d72-pt.html).

[36] BUCCI. *Direito administrativo e políticas públicas*, p. 269.

19.6.2 A regra do art. 29 da LINDB

Seguindo essa orientação, a Lei 13.655/2018, ao alterar a redação da Lei de Introdução às Normas do Direito Brasileiro – LINDB, previu que "Em qualquer órgão ou Poder, a edição de atos normativos por autoridade administrativa, salvo os de mera organização interna, poderá ser precedida de consulta pública para manifestação de interessados, preferencialmente por meio eletrônico, a qual será considerada na decisão" (art. 29). E o § 1.º estabeleceu a obrigatoriedade de que a minuta do ato normativo seja exposta por ocasião da convocação.

19.6.3 A disciplina específica sobre a atividade regulatória

Diversas leis que disciplinam agências reguladoras preveem a obrigatoriedade da audiência pública prévia a inovações. Por exemplo, o art. 68 da Lei 10.233/2001, que se refere à ANTT e à ANTAQ, ao estabelecer que:

> "As iniciativas de projetos de lei, as alterações de normas administrativas e as decisões das Diretorias Colegiadas para resolução de pendências que afetem os direitos de agentes econô-micos ou de usuários de serviços de transporte serão precedidas de audiência pública".

O art. 9.º da Lei 13.848/2019 previu a obrigatoriedade de consulta pública como pressu-posto para a adoção pelas agências reguladoras de atos normativos de interesse geral. E o art. 10 do mesmo diploma facultou a realização de consulta pública, quando reputado necessário.

O Decreto 11.243/2022 estabeleceu regras mais detalhadas sobre a questão da consulta pública.

19.6.4 A preservação da competência administrativa

A audiência e a consulta públicas não são instrumentos de transferência de competências estatais à comunidade.[37] As propostas e concepções da Administração devem ser submetidas a discussões e questionamentos, sem que isso signifique a exigência de aprovação das propostas por parte dos participantes. No entanto, deve haver esclarecimentos suficientes para permitir a qualquer sujeito valer-se dos meios de controle da atividade administrativa.

19.6.5 A exigência de eficácia e seriedade

A audiência e a consulta públicas devem ser instrumentos de participação popular efetiva. Isso somente pode ocorrer quando a autoridade pública dispuser de informações suficientes para formular uma proposta consistente e estabelecer um diálogo efetivo com a comunidade.

O problema é que, em muitos casos, as audiências e consultas são realizadas sem a existência de propostas definidas. Não é raro o evento ser encerrado sem o fornecimento de informações para a comunidade e com a ausência de esclarecimento das dúvidas e questionamentos.

Isso configura um arremedo de participação social, especialmente porque a decisão final adotada pela autoridade pública não apresenta qualquer vínculo com a audiência ou a consulta.

Deve-se reputar como nula a audiência ou a consulta pública instaurada sem a existência de uma proposta razoavelmente definida, que permita a discussão com os interessados. Para

---

[37] Nos termos da Lei 13.848/2019, a audiência pública consiste num ato público, realizado de modo presencial ou virtual, que permite a manifestação oral dos interessados previamente credenciados (art. 10, § 1.º). A consulta pública é um procedimento que convoca os interessados a apresentarem sugestões por via escrita ou eletrônica (art. 9.º).

que isso ocorra, é necessário que a audiência ou a consulta seja precedida de uma etapa de planejamento, em que tenham sido identificados os problemas, as diferentes alternativas e a solução mais satisfatória. Realizar audiência ou consulta pública sem qualquer providência prévia frustra a eficácia desses atos.

Mais do que isso, é indispensável que os agentes públicos, atuando nessas oportunidades, disponham de conhecimento efetivo sobre os temas. Enfim, todas as propostas apresentadas deverão ser examinadas e discutidas.

A decisão de promover a resposta em oportunidade posterior somente será aceitável como exceção, em vista de dúvidas específicas e complexas. Quando a generalidade das questões apresentadas pelos participantes não recebe uma resposta imediata, deverá reconhecer-se a necessidade de designação de nova audiência.

19.7　A exigência de processo de transição

A alteração da disciplina regulatória não produz efeitos retroativos. Incide a garantia do art. 5.º, XXXVII, da Constituição também sobre atos normativos infralegais. Ademais, exige-se a previsão de processo de transição, sempre que as inovações demandem modificações relevantes na estrutura ou na organização dos procedimentos anteriormente praticados pelos agentes regulados. Essa imposição foi consagrada no art. 23 da LINDB:[38]

> "Art. 23. A decisão administrativa, controladora ou judicial que estabelecer interpretação ou orientação nova sobre norma de conteúdo indeterminado, imponto novo dever ou novo condicionamento de direito, deverá prever regime de transição quando indispensável para que o novo dever ou condicionante de direito seja cumprido de modo proporcional, equânime e eficiente e sem prejuízos aos interesses gerais".

A adoção de um regime de transição não é uma mera faculdade para a autoridade administrativa que implementa a alteração regulatória. São obrigatórias a previsão de um prazo adequado para a aplicação do novo regime e a especificação das soluções a serem observadas durante o período de transição.

20　A LEI DE LIBERDADE ECONÔMICA (LEI 13.874/2019)

A proliferação de decisões regulatórias e a burocratização intensa dos órgãos administrativos conduziram à edição da Lei 13.874/2019, destinada a proteger a autonomia privada. A Lei se aplica a todas as órbitas federativas. No âmbito federal, está regulamentada pelo Decreto 10.178/2019 (alterado pelo Decreto 10.219/2020).

20.1　Fundamentos constitucionais

O diploma se fundamenta nos arts. 1.º, IV (valor social da livre-iniciativa), 170, parágrafo único (garantia do livre exercício das atividades econômicas) e 174 (competências regulatórias do Estado) da CF/1988.

---

[38] Confiram-se os comentários sobre o dispositivo em MARQUES NETO. Art. 23 da LINDB – o equilíbrio entre mudança e previsibilidade na hermenêutica jurídica. *Revista de Direito Administrativo*, p. 93-112, nov. 2018. Consulte-se também CABRAL. *Segurança jurídica e regras de transição nos processos judicial e administrativo*: introdução ao art. 23 da LINDB. 2. ed.

20.2 Aplicação abrangente

As normas da Lei de Liberdade Econômica se aplicam amplamente às relações jurídicas de diversa natureza.

20.3 As regras hermenêuticas fundamentais

Segundo o art. 1.º, § 2.º, "Interpretam-se em favor da liberdade econômica, da boa-fé e do respeito aos contratos, aos investimentos e à propriedade todas as normas de ordenação pública sobre atividades econômicas privadas". O art. 2.º reitera essa determinação.

Isso implica proscrever qualquer interpretação que produza a inversão do ônus da prova relativamente aos referidos temas. É vedado presumir a ausência de boa-fé no tocante às condutas adotadas pelos agentes econômicos. Não se admite a limitação às previsões contratuais.

20.4 A consagração do princípio da subsidiariedade

O inc. III do art. 2.º prevê que o Estado apenas intervirá sobre o exercício de atividade econômica de modo subsidiário e excepcional. Essa solução corresponde ao princípio da subsidiariedade.

20.5 A declaração de direitos de liberdade econômica

O art. 3.º consagrou uma declaração de direitos de liberdade econômica. Dentre outras previsões, contemplou a liberdade de exercício de atividade econômica no tocante a horário e dia da semana, a livre pactuação de preços em mercados não regulados e a prevalência das regras contratuais pactuadas pelas partes.

20.6 A repressão ao abuso de poder regulatório

A Lei 13.874/2019 (alterada pela Lei 14.195/2021) reprimiu práticas estatais que configurariam abuso de poder regulatório (arts. 4.º e 4.º-A), o que abrange a exigência de especificações técnicas inadequadas ou desnecessárias e a elevação injustificada de custos de transação. Também se configura a invalidade quando a decisão adotada propicia a uma determinada empresa ou a um grupo de empresas vantagens competitivas incompatíveis com a livre concorrência.

Capítulo 15
TIPOS DE ATIVIDADE ADMINISTRATIVA: FOMENTO

1 DEFINIÇÃO

Fomento é uma atividade administrativa de intervenção no domínio econômico orientada a incentivar positivamente ou negativamente condutas dos sujeitos privados mediante a outorga de benefícios diferenciados, inclusive a aplicação de recursos financeiros, visando a promover o desenvolvimento econômico e social.

1.1 A tentativa de influência sobre o uso de recursos econômicos

A atividade de fomento destina-se a orientar o uso dos recursos econômicos, de modo a conformar a sua exploração e alterar os padrões de conduta que seriam adotados pela iniciativa privada.

O fomento busca afetar as condutas dos particulares, de modo a induzi-los a condutas ativas ou omissivas reputadas como desejáveis para certos fins.

1.2 A preservação da autonomia de escolha

Uma característica essencial reside na manutenção da autonomia dos particulares para a realização de escolhas. O fomento não consiste na imposição de comandos normativos qualificando as condutas dos particulares como obrigatórias ou proibidas. O particular é incentivado a escolher uma conduta reputada como desejável pelo Estado.

1.3 A premiação pela conduta desejável

O incentivo é produzido pela previsão normativa de benefícios vinculados à adoção de condutas ativas ou omissivas pelo particular. A norma jurídica prevê uma premiação para condutas desejáveis, tornando-as mais atrativas para o particular. A adoção da conduta não incentivada não gera consequência jurídica específica: configura uma conduta jurídica neutra e juridicamente irrelevante.

1.4 O conteúdo da premiação

O benefício ofertado ao particular pode envolver a transferência de recursos financeiros. Mas a natureza do prêmio pode ser variada. O fomento compreende inclusive benefícios de cunho honorífico, que apelam à generosidade (ou à vaidade) humana.

1.5 A finalidade buscada

A finalidade imediata buscada pelo fomento é o desenvolvimento econômico e social. Por tal razão, o fomento visa à eliminação da pobreza e das desigualdades regionais e sociais, ao aumento da oferta de emprego e a outras melhorias que propiciarão a elevação dos recursos necessários para o desenvolvimento social. Assim, ele se caracteriza como um instrumento indireto de defesa e promoção dos direitos fundamentais, a partir do reconhecimento de que a pobreza e as desigualdades atentam contra a dignidade humana. É essencial ter em vista que o desenvolvimento econômico não é um fim em si mesmo, mas um meio para realização dos direitos fundamentais de todos.

2 A ATUAÇÃO REGULATÓRIA DIFERENCIADA

Como exposto no Capítulo 14, a atividade regulatória do Estado compreende uma pluralidade de instrumentos jurídicos. Para reprimir condutas indesejáveis, o Estado se vale preponderantemente de normas contendo proibições e obrigatoriedades. Para promover as condutas desejáveis, o Estado pode buscar o consenso ou incentivar a concorrência. Mas essas soluções são insuficientes para que os sujeitos privados adotem algumas condutas necessárias à realização de valores relevantes.

Nesses casos, uma alternativa consiste em o Estado adotar providências destinadas a incrementar a atratividade dos empreendimentos e das atividades reputadas como socialmente relevantes. O Estado estabelece providências para reduzir os riscos ou encargos e (ou) para elevar as vantagens envolvidas em casos específicos.

2.1 O fundamento teórico: a formação das condutas humanas

As práticas de incentivo e fomento desenvolveram-se de modo quase intuitivo, a partir de experiências práticas. Com o passar do tempo, no entanto, os estudos científicos aprofundaram o conhecimento sobre a formação da vontade individual. Isso fornece ao Estado subsídios para interferir de modo mais eficiente sobre a formação da conduta humana, adotando providências aptas a induzir os sujeitos a praticarem aqueles comportamentos que o Estado busca promover.

2.2 A ilusão da racionalidade econômica absoluta

O pensamento econômico chegou a admitir que as condutas humanas seriam norteadas por uma racionalidade econômica absoluta. Segundo essa visão (dita "econômica clássica"), toda decisão individual decorreria de uma ponderação mental sobre os benefícios e as desvantagens envolvidos numa situação concreta. Logo, sempre prevaleceria a escolha pela alternativa mais vantajosa.

Mas a experiência demonstra que as decisões individuais não refletem um processo psicológico norteado pela racionalidade. Isso não significa afirmar que o processo decisório humano seja absolutamente irracional. Tal constatação tornaria inútil qualquer ordem normativa. Se o comportamento humano fosse totalmente errático e não sujeito a um grau mínimo de racionalidade, seria um despropósito editar normas de conduta. Todos os sujeitos seriam inimputáveis.

2.3 A relevância de fatores externos nas escolhas

As ciências do comportamento evidenciaram a relevância de certos fatores externos na formação da conduta. A formação da conduta humana é um processo complexo, que envolve circunstâncias internas individuais e fatores externos. As decisões concretas são afetadas pela eficácia dos valores, mas também por outras circunstâncias e necessidades.

Uma parcela de economistas vem se dedicando à incorporação do conhecimento psicológico à análise econômica – inclusive para fins de utilização no âmbito jurídico. A importância de incentivos externos para o desenvolvimento da atividade econômica vem sendo reconhecida de modo intenso pelo pensamento econômico. A vertente mais atual do pensamento econômico, que é a chamada "abordagem comportamental da economia" (*behavioral economics*), aprofundou grandemente essa proposta.[1]

3 A FUNÇÃO PROMOCIONAL DO DIREITO (BOBBIO)

Uma teorização jurídica muito abrangente e satisfatória sobre esse tema se deve a Bobbio.[2] Os novos paradigmas de atuação estatal permitiam, ao ver do autor italiano, diferenciar dois modelos jurídicos distintos. A concepção jurídica clássica correspondia a um direito "repressivo", caracterizado pela sanção punitiva orientada a desincentivar condutas indesejáveis. O direito repressivo continua a existir, mas passa a ser acompanhado por um direito "promocional".

3.1 O direito de configuração repressiva

Bobbio evidenciou que, no modelo tradicional, somente é juridicamente relevante a conduta indesejável. O comportamento compatível com os valores fundamentais é juridicamente neutro, na acepção de que não desencadeia qualquer consequência jurídica. A sanção é cominada à prática do ilícito. Isso corresponde a uma proposta de atuação estatal conservadora: o Estado pretende evitar que a situação existente seja alterada por meio de condutas eticamente reprováveis.

3.2 O direito de configuração promocional

Já no modelo promocional, a conduta juridicamente relevante é aquela socialmente desejável. Por isso, a sua concretização é causa da produção de um efeito, consistente na atribuição de um prêmio ao agente. A ordem jurídica comina sanções "positivas" ou "premiais", que se constituem em vantagens e benefícios para os sujeitos que praticarem as condutas incentivadas. Torna-se juridicamente neutra a conduta que não realiza valores prestigiados pelo ordenamento jurídico. Essa concepção é vinculada a uma proposta de atuação estatal inovadora e reformadora da realidade.

Na sociedade contemporânea, existe um direito que é não apenas repressivo, mas também promocional. É inviável eliminar o cunho repressivo do direito, mas é indispensável agregar os instrumentos promocionais. Isso porque nenhum dos dois modelos isoladamente é apto a produzir resultados satisfatórios.

3.3 O reconhecimento da insuficiência da atuação estatal isolada

A formulação de Bobbio reconhece a insuficiência da atuação isolada do Estado para o atingimento das finalidades de interesse coletivo. É indispensável a participação da sociedade para a realização das mudanças necessárias à realização dos valores fundamentais.

---

[1] Para uma exposição genérica sobre o tema, confira-se THALER; SUNSTEIN. *Nudge*: o empurrão para a escolha certa: aprimore suas decisões sobre saúde, riqueza e felicidade. Trad. Marcello Lino.

[2] Confira-se o pensamento de BOBBIO. *Dalla struttura alla funzione: nuovi studi di teoria del diritto*.

4 AS MANIFESTAÇÕES CONCRETAS DA FUNÇÃO PROMOCIONAL

Essas novas propostas vêm sendo incorporadas à experiência concreta. A manifestação mais evidente desse modelo de atuação estatal compreende providências de cunho tributário em benefício de sujeitos, atividades e regiões cujo desenvolvimento necessite ser favorecido.

Mas há uma série de providências estatais de natureza não tributária adequadas a incentivar a atuação privada. Assim, por exemplo, há a outorga de financiamento em condições favorecidas para as empresas que assumam o desempenho de atividades relevantes. Existem medidas de transferência direta de recursos públicos para subvencionar setores carentes. Admite-se a doação de bens públicos móveis ou imóveis, condicionada ao atingimento de certos resultados predeterminados.

5 A FUNÇÃO ESTATAL PROMOCIONAL OU DE FOMENTO

A complexidade desse novo cenário permite aludir a uma função estatal promocional ou de fomento, que é autônoma e diferenciada em face de outras modalidades de atuação do Estado.

5.1 A atuação indireta do Estado

Ao desenvolver essa atividade, o Estado não promove o atendimento direto de necessidades coletivas (serviço público), nem produz a conformação da autonomia privada (poder de polícia). Não envolve a produção de normas jurídicas.

No caso do fomento, a satisfação dos interesses coletivos é produzida de modo indireto, por meio da atuação da iniciativa privada. O fomento se traduz num regime jurídico diferenciado para o desempenho de condutas reputadas como desejáveis pelo Estado. Daí se afirma que o fomento é uma atividade regulatória indireta. Afinal, o fomento se materializa, predominantemente, em providências normativas, com a peculiaridade de que essa atuação normativa não consiste na emissão de normas compulsórias de cunho proibitivo ou mandatório. A finalidade buscada pelo Estado é obtida de modo indireto, por via da atuação dos particulares.

5.2 A ausência de mera liberalidade

A finalidade do Estado, ao promover o incentivo, não consiste na obtenção de benefícios econômicos diretos. O Estado não visa a ampliar a receita pública – aliás, as providências de fomento tendem a produzir resultado oposto, ao menos no primeiro momento. Mas isso não se confunde com uma pura e simples liberalidade. Não se trata de renunciar a bens e interesses públicos com a finalidade de beneficiar um particular – ainda que, num primeiro momento, isso possa ocorrer.[3]

5.3 A exigência de contrapartidas ("encargos")

Como regra, a atividade de fomento envolve uma contrapartida do particular envolvido. O sujeito privado é beneficiário de uma atuação favorável do Estado, que está condicionada a uma série de contrapartidas. Cabe ao particular realizar investimentos em montante mínimo e

---

[3] Nas palavras de Lúcia Valle Figueiredo, "devemos enfatizar que importâncias recebidas pelas empresas, a título de empréstimos, com juros privilegiados, constituem não ato de liberalidade da Administração Pública, que isso não pode fazer, mas cumprimento de metas perseguidas – como é, por exemplo, o desenvolvimento de alguma região do país, com a finalidade de reduzir as desigualdades regionais (arts. 3.º, III, e 170, VII, da Constituição Federal)" (*Curso de Direito Administrativo*, 9. ed., p. 95).

em locais específicos, desenvolver certo tipo de benefícios para a comunidade, produzir riqueza e assegurar vantagens a populações carentes e assim por diante.

Ou seja, o eventual benefício inerente ao fomento é apenas um fator de convencimento para que a iniciativa privada desenvolva atividades socialmente indispensáveis. Em suma, os ganhos sociais, econômicos e culturais inerentes ao fomento compensam a redução da arrecadação ou a transferência de benefícios promovida pelo Estado.

6 A CONJUGAÇÃO DE FUNÇÕES

O desempenho da função de fomento pode ser o conteúdo único ou principal de certas atuações estatais. Assim se passa, por exemplo, quando o Estado concede subvenções sociais a determinadas entidades privadas.

Mas se torna cada vez mais frequente a conjugação da função de fomento com o desempenho de outras funções estatais. Um exemplo é a preferência em favor de microempresas ou empresas de pequeno porte em licitações para contratação administrativa. Nesse caso, a contratação é orientada a obter uma prestação destinada à satisfação de necessidades administrativas e também a incentivar atividades reputadas como socialmente desejáveis.

7 O "ESTADO FOMENTADOR"

O fomento sempre foi conhecido e praticado ao longo do tempo. No entanto, as medidas de fomento não eram desenvolvidas de modo sistêmico e regular. Nos tempos atuais, o fomento se configura como uma solução permanente e contínua, um instrumento indispensável de realização dos fins do Estado. Portanto, o Estado se aparelha para promover o fomento, instituindo um amplo conjunto de providências que se configuram como tal.

A incorporação do fomento como uma atividade pública permanente, organizada e contínua permite aludir a um "Estado Fomentador", que não apenas desempenha diretamente certas atividades e impõe condutas como proibidas ou obrigatórias para os particulares, mas que exercita seus poderes para induzir a iniciativa privada a desempenhar atividades socialmente relevantes.

Portanto, o Estado desenvolve as suas competências para influir sobre a formação das decisões dos particulares, agregando incentivos para orientar o processo econômico para a realização de fins determinados.

7.1 Regulação e fomento

O fomento é uma manifestação da regulação estatal, como já afirmado no capítulo anterior. Mas nem toda regulação é fomento. A regulação se exercita mediante uma pluralidade de instrumentos jurídicos, entre os quais se encontra o fomento.

Mas a sistematicidade e a relevância do fomento autorizam afirmar a configuração de uma função estatal diferenciada e específica. A complexidade e a amplitude do fomento exigem o estudo em apartado do instituto e de suas manifestações.

7.2 Os instrumentos jurídicos para o fomento

Há uma grande variedade de instrumentos para promover o fomento.

7.2.1 O uso indireto de institutos tradicionais

Em muitos casos, o fomento se configura pelo uso indireto de um instituto concebido para outro fim. Assim se passa, por exemplo, no caso da extrafiscalidade – que consiste na utilização do tributo para o fim de interferir sobre a conduta dos sujeitos passivos tributários. Por exemplo, a elevação da carga tributária sobre produtos nocivos à saúde destina-se não apenas a elevar a arrecadação, mas também a desincentivar o seu consumo.

Outro exemplo é a promoção do desenvolvimento nacional sustentado por meio da contratação pública. É o que se passa nos casos em que a Administração promove a aquisição de produtos fabricados no território nacional, mediante práticas que protejam o meio ambiente. O Estado necessita adquirir certos produtos, mas escolhe aqueles que propiciem vantagens para a economia, com efeitos mais reduzidos sobre o meio ambiente.

Tal como nos exemplos fornecidos, existem muitas outras hipóteses em que ocorre a conjugação de funções estatais com natureza diversa.

7.2.2 A outorga de benefício isolado

Em outras situações, o fomento se traduz numa providência específica e isolada. Assim se passa nos casos em que o Estado concede uma ajuda pecuniária a um particular para o desempenho de atividades socialmente relevantes. A matéria está subordinada à disciplina da Lei 4.320/1964 e se enquadra como uma modalidade de transferência corrente. Assim, podem ser destinadas subvenções sociais a instituições públicas ou privadas de caráter assistencial ou cultural, sem finalidade lucrativa. Tais subvenções envolvem a prestação de serviços essenciais de assistência social, médica e educacional e devem beneficiar apenas instituições cujas condições de funcionamento forem julgadas satisfatórias pelos órgãos oficiais de fiscalização.[4]

7.2.3 A realização de transferências de capital

O fomento também pode ser implementado por meio de transferências de capital, objeto de disciplina no art. 12, § 6.º, da Lei 4.320/1964. O art. 21 do mesmo diploma determina que "a Lei de Orçamento não consignará auxílio para investimentos que se devam incorporar ao patrimônio das empresas privadas de fins lucrativos".

Admite-se o auxílio ou a contribuição em favor de entidades privadas sem fins lucrativos, o que pode materializar-se tanto por meio de investimentos em obras, instalações, equipamentos e material permanente, como de inversões financeiras, ou seja, aquisições que se destinam a constituir ou aumentar o capital social de uma entidade ou empresa.[5]

8 OS CONTRATOS DE FOMENTO

Uma figura que vai adquirindo grande relevância envolve os chamados contratos de fomento.[6]

8.1 A identificação da figura

Os contratos administrativos de fomento são avenças entre o Estado e um particular, a quem são assegurados certos benefícios como contrapartida pela adoção de condutas predeterminadas. A obrigação assumida pelo particular não consiste numa prestação a ser executada diretamente em favor do Estado. O pacto envolve o dever de o particular realizar condutas ativas e omissivas que se configuram como úteis ou necessárias à realização de interesses coletivos,

---

[4] Confira-se o disposto nos arts. 16 e 17 da Lei 4.320/1964.

[5] Art. 12, § 5.º, III, da Lei 4.320/1964.

[6] Para uma análise mais aprofundada, confira-se JUSTEN FILHO; JORDÃO. A contratação administrativa destinada ao fomento de atividades privadas de interesse coletivo. *Revista Brasileira de Direito Público – RBDP*, n. 34, p. 47-72, jul./set. 2011.

Cap. 15 – TIPOS DE ATIVIDADE ADMINISTRATIVA: FOMENTO **561**

tais como a implantação de uma planta industrial em certo local, a realização de investimentos num período de tempo específico, a ampliação de postos de trabalho e assim por diante.

8.2 As garantias asseguradas ao particular

A adoção de instrumento contratual para formalizar a atividade de fomento visa a assegurar garantias ao particular. A previsão de benefícios a particulares contemplada em ato unilateral do Estado pode ser suprimida sem que, usualmente, o particular possa a tanto se opor, eis que não existe direito adquirido a regime jurídico.

No entanto, a formalização contratual de um benefício, condicionada à observância de certos requisitos, configura ato jurídico perfeito e gera direito adquirido em favor do beneficiário.

O contrato de fomento pode ter por objeto a outorga de benefícios pelo Estado em favor de um particular, versando sobre o desenvolvimento de atividades econômicas. Nessas hipóteses, não caberá ao particular realizar uma prestação determinada em favor do ente estatal. Mas pode haver contrato de fomento que imponha ao particular executar uma prestação em benefício do ente fomentador. Em tais casos, não haverá um contrato puramente de fomento, mas a conjugação da função de fomento com outros fins buscados pelo poder público.

9 SOCIEDADE COM PARTICIPAÇÃO ESTATAL MINORITÁRIA

Sociedade com participação estatal minoritária é uma pessoa jurídica de direito privado sob controle de particulares, sujeita a regime de direito privado, de cujo capital participa minoritariamente um ente estatal.

9.1 A participação estatal em empreendimento privado

Admite-se que a Administração Pública participe como sócia, ainda que de modo indireto, de sociedade privada, sem deter o seu controle.[7] Nesses casos, a sociedade estatal será sócia minoritária no capital de empresa privada. Essa é uma situação excepcional, mas utilizada com frequência crescente pelo Estado brasileiro.[8]

---

[7] Carlos Ari Sundfeld, Rodrigo Pagani de Souza e Henrique Motta Pinto utilizam a expressão "empresa semiestatal" para designar essa entidade jurídica (Empresas semiestatais. *Revista de Direito Público da Economia – RDPE*, n. 36, p. 75-99, out./dez. 2011). Alexandre Santos de Aragão opta por tratar do fenômeno como "empresa público-privada" (*Curso de Direito Administrativo*, 2. ed., p. 137 *et seq.*). Essa denominação é adotada por Rafael Wallbach Schwind em sua obra *O Estado Acionista*: Empresas estatais e empresas privadas com participação estatal.

[8] "Um dos instrumentos jurídicos de que se pode lançar mão para instrumentalizar a concatenação dos interesses público e privado deriva da aplicação conjunta da Lei 11.079/2004 (Lei das PPPs) e da Lei 6.404/1976 (Lei das S.A.). Trata-se da participação minoritária do Estado na SPC (Sociedade de Propósito Específico), sendo-lhe assegurada a possibilidade de participação efetiva na gestão do empreendimento. De forma inexplicável, essa forma de organização tem passado quase despercebida pelos operadores do direito brasileiros, muito embora seja tema fervilhante na União Europeia. (...) Essa estrutura organizativa é diversa daquela típica das companhias de economia mista, em que o controle pertence à pessoa jurídica de direito público. Igualmente, diferencia-se dos investimentos em capital de risco ou em debêntures realizados por bancos estatais como forma de financiamento de empresas privadas" (FORGIONI. PPPs e participação minoritária do Estado-acionista: o direito societário e sua instrumentalidade para o direito administrativo. *Revista de Direito Público da Economia – RDPE*, Belo Horizonte, n. 16, p. 177-182, out./dez. 2006, p. 178-180). O tema também foi objeto de exame de FERRAZ. Além da sociedade de economia mista. *Revista de Direito Administrativo – RDA*, v. 266, p. 49-68, maio/ago. 2014. Ademais, o tema foi objeto de profundo estudo por Rafael Wallbach Schwind na obra *O Estado Acionista*: Empresas estatais e empresas privadas com participação estatal.

562 CURSO DE DIREITO ADMINISTRATIVO • *Marçal Justen Filho*

9.2   Características

A sociedade com participação estatal minoritária não integra a Administração Pública e se subordina ao regime de direito privado.

9.2.1   A forma societária

Existe uma sociedade com personalidade jurídica de direito privado, segundo a disciplina própria. Pode revestir-se de qualquer forma societária, mas usualmente se configura como uma sociedade por ações ou uma sociedade limitada.

9.2.2   O controle privado

O controle dessa sociedade se encontra na titularidade de particulares. Portanto, um ou mais sujeitos privados são titulares de participações societárias que lhes asseguram de modo permanente a maioria nas deliberações sociais e o poder de eleger a maioria dos administradores.

9.3   A insuficiência de providências comuns de fomento

Muitas vezes, os riscos do empreendimento são muito relevantes e os benefícios outorgados pelo Estado não são suficientes para induzir algum particular a investir seus recursos na atividade.

Por outro lado, a autonomia do particular impede que o Estado interfira sobre as decisões empresariais adotadas. Existem dificuldades de controle sobre o desempenho do particular.

Em outros casos, os resultados propiciados pela atividade fomentada podem ser extraordinariamente vantajosos. Então, o Estado assegurará um benefício para o particular e os lucros relevantes gerados pela exploração empresarial serão integralmente apropriados pelo particular. Essa solução não é a mais desejável para o equilíbrio social.

9.4   Ausência de exercício de atividade administrativa

A sociedade privada com participação minoritária estatal não é o veículo apropriado para o exercício de atividades administrativas públicas. É adequada para o desempenho de atividades privadas, em que o sócio integrante da Administração Pública não orienta a sua atuação para fins públicos. Essa sociedade privada não se subordina ao regime de direito público, nem a qualquer controle direto previsto para a atividade administrativa do Estado.[9]

9.5   O desenvolvimento de um modelo de intervenção estatal

Anteriormente, manifestei-me no sentido da excepcionalidade dessa hipótese, partindo do pressuposto de que a escassez de recursos públicos impunha a sua aplicação para o desempenho de atividades administrativas. Essa orientação foi afastada, especificamente pela constatação da consolidação de um novo modelo interventivo do Estado brasileiro.

Existem atividades econômicas relevantes para o desenvolvimento nacional. Em muitos casos, a obtenção dos resultados pretendidos depende da atuação privada. A atuação por meio de sociedades estatais é inadequada, inclusive pela conveniência de captar recursos privados e pela necessidade de valer-se da experiência e do conhecimento da iniciativa privada.

---

[9]   A esse respeito, consulte-se a Lei 13.303/2016, a criação das empresas estatais e a participação minoritária em empresas privadas. In: JUSTEN FILHO (Org.). *Estatuto Jurídico das Empresas Estatais*, p. 39-57.

Em tais hipóteses, o Estado até pode adotar incentivos para fomentar a exploração pelas empresas privadas. No entanto, esses incentivos também podem configurar uma solução inconveniente. Há casos em que os riscos são relevantes ou em que os capitais privados são insuficientes. Em outras hipóteses, o Estado tem interesse em participar do empreendimento inclusive para exercitar poderes de veto quanto a certas soluções.

Por isso, o Estado brasileiro vem desenvolvendo um modelo interventivo diferenciado. A partir da experiência no setor de petróleo e de energia elétrica, vai-se difundindo a solução de participação estatal minoritária em empresas privadas.

9.6 A autorização legislativa e o interesse estatal relevante

A participação do Estado como sócio minoritário em sociedade privada depende de autorização legislativa, como decorrência do art. 37, XIX e XX, da CF/1988.

Por outro lado, deve existir um interesse estatal relevante no tocante ao desenvolvimento da atividade objeto da exploração privada. A solução de participação estatal será uma manifestação de cunho promocional, incentivando o desempenho de atividades econômicas relevantes.

9.7 O regime jurídico de direito privado e eventuais limitações

O regime jurídico aplicável à atividade da sociedade, no caso examinado, é de direito privado. A entidade não integra a Administração Pública tal como não desempenha atividades administrativas. Bem por isso, ela não se sujeita a promover concurso público para contratação de empregados e não está obrigada a realizar licitação. Nem sequer será o caso de prestação de contas aos tribunais de contas.

Mas é indispensável que a participação do Estado se traduza em poderes destinados a impedir condutas empresariais incompatíveis com a realização dos interesses estatais que justificaram o aporte de recursos públicos. Essa solução não se confunde com a cotitularidade do poder de controle. Usualmente, costuma-se aludir à existência de *golden shares* – ou seja, de regras estatutárias que subordinam determinadas decisões a um quórum diferenciado. Então, certas decisões somente poderão ser adotadas se merecerem a aprovação do sócio estatal minoritário.

9.8 A orientação do TCU sobre a questão do controle

A criação de sociedades com participação de sócios públicos e privados gera dificuldades no tocante à definição da titularidade do poder de controle.[10] O tema foi examinado no Capítulo 6.

9.8.1 A ausência de uma posição definitiva

O TCU tem tratado de questões controvertidas e ainda se debate com a fixação de critérios objetivos insuscetíveis de dúvida. O exame da sua jurisprudência evidencia uma clara tendência a privilegiar a análise da realidade antes de considerar questões formais.

9.8.2 A situação anômala: participação estatal total ou majoritária

O TCU reconheceu como puramente privada uma empresa cuja totalidade das participações societárias encontrava-se no controle indireto de sociedade estatal. Uma subsidiária do Banco do Brasil adquiriu participação minoritária no capital de uma empresa puramente

---

[10] O exame mais aprofundado da questão do controle societário pode ser encontrado no Capítulo 6, nos tópicos atinentes às sociedades estatais.

privada. Na sequência, comprou a totalidade das ações do outro acionista, passando a ser a única sócia. O TCU reconheceu que, ainda que configurado o controle societário indireto por entidade integrante da Administração Pública, a sociedade não se subordinava ao regime de direito administrativo:

> "(...) 24. Respondida, portanto, a questão essencial: pode haver empresa com participação societária de subsidiária do Banco do Brasil, ainda que na totalidade das ações, que não seja sociedade de economia mista ou empresa pública, à qual não se aplique o regime jurídico posto no art. 173, § 1.º, da Constituição? 25. A resposta é positiva (...)" (Acórdão 6.817/2014, 2.ª Câm., rel. Min. Aroldo Cedraz).

9.8.3   O empreendimento de cunho estatal

Em outra oportunidade, o TCU ignorou a ausência de controle formal do Estado sobre a sociedade privada e submeteu o caso às regras previstas para as entidades administrativas. Essa orientação, que necessita ser aplicada com enorme cautela, está evidenciada na passagem adiante reproduzida:

> "(...) 86. Os elementos elencados nestes autos e acima resumidos evidenciam, de forma categórica e inconteste, que, a despeito dos arranjos efetivados para viabilizar o projeto, a Petrobras é a pessoa jurídica que efetivamente atua como responsável pelo GASCAC, constituindo a TGS, nesse arranjo, nada mais do que um órgão de natureza contábil da própria Estatal, responsável apenas pela realização de pagamentos', consoante destacou a Sefid. (...)" (Acórdão 1.344/2015, Plenário, rel. Min. André Luís de Carvalho, trecho do voto revisor do Min. Bruno Dantas).

Em outra oportunidade, o TCU firmou entendimento de que o controle estatal configura-se não apenas nas hipóteses em que uma entidade estatal for titular da maioria das participações societárias com direito a voto. Também está presente nos casos em que exista um controle "material", na acepção de o Estado dispor de condições para impor a sua vontade nas deliberações sociais ou do poder de eleger a maioria dos administradores (Acórdão 2.706/2022, Plenário, rel. Min. Bruno Dantas). O tema foi examinado no Capítulo 6.

Capítulo 16

ESTRUTURA ADMINISTRATIVA DO ESTADO: OS AGENTES PÚBLICOS

Agente público é a pessoa física que atua como órgão estatal, produzindo ou manifestando a vontade do Estado e se sujeitando a regime jurídico específico, que compreende direitos, deveres e responsabilidades diferenciados.

1 A TEORIA DO ÓRGÃO

Adota-se a teoria do órgão, que defende que a vontade da pessoa jurídica (inclusive daquela integrante da estrutura estatal) é formada e manifestada por meio da atuação de pessoas físicas. Essas pessoas físicas não são *representantes* do Estado. A questão se encontra exposta também no Capítulo 6.

1.1 A ausência de representação

O instituto da representação não se aplica aos agentes públicos. Se o agente público fosse um *representante* do Estado, isso implicaria a existência de dois polos jurídicos distintos. Haveria o Estado-representado e o sujeito-representante, o que acarretaria o problema de identificar a vontade estatal representada.

O direito atribui os atos do agente à pessoa jurídica. Há uma única atuação jurídica, no sentido de que o Estado produz atos jurídicos por meio de uma pessoa física, que forma e exterioriza, *para fins jurídicos*, a vontade estatal.

1.2 As hipóteses abrangidas

Existem inúmeras posições jurídicas que conduzem à atuação de um indivíduo como órgão estatal. As hipóteses mais específicas são aquelas derivadas da investidura em um mandato eletivo, em um cargo público ou em emprego público. Mas há outras hipóteses em que isso também ocorre. Assim, o sujeito pode ser contratado para executar certa prestação, compreendendo inclusive a formação e a transmissão da vontade do Estado.

Até se podem imaginar situações puramente fáticas, em que o indivíduo, sem qualquer vínculo formal com o Estado, produz atos jurídicos que são a esse imputados ("funcionário de fato").[1] Ou seja, a qualidade de agente estatal independe do fundamento jurídico que autoriza o sujeito a atuar como órgão público.

2 A NATUREZA FUNCIONAL DA ATUAÇÃO INDIVIDUAL

Aquele que manifesta a vontade estatal desempenha uma *função pública*, o que significa o dever de orientar a própria conduta à satisfação dos valores fundamentais e ao atendimento às necessidades coletivas.

3 A ABRANGÊNCIA DA EXPRESSÃO "AGENTE ESTATAL"

A expressão *agente estatal* abrange todos os indivíduos que manifestem a vontade estatal, ainda que não traduzam o exercício de atividade administrativa, seja nos Poderes Executivo, Legislativo ou Judiciário. Compreende inclusive as pessoas físicas que atuem vinculadas às entidades integrantes da Administração indireta.

4 A ESTRUTURAÇÃO ORGANIZACIONAL DA ADMINISTRAÇÃO PÚBLICA

A Administração Pública compreende um conjunto de pessoas atuando de modo organizado, permanente e contínuo, segundo regras específicas e comprometidas com a promoção de valores fundamentais.

4.1 A estrutura hierárquica

A organização administrativa dos agentes estatais é fortemente influenciada pelo modelo napoleônico, que organizou as atividades administrativas segundo uma feição militar. Isso se traduz numa estrutura piramidal hierarquizada, em que todas as decisões são centralizadas no escalão mais elevado.

Essa concepção napoleônica vai sendo afastada em vista da sua incompatibilidade com as concepções democráticas e com o risco de ineficiência.

4.2 As competências próprias

A estruturação hierárquica da organização administrativa não significa a necessidade de que o conteúdo de cada ato praticado pela autoridade inferior seja compatível com a vontade da autoridade superior. Cada agente administrativo é responsável pelos atos que praticar, nos limites da competência de que seja titular.

5 A TERMINOLOGIA

A categoria de agente estatal compreende uma pluralidade de espécies distintas, que recebem denominação diversa. Podem ser diferenciadas as seguintes hipóteses:

---

[1] No entanto, deve-se atentar para o ensinamento de Maria Sylvia Zanella Di Pietro, quando afirma que, "para que se reconheça essa imputabilidade, é necessário que o agente esteja investido de poder jurídico, ou seja, de poder reconhecido pela lei ou que, pelo menos, tenha *aparência* de poder jurídico, como ocorre no caso da função de fato" (*Direito administrativo*, 33. ed., p. 684).

a) *agente público* –a expressão costuma ser utilizada como sinônimo de agente estatal, mas algumas vezes apresenta cunho mais restrito, fazendo referência apenas aos servidores públicos;

b) *agente político* – agente investido de função política, seja em virtude de mandato eletivo obtido pessoalmente, seja pelo desempenho de função auxiliar imediata (ministros de Estado);[2]

c) *agente administrativo* – agente investido na função administrativa, usualmente o servidor civil;

d) *servidor público* – expressão utilizada em acepção ampla, que costuma ser aplicada para os agentes relacionados com o Estado por vínculo jurídico de direito público, indicando basicamente os não militares;

e) *servidor público com cargo* – costuma indicar o servidor exercente de atividades não políticas e não jurisdicionais, sujeito ao regime jurídico estatutário;

f) *empregado público* – indica o agente estatal não subordinado ao regime de direito público, mas disciplinado pela legislação trabalhista, contratado por pessoa jurídica de direito público; e

g) *empregado estatal* – indica o agente estatal contratado por entidade administrativa dotada de personalidade jurídica de direito privado, subordinado ao regime trabalhista ou de outra natureza.

Na sua redação atual, a Constituição utiliza cinco expressões diversas. Alude a agentes políticos (art. 37, XI), servidores públicos (Título III, Capítulo VII, Seção II), titular de emprego público (art. 37, II), contratado por tempo determinado (art. 37, IX) e militar (art. 42).

6   A SITUAÇÃO EXCEPCIONAL DO FUNCIONÁRIO DE FATO

Em hipóteses anômalas, o Estado pode ser vinculado aos efeitos de condutas de indivíduos que a ele não se vinculam de modo regular e formal. O exemplo mais evidente é o servidor que continua exercendo função depois de expirado o prazo de sua contratação ou depois de aperfeiçoada a idade limite para aposentadoria compulsória.

A natureza dos atos praticados, a necessidade de tutela aos terceiros e outras decorrências do princípio da segurança jurídica podem conduzir o direito a validar os efeitos dessa situação fática perante terceiros de boa-fé. Mas essa situação é, evidentemente, excepcional.

A respeito do tema, Celso Antônio Bandeira de Mello,[3] Maria Sylvia Zanella Di Pietro[4] e José dos Santos Carvalho Filho[5] concordam com que os atos praticados por funcionário de fato são considerados válidos, dentro de certos limites, em razão da aparência de legalidade da qual se revestem e em nome dos princípios da boa-fé do administrado e da segurança jurídica.

7   OS AGENTES ESTATAIS COM VÍNCULO JURÍDICO DE DIREITO PÚBLICO

Os agentes estatais com vínculo jurídico de direito público são aqueles aos quais se reserva o exercício de competências estatais que traduzem de modo direto e imediato os poderes

---

2   O conceito de agente político pode fundar-se em outros critérios e apresentar abrangência variável em vista de determinadas finalidades, tal como exposto em tópico específico adiante.

3   BANDEIRA DE MELLO. *Curso de direito administrativo*, 37. ed., p. 202.

4   DI PIETRO. *Direito administrativo*, 37. ed., p. 591.

5   CARVALHO FILHO. *Manual de direito administrativo*, 38. ed., p. 496.

568 CURSO DE DIREITO ADMINISTRATIVO • *Marçal Justen Filho*

próprios do Estado e se orientam diretamente à promoção dos direitos fundamentais dos integrantes da sociedade.

Os agentes com vínculo jurídico de direito público podem ser enquadrados em dois grandes grupos. Há os agentes políticos e os agentes não políticos.

8 OS AGENTES POLÍTICOS

Agente político é a pessoa física responsável pelo exercício das mais elevadas e relevantes competências públicas, investido, em regra, mediante voto popular e subordinado constitucionalmente ao regime de crimes de responsabilidade.

Rigorosamente, a condição de agente político deveria recair apenas sobre os agentes estatais investidos mediante mandato eletivo. No entanto, as funções propriamente políticas também são desempenhadas, nos diversos Poderes, por outras categorias de servidores que não ocupam cargos eletivos.

No Poder Executivo, são agentes políticos o Chefe do Poder, seu vice e auxiliares imediatos, que são Ministros de Estado e Secretários Estaduais, Distritais e Municipais.[6]

8.1 A dificuldade da identificação

Existem diversos critérios para identificar os agentes políticos. A Constituição não adotou disciplina específica para a figura.

A expressão *agente político* consta em apenas uma passagem da redação da Constituição. Trata-se do art. 37, XI, que prevê limites para "a remuneração e o subsídio dos ocupantes de cargos, funções (...) e dos demais agentes políticos".

8.2 A tese da investidura em mandato eletivo

Sob um primeiro enfoque, os agentes políticos são aqueles investidos em mandatos por meio de voto popular.

Ocorre que o STF ampliou o rol de agentes políticos ao decidir sobre a questão do nepotismo (Tema 66). Reputou que a vedação à contratação se aplica apenas para cargos administrativos, não incidindo a propósito de cargos e funções políticas. O rol de agentes políticos, determinado pelo STF, compreende também agentes que não são investidos por meio de voto popular, tais como os Ministros de Estado e os Secretários Estaduais e Municipais.

Sobre o tema, confira-se a Súmula Vinculante 13 do STF:

"A nomeação de cônjuge, companheiro ou parente em linha reta, colateral ou por afinidade, até o terceiro grau, inclusive, da autoridade nomeante ou de servidor da mesma pessoa jurídica investido em cargo de direção, chefia ou assessoramento, para o exercício de cargo em comissão ou de confiança ou, ainda, de função gratificada na administração pública direta e indireta em qualquer dos Poderes da União, dos Estados, do Distrito Federal e dos Municípios, compreendido o ajuste mediante designações recíprocas, viola a Constituição Federal".

8.3 A tese da submissão ao crime de responsabilidade

A qualificação como agente político também pode tomar por fundamento a sujeição do agente à responsabilização política diferenciada. Utilizado esse critério, o âmbito de agentes

---

[6] Nesse sentido são os ensinamentos, entre outros autores, de BANDEIRA DE MELLO. *Curso de direito administrativo*, 35. ed., p. 205; DI PIETRO. *Direito administrativo*, 37. ed., p. 599; e MEIRELLES. *Direito administrativo brasileiro*, 42. ed., p. 80-83.

Cap. 16 – ESTRUTURA ADMINISTRATIVA DO ESTADO: OS AGENTES PÚBLICOS **569**

políticos seria determinado pelo disposto nos incs. I e II do art. 52 da CF/1988, que instituem competência privativa do Senado Federal para processar o Presidente e o Vice-Presidente da República, os Ministros de Estado e os Comandantes da Marinha, do Exército e da Aeronáutica, os Ministros do STF, os membros do Conselho Nacional de Justiça e do Conselho Nacional do Ministério Público, o Procurador-Geral da República e o Advogado-Geral da União nos crimes de responsabilidade. De acordo com esse critério, os agentes políticos seriam aqueles sujeitos à penalização por crime de responsabilidade.[7]

8.4 A variação em face da questão específica

A qualificação como agente político depende de questão jurídica específica. São consideradas como agentes políticos todas as autoridades estatais investidas por meio de voto popular. Mas também podem ser enquadrados na categoria, para determinados fins, os ocupantes de cargos e funções de mais elevada hierarquia e titulares de competências para decisões de relevância fundamental para o Estado.

9 O REGIME JURÍDICO DOS AGENTES POLÍTICOS

Os agentes políticos são os indivíduos investidos em mandato eletivo ou em cargos ou funções que implicam a formação e a manifestação de decisões pertinentes à organização e ao funcionamento do Estado como uma instituição política.

9.1 O regime jurídico constitucional

O regime jurídico aplicável aos agentes políticos apresenta grande relevância, uma vez que se destina a assegurar a soberania popular e a realização das escolhas políticas mais adequadas.

É evidente que os órgãos políticos exercem função pública, mas é duvidosa a correção do raciocínio de que exercitam um *munus* público. Essa expressão costuma ser utilizada para indicar as hipóteses em que um particular é convocado para prestar seus esforços em favor da comunidade, tal como se passa com os jurados e os particulares chamados a colaborar com a Justiça Eleitoral. O *munus* público envolve a imposição coativa a um sujeito de certo encargo, sem manifestação de voluntariedade.

A assunção do órgão político é voluntária e não pode ser produzida sob constrangimento de qualquer natureza. Portanto, a caracterização de *munus* público não se afigura em termos exatos nesse caso.

O regime jurídico constitucional assegura o ocupante do órgão político contra interferências e restrições, o que se traduz em imunidades e privilégios não reconhecidos a outros agentes estatais.

9.2 A investidura

Como regra, a investidura do agente político faz-se em decorrência da escolha em sufrágio público (tal como se passa, por exemplo, com o Presidente da República, os Deputados Federais etc.) ou por decisão discricionária do Chefe do Poder Executivo (como ocorre com os Ministros de Estado e com os Secretários Estaduais, Distritais e Municipais). No entanto, há situações excepcionais em que o exercício da função de agente político deriva de outra circunstância. É o

---

[7] Nessa linha, há julgados do STF: RE 228.977, 2.ª T., rel. Min. Néri da Silveira, j. 05.03.2002, *DJ* 14.04.2002; RE 579.799 AgR, 2.ª T., rel. Min. Eros Grau, j. 02.12.2008, *DJe* 11.12.2008.

CURSO DE DIREITO ADMINISTRATIVO · *Marçal Justen Filho*

caso específico do exercício da Presidência da República pelo Presidente do Supremo Tribunal Federal, na hipótese prevista no art. 80 da Constituição.

9.3 A extinção do vínculo

O vínculo entre o Estado e o agente político exercente de mandato eletivo encerra-se automaticamente em virtude da extinção do referido mandato. A extinção do mandato pode ser produzida pelo decurso do tempo, mas também pode verificar-se antecipadamente, em vista de evento extraordinário.

Como eventos extraordinários aptos a produzir a extinção do mandato encontram-se a renúncia, a morte, o impedimento e a condenação por crime de responsabilidade ou comum.

A renúncia consiste em ato voluntário unilateral, por meio do qual o titular do cargo político manifesta a sua vontade de colocar-lhe fim.

O impedimento consiste num evento extraordinário, voluntário ou não, apto a obstar o pleno exercício das funções inerentes ao cargo político por parte do agente. A figura abrange hipóteses muito heterogêneas. Enquadra-se nessa hipótese a perda da plena capacidade de fato do indivíduo, mas também seria possível considerar outras situações. Imagine-se que o Presidente da República fosse sequestrado por alguma organização paramilitar e assim permanecesse durante longo tempo.

No tocante aos membros do Poder Legislativo, o art. 55 da CF/1988 determina as hipóteses de perda do mandato, compreendendo tanto a condenação por sentença criminal transitada em julgado como hipóteses de natureza política ou administrativa. Como regra, caberá à câmara legislativa a que pertence o parlamentar a competência para pronunciar a extinção do mandato. A questão despertou intenso debate a propósito da situação de deputado federal condenado pelo STF a pena de reclusão de 13 anos.[8] O tema conduziu à alteração da redação do art. 55, § 2.º, da CF/1988, para estabelecer a obrigatoriedade de voto aberto na votação do tema pelo Poder Legislativo.

9.4 A condenação do Presidente da República por crime

O Presidente da República pode perder o cargo em virtude da condenação pela prática de crime de responsabilidade ou por crime comum, segundo as regras gerais que se aplicam no âmbito dos servidores públicos.

A Constituição estabelece regras processuais diferenciadas para o processamento do Presidente da República (art. 86 da CF/1988). A acusação deverá ser apreciada pela Câmara dos Deputados. O processo somente será instaurado se for acolhido por dois terços dos membros daquela Casa. Admitida a acusação, o Presidente será submetido a julgamento perante o Supremo Tribunal Federal, em caso de crime comum, ou perante o Senado Federal, em caso de crime de responsabilidade.

9.5 O regime dos crimes de responsabilidade

O art. 85 da CF/1988 faz referência ao crime de responsabilidade do Presidente da República (ou de quem o substituir), que consiste na violação de deveres inerentes e intrínsecos ao exercício da função política. O crime de responsabilidade não se confunde com o crime comum. Nele existe um juízo de reprovação ao desempenho da função inerentemente política exercitada pelo sujeito. Portanto, trata-se da criminalização de condutas e a sanção consiste na

---

8   STF, AP 396, Pleno, rel. Min. Cármen Lúcia, j. 28.10.2010, *DJe* 27.04.2011.

Cap. 16 – ESTRUTURA ADMINISTRATIVA DO ESTADO: OS AGENTES PÚBLICOS **571**

perda do cargo (ainda que haja penas acessórias relacionadas à inabilitação para o exercício de funções públicas).

A especificação da disciplina dos crimes de responsabilidade dos agentes políticos é promovida em nível infraconstitucional.

"A definição dos crimes de responsabilidade e o estabelecimento das respectivas normas de processo e julgamento são de competência legislativa privativa da União" (Súmula Vinculante 46 do STF).

9.6 A disciplina no âmbito federal (Lei 1.079/1950)

A Lei 1.079/1950 dispôs sobre os crimes de responsabilidade do Presidente da República. O diploma foi recepcionado pelas Constituições supervenientes e apresenta uma peculiaridade notável, consistente na tipificação não apenas de condutas do Presidente da República, mas também dos Ministros de Estado, dos Ministros do Supremo Tribunal Federal e do Procurador-Geral da República.

Os crimes ali previstos se aplicam também aos Presidentes dos Tribunais Superiores, dos Tribunais de Contas, dos Tribunais Regionais Federais, dos Tribunais do Trabalho, dos Tribunais Eleitorais, dos Tribunais de Justiça dos Estados e do Distrito Federal e aos Juízes Diretores do Foro (art. 39-A, parágrafo único, com a redação da Lei 10.028/2000). Também se aplicam essas disposições ao Advogado-Geral da União e a outras autoridades integrantes do Ministério Público (art. 40-A, parágrafo único, com a redação da Lei 10.028/2000).

Os crimes cominados relativamente à conduta dos Ministros do Supremo Tribunal Federal, do Procurador-Geral da República e de outras autoridades não eleitas mediante voto popular não envolvem propriamente responsabilização política, mas administrativa.

As condutas tipificadas nos arts. 39 e 40 da Lei 1.079/1950 são relacionadas com a ofensa a deveres de natureza administrativa.

Anote-se que a Constituição não prevê que o processo de responsabilização dos Ministros do Supremo Tribunal Federal e do Procurador-Geral da República dependa da autorização por dois terços dos membros da Câmara Federal.

O art. 51, I, alude apenas à instauração de processo contra o Presidente, o Vice-Presidente e os Ministros de Estado.

Mas o art. 52, II, prevê incumbir ao Senado Federal processar e julgar os Ministros do Supremo Tribunal Federal, o Procurador-Geral da República e o Advogado-Geral da União.

9.7 A disciplina no âmbito estadual e distrital

A disciplina dos crimes de responsabilidade no âmbito dos Governadores de Estados e do Distrito Federal se subordina aos arts. 74 e ss. da Lei 1.079/1950. Como exposto, o STF reconheceu a competência legislativa da União para disciplinar os crimes de responsabilidade.

9.8 A disciplina no âmbito municipal

A CF/1988 determina que o julgamento dos Prefeitos será promovido perante o Tribunal de Justiça (art. 29, X). O Dec.-lei 201/1967 dispôs sobre os crimes de responsabilidade dos Prefeitos Municipais, cujo processamento cabe ao Poder Judiciário, independentemente de autorização da Câmara Municipal. A condenação acarreta a perda do cargo e a inabilitação por cinco anos para o exercício de cargo ou função pública, sem prejuízo da reparação civil do dano causado ao patrimônio público ou particular.

O diploma também previu, no art. 4.º, a figura da *infração político-administrativa* imputável ao Prefeito. Nesse caso, a competência para julgamento do Prefeito é da Câmara dos Vereadores, segundo procedimento diferenciado.

10   OS AGENTES NÃO POLÍTICOS

Os agentes não políticos são aqueles investidos do desempenho de funções administrativas não relacionadas diretamente com a representação da vontade do povo, não lhes sendo atribuídas competências para formular escolhas relacionadas com as questões políticas propriamente ditas.

Essa classificação compreende os agentes militares, os servidores públicos, os empregados públicos e os contratados em regime especial.

11   OS AGENTES MILITARES

Os agentes estatais militares são os integrantes dos órgãos estatais investidos de funções de coação física, estruturados de modo permanente para o desempenho de atividades de força e violência, na defesa da soberania nacional e da segurança interna.

11.1   Abrangência da categoria

O art. 142, § 3.º, da CF/1988 determina que os militares são os integrantes das Forças Armadas. O art. 42 estabelece que o regime dos militares será estendido, em parte substancial, aos integrantes das polícias militares e corpos de bombeiros militares existentes nos Estados e no Distrito Federal.

A instituição de agentes militares no âmbito dos Municípios desperta grandes discussões, especialmente em vista do surgimento de corporações especializadas para defesa do patrimônio público local. No caso, reputa-se não ser cabível sustentar que agentes municipais poderiam ser qualificados como militares.

11.2   As alterações da EC 18/1998

Na redação original da CF/1988, havia um tratamento genérico e comum para servidores públicos civis e militares. A EC 18/1998 alterou essa disciplina. O art. 2.º da EC 18/1998 determinou que a Seção II do Capítulo VII do Título III (que abrange os arts. 39 a 41) passaria a dispor apenas sobre os *servidores públicos* e remeteu o tratamento jurídico dos membros das Forças Armadas para o art. 142, § 3.º – dispositivo que se aplica, com algumas limitações, à disciplina dos membros das Polícias Militares e Corpos de Bombeiros Militares dos Estados e do Distrito Federal (tal como determina o art. 42 da CF/1988, também com a nova redação dada pela EC 18/1998).

Portanto, a Constituição deixou de enquadrar os *militares* na categoria de *servidor público*. Isso não significa, obviamente, que os militares não se configurem como agentes estatais. A vontade constitucional orienta-se a impedir a extensão automática aos militares do regime jurídico próprio dos agentes civis.

12   O REGIME JURÍDICO DOS MILITARES

A distinção constitucional impede, portanto, que sejam estendidas automaticamente aos militares as normas atinentes aos servidores públicos.

12.1 Regime estatutário

O regime jurídico dos militares é estatutário, tal como se passa com o regime típico dos servidores públicos. No entanto, existem regras próprias atinentes à investidura, ao exercício das funções, às promoções, à extinção do vínculo jurídico, dentre outros aspectos.

Uma característica fundamental do regime jurídico dos militares reside na noção muito rigorosa de disciplina e de hierarquia e na imposição de deveres de sacrifício da segurança pessoal para a satisfação das necessidades coletivas. O princípio jurídico a partir do qual se estrutura a disciplina militar é a defesa da segurança nacional no plano tanto externo como interno. Os militares são os agentes estatais investidos de modo específico e especializado na competência para o exercício da violência monopolizada pelo Estado. Precisamente por isso, o regime jurídico a eles aplicável é diferenciado.

12.2 A promoção dos direitos fundamentais e da democracia

O rigoroso regime de hierarquia destina-se não apenas a assegurar o desempenho eficiente de suas funções, mas a proteger o regime democrático e o princípio da soberania popular. O vínculo de rigorosa submissão hierárquica conduz a que as decisões finais sejam reconduzidas à competência do Presidente da República, a quem cabe "exercer o comando supremo das Forças Armadas" (art. 84, XIII). Portanto, os militares exercitam as decisões daquele que foi eleito diretamente pelo povo, o que legitima democraticamente o uso da força pelo Estado.

12.3 A extensão de regras específicas do regime dos servidores públicos

Algumas normas próprias do regime dos servidores públicos são extensivas, por determinação constitucional, aos militares.

Por força do art. 142, § 3.º, VIII, aplicam-se aos militares as normas contidas no art. 7.º, VIII (direito a décimo terceiro salário), XII (direito a salário-família), XVII (direito ao gozo de férias anuais remuneradas com, pelo menos, um terço a mais do que o salário normal), XVIII (direito à licença à gestante), XIX (direito à licença-paternidade) e XXV (assistência gratuita aos filhos e dependentes desde o nascimento até cinco anos de idade).

O mesmo art. 142, § 3.º, VIII, também prevê a aplicação ao regime dos militares do disposto no art. 37, XI (submissão de sua remuneração ao teto remuneratório), XIII (vedação de vinculação ou equiparação de espécies remuneratórias), XIV (vedação a que os acréscimos pecuniários sejam computados ou acumulados para concessão de acréscimos posteriores), XV (irredutibilidade de vencimentos) e XVI, *c* (vedação ao acúmulo remunerado de cargos públicos, exceto a de dois cargos ou empregos privativos de profissionais da saúde, com profissões regulamentadas, quando houver compatibilidade de horários, prevalência da atividade militar e observado o teto remuneratório do inc. XI).

12.4 Vedações específicas

São vedados aos militares tanto a sindicalização e o exercício de greve (art. 142, § 3.º, IV) como a filiação a partidos políticos (art. 142, § 3.º, V).

13 OS SERVIDORES PÚBLICOS

Os servidores públicos são regidos por regime jurídico de direito público, conhecido como estatutário, caracterizado pela previsão de requisitos, limites, deveres e direitos diferenciados, orientados a assegurar que o desempenho de suas funções não seja afetado por interesses secundários (próprios ou de outros sujeitos).

13.1 A controvérsia sobre a questão do "regime jurídico único"

Na sua redação original, o art. 39, *caput*, da CF/1988 determinava a adoção de regime único para os servidores da Administração Pública direta, autárquica e fundacional. A alteração da redação do dispositivo gerou controvérsia. O STF suspendeu a eficácia da redação superveniente. Depois de longo tempo, foi reconhecida a validade da alteração.

13.2 A redação original do art. 39 da CF/1988

O art. 39 teve a seguinte redação, na versão original da CF/1988:

"Art. 39. A União, os Estados, o Distrito Federal e os Municípios instituirão, no âmbito de sua competência, regime jurídico único e planos de carreira para os servidores da administração pública direta, das autarquias e das fundações públicas."

O dispositivo foi interpretado na acepção de que todos os agentes públicos estariam submetidos a um regime jurídico uniforme, disciplinado pelo direito público. Isso significava a vedação à contratação de servidores sob regime trabalhista.

13.3 A EC 19/1998 e a alteração da redação do art. 39

A EC 19/1998 alterou a redação do art. 39, que passou a ser a seguinte:

"Art. 39. A União, os Estados, o Distrito Federal e os Municípios instituirão conselho de política de administração e remuneração de pessoal, integrado por servidores designados pelos respectivos Poderes".

Com a redação, houve a eliminação da previsão de um regime jurídico único para os servidores públicos.

13.4 A suspensão da eficácia do dispositivo pelo STF

Em 02.08.2007, o STF (por maioria de votos) suspendeu a eficácia da alteração da redação do *caput* do art. 39 da CF/1988:

"3. Pedido de medida cautelar deferido, dessa forma, quanto ao *caput* do art. 39 da Constituição Federal, ressalvando-se, em decorrência dos efeitos *ex nunc* da decisão, a subsistência, até o julgamento definitivo da ação, da validade dos atos anteriormente praticados com base em legislações eventualmente editadas durante a vigência do dispositivo ora suspenso. (...)" (MC na ADI 2.135/DF, Pleno, rel. Min. Néri da Silveira, rel. p/ acórdão Min. Ellen Gracie, j. 02.08.2007, *DJe* 06.03.2008).

A partir deste julgamento, ficou vedada a criação de empregos públicos no âmbito da Administração direta, autárquica e de fundações públicas com personalidade jurídica de direito público.

O entendimento adotado no julgamento da medida cautelar foi reiterado pelo STF, conforme evidenciado no acórdão abaixo:

"4. Na ADI n. 2.135/DF-MC, em sede de juízo liminar, o STF assentou a plausibilidade jurídica da tese de inconstitucionalidade formal da norma e deferiu provimento cautelar, após os Ministros da Suprema Corte ponderarem que a alteração da redação do dispositivo pela EC n. 19/98 teria possibilitado, no âmbito do mesmo ente federativo, a instituição de regimes jurídicos distintos (não 'único', como previsto na redação original) para seus trabalhadores.

Cap. 16 – ESTRUTURA ADMINISTRATIVA DO ESTADO: OS AGENTES PÚBLICOS **575**

5. A decisão liminar na ADI n. 2.135/DF, portanto, não teve o condão i) de declarar inconstitucional os diplomas normativos que tiverem instituído as regras da CLT para a regência do vínculo entre a Administração Pública e seus servidores, tampouco, ii) de declarar a inconstitucionalidade de leis editadas antes da vigência da EC n. 19/98" (AgRg na Rcl 19.837/MG, 2.ª T., rel. Min. Dias Toffoli, j. 05.04.2016, *DJe* 27.04.2016).

13.5 A relativização do entendimento

A decisão do STF não impediu que, em diversos casos concretos, houvesse a contratação de servidores sob regime trabalhista por parte de sujeitos administrativos dotados de personalidade de direito público[9]. No plano legislativo, a Lei 13.822/2019 previu que os empregados de consórcios públicos, mesmo com personalidade jurídica de direito público, seriam regidos pelo regime trabalhista. Também se admitiu essa solução relativamente aos conselhos profissionais, que se constituem em autarquias (ADI 5.367/DF, Pleno, rel. Min. Cármen Lúcia, red. p/ acórdão Min. Alexandre de Moraes, j. 08.09.2020, *DJe* 13.11.2020).

13.6 A decisão final pelo STF: rejeição da imputação de inconstitucionalidade

O STF concluiu o julgamento da ADI 2.135/DF-MC e reconheceu a ausência de vício de inconstitucionalidade na alteração da redação do *caput* do art. 39 da Constituição. Foi adotada a seguinte decisão:[10]

"O Tribunal, por maioria, julgou improcedente o pedido formulado na ação direta e, tendo em vista o largo lapso temporal desde o deferimento da medida cautelar nestes autos, atribuiu eficácia *ex nunc* à presente decisão, esclarecendo, ainda, ser vedada a transmudação de regime dos atuais servidores, como medida de evitar tumultos administrativos e previdenciários. Tudo nos termos do voto do Ministro Gilmar Mendes (Redator para o acórdão), vencidos os Ministros Cármen Lúcia (Relatora), Edson Fachin e Luiz Fux. Presidência do Ministro Luís Roberto Barroso. Plenário, 6.11.2024".

Por decorrência, houve o reconhecimento da revogação da obrigatoriedade constitucional quanto à adoção de um regime único para os servidores públicos. Ademais, houve a modulação dos efeitos da decisão, cujos efeitos somente serão produzidos para o futuro.

13.7 A vedação à transposição de regime

A decisão do STF vedou a transposição dos antigos servidores para regime distinto daquele sob o qual houve a sua admissão. Deve-se entender que essa vedação é inerente à disciplina pertinente aos agentes administrativos. O sujeito é admitido ao serviço público segundo o regime previamente definido. Não se admite a sua transposição para regime diverso.

13.8 A possibilidade da adoção de um regime público trabalhista

Admitida a pluralidade de regimes jurídicos para os servidores públicos, caberá à lei determinar o regime jurídico aplicável no caso concreto. É admissível a previsão legal quanto à adoção de um regime público trabalhista.

---

[9]   Sobre o tema, confira-se GALDI; ABREU. ADI 2.135 e harmonização constitucional, *JOTA Informativo*. Disponível em: https://www.jota.info/artigos/adi-2-135-e-harmonizacao-constitucional. Acesso em: 30 out. 2024.

[10]   Na data de fechamento desta edição, ainda não tinha sido publicado o acórdão pertinente.

576 CURSO DE DIREITO ADMINISTRATIVO · *Marçal Justen Filho*

No entanto, afigura-se problemático compatibilizar muitas das peculiaridades da atividade administrativa com as regras trabalhistas típicas. Um ponto marcante reside na autonomia do empresário privado para modelar o seu relacionamento com os seus empregados. Diversamente se passa no âmbito da Administração Pública.

Logo, deve-se reputar que a lei definirá as condições do regime jurídico aplicável. Poderão ser adotadas soluções normativas específicas, que não constem nem do regime estatutário típico, nem do modelo trabalhista propriamente dito.

13.9 A extinção do regime único e as suas implicações

Caberá à lei definir o regime jurídico aplicável às relações jurídicas instauradas entre a Administração e seu agente. A extinção da exigência de um regime jurídico único propicia uma margem de autonomia de escolha quanto à solução a ser adotada.

No entanto, essa autonomia não é ilimitada, eis que existem certas funções inerentemente estatais, cujo desempenho deve fazer-se sob regime de direito público.

Uma democracia republicana exige que as competências estatais fundamentais sejam exercitadas por indivíduos submetidos a vínculo jurídico apropriado. A condição de órgão do Estado impõe um regime jurídico diferenciado, próprio do direito público. Por isso, todas as atividades que materializem as competências essenciais do Estado devem ser exercitadas segundo o regime estatutário.

O tema foi objeto de questionamento perante o STF, na ADI 2.310/DF, dirigida contra a previsão constante da redação original da Lei 9.986/2000, no sentido de que as relações de trabalho, no âmbito das agências reguladoras, subordinar-se-iam ao regime da CLT. Ao apreciar a liminar, o Ministro Marco Aurélio consignou estar-se diante de atividade estatal "na qual o poder de fiscalização, o poder de polícia fazem-se com envergadura ímpar, exigindo, por isso mesmo, que aquele que a desempenhe sinta-se seguro, atue sem receios outros, e isso pressupõe a ocupação de cargo público, a estabilidade prevista no art. 41 da Constituição Federal".[11]

Como decorrência, firmou-se a orientação de que o exercício de competências próprias e inerentes à soberania estatal deve fazer-se por meio de agentes estatais submetidos ao regime estatutário.

Em outra oportunidade, o STF reiterou a orientação, ainda que a propósito de tema distinto. Cabe reproduzir a seguinte passagem, que contempla alguns dos fundamentos aplicáveis para o tema:

> "(...) 4. Não pode a Administração Pública pretender que incida um regime jurídico de direito privado sobre uma entidade da administração indireta que exerça atividade constitucionalmente estatal – ainda que formalmente o tenha feito –, mais especificamente, um serviço público (*lato sensu*) que parte da doutrina denomina de serviço público próprio, seja porque essa atividade está definida na Constituição Federal como uma obrigação a ser executada diretamente (como são as atividades públicas de saúde, higiene e educação, v.g.), seja porque ela deve ser exercida com supremacia de poder, como é o caso do exercício do poder de polícia e da gestão da coisa pública. Essas atividades são essenciais, não podem ser terceirizadas, não podem ser delegadas a particulares e, portanto, devem se submeter a regras eminentemente publicísticas, o que afasta a possibilidade da incidência de um regime jurídico de direito privado sobre elas. 5. Por outro lado, as atividades de cunho econômico (respeitados os arts. 37, inciso XIX, e 173 da CF, esse com a redação dada pela EC nº 19/1998) e aquelas passíveis de delegação, porque também podem ser executadas por particulares, ainda que em parceria com o Estado, a toda

---

[11] Antes que tivesse ocorrido o julgamento de mérito da referida ADI, entrou em vigor a Lei 10.871/2004, que alterou a redação do art. 2.º da Lei 9.986/2000 e revogou os demais dispositivos questionados naquela ação constitucional. Consequentemente, o STF reputou que a ADI tinha perdido o objeto.

evidência, se forem definidas como objetos de fundações, ainda que sejam essas instituídas ou mantidas pelo Poder Público, podem se submeter ao regime jurídico de direito privado caso as respectivas fundações também tenham sido instituídas como entes privados. (...)" (RE 716.378/ SP, Pleno, rel. Min. Dias Toffoli, repercussão geral – mérito, j. 07.08.2019, *DJe* 29.06.2020)

Deve-se reputar que a adoção do regime de direito público destina-se a beneficiar não diretamente o servidor, mas também e especialmente a comunidade. As garantias, os limites, os direitos e os deveres contemplados nesse regime asseguram o exercício democrático e republicano de algumas competências aptas a interferir de modo relevante na órbita dos interesses e dos direitos coletivos e individuais. Esse exame será aprofundado adiante.

14 O REGIME DE DIREITO PÚBLICO ESTATUTÁRIO

O regime de direito público estatutário caracteriza-se pela rigidez jurídica e pela existência de limites orientados a neutralizar a influência de interesses secundários no tocante ao desempenho da função pública. Isso se traduz tanto na previsão de deveres como de direitos.

14.1 As limitações

As limitações consistem no estabelecimento de vedações à interferência da autoridade superior e de agentes políticos no exercício pelo servidor das competências que lhe tenham sido atribuídas. Ademais, as proibições também são direcionadas ao próprio servidor, visando a evitar o conflito de interesses do desempenho de suas funções.

14.2 Os deveres

Há uma pluralidade de deveres que recaem sobre o servidor subordinado ao regime público estatutário. Tais deveres relacionam-se com a natureza democrática das competências estatais e com a dimensão republicana do exercício da competência pública.

14.3 Os direitos

O regime de direito público estatutário contempla direitos em favor do agente, destinados a eliminar (ou a reduzir) influências provenientes de qualquer setor, que possam comprometer a realização mais satisfatória das competências administrativas. Esses direitos são orientados a permitir que o sujeito adote a conduta mais adequada, sem o temor de represálias e com isenção em face de conveniências externas.

14.4 Extinção do regime jurídico único e diferenciação necessária

A extinção da obrigatoriedade do regime jurídico único impõe a diferenciação entre funções administrativas subordinadas ao regime de direito público e aquelas que comportam a adoção do regime trabalhista. Essa diferenciação será fundada na avaliação da natureza e dos atributos das competências administrativas e das finalidades a serem realizadas.

15 SERVIDORES PÚBLICOS ESTATUTÁRIOS

A exposição sobre o servidor público estatutário[12] será realizada com base na Constituição e na disciplina consagrada na Lei 8.112/1990, que veiculou as normas atinentes aos servidores

---

[12] A expressão *"estatutário"* foi adotada originalmente em vista de existir uma lei dispondo abrangentemente sobre uma pluralidade de matérias heterogêneas atinentes ao servidor. Aludia-se, então, ao *estatuto* do

públicos civis da União. Ainda que o modelo federal tenha sido seguido por muitos entes federativos, isso não exclui a possibilidade de a legislação específica de cada ente federado adotar soluções distintas para certos temas.

15.1 A definição de cargo público

Cargo público é uma posição jurídica, utilizada como instrumento de organização da estrutura administrativa, criada e disciplinada por lei, sujeita a regime jurídico de direito público, caracterizada pela mutabilidade das condições por determinação unilateral do Estado e por garantias diferenciadas em prol do titular.

15.2 A estruturação dos cargos públicos

O cargo público é um instrumento para a organização da estrutura da Administração Pública. O conjunto total de competências atribuídas a um ente estatal é partilhado entre os diversos cargos. Os cargos são agrupados e ordenados segundo a afinidade das competências e as características das funções correspondentes. Isso permite a sistematização das atividades e das situações jurídicas dos agentes estatais. Assim, por exemplo, uma carreira consiste num conjunto de cargos com competências homogêneas.

Desse modo, a Administração Pública não se configura como um conjunto desordenado de sujeitos e de atividades, mas como uma ordem sistemática e organizada de cargos públicos.

15.3 A criação por lei

Somente a lei pode criar o cargo público, entendido como um conjunto inter-relacionado de competências, direitos e deveres atribuídos a um indivíduo. Essa é a regra geral consagrada no art. 48, X, da Constituição, que comporta uma ressalva na hipótese do art. 84, VI, "b". Esse dispositivo permite ao Chefe do Executivo promover a extinção de cargo público por meio de ato administrativo, desde que se encontre vago. Essa orientação foi reiterada pelo STF:

> "Ação Direta de Inconstitucionalidade. 2. Decreto 9.725, de 12 de março de 2019. 3. Decreto autônomo. Extinção de funções ou cargos públicos ocupados. Impossibilidade. Violação ao art. 84, VI, *b*, da Constituição Federal. 4. Ação Direta de Inconstitucionalidade julgada procedente para dar interpretação conforme à Constituição ao Decreto nº 9.725, de 12 de março de 2019, a fim de que somente se aplique aos cargos vagos na data de edição do Decreto, e para declarar a inconstitucionalidade do art. 3.º do ato normativo impugnado" (ADI 6.186/DF, Pleno, rel. Min. Gilmar Mendes, j. 18.04.2023, *DJe* 28.04.2023).

15.4 O conteúdo legislativo mínimo

A criação e a disciplina do cargo público fazem-se necessariamente por lei, que deverá contemplar o conteúdo essencial e indispensável. Isso significa estabelecer o núcleo das competências, dos poderes, dos deveres, dos direitos, do modo de investidura e das condições de exercício das atividades. Portanto, não basta uma lei estabelecer, de modo simplista, que "fica criado o cargo de servidor público".

Exige-se que a lei promova a discriminação das competências e a inserção dessa posição jurídica no âmbito da organização administrativa, determinando as regras que dão identidade e diferenciam a referida posição jurídica.

---

servidor. Com o passar do tempo, passou-se a indicar que a posição jurídica do servidor era subordinada a um regime jurídico disciplinado em lei e subordinado a alterações a qualquer tempo.

Cap. 16 – ESTRUTURA ADMINISTRATIVA DO ESTADO: OS AGENTES PÚBLICOS **579**

Mas isso não significa a impossibilidade de disciplina complementar por meio de regulamento administrativo.

15.5 A iniciativa privativa do Chefe do Poder Executivo

Ressalte-se ser privativa do Chefe do Executivo a iniciativa para as leis que disponham sobre o regime jurídico de cargos públicos (compreendendo a criação, as funções, o provimento, a aposentadoria, o aumento de remuneração, entre outros aspectos), por força do art. 61, § 1.º, II, da CF/1988 nas diversas alíneas.

15.6 O conteúdo do regime jurídico pertinente

O cargo público se sujeita a um regime jurídico de direito público peculiar, que envolve inúmeras garantias, poderes e limitações, sem equivalente no regime de direito privado. Uma característica própria do regime de direito público aplicável ao cargo público consiste na mutabilidade por determinação unilateral do Estado, o qual pode ampliar, alterar ou suprimir encargos, atribuições e benefícios, nos limites constitucionalmente permitidos.

15.7 As garantias ao titular do cargo público

Mas há inúmeras garantias em prol do titular do cargo público, inclusive a remuneração custeada pelos cofres públicos. Não se admite, no sistema brasileiro, um cargo público sem remuneração. Isso não impede a atuação voluntária de sujeitos, visando a colaborar com o desempenho das tarefas estatais. Contudo, isso não poderá se traduzir no seu desempenho como *órgão* estatal.

A remuneração devida ao titular do cargo público tem natureza alimentar, o que foi explicitamente reconhecido na disciplina prevista no art. 100, § 1.º, da Constituição Federal (com a redação da EC 62/2009).

Há uma relação entre a mutabilidade unilateral do regime jurídico e as garantias reconhecidas ao ocupante.

16 CLASSIFICAÇÃO DOS SERVIDORES PÚBLICOS

É possível promover a classificação dos servidores públicos segundo inúmeros critérios, os quais refletem regimes jurídicos distintos. Portanto, as classificações têm relevância não apenas didática, mas jurídica. Cada categoria de servidores está submetida a regime jurídico diverso.

16.1 Classificação quanto à órbita federativa vinculada

Os servidores públicos podem vincular-se a uma entre as diversas órbitas federativas.[13] Há servidores públicos federais, estaduais, distritais e municipais subordinados a regime jurídico estabelecido pela respectiva unidade da Federação.

A figura do consórcio público, prevista na Lei 11.107/2005 como instrumento de conjugação de esforços entre diversos entes federativos, não pode admitir, enquanto ente autônomo, servidores públicos próprios. O art. 4.º determina como obrigatório que o protocolo de intenções

---

[13] A órbita não tem, necessariamente, identidade com a lotação: "Denomina-se *lotação* ao *conjunto definido de servidores* que devem exercer funções numa atividade desconcentrada ou na totalidade da administração de qualquer dos Poderes: federais, estaduais, distritais federais ou municipais" (MOREIRA NETO. *Curso de direito administrativo*: parte introdutória, parte geral, parte especial, 16. ed., p. 328).

580 CURSO DE DIREITO ADMINISTRATIVO · *Marçal Justen Filho*

entre os entes consorciados preveja "o número, as formas de provimento e a remuneração dos empregados públicos, bem como os casos de contratação por tempo determinado para atender a necessidade temporária de excepcional interesse público" (inc. IX). Por outro lado, o § 4.º do mesmo art. 4.º estabelece que os entes consorciados poderão ceder servidores ao consórcio.

16.2 Classificação quanto ao poder estatal a que se vinculam

Os servidores públicos também se diferenciam em vista do poder estatal a que se vinculam. Há servidores públicos do Poder Executivo, do Poder Legislativo e do Poder Judiciário. Lembre-se, ademais, de que os servidores públicos do Ministério Público e dos Tribunais de Contas podem ser considerados de modo apartado, tendo em vista a possibilidade de adoção de regras específicas e diferenciadas para sua disciplina.

17 AS ESPÉCIES DE CARGOS PÚBLICOS QUANTO À INVESTIDURA DO OCUPANTE

Considerando o regime jurídico da investidura do indivíduo, é usual diferenciar duas espécies de cargos públicos.

17.1 Cargos de provimento efetivo e cargos em comissão

Há os *cargos de provimento efetivo*, mediante concurso público de provas ou de provas e títulos, e existem os *cargos em comissão* (declarados em lei de livre nomeação e exoneração). Essa é a regra contemplada no art. 37, II, da Constituição de 1988.

17.2 Outras espécies de cargos públicos

Mas daí não se segue que a própria Constituição não tenha autorizado outras soluções. Existem hipóteses, autorizadas constitucionalmente, para a criação de cargos em comissão com restrições à autonomia para provimento e exoneração, atribuindo garantias em favor dos seus ocupantes.

O art. 52, III, prevê incumbir ao Senado Federal "aprovar previamente, por voto secreto, após arguição pública, a escolha de: (...) *d)* Presidente e diretores do Banco Central; *e)* Procurador-Geral da República; *f)* titulares de outros cargos que a lei determinar".

No inc. XI, o mesmo art. 52 prevê que a exoneração do Procurador-Geral da República antes do término de seu mandato depende da aprovação do Senado Federal, por maioria absoluta e voto secreto. Evidencia-se, portanto, que existem cargos públicos em comissão com regime jurídico diferenciado.

Uma classificação dos cargos segundo o regime de provimento foi sistematizada por Vladimir da Rocha França. O autor trata de cargos de provimento efetivo, cargos de provimento em comissão, cargos de provimento vitalício e cargos de provimento temporário.[14]

17.3 Cargos isolados e cargos de carreira

Os cargos públicos de provimento efetivo podem ser organizados em estruturas administrativas de complexidade variável. É possível haver *cargos isolados* e *cargos de carreira*.

---

[14] FRANÇA. Considerações sobre a nomeação, a posse e o exercício em cargo público na Lei 8.112/1990. *Revista de Direito Administrativo Contemporâneo – ReDAC*, n. 3, nov. 2013, p. 113-114.

17.3.1　Cargos de carreira

Cargos de carreira se caracterizam por competências, direitos e remunerações distintos, mas integrados em uma mesma estrutura organizacional de cunho hierárquico, fazendo-se o provimento inicial naqueles cargos de hierarquia mais reduzida, com a perspectiva de o ocupante ser promovido para cargo mais elevado em virtude do decurso do tempo ou do merecimento.

17.3.2　Cargos isolados

Cargos isolados não se organizam em estrutura hierárquica. Ainda que haja uma pluralidade de cargos isolados, todos apresentam idêntica competência, direitos e remuneração. Inexiste previsão de promoção para cargo de hierarquia mais elevada.

18　OS CARGOS DE PROVIMENTO EFETIVO

Cargo público de provimento efetivo é aquele sujeito a regime jurídico próprio no tocante à exoneração, à remuneração e à futura inativação, cujo provimento é usualmente condicionado a concurso público.

A característica essencial do cargo de provimento efetivo reside na limitação das hipóteses de extinção do vínculo jurídico mantido com um indivíduo, com a perspectiva de que, com o passar do tempo, o sujeito adquira direito à estabilidade. O cargo efetivo atribui ao sujeito um conjunto de direitos peculiares, entre os quais se encontra, usualmente, a aposentadoria remunerada.

18.1　A autonomia do exercício da função pública

A figura do cargo de provimento efetivo se destina a assegurar a autonomia do agente no exercício da função pública. As garantias previstas relativamente ao cargo de provimento efetivo protegem o titular em face de autoridades superiores e de manifestações da própria sociedade, orientadas a interferir sobre o exercício da atividade funcional.

O ocupante de um cargo em comissão sujeita-se à exoneração a qualquer tempo, em virtude de uma decisão da autoridade superior. Esse regime jurídico acarreta a redução da autonomia do agente para adotar decisões conflitantes com interesses e circunstâncias a ele alheias. Diversamente se passa relativamente ao titular do cargo de provimento efetivo, cuja demissão[15] depende a relevante infração a deveres jurídicos e a observância de um processo administrativo prévio.

18.2　A garantia contra demissão imotivada

O regime jurídico dos cargos de provimento efetivo assegura ao indivíduo, depois de comprovada a sua aptidão e capacidade (a serem apuradas no período de tempo denominado estágio probatório), a permanência e a continuidade na condição de servidor público. O sujeito investido em cargo público de provimento efetivo poderá adquirir estabilidade, o que significa a garantia de manutenção do vínculo funcional enquanto o servidor o desejar e desde que não incorra em faltas funcionais ou na perda das condições objetivas necessárias a tanto.[16]

---

[15] Utiliza-se a expressão "exoneração" para indicar a extinção do vínculo jurídico mantido com um servidor público por razões de conveniência e oportunidade. E se reserva a expressão "demissão" para indicar as hipóteses de extinção do vínculo por causa motivada, que envolva a infração a deveres funcionais.

[16] Ressalvada, como se verá adiante, a hipótese de perda do cargo para redução de despesas globais com o funcionalismo.

582 CURSO DE DIREITO ADMINISTRATIVO • *Marçal Justen Filho*

É vedado ao Estado impor a extinção do vínculo sob fundamento de mera conveniência administrativa. Mesmo antes de adquirida a estabilidade, ou seja, durante o período de estágio probatório, a exoneração do servidor titular de cargo efetivo se sujeita à comprovação de requisitos específicos, os quais deverão ser apurados em processo administrativo.

A Súmula 20 do STF consagra a seguinte orientação:

"É necessário processo administrativo com ampla defesa, para demissão de funcionário admitido por concurso."

18.3 Atributos do regime jurídico

O regime jurídico do servidor titular de cargo de provimento efetivo apresenta peculiaridades no tocante à remuneração e à inativação, tal como adiante será exposto. Dentre elas, podem ser indicadas a irredutibilidade de vencimentos e o provimento mediante concurso público (como regra).

18.3.1 O direito à remuneração

É assegurado ao servidor uma remuneração cujo valor não pode ser reduzido e que se subordina à revisão para neutralizar os efeitos da inflação (art. 37, XV, da CF/1988). O decurso do tempo conduz à ampliação dos direitos pecuniários do indivíduo e culmina com a possibilidade da aposentadoria, em que o sujeito é desligado do cumprimento dos deveres, adquirindo direito a uma remuneração especial (proventos).

18.3.2 A regra geral da investidura mediante concurso público

Como decorrência do regime jurídico dos cargos de provimento efetivo, a Constituição condicionou a investidura em cargo efetivo ao pressuposto do concurso público de provas ou de provas e títulos.

O concurso público objetiva assegurar que a seleção dos titulares de cargos de provimento efetivo oriente-se pelo princípio da impessoalidade. A escolha refletirá as virtudes e capacidades individuais reveladas na avaliação objetiva, segundo critérios predeterminados de virtuosidade física e (ou) capacidade intelectual.

18.3.3 Exceção: cargos de provimento efetivo sem concurso prévio

Existem, no entanto, situações excepcionais em que a Constituição admite o provimento efetivo *sem* sujeição a concurso público prévio. Tal ocorre com certos cargos de grande relevo e importância, nos quais a seleção segundo critérios rigorosamente objetivos seria muito problemática. Mais ainda, a imposição da obrigatoriedade do concurso afastaria potenciais interessados. Assim se passa com os cargos de mais elevado escalão do Poder Judiciário e dos Tribunais de Contas. Dessa forma, por exemplo, o parágrafo único do art. 101 da Constituição estabelece que os Ministros do Supremo Tribunal Federal serão nomeados pelo Presidente da República, depois de aprovada a escolha pelo Senado Federal. O cargo de Ministro do STF é de provimento efetivo, mas não pressupõe concurso público prévio. Disciplina semelhante é adotada para todos os demais Tribunais Superiores, para os membros do chamado "quinto constitucional" dos Tribunais Estaduais e para os Ministros e Conselheiros dos Tribunais de Contas.

19 O CONCURSO PÚBLICO

O concurso público é um procedimento conduzido por autoridade específica, especializada e imparcial, subordinado a um ato administrativo prévio, norteado pelos princípios da objetividade, da isonomia, da impessoalidade, da legalidade, da publicidade e do controle público, destinado a selecionar os indivíduos mais capacitados para serem providos em cargos públicos de provimento efetivo ou em empregos públicos.

19.1 A insuficiência dos concursos públicos brasileiros

O concurso público também se destina a selecionar os sujeitos titulares das habilidades inerentes ao desempenho das atribuições compreendidas no cargo público a ser provido. Essa exigência tem sido olvidada na realidade fática brasileira. Os concursos públicos contemplam questões teóricas, relacionadas com conhecimentos alheios às atribuições relacionadas ao cargo público a ser provido. Usualmente, adotam-se exigências relacionadas à avaliação da capacidade de memória do candidato ou conhecimentos apenas teóricos. É inquestionável a ausência de adequação do concurso público como instrumento para avaliar a aptidão do candidato para o desempenho das funções inerentes ao cargo ou emprego.

O efeito prático é a aprovação de candidatos que preenchem requisitos formais, mas que nem sempre dispõem de condições efetivas para desempenho satisfatório.

19.2 A Lei Federal 14.965/2024: considerações gerais

A Lei Federal 14.965/2024 veiculou normas gerais sobre concursos públicos para provimento de cargos e de empregos públicos, no âmbito das pessoas administrativas com personalidade de direito público.

19.2.1 A "vacatio legis" de quatro anos

O art. 13 previu que a Lei entrará em vigor no dia 1º de janeiro do quarto ano subsequente à sua publicação oficial. Isso significa que as suas normas serão de observância obrigatória a partir de 01.01.2028.

19.2.2 A antecipação facultativa da aplicação das normas

Admite-se a aplicação das normas da Lei em data anterior à sua vigência, desde que assim tenha sido previsto no ato que autorizar a abertura do concurso público. Essa determinação não apresenta qualquer anomalia, eis que se trata do exercício da autonomia da autoridade competente para disciplinar o concurso público. A peculiaridade reside em que, a partir de 01.01.2028, as normas da Lei serão de observância obrigatória.

19.2.3 A ressalva da competência legislativa local

O § 2.º do art. 13 admite que os demais entes federativos adotem normas próprias e específicas, alternativamente à observância das regras da Lei 14.965/2024. Essa alternativa exige a edição de lei própria pelo ente federativo. Dita lei deve respeitar os princípios constitucionais e aqueles consagrados na própria Lei 14.965/2024.

19.2.4 O âmbito material de aplicação

Ressalvada a hipótese de disciplina distinta prevista no ato que autorizar a abertura do concurso, a Lei 14.965/2024 não se aplica no ingresso para a magistratura, para o Ministério Público, para a defensoria pública e para as Forças Armadas.

19.3   A Lei Federal 14.965/2024: considerações específicas

A exigência constitucional quanto ao concurso público destina-se a assegurar a isonomia e a impessoalidade, evitando que o provimento em cargo público seja fundado em critérios subjetivos e arbitrários e que beneficie os apaniguados da autoridade superior. Mas essa não é a única finalidade do concurso público. Uma finalidade essencial do concurso público é assegurar a seleção dos candidatos mais qualificados para o desempenho de funções públicas.

A Lei 14.965/2024 é orientada ao aperfeiçoamento dos concursos públicos. O modelo que é adotado, na maior parte dos casos, viola a proporcionalidade, eis que envolve o exame de conhecimentos teóricos, sem vinculação com as habilidades inerentes às funções públicas a serem desempenhadas.

19.4   As soluções previstas no ordenamento jurídico

A Lei 14.965/2024 impõe a racionalização da organização e da implementação dos concursos públicos, em vista das finalidades concretas buscadas. Trata-se de uma disciplina claramente pragmática, inclusive impondo uma estimativa das consequências projetadas.

Deve-se destacar que uma parcela das disposições da Lei 14.965/2024 reflete a disciplina extraída do ordenamento vigente. Logo e mesmo que antes do início da sua vigência, a observância de regras ali previstas já se constituía em exigência inafastável.

A exposição adiante conjuga o exame das regras da Lei 14.965/2024 e a experiência produzida ao longo do tempo relativamente ao tema dos concursos públicos.

19.5   A regulamentação no âmbito da União

No âmbito da União, o Decreto Federal 9.739/2019 regulamentou diversos temas para a Administração federal direta, autárquica e fundacional. Entre eles, encontram-se a realização de concursos públicos. Uma parcela significativa das regras contempladas na Lei 14.965/2024 já se encontrava consagrada no referido Decreto e já se encontra sendo observada no plano da União.

19.6   A abertura do concurso público

A Administração é investida do dever-poder de organizar o concurso, estabelecer os requisitos de participação, definir os conteúdos objeto de exame, elaborar e aplicar as provas, realizar o seu julgamento e divulgar os resultados. Isso envolve uma margem de autonomia inafastável, de natureza discricionária, que se manifesta em diversas etapas e com extensão variável.

19.6.1   A existência de vagas e o concurso público para formação de cadastro

Um dos requisitos para a abertura do concurso público é a existência de cargos ou empregos vagos. Essa exigência é inerente à seriedade da atividade administrativa e reflete a tutela aos interesses de potenciais interessados. Não se admite a realização de concurso sem a efetiva perspectiva de nomeação dos aprovados. Também por isso, é indispensável a indicação do número de vagas a serem preenchidas.

Admite-se, no entanto, a realização de concurso para a formação de cadastro de reserva. Nesse caso, o concurso será destinado a selecionar candidatos para futuro preenchimento do cargo ou do emprego, na medida da necessidade e das circunstâncias. Essa solução se destina a evitar que, presentes os requisitos e as necessidades, a nomeação ou a contratação seja condicionada à realização de um futuro concurso.

A solução da formação de cadastro de reserva pode ser adotada inclusive nas hipóteses em que existam vagas a serem preenchidas.

O Decreto 9.739/2019 prevê que a solução do cadastro de reserva seja adotada nas hipóteses em que se evidenciar a inviabilidade da estimativa do quantitativo de vagas a serem preenchidas, dentro do prazo de validade do concurso (art. 29).

19.6.2 O pedido de autorização para a abertura do concurso público

No âmbito da União, o art. 27 do Decreto Federal 9.739/2019 delegou ao Ministro da Economia a competência para autorizar a realização de concursos públicos e para decidir sobre o provimento de cargos. Isso significa a vedação à decisão de abertura do concurso público sem a prévia manifestação da autoridade competente para avaliar os reflexos financeiros e orçamentários da medida.

19.6.3 A autoridade competente para determinar a abertura do concurso

A competência para deliberar sobre a instauração do concurso é usualmente de titularidade da mesma autoridade administrativa investida do poder para deliberar sobre a investidura nos cargos públicos referidos. Mas nada impede que a lei ou o regulamento estabeleçam regras específicas sobre o tema.

19.6.4 A decisão de abertura de concurso

O concurso público deve ser instaurado mediante decisão, devidamente fundamentada, da autoridade competente. As exigências previstas na Lei 14.965/2024 devem ser reputadas como aplicáveis mesmo antes do início de sua vigência, porque são direcionadas a evitar decisões arbitrárias ou despropositadas da Administração.

A decisão de abertura do concurso deve evidenciar a necessidade e a adequação da sua realização. Isso envolve inclusive expor a evolução do quadro de pessoal ocorrida anteriormente e formular uma projeção quanto às expectativas para um período subsequente. A decisão necessita definir, de modo preciso, os cargos e os empregos públicos a serem providos. Também é indispensável indicar a ausência de candidatos aprovados e não nomeados em virtude de concurso público válido. Ademais, é fundamental demonstrar os impactos orçamentários e financeiros em vista do provimento dos cargos e empregos públicos, tomando em mente o exercício em que tal ocorrerá e os dois exercícios seguintes.

Não será válido o ato de abertura do concurso que deixe de atender às exigências referidas. Mesmo que exista competência discricionária para a abertura do concurso, isso não legitima decisões destituídas da motivação indispensável.

19.7 A observância de um procedimento

O concurso público deve respeitar os princípios inerentes ao conceito de procedimento. Isso significa a necessidade de observância das etapas sucessivas.

19.7.1 O planejamento do concurso público

A Lei 14.965/2024 exige que a Administração se desincumba do planejamento do concurso público. Essa determinação não foi introduzida de modo inovador pelo diploma. Afigura-se que esse dever é aplicável independentemente da existência e da vigência do diploma.

19.7.2   A competência para o planejamento

Em princípio, o planejamento é atribuído à comissão de concurso, admitindo-se que seja executado por outro órgão ou por entidade especializada. O conteúdo mínimo do planejamento está indicado no art. 6.º. Compreende a identificação dos conhecimentos e, se for o caso, das habilidades e das competências cuja avaliação será objeto das provas.

Nessa fase, será elaborado o edital, que disciplinará as condições do concurso.

19.8   A comissão de concurso

O procedimento deve ser conduzido por uma comissão (ou banca) de concurso, usualmente composta por uma pluralidade de membros.

19.8.1   A designação dos membros da comissão de concurso

A autoridade superior constituirá a comissão de concurso, indicando os seus membros. A composição da comissão dependerá da disciplina legal ou regulamentar e pode compreender a participação exclusivamente de servidores públicos ou também de terceiros, especialistas não integrantes da Administração Pública.

19.8.2   A qualificação dos membros da comissão

Não é válido o concurso conduzido por comissão integrada por sujeitos destituídos de conhecimento especializado sobre o tema objeto do certame. Não basta o sujeito ser integrante da carreira, ter feito concurso anteriormente ou estar habilitado para o exercício da profissão. A condição de membro de comissão depende da titularidade de conhecimento especializado, evidenciado de modo objetivo e inquestionável.

19.8.3   A vedação à atuação em conflito de interesses

Os membros da comissão de concurso devem ser dotados de requisitos de imparcialidade objetiva. Assim, por exemplo, é inválido o concurso em que o membro da comissão é ocupante de cargo em comissão e subordinado hierarquicamente ao pai de um candidato. Nessa hipótese, não há requisito objetivo de imparcialidade do membro da comissão.

20   A ATRIBUIÇÃO A TERCEIRO DAS ATIVIDADES DE SELEÇÃO

A seriedade exigida para o concurso e a especialidade das atividades correspondentes podem impor a solução de contratação de instituição especializada para a sua execução. Essa alternativa é válida, especialmente nos casos em que a realização do certame for incompatível com o desempenho satisfatório das atribuições próprias dos órgãos administrativos envolvidos. Portanto, as atividades materiais pertinentes ao concurso público podem ser delegadas a um terceiro, integrante ou não da Administração Pública, sem que isso configure invalidade.

21   O EDITAL DO CONCURSO

As normas gerais sobre o concurso deverão ser previstas no edital, que é um ato de natureza regulamentar. O edital contemplará as condições gerais do concurso, o procedimento a ser adotado, os requisitos de participação, os temas e as habilidades objeto de avaliação, os critérios de julgamento, os recursos cabíveis e todas as demais regras relevantes para a identificação do interesse em participar e para a disciplina do procedimento administrativo pertinente.

A Lei 14.965/2024 prevê que o edital deve definir, por exemplo, os cargos e os empregos públicos a serem providos (o que compreende inclusive a remuneração inicial), o número de vagas, as finalidades, os tipos e o conteúdo programático das provas, as condições para realização das provas por pessoas com deficiência ou em situação especial, os critérios de avaliação, os requisitos de participação e as condições de inscrição. O edital deve contemplar também os critérios de classificação e de aprovação, tal como os requisitos para a nomeação. Devem ser previstos ainda os percentuais de vagas destinadas a pessoas com deficiência e que se enquadrem em soluções de ações afirmativas.

21.1 A competência para elaboração do edital

Em princípio, a competência para a elaboração do edital é da mesma autoridade titular da atribuição para instaurar o concurso público. No entanto, essa competência pode ser atribuída à própria banca do concurso.

21.2 A submissão à ordem jurídica

É evidente que o edital não se superpõe à Constituição ou à lei. As exigências restritivas dos direitos e interesses dos particulares, previstas no edital, apenas serão válidas se autorizadas em norma legal. As previsões editalícias serão interpretadas conforme a Constituição e a lei.

21.3 A definição da finalidade do concurso

O concurso público para provimento de cargo ou contratação para emprego destina-se a selecionar os candidatos mais qualificados. Mas essa finalidade apenas será atingida se houver a identificação das atribuições e características do cargo e do emprego, o que permite definir os conhecimentos, as habilidades e as competências a serem objeto da avaliação por meio do concurso.

Toda a concepção do concurso, abrangendo inclusive as regras do edital e as espécies e os conteúdos das provas, deve ser orientada ao atingimento das finalidades buscadas. Na maior parte dos casos, a determinação da validade de regras e de decisões adotadas depende das circunstâncias do caso concreto. Por exemplo, as circunstâncias atinentes ao concurso para contratação de médico são radicalmente diversas daquelas relacionadas com a contratação de professor para o ensino fundamental. Logo, uma exigência que seria válida em um caso pode configurar-se como abusiva no outro.

22 CONCURSO PÚBLICO E ISONOMIA

O concurso público é norteado pelo princípio da isonomia. Isso não significa a vedação a tratamento discriminatório entre os particulares. Muito pelo contrário, o concurso público é um procedimento destinado precisamente à discriminação entre indivíduos, visando a atribuir a eles tratamento diferenciado orientado pela proporcionalidade.

22.1 A vedação à discriminação arbitrária e injustificada

É vedada a discriminação arbitrária e injustificada. Os critérios de discriminação dos candidatos devem ser estabelecidos em vista das finalidades buscadas, de modo a promover a seleção dos sujeitos mais capacitados para os cargos públicos.

Ao elaborar o regulamento, o Estado deverá identificar as virtudes desejáveis para o futuro ocupante do cargo público. Essa identificação deverá tomar em vista a natureza das atribuições

588 CURSO DE DIREITO ADMINISTRATIVO · *Marçal Justen Filho*

do cargo, a responsabilidade daí derivada e outras características que podem alcançar inclusive a capacitação física indispensável.

A partir disso, serão estabelecidos requisitos de participação e critérios de julgamento, que devem apresentar cunho instrumental com relação às virtudes identificadas.

A validade dos requisitos de participação e dos critérios de julgamento depende da sua adequação e necessidade diante das virtudes desejáveis para o futuro servidor público, tal como da compatibilidade da exigência com os valores constitucionais fundamentais.

22.2 A variação das condições em vista dos atributos do caso concreto

É impossível afirmar a constitucionalidade ou inconstitucionalidade de uma exigência adotada no edital do concurso público sem examinar as circunstâncias do caso concreto. Qualquer exigência adotada em um concurso público apresenta cunho de instrumentalidade, no sentido de que se relaciona com os fins buscados. Se esse vínculo de instrumentalidade for defeituoso por inadequação ou excesso, haverá infração ao princípio da isonomia.

Por exemplo, há situações em que o desempenho da competência própria do cargo pressuporá a existência de certas habilidades físicas ou de outras condições materiais ou imateriais.

22.3 Concurso público e impessoalidade

A objetividade e a isonomia compreendem também a impessoalidade, no sentido de vedar qualquer preferência de cunho subjetivo vinculada à identidade do candidato e aos vínculos que ele apresente com autoridades, agentes estatais, partidos políticos e assim por diante.

22.3.1 A estruturação do concurso público

O concurso público deverá obrigatoriamente ser estruturado de modo a impedir qualquer vantagem ou desvantagem relacionada a fatores pertinentes ao relacionamento do candidato com terceiros ou com instituições políticas e sociais.

Isso significa que, constatada a existência de algum vínculo dessa ordem, deverão ser adotadas providências destinadas a neutralizar qualquer efeito que essa relação possa gerar. Por exemplo, suponha-se a inscrição em concurso para cargo de magistrado de filho do Presidente do tribunal que promove o concurso. Inexiste impedimento a que o indivíduo participe do concurso. Ser filho do Presidente do tribunal não é um fator redutivo dos direitos assegurados ao sujeito.

Mas essa situação acarreta o impedimento da participação não apenas do pai, mas de todos os demais integrantes do tribunal potencialmente vinculados a ele. A participação do filho do Presidente do tribunal ou de membro do órgão que promove o concurso *impõe* a adoção de mecanismo que neutralize qualquer risco de efeito vantajoso em favor do candidato. Não se trata de impor situação de desvantagem, mas de assegurar a transparência do certame e a ausência de interferência dos integrantes do tribunal sobre a formulação das provas e a sua correção. Isso significa a organização das provas mediante a participação de instituições alheias ao tribunal, basicamente.

O exemplo fornecido aplica-se amplamente, compreendendo igualmente todos os concursos realizados pelo Poder Executivo, pelo Poder Legislativo, pelo Ministério Público e pelo Tribunal de Contas.

22.3.2 Critérios objetivos de discriminação

Somente é possível estabelecer critérios de discriminação compatíveis com a Constituição e autorizados por lei. Essa regra tem especial relevância no tocante a cláusulas restritivas da

Cap. 16 – ESTRUTURA ADMINISTRATIVA DO ESTADO: OS AGENTES PÚBLICOS **589**

participação, desde que norteada pelos princípios da objetividade, da isonomia e da publicidade (e clareza quanto aos requisitos e critérios), devendo, em todo caso, respeitar as formalidades necessárias à imposição de discriminação.

22.4 As cautelas necessárias

Sempre que a natureza da capacidade a ser avaliada ou da prova adotada envolver redução da objetividade na avaliação dos mais capacitados, deverão ser incorporadas cautelas destinadas a evitar julgamento fundado em critérios puramente subjetivos. Assim, deverá ser adotado o anonimato quanto à autoria dos trabalhos, a convocação de sujeitos oriundos de diversos extratos alheios aos quadros públicos para compor a banca de julgamento, a realização de provas públicas, o sorteio de temas imediatamente antes da realização da prova e assim por diante.

22.5 Circunstâncias subjetivas tuteladas pelo direito

Admite-se a consagração de soluções diferenciadas quando inerentes a direitos fundamentais. Esse entendimento foi consagrado em decisão do STF, relativamente ao Tema 386 da repercussão geral:

"5. Recurso extraordinário não provido, fixando-se a seguinte tese: 'Nos termos do art. 5.º, VIII, da CF, é possível a realização de etapas de concurso público em datas e horários distintos dos previstos em edital por candidato que invoca a escusa de consciência por motivo de crença religiosa, desde que presente a razoabilidade da alteração, a preservação da igualdade entre todos os candidatos e que não acarrete ônus desproporcional à Administração pública, que deverá decidir de maneira *fundamentada*'" (RE 611.874/DF, Pleno, rel. Min. Dias Toffoli, rel. p/ acórdão Min. Edson Fachin, repercussão geral – mérito, j. 26.11.2020, *DJe* 09.04.2021).

23 CONCURSO PÚBLICO E PUBLICIDADE

O concurso público deve ser antecedido de ato convocatório ao qual se atribua ampla publicidade, nele se estabelecendo todas as condições de participação, os critérios de julgamento e o modo de sua promoção.

De modo genérico, todos os atos do concurso deverão ser públicos, impondo-se o sigilo somente como exigência inerente à isonomia. É evidente que nenhum dos candidatos pode ter acesso ao conteúdo das questões antes de iniciadas as provas.

O princípio da publicidade é interpretado em vista das finalidades buscadas, o que justifica orientação jurisprudencial no sentido de que a publicação pela imprensa é insuficiente em algumas situações.

O controle público é da essência do concurso público. Significa que a realização do concurso público envolve o interesse coletivo, e todos os integrantes da comunidade têm interesse na condução ilibada e perfeita do concurso. Por isso, estão autorizados a acompanhar todos os atos pertinentes ao concurso, inclusive formulando pedidos de esclarecimento quanto a fatos relevantes.

24 O EDITAL E AS NORMAS REGULAMENTARES DO CONCURSO PÚBLICO

O edital produz efeitos vinculantes para a Administração Pública e para os candidatos.

24.1 As normas regulamentares do concurso

O edital formaliza o exercício de competências discricionárias da Administração relativamente ao concurso público. As determinações consagradas no edital configuram-se como normas regulamentares. É usual aludir ao edital como a "lei" do concurso. Essa terminologia não significa atribuir às normas do edital uma natureza legal, mas indica a sua eficácia vinculante.

24.2 A eficácia vinculante do edital

As normas previstas no edital devem ser observadas tanto pela Administração como pelos candidatos e por terceiros. A jurisprudência do STJ reconheceu em diversas oportunidades a eficácia vinculante do edital:

"1. A jurisprudência do STJ é pacífica no sentido de que, em homenagem ao princípio da vinculação ao edital, as condições estabelecidas no certame devem ser obedecidas fielmente, tanto pelo Poder Público quanto pelos candidatos inscritos no concurso" (RMS 73.566/CE, 2.ª T., rel. Min. Afrânio Vilela, j. 03.09.2024, *DJe* 09.09.2024).

"(...) 3. O edital de concurso público faz lei entre as partes, funcionando como instrumento que vincula tanto a Administração, quanto o candidato que a ele se submete. Assim, havendo cláusula expressa acerca da carga horária do cargo a que se submete o candidato, sua redução não é direito objetivo do aprovado." (AgInt no RMS 73.343/DF, 2.ª T., rel. Min. Afrânio Vilela, j. 23.09.2024, *DJe* 25.09.2024).

"1. (...) 'A jurisprudência dominante nesta Corte Superior é pacífica no sentido de que as regras editalícias, consideradas em conjunto como verdadeira lei interna do certame, vinculam tanto a Administração como os candidatos participantes. De modo que, o concurso público deverá respeitar o princípio da vinculação ao edital e as obrigações dos editais devem ter cumprimento compulsório, em homenagem ao art. 37, *caput*, da Constituição Federal' (AgInt no RMS n. 65.837/GO, relatora Ministra Assusete Magalhães, Segunda Turma, DJe de 20/12/2023). Nesse mesmo sentido: RMS n. 62.330/MS, relator Ministro Gurgel de Faria, Primeira Turma, DJe de 24/5/2023. (...)" (AgInt no RMS 72.766/RS, 1.ª T., rel. Min. Sérgio Kukina, j. 12.08.2024, *DJe* 15.08.2024).

25 REQUISITOS DE PARTICIPAÇÃO E IMPEDIMENTOS

O art. 37, I, da CF/1988 determinou que os cargos, empregos e funções públicas são acessíveis aos brasileiros e aos estrangeiros ("na forma da lei").

25.1 Validade de restrições à participação

Isso não significa vedação a que sejam estabelecidos requisitos objetivos restritivos de participação, cuja validade dependerá do respeito aos princípios da legalidade e da proporcionalidade. O requisito de participação deve ser adequado e necessário, sendo compatível com os valores constitucionais fundamentais. Assim se impõe em vista da natureza instrumental do concurso público. É o meio de selecionar as pessoas dotadas das melhores condições de desempenhar as atribuições inerentes a determinado cargo público.

O STF pronunciou-se sobre a questão:

"3. Recurso extraordinário a que se dá provimento, com a proposta de fixação da seguinte Tese: 'o candidato estrangeiro tem direito líquido e certo à nomeação em concurso público para provimento de cargos de professor, técnico e cientista em universidades e instituições de pesquisa científica e tecnológica federais, nos termos do art. 207, § 1.º, da Constituição Federal, salvo se a restrição da nacionalidade estiver expressa no edital do certame com o exclusivo objetivo de preservar o interesse público e desde que, sem prejuízo de controle judicial, devidamente justificada'" (RE 1.177.699/SC, Pleno, rel. Min. Edson Fachin, repercussão geral – mérito, j. 27.03.2023, *DJe* 04.05.2023).

25.2 As atribuições do cargo

Os requisitos de participação e os impedimentos dependem das atribuições do cargo objeto do concurso. As previsões correspondentes destinam-se a assegurar que o sujeito, se vier a ser investido no cargo, disporá das condições mais satisfatórias para o seu desempenho.

25.3 A observância do princípio da legalidade

Os requisitos de participação e impedimentos, adotados no edital de concurso, subordinam-se ao princípio da legalidade.

Como adverte Diogo de Figueiredo Moreira Neto, não é permitido "ao regulamento, ao edital ou a qualquer ato administrativo criar outras condições de acesso que não essas definidas em lei".[17] Ademais, a lei que disciplinar o tema deverá ter derivado de projeto do Chefe do Poder Executivo, o qual é titular de iniciativa exclusiva em tais assuntos (art. 61, § 1.º, II, *a*, CF/1988).

25.4 A exigência de motivação

Todas as exigências, limitações e requisitos previstos no edital de concurso devem ser satisfatoriamente motivados. Nesse sentido, o STF consolidou entendimento por meio da Súmula 684:

"É inconstitucional o veto não motivado à participação de candidato a concurso público".

25.5 A questão do limite de idade

Admite-se a fixação de limite de idade para a participação no concurso, desde que a natureza das atribuições do cargo ou do emprego impliquem habilidades que tendam a desaparecer com a elevação da idade do indivíduo.

Nesse sentido, confira-se a Súmula 683 do STF:

"O limite de idade para a inscrição em concurso público só se legitima em face do art. 7.º, XXX, da Constituição, quando possa ser justificado pela natureza das atribuições do cargo a ser preenchido".

25.6 A questão da aparência física

No RE 898.450, o STF discutiu a viabilidade de impedimento à participação pertinente à aparência física do candidato. No caso, tratava-se da questão de tatuagens. O tema é interessante por envolver um conflito entre autonomia individual e exigências institucionais quanto à condição de agente público.

---

[17] MOREIRA NETO. *Curso de direito administrativo:* parte introdutória, parte geral, parte especial, 16. ed., p. 328.

592 CURSO DE DIREITO ADMINISTRATIVO · *Marçal Justen Filho*

25.6.1 A amplitude da controvérsia

A discussão abrange não apenas a tatuagem corporal, mas também outras escolhas individuais relacionadas com a aparência física. Não seria exagero reconhecer que as próprias orientações pertinentes à sexualidade estão abrangidas nessa controvérsia.

25.6.2 A democracia e as escolhas subjetivas

O Estado não dispõe de competência para intervir sobre as escolhas individuais relativamente à aparência física dos indivíduos. Mas a questão apresenta configuração diversa quando se trata de agente investido em cargo público. Trata-se de determinar se a tatuagem poderia ser considerada incompatível com as condições exigidas quanto ao exercício de uma função pública.

25.6.3 A questão relacionada aos militares

O tema já foi enfrentado, sob outra dimensão, no âmbito dos militares. Reputa-se legítima, por exemplo, a regra estabelecendo padrões de corte de cabelo para os militares. Mas tal se relaciona ao regime jurídico próprio da atividade militar, que é fundado em certos postulados de comportamento e aparência física.

25.6.4 A avaliação em vista das circunstâncias

Não existe uma solução única, absoluta e geral para tais questões. A limitação à autonomia individual pode ser admitida em face da natureza das atribuições inerentes ao cargo, em cada caso concreto.

Considerando a questão específica objeto da discussão, é evidente que tatuagens em locais do corpo não expostos às vistas do público são protegidas pela tutela à intimidade.

No tocante àquelas que se apresentem evidentes, à vista do público, a restrição será legítima somente se ficar evidenciada a incompatibilidade com a função exercida e potencial violação à dignidade do cargo. Isso depende, portanto, das características do cargo considerado e da própria imagem objeto de tatuagem.

25.6.5 A relatividade dos usos e costumes

A relatividade da avaliação reflete uma dimensão evolutiva dos usos e costumes. É possível que, num futuro próximo, a existência de tatuagens corporais se afigure como uma prática difundida e generalizada. Em tal hipótese, será vedado estabelecer limitações às escolhas individuais. Nesse sentido, o STF decidiu:

"3. O Legislador não pode escudar-se em uma pretensa discricionariedade para criar barreiras legais arbitrárias e desproporcionais para o acesso às funções públicas, de modo a ensejar a sensível diminuição do número de possíveis competidores e a impossibilidade de escolha, pela Administração, daqueles que são os melhores. 4. Os requisitos legalmente previstos para o desempenho de uma função pública devem ser compatíveis com a natureza e atribuições do cargo. (No mesmo sentido: ARE 678.112 RG, Relator Min. Luiz Fux, julgado em 25/04/2013, *DJe* 17-05-2013). (...) 12. O Estado não pode considerar aprioristicamente como parâmetro discriminatório para o ingresso em uma carreira pública o fato de uma pessoa possuir tatuagens, visíveis ou não. (...) 18. As teses objetivas fixadas em sede de repercussão geral são: (i) os requisitos do edital para o ingresso em cargo, emprego ou função pública devem ter por fundamento lei em sentido formal e material, (ii) editais de concurso público não podem es-

Cap. 16 – ESTRUTURA ADMINISTRATIVA DO ESTADO: OS AGENTES PÚBLICOS **593**

tabelecer restrição a pessoas com tatuagem, salvo situações excepcionais em razão de conteúdo que viole valores constitucionais" (RE 898.450/SP, Pleno, rel. Min. Luiz Fux, repercussão geral – mérito, j. 17.08.2016, *DJe* 30.05.2017).

25.7 A questão de antecedentes

Outra controvérsia levada ao Poder Judiciário se relacionou com a existência de indiciamento em inquérito ou de ação penal envolvendo o interessado. O STF adotou orientação em termos que exigem reprodução:

"1. Como regra geral, a simples existência de inquéritos ou processos penais em curso não autoriza a eliminação de candidatos em concursos públicos, o que pressupõe: (i) condenação por órgão colegiado ou definitiva; e (ii) relação de incompatibilidade entre a natureza do crime em questão e as atribuições do cargo concretamente pretendido, a ser demonstrada de forma motivada por decisão da autoridade competente. 2. A lei pode instituir requisitos mais rigorosos para determinados cargos, em razão da relevância das atribuições envolvidas, como é o caso, por exemplo, das carreiras da magistratura, das funções essenciais à justiça e da segurança pública (CRFB/1988, art. 144), sendo vedada, em qualquer caso, a valoração negativa de simples processo em andamento, salvo situações excepcionalíssimas e de indiscutível gravidade. 3. Por se tratar de mudança de jurisprudência, a orientação ora firmada não se aplica a certames já realizados e que não tenham sido objeto de impugnação até a data do presente julgamento. 4. Recurso extraordinário desprovido, com a fixação da seguinte tese de julgamento: 'Sem previsão constitucional adequada e instituída por lei, não é legítima a cláusula de edital de concurso público que restrinja a participação de candidato pelo simples fato de responder a inquérito ou ação penal.'" (RE 560.900/DF, Pleno, rel. Min. Roberto Barroso, repercussão geral – mérito, j. 06.02.2020, *DJe* 14.08.2020)

25.8 Requisitos de participação e requisitos de investidura

É relevante distinguir os requisitos de participação no concurso e os requisitos pertinentes à investidura no cargo. Aqueles se referem a exigências de natureza absoluta, cujo atendimento é indispensável inclusive no momento da inscrição no concurso. Já os requisitos de investidura consistem em exigências que não necessitam estar presentes na oportunidade da realização do concurso, mas cujo atendimento será avaliado na oportunidade da investidura.

Usualmente, os requisitos de inscrição se referem a atributos ou virtudes que não comportam modificação ao longo do tempo. Já os requisitos de investidura referem-se a atributos que, embora não existentes no momento do concurso, poderão ser satisfeitos em momento posterior.

Anote-se, no entanto, que o preenchimento do requisito de participação não significa a desnecessidade de sua confirmação como requisito de investidura.

Nesse sentido, confira-se a Súmula 266 do STJ:

"O diploma ou habilitação legal para o exercício do cargo deve ser exigido na posse e não na inscrição para o concurso público".

26 AS PROVAS

A prova é uma comprovação direta e imediata das virtudes do interessado, consistindo em um teste de capacidade intelectual, de capacidade física ou de habilidade de outra natureza, pertinente aos atributos necessários ao exercício do cargo objeto do concurso e cuja avaliação faz-se de acordo com os critérios determinados no edital.

26.1 A sistematização da Lei 14.965/2024

A Lei 14.965/2024 sistematizou a disciplina atinente às provas em concurso público, adotando terminologia que pode ser generalizada.

26.2 As espécies de provas

Há a possibilidade da previsão de provas de conhecimento, de habilidades e de competências, além de outras que venham a ser adotadas no edital.

As provas de conhecimento podem ser escritas e orais. As provas de habilidade podem referir-se à simulação de tarefas próprias do cargo ou do emprego, tal como testes físicos relacionados às atribuições respectivas. As provas de competência podem envolver avaliação psicológica, exame de higidez mental ou teste psicotécnico.

A avaliação por títulos terá por objeto demonstrar a titularidade de requisitos para o desempenho das atribuições do cargo ou emprego público e terá sempre cunho classificatório.

26.3 O curso ou programa de formação

A Lei 14.965/2024 atribui ao edital a escolha sobre a realização de curso ou programa de formação, ressalvadas as hipóteses em que existir disciplina legal específica sobre o tema.

Quando previsto, será a obrigatória a realização do curso ou do programa pelo candidato. O referido curso terá cunho eliminatório, classificatório ou eliminatório e classificatório. O curso destina-se a fornecer ao candidato o conhecimento e o treinamento quanto ao desempenho concreto das atribuições do cargo ou emprego. Exige-se a realização de avaliação impessoal. A reprovação do candidato acarretará a sua eliminação do concurso.

Essa solução pode ser adotada pelo edital, mesmo antes do início da vigência da Lei 14.965/2024 e está autorizada no Decreto Federal 9.739/2019 para a Administração federal direta, autárquica e fundacional.

27 AS PROVAS DE CONHECIMENTO

A prova de conhecimento consiste num exame destinado a avaliar o domínio das informações pertinentes a temas gerais ou específicos, para verificar a qualificação do candidato para o desempenho das funções inerentes ao cargo.

27.1 A sistematização da Lei 14.965/2024

Segundo a Lei 14.965/2024, as provas de conhecimentos poderão ser "provas escritas, objetivas ou dissertativas, e provas orais, que cubram conteúdos gerais ou específicos".

27.2 A prova "escrita"

A prova escrita consiste usualmente num questionário sobre temas teóricos e práticos, a ser respondido pelo candidato por meio da escrita (em meio físico ou virtual). A prova escrita pode contemplar inclusive a elaboração simulada de manifestações inerentes às funções do cargo. O critério de julgamento será a compatibilidade com o conhecimento científico ou com a orientação predominante entre os especialistas do assunto. O edital pode permitir ou proibir fontes de consulta.

Cap. 16 – ESTRUTURA ADMINISTRATIVA DO ESTADO: OS AGENTES PÚBLICOS **595**

27.3 A multiplicidade de provas "escritas"

Em muitos casos, o edital estabelece uma sucessão de provas escritas. Essa solução é útil nas hipóteses de concursos que envolvem o conhecimento em uma pluralidade heterogênea de áreas, em que seria desarrazoado concentrar a avaliação em uma única prova – até por razões de viabilidade de sua conclusão por questões de tempo.

Em outros casos, a multiplicidade das provas escritas relaciona-se com a dimensão quantitativa dos candidatos e a exigência de racionalizar os esforços no tocante à correção. Admite-se a existência de provas eliminatórias, em que a primeira etapa apresente uma natureza mais objetiva e se refira a temas mais amplos. Os candidatos aprovados em cada etapa são convocados a participar da prova seguinte.

27.4 A prova de conhecimento oral

A prova oral é um questionamento verbal, realizado em sessão pública de que participam os membros da banca e o candidato. São dirigidas questões, de natureza teórica ou prática, ao candidato, a quem incumbe responder verbalmente e de modo imediato. O edital deverá prever o procedimento da prova e fixar os critérios de julgamento.

27.4.1 A ausência de obrigatoriedade

Não é obrigatória a existência de prova oral num concurso. As virtudes avaliadas por meio da prova oral são parcialmente distintas daquelas objeto de prova escrita. Admite-se a prova oral nas hipóteses em que as atribuições do cargo exigirem virtudes relacionadas às habilidades verbais. Mas também é admissível a prova oral quando a prova escrita for reputada como insuficiente para permitir uma avaliação mais precisa das condições do candidato.

27.4.2 A questão do julgamento objetivo

O problema da prova oral é a dificuldade na fixação de critérios objetivos, aplicáveis de modo uniforme relativamente a todos os candidatos. Usualmente, as provas orais têm conteúdo variável de candidato para candidato.

A objetividade da avaliação dos candidatos é obtida mediante a pluralidade de membros da banca. Isso impede que circunstâncias puramente pessoais a um examinador específico afetem a nota atribuída ao candidato. Justamente por isso, não se afigura como válida a solução de segregar os candidatos e submetê-los a avaliação por um único ou por apenas uma parcela dos integrantes da comissão julgadora.

27.4.3 A questão da gravação da prova oral

Uma solução recomendável é a gravação de áudio e de vídeo das provas orais. A gravação propicia não apenas a revisão dos fatos ocorridos, mas também se constitui em fator de desincentivo a condutas indesejáveis (tanto por parte da banca como relativamente aos candidatos).

Mas nem sempre é promovida a gravação da prova.[18] O STJ reputou que não é obrigatória a gravação, quando não existir regra assim o determinando:

> "4. a gravação da prova oral, apesar de ser uma medida recomendável, não é imprescindível para a regularidade do concurso, mormente quando inexiste qualquer previsão normativa a respeito e a avaliação dá-se em local público" (RMS 45.854/MS, 2.ª T., rel. Min. Og Fernandes, j. 28.04.2015, *DJe* 14.05.2015).

---

18   O art. 42, XVII, do Dec. 9.739/2019 exige gravação da prova oral para a Administração Pública federal.

28   AS PROVAS DE HABILIDADES

Admite-se que o edital estabeleça provas de habilidades, que envolvem a demonstração pelo candidato da sua aptidão para desenvolver as tarefas próprias do cargo ou do emprego. Isso pode compreender inclusive a realização de testes físicos.

28.1   A elaboração de documentos

A prova de habilidades pode consistir na elaboração de documentos. Isso implica a demonstração do candidato de conhecimentos indispensáveis ao desempenho da função, mas também a sua capacitação para produzir soluções práticas que serão inerentes ao cargo ou emprego. Assim, por exemplo, admite-se a exigência de elaboração de petição judicial ou de parecer consultivo em caso de concurso para cargo ou emprego de advogado.

28.2   A simulação de tarefa inerente à atribuição

Também é admissível exigir que o candidato promova desempenho simulado, envolvendo atividade própria do cargo ou emprego. É caso de aula a ser proferida por candidato ao cargo ou ao emprego de professor. Essa solução somente é válida nos casos em que a atribuição do cargo exigir habilidades físicas ou específicas diferenciadas.

28.3   O teste físico

Em casos específicos, será autorizado teste para avaliação da aptidão física do candidato, tomando em vista parâmetros mínimos de desempenho reputados como indicadores da qualificação do sujeito para o exercício do cargo. Assim se passa, por exemplo, no concurso para cargo de agente policial. Não é cabível exigir aptidão física diferenciada para cargo cujas atribuições não exijam desempenho correspondente do agente.

29   AS PROVAS DE COMPETÊNCIA

Tem-se admitido, desde que autorizado por lei, submeter o candidato a exame de avaliação psicológica destinado não propriamente a classificar os candidatos, mas a excluir aqueles que não disporiam de condições psicológicas adequadas ao exercício das competências inerentes ao cargo.

29.1   A sistematização da Lei 14.965/2024

O art. 9.º, § 2.º, III, da Lei 14.965/2024 alude a três hipóteses distintas para as provas de competência, que são a avaliação psicológica, o exame de higidez mental e o teste psicotécnico.

Deve-se reconhecer que a avaliação psicológica e o exame de higidez mental aproximam-se entre si. Referem-se à identificação de elementos relacionados à estabilidade emocional e da ausência de distúrbios que possam ser deflagrados pelo exercício das funções do cargo ou do emprego.

Já o teste psicotécnico se relaciona à compatibilidade do perfil psicológico individual com as características da função a ser desempenhada. Em princípio, é inquestionável que cada profissão ou atividade demanda um perfil psicológico compatível. Também é certo que essas circunstâncias subjetivas são mais relevantes em algumas atividades do que em outras.[19]

---

[19]   No âmbito da Administração Pública federal direta, autárquica e fundacional, o tema está regulamentado pelo art. 36 do Dec. 9.739/2019.

29.2 A incidência do princípio da legalidade

A previsão de exame psicotécnico somente é válida quando prevista em lei. A jurisprudência do STF é antiga nesse sentido, sendo o entendimento inclusive objeto de enunciado sumular:

"Só por lei se pode sujeitar a exame psicotécnico a habilitação de candidato a cargo público" (Súmula Vinculante 44).

Deve-se reputar, no entanto, que a exigência de previsão legislativa específica não é aplicável a exames de avaliação psicológica e de higidez mental. Esses exames destinam-se a determinar as condições psicológicas e emocionais, genericamente consideradas, para o desempenho da função pública. A questão se relaciona especificamente com a assunção de poderes jurídicos de natureza pública e se vincula à vedação do exercício da função pública por indivíduos que coloquem em risco a integridade e a dignidade do conjunto dos cidadãos.

Ou seja, existe não apenas o interesse, mas o direito fundamental, dos cidadãos de que o cargo ou emprego público somente seja ocupado por indivíduo emocional e psicologicamente capacitado para atuar de modo democrático, sem ser afetado por distúrbios e processos decisórios de natureza arbitrária.

29.3 A imprestabilidade de formalidades superficiais

A eliminação do sujeito em virtude de uma avaliação psicológica apenas pode ocorrer quando não houver dúvida quanto à ausência de condições psicológicas para exercitar as competências próprias do cargo. Portanto, são inválidas as decisões atinentes ao exame de competências que sejam:

(a) produzidas mediante exame sigiloso;
(b) produzidas mediante exame conduzido por sujeitos destituídos de formação profissional especializada no setor em questão;
(c) produzidas mediante exame conduzido por sujeitos que, embora dotados de formação profissional especializada no setor em questão, sejam destituídos de experiência prática na atividade referida;
(d) fundadas em critérios decisórios subjetivos, destituídas de fundamentação.

30 CURSOS OU PROGRAMAS DE FORMAÇÃO

A realização de provas nem sempre é suficiente para determinar a titularidade pelo indivíduo da capacitação para o desempenho das funções públicas. Admite-se a previsão de cursos ou programas de formação, que permitem uma avaliação mais aprofundada sobre a qualificação do sujeito.

30.1 A dupla finalidade do curso ou programa de formação

O curso ou programa de formação destina-se a fornecer informações específicas sobre a função a ser desempenhada, tal como a proporcionar as habilidades próprias correspondentes. Portanto, permite ao candidato elevar a qualificação que detinha antes da realização do concurso.

A segunda finalidade do curso ou programa consiste em aprofundar o exame das condições exigidas para o cargo ou emprego. A lei ou o edital podem estabelecer que o aproveitamento do candidato será utilizado para fins eliminatórios, classificatórios ou eliminatórios e classificatórios.

30.2 O conteúdo do curso ou programa de formação

Admite-se ampla flexibilidade quanto ao conteúdo do curso ou programa de formação. As atividades podem compreender aulas teóricas, seminários ou outras dinâmicas de aprendizado. Podem ser realizadas presencialmente ou à distância. É possível que envolvam o treinamento quanto ao desempenho das atividades inerentes aos cargos ou empregos. Isso pode compreender inclusive a atuação no âmbito de órgão público. Mas é vedado atribuir ao candidato o desempenho das atribuições privativas dos titulares dos cargos ou empregos.

30.3 A avaliação do desempenho do candidato

Cabe ao edital ou ao regulamento disciplinar o processo de avaliação do aproveitamento do candidato. Mas é obrigatória a previsão de critérios impessoais para a avaliação. Podem ser realizadas provas de conhecimento e de habilidade, mas também é admissível considerar a participação do sujeito nas atividades realizadas. Isso pode conduzir à inviabilidade de critérios rigorosamente objetivos. Em tais hipóteses, será indispensável que a avaliação seja desenvolvida por uma pluralidade de avaliadores, atuando de modo independente entre si e segundo critérios de sigilo.

A questão será mais bem examinada em tópico adiante, relacionado com os critérios de julgamento.

31 OS CRITÉRIOS DE JULGAMENTO DAS PROVAS

O edital do concurso deverá estabelecer todos os critérios para o julgamento, de modo que a avaliação do desempenho dos interessados se faça segundo critérios objetivos predeterminados. A objetividade consiste na eliminação de julgamentos subjetivos, fundados em impressões, preferências ou concepções puramente individuais dos julgadores.

31.1 Situações que comportam critérios rigorosamente objetivos

Há casos que comportam seleção segundo critérios quantitativos ou qualitativos inquestionáveis. Assim, imagine-se julgamento fundado na velocidade pessoal de deslocamento: o sujeito que for mais rápido será o vencedor. Mas, se a questão for de avaliação da *capacidade de raciocínio lógico*, por meio de uma prova escrita, o resultado dependerá de uma pluralidade de fatores não racionais.

Isso não significa a invalidade de um concurso público que envolver critérios subjetivos de julgamento. O problema reside em adotar critérios subjetivos para avaliar capacidades objetivamente identificáveis. Quando a capacidade a ser avaliada é, por natureza, subjetiva, não há alternativa a seguir.

31.2 Situações que exigem avaliação de atributos subjetivos

Uma grande dificuldade prática envolve a avaliação de atributos subjetivos do candidato. Deve-se tomar em vista que muitos cargos públicos envolvem não apenas o domínio intelectual do conhecimento e habilidades físicas, mas também certas virtudes quanto à personalidade e ao caráter. Essas circunstâncias não comportam avaliação precisa, segundo critérios aritméticos. Usualmente, são utilizadas soluções de avaliação indireta, em que condutas objetivas são utilizadas como indício da presença ou da ausência dos requisitos exigíveis. A subjetividade do tema dificulta um tratamento objetivo. Em qualquer hipótese, a validade da exigência dependerá da compatibilidade com a proporcionalidade.

Existem certas provas relacionadas a manifestações subjetivas do candidato, que podem traduzir inclusive suas habilidades artísticas. Suponha-se, por exemplo, uma prova de habilidade para o cargo de integrante de orquestra mantida pelo Estado. Em tais hipóteses, o subjetivismo do desempenho e de sua avaliação devem ser neutralizados mediante a atuação de uma pluralidade de julgadores, cada qual exercitando julgamento sigiloso. Nada impede, inclusive, que o edital preveja critérios estatísticos de eliminação de conceitos que escapem do desvio médio padrão.

31.3   A neutralização de preferências pessoais dos julgadores

Se não for possível estabelecer critérios rigorosamente objetivos de avaliação do desempenho do candidato, deverão ser previstos instrumentos de neutralização da influência de simpatias ou antipatias pessoais (mesmo que inconscientes). Assim, por exemplo, será imperioso que julgadores diversos avaliem a mesma prova, produzindo-se inclusive um tratamento estatístico destinado a evitar que a opinião de um único indivíduo desnature o resultado.[20]

32   OS TÍTULOS

Os títulos consistem em documentos evidenciadores da experiência, da habilidade e de outras virtudes, cuja titularidade permite inferir a capacitação do candidato para o desempenho das funções inerentes ao cargo ou ao emprego.

A avaliação dos títulos consiste numa solução de comprovação indireta das virtudes do sujeito, tomando em vista a sua experiência anterior em atividades relevantes e pertinentes ao objeto do concurso.

32.1   A vedação a seleção fundada exclusivamente em títulos

O concurso pode envolver exclusivamente provas. Mas se admite que seja composto por julgamento de provas e de títulos. Não se admite, no entanto, concurso exclusivamente de títulos para provimento em cargo ou emprego público.

32.2   A reprovação nas provas

O não atingimento pelo candidato do limite mínimo exigido na prova de conhecimentos e aptidões acarretará a sua reprovação. Por isso, haverá o julgamento dos títulos apenas dos candidatos que tiverem atingido a nota mínima nas provas.

32.3   A natureza classificatória

A avaliação dos títulos tem natureza classificatória. Não se admite reprovação no julgamento de títulos. Se o título for reputado como indispensável ao exercício da função, caberá a sua exigência como requisito de participação ou de investidura. Fora disso, essa avaliação é um meio de identificar a experiência anterior do sujeito e as virtudes decorrentes da sua atuação pretérita. O conhecimento e as habilidades do candidato são determinados pelas provas. Os títulos influenciam sobre a classificação final.

---

[20]   A estatística dispõe de farto instrumental para tanto, envolvendo a questão de desvios médios e assim por diante.

Segundo o STF:

"1. As provas de títulos em concursos públicos para provimento de cargos efetivos no seio da Administração Pública brasileira, qualquer que seja o Poder de que se trate ou o nível federativo de que se cuide, não podem ostentar natureza eliminatória, prestando-se apenas para classificar os candidatos, sem jamais justificar sua eliminação do certame, consoante se extrai, a *contrario sensu*, do art. 37, II, da Constituição da República. Precedente do STF: AI 194.188-AgR, relator Min. Marco Aurélio, Segunda Turma, j. 30/03/1998, *DJ* 15-05-1998" (MS 31.176, 1.ª T., rel. Min. Luiz Fux, j. 02.09.2014, *DJe* 05.11.2014).

32.4   O vínculo entre a habilidade e a função a ser desempenhada

Somente é válida a previsão de títulos que evidenciem a titularidade de capacitação para o exercício do cargo ou do emprego. Se o título referir-se a qualidades ou atributos irrelevantes, será inválido atribuir-lhe algum efeito para efeito do concurso. Por exemplo, não é válido prever que um título relacionado a conquistas atléticas será valorado para fins de um concurso para cargo de advogado.

32.5   A tarifação dos títulos

O exame de títulos faz-se de modo objetivo, simplesmente pela verificação dos comprovantes do desempenho anterior do candidato. Não existe uma avaliação do conteúdo desse desempenho. Assim, por exemplo, pode-se atribuir pontuação pela titularidade de curso de pós-graduação. Mas não cabe examinar o conteúdo da monografia, dissertação ou tese apresentada.

O edital deve predeterminar a pontuação atinente aos diversos títulos, inclusive estabelecendo limites setoriais. Assim, por exemplo, a aprovação em concurso público assegura certa pontuação, mas com limite determinado. Logo, será irrelevante para a pontuação global se o sujeito tiver sido aprovado em cinco ou em dez concursos públicos.

32.6   A ponderação distinta das provas e dos títulos

O edital deve estabelecer critérios para determinação do resultado final do concurso. A previsão de julgamento fundado também em títulos se relaciona ao reconhecimento de que a prova nem sempre é apta a avaliar adequadamente a capacitação individual. Portanto, a prova de títulos destina-se a complementar essa avaliação direta.

Isso não pode conduzir, no entanto, à desnaturação dos critérios de seleção. A avaliação dos títulos não pode ser um instrumento para assegurar a melhor classificação de candidatos com desempenho pífio na prova. É necessário que o edital de concurso estabeleça limites à eficácia dos títulos.

Como regra, a nota final do candidato resulta de uma média entre as notas das provas e dos títulos. É imperativo que os títulos tenham um peso mais reduzido, de natureza complementar. Será inválida a regra editalícia estabelecendo que a classificação final será fundada exclusivamente na nota dos títulos. Mas também será defeituosa a regra determinando que a nota dos títulos terá peso igual ou superior ao da nota da prova. Os títulos devem necessariamente possuir um peso inferior ao das provas. Assim se impõe pela própria natureza da avaliação. Se a prova permite a avaliação direta das virtudes do candidato e os títulos propiciam uma avaliação indireta, haveria vício em igualar as notas correspondentes.

Cap. 16 – ESTRUTURA ADMINISTRATIVA DO ESTADO: OS AGENTES PÚBLICOS

33 VÍCIOS DO EDITAL

Embora isso seja indesejável, o ato convocatório pode incorrer em vícios. Assim se passará quando o edital omitir regras essenciais à disputa ou consagrar soluções violadoras da legalidade, da proporcionalidade, da igualdade e da impessoalidade.

A omissão se configura como um defeito nos casos em que afetar os interesses de potenciais interessados em participar do concurso ou conduzir a soluções ofensivas dos direitos dos candidatos.

A violação à legalidade, à proporcionalidade (nas suas três dimensões), à igualdade e à impessoalidade contempla um elenco muito amplo de situações.

34 A ALTERAÇÃO DO EDITAL

O edital pode ser alterado pela Administração Pública. Em alguns casos, a nova disciplina poderá ser aplicada imediatamente. Incide a regra da ausência de direito adquirido a regime jurídico. Assim, por exemplo, nada impede que seja eliminada regra defeituosa no tocante à avaliação de títulos, mesmo no trâmite do concurso.

No entanto, a constatação da necessidade inafastável de alterar regra do edital poderá acarretar a revogação do certame em seu todo. Assim se passará nas hipóteses em que a alteração afetar o certame globalmente. Um exemplo é o acréscimo ou a supressão de requisitos de participação. Nesse caso, a alteração do edital deverá acarretar a sua republicação, a revogação de todos os atos já praticados e o reinício do procedimento pertinente.

35 A IMPUGNAÇÃO AO EDITAL

O edital comporta impugnação na via administrativa, como uma manifestação do exercício do direito de petição.

35.1 A legitimidade para a impugnação

Qualquer cidadão pode formular a impugnação. Não é necessário comprovar interesse ou condições de participar do concurso. Existe um interesse objetivo de todo e qualquer cidadão quanto à regularidade, à utilidade e à legitimidade do concurso.

Tratando-se de manifestação do direito de petição, não existe prazo para o exercício da impugnação. No entanto, é desejável que a insurgência seja manifestada em momento anterior ao início dos procedimentos pertinentes ao concurso. Muitas vezes, o próprio edital contempla prazos para a sua impugnação, inclusive estabelecendo que a ausência de impugnação acarretará a preclusão do direito de impugnação posterior. Essa solução deve ser interpretada em termos.

35.2 Identificação do defeito e solução aplicável

Reconhecida a procedência da impugnação ou identificado de ofício um vício, será necessário diferenciar os defeitos sanáveis e os insanáveis. A ausência de impugnação não produz a eliminação de vícios insanáveis. Como regra, poderão eles ser questionados a qualquer tempo, inclusive depois de exaurido o prazo previsto no ato convocatório.

No entanto, pode haver defeitos que afetem exclusivamente o interesse do candidato. Nesses casos, a ausência de impugnação tempestiva acarreta a preclusão do direito de o candidato questionar o defeito.

36 NULIDADE DO EDITAL

A violação a normas constitucionais, legais ou regulamentares de hierarquia superior acarreta, como regra, a nulidade do edital. Aplicam-se ao caso as considerações expostas no Capítulo 7, atinentes à invalidação do ato administrativo.

36.1 A multiplicidade da categoria de vícios

Existem espécies de vícios de atos administrativos e tal se aplica inclusive ao edital. A infração ao edital constituirá nulidade nos casos em que houver violação insuperável a um interesse coletivo ou ao interesse da generalidade dos candidatos (efetivos ou potenciais). Em determinadas situações, no entanto, o vício afetará apenas o interesse de candidatos efetivos. Nessa hipótese, o vício poderá ser sanado, na medida em que se evidencie a ausência de prejuízo ou a concordância dos lesados.

36.2 A invalidação do ato

Constatado o defeito consistente na violação ao edital, deverá ocorrer a pronúncia do vício de ofício ou mediante provocação de qualquer sujeito. Se o vício for insanável, deverão ser adotadas as providências adequadas. Isso implicará, como regra, a anulação do ato defeituoso e a edição de outro.

Mas poderá haver hipóteses em que o vício contaminará o procedimento do concurso em sua totalidade. Nesse caso, a única alternativa será a invalidação do concurso.

36.3 O interesse na preservação do concurso

Anote-se, no entanto, que existe um interesse relevante na preservação da validade do concurso. Sempre que possível, deverá ser adotada providência que assegure a integridade dos atos que não tenham sido afetados pelo defeito. Isso poderá resultar na dissociação do procedimento do concurso, com a invalidação parcial do procedimento e a sua continuidade relativamente aos candidatos que não tenham sido afetados pelo vício.

36.4 As regras da LINDB e da Lei 14.965/2024

Aplicam-se ao caso as regras da LINDB, que impõem à autoridade o dever de realizar uma avaliação das consequências da sua decisão, quando se tratar de decretar a invalidade de ato administrativo. O tema foi examinado com maior profundidade no Capítulo 7.

Ademais, o art. 12 da Lei 14.965/2024 reiterou essa orientação, fixando o seguinte:

"Art. 12. A decisão controladora ou judicial que, com base em valores jurídicos abstratos, impugnar tipo de prova ou critério de avaliação previsto no edital do concurso público deverá considerar as consequências práticas da medida, especialmente em função dos conhecimentos, das habilidades e das competências necessários ao desempenho das atribuições do cargo ou emprego público, em observância ao *caput* do art. 20 do Decreto-Lei nº 4.657, de 4 de setembro de 1942 (Lei de Introdução às Normas do Direito Brasileiro)".

37 A INSCRIÇÃO DO INTERESSADO E A DECISÃO ADMINISTRATIVA

O sujeito interessado em participar do concurso público deverá formalizar um requerimento de inscrição, nas condições previstas no edital. O ato convocatório prevê o prazo para tanto, a forma de apresentação do requerimento, os documentos exigidos e a autoridade a quem o requerimento será dirigido.

37.1   A competência vinculada

A competência para analisar o requerimento de inscrição em concurso é vinculada. Não há margem de autonomia para a autoridade formular juízos de conveniência ou oportunidade sobre o requerimento do particular. A autoridade tem o dever de examinar o requerimento e decidir motivadamente. O edital pode permitir que a autoridade conceda prazo para que o interessado corrija defeitos supríveis.

A decisão que indeferir a inscrição sujeita-se a recurso, nas condições previstas no edital. Não existe impedimento ao recurso contra a decisão que deferir a inscrição, embora tal não seja usual. Essa hipótese não é absurda, uma vez que a natureza competitiva do certame produz o surgimento do interesse em impedir a participação na disputa de candidato que não preencha os requisitos.

37.2   Efeitos do deferimento da inscrição do candidato

O deferimento da inscrição no concurso atribui ao sujeito uma posição jurídica específica e diferenciada. Passa à condição de candidato, o que implica um conjunto de direitos e deveres. Não se encontra na condição de servidor público, mas parcelas do regime jurídico correspondente passam a incidir.

O candidato tem o direito adquirido de participar do concurso e de exercitar todas as faculdades inerentes e necessárias a tanto.

37.3   As implicações da participação no concurso

O candidato também passa a ser sujeito a certos deveres e ônus. Cabe-lhe o dever de atuar segundo a mais estrita moralidade, sendo-lhe interditado praticar qualquer ato que frustre os valores norteadores do concurso público. Tem o ônus de realizar todas as provas e de se submeter às exigências previstas no ato convocatório. A infração aos deveres e a ausência de satisfação dos ônus podem conduzir à desclassificação do candidato, objeto de análise a seguir.

37.4   A ausência de direito adquirido ao regime jurídico

O candidato não tem direito adquirido ao regime jurídico do concurso. Nem, muito menos, ao regime jurídico do cargo objeto do concurso. No entanto, haverá direito adquirido quanto aos efeitos previstos para certos eventos jurídicos específicos, que impliquem pretensões e benefícios determinados. Assim, por exemplo, os requisitos de participação fixados no edital não podem ser alterados, ressalvada a hipótese de anulação ou revogação do próprio ato convocatório. O mesmo se diga quanto ao elenco programático dos temas do concurso.

38   DESCLASSIFICAÇÃO, REPROVAÇÃO, APROVAÇÃO E CLASSIFICAÇÃO

O desempenho dos candidatos no concurso público será objeto de avaliação pela autoridade competente, traduzindo-se em ato administrativo formal. A decisão administrativa deverá conformar-se com as previsões do edital. No entanto, as normas gerais que disciplinam a atividade administrativa serão aplicadas diretamente, quando os seus pressupostos de incidência estiverem presentes. Cabe à comissão de concurso promover a desclassificação, a reprovação ou a aprovação (e subsequente classificação) dos candidatos.

38.1   A desclassificação

A desclassificação consiste em ato administrativo que decreta a eliminação da participação do candidato no concurso, tendo por motivo a ocorrência de evento ou conduta incompatível com as normas que o disciplinam.

A desclassificação pressupõe a admissão da inscrição do indivíduo no concurso, o que implica a condição jurídica de candidato. Como tal, cabe ao sujeito o ônus de participar nos atos do concurso, desenvolvendo as atividades relacionadas segundo os princípios e regras pertinentes. A desclassificação significa a eliminação da posição jurídica de candidato, em virtude de evento superveniente à admissão da inscrição (ou apenas descoberto em momento posterior).

A desclassificação pode decorrer de eventos puramente objetivos, tal como o não comparecimento no horário previsto para a prova. Mas também pode resultar de condutas ativas ou omissivas que apresentem natureza incompatível com os deveres genéricos que recaem sobre o candidato.

Há uma exigência genérica de moralidade na conduta do candidato ao longo do concurso. Por exemplo, o candidato que se valer de meios fraudulentos na realização da prova de conhecimento deverá ser desclassificado. A desclassificação não depende, nesse caso, de explícita previsão em lei ou no edital. É necessário e suficiente que a conduta seja eticamente reprovável e moralmente incompatível com a natureza de uma competição destinada a avaliar os atributos do sujeito para investidura em cargo público.

Não incide ao caso o regime jurídico aplicável ao titular do cargo público, mas são aplicáveis as regras administrativas pertinentes aos procedimentos administrativos. Há poderes, deveres e limites inerentes à condição de candidato. A infração conduzirá, então, à sanção consistente na desclassificação do sujeito – a não ser que, em face das circunstâncias do caso concreto, seja cabível uma simples advertência.

38.2   A reprovação

A reprovação consiste em ato administrativo que decreta a ausência de preenchimento pelo candidato dos requisitos mínimos exigidos nas provas. Tais requisitos poderão ser globais ou setoriais. Por exemplo, o edital pode estabelecer uma média global mínima de aprovação. Mas também pode estabelecer notas mínimas nas diversas provas.

A depender do ato convocatório, poderá ser adotada solução de eliminação imediata do candidato reprovado em uma prova específica. Essa regra pode ser aplicada tanto nos casos de sequência de provas como nas hipóteses de serem elas realizadas concomitantemente.

A proliferação de candidatos em concursos públicos e a inviabilidade de realização de provas mais aprofundadas para um número excessivo de pessoas conduziu à adoção de soluções diferenciadas. Admite-se que o edital preveja a fixação de critérios relativos, visando a excluir os candidatos cujo desempenho tenha sido menos satisfatório. Rigorosamente, não se trata de reprovação, uma vez que a nota mínima foi atingida. Nesse caso, o edital prevê que somente permanecerão na disputa os candidatos que tiverem superado limites relativos. A nota de corte depende do desempenho dos candidatos, mas a sua determinação faz-se por meio de critérios previstos no edital. O efeito prático é a passagem à etapa posterior do concurso de um número mais reduzido de candidatos, que tenham obtido um desempenho mais satisfatório, o que permite a realização de exames mais minuciosos, aprofundados e detalhados em etapas subsequentes.

38.3   A aprovação

São considerados aprovados os candidatos cujo desempenho nas provas ultrapassou os limites mínimos previstos no ato convocatório.

38.4   A classificação

Concluídas as avaliações, os candidatos aprovados serão ordenados segundo o desempenho obtido, em ordem decrescente. A classificação obtida pelo candidato produz efeitos jurídicos relevantes, atribuindo direitos de preferência em favor dos melhores classificados.

39 O RECURSO CONTRA O RESULTADO DO CONCURSO

O concurso público é um procedimento administrativo. Aplicam-se a ele todas as considerações pertinentes ao trâmite geral dos procedimentos, inclusive a previsão de recurso administrativo contra as decisões proferidas no seu âmbito.

A existência do recurso contra os atos praticados no concurso é uma garantia constitucional. Por isso, o direito ao recurso não depende de previsão no edital. Apesar disso, o edital pode disciplinar o recurso, estabelecendo as oportunidades, os prazos e os procedimentos a serem observados.

O recurso administrativo deve ser apreciado com absoluta imparcialidade pela autoridade superior. Isso envolve a necessidade de julgamento por autoridade distinta daquela que proferiu a decisão recorrida. Não se admite nem mesmo que os pareceres jurídicos sejam produzidos ou aprovados pela mesma assessoria jurídica. Como é evidente, não será válida a rejeição do recurso e a manutenção da decisão recorrida por seus próprios fundamentos. A garantia constitucional ao recurso administrativo implica o dever de a autoridade superior examinar de modo específico os fundamentos e sobre eles se manifestar de modo expresso.

40 CONTROLE JURISDICIONAL DO CONCURSO

Um tema que ainda não atingiu a sua integral maturidade é a extensão do controle jurisdicional do concurso.

40.1 O cabimento da revisão judicial de ato administrativo

O concurso é um procedimento administrativo e sua decisão se configura como um ato administrativo. Por isso, é cabível o controle jurisdicional. Não existe qualquer peculiaridade que implique o afastamento dos postulados genéricos prevalentes a propósito do controle jurisdicional de atos administrativos. Cabe o controle jurisdicional do concurso nos limites reconhecidos genericamente quanto a qualquer ato administrativo.

Não é cabível rejeitar o controle jurisdicional sobre a decisão do concurso sob o fundamento da configuração de ato discricionário. Alguns atos praticados no procedimento de concurso traduzem competência discricionária. Outros, não. A decisão do concurso, usualmente, reflete um julgamento objetivo, envolvendo a aplicação de critérios predeterminados ao caso concreto. Portanto, caberá o controle jurisdicional sobre os aspectos vinculados dos atos administrativos. Também caberá o controle quanto aos aspectos discricionários, na medida em que existirem parâmetros para tal. Não caberá o controle relativamente às escolhas propriamente de mérito, que traduzam o exercício de juízos de conveniência e oportunidade.

40.2 O problema da violação à isonomia

O concurso público é norteado pelo princípio da isonomia. O candidato reprovado dispõe de direito constitucionalmente protegido no tocante à amplitude da produção da prova quanto ao vício de motivo que alega existir na correção. Justamente por isso, improcede a tradicionalmente adotada orientação de vedar a análise comparativa quanto ao tratamento adotado para outros candidatos. É perfeitamente possível que o candidato demonstre o vício do motivo mediante a comprovação de que o examinador reservou tratamento distinto para outro candidato. Não se pode admitir como válido que o examinador adote critérios distintos para avaliar provas equivalentes – reputando, por exemplo, correta a resposta adotada por um candidato, mas incorreta a manifestação substancialmente idêntica apresentada por outro.

40.3 A vedação à substituição da banca pelo Poder Judiciário

Por outro lado, não cabe ao Poder Judiciário substituir-se à banca julgadora, para exercitar uma valoração autônoma quanto ao desempenho de um candidato. Esse entendimento é substancialmente idêntico àquele consagrado quanto às competências administrativas privativas.

Daí não se segue a impossibilidade de o Poder Judiciário revisar a atividade da banca de concurso para identificar defeitos e determinar a sua correção. Assim, por exemplo, suponha-se erro na soma das notas das questões de prova escrita. Recusada a correção em grau de recurso, é perfeitamente possível que o Poder Judiciário examine a questão e, se cabível, pronuncie o defeito. Idênticas considerações podem ser realizadas relativamente a outros defeitos de natureza objetiva, em que a decisão da banca tenha sido vinculada a certos pressupostos de direito ou de fato. Por exemplo, suponha-se que a banca tenha imputado ao candidato uma resposta distinta daquela por ele efetivamente adotada.

Em suma, a existência do concurso público não implica o afastamento das soluções generalizadas de controle jurisdicional de atos administrativos.

Nesse sentido, o STF decidiu que:

"(...) 2. Concurso público. Correção de prova. Não compete ao Poder Judiciário, no controle de legalidade, substituir banca examinadora para avaliar respostas dadas pelos candidatos e notas a elas atribuídas. Precedentes. 3. Excepcionalmente, é permitido ao Judiciário juízo de compatibilidade do conteúdo das questões do concurso com o previsto no edital do certame. Precedentes. 4. Recurso extraordinário provido" (RE 632.853/CE, Pleno, rel. Min. Gilmar Mendes, repercussão geral – mérito, j. 23.04.2015, *DJe* 26.06.2015).

No entanto, o STJ decidiu ser cabível a revisão da correção realizada pela banca quando dissonante da sua própria jurisprudência:

"(...) 6. No caso em apreço, que apresenta peculiaridades que o afastam de recursos já julgados pelo STJ, a resposta apresentada pela Recorrente na prova prática de sentença cível está em harmonia com jurisprudência consolidada em precedente obrigatório do Superior Tribunal de Justiça (Tema n. 872). Desse modo, a recusa da banca em atribuir-lhe a pontuação relativa ao item em discussão nega a competência constitucional desta Corte Superior para uniformizar a interpretação da lei federal, ofende as normas legais que estruturam o sistema de precedentes no direito brasileiro e viola a norma editalícia que prevê expressamente a jurisprudência dos Tribunais Superiores no conteúdo programático de avaliação" (RMS 73.285/RS, 2.ª T., rel. Min. Teodoro Silva Santos, j. 11.06.2024, *DJe* 19.06.2024).

40.4 A limitação do controle jurisdicional

Eventual pronúncia da nulidade de exame psicotécnico, mesmo em virtude de defeitos na disciplina do edital, não autoriza que o Poder Judiciário determine a habilitação do candidato. Essa orientação foi adotada pelo STF, inclusive em nível de repercussão geral:

"No caso de declaração de nulidade de exame psicotécnico previsto em lei e em edital, é indispensável a realização de nova avaliação, com critérios objetivos, para prosseguimento no certame" (Tese fixada no RE 1.133.146/DF, Pleno, rel. Min. Luiz Fux, j. 20.09.2018, *DJe* 25.09.2018).

No mesmo sentido se orienta a jurisprudência do STJ (AgInt no REsp 1.934.427/DF, 1.ª T., rel. Min. Sérgio Kukina, j. 06.03.2023, *DJe* 09.03.2023).

40.5   A questão da consolidação de estado de fato

Um tema conexo ao controle jurisdicional do concurso é a consolidação de estado de fato. Em certas situações, decisões cautelares e antecipatórias asseguram ao candidato a participação ou a aprovação no concurso. Na sequência, o candidato é investido no cargo público, permanecendo nessa situação por período longo de tempo. O tema foi examinado pelo STF, que consolidou entendimento no sentido do descabimento da consolidação da situação fática:

"(...) 1. Não é compatível com o regime constitucional de acesso aos cargos públicos a manutenção no cargo, sob fundamento de fato consumado, de candidato não aprovado que nele tomou posse em decorrência de execução provisória de medida liminar ou outro provimento judicial de natureza precária, supervenientemente revogado ou modificado. 2. Igualmente incabível, em casos tais, invocar o princípio da segurança jurídica ou o da proteção da confiança legítima. É que, por imposição do sistema normativo, a execução provisória das decisões judiciais, fundadas que são em títulos de natureza precária e revogável, se dá, invariavelmente, sob a inteira responsabilidade de quem a requer, sendo certo que a sua revogação acarreta efeito *ex tunc*, circunstâncias que evidenciam sua inaptidão para conferir segurança ou estabilidade à situação jurídica a que se refere. 3. Recurso extraordinário provido" (RE 608.482/RN, Pleno, rel. Min. Teori Zavascki, repercussão geral – mérito, j. 07.08.2014, *DJe* 29.10.2014).

41   O PRAZO DE VALIDADE DO CONCURSO

O concurso deve ter um prazo de validade. Trata-se de um prazo para a produção dos efeitos jurídicos pertinentes, a ser computado a partir da conclusão do concurso.

A Constituição estabelece que o prazo de validade do concurso será de até dois anos, prorrogável uma vez por igual período (art. 37, III), cabendo ao edital disciplinar a solução a ser adotada.

A prorrogação do prazo de validade do concurso reflete uma competência discricionária da Administração Pública. Isso significa a ausência de direito do particular aprovado de exigir a sua nomeação depois de decorrido o prazo de validade, se a Administração não tiver promovido a prorrogação. Aplicam-se, no entanto, todos os princípios e regras atinentes às atividades administrativas discricionárias.

Decorrido o prazo de validade, extinguem-se automaticamente os efeitos jurídicos do concurso. Isso significa que o sujeito aprovado não pode invocar a sua aprovação, assim como a Administração Pública não pode promover a nomeação dos aprovados.

42   APROVAÇÃO NO CONCURSO E DIREITO À NOMEAÇÃO

Tradicionalmente, prevalecia a concepção de que a aprovação não geraria direito à nomeação, mas apenas direito a não preterição. Adotava-se a orientação de que, se o Estado o desejasse, poderia deixar de aproveitar os aprovados em concurso público, ressalvada a hipótese de diversamente estar previsto no regulamento. Esse entendimento vem sofrendo alterações ao longo do tempo.

42.1   Os direitos do aprovado durante o prazo de validade

O Estado tem o dever de observar a ordem de classificação, se pretender preencher os cargos objeto do concurso público. Nesse sentido, confira-se o enunciado de Súmula 15 do STF:

608 CURSO DE DIREITO ADMINISTRATIVO · *Marçal Justen Filho*

"Dentro do prazo de validade do concurso, o candidato aprovado tem o direito a nomeação, quando o cargo for preenchido sem observância da classificação".

42.2   A atuação fraudatória da eficácia do concurso

Um posicionamento consolidado consiste na repressão a práticas fraudatórias da eficácia do concurso público. Se a Administração adotar solução que implique a assunção por um terceiro das atribuições do cargo objeto do concurso, surge o direito de o candidato aprovado ser nomeado (respeitada a ordem de classificação).

42.3   A prevalência da moralidade e da eficiência

Os princípios da objetividade e da eficácia da atividade administrativa impedem que o aparato estatal seja movimentado a propósito de caprichos ou condições irracionais.

Se o Estado promove um concurso público (inclusive efetuando despesas com sua realização), o que acarreta sacrifícios aos particulares e deles exigindo disponibilidade para assunção imediata, não é admissível o exercício discricionário da competência para nomear. Se promoveu concurso público e homologou o resultado, o Estado apenas pode deixar de promover a contratação mediante motivação satisfatória. Essa motivação não pode restringir-se à invocação da titularidade de uma competência discricionária.

Essa nova orientação vem sendo adotada pelo STJ e pelo STF,[21] ainda que o entendimento seja mais evidente quando existirem vagas a serem preenchidas na estrutura organizacional da entidade administrativa.[22]

42.4   Número de vagas e direito à nomeação

O edital de concurso deve, de modo obrigatório, contemplar o número de vagas a serem preenchidas, ressalvada a hipótese em que o concurso se destine especificamente à formação de cadastro de reserva. Eventualmente, admite-se a previsão de vagas adicionais, cujo preenchimento far-se-á na medida da necessidade da Administração.

Os candidatos classificados dentro do número de vagas previsto no edital têm direito subjetivo à nomeação.

42.5   As ressalvas da jurisprudência do STF

Há jurisprudência do STF reconhecendo que, em certas circunstâncias, não há direito do candidato à nomeação.

Em situações excepcionais, devidamente comprovadas, por motivo e necessidade pública superveniente, a Administração poderá deixar de nomear candidatos aprovados dentro do número de vagas, "sob pena de priorizar o interesse individual em detrimento do geral".[23]

O STF também reconhece a ausência de direito à nomeação quando o concurso tiver sido orientado à formação de cadastro reserva. Em tais hipóteses, o próprio edital do concurso prevê que a nomeação obedecerá a avaliações de conveniência e oportunidade da Administração.

---

[21]   Nesse sentido, cf. STF, RE 837.311/PI, Pleno, rel. Min. Luiz Fux, repercussão geral – mérito, j. 09.12.2015, *DJe* 15.04.2016 e RE 598.099/MS, Pleno, rel. Min. Gilmar Mendes, repercussão geral – mérito, j. 10.08.2011, *DJe* 30.09.2011; STJ, RMS 55.667/TO, 2.ª T., rel. Min. Herman Benjamin, j. 12.12.2017, *DJe* 18.12.2017.

[22]   O autor também examinou a questão em: JUSTEN FILHO. Ainda a questão dos direitos do candidato aprovado em concurso: a decisão do STJ no AgRg no RMS 38.117/BA. *Revista de Direito Administrativo Contemporâneo – ReDAC*, n. 5, p. 53-94, fev. 2014.

[23]   STF, RE 598.099/MS, Pleno, rel. Min. Gilmar Mendes, repercussão geral – mérito, j. 10.08.2011, *DJe* 30.09.2011.

Cap. 16 – ESTRUTURA ADMINISTRATIVA DO ESTADO: OS AGENTES PÚBLICOS

42.6 Abertura de novas vagas e aproveitamento dos aprovados

Apreciando a questão da abertura de novas vagas posteriormente à publicação do edital, o STF fixou a seguinte tese de repercussão geral (Tema 784):

"O surgimento de novas vagas ou a abertura de novo concurso para o mesmo cargo, durante o prazo de validade do certame anterior, não gera automaticamente o direito à nomeação dos candidatos aprovados fora das vagas previstas no edital, ressalvadas as hipóteses de preterição arbitrária e imotivada por parte da administração, caracterizada por comportamento tácito ou expresso do Poder Público capaz de revelar a inequívoca necessidade de nomeação do aprovado durante o período de validade do certame, a ser demonstrada de forma cabal pelo candidato. Assim, o direito subjetivo à nomeação do candidato aprovado em concurso público exsurge nas seguintes hipóteses: I – Quando a aprovação ocorrer dentro do número de vagas dentro do edital; II – Quando houver preterição na nomeação por não observância da ordem de classificação; III – Quando surgirem novas vagas, ou for aberto novo concurso durante a validade do certame anterior, e ocorrer a preterição de candidatos de forma arbitrária e imotivada por parte da administração nos termos acima" (Tese fixada no RE 837.311/PI, Pleno, rel. Min. Luiz Fux, j. 09.12.2015, *DJe* 15.04.2016).

Em outra oportunidade, o STF rejeitou a tese de que a contratação temporária, realizada depois de encerrado o prazo de validade do concurso, configuraria preterição indevida do aprovado (Tema 683 da Repercussão Geral) e consagrou o seguinte entendimento:

"A ação judicial visando ao reconhecimento do direito à nomeação de candidato aprovado fora das vagas previstas no edital (cadastro de reserva) deve ter por causa de pedir preterição ocorrida na vigência do certame" (STF, RE 766.304/RS, Plenário, rel. p/ acórdão Min. Edson Fachin, repercussão geral – mérito, j. 17.09.2020, *DJe* 02.08.2024).

No julgamento, houve grande divergência entre os julgadores relativamente à questão do prazo prescricional para o exercício da pretensão à nomeação. Ao final, foi decidido que essa questão não seria objeto de decisão, remetendo-se a matéria para deliberação futura. A ausência de consenso fundou-se em avaliação consequencialista. Alguns Ministros reputavam que a adoção do prazo prescricional de cinco anos poderia gerar situações muito complexas e problemáticas.

42.7 Indenização por ausência indevida de nomeação

A nomeação tardia do sujeito aprovado em concurso público, por determinação judicial ou outro expediente que evidencie a ilegalidade da ausência de nomeação, em princípio, não faz surgir direito a indenização pelos vencimentos que o sujeito deixou de ganhar. Mas esse entendimento não envolve uma vedação absoluta. O tema foi examinado pelo STF, que ressalvou a hipótese de atuação arbitrária da Administração Pública:

"Administrativo. Responsabilidade Civil do Estado. Investidura em cargo público por força de decisão judicial. 1. Tese afirmada em repercussão geral: na hipótese de posse em cargo público determinada por decisão judicial, o servidor não faz jus a indenização, sob fundamento de que deveria ter sido investido em momento anterior, salvo situação de arbitrariedade flagrante. 2. Recurso extraordinário provido" (RE 724.347/DF, Pleno, rel. Min. Marco Aurélio, rel. p/ acórdão Min. Roberto Barroso, repercussão geral – mérito, j. 26.02.2015, *DJe* 12.05.2015).

610　CURSO DE DIREITO ADMINISTRATIVO · *Marçal Justen Filho*

A questão se sujeita aos postulados gerais quanto à responsabilidade civil do Estado. Não existe uma situação de imunidade da atividade administrativa à ordem jurídica nas hipóteses de nomeação de candidato.

Apesar disso, há precedente do STJ no sentido de que, mesmo nas hipóteses de erro da Administração, inexistiria direito à indenização. Essa orientação não se afigura como a mais compatível com o regime da atividade administrativa do Estado. Confira-se:

> "3 – A circunstância de que, na hipótese dos autos, o erro pela demora na nomeação do autor foi reconhecido pela própria Administração (MP/MG), e não por decisão judicial, não afasta a aplicação da mencionada e firme orientação jurisprudencial, pois a *ratio decidendi* constante dos precedentes do Superior Tribunal de Justiça e do Supremo Tribunal Federal consagra a compreensão de que o pagamento de remuneração e a percepção de demais vantagens por servidor público pressupõe o efetivo exercício no cargo (situação inocorrente na espécie), sob pena de enriquecimento sem causa" (REsp 1.238.344/MG, 1.ª T., rel. Min. Sérgio Kukina, j. 30.11.2017, *DJe* 18.12.2017).

43　A RESERVA DE CARGOS PARA PESSOAS COM DEFICIÊNCIA

O art. 37, VIII, da CF/1988 determina que a lei reservará percentual de cargos e empregos públicos para as pessoas com deficiência, definindo os critérios de sua admissão. O tratamento diferenciado em favor dessas pessoas poderá contemplar benefícios ou redução de restrições em face dos demais sujeitos.

43.1　As políticas de afirmação de direitos fundamentais

Essa discriminação positiva é compatível com os direitos fundamentais. Exige-se a observância do princípio da proporcionalidade. Ademais, deverá ser assegurada a igualdade objetiva entre as pessoas com deficiência, estabelecendo-se critérios que permitam a competição igualitária entre elas e a comprovação da sua capacitação para o desempenho das funções inerentes ao cargo.

Não se admite que o sujeito seja investido no cargo público simplesmente por ser pessoa com deficiência. Nem seria compatível com a Constituição que a deficiência acarretasse absoluta incompatibilidade com a natureza das funções a serem desempenhadas. Um exemplo permite compreender a questão. Suponha-se o provimento de cargo de controlador de voo. Não seria constitucional que fosse reservada vaga para pessoa com deficiência visual. Assim se passa porque o núcleo essencial das atribuições inerentes ao cargo exige a acuidade visual.

É indispensável identificar o tipo de deficiência e compatibilizá-lo com determinado cargo público. Tem-se destacado, por exemplo, o pleno cabimento de pessoas com deficiência auditiva exercitarem atividades de informática.

43.2　A disciplina legal

Em princípio, a matéria se sujeita à disciplina legal, que deverá produzir solução compatível com os diversos interesses em jogo. Na esfera da União, o tema é disciplinado pelo art. 5.º, § 2.º, da Lei 8.112/1990 (20% das vagas), regulamentado pelo art. 1.º, § 1.º, do Dec. Fed. 9.508/2018 (no mínimo 5% das vagas).

43.3　A vedação à inutilização da garantia

Por outro lado, é evidente que, se a deficiência não importasse qualquer tipo de restrição à capacitação do sujeito, não teria cabimento a regra constitucional. Bastaria o indivíduo

Cap. 16 – ESTRUTURA ADMINISTRATIVA DO ESTADO: OS AGENTES PÚBLICOS **611**

prestar o concurso, concorrendo em absoluta igualdade com os demais. A regra constitucional pressupõe a impossibilidade de aplicar à pessoa com deficiência os mesmos e exatos critérios de seleção previstos para os sujeitos que não apresentem aludida deficiência. Nesse sentido, confiram-se as Súmulas do STJ:

"O portador de surdez unilateral não se qualifica como pessoa com deficiência para o fim de disputar as vagas reservadas em concursos públicos" (Súmula 552).

"O portador de visão monocular tem direito de concorrer, em concurso público, às vagas reservadas aos deficientes" (Súmula 377).

43.4 A reserva de vagas para afrodescendentes

A Lei 12.990/2014 determinou que 20% das vagas oferecidas em concursos públicos para provimento de cargos e empregos públicos serão reservadas para pessoas afrodescendentes no âmbito da Administração Pública federal direta, autarquias, fundações públicas, empresas públicas e sociedades de economia mista controladas pela União. A reserva de vagas se aplicará sempre que o número de vagas for igual ou superior a três. Caberá ao candidato a autodeclaração da sua condição, mas é imperioso reconhecer o cabimento do controle quanto à veracidade dos fatos.

Há uma regra relevante no sentido de que serão observados os critérios de alternância de proporcionalidade relativamente ao preenchimento de vagas destinadas a candidatos com deficiência e candidatos negros (art. 4.º).

A disciplina foi prevista para vigorar pelo prazo de 10 anos (art. 6.º).[24] Atingido o termo final, sem a sua renovação por via legislativa, houve manifestação do STF no sentido de sua prorrogação:

"(...) 6. Medida cautelar referendada para dar interpretação conforme à Constituição ao art. 6.º da Lei nº 12.990, de 9 de junho de 2014, a fim de que o prazo constante no referido dispositivo legal seja entendido como marco temporal para avaliação da eficácia da ação afirmativa, determinação de prorrogação e/ou realinhamento e, caso atingido seu objetivo, previsão de medidas para seu encerramento, ficando afastada a interpretação que extinga abruptamente as cotas raciais previstas na Lei nº 12.990/2014. Ou seja, tais cotas permanecerão sendo observadas até que se conclua o processo legislativo de competência do Congresso Nacional e, subsequentemente, do Poder Executivo. Havendo esta conclusão prevalecerá a nova deliberação do Poder Legislativo, sendo reavaliado o conteúdo da presente decisão cautelar" (ADI MC-Ref 7.654/DF, Pleno, rel. Min. Flávio Dino, j. 17.06.2024, *DJe* 25.06.2024).

44 OS CARGOS EM COMISSÃO

Cargos em comissão são aqueles para os quais a lei prevê regime de "livre nomeação e exoneração" (art. 37, II, CF/1988). A cláusula constitucional exige melhor esclarecimento, especialmente para evitar a manutenção de preconceitos incompatíveis com a ordem constitucional vigente.

44.1 A criação por lei

Cabe à lei a criação de cargo público, definindo o regime de seu provimento. A gestão dos cargos em confiança no âmbito federal foi disciplinada pela Lei 14.204/2021, que permitiu

---

[24] Esse prazo de 10 anos termina em 2024. Na data do fechamento desta edição, estava em trâmite na Câmara dos Deputados o PL 1.958/2021, que prevê que a disciplina contemplada na Lei 12.990/2014 permaneça vigente por outros 10 anos.

612 CURSO DE DIREITO ADMINISTRATIVO · *Marçal Justen Filho*

inclusive a transformação por meio de decreto de cargos, de funções e de gratificações (inclusive do valor de remuneração), desde que tal não acarrete aumento de despesa (art. 1.º, II).

44.2   A natureza excepcional dos cargos em comissão

A vontade constitucional é que os cargos em comissão sejam uma exceção. O art. 37, V, da CF/1988 determina que os cargos em comissão (tal como as funções de confiança) "destinam-se apenas às atribuições de direção, chefia e assessoramento".

Logo, é inconstitucional criar cargo em comissão para outro tipo de competência que não essas antes referidas, tal como infringe a Constituição dar ao ocupante do cargo em comissão atribuições diversas.

Essa orientação foi consagrada pelo STF no julgamento da ADI 4.125:

"(...) 4. A obrigatoriedade de concurso público, com as exceções constitucionais, é instrumento de efetivação dos princípios da igualdade, da impessoalidade e da moralidade administrativa, garantidores do acesso aos cargos públicos aos cidadãos. A não submissão ao concurso público fez-se regra no Estado do Tocantins: afronta ao art. 37, inc. II, da CF/1988. Precedentes. 5. A criação de 28.177 cargos, sendo 79 de natureza especial e 28.098 em comissão, não tem respaldo no princípio da moralidade administrativa, pressuposto de legitimação e validade constitucional dos atos estatais. (...) 8. Ação julgada procedente, para declarar a inconstitucionalidade do art. 5.º, *caput*, e parágrafo único; art. 6.º; das Tabelas II e III do Anexo II e das Tabelas I, II e III do Anexo III; e das expressões 'atribuições', 'denominações' e 'especificações' de cargos contidas no art. 8.º da Lei 1.950/2008. (...)" (ADI 4.125/TO, Pleno, rel. Min. Cármen Lúcia, j. 10.06.2010, *DJe* 14.02.2011).

O STF voltou a se manifestar ao apreciar questão de repercussão geral:

"Criação de cargos em comissão. Requisitos estabelecidos pela Constituição Federal. Estrita observância para que se legitime o regime excepcional de livre nomeação e exoneração. Repercussão geral reconhecida. Reafirmação da jurisprudência da Corte sobre o tema. 1. A criação de cargos em comissão é exceção à regra de ingresso no serviço público mediante concurso público de provas ou provas e títulos e somente se justifica quando presentes os pressupostos constitucionais para sua instituição. (...) 4. Fixada a seguinte tese: a) A criação de cargos em comissão somente se justifica para o exercício de funções de direção, chefia e assessoramento, não se prestando ao desempenho de atividades burocráticas, técnicas ou operacionais; b) tal criação deve pressupor a necessária relação de confiança entre a autoridade nomeante e o servidor nomeado; c) o número de cargos comissionados criados deve guardar proporcionalidade com a necessidade que eles visam suprir e com o número de servidores ocupantes de cargos efetivos no ente federativo que os criar; e d) as atribuições dos cargos em comissão devem estar descritas, de forma clara e objetiva, na própria lei que os instituir" (RE 1.041.210/SP, Pleno, rel. Min. Dias Toffoli, repercussão geral – mérito, j. 27.09.2018, *DJe* 21.05.2019).

44.3   Cargo em comissão e função de confiança (função gratificada)

O cargo em comissão, também denominado cargo de confiança, não se confunde com a chamada *função de confiança*, que consiste na assunção de atribuições diferenciadas e de maior responsabilidade por parte do ocupante de um cargo de provimento efetivo, ao que corresponde o pagamento de uma remuneração adicional.

Portanto, determinadas tarefas diferenciadas e de grande relevo podem gerar a criação de cargos em comissão, mas também podem ser assumidas pelos ocupantes de cargos de provimento efetivo aos quais se atribui uma gratificação pecuniária – denominando-se esta última hipótese *função de confiança*.

A chamada *função de confiança* não consiste numa posição jurídica equivalente a um cargo público, mas na ampliação das atribuições e responsabilidades de um cargo de provimento efetivo, mediante uma gratificação pecuniária. Não se admite a concessão de tal benefício ao ocupante de cargo em comissão, na medida em que a remuneração correspondente abrange todas as responsabilidades e encargos possíveis.

44.4   A competência para provimento e exoneração de cargo em comissão

Um cargo em comissão se configura quando a lei determina que o provimento e a exoneração independem de um concurso público, estabelecendo competência discricionária de amplitude variável para tanto.

A peculiaridade do regime de provimento e de exoneração se vincula a um regime jurídico diferenciado, que não contempla para o ocupante a perspectiva de investidura por período de tempo ilimitado. Em princípio, a investidura do indivíduo no cargo em comissão apresenta cunho de precariedade e temporariedade.

44.5   A discricionariedade quanto à investidura do sujeito

Rejeita-se a orientação predominante, no sentido de reconhecer que o art. 37, II, da Constituição atribuiria à autoridade superior uma competência arbitrária e incondicionada para prover e exonerar os cargos em comissão. Alguns chegam a afirmar que os cargos em comissão são de "propriedade" da autoridade titular da competência para o seu provimento – terminologia que é destituída de qualquer consistência jurídica, pois nenhum agente político é "dono" de competências ou bens públicos.

A instauração de regime jurídico fundado no instituto da função, na vinculação de todas as competências à realização do interesse público e a proscrição de decisões derivadas de puro subjetivismo impedem a manutenção da ideia de que a investidura ou a exoneração em cargo em comissão possa ser objeto de uma decisão *livre* – não, pelo menos, se *livre* significar *arbitrária*.

A competência discricionária impõe o dever de motivação. Portanto, incumbe à autoridade motivar satisfatoriamente a sua decisão quanto ao provimento de cargo em comissão.

44.6   A evolução democrática

A restrição à competência de livre nomeação e livre exoneração, mesmo para cargos em comissão, retrata conquista política, e deriva da incorporação ao sistema jurídico de princípios mais elevados acerca da Administração estatal.

A democracia republicana impõe a temporariedade dos mandatos eletivos, mas também a proteção do corpo administrativo contra a variação da identidade do governante. Um Estado Democrático tem de assegurar que a condição de agente estatal não dependa da filiação política do sujeito, nem que a temporariedade dos mandatos se reflita na composição dos exercentes das atividades administrativas.

44.7   A restrição constitucional do art. 37, V

A Constituição autoriza, no art. 37, V, que a lei estabeleça as condições e os percentuais mínimos de provimento de cargos em comissão e de funções de confiança por ocupantes de cargos de provimento efetivo integrantes da *carreira*.

CURSO DE DIREITO ADMINISTRATIVO · *Marçal Justen Filho*

O dispositivo busca assegurar que certa porcentagem de ocupantes dos cargos em comissão e das funções de confiança disponha da experiência no exercício das atividades. A expressão "carreira" deve ser interpretada na acepção de estrutura organizacional a que se vincula o cargo em comissão ou a função gratificada.

44.8 A restrição constitucional do art. 84, XIV

A previsão do art. 37, II, quanto à existência de cargos em comissão de *livre* nomeação e exoneração não exclui a possibilidade de que a lei, ao instituir cargos em comissão relacionados com competências especiais e habilidades peculiares, subordine a decisão de investidura e exoneração a restrições e limites. Essa alternativa se encontra referida especificamente no art. 84, inc. XIV, da CF/1988.

É constitucional a lei estabelecer prazos determinados de investidura em cargos em comissão, durante os quais não será admitida a exoneração livre e imotivada por parte da Administração Pública, sujeitando-se a demissão do ocupante do cargo à comprovação de motivos determinados.

44.9 O procedimento especial de nomeação

A Constituição prevê um regime especial para alguns cargos em comissão, tal como consta do art. 84, XIV. O dispositivo prevê a competência do Presidente da República para nomear, após aprovação pelo Senado Federal, o Procurador-Geral da República, o Presidente e os diretores do banco central "e outros servidores, quando determinado em lei". A regra encontra ratificação na disciplina da competência do Senado Federal (art. 52, III).

Nesses casos, a Constituição subordina a escolha do Chefe do Executivo não apenas à presença de certos requisitos, mas à aprovação do Senado Federal. Nas hipóteses em que participar do procedimento de investidura em cargo público, o Senado Federal disporá de competência para verificar o preenchimento de requisitos adequados e, inclusive, *rejeitar* a indicação produzida pelo Presidente da República, o que tornaria juridicamente impossível o aperfeiçoamento da designação presidencial.

44.10 Mandato a prazo certo e garantias contra exoneração

Também não existe vedação constitucional a que se assegure ao servidor, investido num cargo em comissão segundo esse procedimento, uma garantia contra exoneração imotivada.

Se a natureza jurídica da competência para provimento do cargo em comissão comporta restrições mediante lei, isso significa que a lei também pode estabelecer restrições à exoneração.

45 A VEDAÇÃO AO NEPOTISMO

Firmou-se orientação no sentido da vedação ao provimento de cargos em comissão e funções gratificadas por parentes das autoridades públicas.

45.1 As Resoluções do CNJ

A Res. 7/2005 do Conselho Nacional de Justiça reprovou a nomeação de parentes para cargos em comissão, independentemente de previsão legislativa. Fundou-se em que a Constituição impõe limites ao exercício de competências discricionárias, inclusive no tocante ao provimento de cargos em comissão. Os princípios constitucionais, por si sós, seriam suficientes para impedir o nepotismo. Logo, seria desnecessária a existência de uma lei estabelecendo a

Cap. 16 – ESTRUTURA ADMINISTRATIVA DO ESTADO: OS AGENTES PÚBLICOS **615**

vedação a que o agente titular da competência para prover o cargo em comissão escolhesse os parentes.

Essa orientação evidencia que existem escolhas eivadas de subjetivismo, que ultrapassam os limites da discricionariedade e afrontam os princípios da impessoalidade e da isonomia.

A referida Resolução foi atualizada pelas Res. 9/2005, 21/2006, 181/2013 e 229/2016.

A Res. 156/2012 do CNJ (alterada pelas Res. 173/2013 e 186/2014) dispôs sobre os limites, no âmbito do Poder Judiciário, do provimento de cargos em comissão ou da designação para função de confiança, em razão de pessoa indicada para tais funções ter praticado atos que conduzam a sua inelegibilidade eleitoral.

45.2   A Súmula Vinculante 13 do STF

O STF aprovou a Súmula Vinculante 13, formalizando a vedação ao nepotismo:

"A nomeação de cônjuge, companheiro ou parente em linha reta, colateral ou por afinidade, até o terceiro grau, inclusive, da autoridade nomeante ou de servidor da mesma pessoa jurídica investido em cargo de direção, chefia ou assessoramento, para o exercício de cargo em comissão ou de confiança, ou, ainda, de função gratificada na administração pública direta e indireta em qualquer dos Poderes da União, dos Estados, do Distrito Federal e dos Municípios, compreendido o ajuste mediante designações recíprocas, viola a Constituição Federal".

Adotou-se o entendimento de que os princípios constitucionais norteadores da atividade administrativa do Estado delimitam a competência para o provimento de cargos em comissão, funções gratificadas e outras posições jurídicas similares. O sujeito titular da competência para promover a investidura em cargo em comissão ou função gratificada não pode exercitá-la em favor do cônjuge, companheiro ou parente até o terceiro grau (em linha reta, colateral ou por afinidade).

45.3   A determinação do parentesco

O STF afastou a disciplina do direito civil quanto a parentesco para o fim da aplicação da vedação ao nepotismo:

"(...) 4. O conceito de parentesco para efeitos da incidência da Súmula não coincide com o do Código Civil, pois o problema não é de definir quais são os parentes para efeitos civis, mas definir quais aquelas pessoas que, sob a classe de parentela, tendem a ser escolhidas, não por interesse público, mas por interesse de caráter pessoal. Precedentes. 5. Agravo regimental a que se nega provimento" (AgR na Rcl 26.448/RJ, 2.ª T., rel. Min. Edson Fachin, j. 20.12.2019, DJe 05.02.2020).

45.4   A previsão do art. 11, XI, da Lei 8.429/1992

O art. 11, XI, da Lei 8.429/1992 (com a redação da Lei 14.230/2021) prevê que a prática do nepotismo configura conduta ímproba. A redação é a seguinte:

"Constitui ato de improbidade administrativa que atenta contra os princípios da administração pública a ação ou omissão dolosa que viole os deveres de honestidade, de imparcialidade e de legalidade, caracterizada por uma das seguintes condutas:

(...)

616 CURSO DE DIREITO ADMINISTRATIVO · *Marçal Justen Filho*

XI – nomear cônjuge, companheiro ou parente em linha reta, colateral ou por afinidade, até o terceiro grau, inclusive, da autoridade nomeante ou de servidor da mesma pessoa jurídica investido em cargo de direção, chefia ou assessoramento, para o exercício de cargo em comissão ou de confiança ou, ainda, de função gratificada na administração pública direta e indireta em qualquer dos Poderes da União, dos Estados, do Distrito Federal e dos Municípios, compreendido o ajuste mediante designações recíprocas".

Por decorrência, a prática do nepotismo pode acarretar não apenas a nulidade do ato de nomeação, mas também o severo sancionamento do agente que tiver infringido a vedação.

45.5 Cargos e funções de natureza política

Em princípio, a vedação ao nepotismo não se aplica a cargos e funções de natureza política, mas apenas àqueles de natureza administrativa. A distinção entre cargos e funções administrativas e políticas não é simples, tal como já apontado anteriormente. Rigorosamente, são agentes políticos aqueles investidos pelo voto popular – mas a prevalência dessa orientação tornaria inútil a Súmula Vinculante 13. Afinal, se somente fossem considerados como agentes políticos aqueles eleitos pelo sufrágio universal, a hipótese não teria qualquer pertinência para os fins da Súmula Vinculante 13.

No julgamento da Reclamação 7.590, o STF estabeleceu que os cargos políticos são caracterizados por um múnus governamental derivado diretamente da Constituição Federal e não existente nos cargos administrativos. Acrescentou que, mesmo em relação a cargos políticos, impõe-se a repressão ao nepotismo em situações concretas, para impedir troca de favores ou fraude à lei.

"1. Os cargos políticos são caracterizados não apenas por serem de livre nomeação ou exoneração, fundadas na fidúcia, mas também por seus titulares serem detentores de um *munus* governamental decorrente da Constituição Federal, não estando os seus ocupantes enquadrados na classificação de agentes administrativos. 2. Em hipóteses que atinjam ocupantes de cargos políticos, a configuração do nepotismo deve ser analisado caso a caso, a fim de se verificar eventual 'troca de favores' ou fraude a lei" (Rcl 7.590/PR, 1.ª T., rel. Min. Dias Toffoli, j. 30.09.2014, *DJe* 13.11.2014).

Porém, existe decisão do STF no sentido de que a Súmula 13 se aplica inclusive ao provimento dos ditos cargos políticos.

"1. O nepotismo subverte os valores que devem pautar o desempenho das funções administrativas. Ao invés de se avaliar a pessoa subordinada à autoridade nomeante por critérios de eficiência, privilegiam-se critérios alheios ao bom desempenho da Administração. 2. A proibição ao nepotismo decorre diretamente dos princípios da impessoalidade, da moralidade e da eficiência e é evidente que eles também incidem sobre os chamados cargos políticos. Quanto mais próximo da legitimidade do voto popular, maior a responsabilidade do governante para afastar qualquer conflito de interesse que possa macular sua atuação. Quanto mais alto o cargo, maior deve ser a exigência pela obediência incondicional à Constituição e a seus princípios. 3. Quando a nomeação para cargo ou a designação para função recai sobre servidor que tem relação de parentesco ou relação íntima com a autoridade nomeante, há incidência da Súmula Vinculante n. 13, mesmo se houver vínculo efetivo, pois, nesses casos, tal como se dá com a nomeação de quem não o tem, o exercício do cargo passa a atender critérios que não são exclusivamente públicos e a confiança que se deve ter no desempenho da função pública é prejudicada" (AgR na Rcl 26.448/RJ, 2.ª T., rel. Min. Edson Fachin, j. 20.12.2019, *DJe* 05.02.2020).

45.6 A vedação a "designações recíprocas"

A Súmula Vinculante 13 e o art. 11, XI, da Lei de Improbidade Administrativa também proscrevem as "designações recíprocas", que se relacionam à "troca de favores". Portanto, a vedação ao nepotismo compreende inclusive os expedientes indiretos. Por exemplo, incide a vedação quando o parente da autoridade "A" é nomeado para cargo em comissão pela autoridade "B" e o parente da autoridade "B" é nomeado para cargo em comissão pela autoridade "A".

Isso não significa vedação a que o parente de autoridade seja investido por outra autoridade em algum cargo em comissão ou função gratificada. A Súmula Vinculante 13 e o art. 11, XI, da Lei de Improbidade aludem a "designações recíprocas". Portanto, a nomeação isolada de um parente de uma autoridade para um cargo em comissão ou função gratificada, por ato de outra autoridade e sem a evidência de qualquer designação recíproca, não configura prática ilícita.

45.7 Os Decretos Federais

O Dec. 10.571/2020 estabeleceu regras para controle mais efetivo no âmbito da Administração Federal quanto às hipóteses de impedimentos relacionados a situação de nepotismo. Determinou inclusive que os Ministros de Estado e outros agentes em posição de comando hierárquico indiquem "a existência de cônjuge, de companheiro ou de parente, por consanguinidade ou por afinidade, em linha reta ou colateral, até o terceiro grau, no exercício de atividades que possam suscitar conflito de interesses" (art. 10, I).

O Dec. 7.203/2010 visa impedir o nepotismo nas contratações administrativas diretas ou precedidas de licitação, no âmbito federal.

Os decretos incorporaram a disciplina da vedação ao nepotismo não apenas às hipóteses de vínculos matrimoniais ou de parentesco, mas também aos casos de união estável. Nesse sentido é que se deve interpretar a expressão "companheiro" contida na sua redação. Ou seja, a vedação não se aplica em caso de relações que não se configurem como união estável.

45.8 O provimento fundado em concurso público

A Súmula Vinculante 13 alude apenas ao provimento de cargos em comissão e à investidura em função gratificada. O impedimento não incidirá nos casos em que a investidura derivar de concurso público.

45.9 Cargos públicos de provimento efetivo sem concurso

Existem alguns cargos públicos de provimento efetivo que não são antecedidos de concurso público. Em alguns casos, esses cargos integram a Administração Pública (tal como se passa com a direção de agências reguladoras independentes). Em outros, são cargos integrantes de outros Poderes (o que se verifica com os Ministros de Tribunais Superiores).

Em princípio, ter-se-ia de convir que as mesmas razões jurídicas também se aplicam nesses casos. No entanto, poderia ser invocada a natureza política de tais indicações, o que afastaria a vedação à prática do nepotismo. A tendência é a prevalência dessa segunda orientação.

46 O PROVIMENTO NO CARGO PÚBLICO

O provimento consiste em ato administrativo unilateral, por meio do qual o Estado atribui a determinado particular a condição de titular de um cargo.

46.1 Competência para o provimento

O art. 84, XXV, da Constituição determinou que a competência para o provimento dos cargos públicos federais é do Presidente da República, na forma da lei. O dispositivo deve ser interpretado em termos, já que a autonomia de cada Poder pressupõe o provimento dos cargos que o integram. Justamente por isso, o art. 6.º da Lei 8.112/1990 estabeleceu que o provimento se faz por ato da *autoridade competente* de cada Poder.

Cabe à lei definir, então, a autoridade competente de cada Poder, respeitando as determinações constitucionais.

Assim, o Chefe do Executivo provê os cargos do Executivo, mas também os de magistrados que não sejam nomeados por concurso, bem como um terço dos membros do Tribunal de Contas.

O Poder Judiciário, por sua vez, tem autonomia para o provimento dos cargos que integram sua estrutura, inclusive os cargos de comissão, tal como previsto no art. 96, I, *e*, da CF/1988. Apenas por cautela, o referido dispositivo não impede a existência de cargos em comissão na estrutura do Poder Judiciário. Reconhece que a autonomia do Poder Judiciário implica a competência para prover os cargos na sua estrutura própria.

De modo equivalente, a autoridade superior do Ministério Público é titular da competência para prover os cargos que compõem sua estrutura (art. 127, § 2.º, da CF/1988), o que também se passa no âmbito do Tribunal de Contas (ao qual se aplica o art. 96 da CF/1988 por força do disposto no art. 73 da CF/1988).

46.2 O registro pelo Tribunal de Contas

A Constituição determina incumbir ao Tribunal de Contas a competência para apreciar, para fins de registro, a legalidade dos atos de admissão de pessoal a qualquer título, excetuadas as nomeações para cargo em comissão (art. 71, III). Se for verificada irregularidade, caberá a fixação de prazo para sua correção ou, mesmo, a sustação da execução do ato impugnado (incs. IX e X).

Adota-se o entendimento de que o registro perante o Tribunal de Contas não transforma o provimento em um ato complexo. Ou seja, o provimento se aperfeiçoa independentemente da formalização do registro. O Tribunal de Contas, ao promover o registro, desempenha uma função de controle. O registro não integra o ato de provimento no cargo público.

46.3 Modalidades de provimento

Há diversas modalidades de provimento. Costuma-se diferenciar o provimento originário (nomeação) dos demais, que são ditos derivados. A distinção reside em que o provimento originário depende de certos requisitos que não são exigidos nas hipóteses de provimento derivado. Apenas para exemplificar, a nomeação para cargo de provimento efetivo depende da aprovação em concurso público, ressalvadas as hipóteses constitucionalmente previstas.

As modalidades de provimento, tal como consagrado no art. 8.º da Lei 8.112/1990, podem ser assim evidenciadas:

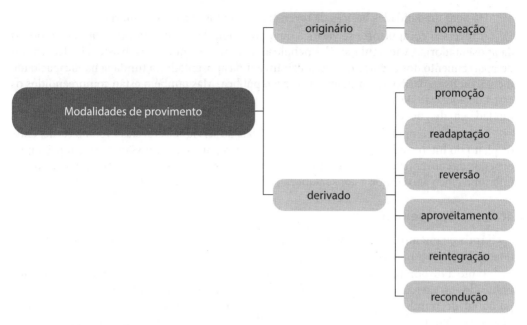

46.4 Nomeação

A nomeação consiste no ato unilateral estatal inicial de designação de um indivíduo para ocupar um cargo público de provimento efetivo ou em comissão. Depende dos requisitos determinados na Constituição e em lei, variáveis conforme o caso.

46.5 Promoção

A promoção é o provimento do sujeito em um cargo de hierarquia superior na carreira, relativamente àquele que ele detinha.[25] Alude-se a promoção, portanto, a propósito de cargos organizados em carreira.

Poderá fazer-se por tempo de serviço ou por merecimento, e sua disciplina deverá constar de lei.

46.6 Readaptação

A readaptação é o provimento do sujeito em cargo diverso do que ocupava, em virtude de limitação superveniente incompatível com as competências e atribuições correspondentes, tal como disciplinado no art. 24 da Lei 8.112/1990.

Trata-se de hipótese excepcional, cuja ocorrência depende de diversas circunstâncias. A primeira consiste na alteração das condições pessoais físicas ou mentais do servidor, em virtude de um evento superveniente natural ou não. A segunda é a incompatibilidade entre as novas condições do sujeito e as atribuições próprias do cargo que ocupava. A terceira é a compatibilidade entre as novas condições do sujeito e outro cargo.

46.7 Reversão

Reversão é o provimento do sujeito em cargo público em virtude do retorno à atividade, posterior à aposentadoria (art. 25 da Lei 8.112/1990).

---

[25] O art. 2.º, II, do Dec. 7.629/2011 adota a seguinte definição: "promoção – passagem do servidor do último padrão de uma classe para o padrão inicial da classe imediatamente superior".

620 CURSO DE DIREITO ADMINISTRATIVO • *Marçal Justen Filho*

Há duas modalidades básicas de reversão: a compulsória e a voluntária.

A reversão compulsória se verifica quando forem declarados *insubsistentes* os motivos da aposentadoria. A fórmula legal é nebulosa. Presume-se que a insubsistência decorre do desaparecimento dos eventos que conduziram a uma aposentadoria fundada na incapacidade mental ou física para o desempenho da função pública. Mas também estão compreendidos os casos de anulação de aposentadoria. Assim se passa, por exemplo, no caso de aposentadoria fundada em diagnóstico equivocado.

A reversão compulsória dispensa a concordância do servidor. A reversão voluntária depende de pleito do interessado. Estabelecem-se os requisitos para sua admissão, mas, em princípio, depende da conveniência da Administração e de outros requisitos, inclusive o decurso de prazo inferior a cinco anos desde a aposentadoria, bem como a existência de cargo vago.

46.8   Aproveitamento

Aproveitamento é o provimento em cargo público do servidor em situação de disponibilidade, instituto com perfil jurídico próprio.

Tanto a disponibilidade como o aproveitamento – conforme se verá adiante – são atos praticados no exercício de competência vinculada, como regra. Cessadas as razões para a disponibilidade, o indivíduo deverá ser obrigatoriamente aproveitado em cargo similar ao que ocupara e com remuneração equivalente (art. 30 da Lei 8.112/1990).

46.9   Reintegração

A reintegração é o provimento do indivíduo no cargo que ocupava ou naquele em que foi transformado, em virtude de invalidação do ato de sua demissão (art. 28 da 8.112/1990), na via administrativa ou judicial. Trata-se, portanto, de restabelecer a situação anterior à demissão, com eventuais benefícios que lhe teriam sido assegurados se o ato de demissão não tivesse sido praticado.[26]

Se o cargo não mais existir, o servidor será colocado em disponibilidade. Se o cargo estiver ocupado, seu novo ocupante será reconduzido ao cargo de origem ("sem direito à indenização", conforme determina o art. 28, § 2.º, da Lei 8.112/1990), ou colocado em disponibilidade.

Nesse sentido, confira-se o entendimento do STJ no enunciado na Súmula 173:

"Compete à Justiça Federal processar e julgar o pedido de reintegração em cargo público federal, ainda que o servidor tenha sido dispensado antes da instituição do Regime Jurídico Único".

46.10   Recondução

A recondução é o provimento do indivíduo no cargo que ocupava anteriormente em virtude de ter sido inabilitado em estágio probatório quanto a outro cargo ou ter ocorrido reintegração de outrem.

46.11   A vedação à reclassificação

A reclassificação consiste na investidura do sujeito em cargo diverso daquele que ocupava, em virtude da verificação de suas habilidades e aptidões para tanto. É uma figura incompatível com a Constituição, por configurar frustração à exigência de concurso público.

---

[26]   Nesse sentido, confira-se GUIDI. Reintegração ao cargo público – Aspectos relevantes e orientação jurisprudencial. *Revista de Direito Administrativo Contemporâneo – ReDAC*, n. 4, p. 45-61, jan. 2014.

No passado, a reclassificação foi largamente praticada, com efeitos muito nocivos. Assim, o sujeito era provido (às vezes, mediante concurso) em um cargo e obtinha sua reclassificação para outro, com remuneração muito mais elevada e atribuições totalmente diversas.

A denominação formal atribuída à reclassificação (acesso, promoção transversal etc.) é irrelevante, configurando-se a sua inconstitucionalidade.

Confira-se o enunciado da Súmula Vinculante 43 do STF:

> "É inconstitucional toda modalidade de provimento que propicie ao servidor investir-se, sem prévia aprovação em concurso público destinado ao seu provimento, em cargo que não integra a carreira na qual anteriormente investido".

47 INVESTIDURA, POSSE E EXERCÍCIO

O provimento é ato jurídico necessário, mas não suficiente, para o sujeito adquirir a condição de agente estatal. Alude-se também à investidura, posse e exercício.

47.1 Os resquícios do direito privado

A disciplina do tema sofreu influência do direito privado, que se refletiu na terminologia. As expressões *investidura* e *posse* são tradicionais no âmbito do direito civil. As diversas expressões foram mantidas, alterando-se o seu conteúdo original. Os conceitos privatísticos são inaplicáveis ao tema. Por exemplo, a *posse* do servidor público não se assemelha à *posse* exercitada sobre os bens.

47.2 A posse

A posse no cargo público consiste na assunção jurídica pelo agente da posição correspondente ao cargo público no qual foi provido.

A posse no cargo público não é uma exteriorização de domínio na acepção do direito privado – mas é, de todo o modo, a *exteriorização formal de uma situação jurídica*. A posse faz-se por meio da assinatura pelo sujeito de um termo escrito, a ser formalizada no prazo de 30 dias da publicação do ato de provimento (art. 13, § 1.º, da Lei 8.112/1990). A ausência injustificada da posse no prazo referido acarretará o desfazimento do ato de provimento.[27] Admite-se que a posse seja formalizada por meio de procurador, investido de poderes específicos para tanto.

A posse pressupõe a prévia inspeção médica oficial, o que poderá ser dispensado quando tal exame tiver integrado o procedimento de seleção do indivíduo. Ou, para ser mais preciso, o exame médico promovido durante o procedimento de seleção prestar-se-á para os fins do art. 14 da Lei 8.112/1990.

Como condição para a posse, o indivíduo deverá apresentar declaração de seus bens e direitos, indicando a composição de seu patrimônio.[28] Essa imposição se relaciona com o controle da evolução patrimonial do sujeito ao longo do tempo.

---

[27] Sobre o tema, confira-se FRANÇA. Considerações sobre a nomeação, a posse e o exercício em cargo público na Lei 8.112/1990. *Revista de Direito Administrativo Contemporâneo – ReDAC*, n. 3, p. 113-114, nov. 2013.

[28] A obrigatoriedade da apresentação de declaração de bens e rendas como condição para o exercício de cargos, emprego ou função, no âmbito federal, foi prevista pela Lei 8.730/1993. Mas o tema está disciplinado para todas as órbitas federativas no art. 13 da Lei de Improbidade Administrativa (Lei 8.429/1992, com redação dada pela Lei 14.230/2021). Ali se determina o dever de apresentação da declaração de imposto de renda e proventos de qualquer natureza como condição de posse e exercício para todo e qualquer agente público,

CURSO DE DIREITO ADMINISTRATIVO · *Marçal Justen Filho*

Mas o sujeito também deverá exibir uma declaração formal atinente ao exercício de outros cargos, empregos ou funções públicas, destinada a um controle sobre a regularidade da acumulação de atividades.

Sobre o tema, confiram-se as Súmulas 16 e 17 do STF:

"Funcionário nomeado por concurso tem direito à posse" (Súmula 16).

"A nomeação de funcionário sem concurso pode ser desfeita antes da posse" (Súmula 17).

47.3 A investidura

A investidura consiste no aperfeiçoamento jurídico da aquisição da titularidade da posição jurídica correspondente ao cargo público no qual um sujeito foi provido.

Sob esse prisma, deve ser bem entendida a consideração de Márcio Cammarosano no sentido de que "o provimento diz respeito ao cargo, enquanto a investidura é concernente à pessoa. O cargo é provido, alguém é investido. A distinção decorre, portanto, do ângulo de observação: se tenho em vista o cargo, refiro-me ao provimento; se a pessoa que o titulariza, refiro-me à investidura".[29]

Essa orientação não se compadece de modo perfeito com o disposto no art. 7.º da Lei 8.112/1990, que determina que a investidura se produz mediante a posse. Afinal, se a investidura fosse uma outra face do provimento, não necessitaria da posse para aperfeiçoar-se. Bastaria o ato estatal do provimento para se produzir a investidura.

Isso não significa negar a utilidade da construção de Cammarosano. De fato, a investidura se relaciona ao agente, mas isso não induz que se identifique com o provimento. O provimento é um pressuposto jurídico para que ocorra a investidura. Porque provido o cargo, um sujeito nele se investe. Mas a investidura se aperfeiçoa por meio da posse, o que impõe uma distinção (até mesmo cronológica) entre o provimento e a investidura.[30]

Por outro lado, seria um equívoco identificar a posse e a investidura. Ainda que, como visto, a investidura seja produzida mediante a posse, isso não significa a identidade jurídica dos dois institutos.

A posse é um instrumento formal para produzir a investidura. O sujeito se investe na titularidade do cargo se e quando assumir juridicamente a posição correspondente.

O ato formal de assunção da posição jurídica (posse) gera o efeito da aquisição da titularidade do cargo (investidura).

47.4 A restrição da posse ao provimento por nomeação

O art. 13, § 4.º, da Lei 8.112/1990 estabelece que a posse ocorrerá apenas nos casos de provimento do cargo por nomeação (provimento originário). Essa solução é bastante problemática sob o prisma jurídico, induzindo ao entendimento de que, uma vez tendo ocorrido a primeira investidura do sujeito em um cargo público, não mais ocorreria a posse do sujeito nas hipóteses de provimentos derivados. Também se poderia cogitar da ausência de investidura nas mesmas situações. Esse entendimento é logicamente insustentável e traduz uma interpretação meramente literal.

---

devendo a declaração ser atualizada anualmente e por ocasião do término do mandato, cargo, emprego ou função (§ 2.º).

[29] CAMMAROSANO *apud* BANDEIRA DE MELLO. *Curso de direito administrativo*, 37. ed., p. 249.

[30] Em sentido diverso, Marcus Vinicius Corrêa Bittencourt em seu *Manual de direito administrativo*, 2. ed. O autor define "investidura ou provimento como o ato pelo qual o agente público se vincula ao Estado" (p. 79).

Cap. 16 – ESTRUTURA ADMINISTRATIVA DO ESTADO: OS AGENTES PÚBLICOS **623**

Afigura-se muito mais razoável afirmar que o dispositivo significa a exigência de um ato formal de posse (e investidura) apenas por ocasião de provimento originário. Nos casos de provimento derivado, a posse e a investidura são implícitas ao exercício. Existem tanto a investidura como a posse também nessas hipóteses, mas não se traduzem numa formalidade específica, materialmente distinta do exercício.

47.5   O exercício

Uma vez provido e investido no cargo, o sujeito deverá assumir o seu exercício, que consiste no efetivo desempenho das atribuições correspondentes.

O prazo para o servidor entrar em exercício é de quinze dias,[31] contados da data da posse (ou investidura), sob pena de exoneração do cargo ou desfazimento de sua designação para a função de confiança (art. 15, § 2.º, da Lei 8.112/1990). Essa determinação se aplica, evidentemente, apenas ao provimento originário.

No caso de provimento derivado, o agente também deverá iniciar o seu exercício no mesmo prazo, mas ele se computará da data em que ocorrer publicidade do ato formal de provimento. A ausência de início de exercício no prazo previsto constituirá infração funcional, que poderá conduzir ao sancionamento do sujeito.

48   O ESTÁGIO PROBATÓRIO

O estágio probatório consiste no exercício, pelo servidor, das funções correspondentes ao cargo efetivo no qual foi investido, visando à avaliação de sua aptidão e capacidade durante o período de três anos, prazo previsto no art. 41 da CF/1988 para a aquisição da estabilidade.

48.1   A questão do prazo do estágio probatório

Segundo o STF e o STJ, o estágio probatório é de três anos. O art. 6.º da Emenda Constitucional 19/1998, modificando o art. 41 da CF/1988, fixou que o prazo para aquisição de estabilidade é de três anos. A legislação ordinária previa o prazo do estágio probatório de dois anos. A Medida Provisória 431/2008 ampliou o prazo do estágio probatório para três anos, mas essa alteração não foi mantida por ocasião da sua conversão na Lei 11.784/2008. Depois de certa controvérsia, o STF e o STJ consagraram entendimento de que o prazo do estágio probatório é de três anos:

> "2. Estágio confirmatório de dois anos para Advogados da União de acordo com o artigo 22 da Lei Complementar n.º 73/1993. 3. Vinculação entre o instituto da estabilidade, definida no art. 41 da Constituição Federal, e o instituto do estágio probatório. 4. Aplicação de prazo comum de três anos a ambos os institutos" (STF, STA 269 AgR, Pleno, rel. Min. Gilmar Mendes (Presidente), j. 04.02.2010, *DJe* 26.02.2010).

> "4 – Modificando entendimento anterior, a Terceira Seção desta Corte firmou a compreensão de que, não obstante serem institutos distintos, o prazo para a aquisição da estabilidade repercute no do estágio probatório, de forma que reflete neste a alteração trazida pela Emenda Constitucional n.º 19/1998, devendo, assim, ser observado, também para o estágio probatório, o período de 3 anos" (STJ, MS 14.274/DF, 3.ª S., rel. Min. Haroldo Rodrigues, Des. convocado do TJ/CE, j. 09.02.2011, *DJe* 10.10.2011).

---

[31]   Segundo o art. 18 da Lei 8.112/1990, o prazo para o exercício será de 10 a 30 dias quando impuser ao servidor desempenho em outro Município.

48.2 A finalidade do estágio probatório

O estágio probatório destina-se a avaliar se o servidor é detentor das condições necessárias a permanecer como servidor público titular de cargo de provimento efetivo. A seleção mediante concurso pode gerar escolhas distorcidas, pois as provas e o exame dos títulos não permitem avaliar a personalidade e as virtudes pessoais do indivíduo.

O modo mais adequado de avaliar o sujeito é o acompanhamento de seu desempenho efetivo, no exercício das atribuições pertinentes ao cargo.

48.3 A avaliação especial de desempenho

A Administração deve promover avaliação especial de desempenho do servidor em estágio probatório. Essa avaliação deve ser orientada a identificar a presença das habilidades pertinentes às funções do cargo.

48.4 A procedimentalização da avaliação no estágio probatório

As práticas usualmente adotadas tornam o estágio probatório inútil. Em muitos casos, não se desenvolve qualquer atividade efetiva de avaliação do agente. Em outros, há o cumprimento formal da emissão de um parecer, respeitando-se o prazo de quatro meses imposto pelo art. 20, § 1.º, da Lei 8.112/1990.

Essas soluções frustram a finalidade e a utilidade do estágio probatório. A melhor solução consiste em promover a procedimentalização dele. Isso significa impor uma avaliação permanente e continuada da aptidão e da capacidade do sujeito, a ser acompanhada por servidores especificamente encarregados da atribuição.

O ideal é a submissão do estágio probatório à disciplina de um regulamento próprio, que institua um procedimento composto por etapas diversas, em que se desenvolverá a atribuição de responsabilidades crescentes, sujeitas ao acompanhamento permanente e a instrumentos de avaliação de diversa natureza.

Essa procedimentalização deve ser orientada pelo princípio da publicidade, inclusive para o efeito de propiciar a qualquer pessoa comunicar à autoridade responsável a ocorrência de condutas dignas de aplausos ou merecedoras de reprovação.

48.5 A objetividade (possível) da avaliação

Não será válida avaliação fundada em critérios subjetivos, quer conduza a conclusão favorável, quer resulte em juízo negativo sobre o desempenho do sujeito. A avaliação deverá orientar-se por critérios, os mais objetivos possíveis, que tomem em vista os dados exteriores da conduta do sujeito ao longo do tempo.

Por isso, o art. 20 da Lei 8.112/1990 contempla um elenco de fatores a serem considerados, consistentes na assiduidade, na disciplina, na capacidade de iniciativa, na produtividade e na responsabilidade.

48.6 O procedimento de avaliação permanente

O procedimento de avaliação deverá acompanhar permanentemente o desempenho do sujeito ao longo do período de três anos, tomando em vista esses fatores.

Até quatro meses antes do término do prazo do estágio probatório, deverá ser concluída a avaliação. Os princípios inerentes à Administração Pública exigem que a notícia da proximidade da conclusão da avaliação seja divulgada ao público, para que qualquer fato relevante seja levado ao conhecimento da autoridade competente.

A autoridade encarregada da avaliação deverá produzir relatório escrito, cujo conteúdo deverá ser levado ao conhecimento público e do próprio interessado. Deverá abrir-se oportunidade para manifestação e, se for o caso, defesa por parte do sujeito interessado. Em princípio, o procedimento é público, tendo em vista a relevância dos fatos para a comunidade. Mas é possível adotar o sigilo, desde que haja algum dado que assim o imponha, especialmente considerando a necessidade de proteção à intimidade privada.

Ao final, deverá ser promovida a homologação da avaliação pela autoridade superior, cuja identificação dependerá das circunstâncias.

48.7   A competência discricionária

O juízo sobre a presença ou ausência dos requisitos de aptidão e conveniência para o exercício de função pública refletirá uma avaliação discricionária, sujeita a controle jurisdicional nos termos usuais. Ou seja, o ato será defeituoso se eivado de defeitos formais ou de conteúdo. Mas não será possível ao Judiciário substituir-se à autoridade administrativa quanto ao mérito decisório.

48.8   O entendimento da ausência de aptidão e capacidade

Segundo o art. 20, § 2.º, da Lei 8.112/1990, o servidor público não aprovado no estágio probatório deverá ser exonerado ou reconduzido ao cargo anteriormente ocupado.

O dispositivo merece interpretação conforme à Constituição. É evidente a ilegalidade de promover a exoneração do sujeito, de modo direto e imediato, em vista de um relatório de avaliação. Afinal, o provimento com efetividade importa a garantia de um processo legal, desenvolvido com observância das garantias de ampla defesa e contraditório, como pressuposto de exoneração.

Logo, a exoneração do servidor, durante o estágio probatório, segue as regras próprias dos atos administrativos, sendo inconstitucional reputar que poderia verificar-se sem a observância do devido processo legal. Esse entendimento foi consagrado na Súmula 21 do STF:

> "Funcionário em estágio probatório não pode ser exonerado nem demitido sem inquérito ou sem as formalidades legais de apuração de sua capacidade".

48.9   A possibilidade de demissão a qualquer tempo

É um equívoco supor que o servidor em estágio probatório somente poderia ser demitido no término do período. Se houver a comprovação de eventos caracterizadores de infração à qual seja cominada a pena de demissão, o processo administrativo correspondente deverá ser iniciado imediatamente.

Aliás, o decurso do prazo de três anos não produz qualquer alteração quanto a isso. O sujeito não fica garantido contra a demissão simplesmente por ter-se encerrado o prazo do estágio probatório.

48.10   O encerramento do estágio probatório

Decorrido o prazo de três anos, contado do início do exercício nas atribuições do cargo, produz-se o encerramento do estágio probatório, mas a Constituição veda a aquisição

626 CURSO DE DIREITO ADMINISTRATIVO · *Marçal Justen Filho*

automática de estabilidade (rejeitando, desse modo, a solução que estava prevista no art. 21 da Lei 8.112/1990). A Emenda Constitucional 19/1998 determinou que a aquisição de estabilidade *depende* de avaliação especial de desempenho (art. 41, § 4.º, da CF/1988).

49   A ESTABILIDADE DO SERVIDOR

A estabilidade consiste em garantia contra a exoneração discricionária, submetendo a extinção da relação estatutária a processo administrativo ou judicial destinado a apurar a prática de infração a que seja cominada a pena de demissão, ressalvada a hipótese específica de perda do cargo para redução das despesas com pessoal (autorizada constitucionalmente nos arts. 169, §§ 4.º a 7.º, e 247).

49.1   O conteúdo da garantia da estabilidade

A estabilidade, segundo o art. 41, § 1.º, da Constituição, significa que o servidor nomeado para cargo de provimento efetivo apenas perderá essa condição mediante sentença judicial transitada em julgado, processo administrativo com garantia de ampla defesa ou procedimento de avaliação periódica de desempenho.

O art. 169, § 4.º, da Constituição admite a perda do cargo do servidor estável, para assegurar a observância do limite máximo de despesas com pessoal, tal como será mais bem examinado adiante.

49.2   A avaliação periódica

A previsão do art. 41, § 1.º, III, da CF/1988 exige interpretação adequada. A *avaliação periódica* corresponde a uma modalidade de processo administrativo. A referida regra admite a demissão fundada não apenas na prática de infrações graves, mas também na ausência de aptidão ou capacidade para o desempenho das atribuições inerentes ao cargo. A avaliação periódica destina-se não propriamente a verificar se o sujeito infringiu seus deveres, mas a apurar se dispõe de condições para cumpri-los.

49.3   A garantia de ampla defesa

A demissão do ocupante de um cargo público de provimento efetivo, em virtude da imputação de falta pessoal, depende de processo administrativo com observância da ampla defesa. Um equívoco muito grave seria supor que um servidor público titular de cargo de provimento efetivo, mas não estável, poderia ser demitido sem a imputação de falta pessoal ou exonerado sem ausência de capacidade ou aptidão. Em qualquer dos casos, caberá respeitar o devido processo legal.

49.4   A estabilidade e a efetividade

A efetividade é uma característica inerente ao cargo público, abrangida no regime jurídico pertinente. O provimento efetivo significa a ausência de competência da Administração para nomear e para demitir o seu ocupante sem a observância de determinados requisitos. O provimento depende da aprovação em concurso de provas e títulos ou, em hipóteses previstas na Constituição e em lei, mediante a observância de um procedimento diferenciado.

A estabilidade consiste numa tutela diferenciada quanto à extinção do vínculo funcional, cuja incidência depende do preenchimento de requisitos de tempo e de desempenho.

49.4.1 Esclarecimento quanto a uma afirmativa usual

É usual afirmar-se que a efetividade se refere ao cargo, enquanto a estabilidade se verifica relativamente ao seu ocupante. Essa afirmativa deve ser interpretada em termos. Tanto a efetividade quanto a estabilidade são institutos relacionados com o regime jurídico do cargo público.

A distinção reside em que a efetividade é inerente a determinados cargos públicos. Integra a sua definição e lhe dá identidade. Já a estabilidade é um atributo do regime jurídico do cargo previsto para ser aplicado quando consumados requisitos atinentes ao desempenho do ocupante.

Portanto, é um equívoco supor que a estabilidade seria uma espécie de atributo personalíssimo e autônomo do servidor público que preencha certos requisitos. Trata-se, mais propriamente, de um atributo da relação jurídica mantida entre o Estado e um servidor, em virtude do preenchimento de requisitos específicos.

Reconhecidas essas peculiaridades, até se pode, numa terminologia menos rigorosa, afirmar que a estabilidade é um atributo do agente público.

49.4.2 Os cargos de provimento efetivo

O cargo de provimento efetivo é aquele cujo provimento depende de um concurso e que apresenta um regime jurídico destinado a permanecer ao longo do tempo, podendo produzir a aposentadoria do seu titular. Sob esse ângulo, é tecnicamente incorreto aludir à *efetividade do servidor*. A efetividade reside na característica jurídica do cargo.

49.4.3 A disciplina anterior à CF/1988

No passado, antes da Constituição Federal de 1988, o servidor provido no cargo efetivo podia ser demitido sem maiores formalidades *enquanto* não adquirisse a estabilidade. A garantia pessoal contra a exoneração discricionária era produzida pela estabilidade.

A Constituição de 1988 generalizou a garantia do devido processo legal, por força do disposto no art. 5.º, LIV, LV e LXXVIII.

49.5 Provimento em cargo efetivo e estabilidade

O servidor investido em cargo de provimento efetivo somente adquire estabilidade depois de encerrado o estágio probatório. A estabilidade atribui garantias relativamente à extinção do vínculo de servidor público.

A estabilidade assegura ao servidor a manutenção do vínculo com o Estado se o cargo de que é titular vier a ser extinto. O art. 41, § 3.º, da Constituição determina que, extinto o cargo ou declarada sua desnecessidade, o servidor *estável* ficará em disponibilidade. O mesmo não ocorre com o servidor não estável. Se houver a extinção do cargo ou for declarada sua desnecessidade, o efeito será a extinção do vínculo com o servidor.

Em suma, a efetividade é uma característica do cargo ocupado. A estabilidade é uma garantia pessoal do servidor público. A Súmula 22 do STF apresenta relação com o tema:

"O estágio probatório não protege o funcionário contra a extinção do cargo".

49.6 A aquisição da estabilidade mediante avaliação prévia

O art. 41 (com a redação da EC 19/1998) estabeleceu que os servidores nomeados para cargos de provimento efetivo adquirem estabilidade depois de três anos de efetivo exercício, mas sempre mediante indispensável avaliação prévia.

628 CURSO DE DIREITO ADMINISTRATIVO · *Marçal Justen Filho*

É evidente, no entanto, que a desídia da Administração não poderá recair sobre o servidor. Decorrido o prazo de três anos e inexistente uma manifestação formal positiva, o servidor adquirirá a estabilidade. Nesse caso, ter-se-á infringido um comando constitucional dirigido à atividade administrativa e se imporá a abertura de processo administrativo para apurar a responsabilidade pela omissão.

50   A VITALICIEDADE

A vitaliciedade consiste na garantia prevista relativamente a certas carreiras funcionais de que a demissão do sujeito seja condicionada a uma sentença judicial. A vitaliciedade não significa a garantia de titularidade do cargo por toda a vida, uma vez que o servidor vitalício está sujeito à aposentadoria compulsória.

50.1   A aplicação limitada do instituto

A Constituição atribui o regime de vitaliciedade aos magistrados (art. 95, I), aos membros dos Tribunais de Contas (art. 73, § 3.º) e do Ministério Público (art. 128, § 5.º, I, *a*). O tema foi objeto de Súmulas do STF:

> "A vitaliciedade não impede a extinção do cargo, ficando o funcionário em disponibilidade, com todos os vencimentos" (Súmula 11).

> "Servidor vitalício está sujeito à aposentadoria compulsória, em razão da idade" (Súmula 36).

50.2   Vitaliciedade e estabilidade

A vitaliciedade e a estabilidade são institutos jurídicos similares. Como ensina José dos Santos Carvalho Filho:

> "Na verdade, a vitaliciedade dos servidores vitalícios em muito se assemelha à estabilidade dos servidores efetivos, sendo comum em ambas o direito do servidor de continuar inserido no respectivo quadro funcional. Mas, enquanto a perda da vitaliciedade só pode derivar de sentença judicial transitada em julgado, como resulta daqueles dispositivos, a da estabilidade pode originar-se também de processo administrativo, embora assegurando-se o direito de ampla defesa ao servidor (art. 41, II e III, CF/1988). Por conseguinte, será forçoso reconhecer que os efeitos da vitaliciedade são mais benéficos para o titular do cargo do que os advindos da estabilidade".[32]

A vitaliciedade destina-se à proteção dos interesses dos cidadãos em geral, não dos ocupantes dos cargos. O regime da vitaliciedade é reservado apenas para cargos cujos ocupantes desempenham funções que exigem a mais ampla e intensa proteção jurídica possível. Já a estabilidade é reservada para hipóteses em que a função própria do cargo pode ser desempenhada adequadamente com uma proteção menos intensa.

51   A ACUMULAÇÃO DE CARGOS PÚBLICOS

A titularidade do cargo público exige dedicação pessoal do servidor. Como regra, aquele que assumir um cargo público não poderá exercitar outra profissão ou atividade formal, pública ou privada.

---

[32] CARVALHO FILHO. *Manual de direito administrativo*, 38. ed., p. 579. Carvalho Filho ainda faz uma distinção entre vitaliciedade mediata, no caso dos juízes de primeiro grau, e vitaliciedade imediata, no caso da investidura originária nos Tribunais (p. 579).

51.1 A variação das circunstâncias

No entanto, as circunstâncias são variáveis em vista da natureza da atribuição inerente ao cargo. Em certos casos, é do interesse administrativo que o sujeito não apenas desempenhe as atividades funcionais, mas também mantenha contato com as peculiaridades externas à Administração Pública.

Em outras situações, existe a possibilidade material de compatibilizar o desempenho das atribuições inerentes a mais de um cargo público.

Há regras gerais que se aplicam em conjunto com as específicas para cada cargo público, quando se trata da questão da acumulação de cargos e atividades.

51.2 A incompatibilidade entre o exercício do cargo e qualquer outra atividade[33]

É necessário verificar se a natureza das atividades, os horários de exercício e outras circunstâncias inerentes ao cargo impõem, explícita ou implicitamente, a dedicação exclusiva do sujeito.

Em muitos casos, a dedicação exclusiva não é obrigatória, mas é fundamento para benefícios salariais.

Em tais hipóteses, é vedado ao servidor dedicar seus préstimos, de modo profissional, a qualquer outra atividade que não se integre nas atribuições do cargo ocupado. Quando existente a imposição de dedicação exclusiva, será proibido o exercício de qualquer outra atividade remunerada. Mas daí não segue que atividades *não remuneradas* estariam automaticamente admitidas.

Mesmo atividades não remuneradas serão proibidas quando (a) o tempo necessário ao seu desempenho comprometer o exercício satisfatório das atribuições inerentes ao cargo ou (b) caracterizar-se conflito de interesses.

Esta última alternativa ocorre quando a atividade estranha ao cargo for apta a produzir interesses *incompatíveis* com o desempenho imparcial e satisfatório da atividade inerente ao cargo. O conflito de interesses conduziria à frustração do princípio da impessoalidade, dando oportunidade ao exercício indevido das atribuições.

51.3 A possibilidade de acumulação do cargo com a atividade privada

Se as características do cargo público e aquelas da atividade privada forem compatíveis entre si, poderá admitir-se a acumulação do seu desempenho. Mas dever-se-á, sempre, dar preferência ao cargo público. O servidor tem o dever de respeitar as regras pertinentes à função pública desempenhada, dedicando-se à atividade privada *fora* das repartições e dos horários próprios da função pública.

A atividade privada apenas será admitida se não acarretar prejuízo à atividade própria do cargo público. Também se exige que a natureza da atividade privada não produza conflito de interesses com a condição de agente público.

51.4 A acumulação de cargos e empregos públicos

O art. 37, XVI e XVII, da Constituição proíbem, como regra, a acumulação *remunerada* de cargos, empregos e funções públicas, abrangendo a Administração direta e a indireta (inclusive as sociedades controladas, direta ou indiretamente, pelo Poder Público).

---

[33] A Lei 8.112/1990, com redação dada pela Lei 11.784/2008, proíbe o servidor de "participar de gerência ou administração de sociedade privada, personificada ou não personificada, exercer o comércio, exceto na qualidade de acionista, cotista ou comanditário" (art. 117, X).

630 CURSO DE DIREITO ADMINISTRATIVO · *Marçal Justen Filho*

51.5 As hipóteses admitidas para a acumulação

O inc. XVI do art. 37 da CF/1988 admite a acumulação remunerada, desde que haja compatibilidade de horário, em três hipóteses.

51.5.1 Dois cargos de magistério

A primeira consiste na acumulação de dois cargos de magistério. A Constituição não estabeleceu ressalva quanto à natureza da atividade nem forneceu uma definição pertinente. Recepcionou um conceito não técnico e amplo de magistério, o que não significa autorização para desnaturação. A atividade de magistério se caracteriza pela transferência do conhecimento e pelo desenvolvimento do potencial individual alheio. Por isso, não é possível transmudar uma atividade apenas para propiciar a acumulação remunerada.

51.5.2 Um cargo de magistério e outro técnico ou científico

A segunda hipótese envolve a acumulação de um cargo de professor com outro, *técnico* ou *científico*. A qualificação adotada na parte final da alínea *b* do inc. XVI do art. 37 não pode ser ignorada. A acumulação apenas poderá ser admitida se a atividade inerente ao cargo for qualificável como técnica ou científica. A atividade científica consiste naquela de produção, desenvolvimento e transmissão de conhecimento científico. A técnica é aquela orientada a produzir a modificação concreta da realidade circundante, por meio da aplicação do conhecimento especializado. Assim, as atividades puramente burocráticas não se enquadram na exigência constitucional.

Nesse sentido, Valerio Mazzuoli e Waldir Alves afirmam que:

"(...) os cargos técnicos ou científicos são aqueles que exigem: (a) nível superior no âmbito de uma habilitação específica (advogado, médico, químico, historiador etc.); ou (b) nível médio no contexto de uma determinada especialidade (técnico em enfermagem, técnico de laboratório, técnico agrícola etc.)".[34]

51.5.3 Dois cargos na área da saúde

A terceira ressalva relaciona-se com a acumulação de dois cargos de profissão regulamentada na área da saúde.

Ressalte-se que, em caso de acumulação remunerada, será considerado o somatório das importâncias para o fim de avaliar o limite máximo previsto no art. 37, XI, da CF/1988, tema que será adiante examinado.

51.5.4 O requisito da compatibilidade de horário

O STF fixou tese sobre a existência de compatibilidade de horário entre os cargos:

"As hipóteses excepcionais autorizadoras de acumulação de cargos públicos previstas na Constituição Federal sujeitam-se, unicamente, a existência de compatibilidade de horários, verificada no caso concreto, ainda que haja norma infraconstitucional que limite a jornada semanal" (ARE 1.246.685, Pleno, rel. Min. Dias Toffoli, repercussão geral – mérito, j. 19.03.2020, *DJe* 27.04.2020).

---

[34] MAZZUOLI; ALVES. *Acumulação de cargos públicos*: uma questão de aplicação da Constituição, p. 118.

51.6 A disciplina para a Magistratura e para o Ministério Público

A Constituição estabelece disciplina especial para a Magistratura (art. 95, parágrafo único, I) e o Ministério Público (art. 128, § 5.º, II, *d*), autorizando a acumulação do cargo correspondente com um cargo ou emprego público de magistério.[35]

51.7 A acumulação com proventos de aposentadoria

O art. 37, § 10, da CF/1988 veda a acumulação dos proventos de aposentadoria com a remuneração de cargo, emprego ou função pública. São ressalvadas as hipóteses dos cargos eletivos e dos cargos em comissão e aqueles em que seria cabível a acumulação de cargos em atividade.

A referida vedação também não se aplica às hipóteses em que o agente tenha ingressado "novamente" no serviço público até 15.11.1998, tal como determinado no art. 11 da EC 20/1998. Esse dispositivo proíbe, no entanto, a percepção de mais de uma aposentadoria.

Extrai-se dessa disciplina a admissibilidade inclusive da acumulação de pensões em caso de falecimento do servidor. A controvérsia foi solucionada pelo STF ao fixar a tese no Tema 627, pelo julgado com a seguinte ementa:

"1. Não há óbice ao recebimento acumulado de dois benefícios de pensão por morte se decorrentes de cargos acumuláveis, nos termos do art. 37, inciso XVI, da Constituição Federal. 2. A hipótese de exceção delineada pelo legislador derivado no art. 11 da EC nº 20/98 tem incidência específica à hipótese de que trata, não se aplicando aos cargos públicos dos quais a Lei Maior autoriza a acumulação, como no caso do art. 37, inciso XVI, da CF/88. 3. Fixada a seguinte tese de repercussão geral: 'Tratando-se de cargos constitucionalmente acumuláveis, descabe aplicar a vedação de acumulação de aposentadorias e pensões contida na parte final do art. 11 da Emenda Constitucional nº 20/98, porquanto destinada apenas aos casos de que trata, ou seja, aos reingressos no serviço público por meio de concurso público antes da publicação da referida emenda e que envolvam cargos inacumuláveis'" (RE 658.999/SC, Pleno, rel. Min. Dias Toffoli, repercussão geral – mérito, j. 17.12.2022, *DJe* 21.03.2023).

52 AS CARACTERÍSTICAS DO REGIME JURÍDICO ESTATUTÁRIO

O cargo público constitui uma posição jurídica cujo conteúdo é formado por um conjunto de determinadas competências, direitos e deveres de cunho funcional. Uma das características marcantes do regime jurídico próprio do cargo público é a possibilidade de alteração unilateral por parte do Estado.

52.1 A natureza funcional da questão

Tal como se passa quanto a outras espécies de relações jurídicas mantidas pelo Estado, existe uma competência anômala de cunho funcional. Como a atuação do servidor público é um meio de satisfação das necessidades da comunidade, o direito autoriza a alteração unilateral pelo Estado das condições originais de atuação do servidor.

---

[35] Embora a redação distinta dos dois dispositivos, afigura-se que o tratamento jurídico assegurado tem de ser o mesmo para ambas as carreiras.

52.2 Os limites da alteração

A competência para alteração é limitada. Em alguns casos, a Constituição determina que apenas a lei pode estabelecer inovações. Tal se passa no tocante à remuneração e às atribuições de cargos públicos. Em outros casos, há competência discricionária.

52.3 Alteração das competências atribuídas ao cargo

As competências próprias do cargo podem ser alteradas, desde que isso não importe modificação essencial quanto à sua natureza ou produza efeito de frustração do princípio do acesso mediante concurso público.

Assim, por exemplo, é claro que um cargo de advogado não pode ter suas atribuições alteradas para compreender atuação própria de médico.

52.4 A alteração de direitos e deveres

Admite-se modificação do conteúdo de direitos e de deveres, os quais podem ser ampliados ou reduzidos, respeitados os limites constitucionais.

Por exemplo, o regime constitucional anterior assegurava a irredutibilidade de vencimentos apenas para alguns cargos determinados. Isso conduzia à possibilidade jurídica (teórica) de redução dos salários dos funcionários. A disciplina constitucional vigente generalizou a garantia da irredutibilidade salarial para todas as categorias (o que conduziu à superação da orientação contida na Súmula 27 do STF, de que "os servidores públicos não têm vencimentos irredutíveis, prerrogativa dos membros do Poder Judiciário e dos que lhes são equiparados").

O princípio da irredutibilidade de vencimentos alcança todos os servidores públicos, sem distinção entre cargos efetivos e em comissão.

Segundo o STF,

> "Tendo em vista a garantia constitucional da irredutibilidade de vencimentos, não poderá ocorrer a diminuição do quanto já percebido conforme o regime anterior, não obstante a ausência de direito adquirido à sua preservação" (RE 378.932/MT, 1.ª T., rel. Min. Carlos Britto, j. 30.09.2003, *DJ* 14.05.2004).

Nesse julgamento, ficou vencido o Ministro Joaquim Barbosa, que entendia que o princípio da irredutibilidade de vencimentos não se estende aos ocupantes de funções de confiança, em decorrência da transitoriedade, precariedade e demissibilidade *ad nutum* delas.

53 A QUESTÃO DO DIREITO ADQUIRIDO

O regime jurídico estatutário, definido unilateralmente pelo Estado, traduz-se em um conjunto de direitos e deveres mutáveis. Esse regime se subordina ao princípio da legalidade, sem que seja produzido por um acordo de vontades.

A modificação do regime jurídico, com inovações no tocante aos direitos e aos deveres das partes, propicia discussão sobre a segurança jurídica. Costuma-se afirmar que o vínculo de servidor público estatutário não comporta a aquisição de direitos – asserção claramente defeituosa.

53.1 A figura do direito adquirido

Direito adquirido se verifica quando se consuma o pressuposto necessário e suficiente para certo benefício ser integrado definitivamente na titularidade de um sujeito.

Cap. 16 – ESTRUTURA ADMINISTRATIVA DO ESTADO: OS AGENTES PÚBLICOS **633**

Sob o prisma técnico jurídico, a compreensão do conceito de direito adquirido depende da análise da estrutura da norma jurídica. Em termos simplistas, uma norma jurídica estabelece que "se acontecer certo evento, um sujeito terá o direito de exigir uma prestação".

Alude-se a direito adquirido nos casos em que se verifica, no mundo dos fatos, o evento descrito na hipótese normativa como bastante e suficiente para assegurar um direito contemplado no mandamento.

53.2 A proteção constitucional ao direito adquirido

O art. 5.º, XXXVI, da Constituição determina que lei posterior não pode afetar o direito adquirido (nem o ato jurídico perfeito nem a coisa julgada).

A tutela constitucional abrange a impossibilidade de a lei nova afetar tanto os direitos adquiridos já usufruídos no passado como aqueles que ainda não o foram ou estão em curso de fruição. Ou seja, a Constituição protege não apenas os fatos ocorridos no passado, mas também os efeitos jurídicos deles derivados, que vierem a ocorrer *depois* da edição de uma lei modificadora do regime anterior.

53.2.1 A ausência de proteção em face de nova Constituição

A garantia do direito adquirido não pode ser oposta a uma nova Constituição, que inaugura uma nova ordem jurídica. No entanto, é usual que as novas Constituições reconheçam os direitos adquiridos sob a vigência da ordem anterior, o que representa uma conquista inerente à democracia. Por exemplo, seria teoricamente imaginável que uma nova Constituição extinguisse todas as aposentadorias concedidas em data anterior à sua vigência ou eliminasse a propriedade privada e assim por diante. No entanto, tais práticas não são usuais porque representam uma violenta afronta à segurança. O usual é precisamente o oposto: a nova Constituição assegura a continuidade das situações existentes na data da sua vigência.

53.2.2 A proteção em face de Emenda Constitucional

Mas esse raciocínio não se aplica às inovações promovidas por meio de emenda constitucional. Aplica-se, nesse caso, a garantia do direito adquirido. A emenda constitucional não inaugura uma nova ordem, mas apenas traduz uma manifestação especial e diferenciada da competência legiferante estatal. Exatamente por isso é que o art. 60, § 4.º, IV, da CF/1988 veda a deliberação de emenda tendente a abolir os direitos e garantias individuais (entre os quais se encontra a proibição da retroatividade da lei nova menos benéfica contida no art. 5.º, XL).

53.3 O regime estatutário e o direito adquirido

A afirmativa de que o regime estatutário é incompatível com o surgimento de direito adquirido não encontra fundamento jurídico em dispositivo jurídico algum. Assim não está firmado na Constituição, e nenhuma lei poderia impor determinação dessa ordem. Afinal, o art. 5.º, XXXVI, não excluiu a relação estatutária da proteção outorgada.

O que se passa é que, no âmbito da relação estatutária, o surgimento de direitos adquiridos é muito mais problemático do que ocorre em outras espécies de relações.

53.4 O surgimento do direito adquirido no âmbito estatutário

É possível o surgimento de direito adquirido no âmbito de relação estatutária. Tal se passará quando uma lei subordinar o reconhecimento de certo direito ao preenchimento de requisitos precisos e determinados. Respeitando essa orientação, o art. 3.º da EC 20/1998 consignou ficar "assegurada a concessão de aposentadoria e pensão, a qualquer tempo, aos servidores públicos (...) que, até a data da publicação desta Emenda, tenham cumprido os requisitos para a obtenção destes benefícios, com base nos critérios da legislação então vigente".

Os exemplos concretos facilitam o entendimento.

Suponha-se regra legal de que será computado em dobro, para fins de aposentadoria, o tempo de trabalho efetivo em condições determinadas de insalubridade. O sujeito que preencher os requisitos legais *terá direito adquirido*. Poderá computar em dobro, para efeito de aposentadoria, o tempo de trabalho insalubre. Nenhuma lei posterior poderá estabelecer em contrário. Será inconstitucional uma lei determinar que o tempo de trabalho insalubre do sujeito não será computado em dobro.

Mas isso não impede que a lei nova estabeleça que, *a partir de uma data futura*, o regime cessará. Ou seja, a contagem em dobro do tempo de serviço prevalecerá enquanto a lei assim o dispuser. Não se afetará o passado nem os efeitos do passado. O sujeito poderá obter sua aposentadoria, mediante a contagem em dobro do tempo de serviço insalubre, mesmo depois de revogada a lei que concedia o benefício. Mais precisamente, o sujeito poderá invocar, depois de revogado o regime de contagem em dobro, o tempo de serviço prestado *antes* da revogação. E essa invocação poderá ocorrer a qualquer tempo, pois o direito à contagem em dobro já fora adquirido.

53.5   A ausência de direito adquirido ao regime jurídico

Daí a formulação tradicional, no sentido de que *não é juridicamente possível adquirir direito ao regime jurídico*. A natureza estatutária do vínculo significa que o Estado pode introduzir alterações, ampliando ou reduzindo a órbita de deveres e de direitos do servidor, mas tal produz efeitos quanto aos fatos verificados *depois* do início da vigência da lei nova. Os fatos passados estarão sujeitos ao regime jurídico então vigente e produzirão os efeitos jurídicos previstos nas leis sob cuja égide se aperfeiçoaram.

Assim, se uma lei determinava que o servidor público tinha direito de aposentadoria voluntária quando completasse 35 anos de serviço, todos aqueles que completaram os pressupostos de aposentadoria adquiriram o direito a tanto. A lei nova não poderá impor a extinção da aposentadoria já aperfeiçoada, bem como não poderá impedir que sejam deferidas novas aposentadorias em prol dos sujeitos que já haviam preenchido os requisitos para sua obtenção.

53.6   A aquisição de direitos condicionados a eventos continuados

Ocorrem hipóteses em que os pressupostos de aquisição de um direito envolvem situações fáticas prolongadas no tempo ou sujeitas a requisitos de natureza complexa. Enquanto não atingido o termo final ou implementada a condição a que se sujeita a aquisição de um direito, pode ser produzida a alteração do regime jurídico correspondente.

Poder-se-ia dizer, segundo a sistemática tradicional, que existe mera *expectativa* de direito enquanto não forem preenchidos os requisitos necessários à sua integração.

Um exemplo pode propiciar a compreensão. Suponha-se que a lei estabeleça não a pura e simples contagem em dobro do tempo de serviço insalubre, mas que o benefício dependerá de o sujeito prestar o serviço em condições insalubres durante cinco anos, pelo menos.

Nesse caso, todos os que tiverem trabalhado nas condições insalubres durante cinco anos terão adquirido o direito à contagem em dobro.[36] Logo, a lei posterior não poderá eliminar esse direito, a não ser para o futuro.

---

[36]   Para fins do exemplo, ignore-se a regra, introduzida na Constituição (art. 40, § 10, acrescentado pela EC 20/1998), que veda qualquer forma de cômputo de tempo de contribuição fictício.

Não existe direito adquirido quanto aos sujeitos que tenham trabalhado menos de 5 anos. Assim e teoricamente, não poderia beneficiar-se do cômputo em dobro o sujeito que tivesse trabalhado 4 anos, 11 meses e 29 dias na data em que entrasse em vigor a lei nova supressora do benefício. Entenda-se bem o exemplo, para evitar confusão. Uma é a situação em que a lei assegure o cômputo em dobro do tempo de serviço prestado em condições insalubres. Nessa hipótese, todo e qualquer tempo de serviço, em condições insalubres, será computado em dobro. Outra será a situação quando a lei estabelecer que o cômputo em dobro *dependerá* da prestação do serviço em condições de insalubridade por um prazo mínimo. Nesta segunda situação, o preenchimento do prazo mínimo é requisito para o surgimento do direito adquirido.

53.7 Os direitos e os deveres não condicionados

Também existem inúmeros direitos e deveres inerentes ao regime estatutário que não são condicionados a eventos exauríveis ou determinados. São deveres e direitos que existem de modo permanente, cujo conteúdo específico dependerá das circunstâncias.

Assim, por exemplo, o servidor público deverá prestar serviços no local em que se sediar a repartição pública em que estiver lotado. A localização geográfica da repartição pública é variável, o que significa a possibilidade de variações em vista das circunstâncias.

Logo, a regra é a ausência de garantia dos servidores públicos de permanecer atuando em certo local. Excluídos os servidores cujo regime jurídico contemplar a garantia da inamovibilidade, os demais estarão subordinados a serem deslocados geograficamente para prestar serviço no local em que estiver fisicamente implantada a estrutura material de sua atuação.

54 OS DEVERES DO SERVIDOR PÚBLICO

É impossível produzir um elenco geral e abstrato de todos os deveres que recaem sobre todos os servidores públicos.

54.1 A aplicação do princípio da legalidade

A determinação dos deveres do servidor público depende da Constituição, da lei e das características e atribuições do cargo ocupado. Há deveres consagrados expressamente em normas legais. Outros são implícitos. Mas a instituição do dever pressupõe a observância do princípio da legalidade.

54.2 A rejeição à teoria da sujeição especial

Rejeita-se, também a propósito dos servidores públicos, a teoria da sujeição especial. Ao menos, não se aceita a tese de que a natureza da relação jurídica entre o Estado e o servidor autorizaria a instituição de deveres por ato infralegal. O que se pode admitir é a existência de deveres implícitos na lei, inclusive porque inerentes às atribuições próprias do cargo.

Portanto, não é admissível fundamentar a existência de um dever de servidor público na mera vontade do superior hierárquico.

54.3 A formalização dos deveres por ato administrativo geral

Mais ainda, a existência do dever implícito deve ser formalizada explicitamente, na medida em que tal seja possível, mediante atos administrativos de efeito geral. A impossibilidade de a lei prever todos os deveres inerentes à condição de servidor público não acarreta a desnecessidade de atos administrativos de cunho geral. Isso é fundamental para permitir a orientação das condutas de todos os envolvidos, especialmente dos cidadãos.

54.4 A definição dos deveres como garantia do cidadão

É fundamental ter em vista que a explicitação dos deveres dos servidores públicos apresenta natureza funcional e traduz o interesse dos cidadãos. A determinação das condutas que são obrigatórias para o servidor se presta a orientar seu próprio procedimento, mas reflete antes de tudo a necessidade de que o cidadão tenha conhecimento dos próprios direitos.

Assim, quando se estabelece o horário de funcionamento de uma repartição pública, não se busca apenas estabelecer os encargos dos servidores, mas assegurar ao cidadão o *direito* de conhecer o horário em que terá *direito* de ser atendido.

54.5 Deveres de meio e deveres de resultado

É relevante destacar que alguns deveres impostos ao servidor público são de meio, enquanto outros são de resultado.

54.5.1 A distinção entre obrigações de meio e de resultado

Na teoria geral das obrigações, denomina-se *obrigação de resultado* aquela que impõe ao devedor o dever de produzir a prestação de modo a realizar um fim. Não estão predeterminadas as condutas que deverão ser executadas pelo devedor. Incumbe a ele escolher o meio para obter o resultado buscado. O adimplemento de sua obrigação se caracteriza quando o resultado é atingido.

Já na hipótese da *obrigação de meio*, o devedor está obrigado a executar certa prestação, sem o dever de obter um resultado determinado. Presume-se que o resultado decorrerá da execução satisfatória da prestação devida. O adimplemento de sua obrigação se aperfeiçoa quando executa a prestação predeterminada.[37]

54.5.2 O dever de fim na atividade administrativa

O dever de fim imposto a todo exercente de função administrativa consiste em promover a satisfação dos direitos fundamentais e a implantação de uma sociedade democrática.

Nenhuma atividade será válida e nenhuma conduta desenvolvida por agente estatal será lícita se infringir esse dever de fim, mesmo que esteja a cumprir, aparentemente, os deveres de meio. Não bastam os esforços e a boa vontade do sujeito. É imperioso que tais esforços se traduzam na efetiva obtenção de resultados satisfatórios.

Não se aplica nas funções administrativas o modelo da atuação do *bonus pater familia*. O exercente da função administrativa está obrigado a cumprir não apenas os padrões médios de diligência. Tem o dever de atender às exigências mais rigorosas, com a observância da mais elevada especialização.

Somente se legitima a não obtenção do melhor resultado quando estiver rigorosamente fora da previsibilidade do agente estatal. Para usar palavras claras, ainda que pouco técnicas: a tolice configura infração aos deveres do agente administrativo quando provoca lesão a interesse alheio.

54.6 Deveres de meio e a realização dos fins da Administração Pública

Inúmeros deveres de meio são impostos ao servidor estatutário. Traduzem uma presunção absoluta de que a satisfação dessas condutas é indispensável à satisfação das necessidades coletivas e à promoção dos direitos fundamentais.

---

37 Sobre essa distinção, cf. também VENOSA. *Direito civil*, v. 2, 23. ed., p. 61-63.

Mas é imprescindível tomar em vista que o respeito aos deveres de meio não é suficiente para o desempenho satisfatório da função pública. Somente tem sentido cumprir o dever de meio *como* instrumento de atingir o resultado final. Isso significa que o direito exige do servidor tanto o cumprimento do dever de meio como do dever de resultado.

Assim, por exemplo, o servidor público tem o dever de assiduidade no trabalho, o que significa que deverá comparecer regularmente ao local físico em que desempenha suas atribuições, respeitando os horários de início e término do expediente. Mas não tem o menor cabimento reputar que estaria cumprindo seus deveres funcionais o servidor que permanece na repartição pública sem desempenhar atividade eficiente e apta a satisfazer os fins.

O desempenho de qualquer dever de meio de modo incompatível com o dever de fim configura atuação reprovável e violadora dos deveres do agente público.

Um outro exemplo permite compreender a questão. Se um cidadão comparece perante repartição pública e não recebe, de modo completo, exaustivo e gentil, *todas* as informações necessárias à satisfação de suas necessidades, estará configurada a violação a seus direitos fundamentais.

Obrigar o cidadão a deslocar-se infindas vezes à repartição pública, de modo desnecessário, configura infração a dever de fim do agente estatal – autoriza a responsabilização administrativa daquele que infringiu a dignidade do seu semelhante e gera a responsabilização civil do Estado.

O mesmo se põe quando se obriga o cidadão a esforços desnecessários para a obtenção de utilidades ou informações a que tem direito. Por exemplo, tem-se assistido ao espetáculo dantesco de constranger os cidadãos a permanecer em filas enormes para a fruição de seus direitos, quando idêntico resultado poderia ser obtido por outras vias.

55 ELENCO DOS DEVERES DE MEIO

É possível, então, formular um elenco de deveres de meio, cuja relevância é variável. Os deveres de meio variam em vista da natureza do cargo e de inúmeras circunstâncias. Mas, de modo genérico,[38] pode apresentar-se o seguinte rol:

- dever de presença física (assiduidade);
- dever de cortesia;
- dever de obediência;
- dever de diligência (dedicação e produtividade);
- dever de lealdade; e
- dever de impessoalidade.

55.1 Dever de presença física (assiduidade)

O servidor estatutário tem o dever de presença física no local em que desempenha suas atribuições, nos limites dos horários de trabalho. A extensão desse dever é variável em vista das circunstâncias e características. Então, pode ser imposto que o servidor tenha residência no Município em que exercitar suas atribuições, o que se destina a assegurar sua presença física assídua.

---

[38] Diogo de Figueiredo Moreira Neto adotava classificação elencando os deveres em internos e externos, e acrescentava aos deveres internos, além dos já citados, o sigilo, a residência, a urbanidade, a probidade; e entre os externos, a boa conduta, a sujeição a impedimentos funcionais e a proibição de intermediação (*Curso de direito administrativo*: parte introdutória, parte geral, parte especial, 16. ed., p. 353-356).

638 CURSO DE DIREITO ADMINISTRATIVO • *Marçal Justen Filho*

Mas a evolução tecnológica e outras propostas têm conduzido à difusão do trabalho domiciliar ou a distância. Essas soluções têm sido adotadas inclusive para julgamentos de órgãos colegiados do Poder Judiciário.

É indispensável a disciplina dessas práticas por atos regulamentares, especialmente para estabelecer parâmetros de avaliação da produtividade do servidor.

Por outro lado, a eliminação da atuação presencial precisa ser acompanhada de providências que assegurem a legitimidade democrática do desempenho da função pública.

55.2 Dever de cortesia

No seu trato com os demais *servidores* (hierarquicamente superiores e inferiores) e com *não servidores*, o sujeito tem o dever de tratamento cortês. Eventuais dificuldades pessoais devem ser neutralizadas durante o exercício da atividade funcional.

Esse dever apresenta não apenas uma vertente omissiva, na acepção de não desrespeitar o próximo. Há um significado comissivo. A cortesia compreende o compromisso de promover a dignidade alheia por meio de condutas respeitosas e atenciosas. Por exemplo, viola o princípio da cortesia o servidor que mantém conversação telefônica, tratando de assuntos particulares ou não, enquanto os usuários permanecem aguardando atendimento.

55.3 Dever de obediência

O servidor público está obrigado a obedecer às determinações oriundas de seus superiores hierárquicos, desde que compatíveis com o direito. Uma conquista democrática reside em restringir o chamado *poder hierárquico* para reconhecer que as competências administrativas são instrumento de realização do direito e estão contidas nos limites da lei.

Isso significa que o servidor de hierarquia inferior tem o dever de cumprir *apenas* as determinações legais[39] dos superiores, sendo seu dever-poder a recusa de cumprimento daquelas determinações que sejam ilegais. Mesmo as determinações cuja legalidade seja duvidosa podem propiciar um questionamento por parte do servidor.

55.4 Dever de diligência (dedicação e produtividade)

A natureza funcional das competências administrativas conduz ao dever de realizar os fins de interesse coletivo. Por isso, o sujeito não está obrigado apenas a dedicar seus melhores esforços, mas também se impõe a ele que *obtenha* o resultado final necessário. Produzir o melhor resultado possível pode ser traduzido como um dever relacionado à eficácia administrativa.

55.5 Dever de lealdade

O exercente da função pública está constrangido a afastar sua conveniência pessoal, atuando com lealdade em prol da promoção dos direitos fundamentais e da democracia. Essa lealdade não pode ser entendida como um vínculo de submissão aos ocupantes de cargos políticos, nem mesmo ao Presidente da República. O agente estatal deve lealdade à ordem jurídica e ao interesse público primário, antes do que à própria pessoa que exerce a função de Chefe do Executivo.

A lealdade consiste na intenção traduzida em atos concretos e efetivos. A mera intenção de ser leal não é suficiente.

---

[39] "(...) por ordens legais entendem-se aquelas emanadas de autoridade competente, em forma adequada e com objetivos lícitos" (MEIRELLES. *Direito administrativo brasileiro*, 42. ed., p. 585).

O dever de lealdade pode traduzir-se em condutas ativas e omissivas. Entre estas, apresenta grande relevo o dever de manter sigilo sobre informações privilegiadas, a que o sujeito tem acesso em virtude de seu cargo. Mas também significa reconhecer que os interesses dos sujeitos não integrantes da Administração Pública devem ser tratados com respeito, sendo vedado ao servidor público atuar maliciosamente para produzir o sacrifício dos interesses privados.

55.6   Dever de impessoalidade

A impessoalidade consiste em desempenhar atividades administrativas sem vincular as decisões a atributos pessoais dos interessados, mas tomando em vista apenas o direito e os valores fundamentais. Esse dever submete o agente público a formular a sua escolha tomando em vista a disciplina normativa aplicável. Isso não exclui a diferenciação de tratamento entre interessados, desde que tal seja imposto pelas exigências de isonomia. Assim, por exemplo, é cabível reconhecer preferência a pessoas idosas. O que não se admite é a diferenciação fundada em preferências pessoais do agente público.

56   A VEDAÇÃO À ATUAÇÃO EM CONFLITO DE INTERESSES

É vedado o exercício de competências estatais por sujeitos que se encontrem em situação de conflito de interesses. Não se admite que um servidor estatal mantenha sua atuação funcional quando o exercício de suas competências traduzir conflito com outros interesses que titularize. O tema foi disciplinado nos arts. 18 a 21 da Lei de Processo Administrativo Federal (Lei 9.784/1999).

56.1   O conflito de interesses no âmbito da União

A Lei 12.813/2013 disciplinou a matéria de conflitos de interesse na Administração Pública federal. Determinou que é dever do agente atuar de modo a prevenir ou impedir conflitos de interesses e preservar informações privilegiadas. O art. 5.º do diploma contém um elenco de sete incisos contemplando diversas situações que configuram o conflito de interesses durante o exercício de cargo ou emprego no âmbito do Poder Executivo federal, enquanto o art. 6.º disciplina as hipóteses posteriores ao término do exercício. A prática de conduta infracional sujeita o infrator ao sancionamento da Lei 8.112/1990, além configurar improbidade administrativa e submeter o infrator à sanção de demissão (arts. 12 e 13 da Lei 12.813/2013).

56.2   Impedimento e suspeição

As manifestações de conflito de interesses costumam ser diferenciadas em duas modalidades, especialmente por força da tradição processual. Distinguem-se impedimento e suspeição.

O impedimento se caracteriza quando os interesses pessoais do administrador ou de pessoas a ele vinculadas, em virtude de alguma situação jurídica objetivamente considerada, estiverem em risco de perecimento ou benefício em virtude das decisões inerentes à função a ser por ele desempenhada. Já a suspeição resulta de eventos impossíveis de serem tipificados abstratamente, mas que se revelem aptos a gerar uma situação de parcialidade do agente estatal.

A diferenciação entre impedimento e suspeição fica mais bem enquadrada no âmbito da atividade processual jurisdicional.

Para os fins do regime jurídico dos servidores públicos, podem ser reconhecidas ambas as figuras como equivalentes. Por isso, há alusão genericamente a *impedimento*, abrangendo-se inclusive os casos ditos de suspeição.

56.3 Vedações específicas derivadas da natureza das funções desempenhadas

A Lei 10.871/2004 vedou aos servidores efetivos de agências reguladoras o exercício de qualquer outra atividade profissional (inclusive gestão operacional de empresa, ou direção político-partidária, excetuados os casos admitidos em lei). O STF reconheceu a constitucionalidade da proibição:

"(...) 5. As normas contidas nos arts. 23, II, *c*, e 36-A, da Lei nº 10.871/2004 asseguram a observância dos princípios da moralidade, da eficiência administrativa e da isonomia e são meios proporcionais aptos a garantir a indispensável isenção e independência dos servidores das agências reguladoras. Precedentes. 6. Pedidos julgados improcedentes, com a declaração de constitucionalidade das normas impugnadas. 7. Fixação da seguinte tese de julgamento: 'É constitucional norma legal que veda aos servidores titulares de cargo efetivo de agências reguladoras o exercício de outra atividade profissional, inclusive gestão operacional de empresa, ou de direção político-partidária'" (ADI 6.033/DF, Pleno, rel. Min. Roberto Barroso, j. 06.03.2023, *DJe* 16.03.2023).

56.4 Impedimento e investidura no cargo

É vedada a investidura em cargo cujas atribuições propiciem, por inerência, conflito com os interesses pessoais do indivíduo. O exemplo característico é o do acionista controlador de uma instituição financeira em vista de cargo diretivo do Banco Central.

56.4.1 A existência de vínculos relevantes

O impedimento deriva da existência de vínculos entre interesses privados titularizados pelo sujeito (ou por alguém a ele relacionado) que possam ser afetados positiva ou negativamente pelo exercício das competências próprias do cargo considerado.

Isso não significa que o interesse privado seja qualificado como ilícito ou reprovável. Muito pelo contrário, presume-se que esse interesse é lícito, em si mesmo considerado. O problema se configura pela relação entre tal interesse e o desempenho do cargo, o que gera uma incompatibilidade ampla e permanente.

56.4.2 A desnecessidade da avaliação sobre os efeitos decorrentes

Mais ainda, a situação de conflito de interesses não demanda algum requisito subjetivo. Não há necessidade de investigar se o sujeito tem *intenção* de produzir benefícios ou malefícios para os interesses privados em jogo. O cunho objetivo do princípio da república impede o exercício de determinada função quando caracterizado o conflito de interesses, independentemente de verificar-se alguma motivação reprovável na atuação do sujeito.

56.5 Conflito configurado posteriormente à investidura

Todas essas considerações se aplicam mesmo quando a situação de conflito de interesses configurar-se posteriormente à investidura no cargo. Suponha-se, por exemplo, que um sujeito receba uma herança, na qual se abrange participação societária em indústria subordinada à competência regulatória de uma agência. É evidente que o aperfeiçoamento do conflito de interesses, após estar o sujeito investido no cargo, não propicia alguma alteração na solução a dar-se ao caso concreto. O conflito de interesses é inadmissível e deverá ser eliminado em todos os casos.

56.6 Impedimento circunstancial

Poderá ocorrer situação menos grave, em que há conflito de interesses circunstancial e limitado, circunscrito a uma questão delimitada.

Nesse caso, não se configura incompatibilidade absoluta e permanente entre o exercício do cargo e o interesse titularizado pelo sujeito. A solução jurídica é o reconhecimento espontâneo ou provocado da suspeição do sujeito, o qual deve deixar de exercitar suas atribuições no caso concreto e nos limites da configuração do conflito de interesses.

56.7 Conflito com interesses de segmentos estatais

O conflito de interesses pode surgir não apenas em virtude de vínculos com a iniciativa privada. O conflito pode surgir quando o exercício da competência envolver decisões aptas a prejudicar interesses de outros setores estatais a que se vincula o sujeito.

Assim se passa, por exemplo, se um sujeito, investido em cargo em comissão, possui a competência para decidir um processo administrativo que envolve conveniência política do superior hierárquico. Em outras palavras, o sujeito estará constrangido a ser exonerado caso deixe de adotar a decisão pretendida pelo seu superior. Há uma situação clara de impedimento, em que se produz o comprometimento dos valores fundamentais à democracia republicana.

56.8 Conflito de interesses e inimizade

A vedação à atuação em conflito de interesses abrange tanto as hipóteses em que o exercício de atribuições do sujeito é apto a favorecer um terceiro como os casos em que o risco é o oposto. A existência de situação de inimizade, antagonismo ou ressentimento pode gerar espírito de retaliação, em que o exercício da atribuição funcional materializaria oportunidade para prejudicar indevidamente o desafeto.

O exercício da competência para a satisfação de motivações subjetivas do agente estatal caracteriza desvio de poder. É igualmente ilícita a opção de favorecer como a de prejudicar um terceiro, por meio do exercício desajustado de competências atribuídas a um sujeito apenas e exclusivamente para perseguir o bem comum.

57 OS DIREITOS E AS GARANTIAS DO SERVIDOR PÚBLICO

As considerações gerais atinentes aos deveres são aplicáveis também aos direitos próprios dos servidores públicos. Ou seja, aplica-se o princípio da legalidade, o que significa que a titularidade de um direito depende de previsão (ainda que implícita) em lei.

Mas há alguns direitos que são da inerência da condição de servidor, os quais podem sofrer alteração de sua configuração exata, mas não admitem supressão. A Constituição, no art. 39, § 3.º, estendeu aos servidores ocupantes de cargo público inúmeros direitos e garantias previstos no art. 7.º (que trata dos direitos sociais, assegurados aos trabalhadores sob regime de direito privado). São direitos de conteúdo preponderantemente econômico, ainda quando se manifestem como vedação à discriminação ou proteção a condições especiais (tal como a licença-paternidade).

É possível classificar esses "direitos" em diversas categorias:

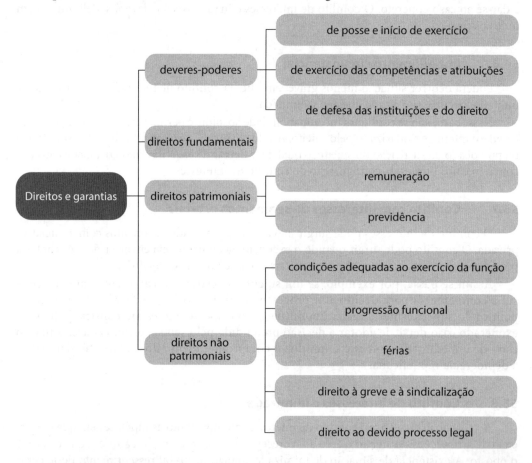

58 DEVERES-PODERES

Em muitos casos, configura-se um verdadeiro dever-poder, na acepção de que determinada conduta não apenas se constitui num direito, mas também num dever a que o sujeito está obrigado.

58.1 Posse e início de exercício

O indivíduo regularmente investido no cargo tem o dever de tomar posse e de iniciar o exercício da função. Mas, simultaneamente, o servidor tem o direito de exigir que o Estado lhe assegure ambos. Portanto, a recusa em propiciar ao servidor a posse e o exercício viola seus direitos.

O STF reconheceu a inconstitucionalidade de vedação à posse do sujeito que tenha sido acometido de doença grave, se tal não implicar prejuízo ao exercício das funções (Tema 1.015):

"1. Recurso extraordinário, com repercussão geral reconhecida, em que se discute a legitimidade da vedação à posse em cargo público de candidato que esteve acometido de doença, mas que não apresenta sintomas atuais de restrição para o trabalho. No caso concreto, a recorrente obteve aprovação em concurso público, mas foi considerada inapta por ter sido acometida de carcinoma mamário tratado menos de cinco anos antes da avaliação médica admissional. 2. Eventuais restrições de acesso a cargos públicos devem ser excepcionais e baseadas em justificação idônea, calcada no princípio da legalidade e nas especificidades da função a ser exercida. A exclusão de candidatos que não apresentam qualquer restrição para o trabalho viola o mandamento do concurso público e o princípio da impessoalidade (CF, art. 37, *caput*), diante da determinação constitucional de ampla acessibilidade aos cargos públicos e de avaliação com base em critérios objetivos; e o princípio da eficiência (CF, art. 37, II), porque reduz o espectro da seleção e faz a Administração perder talentos. 3. Concursos públicos devem combater desigualdades, corrigir desigualdades e abster-se de praticar desigualdades. O risco futuro e incerto de recidiva, licenças de saúde e aposentadoria não pode impedir a fruição de direito fundamental, especialmente o direito ao trabalho, que é indispensável para propiciar subsistência, emancipação e reconhecimento social. A vedação à posse é, por si só, violadora da dignidade humana, pois representa um atestado de incapacidade capaz de minar a autoestima de qualquer um. 4. No caso concreto, a decisão administrativa impugnada se fundamentou em norma do Manual de Perícias Médicas específica para as áreas de Ginecologia e Obstetrícia, sem que houvesse previsão semelhante para doenças urológicas ou outras que acometam igualmente homens e mulheres. Ao estabelecer período de carência especificamente para carcinomas ginecológicos, o ato administrativo restringe o acesso de mulheres a cargos públicos, incorrendo em discriminação de gênero. 5. Provimento parcial do recurso extraordinário, para condenar o Estado de Minas Gerais a nomear e dar posse à recorrente, com a fixação da seguinte tese de repercussão geral: É inconstitucional a vedação à posse em cargo público de candidato(a) aprovado(a) que, embora tenha sido acometido(a) por doença grave, não apresenta sintoma incapacitante nem possui restrição relevante que impeça o exercício da função pretendida (CF, arts. 1.º, III, 3.º, IV, 5.º, *caput*, 37, *caput*, I e II)" (RE 886.131/MG, Pleno, rel. Min. Luís Roberto Barroso, repercussão geral – mérito, j. 30.11.2023, *DJe* 15.03.2024).

58.2   Exercício das competências e atribuições (funções do cargo)

Ademais, o servidor é investido em competências e atribuições, as quais devem ser exercitadas para a satisfação das necessidades coletivas. O servidor é legitimado a defender suas competências e atribuições, adotando todas as providências necessárias a tanto.

Isso não significa que o servidor tenha direito à manutenção da identidade do cargo, das funções, das condições de exercício e, na maioria dos casos, mesmo ao local geográfico correspondente.

58.3   Defesa das instituições e do direito

O servidor é vinculado à promoção dos valores fundamentais e à defesa da Constituição. Trata-se de um dever que também se configura como direito, em virtude do qual cabe ao servidor adotar todas as providências jurídicas e materiais necessárias para atingir tais objetivos.

Por isso, o servidor está obrigado a respeitar as ordens emanadas de seu superior hierárquico, mas tem o direito (e o dever) de se opor a imposições antijurídicas e inconstitucionais.

59   DIREITOS FUNDAMENTAIS

Há um conjunto de direitos que se relacionam à condição humana do servidor, que se traduzem, no campo específico da condição funcional, em princípios fundamentais.

644 CURSO DE DIREITO ADMINISTRATIVO • *Marçal Justen Filho*

Um aspecto relevante reside no respeito à dignidade pessoal do servidor. A supremacia da dignidade se constitui em valor fundamental à estruturação da ordem jurídica e à existência do Estado, inclusive no relacionamento com os seus servidores. Isso significa o dever de assegurar o respeito à integridade física e psicológica do servidor, tomando-o como sujeito insuscetível de ofensa ou desmerecimento. Assim, por exemplo, nenhum servidor público pode receber tratamento – proveniente de seu superior, de seu colega ou de cidadão – ofensivo à sua dignidade.

60 DIREITOS PATRIMONIAIS

A remuneração pelos cofres públicos é uma característica da condição de servidor público. Portanto, trata-se de direito que não pode ser suprimido. O direito à remuneração abrange não apenas o vencimento-base, mas também a percepção de todas as verbas correspondentes. A relevância do tema conduz ao seu desenvolvimento em item específico, a seguir.

No âmbito dos direitos patrimoniais, também se pode enquadrar o direito à previdência, a qual se traduz, na maior parte dos casos, em prestações de cunho econômico.

61 DIREITOS NÃO PATRIMONIAIS

Os direitos não patrimoniais envolvem a proteção a interesses que não apresentam diretamente natureza pecuniária.

61.1 Direito à greve

A Constituição assegura o direito de greve, nas condições previstas em lei (art. 37, VII, da CF/1988).[40] No entanto, não existe lei específica disciplinando o exercício do direito de greve no âmbito do chamado serviço público. A questão foi levada à apreciação do STF. No MI 20,[41] o STF decidira que o direito de greve é atribuído por norma de eficácia limitada, o que significava a ausência de aplicabilidade da norma constitucional – especialmente tomando em vista a função então atribuída ao instituto do mandado de injunção.

Isso gerava controvérsia sobre a aplicabilidade ou não do direito à greve no âmbito da Administração Pública. Predominava o entendimento de que o direito de greve não podia ser exercitado pelos agentes públicos em virtude da ausência de regulamentação do dispositivo constitucional. Logo, os dias de ausência poderiam ser considerados como falta ao trabalho e ensejar desconto nos vencimentos.

Entretanto, não seria possível demitir o servidor pela participação em greve, pois o art. 132 da Lei 8.112/1990 não estabelecia a greve como infração funcional.

O tema voltou a ser apreciado pelo STF posteriormente. Seguindo a alteração da interpretação adotada a propósito da função do mandado de injunção, o STF decidiu que, na ausência de regulamentação do art. 37, VII, da CF/1988, aplica-se ao servidor público a lei que disciplina o direito de greve no âmbito da iniciativa privada (Lei 7.783/1989). Essa orientação foi firmada nos MI 712, 708 e 670.[42]

O STF, ao apreciar o Tema 541, reconheceu que o direito à greve não é ilimitado e que não é reconhecido em favor dos titulares de carreiras essenciais à segurança pública:

---

[40] No âmbito federal, existem as Leis 7.783/1989 e 11.473/2007, que se referem a atividades e serviços imprescindíveis à preservação da ordem pública.

[41] MI 20, Pleno, rel. Min. Celso de Mello, j. 19.05.1994, *DJ* 22.11.1996.

[42] MI 670/ES, Pleno, rel. Min. Maurício Corrêa, rel. p/ acórdão Min. Gilmar Mendes, j. 25.10.2007, *DJe* 30.10.2008; MI 708/DF, Pleno, rel. Min. Gilmar Mendes, j. 25.10.2007, *DJe* 30.10.2008; e MI 712/PA, Pleno, rel. Min. Eros Grau, j. 25.10.2007, *DJe* 30.10.2008.

"1. A atividade policial é carreira de Estado imprescindível a manutenção da normalidade democrática, sendo impossível sua complementação ou substituição pela atividade privada. A carreira policial é o braço armado do Estado, responsável pela garantia da segurança interna, ordem pública e paz social. E o Estado não faz greve. O Estado em greve é anárquico. A Constituição Federal não permite. 2. Aparente colisão de direitos. Prevalência do interesse público e social na manutenção da segurança interna, da ordem pública e da paz social sobre o interesse individual de determinada categoria de servidores públicos. Impossibilidade absoluta do exercício do direito de greve às carreiras policiais. Interpretação teleológica do texto constitucional, em especial dos artigos 9.º, § 1.º, 37, VII e 144. 3. Recurso provido, com afirmação de tese de repercussão geral: '1 – O exercício do direito de greve, sob qualquer forma ou modalidade, é vedado aos policiais civis e a todos os servidores públicos que atuem diretamente na área de segurança pública. 2 – É obrigatória a participação do Poder Público em mediação instaurada pelos órgãos classistas das carreiras de segurança pública, nos termos do art. 165 do Código de Processo Civil, para vocalização dos interesses da categoria'" (ARE 654.432/GO, Pleno, rel. Min. Edson Fachin, repercussão geral – mérito, j. 05.04.2017, *DJe* 08.06.2018).

61.2   Direito à sindicalização

A Constituição também reconhece o direito à sindicalização dos servidores públicos (art. 37, VI, da CF/1988). A norma é dotada de eficácia plena e assegura aos servidores a liberdade de associação. A questão foi apreciada amplamente pelo STF, ao rejeitar a inconstitucionalidade de previsão da Lei 11.295/2006:

"1. A Constituição Federal de 1988 assegura o direito de associação sindical a todos os trabalhadores (CF, art. 8.º, *caput*), inclusive aos servidores públicos (CF, art. 37, VI), com exceção apenas dos militares (CF, art. 142, § 3.º, IV). 2. A liberdade de associação sindical, em sua dimensão coletiva, garante aos trabalhadores em geral o direito à criação de entidades sindicais (CF, art. 8.º, *caput*, I e II), bem assim, em sua dimensão individual, consagra a liberdade conferida aos interessados de aderirem ou não ao sindicato ou de desfiliarem-se conforme suas vontades. 3. O direito de constituir entidades sindicais consubstancia vedação à estipulação de obstáculos pelo Poder Público à criação de organismos sindicais. Essa garantia legitima a fundação de entidades sindicais, sem prévia submissão a juízo discricionário ou político do Estado, mediante inscrição do ato constitutivo no registro civil de pessoas jurídicas (CC, art. 45) e posterior registro perante o órgão gestor do Cadastro Nacional de Entidades Sindicais (Súmula nº 677/STF), a quem incumbe a fiscalização quanto ao cumprimento do postulado da unicidade sindical (CF, art. 8.º, II). 4. O ato legislativo impugnado, ao garantir o direito de sindicalização aos empregados de organismos sindicais, nada mais fez do que explicitar uma liberdade conferida àquele grupo de trabalhadores pelo próprio texto constitucional (CF, art. 8.º, I e II). (...)" (ADI 3.890/DF, Pleno, rel. Min. Rosa Weber, j. 08.06.2021, *DJe* 08.06.2021).

Não são atribuídas aos sindicatos de servidores algumas das funções próprias dos sindicatos de empregados privados.

A questão apresenta uma pluralidade de implicações. Por exemplo, a Súmula 679 do STF tratou da questão da fixação de vencimentos:

"A fixação de vencimentos dos servidores públicos não pode ser objeto de convenção coletiva".

O STF reconheceu que o direito à sindicalização não assegura ao agente público o direito à licença sem vencimentos para o exercício de mandato sindical. Confira-se o julgado:

"Ação Direta de Inconstitucionalidade. 2. Artigo 1.º da Lei nº 20.943, de 2020, que alterou a redação do art. 164 da Lei nº 20.756, de 2020, ambas do Estado de Goiás. Direito do servidor estável à licença sem remuneração para desempenho de mandato sindical. 3. Violação ao disposto nos art. 8.º, inciso I, e 37, inciso VI, da Constituição. Inocorrência. 4. Precedentes do STF. 5. Ação Direta de Inconstitucionalidade julgada improcedente" (ADI 7.242/GO, Pleno, rel. Min. Gilmar Mendes, j. 18.04.2023, *DJe* 24.04.2023).

61.3 Direito ao devido processo legal

O Estado está obrigado a respeitar o devido processo legal no seu relacionamento com o servidor. Isso significa que todas as providências de natureza administrativa que possam representar restrição ou limitação aos direitos pessoais ou funcionais do servidor deverão respeitar um procedimento, norteado pela ampla defesa e pelo contraditório. O direito ao devido processo legal não implica a realização de defesa por advogado. Nesse sentido, confira-se a Súmula Vinculante 5 do STF:

"A falta de defesa técnica por advogado no processo administrativo disciplinar não ofende a Constituição".

Tal como exposto no Capítulo 8, reputa-se que o entendimento acima referido é incompatível com a garantia constitucional do devido processo legal.

61.4 Direito a condições materiais adequadas ao exercício das funções

O servidor está obrigado a exercitar as atribuições pertinentes ao cargo, mas lhe incumbe exigir que o Estado assegure condições materiais satisfatórias e adequadas. Isso envolve a garantia da segurança pessoal, da salubridade, da higiene, da preservação da saúde, entre outros aspectos.

61.5 Direito à progressão funcional

O servidor pode ter direito à progressão funcional, uma vez que a estruturação estatutária assim o preveja. Se houver uma carreira, o servidor tem direito a nela progredir, na medida em que preencha os requisitos pertinentes.

61.6 Direito a férias

As férias são asseguradas aos servidores públicos em condições equivalentes àquelas previstas na legislação trabalhista. No entanto, podem existir regras diferenciadas, tal como se passa relativamente aos magistrados (a quem são asseguradas férias de dois meses por ano).

62 A REMUNERAÇÃO

Numa acepção ampla, a remuneração é o montante financeiro pago a qualquer título ao servidor como contrapartida pelo desempenho de suas atividades. Em uma acepção restrita, "Remuneração é o vencimento do cargo efetivo, acrescido das vantagens pecuniárias permanentes estabelecidas em lei" (art. 41 da Lei 8.112/1990).

62.1 A composição da remuneração

A disciplina da remuneração dos servidores públicos envolve problemas de grande dificuldade.

Não existe uma sistemática remuneratória única. A remuneração dependerá de circunstâncias variáveis em função das atribuições, das condições de exercício e de características pessoais do exercente. Daí segue a possibilidade de dois sujeitos, titulares de cargos idênticos, receberem remuneração global diversa.

Ademais, verificou-se ao longo do tempo uma contínua variação legislativa. Até para superar essas dificuldades, a União disciplinou a composição da remuneração dos servidores federais por meio da Lei 8.852/1994. A sucessão de leis (e de normas constitucionais) afetou a própria terminologia aplicável ao tema. Apenas para exemplificar, o art. 37, X, da CF/1988 alude a "remuneração" e a "subsídio", tal como se fossem espécies de um gênero. Mas o inc. XV do mesmo art. 37 faz referência a "vencimentos" e "subsídio".

É possível apresentar um quadro amplo, abrangente das diversas figuras, com padronização terminológica.[43]

Confira-se o quadro:

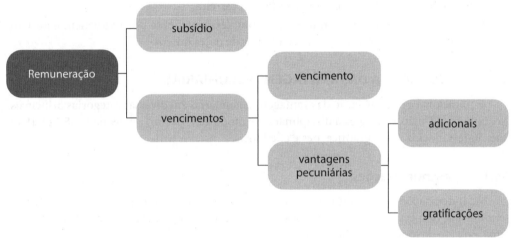

A sistematização *supra* pode ser assim explicada:

- *Subsídio* é a remuneração devida aos agentes políticos e aos membros de Poder, consistente em parcela única excludente de qualquer outra verba.[44]
- *Vencimentos* é a remuneração devida aos demais servidores públicos (excluídos os que percebem subsídio), composta por uma parcela correspondente ao vencimento básico e por outra correspondente a vantagens específicas.
- *Vencimento* é a remuneração básica de um cargo ou função.
- *Vantagens pecuniárias* são verbas remuneratórias permanentes ou transitórias, derivadas de eventos objetivos ou subjetivos.
- *Adicionais* são vantagens pecuniárias vinculadas ao decurso do tempo (adicional de tempo de serviço) ou às condições inerentes ao cargo (adicional de função).
- *Gratificações* são vantagens pecuniárias vinculadas às condições pessoais do ocupante do cargo ou às condições diferenciadas em que o sujeito desempenha a atividade.

---

[43] Essa sistematização pode ser considerada clássica e decorre dos ensinamentos de MEIRELLES. *Direito administrativo brasileiro*, 42. ed., p. 590 *et seq.*

[44] Lembre-se que o § 8.º do art. 39 da Constituição (acrescentado pela EC 19/1998) previu que "A remuneração dos servidores públicos organizados em carreira poderá ser fixada nos termos do § 4.º" – ou seja, observando a sistemática do subsídio. Se vier a ser adotada essa solução, a definição referida deverá ser alterada, uma vez que a modalidade do subsídio deixará de ser aplicada apenas aos agentes indicados no § 4.º (membro de Poder, detentor de mandato eletivo, Ministros de Estado e Secretários Estaduais e Municipais).

62.2 O subsídio

A Emenda Constitucional 19/1998 adotou a figura do "subsídio" para assegurar o controle sobre a remuneração dos ocupantes de cargos e funções de mais elevada hierarquia, nos termos do § 4.º do art. 39 da CF/1988. No passado, era usual a fixação de um "vencimento-base" de valor irrisório, a que se somavam vantagens pecuniárias de grande relevo.

Essa situação produzia reflexos indiretos, na medida em que a remuneração desses agentes era o teto para a remuneração devida ao restante dos servidores.

Para superar essas dificuldades, foi alterada a composição da remuneração de cargos e funções de mais elevada hierarquia, impondo-se a fixação de uma parcela única (subsídio), abrangente tanto da remuneração-base como substitutiva de eventuais vantagens pecuniárias de outra ordem.

O art. 39, § 8.º, da CF/1988 facultou que a lei atribuísse o regime de subsídio a outras categorias de servidores públicos, organizados em carreira.

Os demais servidores têm remuneração complexa, integrada por um vencimento-base padrão e homogêneo e por vantagens pecuniárias de outra ordem.

63 A SISTEMÁTICA DAS VANTAGENS PECUNIÁRIAS

É tradicional a diferenciação das vantagens pecuniárias em diversas categorias principais. No âmbito da União, o tema está disciplinado de modo genérico no art. 49 da Lei 8.112/1990, que alude a indenizações, gratificações e adicionais.

63.1 As indenizações

As indenizações se constituem em remuneração pecuniária destinada a compensar o servidor por despesas ou custos inerentes ou necessários ao desempenho de suas funções. O tema é objeto de tópico específico, adiante.

63.2 Os adicionais

Usualmente, os adicionais são uma remuneração fundada em circunstâncias objetivas, que se traduz muitas vezes em porcentagens sobre o montante do vencimento-base.

A figura mais conhecida é a do *adicional por tempo de serviço*, que consiste num acréscimo porcentual proporcional ao tempo de serviço, pago automaticamente em prol do servidor.

63.3 As gratificações

As gratificações se vinculam a circunstâncias subjetivas, que podem ser exclusivamente pessoais. O salário-família é um exemplo. Ou traduzem remuneração pelo desempenho da atividade em circunstâncias anômalas, tal como se passa com a gratificação de insalubridade.

63.4 A distinção entre adicionais e gratificações

Como ensinou Hely Lopes Meirelles:

"O que caracteriza o *adicional* e o distingue da *gratificação* é o ser aquele uma recompensa ao tempo de serviço do servidor, ou uma retribuição pelo desempenho de *funções* especiais que refogem da rotina burocrática, e esta, uma compensação por *serviços* comuns executados em condições anormais para o servidor, ou uma ajuda pessoal em face de certas situações que agravam o orçamento do servidor".[45]

Aprofundando a distinção, pode-se afirmar que a gratificação é uma vantagem relacionada a circunstâncias subjetivas do servidor, enquanto o adicional se vincula a circunstâncias objetivas. Para permitir a melhor compreensão, pode-se afirmar que dois servidores que desempenhem um mesmo cargo farão jus a adicionais idênticos.

Já as gratificações serão concedidas em vista das características individuais de cada servidor. No entanto, é evidente que tais gratificações se sujeitam ao princípio da isonomia, de modo a que dois servidores que apresentem idênticas circunstâncias subjetivas farão jus a benefícios iguais.

63.5   As retribuições

O art. 61 da Lei 8.112/1990 alude a retribuições, gratificações e adicionais. A referência à retribuição se refere ao exercício de função de direção, chefia e assessoramento. Também podem ser enquadradas na mesma figura outras remunerações, relativas ao local ou à natureza do trabalho (art. 61, VIII).

63.6   A sistemática de cálculo das vantagens pecuniárias

As vantagens pecuniárias não incidem "em cascata" (cumulativamente). Ou seja, o valor do vencimento-base constitui o parâmetro para o cálculo das vantagens, sem que uma incida sobre outra. Assim, por exemplo, uma gratificação de insalubridade incide sobre o valor do vencimento, sem considerar o eventual adicional por tempo de serviço.

63.7   A incorporação das vantagens pecuniárias

Tal como consagrado no já referido art. 3.º da EC 20/1998, o preenchimento dos requisitos necessários à aposentadoria assegura ao sujeito a percepção dos benefícios correspondentes, previstos na legislação vigente. Nesses casos específicos, será possível que o sujeito venha a se aposentar fruindo de benefícios suprimidos pela legislação posterior. A consumação definitiva do evento gerador da remuneração pode produzir sua *incorporação*, expressão utilizada para indicar a impossibilidade de supressão de certo benefício.

Assim, era possível, no passado, que certo tempo de serviço fosse computado *apenas* para efeito de aposentadoria. Nesse caso, o sujeito não fazia jus ao pagamento de adicional de tempo de serviço com base nesse período, mas o utilizava para fins de cálculo do tempo necessário à inativação.[46]

Sublinhe-se que, mesmo nas hipóteses em que a vantagem pecuniária tiver sido incorporada pelo servidor, é possível sua *absorção* no vencimento ou por outra vantagem. Significa uma espécie de sub-rogação de um benefício em outro, de modo que o instituído mais recentemente substitui o anterior. Esse é o espírito da regra consagrada no art. 37, XIV, da CF/1988 (com a redação da EC 19/1998).

---

[45]   MEIRELLES. *Direito administrativo brasileiro*, 42. ed., p. 604.

[46]   Soluções dessa ordem foram inviabilizadas pela sistemática adotada pelas Emendas Constitucionais 19/1998 e 20/1998, que impuseram a aposentadoria vinculada não apenas ao tempo de serviço, mas também ao tempo de contribuição. Bem por isso, houve a vedação à possibilidade de contagem de tempo fictício de contribuição. A partir daí, tornou-se impossível contar o tempo de serviço apenas "para fins de aposentadoria", sem que tivesse ocorrido o pagamento da contribuição necessária para fins previdenciários.

63.8   As vantagens incorporáveis e as não incorporáveis

Utiliza-se a expressão *incorporação* para indicar a aquisição do direito de o servidor manter o recebimento de determinada vantagem pecuniária de modo permanente, enquanto se mantiver como servidor público. Algumas vantagens são incorporáveis e outras não.

De modo geral, as vantagens pecuniárias são temporárias, uma vez que a maior parte das hipóteses de seu cabimento envolve eventos passageiros. Portanto, a regra é a não incorporabilidade da vantagem pecuniária. Cessada a existência do evento previsto em lei como apto a gerar a percepção da vantagem, o efeito automático é a extinção do direito ao benefício.

No entanto, no passado era usual a previsão de exceções à temporariedade das gratificações, especialmente para efeito de cálculo de proventos de aposentadoria. Assim, havia exemplos em que se estabelecia que o sujeito perceberia, na inatividade, proventos calculados sobre a maior remuneração que tivesse tido quando em atividade. Em outros casos, estabelecia-se que o recebimento de certa vantagem durante um período mínimo de tempo geraria o direito à sua incorporação, mesmo que o sujeito não preenchesse mais os requisitos específicos para tanto.

A proliferação dessas benesses contribuiu para inviabilizar o sistema previdenciário. As sucessivas reformas constitucionais buscaram impedir a ampliação dos *déficits* públicos decorrentes da insuficiência de recursos para custear os benefícios. O art. 40, § 2.º, da CF/1988, por exemplo, vetou a possibilidade de os proventos de aposentadoria superarem o valor da remuneração do servidor no cargo em que se verificou tal aposentadoria.

Apesar disso, a distinção entre vantagens incorporáveis e não incorporáveis ainda mantém alguma utilidade. Existem certas vantagens cuja causa consiste numa situação definitiva. Consumada a causa, a vantagem não será eliminada futuramente, especificamente porque a sua causa não deixa de existir. Um exemplo é o adicional por tempo de serviço. À medida que o servidor eleva o seu tempo de serviço, adquire direito ao recebimento da vantagem correspondente. No entanto, isso não significa que haja aquisição do direito ao regime jurídico.

Sobre o tema, confiram-se a Súmula Vinculante 4 do STF e a Súmula 276 do TCU:

"Salvo nos casos previstos na Constituição, o salário mínimo não pode ser usado como indexador de base de cálculo de vantagem de servidor público ou de empregado, nem ser substituído por decisão judicial" (Súmula Vinculante 4 do STF).

"As vantagens da estrutura remuneratória anterior não se incorporam à atual, exceto quando expressamente consignadas em lei superveniente" (Súmula 276 do TCU).

64   AS INDENIZAÇÕES

A indenização consiste em valor pago para recompor o patrimônio do servidor, em virtude de desembolsos por ele realizados no interesse ou em virtude do exercício de suas funções.

64.1   A multiplicidade das hipóteses

Existem diversas hipóteses de indenizações em favor dos servidores públicos, relacionadas a situações que impliquem despesas peculiares, que se constituam em pressuposto ou em decorrência do exercício da atividade funcional.

64.2   As indenizações continuadas e as indenizações eventuais

Existem indenizações que são pagas ao servidor de modo continuado. Assim se passa, por exemplo, com o auxílio-moradia. Outras são eventuais, tal como a diária pelo deslocamento a local diverso daquele em que o servidor exerce as suas funções.

Cap. 16 – ESTRUTURA ADMINISTRATIVA DO ESTADO: OS AGENTES PÚBLICOS **651**

A distinção se relaciona com as características do pressuposto de seu pagamento. Em alguns casos, o fundamento do pagamento da indenização corresponde a uma situação que se prolonga no tempo. Em outros, existe um evento cuja ocorrência é temporalmente delimitada.

64.3   A observância da legalidade

O pagamento regular e institucionalizado de indenizações depende da autorização legislativa. As indenizações, tais como a *ajuda de custo*, a *diária* pelo deslocamento a outros locais, e o *transporte* (previstas no art. 51 da Lei 8.112/1990), não podem ser transformadas em forma de remuneração do servidor, sob pena de submissão ao regime correspondente.

64.4   A determinação do montante

A indenização nem sempre é calculada em valor idêntico ao fundamento que justifica o seu pagamento. Cabe à lei disciplinar não apenas os pressupostos, mas também as condições para o cálculo do valor da indenização. Por exemplo, o art. 60-D da Lei 8.112/1990 determinou que "O valor mensal do auxílio-moradia é limitado a 25% (vinte e cinco por cento) do valor do cargo em comissão, função comissionada ou cargo de Ministro de Estado ocupado".

64.5   A não submissão ao limite remuneratório

Tal como determina o § 11 do art. 37 da CF/1988 (com a redação da EC 135/2024), "Não serão computadas, para efeito dos limites remuneratórios de que trata o inciso XI do *caput* deste artigo, as parcelas de caráter indenizatório expressamente previstas em lei ordinária, aprovada pelo Congresso Nacional, de caráter nacional, aplicada a todos os Poderes e órgãos constitucionalmente autônomos". Lembre-se que o art. 3º da dita EC 135/2024 previu que, "Enquanto não editada a lei ordinária de caráter nacional, aprovada pelo Congresso Nacional, a que se refere o § 11 do art. 37 da Constituição Federal, não serão computadas, para efeito dos limites remuneratórios de que trata o inciso XI do *caput* do referido artigo, as parcelas de caráter indenizatório previstas na legislação".

65   PRINCÍPIOS NORTEADORES DA REMUNERAÇÃO DOS SERVIDORES

O regime jurídico da remuneração dos servidores se subordina a inúmeros princípios e limitações de nível constitucional.

65.1   O princípio da estrita legalidade

O art. 37, X, da CF/1988 determinou que a remuneração (vencimentos e subsídios) deve ser fixada ou alterada por lei específica. Nesse sentido, o STF elaborou os enunciados da Súmula Vinculante 37 e da Súmula 339, tal como adiante exposto:

"Não cabe ao Poder Judiciário, que não tem função legislativa, aumentar vencimentos de servidores públicos sob o fundamento de isonomia" (Súmula Vinculante 37).

"Não cabe ao Poder Judiciário, que não tem função legislativa, aumentar vencimentos de servidores públicos sob fundamento de isonomia" (Súmula 339).

O STF firmou que a natureza da verba (remuneratória ou indenizatória) não afeta a sua orientação anterior:

"(...) 2. A remuneração dos servidores está adstrita ao princípio da reserva legal, previsto no artigo 37, X, da CRFB/88, com a redação dada pela Emenda Constitucional 19/98, que exige lei específica para a fixação e alteração da remuneração dos servidores públicos. (...) 4. O auxílio-alimentação é verba de caráter indenizatório, que não se incorpora à remuneração, nada obstante também deve se submeter ao princípio da reserva legal, assim como as demais verbas indenizatórias. (...) 6. A equiparação de quaisquer espécies remuneratórias para o efeito de remuneração de pessoal do serviço público encontra óbice no artigo 37, XIII, da CRFB/88. 7. Além disso, a Administração Pública depende da existência de recursos orçamentários para pagar seus servidores e tem a despesa com pessoal limitada pela Lei de Responsabilidade Fiscal, conforme artigo 169, da CRFB/88, além de necessitar de prévia dotação orçamentária e autorização na lei de diretrizes orçamentárias. 8. A jurisprudência desta Corte tem entendido que, independentemente da natureza, não cabe ao Judiciário equiparar verbas com fundamento na isonomia. Precedentes: (...). 9. A vedação da Súmula Vinculante 37 se estende às verbas de caráter indenizatório e, consequentemente, interdita o Poder Judiciário de equiparar o auxílio-alimentação, ou qualquer outra verba desta espécie, com fundamento na isonomia. (...) 11. *In casu*, o acórdão recorrido entendeu que pelo fato de o auxílio-alimentação não se incorporar à remuneração ou ao subsídio, estaria afastada a Súmula Vinculante 37. Entendimento contrário à tese ora fixada. 12. (...) Tese: Não cabe ao Poder Judiciário, que não tem função legislativa, aumentar qualquer verba de servidores públicos de carreiras distintas sob o fundamento de isonomia, tenham elas caráter remuneratório ou indenizatório" (RE 710.293/SC, Pleno, rel. Min. Luiz Fux, repercussão geral – mérito, j. 16.09.2020, *DJe* 03.11.2020).

Mas a questão deve ser interpretada em termos. Se houver negativa de aplicação de benefício previsto em lei, estará configurada violação ao direito subjetivo do servidor. Nesse caso, caberá ao Poder Judiciário examinar a aplicação da lei ao caso concreto. Portanto, não se pode concordar com entendimento adotado pelo STF no julgamento do RE 592.317, com repercussão geral.[47] No caso, um servidor pleiteou judicialmente o reconhecimento da presença de requisito para fazer jus a uma gratificação. Na via ordinária, foi reconhecida a procedência do pleito. Por maioria de votos, o STF proveu o recurso extraordinário e cassou o reconhecimento do benefício, invocando o entendimento da Súmula 339. Ocorre que não se tratava de ampliar a previsão legislativa. Havia lei disciplinando a matéria e o interessado não pleiteava a ampliação da disciplina legal. Até teria sido cabível invocar a isonomia no tocante à aplicação da lei.

65.2   O princípio da irredutibilidade da remuneração

O art. 37, XV, da CF/1988 estabeleceu que a remuneração dos servidores e empregados públicos é irredutível (respeitado o limite máximo, como adiante será exposto), inclusive nos casos de cargos em comissão e funções gratificadas.

Tal como já decidiu a jurisprudência (a propósito da magistratura), a garantia da irredutibilidade de vencimentos não assegura compensação contra a perda do poder aquisitivo da moeda, derivada da inflação, tampouco assegura o direito à não incidência de imposto de renda.[48] Portanto, a garantia consiste em vedação a que o *valor nominal* da remuneração seja reduzido.

É evidente que o desaparecimento da situação que justificava a percepção de certa vantagem pecuniária conduz à supressão de seu pagamento, sem ofensa ao princípio examinado.

---

[47]   RE 592.317/RJ, Pleno, rel. Min. Gilmar Mendes, repercussão geral – mérito, j. 28.08.2014, *DJe* 07.11.2014.

[48]   Nesse sentido, cf. STF, RE 100.818/SP, 2.ª T., rel. Min. Néri da Silveira, j. 14.06.1993, *DJ* 16.06.1995 e RE 69.678/GB, Pleno, rel. Min. Aliomar Baleeiro, j. 14.10.1970, *DJ* 27.11.1970.

O STF definiu, no julgamento do ARE 660.010, com repercussão geral, que é inconstitucional o aumento da jornada sem contraprestação remuneratória, por violação à regra da irredutibilidade de vencimentos:

"3. A violação da garantia da irredutibilidade de vencimentos pressupõe a redução direta dos estipêndios funcionais pela diminuição pura e simples do valor nominal do total da remuneração ou pelo decréscimo do valor do salário-hora, seja pela redução da jornada de trabalho com adequação dos vencimentos à nova carga horária, seja pelo aumento da jornada de trabalho sem a correspondente retribuição remuneratória. (...) 7. Reafirmada a jurisprudência da Corte e fixadas as seguintes teses jurídicas: i) a ampliação de jornada de trabalho sem alteração da remuneração do servidor consiste em violação da regra constitucional da irredutibilidade de vencimentos; ii) no caso concreto, o § 1.º do art. 1.º do Decreto estadual n.º 4.345, de 14 de fevereiro de 2005, do Estado do Paraná não se aplica aos servidores elencados em seu caput que, antes de sua edição, estavam legitimamente submetidos a carga horária semanal inferior a quarenta horas" (ARE 660.010/PR, Pleno, rel. Min. Dias Toffoli, repercussão geral – mérito, j. 30.10.2014, *DJe* 18.02.2015).

65.3 O princípio da revisão anual

O art. 37, X, da CF/1988 prevê que anualmente haverá revisão geral da remuneração, sempre na mesma data e sem distinção de índices. Tem-se discutido se a garantia constitucional da revisão anual asseguraria aos servidores o direito a reajuste em valor equivalente ao da inflação.

O STF examinou a questão no âmbito do RE 565.089:

"1. Recurso extraordinário, com repercussão geral reconhecida, contra acórdão do TJ/SP que assentara a inexistência de direito à indenização por omissão do Chefe do Poder Executivo estadual quanto ao envio de projeto de lei para a revisão geral anual das remunerações dos respectivos servidores públicos. 2. O art. 37, X, da CF/1988 não estabelece um dever específico de que a remuneração dos servidores seja objeto de aumentos anuais, menos ainda em percentual que corresponda, obrigatoriamente, à inflação apurada no período. Isso não significa, porém, que a norma constitucional não tenha eficácia. Ela impõe ao Chefe do Poder Executivo o dever de se pronunciar, anualmente e de forma fundamentada, sobre a conveniência e possibilidade de reajuste ao funcionalismo. 3. Recurso extraordinário a que se nega provimento, com a fixação da seguinte tese: 'O não encaminhamento de projeto de lei de revisão anual dos vencimentos dos servidores públicos, previsto no inciso X do art. 37 da CF/1988, não gera direito subjetivo a indenização. Deve o Poder Executivo, no entanto, pronunciar-se de forma fundamentada acerca das razões pelas quais não propôs a revisão'" (RE 565.089/SP, Pleno, rel. Min. Marco Aurélio, rel. p/ acórdão Min. Roberto Barroso, repercussão geral – mérito, j. 25.09.2019, *DJe* 27.04.2020).

Outros aspectos da questão foram examinados em outro julgado:

"(...) 2. A Constituição Federal não pretendeu impedir reduções indiretas à remuneração dos servidores públicos, dentre as quais aquela que decorre da desvinculação pari passu do índice inflacionário, consoante exegese prestigiada por esta Corte. O direito à reposição do valor real por perdas inflacionárias foi afastado por este Plenário ao interpretar e aplicar a garantia da irredutibilidade de vencimentos, prevista no artigo 37, XV, da CRFB. Precedentes (...) 3. A Constituição não estabelece um dever específico de que a remuneração dos servidores seja objeto de aumentos anuais, menos ainda em percentual que corresponda, obrigatoriamente, à inflação apurada no período, embora do artigo 37, X, da Constituição decorra o dever de pronunciamento fundamentado a respeito da impossibilidade de reposição da remuneração dos servidores públicos em dado ano, com demonstração técnica embasada em dados fáticos da conjuntura econômica. Precedente (...) 7. A revisão remuneratória dos servidores públicos pressupõe iniciativa do Poder Executivo. Precedentes (...) 8. A definição do índice cabe aos poderes políticos, em consonância com outras limitações constitucionais (...) 9. O princípio democrático impede a transferência do custo político ao Judiciário, porquanto o povo deposita nas urnas expectativas e responsabilidades, o que justifica a posterior prestação de contas dos poderes eleitos e impede que maiorias ocasionais furtem-se de obrigação imposta pelo constituinte. (...) 11. A omissão do Poder Executivo na apresentação de projeto de lei que preveja a revisão geral anual da remuneração dos servidores públicos configura mora que cabe ao Poder Judiciário declarar e determinar que se manifeste de forma fundamentada sobre a possibilidade de recomposição salarial ao funcionalismo. (...) Tese de repercussão geral: O Poder Judiciário não possui competência para determinar ao Poder Executivo a apresentação de projeto de lei que vise a promover a revisão geral anual da remuneração dos servidores públicos, tampouco para fixar o respectivo índice de correção" (RE 843.112/SP, Pleno, rel. Min. Luiz Fux, repercussão geral – mérito, j. 22.09.2020, *DJe* 03.11.2020).

Por outro lado, o STF reconheceu que a concessão de reajuste compensatório da inflação para determinada categoria de servidores deve ser estendida às demais.

"O reajuste de 28,86%, concedido aos servidores militares pelas Leis 8.622/1993 e 8.627/1993, estende-se aos servidores civis do Poder Executivo, observadas as eventuais compensações decorrentes dos reajustes diferenciados concedidos pelos mesmos diplomas legais" (Súmula Vinculante 51 do STF).

65.4 A observância do teto remuneratório

A remuneração dos servidores públicos subordina-se a um teto remuneratório fixado pela Constituição (art. 37, XI) e regulamentado em disposições legais diversas, conforme será examinado adiante.

65.5 Vedação à remuneração inferior ao salário mínimo

A Lei 11.784/2008 inseriu o § 5.º no art. 41 da Lei 8.112/1990 para fixar que "nenhum servidor receberá remuneração inferior ao salário mínimo". Sobre o tema, confiram-se as Súmulas Vinculantes 15 e 16 do STF:

"O cálculo de gratificações e outras vantagens do servidor público não incide sobre o abono utilizado para se atingir o salário mínimo" (Súmula Vinculante 15).

"Os artigos 7.º, IV, e 39, § 3.º (redação da EC 19/1998), da Constituição, referem-se ao total da remuneração percebida pelo servidor público" (Súmula Vinculante 16).

O STF decidiu que a garantia da remuneração equivalente ao salário mínimo independia da carga horária de trabalho (Tema 900):

"(...) 3. Lidos em conjunto, outro intuito não se extrai do art. 7.º, inciso IV, e do art. 39, § 3.º, da Constituição Federal que não a garantia do mínimo existencial para os integrantes da administração pública direta e indireta, com a fixação do menor patamar remuneratório admissível nos quadros da administração pública. 4. Recurso extraordinário ao qual se dá provimento, com a formulação da seguinte tese para fins de repercussão geral: '[é] defeso o pagamento de remuneração em valor inferior ao salário mínimo ao servidor público, ainda

Cap. 16 – ESTRUTURA ADMINISTRATIVA DO ESTADO: OS AGENTES PÚBLICOS **655**

que labore em jornada reduzida de trabalho'" (RE 964.659/RS, Pleno, rel. Min. Dias Toffoli, repercussão geral – mérito, j. 08.08.2022, *DJe* 31.08.2022).

65.6 A publicidade do valor da remuneração

Surgiu controvérsia sobre o cabimento da divulgação pública do valor da remuneração auferida pelos servidores e outros agentes. Há uma invocação ao direito ao sigilo fiscal. Adota-se entendimento de que o sigilo fiscal não recobre o valor da remuneração desembolsada pelos cofres públicos. Todos os valores provenientes de cofres públicos devem ser divulgados à sociedade. O sigilo fiscal incide sobre a situação individual de cada agente, mas no tocante aos rendimentos auferidos. A publicidade incide sobre o aspecto do desembolso dos valores pelo erário.

A questão foi examinada pelo STF a propósito do Tema 483:

"É legítima a publicação, inclusive em sítio eletrônico mantido pela Administração Pública, dos nomes dos seus servidores e do valor dos correspondentes vencimentos e vantagens pecuniárias".

66 A LIMITAÇÃO DA DESPESA COM PESSOAL PERMANENTE

A elevação dos déficits públicos, em virtude das remunerações pagas aos servidores, contratados e seus dependentes, conduziu à consagração constitucional de inúmeras regras quanto ao tema.

66.1 As restrições de nível constitucional

A redação atual da Constituição prevê inúmeras limitações à competência organizacional dos entes federativos, visando a produzir a redução do déficit público no desembolso global de recursos para o pagamento do pessoal. Ademais, foram editadas normas específicas por meio da LC 101/2000 (Lei de Responsabilidade Fiscal).

O art. 169 da CF/1988 impôs aos entes federativos a observância de limites a serem fixados em lei complementar para a despesa com o pessoal ativo e inativo.

66.2 Requisitos para a elevação de despesas com pessoal

O § 1.º do art. 169 da CF/1988 (com a redação da EC 109/2021) estabeleceu requisitos para a elevação das despesas com pessoal.[49]

66.2.1 *Disponibilidade orçamentária*

Todo e qualquer aumento de despesa, mesmo decorrente da nomeação de novos servidores ou da contratação de novos empregados, dependerá da existência de dotação orçamentária suficiente e de autorização na lei de diretrizes orçamentárias (ressalvadas as empresas públicas e as sociedades de economia mista ditas "não dependentes" na Lei de Responsabilidade Fiscal).

66.2.2 *A autorização na lei de diretrizes orçamentárias*

Além disso, a elevação das despesas depende de autorização na lei de diretrizes orçamentárias. Isso significa, portanto, uma avaliação mais ampla e profunda quanto aos efeitos da elevação das despesas.

---

[49] O art. 2.º da EC 106/2020 dispensou a observância das regras do art. 169, § 1.º, relativamente a contratações temporárias (art. 37, IX) enquanto perdurasse a situação de calamidade pública nacional decorrente da pandemia.

656 CURSO DE DIREITO ADMINISTRATIVO · *Marçal Justen Filho*

66.3   Suspensão de repasses de verbas federais

Se a redução das despesas com pessoal não for obtida nos prazos previstos em lei complementar, deverão ser suspensos os repasses de verbas federais para Estados, Distrito Federal e Municípios (art. 169, § 2.º, da CF/1988).

66.4   Redução de despesas

Foi determinada, no art. 169, § 3.º, I, da CF/1988, a redução em pelo menos 20% das despesas produzidas por cargos em comissão e funções gratificadas.

66.5   A exoneração de servidores não estáveis

No art. 169, § 3.º, II, da CF/1988 foi prevista a exoneração dos servidores não estáveis.[50] Essa providência não apresenta cunho punitivo e não se vincula à avaliação do desempenho do sujeito. Destina-se a ser aplicada em face de servidores que não incorreram em qualquer falha reprovável. A causa da exoneração consiste na superação dos limites de despesa pública e a finalidade da providência em reduzir o desembolso estatal com o pessoal.

66.6   A exoneração do cargo de servidores estáveis

Se as medidas anteriores forem insuficientes para o atingimento dos limites previstos na lei complementar, será admissível a perda do cargo de servidores estáveis, nos termos de normas gerais, assegurando ao ex-servidor indenização correspondente a um mês de remuneração por ano de serviço (art. 169, §§ 4.º e 5.º, da CF/1988).

66.6.1   A seleção dos servidores para perda do cargo

A escolha dos servidores para perda do cargo deverá ser subordinada ao princípio da isonomia, adotando-se critérios objetivos compatíveis com o princípio da proporcionalidade. Certamente, não será cabível uma seleção fundada em juízos subjetivos da autoridade superior.

66.6.2   A decisão norteada pela razoabilidade

A excepcionalidade da hipótese examinada submete a Administração Pública a produzir a decisão mais razoável possível, com a menor lesão a interesses protegidos constitucionalmente.

66.6.3   As regras da Lei 9.801/1999

A Lei 9.801/1999 veiculou normas gerais sobre o tema, de observância obrigatória pelos demais entes federativos, tal como previsto no art. 169, § 7.º, da CF/1988. No art. 2.º da referida lei, estabeleceu-se que a exoneração depende da prévia edição de ato normativo motivado pelo Chefe do Poder Executivo. Esse ato deverá estabelecer condições e regras sobre a exoneração, inclusive critérios objetivos e impessoais para a identificação dos servidores a serem exonerados. Segundo o § 2.º do art. 2.º da referida lei, esses critérios envolvem o menor tempo de serviço público, a maior remuneração e a menor idade. O § 3.º do mesmo dispositivo faculta a combinação com critério complementar de menor número de dependentes.

---

50   No âmbito federal, o tema foi regulamentado pela Lei 9.801/1999.

66.6.4 As cautelas impeditivas da desnaturação da medida

A CF/1988 adotou precauções destinadas a evitar que a exoneração de servidores estáveis seja desnaturada. Assim, ficou determinado que, promovida a exoneração, o cargo correspondente será extinto, sendo vedada a criação de cargo, emprego ou função com atribuições iguais ou assemelhadas pelo prazo de quatro anos (art. 169, § 6.º, da CF/1988 e art. 4.º da Lei 9.801/1999).

A disposição constitucional induz a um critério adicional para a seleção dos servidores a serem exonerados. Trata-se da relevância das atribuições inerentes ao cargo. É evidente que a vedação ora examinada significa que o ente estatal deverá manter normalmente a sua atuação sem que, nos quatro anos subsequentes, haja a criação de cargo, função ou emprego com atribuições iguais ou assemelhadas. Isso significa que deverá dar-se preferência para a exoneração de servidores ocupantes de cargos que não sejam essenciais e indispensáveis.

66.6.5 O regime diferenciado do art. 247 da CF/1988

O art. 247 da CF/1988 impôs a adoção de critérios e garantias especiais para a exoneração de servidores estáveis titulares de cargos que compreendam atividades exclusivas de Estado. Não existe definição precisa desse conceito, mas se deve reputar que a disposição se refere àquelas atividades pertinentes a funções monopolizadas pelo Estado.

66.6.6 Um defeito do art. 247 da CF/1988

O art. 247 da CF/1988 apresenta um sério problema técnico-jurídico, visto que se refere a duas hipóteses radicalmente distintas. Edita regra que se aplica tanto à hipótese do art. 41, § 1.º, III, quanto ao previsto no § 7.º do art. 169 (ambos os artigos da própria Constituição).

Ora, o art. 169 da CF/1988 prevê a perda do cargo pelo servidor estável como providência destinada a reduzir a despesa pública. Já o art. 41, § 1.º, III, da CF/1988 trata da demissão em virtude de conclusões negativas produzidas mediante procedimento de avaliação periódica de desempenho. No primeiro caso, trata-se de exoneração, sem cunho sancionatório. No segundo, existe demissão, fundada na ausência de atuação adequada e satisfatória do servidor.

67 AS RESTRIÇÕES CONSTANTES DA LEI COMPLEMENTAR 101/2000

A disciplina consagrada na Lei de Responsabilidade Fiscal (LRF) é extremamente severa, visando a impedir que a elevação das despesas com pessoal gere a impossibilidade de investimentos públicos ou do custeio de outras atividades de interesse coletivo.

67.1 A definição de despesa total com pessoal

O art. 18 da LRF adotou definição formal ampla para a expressão despesa total com pessoal, abrangendo qualquer valor desembolsado para remuneração de pessoal ativo, inativo e pensionistas, incluindo até mesmo as contribuições sociais e previdenciárias a cargo do ente estatal.

A despesa total com pessoal é calculada na órbita de cada ente da Federação. Isso importa o somatório das despesas a cargo da Administração direta e indireta de cada ente federativo, excluídas apenas as empresas estatais não dependentes (entidades da Administração indireta que não recebem recursos financeiros do controlador para pagamento de despesas com pessoal ou de custeio em geral ou de capital – art. 2.º, III, da LRF).

67.2 A definição dos limites

O art. 19 da LRF estabelece os limites máximos de despesa total com pessoal relativamente à receita corrente líquida.[51] Para a União, o limite é de 50%, sendo de 60% para os demais entes da Federação.

Há diversas despesas constantes no art. 19, § 1.º, que são excluídas do cálculo, tais como as indenizações para demissão de servidores e empregados e as decorrentes de decisão judicial atinente a evento ocorrido em período anterior.

A limitação total é traduzida em limitações setoriais, para cada um dos Poderes e para o Ministério Público (art. 20).

67.3 A nulidade da elevação das despesas com pessoal

A Lei de Responsabilidade Fiscal cominou sanção de nulidade para atos que provoquem elevação de despesa com pessoal e infrinjam as regras por ela estabelecidas (art. 21, I). Uma hipótese de nulidade reside na ausência de compatibilidade da despesa com a efetiva evolução das arrecadações previstas na lei orçamentária. Mas também são previstas diversas outras hipóteses de nulidade de atos que acarretem elevação de despesas em condições peculiares.

67.4 A nulidade da elevação de despesa em final de mandato

Os incs. II a IV do art. 21 da LRF previram a nulidade de atos destinados a promover a elevação de despesas com pessoal, quando praticados no período de até 180 dias anteriores ao final do mandato da autoridade superior ou quando seus efeitos forem destinados a ocorrer depois do término do referido mandato.

As normas da Lei de Responsabilidade Fiscal são orientadas a evitar que a perspectiva de encerramento do mandato induza o seu titular a produzir despesas para a gestão posterior.

67.5 A coexistência com as regras da Lei 9.504/1997

A Lei 9.504/1997 consagrou normas sobre eleições e contemplou vedações à elevação de despesas (inclusive com pessoal) em períodos antecedentes à realização dos pleitos. No art. 73, V, do referido diploma consta a proibição inclusive de nomeação, contratação ou admissão de servidor público, no período entre três meses antecedentes do pleito até a posse dos eleitos.

Esses dois prazos não coincidem necessariamente, pois há a tendência de que aquele da Lei de Responsabilidade Fiscal seja mais amplo do que o da legislação eleitoral.

67.6 A eventual necessidade

Em tese, o art. 21 da LRF comporta interpretação no sentido da ilicitude de todo e qualquer ato que, de algum modo, produza aumento de despesa com pessoal, nas condições previstas no dispositivo. O Tribunal de Contas do Rio Grande do Sul adotou outra interpretação, restringindo a amplitude do dispositivo e reconhecendo a existência de hipóteses em que é cabível a expedição de ato que amplie a despesa, mesmo quando isso produzir efeito de aumento da despesa total com pessoal.[52]

---

[51] A receita corrente líquida está definida no art. 2.º, IV e §§ 1.º a 3.º, da LRF. Consiste, basicamente, na soma das receitas de diferente natureza auferidas por uma pessoa federativa, deduzidos os valores transferidos a outros entes federativos por determinação constitucional ou legal, o valor das contribuições dos servidores públicos para o custeio de seu sistema de seguridade social e outras hipóteses específicas.

[52] TCE. Tribunal de Contas do Rio Grande do Sul. Parecer 51/2001. Auditora Rosane Heineck Schmitt. Acolhido pelo Tribunal Pleno em 02.08.2001. Disponível em: www2.tce.rs.gov.br/aplicprod/f?p=50202:0:1229558304789123:-DOWNLOAD:NO::P_CD_LEG:34076. Acesso em: 30.11.2023.

Essa orientação se afigura como a mais acertada. A vedação absoluta à emissão de qualquer ato apto a gerar aumento de despesa é a regra. Mas essa regra é delimitada pelos princípios constitucionais, entre os quais avultam de importância a República e a proporcionalidade. É irrebatível que a vedação deverá merecer interpretação conforme a Constituição.

O princípio da República impõe ao exercente do mandato o dever de adotar todas as providências para evitar a lesão ou ameaça de lesão irreparável às necessidades coletivas. Logo, será legítimo o ato necessário e indispensável a prevenir danos, mesmo que importe elevação de despesa e seja emitido no prazo dos 180 dias finais do mandato. O art. 21 da LRF não pode ser interpretado no sentido de impor a paralisação das atividades administrativas, uma vez que isso configuraria a sua inconstitucionalidade.

Por outro lado, será indispensável verificar se a vedação não é excessiva ou inadequada em face dos interesses protegidos, devendo ser compatível com as garantias constitucionais.

67.7   A satisfação de direito adquirido, ato perfeito ou ordem judicial

Seguindo a mesma linha hermenêutica, o dispositivo não constitui impedimento à emissão de ato que, embora produzindo elevação da despesa, formalize um direito adquirido ou um ato jurídico perfeito ou envolva o cumprimento a provimento judicial. O exemplo mais evidente se relaciona com a percepção de adicional por tempo de serviço. O servidor público que completa o período previsto em lei para perceber essa vantagem tem o direito a exigir o seu pagamento, mesmo que o evento se aperfeiçoe nos 180 dias finais do mandato do agente competente para determinar o pagamento.

67.8   A questão dos concursos públicos

Uma questão peculiar se relaciona com os concursos públicos. Rigorosamente, o art. 21 da LRF não impede a abertura de concurso público, já que tal não corresponde a um ato gerador da elevação da despesa com pessoal.

No entanto, a Lei 14.965/2024 prevê que a autorização para a abertura do concurso público deve tomar em vista a estimativa de impacto orçamentário-financeiro no exercício previsto para o provimento e nos dois exercícios seguintes, bem como a adequação com a Lei de Responsabilidade Fiscal.

Essa interpretação é compatível com a concepção de que o concurso público deve refletir uma vontade séria e decidida da Administração. Não se admite a realização de concurso público sem a efetiva perspectiva de nomeação dos aprovados (ressalvada a hipótese de cadastro de reserva).

Admite-se a nomeação em hipóteses emergenciais. Isso ocorrerá em vista da natureza das atribuições do cargo e mediante a demonstração de que não há outra alternativa para evitar danos irreparáveis senão a contratação dos aprovados em concurso.

67.9   As demais providências de redução de despesa

A LRF prevê, no art. 22, que a avaliação da despesa total com pessoal será feita quadrimestralmente. O parágrafo único desse dispositivo estabelece que, havendo a superação de 95% do limite das despesas totais com pessoal, serão adotadas obrigatoriamente certas medidas, destinadas a excluir a ocorrência de fatores de elevação de despesa. Assim, ficarão proibidas a concessão de qualquer benefício ou reajuste de remuneração e a criação de cargo, emprego ou função.

67.10 A recondução das despesas com pessoal aos limites

Se, apesar de todas as providências indicadas, a despesa total superar os limites, deverá haver sua recondução obrigatória aos limites nos dois quadrimestres seguintes. Se isso não vier a ocorrer e enquanto perdurar o excesso, será adotado um regime jurídico muito severo, tal como previsto no art. 23 da LRF. Ali se determina que, além da manutenção das vedações do art. 22, parágrafo único, da LRF deverão ser adotadas as providências previstas na Constituição. O art. 169, § 3.º, da CF/1988 determina a redução em pelo menos 20% das despesas com cargos em comissão e funções de confiança e a exoneração dos servidores não estáveis. Já o § 4.º do mesmo artigo estabelece que, se as referidas medidas forem insuficientes, poderá ser promovida a perda do cargo do servidor estável.

Caso não alcançada a redução no prazo estabelecido e enquanto perdurar o excesso, o ente federativo não poderá receber transferências voluntárias, obter garantia de outro ente e contratar operações de crédito (exceto se destinadas ao refinanciamento da dívida mobiliária ou visando à redução de despesas com pessoal).

67.11 Os dispositivos suspensos pelo STF

Na ADI 2.238, o STF declarou a inconstitucionalidade parcial, mas sem redução do texto, do art. 23, § 1.º, da LRF, que autorizava a redução da remuneração dos servidores públicos em determinadas circunstâncias:

> "6. Artigo 23, § 1.º, procedente para declarar a inconstitucionalidade parcial, sem redução de texto. 6.1. Irredutibilidade do estipêndio funcional como garantia constitucional voltada a qualificar prerrogativa de caráter jurídico-social instituída em favor dos agentes públicos. Procedência ao pedido tão somente para declarar parcialmente a inconstitucionalidade sem redução de texto do art. 23, § 1.º, da LRF, de modo a obstar interpretação segundo a qual é possível reduzir valores de função ou cargo que estiver provido. 6.2. A irredutibilidade de vencimentos dos servidores também alcança àqueles que não possuem vínculo efetivo com a Administração Pública" (ADI 2.238/DF, Pleno, rel. Min. Alexandre de Moraes, j. 24.06.2020, *DJe* 14.09.2020).

O mesmo julgado decretou a inconstitucionalidade do § 2.º do art. 23 da LRF, que previa a possibilidade de redução de jornada de trabalho e de readequação da remuneração correspondente.

68 OS LIMITES REMUNERATÓRIOS INDIVIDUAIS

Ademais, há limitações à remuneração prevista para os cargos ou para seus ocupantes.[53]

68.1 A vedação à vinculação ou equiparação por lei

É inconstitucional a vinculação ou equiparação entre cargos ou carreiras diversas, para efeitos remuneratórios (art. 37, XIII, CF/1988). Isso não impede a vinculação promovida pela própria Constituição.[54]

A infração a essa determinação produz a nulidade do ato, segundo o art. 21, I, *a*, da LRF. Nesse sentido, confira-se a Súmula Vinculante 42 do STF:

> "É inconstitucional a vinculação do reajuste de vencimentos de servidores estaduais ou municipais a índices federais de correção monetária".

---

[53] No âmbito da União, os limites remuneratórios estão disciplinados pela Lei 8.448/1992.

[54] Exemplos de exceção a essa regra estão presentes na Constituição Federal, em seus arts. 73, § 3.º, e 93, V.

Há decisão do STF consignando que:

"4. O art. 37, XIII, da CF/88 coíbe a vinculação ou equiparação de quaisquer espécies remuneratórias no âmbito do serviço público. Destarte, a pretensão dos recorrentes se afigura evidentemente incompatível com a Constituição Federal de 1988, uma vez que importa a equiparação de vencimentos entre os integrantes das Forças Armadas e os militares do Distrito Federal" (ARE 665.632/RN, Pleno, rel. Min. Teori Zavascki, repercussão geral – mérito, j. 16.04.2015, *DJe* 27.04.2015).

O mesmo entendimento foi adotado em outro julgado:

"4. A vinculação e a equiparação entre cargos (efetivos, comissionados ou eletivos), empregos e funções, para efeitos remuneratórios, acham-se vedadas em relação aos agentes políticos ou servidores públicos em geral (CF, art. 37, XIII), ressalvadas as exceções expressamente previstas no próprio texto constitucional" (MC na ADI 6.437/MT, Pleno, rel. Min. Rosa Weber, j. 31.05.2021, *DJe* 04.06.2021).

68.2   A remuneração do Executivo como teto para os cargos semelhantes

A remuneração fixada pelo Executivo para seus cargos constitui teto para a remuneração de cargos com atribuições semelhantes nos outros Poderes (art. 37, XII, da CF/1988).[55] Observe-se que o dispositivo alude a *vencimentos*, o que alcança até mesmo as vantagens pecuniárias. Isso significa, inclusive, a vedação a que o teto seja contornado por meio da instituição de vantagens pecuniárias inexistentes no Poder Executivo.

68.3   O limite máximo remuneratório individual

O art. 37, XI, com a redação da Emenda Constitucional 41/2003, alterada pela Emenda Constitucional 135/2024, estabelece que, no âmbito federal, a remuneração máxima (inclusive para aposentados e pensionistas) da Administração direta, autárquica e fundacional é o subsídio mensal de Ministro do Supremo Tribunal Federal.

O dispositivo preocupou-se em estabelecer que o teto máximo é o subsídio pago *em espécie*, certamente para evitar o argumento da percepção de outros benefícios *não em espécie* (tais como transporte em carro oficial, moradia e assim por diante). Assim, outros benefícios, não traduzidos em pagamento em moeda, não podem ser considerados para o efeito de calcular a remuneração máxima dos servidores e empregados.

O dispositivo deixa claro que a vedação alcança, inclusive, vantagens pecuniárias pessoais[56] de qualquer natureza.

Inovação trazida pela EC 47/2005 determinou que eventuais remunerações de cunho indenizatório não serão consideradas para efeito do teto.[57]

---

[55]   A Lei 8.852/1994 regulamentou os incs. XI e XII do art. 37 da CF/1988.

[56]   A fórmula *vantagens pessoais* abrange inúmeras remunerações que, eventualmente, podem ter sido instituídas para uma categoria específica e delimitada ou que produzam benefício pessoal exclusivo para determinado servidor. A solução constitucional destinou-se a evitar dúvidas surgidas anteriormente, a propósito da submissão dessas vantagens pessoais ao limite.

[57]   O § 11 do art. 37 da CF/1988 (com a redação da EC 135/2024) determina que "Não serão computadas, para efeito dos limites remuneratórios de que trata o inciso XI do caput deste artigo, as parcelas de caráter indenizatório expressamente previstas em lei ordinária, aprovada pelo Congresso Nacional, de caráter nacional, aplicada a todos os Poderes e órgãos constitucionais autônomos". O art. 3º da dita EC 135/2024 previu

O valor do teto se aplica inclusive nos casos de acumulação remunerada de cargos e empregos públicos. Deverão ser somadas as remunerações, para efeito de aplicação do teto.[58]

A matéria foi objeto de diversas decisões do STF, que atenuaram o rigor da disciplina constitucional.

O STF fixou a tese (Tema 384) sobre a incidência do teto remuneratório a servidores já ocupantes de dois cargos públicos antes da vigência da Emenda Constitucional 41/2003:

"Nos casos autorizados constitucionalmente de acumulação de cargos, empregos e funções, a incidência do art. 37, inciso XI, da Constituição Federal pressupõe consideração de cada um dos vínculos formalizados, afastada a observância do teto remuneratório quanto ao somatório dos ganhos do agente público" (RE 602.043/MT, Pleno, rel. Min. Marco Aurélio, repercussão geral – mérito, j. 27.04.2017, *DJe* 06.09.2017).

Foi adotada a mesma tese para o Tema 377.[59] Outra decisão no mesmo sentido está adiante reproduzida:

"1. A Constituição Federal veda a acumulação remunerada de cargos públicos, exceto quando houver compatibilidade de horários e se enquadre nos casos autorizados pelo inciso XVI do art. 37 da Constituição Federal (...) 3. Na situação específica apresentada nos autos, aplica-se o entendimento fixado no Tema 377 da Repercussão Geral, visto que o agente público é Major da Polícia Militar do Estado de São Paulo e, concomitantemente, exerce função autônoma de magistério na Academia de Polícia. 4. As funções autônomas exercidas geram remunerações próprias e, embora pagas pelo mesmo ente público, têm origem no exercício de atividades distintas, ou seja, da atividade policial e de magistério. Preenchem-se, portanto, os requisitos da acumulação de remunerações por conta de funções distintas, sem a incidência do teto constitucional. 5. Recurso de agravo a que se nega provimento" (AgR na Rcl 45.774/SP, 1.ª T., rel. Min. Marco Aurélio, rel. p/ acórdão Min. Alexandre de Moraes, j. 19.10.2021, *DJe* 12.04.2022).

68.4 Tetos nas demais esferas federativas

Segundo a redação adotada pela EC 41/2003, no âmbito do Executivo o teto máximo remuneratório nos Municípios é o subsídio de Prefeito, enquanto nos Estados e Distrito Federal o teto é o subsídio de Governador. Quanto ao Poder Legislativo, o teto é o subsídio de Deputado Estadual ou Distrital.

Segundo a redação dada pela EC 41/2003 ao art. 37, XI e § 12, da CF/1988, haveria um teto para a magistratura dos Estados e do Distrito Federal. Isso foi objeto de questionamento na ADI 3.854:

"Ação Direta de Inconstitucionalidade. 2. Subteto remuneratório para a Magistratura Estadual. 3. Artigo 37, XI, da CF. Artigo 2.º da Resolução 13 e artigo 1.º, parágrafo único, da Resolução 14,

---

que, "Enquanto não editada a lei ordinária de caráter nacional, aprovada pelo Congresso Nacional, a que se refere o § 11 do art. 37 da Constituição Federal, não serão computadas, para efeito dos limites remuneratórios de que trata o inciso XI do *caput* do referido artigo, as parcelas de caráter indenizatório previstas na legislação".

[58] Como observou Alexandre de Moraes: "Na primeira Sessão Administrativa do Supremo Tribunal Federal, do ano de 2004, realizada em 5 de fevereiro de 2004, manifestou-se o Ministro Marco Aurélio pela inconstitucionalidade da expressão 'percebidos cumulativamente ou não', contida no art. 1.º da EC 41/03, no que deu nova redação ao inc. XI do art. 37 da Constituição Federal. Dessa forma, entendeu o Ministro Marco Aurélio que o teto salarial deve ser analisado individualmente, para cada uma das remunerações constitucionalmente permitidas. O plenário do Supremo Tribunal Federal, porém, não chegou a analisar o mérito da questão administrativamente" (*Constituição do Brasil interpretada e legislação constitucional*, 8. ed., p. 787).

[59] STF, RE 612.975/MT, Pleno, rel. Min. Marco Aurélio, repercussão geral – mérito, j. 27.04.2017, *DJe* 06.09.2017.

ambas do Conselho Nacional de Justiça. 4. Instituição de subteto remuneratório para magistratura estadual inferior ao da magistratura federal. Impossibilidade. Caráter nacional da estrutura judiciária brasileira. Artigo 93, V, da CF. 5. Medida cautelar deferida pelo plenário. 6. Ação julgada procedente, confirmando os termos da medida cautelar deferida, para dar interpretação conforme à Constituição ao artigo 37, XI (com redação dada pela EC 41/2003) e § 12 (com redação dada pela EC 47/2005), da Constituição Federal, e declarar a inconstitucionalidade do artigo 2.º da Resolução 13/2006 e artigo 1.º, parágrafo único, da Resolução 14, ambas do Conselho Nacional de Justiça" (ADI 3.854/DF, Pleno, rel. Min. Gilmar Mendes, j. 07.12.2020, *DJe* 05.02.2021).

68.5   Efeito do teto

Se a remuneração do servidor, calculada de acordo com o vencimento-base e demais vantagens pecuniárias, superar o limite do teto, deverá haver sua automática redução até o limite permitido. Essa orientação foi consagrada pelo STF no julgamento do RE 609.381 (com repercussão geral):

"(...) 1. O teto de retribuição estabelecido pela Emenda Constitucional 41/03 possui eficácia imediata, submetendo às referências de valor máximo nele discriminadas todas as verbas de natureza remuneratória percebidas pelos servidores públicos da União, Estados, Distrito Federal e Municípios, ainda que adquiridas de acordo com regime legal anterior. 2. A observância da norma de teto de retribuição representa verdadeira condição de legitimidade para o pagamento das remunerações no serviço público. Os valores que ultrapassam os limites preestabelecidos para cada nível federativo na Constituição Federal constituem excesso cujo pagamento não pode ser reclamado com amparo na garantia da irredutibilidade de vencimentos. 3. A incidência da garantia constitucional da irredutibilidade exige a presença cumulativa de pelo menos dois requisitos: (a) que o padrão remuneratório nominal tenha sido obtido conforme o direito, e não de maneira ilícita, ainda que por equívoco da Administração Pública; e (b) que o padrão remuneratório nominal esteja compreendido dentro do limite máximo predefinido pela Constituição Federal. O pagamento de remunerações superiores aos tetos de retribuição de cada um dos níveis federativos traduz exemplo de violação qualificada do texto constitucional. 4. Recurso extraordinário provido" (RE 609.381/GO, Pleno, rel. Min. Teori Zavascki, repercussão geral – mérito, j. 02.10.2014, *DJe* 10.12.2014).

69   INSTITUTOS JURÍDICOS ESPECÍFICOS DA CARREIRA FUNCIONAL

O regime jurídico estatutário compreende algumas figuras específicas, que merecem análise, entre elas a progressão funcional, a remoção, a redistribuição, a licença, o afastamento e a disponibilidade.

69.1   Progressão funcional

A progressão funcional consiste na passagem do funcionário a um estágio mais elevado na carreira, em virtude do tempo de serviço ou por merecimento, com a possibilidade de modificação de deveres e direitos (inclusive patrimoniais).[60]

Não se confunde a *progressão funcional* com a promoção, que produz a vacância do cargo anterior e o provimento em um novo cargo. A progressão funcional significa a alteração das condições de tratamento do sujeito mantido *no próprio cargo*. Assim, e como forma de

---

[60]   Nessa linha, o art. 2.º, I, do Dec. 7.629/2011 dispõe: "progressão funcional – passagem do servidor de um padrão para outro imediatamente superior dentro de uma mesma classe".

incentivo, a lei pode prever que a obtenção de certos títulos ou o decurso de tempo produzirá um benefício para o sujeito no tocante à carreira. Permanecerá ele provido no mesmo cargo, mas sujeito a regime mais favorável.

Quando presentes os requisitos para a progressão funcional, configura-se direito subjetivo do interessado. O STJ firmou entendimento de que o deferimento da progressão não se sujeita aos limites da Lei de Responsabilidade Fiscal (Tema 1.075):

> "(...) 10. A jurisprudência desta Corte Superior firmou-se no sentido de que os limites previstos nas normas da Lei de Responsabilidade Fiscal (LRF), no que tange às despesas com pessoal do ente público, não podem servir de justificativa para o não cumprimento de direitos subjetivos do servidor público, como é o recebimento de vantagens asseguradas por lei. (...) 13. Diante da expressa previsão legal acerca da progressão funcional e comprovado de plano o cumprimento dos requisitos para sua obtenção, está demonstrado o direito líquido e certo do servidor público, devendo ser a ele garantida a progressão funcional horizontal e vertical, a despeito de o ente federativo ter superado o limite orçamentário referente a gasto com pessoal, previsto na Lei de Responsabilidade Fiscal, tendo em vista não haver previsão expressa de vedação de progressão funcional na LC 101/2000. 14. Tese fixada pela Primeira Seção do STJ, com observância do rito do julgamento dos recursos repetitivos previsto no art. 1.036 e seguintes do CPC/2015: é ilegal o ato de não concessão de progressão funcional de servidor público, quando atendidos todos os requisitos legais, a despeito de superados os limites orçamentários previstos na Lei de Responsabilidade Fiscal, referentes a gastos com pessoal de ente público, tendo em vista que a progressão é direito subjetivo do servidor público, decorrente de determinação legal, estando compreendida na exceção prevista no inciso I do parágrafo único do art. 22 da Lei Complementar 101/2000. (...)" (REsp 1.878.849/TO, 1.ª S., rel. Manoel Erhardt, j. 24.02.2022, *DJe* 15.03.2022).

69.2 Remoção

A remoção é um ato administrativo unilateral, praticado a pedido ou de ofício, impondo ao servidor o desempenho de suas atribuições em local geográfico distinto daquele em que se encontrava até então sediado.

A remoção sempre retrata um ato unilateral, mas pode ser resultado de um pleito do particular. Em alguns casos, pode até se caracterizar um *direito* do particular à remoção. Tal se passa, por exemplo, na hipótese prevista no art. 36, parágrafo único, III, *a*, da Lei 8.112/1990, que determina que o servidor público federal será removido a pedido quando o cônjuge ou companheiro, também servidor público, tiver sido removido no interesse da Administração.[61]

Mas a remoção também pode ser imposta no interesse da Administração, sem que a tanto se possa opor o servidor – a não ser que o servidor seja beneficiado pela garantia da *inamovibilidade*, que é reservada constitucionalmente para os magistrados e algumas carreiras similares.

Nada impede, no entanto, que a Administração submeta a remoção à avaliação da conveniência dos servidores, tomando em vista o princípio de que o melhor desempenho funcional dependerá da satisfação pessoal do servidor. Assim, diante da necessidade de remoção de algum servidor para determinado local, a Administração consulta os diversos servidores para verificar qual deles se dispõe a "aceitar" a remoção. Obviamente, não se trata propriamente de um consenso de vontades, mas de identificar o voluntário para certo encargo que deverá ser executado de modo necessário.

---

[61] É o que se passa, também, com a remoção por motivo de saúde. Confira-se: JUSTEN FILHO. A remoção para proteção à saúde do servidor público: comentário ao acórdão do MS 14.329/DF do STJ. *Revista de Direito Administrativo Contemporâneo – ReDAC*, n. 6, p. 53-69, mar. 2014.

69.3 Redistribuição

A redistribuição é a alteração do enquadramento organizacional de um cargo de provimento efetivo, que passa a integrar outro órgão ou entidade do mesmo Poder.

Ela reflete uma reavaliação sobre a distribuição eficiente dos recursos materiais e humanos da Administração. Não se destina a alterar propriamente as competências do cargo, mas apenas a possibilitar o exercício daquelas atribuições no âmbito de outro setor administrativo.

A redistribuição não tem cabimento quando há um *quadro único de cargos* de cada Poder. Nesse caso, a alteração no exercício das atribuições não apresentará qualquer peculiaridade, senão a edição de ato administrativo da autoridade competente.

A necessidade de redistribuição surge quando existem diversas estruturas organizacionais, integradas por cargos próprios, mas com atribuições equivalentes. A transferência de cargo de uma para outra estrutura organizacional consiste na redistribuição.

Houve discussão sobre o cabimento da chamada "redistribuição por reciprocidade", dada sua semelhança com o instituto da transferência, outrora previsto no art. 8.º, IV, da Lei 8.112/1990, mas que fora reputado inconstitucional e depois revogado pela Lei 9.527/1997.

Redistribuição por reciprocidade é aquela que envolve dois cargos, sendo pelo menos um deles provido, e que se aperfeiçoa mediante concessões recíprocas entre órgãos diversos da Administração. Em que pese não haver referência à redistribuição por reciprocidade na Lei 8.112/1990, a Res. 146 do CNJ tratou da figura no âmbito do Poder Judiciário da União. A partir disso, e com base em decisão administrativa do STF, o TCU, que considerara ilegal a figura, passou a admiti-la:

> "18. Conforme evidenciado nos autos, este Tribunal possui entendimento no sentido de que *não é possível a aplicação das disposições do art. 37 da Lei 8.112/1990 à figura da 'redistribuição por reciprocidade', (...)'* (Acórdão n.º 480/2012-TCU-Plenário). 19. Nada obstante, imperioso se faz reconhecer que interpretação diversa foi adotada pelo Supremo Tribunal Federal, no âmbito do processo administrativo n.º 338.163/STF, (...). 30. Diante dessas circunstâncias, penso não ser possível, neste processo, outra solução que não passe pelo reconhecimento da regularidade das redistribuições ora examinadas, porquanto guardam consonância com o decidido pelo STF, que já delimitou, no âmbito do multicitado processo administrativo 338.163, os exatos contornos e requisitos necessários para a plena validade do instituto em questão no ordenamento jurídico vigente, importando repetir que, conforme explicitado nos itens 19 a 27 anteriores, este Tribunal, historicamente, busca harmonizar suas deliberações aos posicionamentos adotados pelo STF, pelas razões ali expostas" (Acórdão 3.447/2012, Plenário, rel. Min. Valmir Campelo).

69.4 Licença

Licença é a suspensão temporária do exercício das atribuições do servidor público estatutário, em situações de interesse alheio à Administração Pública, mas tutelado pelo direito.

A licença depende de um ato administrativo unilateral, o que significa a impossibilidade de o servidor beneficiar-se do regime correspondente sem um ato formal da autoridade competente.

Em alguns casos, a lei assegura a obtenção da licença em virtude do preenchimento de certos requisitos. Haverá, então, competência vinculada para o deferimento. Em outros casos, há requisitos mínimos, mas a licença dependerá de avaliação discricionária, sendo deferida ou rejeitada em vista das conveniências e necessidades estatais.

666 CURSO DE DIREITO ADMINISTRATIVO · *Marçal Justen Filho*

A peculiaridade da licença reside em se fundar num interesse não estatal, mas que se afigura suficientemente relevante perante a lei. Nessa situação, a lei autoriza a Administração a deferir ao particular a suspensão do exercício das atribuições inerentes ao cargo.

De acordo com as circunstâncias, pode ser mantida a remuneração e aproveitado o período de licença como efetivo exercício, mas tal se passa apenas em situação de licença de curta duração.

É possível classificar as licenças em dois grandes grupos. Há aquelas que servem de instrumento à promoção de atividades de previdência social, e há as que assim não se configuram.

69.4.1 Licenças de previdência social

Nesses casos, a licença se destina a assegurar a recuperação das condições de perfeita saúde e integridade do servidor público. São hipóteses em que o deferimento da licença é obrigatório, configurando-se um direito líquido e certo do beneficiário.

Quando em gozo dessas licenças, os servidores terão direito à remuneração e, respeitados alguns limites temporais, contagem de tempo de serviço.

No âmbito federal, a Lei 8.112/1990 arrola as hipóteses da licença para tratamento de saúde (arts. 202 a 206), licença à gestante, à adotante, licença-paternidade (arts. 207 a 210) e licença por acidente em serviço (arts. 211 a 214).

Uma questão relevante, levada ao conhecimento do STF, foi a diferenciação de tratamento, para fins de licença-maternidade, entre os casos de parto e de adoção. Na oportunidade, entendeu-se que:

> "1. A licença-maternidade prevista no artigo 7.º, XVIII, da Constituição abrange tanto a licença gestante quanto a licença adotante, ambas asseguradas pelo prazo mínimo de 120 dias. Interpretação sistemática da Constituição à luz da dignidade da pessoa humana, da igualdade entre filhos biológicos e adotados, da doutrina da proteção integral, do princípio da prioridade e do interesse superior do menor" (RE 778.889/PE, Pleno, rel. Min. Roberto Barroso, repercussão geral – mérito, j. 10.03.2016, *DJe* 29.07.2016).

A tese fixada pelo Tema 782 foi a seguinte:

> "Os prazos da licença adotante não podem ser inferiores aos prazos da licença gestante, o mesmo valendo para as respectivas prorrogações. Em relação à licença adotante, não é possível fixar prazos diversos em função da idade da criança adotada".

A decisão quanto ao tema depende da finalidade a que se orienta a licença em questão. É cabível a diferenciação se for reputado que a licença se destina a assegurar a recuperação física e emocional da mãe, cujo organismo foi desgastado pelo processo de gravidez e afetado pela experiência do parto. Admitida essa interpretação, a mãe por adoção não pode pretender tratamento jurídico equivalente. Outra será a conclusão se for entendido que a licença-maternidade visa a assegurar um período de dedicação exclusiva da mãe ao filho. Se assim se entender, será irrelevante a condição de mãe natural ou adotante.

Reputa-se que a licença-maternidade foi concebida para ambas as finalidades. É evidente, no entanto, que o prolongamento da licença reflete a preocupação com a proximidade entre a mãe e o filho. Durante os primeiros meses de vida, a criança necessita da atenção materna, cuja presença é insubstituível. Mesmo a solução de creches somente se torna viável depois de alguns meses de vida. Portanto, entende-se que o prazo de licença-maternidade não deve ser diverso por se tratar de adoção.

Cap. 16 – ESTRUTURA ADMINISTRATIVA DO ESTADO: OS AGENTES PÚBLICOS **667**

69.4.2   Licenças não vinculadas à previdência social

Há outros casos em que a licença envolve interesse privado, não vinculado à previdência social, mas digno de proteção pelo direito. Nessas situações, seu deferimento configura, na maior parte dos casos, uma competência discricionária da Administração.

A Lei 8.112/1990 prevê, no art. 81, um elenco de licenças com esse perfil. Estão arroladas a licença por motivo de doença em pessoa da família, por motivo de afastamento do cônjuge ou companheiro, para o serviço militar, para a atividade política, para capacitação, para tratar de interesses particulares, para desempenho de mandato classista ou para participar de gerência ou administração em sociedade cooperativa organizada para prestar serviços aos servidores públicos.

A lei qualifica a hipótese de capacitação como caso de licença, o que é incorreto. Tal como dispõe o art. 87, a capacitação deverá fazer-se no interesse da Administração. Logo, melhor seria qualificá-la como afastamento.

69.5   Afastamento

Afastamento é a suspensão temporária do exercício das atribuições do servidor estatutário no âmbito do órgão a que se vincula, em virtude de interesse da própria Administração Pública reconhecido em lei.

O afastamento tem grande semelhança com a licença, no sentido inclusive de estar condicionado à emissão de ato administrativo formalizador de seu deferimento.

Mas a diferença fundamental reside em que o agente *continua* a desempenhar alguma atividade de interesse público, na pendência do afastamento. Há, portanto, uma distinção relevante no tocante ao interesse a que os dois institutos se destinam a atender. Assim, a Lei 8.112/1990 prevê os casos de afastamento para servir a outro órgão ou entidade (art. 93)[62], afastamento para exercício de mandato eletivo (art. 94), afastamento para estudo ou missão no exterior (art. 95), afastamento para participação em programa de pós-graduação (art. 96-A).

Essa ponderação não afasta a possibilidade de a lei qualificar como *afastamento* uma hipótese em que a suspensão temporária do exercício das atribuições se faz no interesse do servidor. Nessa linha, o art. 102 se vale da expressão afastamento para indicar casos em que há nítida preponderância do interesse do próprio servidor, fazendo referência inclusive à hipótese de licenças. Deve-se entender que o referido art. 102 utilizou o vocábulo "afastamento" como um gênero, abrangente de diversas espécies (inclusive os afastamentos em sentido técnico e as licenças).

Veja-se que o afastamento para exercício de mandato eletivo se constitui em direito líquido e certo do servidor, contrariamente às outras duas hipóteses.

A disciplina correspondente aos pressupostos e às condições de remuneração subordina-se à regulamentação.

69.6   Disponibilidade

Disponibilidade consiste na suspensão anômala do exercício pelo servidor de suas atividades, em virtude da ausência de titularidade em cargo público ou outra causa prevista em lei, mediante o recebimento de remuneração.

69.6.1   As hipóteses de disponibilidade

Há inúmeras hipóteses em que se prevê a disponibilidade. A mais usual é a extinção do cargo, sem possibilidade de aproveitamento do ocupante em cargo equivalente. O art. 41, § 3.º, da CF/1988 prevê que, "Extinto o cargo ou declarada a sua desnecessidade, o servidor estável

---

62   O § 7.º desse dispositivo foi regulamentado pelo Dec. 5.375/2005.

ficará em disponibilidade, com remuneração proporcional ao tempo de serviço, até seu adequado aproveitamento em outro cargo".

Mas também se prevê a disponibilidade para a hipótese em que a promoção, demissão ou exoneração venham a ser desfeitas, impondo-se a reposição dos fatos no estado anterior. Isso poderá encontrar obstáculos intransponíveis. Suponha-se que seja extinto o cargo do qual um sujeito ("Pedro") fora indevidamente demitido. Sobrevém ordem judicial determinando a reintegração do sujeito e se verifica que o antigo cargo não mais existe. A solução é a disponibilidade de "Pedro".

Colocado em disponibilidade, até que seja possível o seu aproveitamento em cargo de atribuições e remuneração compatíveis com o anteriormente ocupado (tal como disposto no art. 30 da Lei 8.112/1990).

Mas poderá haver a disponibilidade como efeito indireto, na situação narrada. No exemplo *supra*, suponha-se que o cargo continuou a existir, mas nele foi provido outro sujeito ("João"). A solução será a invalidação desse provimento para que o sujeito indevidamente demitido ("Pedro") seja nele investido. O outro sujeito ("João") retornará ao cargo que ocupara anteriormente. Se tal não for possível (e se não for o caso de exoneração), dar-se-á a disponibilidade de "João".

Essa hipótese foi disciplinada no § 2.º do art. 41 da CF/1988.

69.6.2   A ausência de natureza sancionatória

No atual regime constitucional, a disponibilidade não apresenta natureza punitiva nem pode ser aplicada sob fundamento de conduta inadequada ou defeituosa do sujeito.[63]

69.6.3   As hipóteses atinentes à Magistratura e ao Ministério Público

No entanto, a CF/1988 previu a disponibilidade como uma medida de natureza sancionatória relativamente a membros das carreiras da magistratura e do Ministério Público (arts. 93, VII, e 130-A, § 2.º, III, respectivamente).

Em tais hipóteses, a disponibilidade decorre da avaliação quanto à inadequação da continuidade do exercício das atividades funcionais.

Nesses casos específicos, a disponibilidade deriva da inviabilidade ou da inconveniência de promover a demissão do agente no âmbito administrativo. A vitaliciedade inerente ao cargo público condiciona a demissão a uma sentença judicial. A disponibilidade é uma medida adotada na via administrativa.

69.6.4   Considerações genéricas sobre a disponibilidade

A disponibilidade é um afastamento temporário, e o sujeito poderá retornar à atividade quando cessarem os impedimentos ou as razões para o seu afastamento. O tempo de disponibilidade será considerado para efeito de aposentadoria. Preenchidos os requisitos necessários, o sujeito poderá obter a aposentadoria, mesmo encontrando-se em disponibilidade.

69.6.5   O regime remuneratório

Na disponibilidade, o sujeito percebe como regra a remuneração correspondente ao cargo que ocupara, proporcional ao tempo de serviço necessário à aposentadoria.[64] Essa solução deriva

---

[63]   Lembre-se de que, no período não democrático anterior a 1988, era prevista a disponibilidade como uma sanção.

[64]   Ou seja, verifica-se o tempo de serviço de que é titular o sujeito em disponibilidade e se determina quanto isso representa proporcionalmente ao tempo necessário à aposentadoria. A porcentagem apurada é aplicada sobre o valor da remuneração do cargo.

da redação dada pela EC 19/1988 para o art. 41, § 3.º, da Constituição. Ficou, desse modo, superada a orientação consagrada na Súmula 358 do STF: "O servidor público em disponibilidade tem direito aos vencimentos integrais do cargo".

69.6.6   A Súmula 39 do STF

Há orientação da jurisprudência do Supremo Tribunal Federal que deve ser reputada superada. Trata-se da Súmula 39, que possui a seguinte redação: "À falta de lei, funcionário em disponibilidade não pode exigir, judicialmente, o seu aproveitamento, que fica subordinado ao critério de conveniência da administração".

Essa orientação era compatível com a sistemática anterior e se conjugava com o entendimento de que o sujeito tinha direito, na disponibilidade, à remuneração integral do cargo. Na medida em que tal entendimento foi modificado por efeito de emenda à Constituição, a disponibilidade produz efeitos redutores da remuneração do particular. Logo, tem ele direito a retornar à atividade tão logo isso seja possível. Se a Administração entender que o sujeito não preenche os requisitos para tanto, deverá adotar uma solução adequada. Manter o sujeito em disponibilidade em virtude de pretensos defeitos pessoais corresponde à consagração do desvio de finalidade. Enfim, se a colocação em disponibilidade é uma solução vinculada, não é possível admitir que o aproveitamento do sujeito em disponibilidade reflita uma competência discricionária.

70   A VACÂNCIA DO CARGO

A vacância do cargo consiste na desvinculação do servidor que até então nele se encontrava investido, em virtude de atos voluntários ou não.

70.1   O aperfeiçoamento da vacância

A vacância pode ser produzida por atos administrativos unilaterais ou em virtude de um fato jurídico, como se passa nos casos de falecimento ou atingimento da idade limite para aposentadoria compulsória.

O elenco das causas de vacância consta do art. 33 da Lei 8.112/1990 e abrange os casos de exoneração, demissão, promoção, readaptação, aposentadoria, posse em outro cargo inacumulável e falecimento. A essas figuras deve-se acrescentar a perda do cargo do servidor estável para adequação ao limite de despesas com pessoal (art. 169, § 4.º, da CF/1988) e a anulação do ato de investidura.

Algumas hipóteses de vacância do cargo se verificam em virtude da extinção do vínculo mantido entre o Estado e o indivíduo. Em outros casos, verifica-se a vacância do cargo, mas se mantém o vínculo com o sujeito, ainda que sob regime jurídico distinto.

70.2   A vacância do cargo em virtude da extinção do vínculo

Há seis situações em que o vínculo entre Estado e particular desaparece, do que deriva a vacância do cargo público: exoneração, perda do cargo estável, demissão, anulação do ato de investidura, aposentadoria e falecimento.

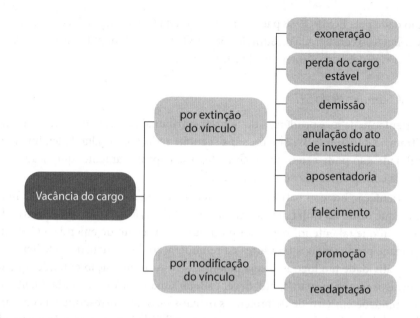

70.3 A exoneração (art. 33, I, Lei 8.112/1990)

A exoneração é a extinção do vínculo estatutário a pedido do servidor ou, quando cabível, em virtude de avaliação discricionária da autoridade competente.

Pode ocorrer tanto no caso de cargo em comissão quanto no caso de cargo de provimento efetivo.

A natureza não contratual do vínculo estatutário impede que o particular lhe ponha fim por meio de um ato voluntário próprio. Cabe ao Estado produzir um ato unilateral, ainda que em decorrência de manifestação do particular.

Como regra, a exoneração a pedido pode ocorrer a qualquer tempo, e seu deferimento se constitui em um dever do Estado. A recusa em promover a exoneração requerida pelo servidor pode configurar violação a direito líquido e certo.

Mas pode haver restrições à exoneração a pedido. Tais restrições podem derivar da natureza do próprio vínculo com o Estado ou de circunstâncias peculiares. Assim, por exemplo, o art. 95, § 2.º, da Lei 8.112/1990, estabelece que o servidor não poderá obter exoneração senão depois de período igual ao do afastamento que houver fruído para o estudo ou missão no estrangeiro (ressalvada a hipótese de ressarcimento da despesa havida com tal afastamento). Outro exemplo consta do art. 172 do mesmo diploma, que estabelece que o servidor que responder a processo disciplinar apenas poderá ser exonerado a pedido depois da conclusão do processo e do cumprimento da penalidade eventualmente aplicada.[65]

A exoneração independente de pedido do interessado será mais plausível no âmbito dos cargos em comissão, cujo provimento e exoneração são praticados no exercício de competência discricionária (dita, usualmente, *ad nutum*).

A exoneração do ocupante de cargo de provimento efetivo ocorrerá quando o sujeito não entrar em exercício, depois de tomar posse, ou quando não forem satisfeitas as condições do estágio probatório (art. 34, parágrafo único, I e II, da Lei 8.112/1990). Esta última hipótese foi objeto de várias ressalvas, *supra*.

---

[65] Confira-se LENZ. Constitucionalidade do art. 172 da Lei 8.112/1990: aspectos do processo administrativo disciplinar. *Fórum Administrativo – FA*, v. 11, n. 122, p. 22-27, abr. 2011.

Cap. 16 – ESTRUTURA ADMINISTRATIVA DO ESTADO: OS AGENTES PÚBLICOS 671

70.4 A perda do cargo do servidor estável

Uma hipótese específica de exoneração reside na perda do cargo do servidor estável, autorizada pelo art. 169, § 4.º, da Constituição. Tal como já exposto anteriormente, essa hipótese apenas surge como instrumento de redução das despesas totais com pessoal, e pressupõe a edição de normas gerais, destinadas a assegurar tratamento isonômico.[66]

70.5 A demissão (art. 33, II, Lei 8.112/1990)

A demissão é uma sanção consistente na extinção do vínculo estatutário mantido pelo Estado com um servidor em virtude da prática de infração funcional grave, nos termos da lei.

A figura será melhor examinada adiante, a propósito da responsabilização administrativa do servidor público.

70.6 A anulação do ato de investidura

A anulação do ato de investidura consiste no seu desfazimento em virtude do reconhecimento da sua invalidade.

A hipótese enquadra-se no dever-poder de a Administração promover o desfazimento dos próprios atos, quando eivados de vícios que os invalidem.

Rigorosamente, poderiam ser distinguidas duas situações diversas. É possível reconhecer a invalidade do ato de provimento e a invalidade do ato de investidura propriamente dito, partindo-se do pressuposto de que são duas figuras jurídicas distintas. Haverá casos em que o defeito consistirá no ato de provimento. Por exemplo, descobre-se que o particular se valeu de meios fraudulentos para ser aprovado em concurso público. Mas pode ocorrer de o provimento ser juridicamente perfeito, incidindo o vício em relação à investidura. Suponha-se o caso em que se descobre que a pessoa que compareceu para tomar posse não era o sujeito nomeado para o cargo. Mas é usual não distinguir as duas hipóteses, dando-lhes tratamento jurídico equivalente.

Presume-se que a anulação da investidura ocorre em hipóteses de ausência de consciência pela autoridade administrativa da existência do vício quanto ao ato. A autoridade titular da competência ignorava o problema. Mas a ausência de consciência da autoridade não é um requisito necessário à anulação. Se a autoridade tinha ciência do vício e ainda assim permitiu a investidura, verifica-se situação teratológica. Cabe não apenas promover a anulação, mas punir a autoridade que atuou de modo ilícito.

É problemático formular um elenco exaustivo das hipóteses de anulação do ato de investidura. A anulação do ato de investidura poderá decorrer de evento configurador de nulidade (a) imputável ao ente estatal titular da competência para promover a investidura ou (b) imputável ao particular beneficiário da investidura.

Um exemplo da primeira hipótese é o vício no processo de concurso público, envolvendo a infração a normas legais ou regulamentares praticada pelas autoridades públicas. Um exemplo da segunda hipótese é a prática de conduta fraudulenta pelo candidato no concurso público, descoberta apenas posteriormente.

A anulação do ato de investidura subordina-se aos princípios e regras pertinentes à invalidação dos atos administrativos. Como regra, não produzirá efeitos retroativos, ao menos perante terceiros. Todos os atos praticados pelo indivíduo serão reputados válidos, ressalvados defeitos próprios e específicos. Mesmo em vista do sujeito investido irregularmente, se reconhecida sua boa-fé, caberá admitir a produção dos efeitos da investidura até a data em que pronunciado o

---

[66] A Lei 9.801/1999 disciplinou o tema no âmbito federal.

672 CURSO DE DIREITO ADMINISTRATIVO · *Marçal Justen Filho*

vício. Nesse sentido, o próprio STJ reputou que o julgamento realizado por tribunal inferior era válido, não obstante o acórdão ter sido proferido por desembargador que teve o ato de investidura anulado pelo STF, porquanto o ato nulo produz efeitos em relação a terceiros de boa-fé:

"1. O ato nulo tem preservados os seus efeitos em relação aos terceiros de boa-fé, ensejando a validade do julgamento em que participou juiz cuja promoção foi anulada pelo STF" (REsp 58.832/RS, 2.ª T., rel. Min. Eliana Calmon, j. 05.08.1999, *DJ* 04.10.1999).

Por outro lado, o STF já reconheceu que o vício no ato de investidura apenas pode ser pronunciado até o decurso do prazo de cinco anos:

"Recurso extraordinário. 2. Servidor público estadual inativo. Aposentadoria anterior à CF/1988. 3. Nulidade da denominação do cargo de Diretor de Divisão. Retorno ao cargo de Chefe de Seção. 4. Declaração de inconstitucionalidade pelo STF dos arts. 4.º ao 7.º da Lei Complementar 317, de 9 de março de 1983, do Estado de São Paulo (Rp. 1.278, Pleno, rel. Djaci Falcão, *DJ* 09.10.87). Ato praticado na vigência da CF/1988. 5. Ofensa ao princípio da irredutibilidade de vencimentos. Possibilidade. 6. Princípio da segurança jurídica. Aplicabilidade. Precedentes. 7. Recurso extraordinário conhecido e provido" (AgR no RE 217.141/SP, 2.ª T., rel. Min. Gilmar Mendes, j. 13.06.2006, *DJ* 04.08.2006).

70.7   A aposentadoria (art. 33, VII, Lei 8.112/1990)

A aposentadoria será estudada adiante, em tópico específico.[67]

70.8   O falecimento (art. 33, IX, Lei 8.112/1990)

O falecimento do servidor produz a extinção automática do vínculo, como é evidente. A condição de servidor não se transmite aos sucessores, ainda que o falecimento possa gerar o surgimento de relação jurídica de outra natureza (tal como a pensão).

70.9   A vacância do cargo em virtude da modificação do vínculo com o sujeito

Há duas hipóteses em que a alteração no relacionamento jurídico mantido entre o particular e o Estado produz a vacância do cargo até então ocupado: promoção e readaptação (art. 33, III e VI, da Lei 8.112/1990). Esses institutos, já estudados anteriormente, apresentam dupla carga de efeitos jurídicos. Em ambos os casos, há a vacância do cargo ocupado em virtude de o sujeito ser provido em outro. No caso da promoção, trata-se de provimento em cargo mais elevado da carreira. Na hipótese de readaptação, verifica-se o provimento em cargo mais adequado em virtude de limitação na capacidade física ou mental do servidor.

71   A APOSENTADORIA DO SERVIDOR PÚBLICO

A aposentadoria é o ato administrativo unilateral, que produz a extinção do vínculo jurídico entre o Estado e o ocupante de cargo público de provimento efetivo e constitui a relação jurídica de inatividade, assegurando a percepção vitalícia de proventos em valor determinado.

---

[67]   Em edições anteriores, a aposentadoria foi enquadrada como causa de vacância por modificação do vínculo mantido com o servidor. No entanto, e rigorosamente, deve-se reconhecer que se trata de hipótese de extinção do vínculo, ainda que haja a constituição de outro relacionamento jurídico com o mesmo sujeito.

71.1 Os efeitos jurídicos da aposentadoria

Em virtude da aposentadoria, o indivíduo passa a ser subordinado ao regime jurídico da inatividade, o que significa a extinção do vínculo jurídico anterior e o surgimento de outro, compreendendo direitos e deveres de conteúdo diverso daqueles inerentes ao cargo até então ocupado.

O núcleo dos direitos derivados do ato de aposentadoria constitui a percepção de remuneração (denominada "provento"), que é vitalícia. O ato de aposentadoria fixa o valor dos proventos que serão devidos ao inativo.

71.2 O "regime próprio de previdência social"

O art. 40 da CF/1988 (com a redação da EC 103/2019) dispõe sobre o "regime próprio de previdência social" dos servidores titulares de cargos efetivos.

Isso não significa que os agentes políticos, os demais servidores e os trabalhadores em geral não façam jus a um regime de aposentadoria. Aplicam-se normas de conteúdo diverso, tal como determina o art. 40, § 13, da CF/1988 (com redação da EC 103/2019):

"Aplica-se ao agente público ocupante, exclusivamente, de cargo em comissão declarado em lei de livre nomeação e exoneração, de outro cargo temporário, inclusive mandato eletivo, ou de emprego público, o Regime Geral de Previdência Social".

O STF decidiu que o regime próprio da previdência social não abrange servidores que tenham sido beneficiados por estabilidade por ocasião da promulgação da Constituição de 1988. A orientação foi consolidada no Tema 1.254:

"Somente os servidores públicos civis detentores de cargo efetivo (art. 40, CF, na redação dada pela EC 20/98) são vinculados ao regime próprio de previdência social, a excluir os estáveis nos termos do art. 19 do ADCT e os demais servidores admitidos sem concurso público, ressalvadas as aposentadorias e pensões já concedidas ou com requisitos já satisfeitos até a data da publicação da ata de julgamento destes embargos declaratórios" (RE 1.426.306/TO, Pleno, rel. Min. Presidente Rosa Weber, repercussão geral – mérito, j. 12.06.2023, *DJe* 26.06.2023).

71.3 As espécies de aposentadoria

Existem diversas espécies de aposentadoria, que se diferenciam entre si pelos regimes jurídicos, pressupostos e efeitos.

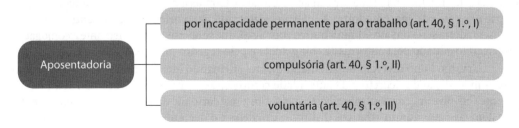

71.4 O ato administrativo de aposentadoria

As diferenças entre as três figuras não afastam o reconhecimento da natureza jurídica comum. Em todos os casos, a aposentadoria é um ato administrativo unilateral de efeitos declaratórios e constitutivos.

71.4.1 Eficácia declaratória e eficácia constitutiva

A declaração consiste no reconhecimento formal do preenchimento dos requisitos necessários à produção da aposentadoria. E há efeitos constitutivos, consistentes na atribuição do regime da inatividade remunerada.

71.4.2 O aperfeiçoamento da extinção do vínculo estatutário

As diferentes espécies de aposentadoria apresentam eficácia distinta no tocante à extinção do vínculo jurídico estatutário e à vacância do cargo. O atingimento da idade limite é suficiente, por si só, para produzir a extinção do vínculo jurídico original. Portanto, a aposentadoria compulsória apresenta efeito meramente declaratório quanto a isso. Diversamente se passa nas outras duas espécies de aposentadoria, em que é o ato administrativo de aposentação que produz a extinção do vínculo estatutário e a vacância do cargo.

Justamente por isso, o servidor público que completar a idade limite para aposentadoria compulsória será constrangido a cessar o exercício das funções sem necessidade de formalização de aposentadoria. Já nas outras duas hipóteses, o particular somente é liberado do cumprimento de suas funções em virtude da edição do ato de aposentadoria.

Assim se passa inclusive no caso de aposentadoria por incapacidade permanente para o trabalho. Mesmo que o servidor esteja acometido de limitação que o impeça de exercitar a sua função, continua ele investido formalmente no cargo público. Somente quando for editado o ato formal de aposentadoria, fundado na incapacidade permanente para o trabalho, é que desaparecerá o vínculo jurídico estatutário e se produzirá a vacância do cargo.

71.5 A configuração de ato jurídico unilateral ou de fato jurídico

A aposentadoria pode depender de manifestação expressa de vontade do beneficiário (aposentadoria voluntária). Mas também pode derivar da verificação de fatos jurídicos (aposentadoria por invalidez e aposentadoria compulsória). Em todos os casos, no entanto, a aposentadoria consiste num ato administrativo unilateral, destituído de cunho negocial. Mesmo a aposentadoria voluntária, em que o requerimento do servidor é pressuposto, a aposentadoria não se configura como um ato bilateral. Existirão dois atos unilaterais autônomos, um praticado pelo servidor e outro pelo Estado.

71.6 A ausência de configuração de ato administrativo complexo

O art. 71, III, da CF/1988 atribui ao Tribunal de Contas a competência para registrar (inclusive) os atos de aposentadoria. A interpretação tradicional orientou-se no sentido de que a aposentadoria seria um ato administrativo complexo, que se aperfeiçoaria mediante a conjugação do decreto editado pela autoridade competente e pelo registro perante o Tribunal de Contas.

Carvalho Filho divergiu desse entendimento, afirmando que a aposentadoria aperfeiçoa-se com a edição do decreto pela autoridade competente. O ato de aprovação do Tribunal de Contas envolve apenas controle *a posteriori* sobre a regularidade do ato.[68] Nesse entendimento, existem dois atos administrativos distintos. Um deles é o decreto de aposentadoria e o outro é o registro pelo Tribunal de Contas.

A controvérsia apresenta implicações práticas relevantes. Adotada a tese do ato complexo, inexistiria ato administrativo aperfeiçoado antes da manifestação do Tribunal de Contas. Logo, não teria curso o prazo decadencial para desfazimento de decreto de aposentadoria eivado de

---

68 CARVALHO FILHO. *Manual de direito administrativo*, 38. ed., p. 591.

ilegalidade. Diversamente se passaria caso fosse reconhecida a existência de dois atos administrativos distintos, eis que o prazo para invalidação do decreto ilegal de aposentadoria se iniciaria independentemente de posterior manifestação do Tribunal de Contas.

A Súmula 278 do TCU consagrou a orientação tradicional, tal como adiante reproduzido:

"Os atos de aposentadoria, reforma e pensão têm natureza jurídica de atos complexos, razão pela qual os prazos decadenciais a que se referem o § 2.º do art. 260 do Regimento Interno e o art. 54 da Lei n.º 9.784/1999 começam a fluir a partir do momento em que se aperfeiçoam com a decisão do TCU que os considera legais ou ilegais, respectivamente".

O STF tinha jurisprudência no mesmo sentido e que justificava o entendimento consagrado na Súmula Vinculante 3:

"Nos processos perante o Tribunal de Contas da União asseguram-se o contraditório e a ampla defesa quando da decisão puder resultar anulação ou revogação de ato administrativo que beneficie o interessado, excetuada a apreciação da legalidade do ato de concessão inicial de aposentadoria, reforma e pensão."

A ausência de reconhecimento ao contraditório e à ampla defesa no tocante à apreciação da legalidade da aposentadoria decorria do entendimento de que se tratava de ato complexo, não existindo um ato autônomo do Tribunal de Contas.

O tema foi objeto de manifestação posterior do STF, que fixou a tese seguinte para o Tema 445 da repercussão geral:

"Em atenção aos princípios da segurança jurídica e da confiança legítima, os Tribunais de Contas estão sujeitos ao prazo de 5 anos para o julgamento da legalidade do ato de concessão inicial de aposentadoria, reforma ou pensão, a contar da chegada do processo à respectiva Corte de Contas" (RE 636.553/RS, Pleno, rel. Min. Gilmar Mendes, repercussão geral – mérito, j. 19.02.2020, *DJe* 25.05.2020).

No julgamento, diversos Ministros mantiveram o entendimento de que a aposentadoria seria um ato administrativo complexo. No entanto, foi adotado tratamento jurídico coerente com a natureza de ato composto, eis que o STF reconheceu que o prazo para anulação da aposentadoria teria curso mesmo antes do registro pelo TCU.

Reputa-se que a aposentadoria é um ato administrativo composto. Essa é a melhor interpretação em vista do art. 71, III, da CF/1988. O dispositivo trata sobre o registro tanto dos atos de admissão de pessoal como de aposentadoria. Reconhecendo-se que a admissão não é ato complexo e que se aperfeiçoa mediante a atuação isolada da autoridade competente para o provimento, idêntica orientação se impõe relativamente à aposentadoria. Não existe fundamento lógico-jurídico para que as duas categorias de atos, objeto de idêntica disciplina num único dispositivo constitucional, tenham regimes jurídicos diversos.

Daí não segue que a aposentadoria devidamente registrada perante o Tribunal de Contas possa ser alterada ou invalidada sem a manifestação do órgão. Assim se passa porque o registro perante o Tribunal de Contas produz uma presunção de regularidade que não pode ser desfeita sem a intervenção do referido órgão.

71.7 A demora na edição do ato administrativo de aposentadoria

Não existe competência discricionária para avaliar o momento mais adequado para a aposentadoria do servidor. Preenchidos os pressupostos da aposentadoria compulsória ou voluntária, caberá o seu deferimento imediato. A demora no deferimento e implementação da aposentação configura violação ao regime jurídico correspondente e atribui ao interessado direito de indenização por perdas e danos.

72 O REGIME JURÍDICO DA APOSENTADORIA

O regime jurídico da aposentadoria consta, em suas linhas fundamentais, da Constituição. Ao longo do tempo, a disciplina jurídica tem sido alterada e as regras supervenientes são dotadas de aplicação imediata.

72.1 A ausência de direito adquirido a regime jurídico de aposentadoria

No âmbito do relacionamento entre Administração e servidor público, admite-se a alteração das regras existentes. As novas normas se aplicam inclusive aos agentes providos em cargos públicos em data anterior e sob regime distinto.

Não se configura direito adquirido a regime jurídico, na acepção de que o servidor não é titular dos direitos que, embora previstos na legislação existente à época da sua investidura, somente seriam adquiridos mediante o aperfeiçoamento de eventos futuros. Por exemplo, admite-se a elevação da idade mínima para a aposentadoria voluntária e essa regra será aplicável generalizadamente aos eventos futuros.

72.2 O preenchimento dos requisitos e o surgimento do direito adquirido

Mas as alterações normativas não afetam os direitos assegurados na legislação anterior nos casos em que os requisitos exigidos já estivessem preenchidos, ainda que o servidor continuasse em atividade. Por exemplo, a elevação da idade mínima da aposentadoria voluntária não se aplica relativamente ao sujeito que já tinha preenchido todos os requisitos para a aposentadoria, sendo juridicamente irrelevante não ter ele exercitado o direito correspondente.

Essa determinação foi expressamente consagrada no art. 3.º da EC 103/2019, nos termos seguintes:

"A concessão de aposentadoria ao servidor público federal vinculado a regime próprio de previdência social e ao segurado do Regime Geral de Previdência Social e de pensão por morte aos respectivos dependentes será assegurada, a qualquer tempo, desde que tenham sido cumpridos os requisitos para obtenção desses benefícios até a data de entrada em vigor desta Emenda Constitucional, observados os critérios da legislação vigente na data em que foram atendidos os requisitos para a concessão da aposentadoria ou da pensão por morte.

§ 1.º Os proventos de aposentadoria devidos ao servidor público a que se refere o *caput* e as pensões por morte devidas aos seus dependentes serão calculados e reajustados de acordo com a legislação em vigor à época em que foram atendidos os requisitos nela estabelecidos para a concessão desses benefícios.

§ 2.º Os proventos de aposentadoria devidos ao segurado a que se refere o *caput* e as pensões por morte devidas aos seus dependentes serão apurados de acordo com a legislação em vigor à época em que foram atendidos os requisitos nela estabelecidos para a concessão desses benefícios".

72.3 A adoção de regras de transição

Apesar disso, a alteração da disciplina da aposentadoria é usualmente acompanhada de regras de transição, destinadas a atenuar os efeitos mais onerosos da inovação. Por exemplo, o art. 4.º da EC 103/2019 estabeleceu regras diferenciadas para a idade mínima e para o tempo de contribuição relativamente ao servidor público federal investido em cargo de provimento efetivo até a data de entrada em vigor da dita Emenda.

72.4 A previsão de tratamento isonômico (art. 40, § 4.º)

O princípio da isonomia disciplina o regime jurídico da aposentadoria. Por decorrência, exige-se o tratamento uniforme para situações similares. Isso não impede a adoção de regras diferenciadas para casos que apresentem peculiaridades.

Nesse sentido, o art. 40, § 4.º (com as alterações da EC 103/2019), proibiu a adoção por lei de tratamento diferenciado para os servidores públicos. No entanto, os §§ 4.º-A, 4.º-B, 4.º-C e 5.º contemplam exceções a essa regra geral. O conteúdo dessas exceções será examinado em tópico adiante.

Sobre o tema, confira-se a Súmula Vinculante 33 do STF:

"Aplicam-se ao servidor público, no que couber, as regras do regime geral da previdência social sobre aposentadoria especial de que trata o artigo 40, § 4.º, inciso III da Constituição Federal, até a edição de lei complementar específica".

72.5 A EC 103/2019 e a desconstitucionalização da disciplina

A EC 103/2019 introduziu muitas alterações na disciplina constitucional. Uma parcela significativa delas versou sobre a desconstitucionalização da disciplina da aposentadoria. Foi reconhecida a competência dos entes federados para disporem sobre os diversos temas por meio de lei (eventualmente, exigindo-se lei complementar).

72.6 As regras da EC 103/2019 com eficácia de lei ordinária

Muitas regras consagradas na EC 103/2019, relativamente à órbita da União, apresentam eficácia de lei ordinária.

Mais precisamente, há disposições que comportam alteração por meio de lei ordinária. Por exemplo, o art. 10 da referida EC 103/2019 prevê que "Até que entre em vigor lei federal que discipline os benefícios do regime próprio de previdência social dos servidores da União, aplica-se o disposto neste artigo".

72.7 A unicidade do regime próprio de previdência social (art. 40, §§ 20 e 22)

No âmbito de cada órbita federativa, admite-se a existência de um único regime próprio de previdência social e de um único órgão ou entidade gestora. Essa determinação compreende todos os Poderes, órgãos e entidades autárquicas e fundacionais (art. 40, § 20).

A vedação foi instituída pela EC 103/2019 e se aplica a partir da data de sua promulgação (12.11.2019). O § 22 do art. 40 da CF/1988 previu a edição de lei complementar federal para disciplinar a organização, funcionamento e responsabilidade de gestão de regimes próprios de previdência social alternativos, que já existissem à época da proibição.

73 OS PROVENTOS DE APOSENTADORIA – NORMAS GERAIS DA CONSTITUIÇÃO

Os proventos de aposentadoria serão fixados de modo proporcional ao tempo e ao montante de contribuição.

73.1 Os princípios da solidariedade e da contributividade

O regime dos proventos de aposentadoria subordina-se aos princípios da solidariedade e da contributividade. A solidariedade implica a distribuição entre toda a sociedade dos encargos atinentes à previdência. A contributividade significa que o servidor contribui com uma parcela do valor de sua remuneração para viabilizar o recebimento de proventos depois de sua inativação.

73.2 A exigência de equilíbrio (art. 195, § 5.º)

O art. 195, § 5.º, da CF/1988 determina que "Nenhum benefício ou serviço da seguridade social poderá ser criado, majorado ou estendido sem a correspondente fonte de custeio total".

A regra constitucional abrange inclusive o regime previdenciário dos servidores públicos efetivos, tal como afirmado no voto do Min. Roberto Barroso no julgamento do RE 593.068 (Tema 163 da repercussão geral), adiante referido.

73.3 Aplicação supletiva do Regime Geral de Previdência Social (art. 40, § 12)

O art. 40, § 12, da CF/1988 estabelece que se aplicam as regras do Regime Geral de Previdência Social, no que couber, ao regime próprio de aposentadoria dos servidores públicos efetivos.

73.4 A disciplina constitucional do tempo de contribuição

A Constituição contém regras diversas quanto ao tempo de contribuição e proventos, que se aplicam a todas as espécies de aposentadoria (e algumas também à pensão por morte).

74 OS PROVENTOS DE APOSENTADORIA – NORMAS ESPECÍFICAS DA CONSTITUIÇÃO

Existem normas constitucionais específicas sobre diversos temas pertinentes aos proventos. Em muitos casos, há regras constantes do texto da EC 103/2019 que dispõem de modo restrito apenas à União.

74.1 A contribuição do sujeito ao longo do exercício da função pública

A aposentadoria não consiste em uma benesse proveniente exclusivamente dos cofres públicos. O servidor público tem o dever de contribuir para a previdência pública, realizando pagamentos ao longo do período de exercício da sua função no cargo que ocupar.

74.2 A contribuição previdenciária

Os servidores ativos e inativos e os pensionistas se subordinam ao pagamento de uma contribuição previdenciária calculada sobre a sua remuneração. O art. 11 da EC 103/2019 estabeleceu que enquanto não for editada lei específica sobre o tema, a alíquota da contribuição será de 14%. Referida alíquota será reduzida ou elevada proporcionalmente ao valor da base de contribuição ou do benefício recebido. Essa alíquota é calculada progressivamente.

74.3 A base de cálculo da contribuição previdenciária

A base de cálculo da contribuição previdenciária é a remuneração devida ao servidor, nos termos estabelecidos no art. 201, § 11, da CF/1988 ("Os ganhos habituais do empregado,

Cap. 16 – ESTRUTURA ADMINISTRATIVA DO ESTADO: OS AGENTES PÚBLICOS **679**

a qualquer título, serão incorporados ao salário para efeito de contribuição previdenciária e consequente repercussão em benefícios, nos casos e na forma da lei").

O art. 4.º, § 1.º, da Lei 10.887/2004 dispõe sobre a base de contribuição, prevendo a inclusão de vantagens pecuniárias permanentes, os adicionais de caráter individual e quaisquer outras vantagens e a exclusão de determinadas verbas (tal como a diária para viagens, ajuda de custo etc.).

O STF fixou tese em repercussão geral (Tema 163) no sentido de que:

> "Não incide contribuição previdenciária sobre verba não incorporável aos proventos de aposentadoria do servidor público, tais como 'terço de férias', 'serviços extraordinários', 'adicional noturno' e 'adicional de insalubridade" (RE 593.068/SC, Pleno, rel. Min. Roberto Barroso, repercussão geral – mérito, j. 11.10.2018, *DJe* 21.03.2019).

74.4   A fixação dos proventos de aposentadoria

O valor dos proventos não é vinculado diretamente ao montante dos subsídios ou vencimentos auferidos pelo servidor. Portanto, é admissível que, ao se aposentar, o sujeito passe a receber proventos em valor inferior àquele que auferia quando em atividade.

No passado, a disciplina dos proventos era diversa. Em muitos casos, o sujeito percebia proventos equivalentes ao valor remuneratório que estava a perceber na data da inativação, independentemente do montante de contribuição que tivesse realizado.

74.5   A remessa à disciplina infraconstitucional (art. 40, § 3.º)

O § 3.º do art. 40 estabeleceu que compete a cada ente federado disciplinar por meio de lei as regras para cálculo dos proventos de aposentadoria dos respectivos servidores.

74.6   A disciplina para a União

No âmbito da União, o art. 26 da EC 103/2019 determinou a seguinte regra:

> "Até que lei discipline o cálculo dos benefícios do regime próprio de previdência social da União e do Regime Geral de Previdência Social, será utilizada a média aritmética simples dos salários de contribuição e das remunerações adotados como base para contribuições a regime próprio de previdência social e ao Regime Geral de Previdência Social, ou como base para contribuições decorrentes das atividades militares de que tratam os arts. 42 e 142 da Constituição Federal, atualizados monetariamente, correspondentes a 100% (cem por cento) do período contributivo desde a competência julho de 1994 ou desde o início da contribuição, se posterior àquela competência".

O STF, analisando a questão relativamente ao Regime Geral de Previdência Social e em face de dispositivos legais editados anteriormente à EC 103/2019 (art. 3.º da Lei 9.876/1999), reputou que a limitação do cálculo do benefício previdenciário ao montante pago a partir de julho de 1994 deve ser afastada quando desfavorável ao interessado (Tema 1.102).[69]

---

[69]   RE 1.276.977/DF, Pleno, rel. Min. Marco Aurélio, rel. p/ acórdão Min. Alexandre de Moraes, repercussão geral – mérito, j. 01.12.2022, *DJe* 12.04.2023. Na data de fechamento desta edição, estava em trâmite o julgamento de embargos de declaração. Existia relevante divergência de entendimento entre os julgadores, inclusive no tocante a eventual provimento do recurso para remeter o processo para novo julgamento perante o STJ.

74.7 Os limites quanto ao valor dos proventos (art. 40, § 2.º)

O § 2.º do art. 40 veda que os proventos de aposentadoria no regime próprio de previdência sejam fixados em valor inferior ao salário mínimo ou em valor superior àquele estabelecido como máximo para o Regime Geral de Previdência Social (com ressalva para a hipótese de previdência complementar, prevista nos §§ 14 a 16 do mesmo art. 40).

O limite máximo de benefícios para o Regime Geral de Previdência Social foi fixado, pelo art. 5.º da EC 41/2003, em R$ 2.400,00. Essa quantia é reajustada periodicamente por ato dos Ministros de Estado da Economia e do Trabalho e da Previdência para preservar seu valor real.[70]

74.8 Cálculo baseado no valor atualizado das contribuições (art. 40, § 17)

As contribuições realizadas pelo servidor ocorrem ao longo do tempo. Esses montantes serão atualizados para o cálculo dos proventos devidos ao particular, tal como previsto no § 17 do art. 40 da CF/1988.

74.9 A contagem recíproca (art. 40, § 9.º)

O § 9.º do art. 40 da Constituição consagra a chamada contagem recíproca entre os entes federativos de tempo de contribuição. Em termos práticos, isso significa que o tempo de contribuição perante um ente federativo será computado para fins de aposentadoria perante outro.

Isso acarreta problemas de grande complexidade, na medida em que o sujeito terá contribuído para a previdência de um sistema e se aposentará em outro. A Lei 9.796/1999 disciplinou a compensação financeira a ser adotada entre os diversos entes políticos relativamente aos efeitos da contagem recíproca.

74.10 A vedação à contagem de tempo de contribuição fictício (art. 40, § 10)

Para fins de cálculo dos proventos, é vedado o cômputo de tempo de contribuição fictício. A estimativa dos proventos não pode compreender valores que não tenham sido objeto de efetiva contribuição pelo sujeito.

Assim, as regras tais como a de que o sujeito que deixar de gozar de licença poderá contar o período em dobro devem ser reputadas como proscritas. A regra geral é a de que não se computa tempo de serviço sem a efetiva ocorrência de contribuição. Mas essa determinação não impede a fruição pelo interessado de eventual direito adquirido antes da consagração de vedação constitucional sobre o tema.

O art. 4.º da EC 20/1998 determinou que o tempo de serviço contado até a data da vigência da lei que regulamentasse o tema seria computado como tempo de contribuição.

74.11 A questão do reajuste periódico do valor dos proventos (art. 40, § 8.º)

O art. 40, § 8.º, da CF/1988 determinou o reajustamento dos benefícios para preservar-lhes, de modo permanente, o valor real. Ainda que o dispositivo remeta à regulação do tema por lei, o dispositivo constitucional *assegura* a compensação pela perda do valor nominal em virtude da inflação. Não se tratou de solução semelhante à contida no art. 37, X, que previu uma revisão geral, anualmente, para a remuneração dos servidores em atividade, visto que a

---

[70] A Portaria Interministerial MPS/MF 6, de 10.01.2025, fixou o valor em R$ 8.157,41. (Art. 2º O salário de benefício e o salário de contribuição, a partir de 1º de janeiro de 2025, não poderão ser inferiores a R$ 1.518,00 (mil quinhentos e dezoito reais) nem superiores a R$ 8.157,41 (oito mil cento e cinquenta e sete reais e quarenta e um centavos).

EC 41/2003 revogou a regra da paridade entre ativos e inativos. No caso dos proventos, houve a garantia da manutenção do valor real.

O STF fixou a seguinte orientação, a propósito do Tema 1.224:

"É constitucional o reajuste de proventos e pensões concedidos a servidores públicos federais e seus dependentes não beneficiados pela garantia de paridade de revisão pelo mesmo índice de reajuste do regime geral de previdência social (RGPS), previsto em normativo do Ministério da Previdência Social, no período anterior à Lei 11.784/2008." (RE 1.372.723/RS, Pleno, rel. Min. Dias Toffoli, repercussão geral – mérito, j. 02.10.2023, *DJe* 24.10.2023).

74.12   A vedação à vinculação com a remuneração dos cargos

O art. 37, XIII, impõe a vedação à vinculação entre proventos e remuneração de cargos equivalentes. A Constituição afastou a *regra da paridade* entre proventos e remuneração, tal como apontado por Alexandre de Moraes, que destaca:

"O novo texto constitucional, apesar de proclamar a necessidade de preservação do valor real dos benefícios, assegura seu reajustamento conforme critérios estabelecidos em lei, não mais consagrando a verdadeira garantia aos servidores públicos aposentados e pensionistas existente no texto revogado, que determinava a revisão dos benefícios na mesma proporção e na mesma data, sempre que se modificasse a remuneração dos servidores em atividade, estendendo também aos aposentados e pensionistas quaisquer benefícios ou vantagens posteriormente concedidos aos servidores em atividade".[71]

Mas o art. 7.º da EC 41/2003 assegurou que todos os proventos de aposentadoria em fruição na data de sua publicação (31.12.2003) sejam revistos na mesma data e na mesma proporção em que ocorrer modificação dos servidores em atividade.

Essa previsão estendeu-se aos aposentados e pensionistas qualquer benefício ou vantagem atribuída ao servidor em atividade (inclusive decorrentes da transformação ou reclassificação do cargo ou função em que se deu a aposentadoria ou que serviu de referência para a concessão da pensão).

Isso significou solução excepcional, deferindo vantagem não assegurada aos servidores inativos. Essa garantia foi estendida também para os que tivessem preenchido os requisitos para aposentadoria na data da publicação da EC 41/2003, mas que continuassem em atividade.

75   A CONTRIBUIÇÃO PREVIDENCIÁRIA INCIDENTE SOBRE PROVENTOS

O STF rejeitou a imputação de inconstitucionalidade relativa à instituição de contribuição previdenciária sobre os proventos de aposentadoria concedida em data pretérita. Mas declarou a inconstitucionalidade das expressões *cinquenta por cento do* e *sessenta por cento do* contidas, respectivamente, nos incs. I e II do parágrafo único do art. 4.º, que se referiam ao limite máximo estabelecido para os benefícios do regime geral de previdência (ADIs 3.105 e 3.128[72]).

76   A VEDAÇÃO À ACUMULAÇÃO DE PROVENTOS (ART. 40, § 6.º)

É vedada a percepção de mais de um provento de aposentadoria sob regime próprio de previdência social, ressalvados aqueles derivados de cargos acumuláveis em atividade (art. 40,

---

[71]   MORAES. *Constituição do Brasil interpretada e legislação constitucional*, 8. ed., p. 884.

[72]   ADIs 3.105/DF e 3.128/DF, Pleno, rel. Min. Ellen Gracie, rel. p/ acórdão Cezar Peluso, j. 18.08.2004, *DJ* 18.02.2005. O entendimento foi mantido na ADI 3.133/DF, Pleno, rel. Min. Cármen Lúcia, j. 24.06.2020, *DJe* 17.09.2020.

§ 6.º) e observado o teto previsto no art. 37, XI, da CF/1988. Por exemplo, não se admite que o sujeito se aposente voluntariamente em cargo de magistrado, ingresse novamente na carreira da magistratura e, aposentando-se compulsoriamente, perceba cumulativamente os proventos dos dois cargos de magistrado.

76.1 A incidência das normas do Regime Geral de Previdência Social

O art. 40, § 6.º, da CF/1988 (com a redação da EC 103/2019) reiterou a extensão às aposentadorias de servidores públicos das regras pertinentes à acumulação de benefícios previdenciários estabelecidos no Regime Geral de Previdência Social.

Essa determinação acarreta a aplicabilidade de precedente do STF, relacionado com as figuras vulgarmente conhecidas como "desaposentação" e "reaposentação", que eram controvertidas em face do Regime Geral. A ementa do julgado está adiante reproduzida:

> "Desaposentação. Renúncia a anterior benefício de aposentadoria. Utilização do tempo de serviço/contribuição que fundamentou a prestação previdenciária originária. Obtenção de benefício mais vantajoso. (...) 3. Fixada a seguinte tese de repercussão geral no RE n.º 661.256/SC: '[n]o âmbito do Regime Geral de Previdência Social (RGPS), somente lei pode criar benefícios e vantagens previdenciárias, não havendo, por ora, previsão legal do direito à 'desaposentação', sendo constitucional a regra do art. 18, § 2.º, da Lei n.º 8.213/91'" (RE 661.256/SC, Pleno, rel. Min. Roberto Barroso, rel. p/ acórdão Min. Dias Toffoli, repercussão geral – mérito, j. 27.10.2016, *DJe* 27.09.2017).

Em embargos de declaração, foi esclarecido que o entendimento se aplicava também à figura da reaposentação.[73] A desaposentação indica a situação em que o aposentado renuncia à aposentadoria obtida e pleiteia uma nova, com proventos a serem calculados em vista do somatório das contribuições realizadas (abrangendo aquelas que já tinham sido consideradas quando da primeira aposentadoria e as promovidas supervenientemente). A reaposentação indica a renúncia à aposentadoria obtida e o pleito de uma outra aposentadoria, com proventos calculados exclusivamente em vista das contribuições posteriores.

76.2 A preservação das situações consolidadas

O art. 11 da EC 20/1998 assegurou a manutenção da situação dos servidores que já vinham acumulando proventos e remuneração, mesmo fora das hipóteses de cargos acumuláveis em atividade, em razão do direito adquirido. Deve-se ressaltar que mesmo nesses casos também deverá ser observado o teto salarial previsto no art. 37, XI, da CF/1988.

77 O SISTEMA DE PREVIDÊNCIA COMPLEMENTAR (ART. 40, §§ 14 A 16)

O § 14 do art. 40 da Constituição prevê que os diversos entes federados instituam regime de previdência complementar. Nesse caso, aplicar-se-á o regime do art. 202, da Constituição, cujo § 3.º veda que a Administração contribua com valor superior ao do segurado.

77.1 A remuneração adicional

A sistemática de previdência complementar significa assegurar aos servidores proventos complementares, além daqueles resultantes do cálculo fundado nas contribuições realizadas

---

[73] ED no RE 827.833/SC, Pleno, rel. Min. Dias Toffoli, rel. p/ acórdão Min. Alexandre de Moraes, j. 06.02.2020, *DJe* 07.07.2020.

de modo ordinário. O limite dos benefícios complementares é aquele contemplado no Regime Geral da Previdência Social.

77.2   A situação dos servidores anteriores

O regime referido apenas poderá ser aplicado mediante prévia e expressa concordância do servidor que tiver ingressado no serviço público até a data da publicação do ato de instituição do regime de previdência complementar.

Essa determinação do art. 40, § 16, apresenta cunho mais relevante por sua determinação implícita: a concordância será necessária apenas para os servidores então existentes. Os servidores que ingressarem no serviço público *depois* da publicação do aludido ato poderão ser *compulsoriamente* subordinados ao regime da previdência complementar.

A Lei 12.618/2012 instituiu o regime de previdência complementar para os servidores federais titulares de cargo de provimento efetivo. A disciplina abrange não apenas os servidores da União, mas também das autarquias e fundações federais, tal como os membros do Poder Judiciário, Ministério Público da União e Tribunal de Contas da União (art. 1.º).

78   A APOSENTADORIA POR INCAPACIDADE PERMANENTE PARA O TRABALHO (ART. 40, § 1.º, I)

A aposentadoria por incapacidade permanente para o trabalho é aquela fundada em evento fático superveniente à investidura no cargo, apto a acarretar a perda permanente pelo agente público das condições físicas ou intelectuais mínimas necessárias ao desempenho das atribuições de um cargo público, sendo decretada a pedido do interessado ou de ofício.

78.1   A ocorrência de evento superveniente

Presume-se que o servidor público, ao ser investido no cargo, era titular de condições de saúde necessárias ao desempenho das atribuições correspondentes. Ainda que apresentasse alguma redução nas suas habilidades físicas ou mentais, dispunha ele de condições mínimas necessárias a atuar como órgão estatal.

A aposentadoria por incapacidade permanente deriva de evento fático que se manifesta posteriormente à investidura e que acarreta decorrências consistentes na redução das condições físicas ou intelectuais do agente.

É possível que a origem orgânica do problema fosse anterior à investidura, o que se configurará como irrelevante na medida em que desconhecida sua existência pelo sujeito. Se o sujeito tinha ciência de que portava moléstia, seu dever era comunicar tal situação à Administração Pública – o que poderia resultar na ausência de seu provimento. A ausência de boa-fé do sujeito poderá conduzir à anulação de seu provimento, se o decurso do tempo não tiver acarretado a impossibilidade da pronúncia do vício.

Em muitos casos, a própria lei produz um elenco de moléstias cujo diagnóstico é suficiente para conduzir à aposentadoria.

78.2   A incapacidade permanente

A Constituição alude à incapacidade permanente, que não se confunde nem com incapacidade temporária nem com incapacidade definitiva.

A incapacidade permanente é aquela que se diagnostica como destinada a permanecer por período indeterminado de tempo.

CURSO DE DIREITO ADMINISTRATIVO · *Marçal Justen Filho*

Assim, não há incapacidade permanente quando o agente sofre um acidente que o obriga a guardar o leito por três meses. Há incapacidade temporária, que acarretará, como efeito jurídico, o afastamento do sujeito do exercício de suas atividades, por licença médica.

78.3 A avaliação periódica da incapacidade

Não se exige que a incapacidade seja definitiva, na acepção da necessidade de uma estimativa inquestionável sobre a irreversibilidade do estado do sujeito. Logo, admite-se que, cessada a causa que conduziu à aposentadoria por incapacidade permanente para o trabalho, produza-se a reversão do sujeito à atividade. Nesse sentido, a EC 103/2019 determinou que "será obrigatória a realização de avaliações periódicas para verificação da continuidade das condições que ensejaram a concessão da aposentadoria" (art. 10, § 1.º, II).

78.4 A questão da readaptação

A aposentadoria por incapacidade permanente reflete a perda das condições indispensáveis ao desempenho da função pública em qualquer cargo. Em certos casos, cabe aplicar a readaptação, instituto adequado para que o sujeito seja provido em cargo diverso do que ocupava, em virtude da redução de suas condições de aptidão física ou intelectual.

78.5 Decretação a pedido ou de ofício

A aposentadoria por incapacidade permanente pode decorrer de pedido do interessado ou de seu curador (nos casos em que a invalidez importe a supressão da capacidade de fato).

Mas é possível a decretação de ofício da aposentadoria por incapacidade permanente. Verificando a presença dos requisitos atinentes à aposentadoria, o Estado deverá produzir a aposentadoria, inclusive contra a vontade do interessado. Tal pode envolver até mesmo situações constrangedoras, propiciadas pela circunstância de existirem hipóteses em que a incapacidade permanente para o trabalho retira do servidor a consciência quanto às próprias limitações.

78.6 A fixação dos proventos

Os proventos de aposentadoria, no caso, serão fixados de modo proporcional ao tempo de contribuição. O art. 6.º-A da EC 41/2003 (com a redação da EC 70/2012) previa que os proventos de aposentadoria por incapacidade permanente para o trabalho seriam calculados com base na remuneração do cargo efetivo aplicado. Esse dispositivo foi revogado pela EC 103/2019, que fixou critérios específicos sobre o tema no art. 26, § 2.º, III, e § 3.º, II.

79 A APOSENTADORIA COMPULSÓRIA (ART. 40, § 1.º, II)

A aposentadoria compulsória é aquela que decorre do atingimento de idade limite, fixada na Constituição, tal como regulamentada na legislação infraconstitucional.

79.1 Atingimento da idade limite

A aposentadoria compulsória não depende de outro requisito, senão o preenchimento da idade. Por isso, é irrelevante o tempo de serviço com que conta o sujeito ou o montante das contribuições por ele realizadas.

A aposentadoria compulsória é um efeito normativo automático do atingimento de idade limite. O sujeito que atingir a idade limite perderá automaticamente o cargo público que

Cap. 16 – ESTRUTURA ADMINISTRATIVA DO ESTADO: OS AGENTES PÚBLICOS **685**

ocupava, sem a necessidade de uma formalização específica. Poder-se-ia dizer que os efeitos são automáticos em relação ao cargo, mas não em relação ao regime jurídico aplicável ao seu titular. Atingida a idade limite pelo servidor, produz-se a vacância automática do cargo. Mas a aplicação do regime jurídico da aposentadoria em favor do servidor dependerá de ato administrativo formal, decorrente de um procedimento administrativo destinado a apurar a presença dos requisitos necessários à fruição dos benefícios inerentes à aposentadoria.

Mas daí não deriva que o sujeito, por atingir a idade limite, passe automaticamente a fruir da condição de inativo. Será necessário formalizar a aposentadoria pelo ato correspondente. Ou seja, não há aposentadoria automática sem ato próprio.

Assim, o sujeito que completa a idade limite perde o exercício do cargo, mas, sem que seja promovido o ato estatal de aposentação, ele não será investido na condição de inativo nem terá direito a perceber a remuneração correspondente.

79.2 A alteração da disciplina original da Constituição

Na redação original da CF/1988, a idade para aposentadoria compulsória era 70 anos. A EC 88/2015 alterou essa disciplina. A nova redação para o art. 40, § 1.º, II, da CF/1988 estabeleceu que a aposentadoria compulsória ocorre aos 70 anos de idade ou, na forma de lei complementar, aos 75 anos de idade. O art. 100 do ADCT (também incluído pela EC 88/2015) determinou que o limite de 75 anos era aplicável imediatamente para os Ministros do STF, dos Tribunais Superiores e do TCU.

A LC 152/2015 estendeu a aplicação do limite de 75 anos generalizadamente para os servidores públicos de todas as esferas da Federação, inclusive autarquias e fundações. Anteriormente, o STF havia deferido liminar na ADI 5.316,[74] firmando entendimento de que a aplicação do novo limite de idade para aposentadoria dos servidores do Poder Judiciário dependeria de lei de sua própria iniciativa. Uma outra ADI (5.490) versando sobre a inconstitucionalidade do art. 2.º, II, da LC 152/2015 foi julgada improcedente pelo STF.[75]

O STF firmou orientação de que a elevação do limite de 75 anos, relativamente aos magistrados, é constitucional:

"1. Ação direta de inconstitucionalidade ajuizada pela Associação dos Magistrados Brasileiros (AMB) e pela Associação Nacional dos Magistrados da Justiça do Trabalho (ANAMATRA), em face da Lei Complementar nº 152/2015, de iniciativa parlamentar, que elevou a idade da aposentadoria compulsória no serviço público para 75 (setenta e cinco) anos. 2. Alegação de inconstitucionalidade formal, ao argumento de que o projeto de lei só poderia ser deflagrado pelo Supremo Tribunal Federal, na linha do precedente firmado por esta Corte no julgamento da ADI 5.316-MC (Rel. Min. Luiz Fux). Subsidiariamente, cuidando a matéria de funcionalismo público em sentido amplo, defende-se que a iniciativa caberia à Presidência da República. 3. Superação do precedente apontado. Na ADI 5.490 (Relª. Minª. Cármen Lúcia), por unanimidade, esta Corte decidiu que não há, na hipótese, reserva de iniciativa para a deflagração do processo legislativo sobre aposentadoria compulsória por idade. Isso porque a lei complementar nacional se limita a regulamentar a EC nº 88/2015, da qual se extrai definição preexistente do corte etário para inatividade, e traz um regramento genérico necessário ao funcionamento do regime previdenciário próprio. 4. Não há previsão específica de reserva de

---

[74] ADI 5.316 MC, Pleno, rel. Min. Luiz Fux, j. 21.05.2015, *DJe* 05.08.2015. A ação foi extinta por perda de objeto em virtude da edição da Lei Complementar 152/2015 (decisão monocrática do rel. Min. Luiz Fux em 19.09.2023, *DJe* 20.09.2023).

[75] ADI 5.490/DF, Pleno, rel. Min. Cármen Lúcia, j. 20.11.2019, *DJe* 06.12.2019.

iniciativa nas normas trazidas pela EC nº 88/2015, de modo que prevalece a regra geral constante do art. 61, *caput*, da CF/1988, que autoriza a propositura do projeto de lei complementar por qualquer membro do Congresso Nacional. (...) 7. Pedido improcedente, com a fixação da seguinte tese de julgamento: 'Não se submete a reserva de iniciativa a lei complementar nacional que, regulamentando a EC nº 88/2015, fixa em 75 (setenta e cinco) anos a idade de aposentadoria compulsória para todos os agentes públicos titulares de cargos efetivos ou vitalícios'" (ADI 5.430/DF, Pleno, rel. Min. Roberto Barroso, j. 22.05.2023, *DJe* 05.06.2023).

79.3   A não aplicação a outras categorias de agentes públicos

O atingimento da idade limite produz o efeito examinado apenas em relação aos servidores públicos. O STF decidiu, na ADI 2.602, que os titulares de registros públicos não são servidores públicos, razão pela qual não são alcançados pela compulsoriedade imposta no art. 40, § 1.º, II, da CF/1988.[76]

O STF reconheceu, no julgamento do mérito da repercussão geral fixada no RE 786.540, a inaplicabilidade da aposentadoria compulsória por idade para o servidor titular de cargo em comissão. Admitiu-se a investidura em cargo em comissão de sujeito com idade superior ao limite.[77]

79.4   A fixação dos proventos

Em caso de aposentadoria compulsória, os proventos são fixados de modo proporcional ao montante das contribuições realizadas. Se o sujeito já preenchera os requisitos de tempo de serviço para aposentar-se, perceberá proventos integrais. Se não, seus proventos serão tanto mais reduzidos quanto mais exíguo tiver sido o montante de sua contribuição.

80   A APOSENTADORIA VOLUNTÁRIA (ART. 40, § 1.º, III)

A aposentadoria voluntária é aquela que decorre de pedido do servidor público, que preencha requisitos cumulativos de tempo de contribuição e de idade mínima.

A aposentadoria é voluntária na acepção de que depende de requerimento do servidor. Mas seu deferimento não é discricionário. Se o sujeito preencher os requisitos legais, o Estado será constrangido a atender o pleito de aposentadoria.

A Constituição determina que a aposentadoria voluntária dependerá de requisitos mínimos a serem fixados na órbita de cada ente federativo. Mas a Constituição determina, desde logo, a idade mínima no âmbito da União.

80.1   A questão da idade mínima

A CF/1988 admite tratamento diferenciado para servidores em situação distinta, relativamente à questão da idade mínima.

80.1.1   A regra geral para a União (art. 40, § 1.º, III)

O art. 40, § 1.º, III, determina diretamente que, no âmbito da União, a idade mínima para a aposentadoria voluntária é de 65 anos para homens e 62 para mulheres.

---

[76]   ADI 2.602/MG, Pleno, rel. Min. Joaquim Barbosa, rel. p/ acórdão Min. Eros Grau, j. 24.11.2005, *DJ* 31.03.2006.

[77]   RE 786.540/DF, Pleno, rel. Min. Dias Toffoli, repercussão geral – mérito, j. 15.12.2016, *DJe* 14.12.2017.

80.1.2 A regra geral nas demais órbitas federativas

Os Estados e Municípios devem determinar a idade mínima para aposentadoria voluntária mediante previsão contemplada nas Constituições e Leis Orgânicas respectivas.

80.1.3 A situação dos professores (art. 40, § 5.º)

A idade mínima para os ocupantes de cargo de professor será reduzida em cinco anos relativamente àquela estabelecida para os servidores em geral, desde que tenham exercício efetivo em magistério na educação infantil, no ensino fundamental e no ensino médio pelo período mínimo previsto em lei complementar.

A referência a "tempo de efetivo exercício das funções de magistério" destinou-se a afastar a interpretação de que o simples provimento em cargo de professor acarretaria a redução da idade mínima. Não basta a titularidade formal do cargo de professor, sendo indispensável o desempenho efetivo das atividades de magistério durante período mínimo (a ser definido em lei complementar de cada ente federado). Nesse sentido, confira-se a Súmula 726 do STF:

> "Para efeito de aposentadoria especial de professores, não se computa o tempo de serviço prestado fora da sala de aula".

A Lei Federal 11.301/2006 determinou que o período de desempenho de atividades de magistério externas à atuação em sala de aula seria computável para a aposentadoria sob regime diferenciado. Houve questionamento quanto à constitucionalidade da disciplina. O STF decidiu nos termos seguintes:

> "I – A função de magistério não se circunscreve apenas ao trabalho em sala de aula, abrangendo também a preparação de aulas, a correção de provas, o atendimento aos pais e alunos, a coordenação e o assessoramento pedagógico e, ainda, a direção de unidade escolar. II – As funções de direção, coordenação e assessoramento pedagógico integram a carreira do magistério, desde que exercidos, em estabelecimentos de ensino básico, por professores de carreira, excluídos os especialistas em educação, fazendo jus aqueles que as desempenham ao regime especial de aposentadoria estabelecido nos arts. 40, § 5.º, e 201, § 8.º, da Constituição Federal. III – Ação direta julgada parcialmente procedente, com interpretação conforme, nos termos supra" (ADI 3.772, Pleno, rel. Min. Carlos Britto, rel. p/ acórdão Min. Ricardo Lewandowski, j. 29.10.2008, *DJe* 28.10.2009).

Na sequência, o STF afastou o entendimento da Súmula 726 e adotou a orientação consagrada no Tema 965:

> "Para a concessão da aposentadoria especial de que trata o art. 40, § 5.º, da Constituição, conta-se o tempo de efetivo exercício, pelo professor, da docência e das atividades de direção de unidade escolar e de coordenação e assessoramento pedagógico, desde que em estabelecimentos de educação infantil ou de ensino fundamental e médio" (RE 1.039.644/SC, Pleno, rel. Min. Alexandre de Moraes, repercussão geral – mérito, j. 12.10.2017, *DJe* 10.11.2017).

80.2 A disciplina diferenciada (art. 40, §§ 4.º-A, 4.º-B e 4.º-C)

Os §§ 4.º-A, 4.º-B e 4.º-C do art. 40 (com a redação da EC 103/2019) admitiram que lei complementar do ente federativo dispusesse sobre condições diferenciadas relativamente a idade e tempo de contribuição para, respectivamente:

- servidores com deficiência;

- ocupantes de cargos de agente penitenciário, de agente socioeducativo ou de policial; e
- servidores cujas atividades sejam exercidas com efetiva exposição a agentes químicos, físicos e biológicos prejudiciais à saúde.

Os dispositivos reconhecem que os servidores em situação específica e diferenciada, que apresentem limitações individuais diferenciadas, podem receber tratamento jurídico mais benéfico do que aquele reservado para os servidores em geral.

80.3 Incentivo à permanência em atividade (art. 40, § 19)

Determina-se que os servidores que, preenchendo os requisitos para aposentadoria, optarem por permanecer em atividade farão jus a um *abono de permanência*, equivalente no máximo ao valor de sua contribuição previdenciária, até incorrer no pressuposto da aposentadoria compulsória.

O STF adotou o entendimento seguinte, ao decidir o Tema 888:

"É legítimo o pagamento do abono de permanência previsto no art. 40, § 19, da Constituição Federal ao servidor público que opte por permanecer em atividade após o preenchimento dos requisitos para a concessão da aposentadoria voluntária especial (art. 40, § 4.º, da Carta Magna)" (ARE 954.408/RS, Pleno, rel. Min. Teori Zavascki, repercussão geral – mérito, j. 14.06.2016, *DJe* 20.04.2016).

81 OS REQUISITOS DA APOSENTADORIA VOLUNTÁRIA NO ÂMBITO DA UNIÃO

A EC 103/2019 veiculou diretamente os requisitos para a aposentadoria voluntária dos servidores públicos federais, a prevalecerem até a edição de lei federal específica.

O art. 10 da Emenda determina que a aposentadoria voluntária dependerá do preenchimento de diversos requisitos cumulativos.

A idade mínima para a aposentadoria é de 65 anos para os homens e de 62 anos para mulheres. Ademais, exige-se a contribuição mínima por 25 anos, 10 anos de efetivo exercício no serviço público e 5 anos no cargo efetivo em que a aposentadoria for concedida.

82 O REGIME TRANSITÓRIO DAS EMENDAS CONSTITUCIONAIS

Desde a sua vigência, a Constituição de 1988 sofreu diversas alterações nas regras pertinentes à aposentadoria. De modo genérico, tais alterações foram acompanhadas da edição de regras transitórias.

A EC 103/2019 revogou as normas introduzidas em emendas constitucionais anteriores que previam regimes transitórios e consagrou novas soluções. Mas a revogação das regras transitórias não implicou a eliminação de eventuais direitos adquiridos.

82.1 A revogação das regras transitórias e os direitos adquiridos

Tal como anteriormente exposto, a circunstância de o servidor não requerer a sua aposentadoria voluntária não acarreta a supressão dos direitos cujos pressupostos já estavam preenchidos. Aliás, é pacífica a jurisprudência do STF no sentido da intangibilidade dos direitos adquiridos em favor dos que tivessem preenchido os requisitos vigentes sob o regime anterior:

"Os proventos da aposentadoria são calculados considerada a legislação em vigor na data em que implementados os requisitos necessários à inatividade – verbete n.º 359 da Súmula da Jurisprudência Predominante do Supremo" (STF, MS 32.726/DF, 1.ª T., rel. Min. Roberto Barroso, rel. p/ acórdão Min. Marco Aurélio, j. 07.02.2017, *DJe* 30.05.2017).

Diversos regimes diferenciados de aposentadoria, inclusive alguns estabelecidos em cunho transitório, foram revogados por Emendas Constitucionais posteriores. É inquestionável a preservação dos direitos adquiridos por servidores que, embora tendo preenchido os requisitos exigidos, não tenham requerido a aposentadoria.

82.2 O regime transitório da EC 41/2003

O art. 3.º da EC 41/2003 reconheceu o direito adquirido à aposentadoria segundo o regime anterior aos servidores que já tivessem preenchido os requisitos necessários à aposentadoria até a data da sua publicação.

82.2.1 Servidores providos até 16 de dezembro de 1998

O art. 2.º da EC 41/2003 assegura aos servidores que tiverem ingressado no serviço público até 16.12.1998 o direito de aposentadoria voluntária, com inúmeras variações, tal como adiante exposto:

- idade mínima de 53 anos para homens e de 48 para mulheres;
- 5 anos de efetivo exercício no cargo em que ocorrer a aposentadoria;
- 35 anos de contribuição para homens e 30 para mulheres; e
- se for o caso, período adicional de contribuição de 20% do tempo que faltava, na data da publicação da EC 20/1998, para atingir o limite do item anterior.

Estabeleceu-se, ademais, que os proventos de inatividade serão reduzidos para cada ano "antecipado" em relação aos limites de idade fixados na Constituição, na proporção de 3,5% para quem completar as exigências até 31.12.2005 e de 5% para quem as completar a partir de 1.º de janeiro de 2006.

Determinou-se que essas regras se aplicam a todas as categorias de servidores civis, mas com algumas diferenças. Assim, os magistrados, membros do Ministério Público e dos Tribunais de Contas e professores terão seu tempo de serviço acrescido em 17%.

82.2.2 Servidores providos até 31 de dezembro de 2003

O art. 6.º da EC 41/2003 facultou aos servidores que tiverem ingressado no serviço público até 31.12.2003 escolher entre o regime da redação originária da Constituição, o regime do art. 2.º da dita emenda (suprarreferido) ou um regime alternativo. Nesta hipótese, poderão aposentar-se com proventos integrais se preencherem os seguintes requisitos:

- idade mínima de 60 anos para homens e de 55 para mulheres;
- 35 anos de contribuição para homens e 30 para mulheres;
- 20 anos de efetivo exercício no serviço público; e
- 10 anos de carreira e 5 anos de efetivo exercício no cargo em que se der a aposentadoria.

82.3 Regime especial alternativo (EC 47/2005)

A EC 47/2005 previu um outro regime especial, a ser escolhido pelos servidores públicos para aposentadoria voluntária, de modo alternativo às disciplinas do art. 40 da CF/1988 e dos arts. 2.º e 6.º da EC 41/2003. O art. 3.º da referida EC 47/2005 previu que o servidor da Administração direta ou de autarquias e fundações, de qualquer órbita federativa, desde que tivesse ingressado no serviço público até 16.12.1998, pudesse aposentar-se com proventos integrais, mesmo com idade inferior a 60 anos para homens e 55 para mulheres. Em termos simplificados, o dispositivo previu que cada ano de contribuição superior a 35 anos para homens e 30 para mulheres autorizaria a redução de um ano do limite mínimo de idade. Em outras palavras, um homem com 59 anos de idade poderá aposentar-se com proventos integrais se contasse com 36 anos de contribuição.

Ou seja, tais servidores poderão aposentar-se com proventos integrais desde que preencham as seguintes condições:

– 35 anos de contribuição para homens e 30 para mulheres;
– 25 anos de efetivo exercício no serviço público;
– 15 anos de carreira e 5 anos no cargo em que se der a aposentadoria;
– idade mínima resultante da redução, relativamente aos limites de 60 anos para homem e 55 para mulher, de 1 ano de idade para cada ano de contribuição que exceder o período contributivo.

Portanto, o servidor que ingressou no serviço público até 16 de dezembro de 1998 pode optar por se aposentar por uma das seguintes regras, verificando qual lhe será a mais benéfica:

a) pelo art. 40 da CF/1988;
b) pelo art. 2.º da EC 41/2003;
c) pelo art. 6.º da EC 41/2003; ou
d) pelo art. 3.º da EC 47/2005.

82.4 As regras transitórias previstas na EC 103/2019

O art. 4.º da EC 103/2019 adotou sistemática diferenciada para a aposentadoria dos servidores investidos em cargos federais de provimento efetivo em data anterior a 13.11.2019.

82.4.1 Os requisitos básicos

Foi prevista a idade mínima de 56 anos de idade para mulheres e de 61 anos para homens. Ademais, são exigidos 30 anos de contribuição para mulheres e 35 anos para homens.

É necessário tempo de pelo menos 20 anos de exercício efetivo no serviço público e de 5 anos no cargo efetivo em que se verificar a aposentadoria.

A EC 103 adotou uma sistemática de cálculo em que cada ano de idade e de contribuição equivaleria a um ponto. Sob esse enfoque, a sistemática básica implica um somatório mínimo de 86 pontos para mulheres (56 atinentes à idade e 30 de contribuição) e de 96 pontos para homens (61 relativos à idade e 35 quanto à contribuição).

82.4.2 A elevação dos requisitos de idade a partir de 01.01.2022

A partir de 01.01.2022, a idade mínima para a aposentadoria voluntária passará a ser de 57 anos para mulheres e de 62 anos para homens (art. 4.º, § 1.º).

82.4.3 Requisitos a partir de 01.01.2020

O § 2.º do art. 4.º da EC 103/2019 previu que, a partir de 01.01.2020, haveria o acréscimo de um ponto a cada ano, como requisito de aposentadoria, até o atingimento de 100 pontos para mulheres e de 105 pontos para homens.

Essa fórmula não diferencia a idade e o tempo de contribuição. Em termos práticos, durante o ano de 2020, a aposentadoria dependia de o sujeito contar com um ano a mais de idade ou de contribuição relativamente à regra básica.

É interessante destacar que, considerando a regra básica adotada pela EC 103/2019, o tratamento diferenciado entre homens e mulheres era de 10 pontos. Mas o limite final previsto no § 2.º do art. 4.º reduz a distinção para 5 pontos. Isso significa a redução progressiva da severidade dos requisitos para a aposentadoria dos servidores homens.

83 A PENSÃO POR MORTE E OUTROS BENEFÍCIOS PREVIDENCIÁRIOS PECUNIÁRIOS

A pensão por morte consiste num valor pecuniário devido mensalmente a cônjuge ou a companheira(o) e a dependentes do servidor público ativo ou inativo falecido.

O regime jurídico da pensão segue, nas suas linhas gerais, a disciplina constitucional para os proventos. Sobre o tema, confira-se a Súmula 284 do TCU:

"A concessão de pensão deve observar a legislação em vigor à data do óbito do instituidor, ocasião em que os requisitos legais nela previstos deverão estar preenchidos pelos beneficiários".

83.1 A disciplina do art. 40, § 7.º, da CF/1988

O art. 40, § 7.º, da CF/1988 (com a redação da EC 103/2019) determinou incumbir à lei de cada ente federativo disciplinar a pensão a ser paga em caso de morte do servidor público.

O dispositivo também estabeleceu que a referida pensão não poderá ser inferior ao valor de um salário mínimo, caso seja a única fonte de renda formal do dependente.

83.2 A disciplina para o âmbito da União

O art. 23 da EC 103/2019 dispôs sobre a pensão no âmbito do regime próprio de previdência social da União. Estabeleceu que o valor será equivalente a 50% do valor da aposentadoria recebida ou daquela que o servidor teria direito a receber, acrescida de dez pontos porcentuais por dependente (até o máximo de 100%).

84 O CONTROLE DE CONSTITUCIONALIDADE DA MODIFICAÇÃO DO REGIME JURÍDICO

A possibilidade de alteração unilateral do vínculo não investe o Estado na competência para produzir atos inadequados, desnecessários ou repugnantes aos valores prezados pela comunidade. A Constituição não excluiu a relação jurídica estatutária de sua proteção. Todas as exigências relacionadas à validade das leis se aplicam às inovações promovidas a propósito dos direitos e deveres dos sujeitos vinculados ao Estado por relação estatutária.

Trata-se, ainda aqui, do princípio da proporcionalidade. Mesmo que não haja direito adquirido, a inovação quanto ao regime jurídico do servidor estatutário será inválida quando infringir o princípio da proporcionalidade. A redução dos direitos e a ampliação dos deveres deverá ser adequada em vista dos *objetivos políticos* e *não políticos*; deverá ser a mínima necessária para assegurar a obtenção desses objetivos; e não poderá desmerecer os valores fundamentais norteadores da relação do Estado com as pessoas, o que envolve a boa-fé e um mínimo de segurança jurídica.

85 OS EMPREGADOS PÚBLICOS

Um outro conjunto de pessoas físicas que atuam como órgão estatal é composto por aqueles que se subordinam ao regime trabalhista, mas atuando no âmbito de pessoa jurídica de direito público.

85.1 Definição

Empregado público é a pessoa física que desempenha a função de órgão no âmbito de pessoa estatal com personalidade de direito público, submetida ao regime de direito do trabalho, com as modificações próprias do regime de direito público.

Logo, reserva-se a expressão *emprego público* apenas para as relações jurídicas estabelecidas no âmbito das pessoas jurídicas de direito público. No tocante às relações empregatícias na Administração indireta de direito privado, melhor é utilizar a expressão *emprego privado em empresa estatal* (ou, simplesmente, *emprego estatal*).

85.2 Considerações gerais sobre o regime jurídico trabalhista público

Os empregados públicos são uma categoria sujeita a regime jurídico híbrido. Em tese, estariam subordinados ao regime da legislação trabalhista, o que os retiraria da submissão ao direito administrativo.

É evidente, no entanto, que o vínculo jurídico pelo qual um indivíduo é investido na condição de órgão estatal não pode submeter-se, de modo integral e completo, às mesmas regras pertinentes ao desempenho da atividade privada. Logo, as normas trabalhistas são, em inúmeras passagens, afastadas em virtude do regime jurídico inerente à atividade administrativa estatal. Deve-se destacar, no entanto, que o vínculo jurídico mantido entre o Estado e o particular apresenta natureza de direito privado.

85.3 Ainda a questão da extinção do regime jurídico único

Tal como exposto em tópico anterior, a EC 19/1998 alterou a redação do art. 39 da CF/1988, eliminando a previsão de um regime jurídico único para os servidores estatais. Isso conduziu a contratações subordinadas ao regime trabalhista.

O STF deferiu provimento cautelar suspendendo a eficácia da alteração do referido art. 39 da CF/1988 (MC na ADI 2.135/DF, Pleno, rel. Min. Néri da Silveira, rel. p/ acórdão Min. Ellen Gracie, j. 02.08.2007, *DJe* 06.03.2008). Houve a modulação dos efeitos da decisão, ressalvando-se a validade das contratações promovidas entre 05.06.1998 e 02.07.2007.

O STF julgou o mérito da questão em 06.11.2024 e decidiu pela validade da alteração promovida por meio da EC 19/1998. Também houve modulação dos efeitos da decisão, de modo a produzir efeitos apenas para o futuro.

Isso significa a admissibilidade da contratação de empregados públicos, em momento posterior à decisão do STF.

85.4 As funções atribuíveis aos empregados públicos

A figura do empregado público é reservada para as atividades destituídas de relevância política e que não traduzam as competências estatais mais essenciais. Não é casual, então, que

Cap. 16 – ESTRUTURA ADMINISTRATIVA DO ESTADO: OS AGENTES PÚBLICOS **693**

o regime estatutário não seja aplicado no âmbito das pessoas estatais de direito privado, nem é estranho afirmar que o regime trabalhista será aplicado somente por exceção na esfera das pessoas estatais de direito público.

Uma análise mais aprofundada sobre a questão encontra-se em tópico anterior, neste mesmo Capítulo, atinente aos efeitos da decisão do STF na ADI 2.135, que reconheceu a validade da alteração da redação do art. 39 da CF/1988 por meio da EC 20/1998.

85.5 As diversas situações abrangidas

A categoria de empregado público compreende uma pluralidade de situações jurídicas distintas.

85.5.1 Os empregados das fundações com personalidade de direito privado

Algumas fundações integrantes da Administração Pública, dotadas de personalidade de direito privado, mantêm vínculo trabalhista com os seus empregados. Segundo a orientação do TST, certos direitos previstos para os servidores públicos seriam aplicáveis:

> "Fundação instituída por lei e que recebe dotação ou subvenção do Poder Público para realizar atividades de interesse de Estado, ainda que tenha personalidade jurídica de direito privado, ostenta natureza de fundação pública. Assim, seus servidores regidos pela CLT são beneficiários da estabilidade excepcional prevista no art. 19 da ADCT" (OJ 364 da SDI-1 do TST).

O STF adotou entendimento diverso, no âmbito do Tema 545:

> "I – A qualificação de uma fundação instituída pelo Estado como sujeita ao regime público ou privado depende (i) do estatuto de sua criação ou autorização e (ii) das atividades por ela prestadas. As atividades de conteúdo econômico e as passíveis de delegação, quando definidas como objetos de dada fundação, ainda que essa seja instituída ou mantida pelo Poder público, podem-se submeter ao regime jurídico de direito privado. II – A estabilidade especial do art. 19 do ADCT não se estende aos empregados das fundações públicas de direito privado, aplicando-se tão somente aos servidores das pessoas jurídicas de direito público" (RE 716.378/SP, Pleno, rel. Min. Dias Toffoli, repercussão geral – mérito, j. 07.08.2019, *DJe* 29.06.2020).

85.5.2 Os empregados de consórcios públicos

O consórcio público, disciplinado pela Lei 11.107/2005, pode admitir empregados, que serão regidos por vínculo trabalhista. O art. 6.º, § 2.º, do referido diploma (com a redação da Lei 13.822/2019), determina que:

> "O consórcio público, com personalidade jurídica de direito público ou privado, observará as normas de direito público no que concerne à realização de licitação, à celebração de contratos, à prestação de contas e à admissão de pessoal, que será regido pela Consolidação das Leis do Trabalho (CLT), aprovada pelo Decreto-Lei n.º 5.452, de 1.º de maio de 1943".

No caso de consórcio com personalidade de direito público, o seu pessoal será configurado como empregado público.

85.5.3 Os empregados contratados entre 05.06.1998 e 02.08.2007

Há um conjunto de empregados públicos, que foram contratados por entes da Administração direta, autárquica e fundacional, no período que mediou entre a edição da EC 20/1008

694 CURSO DE DIREITO ADMINISTRATIVO • *Marçal Justen Filho*

e a decisão do STF que suspendeu a eficácia da alteração do art. 39 da CF/1988. Para esses empregados, em razão da modulação de efeitos da decisão cautelar, foi mantida a subordinação ao regime trabalhista.

85.5.4 Os empregados contratados a partir da decisão do STF

Uma outra categoria será composta pelos empregados contratados posteriormente à decisão de mérito do STF na ADI 2.135/DF. A criação de empregos públicos depende de lei, a qual definirá o regime jurídico aplicável.

86 O REGIME JURÍDICO DO EMPREGO PÚBLICO

Como dito, o regime jurídico do emprego público é híbrido. Aplicam-se as normas do direito do trabalho sempre que tal não seja incompatível com a natureza pública das atividades e atribuições assumidas pelo sujeito.

86.1 As regras gerais

Há uma dificuldade prática relevante, derivada do conflito entre o direito do trabalho e o direito administrativo.

O direito do trabalho é impregnado pela tutela ao trabalhador, considerado como parte mais fraca numa relação econômica estabelecida como forma de acumulação de riqueza pelo empregador.

O direito administrativo, por seu turno, é norteado pela tutela ao cidadão, de modo a garantir que a atuação do Estado e dos seus agentes realize a satisfação das necessidades coletivas. Por isso, o direito administrativo se caracteriza por um formalismo muito mais intenso do que existe em outros ramos, especialmente no direito do trabalho.

Em termos práticos, os encargos atinentes aos benefícios garantidos aos empregados privados recaem sobre o empregador (sendo repassados aos consumidores pelos mecanismos de mercado). Mas os encargos atinentes aos benefícios assegurados aos empregados públicos recaem sobre toda a sociedade, que arca com eles por meio dos tributos.

Logo, questões que poderiam ser resolvidas, no âmbito privatístico, como um problema puramente privado do empregador, adquirem dimensão de moralidade pública e de interesse coletivo quando se ingressa no campo da organização administrativa estatal.

Em síntese, pode-se afirmar que o regime disciplinador da atividade dos empregados públicos está sendo construído ao longo do tempo, por meio especialmente da jurisprudência.

86.2 A Lei Federal 9.962/2000

A Lei Federal 9.962/2000 disciplina as relações de emprego público no âmbito da Administração federal direta, autárquica e fundacional. Previu a aplicação das normas da CLT e da legislação correlata, com alterações específicas, tal como a edição de leis próprias para relações dotadas de peculiaridades.

Basicamente, o diploma disciplinou a resolução unilateral do contrato de emprego público por prazo indeterminado. Estabeleceu que demissão unilateral somente poderia fazer-se de modo motivado.

86.3 A exigência da contratação mediante concurso público

A contratação para emprego público depende de concurso público, nos termos previstos para os cargos públicos (art. 37, II, da CF/1988). Portanto, não basta a presença dos elementos característicos da relação empregatícia (pessoalidade, continuidade, subordinação e remuneração). Essa orientação foi reconhecida pela própria Justiça do Trabalho, na Súmula 331 do TST, antes referida.

"A contratação de servidor público, após a CF/1988, sem prévia aprovação em concurso público, encontra óbice no respectivo art. 37, II e § 2.º, somente lhe conferindo direito ao pagamento da contraprestação pactuada, em relação ao número de horas trabalhadas, respeitado o valor da hora do salário mínimo, e dos valores referentes aos depósitos do FGTS" (Súmula 363 do TST).

86.4 Os deveres

Os empregados públicos estão sujeitos a deveres equivalentes àqueles que se aplicam aos servidores públicos estatutários.

86.5 Os direitos

Os empregados públicos terão a remuneração fixada por lei, tal como todos os demais benefícios e vantagens. Poderão fazer jus às garantias e aos direitos da legislação trabalhista, na medida em que tal não seja incompatível com as funções exercitadas. Segundo o art. 37, § 9.º, da CF/1988, o limite remuneratório correspondente ao valor máximo de subsídio previsto no inc. XI do mesmo artigo somente será aplicável às entidades estatais dotadas de personalidade jurídica de direito privado que receberem recursos das pessoas políticas para pagamento de despesas de pessoal ou de custeio em geral.

Não teria cabimento invocar o princípio da isonomia para pretender auferir as mesmas vantagens e direitos de um servidor público que desempenhasse funções e atividades equivalentes. O exercício eventual de atribuições similares não gera direitos equivalentes. Assim, um empregado público não tem direito a aposentadoria pelo mesmo regime do servidor estatutário, tal como não está subordinado a regime alterável unilateralmente.

86.6 A demissão

A submissão do vínculo jurídico ao regime trabalhista afasta as garantias atribuídas aos servidores estatutários. Nesse sentido, há julgado do STF em nível de repercussão geral:

"(...) 4. A fim de conciliar a natureza privada dos vínculos trabalhistas com o regime essencialmente público reconhecido à ECT, não é possível impor-lhe nada além da exposição, por escrito, dos motivos ensejadores da dispensa sem justa causa. Não se pode exigir, em especial, instauração de processo administrativo ou a abertura de prévio contraditório. 5. Embargos de declaração providos em parte para fixar a seguinte tese de julgamento: A Empresa Brasileira de Correios e Telégrafos – ECT tem o dever jurídico de motivar, em ato formal, a demissão de seus empregados" (ED no RE 589.998/PI, Pleno, rel. Min. Roberto Barroso, j. 10.10.2018, *DJe* 04.12.2018).

Posteriormente, o STF apreciou a questão genérica da demissão sem justa causa de empregado de sociedades estatais e fixou a seguinte interpretação para o Tema 1.022 da Repercussão Geral:

"As empresas públicas e as sociedades de economia mista, sejam elas prestadoras de serviço público ou exploradoras de atividade econômica, ainda que em regime concorrencial, têm o dever jurídico de motivar, em ato formal, a demissão de seus empregados concursados, não se exigindo processo administrativo. Tal motivação deve consistir em fundamento razoável, não se exigindo, porém, que se enquadre nas hipóteses de justa causa da legislação trabalhista".

No acórdão pertinente, foram estabelecidos os limites para a decisão de demissão:

"3. (...) Assim como ocorre na admissão, a dispensa de empregados públicos também deve observar o princípio da impessoalidade, motivo por que se exige a exposição de suas razões.

4. O ônus imposto às estatais tem contornos bastante limitados. Não se exige que a razão apresentada se enquadre em alguma das hipóteses previstas na legislação trabalhista como justa causa para a dispensa de empregados. O que se demanda é apenas a indicação por escrito dos motivos da dispensa, sem prévio processo administrativo ou contraditório.

5. A mera exigência de motivação do ato de dispensa dos empregados de estatais não iguala o seu regime jurídico àquele incidente sobre os servidores públicos efetivos, que gozam da garantia de estabilidade. De modo que o direito que cabe aos empregados públicos dispensados sem justa causa de receber multa equivalente a 40% sobre o saldo de sua conta vinculada no FGTS não obsta o reconhecimento da necessidade de motivação da dispensa, de que não decorre situação de privilégio injustificado para eles" (RE 688.267/CE, Pleno, rel. Min. Alexandre de Moraes, repercussão geral – mérito, j. 28.02.2024, *DJe* 26.04.2024).

Essa interpretação deve ser estendida para as relações de emprego público pactuadas no âmbito da Administração direta, autárquica e fundacional. No entanto, é necessário assegurar a observância de devido processo legal. Pode-se reputar aplicável o entendimento consagrado na Súmula 20 do STF, que determina o seguinte:

"É necessário processo administrativo com ampla defesa, para demissão de funcionário admitido por concurso".

87 A COMPETÊNCIA JURISDICIONAL PARA LITÍGIOS

A EC 45/2004 introduziu algumas inovações no tocante à competência jurisdicional para compor litígios entre o Estado e os servidores públicos. Com a redação trazida pela referida Emenda, o inc. I do art. 114 da CF/1988 prevê incumbir à Justiça do Trabalho processar e julgar as ações oriundas de relação de trabalho mantidas pela Administração Pública direta e indireta. A amplitude da redação poderia induzir à interpretação de que a Justiça do Trabalho passaria a ser competente para compor também os litígios instaurados em relações estatutárias. Mas se afigura que a jurisprudência está se firmando no sentido de que a competência para julgar ações de servidores estatutários é da Justiça Comum.

Esse entendimento se reflete na decisão do STF na ADI 3.395, que reconheceu que a Justiça do Trabalho não é competente para compor alguns conflitos entre o Poder Público e seus servidores:

"1. O processo legislativo para edição da Emenda Constitucional 45/2004, que deu nova redação ao inciso I do art. 114 da Constituição Federal, é, do ponto de vista formal, constitucionalmente hígido. 2. A interpretação adequadamente constitucional da expressão 'relação do trabalho' deve excluir os vínculos de natureza jurídico-estatutária, em razão do que a competência da Justiça do Trabalho não alcança as ações judiciais entre o Poder Público e seus servidores" (ADI 3.395/DF, Pleno, rel. Min. Alexandre de Moraes, j. 15.04.2020, *DJe* 30.06.2020). O STF fixou o Tema 1.143:

"A Justiça Comum é competente para julgar ação ajuizada por servidor celetista contra o Poder Público, em que se pleiteia parcela de natureza administrativa".

É relevante examinar a ementa do julgado, que evidencia controvérsias relevantes sobre o tema:

"1. Recurso extraordinário, com repercussão geral reconhecida, em que se discute a competência da Justiça do Trabalho ou da Justiça Comum para julgar ação proposta por servidor celetista contra o Poder Público, na qual se pleiteia prestação de natureza administrativa. 2. Tratando-se de parcela de natureza administrativa, a Justiça Comum é o ramo do Poder Judiciário que tem expertise para apreciar a questão. Nesses casos, embora o vínculo com o Poder Público seja de natureza celetista, a causa de pedir e o pedido da ação não se fundamentam na legislação trabalhista, mas em norma estatutária, cuja apreciação – consoante já decidido por esta Corte ao interpretar o art. 114, I, da Constituição – não compõe a esfera de competência da Justiça do Trabalho. (...) 4. Modulação dos efeitos da decisão para manter na Justiça do Trabalho, até o trânsito em julgado e correspondente execução, os processos em que houver sido proferida sentença de mérito até a data de publicação da presente ata de julgamento" (RE 1.288.440/SP, Pleno, rel. Min. Roberto Barroso, j. 03.07.2023, *DJe* 25.08.2023).

88   OS SERVIDORES COM REGIME JURÍDICO ESPECIAL

A Constituição permitiu a contratação em regime jurídico especial, no art. 37, IX, do CF/1988. Ali se previu a possibilidade de "contratação por tempo determinado para atender a *necessidade temporária de excepcional interesse público*".

88.1   A relevância da figura jurídica

Essa figura adquiriu grande relevância por razões práticas. Há medidas destinadas a impedir a ampliação da dívida pública e orientadas a restringir o déficit público. Isso conduziu à redução dos concursos públicos para provimento de cargos e empregos públicos. Como decorrência, passou-se a utilizar da previsão do art. 37, IX, da CF/1988 para obter quadros para o desempenho de funções essenciais, de grande relevância.

Em outros casos, havia problemas na própria criação dos cargos públicos, tal como ocorria no caso das agências reguladoras.

88.2   Os riscos envolvidos

Há grandes riscos na utilização da figura do contrato por prazo determinado. O primeiro consiste na seleção equivocada dos sujeitos, pois não haverá a realização de concurso público propriamente dito.

O segundo risco é a atribuição de funções estatais de grande relevo a pessoas destituídas das garantias correspondentes. Há exemplo que pode ser qualificado como surreal, no âmbito das agências reguladoras. Tal como supraexposto, a Lei 9.986/2000 previra que as relações de emprego nas agências reguladoras seriam trabalhistas. O STF deferiu a suspensão liminar dessa solução em cautelar na ADI 2.310, sob o fundamento de que a natureza das atribuições exigia cargo de provimento efetivo. Como resultado prático, houve a contratação por prazo

698 CURSO DE DIREITO ADMINISTRATIVO • *Marçal Justen Filho*

determinado de servidores, com base no art. 37, IX, da CF/1988, uma vez que a criação de cargos públicos dependia de lei. Ou seja, as funções essenciais das agências reguladoras foram atribuídas a agentes destituídos de qualquer garantia.[78]

O terceiro é o risco futuro, sempre presente na vida pública brasileira. Há o risco de o contratado ser "estabilizado" por alguma lei superveniente. Essa é, talvez, a questão mais séria, que exige atenção e rejeição firme e decidida.

88.3 Regulamentação no âmbito da União

No âmbito federal, o art. 37, IX, da CF/1988 está regulamentado pela Lei 8.745/1993 (com suas alterações), que prevê um procedimento seletivo simplificado para a contratação (art. 3.º).

O art. 9.º, III, estabelece uma medida destinada a impedir uma solução prática de transformação do regime temporário em permanente. Trata-se do impedimento a que o pessoal contratado com fundamento na Lei 8.745/1993 seja novamente contratado, sob o mesmo fundamento, antes de decorridos vinte e quatro meses do encerramento do contrato anterior.

O STJ conferiu interpretação restritiva a esse dispositivo, afirmando que cabe a contratação temporária para outra função pública, por outro órgão, em outro cargo:

> "1. A vedação prevista no art. 9.º, III, da Lei n. 8.745/1993, que proíbe nova contratação temporária do servidor, antes de decorridos 24 meses do encerramento do contrato anterior celebrado com apoio na mesma lei, deve ser interpretada restritivamente, de acordo com a finalidade para qual foi criada, ou seja, impedir a continuidade do servidor temporário no exercício de funções públicas permanentes, em burla ao princípio constitucional que estabelece o concurso público como regra para a investidura em cargos públicos. 2. Na hipótese de contratação de servidor temporário para outra função pública, por outro órgão, sem relação de dependência com aquele que o contratara anteriormente, precedida por processo seletivo equiparável a concurso público, não se aplica a vedação do art. 9.º, inciso III, da Lei n. 8.745/1993, por referir-se a cargo distinto do que foi ocupado anteriormente" (REsp 1.433.037/DF, 2.ª T., rel. Min. Humberto Martins, j. 25.02.2014, *DJe* 11.03.2014).

Existem diversos julgados do STJ no mesmo sentido. Por exemplo, pode-se referir à decisão no AgInt no AREsp 1.739.870/DF, 1.ª T., rel. Min. Sérgio Kukina, j. 16.08.2021, *DJe* 18.08.2021.

88.4 A admissão de contratação para atividade de natureza permanente

Existiu controvérsia sobre a interpretação das previsões de "necessidade temporária" e "excepcional interesse público". Houve decisão do STF no sentido de que serviços essenciais, de natureza permanente, jamais poderiam caracterizar-se como temporários, razão pela qual descaberia a contratação segundo o regime da Lei 8.745/1993:

> "6) É inconstitucional a lei que, de forma vaga, admite a contratação temporária para as atividades de educação pública, saúde pública, sistema penitenciário e assistência à infância e à adolescência, sem que haja demonstração da necessidade temporária subjacente. 7) A realização de contratação temporária pela Administração Pública nem sempre é ofensiva à salutar exigência constitucional do concurso público, máxime porque ela poderá ocorrer em hipóteses em que não há qualquer vacância de cargo efetivo e com o escopo, *verbi gratia*, de atendimento de necessidades temporárias até que o ocupante do cargo efetivo a ele retorne.

---

[78] Tal como supraexposto, a solução para o exercício das atividades no âmbito das agências reguladoras sobreveio com a disciplina da Lei 10.871/2004, que revogou os dispositivos questionados na ADI 2.310 e deu nova redação ao art. 2.º da Lei 9.986/2000.

Cap. 16 – ESTRUTURA ADMINISTRATIVA DO ESTADO: OS AGENTES PÚBLICOS **699**

Contudo, a contratação destinada a suprir uma necessidade temporária que exsurge da vacância do cargo efetivo há de durar apenas o tempo necessário para a realização do próximo concurso público, ressoando como razoável o prazo de 12 meses" (ADI 3.649/RJ, Pleno, rel. Min. Luiz Fux, j. 28.05.2014, *DJe* 29.10.2014).

Mas a jurisprudência posterior orientou-se em sentido oposto. Ficou consignado que a natureza permanente de determinadas atividades não afasta, de plano, o cabimento da contratação temporária:

"1. A Constituição Federal é intransigente em relação ao princípio do concurso público como requisito para o provimento de cargos públicos (art. 37, II, da CF). A exceção prevista no inciso IX do art. 37 da CF deve ser interpretada restritivamente, cabendo ao legislador infraconstitucional a observância dos requisitos da reserva legal, da atualidade do excepcional interesse público justificador da contratação temporária e da temporariedade e precariedade dos vínculos contratuais. 2. A Lei Complementar 12/1992 do Estado do Mato Grosso valeu-se de termos vagos e indeterminados para deixar ao livre arbítrio do administrador a indicação da presença de excepcional interesse público sobre virtualmente qualquer atividade, admitindo ainda a prorrogação dos vínculos temporários por tempo indeterminado, em franca violação ao art. 37, IX, da CF. 3. Ação direta julgada procedente, para declarar inconstitucional o art. 264, inciso VI e § 1.º, parte final, da Lei Complementar 4/90, ambos com redação conferida pela LC 12/92, com efeitos *ex nunc*, preservados os contratos em vigor que tenham sido celebrados exclusivamente com fundamento nos referidos dispositivos, por um prazo máximo de até 12 (doze) meses da publicação da ata deste julgamento" (ADI 3.662/MT, Pleno, rel. Min. Marco Aurélio, rel. p/ acórdão Min. Alexandre de Moraes, j. 23.03.2017, *DJe* 24.04.2018).

Em outra oportunidade, o STF decidiu na mesma linha:

"2. A contratação por tempo determinado não depende da natureza da atividade (temporária ou permanente), o importante é a existência de necessidade temporária de excepcional interesse público que a justifique. (...)" (ADI 6.812/ES, Pleno, rel. Min. Edson Fachin, j. 22.02.2023, *DJe* 03.03.2023).

89   A RESPONSABILIDADE ADMINISTRATIVA

A infração pelo agente público dos deveres inerentes à função pública acarreta inúmeros efeitos jurídicos, segundo os princípios jurídicos comuns e usuais. A infração pode conduzir à responsabilização exclusivamente na dimensão administrativa, mas também pode importar efeitos no âmbito político, civil e penal.

Não cabe analisar nesta obra a responsabilização penal.[79] Cabe, presentemente, considerar a responsabilidade administrativa.

O sujeito investido no exercício de competências estatais se encontra em situação de responsabilização administrativa no sentido de submissão ao direito e vinculação à realização dos fins que justificam a existência do Estado.[80]

---

[79]   A Lei 1.079/1950 disciplina os crimes de responsabilidade praticados por agentes políticos do Poder Executivo Federal e Estadual. O Dec.-lei 201/1967 dispõe sobre os crimes de responsabilidade de Prefeitos e Vereadores. Mas há uma grande gama de crimes comuns, que envolvem a tipificação de condutas antijurídicas desenvolvidas no exercício da atividade administrativa. Podem ser referidos os tipos contidos no Código Penal (inclusive tomando em vista as modificações promovidas por meio da Lei 14.133/2021).

[80]   Na terminologia inglesa, há uma expressão que identifica, de modo muito abrangente, o regime jurídico da responsabilidade ampla a que se submete o exercente da função pública. Utiliza-se o vocábulo *accountability* para indicar essa situação de submissão perante a sociedade.

700 CURSO DE DIREITO ADMINISTRATIVO • Marçal Justen Filho

89.1 Definição

A responsabilidade administrativa consiste no dever de o agente estatal responder pelos efeitos jurídico-administrativos dos atos praticados no desempenho de atividade administrativa estatal, inclusive suportando a sanção administrativa cominada em lei pela prática de ato ilícito.

A responsabilidade administrativa significa, antes de tudo, a impossibilidade de o sujeito negar a posição de supremacia axiológica e jurídica do Estado e da sociedade. A investidura no exercício de função pública gera um comprometimento individual com o aparato estatal, e a sociedade impõe ao sujeito inúmeros deveres. O sujeito tem o dever de *responder* pela conduta adotada no desempenho das atividades administrativas, e isso significa a impossibilidade de eximir-se dos efeitos das ações e omissões. O sujeito é *responsável* no sentido da existência de um dever de prestação de contas dos atos a outrem e de arcar com as consequências de condutas reprováveis ou equivocadas.

O sujeito responde perante o Estado e a sociedade, de modo especial, pelos *efeitos* das ações e omissões praticadas. Isso significa que se impõe um vínculo jurídico de autoria, que consiste em atribuir os efeitos ao agente cuja conduta propiciou sua verificação. Como *causador jurídico* de certos efeitos, cabe ao agente arcar com as consequências pertinentes.

A responsabilidade administrativa refere-se à atuação administrativa do Estado, o que significa relacionar-se com o desempenho dos agentes estatais. Lembre-se, no entanto, de que a categoria dos agentes estatais abrange, inclusive, os particulares em situação de exercício eventual de competências públicas.

Por isso, a responsabilidade administrativa não é instituto reservado apenas a uma categoria específica de servidores públicos. Alcança a atuação inclusive de particulares que, numa situação de eventualidade, atuem como órgãos do Estado.

A responsabilidade administrativa consiste nessa situação de submissão perante o Estado e a sociedade, o que importa o dever de responder pelos efeitos dos atos praticados. Isso compreende a submissão ao sancionamento administrativo – mas não se restringe a tanto.

A responsabilidade administrativa traduz-se em inúmeros deveres, tais como o de prestar contas e esclarecimentos a propósito dos próprios atos. Mas a manifestação mais grave da responsabilidade administrativa consiste no sancionamento administrativo.

A sanção administrativa é consequência jurídica cominada à prática de um ato ilícito, o que pressupõe a existência de um elemento subjetivo reprovável. Adota-se a orientação de que não há ilicitude puramente objetiva no direito brasileiro, ainda respeitando entendimento em contrário adotado por alguns doutrinadores.

89.2 O regime jurídico da ilicitude funcional e do seu sancionamento

Aplicam-se, neste ponto, considerações já realizadas no Capítulo 11 quanto ao regime jurídico da ilicitude e do sancionamento de condutas de particulares. Apenas para rememorar os pontos fundamentais, cujo desenvolvimento lá se encontra, o regime jurídico de direito administrativo sancionatório apresenta as seguintes características:

- os ilícitos e as sanções administrativas obedecem ao regime próprio do direito penal;
- aplica-se o princípio da legalidade no tocante à definição das infrações e na fixação das sanções;
- a configuração da ilicitude depende da presença de um elemento subjetivo reprovável, que integra a descrição normativa do ilícito;

Cap. 16 – ESTRUTURA ADMINISTRATIVA DO ESTADO: OS AGENTES PÚBLICOS **701**

- o sancionamento se subordina ao princípio da proporcionalidade;
- a observância ao devido processo legal, com respeito ao contraditório e à ampla defesa, é uma condição inafastável para a punição.

Cabe uma breve renovação da análise desses tópicos.

89.3 Incidência do regime de direito penal

O regime jurídico de direito administrativo sancionatório se vincula ao direito penal. Por isso, todos os princípios fundamentais penalísticos são albergados pelo direito administrativo punitivo.

89.4 Incidência do princípio da legalidade

Seja por força da natureza própria do direito administrativo, seja em vista das características do direito penal, o sancionamento administrativo obedece ao princípio da legalidade.

A lei deverá prever os deveres, as infrações e as sanções imponíveis aos agentes estatais.

89.5 A questão da culpabilidade

A punição administrativa exige um elemento subjetivo, de configuração peculiar.

89.6 A disputa sobre o tipo subjetivo

Há uma disputa clássica quanto à existência de elemento subjetivo na estrutura do ilícito administrativo. Uma corrente defende que basta a ocorrência do dano ou a conduta ativa ou omissa objetivamente desconforme com o dever jurídico para materializar-se a ilicitude administrativa.

Não se compartilha desse entendimento, a partir do pressuposto de que um Estado Democrático de Direito não é compatível com o sancionamento de sujeitos a partir da pura e simples ocorrência de eventos objetivos no mundo real.

Quando a Constituição consagrou o princípio da dignidade da pessoa humana, incorporou vedação à punição de qualquer indivíduo por manifestações puramente materiais de sua existência. Somente se pode considerar como ilícita a conduta humana entendida como manifestação objetiva de processos psicológicos internos.

Ou seja, toda ilicitude pressupõe a presença de um elemento subjetivo, relacionado à formação da vontade, de cunho reprovável. Reputa-se inconstitucional o *ilícito objetivo*, aperfeiçoado por meio da pura e simples desconformidade objetiva entre um dever previsto abstratamente na norma jurídica e a atuação material de certo sujeito.

89.7 Variações quanto ao elemento subjetivo

Mas isso não equivale a defender a concepção de que a disciplina jurídica do elemento subjetivo seja idêntica em todas as situações. Existem diferenças sensíveis, relacionadas à qualidade e às condições do exercício de determinada atividade. Há espécies de atividades que são potencialmente danosas à coletividade ou que envolvem requisitos de especialização extremamente sofisticados. Nesses casos, a atuação do sujeito é apta a produzir efeitos sobre a órbita jurídica de terceiros, com risco de produção de danos. Ao escolher desenvolver essa atividade, o sujeito tem inevitável e necessária consciência de que suas escolhas serão de fundamental

702 CURSO DE DIREITO ADMINISTRATIVO • Marçal Justen Filho

relevância para o bem-estar e a felicidade alheios. Decisões equivocadas ou mal executadas podem comprometer o destino de terceiros, representando sacrifício de seus interesses.

Quando se configura situação dessa ordem, passam a incidir deveres especiais e incomuns sobre o sujeito. A dimensão da nocividade da atividade produz o surgimento de um dever de diligência peculiar, muito mais intenso do que se passa quando se desenvolve atuação inócua ou irrelevante.

89.8   Sempre o dever de diligência exacerbado

O sujeito que assume a atribuição de desempenhar determinada atividade potencialmente danosa tem o dever de adotar todas as precauções para evitar a ocorrência de eventos sinistros. Quando se concretiza um dano, deve responsabilizar-se o agente – não porque se dispensa a presença de um elemento subjetivo, mas porque se caracterizou sua culpa. A culpa se relaciona com a ausência de adoção das precauções necessárias a evitar o dano. Objetiva-se, desse modo, a culpabilidade, no sentido de que a concretização de evento incompatível com o dever de diligência induz a ocorrência de uma vontade defeituosa. A ocorrência do evento danoso é uma demonstração de culpa, porque não teria ele ocorrido se o sujeito tivesse adotado as providências impostas pelo dever de diligência que o onerava.

O TCU assim decidiu:

"21. O segundo ponto a merecer consideração adicional, refere-se a alegada boa-fé dos responsáveis. A respeito, cumpre esclarecer que a presunção desse elemento é *iuris tantum*, admitindo, portanto, prova em contrário. Embora perfeitamente aplicável no âmbito do Direito Civil, ramo da Ciência Jurídica que rege relações entre particulares, não se presume em absoluto neste Tribunal de Contas, porque estão em apreciação atos e fatos do ramo do Direito Público, em que sobrelevam os interesses coletivos a reclamar que o agente faça prova inequívoca de que agiu com base nos princípios constitucionais que regem a Administração. 22. Neste Tribunal, portanto, quando diante de situações de irregularidade na aplicação de recursos públicos, não se presume a boa-fé dos gestores: impende que seja apresentado algum elemento fático capaz de demonstrá-la, conforme se dessume da ampla jurisprudência desta Corte de Contas, como exemplifica o Acórdão 88/2007-TCU-Plenário, do qual extraio a seguinte Ementa: 'Recurso de reconsideração. Necessidade de comprovação da boa-fé. Impossibilidade de dispensa de consectários legais. Intimação das partes mediante publicação de pauta. Possibilidade de parcelamento do débito. Negado provimento. 1. A boa-fé do responsável deve ser objetivamente analisada e provada no caso concreto, considerando-se a prática efetiva e as consequências de determinado ato à luz de um modelo de conduta social, adotada por um homem leal, cauteloso e diligente. (...)'" (Acórdão 1.157/2008, Plenário, rel. Min. Augusto Sherman Cavalcanti).

É evidente que essa decisão deve ser interpretada com cautela. O Tribunal de Contas não introduziu uma presunção de má-fé contra o servidor público, de modo a autorizar o entendimento de que seria ele, *a priori*, investido de intentos reprováveis. Orientação nesse sentido violaria o princípio de inocência consagrado no art. 5.º, LVII, da CF/1988 – garantia constitucional aplicável a toda atividade estatal de cunho punitivo.

A decisão apenas significa o reconhecimento de um dever de diligência especial a recair sobre o servidor público. Não pode ele invocar a ausência de conhecimento especializado ou a ignorância quanto às exigências legais para legitimar condutas lesivas. Todo aquele que assume cargo ou função pública se subordina a um dever geral de eficiência. A infração a esse dever não pode ser neutralizada mediante a pura e simples invocação da boa-fé.

Cap. 16 – ESTRUTURA ADMINISTRATIVA DO ESTADO: OS AGENTES PÚBLICOS **703**

Qualquer dúvida que restasse sobre esse aspecto ficaria superada com decisão do STF, que explicitamente reconheceu a presunção de inocência em favor dos agentes administrativos.[81] Nem mesmo a instauração de processo disciplinar tem o condão de eliminar essa presunção.

89.9 A incidência do princípio da proporcionalidade

A punição excessiva e desvinculada da gravidade dos danos e da reprovabilidade da conduta do agente é inconstitucional, por ofensa ao princípio da proporcionalidade.

89.10 A incidência da garantia do devido processo legal

A apuração da ilicitude e a determinação da sanção exigem o desenvolvimento de processo administrativo prévio, que assegure a ampla defesa e o contraditório – aí abrangida, de modo especial, a imparcialidade no julgamento.

89.11 A definição dos ilícitos e das sanções por meio da lei local

Assim, cada ente federativo deverá promover, por meio de lei, a definição dos ilícitos administrativos e das respectivas sanções. A configuração da ilicitude e do sancionamento não pode fazer-se por meio de pura discricionariedade. Quando muito, será admitida a remessa a uma ponderação discricionária na fixação da penalidade em vista do princípio da proporcionalidade.

90 O ILÍCITO FUNCIONAL

A infração aos deveres inerentes ao regime jurídico funcional comporta um tratamento próprio, ainda que sujeito aos princípios e regras genéricos atinentes ao ilícito.

A ação ou omissão reprováveis apenas se configuram como ilícito na medida em que consistam na infração de um dever jurídico. O ilícito se consuma quando o sujeito tinha o dever de adotar certa conduta e deixa de fazê-lo, por culpa ou dolo.

A consumação de um resultado danoso pode ou não integrar a estrutura do ilícito funcional. É perfeitamente possível aplicar a esse campo as concepções desenvolvidas no âmbito do direito penal. Assim, seria possível diferenciar ilícitos funcionais, materiais e formais, e chegar, inclusive, a reconhecer hipóteses de ilícito funcional de perigo. Portanto, haverá casos em que a consumação da infração dependerá da produção efetiva de uma situação danosa. Em outros casos, a mera conduta infracional será bastante para produzir a ilicitude, e o resultado danoso servirá como elemento de agravação da situação jurídica do infrator.

A definição dos ilícitos funcionais pela lei pode fazer-se de modo direto ou indireto. Há a definição direta quando a lei descrever certa conduta como ilícita. Mas poderá haver a qualificação implícita, o que ocorre quando a lei estabelecer que certa conduta é obrigatória ou proibida. Nesses casos, a ilicitude se configura como a conduta violadora do dever.

91 A SANÇÃO ADMINISTRATIVA FUNCIONAL

A figura da sanção administrativa tem merecido atenção crescente da doutrina.[82]

---

[81] MS 23.262/DF, Pleno, rel. Min. Dias Toffoli, j. 23.04.2014, *DJe* 29.10.2014.

[82] Cf. FERREIRA. *Sanções administrativas*; OSÓRIO. *Direito administrativo sancionador*, 9. ed.; MELLO. *Princípios constitucionais de direito administrativo sancionador*: as sanções administrativas à luz da Constituição Federal de 1988; e PEREIRA. *Sanções disciplinares*: o alcance do controle jurisdicional.

91.1 Definição

Sanção administrativa funcional é uma punição consistente na restrição a direitos ou na ampliação de deveres abrangidos na relação jurídica funcional, cominada em lei como decorrência da prática de infração reprovável e imposta por meio de processo administrativo.

A sanção consiste no agravamento da situação jurídica do sujeito, o que se produz praticamente pela elevação dos deveres e encargos e (ou) pela redução dos direitos e benefícios. Essa sanção administrativa funcional pode chegar ao ponto de extinguir a relação jurídica funcional (demissão).

91.2 Natureza punitiva

A sanção administrativa apresenta clara natureza punitiva. Não se trata de instrumento de promover o ressarcimento de prejuízos ou danos. Tem cunho retributivo, sendo orientado a infligir um mal àquele que exteriorizou conduta reprovável.

91.3 Finalidade preventiva

Mas é evidente o cunho preventivo, funcionando a ameaça de punição como instrumento de desincentivo à prática de atos reprováveis.

Essa punição destina-se a defender a própria Administração, de modo a assegurar o desenvolvimento correto e satisfatório de sua atividade.

Em muitos casos, isso conduz ao agravamento da punição em vista da elevada nocividade de certas condutas. Estabelece-se uma sanção bastante severa para desincentivar, de modo intenso, a prática de infrações de cunho irreparável ou efeitos muito indesejáveis.

91.4 A incidência do princípio da legalidade

É usual que a lei preveja um elenco de sanções, indicando os pressupostos de aplicação daquelas que configuram a punição mais severa. Nesse caso, cabe à autoridade administrativa uma competência discricionária, orientada pelo princípio da proporcionalidade, para adequar a punição à gravidade da conduta.

A ausência de previsão da sanção por lei ou a inexistência de padrões delimitadores de sua aplicação acarreta a sua invalidade.

Assim, por exemplo, é usual que as leis não prevejam os pressupostos de aplicação da sanção de *advertência*. A natureza relativamente reduzida de efeitos negativos daí derivados conduz à sua adequação, por efeito legislativo indireto, para condutas reprováveis dotadas de menor gravidade. Não há cabimento em aplicar a advertência para condutas graves, altamente negativas, que retratem a intenção consciente de infringir a lei e de frustrar a realização de valores jurídicos fundamentais.

91.5 A imposição na via administrativa

A sanção administrativa comporta imposição na via administrativa, sem que tal competência seja transferida para o Judiciário. Essa, aliás, é uma das diferenças fundamentais entre as sanções penais e as administrativas.

91.6 A garantia do devido processo

Mas a possibilidade de imposição na via administrativa não elimina a garantia fundamental do devido processo legal, assegurados o contraditório, a ampla defesa e a imparcialidade do julgador.

Cap. 16 – ESTRUTURA ADMINISTRATIVA DO ESTADO: OS AGENTES PÚBLICOS **705**

Lembre-se de que a punição administrativa é suficiente para gerar efeitos negativos em relação ao sujeito punido. Isso não apenas deriva do reflexo sobre a opinião pública, mas envolve a própria situação psicológica individual: sofrer a sanção imposta pelo Estado significa um juízo de reprovação proveniente da comunidade, sendo dotada de alta carga simbólica que afeta a subjetividade do punido.

Portanto, a ressalva da revisão jurisdicional é insuficiente para tutelar o interesse individual. Os danos materiais e morais derivados de uma punição injusta são insuscetíveis de eliminação – tal como pode testemunhar qualquer pessoa que tenha injustamente sido punida. Por isso, a imposição da sanção administrativa está sujeita a garantias muito severas, entre as quais avulta de importância a observância do processo administrativo.

91.7   A competência para impor a sanção

A competência para impor a sanção depende da lei e varia em vista da gravidade da punição. Em princípio, as sanções mais gravosas são de titularidade da autoridade de mais elevada hierarquia.

Como regra, a sanção que produza a extinção do vínculo funcional é de competência da mesma autoridade competente para instaurá-lo. Portanto, o sujeito que tem competência para nomear tem competência para demitir. A Constituição estabelece, muitas vezes, solução distinta.

92   A DISCIPLINA SANCIONATÓRIA DA LEI 8.112/1990

No âmbito do funcionalismo federal, a Lei 8.112/1990 consagrou as regras genéricas sobre as infrações funcionais e seu sancionamento. Existem normas específicas para as diversas categorias de servidores, mas sua pluralidade e heterogeneidade impedem uma avaliação sistemática.

92.1   A independência das instâncias e responsabilidades

A lei federal expressamente reconhece que as responsabilidades administrativa, penal e civil são independentes entre si, mas destaca que a absolvição criminal, fundada na ausência de existência da infração ou da autoria, produz efeito de eliminação da responsabilidade administrativa.

A consagração da independência das instâncias implica reconhecer que um indivíduo pode ser punido, pelo mesmo fato, criminal e administrativamente, e, mais, pode mesmo ser compelido a responder com seu patrimônio pela reparação na esfera cível.

92.2   O elenco das sanções e a proporcionalidade

O art. 127 da Lei 8.112/1990 consagrou um elenco de penalidades disciplinares, fazendo referência a advertência, suspensão, demissão, cassação de aposentadoria ou disponibilidade, destituição de cargo em comissão e destituição de função comissionada. Essas sanções deverão ser aplicadas conforme a natureza e a gravidade da infração, segundo o princípio da proporcionalidade.

92.2.1   Ainda a incidência da proporcionalidade

Existe, então, esse vínculo de causalidade jurídica entre a conduta reprovável funcional e a sanção administrativa. O sancionamento pressupõe a configuração de uma conduta ilícita e deve ser proporcional a ela.

706 CURSO DE DIREITO ADMINISTRATIVO · *Marçal Justen Filho*

Essa é a disciplina determinada pelo art. 128, que estabelece que a aplicação da penalidade será graduada em função da natureza e gravidade da infração cometida, dos danos dela derivados, das circunstâncias agravantes ou atenuantes e dos antecedentes funcionais.

92.2 A questão do princípio da insignificância

O STF e o STJ produziram jurisprudência divergente sobre a aplicação do chamado *princípio da insignificância* relativamente a crimes contra a Administração Pública. O tema tem uma dimensão reflexa sobre o direito administrativo. Segundo o princípio da insignificância, condutas criminosas irrelevantes não comportam punição penal.

O STF reputa que essa orientação é aplicável aos crimes contra a Administração Pública. O STJ adota orientação distinta. Confiram-se as decisões adiante reproduzidas:

"*Habeas Corpus*. 2. Subtração de objetos da Administração Pública, avaliados no montante de R$ 130,00 (cento e trinta reais). 3. Aplicação do princípio da insignificância, considerados crime contra o patrimônio público. Possibilidade. Precedentes. 4. Ordem concedida" (STF, HC 107.370/SP, 2.ª T., rel. Min. Gilmar Mendes, j. 26.04.2011, *DJe* 21.06.2011).

"Penal e processual penal. Recurso Ordinário em *Habeas Corpus*. Art. 312, *caput*, do Código Penal. Trancamento da ação penal. Princípio da insignificância. Inaplicabilidade. Essa Eg. Corte Superior possui entendimento no sentido da impossibilidade, em regra, de se aplicar o princípio da insignificância ao crime praticado contra a Administração Pública, uma vez que a norma busca resguardar também a moral administrativa" (STJ, RHC 51.356/SC, 5.ª T., rel. Min. Felix Fischer, j. 03.02.2015, *DJe* 13.02.2015).

"O princípio da insignificância é inaplicável aos crimes contra a administração pública" (Súmula 599 do STJ).

Há duas ponderações a considerar. A orientação jurisprudencial do STJ não envolve a negativa à aplicação do princípio da proporcionalidade no tocante às penalidades administrativas.

Há diversos julgados do STJ reconhecendo o descabimento da aplicação de sanção de demissão em casos de conduta reprovável insignificante, por exemplo.

A divergência entre o STF e o STJ envolve especificamente o sancionamento dos crimes contra a Administração Pública. A segunda observação se relaciona com a necessidade de aprofundamento da análise da natureza e dos bens jurídicos tutelados por meio de crimes contra a Administração Pública. A divergência de orientação entre o STF e o STJ decorre da ausência de homogeneidade no tocante a isso.

92.3 A sanção de advertência

A Lei 8.112/1990 não define o conteúdo específico da advertência. Entende-se que a advertência é a sanção administrativa consistente na formal comunicação ao sujeito de ter ele cometido ato ilícito funcional de gravidade reduzida, acrescida da incitação que não volte a atuar de modo reprovável, sob pena de sofrer sanções mais severas.

O art. 129 indica que a sanção de advertência será aplicada em alguns casos explicitamente indicados e observará, de modo geral, a regra da ausência de justificativa para imposição de sanção mais grave. O conteúdo jurídico da advertência reside na incitação ao sujeito para que não volte a praticar conduta reprovável similar no futuro com a indicação de que, se houver a reiteração, a punição será mais séria.

Pode haver efeitos acessórios da advertência, tal como a redução da avaliação positiva.

Cap. 16 – ESTRUTURA ADMINISTRATIVA DO ESTADO: OS AGENTES PÚBLICOS **707**

92.4   A sanção de suspensão

A suspensão pode ser definida como o afastamento temporário compulsório, imposto ao servidor público como punição por ato reprovável funcional.

Essa punição implica, ainda, efeitos acessórios, relacionados com os antecedentes do sujeito para efeitos de premiação ou punição futura.

Segundo o art. 130, a suspensão será aplicável nos casos de reincidência de infração sujeita à advertência ou em caso de infração que não comporte pena de demissão. Está limitada ao prazo máximo de 90 dias.

92.5   A sanção de demissão

A demissão consiste na extinção do provimento em cargo efetivo, com sua consequente vacância, como sanção pela prática de conduta reprovável. Sobre o tema, o STJ possui o seguinte entendimento:

"A autoridade administrativa não dispõe de discricionariedade para aplicar ao servidor pena diversa de demissão quando caraterizadas as hipóteses previstas no art. 132 da Lei n. 8.112/1990" (Súmula 650).

92.6   Especificação legal dos pressupostos

A gravidade da sanção impede sua aplicação sem previsão legal das hipóteses de seu cabimento. A Lei 8.112/1990 contempla um elenco taxativo de ilícitos a que a demissão é cominada, tal como se vê no art. 132.

De modo genérico, as hipóteses de demissão abrangem casos de conduta reprovável no âmbito das funções administrativas. No entanto, há alguns casos em que a conduta exterior contamina a atividade administrativa, para efeitos punitivos. É o que ocorre, por exemplo, com a previsão de "incontinência pública" (art. 132, V), ou com o caso de "aceitar comissão, emprego ou pensão de estado estrangeiro" (art. 117, XIII), ou o de "praticar usura sob qualquer de suas formas" (art. 117, XIV).

A lei define alguns pressupostos inafastáveis para a aplicação de certas hipóteses. Assim, por exemplo, o art. 132, II, faz referência ao "abandono de cargo", que é conceituado pelo art. 138 como "a ausência intencional do servidor ao serviço por mais de 30 (trinta) dias consecutivos". O art. 132, III, previu a inassiduidade habitual, definida pelo art. 139 como "a falta ao serviço, sem causa justificada, por 60 (sessenta) dias, interpoladamente, durante o período de 12 (doze) meses".

92.7   A demissão como efeito da condenação penal

O Código Penal estabelece, no art. 92, I, *a*, que a condenação penal acarreta a perda do cargo, função pública ou mandato eletivo, quando for imposta "pena privativa de liberdade por tempo igual ou superior a 1 (um) ano, nos crimes praticados com abuso de poder ou violação de dever para com a Administração Pública". Contudo, o art. 92, parágrafo único, determina que "Os efeitos de que trata este artigo não são automáticos, devendo ser motivadamente declarados na sentença".

92.8   A demissão como sanção em condenação por improbidade

A Constituição prevê, no art. 37, § 4.º, que a condenação por improbidade administrativa comporta, entre outras sanções, a de "perda da função pública". A Lei 8.429/1992 disciplina a punição à improbidade administrativa e determina que a perda da função pública poderá ser imposta como punição nas hipóteses de condutas que acarretem enriquecimento indevido e de lesão ao erário. Essa sanção não se confunde com aquela imposta no âmbito da responsabilização funcional e abrangida no regime próprio do servidor público.

92.9   A sanção de cassação da aposentadoria ou disponibilidade

A cassação da aposentadoria ou disponibilidade consiste na extinção do vínculo jurídico mantido com o servidor jurídico aposentado ou em disponibilidade como punição por infração por ele praticada, a que fosse cominada sanção de demissão.

A hipótese (disciplinada pelo art. 134 da Lei 8.112/1990) destina-se a solucionar o impasse verificado no caso de o sujeito ter praticado infração grave em época anterior à sua inativação. Nesse caso, produz-se a extinção do vínculo jurídico, com cunho punitivo.

92.10   A sanção de destituição do cargo em comissão

A destituição do cargo em comissão é a extinção do provimento no cargo em comissão como punição por conduta reprovável, a que seja cominada sanção de suspensão ou demissão.

O regime jurídico do servidor provido em cargo em comissão é mais severo, nesse ponto, do que se passa quanto ao titular do cargo de provimento efetivo. A conduta que acarretaria para este a sanção de suspensão gerará para aquele a extinção do vínculo.

O art. 135, parágrafo único, da Lei 8.112/1990 acrescenta que, uma vez revelada a conduta infracional depois de ocorrida a exoneração, esta deverá ser convertida em destituição.

92.11   A sanção de destituição da função gratificada

A destituição da função gratificada é a extinção da gratificação de função e das atribuições correspondentes como punição por conduta reprovável.

A figura é prevista no art. 127, VI, da Lei 8.112/1990.

93   O PROCESSO ADMINISTRATIVO PUNITIVO DE SERVIDOR PÚBLICO

O sancionamento ao servidor público depende da observância do devido processo legal, que se subordina aos princípios e às regras gerais examinados no Capítulo 8.

No âmbito federal, esse processo administrativo punitivo encontra-se disciplinado na Lei 8.112/1990.

93.1   A ausência de direito abstrato de agir

A Administração Pública está sujeita ao poder-dever de promover apuração quanto a quaisquer irregularidades cuja ocorrência seja a ela comunicada ou de que venha a tomar ciência de ofício.

93.1.1   A exigência de elementos mínimos quanto à infração e à autoria

Daí não segue o cabimento de instauração de processo administrativo punitivo sem a existência de elementos mínimos evidenciadores da ocorrência de uma infração. Nenhum servidor público pode ser constrangido a responder por um processo instaurado sem a indicação determinada de fatos reprováveis ou sem a indicação mínima de autoria.

Cap. 16 – ESTRUTURA ADMINISTRATIVA DO ESTADO: OS AGENTES PÚBLICOS **709**

Em termos técnico-jurídicos, a instauração do processo administrativo punitivo não reflete um *direito abstrato de agir*. A expressão indica a concepção vigente a propósito de direito de ação no âmbito do direito processual civil, envolvendo pretensões de direito privado.

93.1.2 As pretensões de natureza privada

Quando existem pretensões de direito privado, cada particular tem o direito de exigir a prestação jurisdicional, desde que presentes certas condições. O sujeito tem a faculdade de provocar a instauração do processo, mesmo que sua pretensão seja improcedente e que venha a ser assim reconhecida.

93.1.3 As pretensões punitivas na esfera pública

A disciplina jurídica é diversa quando se trata de pretensões de natureza punitiva, submetidas ao direito público. A gravidade dos efeitos diretos e indiretos derivados de um processo administrativo punitivo impede a instauração de procedimentos destituídos de consistência ou sem respaldo em dados concretos mínimos.

Na democracia republicana albergada pela Constituição de 1988, estão proscritos processos administrativos de objeto ilimitado, instaurados para constranger o inimigo ou o desafeto, visando a promover uma espécie de auditoria na vida privada alheia. Mais ainda, a produção de denúncias ou a instauração de processos administrativos para desmoralização pública do acusado configuram infração a garantias constitucionais fundamentais.

93.2 A disciplina variada da questão

A imposição de sanção administrativa depende, em qualquer caso, de processo administrativo. Na hipótese de servidores públicos, a regulação do processo administrativo depende da escolha do ente federativo. Mesmo no âmbito de cada órbita federativa, existem diversas regulações distintas, que tomam em vista o regime jurídico específico da atividade. Assim, o processo administrativo aplicável a servidores militares é diverso daquele pertinente aos servidores civis. Mesmo no âmbito dos servidores civis, há regimes jurídicos diversos. No entanto, a estrutura procedimental deverá obedecer a princípios e regras fundamentais, que foram objeto de consideração neste capítulo.

As variações possíveis não podem resultar na supressão da garantia do contraditório e da ampla defesa. Nesse sentido, confira-se a Súmula 19 do STF:

> "É inadmissível segunda punição de servidor público, baseada no mesmo processo em que se fundou a primeira".

94 O SANCIONAMENTO PREVISTO NA LEI 8.112/1990

É possível examinar o modelo consagrado pela Lei 8.112/1990, não apenas por se aplicar a uma grande massa de servidores – os servidores estatutários federais –, mas também pela influência exercida sobre a disciplina consagrada em outros setores.

94.1 A pretensa dispensa do processo administrativo

A Lei 8.112/1990 pretendeu reservar a figura do processo administrativo apenas para punições mais severas. Estabeleceu que bastaria uma *sindicância* nos casos de aplicação de penalidade de advertência ou suspensão de até trinta dias (art. 145, II). O art. 146 contém redação defeituosa, ao consignar que, se "o ilícito praticado pelo servidor ensejar a imposição de penalidade de suspensão por mais de 30 (trinta) dias, de demissão (...), será obrigatória a instauração de processo disciplinar".

Há duplo defeito na construção legal. Em primeiro lugar, somente será possível reconhecer a prática de ilícito pelo servidor depois de concluído o processo administrativo. O que o dispositivo pretende é que, se a conduta descrita comportar em tese sanção daquela ordem, seria obrigatório o processo administrativo.

Mas, nesse ponto, verifica-se o segundo equívoco. É evidente que o processo administrativo é obrigatório em todos os casos.

94.2 A existência de três procedimentos administrativos distintos

Em face dessas circunstâncias, cabe reconhecer que haverá processo administrativo (com todas as suas garantias) em todas as hipóteses de apuração de ilícitos funcionais e de imposição de sanção administrativa – mesmo de advertência. O que se pode diferenciar são procedimentos mais complexos ou mais simples: sindicância, processo administrativo simplificado do art. 133 da Lei 8.112/1990 e processo disciplinar propriamente dito.

95 A SINDICÂNCIA

Assim, é inafastável reconhecer a natureza de processo administrativo para a sindicância, no sentido de que todas as garantias inerentes ao devido processo legal se aplicam ao caso. O seu procedimento é simplificado, em vista da reduzida gravidade da infração a ser apurada.

95.1 A instauração da sindicância

A instauração da sindicância será promovida pela autoridade competente para promover a punição, se diversamente não for previsto em lei ou se não houver delegação por ato administrativo.

A instauração deve ser promovida de ofício. Mas também poderá ocorrer em virtude de denúncia escrita, com assinatura, identificação e endereço do denunciante (art. 144 da Lei 8.112/1990), desde que os fatos narrados configurem, em tese, infração de gravidade reduzida, a qual se poderia estimar que comportaria sanção de advertência ou suspensão até 30 dias. Em casos de ilícitos mais graves até é possível se instaurar sindicância, mas apenas quando não houver elementos probatórios suficientes quanto à materialidade da infração e sua autoria, o que impede a instauração de um processo administrativo desde logo.

95.2 A eventual desnecessidade da sindicância

Se existirem tais elementos de pronto, adotar uma sindicância corresponde a um desperdício de tempo, já que todas as provas e evidências coligidas por meio dela deverão ser renovadas no curso de um processo administrativo posterior. Isso ocorre porque a punição do agente se subordina à existência de um processo administrativo norteado pelo contraditório e pela ampla defesa. Adotado um procedimento de sindicância, em que não tenham sido respeitadas as garantias constitucionais referidas, as conclusões atingidas não poderão ser opostas ao agente envolvido.

95.3 A condução da sindicância

A sindicância poderá ser conduzida pela própria autoridade competente para promover sua instauração ou por outra, a quem seja delegada a atribuição, "preservadas as competências para o julgamento que se seguir à apuração" (art. 143, § 3.º da Lei 8.112/1990).

Cap. 16 – ESTRUTURA ADMINISTRATIVA DO ESTADO: OS AGENTES PÚBLICOS **711**

95.4 A ampla defesa

O interessado deverá ser notificado para defender-se, tão logo seja instaurada a sindicân-cia. Caberá a ele o ônus de promover a sua defesa e o direito de pleitear a produção de provas. Caso seja revel, dever-se-á aplicar o art. 164, § 2.º, da Lei 8.112/1990, nomeando-lhe defensor dativo, que deverá ser ocupante de cargo efetivo superior ou de mesmo nível, ou ter nível de escolaridade igual ou superior ao do indiciado.

Há uma decisão do STJ negando a necessidade de contraditório e ampla defesa em sindi-cância. Ressalte-se que tal decisão não envolveu a conduta de um servidor público, mas de um candidato durante um concurso público. Ademais, o julgado assentou-se no pressuposto da ausência de qualquer prejuízo à defesa do interessado, inferindo-se que a infração efetivamente ocorrera e estava provada documentalmente. Confira-se:

> "1. A sindicância, instaurada para apurar dissonância nas informações prestadas pelo can-didato, prescinde da observância dos princípios do contraditório e da ampla defesa, por se tratar de procedimento de natureza inquisitorial. 2. O reconhecimento de eventual nulidade processual exige a comprovação de prejuízo à defesa, o que, no caso, verifica-se não ter ocorri-do, atraindo a incidência do princípio *pas de nullité sans grief*. (...) 4. O edital para o concurso de Delegado da Polícia Civil do Estado de Rondônia estabeleceu como requisito básico para a investidura no cargo que o candidato não tenha registro de antecedentes criminais e profis-sionais, e não responda a inquérito policial ou processo criminal. Exigiu, também, conduta irrepreensível na vida pública e privada, a ser apurada em investigação social. 5. O candidato, ao ocultar deliberadamente condenação criminal, faltou com a verdade no formulário que balizaria a investigação de vida pregressa, em desrespeito ao edital do concurso, o que autori-za sua exclusão do certame" (RMS 20.465/RO, 5.ª T., rel. Min. Jorge Mussi, j. 25.11.2010, *DJe* 10.12.2010).

95.5 A apuração dos fatos e a produção de provas

Se houver necessidade ou cabimento, deverá produzir-se a prova sobre os fatos pertinentes controversos. A garantia da ampla defesa e do contraditório é essencial. Impõe-se a apreciação do requerimento de produção de provas, decidindo-se motivadamente sobre o tema.

95.6 A decisão

Encerrada a fase probatória, a autoridade competente deverá decidir. Haverá três alterna-tivas de julgamento. Caberá:

(a) promover o arquivamento do processo caso não seja provada a existência da in-fração ou sua autoria ou se for o caso de absolvição; ou

(b) impor a sanção cabível de advertência ou suspensão até 30 dias; ou

(c) determinar a instauração de processo administrativo propriamente dito, caso haja indícios de infração a que seja cominada sanção mais grave.

96 O PROCESSO ADMINISTRATIVO COM PROCEDIMENTO SIMPLIFICADO DO ART. 133

A Lei 8.112/1990 previu um procedimento simplificado para processo administrativo versan-do sobre infrações graves, mas cuja comprovação pressuponha basicamente prova documental.

712 CURSO DE DIREITO ADMINISTRATIVO · Marçal Justen Filho

96.1 Hipóteses de cabimento

O procedimento simplificado caberá nos casos de abandono de cargo, inassiduidade habitual e acumulação ilegal de cargos, empregos ou funções públicas.

No caso da acumulação ilegal de cargos, admite-se providência prévia para que o sujeito regularize sua situação. Caso não o faça, será instaurado o processo administrativo com procedimento simplificado.

96.2 A instauração

A autoridade competente determinará a instauração do processo, com a constituição de uma comissão integrada por *dois* servidores estáveis, indicando a autoria e a materialidade da infração. Somente se admite a instauração do processo mediante documentos comprobatórios da existência de fatos reconduzíveis às previsões legais.

Assim, a instauração do processo por abandono de serviço pressupõe a existência de documentos comprobatórios de que o sujeito não compareceu ao serviço por pelo menos 30 dias consecutivos.

96.3 A indiciação

O art. 133, § 2.º, da Lei 8.112/1990 prevê a indiciação, a ser promovida em até três dias depois da publicação do ato de constituição da comissão, que se traduz no ato formal de imputação ao acusado da prática de ato reprovável determinado, com a indicação das provas correspondentes. O ato de indiciação deverá contemplar a descrição das infrações imputadas ao sujeito, tal como a indicação sumária das provas pertinentes.

96.4 A citação

O interessado será citado para apresentar defesa no prazo de cinco dias. O ato de citação deverá conter todas as informações necessárias e pertinentes ao pleno exercício do direito de defesa, sob pena de nulidade.

96.5 A produção de provas

Embora a ausência de previsão explícita, é inafastável o direito à produção de provas sobre fatos pertinentes aptos a impedir, modificar ou extinguir a reprovabilidade do ato. Se houver fatos pertinentes controvertidos, será obrigatória a produção da prova, com observância dos postulados já expostos relativamente à garantia do devido processo legal.

96.6 O relatório

A comissão deverá elaborar relatório sobre o ocorrido, emitindo seu entendimento sobre a ocorrência ou não de condutas reprováveis e de suas consequências jurídicas, inclusive propondo a decisão reputada como adequada em vista disso.

96.7 O julgamento

A autoridade competente para pronunciar a sanção de demissão é, em princípio, a de mais elevada hierarquia na estrutura orgânica considerada, tal como indicado no art. 141, I, da Lei 8.112/1990.

Cap. 16 – ESTRUTURA ADMINISTRATIVA DO ESTADO: OS AGENTES PÚBLICOS **713**

Caberá à autoridade emitir julgamento que poderá concluir pela ausência de configuração de infração ou pela configuração da infração. Neste caso, poderá haver a aplicação da sanção de demissão ou, se houver elementos nesse sentido, a imposição de sanção de menor gravidade.

97 O PROCESSO DISCIPLINAR PROPRIAMENTE DITO

O processo disciplinar propriamente dito está regulado nos arts. 148 e seguintes da Lei 8.112/1990.

97.1 A instauração

A autoridade competente instaurará o processo disciplinar e determinará a constituição de comissão composta de *três* servidores estáveis, com a indicação do presidente, que deverá ser ocupante de cargo efetivo superior ou de mesmo nível ou ter nível de escolaridade igual ou superior à do indiciado.

Apesar do silêncio da lei, é evidente que o ato de instauração da comissão deve definir, ainda que de modo genérico, os fatos objeto do processo (materialidade da infração) e os indícios de autoria.

O processo disciplinar propriamente dito pressupõe uma acusação e um acusado, o que fica explicitamente reconhecido no art. 143 da Lei 8.112/1990.

A competência para instauração do processo disciplinar recai, em princípio, sobre a autoridade titular da competência para impor a sanção administrativa. Mas é possível que a lei ou o regulamento dissociem as duas competências, respeitando-se a regra do art. 141 da Lei 8.112/1990 (que dispõe genericamente sobre o assunto).

O ato de instauração do processo administrativo constitui o termo inicial para o prazo de sua conclusão, que é previsto em sessenta dias (art. 152 da Lei 8.112/1990).

97.2 O inquérito

A etapa subsequente consiste no inquérito administrativo, destinado à produção de provas sobre os fatos indicados no ato de instauração do processo.

Consoante o art. 153 da Lei 8.112/1990, o inquérito se desenvolve segundo o princípio do contraditório, assegurada ao acusado a ampla defesa. No entanto, isso não significa que o acusado produza, desde logo, algum ato concreto de defesa.

A comissão produzirá todas as provas que reputar necessárias, sendo assegurado ao acusado o direito de acompanhar todas as provas e produzir as que tiver. O § 1.º do art. 156 da Lei 8.112/1990 atribui ao presidente da comissão a competência para ordenar a produção da prova, inclusive rejeitando as impertinentes, meramente protelatórias ou de nenhum interesse para o esclarecimento dos fatos.

Depois de produzidas as provas, será realizado o interrogatório do acusado, a fazer-se oralmente e sendo reduzido a escrito.

97.3 O indiciamento e a garantia da ampla defesa

Se as provas indicarem a existência de infração disciplinar, o servidor será indiciado, com a explícita especificação dos fatos reprováveis a ele imputados e as correspondentes provas (art. 161 da Lei 8.112/1990).

O indiciado será citado pessoalmente para apresentar defesa escrita, no prazo de dez dias. Se o indiciado não for encontrado, far-se-á a citação pela imprensa oficial e em jornal de

CURSO DE DIREITO ADMINISTRATIVO · *Marçal Justen Filho*

grande circulação no último domicílio conhecido, com prazo de 15 dias para a defesa (art. 163, parágrafo único). Em caso de revelia, será nomeado defensor dativo.

A comissão apreciará a defesa e elaborará relatório minucioso, indicando seu entendimento quanto à inocência ou culpabilidade do servidor, inclusive com a expressa capitulação legal da infração e indicação de agravantes e atenuantes.

Em sequência, os autos serão encaminhados à autoridade competente que instaurou o processo, que poderá ou não ser a titular da competência para decidir.

97.4 A garantia da ampla defesa

Lembre-se, como ensina Romeu Felipe Bacellar Filho, que "os litigantes e acusados são sujeitos processuais e não meros objetos ou espectadores, receptores passivos da decisão pronta, sem chance de participar".[83]

É necessário sempre insistir quanto à ausência de autonomia para rejeição das provas requeridas pelo particular. A previsão legal da rejeição de provas impertinentes e procrastinatórias costuma ser invocada para obstaculizar a ampla defesa. Impedir que o acusado comprove os fatos que afastam a configuração de uma irregularidade ou da própria autoria equivale a produzir decisão arbitrária. É o meio mais simplório de contornar o dever de decidir motivadamente e julgar segundo a prova dos autos.

Na democracia republicana consagrada pela Constituição de 1988, a autoridade administrativa tem o dever de reconhecer ao acusado o direito de produzir todas as provas reputadas pelo próprio acusado como necessárias à defesa própria. Quando muito, a autoridade administrativa deverá exigir que o acusado evidencie o vínculo de pertinência entre a prova pretendida e os fatos relevantes. Havendo esse vínculo, por mais tênue que seja, a prova deve ser produzida. Ou, quando menos, deverá haver oportunidade para a produção da prova, cuja responsabilidade será do próprio interessado.

Assim, o indeferimento da produção de provas necessárias à defesa do acusado, relacionadas com fatos pertinentes e relevantes, pode configurar infração administrativa por parte dos agentes estatais que conduzem o processo.

97.5 A (lamentável) orientação da Súmula Vinculante 5 do STF

Tal como exposto no Capítulo 8, o STF consagrou a desnecessidade de o servidor ser defendido por advogado, no âmbito de processo administrativo disciplinar. O enunciado é o seguinte:

"A falta de defesa técnica por advogado no processo administrativo disciplinar não ofende a Constituição".

Esse entendimento é incompatível com a garantia constitucional do devido processo legal, a qual impõe a participação de advogado para assegurar a ampla defesa de acusado, inclusive no processo administrativo.

97.6 O relatório da comissão

A comissão apreciará a defesa e elaborará relatório minucioso, indicando seu entendimento quanto à inocência ou culpabilidade do servidor, inclusive com a expressa capitulação legal da infração e indicação de agravantes e atenuantes.

Em sequência, os autos serão encaminhados à autoridade competente que instaurou o processo, que poderá ou não ser a titular da competência para decidir.

---

[83]   BACELLAR FILHO. *Processo administrativo disciplinar*, 4. ed., p. 71.

Cap. 16 – ESTRUTURA ADMINISTRATIVA DO ESTADO: OS AGENTES PÚBLICOS **715**

97.7   O julgamento

A competência será fixada em vista da gravidade da sanção. Se houver vários acusados, sujeitos a sanções de diversa gravidade, haverá julgamento único, proferido pela autoridade competente para impor a sanção mais grave (art. 167, § 2.º, da Lei 8.112/1990).

O resultado do julgamento deverá ser proferido no prazo de 20 dias e não ficará vinculado à conclusão da comissão.

Caberá à autoridade competente verificar, primeiramente, a regularidade do procedimento. Se constatar alguma ilegalidade, caberá pronunciar o vício e determinar a sua nulidade total ou parcial, nomeando outra comissão para dar seguimento à questão.

Se não for identificada nulidade, cabe analisar o relatório da comissão e cotejá-lo com a prova dos autos. Em princípio, a autoridade julgadora não é vinculada pelas conclusões do relatório. Mas a lei reconhece que a proximidade da comissão em relação à produção da prova deverá ser prestigiada. Assim, determina que a conclusão do relatório no sentido da inocência somente não será acatada se for flagrantemente contrária à prova dos autos (art. 167, § 4.º, da Lei 8.112/1990). Ou, acrescente-se, contrária ao direito aplicável ao caso.

Se reputar que o relatório traduz corretamente a interpretação da lei em face dos fatos apurados, a autoridade competente emitirá julgamento no sentido proposto. Se entender que o relatório não reflete a solução jurídica adequada, poderá adotar outra solução, sempre de modo justificado. Se compreender que existem provas de ato reprovável e da autoria, imporá ao acusado a sanção correspondente e adequada em vista de agravantes e atenuantes. A dosimetria da sanção deve observar os princípios fundamentais do direito penal.

97.8   A apuração de infração diversa da capitulada

A estrutura procedimental do processo disciplinar dá oportunidade a uma distorção grave. É que o inquérito administrativo se desenvolve a propósito dos fatos descritos no ato de instauração do processo. O acusado é convocado a indicar as provas que a ele interessam *em vista dos fatos descritos* naquele momento inicial. Mas, promovida a produção da prova e tipificada a ocorrência de fato reprovável de autoria do acusado, faz-se a indiciação e se abre a oportunidade para a defesa. Depois, a comissão emite seu relatório.

Ora, surge o grave risco de que a indiciação reconheça a ocorrência de fatos reprováveis diversos daqueles descritos no ato de instauração do processo. Nesse caso, poderá resultar na frustração do direito de ampla defesa do particular, na medida em que desconhecia a necessidade de produzir prova quanto a certos fatos.

O problema é conhecido no direito processual penal, que é muito mais estrito do que o processo administrativo. Sempre que a produção da prova evidencia indícios da autoria pelo acusado de crime diverso daquele pelo qual foi denunciado, admite-se o *aditamento da denúncia, reabrindo-se a oportunidade para a produção de provas.*

Idêntica solução deve ser adotada no caso do processo disciplinar propriamente dito. Havendo discordância entre os fatos descritos no ato de instauração do processo e aqueles que conduzem ao indiciamento, a garantia constitucional da ampla defesa e do contraditório exige a reabertura da oportunidade de produção de provas.

Essa é a interpretação extraível da Súmula 672 do STJ:

"A alteração da capitulação legal da conduta do servidor, por si só, não enseja a nulidade do processo administrativo disciplinar".

716 CURSO DE DIREITO ADMINISTRATIVO • *Marçal Justen Filho*

97.9 A prescrição (decadência) da ação disciplinar

A comissão poderá, no entanto, concluir pela extinção da punibilidade em virtude da prescrição, disciplinada pelo art. 142 da Lei 8.112/1990. Ali se prevê que, a partir da data do conhecimento da ocorrência do fato, inicia o curso do prazo prescricional. Em cinco anos, prescreverá a ação disciplinar quanto a eventos para os quais se cominam as sanções mais graves. O prazo é de dois anos para a prescrição no caso de suspensão e de 180 dias para os casos de advertência.

É duvidosa a caracterização de prescrição, na acepção técnica do vocábulo. Se a expressão prescrição for reservada para indicar a extinção do direito de ação, o caso será de decadência – entendida como a perda de uma pretensão de direito material em vista do decurso do tempo. No entanto, o art. 142, § 3.º, determina que a abertura de sindicância ou a instauração do processo disciplinar produzem efeito interruptivo da prescrição até a data da decisão final proferida pela autoridade competente, voltando o prazo a correr (se for o caso)[84] a partir de então. Logo, existiria uma decadência sujeita à interrupção, e não uma prescrição propriamente dita.

98 O AFASTAMENTO CAUTELAR DO SERVIDOR

O art. 147 da Lei 8.112/1990 admite que, antes mesmo do julgamento, o servidor seja afastado preventivamente do exercício de suas atribuições, visando a evitar que influencie na apuração dos fatos. A competência para determinar o afastamento é da autoridade competente para promover a instauração do processo.

Trata-se de uma providência de cunho acautelatório, cuja imposição depende da configuração dos elementos do *periculum in mora* e do *fumus boni juris*. Aplicam-se esses institutos ao caso, com as adaptações necessárias, em vista da natureza essencialmente publicística da relação e da ausência de autoridade objetivamente imparcial a decidir.[85] Afinal, no caso concreto, a autoridade titular da competência para produzir o afastamento preventivo é a mesma que decreta a instauração do processo. São necessárias cautelas para evitar que o afastamento preventivo equivalha à antecipação da decisão definitiva.

Em razão disso, só se admite o afastamento preventivo quando satisfatoriamente motivado, nos planos da situação objetiva de risco de ineficácia da decisão definitiva e da aparência de bom direito.

O *fumus boni juris* envolve o risco de o sujeito interferir na produção da prova. Logo, deve evidenciar-se concretamente o modo pelo qual haveria tal influência. Se a questão envolve provas testemunhais e os depoentes não estão sujeitos a vinculação hierárquica perante o acusado, não há cabimento em promover o afastamento. O mesmo se põe se a questão depender de prova pericial, hipótese em que seria necessário evidenciar o modo pelo qual o sujeito disporia de alguma influência negativa potencialmente apta a prejudicar sua produção. Mais

---

[84] Se o julgamento concluir pela presença dos pressupostos necessários, imporá a sanção ao servidor, e não caberá aludir à prescrição – exceto se verificada sua consumação no período anterior à instauração do processo administrativo. Mas o julgamento poderá reconhecer a invalidade do processo. Nesse caso, o prazo extintivo reiniciaria seu curso.

[85] Esse é um aspecto fundamental a destacar, que impede a identificação do processo administrativo com o processo jurisdicional. No âmbito deste último, as decisões são de titularidade exclusiva de um sujeito que não integra o litígio submetido à sua competência decisória. Já no processo administrativo, um único sujeito é titular tanto da condição de parte no conflito como da autoridade para compor o conflito. Ou seja, por mais imparcial (na acepção de postura subjetiva) que a autoridade seja, nunca será imparcial na acepção objetiva de não ser parte no conflito. O processo administrativo, para utilizar expressões menos técnicas, caracteriza-se pela circunstância de que a autoridade que acusa é a mesma que julga.

Cap. 16 – ESTRUTURA ADMINISTRATIVA DO ESTADO: OS AGENTES PÚBLICOS **717**

ainda, é necessário indicar algum indício no sentido de que o sujeito pretende interferir sobre a produção da prova.

Por outro lado, também se exige demonstração da plausibilidade da ocorrência de evento autorizador da demissão. A aparência de bom direito, na hipótese, significa a existência de indícios fortes e concretos acerca da ocorrência de irregularidades. Trata-se de uma questão de fato, a ser justificada mediante indicações quanto aos fatos. É insuficiente invocar a acusação contra um sujeito para daí extrair a consequência de seu afastamento.

Não é suficiente afirmar que "*corre na comunidade uma versão*" ou que "*a imprensa afirma*" a ocorrência de prática ilícita. Tem-se de indicar o elemento fático probatório concreto, suficientemente consistente para produzir a convicção de que a decisão de afastamento não se traduz em resultado da vontade discricionária da autoridade superior.

Ressalte-se que a avaliação sobre provimentos antecipatórios sempre é norteada pelo princípio da proporcionalidade. Daí deriva a obrigatoriedade, dentre outras exigências, da avaliação da lesividade das diferentes opções em jogo. Incumbe optar pela solução que apresente o menor grau de efeitos restritivos a direitos (inclusive dos particulares), desde que seja adequada e necessária à proteção dos interesses em jogo.

99 A REVISIBILIDADE ADMINISTRATIVA DA PUNIÇÃO

A punição administrativa pode ser revista, de ofício ou a pedido do interessado. Aplicam-se ao caso, de modo supletivo, as regras do direito processual penal pertinentes à *revisão criminal*. Isso significa a possibilidade de o interessado pleitear, a qualquer tempo, a revisão do sancionamento a si imposto, apresentando novas razões, fatos ou provas. A peculiaridade reside em que a própria Administração tem o dever de promover, de ofício, a revisão se tiver ciência de indícios de incorreção na decisão punitiva anterior.

A revisão da punição administrativa não se sujeita a prazo prescricional ou decadencial, eis que se trata de assegurar ao servidor a oportunidade de obter a alteração de decisão condenatória. Mas pode configurar-se a prescrição quanto a proveitos econômicos específicos. Será aplicada, eventualmente, a regra da prescrição quinquenal relativamente à cobrança de valores devidos em virtude da revisão da penalidade.

100 A REVISÃO JURISDICIONAL DA PUNIÇÃO

A imposição de sanção administrativa ao servidor pode ser objeto de revisão pelo Poder Judiciário. Mas essa revisão deverá tomar em vista as peculiaridades da função desempenhada. Cada função e categoria profissional está investida de deveres próprios, o que significa a impossibilidade de examinar o sancionamento sob um prisma uniforme.

O Poder Judiciário dispõe de competência para revisar todos os aspectos atinentes à observância do devido processo legal e aqueles pertinentes aos aspectos vinculados do ato administrativo punitivo.

O STJ consagrou a sua orientação na Súmula 665:

"O controle jurisdicional do processo administrativo disciplinar restringe-se ao exame da regularidade do procedimento e da legalidade do ato, à luz dos princípios do contraditório, da ampla defesa e do devido processo legal, não sendo possível incursão no mérito administrativo, ressalvadas as hipóteses de flagrante ilegalidade, teratologia ou manifesta desproporcionalidade da sanção aplicada".

Capítulo 17

ESTRUTURA ADMINISTRATIVA DO ESTADO: OS BENS PÚBLICOS

 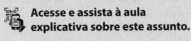

Acesse e assista à aula explicativa sobre este assunto.
> https://uqr.to/1bk3m

Bens públicos são os bens jurídicos atribuídos à titularidade do Estado, submetidos a regime jurídico de direito público, necessários ao desempenho das funções públicas ou merecedores de proteção especial.

1 BENS PÚBLICOS E DIREITOS FUNDAMENTAIS

A satisfação dos direitos fundamentais por meio da atividade administrativa do Estado depende da organização de um conjunto de bens jurídicos.

1.1 A exclusão do domínio privado

Os bens públicos são excluídos do âmbito do domínio privado. Isso significa a vedação à sua apropriação para a satisfação de interesses individuais de cunho egoístico, ressalvadas as hipóteses em que tal seja compatível com os valores fundamentais e segundo formalidades adequadas.

1.2 Os fundamentos da publicização dos bens

A atribuição de determinados bens à titularidade do Estado decorre de razões diversas, que podem conjugar-se em determinados casos.

Em algumas hipóteses, a titularidade do Estado se justifica porque o bem é indispensável ou relevante para a satisfação de necessidades similares e homogêneas da generalidade da coletividade, abrangendo inclusive a satisfação de direitos fundamentais, tais como a vida e a saúde.

Em outras hipóteses, existe uma relação de instrumentalidade entre o bem e o desenvolvimento da atividade administrativa estatal.

Há casos em que a publicização decorre da necessidade de proteção à integridade do bem. A submissão ao regime de direito privado poderia conduzir ao consumo ilimitado ou à destruição do bem, o que violaria valores jurídicos protegidos.

1.3   O enquadramento do bem público no contexto constitucional

É necessário considerar o bem público no contexto da disciplina constitucional. É descabido identificar o vínculo jurídico entre Estado e bens públicos a uma relação de propriedade privada. O Estado não é "dono" dos bens, na acepção de que lhe seria facultado dar a eles o destino que bem lhe aprouvesse.

Grande parcela dos bens públicos não comporta que o Estado deles use, frua e disponha – aspectos essenciais da definição de propriedade privada contida no art. 1.228 do Código Civil.

1.4   O regime jurídico de direito público

O regime jurídico dos bens públicos é próprio do direito público. Isso significa a não aplicabilidade dos institutos de direito privado, a começar pela propriedade. Até se pode afirmar que o bem público está no "domínio" ou "propriedade" de uma pessoa de direito público, mas isso não acarreta a aplicação do regime da propriedade privada. Por exemplo, a pessoa de direito público titular do bem público não está investida na faculdade de usar o bem como melhor lhe aprouver ou lhe dar a destinação que quiser.

1.5   A disputa sobre bens adquiridos por governante

O apossamento do bem público por um sujeito privado – ainda que se trate de um agente público – não elimina a sua qualificação jurídica. No entanto, há controvérsia sobre bens presenteados ao governante brasileiro por autoridades estrangeiras. Trata-se de prática usual no relacionamento entre as diversas nações. O tema foi objeto de decisão do TCU, adiante sumariada:

> "(...) Até que lei específica discipline a matéria, não há fundamentação jurídica para caracterização de presentes recebidos por Presidentes da República no exercício do mandato como bens públicos, o que inviabiliza a possibilidade de expedição de determinação, por esta Corte, para sua incorporação ao patrimônio público.
>
> (...)
>
> 9.2. reconhecer que, até que lei específica discipline a matéria, não há fundamentação jurídica para caracterização de presentes recebidos por Presidentes da República no exercício do mandato como bens públicos, o que inviabiliza a possibilidade de expedição de determinação, por esta Corte, para sua incorporação ao patrimônio público;
>
> 9.3. recomendar ao Gabinete Pessoal do Presidente da República que, doravante, no prazo de 30 (trinta) dias a contar do recebimento de presente pelo Presidente da República, o bem seja catalogado, após a devida avaliação pela unidade competente no âmbito da estrutura da Presidência da República, com identificação de marca, modelo, características, origem e destinação, seja pública ou particular, e que se dê publicidade em seção específica no portal da transparência do governo federal; (...)" (TCU, Acórdão 1.585/2024, Plenário, rel. Min. Antonio Anastasia, j. 07.08.2024).

2   O AFASTAMENTO DE CONCEPÇÕES TRADICIONAIS

O tratamento do instituto do bem público deve ser norteado pelo enfoque da supremacia e da indisponibilidade dos direitos fundamentais. Isso acarreta o afastamento de concepções tradicionais, fundadas em pressupostos incompatíveis com a ordem constitucional.

2.1   A rejeição à teoria do domínio eminente

No passado, reputava-se que os bens públicos eram aqueles cuja fruição era objeto de um privilégio, estabelecido em favor do governante. Até a instauração da República, o conceito de

Cap. 17 – ESTRUTURA ADMINISTRATIVA DO ESTADO: OS BENS PÚBLICOS **721**

bem público era identificado fortemente com o bem da "Coroa" – expressão utilizada para indicar uma entidade não sujeita ao Direito. Os bens da Coroa eram de titularidade do Imperador, que podia deles fruir como melhor lhe aprouvesse, inclusive explorando-os economicamente.

Lembre-se que essa concepção se relacionava com a teoria do domínio eminente, em virtude da qual todos os bens (especialmente imóveis) na titularidade dos particulares eram reputados como propriedade última da Coroa. Isso significava que a propriedade privada poderia ser afastada mediante decisões do monarca.

Essa teoria afirmava que o Estado deteria uma propriedade latente sobre todos os bens existentes em seu território. Portanto, os particulares seriam titulares de um domínio limitado (resolúvel), que poderia ser extinto a qualquer momento, se assim o desejasse o Estado.

Segundo essa concepção, o patrimônio do Estado seria integrado por bens de seu domínio efetivo, mas também e indiretamente por todos os bens existentes na posse dos particulares.

A teoria do domínio eminente tem suas origens no período anterior à afirmação do Estado de Direito. Não traduz corretamente a relação política e jurídica entre o Estado e a sociedade. Não se pode admitir, perante o vigente regime constitucional, o domínio eminente do Estado sobre os bens privados.

No entanto, alguns continuam a utilizar a terminologia para indicar outro aspecto da ordem jurídica. Fala-se em *domínio eminente* para indicar a competência estatal para promover desapropriação ou valer-se da propriedade privada em situações excepcionais. A eventual adoção das expressões não significa, como é evidente, a efetiva existência de uma relação de domínio potencial sobre bens privados, titularizada pelo Estado.

2.2 As concepções privatistas anteriores à CF/1988

Com a Proclamação da República, deixou de existir a categoria dos bens da Coroa e tornou-se inaplicável a teoria do domínio eminente. Mas se adotou conceituação de bem público fortemente influenciada por concepções privatistas, o que se traduziu na disciplina do Código Civil de 1916.

O Código Civil de 2002, apesar de ter atualizado o regime jurídico privado em geral, repetiu quase literalmente a disciplina dos bens públicos contemplada no Código anterior.

Além disso, diplomas antigos sobre bens públicos continuam a vigorar, refletindo concepções inadequadas. O grande exemplo é o chamado Código de Águas (Dec. 24.643/1934), cujas regras traduziram as concepções da época e que se encontram superadas de há muito. Nesse caso específico da disciplina das águas, é fundamental tomar em vista que o regime de direito público destina-se a preservar a existência da Humanidade e a integridade do planeta.

2.3 A rejeição à teoria da dupla órbita patrimonial

A pluralidade dos regimes de direito público aplicáveis aos bens públicos conduz alguns a afirmarem que existem duas órbitas patrimoniais do Estado. Afirma-se que o Estado seria titular de uma órbita patrimonial pública e de uma órbita patrimonial privada.

Assim, haveria alguns bens que estariam vinculados à titularidade *pública* do Estado, enquanto outros seriam objeto de uma relação de propriedade regida pelo direito civil.

Essa distinção é incompatível com a ordem jurídica. Todos os bens atribuídos ao Estado se sujeitam ao regime básico de direito público, que apresenta diferenças marcantes em face do direito privado.

3 O REGIME JURÍDICO NORTEADO PELOS DIREITOS FUNDAMENTAIS

Os bens públicos devem ser utilizados, de modo direto, para a realização dos interesses da comunidade e para a obtenção das necessidades essenciais à dignidade humana. Mas os bens públicos devem ser utilizados também de modo indireto para o fim da satisfação dos direitos fundamentais.

3.1 A eventual exploração de potencialidade econômica

Isso significa a necessária exploração de todos os potenciais econômicos dos bens públicos, visando auferir recursos financeiros para assegurar o custeio das atividades estatais.

Nessa linha, a Lei 13.240/2015 alterou o art. 37 da Lei 9.636/1998, que instituiu o Programa de Administração Patrimonial Imobiliária da União – Proap, visando adotar as soluções mais racionais e compatíveis com os direitos fundamentais para os bens imóveis da União. O diploma previu inclusive a exploração econômica dos bens da União, até mesmo com a sua utilização para integralização de cotas em fundos de investimento.

3.2 A vedação à ociosidade dos bens públicos

Não se pode admitir a ociosidade de bens públicos, mesmo dominicais.[1] O Estado deve aplicar todos os seus recursos móveis e imóveis para promover o desenvolvimento, incentivar a atividade econômica e assegurar a obtenção de recursos para implantar e desenvolver um amplo conjunto de atividades necessárias ao bem-estar da comunidade.

3.3 A função social dos bens públicos

Pode-se aludir a uma *função social dos bens públicos*, similar àquela que se reconhece relativamente ao patrimônio privado. A função social dos bens públicos é incompatível com a sua ociosidade e implica a sua natureza instrumental para a realização dos fins impostos ao Estado.

3.4 A proteção necessária

A concepção norteada pelos direitos fundamentais incorpora também a proteção ao meio ambiente. A CF/1988 estabeleceu, no art. 225, *caput*, que:

"Todos têm direito ao meio ambiente ecologicamente equilibrado, bem de uso comum do povo e essencial à sadia qualidade de vida, impondo-se ao Poder Público e à coletividade o dever de defendê-lo e preservá-lo para as presentes e futuras gerações".

Existem alguns bens cuja fruição é vedada, precisamente porque isso conduziria à sua destruição. Excluídos os bens destinados à preservação, todo o restante do patrimônio estatal deve ser explorado do modo mais intenso possível.

Seguindo essa concepção, diversos diplomas legislativos consagram normas destinadas a preservar o meio ambiente. Dentre outros, podem ser referidas as Leis 6.938/1981 (que dispõe sobre a Política Nacional do Meio Ambiente), 9.605/1998 (que dispõe sobre as sanções penais e administrativas para condutas e atividades lesivas ao meio ambiente), 9.985/2000 (orientada a assegurar a conservação da natureza, a diversidade biológica e o uso sustentável dos recursos naturais), 10.257/2001 (o Estatuto da Cidade), 12.305/2010 (que dispõe sobre a Política Nacional de Resíduos Sólidos) e 12.587/2012 (que institui as diretrizes da Política Nacional de Mobilidade Urbana).

---

[1] Nesse ponto, adere-se de modo integral à tese de Floriano de Azevedo Marques Neto, que destacou com argúcia essa característica do regime jurídico dos bens públicos. Cf. MARQUES NETO. *Bens públicos*: função social e exploração econômica: o regime jurídico das utilidades públicas.

Cap. 17 – ESTRUTURA ADMINISTRATIVA DO ESTADO: OS BENS PÚBLICOS **723**

3.5 A exploração compatível com as peculiaridades

Isso não equivale a defender a alienação dos bens públicos, a eliminação do patrimônio estatal ou a comercialização dos valores essenciais à Nação. A exploração econômica do patrimônio estatal deverá fazer-se segundo a natureza, a função e a destinação própria de cada bem. Não teria cabimento, por exemplo, a cessão onerosa do direito de denominação do Palácio do Planalto, monumento que simboliza a Nação brasileira.[2] Mas se impõe que o Estado promova, por exemplo, a cessão do uso de seus terrenos dominicais ociosos.

4 OS REGIMES JURÍDICOS DOS BENS PÚBLICOS

Os bens públicos são subordinados a regime de direito público, o que afasta a aplicação dos institutos e das normas do direito privado. Mas isso não significa a existência de um regime jurídico único para todos os bens públicos.

4.1 A pluralidade de regimes de bens públicos

Não existe um regime jurídico único e uniforme aplicável a todos os bens públicos. Existem diversos regimes, variáveis em vista das características dos bens e das finalidades a que se destinam a satisfazer. Isso significa negar a aplicação do regime da propriedade privada a qualquer categoria de bens públicos.

Os regimes de direito público têm natureza restritiva das faculdades de uso, fruição e disponibilidade dos bens. A extensão das restrições é variável conforme o regime jurídico aplicável.

Em alguns casos, a restrição deriva da destinação inafastável do bem à satisfação das necessidades coletivas, tal como se passa com as vias públicas.

Em outras situações, a restrição decorre da instrumentalidade do bem para o desempenho de funções estatais, tal como se passa com o edifício em que se situa uma repartição administrativa.

Há hipóteses em que o bem não se destina a algum tipo de utilização específica para satisfazer necessidades estatais, mas a mera vinculação a uma pessoa de direito público acarreta as restrições apontadas.

4.2 A variação em função da destinação dos bens

A variação do regime jurídico reflete a própria destinação do bem. Existem casos em que o bem é público em si mesmo. Sempre o foi e sempre o será. O exemplo é o mar territorial, que foi atribuído à titularidade da União pelo art. 20, VI, da CF/1988. Trata-se de um bem subordinado a regime jurídico próprio e diferenciado, que é intrinsecamente público.

Mas há casos em que o regime de bem público se aplica apenas enquanto o bem estiver na titularidade do Estado. Suponha-se um automóvel fabricado por uma empresa privada e adquirido pela União. Enquanto na titularidade do fabricante era um bem privado. Adquirido pela União, passa a ser um bem público.

Existem alguns bens que foram subordinados intrinsecamente ao regime de direito público, por integrarem o patrimônio comum do povo brasileiro. Não é cabível formular um elenco exaustivo desses bens, mas cabe verificar em face de cada caso concreto.

---

[2] Cf. JUSTEN FILHO. A exploração econômica de bens públicos: cessão do direito à denominação. *Revista de Direito Público da Economia – RDPE*, n. 30, p. 175-198, abr./jun. 2010.

4.3 A inaplicabilidade de conceitos de direito privado

O regime de direito público é incompatível, na quase totalidade, com os institutos de direito privado da propriedade e da posse. Existem diversas características fundamentais de cunho publicístico que dão identidade à relação entre o Estado e os bens de sua titularidade.

Por exemplo, o Estado brasileiro é integrado e resulta da existência de um território. As terras, as águas e o espaço aéreo não são *propriedade* da República Federativa do Brasil (muito menos da União). No seu conjunto, constituem um elemento que a integra e que lhe dá identidade. Existente o Estado brasileiro, o território deve ser gerido e instrumentalizado para a satisfação das necessidades nacionais. Trata-se de um vínculo político, essencialmente público.

Os bens que dão identidade ao Estado brasileiro e aqueles fundamentais ao cumprimento de suas funções essenciais não são objeto de uma relação de domínio similar à disciplinada pelo direito privado.

5 AS CLASSIFICAÇÕES DOS BENS PÚBLICOS

Os bens públicos podem ser classificados segundo diversos critérios.

5.1 As classificações segundo critérios genéricos

Quanto ao critério da existência física no espaço, os bens públicos podem ser distinguidos entre corpóreos e incorpóreos. Os bens corpóreos podem ser móveis ou imóveis, conforme seja ou não possível promover o seu deslocamento físico sem promover sua desnaturação. Os bens imóveis podem integrar o domínio terrestre ou aquático.

Muitas vezes, identificam-se os bens móveis e os incorpóreos, em vista da semelhança de regime jurídico. Mas os bens incorpóreos, que correspondem basicamente aos direitos, não se confundem com as coisas móveis. Assim, o privilégio de invenção é um direito cujo regime jurídico é totalmente diverso daquele aplicável a, por exemplo, uma mesa.

Reitere-se que existem inúmeros regimes jurídicos para as diversas espécies de bens públicos, conforme sua natureza ou destinação.

5.2 A classificação do Código Civil

Mas a classificação dos bens públicos mais difundida é aquela prevista no Código Civil, refletindo a diferenciação dos regimes jurídicos aplicáveis. Referida classificação funda-se em critério vinculado ao regime jurídico de direito público.

5.2.1 A previsão do art. 99 do Código Civil

Segundo o art. 99 do Código Civil, os bens públicos estão enquadrados em três categorias, que são os bens de *uso comum do povo*, os bens de *uso especial* e os bens *dominicais*.

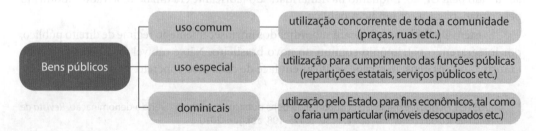

Cap. 17 – ESTRUTURA ADMINISTRATIVA DO ESTADO: OS BENS PÚBLICOS **725**

5.2.2   A insuficiência da classificação

Essa classificação apresenta problemas graves e está ultrapassada em face do direito positivo brasileiro.

O Código Civil considerou apenas os bens imóveis, olvidando a existência e a relevância dos bens móveis e direitos. Assim, a classificação não contempla, por exemplo, os direitos de propriedade industrial (tais como patentes), que apresentam enorme importância econômica e social.

Ademais, a classificação reflete uma concepção individualista quanto aos bens ditos de uso comum. Há bens que são de titularidade comum do povo, mas que não comportam uso comum. A questão se relaciona com o meio ambiente e outros recursos naturais, cujo uso e fruição podem ser interditados ao povo em geral.

5.3   Síntese

O estudo dos bens públicos acaba restrito apenas aos bens imóveis e reflete um enfoque ultrapassado quanto à sua função. Tal decorre diretamente da submissão do direito administrativo à abordagem própria do direito privado. Indiretamente, isso é reflexo de uma concepção tradicional que privilegia os bens imóveis, reputando secundários ou irrelevantes os bens móveis e os direitos.

O Estado obtém receitas relevantes por meio da exploração de direitos (que nem sempre versam sobre bens imóveis). Basta lembrar a cobrança pela cessão do direito de uso de frequência de rádio para fins de telefonia móvel, o produto da alienação de ações representativas do controle de empresas estatais, a cobrança de ônus fixos e variáveis dos concessionários de rodovias. No entanto, essas questões não despertam maior atenção dos estudiosos.[3] É necessário ampliar o exame do regime jurídico dos bens públicos de modo a abranger também essas outras situações.

6   OS BENS DE USO COMUM DO POVO

Os bens de uso comum do povo são aqueles necessários ou úteis à existência de todos os seres vivos, que não podem ou não devem ser submetidos à fruição privativa de ninguém. São exemplos os mares, os rios de domínio público e as vias públicas (rodovias, ruas), entre outros bens.

Mas a categoria também compreende, atualmente, os bens merecedores de proteção diferenciada, em virtude de exigências de preservação ambiental. Lembre-se que a Constituição expressamente determinou que o meio ambiente é qualificado como um bem de uso comum do povo (art. 225).

6.1   A concepção original e a evolução verificada

Na origem, essa classificação compreendia aqueles bens que comportavam fruição por toda a população, de modo conjunto e concomitante. Mas a deterioração do meio ambiente e a necessidade de proteção estatal aos ecossistemas conduzem a que tais bens sejam objeto de proteção intensa, inclusive com a possibilidade de restrição absoluta à fruição individual do bem de uso comum.

Um exemplo é a figura da reserva biológica. Trata-se de área de titularidade pública, instituída para preservação integral de todas as formas de vida ali existentes, "sem interferência humana

---

3   O tema foi objeto de profundo estudo em MARQUES NETO. *Bens públicos*: função social e exploração econômica: o regime jurídico das utilidades públicas.

726 CURSO DE DIREITO ADMINISTRATIVO · Marçal Justen Filho

direta ou modificações ambientais", na qual "é proibida a visitação pública, exceto aquela com objetivo educacional (...)" (respectivamente, art. 10, *caput*, e § 2.º, da Lei 9.985/2000).

6.2 Bem de uso comum tem natureza imobiliária ou mobiliária

É usual tratar como bens de uso comum apenas os imóveis. Esse enfoque deve ser corrigido, para abranger inclusive bens móveis. Suponha-se uma obra de arte, dotada de grande simbolismo para a Nação, o que justifica a aquisição de seu domínio pelo Estado. Assim ocorrendo, será um bem *de uso comum do povo*.

Todo o patrimônio artístico e cultural composto por bens móveis e que não seja aplicado diretamente numa atividade estatal ou na prestação de um serviço público será enquadrado na categoria de bem de uso comum do povo.

O imóvel em que está edificado um museu não é bem de uso comum do povo. Trata-se de um bem de uso especial. Mas a obra de arte que se encontra dentro do prédio é um bem de uso comum do povo.

Afigura-se que o *ar que respiramos* é um bem de uso comum do povo. No passado, reputava-se que o oxigênio e outros elementos livres na atmosfera eram insuscetíveis de apropriação e não se configuravam propriamente como bens jurídicos (tendo em vista sua pretensa inexauribilidade). É necessário reconhecer que a atmosfera envolve interesses transindividuais difusos, de natureza pública. A impossibilidade de apropriação individual exclusiva da atmosfera por um sujeito e a necessidade individual comum a todos os seres humanos de oxigênio para respirar somente pode conduzir ao reconhecimento da existência de bem de uso comum do povo. Cabe ao Estado, bem por isso, adotar providências destinadas a proteger a atmosfera e assegurar sua preservação permanente.

6.3 O critério de identificação

A identificação do bem como de uso comum do povo faz-se pela conjugação da natureza do bem e sua destinação. A categoria abrange todos os bens cuja utilização não pode ou não deve ser objeto de apropriação privada exclusiva por algum sujeito.

Isso produz uma séria dificuldade, inclusive porque há situações em que o bem, no seu todo, é enquadrado em uma categoria, enquanto parte dele é submetida a outro regime. Assim, suponha-se o caso de uma praia marítima pública. Em princípio, a praia é um bem de uso comum, mas é possível que o Estado resolva edificar um posto de observação ou um edifício militar. Essa específica construção não será de uso comum do povo e estará sujeita a regime jurídico diverso.

Também por isso, o enquadramento do bem na categoria de uso comum do povo não é definitivo. Será permitida a utilização privativa pelo Estado, se houver necessidade de sua aplicação para satisfação de uma necessidade estatal determinada. Nesse caso, o bem deixará de ser enquadrado na categoria examinada e passará a integrar o conjunto de bens de uso especial.

6.4 A relação de propriedade sobre o bem público

Mais do que em qualquer outro caso, não é cabível reconhecer a *propriedade* sobre os bens de uso comum. O Estado é titular desses bens porque nenhum sujeito pode adquirir domínio sobre ele. Mas não é possível afirmar a existência de uma propriedade estatal, já que não cabe ao Estado as faculdades de uso e fruição privativos, excludentes de idêntico benefício em prol de terceiros.

Os bens de uso comum são aqueles fruíveis coletivamente por todos os membros da comunidade. A *propriedade* estatal significa, no caso, a exclusão daquele bem do universo dos bens sujeitáveis à incidência de um direito de propriedade privada.

Portanto, afirmar que existe propriedade pública, no caso, não significa a possibilidade de o Estado impedir o uso ou a fruição dos membros da comunidade sobre tais bens, desde que respeitados determinados parâmetros, tal como será adiante exposto.

Em suma, a propriedade pública exercitada sobre os bens de uso comum não se identifica com o vínculo dominial disciplinado pelo direito privado.

6.5   A titularidade dos entes políticos

Essa circunstância fundamenta a atribuição da titularidade dos bens de uso comum aos entes políticos. A discriminação da titularidade dos bens comuns consta da Constituição, a qual faz referência indireta a bens que já estão na propriedade pública. Assim, uma praça municipal é um bem de uso comum do povo de titularidade municipal, sem que haja explícita referência a tanto na Constituição.

Os bens de uso comum do povo de titularidade da União estão indicados em alguns dos dispositivos do art. 20, da CF/1988: incisos III (lagos, rios, terrenos marginais e praias fluviais), IV[4] (praias marítimas), VI (mar territorial) e X (cavidades naturais subterrâneas). O inc. I do art. 20 faz referência aos bens que atualmente pertencem à União e aos que a ela vierem a ser atribuídos, entre os quais podem existir bens de uso comum.

A identificação dos bens de uso comum dos Estados e do Distrito Federal consta, genericamente, no art. 26 da CF/1988, e deve ser avaliada em vista da titularidade estadual ou distrital sobre determinado imóvel que, por sua destinação, esteja aberto à fruição de todos. Idêntica ponderação pode ser feita quanto aos bens dos Municípios.

6.6   A questão da posse de bens de uso comum do povo

Reputa-se que não é cabível aplicar aos bens de uso comum o instituto privado da posse.[5] Esses bens não se encontram na posse privada de qualquer particular, ainda nas hipóteses em que seja facultado a qualquer pessoa usufruir do bem.

No entanto, há jurisprudência do STJ em sentido contrário:

"1. Ação de interdito proibitório devido a esbulho possessório praticado em área pública (bem de uso comum do povo).

2. Diferentemente do que ocorre com a situação de fato existente sobre bens públicos dominicais – sobre os quais o exercício de determinados poderes ocorre a pretexto de mera detenção –, é possível a posse de particulares sobre bens públicos de uso comum" (AgIn no REsp 1.463.669/DF, 3.ª T., rel. Min. Nancy Andrighi, j. 12.11.2018, *DJe* 14.11.2018).

---

[4]   A Emenda Constitucional 46/2005 alterou a redação do dispositivo: "(...) as ilhas fluviais e lacustres nas zonas limítrofes com outros países; as praias marítimas; as ilhas oceânicas e as costeiras, excluídas, destas, as que contenham a sede de Municípios, exceto aquelas áreas afetadas ao serviço público e a unidade ambiental federal, e as referidas no art. 26, II".

[5]   Lembre-se que, no direito privado, a posse é uma situação de fato, que traduz o poder de um sujeito sobre um bem e exterioriza situação equivalente àquela gerada pelo domínio. Sobre o instituto da posse, cf. as lições de PONTES DE MIRANDA. *Tratado de direito privado:* Direito das coisas: posse, v. 10. Atualizado por Luiz Edson Fachin; e GOMES. *Direitos reais*, 21. ed., p. 29 *et seq.*

728 CURSO DE DIREITO ADMINISTRATIVO • *Marçal Justen Filho*

A decisão deve ser interpretada em termos. Rigorosamente, a ocupação por um particular de um bem de uso comum e o poder fático exercitado não se subsomem ao conceito de posse, tal como disciplinado no direito privado. Ainda que se utilize a expressão "posse" (e "posseiro"), há uma situação jurídica diferenciada, que não se traduz no exercício aparente de poderes inerentes ao domínio.

Nada impede que o direito proteja e tutele situações fáticas dessa ordem. Mas essa solução não envolve a tutela possessória tal como concebida no direito privado.

6.7 Competência para disciplinar o uso do bem de uso comum

O ente estatal titular do bem de uso comum dispõe da competência para disciplinar a sua destinação. Em princípio, impõe-se o respeito à sua destinação intrínseca, que é a fruição pela comunidade em geral.

Os bens de uso comum podem ser usados e fruídos por toda a coletividade, desde que respeitadas determinadas condições, fixadas como requisitos para assegurar a integridade deles e a possibilidade de fruição por todos os demais em igualdade de condições. A fruição individual dos bens de uso comum subordina-se aos ditames do princípio da proporcionalidade, o que significa que se permitem limitações, as quais podem ser admitidas quando necessárias e adequadas à realização de valores tutelados pela ordem jurídica.

Entre as exigências de fruição, pode-se encontrar a remuneração, destinada a compensar as despesas necessárias à manutenção da coisa ou a produzir um processo de seleção quando não houver viabilidade de fruição do mesmo bem por um número indeterminado de pessoas.

A remuneração não reflete, usualmente, modalidade de exploração econômica do bem, mas costuma ser uma contrapartida remuneratória das despesas necessárias à manutenção da integridade da coisa. Porém, existem hipóteses em que a utilização do bem para fins empresariais por um particular legitima que o Estado se valha da oportunidade para promover uma apropriação da riqueza privada.[6]

Essa remuneração não apresenta cunho tributário. Assemelha-se, antes, a uma tarifa, ainda que não exista o oferecimento ao usuário de uma utilidade comercial ou industrial.

No tocante aos bens naturais, as regras gerais estão fixadas pela Lei 9.985/2000, que consagra normas para conservação da natureza. Outros diplomas fornecem regras para setores específicos, tais como jazidas e minas, florestas, entre outros, nos termos que serão expostos adiante.

6.8 Competência para fiscalizar o uso dos bens de uso comum

O ente estatal titular do bem de uso comum é investido na competência para fiscalizar a observância das medidas destinadas a assegurar a integridade desse bem. Isso compreende o dever-poder de controlar a conduta dos particulares, inclusive para verificar a sua compatibilidade com as normas regulamentares existentes.

Cabe ao ente estatal titular do bem de uso comum a competência para adotar providências destinadas a assegurar a integridade dos usuários.

---

[6] A utilização de exigências econômicas como critério de repartição do uso privativo de bens de uso comum deverá ser compatível com os princípios e valores democráticos. Um exemplo envolve alguns dos espectros de telecomunicação, utilizáveis para serviços de telefonia móvel. Existe uma limitação física à utilização desses recursos naturais, que, rigorosamente, são qualificáveis como bens de uso comum. Admite-se a licitação para selecionar o particular que adquirirá o direito de utilização privativa do espectro. Essa solução é plenamente compatível com o regime democrático, já que não se trata de um bem destinado a satisfazer necessidade individual inerente à condição de ser humano. Trata-se de exploração econômica de bem público, o que legitima o critério econômico para a seleção do particular para fruição privativa.

7 OS BENS DE USO ESPECIAL

Os bens de uso especial são os bens aplicados ao desempenho das atividades estatais, configurem estas ou não um serviço público.

A categoria abrange os edifícios em que se situam repartições estatais e todo o instrumental de bens móveis necessários ao desempenho da atividade administrativa, legislativa ou jurisdicional.

7.1 O critério de identificação

A identificação do bem como de uso especial também obedece à conjugação da natureza do bem e sua destinação. O critério de identificação reside, então, na afetação do bem ao desempenho de função pública, configure-se ou não um serviço público em sentido próprio.

Portanto, o prédio em que se instala o Chefe do Poder Executivo é um bem público de uso especial, ainda que, sob o prisma técnico-jurídico, a função de governo não seja qualificável como um serviço público.

7.2 A destinação de utilização do bem de uso especial

Os bens de uso especial são destinados a uma utilização exclusiva, em princípio para o desempenho de funções públicas.

Assim, o edifício em que se instala uma repartição pública é ocupado pelos agentes estatais, ainda que os cidadãos a ele tenham acesso para obter atendimento a necessidades específicas.

Aplica-se idêntico raciocínio a um vagão de trem utilizado para a prestação de serviço público. Esse bem será qualificado como de uso especial, por ser um instrumento de prestação de serviço público. A circunstância de que pessoas circulam por esse vagão continuamente não altera o raciocínio. Elas estão fruindo de um serviço público, cuja essência reside no transporte. Ou seja, as pessoas ingressam no vagão para serem transportadas, e não para fruírem alguma utilidade inerente ao bem.

7.3 A titularidade do bem de uso especial

A titularidade jurídica do bem de uso especial pode ser de uma pessoa privada ou pública. O particular, concessionário de serviço público, aplica seus bens à prestação das utilidades correspondentes. Enquanto esses bens estiverem afetados, haverá incidência do regime jurídico dos bens públicos. Portanto, esses bens estarão subordinados ao regime jurídico pertinente.

É evidente que essa situação se configura como temporária. O bem do particular ou será integrado no domínio público ou perderá sua afetação com o passar do tempo.

De todo modo, esse dado comprova como a configuração do regime dos bens públicos é distinta daquela vigente no direito privado.

7.4 Titularidade por entes políticos e da Administração indireta

Os bens de uso especial podem ser de titularidade não apenas dos entes federativos, mas também das entidades da Administração indireta dotadas de personalidade jurídica de direito público.

Também as entidades dotadas de personalidade privada, exercentes de função pública, podem ser enquadradas nessa situação. Tal decorre da afetação dos bens da entidade à prestação do serviço público.

730 CURSO DE DIREITO ADMINISTRATIVO · *Marçal Justen Filho*

No tocante à especificação dos bens de uso especial, vale a mesma advertência realizada a propósito dos bens de uso comum: existem situações já constituídas, que não são explicitamente referidas na Constituição ou nas leis.

Os bens de uso especial de titularidade da União estão indicados em alguns dos dispositivos da CF/1988, tais como os arts. 20, II (terras devolutas necessárias a certos fins públicos) e VIII (potenciais de energia hidráulica); e 225, § 5.º (terras devolutas necessárias à proteção dos ecossistemas naturais). Mas isso não significa um elenco exaustivo. A identificação dos bens de uso especial dos Estados e do Distrito Federal faz-se a partir da verificação da destinação do bem, inclusive no tocante ao elenco do art. 26 da CF/1988. Idêntica ponderação pode ser feita quanto aos bens dos Municípios.

7.5 O uso e a fruição dos bens de uso especial

Em princípio, o uso e a fruição dos bens de uso especial são reservados à própria Administração Pública e a seus agentes. Mas poderá dar-se diversamente, quando tais bens forem instrumentais em relação ao oferecimento de utilidades a terceiros. A delimitação do uso e da fruição dos bens de uso especial segue a natureza e as características próprias da atividade administrativa a que estão orientados. Em face dessas circunstâncias, é possível distinguir situações diferenciadas, tal como adiante exposto:

a) Bens de uso especial de satisfação de necessidades internas do Estado. É o caso, por exemplo, de um laboratório de pesquisa.

b) Bens de uso especial de satisfação de necessidades externas ao Estado. É o que se passa quando os bens são destinados à prestação de serviços públicos, por exemplo.

Em face dessas circunstâncias, será aplicada disciplina distinta quanto ao conjunto de pessoas aptas a usar e a fruir os benefícios derivados dos bens.

8 O INSTITUTO DA AFETAÇÃO

A afetação é a subordinação de um bem público a regime jurídico diferenciado, em vista à destinação dele à satisfação das necessidades coletivas e estatais, do que deriva inclusive a sua inalienabilidade.

8.1 A afetação e as diversas espécies de bens públicos

Alguns bens públicos estão integrados na atuação institucional administrativa e constituem instrumentos diretos da realização dos valores fundamentais buscados. São os bens de uso comum do povo e os bens de uso especial. Mas existem outros bens na titularidade estatal que não têm utilização institucional. Ou seja, são bens que não são aplicados para o desempenho das funções próprias da Administração Pública. Esses bens não são afetados e são qualificados como dominicais.

8.2 O aperfeiçoamento da afetação

A afetação é decorrente da própria natureza do bem, de uma situação de fato consolidada no tempo ou de um ato estatal unilateral.

Cap. 17 – ESTRUTURA ADMINISTRATIVA DO ESTADO: OS BENS PÚBLICOS **731**

8.2.1 A afetação intrínseca

Há casos em que a composição material da estrutura institucional abrange necessariamente certos bens, no sentido de que a única destinação possível e imaginável para o bem é a satisfação das necessidades comuns do povo.

Nessa hipótese, a afetação se configura sem a necessidade de um ato estatal formal. Enquanto se mantiver essa situação, há afetação. Assim se passa com os bens de uso comum. As praças, as vias públicas, os mares são intrinsecamente afetados.

8.2.2 A afetação como situação consolidada no tempo

Em outros casos, o bem comporta diversas utilizações, não sendo destinado apenas à satisfação das necessidades coletivas. Se o bem estiver sendo utilizado materialmente para o uso comum do povo ou para o uso especial da Administração Pública, será considerado afetado, mesmo que não tenha havido um ato formal correspondente.

As estruturas administrativas institucionais estatais vêm sendo constituídas ao longo dos séculos, mesmo em período anterior à consagração da disciplina jurídica formal ora adotada. A Constituição reconhece que são bens da União "os que atualmente lhe pertencem" (art. 20, I), o que corresponde a uma legitimação constitucional de situações fáticas.

Existem algumas hipóteses mais complexas. Suponha-se a abertura de uma via pública, cortando a propriedade privada. A afetação da via ao trânsito geral de pessoas conduz à sua configuração como um bem de uso comum do povo. Essa é uma questão fática, cuja consumação até pode ser impedida pelo proprietário privado (que se oponha à utilização de seu patrimônio), *desde que* o faça antes de se constituir uma situação consolidada. Perdida a posse do bem pelo particular e ingressando no uso geral do povo, a única solução será a justa indenização para o particular.

8.2.3 A afetação por ato administrativo formal

Haverá situações, enfim, em que o bem comporta diversas utilizações e a Administração Pública promove formalmente sua afetação. Essa é a solução desejável, mas não pode ser imposta compulsoriamente com efeito retroativo. Não é possível afirmar que a ausência da afetação formal desqualifica o bem como público, o que poderia configurar até mesmo uma interpretação ofensiva ao princípio da segurança jurídica.

A implantação de um Estado Democrático de Direito e a submissão da Administração Pública ao princípio da legalidade impõem *para o futuro a* formalização adequada da afetação dos bens que vierem a ser caracterizados como tal.

8.3 A interpretação conforme para o art. 35 da Lei de Desapropriações

O art. 35 do Dec.-lei 3.365/1941 estabelece que "Os bens expropriados, uma vez incorporados à Fazenda Pública, não podem ser objeto de reivindicação. (...) Qualquer ação, julgada procedente, resolver-se-á em perdas e danos".

Esse dispositivo era interpretado no sentido da concretização automática da transferência do domínio do bem para o Estado, mediante qualquer ato de força. Portanto, seria vedado ao particular pleitear a restituição da posse ou reivindicar o domínio do bem indevidamente ocupado pelo Estado.

Essa interpretação é inconstitucional. É vedado apropriar-se de bem alheio, especialmente por ato de violência. Tal se aplica a qualquer sujeito, inclusive à Administração Pública.

732 CURSO DE DIREITO ADMINISTRATIVO · *Marçal Justen Filho*

Por outro lado, o art. 5.º, XXIV, da CF/1988 subordina a desapropriação à observância de um procedimento especial, garantido, como regra, o pagamento prévio de justa indenização em dinheiro. Logo, nenhum bem privado se *incorpora* automaticamente ao patrimônio público sem observância da disciplina constitucional pertinente.

No passado, era admissível que a afetação material ou fática bastasse para produzir a incidência do regime de direito público. Depois da CF/1988, essa solução tornou-se vedada. Se a Administração Pública pretender apropriar-se de bem alheio sem observância das regras jurídicas próprias, configurar-se-á ilicitude civil, administrativa e penal. Deverá restituir-se o bem ao particular, com as necessárias perdas e danos, e punir o agente responsável pela conduta indevida.

8.4 A desafetação

A desafetação é ato estatal unilateral, cuja formalização depende de autorização legislativa, por meio do qual o Estado altera o regime jurídico aplicável ao bem público de uso comum do povo ou de uso especial da Administração, produzindo sua submissão ao regime de bem dominical.

8.4.1 Desafetação constitutiva e desafetação declaratória

É possível diferenciar casos de desafetação constitutiva (negativa) e desafetação declaratória. No primeiro caso, existe um ato formal de desafetação do bem, que passa a ser submetido ao regime de bem dominical, inclusive para o efeito de uma eventual alienação. Nesse caso, existe um ato jurídico com efeitos constitutivos negativos. A terminologia significa que a alteração do regime jurídico aplicável ao bem foi produzida por um ato formal, cujos efeitos são produzidos para o futuro.

Mas pode haver casos em que a natureza do bem ou a sua própria destinação conduzam à supressão fática de sua capacidade de satisfazer a necessidade pública. Se isso vier a ocorrer, a prática de um ato de desafetação terá efeitos meramente declaratórios. Ou seja, o bem já estava desafetado concretamente e o ato formal apenas regulariza e formaliza uma situação preexistente.

8.4.2 Exigência de legalidade para desafetação de bem imóvel

A desafetação de bens imóveis depende de lei. Pode-se admitir que a própria lei determine de modo direto a desafetação de bem específico. Mas também se admite que a lei contenha uma autorização para que a Administração promova a desafetação mediante ato administrativo.

8.4.3 Bens insuscetíveis de desafetação

Tal como exposto, alguns dos bens públicos integram a identidade da Nação e do Estado brasileiro. São intrinsecamente públicos, o que significa a sua inalienabilidade incondicional. Há casos em que a própria CF/1988 prevê um regime jurídico de inalienabilidade, tal como se passa com o art. 225, § 5.º. A regra determina que "são indisponíveis as terras devolutas ou arrecadadas pelos Estados, por ações discriminatórias, necessárias à proteção dos ecossistemas naturais".

Outros bens, porém, não apresentam características similares e são intrinsecamente desafetáveis. É impossível estabelecer uma sistematização teórica quanto ao tema, uma vez que a afetação intrínseca deriva de fatores os mais diversos. Pode-se afirmar que não há vedação à desafetação de bens cujas características próprias não impõem a sua utilização para a satisfação de necessidades comuns ou especiais.

Cap. 17 – ESTRUTURA ADMINISTRATIVA DO ESTADO: OS BENS PÚBLICOS **733**

Mas a perda das características essenciais e da aptidão a satisfazer necessidades comuns ou especiais propiciará a desafetação. Assim, por exemplo, suponha-se a construção de um novo centro administrativo para instalação das repartições estatais. Nada impedirá que os edifícios em que anteriormente estavam sediados os órgãos públicos venham a ser desafetados.

9 OS BENS DOMINICAIS

Os bens dominicais são os bens de titularidade estatal que não se enquadram nas categorias de uso comum do povo nem de uso especial e que se caracterizam por não se encontrarem afetados.

9.1 O critério de excludência

A identificação do bem como dominical faz-se de modo excludente. Todos os bens de titularidade estatal que não sejam qualificáveis como de uso do povo nem de uso especial são considerados dominicais – mesmo que formalmente recebam outra denominação, a exemplo do que se passa na redação da Súmula 103 do STJ: "Incluem-se entre os imóveis funcionais que podem ser vendidos os administrados pelas Forças Armadas e ocupados pelos servidores civis".

Logo, o bem dominical é aquele que não é nem necessário nem útil à fruição conjunta do povo nem se constitui em instrumento por meio do qual se desenvolve uma atuação estatal. Trata-se de bens móveis e imóveis que se encontram na titularidade estatal, mas que não se constituem em efetivo instrumento de satisfação de necessidades coletivas.

9.2 Os bens explorados para fins econômicos

Tem-se de reputar que se enquadram nessa categoria também os bens que geram resultados econômicos para o Estado. É o caso, por exemplo, de reservas em moeda estrangeira mantidas em poder de instituições bancárias.

9.3 Afetação e desafetação

Nada impede que os bens dominicais tenham seu enquadramento alterado. Um imóvel baldio de propriedade estatal pode ser transformado em praça ou nele haver a edificação de um edifício para serviços estatais. A recíproca também pode ser verdadeira. A questão se relaciona com a afetação e a desafetação, temas objeto de tópico anterior.

9.4 A propriedade estatal e o uso e fruição dos bens dominicais

Não é correto supor que os bens dominicais são aqueles não utilizados para fim estatal algum. Até é possível que alguns bens dominicais sejam mantidos no patrimônio estatal sem utilização definida. Mas a categoria dos bens dominicais abrange, de modo específico, aqueles bens explorados para a obtenção de resultados econômicos, desvinculados do desempenho de função governativa ou da prestação de serviço público.

9.4.1 Bens dominicais ociosos

A ausência de utilização dos bens dominicais para a satisfação imediata de uma função pública não autoriza seu uso ou fruição por qualquer pessoa. Esse bem deve ser preservado na sua integridade pelo Estado, especialmente porque seu potencial econômico deverá reverter para a realização das funções estatais.

734 CURSO DE DIREITO ADMINISTRATIVO • *Marçal Justen Filho*

O STJ decidiu:

"3. Quanto ao bem público, a posse é inerente ao domínio (= posse jurídica), não se exigindo prova do Estado. Despropositado pretender o particular julgar, unilateralmente, a utilidade prática da destinação de imóvel ao domínio público para, em seguida, dele se apropriar, direta ou indiretamente, total ou parcialmente. Tratando-se de via pública (regime idêntico ao de outros bens de uso comum do povo ou de uso especial), qualquer ato de disposição do Estado depende de prévia, formal, regular e legítima desafetação. À luz do art. 99, I, do Código Civil, o fato de bens públicos, tais como 'estradas, ruas e praças', há meses, anos ou décadas contarem com pouco ou nenhum tráfego local não confere a ninguém direito de deles se assenhorear, mesmo que se aleguem – como habitualmente se faz para camuflar, escusar e legitimar a privatização *contra legem* – razões sanitárias, de segurança privada, proteção do meio ambiente, etc." (REsp 1.768.554/RS, 2.ª T., rel. Min. Herman Benjamin, j. 06.11.2018, *DJe* 08.09.2020).

9.4.2 Bens dominicais utilizados para exploração econômica

Os bens dominicais destinados à exploração econômica deverão *obrigatoriamente* ser atribuídos a uma pessoa dotada de personalidade jurídica de direito privado. Tal se impõe por força do art. 173, § 1.º, da CF/1988.

Isso significa que os bens, originariamente de titularidade do ente político, serão com ele mantidos enquanto estiverem ociosos. Se houver intenção de promover sua exploração como objeto de atividade econômica, deverá ser constituída entidade administrativa dotada de personalidade jurídica de direito privado a qual será investida de titularidade do bem.

9.5 As diferentes órbitas federativas e os bens dominicais

Cada ente federativo é titular de bens de diversa natureza, inclusive alguns que se classificam como dominicais. A CF/1988 contempla discriminação sobre o tema, que não apresenta cunho exaustivo.

Os bens dominicais de titularidade da União estão indicados em alguns dos dispositivos do art. 20, V (recursos naturais da plataforma continental e da zona econômica exclusiva), IX (recursos minerais) e XI (terras tradicionalmente ocupadas pelos índios), e no art. 176 (jazidas e demais recursos minerais), ambos da CF/1988.

"Pertencem ao domínio e administração da União, nos termos dos arts. 4.º, IV, e 186 da Constituição Federal de 1967, as terras ocupadas por silvícolas" (Súmula 480 do STF).

"Os incisos I e XI do art. 20 da Constituição Federal não alcançam terras de aldeamentos extintos, ainda que ocupadas por indígenas em passado remoto" (Súmula 650 do STF).

A identificação dos bens dominicais dos Estados e do Distrito Federal faz-se a partir da verificação da destinação do bem, inclusive no tocante ao elenco do art. 26 da CF/1988. Idêntica ponderação pode ser feita quanto aos bens dos Municípios.

9.6 A alienação dos bens dominicais

Os bens dominicais podem ser alienados, na medida em que seja evidenciada a sua desnecessidade para a manutenção da atividade estatal e para a satisfação dos fins do Estado.

Cap. 17 – ESTRUTURA ADMINISTRATIVA DO ESTADO: OS BENS PÚBLICOS **735**

A alienação dos bens dominicais depende de formalidades destinadas a comprovar a desnecessidade de sua manutenção no patrimônio público. A Lei 13.240/2015 atribuiu poderes ao Ministro do Planejamento, Desenvolvimento e Gestão[7] para editar portaria especificando áreas imóveis federais destinadas à alienação. Essa competência pode ser delegada, ficando dispensada a necessidade de autorização específica para a alienação de tais bens (art. 8.º, § 4.º).

Quando for cabível a alienação, proceder-se-á a ela mediante licitação ou procedimento destinado a assegurar o tratamento isonômico dos interessados. A disciplina geral do tema foi prevista no art. 17 da Lei 8.666/1993 e se encontra no Capítulo IX da Lei 14.133/2021, mas há regras legais específicas para a alienação de algumas categorias de bens.[8]

10 REGIME DOS BENS PÚBLICOS

Existem algumas características comuns ao regime dos bens públicos. A jurisprudência do STJ reconheceu:

"Ao contrário do que poderia sugerir a história fundiária do Brasil, o domínio público não se encontra em posição jurídica de inferioridade perante o domínio privado, como se equivalesse a algo de segunda classe ou, pior, de nenhuma classe. Longe disso, o legislador, com o objetivo primordial de salvaguardar interesses maiores da coletividade do hoje e do amanhã, encarregou-se de instituir um superdireito de propriedade do Estado, conferindo-lhe qualidades e prerrogativas peculiares, como indisponibilidade (inalienabilidade e imprescritibilidade) e autotutela administrativa, inclusive desforço imediato" (REsp 1.755.340/RJ, 2.ª T., rel. Min. Herman Benjamin, j. 10.03.2020, *DJe* 05.10.2020).

10.1 A restrição à alienação

Os bens submetidos ao regime de direito público sujeitam-se a restrições para alienação, decorrente de sua destinação à satisfação de necessidades coletivas. Em se tratando de bens afetados, é necessária à sua prévia desafetação. Quanto aos bens não afetados, deve ser demonstrada a ausência de interesse na sua manutenção na titularidade de uma pessoa estatal, tal como antes exposto.[9]

10.2 Impenhorabilidade

A impenhorabilidade decorre não apenas da restrição à alienabilidade do bem público no regime de direito público, mas também da disciplina constitucional atinente à execução por quantia certa contra a Fazenda Pública. O regime de precatório está disciplinado no art. 100 da CF/1988 e o procedimento para cumprimento da obrigação pecuniária pelo Estado é disciplinado nos arts. 534 e 535 do Código de Processo Civil, por meio da execução contra a Fazenda Pública.

10.3 Imprescritibilidade

A imprescritibilidade significa que a ausência de exercício das faculdades de usar e fruir dos bens públicos não acarreta a possibilidade de aquisição de seu domínio por terceiros via

---

[7] A competência do atual Ministério do Planejamento e Orçamento é disciplinada pela Lei 14.600/2023 (art. 40).

[8] Confira-se o exame da questão da autorização legislativa para alienação de bem público federal em SAAD. Permuta de bens públicos imóveis. *Revista Trimestral de Direito Público – RTDP*, n. 59, p. 183-209, 2013.

[9] Uma análise interessante sobre a possibilidade de servidão versando sobre imóvel público é encontrada em SUNDFELD, CÂMARA e SOUZA. Servidão de aqueduto em imóvel público. *Revista de Direito Administrativo Contemporâneo – ReDAC*, n. 2, p. 41-51, set./out. 2013.

736 CURSO DE DIREITO ADMINISTRATIVO · *Marçal Justen Filho*

usucapião. O art. 102 do Código Civil determina que os bens públicos não estão sujeitos a usucapião. Essa vedação consta, a propósito de temas específicos, dos arts. 183, § 3.º, e 191, parágrafo único, da CF/1988.

Ressalte-se que a imprescritibilidade somente foi adotada a partir da vigência do Código Civil de 1916. Isso significa que era admissível, até então, a aquisição de bens públicos por usucapião. Essa circunstância apresenta grande relevo para casos práticos: comprovada a usucapião antes de 01.01.1917 (data de vigência do Código anterior), o bem deixou de integrar o patrimônio público e cabe determinar a identidade do particular investido em seu domínio, segundo as regras de direito privado.[10]

"Desde a vigência do Código Civil, os bens dominicais, como os demais bens públicos, não podem ser adquiridos por usucapião" (Súmula 340 do STF).[11]

10.4 Constituição de "direito real" sobre bens públicos

Não se aplica aos bens públicos o regime próprio dos direitos reais privados. Por isso, a aquisição da titularidade não depende do cumprimento dos requisitos previstos na legislação privada. Os bens são públicos porque submetidos ao regime próprio diretamente em virtude da Constituição ou da lei que produzir a afetação ou, mesmo, em virtude da situação a que o direito atribui efeitos automáticos.

Assim, suponha-se que o Poder Público se aposse indevidamente de bem privado, atribuindo-lhe destinação de uso comum e mantendo-se a situação nesses termos por décadas. A consolidação definitiva do estado de fato, decorrente da inviabilidade material e jurídica do retorno do bem ao patrimônio do particular, gerará a incorporação do bem no patrimônio público, mesmo na ausência de cumprimento de requisitos formais.[12]

Isso não significa que exista vedação à prática das formalidades próprias aos direitos reais privados. Inclusive, a sua observância pode ser necessária para evitar prejuízos a terceiros. O que se defende é a inaplicabilidade das regras de direito privado pertinentes à constituição, à modificação e à extinção de direito reais versando sobre bens públicos.

11 O USO DO BEM PÚBLICO PELO PARTICULAR

A natureza funcional do vínculo mantido entre o Estado e os bens públicos norteia sua utilização. Em princípio, os bens devem ser utilizados de acordo com as suas características, em vista da satisfação das necessidades coletivas atribuídas ao Estado. Daí se segue que o regime de uso do bem público pelo particular varia em vista da espécie de bem de que se trate.

11.1 As regras gerais pertinentes

A regra é que os bens de uso comum do povo sejam utilizáveis por todos do povo, diversamente do que se passa com os bens de uso especial. Quanto a esses, a regra é a utilização exclusiva pela Administração Pública. Por fim, os bens dominicais podem ser utilizados pela

---

[10] Como é evidente, o bem em questão poderá ter retornado ao domínio público por outra causa jurídica, o que afastaria a viabilidade de subordinar-se posteriormente a usucapião.

[11] Julgado mais recente do STJ reiterou a orientação: AgInt no AREsp 815.473/SP, 4.ª T., rel. Min. Antonio Carlos Ferreira, j. 19.08.2019, *DJe* 22.08.2019.

[12] Lembre-se, novamente, de que o art. 35 do Dec.-lei 3.365/1941 tem sido interpretado (incorretamente, ressalte-se) no sentido de que a incorporação fática de um bem no domínio público produz situação irreversível. Adotada essa interpretação, basta um ato de força para um bem incorporar-se ao domínio público.

Administração inclusive para obtenção de resultados econômicos, o que supõe a possibilidade de uso pelos particulares.

11.2 A eventual restrição ao uso do bem comum

A asserção de que os bens de uso comum comportam fruição pela generalidade das pessoas deve ser interpretada em termos. Há bens de uso comum que, como visto, não admitem utilização ou fruição, porque isso importaria sua destruição. Outros bens de uso comum admitem utilização, mas limitada e condicionada, de modo a preservar a isonomia na fruição e a integridade do bem.

11.3 O uso ordinário ou extraordinário dos bens comuns

A fruição de bens públicos por particulares faz-se, então, de acordo com o princípio da proporcionalidade, observando-se os padrões da adequação, necessidade e respeito aos valores fundamentais. Costuma-se qualificar esse tipo de uso como *normal* ou *ordinário*.

Existem hipóteses em que se configura a fruição extraordinária ou anômala, que se caracteriza quando o uso do bem por um particular implicar a exclusão de benefício similar para outrem.

12 A FRUIÇÃO EXTRAORDINÁRIA OU ANORMAL DO BEM PÚBLICO

A terminologia *uso anormal ou extraordinário* abarca amplamente todos os casos em que a fruição por um ou mais particulares apresentar características qualitativas ou quantitativas que impliquem exclusão ou restrição de uso similar por outro sujeito.

12.1 A determinação da extraordinariedade

A extraordinariedade do uso do bem público por particular pode configurar-se sob diferentes modalidades.

12.1.1 A ampliação da intensidade do uso

Em alguns casos, a anormalidade ou extraordinariedade consiste na ampliação da intensidade do uso por um ou mais particulares, de modo a afetar a fruição dos mesmos bens por outros sujeitos. O exemplo sempre referido é o transporte de um equipamento de grande porte por uma estrada, o que afeta o tráfego dos demais veículos.

12.1.2 A utilização permanente para satisfação de direito fundamental

Em certas hipóteses, admite-se que o sujeito se valha do bem público para satisfação de direito fundamental, em situação de continuidade ou permanência. Assim se passa, por exemplo, no caso de ocupação de bem público por população carente, para fins de moradia ou mesmo produção agrícola para sobrevivência.

12.1.3 A utilização permanente para atividade empresarial

Em outros casos, o sujeito se vale do bem público para desempenho permanente e contínuo de atividade empresarial, inclusive usufruindo com exclusividade de algumas áreas. É o que se passa nos casos de instalação de restaurantes ou agências bancárias em prédios públicos. Outro exemplo é o aproveitamento de potencial hidráulico (que é um bem público) para geração de energia elétrica.

Ressalte-se que essa hipótese compreende uma grande pluralidade de situações jurídicas distintas. Muitas delas se relacionam com a exploração do bem para satisfação de interesses coletivos, tal como se verifica nos casos em que o bem público é indispensável para a prestação de serviço público delegado por meio de concessão.

12.2 Uso anormal e uso ilícito

O uso anormal do bem público não configura, de modo necessário, uso ilícito. Nem pode ser concebido como uma manifestação de uso reprovável. Em muitos casos, o uso anormal é necessário para o particular, que não dispõe de outra alternativa senão essa para satisfazer uma necessidade legítima ou um direito fundamental. Em outros casos, esse uso anormal é benéfico para a comunidade, representando a satisfação indireta de necessidades da própria Administração Pública ou da coletividade.

Ou seja, até se pode reconhecer a eventual existência de direito de o particular promover o uso anormal ou extraordinário, cabendo à Administração Pública apenas regular os requisitos e as condições para tanto.

Em suma, o uso extraordinário ou anormal pelo particular deve ser norteado pelo princípio da proporcionalidade.

12.3 A pluralidade de regimes jurídicos

Existe uma pluralidade de regimes jurídicos para o uso extraordinário ou anormal de bens públicos por particulares.

12.3.1 A variação em vista da função do bem e do interesse a ser tutelado

Esses regimes jurídicos variam em função de cada categoria de bem público. Existem institutos genéricos, tais como a autorização, a permissão e a concessão de uso. Mas também há institutos específicos para certos bens, tais como, por exemplo, a concessão de lavra de jazida, a concessão florestal.

12.3.2 As competências estatais envolvidas

Em todos esses casos, adotam-se regras diferenciadas que traduzem a competência estatal de poder de polícia e de regulação para incentivar, admitir ou proibir o uso anormal pretendido, tal como para impor limites e condições a isso. O exercício dessas competências estatais se traduzirá em institutos jurídicos dotados de perfil próprio.

12.3.3 A manifestação formal prévia

Como regra geral, a Administração Pública deve ser previamente consultada quanto à pretensão de uso anormal, sob pena de caracterizar-se ilicitude.

No entanto, essa solução nem sempre é aplicável, sendo usual subordinar a uma remuneração a fruição do bem público por um sujeito determinado, sempre que tal seja um meio para a obtenção de algum benefício peculiar e diferenciado.

13 A REMUNERAÇÃO PELO USO DE BEM PÚBLICO

Em princípio, a fruição do bem público pelo particular pode fazer-se gratuitamente, especialmente quando se tratar de bem de uso comum. Na medida em que tais bens são intrinsecamente destinados ao uso de todos, não teria cabimento condicionar a sua fruição a algum pagamento.

Cap. 17 – ESTRUTURA ADMINISTRATIVA DO ESTADO: OS BENS PÚBLICOS **739**

No entanto, admite-se que o uso do bem público seja remunerado, inclusive em hipóteses de uso normal.

13.1 A exigência de remuneração e o fim a realizar

A remuneração pelo uso do bem público reflete o exercício da competência estatal para a realização de certos fins. Esses fins não são excludentes entre si e, na maior parte dos casos, a remuneração desempenha mais de uma função, de modo cumulativo. A função, portanto, pode ser compensatória, regulatória e distributiva.

13.2 A remuneração compensatória

A remuneração pode ser destinada a compensar o Estado ou quem lhe faça as vezes pelas despesas necessárias à implantação ou manutenção dos bens públicos.

Esse entendimento se aplicará nos casos em que a fruição individual pelo particular (mesmo mantida dentro dos padrões de normalidade) acarretar despesas estatais indispensáveis à manutenção da integridade do bem. A remuneração visará a assegurar a recuperação das despesas produzidas pela própria fruição do bem pelo particular. Assim se passa, por exemplo, no caso de cobrança de um preço para ingresso num parque público, o qual necessita de manutenção, limpeza etc.

Em outros casos, o bem público de uso comum não consiste propriamente num bem natural. Trata-se de um objeto produzido pelo esforço humano, tal como se passa com rodovias, aeroportos etc. As despesas necessárias à execução do objeto serão recuperadas por meio da cobrança de valores exigidos dos usuários dos referidos bens.

13.3 A remuneração pelo uso anormal

Há hipóteses em que a remuneração deriva, no entanto, de uso anormal do bem público. Por exemplo, suponha-se o caso em que o sujeito se vale da via pública para promover o transporte de bens que acarretam desgaste extraordinário. Cabe ao usuário desembolsar valor correspondente aos custos de manutenção gerados por ele próprio.

13.4 A remuneração com cunho regulatório

A remuneração pode ser um instrumento econômico para regular a utilização pelos particulares dos bens públicos. Trata-se da adoção de mecanismos econômicos para promover o acesso dos interessados a utilidades limitadas. Ao fixar um preço, a Administração Pública desincentiva o consumo desnecessário. Nesse caso, a finalidade buscada com a fixação de uma remuneração é restringir os excessos.

Um exemplo lembrado é o pedágio urbano, em que certas áreas conflagradas somente podem ser acessadas por veículos cujos proprietários paguem certo valor ao Município. A exigência de pagamento não envolve nenhuma contrapartida ou utilidade diretamente em favor do pagante, mas produz um benefício indireto. Todos os sujeitos que não necessitarem efetivamente ingressar na área com veículo optarão por outra alternativa. Logo, haverá redução do trânsito na região, o que trará benefícios genéricos para todos. Outro exemplo é a cobrança pelo estacionamento em vias públicas. A necessidade de pagamento propicia uma ordenação quanto à fruição de um benefício diferenciado, produzindo indiretamente o efeito de disciplina das condutas privadas.

13.5 A remuneração com finalidade redistributiva

Há hipóteses em que a remuneração se destina a promover a redistribuição da riqueza. Assim se passa especialmente nos casos em que a fruição do bem público pelo particular se traduzirá numa atividade empresarial apta a gerar riquezas. Em vez de propiciar a um sujeito determinado a acumulação da riqueza envolvida, estabelece-se a cobrança de uma remuneração que se orienta a promover a redistribuição dos benefícios para toda a comunidade.

Seguindo essa linha de entendimento, a jurisprudência tem diferenciado as hipóteses de utilização do bem público para a prestação de serviço público e para a exploração econômica. Tratando-se de um pressuposto da prestação de serviço público, a remuneração seria incabível. No entanto, se o bem público for utilizado para exploração de atividade econômica, existiria competência para a cobrança de uma remuneração.

14 REGIME JURÍDICO DA REMUNERAÇÃO

A exigência de remuneração pelo uso de bem público deve ser compatível com os princípios jurídicos da isonomia, proporcionalidade e legalidade, dentre outros.

14.1 A legalidade

A remuneração deve observar o princípio da legalidade, o que significa a necessidade de instituição e de fixação do valor mediante lei específica. O que se exige é que uma lei tenha autorizado a instituição da remuneração, fixando os parâmetros genéricos para a determinação de seu valor.

Ou seja, a remuneração pelo uso de bem público não se subordina ao princípio da estrita legalidade inerente ao direito tributário.

14.2 A isonomia

A isonomia tanto se aplica no tocante à instituição da remuneração como no tocante à fixação do valor concreto a ser exigido.

Seria infringente à isonomia que recursos públicos exigidos da generalidade da comunidade fossem aplicados para a manutenção de certos bens fruíveis apenas por alguns dos sujeitos que a integram. Sob outro ângulo, a isonomia exige que o sujeito que acarreta certa despesa ou que obtém um benefício diferenciado relativamente a um bem público seja onerado de modo específico. Em suma, a isonomia é o fundamento para a exigência de uma remuneração pelo uso especial do bem público. Essa remuneração deve ser fixada segundo a intensidade dos benefícios auferidos pelo particular ou dos encargos decorrentes desse uso peculiar.

14.3 A proporcionalidade

A remuneração deve ser a mínima necessária ao atingimento dos fins buscados pelo Estado, sem que a sua exigência se transforme em instrumento de sacrifício dos valores fundamentais tutelados pela ordem jurídica. Essa ponderação deverá tomar em vista as circunstâncias concretas.

Para exemplificar, o critério de fixação da remuneração para acesso a um parque público não pode ser idêntico ao utilizado para cobrança pela utilização empresarial de espectros de radiofrequência para exploração de telefonia móvel. São situações radicalmente diversas, envolvendo bens públicos com função distinta.

A fixação do valor devido pelo particular sujeita-se aos mesmos limites que se aplicam relativamente a todo e qualquer ato administrativo unilateral. Essa questão apresenta especial

Cap. 17 – ESTRUTURA ADMINISTRATIVA DO ESTADO: OS BENS PÚBLICOS **741**

relevo naqueles casos em que o desempenho de uma atividade econômica privada pressupõe o uso de bens públicos.

A Constituição assegura o livre exercício das atividades econômicas (art. 170, parágrafo único). Essa garantia não pode ser frustrada nem por via direta, nem por via indireta. Logo, seria inconstitucional que o ente estatal fixasse uma remuneração tão elevada para o uso de seus bens que tornasse inviável o desenvolvimento da atividade empresarial.

14.4 A natureza jurídica da remuneração

A remuneração auferida pela Administração Pública em virtude da fruição diferenciada de bens públicos não apresenta natureza tributária.

14.4.1 A inexistência de taxa pelo uso de bem público

Não existe, no direito brasileiro, taxa de uso de bem público. O art. 145 da CF/1988 somente previu as taxas pelo uso efetivo ou potencial de serviços públicos e as taxas relacionadas ao poder de polícia.

O STF já decidiu a esse respeito:

"RECURSO EXTRAORDINÁRIO. RETRIBUIÇÃO PECUNIÁRIA. COBRANÇA. TAXA DE USO E OCUPAÇÃO DE SOLO E ESPAÇO AÉREO. CONCESSIONÁRIAS DE SERVIÇO PÚBLICO. DEVER-PODER E PODER-DEVER. INSTALAÇÃO DE EQUIPAMENTOS NECESSÁRIOS À PRESTAÇÃO DE SERVIÇO PÚBLICO EM BEM PÚBLICO. LEI MUNICIPAL 1.199/2002. INCONSTITUCIONALIDADE. VIOLAÇÃO. ARTIGOS 21 E 22 DA CONSTITUIÇÃO DO BRASIL. 1. Às empresas prestadoras de serviço público incumbe o dever-poder de prestar o serviço público. Para tanto a elas é atribuído, pelo poder concedente, o também dever-poder de usar o domínio público necessário à execução do serviço, bem como de promover desapropriações e constituir servidões de áreas por ele, poder concedente, declaradas de utilidade pública. 2. As faixas de domínio público de vias públicas constituem bem público, inserido na categoria dos bens de uso comum do povo. 3. Os bens de uso comum do povo são entendidos como propriedade pública. Tamanha é a intensidade da participação do bem de uso comum do povo na atividade administrativa que ele constitui, em si, o próprio serviço público [objeto de atividade administrativa] prestado pela Administração. 4. Ainda que os bens do domínio público e do patrimônio administrativo não tolerem o gravame das servidões, sujeitam-se, na situação a que respeitam os autos, aos efeitos da restrição decorrente da instalação, no solo, de equipamentos necessários à prestação de serviço público. A imposição dessa restrição não conduzindo à extinção de direitos, dela não decorre dever de indenizar. 5. A Constituição do Brasil define a competência exclusiva da União para explorar os serviços e instalações de energia elétrica [artigo 21, XII, *b*] e privativa para legislar sobre a matéria [artigo 22, IV]. Recurso extraordinário a que se nega provimento, com a declaração, incidental, da inconstitucionalidade da Lei n. 1.199/2002, do Município de Ji-Paraná" (RE 581.947/RO, Pleno, rel. Min. Eros Grau, j. 27.05.2010, *DJe* 26.08.2010).

Posteriormente, o STF reiterou o entendimento, tal como se evidencia no julgado com a seguinte ementa:

"I – O Plenário desta Suprema Corte já teve a oportunidade de se manifestar no tocante à cobrança de Taxa de ocupação de solo pelos municípios às concessionárias prestadoras de serviço de energia elétrica e reconheceu a Repercussão Geral da matéria ao apreciar o RE 581.947/RO, Tema 261, em que firmou a seguinte tese: 'É inconstitucional a cobrança de taxa, espécie tributária, pelo uso de espaços públicos dos municípios por concessionárias prestadoras do serviço público de fornecimento de energia elétrica.' II – O acórdão recorrido diverge do entendimento firmado pelo Plenário desta Corte Suprema. III – Agravo interno provido" (AgR no RE 1.273.740/SP, 2.ª T., rel. Min. Nunes Marques, j. 21.12.2020, *DJe* 02.02.2021).

Segundo o STJ, a hipótese também não autorizaria a cobrança de tarifa:

"ADMINISTRATIVO. BENS PÚBLICOS. USO DE SOLO, SUBSOLO E ESPAÇO AÉREO POR CONCESSIONÁRIA DE SERVIÇO PÚBLICO. COBRANÇA. IMPOSSIBILIDADE. (...) 3. O Superior Tribunal de Justiça possui jurisprudência firme e consolidada no sentido de que a cobrança contra concessionária de serviço público pelo uso de solo, subsolo ou espaço aéreo é ilegal (seja para a instalação de postes, dutos ou linhas de transmissão, por exemplo), uma vez que: a) a utilização, nesse caso, se reverte em favor da sociedade, razão pela qual não cabe a fixação de preço público; e b) a natureza do valor cobrado não é de taxa, pois não há serviço público prestado ou poder de polícia exercido" (REsp 1.790.875/SP, 2.ª T., rel. Min. Herman Benjamin, j. 21.03.2019, *DJe* 23.04.2019).

14.4.2 A remuneração de cunho contratual

Há hipóteses em que a remuneração tem natureza contratual. O valor devido pelo particular é o resultado de um acordo de vontades com a Administração Pública. Assim se passa sempre que a remuneração for uma manifestação de um ato jurídico contratual.

Isso ocorre, basicamente, nos casos de contratos de direito privado praticados pela Administração, tal como o arrendamento de um bem dominical. O particular estará obrigado a pagar uma importância, que usualmente se costuma denominar "aluguel".

Também nos casos de concessão de uso de bem público a remuneração apresentará natureza contratual. O mesmo se verifica nos casos em que o particular for investido de uma competência, dele se exigindo a satisfação de um "ônus", variável ou fixo. É o que ocorre em algumas concessões de rodovias, em que está prevista a obrigatoriedade de o particular pagar, de uma única vez ou parceladamente, um montante predeterminado (ônus fixo) e, em certos casos, também um valor variável proporcional às receitas auferidas (ônus variável).

14.4.3 A remuneração por determinação unilateral da Administração

Mas há situações em que a remuneração apresenta natureza unilateral, ainda quando existam dois atos jurídicos distintos. Tal se passa nas hipóteses em que a fruição do bem pelo particular fundar-se em ato unilateral da Administração.

Nesse caso, a Administração estabelecerá unilateralmente o valor a ser pago pelo particular que pretender fruir do benefício. O efetivo benefício em favor do particular depende de um ato unilateral de sua parte, aceitando a exigência estatal. Existirão, assim, dois atos unilaterais distintos e inconfundíveis.

Por exemplo, a Administração Municipal fixa, por ato unilateral, as condições e o valor para estacionamento em determinadas vias públicas. O particular, ao deliberar estacionar o seu veículo, pratica um ato unilateral, manifestando a vontade de submeter-se às condições estabelecidas. Os dois atos não se fundem num contrato.

Justamente por isso, a fixação do valor devido, nos casos de fixação unilateral, não depende de um acordo de vontades. O ente estatal estabelece o valor devido e o particular aceita ou não o montante fixado.

Cap. 17 – ESTRUTURA ADMINISTRATIVA DO ESTADO: OS BENS PÚBLICOS **743**

Daí não se segue a vedação ao particular do poder de impugnar o valor fixado unilateralmente pelo Estado. Tal como já exposto, a fixação do valor, ainda quando formalizada por ato administrativo unilateral, deve respeitar os limites da ordem jurídica, inclusive a proporcionalidade.

Segundo o STJ:

"(...) A remuneração pelo uso de bem público não configura aluguel e o disciplinamento do ajuste, firmado entre a empresa pública e a particular, não se submete às normas ditadas à locação comum, e sim do Direito Público. Forçando, caso admitida a locação, mesmo assim, não escaparia dos preceitos de Direito Público (arts. 1.º e 54, Lei 8.666/1993) (...)" (REsp 206.044/ES, 1.ª T., rel. p/ acórdão Min. Milton Luiz Pereira, j. 02.05.2000, *DJ* 03.06.2002).

15 A FRUIÇÃO EXCLUSIVA DOS BENS PÚBLICOS IMÓVEIS POR PARTICULARES

A utilização de bens públicos imóveis – sejam eles bens de uso comum, especial ou dominicais – pelos particulares pode ser feita por meio de diversos institutos. Cabe uma exposição sobre os institutos gerais existentes. Há outros institutos específicos, que serão examinados conjuntamente com as categorias de bens públicos a que se aplicam.

15.1 Os institutos de direito público

Alguns deles são peculiares ao direito público e se destinam a assegurar a submissão ao regime de direito público da utilização privativa do bem por um particular. Essa solução se aplica especialmente quando se trata de bens de uso comum, de uso especial ou quando, em se tratando de bens dominicais, forem destinados a uma atividade relevante para a comunidade.

Nessa categoria, podem ser referidos três institutos, basicamente:

- autorização de uso;
- permissão de uso; e
- concessão de uso.

15.2 Os institutos de direito privado

O uso privativo de bem público pode ser formalizado por meio de instrumentos de direito privado. Essa solução é adequada para os casos em que as competências próprias do regime de direito público são desnecessárias e inaplicáveis. A alternativa apenas pode ser aplicada nos casos de bens dominicais a serem fruídos para a satisfação preponderante, se não exclusiva, dos interesses próprios do particular.

15.2.1 As hipóteses de locação, arrendamento e comodato

Entre essas figuras próprias do direito privado podem ser referidas a locação, o arrendamento[13] e o comodato.[14]

---

[13] Lembre-se que a Lei 12.815/2013 manteve a previsão do arrendamento para a cessão do uso de áreas públicas destinadas a instalações portuárias. Essa solução deve ser interpretada com cautela, especificamente nos casos instalações portuárias de uso público, hipótese em que existirá uma concessão de serviço público. Sobre o tema, cf. JUSTEN FILHO. O regime jurídico dos operadores de terminais portuários no direito brasileiro. *Revista de Direito Público da Economia – RDPE*, n. 16, p. 77-124, out./dez. 2006.

[14] Como lembra Celso Antônio Bandeira de Mello, "o comodato, por ser instituto caracterizado pela gratuidade, só pode ser conferido a instituições que desenvolvam atividades de utilidade pública, sem fins lucrativos, ou, então, a servidores públicos nos termos da lei" (*Curso de direito administrativo*, 37. ed., p. 800).

744 CURSO DE DIREITO ADMINISTRATIVO · *Marçal Justen Filho*

Essas hipóteses surgiram a partir da concepção de que o uso de bens dominicais por particular estaria subordinado ao direito privado, o que não é precisamente correto. Mesmo os contratos de direito privado se subordinam a algumas modificações quando o Estado deles participa.

Assim, por exemplo, o Dec.-lei 9.760/1946 estabelece que, adotada a locação para os bens imóveis dominicais da União, não se aplicaria o regime geral da legislação civil (art. 87), inclusive comportando rescisão por deliberação unilateral da Administração Pública (art. 89, § 2.°). É necessário aperfeiçoar esse enfoque, para destacar que os bens públicos não afetados comportam utilização em condições menos rigorosas ou severas do que as previstas em relação aos bens afetados à satisfação de necessidades coletivas. No entanto, e como os bens dominicais não são objeto de uma relação de propriedade própria de direito privado, a sua utilização por particulares nunca será disciplinada exata e precisamente pelas regras do direito privado. Sempre haverá características diferenciais relacionadas com a eventual identificação da utilidade do bem para fins de interesse coletivo.

15.2.2   A enfiteuse ou aforamento

No passado, era usual a constituição de enfiteuse ou aforamento de bem público. Essa figura jurídica estava prevista no art. 678 do Código Civil de 1916:

"Dá-se a enfiteuse, aforamento, ou emprazamento, quando por atos entre vivos, ou de última vontade, o proprietário atribui a outro o domínio útil do imóvel, pagando a pessoa, que o adquire, e assim se constitui enfiteuta, ao senhorio direto uma pensão, ou foro, anual, certo e invariável".

Dentre as peculiaridades do aforamento encontra-se o direito de preferência do senhorio direto em caso de alienação do domínio útil pelo enfiteuta.

A enfiteuse não foi prevista no atual Código Civil, o que pode ser explicado pelo seu claro vínculo com institutos medievais, relacionados à apropriação de riqueza por parte da aristocracia. O art. 2.038 vedou a constituição de novas enfiteuses e reconheceu que a enfiteuse sobre terrenos de marinha e acrescidos se subordina a lei especial.

O art. 49 do Ato das Disposições Constitucionais Transitórias previu a extinção dos casos de enfiteuse ou aforamento, constituídos anteriormente. No entanto, destaque-se que a Lei 9.636/1998, previu novas hipóteses de aforamento de bens públicos.

15.3   Os aforamentos da Lei 9.636/1998

Cabe uma especial referência ao aforamento de bens dominicais, previsto pelos arts. 12 *et seq.* da Lei 9.636/1998, que aludiu à figura do aforamento de *imóveis dominiais*.

15.3.1   Os aforamentos previstos na Lei 9.636/1998

A Lei 9.636/1998 dispôs sobre uma pluralidade de matérias, algumas das quais envolvem a constituição de aforamento sobre áreas públicas. A primeira finalidade do diploma reside na identificação, demarcação, regularização e, mesmo, reurbanização de bens públicos da União. Presume-se que tais bens seriam dominicais. Esse diploma também alterou a redação do Dec.--lei 9.760/1946, no tocante à disciplina do aforamento. A disciplina aplicável foi alterada por diversas leis posteriores.

A regra geral do Código Civil, vedando a constituição de novos aforamentos, somente vigora no âmbito das relações entre particulares. Mas o Código Civil é uma lei ordinária, que comporta alteração por meio de lei posterior. Portanto, a previsão do Código Civil não implica a invalidade da previsão da lei ordinária posterior admitindo o aforamento de bem público.[15]

A primeira hipótese de aforamento prevista na Lei 9.636/1998 envolve uma solução aplicável em caso de desempenho por terceiros das atividades necessárias à regularização de bens públicos federais (art. 4.º, § 2.º, VI, com a redação conferida pela Lei 14.011/2020).

A segunda hipótese está prevista nos arts. 12 *et seq.* da Lei 9.636/1998 (com as alterações da Leis 13.139/2015 e 13.813/2019). Destina-se aos casos em que sejam identificados imóveis dominicais, situados em zonas de enfiteuse, desde que não sejam considerados indisponíveis e inalienáveis nem apresentem interesse para o serviço público. O direito de preferência está regulado genericamente pelo Dec.-lei 9.760/1946 (art. 105). Mas há uma preferência específica em favor do sujeito que, em 10.06.2014, ocupasse o imóvel há mais de um ano, desde que regularmente inscrito como ocupante e adimplente com as suas obrigações perante a União (Lei 9.636/1998, art. 13, com a redação conferida pela Lei 13.139/2015).

16   A AUTORIZAÇÃO DE USO DE BEM PÚBLICO

A autorização de uso consiste em ato administrativo unilateral e precário, pelo qual a Administração Pública atribui a um particular a faculdade de usar transitoriamente um bem público de modo privativo ou exacerbado.[16]

16.1   A competência discricionária

A autorização é um ato praticado no exercício de competência discricionária, na acepção de traduzir uma escolha da autoridade administrativa quanto à utilização de bens públicos. A discricionariedade da autorização reflete-se inclusive na ausência de obrigatoriedade de prévia licitação. É evidente, no entanto, que a existência de uma pluralidade de interessados em usufruir benefícios idênticos, acarretando a impossibilidade de atendimento a todos, gerará a necessidade de uma solução compatível com o princípio da isonomia. Eventualmente, então, haverá a necessidade da licitação.

16.2   A revogabilidade a qualquer tempo

No regime da autorização, a revogabilidade a qualquer tempo, sem necessidade de indenização, é decorrência da natureza de gratuidade e de vantajosidade do ato para o particular. Se não se impuser ao particular uma contraprestação em vista da autorização, a fruição privativa do bem será um benefício extinguível a qualquer tempo.

Os casos mais usuais de autorização são aqueles em que o particular pretende satisfazer interesse próprio por meio da utilização do bem público de uso comum, o que gera a impossibilidade de fruição equivalente por outros particulares.

---

[15]   Em sentido contrário, refutando a possibilidade de novos casos de aforamento, CARVALHO FILHO. *Manual de Direito Administrativo.* 38. ed., p. 1.043. Anote-se que legislação especial posterior ao Código Civil expressamente dispôs sobre a continuidade da existência do aforamento de bens públicos.

[16]   Ressalte-se que a expressão *autorização* é utilizada para indicar uma pluralidade de atos administrativos com natureza distinta. A autorização para uso de bem público não se confunde com a autorização para a prestação de serviço público. Sobre o tema, cf. as observações constantes do Capítulo 7, relativas ao instituto do ato administrativo.

746 CURSO DE DIREITO ADMINISTRATIVO · *Marçal Justen Filho*

A referência a uso exacerbado ou extraordinário indica os casos em que, embora a utilização pelo particular não se configure como privativa, apresenta características de anormalidade e é apta a prejudicar os terceiros ou o próprio bem. Celso Antônio Bandeira de Mello lembra a hipótese de trânsito em rodovia com veículo excepcionalmente longo ou de peso excessivo.[17]

Segundo o STJ:

> "(...) A autorização de uso de imóvel municipal por particular é ato unilateral da Administração Pública, de natureza discricionária, precária, através do qual esta consente na prática de determinada atividade individual incidente sobre um bem público. Trata-se, portanto, de ato revogável, sumariamente, a qualquer tempo, e sem ônus para o Poder Público (...)" (RMS 16.280/RJ, 1.ª T., rel. Min. José Delgado, j. 19.02.2004, *DJ* 19.04.2004).

16.3 A natureza precária e a questão do prazo determinado

A autorização apresenta natureza precária, no sentido de que pode ser revogada a qualquer tempo, sem gerar direito a indenização para o particular. Mas a doutrina faz referência à possibilidade de autorização com prazo determinado,[18] o que altera a situação. Se houver prazo determinado ou condicionamento à utilização do bem, produz-se a desnaturação da autorização, passando a fruição do bem a submeter-se a outro regime jurídico. A fixação de prazo determinado assegura ao particular a manutenção do vínculo até o seu termo.

Anote-se que existe a possibilidade de uma incorreta denominação da relação jurídica, por ocasião de sua formalização. Se não estiverem presentes os requisitos que dão identidade a uma autorização, a mera utilização desse vocábulo será insuficiente para alterar o regime jurídico aplicável. Aplicam-se as considerações realizadas adiante, a propósito da permissão de uso de bem público.

17 A PERMISSÃO DE USO DE BEM PÚBLICO

A permissão de uso consiste em ato unilateral e discricionário, pelo qual a Administração Pública atribui a um particular a faculdade de usar continuadamente um bem público, de modo privativo ou diferenciado.

Grande parte das considerações realizadas a propósito da autorização se aplica à permissão de uso. A distinção entre a autorização e a permissão de uso reside em que aquela se destina a uso episódico e eventual, enquanto a permissão se destina ao uso continuado do bem público.

Segundo o STJ:

> "7. A jurisprudência desta Corte entende que a modalidade de permissão de uso consiste em instituto de direito administrativo caracterizado pela unilateralidade por parte do ente público, discricionariedade e precariedade, podendo a Administração Pública promover, a qualquer momento, a retomada do bem, bastando, para tanto, a verificação de que a revogação da permissão se demonstrava conveniente e oportuna, nos termos da Súmula 473 do STF (...)" (REsp 1.164.419/DF, 1.ª T., rel. Min. Benedito Gonçalves, j. 04.11.2010, *DJ* 10.11.2010).

17.1 A distinção entre autorização e permissão

Não se afigura cabível eleger o interesse do sujeito privado como critério para distinção entre autorização de uso e permissão de uso. É problemático afirmar que a autorização é aplicável nos

---

[17] BANDEIRA DE MELLO. *Curso de direito administrativo*, 37. ed., p. 798.
[18] Nesse sentido, DI PIETRO. *Direito administrativo*, 37. ed., p. 779.

Cap. 17 – ESTRUTURA ADMINISTRATIVA DO ESTADO: OS BENS PÚBLICOS **747**

casos em que o bem público se destina a satisfazer o interesse do autorizado e que a permissão é instrumento de produção do interesse coletivo. Em todos os casos, o particular busca realizar um interesse predominantemente não estatal, ainda que a atuação por ele pretendida deva ser compatível com o bem comum.

O ponto nodal da diferença reside na natureza transitória ou não da utilização pretendida pelo particular.[19] Quanto menos transitória for a utilização pretendida, tanto maior deverá ser o grau de compatibilidade entre a fruição privativa e as necessidades coletivas.

Assim, pode-se admitir que uma instituição pleiteie autorização para realizar festividade que impeça o tráfego em uma via pública durante algumas horas. Mas é pouco concebível admitir permissão (ou, mais grave ainda, uma autorização) para instalar um restaurante numa rua e impedir o tráfego na via pública durante meses.

17.2   A questão da licitação

A obrigatoriedade de prévia licitação depende das peculiaridades da relação jurídica. A permissão de uso não se constitui em um contrato. Trata-se de ato administrativo unilateral. Logo, não se subordina à regra constitucional do art. 37, inc. XXI, da CF/1988.

Mas isso não exclui a incidência dos princípios da República e da isonomia. A decisão administrativa, embora unilateral, deve refletir um tratamento igualitário entre todos os possíveis interessados e assegurar à Administração Pública as melhores condições possíveis quanto ao uso privativo do bem público por um particular determinado. Logo, podem existir situações que exijam um procedimento seletivo prévio, modelado segundo uma licitação.

Existem muitas hipóteses em que não cabe procedimento seletivo em virtude da possibilidade de utilização do bem pelos diversos interessados. Situação similar se verifica quando a utilização individual é temporária e eventual. Em tais hipóteses, será válido à Administração editar uma permissão quanto ao uso por determinado interessado, sem prévio procedimento de competição.

No entanto, sempre que existir interesse de uma pluralidade de sujeitos quanto à exploração de um bem público, de modo contínuo e visando extrair vantagens de qualquer natureza, será obrigatório um procedimento seletivo que assegure a impessoalidade na escolha do particular em favor do qual será outorgada a permissão de uso.

17.3   A irrelevância da denominação formal

A denominação formal adotada no caso concreto é irrelevante. Em muitos casos, existe referência a "permissão". Em outros casos, a própria Lei consagra terminologia distinta, mas estão presentes os requisitos de uma permissão.

17.3.1   A permissão e a concessão

Uma questão relevante envolve a utilização da terminologia "permissão" para uma relação jurídica que caracterize uma "concessão" de uso. A distinção entre as figuras se encontra no tópico seguinte. Presentes os elementos que configuram uma concessão, é irrelevante a denominação de permissão que lhe seja atribuída.

Aplicam-se a essa situação as considerações realizadas em tópico anterior, relativamente à questão da permissão e da concessão de serviço público.

---

[19]   O art. 22 da Lei 9.636/1998 disciplinou a *permissão de uso* de bens federais, mas tomando em vista, claramente, as hipóteses de autorização.

17.3.2 A ocupação

Pode-se reconduzir à figura da permissão de uso a *inscrição de ocupação* referida nos arts. 7.º a 10 da Lei 9.636/1998 (cuja redação sofreu alteração por sucessivas leis posteriores). O diploma estabelece: "A inscrição de ocupação, a cargo da Secretaria do Patrimônio da União, é ato administrativo precário, resolúvel a qualquer tempo, que pressupõe o efetivo aproveitamento do terreno pelo ocupante, nos termos do regulamento, outorgada pela administração depois de analisada a conveniência e oportunidade, e gera obrigação de pagamento anual da taxa de ocupação" (art. 7.º).

O regime jurídico da ocupação é o mesmo da permissão de uso. Previa-se que somente poderia beneficiar àqueles que detivessem área imóvel federal antes de 27.04.2006 (redação dada pela Lei 11.481/2007). Mas o prazo foi alterado para 10.06.2014, em virtude da redação dada pela Lei 13.139/2015 para o inc. I do art. 9.º da Lei 9.636/1998. Destaque-se que não existe direito ao registro da ocupação, o qual deverá ser denegado quando for incompatível com a realização de valores tutelados pela ordem jurídica, o que se passará, dentre outras hipóteses, quando "comprometer a integridade das áreas de uso comum do povo, de segurança nacional, de preservação ambiental" (art. 9.º, II, Lei 9.636/1998, cuja redação também foi alterada pela Lei 11.481/2007 para incluir as hipóteses de ações de regularização fundiária de interesse social).

17.3.3 A cessão de áreas

O art. 18, § 2.º, da Lei 9.636/1998 previu a possibilidade de cessão de espaço aéreo sobre bens públicos, espaço físico de águas públicas, áreas de álveo de correntes de água e outras hipóteses semelhantes. A disciplina legal reconduz o caso a uma permissão de uso, mesmo que denominada cessão.

O STF adotou interpretação conforme para o dispositivo:

"(...) 2. Interpretação conforme à Constituição da República do § 7.º do art. 18 da Lei n. 9.636/1998, acrescentado pela Lei n. 12.058/2009, para admitir a cessão do espaço aéreo sobre bens públicos, do espaço físico em águas públicas, das áreas de álveo de lagos, dos rios e quaisquer correntes d'água, das vazantes e de outros bens do domínio da União, contíguos a imóveis da União afetados ao regime de aforamento ou ocupação, desde que realizada a Estados, ao Distrito Federal, aos Municípios ou a entidades sem fins lucrativos nas áreas de educação, cultura, assistência social ou saúde, ou a pessoas físicas ou jurídicas, nesse caso demonstrado o interesse público ou social ou de aproveitamento econômico de interesse nacional" (ADI 4.970/DF, Pleno, rel. Min. Cármen Lúcia, j. 15.09.2021, *DJe* 21.09.2021).

Em todos esses casos, faculta-se a um particular a fruição de modo contínuo de um bem público, o que descaracteriza a autorização – instituto que se aplica nos casos de uso transitório.

18 A CONCESSÃO DE USO DE BEM PÚBLICO

A concessão de uso de bem público é um contrato administrativo por meio do qual um particular é investido na faculdade de usar de um bem público durante período de tempo determinado, mediante o cumprimento de requisitos estabelecidos, assegurando-se ao poder concedente as competências próprias do direito público.

18.1 Contrato administrativo de natureza bilateral

A concessão de uso configura um contrato de natureza bilateral. Atribui ao particular certas garantias durante o período de tempo da outorga de fruição com exclusividade de um bem público. São mantidas as competências estatais de alteração unilateral da contratação e de extinção antecipada do vínculo, mas o particular é titular de garantias similares às reconhecidas ao concessionário de serviço público.

A concessão de uso de bem público gera direitos para o concessionário, inclusive à indenização ao término do contrato por investimentos realizados e não amortizados.

18.2 A exigência de licitação

Trata-se de outorga dependente de licitação e que gera direito ao particular de exigir ou o respeito do prazo previsto originalmente ou uma indenização por perdas e danos. Tanto pode fazer-se para que o particular se valha do bem para satisfação de seus interesses próprios e egoísticos como também poderá propiciar exploração empresarial, com o desenvolvimento de atividades econômicas lucrativas em face de terceiros.

18.3 A finalidade do uso pelo particular

A concessão de uso não exige a utilização do bem objeto da concessão para a realização do interesse coletivo. Assim, pode-se ceder o uso privativo de certas áreas no âmbito de prédios públicos para o estabelecimento de restaurantes, por exemplo. Rigorosamente, a atividade de fornecimento de refeições se caracteriza como exploração econômica, mas é inegável a necessidade de alimentação para os trabalhadores da região.

Mas também não há impedimento a que a concessão de uso seja uma via para propiciar a implantação de empreendimentos de interesse social ou coletivo. Assim, pode-se imaginar a concessão de uso de uma área deserta, visando à edificação de prédios e outras acessões, de modo a incentivar a atividade econômica, a criação de empregos e assim por diante. Nesse caso, o bem público será utilizado para fins de desenvolvimento de atividade econômica por um particular, sem que se configure própria e diretamente satisfação de interesses coletivos ou difusos.

18.4 Concessão de uso e concessão de serviço público

Como regra, não é cabível a concessão de uso de bem público quando o objeto da atividade a ser nele desenvolvida for a prestação de serviço público. Se a finalidade buscada pela Administração é delegar a prestação do serviço público a um particular, a via adequada é a concessão de serviço público.

Não se produz a delegação da prestação de serviço público pela mera outorga de concessão de uso de bem público. No entanto, é possível a cumulação dos dois institutos, ainda que de modo implícito e inominado. Aliás, é perfeitamente possível que a cessão do bem público seja vínculo jurídico acessório e instrumental para a concessão de serviço público. A situação deve ser explicitamente prevista para evitar dúvidas quanto ao regime jurídico adequado.

A grande diferença entre concessão de serviço e concessão de uso reside na posição jurídica do concessionário. Em um caso, o concessionário desempenha função pública e assume encargos próprios e típicos do Estado. Já na hipótese da concessão de uso, o particular não assume nenhum interesse público específico e definido, até se admitindo que lhe seja facultado valer-se do bem para satisfação exclusiva e privativa de seus interesses egoísticos. Logo, os deveres impostos ao concessionário de serviço público são extremamente mais sérios e graves do que aqueles que recaem sobre o concessionário de uso.

18.5 A questão da denominação

Como afirmado a propósito da permissão de uso, é irrelevante a denominação adotada para um ato jurídico. Em muitos casos, a lei ou a Administração Pública empregam denominação que não corresponde à natureza jurídica do ato concreto. Essa situação verifica-se com frequência relativamente às figuras de permissão e de concessão de uso.

18.6 A distinção entre concessão e permissão de uso de bem público

A distinção entre os dois institutos não é meramente terminológica, nem existe discricionariedade para adotar uma ou outra denominação.

18.6.1 Finalidades e características dos institutos

A permissão de uso não se destina a assegurar ao particular a utilização do bem por períodos longos. Especialmente quando o ato jurídico comportar investimentos e melhorias indispensáveis à exploração econômica e quando a fruição do bem público pelo particular por um prazo longo for indispensável à amortização de investimentos realizados, existirá uma concessão de uso. Aplicar-se-ão as regras pertinentes à concessão, mesmo que o ato de formalização aluda a uma permissão.

A permissão apenas se verifica nas hipóteses em que a cessação da fruição do bem, a qualquer tempo, não acarretar prejuízo econômico algum ao particular.

Ou seja, a permissão de uso apresenta um nítido cunho de benefício para o particular, o que propicia a sua extinção a qualquer tempo. Diversamente se passa na concessão de uso, em que o particular extrai benefícios do bem público, mas mediante a aplicação de seus esforços e recursos – que são imobilizados e somente podem ser amortizados por meio da exploração durante um período determinado.

18.6.2 As dificuldades em casos concretos

É até frequente a divergência no tocante à qualificação de situações concretas. Há decisões distintas do TCU, tal como abaixo referidas:

"Pode-se argumentar que os acordos de vontade, celebrados entre o Ceagesp e os permissionários, a despeito do *nomen juris* empregado – permissão – possuem natureza jurídica de concessão remunerada de uso de bem público. Nesse caso, estaríamos diante de concessões atípicas, porquanto ajustadas sem prévia licitação e com prazo de vigência indeterminado, o que as ajustaria a forma de dúbia legalidade. Ainda que reconhecida aí a forma jurídica de concessão de uso, tal característica não impediria a revogação dos contratos correspondentes, porque a estabilidade dessas concessões, celebradas por prazo indeterminado, não se apresenta absoluta, cedendo espaço à revogação motivada, na presença de imposição legal ou de interesse público. (...) O instituto aplicável à cessão de áreas comerciais de mercados públicos é, pois, a concessão remunerada de uso, precedida de licitação entre os interessados. (...) Necessário, nesses termos, que a Ceagesp, a par de vedar a cessão da posição contratual da concessionária, discipline as situações de reorganização empresarial admitidas, observadas, no mínimo, as condições indicadas no Acórdão 1.108/2003 – Plenário" (Acórdão 2.050/2014, Plenário, rel. Min. Walton Alencar Rodrigues, j. 06.08.2014).

"91. A concessão de uso de bem público está sujeita à licitação, conforme art. 2.º da Lei 8.666/1993. Como a legislação não prevê um procedimento licitatório específico para esta concessão, deve-se buscar uma interpretação sistêmica e analógica dos diplomas existentes para sua operacionalização, observando-se o princípio da seleção da proposta mais vantajosa para a Administração, bem como os demais princípios informadores das licitações públicas, tais como os da isonomia, da publicidade, do julgamento objetivo, da vinculação ao instrumento convocatório e demais presentes no art. 3.º da Lei 8.666/1993 e legislação correlata" (Acórdão 3.042/2008, Plenário, rel. Min. Augusto Nardes, j. 10.12.2008).

19 INSTRUMENTOS SUBSTITUTIVOS DA ALIENAÇÃO DE BEM PÚBLICO: DIREITO REAL LIMITADO

Existem institutos de direito administrativo que não se destinam a criar situações anômalas ou excepcionais de utilização privativa ou exacerbada de bens públicos dominicais por particulares. Trata-se, muito mais, de um meio alternativo para o cumprimento pelo Estado de funções específicas. Em vez de alienar o bem a um particular, o Estado produz um direito real, cuja existência pode manter-se indefinidamente, excluindo-se a extinção antecipada por conveniência administrativa.

19.1 A finalidade buscada

Essas figuras envolvem, normalmente, a regularização da situação fundiária e a solução para acesso dos carentes ao uso e fruição de bens imóveis. Deixa-se de praticar a alienação em virtude da constatação de que, em situação de carência, o beneficiário promoveria a alienação do bem a terceiros e daria início a outra situação conflitiva. A solução encontrada reside, então, em produzir uma espécie de direito real limitado em prol de sujeitos carentes.[20]

Esse direito real até poderá ser transferido para terceiros, mas sempre mediante o controle estatal.

19.2 A utilização para fins de interesse privado

Anote-se que o imóvel cedido não será destinado a utilização para desenvolvimento de atividades administrativas. Existirão atividades puramente privadas, ainda que dotadas de interesse social. Portanto, haverá uma concessão de direito real limitado. Isso significa que incumbirá ao concessionário cumprir determinadas obrigações, sob pena de caducidade da outorga.

19.3 A transitoriedade da solução

Mas essa solução deve ser interpretada como potencialmente transitória, em vista da temporariedade da outorga do direito real de uso. Prevê-se que dita outorga se fará por prazo determinado ou indeterminado. Em qualquer dos casos, pode-se estimar a superveniência da necessidade de atribuir titulação definitiva em favor dos beneficiários.

Suponha-se, por exemplo, concessão de direito real de uso por prazo indeterminado, visando a promover a regularização fundiária de certa região. Admita-se que o concessionário mantenha exploração por cinquenta anos. Seria despropositado imaginar que o Estado poderia, a qualquer tempo e invocando a ausência de prazo determinado, promover a extinção unilateral da outorga.

Em suma, a figura da concessão de direito real de uso apresenta-se como um instrumento de avaliação da adequação e correção da decisão de atribuir certos direitos de exclusividade em favor de um particular.

---

[20] A Lei 13.240/2015 (conversão da Medida Provisória 691/2015) previu sistemática de alienação de bens públicos submetidos a enfiteuse e inscritos em ocupação.

752 CURSO DE DIREITO ADMINISTRATIVO · *Marçal Justen Filho*

19.4 Concessão de direito real de uso

O art. 7.º do Dec.-lei 271/1967 (com a redação da Lei 11.481/2007) previu a possibilidade de instituição de "concessão de uso de terrenos públicos ou particulares remunerada ou gratuita, por tempo certo ou indeterminado, como direito real resolúvel, para fins específicos de regularização fundiária de interesse social, urbanização, industrialização, edificação, cultivo da terra, aproveitamento sustentável das várzeas, preservação das comunidades tradicionais e seus meios de subsistência ou outras modalidades de interesse social em áreas urbanas". O art. 8.º autoriza a concessão de uso do espaço aéreo correspondente aos terrenos referidos no dispositivo anterior.

A peculiaridade reside, então, na configuração de um *direito real (Código Civil, art. 1.225, XII)*, subordinado aos princípios do direito civil. O aspecto mais significativo se afigura na impossibilidade de resolução da outorga em virtude de razões de conveniência administrativa (art. 7.º, § 3.º) e a possibilidade de sua transferência a terceiros por ato *inter vivos* ou *mortis causa*, salvo disposição contratual em contrário (art. 7.º, § 4.º), sempre observada a anuência prévia de autoridade competente indicada no § 5.º do mesmo art. 7.º.[21]

19.5 Concessão de uso especial para moradia

O art. 183 da Constituição determina que, "Aquele que possuir como sua área urbana de até duzentos e cinquenta metros quadrados, por cinco anos, ininterruptamente e sem oposição, utilizando-a para sua moradia ou de sua família, adquirir-lhe-á o domínio, desde que não seja proprietário de outro imóvel urbano ou rural".

Dando aplicação ao dispositivo constitucional, o art. 4.º, V, *h*, da Lei 10.257/2001 (Estatuto da Cidade) previu a concessão de uso especial para moradia. A disciplina foi complementada pela Medida Provisória 2.220/2001 e pelo art. 22-A da Lei 9.636/1998 (inserido pela Lei 11.481/2007).

O benefício alcança a quem tiver exercido posse por pelo menos cinco anos ininterruptos e sem oposição sobre imóvel público urbano de até 250 m², de titularidade da União, utilizando-o para sua moradia.

Uma modalidade específica consiste na concessão coletiva de uso especial para fins de moradia, prevista no art. 2.º da Medida Provisória 2.220/2001, com redação dada pela Lei 13.465/2017. Esse dispositivo prevê a hipótese de posse conjunta e indistinta por um conjunto de pessoas, para fins de moradia, de imóveis com área superior a 250 m². Nesse caso, admite-se a concessão de forma coletiva do uso especial, atribuindo-se a cada possuidor uma fração ideal não superior àquele limite.

19.5.1 O regime jurídico diferenciado

Essa concessão não se subordina ao regime jurídico geral das concessões, já que sua extinção dependerá da verificação de determinados pressupostos (art. 8.º da Medida Provisória 2.220/2001), o que exclui a possibilidade de extinção por conveniência administrativa. Ademais disso, também se autoriza sua transferência para terceiros.

19.5.2 A finalidade buscada

A concessão de uso especial é um instrumento de regularização urbana, visando a atribuir um título jurídico à população de baixa renda, que se encontra na posse de bens públicos da União por período de pelo menos cinco anos. O instituto se destina a beneficiar exclusivamente

---

[21] Confira-se um exame de caso concreto em RODRIGUES e MERLOTTO. A concessão de direito real de uso e a estruturação de projetos de irrigação: os casos do Pontal e do Baixo Irecê. *Revista de Direito Administrativo Contemporâneo – ReDAC*, n. 7, p. 33-50, abr. 2014.

Cap. 17 – ESTRUTURA ADMINISTRATIVA DO ESTADO: OS BENS PÚBLICOS **753**

a população carente, o que se evidencia pelas características restritivas dos requisitos. Assim, somente podem ser beneficiados os sujeitos que não sejam titulares de domínio ou concessão sobre outros imóveis e a concessão será limitada a uma área de 250 m². Outros aspectos relevantes são a localização urbana da área e a sua aplicabilidade exclusivamente em vista da ocupação de imóveis de titularidade da União.

20   AS TERRAS DEVOLUTAS

As terras devolutas são os bens imóveis qualificados como públicos pela Lei 601/1850 porque, na data da vigência dela, não se encontravam afetados ao desenvolvimento de atividades estatais, nem sob o domínio ou a posse privada, e não tendo recebido uma outra qualificação jurídica posteriormente.

20.1   A origem do instituto

O instituto jurídico da terra devoluta é próprio do direito brasileiro e resulta da evolução político-jurídica nacional. A identificação das terras devolutas envolve a situação jurídica dos bens por ocasião da vigência da Lei 601/1850. Não foram criadas novas terras devolutas em momento posterior. Mas a qualificação do bem como terra devoluta em 1850 pode ter sido alterada ao longo do tempo.

20.1.1   Aquisição da titularidade pela Coroa Portuguesa

O descobrimento do Brasil conduziu à atribuição de todas as terras e demais bens ao domínio de Portugal. Portanto e na origem, todos os imóveis eram de titularidade da Coroa portuguesa. Não havia terras privadas. A partir dessa situação original, verificou-se uma evolução desordenada durante os primeiros três séculos da existência do Brasil.

20.1.2   A atribuição de direitos a sujeitos privados

Num primeiro momento, foram praticados inúmeros atos de atribuição de direitos de propriedade a particulares. O sistema das capitanias hereditárias significou a atribuição aos donatários da titularidade do poder jurídico sobre os imóveis, inclusive para fins de transferência para terceiros. Sob certo ângulo, pode-se afirmar que o sistema de capitanias hereditárias permitia, ao menos teoricamente, a transferência de todo o território nacional para terceiros. Bastaria a vontade do titular da capitania para que tal se efetivasse.

O sistema das capitanias hereditárias gerou, então, uma pluralidade de situações diversas. Muitas capitanias jamais foram ocupadas. Em outros casos, houve a farta distribuição de terras para os integrantes dos grupos ligados aos senhores da terra, por meio de sesmarias e outros atos similares.

20.1.3   A extinção do regime de capitanias hereditárias

A extinção das capitanias hereditárias não afetou, no entanto, as titulações eventualmente existentes. A Coroa portuguesa acabou por retomar as terras que não tivessem sido atribuídas formalmente a terceiros, mas manteve a prática de conferir direitos de propriedade sobre os bens de sua titularidade.[22]

---

[22]   Apenas para simplificar, pode-se lembrar que D. Pedro II outorgou, como dote de casamento, à sua filha Francisca e ao Príncipe de Joinville uma larga extensão de terras no litoral de Santa Catarina. Depois da

20.1.4 A ocupação fática das terras

Por outro lado, de que era costumeira (especialmente nos períodos iniciais da existência do Brasil) a simples ocupação das terras para exploração agropecuária e mineral. Em alguns casos, essa ocupação não se prolongava no tempo (quando se tratava, por exemplo, da retirada das florestas naturais). Mas a exploração agropecuária gerava ocupação por períodos mais longos.

20.1.5 A situação resultante

Essa situação fática não era retratada de modo perfeito e adequado em registros públicos. Isso significou, em meados do século XIX, uma enorme confusão e uma profunda incerteza sobre a titularidade da propriedade imobiliária no Brasil.

20.2 A Lei de Terras de 1850 e as terras "devolvidas"

Para eliminar essa incerteza e estabelecer regras definidas foi editada em 18 de setembro de 1850 a Lei 601, conhecida como Lei de Terras e destinada a regularizar a situação fundiária brasileira.

20.2.1 As três situações jurídicas existentes

À época da vigência do diploma, era possível diferenciar três situações jurídicas para os imóveis que constituíam o território brasileiro.

Havia imóveis ocupados pelos poderes públicos (Coroa imperial, províncias e municípios), com ou sem um título.

Depois, havia bens na titularidade inquestionável de sujeitos privados (ainda que a titulação jurídica tivesse sido produzida por diversas vias, tais como as capitanias hereditárias, as sesmarias e outros atos de diferente configuração).

Em terceiro lugar, havia uma parcela significativa de terras cuja situação jurídica era indeterminada. Ou estavam abandonadas ou eram ocupadas sem qualquer título formal por um particular. Essa terceira categoria foi qualificada como "terra devoluta", sendo integrada no domínio público.

A Lei de Terras fundou-se no pressuposto de que os imóveis em situação jurídica regular se encontravam sob a titularidade (ainda que fática) do Poder Público ou sob a titularidade formal de um sujeito privado. Todas as demais áreas imóveis eram "devolutas" e passaram a ser consideradas como públicas.

20.2.2 As terras devolutas

Todos os bens imóveis abandonados, não ocupados por um sujeito privado com título formal ou não possuídos pelo Poder Público, foram qualificados como "terras devolvidas" ("devolutas"). Então, seriam reputadas como terras que tinham sido transferidas para os particulares por força do sistema de capitanias hereditárias, mas que teriam sido devolvidas (ainda que sem uma manifestação formal de vontade) pelos beneficiários para a Coroa portuguesa ou brasileira.

Portanto, a terra devoluta era definida por um critério de exclusão. Seriam consideradas terras devolutas todos os imóveis que não estivessem (a) afetados (ainda que faticamente) à

Proclamação da República, a área foi alienada para uma empresa privada que promoveu projeto de urbanização. Daí derivou a atual cidade de Joinville, que envolve áreas públicas (por fundamento próprio do direito público) e áreas privadas.

Cap. 17 – ESTRUTURA ADMINISTRATIVA DO ESTADO: OS BENS PÚBLICOS **755**

satisfação de interesses nacionais, provinciais ou municipais ou (b) na posse privada. Em outras palavras, todas as terras do território brasileiro foram consideradas como devolutas, *excluídas* aquelas que fossem qualificadas como bens públicos ou bens privados.

20.3 Terras devolutas e terras ocupadas por indígenas

Houve pelo menos uma alteração superveniente na abrangência da definição de terra devoluta, em virtude de determinação constitucional. A CF/1988 qualificou, no art. 20, XI, como de titularidade da União "as terras tradicionalmente ocupadas pelos índios". Essa previsão não constava, por razões óbvias, na Lei 601/1850.

Ora, a aplicação rigorosa dos critérios da Lei 601/1850 conduzia a que as terras indígenas fossem enquadradas, em 1850, como devolutas. Mas é evidente que tais terras não podem mais ser consideradas como "devolutas" para efeito de determinação de seu regime jurídico, em vista da Constituição de 1988.[23]

Essa orientação foi consagrada pelo STF, no julgado adiante reproduzido:

"1. As terras de ocupação imemorial e tradicional indígenas, bem como as reservas indígenas constituídas pela União, não foram arrecadadas pelos Estados como terras devolutas, nos termos da Lei de Terras de 1850 e da Primeira Constituição Republicana. Precedentes. 2. A perícia histórico-antropológica atesta a ocupação imemorial dos índios Xavante na região onde foi instituída a Reserva Indígena Parabubure. 3. A autora não se desincumbiu do ônus probatório para demonstrar que a área não era de ocupação tradicional indígena e, portanto, de domínio da União, e não do este [*sic*] estadual. 4. A momentânea saída de parte da etnia da região, afetados por esbulhos, violência e doenças ocasionadas pela população branca, não desconfigura a origem do domínio da terra" (ACO 304/MT, Pleno, rel. Min. Ilmar Galvão, rel. para acórdão Min. Edson Fachin, j. 13.10.2020, *DJe* 20.05.2021).

20.4 O regime jurídico original das terras devolutas

As terras devolutas, em 1850, foram qualificadas como bens públicos, mas destituídas de afetação ao desenvolvimento de atividades estatais. Justamente por isso o seu regime jurídico era diverso daquele aplicável aos demais bens públicos.

A grande diferença residia na possibilidade (eliminada apenas a partir de 01.01.1917) da usucapião das terras devolutas. Essa solução amenizou radicalmente os efeitos da Lei 601/1850.

Assim se passou porque a ausência de título jurídico apto a enquadrar imediatamente o bem como privado era suprível mediante a usucapião. Logo, era relativamente irrelevante qualificar como terra devoluta uma área que se encontrasse na posse de um particular, na medida em que era assegurado a ele obter a titulação jurídica por meio da usucapião.

Desde 1850, o âmbito de aplicação concreta do conceito de terra devoluta foi sendo reduzido, inclusive em virtude da admissão até 1916 da sua usucapião. Houve uma sucessão de leis e atos públicos que deram destinação às terras devolutas, o que significou a sua transposição para outra categoria.

Verificou-se uma permanente e contínua transferência para o domínio privado de terras que, à época da Lei 601/1850, eram qualificadas como devolutas. Outros desses bens foram

---

[23] Não caberia contrapor que as terras ocupadas pelos indígenas seriam devolutas em 1850 e que teriam sido transferidas para o domínio privado por meio de usucapião antes de 01.º.01.1917. Essa solução é inconstitucional porque conduziria à qualificação das terras indígenas como bem privado, o que é claramente incompatível com a disciplina constitucional (que as qualifica como bens públicos).

utilizados pelo Estado brasileiro para diversos fins, passando a se enquadrar nas categorias de bens de uso comum do povo ou de bens de uso especial do Estado.

Muitas terras devolutas, no entanto, foram simplesmente ocupadas (de modo indevido) por particulares. Outras permanecem não ocupadas, sob a guarda formal ou não do Estado brasileiro.

20.5 O regime jurídico atual das terras devolutas

Com o passar do tempo, foram sendo introduzidas inovações no regime jurídico das terras devolutas.

20.5.1 A submissão ao regime de bens dominicais

As terras devolutas atualmente existentes são subordinadas ao regime dos bens dominicais. O enquadramento do bem em outra categoria conduz à eliminação da qualificação como terra devoluta. Assim, se for implantado um prédio público sobre uma terra dita devoluta, o resultado será o surgimento de um bem público de uso especial.

Lembre-se que, como foi vedada a usucapião de bens públicos pelo Código Civil de 1916, a ocupação das terras devolutas tornou-se insuficiente para gerar automaticamente direitos para o possuidor – ressalvadas soluções constitucionais e legislativas dispondo em contrário.

20.5.2 A submissão a regime jurídico diferenciado

No entanto, o regime jurídico da terra devoluta poderá ser diferenciado em vista de circunstâncias peculiares, relacionadas a uma utilidade potencial ou efetiva.

Nesse sentido, o art. 225, § 5.º, da CF/1988 estabelece: "São indisponíveis as terras devolutas ou arrecadadas pelos Estados, por ações discriminatórias, necessárias à proteção dos ecossistemas naturais".

Por seu turno, o art. 5.º, parágrafo único, do Dec.-lei 9.760/1946 previu que a outorga de posse pela União sobre terras devolutas existentes na faixa de fronteira se sujeitaria a limites determinados ("A posse a que a União condiciona a sua liberalidade não pode constituir latifúndio e depende do efetivo aproveitamento e morada do possuidor ou do seu preposto, integralmente satisfeitas por estes, no caso de posse de terras situadas na faixa da fronteira, as condições especiais impostas na lei").

20.6 O partilhamento entre os entes políticos

Em virtude da adoção do federalismo, verificou-se a distribuição dos bens públicos entre os diversos entes políticos. Isso significou a transferência da titularidade de terras devolutas para as várias órbitas federativas.

20.6.1 A titularidade da União

O art. 20, II, da CF/1988 prevê o domínio da União sobre as terras devolutas indispensáveis "à defesa das fronteiras, das fortificações e construções militares, das vias federais de comunicação e à preservação ambiental, definidas em lei".

Apenas se ressalve que o dispositivo não se refere a qualquer área imóvel, mas às terras devolutas que preencherem tais requisitos. Se não houver terra devoluta que se enquadre nessa situação, o dispositivo evidentemente não se aplica.

Cap. 17 – ESTRUTURA ADMINISTRATIVA DO ESTADO: OS BENS PÚBLICOS

20.6.2   A titularidade dos Estados-membros

Conforme o art. 26, IV, da CF/1988, "incluem-se entre os bens dos Estados: (...) IV – as terras devolutas não compreendidas entre as da União". As terras devolutas são bens dominicais de titularidade dos Estados-membros em cujo território se localizarem, ressalvadas aquelas de titularidade da União.

20.6.3   A eventual titularidade dos Municípios

Isso não significa a impossibilidade de terras originalmente devolutas virem a integrar o patrimônio de Municípios. É perfeitamente possível que, ao longo do tempo, a Coroa, a União ou os Estados tenham atribuído aos Municípios áreas então qualificadas como devolutas.

Essas áreas passaram a integrar o patrimônio público municipal, enquadrando-se em uma das três espécies de bens públicos. Essa destinação específica significou que tais áreas, ainda que hoje desocupadas e consideradas como bens dominicais, não são mais qualificadas como terras devolutas.

20.7   A discriminação das terras devolutas

Como dito, a Lei 601/1850 adotou um critério de excludência para a definição das terras devolutas. A aplicação concreta desse critério envolve a necessidade de verificar, no mundo real, a situação do imóvel na data da vigência daquele diploma.

20.7.1   A situação fática de incerteza

A dificuldade atinente às terras devolutas se relaciona com a incerteza de sua existência e qualificação. O Estado e a União desconhecem sua própria titularidade sobre a terra devoluta, e o particular pode presumir ser titular de algum direito de natureza possessória sobre o bem que ocupa há longo tempo.

20.7.2   A figura da ação discriminatória

Por isso, houve a previsão legal da ação discriminatória, destinada a identificar as terras devolutas e a promover a regularização do domínio de ocupantes que vêm dando à terra cultura efetiva e nela têm moradia habitual. O tema está disciplinado pela Lei 6.383/1976. O Dec. Federal 8.376/2014 autoriza o DNIT a promover a discriminação de terras devolutas da União, em situações específicas.

Trata-se de uma daquelas hipóteses em que se atribui ao Poder Judiciário o desenvolvimento de uma competência de conteúdo administrativo, tomando em vista a possibilidade de surgimento de conflitos de interesse.

A disciplina da ação discriminatória envolve a titularidade do direito de ação para uma pessoa estatal. O ajuizamento da ação pressupõe o exaurimento de uma etapa administrativa prévia, destinada a verificar a presença dos pressupostos necessários, inclusive com a oportunidade de manifestação de potenciais interessados. Concluída a via administrativa, abre-se a oportunidade para o início do processo judicial, que é orientado a obter sentença declaratória da submissão da área ao regime de terra devoluta – mas que poderá conduzir ao reconhecimento da existência de fato superveniente a 1850, apto a excluir esse resultado.

20.7.3   A multiplicação de controvérsias sobre o tema

As disputas concretas geradas por ações discriminatórias geraram farta jurisprudência dos tribunais.

758 CURSO DE DIREITO ADMINISTRATIVO · *Marçal Justen Filho*

Uma das questões mais tradicionais envolvia o ônus da prova sobre a presença dos requisitos de configuração da área como devoluta. Prevalece a orientação de que cabe ao Estado promover essa prova, o que deve ser interpretado no sentido de incumbir a ele o ônus de evidenciar que o bem não estava nem afetado ao desempenho de funções administrativas nem inscrito no registro imobiliário em nome de particulares.

20.8 As terras devolutas na faixa de fronteira

Cabe uma referência específica às terras devolutas situadas na faixa de fronteira.

20.8.1 A regra constitucional expressa

O art. 20, § 2.º, da CF/1988 estabelece: "A faixa de até cento e cinquenta quilômetros de largura, ao longo das fronteiras terrestres, designada como faixa de fronteira, é considerada fundamental para defesa do território nacional, e sua ocupação e utilização serão reguladas em lei".

O inc. II do mesmo art. 20 determina que será de titularidade da União a porção de terras devolutas "indispensáveis à defesa das fronteiras".

Como decorrência, afirma-se que as terras devolutas situadas na faixa de fronteira são de titularidade da União.

> "As concessões de terras devolutas situadas na faixa de fronteira, feitas pelos Estados, autorizam, apenas, o uso, permanecendo o domínio com a União, ainda que se mantenha inerte ou tolerante, em relação aos possuidores" (Súmula 477 do STF).

20.8.2 Cabimento de propriedade privada em faixa de fronteira

Isso não significa que todas as terras existentes na faixa de fronteira seriam públicas, vedando-se a propriedade privada nessa área. A propriedade privada é admitida e apenas se reconhece a submissão do uso e fruição dos bens pelos particulares a um regime jurídico diferenciado. A disciplina geral da matéria está contemplada na Lei 6.634/1979.

O Conselho de Defesa Nacional tem competência para propor os critérios de utilização das áreas de domínio federal na faixa de fronteira (art. 91, § 1.º, III da CF/1988).

O STJ consolidou entendimento de que:

> "1. A jurisprudência desta Corte Superior é firme no sentido de que as terras situadas em faixa de fronteira não são, por si só, terras devolutas, cabendo à União o encargo de provar a titularidade pública do bem" (AgRg no AREsp 692.824/SC, 3.ª T., rel. Min. Ricardo Villas Bôas Cueva, j. 15.03.2016, *DJe* 28.03.2016).

20.8.3 A indevida titulação de terras devolutas em faixa de fronteira

Uma questão controvertida na jurisprudência envolveu titulação promovida por Estados em favor de particulares, tendo por objeto terras devolutas situadas em faixa de fronteira. A jurisprudência reconheceu a nulidade dessas outorgas.

A Lei 9.871/1999 fixou prazo de dois anos para requerimento pelos interessados de ratificação pelo Incra de outorgas por Estado de direitos sobre terras devolutas em faixa de fronteira. Esse diploma foi revogado pela Lei 13.178/2015, que previu (com a redação dada pela Lei 14.177/2021) prazo de dez anos para os interessados cumprirem requisitos para a ratificação de registros imobiliários (art. 2.º, § 2.º).

Cap. 17 – ESTRUTURA ADMINISTRATIVA DO ESTADO: OS BENS PÚBLICOS **759**

21 ÁGUAS PÚBLICAS

Existem vínculos muito intensos entre os direitos fundamentais e o uso da água. A água é um elemento essencial à existência humana individual e coletiva, nos mais diversos aspectos considerados. Assim se passa tanto com as águas salgadas como quanto àquelas potáveis. Com o passar do tempo, a relevância essencial da água vai-se evidenciando de modo crescente. A disciplina jurídica sobre as águas adquire complexidade cada vez mais intensa, inclusive em vista da edição de tratados internacionais sobre o tema.

21.1   As competências regulatórias

O Estado assume competências sobre o tema, seja na condição de titular de águas disponíveis, seja para regular a fruição, a exploração e o destino das águas pelos particulares.

Sob o prisma regulatório, a Constituição atribuiu à União a competência privativa para legislar sobre águas (art. 22, IV), como também sobre o regime da navegação lacustre, fluvial e marítima (art. 22, X).

Também foi atribuída à União a competência para "instituir sistema nacional de gerenciamento de recursos hídricos e definir critérios de outorga de direitos de seu uso" (art. 21, XIX).

Para regulamentar essa matéria, foi editada a Lei 9.433/1997, que dispôs sobre a Política Nacional de Recursos Hídricos e criou um Sistema Nacional de Gerenciamento de Recursos Hídricos.

Posteriormente, foram editadas duas leis de grande relevo no setor. A Lei 9.984/2000[24] criou a Agência Nacional de Águas (ANA), uma autarquia com regime especial investida de competência regulatória setorial.

Ademais disso, a Lei 9.985/2000 veiculou normas gerais de proteção à Natureza, dispondo também sobre os recursos hídricos.

Ainda estão em vigor muitas disposições do antigo Código de Águas (Dec. 24.643/1934), mas que refletiam as circunstâncias e necessidades dos tempos passados.

Presentemente, a maior parte das questões sobre uso e destinação das águas é disciplinada por normas de direito ambiental. Justamente por isso, reconhece-se uma competência regulatória comum entre as diversas órbitas federativas, fundada no art. 24, VI (que alude a recursos naturais), da CF/1988.

Como decorrência, há um regime jurídico de direito público que se aplica amplamente aos recursos hídricos, ainda quando se configurem bens na titularidade privada.

21.2   As funções desempenhadas pelas águas

Os regimes jurídicos da captação, uso e destinação das águas são norteados pelas funções visadas. A questão envolve interesses transindividuais, o que impede a submissão do tema a uma disciplina estritamente privatista.

A água é um elemento indispensável à vida humana. Mais do que isso, a água é indispensável à dignidade humana, em especial no âmbito da saúde pública. A contaminação das águas foi, no passado, a principal causa de epidemias. O tratamento da água potável é uma função estatal essencial, o que conduz à existência de serviço público com regime próprio, caracterizado inclusive pela compulsoriedade da sua utilização.

As águas desempenham função essencial para o equilíbrio do meio ambiente. Nenhum indivíduo e nenhuma geração têm o direito de comprometer a integridade do meio ambiente

---

[24]   Essa lei foi substancialmente modificada pelo Novo Marco Legal do Saneamento Básico, Lei 14.026/2020.

CURSO DE DIREITO ADMINISTRATIVO • *Marçal Justen Filho*

por meio da poluição das águas e da destruição das condições adequadas do ambiente. A água usualmente é subordinada a regime jurídico de direito público.

21.3 A disciplina constitucional

O exame da Constituição evidencia que todas as manifestações relevantes de águas são atribuídas à titularidade pública.

21.3.1 Águas de titularidade da União

Segundo o art. 20, III, da CF/1988, são de titularidade da União "os lagos, rios e quaisquer correntes de água em terrenos de seu domínio, ou que banhem mais de um Estado, sirvam de limites com outros países, ou se estendam a território estrangeiro ou dele provenham".

21.3.2 Águas de titularidade dos Estados

O art. 26, I, estabelece que se incluem entre os bens dos Estados "as águas superficiais ou subterrâneas, fluentes, emergentes e em depósito, ressalvadas, neste caso, na forma da lei, as decorrentes de obras da União". Por força desse dispositivo da CF/1988 também se qualificam como públicas as águas existentes em depósitos resultantes de obras da União (diretamente ou por meio de delegatários). Essa hipótese envolve, basicamente, os lagos produzidos pelo represamento de águas correntes, visando ao aproveitamento para fins de energia hidráulica, ao abastecimento da população ou à regularização do curso de água para fins de navegação.

Em princípio, tais águas seriam qualificadas como de uso comum do povo, mas até se pode reputar que os lagos de represas hidrelétricas seriam um bem de uso especial.

Daí se segue que todas as águas fluviais e lacustres, sejam superficiais ou subterrâneas, são em princípio de titularidade dos Estados.

21.3.3 A questão da titularidade dos Municípios

O art. 29, III, do Código de Águas (que previa a titularidade do Município sobre águas públicas situadas exclusivamente em seu território) perdeu a sua vigência em virtude da disciplina da CF/1988 – que alude apenas a águas públicas de titularidade da União e dos Estados.

O que se pode conceber é a eventual intervenção do Município para o desempenho de seus serviços públicos, o que envolverá atuação concertada com a União e o Estado. Daí poderá resultar a existência de depósitos de água municipais, na medida, por exemplo, em que o Município tenha edificado barragem ou açude. No tocante ao domínio privado, pode-se admitir apenas a titularidade sobre águas em quantidades irrelevantes, tal como adiante será mais bem exposto.

21.4 A disciplina da Lei 9.433/1997

A Lei 9.433/1997 estabeleceu que a Política Nacional de Recursos Hídricos se funda sobre o pressuposto de que "a água é um bem de domínio público" (art. 1.º, I).

O diploma previu a figura da "outorga de direitos de uso de recursos hídricos" como instrumento para aquisição da disponibilidade privada sobre a água. Ficou ressaltado que "independem de outorga pelo Poder Público, conforme definido em regulamento: I – o uso de recursos hídricos para a satisfação das necessidades de pequenos núcleos populacionais, distribuídos no meio rural; II – as derivações, captações e lançamentos considerados insignificantes; III – as acumulações de volumes de água consideradas insignificantes" (art. 12, § 1.º).

Também foi permitida a cobrança pelo uso de recursos hídricos (art. 19).

Cap. 17 – ESTRUTURA ADMINISTRATIVA DO ESTADO: OS BENS PÚBLICOS **761**

Cabe à Agência Nacional de Águas a competência para gestão do sistema e para outorga desses direitos.

21.5 A disciplina do Código Civil

O Código Civil de 2002 manteve a orientação básica do diploma de 1916, adotando concepção individualista que induz a possibilidade da propriedade privada sobre a água proveniente de nascentes e rios. Os arts. 1.288 *et seq.* tratam sobre as águas. O dispositivo que propicia maiores dúvidas é o art. 1.292, que estabelece que "o proprietário tem direito de construir barragens, açudes, ou outras obras para represamento de água em seu prédio". Essa regra deve ser interpretada em consonância com a CF/1988 e com a Lei 9.433/1997. Deve-se reputar que somente se admite represamento de água por parte do proprietário privado quando isso resultar em acumulação de volume insignificante.

As demais regras são orientadas a disciplinar o relacionamento entre os diversos proprietários privados de imóveis.

21.6 A questão da propriedade privada sobre água

Esse conjunto de normas deve ser interpretado de modo sistemático, tomando em vista as finalidades buscadas. A Constituição não deixou espaço para a propriedade privada ou municipal de águas que se apresentem com relevância qualitativa ou quantitativa.

21.6.1 A regra geral da titularidade pública

Segundo a Constituição, as águas ou são de titularidade da União ou são atribuídas aos Estados. Rigorosamente, não restam outras hipóteses para atribuição à propriedade de outros sujeitos. No entanto, deve ser adotada interpretação norteada pelas finalidades buscadas pela Constituição.

21.6.2 A destinação individual e a eventual autorização estatal

A Constituição assegura a existência humana digna, o que exige o uso da água para fins individuais. Logo, tem de admitir-se que a Constituição reconheceu a propriedade privada sobre a água, especialmente quando configurável como manifestação de um mínimo existencial.

Deve-se admitir que todas as reservas de água construídas para assegurar a vida individual digna são de propriedade privada. Assim, é privada a água captada da chuva e destinada aos fins de sobrevivência individual.

Também se pode admitir como privada a água captada pelo particular mediante autorização do ente estatal competente, desde que para fins determinados e específicos. Assim, será particular a água contida em um dique construído pelo particular para manutenção de um rebanho de gado. No entanto, o represamento da água dependerá de autorização estatal, a qual poderá ser condicionada ao pagamento de uma remuneração.

Logo, o art. 1.292 do Código Civil não pode ser concebido como fundamento da instituição de uma faculdade puramente privada. Admite-se o represamento de rios, mas somente mediante a autorização estatal – ressalvados os casos em que a acumulação resultante for irrelevante.

21.6.3 A transferência da titularidade da água para o domínio privado

Também será considerada privada aquela água cuja titularidade é atribuída a um particular em virtude do pagamento da importância remuneratória (seja por taxa ou tarifa, seja por outorga).

762 CURSO DE DIREITO ADMINISTRATIVO • *Marçal Justen Filho*

21.6.4   Ainda a regra geral da titularidade pública

Ressalvadas essas considerações, não se admite a propriedade privada sobre água em depósito ou fluente. A circunstância de um depósito de água estar localizado em terreno privado, ainda que sem conexão com correntes oriundas de ou destinadas a terras públicas, é irrelevante. Não se produz a titularidade privada, porque o art. 26, I, da CF/1988 não adotou qualquer ressalva nesse sentido. Lembre-se que mesmo as águas subterrâneas foram atribuídas à titularidade dos Estados – o que torna descabido admitir que, vindo essas águas a aflorar em terra privada, isso afetaria o domínio público.

O que se pode admitir, porém, é que o particular obtenha autorização para usar e fruir da água depositada ou fluente, especialmente quando não envolver questão de maior relevância.

22   O MAR TERRITORIAL

O mar territorial é a faixa oceânica que banha o território brasileiro na extensão de doze milhas marítimas de largura, a partir da linha de baixa-mar.

22.1   O regime jurídico do mar territorial

O mar territorial é um bem público de uso comum e de propriedade da União, tal como previsto no art. 20, VI, da CF/1988. Está definido pela Lei 8.617/1993. O diploma determinou que a soberania brasileira se estende sobre o mar territorial, o espaço aéreo correspondente, o leito e o subsolo.

A partir daí, existe uma zona contígua, compreendendo o espaço entre 12 e 24 milhas marítimas, na qual o Brasil exercitará poder de fiscalização.

22.2   A zona econômica exclusiva

O espaço que vai do mar territorial até 200 milhas marítimas é denominado *zona econômica exclusiva*, sobre a qual o Brasil detém direitos de soberania para exploração e aproveitamento para fins econômicos, inclusive no tocante ao leito do mar e seu subsolo.

22.3   A plataforma continental

Também se disciplinou a plataforma continental, que vai até o bordo exterior da margem continental ou até uma distância de 200 milhas marítimas. Também sobre ela o Brasil exerce direitos de soberania para fins de exploração e aproveitamento dos recursos naturais ali existentes.

Lucas Rocha Furtado faz uma observação relevante, anotando que "a Constituição de 1988 não faz referência à plataforma continental como bem público da União; faz referência tão somente aos 'recursos naturais da plataforma continental e da zona econômica exclusiva' (art. 20, V). Estes, os recursos naturais, e não mais a plataforma continental, são considerados bens da União".[25]

23   POTENCIAIS DE ENERGIA HIDRÁULICA

A expressão *potencial de energia hidráulica* indica uma manifestação de energia natural, produzida pelo deslocamento físico de massas de água, que comporta transformação em energia

---

[25] FURTADO. *Curso de direito administrativo*, 4. ed., p. 707.

Cap. 17 – ESTRUTURA ADMINISTRATIVA DO ESTADO: OS BENS PÚBLICOS **763**

elétrica mediante a utilização de equipamentos adequados. Assim, por exemplo, uma queda d'água pode ser utilizada para produzir energia elétrica.

23.1   A dissociação consagrada na Constituição

Sob o prisma natural, o potencial de energia hidráulica é indissociável da existência das águas. Para fins jurídicos, no entanto, o potencial de energia hidráulica não se confunde com a massa de água propriamente dita.

Essa dissociação é produzida pela própria Constituição no art. 176: "(...) os potenciais de energia hidráulica constituem propriedade distinta da do solo, para efeito de exploração ou aproveitamento, e pertencem à União". Essa disciplina consta também dos arts. 20, VIII, e 21, XII, *b*, da CF/1988.

23.2   A exploração do potencial de energia hidráulica

A exploração do potencial de energia elétrica pode demandar grandes investimentos, necessários à edificação das obras exigidas para a geração de energia elétrica. Em alguns casos, a União promove diretamente essa atuação, mas é usual a delegação à iniciativa privada. Tem-se difundido a solução de outorga de concessão de direito de uso do potencial, com a obrigação de implantação da infraestrutura, combinada com uma autorização para geração de energia.

23.3   Bens de uso especial ou de uso comum do povo

Os potenciais de energia hidráulica podem ser considerados como bens de uso especial. No entanto, aqueles que envolvam potencial de geração de capacidade reduzida são considerados como de uso comum do povo (art. 176, § 4.º, da CF/1988).

24   OS TERRENOS DE MARINHA

O Dec.-lei 3.438/1941 dispôs especificamente sobre os terrenos de marinha. As suas regras foram reiteradas no art. 2.º do Dec.-lei 9.760/1946, segundo o qual:

"São terrenos de marinha, em uma profundidade de 33 (trinta e três) metros, medidos horizontalmente, para a parte da terra, da posição da linha do preamar-médio de 1831:

a) os situados no continente, na costa marítima e nas margens dos rios e lagoas, até onde se faça sentir a influência das marés;

b) os que contornam as ilhas situadas em zona onde se faça sentir a influência das marés".

O parágrafo único do referido art. 2.º estabelece: "Para os efeitos deste artigo a influência das marés é caracterizada pela oscilação periódica de 5 (cinco) centímetros pelo menos, do nível das águas, que ocorra em qualquer época do ano".

24.1   A variação física da preamar média

É evidente que a preamar média (preamar é o ponto mais alto atingido pelas águas em virtude da maré) não permaneceu necessariamente no mesmo local, desde 1831. Verificando-se que a preamar se deslocou em direção ao mar, não se altera o critério de cálculo. O recuo na preamar média em direção ao mar, com o passar do tempo, não conduz ao deslocamento do ponto inicial de cálculo dos terrenos de marinha.

24.2 A titularidade da União

Os terrenos de marinha e seus acrescidos são bens da União, conforme disposto no art. 20, VII, da CF/1988. Costuma-se qualificá-los como bens dominicais, mas é necessário verificar se a mesma área não se configura como bem público de outra qualidade.

A Súmula 496 do STJ apresenta relação com o tema:

"Os registros de propriedade particular de imóveis situados em terrenos de marinha não são oponíveis à União" (Súmula 496 do STJ).

24.3 A demarcação dos terrenos de marinha

O Dec.-lei 9.760/1946 disciplina, nos arts. 9.º a 14, o procedimento para demarcação dos terrenos de marinha. A disciplina foi alterada pelas Leis 13.139/2015, 13.874/2019 e 14.474/2022. Foi incluída a exigência de audiência pública para o procedimento.

24.4 A competência urbanística e tributária municipal

Hely Lopes Meirelles observou que "a utilização dos terrenos de marinha, inclusive para edificações, depende de autorização federal, mas, tratando-se de áreas urbanas ou urbanizáveis, as construções e atividades civis nelas realizadas ficam sujeitas a regulamentação e a tributação municipais, como as demais realizações particulares".[26]

Há uma conjugação de competências de distinta natureza. Ainda que a União seja titular do domínio do terreno de marinha, existe a competência municipal orientada a compatibilizar a sua utilização com as regras pertinentes à disciplina urbanística.

Sob outro enfoque, lembre-se que existe competência tributária municipal relativamente não apenas à propriedade, mas também à posse (entendida em acepção ampla) de imóveis urbanos.

O STF decidiu que um bem de domínio da União, transferido para a posse de uma sociedade privada e destinado à exploração econômica, sujeita-se à incidência do IPTU:

"(...) Incide o imposto Predial e Territorial Urbano considerado bem público cedido a pessoa jurídica de direito privado, sendo esta a devedora" (RE 601.720/DF, Pleno, rel. Min. Edson Fachin, redator para o acórdão Min. Marco Aurélio, j. 19.04.2017, *DJe* 04.09.2017).

24.5 A enfiteuse ou aforamento do terreno de marinha

Os terrenos de marinha podem ser utilizados privativamente pelos particulares, mediante os institutos administrativos comuns e, de modo especial, por via de enfiteuse ou aforamento.[27] A disciplina da matéria, contemplada no Dec.-lei 3.438/1941, foi alterada pela Lei 13.240/2015.

O art. 4.º do Dec.-lei 3.438/1941 (com redação da Lei 13.240/2015) fixou que:

"Ficam sujeitos ao regime enfitêutico os terrenos de marinha e os seus acrescidos, exceto aqueles necessários aos logradouros e aos serviços públicos ou quando houver disposição legal em sentido diverso".

---

[26] MEIRELLES. *Direito administrativo brasileiro*, 42. ed., p. 670.

[27] Lembre-se de que o art. 2.038, § 2.º, do Código Civil estabelece que a enfiteuse dos terrenos de marinha sujeita-se a legislação própria.

Cap. 17 – ESTRUTURA ADMINISTRATIVA DO ESTADO: OS BENS PÚBLICOS **765**

O Dec.-lei 2.398/1987 (com a redação da Lei 9.636/1998), em seu art. 5.º, estabeleceu o seguinte:

"Ressalvados os terrenos da União que, a critério do Poder Executivo, venham a ser considerados de interesse do serviço público, conceder-se-á o aforamento:

I – independentemente do pagamento do preço correspondente ao valor do domínio útil, nos casos previstos nos arts. 105 e 215 do Decreto-Lei no 9.760, de 1946;

II – mediante leilão público ou concorrência, observado o disposto no art. 99 do Decreto-Lei n.º 9.760, de 1946".

A Lei 13.240/2015 autorizou inclusive a alienação de terrenos de marinha, desde que preenchidos determinados requisitos (art. 4.º). Segundo o art. 8.º, § 1.º, do diploma (com a redação da Lei 13.465/2017):

"§ 1º Os terrenos de marinha e acrescidos alienados na forma desta Lei:

I – não incluirão:

a) áreas de preservação permanente, na forma do inciso II do *caput* do art. 3.º da Lei n.º 12.651, de 25 de maio de 2012; ou

b) áreas em que seja vedado o parcelamento do solo, na forma do art. 3.º e do inciso I do *caput* do art. 13 da Lei n.º 6.766, de 19 de dezembro de 1979;

II – deverão estar situados em área urbana consolidada".

25 OS TERRENOS ACRESCIDOS DE MARINHA

Segundo o art. 3.º do Dec.-lei 9.760/1946, "são terrenos acrescidos de marinha os que se tiverem formado, natural ou artificialmente, para o lado do mar ou dos rios e lagoas, em seguimento aos terrenos de marinha". Trata-se de bem público federal por força do art. 20, VII, da CF/1988.

Os terrenos acrescidos de marinha são bens públicos situados às margens de águas que se incorporaram aos terrenos de marinha por efeito de aluvião ou avulsão, figuras jurídicas definidas pelo Código Civil (arts. 1.250 e 1.251). Localizam-se aquém do limite dos terrenos de marinha, tal como definido no art. 16 do Código de Águas (Dec. 24.643/1934). Se não forem afetados a algum fim de utilidade pública, serão bens dominicais pertencentes ao ente público titular do terreno de marinha acrescido.

Conforme o art. 16, § 1.º, do Código de Águas, esses terrenos acrescidos podem ser incorporados ao patrimônio privado, mediante título adequado.

Enfim, o regime jurídico dos acrescidos é similar ao dos terrenos de marinha.

26 AS PRAIAS MARÍTIMAS

O art. 20, IV, da CF/1988 também qualifica como bem público as praias marítimas, que usualmente preenchem os requisitos para o enquadramento como terreno de marinha. Mas as praias são, usualmente, bens de uso comum do povo.

26.1 A conceituação de praia

Celso Antônio Bandeira de Mello esclarece que se entende "por praia, consoante definição que lhe dá o § 3.º do art. 10 da Lei 7.661/1988 (que institui o Plano Nacional de Gerenciamento Costeiro), 'área coberta e descoberta periodicamente pelas águas, acrescida de faixa subsequente de material detrítico, tal como areia, cascalhos, seixo e pedregulhos, até o limite onde se inicie a vegetação natural, ou, em sua ausência, onde comece um outro ecossistema' (...)".[28]

26.2 A distinção entre praia marítima e terreno de marinha

Em princípio, os conceitos jurídicos de praia marítima e de terreno de marinha são inconfundíveis. A praia é uma região litorânea, contígua ao mar, cujas características físicas permitem o acesso ao mar e a sua fruição pelos indivíduos, inclusive para fins de lazer.[29] Já o terreno de marinha é aquela área de terra, banhada pelo oceano ou por águas (tais como rios ou lagoas) sujeitas à influência de marés, que se encontra a uma distância de até trinta e três metros, contados da preamar média ocorrida no dia 15.11.1831.

Logo, é perfeitamente possível que a praia ultrapasse a extensão do terreno de marinha. Basta a região litorânea superar a extensão de 33 metros. Por outro lado, há situações em que não existe praia em sentido próprio, pois a configuração geográfica ou geológica torna inadequado o acesso ao mar.

Há julgado do STJ no sentido de que:

> "4. As praias encerram em si um feixe complexo de valores jurídicos e, em consequência, congregam, simultaneamente, bem público da União (componente do patrimônio imobiliário federal), bem ambiental (elemento vital do meio ambiente ecologicamente equilibrado) e bem de uso comum do povo (pelos serviços de lazer, paisagísticos, entre outros, a todos oferecidos). Daí se submeterem a pelo menos três microssistemas de tutela legal, cada qual garantido por esferas distintas e autônomas de responsabilidade civil, sem prejuízo de repercussões nos campos penal e administrativo" (REsp 1.730.402/RJ, 2.ª T., rel. Min. Herman Benjamin, j. em 07.06.2018, *DJe* 12.03.2019).

Ou seja, o reconhecimento da existência de uma praia implica a incidência de um regime jurídico complexo, especialmente em vista da configuração de um bem de uso comum do povo – o que limita as competências da União para restringir o acesso individual.

26.3 A eventual utilização da praia para uso especial

Se uma área de praia marítima estiver enquadrada no âmbito de 33 metros contados da preamar média de 1831, prevalecerá o regime de uso comum do povo sobre aquele de bem dominical. Mas isso não impede que a União promova a edificação de um prédio público nesse local, configurando-o como um bem de uso especial.

27 OS TERRENOS RESERVADOS OU RIBEIRINHOS

Os terrenos reservados, também chamados de ribeirinhos, "são os que, banhados pelas correntes navegáveis, fora do alcance das marés, vão até a distância de 15 metros para a parte de terra, contados desde o ponto médio das enchentes ordinárias" (art. 14 do Código de Águas).

Como ensina Maria Sylvia Zanella Di Pietro: "A expressão 'fora do alcance das marés' é importante para distinguir os terrenos reservados dos terrenos de marinha; se o terreno

---

[28] BANDEIRA DE MELLO. *Curso de direito administrativo*, 37. ed., p. 793-794.

[29] Até se poderia afirmar que a *praia*, no contexto brasileiro, é uma instituição de configuração sociocultural, antes do que geográfica ou geológica. Trata-se de um conceito que ultrapassa os limites jurídicos estritos, para tornar-se objeto de cogitações sociológicas.

marginal ao rio estiver sob influência das marés, ele entra no conceito de terreno de marinha dado pelo art. 13 do Código das Águas".[30]

O enquadramento dos terrenos reservados como bens públicos despertou dúvida. Por exemplo, Hely Lopes Meirelles invocava os arts. 11, 12 e 14 do Código de Águas (Dec. 24.643/1934) para defender o entendimento de que existiria simplesmente uma servidão de uso sobre os terrenos reservados, os quais seriam usualmente enquadrados como bens privados.[31] Essa orientação foi rejeitada pelo STF:

> "As margens dos rios navegáveis são de domínio público, insuscetíveis de expropriação e, por isso mesmo, excluídas de indenização" (Súmula 479 do STF).

O STJ firmou o seguinte entendimento:

> "Direito Administrativo. Bens Público. Leito do Rio Tietê. Margem de Rio. Terreno Reservado. Domínio Particular. Impossibilidade. 1. A Segunda Turma do STJ, após amplo debate no âmbito do REsp 508.377/MS, que culminou com a retificação do voto do eminente relator, Ministro João Otávio de Noronha, concluiu que, no atual regime constitucional, não existe domínio privado sobre terrenos marginais (ou reservados). Somente há possibilidade de indenização do particular em caso de enfiteuse ou concessão. 2. De fato, essa é a correta interpretação dos arts. 11, 12, 14 e 31 do Decreto 24.643, de 10/7/1934 (Código de Águas), à luz da Súmula 479/STF (...)" (REsp 1.800.313/SP, 2.ª T., rel. Min. Herman Benjamin, j. 20.08.2019, *DJe* 13.09.2019).

28   AS ILHAS

As ilhas oceânicas e costeiras ou, se fluviais ou lacustres, que fizerem fronteira com outros países são de propriedade da União (art. 20, IV, da CF/1988). Não integram o domínio da União as áreas de titularidade de Estado ou Município existentes em ilhas oceânicas e costeiras. As demais ilhas que não sejam propriedade municipal nem particular pertencem aos Estados (art. 26, II, da CF/1988).

Ressalte-se que as ilhas compreendidas nos territórios tradicionalmente ocupados pelos índios se sujeitarão, como regra, ao regime correspondente.

29   TERRAS TRADICIONALMENTE OCUPADAS PELOS INDÍGENAS

As terras tradicionalmente ocupadas pelos indígenas são "as por eles habitadas em caráter permanente, as utilizadas para suas atividades produtivas, as imprescindíveis à preservação dos recursos ambientais necessários a seu bem-estar e as necessárias a sua reprodução física e cultural, segundo seus usos, costumes e tradições" (art. 231, § 1.º, da CF/1988).[32]

29.1   A regra constitucional

De acordo com o art. 20, XI, da CF/1988, essas terras são de titularidade da União. Uma parcela da doutrina reputa que se configuram como bens de uso especial, sob o pressuposto de

---

[30]   DI PIETRO. *Direito administrativo*, 37. ed., p. 795.

[31]   MEIRELLES. *Direito administrativo brasileiro*, 42. ed., p. 671.

[32]   José Afonso da Silva afirma que o conceito das terras tradicionais ocupadas pelos índios funda-se "em quatro condições, todas necessárias e nenhuma suficiente sozinha, a saber: 1) serem por eles *habitadas em caráter permanente*; 2) serem por eles *utilizadas para suas atividades protetivas*; 3) serem *imprescindíveis à preservação dos recursos ambientais necessários a seu bem-estar*; 4) serem *necessárias a sua reprodução física ou cultural*, tudo segundo seus usos, costumes e tradições" (*Curso de direito constitucional positivo*, 41. ed., p. 874).

768 CURSO DE DIREITO ADMINISTRATIVO · *Marçal Justen Filho*

que, se fossem bens de uso comum, ter-se-ia de reconhecer a titularidade geral do povo sobre elas.[33] Afigura-se que são bens de uso comum, no sentido de que a titularidade última desses bens é do povo brasileiro (que as reservou para fruição dos indígenas). Trata-se de uma solução destinada a assegurar a preservação da identidade da Nação.

Esses bens não podem ser desafetados. São bens inalienáveis, indisponíveis e os direitos sobre as terras são imprescritíveis.

A posse permanente das terras e o uso exclusivo das riquezas naturais pelos índios são direitos assegurados constitucionalmente (art. 231, § 2.º, da CF/1988).

29.2 A disciplina legislativa

A Lei 14.701/2023 regulamentou o art. 231 da Constituição, para dispor sobre o reconhecimento, a demarcação, o uso e a gestão de terras indígenas. O art. 3.º do diploma previu que são terras indígenas:

"I – as áreas tradicionalmente ocupadas pelos indígenas, nos termos do § 1.º do art. 231 da Constituição Federal;
II – as áreas reservadas, consideradas as destinadas pela União por outras formas que não a prevista no inciso I deste *caput*;
III – as áreas adquiridas, consideradas as havidas pelas comunidades indígenas pelos meios admissíveis pela legislação, tais como a compra e venda e a doação".

29.3 A exploração de recursos econômicos

A exploração e o aproveitamento de recursos hídricos e a pesquisa e a lavra de riquezas minerais em terras indígenas dependem de autorização do Congresso Nacional, mediante decreto legislativo (art. 49, XVI, da CF/1988).

29.4 A demarcação

A demarcação das terras indígenas[34] compete à União sob orientação do órgão federal de assistência aos índios (Fundação Nacional do Índio), através de procedimento administrativo regulamentado no Dec. 1.775/1996.

29.5 A questão da data-base da identificação das terras indígenas

Ao examinar a questão da definição da data-base para a delimitação das terras indígenas, o STF reconheceu a eficácia declaratória das regras da CF/1998 sobre o tema e reputou que a configuração da terra como indígena é determinada em vista da data da ocupação, ainda que anterior à vigência da CF/1988 (Tema 1.031 da Repercussão Geral):

"I – A demarcação consiste em procedimento declaratório do direito originário territorial à posse das terras ocupadas tradicionalmente por comunidade indígena; II – A posse tradicional indígena é distinta da posse civil, consistindo na ocupação das terras habitadas em caráter

---

[33] Nesse sentido, Maria Sylvia Zanella Di Pietro afirma que "As terras indígenas são bens públicos de uso especial; embora não se enquadrem no conceito do artigo 99, II, do Código Civil" (*Direito administrativo*, 37. ed., p. 799).

[34] O art. 67 do Ato das Disposições Constitucionais Transitórias estabelece: "A União concluirá a demarcação das terras indígenas no prazo de cinco anos a partir da promulgação da Constituição".

permanente pelos indígenas, nas utilizadas para suas atividades produtivas, nas imprescindíveis à preservação dos recursos ambientais necessários a seu bem-estar e nas necessárias a sua reprodução física e cultural, segundo seus usos, costumes e tradições, nos termos do § 1.º do artigo 231 do texto constitucional; III – A proteção constitucional aos direitos originários sobre as terras que tradicionalmente ocupam independe da existência de um marco temporal em 05 de outubro de 1988 ou da configuração do renitente esbulho, como conflito físico ou controvérsia judicial persistente à data da promulgação da Constituição; (...) X – As terras de ocupação tradicional indígena são de posse permanente da comunidade, cabendo aos indígenas o usufruto exclusivo das riquezas do solo, dos rios e lagos nelas existentes; XI – As terras de ocupação tradicional indígena, na qualidade de terras públicas, são inalienáveis, indisponíveis e os direitos sobre elas imprescritíveis; XII – A ocupação tradicional das terras indígenas é compatível com a tutela constitucional do meio ambiente, sendo assegurado o exercício das atividades tradicionais dos povos indígenas; XIII – Os povos indígenas possuem capacidade civil e postulatória, sendo partes legítimas nos processos em que discutidos seus interesses, sem prejuízo, nos termos da lei, da legitimidade concorrente da FUNAI e da intervenção do Ministério Público como fiscal da lei" (STF, RE 1.017.365/SC, Pleno, rel. Min. Edson Fachin, repercussão geral – mérito, j. 27.09.2023, *DJe* 14.02.2024).

A decisão não encerrou a discussão sobre o tema. O art. 4.º da Lei 14.701/2023, que estabelece a data da promulgação da Constituição Federal como data para a delimitação das terras indígenas, é objeto de ao menos cinco ações no STF (ADC 87, ADI 7.582, ADI 7.583, ADI 7.586 e ADO 86).

30   JAZIDAS E MINAS

Segundo a definição legal, "considera-se jazida toda massa individualizada de substância mineral ou fóssil, aflorando à superfície ou existente no interior da terra, e que tenha valor econômico; e mina, a jazida em lavra, ainda que suspensa" (art. 4.º do Código de Mineração – Dec.-lei 1.985/1940).

30.1   A dissociação da titularidade do solo e das jazidas

A Constituição estabelece a dissociação da propriedade das jazidas e do solo (art. 176) e atribui à União a titularidade dos recursos minerais, inclusive do subsolo (art. 20, IX).

Seguindo essa determinação, o art. 1.229 do Código Civil prevê que a propriedade do solo compreende a do subsolo correspondente, mas não abrange as jazidas no subsolo (art. 1.230). O Código Civil estabelece que a propriedade do subsolo se estende até a profundidade necessária ao exercício das faculdades inerentes ao domínio sobre o solo.

30.2   A questão da exploração dos recursos minerais

Os recursos minerais dotados de valor econômico apresentam grande importância para a Nação e se constituem em um dos fundamentos para o desenvolvimento econômico e social. Justamente por isso, a própria Constituição adota minuciosa disciplina sobre o tema. No âmbito infraconstitucional, a legislação é bastante complexa.

30.2.1   *As implicações ambientais da exploração dos recursos minerais*

Por outro lado, a exploração intensiva dos recursos minerais é potencialmente danosa ao meio ambiente, o que exige a intervenção estatal. Não é compatível com a Constituição que a

770 CURSO DE DIREITO ADMINISTRATIVO · *Marçal Justen Filho*

pesquisa e a lavra de minerais se façam por métodos que provoquem danos ecológicos permanentes e irreversíveis. Mais precisamente, exige-se a adoção dos métodos menos nocivos possíveis ao meio ambiente e à população em geral, tal como a implementação de medidas destinadas a neutralizar os efeitos danosos inerentes à exploração econômica.

30.2.2 Os regimes de exploração dos recursos minerais

Foram previstos dois regimes básicos de exploração dos recursos minerais. Há o regime comum e o regime monopolístico em favor da União relativamente a certos minerais.

30.3 O regime comum

O regime comum aplica-se às jazidas dos diversos produtos minerais, excluídos aqueles referidos nos incs. I e V do art. 177, que são reservados ao monopólio da União.

Quanto ao regime comum, a Constituição prevê que a pesquisa e a lavra dos recursos minerais dependerão de autorização ou concessão da União, outorgáveis apenas em favor de brasileiros ou empresas constituídas sob as leis brasileiras e que tenham no Brasil a sua sede e administração.

Há previsão de regras específicas e diferenciadas nos casos de jazidas situadas em faixa de fronteira ou em terras indígenas (art. 176, § 1.º, da CF/1988).

A autorização para pesquisa será concedida por prazo determinado, sendo vedada a transferência de autorização ou de concessão sem a prévia anuência do poder concedente (art. 176, § 3.º).

Embora a propriedade dos recursos minerais seja da União, a Constituição assegura ao concessionário a propriedade do produto da lavra (art. 176, *caput*).

30.4 O regime monopolístico

O regime monopolístico aplica-se relativamente à pesquisa e lavra das jazidas de petróleo e gás natural e outros hidrocarbonetos fluidos, assim como à refinação do petróleo, ao transporte marítimo do petróleo bruto de origem nacional ou de derivados básicos de petróleo produzidos no Brasil. Aplica-se também ao transporte, por meio de conduto, de petróleo bruto, seus derivados e gás natural de qualquer origem (art. 177, I, II e III), e à pesquisa, lavra, enriquecimento, reprocessamento, industrialização e comércio dos minérios e minerais nucleares e seus derivados (art. 177, V).

A União é titular dos direitos sobre os referidos produtos minerais e, ademais disso, é investida com exclusividade na competência para promover a sua pesquisa, lavra e outras atividades complementares de exploração.

O regime monopolístico não transforma essas atividades em serviço público, tal como exposto no Capítulo 12. A exploração monopolista de atividade econômica se sujeita ao disposto no art. 173 da CF/1988, o que significa a vedação à instituição de benefícios não extensíveis às empresas privadas.

A União é investida da competência para contratar com empresas privadas ou estatais a realização das atividades monopolizadas, excluídas aquelas relativas a minérios e minerais nucleares e seus derivados (art. 177, § 1.º).

Segundo o STF:

"1. A Constituição admite a possibilidade da cessão, total ou parcial, das concessões de exploração de jazidas, ao permitir que a União delegue contratualmente a realização de pesquisa e a lavra das jazidas de petróleo e gás natural e outros hidrocarbonetos fluidos, 'observadas as condições estabelecidas em lei' (177, § 1.º), e autorize ou conceda por prazo determinado essa pesquisa e lavra, assim como o aproveitamento dos potenciais 'na forma da lei' (176, § 1.º), à Petrobras e a outros agentes econômicos, que poderão ser ceder ou transferir essa delegação, desde que a União anua previamente (176, § 3.º). 2. O Decreto 9.355/2018 estabelece o procedimento especial de cessão de direitos de exploração, desenvolvimento e produção de petróleo, gás natural e outros hidrocarbonetos fluidos pela Petróleo Brasileiro S.A., na forma estabelecida na legislação a que remete – sabidamente a Lei 9.478/1997 e a Lei 12.351/2010, que tratam da transferência do contrato de concessão e, especificamente, da cessão de direitos e obrigações relativos ao contrato de partilha de produção. (...) 9. A inexistência de licitação quanto às operações de cessão de direitos de exploração de petróleo, gás natural e outros hidrocarbonetos fluidos não se equaliza com a inobservância dos princípios da Administração Pública, máxime porque outras formas de seleção proba, objetiva e eficiente de contratação podem ser cogitadas, antes coaduna-se às especificidades desse tipo de operação, de modo que não há que se falar em inovação por decreto ou violação à separação de poderes (...)" (ADI 5.942/DF, Pleno, rel. Marco Aurélio, rel. para acórdão Luiz Fux, j. 13.10.2020, *DJe* 05.02.2021).

"1. O conceito de monopólio pressupõe apenas um agente apto a desenvolver as atividades econômicas a ele correspondentes. Não se presta a explicitar características da propriedade, que é sempre exclusiva, sendo redundantes e desprovidas de significado as expressões 'monopólio da propriedade' ou 'monopólio do bem'. 2. Os monopólios legais dividem-se em duas espécies: (i) os que visam a impelir o agente econômico ao investimento – a propriedade industrial, monopólio privado; e (ii) os que instrumentam a atuação do Estado na economia. 3. A Constituição do Brasil enumera atividades que consubstanciam monopólio da União [art. 177] e os bens que são de sua exclusiva propriedade [art. 20]. (...) 8. A propriedade do produto da lavra das jazidas minerais atribuídas ao concessionário pelo preceito do art. 176 da Constituição do Brasil é inerente ao modo de produção capitalista. A propriedade sobre o produto da exploração é plena, desde que exista concessão de lavra regularmente outorgada. 9. Embora o art. 20, IX, da CB/88 estabeleça que os recursos minerais, inclusive os do subsolo, são bens da União, o art. 176 garante ao concessionário da lavra a propriedade do produto de sua exploração. 10. Tanto as atividades previstas no art. 176 quanto as contratações de empresas estatais ou privadas, nos termos do disposto no § 1.º do art. 177 da Constituição, seriam materialmente impossíveis se os concessionários e contratados, respectivamente, não pudessem apropriar-se, direta ou indiretamente, do produto da exploração das jazidas. (...) 13. A propriedade de que se cuida, no caso do petróleo e do gás natural, não é plena, mas relativa; sua comercialização é administrada pela União mediante a atuação de uma autarquia, a Agência Nacional do Petróleo – ANP. 14. A Petrobras não é prestadora de serviço público. Não pode ser concebida como delegada da União. Explora atividade econômica em sentido estrito, sujeitando-se ao regime jurídico das empresas privadas [§ 1.º, II, do art. 173 da CB/88]" (ADI 3.366/DF, Pleno, rel. Min. Carlos Britto, rel. para acórdão Eros Grau, j. 16.03.2005, *DJ* 02.03.2007).

30.5   A regulação setorial

A regulação pertinente a petróleo, gás natural e outros hidrocarbonetos fluidos é distinta daquela relativa aos demais recursos minerais, ainda que o Ministério de Minas e Energia seja investido de competências em ambos os setores.

30.6   A regulação da política energética nacional

A Lei 9.478/1997 veiculou as normas gerais pertinentes à política energética nacional, com enfoque específico no tocante a combustíveis derivados de petróleo. Foi criada agência

30.7 A regulação atinente aos demais minerais

No âmbito dos demais minerais, a regulação cabe à Agência Nacional de Mineração – ANM, criada pela Lei 13.575/2017.

O Decreto 11.108/2022 dispôs sobre a Política Mineral Brasileira, criando o Conselho Nacional de Política Mineral.[35] Há normas aplicáveis genericamente a todos os minerais, que estão previstos no Dec.-lei 227/1967.

30.8 A participação dos entes federados

A CF/1988 assegurou aos Estados, ao Distrito Federal, aos Municípios e aos órgãos da Administração direta da União a participação no resultado da exploração de petróleo, gás natural e outros recursos minerais "no respectivo território, plataforma continental, mar territorial ou zona econômica exclusiva, ou compensação financeira por essa exploração" (art. 20, § 1.º). As Leis federais 7.990/1989 e 8.001/1990 disciplinam o pagamento da compensação financeira para os entes federativos. A constitucionalidade das regras desses diplomas foi reconhecida pelo STF no julgamento do RE 228.800/DF (1.ª T., rel. Min. Sepúlveda Pertence, j. 25.09.2001, *DJ* 16.11.2001).

A questão tem despertado intenso debate em virtude da aprovação da Lei 12.734/2012, que alterou os critérios de partilha dos chamados *royalties* entre os entes federados.[36]

A Lei 12.858/2013 determinou que parcela da participação no resultado ou na compensação financeira pela exploração do petróleo e do gás natural será destinada à educação pública e à saúde.

A Lei 13.609/2018 alterou a Lei 9.478/1997 em temas pertinentes à disciplina do cálculo e pagamento dos royalties a Estados e Municípios.

Há decisão do STF relativa à questão da titularidade dos recursos destinados ao pagamento dos royalties aos demais entes federativos.

"2. Os *royalties* são receitas originárias da União, tendo em vista a propriedade federal dos recursos minerais, e obrigatoriamente transferidas aos Estados e Municípios. 3. A legislação prevista no parágrafo único do art. 20 da Constituição da República possui natureza ordinária e federal. Precedente: ADI 4.606, de relatoria do Ministro Alexandre de Moraes, Tribunal Pleno, j. 28.02.2019. 4. É constitucional a imposição legal de repasse de parcela das receitas transferidas aos Estados para os municípios integrantes da territorialidade do ente maior. 5. Ação direta de inconstitucionalidade conhecida a que se nega procedência" (ADI 4.846/ES, Pleno, rel. Edson Fachin, j. 09.10.2019, *DJe* 17.02.2020).

---

[35] O Decreto 14.419/2023 alterou o Decreto 11.108/2022 no que diz respeito à composição do Conselho Nacional de Política Mineral.

[36] O MS 31.832/DF foi impetrado perante o STF com o objetivo de impedir a votação dos vetos realizados no Projeto de Lei 2.565/2011, que deu origem à Lei 12.734/2012, promulgada em 30.11.2012. Contudo, a liminar pleiteada foi negada pelo Min. Ricardo Lewandowski em 16.01.2013. O Congresso Nacional derrubou os referidos vetos. Em 14.03.2013, foi promulgada a Lei 12.734/2012 sem os vetos presidenciais. Entretanto, a Min. Cármen Lúcia deferiu a medida cautelar para suspender os efeitos dos dispositivos que tratam das novas regras de distribuição dos *royalties*. A decisão foi proferida em 18.03.2013 no julgamento da MC na ADI 4.917/DF.

31 SÍTIOS ARQUEOLÓGICOS E PRÉ-HISTÓRICOS

A Constituição atribuiu à titularidade da União os sítios arqueológicos e pré-históricos (art. 20, X).

Anteriormente, a Lei 3.924/1961 dispôs sobre monumentos arqueológicos e pré-históricos. O art. 7.º do diploma estabeleceu que "as jazidas arqueológicas ou pré-históricas de qualquer natureza, não manifestadas e registradas na forma dos arts. 4.º e 6.º desta Lei, são consideradas, para todos os efeitos bens patrimoniais da União". Por força da CF/1988, todas as jazidas arqueológicas ou pré-históricas devem ser reputadas como integradas no domínio público. Mais precisamente, são enquadradas como bens de uso comum, também sujeitos a regime de proteção em face de toda a comunidade.

32 CAVIDADES NATURAIS SUBTERRÂNEAS

O mesmo art. 20, X, da CF/1988 previu a titularidade da União sobre as cavidades naturais subterrâneas. Não existe lei, mas o Dec. 10.935/2022 trata do tema.

O art. 1.º, parágrafo único, estabelece: "Considera-se cavidade natural subterrânea o espaço subterrâneo acessível pelo ser humano, com ou sem abertura identificada, conhecido como caverna, gruta, lapa, toca, abismo, furna ou buraco, incluídos o seu ambiente, o conteúdo mineral e hídrico, a fauna e a flora presentes e o corpo rochoso onde se inserem, desde que tenham sido formados por processos naturais, independentemente de suas dimensões ou tipo de rocha encaixante".

Alguns dispositivos desse decreto foram suspensos pelo STF, mantendo-se a vigência de normas constantes do Decreto 99.557/1990.[37]

33 FLORA E FLORESTAS

As florestas apresentam relevância extraordinária para a Humanidade e para a Nação. São indispensáveis ao equilíbrio ecológico e à preservação do meio ambiente. Mas também apresentam grande importância econômica.

33.1 As normas constitucionais

A CF/1988 preocupou-se de modo específico com a disciplina da flora brasileira. O art. 225, § 4.º, da CF/1988 determinou: "A Floresta Amazônica brasileira, a Mata Atlântica, a Serra do Mar, o Pantanal Mato-Grossense e a Zona Costeira são patrimônio nacional, e sua utilização far-se-á, na forma da lei, dentro de condições que assegurem a preservação do meio ambiente, inclusive quanto ao uso dos recursos naturais".

O art. 225, § 1.º, VII, estabelece que incumbe ao Poder Público, entre outras funções, proteger a flora, vedando-se as práticas que coloquem em risco o ecossistema ou provoquem a extinção de espécies.

33.2 As normas infraconstitucionais

A Lei 12.651/2012 (usualmente conhecida como Código Florestal) fixou a regra geral de que "as florestas existentes no território nacional e as demais formas de vegetação nativa, reconhecidas de utilidade às terras que revestem, são bens de interesse comum a todos os habitantes do País, exercendo-se os direitos de propriedade com as limitações que a legislação em geral

---

[37] ADPF 935/DF, decisão monocrática, rel. Min. Ricardo Lewandowski, j. 24.01.2022, *DJe* 24.01.2022. A decisão foi referendada pelo Plenário (ADPF 935/DF, Pleno, rel. Min. Ricardo Lewandowski, red. para o acordão Min. Cármen Lúcia, j. 29.04.2024, *DJe* 01.07.2024).

e especialmente esta Lei estabelecem" (art. 2.º). O diploma também disciplinou limitações e restrições às florestas privadas.

A Lei 9.985/2000 adotou regras gerais de defesa do meio ambiente que se aplicam, de modo evidente, às florestas.

A LC 140/2011 regulamentou os incs. III, VI e VII do *caput* e do parágrafo único do art. 23 da CF/1988, estabelecendo que, em decorrência da competência comum, a proteção das paisagens naturais notáveis, a proteção do meio ambiente, o combate à poluição em qualquer de suas formas e a preservação das florestas, da fauna e da flora devem ser realizados mediante cooperação entre a União, os Estados, o Distrito Federal e os Municípios.

33.3   A gestão de florestas públicas

A Lei 11.284/2006 (que sofreu alterações diversas em sua redação original) regulamentou o art. 225, § 1.º, I, II, III e VII, da CF/1988. Especificamente, disciplina a gestão das florestas públicas, assim entendidas aquelas naturais ou plantadas existentes sobre bens de titularidade dos entes federativos ou de entidades da administração indireta (art. 3.º, I). O diploma é orientado a assegurar o manejo florestal sustentável e a proteção ao meio ambiente.

Entre as figuras jurídicas estabelecidas, há a concessão florestal, definida como a "delegação onerosa, feita pelo poder concedente, do direito de praticar atividades de manejo florestal sustentável, de restauração florestal e de exploração de produtos e serviços em unidade de manejo, conforme especificado no objeto do contrato de concessão, mediante licitação, à pessoa jurídica, em consórcio ou não, que atenda às exigências do respectivo edital de licitação e demonstre capacidade para seu desempenho, por sua conta e risco e por prazo determinado" (art. 3.º, VII).

O regime jurídico da concessão florestal é mais próximo do regime de uma concessão de serviço público do que ao de uma concessão de uso de bem público.

34   FAUNA

A proteção constitucional e infraconstitucional ao meio ambiente abarca igualmente todas as manifestações da vida natural. O art. 225, § 1.º, VII, da CF/1988 alude não apenas à flora, mas também à fauna. A Lei 9.985/2000, já referida, visa igualmente à proteção da vida animal.

Para efeitos do estudo dos bens públicos, devem ser diferenciados os animais criados em cativeiro daqueles que existem livremente na Natureza.

34.1   Animais criados em cativeiro

Nem todos os animais podem ser criados e mantidos em cativeiro. Quando tal for materialmente possível e permitido pelo direito, os animais criados em cativeiro (domésticos ou não) poderão ser objeto de propriedade segundo as regras de direito privado. Também podem ser configurados como bens públicos quando o Estado promover a sua criação.

Os animais criados em cativeiro mantidos pelo Estado tanto podem ser enquadrados na categoria de bens de uso comum, como na de bens de uso especial ou dominicais.

Serão bens de uso comum aqueles mantidos pelo Poder Público sem destinação específica e não destinados à comercialização. Assim se passa, por exemplo, com animais mantidos em zoológicos. Mas existem certos animais cuja criação é orientada a algum fim específico da Administração (por exemplo, cobras mantidas para o desenvolvimento de soro antiofídico). Enfim, é perfeitamente possível que o Estado promova a criação de animais para comercialização perante terceiros (por exemplo, gado bovino destinado à melhoria do plantel dos particulares).

Cap. 17 – ESTRUTURA ADMINISTRATIVA DO ESTADO: OS BENS PÚBLICOS **775**

34.2   Animais silvestres

O Código Civil de 1916 determinava que "são coisas sem dono e sujeitas à apropriação: I – os animais bravios, enquanto entregues à sua natural liberdade".

Esse dispositivo foi revogado pela Lei 5.197/1967, que estabeleceu que "os animais de quaisquer espécies, em qualquer fase do seu desenvolvimento e que vivem naturalmente fora do cativeiro, constituindo a fauna silvestre, bem como seus ninhos, abrigos e criadouros naturais são propriedades do Estado, sendo proibida a sua utilização, perseguição, destruição, caça ou apanha" (art. 1.º). Para fins dessa regra, é irrelevante que o animal silvestre se encontre em terras privadas.

O Código Civil de 2002 deixou de fazer qualquer alusão à caça, prevalecendo a disciplina da Lei 5.197/1967.

Os animais silvestres devem ser enquadrados na categoria de bens de uso comum, naquela modalidade já referida da tutela em face da generalidade das pessoas. Devem ser qualificados como bens públicos integrantes da órbita da União.

O diploma admite, de modo excepcional, a captura e a caça de animais silvestres (vedando, no entanto, o exercício da caça profissional – art. 2.º). Ademais disso, estabelece que "O Poder Público estimulará (...) *b)* a construção de criadouros destinados à criação de animais silvestres para fins econômicos e industriais" (art. 6.º, "b").

35   ESPAÇO AÉREO

O espaço aéreo consiste na região que se encontra acima do território nacional (terrestre e aquático), destinado à navegação aérea.

O art. 1.229 do Código Civil estabelece que "a propriedade do solo abrange a do espaço aéreo e subsolo correspondentes, em altura e profundidade úteis ao seu exercício, não podendo o proprietário opor-se a atividades que sejam realizadas, por terceiros, a uma altura ou profundidade tais, que não tenha ele interesse legítimo em impedi-las". Isso significa que o proprietário do solo tem direito de propriedade sobre a projeção acima da área terrestre, mas somente na altura compatível com o exercício das faculdades inerentes ao domínio. Portanto, a propriedade sobre o solo não alcança a área destinada à navegação aérea.

A Constituição Federal prevê que incumbe ao Congresso Nacional dispor sobre os limites do espaço aéreo (art. 48, V). Embora o espaço aéreo seja considerado um bem público, o art. 21, XII, *c*, da CF/1988 estabelece que compete à União explorar, diretamente ou mediante autorização, concessão ou permissão, a navegação aérea. A Constituição também atribui à União a competência privativa para legislar sobre navegação aérea e aeroespacial (art. 22, X).

A relevância geopolítica da navegação aérea conduz à existência de uma força militar específica, a Aeronáutica (CF/1988, art. 142). Segundo o art. 11 da Lei 7.565/1986 (Código Brasileiro de Aeronáutica), "o Brasil exerce completa e exclusiva soberania sobre o espaço aéreo acima de seu território e mar territorial".

A Lei 7.565/1986 investe a União de diversas competências sobre a exploração do transporte aeronáutico, diferenciando a aviação civil e a militar.

36   OS ESPECTROS DE RADIOFREQUÊNCIA

Conforme o art. 157 da Lei Geral de Telecomunicações (Lei 9.472/1997),

"o espectro de radiofrequências é um recurso limitado, constituindo-se em bem público, administrado pela Agência".

776 CURSO DE DIREITO ADMINISTRATIVO · *Marçal Justen Filho*

Incumbe à Agência Nacional de Telecomunicações (Anatel) a gestão do espectro de radiofrequência. Trata-se de um bem público federal.

36.1 A utilização do espectro de radiofrequência para radiodifusão

O progresso tecnológico tornou possível a utilização das ondas de rádio (espectro de radiofrequência), um fenômeno físico, para o atendimento de necessidades humanas de comunicação à distância. Por meio de equipamentos, é possível promover a transmissão de voz, de imagens e de dados à distância, valendo-se da utilização dos espectros de radiofrequência.

36.2 A configuração de recurso escasso

A utilização das ondas de rádio para promover a comunicação à distância não envolve o risco de consumo ou extinção dos espectros de radiofrequência. O problema é a limitação da quantidade de frequências para utilização. Essa utilização sem disciplina dos espectros de radiofrequência por um número indiscriminado de sujeitos produz o risco de interferências recíprocas.

Sob esse prisma, os espectros de rádio se configuram como um recurso escasso. Tal se passa em virtude da impossibilidade de sua utilização concomitante por um número ilimitado de sujeitos.

Ressalte-se que apenas uma pequena parcela das frequências é utilizada para fins de comunicação à distância. Segundo o especialista Amit Maitra:

"O espectro de rádio compreende aproximadamente 300 bilhões de frequências; apesar disso, 90% do uso do espectro de rádio se concentra na porção de 1% das frequências abaixo de 3.1GHz. O congestionamento (*crowding*) nessa área ocorre porque uma ampla variedade de serviços de comunicação sem fio e de entretenimento, incluindo telefones móveis, transmissão de rádio e televisão e numerosos sistemas de comunicação por satélite tornam-se possíveis através dessas frequências".[38]

O problema conduziu à adoção de normas internacionais, destinadas a disciplinar o uso dos espectros de rádio. A partir de tais normas, cada Estado adota a solução mais satisfatória e adequada para disciplinar as atividades no âmbito de seu território. Mas as inovações no setor continuam a ser criadas numa velocidade crescente e contínua. Existe um processo permanente de desenvolvimento de novas soluções para utilização dos espectros de rádio para fins de telecomunicação. Isso produz problemas e dificuldades permanentes.

36.3 A competência regulatória da União

Há decisão do STF que tomou em vista a escassez de radiofrequências para reforçar o entendimento da competência da União no âmbito da radiodifusão:

"2. A centralização da regulação da radiodifusão no âmbito da União se justifica pela necessidade de administração racional do espectro de radiofrequência, cuja exploração econômica não é ilimitada" (ADPF 235/TO, Pleno, rel. Min. Luiz Fux, j. 14.08.2019, *DJe* 29.08.2019).

---

[38] MAITRA. *Wireless Spectrum Management*: Policies, Practices, and Conditioning Factors (Telecom Engineering), p. 1.

36.4 A classificação do espectro de radiofrequência

É problemático enquadrar o espectro de radiofrequências em uma das três categorias tradicionais de bens públicos. Em princípio, tratar-se-ia de um bem de uso comum do povo. No entanto, a sua utilização específica para fins da exploração de serviços públicos ou atividades de interesse coletivo conduz à sua qualificação como bem de uso especial.

36.5 A exploração por particulares

O uso privativo de espectros de radiofrequência para a prestação de serviços públicos ou privados de telecomunicação depende de uma concessão ou de uma autorização. Promove-se licitação para selecionar o particular a ser beneficiado.

37 PATRIMÔNIO GENÉTICO

O art. 225 da CF/1988 estabelece que incumbe ao Poder Público "preservar a diversidade e a integridade do patrimônio genético do País e fiscalizar as entidades dedicadas à pesquisa e manipulação de material genético" (§ 1.º, II).

37.1 A disciplina infraconstitucional

O acesso ao patrimônio genético brasileiro foi objeto da Lei 13.123/2015, regulamentada pelo Decreto 8.772/2016. O art. 2.º, I, do diploma definiu patrimônio genético como "informação de origem genética de espécies vegetais, animais, microbianas ou espécies de outra natureza, incluindo substâncias oriundas do metabolismo destes seres vivos", excluídos os seres humanos. A referida lei subordinou todas as atividades de acesso ao patrimônio genético brasileiro e ao conhecimento tradicional a ele associado ao controle e fiscalização da União.

37.2 A questão dos organismos geneticamente modificados (OGM)

A questão também se relaciona com a introdução dos chamados organismos geneticamente modificados (OGM), que envolvem a manipulação da composição genética de organismos vivos. O dispositivo constitucional elimina a natureza privada da questão, de modo que nenhuma pessoa pode invocar a autonomia própria para o desenvolvimento de pesquisas ou atividades nesse setor. A Lei 11.105/2005 regulamentou o tema, subordinando qualquer atividade que envolva OGM e seus derivados à autorização da Comissão Técnica Nacional de Biossegurança – CNTBio (art. 2.º, § 3.º).

Foram vedadas diversas intervenções de engenharia genética potencialmente aptas a desnaturar a integridade do patrimônio genético comum. Assim, por exemplo, é vedada a "liberação no meio ambiente de OGM ou seus derivados (...) quando a CNTBio considerar a atividade como potencialmente causadora de degradação ambiental" (art. 6.º, VI). Também é vedada qualquer tecnologia genética de restrição de uso, que é aquela orientada a "produzir estruturas reprodutivas estéreis, bem como qualquer forma de manipulação genética que vise à ativação ou desativação de genes relacionados à fertilidade das plantas por indutores químicos externos" (art. 6.º, parágrafo único).

38 O PATRIMÔNIO DAS ENTIDADES ADMINISTRATIVAS DE DIREITO PRIVADO

Usualmente, os bens públicos se encontram na titularidade das pessoas jurídicas de direito público. No entanto, a atribuição de um bem a uma pessoa estatal dotada de personalidade

778 CURSO DE DIREITO ADMINISTRATIVO • *Marçal Justen Filho*

jurídica de direito privado não acarreta a aplicação integral do regime reservado para os bens particulares.

Sob diversos aspectos, os bens integrantes do patrimônio das empresas estatais são subordinados a um regime muito similar ao dos bens públicos. Por outro lado, nada impede que os bens públicos sejam geridos e administrados por entidades estatais privadas.

Assim, por exemplo, não é cabível atribuir a uma entidade da Administração indireta a titularidade de bem de uso comum do povo. Esses bens são inerentemente da titularidade das pessoas políticas. Nada impede, no entanto, que tais bens sejam geridos ou preservados por pessoas da Administração indireta, o que não traduz maior problema.

Não existe impedimento a que bens de uso especial e dominicais tenham a sua titularidade atribuída a pessoas estatais dotadas de personalidade jurídica de direito privado. Isso não acarretará a sua transformação em bens privados, ainda que o regime jurídico possa ser alterado – deixando de ser total e integralmente público.[39] Assim se passará quando se tratar de entidades que não desempenhem serviços públicos.

38.1 O patrimônio das prestadoras de serviço público e entidades de suporte

É possível, se não necessário em alguns casos, que bens de uso especial sejam atribuídos a entidades da Administração indireta dotada de personalidade jurídica de direito privado. Isso ocorrerá quando a entidade for destinada à atividade administrativa de suporte ou quando for uma prestadora de serviço público.

Adotou-se o entendimento de que a atribuição do serviço público a uma entidade da Administração indireta não altera sua natureza jurídica nem as condições de sua prestação. Logo, uma das decorrências é a aquisição pela entidade prestadora do serviço público da titularidade de bens públicos de uso especial – que são necessários ao desempenho de sua função.

É perfeitamente possível que sejam atribuídos a essas entidades bens dominicais, como instrumento adicional de ampliação de sua eficiência e apropriação de vantagens destinadas a propiciar a modicidade tarifária.

Segundo o STF:

> "RECURSO EXTRAORDINÁRIO. CONSTITUCIONAL. EMPRESA BRASILEIRA DE CORREIOS E TELÉGRAFOS. IMPENHORABILIDADE DE SEUS BENS, RENDAS E SERVIÇOS. RECEPÇÃO DO ARTIGO 12 DO DECRETO-LEI Nº 509/69. EXECUÇÃO. OBSERVÂNCIA DO REGIME DE PRECATÓRIO. APLICAÇÃO DO ARTIGO 100 DA CONSTITUIÇÃO FEDERAL. 1. À empresa Brasileira de Correios e Telégrafos, pessoa jurídica equiparada à Fazenda Pública, é aplicável o privilégio da impenhorabilidade de seus bens, rendas e serviços. Recepção do art. 12 do Dec.-lei 509/1969 e não incidência da restrição contida no art. 173, § 1.º, da CF/1988, que submete a empresa pública, a sociedade de economia mista e outras entidades que explorem atividade econômica ao regime próprio das empresas privadas, inclusive quanto às obrigações trabalhistas e tributárias. 2. Empresa pública que não exerce atividade econômica e presta serviço público da competência da União Federal e por ela mantido. Execução. Observância ao regime de precatório, sob pena de vulneração do disposto no art. 100 da CF/1988. Recurso extraordinário conhecido e provido" (RE 220.906/ DF, Pleno, rel. Min. Maurício Corrêa, j. 16.11.2000, *DJ* 14.11.2002).

---

[39] Confira-se o estudo indispensável de FREITAS. O regime constitucional dos bens das sociedades de economia mista e das empresas públicas. *Interesse Público – IP*, n. 64, p. 15-28, nov./dez. 2010.

O STF também reconheceu a imunidade dos imóveis da ECT relativamente ao IPTU (RE 773.992/BA, Pleno, rel. Min. Dias Toffoli, repercussão geral – mérito, j. 15.10.2014, *DJe* 18.02.2015), dos veículos da ECT relativamente ao IPVA (ACO 879/PB, Pleno, rel. Min. Marco Aurélio, red. p/ acórdão Min. Roberto Barroso, j. 26.11.2014, *DJe* 09.02.2015) e do transporte de encomendas relativamente ao ICMS (RE 627.051/PE, Pleno, rel. Min. Dias Toffoli, repercussão geral – mérito, j. 12.11.2014, *DJe* 10.02.2015). Essa orientação foi recepcionada pela Emenda Constitucional 132/2023, que atribuiu a seguinte redação ao § 2.º do art. 150 da Constituição:

> "§ 2.º A vedação do inciso VI, 'a', é extensiva às autarquias e às fundações instituídas e mantidas pelo poder público e à empresa pública prestadora de serviço postal, no que se refere ao patrimônio, à renda e aos serviços vinculados a suas finalidades essenciais ou às delas decorrentes".

38.2 O patrimônio das entidades exploradoras de atividade econômica

As entidades dotadas de personalidade de direito privado exploradoras de atividade econômica poderão ser investidas na titularidade de bem público dominical. Como já apontado, poderá até se configurar como obrigatória essa solução. Se a exploração do bem público dominical configurar atividade econômica em sentido próprio, as determinações do art. 173, §§ 1.º e 2.º, da CF/1988 acarretarão a constituição de uma pessoa dotada de personalidade jurídica de direito privado para tanto.

Daí não segue que o patrimônio das entidades administrativas com personalidade de direito privado seja integralmente composto por bens públicos. No curso de sua atividade, essas entidades produzirão a aquisição de bens, sob regime de direito privado, os quais não serão subordinados ao regime de direito público.

A solução exposta foi consagrada pelo Código Civil no art. 99, parágrafo único. A redação do dispositivo é lamentável, mas seu espírito é correto. Ali se determina que os bens pertencentes a "pessoas jurídicas de direito público a que se tenha dado estrutura de direito privado" serão considerados como dominicais, exceto se a lei dispuser em contrário. O equívoco reside em que uma pessoa jurídica de direito público *não pode* ter estrutura de direito privado. Somente receberá estrutura de direito privado a entidade estatal criada com personalidade jurídica também de direito privado. Assim, assiste integral razão a Celso Antônio Bandeira de Mello quando aponta que a intenção do dispositivo é apanhar as entidades administrativas dotadas de personalidade de direito privado.[40]

Portanto, o dispositivo confirma que os bens dessas entidades são a elas integrados como dominicais, exceto se outra qualificação for legalmente determinada. Mas também é evidente que o dispositivo apenas pode apanhar as exploradoras de atividade econômica e, em algumas situações, as prestadoras de serviço público ou de suporte administrativo. Os bens necessários à prestação de um serviço público não podem ser desafetados e incorporados no patrimônio da Administração indireta como se fossem dominicais.

Por outro lado, será necessário examinar a lei que autorizou a criação da entidade para verificar o regime jurídico adotado para os bens por ela adquiridos.

---

[40] BANDEIRA DE MELLO. *Curso de direito administrativo*, 37. ed., p. 788.

Capítulo 18

O CONTROLE DA ATIVIDADE ADMINISTRATIVA

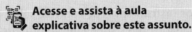

Acesse e assista à aula explicativa sobre este assunto.
> https://uqr.to/1bk3n

O controle da atividade administrativa compreende as atividades e os critérios de avaliação da regularidade dos atos administrativos, visando a prevenir e a reprimir desvios intencionais e o uso ineficiente dos bens e recursos públicos.[1]

1   O SIGNIFICADO DA EXPRESSÃO CONTROLE

Como ensinam Fábio Konder Comparato e Calixto Salomão Filho, o vocábulo *controle* comporta dois sentidos diversos.[2] Há o controle-fiscalização, que indica o acompanhamento e a fiscalização. É nesse sentido que o art. 71, I, da CF/1988 estabelece que o controle externo exercido pelo TCU abrange a apreciação das contas prestadas anualmente pelo Presidente da República.

Mas também existe o controle-orientação, consistente na determinação da conduta alheia. É nessa acepção que o TCU determina que o órgão administrativo adote certas providências ou assina prazo para a adoção de providências necessárias ao cumprimento da lei (art. 71, IX, CF/1988).

Floriano de Azevedo Marques Neto assinala uma tripla dimensão do instituto do controle, que se volta ao poder, aos meios e aos objetivos. Na primeira acepção, trata-se de assegurar a liberdade e evitar o arbítrio, limitando a atuação estatal. No segundo sentido, envolve a utilização mais adequada dos recursos públicos, evitando o desvio de finalidade e a improbidade. Na terceira dimensão, traduz a necessidade de proteção dos objetivos existentes, seja assegurando a estabilidade das metas de longo prazo, seja pela preservação de medidas orientadas a satisfazer os interesses dos cidadãos de modo imediato.[3]

---

[1]   A propósito do instituto do controle, é indispensável consultar o pensamento de Eduardo Ferreira Jordão, um dos maiores especialistas brasileiros sobre o tema. Confiram-se, especificamente, *Controle judicial de uma administração pública complexa* e a coletânea de artigos *Estudos antirromânticos sobre controle da administração pública*.

[2]   Sobre o tema, cf. COMPARATO; SALOMÃO FILHO. *O poder de controle na sociedade anônima*, 6. ed.

[3]   MARQUES NETO. Os grandes desafios do controle da administração pública. *Fórum de Contratação e Gestão Pública – FCGP*, n. 100, p. 11, abr. 2010.

2 OS MECANISMOS SOCIAIS E O CONTROLE DA ATIVIDADE ESTATAL

A disciplina jurídica do controle sobre a atividade estatal insere-se no contexto sociopolítico de cada país.

2.1 A relação entre participação social e atividade estatal

O controle da atividade administrativa depende de instrumentos jurídicos adequados e satisfatórios. Mas nenhum instituto jurídico formal será satisfatório sem a participação popular. A democracia é a solução mais eficiente para o controle do exercício do poder. A omissão individual em participar dos processos de controle do poder político acarreta a ampliação do arbítrio governamental.

2.2 O controle social intenso

Em muitos países, os instrumentos de controle sobre a conduta dos governantes são informais e difusos. A sociedade exerce suficiente autoridade para impedir que os exercentes de funções estatais valham-se das oportunidades geradas pelos cargos que ocupam para a obtenção de benefícios indevidos ou para a adoção de condutas ética ou politicamente reprováveis. A natureza dos controles jurídicos varia em função dessas características sociais. Quanto menos eficientes os controles sociais para disciplinar a conduta dos agentes estatais, mais relevante se torna o controle jurídico formal.

2.3 Os institutos jurídicos formais

Os institutos que preveem a participação popular na atividade administrativa representam, por isso, a solução mais satisfatória e eficiente para promoção dos direitos fundamentais.

O agente estatal é um servo do povo, e seus atos apenas se legitimam quando compatíveis com o direito. Toda a disciplina da atividade administrativa tem de ser permeada pela concepção democrática, que sujeita o administrador à fiscalização popular e à comprovação da realização *democrática* dos direitos fundamentais.

É indispensável ampliar o instrumental de controle democrático, indo muito além dos institutos do direito de informação e do direito de petição. É imperioso instituir autoridades políticas e administrativas independentes, que sejam investidas de garantias contra os ocupantes do poder e que disponham de competência para fiscalizar a conduta de qualquer exercente de poder estatal.

3 CONSIDERAÇÕES PRÉVIAS SOBRE A SITUAÇÃO BRASILEIRA

O direito brasileiro contempla uma ampla quantidade de mecanismos jurídicos de controle da atividade administrativa, que é acompanhada da cominação de sanções muito severas.

3.1 A ineficiência da disciplina jurídica

O modelo brasileiro de controle não produz resultados eficazes e satisfatórios. A experiência demonstra a existência de práticas relacionadas com a corrupção e com a ausência de eficiência nos gastos públicos.

3.2 A opção de elevação da intensidade dos mecanismos de controle

Essa situação conduziu, ao longo dos últimos anos, à elevação da intensidade dos mecanismos de controle e à tentativa de repressão severa a agentes públicos investidos em competências decisórias.

3.3 Os efeitos indesejados

Essa modelagem não produziu resultados satisfatórios. A profusão de processos administrativos e judiciais, envolvendo condutas ativas e omissivas da mais diversa natureza, gerou temor generalizado das pessoas. Muitos se recusam a assumir cargos públicos, outros rejeitam contratações com a Administração Pública.

Mesmo os servidores públicos tendem a evitar qualquer atuação que não se insira nas práticas reiteradas e burocráticas. A questão costuma ser referida como o "apagão das canetas", para indicar a recusa à prática de ato de cunho decisório.[4]

3.4 A superveniência da Lei 13.655/2018

A profusão de mecanismos de controle e a multiplicação de processos administrativos e judiciais versando sobre a validade de atos administrativos gerou insegurança jurídica disseminada. Um esforço para ampliar a certeza no tocante à atividade administrativa do Estado se traduziu na edição da Lei 13.655/2018, que alterou o Dec.-lei 4.657/1942 (Lei de Introdução às Normas do Direito Brasileiro – LINDB). O diploma previu limites para o exercício da função de controle. A interpretação sobre a atuação de controle e suas finalidades deve fazer-se tomando em vista as disposições da Lei 13.655/2018.

4 A DISCIPLINA CONSTITUCIONAL

A Constituição determinou formalmente a adoção de mecanismos de controle da atividade administrativa, desenvolvida pela Administração direta e indireta.

4.1 A previsão do art. 70 da CF/1988

O art. 70 da CF/1988 determina que "A fiscalização contábil, financeira, orçamentária, operacional e patrimonial da União e das entidades da administração direta e indireta, quanto à legalidade, legitimidade, economicidade, aplicação das subvenções e renúncia de receitas, será exercida pelo Congresso Nacional, mediante controle externo, e pelo sistema de controle interno de cada Poder".

4.2 Os aspectos da atividade administrativa objeto de controle

O poder-dever de fiscalização tem por objeto os diversos aspectos da atividade administrativa.

A fiscalização contábil versa sobre a observância das regras jurídicas e técnicas pertinentes aos registros contábeis dos atos praticados.

A fiscalização financeira relaciona-se à movimentação de valores pecuniários de receitas e despesas.

A fiscalização orçamentária envolve a verificação quanto ao cumprimento das determinações previstas na Constituição relativas à disciplina orçamentária e quanto à observância das leis orçamentárias.

A fiscalização operacional compreende o exame das atividades propriamente ditas, para verificar o desempenho satisfatório de funções públicas ou que envolvam recursos públicos.

---

4   Sobre o tema, confiram-se as obras de SANTOS. *Direito Administrativo do Medo*, 3. ed., e DIONISIO. *O Direito ao erro do administrador público no Brasil*.

A fiscalização patrimonial compreende o acompanhamento da gestão dos bens e direitos de titularidade dos sujeitos estatais, para verificar a adoção das providências indispensáveis à sua aquisição, conservação e destinação (inclusive alienação, quando cabível).

4.3   O controle de legalidade

A Constituição se refere à legalidade da atividade fiscalizada, o que significa a sua compatibilidade com a disciplina jurídica aplicável. O controle de legalidade não significa a verificação da existência de uma previsão legal expressa e explícita, dando respaldo às condutas do agente.

4.4   O controle de legitimidade

A legitimidade não se confunde com a legalidade, podendo ser interpretada na acepção de juridicidade. Uma certa atuação pode ser conforme a lei ou, pelo menos, não implicar a sua violação, mas configurar-se como incompatível com o sistema jurídico em seu conjunto.

4.5   O controle de economicidade

Uma determinação constitucional relevante se relaciona com a eficiência no desenvolvimento da atividade administrativa. O controle deve verificar se os recursos públicos são utilizados segundo os padrões de maior produtividade, inclusive para reduzir gastos e dispêndios.

4.6   O controle da aplicação de subvenções e de renúncia a receitas

A aplicação de subvenções e a renúncia de receitas compreendem atividades estatais que refletem sobre o destino dos recursos e das receitas. As subvenções se constituem em incentivos concedidos pelo Estado ao setor privado, para promover atividades de relevância coletiva. Considerações similares se aplicam à renúncia de receitas, que é um outro mecanismo estatal de fomento à iniciativa privada. É indispensável verificar se, adotadas soluções dessa ordem, estão sendo cumpridas as determinações e exigências previstas e atingidos os resultados pretendidos.

4.7   Ausência de competência para substituir-se ao órgão competente

A Constituição não aludiu à fiscalização quanto ao mérito, à conveniência ou, mesmo, à discricionariedade da atuação administrativa.

Não existe competência para o órgão controlador rever o mérito dos atos administrativos ou invadir o âmbito de liberdade que incumbe à autoridade que praticou o ato. Os órgãos de fiscalização não se substituem aos órgãos fiscalizados, que continuam titulares, com exclusividade, da competência (discricionária, em alguns casos) para a prática dos atos.

4.8   As finalidades do controle

O controle destina-se a:

a)   fornecer subsídios e orientar a atuação administrativa ao cumprimento das exigências normativas e à satisfação das necessidades coletivas, inclusive para promover o desenvolvimento nacional sustentável;

Cap. 18 – O CONTROLE DA ATIVIDADE ADMINISTRATIVA **785**

b) identificar práticas irregulares, determinando as medidas necessárias a impedir a consumação de defeitos ou danos, a promover a compensação por prejuízos e a sanear, quando cabível, os defeitos ocorridos; e

c) promover a responsabilização administrativa do agente estatal e do sujeito privado que tiverem infringido a ordem jurídica, atuando de modo reprovável, obtendo vantagens indevidas e (ou) obtendo enriquecimento sem causa às custas do exercício de poderes inerentes à função administrativa.

5 A SISTEMATIZAÇÃO DIDÁTICA DO CONTROLE

Para fins didáticos, é possível sistematizar o controle sob diversos critérios.

5.1 O controle estatal quanto à natureza da atividade estatal controlada

Segundo a natureza da atividade estatal considerada, pode-se aludir ao controle da atividade administrativa, controle da atividade jurisdicional e controle da atividade legislativa. Mas não é absurdo aludir ao *controle da atividade estatal de controle*. Assim, por exemplo, as decisões do Tribunal de Contas podem ser revisadas (sob determinados ângulos) pelo Poder Judiciário.

5.2 O controle estatal quanto ao sujeito titular da competência

Considerando o Poder estatal ao qual é atribuída a competência para o controle, é possível aludir a controle pelo Poder Executivo, controle pelo Poder Legislativo e controle pelo Poder Judiciário.

Mais ainda, deve haver diferenciação quanto ao controle exercitado pelo Tribunal de Contas e pelo Ministério Público, considerando a autonomia institucional de seus desempenhos.

5.3 O controle estatal quanto à natureza jurídica dos atos de controle

A atividade de controle pode desenvolver-se por meio da atuação de cada um dos Poderes, no exercício de atividade legiferante, jurisdicional ou administrativa. O controle não é apenas uma atividade de natureza administrativa, mas também de cunho legiferante e jurisdicional. Assim, a lei que dispõe sobre os deveres dos servidores públicos é, evidentemente, um instrumento de controle sobre o desempenho da função administrativa. O mesmo se passa quando o Poder Judiciário, ao decidir um mandado de segurança, examina a regularidade de um ato administrativo.

Mais ainda, esta obra sustenta a existência de uma função própria e autônoma de controle, atribuída ao Tribunal de Contas e ao Ministério Público, que não seria enquadrável propriamente em nenhuma das outras três funções.

5.4 O controle estatal quanto à posição do órgão de controle

A conjugação das diversas classificações permite identificar, ademais disso, o controle interno e o externo. O controle interno consiste na atividade de controle desenvolvida por um Poder relativamente à própria atividade. Já o controle externo é aquele desempenhado por um Poder quanto aos atos de outro Poder.

5.5 O controle estatal quanto ao momento temporal de seu exercício

A atividade de controle pode ser anterior, concomitante ou posterior ao aperfeiçoamento do ato jurídico estatal controlado.

O controle é anterior, por exemplo, no caso da homologação pela autoridade superior do resultado de uma licitação, visando à futura contratação administrativa. O controle é concomitante, por exemplo, na hipótese de participação de um representante do Ministério Público numa audiência pública, para verificar a regularidade do ato. Por fim, o controle é posterior nos casos em que o Poder Judiciário aprecia mandado de segurança contra ato já praticado pela autoridade administrativa.

5.6 O controle quanto à natureza da atividade controlada

Quanto à natureza da atividade controlada, o controle pode ser de legalidade ou de mérito.

5.6.1 O controle de legalidade

O controle de legalidade objetiva verificar se a conduta controlada é compatível com a disciplina prevista numa norma jurídica, tal como se passa, por exemplo, quando o Poder Judiciário revisa ato administrativo de anulação de um contrato por vício. A validade da anulação de um contrato depende da verificação dos requisitos fixados na norma jurídica.

5.6.2 O controle de mérito

O controle de mérito visa à revisão do conteúdo da decisão discricionária, somente sendo admissível quanto a certos aspectos da atuação do agente controlado. O tema é examinado em tópico específico, adiante.

5.6.3 A distinção entre as duas hipóteses

A amplitude do controle de legalidade é muito maior, já que existe uma norma estabelecendo os pressupostos ou o conteúdo do ato objeto de controle.

O controle de mérito é muito mais limitado, porque o direito reconhece ao agente o poder de realizar escolhas segundo a própria avaliação de conveniência e oportunidade. Isso não significa a inviabilidade do controle sobre o mérito do ato, sendo cabível verificar se o sujeito adotou todas as precauções necessárias para praticar um ato adequadamente e se orientou a sua conduta à obtenção das finalidades previstas pela ordem jurídica.

Por exemplo, a autoridade administrativa pode ser investida da competência para determinar os padrões de cores dos veículos de transporte coletivo. Isso não significa a validade da decisão determinando que todos os veículos sejam pintados com as cores do time de futebol favorito do governante. Essa seria uma decisão eivada do defeito de desvio de finalidade.

6 O CONTROLE INTERNO DA ATIVIDADE ADMINISTRATIVA

O controle interno da atividade administrativa é o dever-poder imposto ao próprio Poder de promover a verificação permanente e contínua da legalidade e da oportunidade da atuação administrativa própria, visando a prevenir ou eliminar defeitos ou a aperfeiçoar a atividade administrativa, promovendo as medidas necessárias a tanto.

6.1 A configuração de competência jurídica

O controle administrativo interno é uma competência estatal. Isso significa que todos os princípios e regras pertinentes ao instituto da competência se aplicam relativamente ao controle. Portanto, o fundamento do controle administrativo interno é uma norma jurídica; tal

Cap. 18 – O CONTROLE DA ATIVIDADE ADMINISTRATIVA **787**

competência, em si mesma, é indisponível e imprescritível (na acepção de que esse poder não se extingue em virtude de seu não exercício); deve ser exercitada de ofício, independentemente de provocação das partes; o seu desenvolvimento se sujeita ao devido processo legal; não se admite exercício arbitrário da atividade.

6.2   Exercício no âmbito interno do próprio Poder

O controle administrativo interno desenvolve-se no âmbito do próprio Poder. Não é sinônimo de controle realizado pelo Poder Executivo, visto que existe controle interno no âmbito do Judiciário, do Legislativo, do Tribunal de Contas e do Ministério Público. Ou seja, todos os Poderes estatais têm o dever de promover o controle dos atos administrativos produzidos pelos seus próprios órgãos e autoridades. Assim se passa porque todos os Poderes desempenham atividades administrativas.

6.3   A procedimentalização

O controle interno deve ser procedimentalizado, o que significa o estabelecimento de uma série ordenada de atividades de controle. Como decorrência, podem existir momentos determinados para o desempenho do controle. No entanto, isso não exclui o dever de promover o controle de modo permanente e contínuo. A qualquer tempo, caberá exercitar a competência de controle interno. A apuração de qualquer indício de defeito ou insuficiência na atividade administrativa impõe, de modo obrigatório, a instauração de procedimentos de controle.

Portanto, somente por exceção a Administração está autorizada a rejeitar um pleito atinente ao controle sob o argumento de não ser o momento oportuno e adequado para tanto. Não se admite que a Administração ignore a imputação de defeito efetivo ou potencial em sua atividade. A postergação do exercício do controle será admitida somente se as regras aplicáveis assim o previrem.

6.4   O momento do controle em face da atividade controlada

O controle interno deve ser exercitado prévia, contemporânea e posteriormente à prática dos atos administrativos. Observe-se que isso não equivale a afirmar que os atos administrativos não se sujeitam a uma estabilização depois de aperfeiçoados,[5] nem que o controle se faz sem a observância de limites (inclusive processuais). O controle deve ser permanente, especialmente para evitar a consumação de desvios. Se, porém, o controle exercitado em momento posterior verificar indícios de irregularidade já consumada, deverão ser adotadas precauções ainda mais intensas, destinadas a evitar a infração de garantias constitucionais e legais.

6.5   A amplitude do controle interno

O controle interno envolve, primeiramente, a avaliação da legalidade dos atos administrativos, o que significa a avaliação da regularidade do exercício de competências disciplinadas de modo vinculado pelo direito.

O controle interno também se dirige a avaliar a regularidade do exercício de competências disciplinadas de modo discricionário pelo direito.

6.6   Controle interno e atividade administrativa

O controle interno envolve apenas a atuação administrativa do próprio ente.

---

5   Sobre o tema, cf. a abordagem, já efetuada, da coisa julgada administrativa (Capítulo 8).

788 CURSO DE DIREITO ADMINISTRATIVO · *Marçal Justen Filho*

Isso significa, primeiramente, que não caberá essa espécie de controle quando não se configurar uma atividade de natureza administrativa. A ressalva é especialmente importante relativamente ao controle interno fora do âmbito do Poder Executivo. Por exemplo, um ato jurisdicional praticado por um magistrado não comporta revisão pelos instrumentos do controle administrativo interno. Mas um ato administrativo praticado por um magistrado se submete tanto ao controle administrativo interno quanto ao controle jurisdicional.

6.7   Controle interno e a Administração indireta

A criação de entidades dotadas de personalidade jurídica própria significa a eliminação do vínculo de controle interno por parte da Administração central. É o que se passa com a Administração indireta. Por exemplo, o Presidente da República não está investido de competência para exercer controle administrativo interno relativamente a uma autarquia federal. Em termos práticos, isso significa a ausência de validade de um ato administrativo pelo Chefe do Poder Executivo desconstituindo um ato praticado no âmbito de uma autarquia. Nem mesmo caberia uma ordem nesse sentido. A única solução, em termos práticos, seria a demissão do diretor da autarquia e a designação de outro – a quem caberia a competência para promover o desfazimento do ato.

6.8   As falhas objeto de controle

Os defeitos identificados pelos órgãos de controle interno podem consistir não apenas em atuação ativa infringente da ordem jurídica (ilegalidade em sentido próprio) ou conflitante com a oportunidade (violação da discricionariedade). Também se configura o defeito na hipótese de omissão de medidas necessárias para o cumprimento da lei ou para assegurar a conveniência administrativa. Assim, por exemplo, o controle interno deve identificar a ausência da adoção de medidas tempestivas para a instauração de licitação para nova contratação, destinada a garantir a satisfação de necessidade atendida mediante contrato em vias de atingir o seu termo final. A inércia administrativa, em tal hipótese, acarretará previsível impasse futuro.

6.9   A finalidade do controle interno

O controle interno destina-se não apenas a identificar ou a prevenir defeitos, mas também é orientado ao aperfeiçoamento da atividade administrativa.

6.9.1   A identificação de defeitos ou imperfeições

O controle compreende a verificação da observância das regras jurídicas e técnicas aplicáveis ao caso, tal como a adoção das cautelas necessárias a reduzir riscos e a prevenir danos. As providências relacionadas à identificação de defeitos ou imperfeições variam em vista das peculiaridades da atividade objeto do controle.

A identificação de defeitos ou imperfeições é apenas uma das etapas do exercício do controle.

6.9.2   A adoção de providências orientadas à correção da falha

É essencial, ademais disso, que a verificação de um defeito ou de uma insuficiência seja acompanhada da adoção ou da proposição de providências destinadas à sua correção.

Verificando a existência de um defeito (ilegalidade ou inconveniência) na atividade administrativa, surgirá o dever de o órgão de controle propor soluções. Portanto, a adoção de providências para corrigir os defeitos não é facultativa. A autoridade investida na competência

Cap. 18 – O CONTROLE DA ATIVIDADE ADMINISTRATIVA **789**

de controle está juridicamente constrangida não apenas a desencadear a atividade de fiscalização. Também lhe incumbe, de modo inafastável, promover as medidas cabíveis em face de eventuais irregularidades. A omissão ou a recusa em o fazer configurará infração a deveres funcionais, senão atuação criminosa.[6]

6.9.3   As soluções admissíveis

As soluções decorrentes da correção podem consistir no suprimento de uma omissão passada ou em vias de consumar-se; na eliminação de um ato defeituoso, quando eivado de vício insanável; na ratificação ou saneamento de ato que, embora defeituoso, comporte saneamento; ou mesmo na preservação dos efeitos de ato viciado, quando o seu desfazimento for apto a produzir consequências indesejáveis. Em outros casos, podem traduzir-se na orientação de alteração de procedimentos ou entendimentos adotados, de modo a aperfeiçoar a atividade administrativa.

Sintetizando, o resultado da atividade de controle, em caso de defeito ou imperfeição da atividade administrativa, poderá ser ou (a) a anulação do ato ilegal, ou (b) a revogação do ato inconveniente, ou (c) a ratificação ou suprimento do ato eivado de defeito sanável, ou (d) a orientação para a alteração pontual ou futura do procedimento ou entendimento adotado.

6.10   Controle interno e homologação

Uma modalidade específica e diferenciada de controle interno envolve a homologação, instituto examinado no Capítulo 7.

Alude-se a controle interno, em termos gerais, para indicar o dever-poder de exame da regularidade e adequação da atividade administrativa. Mas há uma modalidade reforçada de controle interno que consiste na homologação por autoridade superior. Nesse caso, o ato objeto de controle apenas adquire integral eficácia mediante a homologação.

Nas hipóteses genéricas de controle interno, o ato administrativo se considera perfeito, acabado e plenamente eficaz quando a autoridade administrativa exaure a sua atuação. Nesses casos, o controle interno é um *plus*, na acepção de que pode desencadear a invalidação ou a alteração do conteúdo do ato objeto do controle. No entanto, se e enquanto não exercitado o controle interno, o ato permanece íntegro e eficaz.

Já nas hipóteses de homologação, a ordem jurídica determina que a atividade administrativa sujeita ao controle interno terá a sua eficácia plena condicionada à aprovação do ato por uma autoridade superior. A peculiaridade reside em que caberá à autoridade superior verificar se o ato é compatível com a legalidade e dotado de conveniência. Enquanto não houver a homologação, o ato objeto de controle interno não produzirá a integralidade de seus efeitos. Observe-se que essa forma reforçada de controle interno é reservada para os atos que envolvam interesses que merecem proteção diferenciada. Assim se passa, por exemplo, na licitação e no concurso público.

7   A COMPETÊNCIA PARA O EXERCÍCIO DO CONTROLE INTERNO

A institucionalização do controle conduziu à generalização das competências para o seu exercício e, simultaneamente, ao surgimento de órgãos dotados de competência especializada.

---

6   O art. 320 do Código Penal tipifica o crime de condescendência criminosa, nos termos seguintes: "Deixar o funcionário, por indulgência, de responsabilizar subordinado que cometeu infração no exercício do cargo ou, quando lhe falte competência, não levar o fato ao conhecimento da autoridade competente: Pena – detenção, de quinze dias a um mês, ou multa".

7.1 A competência genérica de controle interno

O dever de regularidade dos atos administrativos produz o surgimento de um dever genérico de controle interno à própria Administração Pública.

O dever-poder genérico de controle interno alcança toda e qualquer autoridade administrativa, relativamente a todo e qualquer ato administrativo praticado por ela própria ou por seus subordinados. Isso significa que qualquer agente administrativo, verificando a irregularidade de algum ato, deve adotar as providências necessárias a impedir que produza seus efeitos. Isso não equivale a reconhecer a competência genérica para desfazimento de atos alheios, a não ser quando exista uma competência jurídica específica para tanto.

Assim se passa nos casos em que exista um vínculo hierárquico de subordinação. A autoridade administrativa superior é investida na competência para revisão dos atos administrativos dos órgãos hierarquicamente inferiores. Essa competência costuma ser denominada *poder de autotutela*, o qual se pode exteriorizar inclusive para fins de desfazimento de atos.[7] Nesse caso, a autoridade superior pode ser investida da competência para sustar a eficácia dos atos da autoridade subordinada.

Se não houver esse vínculo, cabe ao agente estatal, tomando conhecimento da existência de vício na ação ou omissão de outro agente, representar à autoridade competente sobre os fatos ocorridos, para que as providências cabíveis sejam adotadas.

7.2 A competência orgânica específica de controle interno

A relevância do tema do controle conduziu à criação de órgãos dotados da competência específica de controle administrativo interno. O art. 74 da Constituição determinou que os três Poderes mantenham, de forma integrada, um sistema de controle interno.[8] Em alguns casos, existem órgãos de controle interno referidos de modo expresso na própria Constituição, tal como se passa com o Conselho Nacional de Justiça e o Conselho Nacional do Ministério Público (CF/1988, artigos 103-B, § 4.º, e 130-A, § 2.º, respectivamente). Nos demais casos, cabe à lei instituir tais órgãos, dando a eles a configuração adequada.

O órgão dotado de competência específica realiza uma tarefa de fiscalização permanente e contínua, para detectar eventuais irregularidades e prevenir desvios ou ilegalidades. Esses órgãos não são investidos de superioridade hierárquica sobre os demais, o que significa ausência de competência para, em nome próprio, desfazer atos reputados como viciados. Esses órgãos são investidos do poder de representar às autoridades competentes (inclusive àquelas externas à Administração Pública) sobre a ocorrência de ações ou omissões reputadas viciadas.

7.3 O controle exercitado de ofício

Há um dever de promover o controle de ofício, derivado ou da competência genérica inerente à condição de agente administrativo ou da competência específica do órgão de controle interno.

Em alguns casos, a relevância econômica, política ou jurídica conduz à submissão da eficácia do ato ao exercício da fiscalização. Nesses casos, exige-se a *homologação* do ato, o que

---

[7]   O poder de autotutela está consagrado inclusive nas Súmulas STF 346: "A administração pública pode declarar a nulidade dos seus próprios atos", e 473: "A administração pode anular seus próprios atos, quando eivados de vícios que os tornam ilegais, porque deles não se originam direitos; ou revogá-los, por motivo de conveniência ou oportunidade, respeitados os direitos adquiridos, e ressalvada, em todos os casos, a apreciação judicial". O tema mereceu exame mais aprofundado no capítulo pertinente ao desfazimento de atos administrativos (Capítulo 7).

[8]   No tocante à União, o tema do controle interno está regulamentado nos artigos 49 *et seq.* da Lei 8.443/1992.

envolve um juízo sobre a legalidade e a oportunidade da decisão administrativa adotada. O exemplo específico é a exigência de que o resultado da licitação seja examinado pela autoridade superior sob o prisma da legalidade e da conveniência.

7.4 O controle por provocação de particulares

A Constituição assegura que o controle interno também possa ser exercitado por provocação dos particulares. O tema envolve o direito de petição, referido no Capítulo 8. Mas também a Lei 13.460/2017, já referida, assegurou ao usuário o poder jurídico de desencadear providências atinentes ao controle.

Essa lei vincula todas as órbitas da Federação e contemplou diversos mecanismos formais para assegurar a fiscalização das atividades estatais diretamente pelos cidadãos. Entre os direitos básicos assegurados, encontra-se a "participação no acompanhamento da prestação e na avaliação dos serviços" (art. 6.º, inc. I). O art. 13 previu a existência de ouvidorias, destinadas a receber as manifestações dos usuários quanto aos serviços prestados. O art. 18 consagrou os Conselhos de Usuários e o art. 23 disciplinou a avaliação continuada dos serviços públicos.

8 O CONTROLE EXTERNO DA ATIVIDADE ADMINISTRATIVA

O controle externo é o dever-poder atribuído constitucionalmente e instituído por lei como competência específica de certos Poderes e órgãos, tendo por objeto identificar e prevenir defeitos ou aperfeiçoar a atividade administrativa, promovendo as medidas necessárias para tanto.

8.1 A natureza específica do controle externo

O controle externo não é uma decorrência da titularidade da competência administrativa, diversamente do que se passa com o controle interno. Ele também apresenta natureza de um dever-poder, mas se constitui em uma competência específica e diferenciada, objeto de discriminação constitucional.

8.2 As modalidades de controle externo

Existem diversas modalidades de controle externo. Todas elas se destinam a assegurar a legalidade e a conveniência da atividade administrativa. Em princípio, essas diversas modalidades de controle externo não são redundantes, na acepção de que não apresentam conteúdo idêntico. Assim, o controle externo a cargo do Poder Judiciário é distinto daquele realizado pelo Tribunal de Contas. No entanto, isso não impede que o Poder Judiciário reveja, de maneira limitada, a atividade de controle externo desempenhada pelo Tribunal de Contas. Tal se dá em virtude do princípio da universalidade da jurisdição.

8.3 Controle externo não judicial e de natureza administrativa

Há a tentação de afirmar que o controle interno se configura como uma modalidade de atividade administrativa, enquanto o controle externo apresenta natureza não administrativa. Essa afirmativa é verdadeira quanto ao controle externo realizado por meio da função jurisdicional. Mas a sua admissão generalizada apenas poderá ocorrer quando se reconhecer que a atividade desenvolvida pelo Tribunal de Contas e pelo Ministério Público não teria natureza nem administrativa nem jurisdicional, o que significaria superar a tradicional teoria da tripartição dos poderes. Enquanto assim não se passar, ter-se-á de reconhecer que o controle externo desempenhado pelo Poder Legislativo, pelo Tribunal de Contas e pelo Ministério Público apresenta natureza administrativa – por exclusão, visto que a atuação de controle externo dessas instituições não configura nem função jurisdicional, nem função legiferante.

De todo modo, a atividade administrativa de controle externo desempenhada pelo Poder Legislativo, pelo Tribunal de Contas e pelo Ministério Público apresenta natureza jurídica similar àquela que é objeto do controle interno.

8.4 Controle externo e separação de Poderes

A Constituição, ao estabelecer as funções próprias de cada Poder e dos diversos órgãos, prevê instrumentos de controle externo da atividade administrativa. O controle externo se configura como uma função específica e diferenciada, reservada constitucionalmente a Poderes e órgãos determinados. Assim, por exemplo, a Constituição atribui ao Poder Judiciário a competência jurisdicional para rever os atos administrativos. Essa é uma modalidade de controle externo, subordinada a um regime próprio e diferenciado.

Mas a autorização constitucional para o controle externo deve ser interpretada em termos compatíveis com a vedação constitucional à concentração de competências em um único órgão.

8.4.1 A preservação da separação de Poderes

Um dos aspectos mais problemáticos do controle consiste precisamente em evitar que as atribuições reservadas ao controlado sejam assumidas pelo controlador. Logo, a estruturação do controle externo precisa ser compatibilizada com a separação de Poderes, para evitar a invasão de competências asseguradas privativamente à autoridade controlada. Precisamente por isso, o controle externo se encontra previsto na Constituição.[9]

8.4.2 Vedação do desempenho direto da atividade controlada

A submissão da atividade administrativa ao controle externo não significa a assunção pelo órgão controlador da competência para desempenhar a atividade do órgão controlado.

O controle jurisdicional permite rever a validade da atividade administrativa, mas não atribui ao Poder Judiciário competência para se substituir ao órgão administrativo. Idênticas ponderações incidem relativamente ao Poder Legislativo, ao Tribunal de Contas e ao Ministério Público.

8.5 Limites da atividade de controle

A separação de Poderes acarreta a existência de um núcleo mínimo da atividade administrativa que não comporta revisão pelo órgão controlador externo.

Sintetizando essa concepção, costuma-se afirmar que o mérito do ato administrativo não comporta revisão por ocasião do controle externo. Essa afirmativa vale não apenas relativamente ao controle desempenhado por meio da função jurisdicional, mas também em face do controle externo exercido pelo Poder Legislativo, pelo Tribunal de Contas e pelo Ministério Público.

Se a atividade de controle externo evidenciar a existência de ilegalidade ou de atuação discricionária defeituosa, caberá a adoção de providências adequadas. Existem limites não apenas quanto à amplitude da revisão propiciada pelo controle externo. Há também restrições quanto às providências que podem ser produzidas.

---

9   Exemplificativamente, têm-se os artigos 31, 70 e 71 da CF/1988.

8.6 A competência constitutiva negativa

De modo genérico, pode-se afirmar que a atuação administrativa defeituosa não transfere para o órgão controlador o poder de editar atos administrativos. Portanto e como regra, o controle externo envolve uma competência constitutiva negativa. Verificando falhas ou defeitos, caberá ao órgão de controle externo promover, quando muito, a desconstituição direta ou indireta de atos defeituosos.

Haverá a desconstituição direta quando a decisão do órgão controlador externo for bastante e suficiente para acarretar a extinção do ato administrativo defeituoso, e a indireta quando a decisão do órgão controlador externo constituir-se numa determinação mandatória a que a Administração produza a extinção do ato administrativo defeituoso.

A constituição indireta consiste na determinação de que a autoridade administrativa emita um ato administrativo com determinado conteúdo. Em tal caso, a eficácia última do controle externo teria cunho constitutivo.

8.7 A competência condenatória

O controle externo pode resultar, ainda, em provimentos de cunho condenatório, impondo ao ente administrativo a obrigação de fazer, de não fazer ou de pagar quantia certa em dinheiro.

9 O CONTROLE DO MÉRITO DO ATO ADMINISTRATIVO DISCRICIONÁRIO

É usual afirmar-se que o mérito do ato discricionário não comporta controle por parte do Poder Judiciário. Essa afirmativa deve ser entendida em termos.

9.1 A competência discricionária

A atribuição à autoridade administrativa de competência discricionária deriva de uma escolha legislativa. A discricionariedade se verifica quando a norma legislativa não contempla disciplina exaustiva no tocante à hipótese de incidência ou ao mandamento normativo e atribui ao titular da competência administrativa o dever-poder de formular a escolha mais adequada no caso concreto. A discricionariedade consiste numa autonomia limitada do administrador.

9.2 O mérito do ato administrativo

Utiliza-se a expressão *mérito do ato administrativo* para indicar esse núcleo de natureza decisória, produzido por uma escolha de vontade pessoal do agente estatal em virtude de uma autorização legislativa. Se a competência discricionária consiste na atribuição intencional por uma lei de uma margem de autonomia para a escolha do administrador, é evidente que a escolha concretamente realizada pela autoridade competente não comporta ampla revisão por outra autoridade. Se comportasse, desapareceria a discricionariedade.

9.3 O controle da competência discricionária

Portanto, cabe o controle para verificar se o administrador exercitou escolha nos limites da competência recebida.

9.3.1 Os defeitos formais do ato administrativo

Defeitos formais podem ser identificados, tal como se passa, por exemplo, quando o administrador não tiver observado o procedimento administrativo necessário.

9.3.2 O controle de razoabilidade, arbitrariedade e desproporcionalidade

Mas também existem defeitos de mérito suscetíveis de revisão. Assim se configurará, por exemplo, quando a decisão for desarrazoada, arbitrária ou destituída de qualquer aptidão a realizar de modo adequado a finalidade buscada.

9.3.3 A vedação à assunção da competência decisória

Mas o órgão controlador não é investido na titularidade da própria competência cujo exercício está sujeito à sua fiscalização. Não é legítimo o órgão fiscalizador substituir-se ao titular da competência para realizar avaliações e estimativas no tocante à oportunidade, à consistência ou à finalidade de providências de natureza discricionária.

Não se admite que o juízo de conveniência e oportunidade, inerente à atividade administrativa, seja revisado pelo órgão de fiscalização.

Mas não cabe promover a desconstituição do ato sob o argumento de que o controlador teria adotado outra solução se estivesse investido de competência para tanto. Nem cabe reprovação sob o argumento de que existiam outras alternativas à escolha do titular da competência, todas elas relativamente equivalentes entre si.

9.4 O controle em vista das circunstâncias da atuação do agente controlado

A avaliação quanto à adequação objetiva deve se fazer tomando em vista o cenário e as circunstâncias perante as quais se encontrava o titular da competência administrativa.

9.4.1 A disciplina do art. 22 da LINDB

O tema foi objeto de previsão explícita no art. 22, *caput* e § 1.º, da LINDB, adiante reproduzidos:

> "Na interpretação de normas sobre gestão pública, serão considerados os obstáculos e as dificuldades reais do gestor e as exigências das políticas públicas a seu cargo, sem prejuízo dos direitos dos administrados.
>
> § 1.º Em decisão sobre regularidade de conduta ou validade de ato, contrato, ajuste, processo ou norma administrativa, serão consideradas as circunstâncias práticas que houverem imposto, limitado ou condicionado a ação do agente".

A decisão adotada pelo agente administrativo é condicionada pelo contexto existente. Não é cabível ignorar tais limitações e influências, especialmente quando o controle é realizado em momento posterior.

9.4.2 O descabimento de juízos retroativos

Não se pode realizar um juízo retrospectivo, reputando inválido o ato com base em informações ou eventos fáticos produzidos *posteriormente*. Escolhas realizadas no exercício de competência discricionária podem revelar-se, posteriormente, como inadequadas, e isso não implica sua invalidade.

Portanto, a escolha realizada pelo administrador deve, como regra, ser reputada como insuscetível de revisão.

9.5 A jurisprudência judicial

A jurisprudência dos tribunais ainda reflete hesitações quanto ao tema. Em épocas mais antigas, era usual a rejeição absoluta à análise do objeto da decisão adotada pela Administração Pública. Essa tendência vem sendo superada por entendimentos mais recentes.

9.5.1 A revisão de defeitos do ato administrativo

A orientação favorável ao controle quanto a defeitos de ato administrativo (mesmo que praticado no exercício de competência discricionária) foi consagrada, por exemplo, na seguinte decisão:

"(...) 6. A existência de vício em quaisquer dos elementos constitutivos do ato administrativo permite a sua legítima invalidação pelo Poder Judiciário. 7. O ato de governo ou ato político, espécie do gênero ato administrativo, reveste-se de espectro mais amplo de discricionariedade. Disso não resulta, contudo, sua insindicabilidade absoluta perante o Poder Judiciário, até porque alguns dos elementos do ato administrativo são totalmente vinculados, como, por exemplo, o sujeito, a forma e a finalidade em sentido amplo. 8. Considerados os diferentes graus de vinculação, a menor vinculação do ato de governo faz-se presente no objeto, no motivo e na finalidade restrita, mas, ainda assim, é possível – mesmo que em menor extensão –, o devido controle externo pelo Poder Judiciário sem acarretar qualquer interferência no mérito administrativo e/ou violação da separação funcional de poderes. 9. A teoria do desvio de finalidade aplica-se quando o agente público competente pratica ato aparentemente lícito, mas com objetivo de atingir fim diverso do admitido pelo ordenamento jurídico, importando em violação de princípios constitucionais" (ADPF 964/DF, Pleno, rel. Min. Rosa Weber, j. 10.05.2023, *DJe* 16.08.2023).

O STJ adota entendimento similar, apontando o descabimento da revisão do conteúdo essencial (mérito) do ato administrativo, ressalvadas as hipóteses teratológicas. Nesse sentido, confiram-se essas orientações:

"O controle jurisdicional do processo administrativo disciplinar restringe-se ao exame da regularidade do procedimento e da legalidade do ato, à luz dos princípios do contraditório, da ampla defesa e do devido processo legal, não sendo possível incursão no mérito administrativo, ressalvadas as hipóteses de flagrante ilegalidade, teratologia ou manifesta desproporcionalidade da sanção aplicada" (Súmula 665 do STJ).

"3. O controle jurisdicional do ato administrativo se limita às questões formais e à verificação da adequação legal do ato; ele não incide sobre a prerrogativa para a realização da escolha administrativa para o caso concreto, circunstância que ingressa no campo da conveniência e da oportunidade, e se insere na margem discricionária do administrador" (AgInt no RMS 65.990/MG, 1.ª T., rel. Min. Paulo Sérgio Domingues, j. 14.05.2024, *DJe* 21.05.2024).

"3. A discricionariedade administrativa não impede o controle judicial de seus atos, notadamente se restritivos aos direitos dos administrados, cabendo ao Poder Judiciário reapreciá-los à luz da legalidade, da razoabilidade e da proporcionalidade" (EDcl no AgInt no AREsp 2.109.076/MG, 2.ª T., rel. Min. Afrânio Vilela, j. 14.05.2024, *DJe* 20.05.2024).

"II – O acórdão recorrido adotou entendimento consolidado nesta Corte, segundo o qual, em concurso de remoção, não havendo ilegalidade no edital que o rege, inocorrendo previsão da remoção pleiteada pelo impetrante, o ato de redistribuição possui natureza discricionária, atendendo o juízo de conveniência e oportunidade da administração, não sendo dado ao Judiciário imiscuir-se no mérito administrativo" (AgInt no RMS 62.055/CE, 1.ª T., rel. Min. Regina Helena Costa, j. 26.04.2022, *DJe* 28.04.2022).

"3. Ausente a comprovação dos vícios de legalidade, de inexistência de motivação do ato administrativo ou de falta de fundamentação das decisões administrativas a acarretar a concessão do *mandamus*. Conforme afirmado no acórdão recorrido, o Princípio da Separação dos Poderes proíbe qualquer incursão no mérito administrativo, a impedir a análise e valoração das provas constantes do processo administrativo" (RMS 60.070/DF, 2.ª T., rel. Min. Herman Benjamin, j. 26.04.2022, *DJe* 24.06.2022).

"3. A intervenção do Poder Judiciário nos atos administrativos cinge-se à defesa dos parâmetros da legalidade, permitindo-se a reavaliação do mérito administrativo tão somente nas hipóteses de comprovada violação dos princípios da legalidade, razoabilidade e proporcionalidade, sob pena de invasão à competência reservada ao Poder Executivo" (RMS 60.378/RS, 2.ª T., rel. Min. Herman Benjamin, j. 23.05.2019, *DJe* 17.06.2019).

"1. É induvidoso que o controle dos atos administrativos é medida impositiva quando há a atuação do Estado em confronto com os princípios e os valores que norteiam o ordenamento jurídico, notadamente nas hipóteses em que a prática de determinado ato se distancia dos seus pressupostos intrínsecos ou, como assinala a literatura majoritária, dos seus elementos constitutivos.

2. A despeito das discrepâncias doutrinárias e jurisprudenciais acerca de quais elementos comporiam ou constituiriam o ato administrativo, mostra-se incontroverso, como pressuposto de fato e, para alguns, também de direito, que o motivo integra sua estrutura de validade.

3. Nessa perspectiva, se o motivo, pela própria natureza de discricionariedade, vier explicitado por meio de fundamentação, é possível a atuação jurisdicional quando tais fundamentos destoarem da razoabilidade e da própria realidade que circunscreve o ato administrativo" (MS 11.382/DF, 3.ª S., rel. Min. Rogerio Schietti Cruz, j. 24.05.2017, *DJe* 30.05.2017).

9.5.2   A deferência a decisões fundadas em conhecimento técnico-especializado

No entanto, é necessário diferenciar o controle da atividade administrativa em geral e o controle realizado a propósito da atividade regulatória exercida por agências reguladoras independentes. Tem-se verificado deferência mais intensa em face de decisões relativas a questões de natureza técnico-científica.

A esse respeito, confira-se orientação do STF:

"3. Impropriedade do Poder Judiciário em adentrar, ou mesmo substituir, o juízo técnico discricionário realizado na elaboração e no aprimoramento da política pública em foco.

4. Não se afigura salutar a conduta judicial de permanente e minudente escrutínio incidente sobre a condução das políticas públicas selecionadas pelo Administrador.

5. Em se tratando de tema de complexa e controvertida natureza técnico-científica, cabe ao Poder Judiciário atuar com ainda maior deferência em relação às decisões de natureza técnica tomadas pelos órgãos públicos com maior capacidade institucional para o tratamento e solução da questão. (...)" (ADI 6.148/DF, Pleno, rel. Min. Cármen Lúcia, j. 05.05.2022, *DJe* 14.09.2022).

"6. A expertise técnica e a capacidade institucional do CADE em questões de regulação econômica demanda uma postura deferente do Poder Judiciário ao mérito das decisões proferidas pela Autarquia. O controle jurisdicional deve cingir-se ao exame da legalidade ou abusividade dos atos administrativos, consoante a firme jurisprudência desta Suprema Corte. Precedentes" (AgR no RE 1.083.955/DF, 1.ª T., rel. Min. Luiz Fux, j. 28.05.2019, *DJe* 06.06.2019).

O STJ também tem jurisprudência seguindo essa orientação:

"VI – Conforme tem entendido o Supremo Tribunal Federal, o controle jurisdicional das decisões do CADE deve cingir-se ao exame da legalidade ou abusividade. A expertise técnica e a capacidade institucional do CADE em questões de regulação econômica demandam uma postura deferente do Poder Judiciário ao mérito das decisões proferidas pela autarquia. Em outras palavras, o dever de deferência do Judiciário às decisões técnicas adotadas por entidades reguladoras repousa em duas premissas: i) a falta de conhecimento técnico e capacidade institucional de tribunais para decidir sobre intervenções regulatórias, que envolvem questões policêntricas e prognósticos especializados; e (ii) a possibilidade de a revisão judicial ensejar efeitos sistêmicos nocivos à coerência e dinâmica regulatória administrativa. Confira-se o RE 1.083.955 AgR, Relator Luiz Fux, Primeira Turma, julgado em 28/05/2019" (AREsp 2.075.429/DF, 2.ª T., rel. Min. Francisco Falcão, j. 18.04.2023, *DJe* 17.06.2024).

10   O CONTROLE EXTERNO A CARGO DO PODER LEGISLATIVO

A Constituição estabelece que o controle externo é atribuído ao Congresso Nacional, que o exercitará com o auxílio do Tribunal de Contas (arts. 70 e 71). Existem algumas competências que são privativas do Poder Legislativo, enquanto outras são reservadas apenas ao Tribunal de Contas. Enfim, há algumas funções que são compartilhadas entre ambos.

10.1   O julgamento anual das contas (art. 49, IX, CF/1988)

Cabe ao Poder Legislativo o julgamento anual das contas do Executivo e o exame de relatórios envolve uma avaliação preponderantemente política sobre o desempenho das atividades administrativas. A rejeição das contas poderá se fundar na prática de ação ou omissão que configure crime comum ou de responsabilidade, o que desencadeará o processo correspondente. Mas também se poderá promover a rejeição das contas sob argumento de descumprimento de programas políticos, sem que tal importe um efeito jurídico de responsabilização necessário.

Segundo o STF:

"Agravo regimental em recurso extraordinário. Administrativo. Competência do Poder Legislativo Estadual para o julgamento das contas anuais do chefe do Poder Executivo Estadual. Parecer técnico elaborado pelo tribunal de contas. Caráter opinativo. Repercussão geral reconhecida. Precedentes. 1. O Supremo Tribunal Federal, no julgamento do RE nº 729.744/MG (Rel. Min. Gilmar Mendes), fixou a seguinte tese: 'O parecer técnico elaborado pelo Tribunal de Contas tem natureza meramente opinativa, competindo exclusivamente à Câmara de Vereadores o julgamento das contas anuais do chefe do Poder Executivo local, sendo incabível o julgamento ficto das contas por decurso de prazo'" (RE 820.448/RO AgR, 2.ª T., rel. Min. Dias Toffoli, j. 07.10.2024, *DJe* 10.10.2024).

"2. A competência para julgamento das contas anuais dos prefeitos, eleitos pelo povo, é do Poder Legislativo (art. 71, I, da CF), órgão constituído por representantes democraticamente eleitos para averiguar, além da sua adequação orçamentária, sua destinação em prol dos interesses da população ali representada. 3. O parecer dos Tribunais de Contas é meramente opinativo, não sendo apto a produzir inelegibilidade. No julgamento das contas anuais do prefeito, não há julgamento do próprio prefeito, mas deliberação sobre a exatidão da execução orçamentária do município. 4. Assim, considerando que os julgamentos de contas realizados pelo Poder Legislativo não se destinam à imputação de débito ou imposição de multa, entendo correta a interpretação conforme à Constituição feita pelo TSE ao disposto no § 4.º-A do art. 1.º da LC 64/1990, para restringir sua aplicação aos casos de julgamento de contas de gestores públicos pelos Tribunais de Contas. Fica afastada, portanto, a exceção nele prevista (não incidência de inelegibilidade) para os casos de julgamentos de contas realizados pelo órgão central do Poder Legislativo" (RE 1.459.224/SP, Pleno, rel. Min. Gilmar Mendes, repercussão geral – mérito, j. 16.09.2024, *DJe* 19.09.2024).

10.2 A fiscalização direta dos atos do Poder Executivo (art. 49, X, CF/1988)

A fiscalização significa a possibilidade de exigir, a qualquer tempo, explicação e justificativa quanto aos atos administrativos do Poder Executivo. Poderá resultar na sustação de contratos, tal como previsto no art. 71, § 1.º, da CF/1988. A Lei 7.295/1984 dispõe sobre o tema no âmbito federal, prevendo a existência de Comissões de Fiscalização e Controle existentes de modo permanente nas duas casas do Congresso Nacional.

10.3 A convocação para prestar informações (art. 50, CF/1988)

Se for o caso, caberá a requisição do comparecimento de qualquer autoridade integrante da Administração Pública.[10] O art. 50, § 2.º, da CF/1988, também se refere ao encaminhamento de pedidos escritos de informação: "(...) importando em crime de responsabilidade a recusa, ou o não atendimento, no prazo de trinta dias, bem como a prestação de informações falsas".

O art. 50 faz referência a determinadas autoridades estatais, tais como os Ministros de Estado. Mas é evidente que a disposição comporta interpretação ampliativa. Não existe razão lógica para restringir a competência congressual desse modo.

10.4 A fiscalização de certos atos administrativos (art. 49, XII, CF/1988)

Existem inúmeros atos administrativos em relação aos quais o Legislativo exerce fiscalização específica. Um exemplo é o de outorgas de concessões e permissões de emissoras de rádio e televisão. Mas há inúmeros casos na Constituição. Assim e como já referido anteriormente, o Senado Federal é competente para aprovar a nomeação de determinados servidores (art. 52, III).

10.5 As Comissões Parlamentares de Inquérito (art. 58, § 3.º, da CF/1988)

Um instrumento poderoso de controle externo é a Comissão Parlamentar de Inquérito (CPI), prevista no art. 58, § 3.º, da CF/1988. As Leis 1.579/1952 e 10.001/2000[11] dispõem sobre a CPI.

A CPI destina-se a promover investigação sobre fato determinado, em prazo determinado, mas com competências investigatórias equivalentes às reservadas ao Poder Judiciário. A CPI

---

[10] Segundo Diogenes Gasparini: "O pedido de informação pode versar sobre fato, ato ou comportamento relacionado com o Ministro ou com as competências de sua Pasta, cuja fiscalização está a cargo do Congresso Nacional ou de suas Casas. O atendimento do pedido deve ocorrer no prazo de trinta dias, sob pena de incidir em crime de responsabilidade" (*Direito administrativo*, 17. ed., p. 1055 *et seq.*).

[11] No julgamento da ADI 5.351, o STF declarou inconstitucionais alguns dispositivos da Lei 10.001/2000. Confira-se: "6. Ação direta de inconstitucionalidade julgada parcialmente procedente para declarar inconstitucionais as expressões 'no prazo de trinta dias' e 'ou a justificativa pela omissão' postas no *caput* do art. 2.º, no parágrafo único do art. 2.º e no art. 4.º, todos da Lei federal n. 10.001, de 4 de setembro de 2000" (ADI 5.351/DF, Pleno, rel. Min. Cármen Lúcia, j. 21.06.2021, *DJe* 19.08.2021).

não dispõe de poder condenatório, cabendo-lhe encaminhar suas conclusões às autoridades competentes para promover a responsabilização civil, penal ou administrativa adequada.[12]

Segundo o STF:

"(...) I – As comissões parlamentares de inquérito não são dotadas de quaisquer competências sancionatórias, quer dizer, não têm o poder de punir quem quer que seja. No entanto, desempenham um relevantíssimo papel institucional na elucidação de fatos de interesse da coletividade, sobretudo daqueles que, em condições normais, não viriam ao conhecimento da sociedade ou das autoridades competentes para avaliá-los, segundo as óticas política e jurídica, respectivamente.

(...)

IV – É longevo – e continua firme – o entendimento consolidado nesta Corte segundo o qual as comissões parlamentares de inquérito têm como ponto de partida elementos indiciários, longe ficando de revelar, ao primeiro exame, a convicção a respeito de práticas ilícitas de autoridades públicas ou privadas, empreendendo investigações de natureza política, não sendo exigível delas fundamentação exaustiva às diligências que determinam no curso de seus trabalhos, tal como ocorre com as decisões judiciais (*vide* MS 24749/DF, relator Ministro Marco Aurélio). (...)" (MS 37.963 MC-AgR, 2.ª T., rel. Min. Ricardo Lewandowski, j. 09.10.2021, *DJe* 07.02.2022).

Os poderes reconhecidos à CPI não implicam a ausência de tutela aos direitos fundamentais dos sujeitos convocados a prestar seus depoimentos:

"1. As Comissões Parlamentares de Inquérito (CPI) possuem poderes instrutórios próprios das autoridades judiciais, nos termos do § 3.º do art. 58 da Constituição Federal, e, por isso, 'o atendimento à convocação, em verdade, configura uma obrigação imposta a todo cidadão, e não uma mera faculdade jurídica' (HC nº 201.912-MC, Rel. Min. Ricardo Lewandowski, DJe de 18/5/21)" (HC 233.312 MC-Ref, 2.ª T., rel. Min. Dias Toffoli, j. 24.10.2023, *DJe* 19.12.2023).
2. As Comissões Parlamentares de Inquérito, em regra, terão os mesmos poderes instrutórios que os magistrados possuem durante a instrução processual penal, mas deverão exercê-los dentro dos mesmos limites constitucionais impostos ao Poder Judiciário, seja em relação ao respeito aos direitos fundamentais, seja em relação à necessária fundamentação e publicidade de seus atos, seja, ainda, na necessidade de resguardo de informações confidenciais, impedindo que as investigações sejam realizadas com a finalidade de perseguição política ou de aumentar o prestígio pessoal dos investigadores, humilhando os investigados e devassando desnecessária e arbitrariamente suas intimidades e vida privadas" (HC 232.842 MC-Ref, rel. Min. Luís Roberto Barroso, 1.ª T., rel. p/ acórdão Min. Alexandre de Moraes, j. 22.09.2023, *DJe* 06.10.2023).

As conclusões adotadas pela CPI não produzem efeito vinculante em face das demais autoridades estatais. Nesse sentido, o STF afirmou que:

"Cabe advertir, de outro lado, que o indiciamento de eventuais responsáveis pelo fato determinado a que alude o texto constitucional não obriga nem vincula a Polícia Judiciária ou o Ministério Público no que se refere à instauração, por eles, de 'persecutio criminis', considera-

---

[12] "As Comissões Parlamentares de Inquérito também existem no âmbito estadual e municipal. Lá, são instituídas pela Assembleia Legislativa; aqui são criadas pela Câmara de Vereadores, conforme regulado, respectivamente, pela Constituição estadual e pela Lei Orgânica do Município. *Mutatis mutandis*, os mesmos princípios são observados no âmbito do Distrito Federal" (GASPARINI. *Direito administrativo*, 17. ed., p. 1055).

800 CURSO DE DIREITO ADMINISTRATIVO · *Marçal Justen Filho*

da a ampla autonomia que há entre o inquérito parlamentar, de um lado, e os procedimentos de investigação penal, de outro, como tem reconhecido, em diversos julgamentos (MS 23.639/DF, Rel. Min. Celso de Mello, *v.g.*), o Supremo Tribunal Federal" (MS 34.864/DF, Pleno, rel. Min. Celso de Mello, j. 05.10.2018, *DJe* 23.10.2018, trecho do voto do relator).

11   OS TRIBUNAIS DE CONTAS

A disciplina constitucional para o Tribunal de Contas assegura-lhe autonomia, estrutura e competências equivalentes às reservadas aos Poderes.

11.1   A natureza das atribuições próprias e privativas do Tribunal de Contas[13]

As funções desempenhadas pelo Tribunal de Contas não apresentam natureza legislativa.

O Tribunal de Contas não é titular de competência para produzir normas jurídicas autônomas, de cunho geral e abstrato, destinadas a regular a conduta daqueles que administram recursos públicos.

Incumbe ao Tribunal de Contas o controle externo, especialmente na modalidade de fiscalização.

11.2   A composição do Tribunal de Contas da União

Uma das peculiaridades dos Tribunais de Contas reside na sua composição, que não encontra paralelo em qualquer outro ente estatal. A organização estrutural imprimida pela Constituição ao Tribunal de Contas é semelhante à do Poder Judiciário, tal como previsto no art. 73 da CF/1988.

11.2.1   A figura do Ministro

Por outro lado, a forma de investidura nos cargos de Ministro do Tribunal de Contas é peculiar, escapando à esquematização tradicionalmente admitida para os demais cargos públicos, especialmente pela previsão da indicação de parte dos membros direta e autonomamente pelo Parlamento.

De acordo com o art. 73, § 2.º, I, da CF/1988, um terço dos Ministros do TCU é escolhido pelo Presidente da República, mediante aprovação do Senado Federal, "sendo dois alternadamente dentre auditores e membros do Ministério Público junto ao Tribunal, indicados em lista tríplice pelo Tribunal, segundo os critérios de antiguidade e merecimento". Os outros dois terços são indicados pelo Congresso Nacional.

11.2.2   A figura do auditor

A Constituição alude à figura do auditor, que consiste em servidor público investido em cargo de provimento permanente mediante concurso e que pode exercer a substituição de Ministros (art. 73, § 4.º).

11.3   O regime jurídico equivalente ao da magistratura

No desempenho de suas funções, os membros do Tribunal de Contas são subordinados a regime jurídico equivalente ao da magistratura, o que evidencia a complexidade da situação do órgão, tratado constitucionalmente como integrado na estrutura do Poder Legislativo. Não

---

[13]   Sobre o tema, cf. as precisas observações de BRITTO. O regime constitucional dos Tribunais de Contas. In: FIGUEIREDO; NÓBREGA (Org.). *Administração Pública*: direito administrativo, financeiro e gestão pública: prática, inovações e polêmicas, p. 97 *et seq.*

Cap. 18 – O CONTROLE DA ATIVIDADE ADMINISTRATIVA **801**

há qualquer vínculo de dependência hierárquica ou funcional entre o Tribunal de Contas e qualquer outro Poder.

Nesse sentido, confira-se a Súmula 42 do STF:

"É legítima a equiparação de juízes do Tribunal de Contas, em direitos e garantias, aos membros do Poder Judiciário".

11.4 Os Tribunais de Contas dos demais entes federativos

Os demais entes federativos devem adotar disciplina similar no seu âmbito organizacional. A Constituição prevê a existência de Tribunais de Contas estaduais e preservou os Tribunais de Contas municipais já existentes.

A Súmula 653 do STF estabelece que:

"No Tribunal de Contas estadual, composto por sete conselheiros, quatro devem ser escolhidos pela Assembleia Legislativa e três pelo Chefe do Poder Executivo estadual, cabendo a este indicar um dentre auditores e outro dentre membros do Ministério Público, e um terceiro à sua livre escolha".

Segundo o STF:

"1. No complexo feixe de atribuições fixadas ao controle externo, a competência desempenhada pelo Tribunal de Contas não é, necessariamente, a de mero auxiliar do poder legislativo. Precedentes. 2. A Câmara Municipal não detém competência para rever o ato do Tribunal de Contas do Estado que nega o registro de admissão de pessoal. 3. Recurso extraordinário a que se julga procedente. Tese: A competência técnica do Tribunal de Contas do Estado, ao negar registro de admissão de pessoal, não se subordina à revisão pelo Poder Legislativo respectivo" (RE 576.920/RS, Pleno, rel. Edson Fachin, repercussão geral – mérito, j. 20.04.2020, *DJe* 06.11.2020).

12 O REGIME JURÍDICO DAS DECISÕES DO TRIBUNAL DE CONTAS

É cabível aludir, a propósito do Tribunal de Contas, a uma atuação *quase jurisdicional*.

12.1 A organização permanente e a forma processual

Essa fórmula se justifica pela forma processual dos atos e em vista da estrutura autônoma e independente para produzir a instrução e o julgamento. A fórmula *quase jurisdicional* não significa que a atuação do Tribunal de Contas é idêntica à do Judiciário.

Nenhum outro órgão integrante do Poder Executivo e do Poder Legislativo recebeu da Constituição poderes de julgamento equivalentes, inclusive no tocante à relevância e eficácia, aos assegurados ao Tribunal de Contas.

12.2 A condição de Poder autônomo

A autonomia atribuída constitucionalmente ao Tribunal de Contas conduz ao reconhecimento de sua qualidade de *Poder*, na acepção em que a expressão é utilizada a propósito do Executivo, Legislativo e Judiciário.

CURSO DE DIREITO ADMINISTRATIVO · Marçal Justen Filho

É juridicamente impossível qualquer autoridade integrante de algum dos três *Poderes* intervir sobre o desempenho das competências do Tribunal de Contas, tanto quanto é inviável suprimir a existência ou reduzir suas atribuições por meio de medidas infraconstitucionais.

12.3 A ausência de submissão ao Congresso Nacional

Nem a circunstância de a Constituição ter tratado do Tribunal de Contas dentro do Capítulo do Poder Legislativo apresenta alguma relevância, já que o art. 44 da CF/1988 deixa claro que o Tribunal de Contas *não é órgão* do aludido Poder.

Em suma, a não qualificação formal do Tribunal de Contas como um *Poder* específico derivou apenas da tradição, voltada a manter fidelidade a um esquema setecentista de tripartição de Poderes do Estado.

12.4 O controle jurisdicional dos atos do Tribunal de Contas

Isso não impede o controle jurisdicional de alguns atos do Tribunal de Contas. Essa questão ainda se encontra em evolução, tomando em vista a heterogeneidade das competências reconhecidas ao Tribunal de Contas.

Tal como consignado na Súmula 248 do STF:

"É competente, originariamente, o Supremo Tribunal Federal, para mandado de segurança contra ato do Tribunal de Contas da União".

12.5 A independência das instâncias

Tem-se reconhecido que a atuação do Tribunal de Contas, no desempenho de suas funções específicas, não se confunde com aquela desenvolvida por outros órgãos, ainda quando versando sobre os mesmos atos.

O STJ reconheceu a especificidade das competências do TCU e assegurou o desempenho de suas competências:

"Efetivamente, no caso em análise, revela-se flagrante a ingerência jurisdicional em seara tipicamente administrativa, conforme demonstrado pela União, em que se obstou previamente o próprio exercício de atribuição constitucional conferida ao Tribunal de Contas da União em proceder tomada de contas especial para apurar eventual malversação dos recursos públicos, o que é de absoluta gravidade.

Não se cogita, portanto, de controle de legalidade ou ilegalidade do ato administrativo, reconhecidamente sujeito a controle jurisdicional, mas sim de grave entrave à atuação independente da Corte de Contas a partir de notória ingerência indevida.

Assim sendo, sem imiscuir nos fundamentos do provimento jurisdicional que se pretende suspender – justamente em razão dos estritos limites cognitivos inerentes ao incidente ora em julgamento – observa-se óbice à livre atuação da Corte de Contas pela 6.ª Vara Federal da Seção Judiciária do Paraná revela a necessidade de proteção ao interesse de toda a coletividade" (AgInt na SLS 3.133/RS, Corte Especial, rel. Min. Humberto Martins, trecho do voto do Min. Mauro Campbell, j. 07.06.2023, *DJe* 06.07.2023).

Por outro lado, reputa-se que a independência das instâncias implica a viabilidade de decisão condenatória por parte do Tribunal de Contas, mesmo que tenha ocorrido a absolvição no juízo criminal ou no juízo cível. Mas essa alternativa apenas será cabível quando a decisão jurisdicional não tiver negado a ocorrência de fatos ou da autoria em condições que excluam a configuração de ilicitude punível pelo TCU.

Não é cabível estender ao Tribunal de Contas, de modo simplista, a orientação adotada relativamente à independência das instâncias judiciais penal e civil.

É fundamental ter em vista que, em determinadas hipóteses, o Tribunal de Contas e outros órgãos examinam exatamente os mesmos fatos, sob idêntico enfoque. Por exemplo, suponha-se o questionamento sobre fraude a uma licitação. Se o Poder Judiciário decidir que não existiu fraude, não é cabível que o Tribunal de Contas decida de modo diverso.

13 AS COMPETÊNCIAS PRÓPRIAS E PRIVATIVAS DO TRIBUNAL DE CONTAS

O Tribunal de Contas é titular de competências próprias e privativas, não se subordinando à interferência do Poder Legislativo quanto a elas.[14]

13.1 A amplitude do controle pelo Tribunal de Contas (arts. 70 e 71, CF/1988)

Os arts. 70 e 71 da Constituição reservam ao Tribunal de Contas competências fiscalizatórias próprias, no tocante a um elenco de atividades administrativas desenvolvidas por agentes públicos ou privados na gestão de recursos públicos. A Constituição consagrou competência mais ampla do que as anteriores, no tópico da fiscalização externa.

13.1.1 A natureza não jurisdicional das competências

O Tribunal de Contas não dispõe de competência jurisdicional, ainda que o art. 71, II, da CF/1988 aluda a "julgar" a propósito de contas. O julgamento pelo Tribunal de Contas segue os princípios jurisdicionais, mas é passível de revisão pelo Judiciário.

13.1.2 Ainda a distinção entre a função de controle e a função controlada

Reiterando considerações anteriores, não cabe ao Tribunal de Contas investigar o mérito dos atos administrativos. A discricionariedade consiste na liberdade para avaliar as conveniências e escolher a melhor solução para o caso, diante das circunstâncias. Por isso, o mérito da atuação discricionária não se sujeita à revisão, nem mesmo pelo Poder Judiciário. Se o mérito do ato administrativo pudesse ser revisto pelo Tribunal de Contas (ou pelo Congresso Nacional), desapareceria a discricionariedade.

Segundo entendimento do próprio TCU:

"Em relação ao tema, vale esclarecer que este Tribunal fiscaliza a atuação da Agência Nacional de Aviação Civil (Anac), em especial nos contratos de concessão, permissão e atos de autorização para a prestação de serviços públicos, com base nos procedimentos definidos pela IN TCU 81/2018, com o intuito de auxiliar na redução dos riscos de execução e de desequilíbrios econômico-financeiros.

6. Essa atuação é feita de modo complementar à ação das entidades reguladoras no que concerne ao acompanhamento da outorga e da execução contratual dos serviços concedidos, sem substituir o papel da Anac, que tem por competência a regulação do mercado. Conforme registrei no voto do Acórdão 1166/2019-TCU-Plenário, a competência deste Tribunal para fiscalizar as atividades-fim das agências reguladoras caracteriza-se como controle de segunda ordem, cabendo respeitar a discricionariedade das agências quanto à escolha da estratégia e das metodologias utilizadas para o alcance dos objetivos delineados" (Acórdão 2.084/2024, Plenário, rel. Min. Augusto Nardes, j. 02.10.2024).

---

[14] Confira-se a obra de Francisco Sérgio Maia Alves e Benjamin Zymler, *Processo do Tribunal de Contas da União*.

"A competência do TCU para fiscalizar as atividades-fim das agências reguladoras caracteriza-se como controle de segunda ordem, cabendo respeitar a discricionariedade das agências quanto à escolha da estratégia e das metodologias utilizadas para o alcance dos objetivos delineados. Isso não impede, todavia que o TCU determine a adoção de medidas corretivas a ato praticado na esfera discricionária dessas entidades, quando houver violação ao ordenamento jurídico do qual fazem parte os princípios da finalidade, da economicidade e da modicidade tarifária na prestação dos serviços públicos" (Acórdão 1.166/2019, Plenário, rel. Min. Augusto Nardes, enunciado publicado no *Boletim de Jurisprudência* 266/2019).

Muitas vezes, a autoridade controladora se olvida de que um princípio, por sua própria natureza, comporta diferentes soluções e alternativas. Não é cabível aplicar o princípio tal como se fosse uma regra.

Por outro lado, não tem cabimento invalidar a decisão adotada por ter-se revelado, *a posteriori*, menos adequada do que outra, ressalvadas as hipóteses em que, no momento em que adotada, já existiam fundamentos para rejeitar a escolha. Por exemplo, a economicidade da decisão pode (deve) ser investigada segundo as condições contemporâneas à sua edição. Não se pode exigir do gestor da coisa pública o dom sobre-humano do conhecimento do futuro. Não há forma de eliminar o risco de frustração da eficiência da decisão em virtude da imprevisível conjugação de fatos supervenientes.

Quando existirem diversas previsões sobre o futuro, entre si incompatíveis, e cada qual respaldada por posições técnico-científicas igualmente respeitáveis, não existirá fundamento jurídico para reprovar a escolha que se revelar inadequada posteriormente.

13.2   O registro de atos (art. 71, III)

O Tribunal de Contas exercita competência extremamente relevante a propósito da admissão, a qualquer título, de pessoal na Administração direta e indireta (ressalvado o provimento de cargos em comissão). Cabe-lhe examinar a regularidade dos atos de admissão.

Também é indispensável o registro no Tribunal de Contas da outorga de aposentadoria, reforma e pensões.

Lembre-se de que, uma vez formalizada a aprovação e o registro pelo Tribunal de Contas, a Administração fica impedida de promover alterações ou inovações (ressalvadas as melhorias posteriores que não alterem o fundamento legal do ato concessório), sem submetê-las a idêntico procedimento.

A Súmula 6 do STF fixou o seguinte entendimento:

"A revogação ou anulação, pelo Poder Executivo, de aposentadoria, ou qualquer outro ato aprovado pelo Tribunal de Contas, não produz efeitos antes de aprovada por aquele tribunal, ressalvada a competência revisora do Judiciário".

13.3   A fiscalização da regularidade dos atos

O Tribunal de Contas dispõe de competência para avaliar a regularidade de atos administrativos, mas também para apurar todas as circunstâncias que conduziram à sua formalização. Isso envolve o poder jurídico para rever a atuação administrativa que precedeu ou acompanhou a atuação administrativa.

Segundo o STF:

"1. Quando enfocados apenas dados operacionais da sociedade de economia mista, sem identificação de dados pessoais ou de movimentações individuais dos correntistas, não há falar em sigilo bancário como óbice ao fornecimento dos documentos de auditoria interna requisitados pelo TCU. Esse é o entendimento que se extrai dos princípios da publicidade e da transparência, além da exigência de prestar contas, inerentes, por imposição constitucional, ao atuar dos entes da administração pública direta e indireta. [...]

5. No tocante ao sigilo empresarial, a questão resolve-se pelo compartilhamento dos dados com o TCU, solução que decorre da própria necessidade de conferir máxima efetividade a distintos vetores constitucionais – de um lado, o que impõe, tanto quanto possível, paridade de tratamento entre empresas estatais exploradoras de atividade econômica e empresas privadas e, de outro, os que estabelecem os deveres constitucionais de publicidade, transparência e prestação de constas. O compartilhamento de dados acobertados por sigilo empresarial, enquanto medida de concordância prática, está positivado nos arts. 85 a 88 da Lei nº 13.303/2016. (...)" (MS 23.168/ DF AgR, 1.ª T., rel. Min. Rosa Weber, j. 28.06.2019, *DJe* 05.08.2019).

"7. O Tribunal de Contas da União não está autorizado a, *manu militari*, decretar a quebra de sigilo bancário e empresarial de terceiros, medida cautelar condicionada à prévia anuência do Poder Judiciário, ou, em situações pontuais, do Poder Legislativo. Precedente: MS 22.801, Tribunal Pleno, rel. Min. Menezes Direito, *DJe* 14.03.2008. 8. *In casu*, contudo, o TCU deve ter livre acesso às operações financeiras realizadas pelas impetrantes, entidades de direito privado da Administração Indireta submetidas ao seu controle financeiro, mormente porquanto operacionalizadas mediante o emprego de recursos de origem pública. Inoponibilidade de sigilo bancário e empresarial ao TCU quando se está diante de operações fundadas em recursos de origem pública. Conclusão decorrente do dever de atuação transparente dos administradores públicos em um Estado Democrático de Direito. (...)" (MS 33.340/DF, 1.ª T., rel. Min. Luiz Fux, j. 26.05.2015, *DJe* 31.07.2015).

13.4   A sustação da execução de ato impugnado (art. 71, IX e X e §§ 1.º e 2.º)

O Tribunal de Contas dispõe do poder de assinar prazo para as autoridades administrativas corrigirem defeitos de ilegalidade.

13.4.1   A ausência da adoção de providências

Se, no prazo estipulado, não forem adotadas as soluções cabíveis, o Tribunal de Contas poderá determinar a sustação dos efeitos do ato – se não se tratar de contrato. Tratando-se de contrato administrativo, a competência para tanto será do Congresso Nacional, que solicitará ao Poder Executivo as medidas cabíveis.

Mas, se houver decorrido o prazo de 90 dias sem a adoção das providências cabíveis pelo Congresso Nacional ou pelo Poder Executivo, o Tribunal de Contas poderá determinar diretamente as medidas que forem adequadas.

13.4.2   O descumprimento das determinações

Em princípio, o descumprimento da decisão do Tribunal de Contas não se identifica com o descumprimento de decisão jurisdicional. Caracteriza-se um litígio entre exercentes de função pública.

Sob esse prisma, o litígio apenas poderia ser composto por meio da intervenção do Poder Judiciário ou, eventualmente, do Congresso Nacional. Não se admite que o Tribunal de Contas

806 CURSO DE DIREITO ADMINISTRATIVO · *Marçal Justen Filho*

da União pretenda executar compulsoriamente as próprias decisões. Logo, se o Tribunal de Contas determinar a sustação da execução de um contrato e isso não for cumprido pelo administrador, a solução será recorrer ao Poder Judiciário.

13.4.3 A questão do poder geral de cautela: medidas provisórias

No entanto, essa orientação foi rejeitada na decisão adotada pelo STF no Mandado de Segurança 24.510/DF (cuja ementa está a seguir transcrita). Foi reconhecida a atribuição pela Constituição em favor do TCU de competências instrumentais implícitas àquelas expressamente enumeradas. Em termos específicos, admitiu-se que o TCU disporia de competência para emitir *medida cautelar* destinada a sustar atos administrativos que reputasse potencialmente aptos a produzir lesão irreparável a interesses sob a sua tutela. Essa orientação não significa, como é evidente, que a medida cautelar produzida pelo TCU apresentaria natureza jurisdicional. Caberia ao interessado (inclusive à própria Administração Pública sujeita aos efeitos da medida cautelar) invocar a tutela jurisdicional para defesa dos seus interesses.

O tema continuou a ser objeto de análise do STF, em decisões posteriores. Confira-se:

"O Tribunal de Contas da União tem competência para fiscalizar procedimentos de licitação, determinar suspensão cautelar (artigos 4.º e 113, § 1.º e 2.º, da Lei 8.666/1993), examinar editais de licitação publicados e, nos termos do art. 276 do seu Regimento Interno, possui legitimidade para a expedição de medidas cautelares para prevenir lesão ao erário e garantir a efetividade de suas decisões" (MS 24.510/DF, Pleno, rel. Min. Ellen Gracie, j. 19.11.2003, *DJe* 19.03.2004).

"Esta Casa reconhece disporem os Tribunais de Contas de competência para determinar providência cautelar indispensável à garantia da preservação do interesse público e da efetividade de deliberações tomadas em processos de fiscalização por eles conduzidos. Em 19.11.2003, no julgamento do Mandado de Segurança n. 24.510. (...)

26. No exercício do poder geral de cautela, o Tribunal de Contas pode determinar medidas, em caráter precário, que assegurem o resultado final dos processos administrativos. Isso inclui, dadas as peculiaridades da espécie vertente, a possibilidade de sustação de alguns dos efeitos decorrentes de contratos potencialmente danosos ao interesse público e aos princípios dispostos no art. 37 da Constituição da República.

(...) Assim, analisados os elementos dos autos, conclui-se que a manutenção integral da decisão objeto da presente contracautela importa em contrariedade à ordem e à economia públicas, a justificar o deferimento parcial da presente suspensão de segurança, especialmente pela iminência do pagamento dos aludidos honorários advocatícios devidos pelos contratos de prestação de serviços firmados entre a Interessada e diversos Municípios maranhenses, alvo de fiscalização pelo Tribunal de Contas daquele Estado, como alertado pelo Requerente" (SS 5.182/MA, decisão monocrática, rel. Min. Cármen Lúcia, j. 27.06.2017, *DJe* 01.08.2017).

"(...) 3. No exercício do poder geral de cautela, os tribunais de contas podem determinar medidas em caráter precário que visem assegurar o resultado final dos processos administrativos. O exame realizado pelas cortes de contas ultrapassa a análise meramente burocrática, porque abarca não apenas os elementos formais que norteiam o processo de despesa, mas também a relação custo-benefício, a aferição de quão ótimas são as ações administrativas, que devem ser as mais rentáveis possíveis, tendo em vista o interesse público envolvido, a legitimidade do ato e a consequente relação de adequação de seu conteúdo" (SS 5179 AgR, Pleno, rel. Min. Dias Toffoli j. 10.10.2019, *DJe* 26.11.2019).

"2. Ademais, este Supremo Tribunal Federal já assentou a plena possibilidade de a Corte de Contas, no cumprimento de seu mister constitucional, decretar a indisponibilidade de bens e de outras medidas assecuratórias do interesse público, diante de circunstâncias graves que justifiquem a necessidade de proteção efetiva do patrimônio público. 3. O Plenário também já afirmou a plena possibilidade de que o TCU, orientação que também se aplica às Cortes de Contas Estaduais, determine a aplicação de medidas cautelares, como verdadeira competência constitucional implícita para cumprimento de suas atribuições, nos termos do artigo 71 da Carta Magna" (ARE 1.306.779/RJ AgR, 2.ª T., rel. Min. Edson Fachin, j. 03.05.2023, *DJe* 08.05.2023).

"(...) Poder geral de cautela dos Tribunais de Contas. Fixação de prazo para que a autoridade administrativa promova a suspensão de procedimento de inexigibilidade de licitação e de contrato administrativo. (...) 2. Risco de grave lesão à ordem pública. A manutenção dos efeitos do acórdão impugnado tem potencial para causar grave lesão à ordem pública, porque retira do Tribunal de Contas do Estado do Ceará a prerrogativa de exercitar seu poder de cautela em conformidade com a competência institucional que lhe foi atribuída pela Constituição Federal e pela Constituição estadual, nos termos necessários à tutela do patrimônio público. 3. O 'Tribunal de Contas da União – embora não tenha poder para anular ou sustar contratos administrativos – tem competência, conforme o art. 71, IX, para determinar à autoridade administrativa que promova a anulação do contrato e, se for o caso, da licitação de que se originou' (MS 23.550, Red. p/ o acórdão o Min. Sepúlveda Pertence). Igual competência é atribuída ao Tribunal de Contas do Estado do Ceará, na forma do art. 75 da Constituição" (SS 5.658/CE AgR, Pleno, rel. Min. Luís Roberto Barroso, j. 04.03.2024, *DJe* 03.04.2024).

Segundo o TCU:

"Ressalto que, embora não tenha poder para anular ou sustar contratos diretamente, esta Corte tem competência constitucional (art. 71, inciso IX) para determinar à autoridade administrativa que promova a anulação da licitação e, se for o caso, do contrato que dela se originou. (...) De maneira análoga, o poder de cautela do Tribunal, já confirmado pelo Supremo Tribunal Federal em diversas oportunidades, tem o condão de produzir efeitos sobre contratos administrativos por meio de determinação ao órgão responsável para que adote medidas no sentido de suspender a execução contratual a fim de mitigar o risco de agravamento de lesão ao erário, ao interesse público ou de ineficácia da decisão de mérito desta Corte" (Acórdão 81/2022, Plenário, rel. Min. Bruno Dantas, j. 19.01.2022).

13.4.4 *A decretação de medidas de indisponibilidade patrimonial*

Adota-se o entendimento da ausência de competência do Tribunal de Contas para decretar a indisponibilidade de bens do sujeito privado. Assim se passa porque incumbe ao Tribunal de Contas exercitar o controle externo da atividade administrativa.

Não cabe ao Tribunal de Contas determinar providências de restrição, como a indisponibilidade de bens, relativamente a sujeitos privados. Essa providência apresenta natureza jurisdicional, sendo reservada ao Poder Judiciário. A medida ultrapassa a órbita do relacionamento entre a Administração Pública e o sujeito privado, conduzindo à inviabilidade de fruição dos bens no relacionamento do seu titular com terceiros. A transcendência dos efeitos da medida conduz ao monopólio jurisdicional para a sua imposição.

A necessidade de assegurar a satisfação de créditos fazendários não é suficiente para fundamentar a competência do Tribunal de Contas para tutelas de urgência. É reservado ao Poder Judiciário o poder jurídico para promover a satisfação de pretensões resistidas. Assim se passa, inclusive, em virtude da garantia de que se reveste a atividade jurisdicional, especialmente no tocante ao devido processo legal.

Portanto e na medida em que se verifiquem os pressupostos para tanto, caberá ao ente estatal pleitear ao Poder Judiciário as medidas acautelatórias adequadas e necessárias.

No entanto, o STF adota interpretação distinta, tal como se extrai do julgado adiante reproduzido:

"I – As Cortes de Contas, em situações de urgência, nas quais haja fundado receio de grave lesão ao erário, ao interesse público ou de risco de ineficácia da decisão de mérito, podem aplicar medidas cautelares, até que sobrevenha decisão final acerca da questão posta.

II – O Supremo Tribunal Federal já reconheceu a aplicação da teoria dos poderes implícitos, de maneira a entender que o Tribunal de Contas da União pode deferir medidas cautelares para bem cumprir a sua atribuição constitucional.

III – Não obstante, é preciso que observe o devido processo legal, bem assim os critérios de razoabilidade e proporcionalidade, abstendo-se, ademais, de invadir a esfera jurisdicional.

IV – A jurisprudência pacificada do STF admite que as Cortes de Contas lancem mão de medidas cautelares, as quais, levando em consideração a origem pública dos recursos sob fiscalização, podem recair sobre pessoas físicas e jurídicas de direito privado.

V – A Lei 8.443/1992 prevê expressamente a possibilidade de bloqueio cautelar de bens pelo TCU ou por decisão judicial, após atuação da Advocacia-Geral da União (arts. 44, § 2.º, e 61).

VI – Sem embargo, a fruição do direito de propriedade, que goza de expressa proteção constitucional, somente pode ser obstado ou limitado em caráter definitivo pelo Poder Judiciário, guardião último dos direitos e garantias fundamentais.

VII – Nada obsta, porém, que o TCU decrete a indisponibilidade cautelar de bens, pelo prazo não superior a um ano (art. 44, § 2.º), sendo-lhe permitido, ainda, promover, cautelarmente, a desconsideração da personalidade jurídica da pessoa jurídica objeto da apuração, de maneira a assegurar o resultado útil do processo. (...)" (MS 35.506/DF, Pleno, rel. Min. Marco Aurélio, rel. para acórdão Min. Ricardo Lewandowski, j. 10.10.2022, *DJe* 13.12.2022).

No mesmo sentido, houve a decisão no ARE 1.306.779 (AgR, 2.ª T., rel. Min. Edson Fachin, j. 03.05.2023, *DJe* 08.05.2023).

13.4.5   *A indenização assegurada em caso de ilegitimidade da restrição*

Se for reconhecida a competência do TCU para decretação de provimentos acautelatórios restritivos do patrimônio do particular, caberá a responsabilização civil do Estado se for evidenciada posteriormente a ilegitimidade da restrição.

O reconhecimento da improcedência da pretensão invocada para a medida restritiva implica o direito de indenização à parte lesada. Essa é uma contrapartida inafastável da imposição de medida acautelatória. Por isso, a imposição de uma providência acautelatória exige a avaliação dos riscos envolvidos.

A regra geral encontra-se no art. 302 do CPC, nos termos seguintes:

"Independentemente da reparação por dano processual, a parte responde pelo prejuízo que a efetivação da tutela de urgência causar à parte adversa, se:

I – a sentença lhe for desfavorável;

(...)

IV – o juiz acolher a alegação de decadência ou prescrição da pretensão do autor".

Se o Tribunal de Contas emitir medida provisória e, na sequência, for evidenciada a sua desnecessidade, a sua inadequação ou a improcedência da tese de mérito, a parte atingida terá

Cap. 18 – O CONTROLE DA ATIVIDADE ADMINISTRATIVA **809**

sofrido danos injustos. Caberá a sua reparação, mediante medidas compensatórias em favor da parte lesada.

13.5   O incentivo a soluções consensuais (Secex-Consenso)

O TCU adotou a iniciativa de promover a mediação entre partes em conflito (efetivo ou potencial), de modo a prevenir ou propiciar a extinção de litígios problemáticos envolvendo a Administração federal. A questão envolveu inclusive a criação da Secretaria de Controle Externo de Solução Consensual e Prevenção de Conflitos (Secex-Consenso).

13.5.1   A Instrução Normativa (IN) 91/2022 (alterada pela IN 92/2023 e pela IN 97/2024)

A IN 91/2022 previu a criação de uma instância no âmbito do TCU, orientada a incentivar soluções consensuais, envolvendo a Administração Pública federal.

Verificada a existência efetiva ou potencial de um conflito, que envolva a competência do TCU, admite-se que a autoridade administrativa legitimada requeira ao Tribunal a instauração da mediação[15]. Admitido o requerimento, haverá a convocação das partes para o procedimento pertinente. Caberá aos servidores da Secex-Consenso conduzir as atividades, incentivando os interessados a atingirem solução consensual.

O procedimento deverá encerrar-se no prazo de 90 dias (prorrogáveis por outros 30). Se houver acordo, a solução será levada à apreciação do plenário do TCU.

Não se trata de o TCU impor, de modo compulsório, uma decisão vinculante para as partes quanto à solução do litígio.

13.5.2   O "acatamento" do acordo pelo TCU

Um aspecto fundamental da questão se relaciona com a previsão de que, atingido o acordo, a questão será apreciada pelo TCU, que disporá da competência para acatar ou para rejeitar as condições pactuadas.

A decisão favorável do TCU configura a homologação do acordo, ainda que a IN 91/2022 não tenha adotado a terminologia. Essa é a única alternativa jurídica possível. O TCU emite um juízo sobre a legalidade e a conveniência da solução amigável acordada entre partes.

Justamente por isso, não é cabível que o TCU, em momento posterior, reveja a sua decisão e questione a validade e (ou) a conveniência da solução adotada e que fora por ele próprio aprovada formalmente.[16]

13.5.3   A questão da segurança jurídica

Em tese, o acordo atingido pelas partes num procedimento perante a Secex-Consenso poderia ser promovido sem a intervenção do TCU. Nada impediria que as partes em conflito realizassem uma composição amigável nos exatos mesmos termos. A diferença fundamental reside na segurança jurídica.

---

[15] Conforme o art. 2.º da IN 91/2022, "A solicitação de solução consensual de que trata esta IN poderá ser formulada: I – pelas autoridades elencadas no art. 264 do Regimento Interno do TCU; II – pelos dirigentes máximos das agências reguladoras definidas no art. 2.º da Lei nº 13.848, de 25 de junho de 2019; e III – por relator de processo em tramitação no TCU".

[16] Inexiste qualquer consideração sobre o tema da revisibilidade da decisão adotada pelo TCU que aprovar o acordo.

13.6 A incidência dos institutos fundamentais

A função atribuída ao Tribunal de Contas não afasta a incidência dos institutos fundamentais do direito administrativo e do direito processual. Assim, a atividade desenvolvida pelo Tribunal de Contas submete-se a limitações temporais, tais como a decadência. Por igual, aplicam-se os institutos da preclusão e da coisa julgada administrativa. O tema é objeto de análise no Capítulo 20.

14 OS LIMITES DA ATUAÇÃO DO TRIBUNAL DE CONTAS EM FACE DE TERCEIRO

O Tribunal de Contas é investido de competência para o controle da atividade administrativa. Como regra, não lhe é facultado imiscuir-se no âmbito interno da atividade privada. No entanto, o controle do Tribunal de Contas pode atingir de modo direto ou indireto os sujeitos privados.

14.1 O controle direto

Os sujeitos privados subordinam-se diretamente ao controle do Tribunal de Contas, nas hipóteses de gestão de recursos públicos. O parágrafo único do art. 70 da CF/1988, que determina que "Prestará contas qualquer pessoa física ou jurídica, pública ou privada, que utilize, arrecade, guarde, gerencie ou administre dinheiros, bens e valores públicos ou pelos quais a União responda, ou que, em nome desta, assuma obrigações de natureza pecuniária".

Nessa hipótese, o particular estará obrigado a observar em nome próprio a disciplina pertinente à prestação de contas.

14.2 O controle indireto

Mas as competências do Tribunal de Contas poderão abranger de modo indireto o particular, nas hipóteses em que as atividades administrativas controladas compreenderem atos jurídicos por ele praticados. Assim se passa, por exemplo, nas hipóteses de exame da regularidade de licitações e contratações administrativas.

Em muitos casos, o defeito da atuação administrativa envolve a participação pessoal de um sujeito privado. Por exemplo, o Tribunal de Contas pode identificar um vício numa licitação decorrente de práticas abusivas de um licitante.

Em outras hipóteses, o reconhecimento da invalidade de ato administrativo refletir-se-á sobre a posição jurídica de um sujeito privado. Por exemplo, o descumprimento de formalidade essencial pode gerar a invalidade de um contrato administrativo. Nesse caso, serão afetados os direitos reconhecidos ao contratado privado.

14.3 A observância do devido processo legal

No desempenho de suas competências, o Tribunal de Contas está subordinado à observância do devido processo legal. Quando as decisões do Tribunal de Contas forem aptas a restringir interesses e direitos de sujeitos específicos, é indispensável o respeito à ampla defesa e ao contraditório.[17]

A jurisprudência do STF consolidou-se no sentido da aplicação da garantia constitucional do art. 5.º, LIV e LV, no âmbito dos processos administrativos promovidos pelo TCU. A adoção reiterada desse entendimento[18] conduziu à edição da Súmula Vinculante 3.

"Nos processos perante o Tribunal de Contas da União asseguram-se o contraditório e a ampla defesa quando da decisão puder resultar anulação ou revogação de ato administrativo que beneficie o interessado, excetuada a apreciação da legalidade do ato de concessão inicial de aposentadoria, reforma e pensão" (Súmula Vinculante 3 do STF).

Segundo o STF:

"2. A Súmula Vinculante 3 foi editada para garantir o contraditório e a ampla defesa nos processos que tramitam perante o Tribunal de Contas da União, quando da decisão puder resultar anulação ou revogação de ato administrativo que beneficie o interessado. (...). 6. Agravo interno desprovido" (AgR na Rcl 33.012/SP, 1.ª T., rel. Min. Luiz Fux, j. 17.05.2019, *DJe* 28.05.2019).

O STJ tem decisões no mesmo sentido:

"13. Considerando que a Sessão Plenária Administrativa realizada pelo Tribunal Estadual de Contas, em 25/02/2015, ocorreu sem qualquer participação do Ministério Público de Contas, é salutar reconhecer a sua nulidade por nítida ofensa aos princípios do contraditório e da ampla defesa, consagrados constitucionalmente pelo artigo 5.º, LV, da Constituição Federal.

14. A Constituição Federal consagra como garantia 'aos litigantes, em processo judicial ou administrativo, e aos acusados em geral, (...) o contraditório e ampla defesa, com os meios e recursos a ela inerentes' (art. 5.º, LV, da Constituição Federal). (...) O devido processo legal, amparado pelos princípios da ampla defesa e do contraditório, é corolário do Estado Democrático de Direito e da dignidade da pessoa humana', assim, 'compete aos operadores do direito, no exercício das atribuições e/ou competência conferida, o dever de consagrar em cada ato processual os princípios basilares que permitem a conclusão justa e legítima de um processo, ainda que para condenar o réu' (HC 91.474/RJ, Rel. Ministro Arnaldo Esteves Lima, Quinta Turma, *DJe* de 02/08/2010).

15. Na hipótese em exame, percebe-se que a atuação do Tribunal de Contas ofendeu sobremaneira as prerrogativas institucionais do Ministério Público de Contas, subtraindo-lhe direito constitucional, revestindo-se o ato de ilegalidade, corrigível por meio de mandado de segurança. (...)" (AgInt no RMS 50.353/MS, 2.ª T., rel. Min. Teodoro Silva Santos, j. 16.09.2024, *DJe* 18.09.2024).

"No que tange às alegadas ilegalidades ao longo do procedimento perante o Tribunal de Contas da União, trago à colação as lúcidas considerações expostas pela douta Procuradoria Regional da República, *in verbis*: 'Ademais, em consonância com as provas carreadas aos autos, na há que se falar em qualquer suposta ilegalidade cometida pelo TCU no curso do procedimento administrativo em questão. Com efeito, não merece prosperar a alegação de – cerceamento de defesa e consequente violação do princípio do contraditório durante a fase interna da Tomada

---

[17] Confira-se a obra de Francisco Sérgio Maia Alves e Benjamin Zymler, *Processo do Tribunal de Contas da União*.

[18] O principal precedente relativo ao tema e que norteou a edição da Súmula Vinculante consiste no MS 24.268/MG, Pleno, rel. Min. Ellen Gracie, rel. p/ acórdão Min. Gilmar Mendes, j. 05.02.2004, *DJe* 17.09.2004.

de Contas Especial (TCE). O TCE possui duas fases distintas e independentes entre si, denominadas fase interna e fase externa. A primeira é conduzida pela comissão processante, tendo por objetivo a obtenção de elementos que fundamentarão a proposta de imputação, ou não, de responsabilidade à pessoa fiscalizada. Nessa fase interna, em que se busca a identificação dos responsáveis por possíveis más aplicações de recursos públicos, não há sequer a formação de lide ou litígio. Impossível negar, de fato, que sendo a Tomada de Contas Especial (TCE) uma espécie de gênero de processo administrativo, a ela também se deve deferir o exercício da ampla defesa e do contraditório, em cumprimento ao que prescreve a Constituição Federal, em seu art. 50, inciso LV. Nesses termos, pode-se dizer que a TCE, guardada as devidas proporções, assume os traços de um inquérito, onde o exercício do contraditório e da ampla defesa perfaz-se diferido, postergado para uma próxima fase, *in casu*, denomina-se fase externa, na qual efetivamente se oportunizam o exercício das garantias constitucionais, quais sejam, ampla defesa e contraditório.' (fl. 768). Assim, a regularidade do procedimento perante o TCU foi devidamente corroborada pela Procuradoria Regional da República" (AgInt no REsp 1.990.751/DF, 2.ª T., rel. Min. Francisco Falcão, j. 11.06.2024, *DJe* 14.06.2024).

"(...) 2. No entendimento consolidado deste Superior Tribunal de Justiça, a ausência de intimação do interessado para integrar o processo instaurado, nas Cortes de Contas, com o objetivo de apurar a regularidade da admissão em cargo ou emprego públicos, constitui ofensa ao contraditório e à ampla defesa, causando a sua nulidade. Inteligência da Súmula Vinculante n.º 03, do Supremo Tribunal Federal. 3. O fato de os Recorrentes terem manifestado recurso de embargos contra a decisão que determinou a anulação de seus contratos de trabalho, quando dela tomaram conhecimento por meios extraprocessuais, não supre a nulidade mencionada. O exercício do contraditório e da ampla defesa deve ser possibilitado durante o procedimento e não somente após a prolação da decisão que repercutiu nos interesses individuais. (...)" (RMS n. 20.534/RS, 6.ª T., rel. Min. Antonio Saldanha Palheiro, j. 18.05.2021, *DJe* 02.06.2021).

A orientação se estende aos processos desenvolvidos no âmbito dos Tribunais de Contas dos demais entes federados.

Em diversas oportunidades, o TCU reconheceu a incidência da garantia do devido processo no âmbito dos processos de sua competência, tal como no caso adiante referido:

"(...) acolho a preliminar de nulidade arguida pelo recorrente, por concordar com ambos os pareceres de que, no presente caso, assiste razão ao responsável quando aponta que não foram adotados todos os meios necessários para encontrar o seu endereço, o que viola o devido processo legal e a ampla defesa, de modo que deve ser dado provimento à aludida peça recursal para anular a decisão recorrida. (...)" (Acórdão 9390/2023, 2.ª Câmara, rel. Min. Augusto Nardes, j. 05.09.2023).

A questão foi colocada em termos precisos, em voto do Ministro Adylson Motta:

"Ou este Tribunal adota o rito verificado no processo em exame, deixando a oitiva dos interessados a cargo do administrador público responsável, caso em que não deverá proferir juízo de mérito sobre a matéria; ou adota o chamamento aos autos dos interessados antes da decisão definitiva, quando, aí sim, poderá se pronunciar conclusivamente sobre o mérito da questão, ainda que os terceiros provocados não compareçam aos autos, hipótese em que a decisão final se presumirá justa, em face da concordância tácita dos silentes, sem prejuízo do direito de recurso (...)" (Acórdão 1.531/2003, Plenário, rel. Min. Adylson Motta).

Cap. 18 – O CONTROLE DA ATIVIDADE ADMINISTRATIVA **813**

No entanto, é usual o desenvolvimento de atividades de natureza instrutória sem a participação dos interessados. As provas são colhidas segundo modelo inquisitório, sendo reveladas posteriormente ao interessado, a quem não é facultado nem requerer a produção de provas nem acompanhar a produção daquelas decididas pelo Tribunal. Essa é uma prática incompatível com a garantia constitucional do devido processo legal.

14.4   A questão da desconsideração da pessoa jurídica

Admite-se a desconsideração da pessoa jurídica privada, nas condições previstas no art. 50 do Código Civil. O STF reconheceu a viabilidade de o TCU promover a desconsideração da personalidade societária.

> "1. Ao TCU é assegurado plexo de poderes e mecanismos cautelares voltados à garantia da eficácia de eventuais provimentos definitivos que imponham sanções a agentes públicos ou particulares responsáveis por irregularidades no trato de recursos públicos.
> 2. O levantamento do véu da pessoa jurídica, embora grave do ponto de vista da segurança jurídica e da liberdade econômica, não se afeiçoa àquele estrito rol de direitos fundamentais cuja restrição apenas pode ser operacionalizada pelo Poder Judiciário. É equivocado equiparar, para fins de proteção judicial, o conteúdo de comunicações telefônicas de cidadãos à desconsideração, em situações pontuais e fundamentadas, da pessoa jurídica. Não há, nessa hipótese, supressão ou malferimento de qualquer direito fundamental, seja do sócio pessoa física, seja da empresa pessoa jurídica.
> 3. É legal e constitucionalmente fundada a desconsideração da pessoa jurídica pelo TCU, de modo a alcançar o patrimônio de pessoas físicas ou jurídicas envolvidas na prática de atos lesivos ao erário público, observados o contraditório e a ampla defesa. 4. Segurança denegada" (MS 35.920/DF, Pleno, rel. Min. Marco Aurélio, rel. p/ acórdão Min. Gilmar Mendes, j. 18.03.2023, *DJe* 12.04.2023).

A questão se subordina à observação de incidente processual nos moldes previstos no art. 133 do CPC. Ou seja, não se admite desconsideração automática da pessoa jurídica em virtude da imputação de uma irregularidade.

14.5   A disputa sobre a pronúncia de inconstitucionalidade

Firmara-se entendimento, antes da vigência da CF/1988, de que o TCU estaria investido na competência para declarar a inconstitucionalidade de lei ou ato normativo federal. O tema foi objeto da Súmula 347 do STF: "O Tribunal de Contas, no exercício de suas atribuições, pode apreciar a constitucionalidade das leis e dos atos do poder público".

Mas o tema foi reaberto em virtude de decisões monocráticas no âmbito do próprio STF. Ao conceder a liminar no MS 25.888/DF, o Ministro Gilmar Mendes afirmou que "a própria evolução do sistema de controle de constitucionalidade no Brasil, verificada desde então, está a demonstrar a necessidade de se reavaliar a subsistência da Súmula 347 em face da ordem constitucional instaurada com a Constituição de 1988".

A jurisprudência do STF tem se orientado nesse sentido:

> "(...) 2. Ausência de inconstitucionalidade manifesta. No caso em exame, a invocação da Súmula 347 do STF, pela autoridade coatora, rendeu-lhe a possibilidade de vulnerar o princípio da presunção de constitucionalidade das leis e dos atos normativos, considerando que o quadro revelava cenário em que: (i) não havia inconstitucionalidade manifesta; (ii) não existia ju-

risprudência do Supremo Tribunal Federal no sentido de reconhecer a inconstitucionalidade do tema; (iii) a doutrina apontava na direção oposta àquela que fora adotada pelo Tribunal de Contas da União.

3. A Constituição de 1988 operou substancial reforma no sistema de controle de constitucionalidade até então vigente no país. Embora a nova Constituição tenha preservado a apreciação incidental ou difusa, é certo que a tônica reside não mais no sistema difuso, mas nas ações diretas, de perfil concentrado, o que causa necessário decote do âmbito de atuação daquele. Doutrina de Gerhard Anschütz.

4. A normatividade da Constituição é antes de tudo um dever a ser observado por parte dos órgãos do Estado que lidam com a aplicação de normas jurídicas a casos concretos. Se ao Supremo Tribunal Federal compete, precipuamente, a guarda da Constituição Federal, é certo que a sua interpretação do texto constitucional deve ser acompanhada pelos demais órgãos públicos. Jurisprudência desta Corte quanto à apreciação de questões constitucionais pelo Conselho Nacional de Justiça e Conselho Nacional do Ministério Público. O tratamento de questões constitucionais, por parte de um Tribunal de Contas, observa a finalidade de reforçar a normatividade constitucional. Da Corte de Contas espera-se a postura de cobrar da administração pública a observância da Constituição, mormente mediante a aplicação dos entendimentos exarados pelo Supremo Tribunal Federal em matérias relacionadas ao controle externo.

5. Súmula 347 do Supremo Tribunal Federal: compatibilidade com a ordem constitucional de 1988: o verbete confere aos Tribunais de Contas – caso imprescindível para o exercício do controle externo – a possibilidade de afastar (*incidenter tantum*) normas cuja aplicação no caso expressaria um resultado inconstitucional (seja por violação patente a dispositivo da Constituição ou por contrariedade à jurisprudência do Supremo Tribunal Federal sobre a matéria). Inteligência do enunciado, à luz de seu precedente representativo (RMS 8.372/CE, Rel. Min. Pedro Chaves, Pleno, julgado em 11.12.1961).

6. Reafirmação da jurisprudência do Supremo Tribunal Federal quanto à inviabilidade de realização de controle abstrato de constitucionalidade por parte de Tribunal de Contas (MS 35.410, MS 35.490, MS 35.494, MS 35.498, MS 35.500, MS 35.812, MS 35.824, MS 35.836, todos de Relatoria do Eminente Ministro Alexandre de Moraes, Tribunal Pleno, e publicados no *DJe* 5.5.2021)" (AgR no MS 25.888/DF, Pleno, rel. Min. Gilmar Mendes, j. 22.08.2023, *DJe* 08.09.2023).

"1. A declaração incidental de inconstitucionalidade somente é permitida de maneira excepcional aos juízes e tribunais para o pleno exercício de suas funções jurisdicionais, devendo o magistrado garantir a supremacia das normas constitucionais ao solucionar de forma definitiva o caso concreto posto em juízo. Trata-se, portanto, de excepcionalidade concedida somente aos órgãos exercentes de função jurisdicional, aceita pelos mecanismos de freios e contrapesos existentes na separação de poderes e não extensível a qualquer outro órgão administrativo. 2. Decisão do TCU que, no exercício de sua função constitucional de apreciação da legalidade de atos de concessão de aposentadoria de servidores públicos (art. 71, III, CF), determinou a cessação do pagamento do Bônus de Eficiência e Produtividade, criado pelos §§ 2.º e 3.º dos arts. 7.º e 17, ambos da Lei 13.464/2017, aos servidores substituídos pelo impetrante. 3. Concessão da ordem no mandado de segurança coletivo para determinar ao Tribunal de Contas da União que reaprecie os julgados que ensejaram a presente impetração, abstendo-se de afastar a incidência dos §§ 2.º e 3.º dos artigos 7.º e 17 da Medida Provisória 765/2016, convertida na Lei 13.464/2017" (MS 35.824/DF, Pleno, rel. Min. Alexandre de Moraes, j. 13.04.2021, *DJe* 16.06.2021).[19]

---

[19] No mesmo sentido, MS 35.410, MS 35.490, MS 35.494, MS 35.498, MS 35.500 e MS 35.812, todos de relatoria do Min. Alexandre de Moraes.

Essa orientação refletiu-se na jurisprudência do TCU:

"18. O posicionamento atualizado da Suprema Corte acerca da temática inviabiliza a atuação do TCU nos presentes autos, em que o ex-servidor solicita ao TCU, em procedimento administrativo, a análise da constitucionalidade, em tese, de dispositivo constitucional em face da Constituição Federal. Estando a competência deste Tribunal delimitada para exercer controle incidental de constitucionalidade, no caso concreto, não cabe ao TCU manifestar-se sobre a inconstitucionalidade de dispositivo de emenda constitucional em relação ao tema de desproporcionalidade entre auxílio-doença e benefício por incapacidade permanente não acidentária que abrange a gama de filiados aos regimes de previdência social" (Acórdão 1.871/2024, Plenário, rel. Min. Augusto Nardes, j. 11.09.2024).

"27. De todo o exposto até aqui, é de se concluir que ocorreram mudanças significativas na interpretação dada pelo STF quanto à possibilidade de o TCU promover o controle de constitucionalidade difuso, tema antes regulado pelos estritos termos da Súmula STF 347, para reafirmar que o caráter distintivo crucial a caracterizar o tipo de controle, concentrado ou difuso, são os efeitos produzidos pela decisão, ocorrendo a transcendência do controle difuso para o concentrado quando seus efeitos extrapolam as partes envolvidas.

(...)

37. É dizer que, em tais julgados, a Corte Constitucional tem admitido que órgãos de controle administrativo, a exemplo do CNJ e TCU, dispõem da capacidade de afastar a aplicação, para determinado caso concreto, de dispositivo normativo por entendê-lo inconstitucional, desde que alinhados à jurisprudência do STF, na medida em que entender que norma específica padece de vício de constitucionalidade difere de declará-la inconstitucional" (Acórdão 739/2023, Plenário, rel. Min. Vital do Rêgo, j. 19.04.2023).

Considerando a jurisprudência do STF, deve-se reputar que cabe ao TCU submeter-se à eficácia vinculante das normas legais e infralegais. Certamente, não lhe cabe promover o controle de constitucionalidade em abstrato, especialmente para o efeito de pronunciar a inconstitucionalidade com efeitos vinculantes *erga omnes*. Mas se autoriza que, em situações específicas, o TCU deixe de aplicar dispositivo reputado inconstitucional. Afigura-se evidente, no entanto, que tal decisão sujeitar-se-á à plena revisão pelo Poder Judiciário.

15   O CONTROLE EXTERNO A CARGO DO MINISTÉRIO PÚBLICO

O Ministério Público também desempenhará suas atribuições próprias em relação ao exercente de atividades administrativas, especialmente tomando em vista a titularidade da legitimação ativa subsidiária para ação popular e ação civil pública.

15.1   A competência para a condução do inquérito civil público

Independentemente da instauração do processo judicial, o Ministério Público dispõe de competência para a instauração de inquérito civil público, no qual caberá a colheita de provas e informações atinentes ao desempenho da atividade administrativa. A matéria está disciplinada especificamente no art. 8.º, § 1.º, da Lei da Ação Civil Pública (Lei 7.347/1985).

15.2   A ausência de competência mandamental

O Ministério Público não é titular de competência mandamental e não está investido de poder jurídico para emitir ordem a ser obrigatoriamente cumprida por órgãos públicos ou sujeitos privados. Se o agente ministerial identificar alguma conduta indevida, deverá provocar o Poder Judiciário, ao qual caberá emitir uma decisão vinculante.

16 O CONTROLE EXTERNO DA ATIVIDADE ADMINISTRATIVA PELO PODER JUDICIÁRIO

O princípio da universalidade da jurisdição significa a possibilidade de ampla investigação sobre a atividade administrativa por parte do Judiciário, respeitados os limites do mérito das escolhas adotadas no exercício de competência discricionária.

16.1 O princípio dispositivo

O controle externo a cargo do Poder Judiciário obedece ao princípio dispositivo e ao da inércia da jurisdição, o que significa a ausência de competência do próprio Judiciário para instaurar de ofício um processo jurisdicional destinado a avaliar a validade de um ato administrativo.

O exame do controle externo a cargo do Poder Judiciário envolve, bem por isso, o estudo dos instrumentos processuais por meio dos quais alguém pode promover o desencadeamento da atuação jurisdicional.

16.2 As duas modalidades de controle do ato administrativo

O controle jurisdicional sobre atos administrativos é exercido segundo duas modalidades fundamentais, diferenciadas em vista de o conflito envolver direito subjetivo ou interesse jurídico.

16.2.1 O controle fundado em violação a direito subjetivo

O controle atinente ao *direito subjetivo* se instaura a propósito da invocação de um direito subjetivo, na acepção privatística do termo. Ou seja, trata-se da análise de pretensão fundada na violação a posições jurídicas determinadas e precisas, asseguradas ao sujeito por participar de uma relação jurídica específica e que representam uma vantagem (usualmente patrimonial) em seu benefício.

No âmbito da atividade administrativa, um exemplo de controle jurisdicional fundado em direito subjetivo é o mandado de segurança. É da essência do mandado de segurança que o sujeito invoque um direito determinado, e a constatação da procedência de sua pretensão traduz-se em decisão judicial que assegura ao impetrante a obtenção de benefícios e vantagens fruíveis individualmente.

16.2.2 O controle fundado em violação a interesse jurídico

Já o controle relacionado com o *interesse jurídico* faz-se de modo independente de uma relação jurídica específica entre as partes. A parte não pretende fazer valer uma faculdade em proveito próprio. Não invoca o direito subjetivo de obter uma prestação que o beneficia de modo específico.

Nessa modalidade de controle jurisdicional, o sujeito invoca sua condição de legitimado a provocar a atuação do Poder Judiciário, em virtude de previsão legal assim o prevendo. Um exemplo de controle jurisdicional fundado no interesse jurídico é a ação popular. O autor da ação popular não invoca um direito pessoal, mas aponta a lesão ao patrimônio público. A procedência da ação popular se traduz na invalidação de atos administrativos e na condenação à indenização dos prejuízos causados ao Estado.

Cap. 18 – O CONTROLE DA ATIVIDADE ADMINISTRATIVA **817**

16.3   A pluralidade de instrumentos de controle jurisdicional

É inviável, num manual de direito administrativo, examinar todos os instrumentos jurisdicionais de controle da atividade administrativa pública. Por um lado, caberia cogitar das ações exercitáveis pela Administração Pública como autora (desapropriação, reintegração de posse, caducidade de concessões etc.). Por outro, existem inúmeras alternativas envolvendo a condição de ré para a Administração Pública – inclusive a utilização do processo de conhecimento, mediante procedimento comum.

17   A ARGUIÇÃO DE DESCUMPRIMENTO DE PRECEITO FUNDAMENTAL (ADPF)

A Arguição de Descumprimento de Preceito Fundamental consiste numa ação constitucional, de competência do Supremo Tribunal Federal, destinada a obter a avaliação em abstrato ou em concreto de condutas estatais, oriundas de qualquer órbita federativa, aptas a produzir a lesão aos valores fundamentais da Constituição, que não sejam tuteláveis por outra via, podendo resultar em provimento de natureza declaratória ou constitutiva.

17.1   A previsão constitucional

A Arguição de Descumprimento de Preceito Fundamental (ADPF) está prevista no art. 102, § 1.º, da CF/1988, e regulamentada pela Lei 9.882/1999. A ADPF é um instituto que pode ser adotado para controle da atividade administrativa. Deve-se ter em vista que a ADPF é um instituto que se encontra em processo de construção, o que significa dizer que as considerações realizadas não são definitivas.

17.2   A competência jurisdicional

A CF/1988 reserva a existência da ADPF para o âmbito do STF, o que se justifica pela competência própria da referida Corte como guardiã da Constituição.

17.3   A preservação de valores constitucionais fundamentais

A ADPF apresenta caráter instrumental de defesa dos valores constitucionais fundamentais. A ação ou omissão estatal conduz ao risco de sacrifício daqueles valores que a Constituição albergou como essenciais, o que pode ser combatido por meio da ADPF.

A ADPF se configura como um remédio jurisdicional subsidiário. Somente pode ser utilizado quando nenhum outro instrumento processual for adequado ou satisfatório para promover a tutela dos valores fundamentais. Como estabelece o art. 4.º, § 1.º, da Lei 9.882/1999: "Não será admitida arguição de descumprimento de preceito fundamental quando houver qualquer outro meio eficaz de sanar a lesividade".

O julgamento da ADPF pode concluir pela emissão de um comando em direção a autoridades ou órgãos estatais. Esse comando destina-se a assegurar a proteção aos preceitos constitucionais fundamentais e se pode traduzir no mandamento para praticar ou deixar de praticar certas condutas ou então na declaração de cunho abstrato ou concreto.

17.4   A utilização para controle de atividade administrativa

A ADPF somente poderá ser utilizada como instrumento de controle de atividade administrativa quando não for cabível a utilização de outros institutos de proteção de interesses concretos. Tal se configurará não apenas quando os pressupostos processuais estiverem ausentes, mas também nos casos em que a solução inerente ao outro instituto não for satisfatória.

Como exemplo, imagine-se que autoridades de diferentes Estados-membros deliberassem produzir atos de conteúdo semelhante, envolvendo certa categoria profissional. A impugnação de cada ato de modo isolado poderia resultar na multiplicação de processos e na inviabilização de defesa de direitos fundamentais. Nessa hipótese, a ADPF serve como instrumento único para avaliação de todos os atos em conjunto, passando o tema a ser considerado como uma "atuação uniforme" estatal.

Outra hipótese se configura quando uma pluralidade de autoridades estatais de diversa hierarquia implementa políticas conjuntas e ordenadas. Os valores fundamentais podem ser colocados em risco em virtude da conjugação dessa pluralidade de atuações. Ou seja, a avaliação da lesão aos preceitos fundamentais se evidencia, no caso, pelo conjunto das ações e omissões.

Tais ações e omissões podem compreender atos de diferente natureza, inclusive de hierarquia distinta. Assim, pode-se impugnar por meio da ADPF a omissão da edição de lei necessária à implementação de algum valor, a que se conjugam decisões administrativas cujo efeito é violar preceitos fundamentais.

17.5   Legitimidade ativa e passiva

O rol dos legitimados para a propositura de ADPF consta do art. 103 da CF/1988.

Em princípio, a legitimidade passiva recai sobre as entidades, os órgãos e as pessoas físicas a quem se imputa omissão ou ação apta a lesar os preceitos constitucionais fundamentais.

18   O MANDADO DE SEGURANÇA INDIVIDUAL (CF/1998, ART. 5.º, LXIX)

O mandado de segurança é uma ação civil constitucional mandamental para proteção de direito subjetivo líquido e certo, não amparável por habeas corpus ou habeas data, em caso de ilegalidade ou abuso de poder praticado por autoridade pública ou agente no exercício de atribuições do Poder Público.

18.1   Previsão constitucional

O mandado de segurança está previsto no art. 5.º, LXIX, da CF/1988, regulamentado pela Lei 12.016/2009. Esse diploma revogou a Lei 1.533/1951 e outros diplomas esparsos, consolidando inclusive orientações jurisprudenciais tradicionais.[20]

Trata-se de uma garantia de cunho constitucional, externada sob o prisma processual. É um meio de limitação ao exercício da autoridade pública, assegurando-se sua utilização em termos amplos contra os atos ilegais ou abusivos.

18.2   Mandado de segurança individual e coletivo

Originalmente, o direito constitucional brasileiro previu o mandado de segurança como instrumento de tutela de direitos subjetivos individuais. A CF/1988 admitiu a figura do mandado de segurança, que pode apresentar configuração distinta. O exame do mandado de segurança coletivo será realizado em tópico adiante.

---

[20]   Para uma análise do tema, cf. BUENO. *A Nova Lei do Mandado de Segurança*. 2. ed.; THEODORO JR. *Lei do Mandado de Segurança comentada artigo por artigo*, 2. ed.

18.3 O provimento jurisdicional

A doutrina cunhou uma categoria específica para o mandado de segurança, reconhecendo que o provimento jurisdicional nele emitido apresenta natureza *mandamental*. Ou seja, o conteúdo do provimento jurisdicional consiste numa determinação a ser obedecida pela autoridade pública, que deverá reconhecer a existência do direito do impetrante para fins específicos ou genéricos. A recusa da autoridade impetrada ao cumprimento da ordem jurisdicional pode configurar, inclusive, crime. Mas não é descabido que, em hipóteses excepcionais, o provimento jurisdicional produza diretamente os efeitos da conduta da autoridade impetrada.

Uma sentença mandamental apresenta, conjugadamente, efeitos declaratórios, constitutivos e condenatórios.

18.4 A questão do direito líquido e certo

O mandado de segurança destina-se a tutelar o direito líquido e certo.

18.4.1 A configuração da liquidez e certeza

O direito líquido e certo é aquele que assim pode ser reconhecido mediante ou a exclusiva interpretação das normas jurídicas, envolvendo a escolha entre duas ou mais teses jurídicas, ou o exame de provas documentais.

18.4.2 A controvérsia sobre a pretensão

A liquidez e certeza do direito não é incompatível com a controvérsia jurídica quanto à pretensão externada pelo impetrante. Se uma controvérsia sobre a existência ou a extensão da pretensão do impetrante excluísse o cabimento do mandado de segurança, a garantia constitucional seria inútil. Bastaria a recusa da autoridade pública em reconhecer o direito invocado para impedir a impetração. Ademais, se não houvesse controvérsia alguma, o impetrante não teria necessidade de invocar a tutela jurisdicional.

18.4.3 A desnecessidade de previsão legal explícita

A liquidez e certeza do direito não exige a existência de dispositivo legal expresso. A tutela por meio de mandado de segurança exige a existência certa e inquestionável de um direito subjetivo outorgado pelo ordenamento jurídico. Isso não significa a necessidade de uma "lei expressa". O direito subjetivo decorre de dispositivo constitucional ou legal explícito ou de normas adscritas[21] à Constituição ou à lei.

18.4.4 Questão de direito ou questão de fato dirimível por documentos

A liquidez e certeza do direito verifica-se quando existir questão de direito ou questão de fato dirimível mediante prova documental.

Em alguns casos, o mandado de segurança envolve apenas a interpretação do ordenamento jurídico e a verificação da compatibilidade de atos legais e infralegais com a ordem jurídica.

Mas também se configura o direito líquido e certo nos casos em que a sua determinação se faz mediante prova documental.

---

[21] As normas adscritas são aquelas produzidas no processo de aplicação e de interpretação da Constituição, tal como exposto no pensamento de Alexy. Confira-se a exposição sobre o tema no Capítulo 3.

Em suma, a configuração do direito líquido e certo pode ocorrer em duas hipóteses diversas. Há a hipótese da controvérsia puramente jurídica, em que não há discussão quanto aos fatos, mas existe dúvida sobre a extensão dos efeitos jurídicos contidos nas normas. E há a situação da controvérsia fático-jurídica, em que a dúvida recai sobre a consumação de determinado fato jurídico, cujos aspectos fáticos possam ser apurados mediante o exame de documentos.

Dois exemplos permitem compreender as situações indicadas.

Há controvérsia puramente jurídica, por exemplo, quando um servidor público invoca direito adquirido a não ser atingido pelos efeitos de uma reforma constitucional atinente à disciplina da aposentadoria. A divergência envolve a possibilidade de uma emenda constitucional alterar o regime de aposentadoria do servidor estatutário. O interessado pretende obter sentença mandamental ordenando que sua aposentadoria se faça de acordo com a legislação anterior.

Existe controvérsia fático-jurídica num caso, por exemplo, em que se rejeita o requerimento de aposentadoria sob o pressuposto de não ter sido requerida até determinada data. Nesse caso, não há dúvida sobre o regime jurídico aplicável, mas se discute sobre a ocorrência de um fato. Se o impetrante dispuser de prova documental (original do documento protocolado na repartição), a denegação do pleito se configura como indevida e violadora de direito líquido e certo.

18.4.5   A necessidade de produção de outras provas

Mas não caberá o mandado de segurança quando houver necessidade de produção de outras provas (periciais, por exemplo), inclusive para determinar o conteúdo exato da prestação devida em favor do impetrante. O descabimento do mandado de segurança, em tal hipótese, não significa a ausência de procedência da pretensão ou a inexistência de meios de sua proteção jurisdicional. Significa, tão somente, que o mandado de segurança será incabível em virtude da ausência de um direito líquido e certo. O interessado será remetido, então, à utilização de outros instrumentos processuais para defesa de sua pretensão.

Portanto, é perfeitamente possível que o sujeito tenha direito a obter o que pretende, mas o mandado de segurança não seja o instrumento adequado em vista da necessidade da produção de provas incompatíveis com a estrutura procedimental própria da figura.

"Controvérsia sobre matéria de direito não impede concessão de mandado de segurança" (Súmula 625 do STF).

18.5   A repressão à ilegalidade ou ao abuso de poderes

O mandado de segurança destina-se a atacar a ação ou a omissão que configurem ilegalidade ou abuso de poder. A fórmula constitucional é tradicional e revela, em última análise, a tutela não apenas aos casos de vício no exercício de competência vinculada, mas também no caso de defeito no desempenho de competência discricionária.

18.6   Exercício defeituoso de competência vinculada

Há casos em que a lei condiciona a existência ou a fruição de um direito subjetivo a pressupostos determinados, caracterizando-se uma disciplina vinculada. Se, numa hipótese dessas, houver indevida denegação do direito subjetivo assegurado a alguém, o interessado poderá valer-se do mandado de segurança para atacar essa ilegalidade. Alude-se à "ilegalidade" para indicar que a decisão atacada infringe a disciplina legal, uma vez que recusa ao interessado um direito cujos pressupostos e extensão constam da lei.

18.7   Exercício defeituoso de competência discricionária

Mas também cabe a impetração para proteger direito líquido e certo nos casos de abuso de poder, que se verifica diante das hipóteses de disciplina legislativa discricionária. A garantia constitucional impede que a denegação de uma pretensão individual se faça mediante a mera invocação da titularidade de uma competência discricionária. Assim, a previsão legislativa de que a autoridade pública *poderá* deferir um pedido não legitima todo e qualquer indeferimento. Se a denegação do direito do particular evidenciar *abuso de poder*, o mandado de segurança será cabível.

A cláusula *abuso de poder* deve ser interpretada amplamente, sem conotação necessária com alguma teoria de direito administrativo. O abuso de poder, para fins de mandado de segurança, consiste no exercício despropositado, prepotente, imotivado ou excessivo de uma competência discricionária.[22] Há abuso de poder quando a autoridade pública ignora a natureza democrática das funções públicas. Em termos genéricos, pode ser aplicado também aqui o princípio da proporcionalidade como instrumento de controle do abuso de poder.

18.8   Questionamento à ação ou à omissão

Lembre-se de que o meio de frustração do direito líquido e certo pode ser tanto a ação como a omissão estatal. Assim, se o sujeito formula um requerimento à autoridade administrativa e essa se mantém em silêncio, produzindo efeito equivalente à denegação, cabe a impetração – senão para obter um provimento declaratório do direito pretendido, para ser emitida ordem judicial a que a autoridade estatal se manifeste num prazo razoável.

18.9   O ato de autoridade

O mandado de segurança é um meio processual de atacar a ação ou a omissão praticada no exercício de *autoridade pública*, ainda que delegada ou exercida de modo indireto.

Usualmente, as ações ou omissões que configuram atos de autoridade são praticadas por agentes estatais, investidos formal e permanentemente numa posição. Mas isso não significa que o mandado de segurança seja instrumento de questionamento apenas dos atos dos agentes públicos.

Se uma entidade privada, integrante ou não da Administração Pública, for investida de competências próprias do Estado, caberá o mandado de segurança para impugnar ações e omissões ilegais ou abusivas.

Também cabe mandado de segurança para atacar ato de autoridade não administrativa. Não cabe aqui examinar a utilização do mandado de segurança contra atos jurisdicionais, hipótese que se admite em situações excepcionais.

"Praticado o ato por autoridade, no exercício de competência delegada, contra ela cabe o mandado de segurança ou a medida judicial" (Súmula 510 do STF).

"Cabe mandado de segurança contra ato praticado em licitação promovida por sociedade de economia mista ou empresa pública" (Súmula 333 do STJ).

19   MANDADO DE SEGURANÇA INDIVIDUAL E REQUISITOS DE LEGITIMIDADE

Existem regras específicas disciplinando a legitimidade ativa e passiva para o mandado de segurança individual.

---

[22]   Para Maria Sylvia Zanella Di Pietro, o abuso de poder está compreendido no vocábulo *ilegalidade* (*Direito administrativo*, 37. ed., p. 871).

19.1 Legitimidade ativa

A legitimidade ativa para o mandado de segurança dito individual recai sobre a pessoa física ou jurídica titular do direito ou a seu substituto processual.

19.1.1 Litisconsórcio ativo facultativo

De modo genérico, admite-se o litisconsórcio ativo facultativo, mas dentro de limites que permitam o exercício do direito de defesa. No passado, chegaram a ocorrer casos de milhares de pessoas impetrarem mandado de segurança em litisconsórcio ativo. O número de impetrantes acarretava a inviabilidade de o Estado chegar até mesmo a verificar o cumprimento de requisitos formais quanto a todos os impetrantes, no prazo das informações.

19.1.2 Limite temporal para o pedido de ingresso como litisconsorte ativo

A Lei 12.016/2009 estabelece que o ingresso de litisconsorte ativo não será admitido depois do despacho da petição inicial (art. 10, § 2.º).

19.1.3 Impetração por titular de direito derivado

Uma hipótese explicitamente admitida pela Lei 12.016/2009 é a impetração por titular de direito derivado. O art. 3.º estabelece que, se o titular do direito originário não impetrar, no prazo de 30 dias (contado de notificação judicial), mandado de segurança para a sua defesa, abrir-se-á a possibilidade de impetração diretamente pelo titular de direito líquido e certo decorrente.

Além disso, o art. 1.º, § 3.º, da Lei 12.016/2009 fixa que, existindo uma pluralidade de pessoas na condição de cotitularidade do direito ameaçado ou violado, será facultada a qualquer delas a impetração.

19.2 Legitimidade passiva

A legitimidade passiva para o mandado de segurança recai sobre a pessoa física que produz a ação ou omissão questionada, no exercício de competência própria do Estado, de modo a se configurar como uma autoridade.

19.2.1 A legitimidade passiva é privativa de pessoa física

O sujeito titular da legitimidade passiva para o mandado de segurança é uma pessoa física, não a pessoa jurídica pública ou privada em nome de quem o indivíduo atue. O indivíduo titular da legitimidade passiva para o mandado de segurança é aquele que exerce a autoridade pública que fundamentou o ato impetrado.

Essa solução reflete a influência do *common law*, sistema jurídico no qual o Estado não pode ser demandado diretamente pelo particular, inclusive sob o fundamento de que a entidade estatal não é capaz de praticar atos irregulares. Essa concepção se traduz na ideia de que o ato ilegal ou abusivo não seria imputado ao Estado, mas resultaria como um ato puramente privado daquele indivíduo que exercita defeituosamente suas atribuições. Essa concepção é inaplicável ao direito brasileiro, mas recebeu sua consagração na disciplina legislativa do mandado de segurança, disciplina esta que foi mantida em homenagem à tradição.

A Lei 12.016/2009 estabelece a obrigatoriedade de o impetrante, além de nomear a pessoa física impetrada, também indicar "a pessoa jurídica que esta integra, à qual se acha vinculada ou da qual exerce atribuições" (art. 6.º).

"No mandado de segurança contra a nomeação de magistrado da competência do Presidente da República, este é considerado autoridade coatora, ainda que o fundamento da impetração seja nulidade ocorrida em fase anterior do procedimento" (Súmula 627 do STF).

19.2.2 Atos praticados por órgão de pessoa jurídica

Nos casos em que a ação ou omissão impetradas forem praticadas por órgãos colegiados, a legitimidade passiva será do presidente, chefe ou administrador.

Assim, por exemplo, se houver questionamento de ato praticado por comissão de licitação, a legitimação passiva será do presidente da comissão. Mas, se a decisão tiver sido homologada pela autoridade superior, a impetração deverá voltar-se contra o ato homologatório, e a legitimidade passiva será da autoridade por ele responsável.

19.3 O destinatário do provimento jurisdicional

É evidente, no entanto, que a *parte ré* não é propriamente a pessoa física cujo ato é impugnado, mas a entidade estatal ou privada a que ela se vincula. Tanto é assim que a eventual substituição da pessoa física exercente da atribuição não afeta a eficácia de sentença judicial. O novo ocupante de um cargo público, por exemplo, não pode invocar sua identidade pessoal como fundamento para liberar-se dos efeitos da coisa julgada derivada de sentença proferida num mandado de segurança impetrado contra ato de seu antecessor.

Por outro lado, incumbirá ao ente público ou estatal promover a defesa do ato impetrado (se assim se reputar cabível), inclusive arcando com as despesas correspondentes. Assim, o Estado poderá (deverá) intervir no processo para defesa de seus interesses, mesmo que a autoridade impetrada seja a pessoa física.

19.4 A eventual condição não estatal da pessoa jurídica

Admite-se mandado de segurança mesmo contra atos provenientes de entidades dotadas de personalidade jurídica de direito privado, tal como anteriormente já indicado. O fundamental reside em que o ato impugnado traduza o exercício de "autoridade pública", mesmo que delegada a uma pessoa privada.

A tradição legislativa brasileira conduziu ao reconhecimento da legitimidade passiva à pessoa física exercente de autoridade pública, mesmo que não investida formalmente de cargo ou emprego público.

Na redação dada ao art. 1.º, § 1.º, da Lei 12.016/2009, "equiparam-se às autoridades, para os efeitos desta Lei, os representantes ou órgãos de partidos políticos e os administradores de entidades autárquicas, bem como os dirigentes de pessoas jurídicas ou as pessoas naturais no exercício de atribuições do poder público, somente no que disser respeito a essas atribuições".

E, para afastar algumas dúvidas remanescentes, o § 2.º do mesmo art. 1.º determina que "não cabe mandado de segurança contra os atos de gestão comercial praticados pelos administradores de empresas públicas, de sociedade de economia mista e de concessionárias de serviço público". Daí se infere que, se tais autoridades praticarem atos que não se configurem como de gestão comercial, mas possuírem natureza administrativa (traduzindo competências estatais), será cabível o mandado de segurança.

19.5   Legitimidade passiva e incompetência para o ato impetrado

Não se confunde a legitimidade passiva (condição da ação) com a titularidade da competência para o ato impetrado (questão de mérito). Por isso, é cabível impetrar mandado de segurança contra o agente que praticou ato para o qual não dispunha de competência.

Assim, por exemplo, suponha-se a aplicação de sanção de declaração de inidoneidade para licitar e contratar com a Administração Pública por autoridade não competente. É cabível mandado de segurança fundado precisamente na ilegalidade do ato por incompetência.

19.6   A ilegitimidade do mero executor do ato

A legitimidade passiva para o mandado de segurança é do sujeito que produz o ato impetrado, não do sujeito que meramente o executa material ou juridicamente. Como determina o art. 6.º, § 3.º, da Lei 12.016/2009, "considera-se autoridade coatora aquela que tenha praticado o ato impugnado ou da qual emane a ordem para a sua prática".

19.7   O litisconsórcio passivo

Aplica-se ao mandado de segurança a disciplina atinente ao litisconsórcio passivo necessário. É muito usual que o ato impetrado envolva o interesse direto e imediato de outro sujeito privado. O exemplo característico é o da licitação, em que um dos licitantes se insurge contra a classificação de proposta alheia. A impetração se dirige contra ato do presidente da comissão, incumbindo promover a citação do licitante cujo interesse será afetado em caso de concessão da ordem. Aplica-se a regra do art. 115, parágrafo único, do Código de Processo Civil.

> "Extingue-se o processo de mandado de segurança se o impetrante não promove, no prazo assinado, a citação do litisconsorte passivo necessário" (Súmula 631 do STF).

20   INTERESSE DE AGIR

Há interesse de agir quando uma pessoa tem a necessidade de obter provimento mandamental para defesa de direito líquido e certo, lesado ou ameaçado de lesão em virtude da ação ou omissão de uma autoridade.

20.1   A indicação de ação ou omissão lesivas

Isso significa a necessidade de o impetrante evidenciar que a ação ou omissão cometidas são potencialmente aptas a gerar lesão a direito subjetivo. Por isso, configura-se a ausência de interesse de agir quando o mandado de segurança é impetrado contra lei em tese (se destituída de efeitos concretos), contra atos administrativos meramente consultivos ou contra atos que comportem recurso com efeito suspensivo.

20.2   Tutela preventiva

No entanto, admite-se a utilização do mandado de segurança não apenas para efeito de remover a lesão consumada como também para a proteção contra ameaça de lesão. Existe interesse de agir quando o impetrante demonstra que uma ação ou omissão, apta a produzir lesão a seus direitos subjetivos, encontra-se em vias de ser consumada.

A ausência de negativa formal por parte da autoridade pública quanto ao direito subjetivo não impede a impetração. Se o sujeito demonstrar os indícios da intenção da autoridade de

Cap. 18 – O CONTROLE DA ATIVIDADE ADMINISTRATIVA **825**

promover a recusa ou os riscos de consumação de dano irreparável daí derivados, estará presente o requisito do interesse de agir. Como prevê o art. 1.º, *caput*, da Lei 12.016/2009, é cabível o mandado de segurança quando houver *justo receio* em sofrer violação.

Então, não há interesse de agir para o mandado de segurança quando inexistir evento demonstrando a previsível consumação da ilegalidade ou do abuso de poder.

21 DESCABIMENTO DE SEGURANÇA

O art. 5.º da Lei 12.016/2009 arrola três hipóteses de descabimento de mandado de segurança, cuja configuração se vincula à ausência de interesse de agir. Mas há outras hipóteses em que não se admite a utilização do mandado de segurança.

21.1   Ato sujeito a recurso com efeito suspensivo

Se o sujeito dispõe da via do recurso administrativo com efeito suspensivo e não subordinado à caução, não se admite o mandado de segurança.

21.1.1   Mandado de segurança contra ato omissivo

No entanto, a existência de recurso com efeito suspensivo não impede o mandado de segurança em relação a ato omissivo. Tal deriva da recusa da atribuição de efeito suspensivo *ativo* ao recurso. Ou seja, se a autoridade omite a prática do ato devido, o que configura lesão a direito líquido e certo, de nada adianta o recurso com efeito suspensivo – o qual apenas assegura a manutenção da situação questionada.

"A existência de recurso administrativo com efeito suspensivo não impede o uso do mandado de segurança contra omissão da autoridade" (Súmula 429 do STF).

21.1.2   Ato omissivo e a questão da notificação prévia da autoridade

Na redação aprovada no Congresso, previu-se que caberia remeter notificação judicial ou extrajudicial à autoridade, em caso de omissão ilegal ou abusiva. O dispositivo foi vetado. Isso não significa o descabimento do mandado de segurança contra omissão infringente da ordem jurídica. Daí decorre, tão somente, a desnecessidade da notificação.

Também não se adotou vedação à notificação. É perfeitamente cabível o interessado provocar a autoridade para manifestar-se, em caso de omissão. É possível se imaginar certas hipóteses em que o nascimento do interesse de agir dependerá de uma provocação formal à autoridade. O veto aposto pelo Presidente da República implicou, tão somente, a remessa da disciplina dessas questões às regras e princípios gerais.

21.1.3   Ato omissivo ilícito próprio e a desnecessidade de notificação

A notificação não será necessária naqueles casos em que existir uma norma jurídica (constitucional, legal ou infralegal) estabelecendo o dever de atuação concreta da autoridade.[23]

---

[23] A hipótese configura uma situação de ato omissivo ilícito próprio, distinto do ato omissivo impróprio, que se configura quando não existe previsão normativa determinando o dever de adoção de conduta por parte do agente. A diferenciação mais aprofundada se encontra no Capítulo 17, a propósito da responsabilidade civil do Estado.

826 CURSO DE DIREITO ADMINISTRATIVO · Marçal Justen Filho

Assim, por exemplo, se um decreto estabelecer que a autoridade deverá praticar um ato no prazo de 30 dias, o decurso do referido prazo sem que tal ato seja produzido autoriza a impetração. Se a regra do *dies interpellat pro homine*[24] se aplica no âmbito do direito privado, tem de admitir-se idêntica solução no campo do direito público. Afinal, não se pode admitir que a autoridade pública repute ineficaz e irrelevante a fixação normativa de um prazo para a sua atuação. Nem se poderia imaginar que a notificação promovida pelo particular fosse dotada de eficácia mais intensa do que uma regra contemplada numa norma.

21.1.4 Exaurimento do recurso administrativo

Por outro lado, é cabível promover a impetração se o prazo para o recurso administrativo já tiver escoado ou se o sujeito renunciar a ele. É evidente que cabe o mandado de segurança contra a decisão que tiver apreciado o recurso administrativo.

21.2 Ato judicial sujeito a recurso com efeito suspensivo

A segunda hipótese envolve decisão judicial sujeita a recurso previsto nas leis processuais. Em edição anterior, afirmou-se que essa disposição, criando a possibilidade de utilização do mandado de segurança como sucedâneo de recurso judicial, deveria ser interpretada como revogada.

Assim se passava porque a sistemática recursal comportava soluções para suspensão de efeitos de atos judiciais inquinados de ilegais ou abusivos. Isso se dava em virtude da alteração da disciplina legislativa do agravo de instrumento, que passou a comportar a atribuição de efeito suspensivo.

No entanto, a evolução da própria legislação conduziu à restrição ao cabimento de recursos, inclusive no tocante a decisões monocráticas dos tribunais relativamente a agravos de instrumento. Como decorrência, ressurgiu a utilização do mandado de segurança contra atos judiciais, especialmente em virtude da vedação legislativa ao cabimento de recursos em certas hipóteses.

"Não cabe mandado de segurança contra ato judicial passível de recurso ou correição" (Súmula 267 do STF).

21.3 Decisão judicial transitada em julgado

A terceira hipótese prevista em lei se refere à decisão judicial transitada em julgado. O tema comporta digressões extensas, relacionadas ao efeito da coisa julgada – o que escapa aos limites de uma análise de direito administrativo.

"Não cabe mandado de segurança contra decisão judicial com trânsito em julgado" (Súmula 268 do STF).

21.4 Outras hipóteses de restrição ao mandado de segurança

Há outras hipóteses de descabimento do uso do mandado de segurança. Em tais casos, não existe vedação ao exercício do direito de ação. A restrição envolve o exercício de pretensão por meio de mandado de segurança. Caberá à parte valer-se das vias ordinárias para obter a tutela jurisdicional.

---

[24] A expressão indica as hipóteses em que o atingimento de um termo produz, de modo automático, a constituição em mora do devedor, sem a necessidade de que o credor promova uma interpelação formal.

21.4.1 Vedação à utilização como instrumento de cobrança

Reputa-se que o mandado de segurança não pode ser utilizado como sucedâneo de ação de cobrança. Essa determinação resulta especificamente da disciplina constitucional para a liquidação das dívidas da Fazenda Pública por meio de precatórios (art. 100 da CF/1988).

"O mandado de segurança não é substitutivo de ação de cobrança" (Súmula 269 do STF).

Mas existem hipóteses específicas, em que o mandado de segurança pode conduzir à determinação de que o Poder Público promova o pagamento em favor do impetrante. Assim se passa, especificamente, nos casos de mandado de segurança preventivo ou quando, de algum modo, o provimento jurisdicional se aplicar a condutas futuras da autoridade pública.

Por exemplo, suponha-se que uma autoridade remeta correspondência a um particular por ela contratado prevendo que o contrato será rescindido e que o pagamento previsto para ocorrer em data futura não será realizado. Se a anunciada rescisão estiver eivada de defeito e se não existir fundamento legítimo para a negativa de pagamento, o mandado de segurança poderá resultar em sentença mandamental determinando que a rescisão não seja procedida e que o pagamento ocorra.

21.4.2 Vedação ao controle em abstrato de constitucionalidade

O mandado de segurança não se presta a controle em abstrato da validade de atos administrativos, o que significa que a finalidade do *writ* não é a discussão da compatibilidade teórica entre as normas jurídicas.

É possível que, para efeito de determinar a existência do direito subjetivo invocado pelo impetrante, o Poder Judiciário conheça e decida sobre a constitucionalidade de atos legislativos e infralegislativos. Assim se passará quando a lesão ao direito líquido e certo a ser protegido envolver a discussão sobre a constitucionalidade de lei ou ato normativo. Nesse caso, faz-se o controle em concreto, o que significa examinar a validade de normas para efeito de compor o litígio. Nada impede que o juiz singular defira a segurança sob fundamento de inconstitucionalidade da lei, mas o fará para o efeito de tutelar um direito subjetivo específico.

"Não cabe mandado de segurança contra lei em tese" (Súmula 266 do STF).

21.4.3 A ressalva quanto ao habeas corpus e habeas data

A ressalva constitucional de que o mandado de segurança destina-se a proteger direito não amparável por *habeas corpus* ou *habeas data* tem origem histórica,[25] e até seria dispensável. Os direitos de locomoção e de registro de informações são tuteláveis por instrumentos específicos, pelo que não estão abrangidos na tutela da impetração por meio de mandado de segurança.

21.5 A questão do ato disciplinar

A Lei 12.016/2009 eliminou uma regra inconstitucional contemplada na disciplina revogada. Anteriormente, previa-se o descabimento de mandado de segurança para questionar ato disciplinar (ressalvados os casos de vício de competência ou forma). A regra refletia a concepção ultrapassada de que a Administração Pública seria titular de um "poder disciplinar discricionário", não suscetível de controle jurisdicional. É evidente que o ato disciplinar será sujeito ao controle

---

[25] Nesse sentido, confira-se ALVIM. *Mandado de segurança*, 4. ed., p. 15 *et seq.*

828 CURSO DE DIREITO ADMINISTRATIVO · *Marçal Justen Filho*

jurisdicional do mesmo modo e nos mesmos limites de qualquer ato praticado no exercício de competência discricionária. A eliminação da hipótese apenas reafirma o entendimento difundido, no sentido de o Poder Judiciário poder controlar ato praticado inclusive no exercício de competência discricionária, cabendo apenas preservar o mérito do ato administrativo.

22   AINDA O INTERESSE DE AGIR

A natureza constitucional do mandado de segurança conduz à possibilidade de sua utilização ampla, para proteção de direito subjetivo contra qualquer ação ou omissão estatal. As limitações são as derivadas do próprio sistema constitucional.

Assim, o art. 100 da Constituição estruturou um sistema próprio de pagamento de condenações judiciais impostas à Fazenda Pública. Daí se extrai o descabimento do mandado de segurança para obter condenação judicial de pagamento. Mas isso não impede que o mandado de segurança seja utilizado como meio de eliminar ações ou omissões indevidas no tocante ao pagamento de valores devidos no futuro.

Maria Sylvia Zanella Di Pietro aponta a existência de um caso em que se admite a cobrança com base em decisão proferida em mandado de segurança. Referia-se à hipótese da Lei 5.021/1966, que atualmente consta do art. 14, § 4.º, da Lei 12.016/2009: "O pagamento de vencimentos e vantagens pecuniárias assegurados em sentença concessiva de mandado de segurança a servidor público".[26]

23   PRESSUPOSTOS PROCESSUAIS

De modo genérico, aplicam-se as regras contidas na legislação processual civil, com as alterações contidas na lei especial. Nesse sentido, o art. 6.º, § 5.º, da Lei 12.016/2009 prevê que será denegado o mandado de segurança nas hipóteses do art. 267 do Código de Processo Civil de 1973. O dispositivo referido equivale ao art. 485 do Código de Processo Civil de 2015.

Cabem algumas considerações adicionais.

23.1   A questão da competência jurisdicional

A competência jurisdicional para o mandado de segurança é definida pela titularidade federativa da autoridade cujo exercício é questionado na impetração.

23.1.1   A competência da Justiça Federal

Os atos de autoridades federais são submetidos à competência da Justiça Federal de primeira instância, tal como previsto no art. 109, VIII, da Constituição.

O art. 2.º da Lei 12.016/2009 estabelece: "Considerar-se-á federal a autoridade coatora se as consequências de ordem patrimonial do ato contra o qual se requer o mandado houverem de ser suportadas pela União ou entidade por ela controlada".

Isso não significa que esse seja o critério único ou principal para determinar a competência para a impetração. Trata-se de uma regra de cunho complementar, destinada a superar uma controvérsia sobre o tema.

Mas também se poderia acrescentar que a competência recairia sobre a Justiça Federal caso os efeitos patrimoniais devam ser arcados por sociedade estatal federal. Afinal, o art. 109, I, da Constituição determina que as causas em que for interessada uma empresa pública federal estarão sujeitas à competência da Justiça Federal.

---

[26]   DI PIETRO. *Direito administrativo*, 37. ed., p. 873 *et seq.*

"Compete à Justiça Federal, em ambas as instâncias, processar e julgar as causas entre autarquias federais e entidades públicas locais, inclusive mandados de segurança, ressalvada a ação fiscal, nos termos da Constituição Federal de 1967, art. 119, § 3.º" (Súmula 511 do STF).

23.1.2 Condição subjetiva da autoridade impetrada

Os atributos pessoais do cargo exercitado pela autoridade impetrada podem influenciar a competência, deslocando-a para um Tribunal Superior.

Por exemplo, o art. 102, I, *d*, estabelece que incumbe ao Supremo Tribunal Federal processar e julgar originariamente o mandado de segurança contra atos do Presidente da República, das Mesas da Câmara dos Deputados, do Senado Federal, do Tribunal de Contas da União, do Procurador-Geral da República e do próprio Supremo Tribunal Federal.

"Não compete ao Supremo Tribunal Federal conhecer originariamente de mandado de segurança contra atos de outros Tribunais" (Súmula 624 do STF).

"Não gera por si só a competência originária do Supremo Tribunal Federal para conhecer do mandado de segurança com base no art. 102, I, *n*, da Constituição, dirigir-se o pedido contra deliberação administrativa do tribunal de origem, da qual haja participado a maioria ou a totalidade de seus membros" (Súmula 623 do STF).

"O Supremo Tribunal Federal não é competente para conhecer de mandado de segurança contra atos dos Tribunais de Justiça dos Estados" (Súmula 330 do STF).

"Compete a turma recursal processar e julgar o mandado de segurança contra ato de juizado especial" (Súmula 376 do STJ).

"O Superior Tribunal de Justiça é incompetente para processar e julgar, originariamente, mandado de segurança contra ato de órgão colegiado presidido por Ministro de Estado" (Súmula 177 do STJ).

"O Superior Tribunal de Justiça não tem competência para processar e julgar, originariamente, mandado de segurança contra ato de outros Tribunais ou dos respectivos órgãos" (Súmula 41 do STJ).

23.2 A questão da competência territorial

Quando se tratar de competência da Justiça Federal de primeiro grau, a regra geral sobre competência territorial será aquela contemplada no art. 109, § 2.º, da Constituição. Ou seja, caberá ajuizar a ação na seção judiciária de domicílio do autor, naquela em que tiver ocorrido o ato impetrado (ou o bem objeto da disputa) ou no Distrito Federal.

23.3 O prazo para impetração

A Lei fixa um prazo decadencial de 120 dias entre a data da consumação da ação ou omissão abusiva e a impetração. Decorrido esse prazo, consuma-se a decadência do direito de impetrar mandado de segurança, o que significa, em termos práticos, a necessidade de utilização de outra via processual para tutela dos interesses.

"É constitucional lei que fixa o prazo de decadência para a impetração de mandado de segurança" (Súmula 632 do STF).

CURSO DE DIREITO ADMINISTRATIVO • *Marçal Justen Filho*

"Pedido de reconsideração na via administrativa não interrompe o prazo para o mandado de segurança" (Súmula 430 do STF).

"Decisão denegatória de mandado de segurança, não fazendo coisa julgada contra o impetrante, não impede o uso da ação própria" (Súmula 304 do STF).

23.4   A disciplina sobre a forma da impetração

Em princípio, a impetração do mandado de segurança segue as exigências padrão do direito processual civil.

No entanto, o art. 4.º da Lei 12.016/2009 autoriza que, em casos de urgência, a impetração seja promovida por telegrama, radiograma, fax ou meio eletrônico de autenticidade comprovada (que atenda às regras da Infraestrutura de Chaves Públicas Brasileiras – ICP-Brasil).

A sumariedade dessa solução não afasta a obrigatoriedade do cumprimento dos requisitos próprios e o texto original da petição deverá ser apresentado no prazo de 5 dias úteis.

23.5   A questão da instrução da inicial

Em princípio, a inicial do mandado de segurança tem de ser acompanhada de toda a documentação que comprove a existência de um direito líquido e certo. Assim se passa, inclusive, pela inviabilidade de dilação probatória no âmbito do processo do mandado de segurança.

23.5.1   A exigência de cópia integral

É necessário que o impetrante apresente uma cópia integral, não apenas da inicial, mas também de todos os documentos que a instruírem. Exige-se que a petição inicial e os documentos que a instruem sejam apresentados em tantas vias quanto o número de autoridades impetradas.

Mas, em hipóteses justificadas, a impetração pode ser admitida ainda que desacompanhada total ou parcialmente dos documentos necessários, especialmente quando estiverem eles em poder da própria autoridade impetrada.

23.5.2   A hipótese de inviabilidade de obtenção de documentos pertinentes

A obtenção dos documentos probatórios do direito do impetrante pode ser um obstáculo ao exercício da ação mandamental. Assim se passa porque existirão casos de risco de perecimento do direito na pendência da obtenção dos documentos. Em outros casos, poderá verificar-se a recusa da autoridade em fornecer os documentos pertinentes a atos ilegais ou abusivos.

O art. 6.º, § 1.º, da Lei 12.016/2009 estabelece que, existindo dificuldade na obtenção da documentação destinada a provar a existência de direito líquido e certo, o juiz ordenará, preliminarmente, a exibição do documento no original ou por cópia. Anote-se que a autoridade destinatária dessa ordem de exibição pode não ser aquela apontada como coatora.

24   A DECISÃO DO MANDADO DE SEGURANÇA

Não é pertinente maior aprofundamento no tocante às regras puramente processuais do mandado de segurança, porque o tema não apresenta natureza de direito administrativo. Cabem apenas algumas considerações relativas aos efeitos de direito material produzidos no âmbito do mandado de segurança.

24.1 A concessão liminar da ordem

Demonstrada a existência de fundamento relevante e que do ato impugnado poderá resultar a ineficácia da medida a ser deferida ao final, o juiz poderá determinar a suspensão do ato objeto da impetração. Assim está previsto no art. 7.º, III, da Lei 12.016/2009.

24.1.1 Provimento de urgência

Trata-se de um provimento de urgência, que não dispensa a existência de uma aparência de bom direito em favor do impetrante. A terminologia utilizada (fundamento relevante) deve ser interpretada para indicar que, numa cognição sumária, existem razões consistentes invocadas pela parte.

24.1.2 Liminar de efeito ativo

Por outro lado, a redação do art. 7.º, III, da Lei 12.016/2009 não significa impedimento à concessão de liminares de efeito ativo. A suspensão dos efeitos do ato impugnado é a solução adequada para os casos de ações inquinadas de abuso ou ilegalidade. O mandado de segurança se presta também para a impugnação de omissões abusivas e ilegais.

Em tal hipótese, a tutela jurisdicional antecipatória adequada para evitar o perecimento de interesses poderá ser um provimento de efeitos ativos. Tratar-se-á de suprir, de imediato e liminarmente, a omissão da autoridade.

24.1.3 A questão da garantia em caso de deferimento de liminar

O inciso III do art. 7.º da Lei 12.016/2009 explicitamente faculta que o deferimento da liminar seja acompanhado da exigência de caução, fiança ou depósito, "com o objetivo de assegurar o ressarcimento à pessoa jurídica".

Essa exigência é compatível com os lineamentos gerais atinentes a liminares e antecipações de tutela. A natureza precária da decisão que suspende o ato significa uma cognição perfunctória da controvérsia. Portanto, é plenamente cabível que, ao final, seja proferida decisão denegatória da ordem. Em alguns casos, a suspensão da eficácia do ato impetrado poderá ter acarretado algum dano econômico. A existência de risco de danos irreparáveis ou de difícil reparação em decorrência da concessão da ordem não se constitui em obstáculo à suspensão liminar do ato impetrado. Mas pode impor a exigência de uma garantia de cunho acautelatório. Não se afigura que tal solução seja inconstitucional, visto que se aplicam os mesmos princípios norteadores da antecipação da tutela e dos provimentos acautelatórios.

24.2 O afastamento da vedação à concessão liminar da ordem

O art. 7.º, § 2.º, da Lei 12.016/2009 previu hipóteses em que não seria cabível a concessão de medida liminar. O STF decretou a inconstitucionalidade do dispositivo:

"(...) 4. A cautelaridade do mandado de segurança é ínsita à proteção constitucional ao direito líquido e certo e encontra assento na própria Constituição Federal. Em vista disso, não será possível a edição de lei ou ato normativo que vede a concessão de medida liminar na via mandamental, sob pena de violação à garantia de pleno acesso à jurisdição e à própria defesa do direito líquido e certo protegida pela Constituição. Proibições legais que representam óbices absolutos ao poder geral de cautela. 5. Ação julgada parcialmente procedente, apenas para declarar a inconstitucionalidade dos arts. 7.º, § 2.º, e 22.º, § 2.º, da Lei 12.016/2009, reconhe-

832 CURSO DE DIREITO ADMINISTRATIVO • *Marçal Justen Filho*

cendo-se a constitucionalidade dos arts. 1.º, § 2.º; 7.º, III; 23 e 25 dessa mesma lei" (ADI 4.296/ DF, Pleno, rel. Min. Marco Aurélio, rel. p/ acórdão Min. Alexandre de Moraes, j. 09.06.2021, *DJe* 08.10.2021).

24.3 A decisão extintiva do processo

O processo do mandado de segurança poderá ser extinto sem julgamento ou com julgamento de mérito, nos termos usuais da legislação processual civil.

24.3.1 A eventual ausência de decisão quanto ao mérito do litígio

É relevante insistir em que o reconhecimento da decadência do direito de impetrar a segurança ou a extinção do processo sem julgamento de mérito não impedem que o impetrante exercite a sua pretensão por outra via. Mesmo a denegação da ordem e o seu trânsito em julgado não inviabilizam a renovação da pretensão por via não mandamental quando o mérito não tiver sido apreciado (art. 19 da Lei 12.016/2009).

24.3.2 A natureza mandamental da sentença

A sentença de concessão da ordem apresenta eficácia mandamental, o que já foi objeto de exame por ocasião da definição do instituto.

24.3.3 A ausência de condenação em honorários advocatícios

Não há condenação em honorários advocatícios em caso de mandado de segurança, tal como determina o art. 25 da Lei 12.016/2009.

A sentença concessiva da segurança ficará sujeita a duplo grau de jurisdição obrigatório, mas "pode ser executada provisoriamente, salvo nos casos em que for vedada a concessão da medida liminar" (art. 14, § 3.º).

24.3.4 A eficácia restrita ao futuro

O art. 14, § 4.º, da Lei 12.016/2009 estabelece que o pagamento de vencimentos e vantagens pecuniárias assegurados na sentença concessiva em favor de servidor público da administração direta ou autárquica apenas será realizado relativamente às prestações vencidas depois do ajuizamento da inicial.

Essa regra deve ser interpretada em termos, uma vez que não poderá proteger atos administrativos flagrantemente abusivos, destituídos de qualquer fundamento plausível. A interpretação se impõe especialmente em virtude da ausência de capacidade financeira da maioria dos Estados e Municípios, que não logram liquidar os precatórios contra si emitidos. Ou seja, a remessa do impetrante ao regime de precatório pode equivaler à frustração da eficácia da tutela jurisdicional. Mais ainda, pode constituir-se num incentivo à prática de condutas arbitrárias da autoridade pública.

A Súmula 271 do STF já havia estabelecido a solução jurídica para créditos anteriores à concessão da ordem:

"Concessão de mandado de segurança não produz efeitos patrimoniais em relação a período pretérito, os quais devem ser reclamados administrativamente ou pela via judicial própria".

O STF consolidou entendimento de que os valores devidos entre a data da impetração e a data da efetivação da ordem concessiva devem ser submetidos ao regime de precatórios, confira-se:

"Recurso extraordinário. Constitucional e processual. Mandado de Segurança. Valores devidos entre a data da impetração e a implementação da ordem concessiva. Submissão ao regime de precatórios. Repercussão geral reconhecida. Reafirmação de jurisprudência" (RE 889.173/MS, Pleno, rel. Min. Luiz Fux, repercussão geral – mérito, j. 07.08.2015, *DJe* 14.08.2015).

O STF reconheceu que o entendimento acima não versava sobre créditos relativos ao período entre a data da concessão da ordem e o seu trânsito em julgado:

"1. Ao apreciar o RE 889173 esta Corte decidiu que o pagamento dos valores devidos pela Fazenda Pública entre a data da impetração do mandado de segurança e a efetiva implementação da ordem concessiva deve observar o regime de precatórios previsto no artigo 100 da Constituição Federal, nada especificando a respeito do período compreendido entre a prolação da decisão concessiva da segurança e o trânsito em julgado da ação. (...)" (AgR na Rcl 51.062/GO, 2.ª T., rel. Min. Edson Fachin, j. 25.04.2023, *DJe* 28.04.2023).

24.4 A tipificação penal do descumprimento

O art. 26 da Lei 12.016/2009 estatui que o não cumprimento das decisões proferidas em mandado de segurança configura crime de desobediência, tal como definido no art. 330 do Código Penal:

"Desobedecer a ordem legal de funcionário público. Pena – detenção, de quinze dias a seis meses, e multa".

Ademais disso, a conduta sujeita o infrator às sanções administrativas e, se cabível, à aplicação do regime da Lei 1.079/1950 (que dispõe sobre os crimes de responsabilidade).

24.5 A desistência do impetrante após prolação da sentença

O STF, no julgamento do RE 669.367, deu provimento ao recurso com repercussão geral para assentar o cabimento de o impetrante de mandado de segurança desistir da ação após a prolação de sentença:

"*Recurso extraordinário. Repercussão geral admitida. Processo civil.* Mandado de segurança. Pedido de desistência deduzido após a prolação de sentença. Admissibilidade. 'É lícito ao impetrante desistir da ação de mandado de segurança, independentemente de aquiescência da autoridade apontada como coatora ou da entidade estatal interessada ou, ainda, quando for o caso, dos litisconsortes passivos necessários' mesmo após eventual sentença concessiva do 'writ' constitucional, (…) não se aplicando, em tal hipótese, a norma inscrita no art. 267, § 4.º, do CPC' (RE 255.837-AgR/PR, 2.ª Turma, Min. Celso de Mello, *DJe* de 27.11.2009). Jurisprudência desta Suprema Corte reiterada em repercussão geral (Tema 530 – Desistência em mandado de segurança, sem aquiescência da parte contrária, após prolação de sentença de mérito, ainda que favorável ao impetrante). Recurso extraordinário provido" (RE 669.367/RJ, Pleno, rel. Min. Luiz Fux, rel. p/ acórdão Min. Rosa Weber, repercussão geral – mérito, j. 02.05.2013, *DJe* 29.10.2014).

834 CURSO DE DIREITO ADMINISTRATIVO · *Marçal Justen Filho*

A jurisprudência do STJ incorporou o entendimento adotado pelo STF. Nesse sentido, por exemplo, Pet nos EREsp 1.525.939/PR, 1.ª S., rel. Min. Francisco Falcão, j. 01.10.2024, *DJe* 03.10.2024.

25 A SUSPENSÃO DA EXECUÇÃO DE LIMINAR OU SENTENÇA

O art. 15 da Lei 12.016/2009 incorporou o instituto da suspensão da execução da liminar ou da sentença, previsto em linhas gerais na legislação pertinente ao mandado de segurança desde a Lei 191/1936. Atualmente, o instituto também é disciplinado pela Lei 8.437/1992.[27]

25.1 A previsão legal

Segundo o referido art. 15 da Lei 12.016/2009, "Quando, a requerimento de pessoa jurídica de direito público interessada ou do Ministério Público e para evitar grave lesão à ordem, à saúde, à segurança e à economia públicas, o presidente do tribunal ao qual couber o conhecimento do respectivo recurso suspender, em decisão fundamentada, a execução da liminar e da sentença, dessa decisão caberá agravo, sem efeito suspensivo, no prazo de 5 (cinco) dias, que será levado a julgamento na sessão seguinte à sua interposição".

"A suspensão da liminar em mandado de segurança, salvo determinação em contrário da decisão que a deferir, vigorará até o trânsito em julgado da decisão definitiva de concessão da segurança ou, havendo recurso, até a sua manutenção pelo Supremo Tribunal Federal, desde que o objeto da liminar deferida coincida, total ou parcialmente, com o da impetração" (Súmula 626 do STF).

25.2 A inconstitucionalidade da figura

Reputa-se que a figura da suspensão é incompatível com a ordem consagrada pela CF/1988, tal como exposto em edições anteriores deste *Curso*. Não pode ser admitida ao Presidente de Tribunal, nem mesmo ao Presidente do STF, competência para exercitar juízo sobre a conveniência política de uma decisão jurisdicional. Os recursos são a via adequada para rever decisões aptas a acarretar grave lesão à ordem, à saúde, à segurança e à economia públicas ou a qualquer outro interesse público.

No entanto, os tribunais (especialmente o STF) têm dado integral e incondicionada aplicação à figura. Houve diversas ADI contra os dispositivos que ampliavam os poderes dos presidentes de tribunais – caso da Medida Provisória 1.984/2000, muitas vezes reeditada, até resultar na Medida Provisória 2.180/2001, em vigor. O STF chegou a rejeitar cautelar para suspender a vigência dessas disposições, tal como se pode conferir no julgamento da ADI 2.251 MC/DF. Todavia, o feito foi extinto sem julgamento do mérito, sob o fundamento de que as reedições da Medida Provisória 1.984/2000, que houvera alterado a redação do art. 4.º da Lei 8.437/1992, exigiria a emenda à inicial.

---

[27] "Inicialmente construído para sustar a eficácia de liminares e sentenças proferidas em ações de mandado de segurança, o instrumento foi estendido, em moldes similares, para outras espécies de ações e medidas intentadas contra entes públicos. Assim, atualmente, trata-se de liminares cautelares ou antecipatórias, trate-se de sentenças ou acórdãos de tribunais, admite-se genericamente a utilização dos pedidos de suspensão como forma de sustação da eficácia de quaisquer provimentos judiciais adversos aos entes públicos ou privados que desempenhem função pública, desde que esteja fundamentada tal pretensão em razões de especial interesse público" (VENTURI. *Suspensão de liminares e sentenças contrárias ao poder público*. 3. ed., p. 48).

Cap. 18 – O CONTROLE DA ATIVIDADE ADMINISTRATIVA **835**

Logo, o entendimento da inconstitucionalidade do instituto, embora reflita a mais profunda convicção do autor, não merece maior prestígio.

25.3 A legitimidade ativa

O pedido de suspensão pode ser formulado não apenas pela pessoa jurídica de direito público diretamente afetada, mas também por outras entidades, mesmo privadas, que venham a suportar os efeitos da decisão.

Nos termos do já transcrito art. 15 da Lei 12.016/2009, previu-se a legitimidade ativa do Ministério Público e de pessoa jurídica de direito público interessada. Tem-se reputado que os concessionários de serviço público dispõem de idêntica legitimidade.

25.4 O conteúdo da decisão

O Presidente do Tribunal competente para conhecer do recurso contra a decisão questionada será o titular da competência para apreciar o pedido de suspensão da eficácia da liminar ou da sentença. A suspensão se fundará no risco de danos irreparáveis a interesses públicos entendidos em sentido amplo. Mas o § 4.º do art. 15 da Lei 12.016/2009 determina que o deferimento do efeito suspensivo depende da plausibilidade do direito invocado, tal como a urgência na sua concessão.

25.4.1 Os limites da cognição no pedido de suspensão

Costuma-se afirmar que o juízo exercitado pelo Presidente do Tribunal não se dirige a qualquer controvérsia jurídica. Tratar-se-ia exclusivamente de avaliar os reflexos sociais, econômicos ou políticos de uma decisão. No entanto, afigura-se evidente que é indispensável um exame mínimo quanto à plausibilidade do questionamento levantado.

25.4.2 A natureza acautelatória do pedido de suspensão

Assim se passa porque o pedido de suspensão apresenta inquestionável natureza acautelatória. Como é evidente, não cabe pleitear a suspensão de decisões transitadas em julgado. O pedido de suspensão destina-se a evitar a plena eficácia de uma decisão *antes do seu trânsito em julgado*. Portanto, seria descabido promover a suspensão de eficácia de uma decisão judicial invocando razões de *interesse público* sem apresentar algum argumento jurídico plausível.

Basta supor uma situação concreta para demonstrar a procedência da tese. Imagine-se que exista jurisprudência consolidada do STF relativamente a certo tema. Suponha-se que um magistrado profira sentença aplicando ao caso concreto precisa e exatamente o entendimento jurisprudencial em questão. Não teria cabimento que o poder público pretendesse a suspensão da eficácia da decisão invocando a potencial lesão à economia pública.

25.4.3 O exame dos reflexos do deferimento da suspensão

Isso significa que, por ocasião da decisão sobre a suspensão, não é cabível restringir o exame apenas aos reflexos da decisão objeto do pedido de suspensão. É preciso considerar o conteúdo do litígio originário e as características da decisão impugnada. Nunca se poderia admitir que a figura do pedido de suspensão se prestasse a frustrar a eficácia da atuação jurisdicional e a incentivar, indiretamente, a multiplicação de incidentes processuais para adiar o cumprimento de decisão de conteúdo previsível.

26 O MANDADO DE SEGURANÇA COLETIVO

A Constituição de 1988 previu o mandado de segurança coletivo, no art. 5.º, LXX. Trata-se da ampliação da garantia do mandado de segurança, visando à defesa de interesses coletivos. A Lei 12.016/2009 forneceu regras sobre o tema.

26.1 Distinção entre mandado de segurança individual e coletivo

O mandado de segurança coletivo destina-se à tutela de direitos subjetivos coletivos, que se originam de uma relação jurídica-base.

26.2 Os direitos coletivos transindividuais

Os direitos coletivos em sentido estrito se configuram quando existe uma relação jurídica transindividual, de natureza indivisível, de titularidade de um grupo de pessoas ligadas entre si ou à parte contrária por uma relação jurídica-base (art. 81, parágrafo único, II, da Lei 8.078/1990). É o caso característico de questões atinentes à categoria funcional, em que uma pluralidade de sujeitos se vincula ao Estado por uma relação jurídica fundamental.

Nessas hipóteses, admite-se que todas as pretensões sejam submetidas à apreciação do Judiciário no bojo de um único processo, seja por via do mandado de segurança coletivo, seja por meio de ações coletivas sujeitas ao regime da Lei 8.078/1990. A hipótese foi disciplinada especificamente no art. 21, parágrafo único, I, da Lei 12.016/2009.

26.3 Os direitos coletivos individuais homogêneos

O mandado de segurança coletivo também pode envolver os direitos individuais homogêneos, "assim entendidos, para efeito desta Lei, os decorrentes de origem comum e da atividade ou situação específica da totalidade ou de parte dos associados ou membros do impetrante" (art. 21, parágrafo único, II, da Lei 12.016/2009).

26.4 Mandado de segurança coletivo e litisconsórcio ativo

O mandado de segurança coletivo não se confunde com o mandado de segurança individual em que exista litisconsórcio ativo. No caso do litisconsórcio ativo, cada parte comparece em juízo e pleiteia provimento jurisdicional em nome próprio a si aplicável. No mandado de segurança coletivo existe uma única parte, que exercita a pretensão para obter provimento jurisdicional abrangente de todos os titulares de certa categoria, de certa posição, de certo direito.

Logo, o mandado de segurança individual com litisconsórcio ativo reflete a participação individual de todos os interessados. Já no mandado de segurança coletivo, a "categoria" comparece em juízo para obter decisão vinculante para todos os potenciais titulares de direito, nos limites previstos constitucionalmente.

26.5 Variações quanto às condições da ação e pressupostos processuais

Com algumas modificações, aplicam-se ao mandado de segurança coletivo os princípios e as regras expostos relativamente ao mandado de segurança individual.

26.6 A inconstitucionalidade do § 2.º do art. 22 da Lei 12.016/2009

O art. 22, § 2.º da Lei 12.016/2009 previa que o deferimento da liminar, em mandado de segurança coletivo, era condicionado à prévia audiência do representante judicial da pessoa jurídica de direito público interessada. Esse dispositivo foi declarado inconstitucional pelo STF:

Cap. 18 – O CONTROLE DA ATIVIDADE ADMINISTRATIVA **837**

"4. A cautelaridade do mandado de segurança é ínsita à proteção constitucional ao direito líquido e certo e encontra assento na própria Constituição Federal. Em vista disso, não será possível a edição de lei ou ato normativo que vede a concessão de medida liminar na via mandamental, sob pena de violação à garantia de pleno acesso à jurisdição e à própria defesa do direito líquido e certo protegida pela Constituição. Proibições legais que representam óbices absolutos ao poder geral de cautela. 5. Ação julgada parcialmente procedente, apenas para declarar a inconstitucionalidade dos arts. 7.º, § 2.º, e 22.º, § 2.º, da Lei 12.016/2009, reconhecendo-se a constitucionalidade dos arts. 1.º, § 2.º; 7.º, III; 23 e 25 dessa mesma lei" (ADI 4.296/DF, Pleno, rel. Min. Marco Aurélio, rel. p/ acórdão Min. Alexandre de Moraes, j. 09.06.2021, *DJe* 08.10.2021).

26.7   A questão da legitimidade ativa

A principal ressalva envolve, como é evidente, a legitimidade ativa. O art. 5.º, LXX, contempla duas alternativas. O mandado de segurança coletivo pode ser impetrado ou por partido político com representação no Congresso Nacional ou por organização sindical, entidade de classe ou associação legalmente constituída e em funcionamento há pelo menos um ano, em defesa dos interesses de seus membros ou associados.

26.8   Impetração por sindicato, entidade de classe ou associação

O art. 21 da Lei 12.016/2009 determina que o mandado de segurança coletivo, impetrado por organização sindical, entidade de classe ou associação far-se-á "na forma de seus estatutos e desde que pertinentes às suas finalidades, dispensada, para tanto, autorização especial".

"A impetração de mandado de segurança coletivo por entidade de classe em favor dos associados independe da autorização destes" (Súmula 629 do STF).

Inúmeros trabalhadores associados a um sindicato podem ter interesses comuns e homogêneos não relativos à sua condição funcional. Daí se exigir que a impetração coletiva, promovida pela entidade associativa, refira-se a interesses pertinentes à existência e à função por ela desempenhada.

Assim, não há interesse de agir de um sindicato de metalúrgicos para impetrar mandado de segurança coletivo contra a exigência de IPTU relativo ao imóvel de alguns dos sindicalizados. A função e a razão de existência do sindicato não consistem em defender os associados em questões atinentes à tributação de seu patrimônio pelo Município.

Isso não significa a necessidade de o interesse ser comum a todos os integrantes da categoria ou associação. É possível que apenas uma parte dos associados seja detentora do direito objeto da impetração, tal como exposto no item a seguir.

26.9   Ainda o interesse de agir: a questão do conflito interno de interesses

Não cabe a impetração coletiva quando se caracteriza um conflito interno de interesses no âmbito da entidade. O mandado de segurança coletivo destina-se à tutela de direitos *homogêneos*.

Se cada um dos associados tem seu próprio interesse, que não se confunde com o dos demais associados, não existem direitos coletivos homogêneos. Somente existem direitos homogêneos quando há a possibilidade de obtenção de prestações aptas a satisfazer não apenas de modo individual, mas conjunta e contemporaneamente, todos os integrantes da categoria ou todos os associados.

CURSO DE DIREITO ADMINISTRATIVO · *Marçal Justen Filho*

Há orientação jurisprudencial que admite a impetração pela entidade de classe também quando um interesse é comum apenas a uma parcela dos membros da categoria. Mas isso não alcança as hipóteses em que o interesse da categoria não é uniforme. Um exemplo prático: imagine-se o questionamento por mandado de segurança de uma regra restritiva de direitos de mulheres grávidas. A entidade de classe dispõe de legitimidade para impetrar o mandado de segurança coletivo, ainda que a classe seja também integrada por homens e mulheres não grávidas.

"A entidade de classe tem legitimação para o mandado de segurança ainda quando a pretensão veiculada interesse apenas a uma parte da respectiva categoria" (Súmula 630 do STF).

26.10   Ainda a questão da tutela a direitos subjetivos

O mandado de segurança se destina à defesa de direitos subjetivos, não de interesses jurídicos. Esse requisito permanece existindo no mandado de segurança coletivo, que não se presta ao controle objetivo da atividade administrativa.

Por exemplo, suponha-se um ato de autoridade que negue certa vantagem para os integrantes de uma classe de servidores. Esse é o caso característico do mandado de segurança coletivo: pretende-se ordem judicial dirigida à autoridade para que reconheça a cada um dos membros daquela classe determinado direito, individualmente fruível.

Considere-se, por outro lado, um edital de licitação condicionando a participação no certame a uma exigência que uma parte da categoria profissional preenche e outra não. Nesse caso, não cabe o mandado de segurança coletivo. É que o provimento jurisdicional pretendido não será destinado a satisfazer direito subjetivo de cada integrante da categoria. Não se diga que cada integrante poderia fruir do direito de participar do certame. Cada integrante da categoria pode (ou não) ter interesse em participar do certame, mas é impossível reconhecer a todos eles um *direito subjetivo* dessa natureza. Nesse caso, nem mesmo seria possível aludir à homogeneidade dos interesses. O ponto fundamental consiste em que eventual impetração se destinaria ao controle objetivo da atividade administrativa, e não à defesa de interesses subjetivos dos integrantes da categoria.

27   A SENTENÇA DO MANDADO DE SEGURANÇA COLETIVO

A sentença do mandado de segurança coletivo produz efeitos *erga omnes*, nos limites do pedido, dos seus fundamentos e do capítulo decisório.

27.1   Extensão dos efeitos da coisa julgada

O tema foi disciplinado no art. 22 da Lei 12.016/2009. Ali se previu que os efeitos da coisa julgada alcançam "os membros do grupo ou categoria substituídos pelo impetrante".

27.2   Ausência de configuração de litispendência

Por outro lado, o § 1.º do mesmo artigo determina que o mandado de segurança coletivo não induz litispendência para as ações individuais. No entanto, os efeitos da coisa julgada não beneficiarão o impetrante que, tendo exercitado o mandado de segurança individual, dele não desistir no prazo de 30 dias (computado da ciência comprovada da impetração da segurança coletiva).

28   A AÇÃO POPULAR

A ação popular é uma ação civil constitucional destinada a proteger interesse difuso e objetivo de qualquer cidadão em obter provimento jurisdicional de anulação de ato praticado por agente estatal ou, se privado, beneficiário de recursos públicos, lesivo ao patrimônio, à moralidade administrativa, ao meio ambiente e ao patrimônio histórico e cultural.

28.1   A garantia constitucional

A ação popular está prevista no art. 5.º, LXXIII, da Constituição. Constitui-se em um instrumento processual de controle objetivo da regularidade da atividade administrativa. Sua existência deriva da concepção de que todo e qualquer cidadão é investido do dever-poder de participar do processo de fiscalização da regularidade dos atos administrativos. A ação popular está disciplinada na Lei 4.717/1965, com inúmeras alterações posteriores.

28.2   O controle objetivo

A ação popular não consiste num instrumento processual de defesa de direitos subjetivos individuais. Por isso, não existe na ação popular uma pretensão do autor de obter uma prestação patrimonial destinada à sua própria satisfação.

A ação popular se orienta à proteção de interesses objetivos, de cunho difuso. Há interesse difuso quando não é possível a qualquer membro da comunidade apropriar-se individual e privativamente dos benefícios derivados de certa conduta ou de determinado bem. Todos os membros da coletividade se encontram em situação de fruição equivalente de vantagens em vista do bem ou direito, vedando-se sua apropriação individual privativa. Bem por isso, os interesses difusos envolvem, em grande parte dos casos, o destino dos bens de uso comum do povo – cuja titularidade é do Estado, mas que apresentam um regime de uso e fruição peculiar.

28.3   Provimento jurisdicional constitutivo negativo

A ação busca diretamente provimento jurisdicional de cunho constitutivo negativo. A Lei 4.717/1965, no art. 1.º, faz referência à anulação ou declaração de nulidade. Os efeitos do provimento deverão ser fixados em vista do princípio da proporcionalidade.

Mas a sentença de procedência do pedido pode apresentar efeito condenatório acessório, impondo à parte passiva o dever de indenizar as perdas e os danos ou de repor a situação no estado anterior.

28.4   O questionamento a ato comissivo

A ação popular se dirige contra ato determinado. Isso significa que, como regra, a ação popular não pode ser dirigida contra a omissão estatal. O silêncio administrativo apenas autorizará a ação popular quando for qualificado juridicamente e produzir efeito de manifestação de vontade administrativa.

28.5   A inadequação para controle de constitucionalidade em abstrato

Por outro lado, a ação popular não é meio para o controle em abstrato da constitucionalidade de atos legais.

28.6 Ato praticado no exercício de competência administrativa

Esse ato impugnado por meio de ação popular deve ter sido praticado por agente público no exercício de competência administrativa. Mas também se admite a utilização da ação popular para atacar atos jurídicos não estatais, desde que importem a malversação de recursos públicos. Uma entidade privada pode ter seus atos questionados por ação popular na medida em que tenha recebido do Estado recursos, subvenções ou contribuição substancial para a formação de seu patrimônio.

Como dito, a generalização e ampliação da atividade administrativa ultrapassou os limites do Estado, passando a ser desenvolvida por entidades privadas. O amplo cabimento da ação popular é uma decorrência dessa ampliação de limites, impondo ao particular que desempenha atividades de interesse coletivo – única justificativa legitimadora do recebimento de vantagens provenientes do patrimônio público – a submissão aos instrumentos de controle próprios da atividade estatal.

28.7 A lesão ao patrimônio público

A ação popular é cabível em diversas situações. Uma delas envolve o vício de lesividade ao patrimônio público estatal ou, se patrimônio privado, formado a partir de recursos públicos.

O conceito de patrimônio público abrange, segundo o art. 1.º, § 1.º, da Lei 4.717/1965 (com redação da Lei 6.513/1977), os bens e direitos de valor econômico, artístico, estético, histórico ou turístico.

28.8 A infração à moralidade administrativa

Outro pressuposto de cabimento da ação popular reside na infração à moralidade administrativa, o que configura um conceito jurídico indeterminado. Já foram feitas anteriormente diversas referências ao tema e se pode afirmar, de modo simplificado, que a moralidade administrativa consiste num conjunto de imposições éticas norteadoras do exercício da função administrativa, impositivas dos deveres de lealdade e de honestidade na gestão dos recursos e no exercício das competências.

28.9 A proteção do meio ambiente, da cultura e da história

Admite-se que a ação popular se oriente à proteção do meio ambiente e do conjunto de bens relacionados com a cultura e a história brasileiras.
Segundo o STF:

"2. A questão debatida no acórdão recorrido, referente a um dos pressupostos da ação popular (comprovação da lesividade ao patrimônio público), já foi objeto de análise por este Supremo Tribunal Federal que, ao apreciar o ARE 824.781, Rel. Min. Dias Toffoli, sob a sistemática da repercussão geral, Tema 836, reconheceu a existência da repercussão geral da questão constitucional suscitada e, no mérito, reafirmou a jurisprudência dominante sobre a matéria. 3. Na oportunidade restou fixada a seguinte tese: 'Não é condição para o cabimento da ação popular a demonstração de prejuízo material aos cofres públicos, dado que o art. 5.º, inciso LXXIII, da Constituição Federal estabelece que qualquer cidadão é parte legítima para propor ação popular e impugnar, ainda que separadamente, ato lesivo ao patrimônio material, moral, cultural ou histórico do Estado ou de entidade de que ele participe' (...)" (ARE 1.196.914/SP AgR, 2.ª T., rel. Min. Edson Fachin, j. 17.08.2021, *DJe* 20.08.2021).

"Direito Constitucional e Processual Civil. Ação popular. Condições da ação. Ajuizamento para combater ato lesivo à moralidade administrativa. Possibilidade. Acórdão que manteve sentença que julgou extinto o processo, sem resolução do mérito, por entender que é condição da ação popular a demonstração de concomitante lesão ao patrimônio público material. Desnecessidade. Conteúdo do art. 5.º, inciso LXXIII, da Constituição Federal. Reafirmação de jurisprudência. Repercussão geral reconhecida. 1. O entendimento sufragado no acórdão recorrido de que, para o cabimento de ação popular, é exigível a menção na exordial e a prova de prejuízo material aos cofres públicos, diverge do entendimento sufragado pelo Supremo Tribunal Federal. 2. A decisão objurgada ofende o art. 5.º, inciso LXXIII, da Constituição Federal, que tem como objetos a serem defendidos pelo cidadão, separadamente, qualquer ato lesivo ao patrimônio material público ou de entidade de que o Estado participe, ao patrimônio moral, ao cultural e ao histórico. 3. Agravo e recurso extraordinário providos. 4. Repercussão geral reconhecida com reafirmação da jurisprudência" (ARE 824.781/MT, Pleno, rel. Min. Dias Toffoli, repercussão geral – mérito, j. 27.08.2015, *DJe* 08.10.2015).

28.10 Os requisitos quanto à legitimidade para a ação popular

Os requisitos de legitimidade ativa são diferenciados e se subordinam a disciplina específica.

28.10.1 Legitimidade ativa

A legitimidade ativa para a ação popular foi reservada constitucionalmente para o *cidadão*. Isso significa que apenas as pessoas físicas estão investidas da legitimidade ativa, cabendo-lhes evidenciar a condição de exercício da cidadania.[28]

A ação popular se caracteriza pela legitimação de qualquer cidadão para questionar atos administrativos, o que permite a ampliação significativa da participação popular na vida comunitária e representa um modo de integração entre a sociedade e o Estado. Essa natureza justifica um regime jurídico próprio e peculiar, diferenciado em face dos demais instrumentos processuais.

Não há restrições ao litisconsórcio ativo facultativo.

"Pessoa jurídica não tem legitimidade para propor ação popular" (Súmula 365 do STF).

28.10.2 Legitimidade passiva

Em princípio, a qualidade de ré é reservada para a entidade que praticou o ato administrativo questionado, envolvendo a gestão de bens ou recursos públicos. A Lei 4.717/1965 submete ao regime da ação popular todas as entidades públicas ou privadas encarregadas da gestão de bens ou recursos públicos. Mais ainda, abrange inclusive as entidades privadas que sejam subvencionadas com recursos públicos ou para cujo patrimônio o Estado tenha contribuído com mais de 50% (artigos 1.º e 20).

Deverão ser chamadas como rés também as pessoas físicas que intervieram na formação e na manifestação da vontade da entidade.

---

[28] *"Cidadão* é o brasileiro, nato ou naturalizado, que está no gozo dos direitos políticos, ou seja, dos direitos de votar e ser votado. A rigor, basta a qualidade de *eleitor*, uma vez que o artigo 1.º, § 3.º, da Lei 4.717/65 exige que a prova da cidadania, para ingresso em juízo, seja feita com o título eleitoral, ou com documento que a ele corresponda" (DI PIETRO. *Direito administrativo*, 37. ed., p. 887).

842 CURSO DE DIREITO ADMINISTRATIVO · *Marçal Justen Filho*

Se houver terceiros beneficiados pelo ato, também eles serão réus no processo da ação popular. Aliás, determina-se a integração da lide pelas pessoas que, beneficiárias dos atos questionados, mas desconhecidas por ocasião do ajuizamento, vierem a ser conhecidas posteriormente (art. 7.º, § 2.º, III).

28.10.3   A possibilidade de a entidade ré assumir a condição de autora

Na ação popular, assegura-se à pessoa jurídica ré a faculdade de abster-se de responder ou, mesmo, de pleitear sua atuação como litisconsorte do autor (art. 6.º, § 3.º). Essa decisão deverá ser adotada por meio de processo administrativo interno, no qual sejam avaliadas as diversas alternativas.

28.10.4   A assunção da causa por terceiro ou pelo Ministério Público

O art. 9.º da Lei 4.717/1965 prevê que, em caso de desistência ou ação ou omissão do autor que conduza à extinção do processo, será determinada a publicação de edital convocando qualquer cidadão para assumir o feito, bem como intimando o Ministério Público para tanto.

28.11   Interesse de agir

Há interesse de agir para a ação popular quando a pessoa física do cidadão pretenda o desfazimento de ato lesivo ao patrimônio público (em sentido amplo), inclusive nos casos em que se trate de atividade de entidade privada, mas operando com recursos provenientes dos cofres públicos.

28.11.1   A existência de interesse subjacente

É irrelevante, para fins da ação popular, a existência de interesse subjacente, ainda que puramente privado. A eventual perspectiva de obtenção de vantagens políticas, econômicas ou jurídicas para si ou para terceiro não afasta o interesse de agir para a ação popular. Mas isso não autoriza a instrumentalização da ação popular para a disputa egoística, a obtenção de vantagens indevidas ou a infração à moralidade pública.

A existência desses interesses subjacentes refletirá diretamente sobre a responsabilidade do sujeito que se tiver valido maliciosamente da ação popular, especialmente porque as ações de controle objetivo impõem deveres de direito público ao autor da ação popular. O tema será mais bem examinado adiante.

28.11.2   A gravidade do instrumento e seus reflexos sobre o interesse de agir

A gravidade e a extensão dos efeitos potenciais da ação popular resultam de sua natureza de instrumento de controle objetivo da atividade administrativa. O autor da ação popular não é um particular defendendo seus interesses privados, mas alguém que assume o dever-poder de defesa dos interesses comuns a toda a sociedade.

Por isso, a comprovação da necessidade de tutela jurisdicional não se assemelha ao que se passa numa ação promovida para direitos subjetivos privados. A ação popular assemelha-se muito mais a uma ação penal do que à defesa de pretensão privada egoística. Por isso, é indispensável a comprovação, desde logo, de dados mínimos indicadores da existência de irregularidades. Para usar a terminologia do direito processual penal, é necessária uma "justa causa".

Cap. 18 – O CONTROLE DA ATIVIDADE ADMINISTRATIVA **843**

Não é cabível ajuizar ação popular sem a descrição precisa e exata de atos irregulares, com a indicação de indícios mínimos da irregularidade.[29]

28.12 A funcionalização da autoria da ação popular

O exercício da ação popular reflete a participação individual no controle das atividades administrativas. Consiste numa atuação de interesse coletivo, orientada a defender as instituições e os interesses coletivos. Isso importa a funcionalização das "prerrogativas".

O sujeito que exercita a ação popular não age no interesse egoístico pessoal, mas em busca do bem comum. Por isso, as prerrogativas que a ele são asseguradas se configuram como competências públicas, o que importa a descaracterização de um direito subjetivo comum. Em outras palavras, o direito de promover ação popular é um direito funcionalizado.

Logo, incide sobre o autor da ação popular um regime muito mais severo do que aquele aplicável ao autor de uma ação comum, na qual o sujeito busque a satisfação de suas pretensões puramente privadas. O dever de lealdade processual é incrementado, e se veda ao sujeito formular qualquer distorção ou omissão quanto aos fatos. A ignorância quanto aos fatos impede o exercício da ação popular, precisamente porque não se trata ela de um meio de investigação da regularidade de condutas – trata-se de uma forma de desconstituição de atos irregulares.

Isso conduz à ausência de cabimento de ação popular fundada em meras suposições ou hipóteses desprovidas de mínima confirmação. Assim, por exemplo, não cabe ação popular fundada em notícias divulgadas em jornal, com a remessa da produção da prova a uma fase de instrução que se revelará inviável. E tal decorrerá precisamente da ausência de determinação dos fatos a serem objeto de prova.

28.13 O prazo de prescrição

A ação popular prescreve no prazo de cinco anos (art. 21 da Lei 4.717/1965). Presume-se que esse prazo se computa a partir da data da ocorrência do evento ou do primeiro ato que lhe dê publicidade.

28.14 A instrução da inicial

A inicial deve ser acompanhada de provas e documentos cabíveis, os quais se encontram em poder da entidade administrativa ou privada. Assegura-se ao sujeito o direito de obter certidões sobre esses atos. Anote-se que o art. 1.º, §§ 4.º a 7.º, da Lei 4.717/1965 reflete uma disciplina muito mais restritiva sob o prisma constitucional. Em face da CF/1988, tem-se de reputar que o direito de obter informações é muito mais amplo do que aquele previsto nos dispositivos da Lei da Ação Popular (editada sob a égide de regime não democrático).

28.15 A questão da competência jurisdicional

O art. 5.º, § 1.º, da Lei 4.717/1965 estabelece que se equiparam a atos das pessoas políticas aqueles praticados por pessoas criadas ou mantidas por elas, tal como os atos das pessoas de quem elas sejam acionistas, subvencionadas ou mantenham interesse patrimonial.

---

[29] No mesmo sentido, afirma Adilson Abreu Dallari: "Atualmente, no tocante à contratação de serviços técnicos profissionais especializados, sem licitação, a ação popular vulgarizou-se, transformando-se em meio de atuação política ou, até mesmo, simples instrumento de extorsão" (*Aspectos jurídicos da licitação*, 7. ed., p. 68).

844 CURSO DE DIREITO ADMINISTRATIVO · *Marçal Justen Filho*

Essa regra produz um efeito peculiar, já que o art. 109, I, reserva à competência da Justiça Federal as ações em que a União, entidade autárquica federal ou empresa pública federal forem rés. Por efeito do disposto do referido art. 5.º, § 1.º, também se sujeitam à competência da Justiça Federal as ações populares questionando atos das sociedades de economia mista federais e de suas subsidiárias ou nas quais haja "interesse patrimonial" federal.

Ademais disso, o art. 5.º, § 2.º, consagra um princípio de absorção, que usualmente não é considerado aplicável nas hipóteses de competência absoluta. Determina que, havendo interesses de titularidade da União e de outro ente federativo, será competente a Justiça Federal. Se houver interesses de Estado e Município, prevalecerá a competência fixada em vista daquele.

28.16   A questão da competência territorial

Aplicam-se à ação popular as regras gerais sobre fixação de competência territorial. Mas é relevante a questão da fixação da competência territorial, considerando o risco de proliferação de ações populares questionando o mesmo fato.

O art. 5.º, § 3.º, da Lei 4.717/1965 estabelece que o "ajuizamento" da ação gera a prevenção do juízo para as ações futuras de idêntico objeto e com mesmos fundamentos.

Cabe aplicar, supletivamente, a regra do art. 93 da Lei 8.078/1990. Disciplinando a competência territorial para as ações que envolvam interesses individuais homogêneos, o diploma determinou que a competência será a do foro do lugar onde ocorreu ou deva ocorrer o dano, quando de âmbito local. Já nas questões de âmbito nacional ou regional, a competência será a do foro da Capital do Estado ou do Distrito Federal.

Essa disciplina se aplica inclusive aos casos de ação popular de competência da Justiça Federal, fazendo-se as necessárias adaptações.

28.17   Algumas questões processuais

O regime jurídico da ação popular envolve diversas questões.

28.17.1   A decisão de recepção da inicial

Sob certo ângulo, a decisão liminar de recepção da inicial se assemelha àquela por meio da qual se controla o exercício de direito concreto de agir. A ação popular segue, em inúmeros pontos, a legislação processual civil. Mas isso não significa que o autor da ação popular seja titular dos direitos e interesses cuja proteção busca. Nem é possível remeter a questão a uma avaliação própria dos interesses privados – em que, se o autor não produzir prova dos fatos constitutivos, a ação será julgada improcedente.

Deve ser rejeitada a inicial quando descrever eventos incertos ou imprecisos, pretendendo remeter a sua determinação dos fatos à fase instrutória.

28.17.2   A suspensão liminar do ato

Admite-se, na ação popular, a suspensão liminar do ato impugnado (art. 5.º, § 4.º, da Lei 4.717/1965). O dispositivo faz alusão às hipóteses em que o ato impugnado for potencialmente apto a produzir lesão ao patrimônio público. A expressão "patrimônio público" deve ser interpretada de modo amplo, compreendendo não apenas os casos de lesões pecuniárias, mas também aqueles que envolvam a defesa do meio ambiente e de outros valores protegidos pela ordem jurídica.

Cap. 18 – O CONTROLE DA ATIVIDADE ADMINISTRATIVA **845**

28.17.3   O prazo de contestação

O prazo para contestação será de vinte dias, prorrogáveis por igual período a pedido do interessado (art. 7.º, IV, da Lei 4.717/1965).

28.18   A sentença de procedência

A sentença de procedência decretará a invalidade do ato e a condenação dos sujeitos a indenizar os efeitos derivados, além das condenações acessórias usuais.

28.18.1   A proporcionalidade

Agregue-se que a aplicação da proporcionalidade poderá redundar na ausência de desfazimento do ato, restringindo-se à condenação ao pagamento de indenização. Por outro lado, pode inexistir prejuízo a ser indenizado, sendo suficiente o desfazimento dos atos.

28.18.2   A procedência em casos de lesão ao patrimônio não pecuniário

A admissibilidade de ação popular para hipótese de lesão ao patrimônio histórico ou cultural e ao meio ambiente propicia algumas dificuldades no tocante à questão de indenização. Assim se passa porque haverá casos em que a lesão não terá efeito diretamente sobre o patrimônio de uma pessoa jurídica determinada. É evidente que isso não poderá dispensar a condenação do responsável ao pagamento da indenização. A solução será destinar o produto da indenização à eliminação dos efeitos dos atos lesivos, inclusive adotando-se a solução prevista para as ações civis coletivas, com a destinação da indenização para o Fundo da Defesa de Direitos Difusos, disciplinado pelo Decreto 1.306/1994. O Conselho Federal Gestor do Fundo de Defesa de Direitos Difusos (CFDD) poderá aprovar e examinar projetos de reconstituição de bens lesados (art. 6.º, III).

28.18.3   O desfazimento dos atos

Se for o caso de desfazimento dos atos, a determinação de reposição dos fatos à situação anterior deverá ser integral. Assim, suponha-se que se julgue procedente a ação para determinar o desfazimento da alienação de um bem público, uma vez que o preço recebido seria inferior ao devido. Cabe determinar a reposição dos fatos à situação anterior, o que significa não apenas o dever de o particular restituir o bem (no estado em que se encontrava), mas também o dever de a Administração Pública restituir o valor que recebera, com os acréscimos pertinentes ao decurso do tempo. A sentença na ação popular não pode gerar um efeito de enriquecimento sem causa para qualquer dos envolvidos.

A identificação de indícios de crimes deverá conduzir à instauração do processo penal apropriado.

28.19   A sentença de improcedência

A sentença de improcedência estará sujeita a duplo grau obrigatório de jurisdição (art. 19 da Lei 4.717/1965, com redação da Lei 6.014/1973). Poderá impor ao autor da ação a condenação em décuplo das custas, se reputado ter ele atuado temerariamente (art. 13). Se tiver sido julgada improcedente por insuficiência de prova, produzir-se-á efeito de coisa julgada apenas entre as partes. Logo, qualquer cidadão poderá intentar outra ação com o mesmo fundamento, valendo-se de nova prova (art. 18).

29 A AÇÃO CIVIL PÚBLICA

A ação civil pública destina-se à obtenção de sentença condenatória ao pagamento de valor em dinheiro ou de cumprimento de obrigação de fazer ou não fazer, em virtude de danos morais e patrimoniais causados a interesses difusos ou coletivos indicados em lei, sendo reservado seu exercício para uma entidade estatal, para o Ministério Público ou para uma associação privada.

29.1 A previsão constitucional

A ação civil pública é disciplinada pelo art. 129, III, da CF/1988, que foi regulamentado pela Lei Federal 7.347/1985.[30]

A ação civil pública apresenta alguns pontos de semelhança com a ação popular, mas dela se diferencia por não se tratar de um instrumento cuja finalidade exclusiva seja o controle da atividade administrativa. Trata-se, muito mais, de uma ação visando ao controle de atividades que traduzem potencial efeito negativo sobre um amplo número de sujeitos.

29.2 O provimento jurisdicional pleiteado

A ação civil pública visa a obter sentença condenatória, quer ao pagamento de uma importância em dinheiro, quer ao cumprimento de obrigação de fazer ou não fazer. Aplicam-se, subsidiariamente, todas as normas e institutos próprios a essas espécies, previstas no Código de Processo Civil.

A ação civil pública pode versar sobre a indenização por danos patrimoniais, o que conduziria à apuração dos danos emergentes e dos lucros cessantes. Mas também pode envolver indenização por danos morais. Essa hipótese compreende efeitos nocivos, produzidos pelo ato impugnado, não relacionados a lesões de cunho puramente econômico.

29.3 O controle objetivo

A ação civil pública não se destina à defesa de direito ou interesse individual. Protege interesses homogêneos coletivos ou interesses difusos.[31]

29.3.1 Interesses disponíveis e interesses indisponíveis

Na maior parte dos casos, os interesses homogêneos apresentam natureza disponível, precisamente por traduzirem direito subjetivo individual à obtenção de certa prestação. Isso não significa afirmar que todos os interesses coletivos sejam disponíveis.

Já os interesses difusos são, por natureza, indisponíveis, pois ninguém pode arrogar a si a titularidade privativa e excludente sobre os bens e direitos a eles relacionados.

---

[30] Para um aprofundamento do tema, consulte-se: MOREIRA; BAGATIN; ARENHART; FERRARO. *Comentários à Lei de Ação Civil Pública*. 3. ed.

[31] Conforme definição da Lei 8.078/1990, cujo art. 81 diferencia as espécies de direito coletivo em sentido amplo: "A defesa dos interesses e direitos dos consumidores e das vítimas poderá ser exercida em juízo individualmente, ou a título coletivo. Parágrafo único. A defesa coletiva será exercida quando se tratar de: I – interesses ou direitos difusos, assim entendidos, para efeitos deste código, os transindividuais, de natureza indivisível, de que sejam titulares pessoas indeterminadas e ligadas por circunstâncias de fato; II – interesses ou direitos coletivos, assim entendidos, para efeitos deste código, os transindividuais de natureza indivisível, de que seja titular grupo, categoria ou classe de pessoas ligadas entre si ou com a parte contrária por uma relação jurídica base; III – interesses ou direitos individuais homogêneos, assim entendidos os decorrentes de origem comum".

Cap. 18 – O CONTROLE DA ATIVIDADE ADMINISTRATIVA **847**

Como decorrência, a tutela jurídica aos interesses coletivos disponíveis não pode ser idêntica àquela reservada aos interesses indisponíveis (coletivos ou difusos).

29.3.2 *O exercício de pretensão fundada em interesse disponível*

A diferença se traduz, inclusive, no tocante à legitimação ativa. Não cabe aos agentes estatais assumir, em nome próprio, o exercício de ações de defesa dos interesses disponíveis. Logo, há pressupostos e regimes diversos consoante a natureza dos interesses que se buscam tutelar.

29.4 As hipóteses de cabimento da ação civil pública

O art. 1.º da Lei 7.347/1985 (com redação alterada por sucessivos diplomas) contempla um elenco de hipóteses de cabimento da ação civil pública.

Segundo esse rol, cabe a ação civil pública quando houver ocorrido dano ao meio ambiente, ao consumidor, a determinados bens e direitos,[32] a qualquer interesse difuso ou coletivo, por infração da ordem econômica, à ordem urbanística, à honra e à dignidade de grupos raciais, étnicos ou religiosos e ao patrimônio público e social.

Cabe uma referência às hipóteses do dano ao "consumidor" (inciso II), infração da "ordem econômica" (inciso V) e o dano à "ordem urbanística" (inciso VI). Somente caberá a ação civil pública quando, nessas três hipóteses, configurar-se lesão potencial a interesses coletivos ou difusos.

29.5 Descabimento da ação civil pública

A ação civil pública não é instrumento adequado para a defesa de interesses subjetivos individuais. Por exemplo, não é a via adequada para veicular pretensão indenizatória fundada no direito de um determinado consumidor, isolado. Nem tem cabimento sua utilização para questionar interesse individual relacionado ao direito antitruste.

O mesmo se passa quando a infração à ordem urbanística restringir seus efeitos nocivos ao interesse de um ou poucos sujeitos determinados. Para esses casos, aplica-se o regime jurídico comum.

Veja-se que, nos demais casos do art. 1.º, a natureza dos danos envolve um número potencialmente indeterminado de sujeitos.

29.6 A questão da legitimidade ativa

A legitimidade ativa para a ação civil pública foi disciplinada pelo art. 5.º da Lei 7.347/1985, com as alterações produzidas pelas Leis 11.448/2007 e 13.004/2014.[33]

A ação civil pública é reservada aos entes políticos, às entidades da Administração indireta, ao Ministério Público, à Defensoria Pública e à associação que estiver constituída há pelo menos um ano e que inclua em suas finalidades institucionais a defesa dos valores arrolados no art. 1.º da lei.

---

[32] Segundo a lei, "bens e direitos de valor artístico, estético, histórico, turístico e paisagístico" (art. 1.º, III).

[33] A redação do *caput* do art. 5.º e dos incisos passou a ser a seguinte: "Art. 5.º Têm legitimidade para propor a ação principal e a ação cautelar: I – o Ministério Público; II – a Defensoria Pública; III – a União, os Estados, o Distrito Federal e os Municípios; IV – a autarquia, empresa pública, fundação ou sociedade de economia mista; V – a associação que, concomitantemente: a) esteja constituída há pelo menos 1 (um) ano nos termos da lei civil; b) inclua, entre suas finalidades institucionais, a proteção ao patrimônio público e social, ao meio ambiente, ao consumidor, à ordem econômica, à livre concorrência, aos direitos de grupos raciais, étnicos ou religiosos ou ao patrimônio artístico, estético, histórico, turístico e paisagístico".

848   CURSO DE DIREITO ADMINISTRATIVO · *Marçal Justen Filho*

Deve haver um vínculo de pertinência entre o objeto da ação e a função ou os fins norteadores da atividade e das competências do autor.

"O Ministério Público tem legitimidade para promover ação civil pública cujo fundamento seja a ilegalidade de reajuste de mensalidades escolares" (Súmula 643 do STF).

"O Ministério Público tem legitimidade para propor ação civil pública em defesa do patrimônio público" (Súmula 329 do STJ).

"O Ministério Público tem legitimidade ativa para atuar na defesa de direitos difusos, coletivos e individuais homogêneos dos consumidores, ainda que decorrentes da prestação de serviço público" (Súmula 601 do STJ)."A Defensoria Pública tem legitimidade para a propositura de ação civil pública que vise a promover a tutela judicial de direitos difusos ou coletivos de que sejam titulares, em tese, pessoas necessitadas" (Tema 607 da Repercussão Geral).

29.7   A disputa entre representação e substituição processual

A disciplina da legitimidade ativa de sindicatos e associações para a defesa dos interesses de seus associados é distinta conforme se trate de mandado de segurança coletivo ou de ação civil pública. Naquele caso, não se exige autorização expressa dos associados, diversamente do que se passa nesse último caso.

A questão está disciplinada pelo art. 2.º-A, parágrafo único, da Lei 9.494/1997, que determina que a petição inicial de ações coletivas em que seja ré uma pessoa política ou suas autarquias ou fundações deverá ser acompanhada da ata da assembleia autorizativa do ajuizamento, bem como da relação nominal dos associados e indicação dos respectivos endereços.

A questão se relaciona às hipóteses de substituição processual e de representação. Nos casos de substituição processual (tal como se verifica na hipótese de mandado de segurança coletivo), cabe à entidade o exercício em nome próprio do direito de ação. Por isso, não é exigível uma manifestação de vontade do indivíduo. Já nos casos de representação (tal como ocorre na ação civil pública), a entidade não exercita o direito de ação em nome próprio. Logo, é indispensável uma manifestação de vontade da categoria ou grupo de pessoas representadas, autorizando a entidade a exercitar o direito de ação.

No julgamento do Tema 1.119 da Repercussão Geral, o STF fixou tese de que é "desnecessária a autorização expressa dos associados, a relação nominal destes, bem como a comprovação de filiação prévia, para a cobrança de valores pretéritos de título judicial decorrente de mandado de segurança coletivo impetrado por entidade associativa de caráter civil" (ARE 1.293.130/SP, Pleno, rel. Min. Luiz Fux, repercussão geral – mérito, j. 17.12.2020, *DJe* 07.01.2021).

O STJ incorporou o entendimento em sua jurisprudência. Nesse sentido, por exemplo:

"1. De acordo com a jurisprudência do STJ, os sindicatos e as associações, na qualidade de substitutos processuais, têm legitimidade para atuar judicialmente na defesa dos interesses coletivos de toda a categoria que representam, e não apenas os filiados, sendo desnecessária a exigência de autorização para a atuação em juízo nessa condição" (AgInt no REsp 1.487.060/RS, 4.ª T., rel. Min. João Otávio de Noronha, j. 29.04.2024, *DJe* 02.05.2024).

29.8   A transferência da condição de autor no curso do feito

O art. 5.º, § 3.º, da Lei 7.347/1985 prevê que, em caso de desistência "infundada" ou abandono da ação por parte de associação legitimada, o Ministério Público ou outro sujeito deverão assumir a causa.

Cap. 18 – O CONTROLE DA ATIVIDADE ADMINISTRATIVA **849**

29.9 Legitimidade passiva

A lei silencia sobre a disciplina da legitimidade passiva. Presume-se que a condição de réu recairá sobre qualquer pessoa cuja conduta for hábil a produzir eventos danosos relacionados aos bens e direitos indicados no rol do art. 1.º. Portanto, a condição de réu poderá recair sobre ente integrante da Administração Pública ou sobre entidade privada.

29.10 Interesse de agir

Não basta a legitimação ativa genericamente referida no art. 5.º da Lei 7.347/1985, é indispensável o interesse de agir. O sujeito referido naquele dispositivo poderá promover a ação civil pública na medida em que exista um vínculo entre as competências ou objeto de sua atuação e o dano a ser eliminado, o qual se apresenta como infração a interesses coletivos ou difusos.

Veja-se que o art. 1.º, parágrafo único, contemplou uma regra peculiar, determinando a impossibilidade de utilização da ação civil pública nos casos em que os "beneficiários podem ser individualmente determinados". Interpretando-se a regra de modo extensivo (o que é incompatível com uma regra restritiva de direito), a ação civil pública deixaria de ter cabimento nos casos em que fosse possível identificar os beneficiários, por maior que fosse o seu número. Isso tornaria inútil sua utilização a propósito de interesses coletivos. Portanto, o dispositivo legal referido deve merecer interpretação conforme a Constituição, vedando-se sua utilização apenas nos casos em que a questão referir-se a um único sujeito ou a um número irrelevante de pessoas.

Assim, a entidade estatal não pode valer-se da ação civil pública para defesa de seu patrimônio ou outros interesses de que é titular.

29.11 Legitimação ativa e âmbito de competência

A determinação do interesse de agir das pessoas de direito público faz-se em vista de suas competências políticas e administrativas.

Considerações similares podem ser adotadas quanto aos demais entes integrantes da Administração indireta, dotados de personalidade de direito privado. A mera autorização do art. 5.º da Lei 7.347/1985 não gera interesse de agir para que uma sociedade de economia mista ajuíze qualquer ação civil pública. É necessária uma relação entre o objeto de atuação da sociedade de economia mista e o dano a ser reparado.

O raciocínio se aplica inclusive ao Ministério Público. A norma do referido art. 5.º não ampliou as competências ministeriais. Não significa que toda e qualquer situação de dano referida no art. 1.º autorize o Ministério Público a exercer a ação civil pública. Será indispensável a presença dos requisitos justificadores da atuação do Ministério Público, o que envolve, basicamente, a presença de interesses indisponíveis.

29.12 Vínculo de pertinência

O art. 5.º, V, b, da Lei 7.347/1985 exige que a associação tenha entre suas finalidades institucionais a defesa dos valores referidos no art. 1.º. Isso torna evidente a necessidade de vínculo entre o provimento pleiteado por meio da ação e o objeto social da associação, ou seja, exige-se a pertinência temática.

29.13 O inquérito civil

A relevância da ação civil pública acarretou a submissão de seu ajuizamento à realização de investigações prévias, destinadas a apurar indícios concretos quanto a irregularidades e sua autoria.

O art. 8.º, § 1.º, prevê um inquérito civil a ser promovido pelo Ministério Público, ao longo do qual serão coletadas informações indispensáveis à avaliação do cabimento da ação civil pública. A disciplina legal, aludindo à faculdade de promover o inquérito, deve ser interpretada em termos. Não é obrigatório o inquérito desde que existam provas satisfatórias. Se não existirem provas, o ajuizamento da ação civil pública depende obrigatoriamente da produção desse inquérito civil.

A Lei 7.347/1985 disciplina esse inquérito, inclusive no tocante ao eventual arquivamento, produzido em virtude da conclusão quanto à inexistência de fundamento para a propositura da ação (art. 9.º).

29.14   O termo de ajustamento de conduta (TAC)

O art. 5.º, § 6.º, da Lei de Ação Civil Pública faculta a possibilidade de uma composição preventiva da instauração do processo judicial, consistente na assunção pelo interessado de deveres e obrigações concretos, cuja execução propiciará a eliminação da situação antijurídica. Será possível agregar à avença a cominação de sanções para a hipótese de infração ao pactuado.

Essa composição se traduzirá num instrumento escrito (termo de ajustamento de conduta), que recebe eficácia de título executivo extrajudicial.

29.15   A solução do art. 26 da LINDB

A solução consensual tem previsão também no art. 26 da LINDB, com a redação da Lei 13.655/2018. O dispositivo determina o seguinte:

"Art. 26. Para eliminar irregularidade, incerteza jurídica ou situação contenciosa na aplicação do direito público, inclusive no caso de expedição de licença, a autoridade administrativa poderá, após oitiva do órgão jurídico e, quando for o caso, após realização de consulta pública, e presentes razões de relevante interesse geral, celebrar compromisso com os interessados, observada a legislação aplicável, o qual só produzirá efeitos a partir de sua publicação oficial".

O inc. IV do § 1.º do mesmo art. 26 determina que o termo de acordo "deverá prever com clareza as obrigações das partes, o prazo para seu cumprimento e as sanções aplicáveis em caso de descumprimento".

A expressão "compromisso" deve ser interpretada na acepção de acordo entre as partes.

29.16   Normas processuais

Aplicam-se ao caso as considerações sobre o princípio da proporcionalidade e da necessidade de cumulação do defeito com o prejuízo, tal como realizadas a propósito da ação popular.

29.16.1   A competência territorial

De acordo com o art. 2.º da Lei 7.347/1985, a competência é do foro do local onde ocorrer o dano. O parágrafo único do dispositivo determina que a propositura da ação prevenirá a competência daquele juízo para todas as ações posteriormente intentadas que possuam a mesma causa de pedir ou o mesmo objeto. No entanto, pode-se reputar que a questão se subordina à disciplina do art. 93 da Lei 8.078/1990. Ou seja, a competência será do foro da Capital do Estado ou do Distrito Federal, para os danos de âmbito nacional ou regional.

"Reconhecida a continência, devem ser reunidas na Justiça Federal as ações civis públicas propostas nesta e na Justiça estadual" (Súmula 489 do STJ).

29.16.2 A decisão de recepção da inicial

A preocupação da Lei 7.347/1985 com a instauração de um inquérito civil deve ser interpretada no sentido da impossibilidade de recepção de iniciais omissas ou genéricas ou desacompanhadas de provas mínimas quanto à ocorrência dos fatos.

29.16.3 A antecipação de tutela e a medida cautelar

Admite-se, na ação civil pública, a tutela de urgência e o deferimento de provimentos acautelatórios, inclusive a cominação de multa (arts. 4.º e 12 da Lei 7.347/1985).

29.16.4 A sentença de procedência

Segundo a disciplina legal, a ação civil pública não se orienta a obter provimento de natureza declaratória ou constitutiva, mas sim a uma sentença de condenação. A sentença de procedência imporá a condenação do réu ao pagamento de indenização em dinheiro, que reverterá para um fundo, gerido por um Conselho (art. 13), e (ou) imporá condenação a executar obrigações de fazer ou não fazer, com eficácia de coisa julgada *erga omnes* (art. 16 da Lei 7.347/1985 e art. 103 do CDC). O Decreto Federal 1.306/1994 regulamenta os arts. 13 e 20 da Lei de Ação Civil Pública.

Ao apreciar o Tema 858 da Repercussão Geral, o STF fixou a seguinte tese:

"O trânsito em julgado de sentença condenatória proferida em sede de ação desapropriatória não obsta a propositura de Ação Civil Pública em defesa do patrimônio público, para discutir a dominialidade do bem expropriado, ainda que já se tenha expirado o prazo para a Ação Rescisória" (RE 1.010.819, Pleno, rel. Min. Marco Aurélio, rel. p/ acórdão Min. Alexandre de Moraes, j. 26.05.2021, *DJe* 28.09.2021).

29.16.5 A sentença de improcedência por falta de provas

O art. 16 da Lei 7.347/1985 também estabelece que, quando o pedido for julgado improcedente por falta de provas, a sentença não fará coisa julgada *erga omnes*. Na hipótese, qualquer legitimado poderá intentar outra ação com idêntico fundamento, fundado em nova prova.

30 O SANCIONAMENTO DA IMPROBIDADE ADMINISTRATIVA

A improbidade administrativa consiste na ação ou omissão, praticada no exercício da função pública e caracterizada por dolo exacerbado, que acarreta enriquecimento sem causa ou dano ao erário ou que viola princípios fundamentais da atividade administrativa, sujeita a sancionamento diferenciado no âmbito político e administrativo.[34]

30.1 O fundamento constitucional e a disciplina legislativa

O art. 37, § 4.º, da Constituição previu que os atos de improbidade administrativa acarretam a suspensão de direitos políticos, a perda da função pública, a indisponibilidade de bens e o ressarcimento ao erário, sem prejuízo da ação penal cabível.

---

[34] Para um aprofundamento do tema, consulte-se a obra do autor deste *Curso, Reforma da Lei de Improbidade Administrativa comparada e comentada: Lei 14.230/2021.*

A matéria foi regulada pela Lei 8.429/1992 (Lei de Improbidade Administrativa – LIA), que foi profundamente alterada pela Lei 14.230/2021.[35]

30.2 Identificação da figura jurídica da improbidade

A improbidade não se confunde com outras hipóteses de ilicitude.

30.2.1 Os ilícitos civis, penais e administrativos alheios à LIA

O art. 12 da LIA prevê:

"Independentemente do ressarcimento integral do dano patrimonial, se efetivo, e das sanções penais comuns e de responsabilidade, civis e administrativas previstas na legislação específica, está o responsável pelo ato de improbidade sujeito às seguintes cominações, que podem ser aplicadas isolada ou cumulativamente, de acordo com a gravidade do fato: (...)".

A LIA não disciplina o ato ilícito civil, apto a gerar a responsabilidade civil por perdas e danos. Todos os ilícitos e o regime de responsabilidade civil sujeitam-se às normas gerais de direito civil.

A LIA também não dispõe sobre a responsabilidade funcional, que acarreta a imposição de sanções disciplinares. Essa matéria é objeto de legislação específica.

A LIA não contempla normas de direito penal, que se encontram na legislação correlata e cuja aplicação se faz segundo as regras próprias, sem qualquer submissão à LIA.

30.2.2 O sancionamento próprio por improbidade

O sancionamento por improbidade envolve a suspensão dos direitos políticos, a suspensão e outros impedimentos ao relacionamento entre o agente e o Estado, a perda de vantagens patrimoniais indevidamente obtidas e, eventualmente, a perda de cargo, mandato, emprego ou função pública.

30.2.3 A cumulatividade com sanções de outra natureza

O sancionamento por improbidade é cumulativo com sanções civis, administrativas e penais cominadas aos ilícitos específicos praticados.

Por exemplo, o agente investido em cargo público que exige benefício patrimonial indevido para si ou para outrem, no exercício de sua função, sujeita-se ao sancionamento penal por crime de corrupção passiva, tipificado no art. 317 do Código Penal.

Também comete ilícito funcional, punível segundo a legislação pertinente ao cargo público ocupado.

Ademais, subordina-se à indenização por perdas e danos eventualmente acarretadas ao Estado pela conduta ilícita. Além disso, a sua conduta também se configura como ímproba, acarretando a aplicação das sanções específicas da LIA.

30.3 A improbidade e a cumulação processual

A ação de improbidade caracteriza-se pela cumulação, em um único processo, de uma pluralidade de pretensões heterogêneas. A sentença pode impor ao réu não apenas as condenações peculiares à improbidade, mas também algumas de natureza civil (tal como a indenização por perdas e danos) e de natureza administrativa (tal como a perda da função, cargo, mandato).

---

[35] O presente texto alude apenas à Lei de Improbidade Administrativa ou LIA, terminologia que indica o texto legislativo com as alterações promovidas pela Lei 14.230/2021.

Cap. 18 – O CONTROLE DA ATIVIDADE ADMINISTRATIVA **853**

Daí não se segue que todas essas sanções integrem a natureza jurídica da improbidade. A condenação à indenização por perdas e danos e outras sanções administrativas podem ser aplicadas mesmo que não se verifique uma conduta ímproba.

30.4 A intervenção obrigatória do Poder Judiciário

Se o sancionamento correspondente à improbidade fosse exclusivamente civil ou administrativo, haveria competência para sua aplicação no âmbito da atividade administrativa. A exigência legal da intervenção do Judiciário comprova a natureza penaliforme do instituto. Um dos aspectos marcantes do direito penal reside na aplicação jurisdicional de suas normas.

Não se contraponha que sanções civis ou administrativas podem ser aplicadas pelo Poder Judiciário. Não é essa a questão. O problema reside na vedação a que as sanções por improbidade sejam aplicadas sem a intervenção jurisdicional. Se a sua natureza fosse apenas administrativa ou civil, caberia aplicação de sanção pela própria Administração.

Mais ainda, a Administração não necessita recorrer ao Poder judiciário para impor sanção administrativa, nem, muitas vezes, para impor sanção civil. Logo, a intervenção obrigatória do Poder Judiciário nos casos de improbidade demonstra que seu sancionamento não é meramente civil ou administrativo.

30.5 A competência legislativa federal

Lembre-se de que, precisamente em virtude da natureza de direito civil e de direito penal, a competência legislativa é de titularidade da União. Se o instituto fosse reconhecido como de direito administrativo, em decorrência da discriminação constitucional de competências, suas regras seriam aplicáveis apenas à Administração Pública federal. Mais ainda, seria possível cada ente federativo adotar normas específicas sobre improbidade administrativa.

30.6 A questão da cumulação das sanções penais

Alguém poderia argumentar que o reconhecimento da natureza penal da punição à improbidade conduziria à inconstitucionalidade da cumulação de sanções penais em virtude de uma mesma conduta. Na medida em que inúmeras infrações punidas na lei de improbidade se constituem também em crime segundo outros diplomas, poderia questionar-se o cabimento da incidência cumulativa de sanções. Mas o argumento improcede porque a própria Constituição se encarregou de afastá-lo. O art. 37, § 4.º, expressamente estabelece que a punição por improbidade far-se-á "sem prejuízo da ação penal cabível".

Assim se passa inclusive porque o sancionamento penal à improbidade administrativa não envolve regime de restrição à liberdade individual, mas sanções com outro conteúdo. Logo, pode admitir-se que as sanções penais da lei de improbidade foram dotadas de autonomia em face daquelas da legislação penal comum.

Mas esse entendimento deve ser adotado apenas em relação a sanções de natureza diversa, que incidam sobre os variados aspectos da conduta reprovável. Não se admite que uma mesma conduta, examinada sob um mesmo enfoque, acarrete a aplicação de sanções de mesma natureza, cumulativamente.

30.7 O regime jurídico aplicável

Como decorrência da natureza complexa da improbidade, incidem os pressupostos e os princípios atinentes aos diversos ramos do direito, na medida em que aplicáveis. Assim, por exemplo, quando se determina que o sujeito condenado por improbidade está obrigado a ressarcir os cofres públicos pelos prejuízos, serão aplicados os dispositivos atinentes à responsabilização civil.

Isso também significa que todo o regime de direito penal se aplica a propósito de sanções de natureza administrativa e civil. Por isso, será inválida a aplicação do regime de improbidade sem respeito aos princípios da proporcionalidade das sanções, da tipicidade penal etc.

30.8 A previsão explícita do § 4.º do art. 1.º da LIA

O § 4.º do art. 1.º da LIA (com a redação da Lei 14.230/2021) determina o seguinte:

"Aplicam-se ao sistema da improbidade disciplinado nesta Lei os princípios constitucionais do direito administrativo sancionador".

O dispositivo não elimina a construção doutrinária quanto à natureza jurídica do instituto da improbidade. Mas estabelece, de modo impositivo, que os princípios que norteiam o direito administrativo sancionador serão aplicados. Isso envolve a extensão ao âmbito da improbidade de limitações e garantias contempladas constitucionalmente a propósito do próprio direito penal.

31 O AGENTE ATIVO DO ILÍCITO DE IMPROBIDADE

O art. 2.º da LIA se refere a sanções aplicáveis a agente político, servidor público "e todo aquele que exerce, ainda que transitoriamente ou sem remuneração, por eleição, nomeação, designação, contratação ou qualquer outra forma de investidura ou vínculo, mandato, cargo, emprego ou função (...)".

A LIA é aplicável à conduta ímproba inclusive de agentes investidos em mandato eletivo e ocupantes de cargo de magistratura, Ministério Público e Tribunal de Contas.

31.1 O conceito amplo de agente público

A LIA adota conceito amplo de agente público, abrangente de toda e qualquer relação de direito público ou de direito privado que invista uma pessoa física na condição de órgão do Estado.

31.2 O regime jurídico do Presidente da República

Reputa-se que o Presidente da República não está sujeito ao sancionamento por improbidade administrativa. Aplica-se o regime previsto no art. 85, V, da Constituição Federal. O STF adotou orientação específica sobre o tema:

"Direito Constitucional. Agravo Regimental em Petição. Sujeição dos Agentes Políticos a Duplo Regime Sancionatório em Matéria de Improbidade. Impossibilidade de Extensão do Foro por Prerrogativa de Função à Ação de Improbidade Administrativa. 1. Os agentes políticos, com exceção do Presidente da República, encontram-se sujeitos a um duplo regime sancionatório, de modo que se submetem tanto à responsabilização civil pelos atos de improbidade administrativa, quanto à responsabilização político-administrativa por crimes de responsabilidade. Não há qualquer impedimento à concorrência de esferas de responsabilização distintas, de modo que carece de fundamento constitucional a tentativa de imunizar os agentes políticos das sanções da ação de improbidade administrativa, a pretexto de que estas seriam absorvidas pelo crime de responsabilidade. A única exceção ao duplo regime sancionatório em matéria de improbidade se refere aos atos praticados pelo Presidente da República, conforme previsão do art. 85, V, da Constituição. 2. O foro especial por prerrogativa de função previsto na Constituição Federal em relação às infrações penais comuns não é extensível às ações de improbidade administrativa, de natureza civil. Em primeiro lugar, o foro privilegiado é destinado a abarcar apenas as infrações penais. A suposta gravidade das sanções previstas no art. 37, § 4.º, da Constituição, não reveste a ação de improbidade administrativa de natureza penal. Em segundo lugar, o foro privilegiado submete-se a regime de direito estrito, já que representa exceção aos princípios estruturantes da igualdade e da república. Não comporta, portanto, ampliação a hipóteses não expressamente previstas no texto constitucional. E isso especialmente porque, na hipótese, não há lacuna constitucional, mas legítima opção do poder constituinte originário em não instituir foro privilegiado para o processo e julgamento de agentes políticos pela prática de atos de improbidade na esfera civil. Por fim, a fixação de competência para julgar a ação de improbidade no 1.º grau de jurisdição, além de constituir fórmula mais republicana, é atenta às capacidades institucionais dos diferentes graus de jurisdição para a realização da instrução processual, de modo a promover maior eficiência no combate à corrupção e na proteção à moralidade administrativa. 3. Agravo regimental a que se nega provimento" (Pet 3.240/DF AgR, Pleno, rel. Min. Teori Zavascki, rel. p/ acórdão Min. Roberto Barroso, j. 10.05.2018, *DJe* 21.08.2018).

"2. Esta Corte consolidou o entendimento de que o duplo regime sancionatório de agentes políticos é possível, à exceção do Presidente da República, de modo que não se vislumbra inconstitucionalidade no art. 2.º da Lei 8.429/1992. Precedentes" (ADI 4.295/DF, Pleno, rel. Min. Marco Aurélio, rel. p/ acórdão Min. Gilmar Mendes, j. 22.08.2023, *DJe* 29.09.2023).

31.3   O vínculo com entidade beneficiária de recursos públicos

A improbidade compreende inclusive a conduta de sujeito que não apresente vínculo jurídico formal com o Estado. A improbidade também atinge a conduta do indivíduo que se vincule a uma entidade privada, não integrante da Administração Pública, quando tiver ele recebido algum tipo de verba pública.

31.4   Síntese

A disciplina da LIA abrange eventos praticados por um agente público, verificados no âmbito de:

- a)   um ente estatal; ou
- b)   um ente privado sujeito a controle estatal; ou
- c)   uma entidade que receba subvenção, benefício ou incentivo, fiscal ou creditício, de entes públicos ou governamentais; ou
- d)   uma entidade para cuja criação ou custeio o erário tenha concorrido ou concorra no patrimônio ou receita atual, hipótese em que o sancionamento patrimonial à repercussão do ilícito sobre a contribuição dos cofres públicos.

31.5   A punibilidade do terceiro (sujeito privado)

O sujeito privado, que se configurar como terceiro em relação à entidade administrativa ou privada lesada pela conduta ímproba, poderá ser sujeitado às sanções por improbidade.

31.5.1   A coautoria (art. 3.º da LIA)

O art. 3.º da LIA prevê, no seu *caput*, que:

"As disposições desta Lei são aplicáveis, no que couber, àquele que, mesmo não sendo agente público, induza ou concorra dolosamente para a prática do ato de improbidade".

A coautoria do ato de improbidade se configura pela atuação ativa e consciente, de cunho doloso, do sujeito que, não exercendo função pública, atue visando a incentivar a prática da improbidade pelo agente público. Configura-se o "induzir" nos casos em que o terceiro interfere sobre a formação da conduta do agente público, de modo a desencadear a improbidade. O "concorrer" consiste em colaborar de modo ativo na concretização da improbidade.

31.5.2 A necessidade de consumação da conduta ímproba

A tipificação da coautoria somente se verifica se consumada a prática da improbidade pelo agente público. A tentativa cometida pelo terceiro pode configurar ilicitude autônoma, mas não é suficiente para submetê-lo ao sancionamento da LIA.

31.6 A desconsideração da pessoa jurídica

Quando a coautoria envolver a atuação de uma pessoa jurídica, poderá verificar-se a desconsideração dessa pessoa jurídica. Outros sujeitos poderão ser sancionados pelo regime de improbidade quando se verificar uma atuação dolosa, orientada inclusive a obter benefícios pessoais diretos. Assim está previsto no art. 3.º, § 1.º, da LIA:

"Os sócios, os cotistas, os diretores e os colaboradores de pessoa jurídica de direito privado não respondem pelo ato de improbidade que venha a ser imputado à pessoa jurídica, salvo se, comprovadamente, houver participação e benefícios diretos, caso em que responderão nos limites da sua participação".

31.7 O afastamento do "bis in idem"

Segundo o § 2.º do art. 3.º da LIA, o regime da improbidade não se aplica à pessoa jurídica "caso o ato de improbidade administrativa seja também sancionado como ato lesivo à administração pública de que trata a Lei n.º 12.846, de 1.º de agosto de 2013". A solução se destina a evitar o "bis in idem", especialmente porque o sancionamento da Lei 12.846/2013 é significativamente mais severo do que o da LIA.

32 AS INFRAÇÕES CONFIGURADORAS DE IMPROBIDADE ADMINISTRATIVA

Os arts. 9.º, 10 e 11 da LIA contemplam o elenco de atos configuradores de improbidade administrativa, organizando-os em três grupos, tal como exposto:

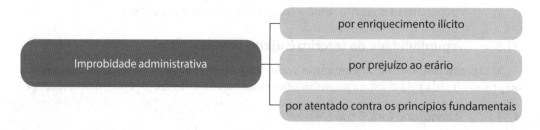

A improbidade administrativa somente se aperfeiçoa mediante a conjugação de dois elementos diversos.

32.1   O elemento material

Exige-se uma conduta material, que consiste na violação à ordem jurídica, apta a produzir um resultado reprovável, que se configure como decorrência (direta ou indireta) do exercício de competências estatais ou da gestão de bens públicos ou de titularidade de pessoas administrativas. Os arts. 9.º, 10 e 11 tipificam as condutas aptas a configurar a improbidade.

Na ADI 4.295, o STF entendeu que:

"A defesa da probidade administrativa não se restringe à proteção do erário, sob o prisma patrimonial, alcançando condutas que, mesmo sem lesionar o erário, resultam em enriquecimento ilícito de terceiros (art. 9.º) ou violam princípios da Administração Pública (art. 11)" (ADI 4.295/DF, Pleno, rel. Min. Marco Aurélio, rel. p/ acórdão Min. Gilmar Mendes, j. 22.08.2023, *DJe* 29.09.2023).

32.2   O elemento subjetivo

O elemento material é insuficiente para configurar a improbidade. É indispensável um elemento subjetivo doloso.

O STF reconheceu a inconstitucionalidade da modalidade culposa de improbidade, tal como prevista na redação original da LIA:

"O dolo é necessário para a configuração de qualquer ato de improbidade administrativa (art. 37, § 4.º, da Constituição Federal), de modo que é inconstitucional a modalidade culposa de ato de improbidade administrativa prevista nos arts. 5.º e 10 da Lei nº 8.429/92, em sua redação originária" (Tema 309 da Repercussão Geral).

O STJ também passou a exigir a presença do dolo específico como requisito para a configuração da improbidade:

"4. Acontece que o STF, posteriormente, ampliou a abrangência do Tema 1.199/STF, a exemplo do que ocorreu no ARE 803568 AgR-segundo-EDv-ED, admitindo que a norma mais benéfica prevista na Lei n. 14.230/2021, decorrente da revogação (naquele caso, tratava-se de discussão sobre o art. 11 da LIA), poderia ser aplicada aos processos em curso. 5. Tal como aconteceu com a modalidade culposa e com os incisos I e II do art. 11 da LIA (questões diretamente examinadas pelo STF), a conduta ímproba escorada em dolo genérico (tema ainda não examinado pelo Supremo) também foi revogada pela Lei n. 14.230/2021, pelo que deve receber rigorosamente o mesmo tratamento" (REsp 2.107.601/MG, 1.ª T., rel. Min. Gurgel de Faria, j. 23.04.2024, *DJe* 02.05.2024).

33   A IMPROBIDADE ADMINISTRATIVA POR ENRIQUECIMENTO ILÍCITO (ART. 9.º)

A categoria abrange as hipóteses mais evidentes e reprováveis de improbidade administrativa, consistentes em condutas orientadas a produzir acréscimo indevido no patrimônio do agente ou de um terceiro.

33.1   A cláusula geral do *caput* do art. 9.º

Há uma cláusula geral que apanha todas as condutas praticadas pelo agente público no exercício de suas atribuições que se orientem à obtenção de vantagem patrimonial indevida.

33.1.1 O elenco exemplificativo dos incisos

Há um elenco exemplificativo, mas que abrange a maioria das hipóteses concebíveis. Esse elenco de doze incisos indica situações heterogêneas. É possível organizar as hipóteses em quatro subgrupos, a saber:

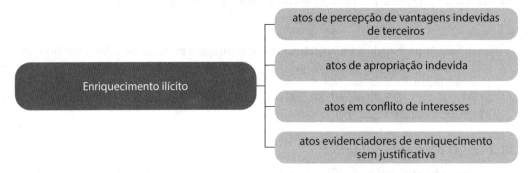

33.2 Atos de percepção de vantagens indevidas de terceiros

Essas são as hipóteses contidas no art. 9.º, I, II, III, V, VI, IX e X. Esse subgrupo abrange os casos em que o sujeito recebe ou pretende receber (para si ou para outrem) vantagens econômicas como contrapartida do desempenho de atribuições ou como condição para o exercício de sua influência.

Em algumas situações, a vantagem se destina a permitir a prática de atos ilícitos por terceiros (inc. V), o que envolve, portanto, a omissão no exercício de competências próprias. Em outras hipóteses, trata-se de extrair de atos lícitos vantagens indevidas, tal como ocorre nos incs. I, II e III. Por fim, há hipóteses em que o agente estatal recebe vantagem econômica para praticar, ele próprio, ação ou omissão indevida (incs. VI, IX e X).

33.3 Atos de apropriação indevida de bens do erário

Atos de apropriação indevida são as hipóteses previstas nos incs. IV, XI e XII do art. 9.º. Nessas situações, o sujeito retira vantagens do patrimônio e dos serviços públicos, visando a ampliar o seu patrimônio pessoal ou de terceiro.

33.4 Atos em conflito de interesse

Atos em conflito de interesse são os casos do inc. VIII do art. 9.º, em que o sujeito aceita desempenhar atividade em proveito de terceiro, titular de interesses que possam ser afetados pelas decisões e condutas daquele.

33.5 Atos evidenciadores de enriquecimento injustificado

No inc. VII, há a descrição de situação jurídica que faz presumir a improbidade. Trata-se da aquisição, para si ou para outrem, de bens cujo valor seja desproporcional à evolução patrimonial derivada do desempenho dos cargos públicos. Esse dispositivo é qualitativamente diverso dos demais, que indicam a prática de atos eticamente reprováveis em si mesmos. No inc. VII, o ato indicado não é, em si mesmo, viciado. A aquisição é eleita como indício da prática de atos de improbidade, cuja ocorrência é desconhecida.

33.6 O elemento subjetivo: dolo específico

É indispensável o dolo para consumar-se a improbidade do art. 9.º. Para esse fim, o dolo consiste na consciência da ilicitude da conduta, acrescida da vontade da obtenção de um resultado altamente reprovável. Essa ressalva é relevante, eis que a improbidade não se configurará se o agente tiver atuado com culpa ou se não tiver consciência ou vontade quanto ao resultado danoso específico. Por exemplo, alguém esquece um bem de valor econômico no balcão de uma repartição e um agente administrativo desavisadamente dele se apossa. Não se configura a improbidade, ainda que a conduta do sujeito possa ser qualificada como antijurídica.

34 A IMPROBIDADE ADMINISTRATIVA POR PREJUÍZO AO ERÁRIO (ART. 10)

O segundo grupo de atos de improbidade administrativa é o daqueles que causam lesão ao erário em virtude de ação ou omissão.

34.1 Ainda a cláusula geral e o elenco exemplificativo

Tal como se passa relativamente ao art. 9.º, o art. 10 da LIA contempla uma cláusula geral de tipificação da ilicitude no *caput* e um elenco de cunho exemplificativo nos incisos.

34.2 O resultado danoso integra a materialidade da infração

A infração do art. 10 envolve um elemento material de resultado, sem o qual não há ilicitude. Trata-se da *lesão ao erário*. Sem prejuízo ao erário, não há a infração do art. 10.

O exemplo mais evidente é a indevida ausência de licitação para a contratação administrativa. O reconhecimento da ocorrência de contratação direta em hipótese incabível é insuficiente para configurar, mesmo em tese, a existência da improbidade do art. 10. É indispensável demonstrar que, *além da omissão indevida da licitação*, a contratação resultou em prejuízo para os cofres públicos.

34.2.1 A vedação a presunções ou ficções

Não é cabível estabelecer uma *ficção* de lesão aos cofres públicos, determinando que toda e qualquer conduta enquadrável no elenco do art. 10 configuraria ato de improbidade. Isso infringiria a noção de improbidade em geral e o próprio texto do art. 10, que explicitamente alude a ato "que causa lesão ao erário".

Apesar disso, havia a jurisprudência do STJ no sentido de um prejuízo "in re ipsa", solução incompatível com a disciplina legal. Se a Lei 8.429/1992 exige a ocorrência de prejuízo ao erário, não existe fundamento jurídico para a interpretação de que a ausência de licitação acarretaria, de modo necessário e independentemente da produção de provas, a consumação do dito prejuízo.

34.2.2 A superação da jurisprudência do STJ

A redação adotada pela Lei 14.230/2021 tornou superada a jurisprudência do STJ, que admitia a configuração da improbidade do art. 10 independentemente de prova de prejuízo nos casos de contratação direta indevida. Não se admite mais a aplicação do conceito de dano "in re ipsa", expressão utilizada para indicar o entendimento de que a ausência de licitação produziria, de modo intrínseco e inafastável, uma lesão aos cofres públicos.

Nesse sentido, confira-se o seguinte julgado do STJ:

"5. *In casu*, não se trata exatamente da discussão sobre a aplicação retroativa de alteração normativa benéfica, já que, anteriormente, não havia norma expressa prevendo a possibilidade do dano presumido, sendo este (o dano presumido) admitido após construção pretoriana, a partir da jurisprudência que se consolidara no STJ até então e que vinha sendo prolongadamente aplicada. 6. Esse entendimento (repita-se, fruto de construção jurisprudencial, e não decorrente de texto legal) não pode continuar balizando as decisões do STJ se o próprio legislador deixou expresso não ser cabível a condenação por ato ímprobo mediante a presunção da ocorrência de um dano, pois cabe ao Judiciário prestar a devida deferência à opção que seguramente foi a escolhida pelo legislador ordinário para dirimir essa questão" (REsp 1.929.685/TO, 1.ª T., rel. Min. Gurgel de Faria, j. 27.08.2024, *DJe* 02.09.2024)."

34.3 A questão do elemento subjetivo

Tal como se passa em todos os casos de improbidade, o elemento subjetivo é o dolo. A improbidade pressupõe a atuação maliciosa preordenada à obtenção de um resultado conhecido como indevido.

A Lei 14.230/2021 eliminou a modalidade culposa de improbidade, que estava prevista na redação original da LIA e que era amplamente reprovada pela doutrina.[36]

35 A IMPROBIDADE ADMINISTRATIVA POR ATENTADO CONTRA OS PRINCÍPIOS FUNDAMENTAIS (ART. 11)

A improbidade tipificada no art. 11 exige a consumação de uma das condutas previstas nos incisos do dispositivo.

35.1 A sistemática distinta em relação aos arts. 9° e 10

A Lei 14.230/2021 alterou a redação do art. 11, adotando solução normativa distinta daquela contemplada nos arts. 9.º e 10. No caso do art. 11, há uma tipificação de condutas no *caput* do artigo, que é complementada na previsão dos incisos.

35.2 A violação ao princípio mediante conduta específica

A improbidade do art. 11 somente se consuma quando o agente infringe os princípios da Administração, violando deveres específicos, mediante a prática de conduta prevista nos incisos do dispositivo.

O STJ manifestou-se a respeito da aplicação do art. 11 após a alteração dada pela Lei 14.230/2021:

"A nova redação do art. 11 da LIA, dada pela Lei n. 14.230/2021, que tipificou de forma taxativa os atos de improbidade administrativa por ofensa aos princípios da administração pública, obsta a condenação genérica com base nos revogados incisos I e II do mesmo artigo para atos praticados na vigência do texto anterior da lei e sem condenação transitada em julgado" (Enunciado 10 da Jurisprudência em Teses 234).

---

[36] Confira-se CAMMAROSANO e PEREIRA. Improbidade administrativa e a jurisprudência do STJ: o esvaziamento do dolo nos arts. 9.º e 11, e a inconstitucionalidade da culpa no art. 10 da Lei 8.429/1992. *Revista de Direito Administrativo Contemporâneo – ReDAC*, n. 5, p. 137-149, fev. 2014.

"Não se extingue a ação de improbidade administrativa se a exclusão da conduta anteriormente disposta no art. 11 da LIA – violação genérica aos princípios administrativos – aboliu a tipicidade, mas a nova previsão legal especifica em seus incisos a conduta descrita, em razão do princípio da continuidade típico-normativa" (Enunciado 11 da Jurisprudência em Teses 234).

35.3 A problemática dos princípios e das regras

Lembre-se de que os princípios são normas dotadas de grande abertura para a realidade, cuja aplicação propicia uma pluralidade de soluções distintas. Diversamente, as regras consagram modelos normativos definidos, que usualmente impõem uma solução determinada e excludente de outras alternativas.

35.3.1 A questão da violação a princípio

O princípio não comporta aplicação em sentido do "tudo ou nada". Como o princípio consagra uma diretriz normativa, e não uma regra, dele se extraem efeitos normativos muito distintos. Daí se segue a impossibilidade de reputar que a infração aos princípios se configura em termos idênticos à violação de regras.

35.3.2 A infração a deveres

Justamente por isso, o *caput* do art. 11 prevê que a infração aos princípios da atividade administrativa somente consuma a improbidade quando existir violação aos deveres de honestidade, de imparcialidade e de legalidade.

De modo genérico, a violação ao dever implica a existência de uma regra – ainda que de conteúdo amplo. É indispensável que o sujeito infrinja um dever inerente à posição funcional em que se encontra. Os deveres de honestidade, de imparcialidade e de legalidade são interpretados em vista da posição do agente público, que está constrangido a realizar os interesses coletivos.

Nesse sentido, o § 3.º do art. 11 prevê o seguinte:

"O enquadramento de conduta funcional na categoria de que trata este artigo pressupõe a demonstração objetiva da prática de ilegalidade no exercício da função pública, com a indicação das normas constitucionais, legais ou infralegais violadas".

35.4 As hipóteses dos incisos do art. 11

Os incisos do art. 11 referem-se à violação de deveres de diversa natureza. Cabe especial referência a duas hipóteses específicas, introduzidas pela Lei 14.230/2021.

35.4.1 A prática do nepotismo (inc. XI)

A prática do nepotismo foi objeto de reprovação, especificamente a partir da jurisprudência. O inc. XI do art. 11 estabeleceu que a nomeação de pessoa vinculada, nas condições reconhecidas como configuradoras do nepotismo, implica conduta ímproba.

35.4.2 A publicidade indevida do agente público (inc. XII)

Outra hipótese que merece atenção é a prática, com recursos do erário, de ato de publicidade infringente do art. 37, § 1.º, da CF/1988, que propicie a personalização da atividade administrativa.

35.5 A modificação radical promovida pela Lei 14.230/2021

A redação original do art. 11 da LIA contemplava a improbidade por violação a princípios da atividade administrativa, sem uma explicitação mais precisa quanto à materialidade da conduta reprovável. A Lei 14.230/2021 alterou essa disciplina, vinculando a improbidade à infração de princípios mediante a prática de condutas especificadas nos incisos do referido art. 11.

Isso conduziu o STF a adotar o seguinte entendimento:

"4. Aplicação do entendimento firmado no ARE 843.989/PR, Tema 1.199 da Repercussão Geral. Incidência imediata da nova redação do art. 11 da Lei 8.429/1992 (dada pela Lei 14.230/2021). 5. Abolição, pela nova legislação, do ato de improbidade administrativa por mera violação dos princípios da Administração Pública com fundamento exclusivamente no *caput* do art. 11 da Lei 8.429/1992. 6. Impossibilidade jurídica de manutenção, no caso, da condenação ratificada pelas instâncias ordinárias" (RE 1.463.438/PR AgR, 2.ª T., rel. Min. Edson Fachin, rel. p/ acórdão Min. Gilmar Mendes, j. 19.08.2024, *DJe* 01.10.2024).

O STJ pronunciou-se no sentido de que o entendimento firmado no Tema 1.199 da Repercussão Geral aplica-se ao caso de ato de improbidade administrativa fundado no revogado art. 11, I, da Lei 8.429/1992, desde que não haja condenação com trânsito em julgado (AgInt no AREsp 2.380.545/SP, 1.ª T., rel. Min. Gurgel de Faria, j. 06.02.2024, *DJe* 07.03.2024).

35.6 O elemento subjetivo

Não se admite infração de improbidade, subsumível ao art. 11, sem um elemento subjetivo doloso. A atuação culposa é insuficiente (o que não equivale a afirmar a sua regularidade). É perfeitamente possível, senão obrigatório, punir condutas irregulares, ilícitas praticadas por agentes estatais. Mas isso não autoriza a impor sanção de improbidade para toda e qualquer conduta administrativa irregular. A tanto se opõe o princípio da proporcionalidade.

35.7 A questão do dano (§§ 1.º e 4.º do art. 11)

O § 4.º do art. 11 prevê o seguinte:

"Os atos de improbidade de que trata este artigo exigem lesividade relevante ao bem jurídico tutelado para serem passíveis de sancionamento e independem do reconhecimento da produção de danos ao erário e de enriquecimento ilícito dos agentes públicos".

A interpretação adequada do dispositivo exige a sua conjugação com a previsão do § 1.º do mesmo art. 11, assim redigido:

"Nos termos da Convenção das Nações Unidas contra a Corrupção, promulgada pelo Decreto n.º 5.687, de 31 de janeiro de 2006, somente haverá improbidade administrativa, na aplicação deste artigo, quando for comprovado na conduta funcional do agente público o fim de obter proveito ou benefício indevido para si ou para outra pessoa ou entidade".

O § 2.º do art. 11 determina que a previsão do § 1.º, acima reproduzida, é aplicável a todas as tipificações de improbidade.

A conjugação dos dispositivos conduz ao reconhecimento de que a improbidade do art. 11 exige um elemento subjetivo orientado à obtenção de proveito ou benefício indevido (para o agente ou para terceiro). No entanto, o aperfeiçoamento da ilicitude não é subordinado à consumação efetiva de dano ao erário ou enriquecimento ilícito do agente público.

As duas questões apresentam natureza distinta e inconfundível. A intenção dolosa do agente envolve o tipo subjetivo do ilícito. A consumação de proveito ou benefício indevido encontra-se no âmbito do tipo objetivo.

36 AS SANÇÕES IMPONÍVEIS À IMPROBIDADE ADMINISTRATIVA

O art. 12 contempla, nos seus três incisos, um elenco de sanções que comportam aplicação de modo isolado ou cumulativo.

36.1 As sanções previstas na LIA

O sancionamento da LIA é diferenciado em vista das hipóteses previstas nos arts. 9.º, 10 e 11. Há sanções de natureza patrimonial e outras não patrimoniais.

36.1.1 O sancionamento pelas infrações do art. 9.º

As sanções de natureza patrimonial previstas no inc. I do art. 12 são a perda dos benefícios ilicitamente acrescidos ao patrimônio do agente ou de terceiro e o pagamento de multa civil equivalente ao valor do referido acréscimo patrimonial.

As sanções não patrimoniais são a perda da função pública, a suspensão de direitos políticos por período de até catorze anos e a proibição de contratar com o poder público ou de receber benefícios ou incentivos fiscais ou creditícios, direta ou indiretamente, ainda que por intermédio de pessoa jurídica da qual seja sócio majoritário, pelo prazo não superior a 14 (catorze) anos.

36.1.2 O sancionamento pelas infrações do art. 10

Quando a condenação envolver as infrações do art. 10, o inc. II do art. 12 comina sanções patrimoniais de perda dos benefícios ilicitamente acrescidos ao patrimônio do agente ou de terceiro (se tal tiver ocorrido) e o pagamento de multa civil equivalente ao valor do dano. As sanções não patrimoniais são a perda da função pública, a suspensão dos direitos políticos até 12 (doze) anos e a proibição de contratar com o poder público ou de receber benefícios ou incentivos fiscais ou creditícios, direta ou indiretamente, ainda que por intermédio de pessoa jurídica da qual seja sócio majoritário, pelo prazo não superior a 12 (doze) anos.

36.1.3 O sancionamento pelas infrações do art. 11

Quando se tratar de infração do art. 11, há a previsão de pagamento de multa civil de até 24 (vinte e quatro) vezes o valor da remuneração percebida pelo agente e proibição de contratar com o poder público ou de receber benefícios ou incentivos fiscais ou creditícios, direta ou indiretamente, ainda que por intermédio de pessoa jurídica da qual seja sócio majoritário, pelo prazo não superior a 4 (quatro) anos.

Antes da alteração promovida pela Lei 14.230/2021, o STF deliberara suspender a eficácia de regra então prevista no inc. III do art. 12, nos termos seguintes:

"(a) conferir interpretação conforme à Constituição ao inciso II do artigo 12 da Lei 8.429/1992, estabelecendo que a sanção de suspensão de direitos políticos não se aplica a atos de improbidade culposos que causem dano ao erário; e
(b) suspender a vigência da expressão 'suspensão dos direitos políticos de três a cinco anos' do inciso III do art. 12 da Lei 8.429/1992" (ADI 6.678 MC/DF, decisão monocrática, rel. Min. Gilmar Mendes, j. 01.10.2021, *DJe* 04.10.2021).

A decisão apontava a existência de elementos indicando que a suspensão de direitos políticos, prevista na redação original da LIA para sancionamento por infrações ao art. 11, era potencialmente infringente da proporcionalidade. Seguindo o mesmo entendimento, a Lei 14.230/2021 eliminou essa modalidade de sanção no inc. III do art. 12.

36.1.4 Uma questão complementar quanto à inelegibilidade

O art. 1.º, I, g, da LC 64/1990 determina que são inelegíveis para quaisquer cargos "os que tiverem suas contas relativas ao exercício de cargos ou funções públicas rejeitadas por irregularidade insanável que configure ato doloso de improbidade administrativa, e por decisão irrecorrível do órgão competente (...), para as eleições que se realizarem nos 8 (oito) anos seguintes, contados a partir da data da decisão (...)".

Mas a Lei Complementar 184/2021 estabeleceu que a referida previsão "não se aplica aos responsáveis que tenham tido suas contas julgadas irregulares sem imputação de débito e sancionados exclusivamente com o pagamento de multa".

36.1.5 Sancionamento do particular

O STJ decidiu que as sanções de suspensão dos direitos políticos e de proibição de contratar com ao poder público se aplicam tanto aos agentes públicos quanto aos particulares:_

"2. A norma não divisa a fixação das sanções de 'suspensão dos direitos políticos' ou 'proibição de contratar com o Poder Público ou receber benefícios ou incentivos fiscais ou creditícios' entre os agentes públicos e os particulares que tenham praticado o ato ímprobo, podendo tais penalidades, portanto, ser aplicadas a ambos (o agente público e o particular)._(...)_5. O mesmo raciocínio se aplica à sanção de proibição de 'contratar com o Poder Público ou receber benefícios ou incentivos fiscais ou creditícios', pois, embora os agentes públicos, na época da decisão, não desempenhassem a atividade empresarial, nada impediria que, se não fossem os efeitos da sanção, passassem a desempenhar tal atividade no futuro" (REsp 1.735.603/AL, 1.ª T., rel. Min. Gurgel de Faria, j. 03.09.2024, *DJe* 11.09.2024).

36.2 A vedação à condenação cumulativa fundada em artigos diversos

Uma das inovações introduzidas pela Lei 14.230/2021 foi a vedação à condenação do sujeito fundada em artigos diversos (9.º, 10 e 11) relativamente a uma mesma conduta. Não se admite que uma única conduta seja subsumida a mais de um dos referidos dispositivos legais.

37 A REFORMA INTRODUZIDA PELA LEI 14.230/2021 E A QUESTÃO DA RETROATIVIDADE

A reforma promovida pela Lei 14.230/2021 alterou significativamente a tipificação da improbidade. Isso conduziu a uma disputa sobre a aplicação retroativa da lei nova, por se configurar como mais benéfica ao acusado.

O tema foi apreciado pelo STF, que reconheceu o cabimento de aplicação retroativa de alguns dos dispositivos, se inexistir condenação transitada em julgado. Foi fixada a tese para o Tema 1.199:

"1) É necessária a comprovação de responsabilidade subjetiva para a tipificação dos atos de improbidade administrativa, exigindo-se – nos artigos 9.º, 10 e 11 da LIA – a presença do elemento subjetivo – DOLO; 2) A norma benéfica da Lei 14.230/2021 – revogação da modalidade culposa do ato de improbidade administrativa –, é IRRETROATIVA, em virtude do artigo 5.º, inciso XXXVI, da Constituição Federal, não tendo incidência em relação à eficácia da coisa julgada; nem tampouco durante o processo de execução das penas e seus incidentes; 3) A nova Lei 14.230/2021 aplica-se aos atos de improbidade administrativa culposos praticados na vigência do texto anterior da lei, porém sem condenação transitada em julgado, em virtude da revogação expressa do texto anterior; devendo o juízo competente analisar eventual dolo por parte do agente; 4) O novo regime prescricional previsto na Lei 14.230/2021 é IRRETROATIVO, aplicando-se os novos marcos temporais a partir da publicação da lei" (ARE 843.989/PR, Pleno, rel. Min. Alexandre de Moraes, j. 18.08.2022, *DJe* 09.12.2022).

No voto do Min. Alexandre de Moraes, foi consagrado o seguinte entendimento:

"Ressalte-se, entretanto, que apesar da irretroatividade, em relação a redação anterior da LIA, mais severa por estabelecer a modalidade culposa do ato de improbidade administrativa em seu artigo 10, vige o princípio da não ultra-atividade, uma vez que não retroagirá para aplicar-se a fatos pretéritos com a respectiva condenação transitada em julgado, mas tampouco será permitida sua aplicação a fatos praticados durante sua vigência mas cuja responsabilização judicial ainda não foi finalizada".

38   A DISCIPLINA PROCESSUAL DA AÇÃO DE IMPROBIDADE

O laconismo da redação original da LIA conduzia à submissão da atividade jurisdicional destinada ao sancionamento por improbidade às normas gerais de direito processual civil. A Lei 14.230/2021 alterou a disciplina e consagrou soluções específicas e diferenciadas para a hipótese.[37]

38.1   A ação de improbidade

A LIA prevê uma ação de improbidade, submetida a regras processuais próprias. Foi vedada a aplicação das normas atinentes à ação civil pública e a utilização da ação de improbidade para controle da regularidade de políticas públicas ou visando a provimentos judiciais distintos daqueles previstos no art. 12. O art. 17-D determina que:

"A ação por improbidade administrativa é repressiva, de caráter sancionatório, destinada à aplicação de sanções de caráter pessoal previstas nesta Lei, e não constitui ação civil, vedado seu ajuizamento para o controle de legalidade de políticas públicas e para a proteção do patrimônio público e social, do meio ambiente e de outros interesses difusos, coletivos e individuais homogêneos".

38.2   Legitimidade ativa

O STF declarou a inconstitucionalidade da inovação contemplada na Lei 14.230/2021, que atribuía legitimidade ativa privativa para o Ministério Público promover a ação de improbidade. No julgamento das ADIs 7.042 e 7.043, o STF reconheceu a legitimidade ativa concorrente entre o Ministério Público e as pessoas jurídicas lesadas para a propositura da ação de improbidade e para acordos de não persecução civil.[38]

---

[37]   Para análise mais aprofundada sobre os aspectos processuais: AMARAL; WATANABE. *Manual do processo de improbidade administrativa*.

[38]   ADI 7.042/DF e 7.043/DF, Pleno, rel. Min. Alexandre de Moraes, j. 31.08.2022, *DJe* 27.02.2023.

38.3 Os requisitos da petição inicial

O art. 17, § 6.º, da LIA estabelece requisitos mais severos a serem observados na petição inicial, sob pena de seu indeferimento. É indispensável a especificação precisa quanto à conduta infracional imputada ao réu, tal como a apresentação de documentação comprobatória mínima.[39]

38.4 A imputação específica da improbidade

O art. 17, § 10-D, estabelece que, "Para cada ato de improbidade administrativa, deverá necessariamente ser indicado apenas um tipo dentre aqueles previstos nos arts. 9.º, 10 e 11 desta Lei".

Esse dispositivo se vincula ao previsto no § 10-C do mesmo art. 17, que determina que, "Após a réplica do Ministério Público, o juiz proferirá decisão na qual indicará com precisão a tipificação do ato de improbidade administrativa imputável ao réu, sendo-lhe vedado modificar o fato principal e a capitulação legal apresentada pelo autor".

Por outro lado, o § 10-F do referido art. 17 prevê a nulidade de decisão que "I – condenar o requerido por tipo diverso daquele definido na petição inicial".

A conjugação dos três parágrafos conduz à conclusão de que a petição inicial deve contemplar especificação da imputação dirigida contra o réu, sendo vedada a prática de submeter uma única conduta a uma pluralidade de tipificações.

De todo modo, cabe ao magistrado emitir provimento formalizando as questões controvertidas, o que deverá tomar em vista os elementos processuais verificados na etapa postulatória.

38.5 A questão do provimento cautelar de indisponibilidade de bens

O art. 16 da LIA admite a medida liminar de indisponibilidade de bens, que se submete ao regime da tutela provisória de urgência do CPC.

38.5.1 A presença de pressupostos indispensáveis

A decretação da indisponibilidade de bens somente será deferida se presentes certos pressupostos mínimos, tal como estabelece o § 3.º do art. 16:

"O pedido de indisponibilidade de bens a que se refere o *caput* deste artigo apenas será deferido mediante a demonstração no caso concreto de perigo de dano irreparável ou de risco ao resultado útil do processo, desde que o juiz se convença da probabilidade da ocorrência dos atos descritos na petição inicial com fundamento nos respectivos elementos de instrução, após a oitiva do réu em 5 (cinco) dias".

Se as circunstâncias o aconselharem, admite-se o deferimento do provimento cautelar sem a audiência do réu.

Em todas as hipóteses, a avaliação sobre o provimento cautelar deve observar as exigências de aparência da procedência da pretensão condenatória e de risco de dano irreparável ou de frustração do resultado útil do processo.

As alterações da Lei 14.230/2021 conduziram à superação da jurisprudência que prevalecia anteriormente. Nesse sentido, veja-se o julgado do STJ:

---

[39] Estudo realizado pelo Movimento Pessoas à Frente, a partir de informações da Base Nacional de Dados do Poder Judiciário (DataJud), do CNJ, apontou que, desde a entrada em vigor da Lei 14.230 (em 2021) até 2023, houve uma queda no ajuizamento de novas ações por improbidade administrativa em 42% (https://www.jota.info/justica/acoes-por-improbidade-administrativa-cairam-em-42-entre-2021-e-2023-aponta-estudo).

Cap. 18 – O CONTROLE DA ATIVIDADE ADMINISTRATIVA **867**

"3. A nova redação da Lei n. 8.429/1992, dada pela Lei n. 14.230/2021, passou a exigir a demonstração do requisito da urgência, além da plausibilidade do direito invocado, para o deferimento da indisponibilidade de bens em sede de ação de improbidade administrativa. 4. Por possuir natureza de tutela provisória de urgência cautelar, podendo ser revogada ou modificada a qualquer tempo, a decisão de indisponibilidade de bens reveste-se de caráter processual, de modo que, por força do art. 14 do CPC/2015, a norma mencionada deve ter aplicação imediata ao processo em curso" (AgInt no AREsp 2.272.508/RN, 1.ª T., rel. Min. Gurgel de Faria, j. 06.02.2024, *DJe* 21.03.2024).

38.5.2   O valor a ser observado e a substituição por garantia

A lei fixa a estimativa de dano indicada na petição inicial como limite ao valor da indisponibilidade. Também prevê que a indisponibilidade poderá ser substituída por garantia. Segundo o § 6.º do art. 16:

"O valor da indisponibilidade considerará a estimativa de dano indicada na petição inicial, permitida a sua substituição por caução idônea, por fiança bancária ou por seguro-garantia judicial, a requerimento do réu, bem como a sua readequação durante a instrução do processo".

O STJ, no julgamento do Tema Repetitivo 1.213, fixou a tese de que:

"Para fins de indisponibilidade de bens, há solidariedade entre os corréus da Ação de Improbidade Administrativa, de modo que a constrição deve recair sobre os bens de todos eles, sem divisão em quota-parte, limitando-se o somatório da medida ao *quantum* determinado pelo juiz, sendo defeso que o bloqueio corresponda ao débito total em relação a cada um" (REsp 1.955.440/DF, 1.955.300/DF, 1.955.957/MG e 1.955.116/AM, 1.ª S., rel. Min. Herman Benjamin, j. 22.05.2024, *DJe* 01.07.2024).

38.5.3   Os limites à indisponibilidade

Existem várias limitações no tocante à indisponibilidade. Não se admite a decretação de indisponibilidade geral e ilimitada de todo o patrimônio do particular. Exige-se uma estimativa quanto à condenação, que se constituirá em limite máximo da indisponibilidade.

Há um limite mínimo patrimonial insuscetível de constrição no tocante à medida liminar de indisponibilidade. Essa providência não pode implicar a violação à dignidade humana. Deve preservar o mínimo existencial do acusado. Ser réu em ação de improbidade não neutraliza as garantias constitucionais asseguradas ao sujeito. Portanto, não se admite que o sujeito, simplesmente por ser réu no processo, seja destituído dos meios de sobrevivência e seja constrangido a viver da misericórdia alheia.

A medida de indisponibilidade não pode impedir a continuidade da atividade empresarial e o cumprimento das obrigações assumidas em face de terceiros. Assim, quando o réu se configurar como empresário (pessoa jurídica ou física), a indisponibilidade não pode acarretar a apreensão do estabelecimento comercial, a vedação às negociações inerentes à sua atividade e o pagamento de salários, tributos e contribuições.

38.5.4   A questão da indisponibilidade de bens de terceiros

A medida de indisponibilidade também não pode implicar a automática desconsideração da personalidade societária. A questão está disciplinada no § 7° do art. 16:

"A indisponibilidade de bens de terceiro dependerá da demonstração da sua efetiva concorrência para os atos ilícitos apurados ou, quando se tratar de pessoa jurídica, da instauração de incidente de desconsideração da personalidade jurídica, a ser processado na forma da lei processual".

38.6 A questão da competência em vista da prerrogativa de foro

O Supremo Tribunal Federal, ao julgar as ADI 2.797 e 2.860, declarou a inconstitucionalidade da Lei 10.628/2002, que acrescentou os §§ 1.º e 2.º ao art. 84 do Código de Processo Penal.[40] O § 2.º determinava que a ação de improbidade deveria ser proposta perante o Tribunal competente para processar e julgar criminalmente o funcionário ou autoridade na hipótese de prerrogativa de foro em razão do exercício da função pública. E o § 1.º determinava que a competência em virtude da prerrogativa de função seria mantida ainda que o inquérito ou a ação judicial fossem iniciados depois da cessação do exercício da função pública.

O STF voltou a se manifestar sobre o tema da prerrogativa de foro, em decisão adiante referida:

"(...) 2. O foro especial por prerrogativa de função previsto na Constituição Federal em relação às infrações penais comuns não é extensível às ações de improbidade administrativa, de natureza civil. Em primeiro lugar, o foro privilegiado é destinado a abarcar apenas as infrações penais. A suposta gravidade das sanções previstas no art. 37, § 4.º, da Constituição, não reveste a ação de improbidade administrativa de natureza penal. Em segundo lugar, o foro privilegiado submete-se a regime de direito estrito, já que representa exceção aos princípios estruturantes da igualdade e da república. Não comporta, portanto, ampliação a hipóteses não expressamente previstas no texto constitucional. E isso especialmente porque, na hipótese, não há lacuna constitucional, mas legítima opção do poder constituinte originário em não instituir foro privilegiado para o processo e julgamento de agentes políticos pela prática de atos de improbidade na esfera civil" (AgR na Pet 3.240/DF, Pleno, rel. Teori Zavascki, rel. p/ acórdão Min. Roberto Barroso, j. 10.05.2018, *DJe* 21.08.2018).

O entendimento foi reiterado em outras oportunidades. Por exemplo, no julgamento do AgR no RE 918.880/DF (1.ª T., rel. Min. Rosa Weber, j. 21.02.2022, *DJe* 02.03.2022).

39 PRESCRIÇÃO

A LIA diferencia a prescrição da pretensão e a chamada prescrição intercorrente.

39.1 A prescrição da pretensão

O art. 23 da LIA estabelece que o prazo da prescrição é de oito anos, computados a partir da ocorrência do fato ou, no caso de infrações permanentes, do dia em que cessou a permanência.

39.2 A suspensão do curso do prazo

O curso do prazo será suspenso por até cento e oitenta dias, em virtude da instauração de inquérito civil ou processo administrativo para apuração dos fatos (§ 1.º do art. 23).

39.3 A interrupção da prescrição e a prescrição intercorrente

O § 4.º do art. 23 prevê diversas hipóteses de interrupção da prescrição. A disciplina adotada se relaciona com a figura da prescrição intercorrente.

---

[40] Confira-se o estudo de CAMBI e BATISTA. Foro por prerrogativa de função nas ações civis públicas por improbidade administrativa. *Revista de Processo – REPRO*, n. 233, p. 215-237, jul. 2014.

39.3.1 As causas interruptivas do curso da prescrição

O ajuizamento da ação de improbidade e o proferimento de decisão condenatória, em qualquer grau de jurisdição, são causas interruptivas do prazo de prescrição.

39.3.2 O reinício do curso do prazo por quatro anos

Interrompida a prescrição, há o reinício de seu curso pelo prazo de quatro anos.

39.3.3 A consumação da prescrição intercorrente

Se o processo não estiver concluído no prazo de quatro anos, computados da ocorrência do evento interruptivo da prescrição, consumar-se-á a prescrição intercorrente. Caberá a sua extinção.

39.4 A questão relativamente ao terceiro

O prazo prescricional se aplica de modo amplo, atingindo inclusive a pretensão sancionatória relativamente a terceiros.

39.5 A imprescritibilidade da pretensão indenizatória

Outra questão diz respeito ao entendimento de que é imprescritível a ação de ressarcimento ao erário. O tema é tratado no Capítulo 20.

O STF fixou entendimento de que a regra do art. 37, § 5.º, da CF/1988 não abrange o sancionamento por improbidade (Tema 897 da Repercussão Geral). O dispositivo estabelece que "A lei estabelecerá os prazos de prescrição para ilícitos praticados por qualquer agente, servidor ou não, que causem prejuízos ao erário, ressalvadas as respectivas ações de ressarcimento".

É imprescritível a pretensão ao ressarcimento de dano causado por ato doloso. Se o dano ao erário configurar também ato de improbidade, caberá diferenciar as duas pretensões. Permanecerá íntegra apenas aquela atinente ao ressarcimento.

39.6 A rejeição pelo STF à aplicação retroativa

A partir do Tema 1.199 da Repercussão Geral, o STF reputou que as normas sobre prescrição, introduzidas pela Lei 14.230/2021, não são aplicáveis retroativamente:

"(...) 4) O novo regime prescricional previsto na Lei 14.230/2021 é IRRETROATIVO, aplicando-se os novos marcos temporais a partir da publicação da lei" (ARE 843.989/PR, Pleno, rel. Min. Alexandre de Moraes, j. 18.08.2022, *DJe* 09.12.2022).

40 A SENTENÇA CONDENATÓRIA POR IMPROBIDADE

Há disciplina minuciosa da LIA quanto à sentença condenatória por improbidade. O art. 17-C trata do tema.

40.1 A indicação dos fundamentos e a vedação à presunção

A LIA exige que a sentença especifique as condutas que fundamentam a condenação, indicando a sua subsunção aos arts. 9.º, 10 e 11 e vedando a presunção da prática da improbidade.

40.2 A implícita referência à LINDB

Há uma implícita referência à LINDB no inc. II do art. 17-C. Ali está determinada a vedação à decisão fundada em valores abstratos, sem tomar em vista a realidade dos eventos fáticos.

40.3 A previsão implícita de nulidade

O § 10-F do art. 17 prevê a nulidade da sentença que condenar o réu em tipo diverso daquele em que se fundara a acusação ou quando tiver ocorrido julgamento sem prévia produção de provas tempestivamente especificadas.

40.4 A ausência de remessa necessária

A LIA exclui a observância do regime de remessa necessária relativamente às sentenças proferidas em ação de improbidade.

41 O SANCIONAMENTO DO ABUSO DE AUTORIDADE

A Lei 4.898/1965 dispunha sobre abuso de autoridade e foi revogada pela Lei 13.869/2019. A questão propicia uma controvérsia jurídica.

41.1 Os distintos regimes jurídicos dos diplomas legais

A Lei 4.898/1965 dispunha sobre o "processo de Responsabilidade Administrativa, Civil e Penal, nos casos de abuso de autoridade". O diploma foi expressamente revogado pelo art. 44 da Lei 13.869/2019.

A referida Lei 13.869/2019 estabeleceu que "as condutas descritas nesta Lei constituem crime de abuso de autoridade...".

O diploma não veiculou disciplina atinente à responsabilização civil e à responsabilização administrativa pertinente a condutas que configurem abuso de autoridade. Passou a existir exclusivamente a repressão penal para o abuso de autoridade.

Logo, não existem normas legais prevendo, de modo específico, a responsabilização administrativa pelo abuso de autoridade praticado por agente público.

41.2 A remessa à legislação genérica

Portanto, ocorreu a remessa pela Lei 13.869/2019 à disciplina de abuso de autoridade contemplada na legislação genérica.

41.3 Algumas considerações à disciplina não penal do abuso de autoridade

A solução legislativa não significa a eliminação da repressão não penal ao abuso de autoridade. Nem implica que conduta abusivas, praticadas pela autoridade pública no exercício de suas competências (especialmente no âmbito do poder de polícia), tenham sido qualificadas implicitamente como lícitas.

41.3.1 Ainda a questão do princípio da legalidade

A tipificação de ilícitos subordina-se ao princípio da legalidade. Não existe infração administrativa sem prévia lei assim o definindo. Mas a exigência de definição legislativa não conduz à licitude de conduta abusiva, que infrinja os limites e as finalidades da competência instituída legislativamente.

41.3.2 A instituição da competência por meio de lei

Somente existe competência administrativa em virtude de previsão legal. Justamente por isso, toda competência administrativa é atribuída dentro de limites determinados (ou determináveis).

41.3.3 A atuação além dos limites da competência

A atuação do agente público além dos limites da sua competência configura ilicitude, eis que evidencia a extrapolação de poderes delimitados legislativamente. Se a legalidade administrativa significa que o agente somente pode fazer aquilo que a lei a ele autoriza, é inquestionável que exercitar conduta que não lhe fora atribuída materializa infração à lei. Não é necessária uma previsão legal determinando que a atuação além dos limites da competência consuma ilicitude.

41.3.4 A atuação violadora das finalidades da competência

Considerações similares podem ser adotadas relativamente à infringência às finalidades da competência atribuída por lei. Mesmo que o sujeito seja investido da competência, a adoção de solução violadora dos fins norteadores dessa competência é antijurídica.

41.3.5 A questão do sancionamento

A conduta de abuso de autoridade sujeita-se a sancionamento civil e administrativo, em vista das normas que disciplinam o exercício da função pública específica. A revogação da Lei 4.898/1965 acarreta a inaplicabilidade das sanções específicas que por ela tinham sido previstas. Mas não afasta a incidência de outras sanções, que prevejam a punição para infrações cometidas pelo agente público.

42   O *HABEAS DATA*

O habeas data é uma ação civil constitucional destinada a assegurar ao sujeito o conhecimento de informações sobre ele existentes em registros governamentais ou acessíveis ao público, para a retificação, exclusão ou complementação dos dados incorretos ou incompletos ali constantes, ou para a anotação das razões do interessado pertinentes a evento ali registrado.

42.1   Disciplina constitucional e infraconstitucional

O *habeas data* é previsto no art. 5.º, inc. LXXII, da CF/1988, nos termos adiante reproduzidos:

"conceder-se-á '*habeas data*':
a) para assegurar o conhecimento de informações relativas à pessoa do impetrante, constantes de registros ou bancos de dados de entidades governamentais ou de caráter público;
b) para a retificação de dados, quando não se prefira fazê-lo por processo sigiloso, judicial ou administrativo".

O dispositivo foi regulamentado pela Lei 9.507/1997.

42.2   Finalidades

O *habeas data* é um instituto com dimensão constitucional, criado para assegurar tutela de natureza não penal para direito fundamental, que alcança tanto as pessoas físicas quanto jurídicas. Destina-se a assegurar ao sujeito o conhecimento do conteúdo de informações sobre ele eventualmente existentes. A garantia se aplica tanto aos registros mantidos por pessoas

872 CURSO DE DIREITO ADMINISTRATIVO · *Marçal Justen Filho*

estatais como por pessoas privadas, desde que acessíveis a terceiros (que não o sujeito que tiver instituído o registro).

Isso significa que os registros e bancos de dados contendo informações sobre os sujeitos, quando acessíveis a terceiros, devem ser abertos ao conhecimento do próprio interessado.

O *habeas data* se destina também a promover a correção de dados incorretos constantes do registro acessível ao público. A correção das informações pode envolver também a supressão ou a inclusão *de* dados, de modo que o conteúdo do registro reflita com veracidade a identidade do sujeito. O *habeas data* não é instrumento adequado para a retificação de dados constantes do Registro Civil ou Mercantil.

O interesse do sujeito pode dirigir-se a inserir nos registros uma exposição sobre os motivos da ocorrência ali referida. Isso se orienta a evitar que o conteúdo do registro, inconveniente aos interesses da pessoa e sujeito à pendência (judicial ou não), seja reputado por terceiros como certo e inquestionável. Sob esse prisma, não existe uma garantia constitucional, mas se trata de uma ampliação do cabimento do *habeas data* produzida em nível legislativo (Lei 9.507/1997, art. 7.º, inc. III).

No julgamento do Tema 582 da Repercussão Geral, o STF manifestou-se no sentido de que:

"1. O *habeas data*, posto instrumento de tutela de direitos fundamentais, encerra amplo espectro, rejeitando-se visão reducionista da garantia constitucional inaugurada pela carta pós-positivista de 1988. 2. A tese fixada na presente repercussão geral é a seguinte: 'O *Habeas Data* é garantia constitucional adequada para a obtenção dos dados concernentes ao pagamento de tributos do próprio contribuinte constantes dos sistemas informatizados de apoio à arrecadação dos órgãos da administração fazendária dos entes estatais.' (...)" (RE 673.707/MG, Pleno, rel. Min. Luiz Fux, repercussão geral – mérito, j. 17.06.2018, *DJe* 29.09.2015).

42.3 Legitimidade ativa

A legitimação ativa é do sujeito a quem se referem as informações constantes do banco de dados. Reconhece-se a legitimidade ativa não apenas às pessoas físicas, mas também às jurídicas.

42.4 Legitimidade passiva

O *habeas data* pode ser dirigido para obter provimento jurisdicional em face de entidades estatais (integrantes da Administração direta ou indireta) ou de entidades privadas que mantenham registros acessíveis ao público em geral.

Observe-se que a Lei 9.507/1997 seguiu a sistemática atinente ao mandado de segurança, de modo que, nos casos de entidades estatais, a legitimidade passiva é atribuída formalmente à pessoa física de uma autoridade (dita "coatora").

42.5 Interesse de agir: direito subjetivo

O *habeas data* se destina a proteger direito subjetivo próprio, o que exclui a possibilidade de utilização para correção de informações defeituosas relativamente a terceiros.

42.5.1 Ainda o interesse: a proteção do direito à imagem

O *habeas data* é instrumento para defesa do direito à imagem, o que significa a ausência de sua adequação para defesa de direitos de cunho econômico ou para pretensões de cunho indenizatório. Se o conteúdo do registro acarretar a lesão a algum direito subjetivo de outra ordem ou se o conteúdo do registro tiver sido utilizado como fundamento para a prática de ato potencialmente apto a lesar direitos patrimoniais do sujeito, haverá carência de interesse para a impetração do *habeas data*.

42.5.2 Ainda o interesse: a recusa do órgão

Somente se configurará o interesse de agir quando o órgão ou sujeito titular do registro for provocado pelo interessado e se recusar a fornecer as informações constantes do registro ou a corrigir as informações (inclusive e se for o caso acrescentando ou suprimindo dados).

"Não cabe o *habeas data* (CF/1988, art. 5.º, LXXII, *a*) se não houve recusa de informações por parte da autoridade administrativa" (Súmula 2 do STJ).

42.6   A competência

A competência é distribuída entre os diversos órgãos jurisdicionais, tomando em vista as circunstâncias subjetivas relacionadas ao titular do poder de tornar público o conteúdo do registro ou de promover a sua correção. Assim, cabe ao STF a competência originária para *habeas data* contra atos do Presidente da República, por exemplo. A discriminação de competência consta da Constituição e está regulamentada no art. 20 da Lei 9.507/1997.

42.7   O provimento jurisdicional

Em caso de concessão da ordem, o provimento será dotado de natureza mandamental (art. 13 da Lei 9.507/1997). Ali se determina que a sentença imporá ao titular do registro ou banco de dados o dever de apresentar ou as informações ao impetrante ou a prova da retificação ou da anotação nos assentamentos.

Capítulo 19
A RESPONSABILIDADE CIVIL DO ESTADO

1 CONSIDERAÇÕES GERAIS

O Estado brasileiro atua sob a disciplina do direito e, por isso, é responsável por suas ações e omissões, quando infringirem a ordem jurídica e lesarem terceiros, devendo responder pelas perdas e pelos danos sofridos pelo sujeito lesado.

1.1 A responsabilidade como efeito de um dever jurídico

A responsabilidade não se confunde propriamente com o dever jurídico, tal como exposto pela concepção da teoria dualista da obrigação, desenvolvida no âmbito do direito privado.[1]

O dever jurídico impõe a um sujeito a realização de uma certa conduta, consistente numa ação ou omissão. No direito privado, costuma-se utilizar a expressão latina *debitum* para indicar essa faceta da obrigação. Mas o dever jurídico também abrange a submissão do sujeito e de seu patrimônio a recompor os interesses do credor em caso de violação ao conteúdo primário do dever. Essa vinculação complementar é indicada pelo vocábulo *obligatio*, que corresponde à figura da responsabilidade.

A responsabilidade consiste, então, num aspecto complementar e inerente ao dever jurídico, relacionando-se com a infração à conduta prevista como obrigatória. A responsabilidade consiste no dever (secundário) de arcar com os efeitos da infração ao dever (primário) de fazer ou não fazer algo. Por isso, a responsabilidade somente se torna efetiva quando a prestação (dever primário) não tiver sido executada no tempo e no modo devidos.

1.2 Responsabilidade patrimonial e não patrimonial

A responsabilidade pode ser patrimonial ou não patrimonial.

A responsabilidade patrimonial acarreta a apropriação de bens e direitos economicamente avaliáveis do responsável, visando a eliminar os efeitos nocivos derivados da ausência de

---

[1] Para aprofundar o exame, cf. JUSTEN FILHO. *Sujeição passiva tributária*, p. 54 *et seq.*

CURSO DE DIREITO ADMINISTRATIVO • Marçal Justen Filho

cumprimento espontâneo ao dever primário de fazer ou não fazer algo. Por exemplo, o autor do ato ilícito responde com os seus bens presentes e futuros pela indenização por perdas e danos devida ao lesado.

A responsabilidade não patrimonial implica um efeito negativo sobre a órbita pessoal do sujeito. Por exemplo, o servidor público responderá pelas infrações funcionais, o que poderá acarretar inclusive a sua demissão.

1.3 A responsabilidade do Estado e de seus agentes

A admissão da responsabilidade jurídica do Estado é uma característica da democracia republicana. A responsabilidade do Estado deriva da subordinação das condutas estatais à ordem jurídica. O Estado é responsável, na acepção de que está obrigado perante a sociedade e os órgãos de controle, por arcar com as consequências de suas ações e omissões e adotar todas as providências destinadas a corrigir as imperfeições verificadas.

1.4 Atuação sob regime de direito público e sob regime de direito privado

A temática da responsabilidade do Estado apresenta especial relevância para os sujeitos administrativos que atuam sob regime de direito público – usualmente identificados pela expressão Fazenda Pública.

Aqueles subordinados ao regime de direito privado são regidos pelas mesmas normas de direito privado que disciplinam a conduta dos sujeitos particulares.

Essa diferenciação foi obscurecida pela orientação mais recente da jurisprudência do STF, no sentido de reconhecer que as empresas estatais prestadoras de serviços públicos, que atuam em regime de exclusividade, devem sujeitar-se ao regime de direito público.

De todo modo, a exposição contida no presente Capítulo versará basicamente sobre o regime de responsabilização apropriado para a atividade administrativa desenvolvida sob regime de direito público.

2 A RESPONSABILIDADE CIVIL DO ESTADO

A responsabilidade civil do Estado consiste no dever de indenizar os danos materiais e morais sofridos por terceiros em virtude de ação ou omissão antijurídica imputável ao Estado, tal como os lucros cessantes relacionados.

2.1 Estado de Direito e a submissão ao regime jurídico geral

A concepção do Estado de Direito implica a submissão do aparato estatal à ordem jurídica. Isso compreende o dever de indenizar as perdas e danos decorrentes de sua conduta.

2.2 A indenização por perdas e danos

A manifestação mais usual da responsabilidade consiste no pagamento de quantia certa em dinheiro. Isso significa, na maior parte dos casos, o dever de pagar o valor correspondente aos danos emergentes e aos lucros cessantes – vale dizer, aquilo que o lesado perdeu e o que razoavelmente deixou de ganhar. Mas compreende também a eventual execução específica de obrigação de fazer.

2.3 A responsabilidade civil por dano moral

Já a responsabilidade civil por dano moral compreende usualmente (mas não apenas) o pagamento de uma importância destinada a atenuar o sofrimento moral acarretado em virtude

Cap. 19 – A RESPONSABILIDADE CIVIL DO ESTADO **877**

de atuação ilícita, com forte conotação de punição. A natureza não econômica do dano moral impede uma equiparação pecuniária precisa. A indenização visa a fornecer um conforto imaterial ao indenizado – seja através da obtenção de recursos materiais, seja pela constatação da punição aplicada ao autor da ilicitude. Mas a compensação pelo dano moral pode abranger outras prestações, destinadas a reduzir os efeitos negativos sofridos pelo sujeito em seu âmbito não patrimonial.

2.4 A imposição de prestações de fazer

No entanto, admite-se que, em muitos casos, o pagamento de uma importância em dinheiro não é suficiente ou não se constitui em solução apropriada para compensar os danos. Assim, pode-se cogitar de a responsabilização civil traduzir-se em obrigações de fazer, tal como a execução específica de obrigações inadimplidas ou outras soluções atípicas. Por exemplo, a indevida imputação da prática de ilicitude pode conduzir à imposição do dever de publicação de notícia na imprensa quanto à inocência do sujeito.

3 A RESPONSABILIZAÇÃO ESTATAL POR CONDUTAS DE TERCEIROS

A responsabilidade civil do Estado deriva, usualmente, de conduta própria – vale dizer, de conduta dos agentes encarregados de formular e manifestar a vontade estatal.

No entanto, há casos em que o Estado responderá pelos efeitos de conduta alheia. Tal poderá se passar, inclusive, por decisão estatal unilateral. Exemplos residem nas Leis 10.309/2001 e 10.744/2003, que disciplinaram a "assunção" pela União de responsabilidade civil no caso de atentados terroristas ou atos de guerra contra aeronaves de empresas aéreas brasileiras.

4 A SITUAÇÃO DE SUJEITOS PRIVADOS ATUANDO COMO AGENTES PÚBLICOS

Em algumas hipóteses, agentes privados são investidos de competências de natureza estatal. Isso pode gerar disputa sobre a responsabilização estatal por eventuais ilicitudes praticadas. Mais ainda, a discussão compreende a incidência do regime jurídico comum de responsabilidade civil.

O tema tem sido analisado especialmente a propósito dos notários e cartorários. Em princípio, a natureza estatal da atividade implica a incidência do regime de responsabilidade civil correspondente. Portanto, a responsabilidade civil atinente aos atos de cartórios e notários não pode ser subordinada a disciplina distinta daquela reservada ao Estado.

No julgamento do RE 842.846/SC (Tema 777 da Repercussão Geral), o STF fixou a seguinte tese:

> "O Estado responde, objetivamente, pelos atos dos tabeliães e registradores oficiais que, no exercício de suas funções, causem dano a terceiros, assentado o dever de regresso contra o responsável, nos casos de dolo ou culpa, sob pena de improbidade administrativa" (RE 842.846/SC, Pleno, rel. Min. Luiz Fux, repercussão geral – mérito, j. 27.02.2019, *DJe* 12.08.2019).

No entanto, o problema fundamental reside na existência de uma relação de causalidade entre a atuação do cartorário ou notário e o dano produzido. Se todas as cautelas possíveis foram adotadas e se o dano decorreu de uma conduta exclusiva de um terceiro, não se configuram os pressupostos da responsabilização civil. Um exemplo permite compreender a questão. Suponha-se que um sujeito tenha produzido uma assinatura falsa, idêntica àquela de um terceiro. O reconhecimento por semelhança de uma firma forjada não implicará responsabilidade civil do cartorário ou notário (nem do Estado) quando for impossível a identificação do defeito. Assim se passa porque o dano foi produzido não propriamente pelo indevido reconhecimento de uma firma falsa, mas pela inviabilidade da identificação do defeito por parte do agente público.

5 A PLURALIDADE DE REGIMES JURÍDICOS PARA A RESPONSABILIDADE CIVIL ESTATAL

Existe uma pluralidade de regimes jurídicos de responsabilidade civil do Estado. Não há um regime jurídico uniforme para todas as hipóteses de atuação administrativa.

5.1 A distinção constitucional

O art. 37, § 6.º, da CF/1988 prescreve que as pessoas jurídicas de direito público e as de direito privado prestadoras de serviços públicos responderão pelos danos que seus agentes, nessa qualidade, causarem a terceiros, assegurado o direito de regresso contra o responsável nos casos de dolo ou culpa.

Esse regime não se aplica quando as atividades administrativas forem desenvolvidas por entidades estatais dotadas de personalidade jurídica de direito privado, exploradoras de atividade econômica.

Portanto, é possível distinguir dois regimes jurídicos para a responsabilidade civil atinente às entidades da Administração Pública. Há o regime próprio da responsabilidade civil das pessoas de direito público, subordinado ao direito público. E há aquele pertinente às pessoas de direito privado, não prestadoras de serviço público, mas exploradoras de atividade econômica, que é o regime jurídico da responsabilidade civil privada.

Assim, uma entidade integrante da Administração indireta, dotada de personalidade jurídica de direito privado e exploradora de atividade econômica, estará sujeita ao regime de responsabilidade civil próprio da iniciativa privada.

Portanto, a expressão *responsabilidade civil do Estado*, utilizada neste capítulo, indica a responsabilidade subordinada ao regime jurídico específico de direito público e ao art. 37, § 6.º, da CF/1988.

5.2 A distinção entre responsabilidade contratual e extracontratual

Mas há outra distinção fundamental, que se relaciona à origem da infração. É necessário diferenciar a responsabilidade civil do Estado segundo tenha origem na infração de um contrato ou não.

A distinção é essencial porque o regime próprio dos contratos administrativos protege o particular contra certos eventos imprevisíveis, gerando garantias que não se verificam no restante das hipóteses. É assegurado ao particular o direito à intangibilidade da equação econômico-financeira, do que deriva a proteção jurídica em face de caso fortuito, força maior ou fato do príncipe. Esse tema já foi estudado anteriormente, no Capítulo 10, que tratou dos contratos administrativos.

Tutela similar não se verifica no âmbito da atividade administrativa extracontratual. Portanto, o campo próprio da responsabilidade civil extracontratual do Estado, objeto do exame deste capítulo, abrange apenas os efeitos danosos de ações e omissões imputáveis a pessoas jurídicas de direito público (ou particulares prestadores de serviços públicos), relativas a condutas que configurem infração a um dever jurídico de origem não contratual.

6 OS ELEMENTOS CONFIGURADORES DA RESPONSABILIDADE CIVIL DO ESTADO

A responsabilidade civil extracontratual do Estado é produzida pela presença de três elementos. Há necessidade de:

a) dano material ou moral sofrido por alguém;

b) uma ação ou omissão antijurídica imputável ao Estado; e

c) um nexo de causalidade entre o dano e a ação ou omissão estatal.

6.1 O evento danoso

A responsabilidade civil do Estado depende da consumação de um dano, material ou moral, imputável a ele.

6.1.1 O dano material ou moral

O dano material consiste na redução da esfera patrimonial de um sujeito, causando a supressão ou a diminuição do valor econômico de bens ou direitos que integravam ou poderiam vir a integrar sua titularidade. O dano moral é a lesão imaterial e psicológica, restritiva dos processos psicológicos de respeito, de dignidade e de autonomia.

6.1.2 O dano sofrido por "terceiro"

Impõe-se a responsabilidade de indenizar qualquer pessoa lesada. O vocábulo "terceiro" indica não apenas as pessoas jurídicas privadas, mas também outras pessoas administrativas. Também compreende tanto as pessoas físicas não integrantes da Administração como os próprios agentes estatais eventualmente lesados.

6.1.3 A questão do "terceiro" relativamente à fruição de serviço público

O STF alterou seu entendimento relativamente à responsabilidade civil das empresas estatais prestadoras de serviço público. A orientação mais antiga reconhecia responsabilidade objetiva apenas em relação a danos sofridos por usuários do referido serviço.

"A responsabilidade civil das pessoas jurídicas de direito privado prestadoras de serviço público é objetiva relativamente aos usuários do serviço, não se estendendo a pessoas outras que não ostentem a condição de usuário. Exegese do art. 37, § 6.º, da CF/1988" (RE 262.651/SP, 2.ª T., rel. Min. Carlos Velloso, j. 16.11.2004, *DJ* 06.05.2005).

Ao decidir o Tema 130 da Repercussão Geral, o STF reconheceu que a responsabilidade objetiva alcança inclusive danos sofridos por não usuários:

"Constitucional. Responsabilidade do Estado. Art. 37, § 6.º, da CF/1988. Pessoas jurídicas de direito privado prestadoras de serviço público. Concessionário ou permissionário do serviço de transporte coletivo. Responsabilidade objetiva em relação a terceiros não usuários do serviço. Recurso desprovido. I – A responsabilidade civil das pessoas jurídicas de direito privado prestadoras de serviço público é objetiva relativamente a terceiros usuários e não usuários do serviço, segundo decorre do art. 37, § 6.º, da CF/1988. II – A inequívoca presença do nexo de causalidade entre o ato administrativo e o dano causado ao terceiro não usuário do serviço público, é condição suficiente para estabelecer a responsabilidade objetiva da pessoa jurídica de direito privado. III – Recurso extraordinário desprovido" (RE 591.874/MS, Pleno, rel. Min. Ricardo Lewandowski, repercussão geral – mérito, j. 26.08.2009, *DJe* 17.12.2009).

6.2 Ação ou omissão imputável ao Estado

A responsabilidade civil do Estado depende de uma conduta estatal, seja comissiva, seja omissiva, que produza efeito danoso a terceiro. A mera consumação do dano na órbita individual de um terceiro é insuficiente para o surgimento da responsabilidade civil do Estado.

Nesse sentido, por exemplo, há julgado do STJ afirmando que "o depósito de artefato explosivo na composição ferroviária por terceiro não é fato conexo aos riscos inerentes do deslocamento, mas constitui evento alheio ao contrato de transporte, não implicando responsabilidade da transportadora" (REsp 589.051/SP, 4.ª T., rel. Min. Cesar Asfor Rocha, j. 23.03.2004, *DJ* 13.09.2004).

6.3   A relação de causalidade

Deve existir uma relação de causalidade necessária e suficiente entre a ação ou omissão estatal e o resultado danoso. Aplicam-se aqui as considerações supracitadas, no sentido de ser insatisfatória a pretensão de estabelecer, de modo puro e simples, uma relação de causalidade física ou natural entre a ação ou omissão estatal e o resultado danoso.

É evidente que, se o resultado danoso proveio de evento imputável exclusivamente ao próprio lesado ou de fato de terceiro ou pertinente ao mundo natural, não há responsabilidade do Estado.

Mas, se o evento foi propiciado pela atuação defeituosa do serviço público ou dos órgãos estatais, existe responsabilidade civil. Assim, o caso sempre lembrado é o do acidente de trânsito causado por ausência de sinalização apropriada ou o equívoco técnico da implantação da rodovia, dando oportunidade à ocorrência de acidentes porque a obra pública foi mal concebida ou mal executada. Veja-se como a teoria do dever de diligência especial – abordada adiante – se presta para eliminar as dúvidas sobre os casos de omissão, permitindo identificar com certa tranquilidade as hipóteses em que surge a responsabilidade civil do Estado.

7   A QUESTÃO DO ELEMENTO SUBJETIVO REPROVÁVEL

Segundo a orientação prevalente, é dispensável a existência de um elemento subjetivo reprovável para caracterizar-se ato ilícito, apto a produzir a responsabilização civil do Estado.

Ao julgar o Tema Repetitivo 1.122, o STJ adotou orientação que amplia a dimensão da questão, eis que reduz a relevância de condutas de terceiro apta a produzir o dano:

> "As concessionárias de rodovias respondem, independentemente da existência de culpa, pelos danos oriundos de acidentes causados pela presença de animais domésticos nas pistas de rolamento, aplicando-se as regras do Código de Defesa do Consumidor e da Lei das Concessões" (REsp 1.908.738/SP, rel. Min. Ricardo Villas Bôas Cueva, repercussão geral – mérito, j. 21.08.2024, *DJe* 26.08.2024).

7.1   A responsabilidade civil objetiva

Alude-se, então, à existência de responsabilidade *objetiva*. Segundo essa concepção, seria suficiente a ocorrência de um dano, derivado causalmente de ação ou omissão estatal.

7.2   A insuficiência do enfoque

Essas considerações, embora pacificadas na doutrina, não afastam a possibilidade de um aprofundamento teórico.

A teoria objetiva causalista é insuficiente para fundamentar a responsabilidade civil do Estado, especialmente nas hipóteses de omissão – o que gera, para seus defensores, a necessidade de adotar concepções distintas para a responsabilidade civil do Estado por ação e para aquela fundada na omissão.

Cap. 19 – A RESPONSABILIDADE CIVIL DO ESTADO **881**

Outra evidência da insuficiência do enfoque tradicional se encontra na determinação do regime de responsabilização do Estado por atos de parlamentar, cuja atuação seja protegida pela imunidade peculiar, mas que tenha acarretado dano a terceiro.

O STF reconheceu a repercussão geral relativamente a essa questão (Tema 950):

"1. A decisão recorrida reconheceu a responsabilidade civil objetiva do Estado e condenou o ente público ao pagamento de indenização por danos morais decorrentes de atos protegidos por imunidade parlamentar. 2. Constitui questão constitucional relevante definir se a invio-labilidade civil e penal assegurada aos parlamentares, por suas opiniões, palavras e votos, afasta a responsabilidade civil objetiva do Estado, prevista no art. 37, § 6.º, da Constitui-ção" (RE 632.115/CE, Pleno, rel. Min. Roberto Barroso, repercussão geral – admissibilidade, j. 22.06.2017, *DJe* 29.06.2017).

Observe-se que essa controvérsia pode atingir inclusive atos estatais relacionados à função de controle. Assim, por exemplo, pode-se indagar se uma decisão liminar do TCU, apta a gerar danos a um particular e que viesse a ser revogada posteriormente, desencadearia a responsa-bilidade civil objetiva do Estado.

7.3 A objetivação da culpa

Em vez de aludir à responsabilidade objetiva do Estado, é mais apropriado aludir à *objetiva-ção* da culpa. Não se trata de mero jogo de palavras. A tese de que a responsabilidade do Estado independe de elemento subjetivo é uma simplificação do problema. Se a responsabilidade for decorrente de uma ação ou omissão imputável ao Estado, será inafastável a existência de um elemento subjetivo na conduta do agente – até porque a conduta consiste em exteriorização de uma vontade.

A responsabilidade do Estado não é independente de um elemento subjetivo reprovável. O que ocorre é a presunção de culpa porque a titularidade de competências estatais é acom-panhada do dever de adotar as providências necessárias e adequadas a evitar danos às pessoas e ao patrimônio.

Quando o Estado infringir esse dever objetivo e, exercitando suas competências, der oportunidade à ocorrência do dano, estarão presentes os elementos necessários à formulação de um juízo de reprovabilidade quanto à sua conduta. Não é necessário investigar a existência de uma vontade psíquica no sentido da ação ou omissão causadora do dano. A omissão da conduta necessária e adequada consiste na materialização de vontade defeituosamente desen-volvida. Logo, a responsabilidade continua a envolver um elemento subjetivo, consistente na formulação defeituosa da vontade de agir ou deixar de agir.[2]

7.4 A relevância jurídica da controvérsia

O entendimento exposto não é irrelevante, nem destituído de implicações práticas. A concepção da desnecessidade de um elemento subjetivo reprovável gera o risco de extensão da indenização para hipóteses descabidas, em que a conduta estatal é legítima – ainda que acarrete danos a terceiros.

---

[2] A questão da objetivação da culpa vem sendo desenvolvida, com grande maestria, no âmbito do direito penal. As teorias acerca dos elementos subjetivos do tipo consagraram tal abordagem, que evita uma despersonalização do sancionamento jurídico. O tratamento do tema foi aprofundado especialmente em virtude da chamada *teoria finalista da ação*.

882 CURSO DE DIREITO ADMINISTRATIVO • *Marçal Justen Filho*

7.4.1   A necessidade de antijuridicidade da conduta

Um aspecto fundamental reside em que a responsabilidade civil do Estado exige, como regra, a configuração de antijuridicidade da conduta. Ressalvadas as hipóteses de previsão legislativa explícita, somente é cabível responsabilizar o Estado quando a ação ou omissão a ele imputável for *antijurídica*.

7.4.2   A responsabilidade objetiva e a responsabilidade por atos lícitos

É necessário diferenciar os conceitos de responsabilidade objetiva e de responsabilidade por ato lícito. A responsabilidade objetiva pressupõe uma conduta estatal que se configura como violadora da ordem jurídica. A responsabilidade estatal por ato lícito ocorre quando é imposta ao Estado a obrigação de indenizar efeitos danosos consumados sem que ele tenha atuado de modo a infringir a ordem jurídica.

É possível a lei estabelecer que o Estado responderá civilmente por danos acarretados a terceiros em hipóteses nas quais não tenha atuado de modo reprovável para sua consumação. O exemplo, já referido anteriormente, é a ocorrência de atentado terrorista ou ato de guerra contra aeronave brasileira (Leis 10.309/2001 e 10.744/2003).

É verdade que o STF decidiu diversamente no passado:

"É da jurisprudência do Supremo Tribunal que, para a configuração da responsabilidade objetiva do Estado não é necessário que o ato praticado seja ilícito. Precedentes" (AgR no RE 456.302/RR, 1.ª T., rel. Min. Sepúlveda Pertence, j. 06.02.2007, *DJ* 16.03.2007).

Deve-se interpretar essa decisão em termos porque não é correto afirmar que o Estado seria civilmente responsabilizável por todo e qualquer dano decorrente de uma atuação lícita.

Como regra, não surge responsabilidade civil do Estado nas hipóteses da prática de ato lícito. Não se admite que um ato jurídico conforme ao direito, praticado pelo Estado de modo regular e perfeito, acarrete sua responsabilização civil – exceto quando existir determinação legal explícita nesse sentido.

7.4.3   A configuração da ilicitude

A adoção de uma concepção de culpa objetivada permite identificar a própria "ilicitude" na conduta estatal. Tradicionalmente, reputa-se que o exercício pelo Estado de suas competências insere-se no campo da licitude, afastando a responsabilização civil. Assim não o é, uma vez que haverá ilicitude quando, no exercício de suas competências legítimas, o Estado deixar de adotar as cautelas inerentes ao dever de diligência.

O critério de identificação da ilicitude da atuação estatal reside não apenas na infração objetiva aos limites de suas competências e atribuições, mas também na observância e no respeito às cautelas necessárias e indispensáveis para evitar o dano aos interesses legítimos de terceiros.

Cite-se caso de bomba que explode em uma composição ferroviária, configurando um atentado terrorista. Em princípio, não estarão presentes os pressupostos de responsabilização civil do Estado, uma vez que não há propriamente um nexo de causalidade entre a conduta reprovável e o evento danoso.

O ponto fundamental reside na ausência de infração a um dever de diligência estatal. Assim, no exemplo referido, caberia a responsabilização civil quando o Estado dispusesse de informações sobre a ameaça terrorista e resolvesse omitir qualquer providência adequada e necessária a prevenir a ocorrência. Se o Estado dispunha de condições para conhecer a perspectiva de um atentado terrorista, incumbia-lhe o dever de promover as medidas necessárias a evitar a consumação.

Daí se afirmar que toda ação ou omissão imputável ao Estado, que configure infração ao dever de diligência no exercício das competências próprias, gerará a responsabilização civil se produzir ou der oportunidade a dano patrimonial ou moral a terceiro.

Mas a lei poderá instituir a responsabilidade civil do Estado mesmo quando não configurada ação ou omissão estatal reprovável. Assim, e tal como referido, a lei poderá determinar que qualquer dano decorrente de atentado terrorista acarretará a responsabilização civil estatal. Com isso, terá instituída a responsabilização civil mesmo em face de ação ou omissão estatal lícita.

7.5 O dever especial de diligência

A natureza da atividade estatal impõe a seus agentes um dever especial de diligência, consistente em prever as consequências de sua conduta ativa ou omissiva, adotando todas as providências necessárias para evitar a consumação de danos a terceiros.

Se o agente estatal infringir esse dever de diligência, atuando de modo displicente, descuidado, inábil ou excessivo, estará configurada a conduta ilícita e surgirá, se houver dano a terceiro, a responsabilidade civil.

Observe-se que esse dever de diligência é especial e rigoroso. Não é equivalente àquele que recai sobre qualquer indivíduo que convive em sociedade. A natureza funcional das competências estatais produz o surgimento de um dever de previsão acurada, de cautela redobrada.

A orientação adotada pelo STF, ao decidir o Tema de Repercussão Geral 1.237, segue essa linha de entendimento:

> "(i) O Estado é responsável, na esfera cível, por morte ou ferimento decorrente de operações de segurança pública, nos termos da Teoria do Risco Administrativo; (ii) É ônus probatório do ente federativo demonstrar eventuais excludentes de responsabilidade civil; (iii) A perícia inconclusiva sobre a origem de disparo fatal durante operações policiais e militares não é suficiente, por si só, para afastar a responsabilidade civil do Estado, por constituir elemento indiciário" (ARE 1.385.315/RJ, Pleno, rel. Min. Edson Fachin, j. 11.04.2024, *DJe* 20.06.2024).

No julgamento, o voto do Relator indicou que a existência desse dever especial de diligência pode implicar a adoção de providências adequadas a evitar a consumação de dano a terceiro.

8 AS HIPÓTESES DE RESPONSABILIDADE CIVIL POR OMISSÃO

Uma parcela da doutrina defende que a responsabilidade civil do Estado por ato comissivo tem cunho objetivo, enquanto a responsabilidade por ato omissivo apresenta natureza subjetiva.

Essa tese é logicamente insustentável. Afigura-se muito mais razoável afirmar que, em todos os casos, há um elemento subjetivo, mas subordinado a um regime especial de objetivação.

8.1 O tratamento unitário para as ações e as omissões

Essa concepção permite unificar o tratamento da responsabilidade civil por atos comissivos e omissivos. Em ambos os casos, existe violação a um dever de diligência exacerbado.

Na atuação comissiva, o dever de diligência especial impõe ao agente a adoção de cautelas muito severas, visando precisamente a evitar a produção de lesão a terceiros. Portanto, quando a atuação comissiva do agente estatal produz o dano a terceiro, presume-se a presença de um

884 CURSO DE DIREITO ADMINISTRATIVO · *Marçal Justen Filho*

elemento subjetivo defeituoso. O agente produziu o dano porque houve defeito na formação de sua vontade.

Já na atuação omissiva, a situação é diversa e mais complexa. No entanto e em todos os casos, existe a violação a um dever de diligência exacerbado.[3]

8.2   A distinção entre ilícitos omissivos próprios e impróprios

As hipóteses de dano derivado de omissão podem ser diferenciadas em dois grandes grupos.

Existem os casos em que uma norma prevê o dever de atuação e a omissão corresponde à infração direta ao dever jurídico (ilícito omissivo próprio).

E há os casos em que a norma proscreve certo resultado danoso, o qual vem a se consumar em virtude da ausência da adoção das cautelas necessárias a tanto (ilícito omissivo impróprio).[4]

8.3   A equiparação entre o ilícito omissivo próprio e o ilícito comissivo

Os casos de *ilícito omissivo próprio* são equiparáveis aos atos comissivos, para efeito de responsabilidade civil do Estado. Assim, se uma norma estabelecer que é *obrigatório* o agente público praticar certa ação, a omissão configura atuação ilícita e gera a presunção de formação defeituosa da vontade.[5] O agente omitiu a conduta obrigatória ou por atuar intencionalmente ou por formar defeituosamente sua própria vontade – a não ser que a omissão tenha sido o resultado intencional da vontade orientada a produzir uma solução conforme ao direito e por ele autorizada.

Deixar de agir quando a lei manda que o sujeito aja é juridicamente equivalente a agir quando a lei proíbe a ação. Num caso, a lei diz: "é proibido fazer"; noutro, estabelece: "é obrigatório fazer". A conduta que infringe o dever, no primeiro caso, consiste numa ação; no segundo, é uma omissão.

Nos casos em que o direito estabelecer que a omissão estatal é em si mesma ilícita (omissão própria), o tratamento jurídico será semelhante ao adotado para a atuação estatal ativa.

Nas hipóteses em que existir um comando genérico autorizando o Estado a atuar (omissão imprópria), será descabido reputar que a mera e simples *inação* produzirá a responsabilidade civil do Estado. Nesse caso, a responsabilização apenas surgirá se houver omissão juridicamente reprovável, consistente na infração a um dever de diligência. Assim, por exemplo, o Estado pode ser responsabilizado quando deixar de limpar galerias pluviais, daí derivando inundação das vias públicas e prejuízos a terceiros.

---

[3]   O tema da antijuridicidade de atos omissivos foi objeto de meditação no âmbito do direito penal, com muito maior precedência e com resultados muito proveitosos. Um dos pilares do direito penal contemporâneo é a teoria finalista da ação, cuja elaboração pode ser atribuída fundamentalmente a Hans Welzel e que impregna os ordenamentos jurídicos dos países de tradição continental, inclusive o Brasil. Para uma incursão mais aprofundada sobre a teoria finalista da ação, o que se afigura indispensável para a compreensão não apenas do direito penal, mas do direito em seu conjunto, cf. WELZEL. *El nuevo sistema del derecho penal: una introducción a la doctrina de la acción finalista.*

[4]   A distinção é conhecida no direito penal, que distingue crimes omissivos próprios e impróprios, tendo em vista a tipificação penal da omissão em si mesma ou a previsão da omissão como via de produção de certo resultado reprovável.

[5]   No mesmo sentido, adverte Celso Antônio Bandeira de Mello: "Em face da presunção de culpa, a vítima do dano fica desobrigada de comprová-la. Tal presunção, entretanto, não elide o caráter subjetivo desta responsabilidade, pois, se o Poder Público demonstrar que se comportou com diligência, perícia e prudência – antítese de culpa –, estará isento da obrigação de indenizar, o que jamais ocorreria se fora objetiva a responsabilidade" (*Curso de direito administrativo*, 37. ed., p. 875).

Cap. 19 – A RESPONSABILIDADE CIVIL DO ESTADO **885**

8.4 As dificuldades do ilícito omissivo impróprio

O grande problema são as hipóteses de *ilícito omissivo impróprio*, em que o sujeito não está obrigado a agir de modo determinado e específico. Nesses casos, a omissão do sujeito não gera presunção de infração ao dever de diligência. Uma das situações em que tal se passa relaciona-se às hipóteses em que a lei atribui ao Estado o dever de fiscalização de atividades privadas. Se o particular tiver deixado de cumprir os seus deveres, surge a controvérsia sobre o cabimento de responsabilização do Estado por falha no exercício da fiscalização. Não é cabível adotar uma solução genérica, aplicável uniformemente a todas as situações fáticas.

8.4.1 A responsabilização civil do Estado na omissão imprópria

É imperioso verificar concretamente se houve ou não infração ao dever de diligência especial que recai sobre os exercentes de função estatal. Se existiam elementos fáticos indicativos do risco de consumação de um dano, se a adoção de providências necessárias e suficientes para impedir esse dano era da competência do agente, se o atendimento ao dever de diligência teria conduzido ao impedimento da adoção das condutas aptas a gerar o dano – então, estão presentes os pressupostos da responsabilização civil do Estado.[6]

8.4.2 A questão da falha de fiscalização

Essa concepção conduz à responsabilização civil do Estado em questões de fiscalização institucional e permanente, sempre que o exercício ordinário das competências de acompanhamento dos fatos permitir inferir a probabilidade de resultado danoso a terceiro.

Por exemplo, considere-se a regra que determina o dever de o Estado exigir a apresentação de testes e exames como requisito para deferir o registro de um medicamento. Se o Estado deferir o registro de medicamento sem que o requerente tenha fornecido os demonstrativos exigidos por lei, existe uma atuação reprovável, que será equivalente à ação indevida. Verificando-se que o medicamento, registrado sem a observância dos requisitos legais, causou dano à saúde de um usuário, é inquestionável o cabimento da responsabilização civil do Estado.

8.4.3 Ainda a diferença entre omissão própria e omissão imprópria

É necessário insistir que não existe diferença relativamente à reprovabilidade quando se trata de omissão imprópria e omissão própria. Em todos os casos, é necessário avaliar a conduta estatal e verificar se houve infração a um dever de diligência. A conduta, considerada em si mesma, é insuficiente para autorizar uma qualificação jurídica. O que se passa é que o dever de diligência apresenta configurações distintas nas duas situações. No caso da omissão própria, há um dever de diligência preciso e determinado. No caso da omissão imprópria, o dever de diligência não tem conteúdo exato.

Portanto, o tratamento jurídico dos atos omissivos e comissivos é único e equivalente. A responsabilização civil dependerá da infração a um dever jurídico de diligência. Essa infração se presumirá reprovável, uma vez que o dever jurídico de diligência, imposto ao Estado, importa a objetivação do elemento subjetivo da conduta. O agente tem o dever funcional de conhecer

---

6 Se, no entanto, "inexistindo *obrigação* legal de impedir um certo evento danoso (obrigação, de resto, só cogitável quando haja *possibilidade* de impedi-lo mediante atuação diligente), seria um verdadeiro absurdo imputar ao Estado responsabilidade por um dano que não causou, pois isto equivaleria a extraí-la do nada; significaria pretender instaurá-la prescindindo de qualquer fundamento racional ou jurídico" (BANDEIRA DE MELLO. *Curso de direito administrativo*, 37. ed., p. 883).

seus deveres, de prever as consequências da infração a eles e de arcar com os resultados. A infração a esse dever importa elemento subjetivo reprovável.

Se houver regra (mesmo técnica) determinando a obrigatoriedade da atuação em situações determinadas, o panorama jurídico atinente ao ato omissivo é idêntico ao dos atos comissivos. Assim se passa, por exemplo, com a omissão de socorro (hipótese de ilícito omissivo próprio). Em todos esses casos, há o dever de ofício de omitir ou de atuar. A infringência a tais deveres produz a obrigação de o Estado responder pelas perdas e danos derivados.

Um exemplo permite a compreensão da diferença. Suponha-se que uma pessoa, trafegando pela rua, seja fulminada por um raio. Não é possível imputar, de modo automático, responsabilidade ao Estado por esse evento. Imagine-se, porém, que o conhecimento científico contemporâneo ao evento evidencie que aquele raio não teria atingido aquele ponto se houvesse sido adotada certa providência por parte do Estado. Nesse caso, estarão presentes os pressupostos da responsabilidade civil por omissão.

9 A "EXCLUSÃO" DA RESPONSABILIDADE CIVIL DO ESTADO

A doutrina costuma aludir a hipóteses de "exclusão" da responsabilidade civil do Estado. Trata-se de casos em que, mais propriamente, não há elemento subjetivo reprovável por parte do agente que desempenha a função de órgão estatal. Isso se passa, basicamente, nos casos de (a) culpa da vítima; (b) culpa de terceiro; (c) exercício regular de direito pelo agente estatal; (d) caso fortuito ou força maior. São assim sumariadas:

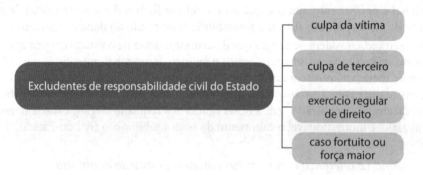

Mas o tratamento jurídico das diversas hipóteses exige, sempre, o exame da existência de infração ao dever de diligência atribuído ao Estado.

9.1 A culpa da vítima

Não há responsabilidade civil do Estado quando o evento danoso se consumou por efeito de atuação culpável da vítima. Se a culpa foi exclusiva da vítima, não há responsabilização civil alguma. Se houve concorrência de culpa entre vítima e Estado, há o compartilhamento da responsabilidade civil (o que não significa, por evidente, afirmar que a indenização devida corresponderá a exatos 50% do valor estimado).

Esse é um exemplo claro da necessidade de verificar o elemento subjetivo atinente à atuação estatal, para apurar a responsabilidade civil do Estado. Suponha-se um acidente de trânsito. A teoria da responsabilidade objetiva redundaria em imaginar que ou há culpa do particular ou não há. Se houver culpa do particular, não se cogitará de responsabilização do Estado. Se não houver culpa do particular, haverá a responsabilização do Estado. Mas somente se pode cogitar de "culpa concorrente" na medida em que se reconheça que a responsabilidade do Estado não é objetiva, mas subjetiva.

Em outras palavras, a culpa da vítima afasta a responsabilidade civil do Estado na medida em que o dano tiver resultado não da infração pelo agente estatal ao seu dever de diligência. Se tiver havido infração ao dever de diligência, ainda que concorrente com a culpa do particular, existirá responsabilização (parcial, se for o caso) do Estado:

> "É bem de ver, contudo, que a força maior e a culpa exclusiva da vítima podem figurar como excludentes de responsabilidade do Estado, exatamente porque o nexo causal entre a atividade administrativa e o dano dela resultante não fica evidenciado" (STF, RE 591.874/MS, Pleno, rel. Min. Ricardo Lewandowski, repercussão geral – mérito, j. 26.08.2009, *DJe* 17.12.2009).

9.2   A culpa de terceiro

Se o dano foi acarretado por conduta antijurídica alheia, não cabe a responsabilização civil do Estado pela inexistência da infração ao dever de diligência – exceto quando a ele incumbia um dever de diligência especial, destinado a impedir a concretização de danos. Ou seja, pode-se cogitar de responsabilização civil do Estado por omissão, a depender das circunstâncias.

9.3   O exercício regular de direito pelo agente estatal

O exercício regular do direito pelo agente estatal significa que não haverá responsabilidade civil do Estado se tiverem sido observados todos os limites e deveres pertinentes ao dever de diligência. Se, no cumprimento de seus deveres funcionais, o agente estatal adotou todas as precauções exigíveis, não haverá dever de indenizar em razão de dano a terceiro. Nesse caso, presume-se que o dano derivou ou de culpa exclusiva de terceiro ou de caso fortuito ou força maior.

9.4   O caso fortuito ou força maior

A responsabilidade civil é excluída nas hipóteses de caso fortuito ou de força maior. As expressões indicam situações em que um evento superveniente, não imputável ao sujeito, inviabiliza a execução da prestação jurídica devida. Na lição de Gustavo Tepedino e Anderson Schreiber:

> "Se o evento era inevitável, e implicou no inadimplemento, há caso fortuito ou força maior, e o devedor não responde por perdas e danos, pela simples razão de que o prejuízo deriva de causa alheia à sua conduta. Trata-se, portanto, de fator estranho à cadeia causal, apto a romper o lime de causalidade inicial entre a atividade do agente e o dano".[7]

9.4.1   A distinção entre caso fortuito interno e externo

Tem prevalecido a distinção entre caso fortuito (ou de força maior) interno e externo. A diferenciação é sintetizada nos termos seguintes:

> "Fortuito externo seria o caso fortuito propriamente dito, causa excludente de responsabilidade. Já o fortuito interno seria aquele fato que, conquanto inevitável e, normalmente, imprevisível, liga-se à própria atividade do agente, de modo intrínseco. Por tal razão, o fortuito interno estaria inserido entre os riscos com os quais deve arcar aquele que, no exercício de sua autonomia privada, gera situações potencialmente lesivas à sociedade".[8]

---

[7]   *Fundamentos do Direito Civil:* Obrigações, v. 2, 5. ed., p. 343.

[8]   TEPEDINO; SCHEIREBER. *Fundamentos do Direito Civil:* Obrigações, v. 2, 5. ed., p. 343.

9.4.2   O fundamento da distinção

O aspecto fundamental da distinção reside em que, no caso fortuito interno, o evento danoso comporta providências preventivas por parte do agente. Logo, é possível reconhecer a relação de causalidade entre o dano e a conduta do agente.

Já no fortuito externo, inexiste vínculo de causalidade entre a conduta do agente e o dano porque o evento não se insere no âmbito das atividades desempenhadas.

Essa orientação foi consagrada na jurisprudência do STJ, tal como a seguir reproduzido:

"A Segunda Seção desta Corte Superior firmou entendimento de que, não obstante a habitualidade da ocorrência de assaltos em determinadas linhas, é de ser afastada a responsabilidade da empresa transportadora por se tratar de fato inteiramente estranho à atividade de transporte (fortuito externo), acobertado pelo caráter da inevitabilidade" (AgRg no REsp 823.101/RJ, 3.ª T., rel. Min. Ricardo Villas Bôas Cueva, j. 20.06.2013, *DJe* 27.06.2013).[9]

10   A QUESTÃO DA RESERVA DO POSSÍVEL

O STF reconheceu que a reserva do possível não se constitui em impedimento à responsabilização civil quando existir um dever específico de fazer recaindo sobre o Estado:

"Recurso extraordinário representativo da controvérsia. Repercussão Geral. Constitucional. Responsabilidade civil do Estado. Art. 37, § 6.º. 2. Violação a direitos fundamentais causadora de danos pessoais a detentos em estabelecimentos carcerários. Indenização. Cabimento. O dever de ressarcir danos, inclusive morais, efetivamente causados por ato de agentes estatais ou pela inadequação dos serviços públicos decorre diretamente do art. 37, § 6.º, da Constituição, disposição normativa autoaplicável. Ocorrendo o dano e estabelecido o nexo causal com a atuação da Administração ou de seus agentes, nasce a responsabilidade civil do Estado. 3. 'Princípio da reserva do possível'. Inaplicabilidade. O Estado é responsável pela guarda e segurança das pessoas submetidas a encarceramento, enquanto permanecerem detidas. É seu dever mantê-las em condições carcerárias com mínimos padrões de humanidade estabelecidos em lei, bem como, se for o caso, ressarcir danos que daí decorrerem. 4. A violação a direitos fundamentais causadora de danos pessoais a detentos em estabelecimentos carcerários não pode ser simplesmente relevada ao argumento de que a indenização não tem alcance para eliminar o grave problema prisional globalmente considerado, que depende da definição e da implantação de políticas públicas específicas, providências de atribuição legislativa e administrativa, não de provimentos judiciais. Esse argumento, se admitido, acabaria por justificar a perpetuação da desumana situação que se constata em presídios como o de que trata a presente demanda" (RE 580.252/MS, Pleno, rel. Min. Teori Zavascki, rel. p/ acórdão Min. Gilmar Mendes, j. 16.02.2017, *DJe* 08.09.2017).[10]

11   A RESPONSABILIZAÇÃO CIVIL DO ESTADO POR ATOS NÃO ADMINISTRATIVOS

Os pressupostos expostos tornam evidente o cabimento de responsabilização civil do Estado por ações e omissões praticadas no exercício de funções não administrativas, basicamente, por

---

9   No mesmo sentido, cf. REsp 1.450.434/SP, 4.ª T., rel. Min. Luis Felipe Salomão, j. 18.09.2018, *DJe* 08.11.2018; REsp 1.853.361/PB, 2.ª S., rel. Min. Nancy Andrighi, rel. p/ acórdão Min. Marco Buzzi, j. 03.12.2020, *DJe* 05.04.2021.

10   Na data do fechamento desta edição, encontrava-se em curso o julgamento da ADI 5.170 no STF. A questão envolve a mesma temática, tal como se pode conferir em: https://www.oab.org.br/noticia/61483/stf-da-inicio-a-julgamento-sobre-a-responsabilidade-civil-do-estado-pelo-caos-penitenciario.

atos praticados no exercício de funções jurisdicionais, legislativas ou de controle por parte do Ministério Público ou do Tribunal de Contas.

Os fundamentos que conduzem à responsabilização civil do Estado por atividade administrativa não contratual são plenamente aplicáveis ao âmbito de atividade jurisdicional, legislativa ou de controle externo.

Em suma, o dever de diligência objetiva, norteador do exercício das competências administrativas, também existe no tocante ao desempenho das competências jurisdicionais e legislativas. Se, ao desempenhar qualquer de suas funções, o Estado infringir o dever de diligência objetiva e isso produzir lesão material ou moral a terceiro, haverá dever de indenizar.

12   A RESPONSABILIDADE CIVIL DO ESTADO POR ATO LEGISLATIVO

De modo genérico, reputa-se que a edição da lei não gera dever de indenizar. Mas essa concepção merece aprofundamento. Há pelo menos três hipóteses em que caberá a responsabilização civil do Estado relacionada ao exercício da atividade legislativa, que são a edição de lei inconstitucional, a edição de lei materialmente defeituosa, além da responsabilização civil por omissão legislativa.

12.1   A responsabilidade civil do Estado por lei inconstitucional

Pode configurar-se a responsabilidade civil do Estado em virtude da edição de lei defeituosa ou inconstitucional, cuja execução produziu lesão indevida a um sujeito ou cujo desfazimento gerou danos a alguém. Amaro Cavalcanti observava que, durante o Império, não se cogitava da possibilidade de indenização aos particulares em virtude dos efeitos das leis. A situação se alterou com a República.[11]

Aguiar Dias já afirmava, há muitos anos, que "podemos reconhecer a responsabilidade do Estado pelos danos causados pela lei nula, inconstitucional ou inválida, porque temos um regime que nos permite impugná-la. (...) É o que sustenta Menegale: 'Toda vez que o ato legislativo ofende direito individual... é lícito ao prejudicado chamar o Estado à responsabilidade pelo ato de um de seus poderes constituídos e em todos os graus de hierarquia estatal ou qualquer que seja a espécie de ato legislativo'. Isso, conforme explica ainda o douto publicista, porque o ato da autoridade não pode contravir aos mandamentos constitucionais. Se o faz e do seu ato resulta dano ou lesão, o Estado é obrigado a repará-lo".[12]

Yussef Said Cahali rejeita a concepção de Hely Lopes Meirelles, no sentido de que a responsabilidade civil do Estado por danos derivados de lei inconstitucional dependeria da apuração de culpa. Cahali invoca o pensamento de Juary C. Silva, no sentido de que toda a construção teórica se funda no postulado da compatibilidade da lei com a Constituição. Em se verificando uma lei contrária à Constituição, surge uma situação contrária ao direito. "A lei inconstitucional legitima, com efeito, a pretensão indenizatória, pois neste caso a responsabilidade resulta virtualmente".[13]

No mesmo sentido e por toda a doutrina, podem ser referidas as lições de Maria Sylvia Zanella Di Pietro,[14] Lúcia Valle Figueiredo,[15] Odete Medauar[16] e Júlio Cesar dos Santos Esteves.[17]

---

[11]   *Responsabilidade civil do Estado*, v. 2, p. 623.

[12]   *Da responsabilidade civil*, v. 2, 9. ed., p. 630.

[13]   CAHALI. *Responsabilidade civil do Estado*, 3. ed., p. 528.

[14]   DI PIETRO. *Direito administrativo*, 37. ed., p. 742 *et seq.*

[15]   FIGUEIREDO. *Curso de direito administrativo*, 9. ed., p. 299 *et seq.*

[16]   MEDAUAR. *Direito administrativo moderno*, 22. ed., p. 389.

[17]   ESTEVES. *Responsabilidade civil do Estado por ato legislativo*, p. 77 *et seq.*

CURSO DE DIREITO ADMINISTRATIVO · *Marçal Justen Filho*

Nessa linha também, há julgados do STF reconhecendo a responsabilidade civil do Estado pelos efeitos derivados da inconstitucionalidade.

Em decisão de 19.07.1948, assentou-se que, "sem dúvida, as leis inconstitucionais podem legitimar o pedido de reparação de dano que porventura tenham causado" (RE 8.889, 1.ª T., rel. Min. Castro Nunes, *Revista de Direito Administrativo – RDA*, n. 20, p. 43, abr.-jun. 1950).

Em outra oportunidade, houve voto minucioso do Min. Celso de Mello no sentido de que "a orientação da doutrina, desse modo, tem-se fixado, na análise desse particular aspecto do tema, no sentido de proclamar a plena submissão do Poder Público ao dever jurídico de reconstituir o patrimônio dos indivíduos cuja situação pessoal tenha sofrido agravos motivados pelo desempenho inconstitucional da função de legislar". E, adiante, é invocada a própria jurisprudência do STF, no sentido de que, "'uma vez praticado pelo Poder Público um ato prejudicial que se baseou em lei que não é lei, responde ele por suas consequências' (*RTJ* 2/121, rel. Cândido Mota Filho). A resenha doutrinária e jurisprudencial que vem de ser feita acentua, a meu juízo pessoal, o extremo relevo que assume a questão referente à indenização patrimonial dos prejuízos causados por ato inconstitucional emanado do Poder Público" (*JSTF-Lex*, v. 189, p. 14).

12.2   A responsabilidade civil por lei defeituosa

Não é cabível excluir a responsabilidade civil do Estado se uma lei impuser solução defeituosa, gerando disciplina de condutas apta a produzir dano a alguém.[18] Para esse propósito, Diogo de Figueiredo Moreira Neto produz uma interessante diferenciação entre ato legislativo propriamente dito e ato legislativo materialmente administrativo. Afirmava o autor:

> "O *ato legislativo*, em razão de suas características de *generalidade* e de *abstração*, não causa danos diretos, de modo que, se, por hipótese, a revogação ou da derrogação do *direito objetivo* causar algum prejuízo ao patrimônio de terceiros, não terá havido mais que prejuízo de fato, nada tendo a indenizar o Estado.
>
> Diferentemente, se a uma *lei* possibilitar a sua execução direta, imediata e concreta, incidindo sobre o patrimônio de administrados, neste caso ela terá a natureza de *ato materialmente administrativo* e, em tais condições, poderá causar danos indenizáveis, pois serão *prejuízos de direito*".[19]

Se certa disciplina de condutas editada pelo Estado for eivada de defeito apto a causar dano configurador da responsabilização civil, tal não será excluído pela circunstância de ter sido juridicamente veiculado por uma lei.

12.3   A responsabilidade civil do Estado por omissão legislativa

A ausência de edição de lei configura uma atuação omissiva. Cabe examinar se essa omissão pode desencadear a responsabilidade civil do Estado.

12.3.1   *Ainda a distinção entre ilícito omissivo próprio e impróprio*

Essa ausência da edição da norma legal poderá ser caracterizada como infração omissiva própria ou infração omissiva imprópria.

---

[18]   Lúcia Valle Figueiredo entendia que o Estado deve responder por leis discriminatórias, "que não guardam qualquer correspondência com as situações discriminadas", ou "leis inquinadas de desvio de poder manifesto" (*Curso de direito administrativo*, 9. ed., p. 300).

[19]   MOREIRA NETO. *Curso de direito administrativo*: parte introdutória, parte geral, parte especial, 16. ed., p. 651-652.

Cap. 19 – A RESPONSABILIDADE CIVIL DO ESTADO **891**

A atuação omissiva própria se configurará quando existir um dever jurídico de produzir a lei. Assim, se a Constituição estabelecer o dever de exercer a competência legislativa, a omissão será uma infração à ordem jurídica.

Se não houver norma constitucional impondo o dever de produzir a lei, haverá uma infração omissiva imprópria. Nesse caso, a responsabilização civil do Estado depende da avaliação das circunstâncias concretas que configurem a violação ao dever de diligência exacerbado. Mas, em todas as hipóteses, a situação problemática reside na avaliação das perdas e danos.

12.3.2 A orientação adotada na União Europeia

O tema da omissão legislativa vem sofrendo intensa elaboração no âmbito da União Europeia. A ausência da produção legislativa nacional, quando assim tiver sido determinado pela União Europeia, conduz ao surgimento da responsabilização. Um dos primeiros precedentes envolveu a condenação da Itália a indenizar empregados de uma empresa falida. A condenação se fundou na existência de determinação para que fossem adotadas normas legais destinadas a proteger os empregados em caso de falência. A Itália deixou de produzir essas normas. Um conjunto de empregados de empresa italiana, cujos direitos trabalhistas não foram satisfeitos num caso de falência, obteve a responsabilização civil do Estado italiano.

Nos Casos C-6/90 e C-9/90, conhecidos como *Francovich*, a Corte das Comunidades Europeias estabeleceu:

> "Essa possibilidade de reparação por parte do Estado-membro é particularmente indispensável quando a eficácia integral das regras comunitárias depender de prévia atuação por parte do Estado e quando, consequentemente, na ausência de tal atuação, os particulares não puderem invocar frente às cortes nacionais os direitos a eles conferidos pela lei comunitária".[20]

13 A RESPONSABILIDADE CIVIL DO ESTADO POR ATOS JURISDICIONAIS

A responsabilização civil do Estado por defeito na prestação jurisdicional somente se verifica nas hipóteses previstas em norma constitucional ou legal.[21]

14 A ASSUNÇÃO PELO ESTADO DE RESPONSABILIDADE CIVIL POR ATOS A ELE ESTRANHOS

A lei pode impor a responsabilidade do Estado por atos absolutamente estranhos a ele. O caso não configurará propriamente responsabilidade civil, mas uma forma de outorga de benefícios a terceiros lesados. Os exemplos, já mencionados de passagem, são as Leis 10.309/2001 e 10.744/2003, que autorizaram a União a assumir *responsabilidade civil* por danos derivados de atentados terroristas.

Rigorosamente, a hipótese não é de responsabilidade civil extracontratual. Aliás, se fosse, não haveria necessidade das aludidas leis.

15 A INDENIZAÇÃO DEVIDA

As regras pertinentes à indenização não apresentam maior peculiaridade em face do direito administrativo. Aplicam-se os princípios e as regras de direito comum, seja no tocante ao dano material ou ao dano moral. Normalmente, as dificuldades envolverão a questão da prova.

---

[20] [1991] ECR I-5.358.

[21] Sobre o tema, confira-se CLÈVE; FRANZONI. Responsabilidade Civil do Estado por atos jurisdicionais. *A & C – Revista de Direito Administrativo e Constitucional*, n. 47, p. 107-125, jan./mar. 2012.

15.1 O conteúdo da responsabilidade civil por danos materiais

A responsabilização civil por danos materiais se orienta a eliminar os efeitos patrimoniais nocivos produzidos pelo evento danoso. Obedece, de modo genérico, ao regime jurídico privatístico. Isso significa o dever de restabelecer a situação no estado em que se encontrava antes do dano ou, não sendo tal possível, indenizar as perdas e danos, o que abrange os danos emergentes e os lucros cessantes.

15.1.1 A indenização por danos emergentes

A indenização por danos emergentes abrange tudo aquilo que o lesado perdeu. Em princípio, dever-se-á apurar o valor financeiro da redução patrimonial verificada em virtude do sinistro, impondo-se ao Estado o dever de indenizar o particular pelo valor respectivo. Mas seria possível impor ao Estado obrigação de fazer, consistente em executar prestação necessária à recomposição dos bens no estado anterior (ou arcar com os custos correspondentes).

15.1.2 A indenização por lucros cessantes

A indenização por lucros cessantes compreende tudo aquilo que o lesado deixou razoavelmente de ganhar. Trata-se de uma projeção simulada quanto ao futuro, visando a estimar o montante de resultados econômicos que teria sido percebido se o sinistro não tivesse ocorrido. O Estado será condenado a indenizar o valor dos lucros que o lesado deixou de auferir em virtude do evento danoso.

A figura dos lucros cessantes apresenta maiores dificuldades probatórias do que os danos emergentes. Tal deriva da natureza hipotética dos lucros cessantes, diversamente do que se passa com os danos emergentes – que são apreciáveis diretamente.

Em alguns casos, a indenização dos lucros cessantes faz-se por meio de juros compensatórios, solução especificamente adotada em hipóteses de desapropriação.

15.2 A responsabilidade civil por danos morais

A responsabilidade civil por danos morais apresenta duas funções: uma compensatória, em prol do ofendido, e uma punitiva, em vista do ofensor. Partindo do pressuposto de ser impossível eliminar o dano moral, o direito assegura ao lesado a obtenção de compensações patrimoniais e não patrimoniais.

Por meio da indenização monetária, são atribuídos ao particular meios pecuniários para obter vantagens materiais que diminuam os efeitos do sofrimento. Essa indenização monetária se afigura, inclusive, como um efeito punitivo em vista do ofensor.

Já a compensação não patrimonial envolve a redução dos efeitos negativos da ofensa.

A responsabilidade por danos morais é bastante mais problemática, em virtude de inúmeros fatores. Entre eles, avulta a própria ausência de experiência mais prolongada sobre o tema. A responsabilidade por dano moral generalizou-se no direito brasileiro há relativamente pouco tempo. Depois, a indenização por dano moral não se vincula a um dano material, econômico.

Em princípio, a responsabilidade civil por dano moral impõe ao Estado o dever de promover todas as condutas necessárias a neutralizar e a mitigar os efeitos psicológicos adversos gerados pelo evento danoso.

Isso não apenas compreende o pagamento de uma indenização pecuniária, mas também pode abranger outras obrigações de fazer e de não fazer. Assim, por exemplo, é possível impor ao Estado o dever de promover a publicação de notícias destinadas a desfazer os efeitos de ofensas.

Cap. 19 – A RESPONSABILIDADE CIVIL DO ESTADO

16 A CONDENAÇÃO DA FAZENDA PÚBLICA E SUA EXECUÇÃO (ART. 100, CF/1988)

A Constituição Federal de 1988 manteve uma solução prevista em constituições anteriores, adotando uma sistemática diferenciada para a liquidação pela Fazenda Pública das decisões judiciais que lhe imponham condenação ao pagamento de quantia certa em dinheiro. A questão está disciplinada no art. 100 da CF/1988 (o qual sofreu diversas alterações). O Código de Processo Civil de 2015 disciplina a matéria nos arts. 534 e seguintes.

16.1 A condenação transitada em julgado e sua liquidação

Uma vez transitada em julgado a decisão jurisdicional que imponha condenação de ente integrante da Fazenda Pública ao pagamento de quantia certa, cabe promover a sua liquidação segundo as regras processuais comuns. A liquidação destina-se a definir o valor preciso e exato a ser pago à outra parte e se processa no juízo perante o qual tramitou a ação em primeiro grau.

16.2 A expedição de um precatório requisitório

Uma vez encerrada a liquidação da sentença condenatória da Fazenda Pública ao pagamento de quantia certa em dinheiro, caberá ao Poder Judiciário requisitar ao Poder Legislativo a inclusão do montante correspondente na lei orçamentária do exercício subsequente. A formalização desse procedimento faz-se por meio de um precatório requisitório.

A expedição do precatório faz-se por provocação da parte interessada perante o Juízo em que tramitou o processo no qual foi proferida a decisão condenatória. Mas a expedição do precatório cabe ao Presidente do Tribunal competente para conhecer dos recursos processuais pertinentes à ação original. O precatório é acompanhado de cópia das principais peças do processo. Não cabe ao Presidente do Tribunal produzir manifestação sobre o conteúdo dos atos processuais verificados, mas é titular do dever-poder de controlar a presença dos requisitos necessários à requisição. Assim, é cabível a rejeição da expedição do precatório se não estiver comprovado o trânsito em julgado ou se o valor não for líquido.

16.3 A inclusão da verba no orçamento do exercício subsequente

O precatório será dirigido ao órgão do Poder Legislativo pertinente à órbita federativa da entidade estatal condenada ao pagamento. Se o precatório for recebido até o dia 1 de abril, haverá a inclusão da verba respectiva no orçamento do exercício imediatamente posterior. O valor total dos precatórios recebidos pelo Poder Legislativo será incluído no orçamento, à conta do Poder Judiciário.

16.4 A execução para créditos de pequeno valor (art. 100, § 3.º, CF/1988)

Não se aplica o regime de precatórios para execução de créditos de pequeno valor (art. 100, § 3.º, da CF/1988), assim considerados:

"Art. 87. Para efeito do que dispõem o § 3.º do art. 100 da Constituição Federal e o art. 78 deste Ato das Disposições Constitucionais Transitórias serão considerados de pequeno valor (...) os débitos ou obrigações consignados em precatório judiciário, que tenham valor igual ou inferior a:

I – quarenta salários mínimos, perante a Fazenda dos Estados e do Distrito Federal;

II – trinta salários mínimos, perante a Fazenda dos Municípios" (ADCT).

A disciplina não eliminou a competência dos entes federativos para estabelecer valores distintos. O § 4.º do art. 100 da CF/1988 faculta que lei própria determine valores distintos para as diversas "entidades de direito público". Esses valores deverão refletir diferenças no tocante à capacidade econômica do ente devedor, mas o valor mínimo deve ser "igual ao valor do maior benefício do regime geral de previdência social".

16.5 A observância da ordem cronológica e a liquidação da dívida

As dívidas objeto de precatório deverão ser liquidadas segundo a sua ordem cronológica. À medida que a lei orçamentária for sendo executada, serão liberadas as verbas correspondentes. Os valores serão transferidos para o Tribunal requisitante, a quem caberá promover o pagamento.

A violação à ordem cronológica configura grave irregularidade e autoriza o *sequestro* de valores a pedido do credor lesado.

16.6 A ordem de pagamentos

O art. 107-A do ADCT, introduzido pela EC 114/2021, previu em seu § 8.º a ordem de pagamentos devidos em virtude de sentença judicial transitada em julgado:

"§ 8.º Os pagamentos em virtude de sentença judiciária de que trata o art. 100 da Constituição Federal serão realizados na seguinte ordem:

I – obrigações definidas em lei como de pequeno valor, previstas no § 3.º do art. 100 da Constituição Federal;

II – precatórios de natureza alimentícia cujos titulares, originários ou por sucessão hereditária, tenham no mínimo 60 (sessenta) anos de idade, ou sejam portadores de doença grave ou pessoas com deficiência, assim definidos na forma da lei, até o valor equivalente ao triplo do montante fixado em lei como obrigação de pequeno valor;

III – demais precatórios de natureza alimentícia até o valor equivalente ao triplo do montante fixado em lei como obrigação de pequeno valor;

IV – demais precatórios de natureza alimentícia além do valor previsto no inciso III deste parágrafo;

V – demais precatórios".

16.7 Os desvios verificados

A sistemática constitucional foi sendo desnaturada no âmbito de diversos Estados e Municípios. O valor correspondente aos precatórios deixava de ser liberado para pagamento, até porque era usual a prática de estimativa arbitrária de receitas. Ou seja, o valor correspondente à dívida de precatórios era compensado por uma estimativa de receitas *fictícias*. Logo, não existiam verbas suficientes para pagar os precatórios. Em outros casos, os poderes públicos simplesmente deixam de liberar as verbas atinentes aos precatórios.

Com o passar do tempo, a situação tornou-se dramática. Alguns Estados e Municípios acumularam dívidas relativas aos precatórios de muitos exercícios, com valores totais muito vultosos. A lei orçamentária do exercício posterior não contemplava recursos para a liquidação das dívidas passadas.

O efeito prático foi a paralisação da liquidação por muitos Estados e Municípios das dívidas objeto de precatórios. Esse cenário foi agravado pelo acréscimo de juros e a eventual emissão de novos precatórios para o pagamento de diferenças destinadas a compensar a desvalorização monetária.

Assim se passava porque o valor requisitado é incluído no orçamento por seu valor nominal. A demora na liquidação gera problema de perda do valor real da moeda. Uma solução encontrada foi a emissão de um precatório "complementar", cujo valor correspondia à atualização monetária do valor previsto no precatório anterior. Numa economia com elevado índice inflacionário, o resultado prático era a multiplicação de precatórios complementares, sem que o credor recebesse o valor real da indenização a ele assegurada.

17 AS REFORMAS CONSTITUCIONAIS E A DISCIPLINA DEFEITUOSA

O acúmulo de valores atinentes a precatórios não liquidados pelos diversos entes federativos conduziu a diversas reformas na disciplina constitucional e à inclusão no Ato das Disposições Constitucionais Transitórias de normas destinadas a equacionar o problema, gerando grandes controvérsias sobre a violação a direitos adquiridos e à coisa julgada. Em termos práticos, a disciplina resultante é um conjunto complexo e monstruoso de regras desconexas.

17.1 A inconstitucionalidade de dispositivos da EC 30/2000

O STF reconheceu a inconstitucionalidade de alterações no sistema de pagamento de precatórios introduzidas pela EC 30/2000, que previu a alteração do prazo para liquidação dos precatórios pendentes de pagamento:[22]

"4. O art. 78 do Ato das Disposições Constitucionais Transitórias, acrescentado pelo art. 2.º da EC 30/2000, ao admitir a liquidação 'em prestações anuais, iguais e sucessivas, no prazo máximo de dez anos' dos 'precatórios pendentes na data de promulgação' da emenda, violou o direito adquirido do beneficiário do precatório, o ato jurídico perfeito e a coisa julgada. Atentou ainda contra a independência do Poder Judiciário, cuja autoridade é insuscetível de ser negada, máxime no concernente ao exercício do poder de julgar os litígios que lhe são submetidos e fazer cumpridas as suas decisões, inclusive contra a Fazenda Pública, na forma prevista na Constituição e na lei. Pelo que a alteração constitucional pretendida encontra óbice nos incisos III e IV do § 4.º do art. 60 da Constituição, pois afronta 'a separação dos Poderes' e 'os direitos e garantias individuais'. 5. Quanto aos precatórios 'que decorram de ações iniciais ajuizadas até 31 de dezembro de 1999', sua liquidação parcelada não se compatibiliza com o *caput* do art. 5.º da CF. Não respeita o princípio da igualdade a admissão de que um certo número de precatórios, oriundos de ações ajuizadas até 31.12.1999, fique sujeito ao regime especial do art. 78 do ADCT, com o pagamento a ser efetuado em prestações anuais, iguais e sucessivas, no prazo máximo de dez anos, enquanto os demais créditos sejam beneficiados com o tratamento mais favorável do § 1.º do art. 100 da CF. 6. Medida cautelar deferida para suspender a eficácia do art. 2.º da EC 30/2000, que introduziu o art. 78 no ADCT da Constituição de 1988" (MC na ADI 2.356/DF, Pleno, rel. Min. Néri da Silveira, rel. p/ acórdão Min. Ayres Britto, j. 25.11.2010, *DJe* 18.05.2011).

O problema das dívidas por precatórios não liquidados foi objeto de disciplina posterior pela EC 62/2009. O STF também pronunciou a inconstitucionalidade de vários dispositivos dessa Emenda.

17.2 As alterações da EC 62/2009

A EC 62/2009 promoveu ampla reforma quanto à disciplina dos precatórios e do cálculo dos acréscimos ao valor da indenização.[23] Foi determinado no § 12 do art. 100 da CF/1988 que, "A

---

[22] Confiram-se os comentários de TALAMINI. Enforcement of Pecuniary Credits Against State Parties. In: JUSTEN FILHO; PEREIRA (Ed.). *Infrastructure Law of Brazil*. 3. ed., p. 385 *et seq.*

[23] A esse respeito, veja-se MOREIRA; GRUPENMACHER; KANAYAMA e AGOTTANI. *Precatórios*: o seu novo regime jurídico, 4. ed.

partir da promulgação desta Emenda Constitucional, a atualização de valores de requisitórios, após sua expedição, até o efetivo pagamento, independentemente de sua natureza, será feita pelo índice oficial de remuneração básica da caderneta de poupança, e, para fins de compensação da mora, incidirão juros simples no mesmo percentual de juros incidentes sobre a caderneta de poupança, ficando excluída a incidência de juros compensatórios".

Por outro lado, o § 8.º do mesmo art. 100 passou a estabelecer que "É vedada a expedição de precatórios complementares ou suplementares de valor pago".

Portanto, a EC 62/2009 produziu a incidência de dois regimes jurídicos distintos sobre o valor da indenização devida ao particular. O regime tradicional incidiria até a expedição do precatório. A partir daí, aplicar-se-ia exclusivamente uma remuneração equivalente à da caderneta de poupança (no tocante à atualização e aos juros).

Mas o STF, no julgamento das ADIs 4.357 e 4.425,[24] que versaram sobre a EC 62/2009, declarou a inconstitucionalidade da solução no tocante à atualização monetária.[25] Ficou decidido que "O direito fundamental de propriedade (art. 5.º, XXII, da CF/1988) resta violado nas hipóteses em que a atualização monetária dos débitos fazendários inscritos em precatórios perfaz-se segundo o índice oficial de remuneração da caderneta de poupança, na medida em que este referencial é manifestamente incapaz de preservar o valor real do crédito de que é titular o cidadão".

Também houve manifestação quanto aos juros moratórios, mas apenas para definir que o índice de remuneração da caderneta de poupança não pode ser aplicado a débitos estatais de natureza tributária, por violação ao princípio da isonomia (a taxa de juros em favor do poder público é de 1% ao mês, conforme o art. 161, § 1.º, do CTN). Neste ponto, não atingiu o regime dos precatórios derivados de desapropriações judiciais.

17.3   As alterações por Emendas Constitucionais posteriores

A disciplina constitucional do pagamento de precatórios, constante do art. 101 do Ato das Disposições Constitucionais Transitórias – ADCT, foi alterada por sucessivas Emendas Constitucionais. A EC 109/2021 determinou que os Estados, o Distrito Federal e os Municípios que, em 25.03.2015, se encontrassem em mora no pagamento de seus precatórios, deveriam liquidar os valores em atraso e os que se vencessem posteriormente até 31.12.2029.

A EC 94/2016 previu a utilização de parcelas dos depósitos judiciais e dos depósitos administrativos em dinheiro para a liquidação dos precatórios. A EC 99/2017 alterou a disciplina para essa hipótese, prevendo inclusive a criação de um fundo garantidor.

A solução de utilização dos recursos de depósitos judiciais e administrativos para pagamento dos precatórios foi questionada no STF por meio da ADI 5.679/DF, ajuizada na vigência da EC 94/2016. Houve decisão liminar nos termos seguintes:

"4. Os recursos dos depósitos judiciais, nos termos da norma impugnada, serão utilizados exclusivamente para o pagamento de precatórios em atraso até 25.03.2015. Essa destinação condiciona o uso dos recursos à prévia constituição do fundo garantidor e impõe que os pertinentes valores sejam transferidos das contas de depósito para conta específica, vinculada ao pagamento de precatórios, administrada pelo Tribunal competente, afastando-se o trânsito desses valores pelas contas dos Tesouros estaduais ou municipais. 5. Cautelar parcialmente

---

[24] ADIs 4.357/DF e 4.425/DF, Pleno, rel. Min. Ayres Britto, rel. p/ acórdão Min. Luiz Fux, j. 14.03.2013.

[25] Os efeitos da declaração de inconstitucionalidade foram modulados pelo STF, que prorrogou o regime especial de pagamentos instituído pela EC 62/2009 por cinco exercícios financeiros contados a partir de 01.01.2016 e manteve a validade dos precatórios expedidos ou pagos até 25.03.2015 segundo as regras de atualização monetária e juros de mora (QO na ADI 4.357/DF, Pleno, rel. Min. Luiz Fux, j. 25.03.2015, *DJe* 05.08.2015).

deferida, apenas para explicitar as condições a serem atendidas pelos entes públicos para a utilização dos recursos oriundos dos depósitos judiciais, tal como enunciado no item anterior: (i) destinação exclusiva para precatórios; (ii) prévia constituição de fundo garantidor; e (iii) não trânsito dos recursos pela conta do Tesouro" (MC na ADI 5.679/DF, decisão monocrática, rel. Min. Luís Roberto Barroso, j. 07.06.2017, *DJe* 08.06.2017).

O julgamento de mérito ocorreu depois da edição das Emendas Constitucionais supervenientes. Foi fixada a seguinte tese:

"Observadas rigorosamente as exigências normativas, não ofende a Constituição a possibilidade de uso de depósitos judiciais para o pagamento de precatórios em atraso, tal como previsto pela EC nº 94/2016" (ADI 5.679/DF, Pleno, rel. Min. Roberto Barroso, j. 22.09.2023 a 29.09.2023, *DJe* 17.10.2023).

17.4 As alterações da EC 114/2021 e da EC 126/2022

A EC 114/2021 e a EC 126/2022 fixaram limites para alocação de recursos para pagamento das dívidas por precatórios. O valor da despesa paga no exercício de 2016, atualizado monetariamente, passou a ser o limite para a destinação dos recursos nos exercícios subsequentes. O montante da diferença entre o valor dos precatórios expedidos e o montante do limite foi destinado a programa social (renda básica familiar para sujeito em situação de vulnerabilidade) e para a seguridade social.

O STF decretou a inconstitucionalidade de diversos dispositivos previstos pelas Emendas Constitucionais 113/2021 e 114/2021 e adotou interpretação conforme para outros.[26]

18 A NECESSIDADE DE ENFRENTAMENTO DAS CAUSAS DO PROBLEMA

As diversas reformas e medidas adotadas no tocante ao pagamento de precatórios não enfrentaram as causas do problema, que se relacionam com a atuação defeituosa da Administração Pública brasileira.

18.1 A produção permanente de ilícitos

As condenações judiciais da Fazenda Pública decorrem do reconhecimento de ações e omissões antijurídicas, que causam danos a terceiros. É irrelevante adotar medidas destinadas a procrastinar a liquidação de dívidas decorrentes de sentenças condenatórias se a Administração Pública continuar a produzir novas pretensões de indenização. Mais do que isso, soluções dessa ordem configuram incentivo à ampliação das práticas ilícitas.

18.2 A solução adequada: a cessação da prática de ilicitudes

A única solução para o problema dos precatórios é a cessação da prática de ilicitudes. É indispensável que a Administração Pública submeta-se à ordem jurídica, de modo a evitar o surgimento de novos pleitos de indenização e a produção de outras sentenças condenatórias.

18.3 As providências jurídicas de cunho preventivo

A cessação da prática de ilicitudes depende não apenas da alteração do posicionamento dos agentes públicos. É indispensável a adoção de medidas jurídicas destinadas a prevenir a

---

[26] ADI 7.047/DF e ADI 7.064/DF, Pleno, rel. Min. Luiz Fux, j. 30.11.2023, *DJe* 18.12.2023.

consumação de ilícitos. Isso envolve a institucionalização de mecanismos para obstar condutas administrativas potencialmente causadoras de novas condenações judiciais.

18.4 A atuação preventiva dos órgãos de controle

Isso envolve especialmente medidas de cunho preventivo no âmbito dos órgãos de controle. Cabe a tais órgãos emitir provimentos que impeçam a instauração ou a continuidade de situações que tenham potencial danoso ao patrimônio público.

18.5 O enfoque amplo e abrangente

A atividade administrativa em geral e a atuação preventiva específica dos órgãos de controle devem ser orientadas por enfoque amplo e abrangente. Em muitos casos, são adotadas medidas que tomam em vista alguns danos determinados, mas dão origem a danos de outra ordem. É indispensável tomar em consideração a multiplicidade dos aspectos jurídicos envolvidos para evitar efeitos nocivos indesejáveis.

18.6 A determinação do art. 6.º da EC 114/2021

O art. 6.º da EC 114/2021 adotou determinação que se alinha nesse sentido. Determinou a constituição de uma comissão mista do Congresso Nacional para exame, no prazo de um ano a contar de 16.12.2021, dos eventos com maior potencial gerador de condenações da Fazenda Pública.

O referido prazo não foi atendido. No âmbito de representação destinada a avaliar riscos ao equilíbrio fiscal das contas públicas, o TCU se manifestou no sentido de cientificar o Congresso Nacional acerca da exigência prevista no art. 6.º da EC 114/2021, "pois, conforme anotado pelo Ministério Público de Contas, embora o prazo de um ano estabelecido no art. 6.º da EC 114/2021 tenha se exaurido em 15/12/2022, 'não se tem notícia, até o momento, da realização dos estudos de impacto nele previstos'" (Acórdão 1.476/2023, Plenário, rel. Min. Antonio Anastasia, j. 19.07.2023). Ao que se infere das informações disponíveis, a situação não se alterou posteriormente.

19 ACRÉSCIMOS AO PRINCIPAL EM VIRTUDE DA DEMORA DA LIQUIDAÇÃO DA INDENIZAÇÃO

As dívidas da Fazenda Pública subordinam-se a acréscimos em virtude da demora na liquidação, aplicando-se as regras de direito civil pertinentes.

19.1 Ainda a distinção entre obrigações de valor e de dinheiro

É relevante a distinção entre obrigações de valor e de dinheiro, eis que o regime jurídico pertinente à indenização é distinto. Em ambos os casos, o devedor está obrigado a liquidar o valor devido por meio de pagamento em moeda. A distinção se relaciona à origem do montante devido.

Configura-se a obrigação de dinheiro nas hipóteses em que a responsabilidade civil do Estado decorre da ausência de adimplemento ao pagamento de importância certa em moeda corrente. O exemplo é o inadimplemento pelo ente administrativo ao pagamento do preço devido ao particular em um contrato de compra de mercadoria.

Alude-se a obrigação de valor para indicar as hipóteses em que a responsabilidade civil da Administração decorre de conduta distinta de deixar de liquidar uma prestação de pagar quantia certa. Suponha-se um acidente de trânsito que acarreta dano a bem de particular, sendo reconhecida a culpa de agente público.

19.2 A correção monetária

A correção monetária destina-se a assegurar à parte inocente a compensação pelo decurso do tempo entre a data em que houve a apuração da indenização e a data de sua liquidação.

Quando a indenização decorrer da violação a obrigação em dinheiro, incide o art. 404 do Código Civil ("As perdas e danos, nas obrigações de pagamento em dinheiro, serão pagas com atualização monetária segundo índices oficiais regularmente estabelecidos, abrangendo juros, custas e honorários de advogado, sem prejuízo da pena convencional").

Nas obrigações de valor, o montante do principal será calculado segundo o valor contemporâneo à avaliação, o que dispensará a compensação pela inflação, mas não o acréscimo de juros. No entanto, a ausência de liquidação imediata da indenização acarretará a aplicação da correção monetária computada a partir da data-base da sua estimativa.

19.3 Os juros

Os juros consistem numa remuneração pelo capital. São o montante correspondente à indisponibilidade da fruição do capital por parte do credor. Se o devedor deixa de liquidar o montante devido no tempo e modo devidos, isso impede que o credor se valha daquele montante para obter outros resultados.

19.3.1 Juros moratórios e juros compensatórios

Os juros moratórios incidirão sempre que existir uma obrigação líquida, certa e exigível, que deixar de ser adimplida pelo devedor no tempo e modo devidos. Em alguns casos, a data da exigibilidade do principal já está predeterminada, de modo que o curso dos juros se inicia automaticamente. Em outras hipóteses, o pagamento ao sujeito depende de uma iniciativa formal de sua parte e o curso dos juros somente se inicia depois do exercício da pretensão de cobrança pelo interessado.

O Código Civil estabelece, no art. 406, que, "Quando os juros moratórios não forem convencionados, ou o forem sem taxa estipulada, ou quando provierem de determinação da lei, serão fixados segundo a taxa que estiver em vigor para a mora do pagamento de impostos devidos à Fazenda Nacional".

Em algumas hipóteses, é cabível também o pagamento de juros compensatórios, que se relacionam aos lucros cessantes que o interessado deixou de obter. Esses juros são usualmente convencionais, fixados pelas partes de acordo com a sua conveniência e nos limites admitidos pela ordem jurídica.

Tais juros não se relacionam à demora na liquidação do valor devido, mas ao montante que o sujeito deixou de auferir quanto à fruição de um certo bem. A figura dos juros compensatórios é reconhecida especificamente a propósito da antecipação da imissão de posse em desapropriações de imóveis.

20 JUROS COMPENSATÓRIOS NA INDENIZAÇÃO POR DESAPROPRIAÇÃO

O expropriado faz jus à indenização pelo valor dos bens expropriados, o que corresponde ao conceito de "danos emergentes". Reputou-se que caberia a sua indenização também pelos "lucros cessantes", calculados por meio de juros compensatórios incidentes sobre o valor da indenização pelos bens expropriados. O tema é objeto de análise também no Capítulo 11, que trata do instituto da desapropriação.

20.1 Início do curso dos juros compensatórios

Tais juros compensatórios são computados a partir da data em que o particular perdeu a posse dos bens e sua incidência ocorreria até a efetiva liquidação da indenização.

"No processo de desapropriação, são devidos juros compensatórios desde a antecipada imissão de posse, ordenada pelo juiz, por motivo de urgência" (Súmula 164 do STF).

"Na desapropriação direta, os juros compensatórios são devidos desde a antecipada imissão na posse, e na desapropriação indireta, a partir da efetiva ocupação do imóvel" (Súmula 69 do STJ).

"Os juros compensatórios, na desapropriação direta, incidem a partir da imissão na posse, calculados sobre o valor da indenização, corrigido monetariamente" (Súmula 113 do STJ).

"Os juros compensatórios, na desapropriação indireta, incidem a partir da ocupação, calculados sobre o valor da indenização, corrigido monetariamente" (Súmula 114 do STJ).

20.2 A evolução da disciplina sobre o percentual dos juros compensatórios

Um tema de grande complexidade envolve os juros compensatórios em desapropriação. A dificuldade decorre da evolução da jurisprudência do STF sobre a matéria.

20.2.1 A orientação mais antiga

Segundo jurisprudência sumulada do STF, esses juros eram calculados à taxa de 12% ao ano, incidindo sobre o valor dos bens, corrigido monetariamente.

"Na desapropriação, direta ou indireta, a taxa de juros compensatórios é de 12% (doze por cento) ao ano" (Súmula 618 do STF).

O vulto das indenizações em ações de desapropriação conduziu à fixação de regras delimitando a amplitude da condenação à Fazenda Pública. Foi editada, primeiramente, a Medida Provisória 1.577, de 11 de julho de 1997. Outras medidas provisórias foram editadas sobre o tema, introduzindo os arts. 15-A e 15-B no Dec.-lei 3.365/1941. A Medida Provisória 2.183-56, assim como as anteriores, previu a limitação dos juros compensatórios a 6% ao ano.

20.2.2 O julgamento pelo STF da liminar da ADI 2.332

No julgamento da liminar da ADI 2.332,[27] o STF suspendeu a eficácia da expressão "de até seis por cento ao ano", a propósito dos juros compensatórios. Nesse julgamento, os §§ 1.º, 2.º e 4.º do art. 15-A do Dec.-lei 3.365/1941 (com a nova redação) tiveram a sua eficácia suspensa.

Como resultado, a jurisprudência do STJ fixou orientação no tocante à variação da taxa dos juros compensatórios no tempo.

"Nas ações de desapropriação, os juros compensatórios incidentes após a Medida Provisória 1.577, de 11.06.1997, devem ser fixados em 6% ao ano até 13.09.2001 e, a partir de então, em 12% ao ano, na forma da Súmula 618 do Supremo Tribunal Federal" (Súmula 408 do STJ).

---

[27] MC na ADI 2.332/DF, Pleno, rel. Min. Moreira Albes, j. 05.09.2001, *DJ* 02.04.2004.

Cap. 19 – A RESPONSABILIDADE CIVIL DO ESTADO **901**

20.2.3 O julgamento pelo STF do mérito da ADI 2.332

No julgamento do mérito da ADI 2.332,[28] o STF adotou interpretação diversa daquela constante da liminar. Foi examinada a constitucionalidade basicamente do art. 15-A do Dec.-lei 3.365 (com a redação da MP 2.183-56/2001).

O STF reconheceu a constitucionalidade do percentual de 6% para os juros compensatórios. Determinou que os juros compensatórios incidem sobre a diferença entre 80% do valor oferecido pelo desapropriante e o valor fixado na sentença.

Foi reconhecida a constitucionalidade dos §§ 1.º e 2.º do art. 15-A do Dec.-lei 3.365 (com a redação da MP 2.183-56/2001). Por decorrência, acolheu-se a determinação de que os juros compensatórios dependem da comprovação da perda sofrida pelo proprietário, não sendo devidos nas hipóteses de ausência de utilização ou de utilização ineficiente do imóvel. Essa disciplina também é aplicável nas hipóteses da chamada desapropriação indireta e em casos de restrições impostas pelo Poder Público.

Mas o § 4.º do referido art. 15-A (com a redação da MP 2.183-56/2001) foi declarado inconstitucional. Determinava a ausência de incidência de juros compensatórios relativamente a período anterior à aquisição do domínio ou da posse pelo autor da ação de indenização. No entanto, a Lei 14.620/2023 adotou a mesma solução, anteriormente reputada como inconstitucional pelo STF. A redação para o § 3.º do art. 15-A do Dec.-lei 3.365/1941 determina a vedação da incidência de juros compensatórios relativamente ao período anterior à aquisição da propriedade ou da posse pelo autor da ação.

20.3 A cumulação de juros moratórios e compensatórios em desapropriação

Anteriormente, a jurisprudência reconhecia a possibilidade de cumulação de juros compensatórios e moratórios em hipótese de desapropriação, tal como o cabimento da incidência desses sobre aqueles.

"Em desapropriação, são cumuláveis juros compensatórios e moratórios" (Súmula 12 do STJ).

"Os juros moratórios, na desapropriação direta ou indireta, contam-se desde o trânsito em julgado da sentença" (Súmula 70 do STJ).

"A incidência dos juros moratórios sobre os compensatórios, nas ações expropriatórias, não constitui anatocismo vedado em lei" (Súmula 102 do STJ).

No entanto, o STF adotou orientação diversa, no sentido de que os juros compensatórios incidiriam até a expedição do precatório e que os juros moratórios passariam a incidir a partir da ausência de efetiva liquidação do dito precatório.[29]

Tal como já indicado, o STF reconheceu a constitucionalidade do *caput* do art. 15-A da Lei de Desapropriações. O dispositivo, no seu final, determinou que ficava "vedado o cálculo de juros compostos" (com a redação da MP 2.183-56/2001) – ou seja, a incidência cumulativa de juros moratórios e compensatórios, inclusive para o efeito de cálculo de um sobre o outro. A Lei 14.620/2023 adotou nova redação para o dito art. 15-A, mantendo a vedação referida à aplicação de juros compostos.

---

[28] ADI 2.332/DF, Pleno, rel. Min. Luís Roberto Barroso, j. 17.05.2018, *DJe* 15.04.2019.

[29] Cf. RE 590.751/AC, Pleno, rel. Min. Ricardo Lewandowski, j. 09.12.2010, *DJe* 04.04.2011.

21 A INCIDÊNCIA DE JUROS DE MORA

O STF adotou interpretações diversas ao longo do tempo relativamente à incidência de juros mora no período anterior à expedição do precatório.

"Durante o período previsto no parágrafo 1.º do artigo 100 da Constituição, não incidem juros de mora sobre os precatórios que nele sejam pagos" (Súmula Vinculante 17 do STF).

Ainda segundo o STF:

"Incidem juros da mora entre a data da realização dos cálculos e a da requisição ou do precatório" (RE 579.431/RS, Pleno, rel. Min. Marco Aurélio, j. 19.04.2017, *DJe* 29.06.2017).

"1. A jurisprudência desse Supremo Tribunal Federal é no sentido de que não incidem juros moratórios sobre os precatórios pagos durante o prazo previsto no art. 100, § 5.º, da Constituição. 2. Em caso de inadimplemento do prazo constitucional, os juros moratórios passam a incidir a partir do primeiro dia do exercício financeiro seguinte ao que deveria ter sido pago o precatório. Precedentes" (AgR no RE 940.236/PE, rel. Min. Marco Aurélio, rel. p/ acórdão Min. Luís Roberto Barroso, j. 25.10.2016, *DJe* 09.08.2017).

22 A DISCIPLINA SOBRE JUROS E CORREÇÃO MONETÁRIA DA LEI 11.960/2009

A Lei 11.960/2009 adotou nova redação para o art. 1.º-F da Lei 9.494/1997, estabelecendo que "Nas condenações impostas à Fazenda Pública, independentemente de sua natureza e para fins de atualização monetária, remuneração do capital e compensação da mora, haverá a incidência uma única vez, até o efetivo pagamento, dos índices oficiais de remuneração básica e juros aplicados à caderneta de poupança".

O dispositivo foi apreciado pelo STF por ocasião da decisão quanto à constitucionalidade de dispositivos da EC 62/2009. Posteriormente, o STF examinou a questão de modo específico. Foram fixadas duas teses por ocasião do julgamento do Tema 810 da Repercussão Geral:[30]

"I – O art. 1.º-F da Lei n. 9.494/97, com a redação dada pela Lei n.º 11.960/09, na parte em que disciplina os juros moratórios aplicáveis a condenações da Fazenda Pública, é inconstitucional ao incidir sobre débitos oriundos de relação jurídico-tributária, aos quais devem ser aplicados os mesmos juros de mora pelos quais a Fazenda Pública remunera seu crédito tributário, em respeito ao princípio constitucional da isonomia (CRFB, art. 5.º, *caput*); quanto às condenações oriundas de relação jurídica não tributária, a fixação dos juros moratórios segundo o índice de remuneração da caderneta de poupança é constitucional, permanecendo hígido, nesta extensão, o disposto no art. 1.º-F da Lei n. 9.494/97 com a redação dada pela Lei n. 11.960/09.

II – O art. 1.º-F da Lei n. 9.494/97, com a redação dada pela Lei n. 11.960/09, na parte em que disciplina a atualização monetária das condenações impostas à Fazenda Pública segundo a remuneração oficial da caderneta de poupança, revela-se inconstitucional ao impor restrição desproporcional ao direito de propriedade (CRFB, art. 5.º, XXII), uma vez que não se qualifica como medida adequada a capturar a variação de preços da economia, sendo inidônea a promover os fins a que se destina" (RE 870.947/SE, Pleno, rel. Min. Luiz Fux, repercussão geral – mérito, j. 20.09.2017, *DJe* 17.11.2017).

---

[30] O STF declarou a inconstitucionalidade do art. 1.º-F da Lei 9.494/1997 no julgamento da ADI 5.348/DF, Pleno, rel. Min. Cármen Lúcia, j. 11.11.2019, *DJe* 27.11.2019.

23 A RESPONSABILIZAÇÃO PESSOAL DO AGENTE ESTATAL

Cabe a responsabilização civil específica do agente cuja conduta ativa ou omissiva gerou a responsabilização civil do Estado. Essa responsabilização pode ocorrer concomitantemente com a demanda ajuizada contra o poder público ou verificar-se por via de regresso, em caso de condenação do Estado em ação ajuizada exclusivamente em face dele.

23.1 A questão da legitimidade passiva na ação de indenização

Há entendimento de que a responsabilidade civil objetiva do Estado eliminaria o cabimento de demanda direta e exclusiva contra o agente público causador do dano (sujeito a responsabilização subjetiva).

No julgamento do Tema 940 da Repercussão Geral, o STF fixou entendimento de que:

"A ação por danos causados por agente público deve ser ajuizada contra o Estado ou a pessoa jurídica de direito privado prestadora de serviço público, sendo parte ilegítima para a ação o autor do ato, assegurado o direito de regresso contra o responsável nos casos de dolo ou culpa" (RE 1.027.633/SP, rel. Min. Marco Aurélio, repercussão geral – mérito, j. 14.08.2019, *DJe* 05.12.2019).

O STJ admitiu a legitimidade passiva do agente público nos casos em que a pretensão indenizatória fundar-se sobre condutas não abrangidas nas atribuições funcionais:

"8. Nas situações em que o dano causado ao particular é provocado por conduta irregular do agente público, compreendendo-se 'irregular' como conduta estranha ao rol das atribuições funcionais, a ação indenizatória cujo objeto seja a prática do abuso de direito que culminou em dano pode ser ajuizada em face do próprio agente" (REsp 1.842.613/SP, 4.ª T., rel. Min. Luis Felipe Salomão, j. 22.03.2022, *DJe* 09.05.2022).

23.2 A questão do elemento subjetivo

No enfoque tradicional, costuma-se afirmar que a responsabilidade civil do Estado independe da presença de um elemento subjetivo, mas que a responsabilização civil do agente estatal que provocou o dano pressupõe a prova da culpa ou do dolo. Essa interpretação retrata uma leitura textual do art. 37, § 6.º, da CF/1988 e reflete concepções ultrapassadas quanto ao exercício da função pública.

No atual sistema constitucional, todo agente estatal tem ciência da natureza funcional de suas competências e sabe que as ações ou omissões antijurídicas imputáveis ao Estado produzirão responsabilização civil. Exige-se do indivíduo a adoção de todas as cautelas para evitar a consumação de danos a terceiros.

Torna-se extremamente problemático afirmar que o Estado poderia ser responsabilizado sem a necessidade de apuração de culpabilidade do agente, mas que a responsabilização individual deste exigiria procedimento diverso.

Ora, a simples consciência de que os cofres públicos poderão arcar com sérios prejuízos em virtude da conduta pessoal basta para impor um dever de grande cuidado e cautela ao agente estatal.

Portanto, a responsabilização civil do agente tende a uma objetivação de culpabilidade idêntica àquela que se processa quanto ao próprio Estado. Isso não significa afirmar que a responsabilidade civil do agente teria natureza puramente objetiva. O que se defende é a existência de um dever de diligência recaindo sobre o exercício da atividade administrativa

904 CURSO DE DIREITO ADMINISTRATIVO · *Marçal Justen Filho*

estatal. O agente não pode invocar ignorância, ingenuidade ou ausência de intenção de produzir resultados danosos quando tiver adotado conduta incompatível com o modelo normativo. Considere-se, por exemplo, a pura e simples infração a contrato administrativo. Se um contrato de concessão prevê formalmente o reajuste anual de tarifas, a recusa em autorizar a cobrança da tarifa reajustada configura ato ilícito. Não se pode conceber que os danos correspondentes sejam arcados pelos cofres públicos ou pelos usuários. O agente responsável pela denegação ilegítima do exercício do direito assegurado contratualmente deverá responder pessoalmente pelos danos ocorridos. Não caberá invocar a ausência de culpa ou dolo. A conduta voluntária de infringir o contrato administrativo configura-se como reprovável sob o prisma subjetivo.

23.3   O dever de promover a ação de regresso

O Estado está investido no dever-poder de promover a ação regressiva contra o agente estatal cuja conduta gerou a condenação. No âmbito federal, essa matéria está disciplinada pela Lei 4.619/1965.

Capítulo 20

O DECURSO DO TEMPO E A CONSOLIDAÇÃO DE SITUAÇÕES

Acesse e assista à aula explicativa sobre este assunto.
> https://uqr.to/1cb57

A decadência e a prescrição são institutos orientados a consolidar situações jurídicas eventualmente defeituosas em virtude do decurso do tempo, somado à inação do interessado. Os dois institutos se desenvolveram no âmbito do direito civil e da teoria geral do processo e vêm sendo incorporados no âmbito do direito administrativo. Prescrição e decadência não se confundem entre si, nem com outros institutos similares.

1 A DISTINÇÃO ENTRE DECADÊNCIA E PRESCRIÇÃO

A distinção entre prescrição e decadência funda-se no postulado de que a pretensão de obter um provimento jurisdicional não se confunde com os direitos e deveres de direito material.

1.1 A distinção entre direito material e direito de ação

O direito de ação consiste no direito subjetivo de pleitear o exercício da função jurisdicional do Estado, visando à composição de um litígio. O direito de ação é autônomo em relação ao direito objeto do litígio.

A relação de direito material, em que surge o litígio, vincula dois ou mais sujeitos. Nada impede que uma das partes dessa relação seja a Administração Pública. Por exemplo, suponha-se que um particular trafegue com o seu veículo por via pública em velocidade superior à permitida. Essa infração pode originar uma multa, fazendo surgir o direito de a Administração exigir o pagamento de um valor pecuniário por parte do motorista infrator. No caso, existe uma relação de direito material entre Administração Pública e particular.

Já o direito de ação tem como partes um sujeito (público ou privado) e o Estado-Jurisdição. O objeto do direito de ação é a obtenção de um provimento jurisdicional destinado a compor um litígio. Suponha-se que o motorista infrator se recuse a pagar de modo espontâneo a multa a ele imposta por trafegar em excesso de velocidade. Nesse caso, o Estado-Administração exercitará o direito de ação para que o Estado-Jurisdição constranja o devedor a pagar aquilo que deve ou, em caso de resistência, promova as medidas de constrangimento necessárias a satisfazer o seu crédito.

1.2 A extinção por ausência de exercício tempestivo

A ausência de exercício tempestivo do direito subjetivo material acarretará a extinção por decadência, enquanto a prescrição decorre da ausência de exercício do direito de ação no prazo previsto.

No exemplo anterior, há um prazo para que a Administração promova o lançamento da multa, sob pena de caducidade. Se a Administração permanecer inerte e não formalizar a ocorrência da infração e a imposição da multa no prazo estabelecido, não mais será cabível fazê-lo em momento posterior. Nesse caso, a multa não chegará a existir juridicamente.

Mas é possível que a Administração formalize todos os atos de documentação da infração de trânsito e imponha a multa, mas permaneça inerte posteriormente. Se o infrator não pagar a multa espontaneamente e se a Administração ficar inerte por período de tempo superior ao previsto em lei, ocorrerá a prescrição da pretensão de cobrança. Em tal hipótese, a multa existiu e era devida, mas se tornará inexigível em virtude da extinção da pretensão do credor por prescrição.

1.3 A consumação da decadência e as suas implicações

Consumada a decadência, o direito subjetivo material se extingue. Portanto, o sujeito não mais poderá exercitar o direito de ação. Não se cogitará de prescrição, mas de extinção da relação jurídica de direito material.

1.4 A consumação da prescrição e as suas implicações

A prescrição da pretensão produz efeitos limitados sobre a relação de direito material, especialmente no âmbito do direito privado. O desaparecimento da pretensão impossibilita a tutela jurisdicional, mas não elimina o cabimento de uma composição voluntária entre elas. Se assim ocorrer, nenhuma das partes pode invocar a prescrição para invalidar os seus próprios atos.

Essa questão deve ser examinada com cautela nas relações administrativas. Consumada a prescrição, a Administração não disporá da competência para realizar prestação favorável a um particular – ressalvada a autorização legislativa para a prática de ato de liberalidade. Diversa será a situação do particular, eis que não existe impedimento à liberalidade em favor do Poder Público.

Mas a prescrição acarretará a extinção também das competências anômalas e exorbitantes usualmente reconhecidas em favor da Administração Pública. Mesmo que não exista previsão de prazo decadencial correspondente, será vedado à Administração invocar poderes anômalos para impor ao particular aquilo que lhe seria vedado obter mediante o exercício do direito de ação. Portanto, a consumação da prescrição do direito de ação da Administração Pública implica a decadência de poderes jurídicos anômalos a ela reconhecidos.

Por exemplo, considere-se que o prazo prescricional para a pretensão de cobrança de crédito da Administração seja de cinco anos. Consumada a prescrição, estará extinto também o poder de a Administração impor sanções de outra ordem ao particular, sob o fundamento da ausência de pagamento do crédito em questão.

2 AS DISTINÇÕES QUANTO AO REGIME JURÍDICO

Prescrição e decadência caracterizam-se por regimes jurídicos diversos, conforme entendimento tradicional, cristalizado nos arts. 189 e seguintes do Código Civil.

2.1 A questão da suspensão e da interrupção do prazo

A natureza da decadência conduz à ausência de incidência de causas interruptivas ou de suspensão do curso do prazo. Uma vez desencadeado o seu curso, a decadência tem seguimento até ser atingido o termo final ou o exercício do poder jurídico envolvido.

Já os prazos prescricionais comportam suspensão e interrupção. Alguns eventos são dotados de eficácia suspensiva, o que significa a cessação do curso do prazo prescricional em virtude de algum evento diferenciado. Exaurida a eficácia do evento suspensivo, o curso do prazo prescricional seria retomado.

Relativamente à ocorrência de eventos com eficácia interruptiva, o curso do prazo prescricional é reiniciado.

2.2 A disciplina legal diversa

A lei pode estabelecer soluções diversas no tocante à interrupção e à suspensão, inclusive relativamente à decadência, tal como determina o art. 207 do Código Civil ("Salvo disposição legal em contrário, não se aplicam à decadência as normas que impedem, suspendem ou interrompem a prescrição").

3 A AUTONOMIA DOS PRAZOS DE DECADÊNCIA E DE PRESCRIÇÃO

Decadência e prescrição são institutos distintos, que apresentam prazos diversos, cujo curso se desenvolve de modo autônomo e inconfundível.

Usualmente, uma mesma relação jurídica pode comportar prazos de decadência e de prescrição distintos. Como regra, o curso da decadência se desenrola em momento anterior ao curso da prescrição. Assim, por exemplo, incide prazo decadencial para a Administração promover o lançamento de um crédito tributário. Se a Administração efetivar o lançamento antes de consumada a decadência, poderá cogitar-se posteriormente em início da prescrição do prazo para a ação de cobrança.

Não existe hipótese em que o prazo de prescrição anteceda o prazo decadencial, o que se justifica pela circunstância de que a ação destina-se a obter a tutela jurisdicional para pretensões resistidas ou não satisfeitas, enquanto a decadência se relaciona ao exercício da pretensão relativamente à outra parte.

4 A TERMINOLOGIA IMPRÓPRIA: FIGURAS PRÓXIMAS

A lei, a doutrina e a jurisprudência utilizam muitas vezes terminologia imprópria, que provoca confusão.

4.1 A irrelevância da terminologia

A utilização incorreta da terminologia não apresenta relevância jurídica. Cabe aplicar o regime jurídico pertinente à figura aplicável, ainda que a lei, a parte ou o julgador tenham utilizado incorretamente os vocábulos pertinentes.

4.2 A chamada "prescrição administrativa"

Muitas vezes, utiliza-se a expressão "prescrição administrativa" para indicar a extinção do direito de a Administração promover as medidas administrativas necessárias à defesa de seus direitos e interesses.

No direito brasileiro, essa hipótese configura um caso de decadência. A prescrição administrativa é uma figura relacionada com o contencioso administrativo, que não é adotado no Brasil.

A perda de direitos em virtude da ausência tempestiva do seu exercício no relacionamento direto entre Administração e particular *não* configura hipótese de prescrição. Assim se passa porque não se trata da ausência de exercício do direito de ação, mas do não exercício de direitos e poderes de direito material. Portanto, trata-se de hipótese de decadência, não de prescrição.

5 A DISTINÇÃO ENTRE PRECLUSÃO, DECADÊNCIA E PRESCRIÇÃO

Também é oportuno distinguir decadência, prescrição e preclusão,[1] que podem apresentar alguma similitude.

5.1 A preclusão

A preclusão administrativa consiste na extinção de uma faculdade ou de um poder jurídico, em virtude do desenrolar dos eventos no curso de um procedimento. É um instrumento jurídico orientado a conduzir o procedimento à sua conclusão. Pode derivar do exaurimento do exercício da faculdade (preclusão consumativa), da incompatibilidade entre o exercício de uma determinada faculdade ou poder e a conduta anterior da parte (preclusão lógica) ou da ausência de seu exercício no prazo devido (preclusão temporal).

As situações de preclusão lógica e de preclusão consumativa não apresentam similitude com a decadência e com a prescrição. A proximidade conceitual pode ser identificada relativamente à preclusão temporal.

5.2 A preclusão temporal e a decadência

Existe alguma semelhança entre a decadência e a preclusão temporal. Ambas se fundam na ausência de exercício de uma certa faculdade ou poder no período de tempo devido, mas apresentam distinções marcantes entre si. A decadência acarreta a extinção do próprio direito subjetivo ou poder jurídico, de tal modo que a sua consumação acarreta a extinção da relação jurídica. A preclusão temporal envolve uma faculdade ou um poder no âmbito de um processo administrativo, o que pode gerar efeitos distintos em vista das circunstâncias.

A diferença mais evidente reside em que a preclusão administrativa verifica-se no bojo de um procedimento administrativo. Já a decadência independe da existência de procedimento.

Sob outro enfoque, a decadência conduz à extinção da relação jurídica, enquanto a preclusão versa sobre faculdade ou poder jurídico. Assim, a ausência de formalização do lançamento no prazo devido conduz à decadência do direito de a Administração praticar o ato posteriormente. Já a ausência de interposição de recurso administrativo no prazo produz a preclusão temporal da faculdade de realizar o ato posteriormente.

5.3 A preclusão temporal e a prescrição

A preclusão administrativa também não se confunde com a prescrição. Se não houver o exercício do direito de ação, consumando-se a prescrição, não há cabimento em aludir à preclusão. Se houver o exercício do direito de ação, dentro do prazo legal, não há cabimento em aludir à prescrição – mas poderá ocorrer a preclusão temporal relativamente a poderes ou direitos pertinentes à condição de parte.

---

[1] A exposição sobre a preclusão foi realizada no Capítulo 8, atinente ao processo administrativo.

6   A DECADÊNCIA E A EXTINÇÃO DE PODER-DEVER DA ADMINISTRAÇÃO

A decadência acarreta a extinção de um direito subjetivo ou poder jurídico em face de uma situação concreta, em virtude da ausência de seu exercício tempestivo.

6.1   A distinção entre a competência em abstrato e em concreto

A decadência não atinge a competência propriamente dita, tal como abstratamente conferida à Administração por via de norma jurídica. Produz a extinção de um poder jurídico existente de modo concreto, em virtude da verificação dos fatos no mundo real.

6.2   A permanência da competência em abstrato

A Administração é investida do dever-poder de exercitar a competência. A omissão no exercício dela até pode configurar ilicitude, mas não acarreta a extinção dessa competência. Se a lei não tiver adotado solução diversa, a competência atribuída à Administração Pública não é vinculada a um prazo determinado.

Os poderes e direitos da Administração Pública são *imprescritíveis*, utilizando-se a expressão num senso vulgar indicativo de que o decurso do tempo não reduz nem exaure as competências administrativas.

6.3   A extinção do direito subjetivo-poder jurídico em concreto

No entanto, os poderes e direitos relacionados a situações concretas e determinadas podem exaurir-se em virtude do decurso do tempo. Deve-se diferenciar a competência em abstrato do direito subjetivo-poder jurídico surgidos na realidade concreta, a partir da ocorrência de um evento verificado no mundo dos fatos.

Assim, por exemplo, a competência em abstrato para punir os servidores é inerente à Administração Pública, mas a ausência de seu exercício, durante o período de tempo determinado em lei, pode conduzir à extinção do poder de promover a punição do agente que praticou alguma irregularidade.

Por isso, a referência à extinção de direitos e poderes da Administração Pública em virtude do decurso do tempo sempre indicará o desaparecimento da possibilidade de exercício da competência no caso concreto, relativamente a uma situação específica e determinada.

6.4   A relevância mais intensa da decadência no direito administrativo

A decadência apresenta uma relevância mais intensa no direito administrativo do que se passa no direito privado.

6.4.1   As hipóteses de decadência no direito privado

Em muitas relações jurídicas de direito privado, não se cogita de extinção de direitos por decadência. Assim se passa porque, num relacionamento privado, não existe prazo específico e diferenciado para que a parte exercite o seu direito perante a outra parte. Mais precisamente, a lei fixa apenas um limite temporal para o exercício do direito de ação. Nesses casos de direito privado, há apenas o prazo de prescrição. Por exemplo, suponha-se a ausência de pagamento tempestivo de uma nota promissória. Não existe um prazo para que o credor exija o pagamento do título de crédito diretamente em face de seu devedor. Se a nota promissória não for paga pelo devedor, o credor dispõe de um prazo para exercitar a ação cambial. Consumada a prescrição, a ação de execução cambial deixa de existir. Nesse caso, não se alude a um prazo decadencial.

910 CURSO DE DIREITO ADMINISTRATIVO · Marçal Justen Filho

6.4.2   A exigência de processo administrativo na atividade administrativa

Diversamente se passa no direito administrativo. Todos os poderes e direitos subjetivos no relacionamento entre particular e Administração Pública devem ser exercitados por meio de uma atividade processualizada. Isso significa a necessidade de um procedimento formal, em que uma das partes exterioriza perante a outra uma pretensão. Por exemplo, existe uma proibição a que a Administração exija, de modo direto, o pagamento de uma multa, sem previamente ter instaurado um processo para apurar a ocorrência da infração e para conceder ao pretenso infrator a oportunidade de defesa (e, posteriormente, a oportunidade para pagamento espontâneo).

6.4.3   A delimitação da necessidade de recurso ao Poder Judiciário

Outra faceta da questão se relaciona com a desnecessidade de intervenção jurisdicional para a constituição de direitos ou ampliação de eficácia de atos administrativos, diversamente do que se passa no direito privado.

A Administração Pública dispõe do poder jurídico para constituir unilateralmente direitos subjetivos em face dos particulares, mediante um processo administrativo. Em muitas hipóteses também se assegura à Administração o poder para satisfazer diretamente esses direitos.

Assim, por exemplo, a Administração Pública detém a faculdade de promover a rescisão de um contrato mediante ato unilateral, tal como também lhe incumbe a faculdade de impor sanções aos particulares. Numa relação de direito privado, a rescisão contratual e o sancionamento da parte infratora são reservados ao Poder Judiciário.

Logo, não cabe cogitar de prazo prescricional, eis que não será cabível promover ação nas hipóteses em que a Administração Pública pode obter a satisfação de sua pretensão mediante atuação própria e unilateral.

Existe, nesse ponto, uma notável distinção entre a disciplina da prescrição nas relações de direito administrativo e de direito privado. Tal decorre de que o direito administrativo reconhece competências à Administração Pública para autossatisfação de seus direitos, o que não se passa quanto aos particulares em geral.

Como decorrência, a satisfação de determinadas pretensões, nas relações privadas, depende da intervenção jurisdicional. É indispensável o exercício do direito de ação. A omissão da parte interessada produzirá a prescrição da pretensão.

Diversamente se passa no tocante à Administração, a quem é facultado implementar concretamente as medidas destinadas a satisfazer as próprias pretensões. A desnecessidade de exercício do direito de ação afasta a incidência da prescrição. A demora no exercício pela Administração do direito de implementar as medidas necessárias ao atendimento dos próprios interesses pode conduzir à consumação da decadência.

6.5   A disciplina da prescrição e seus efeitos sobre a decadência

A fixação de prazos prescricionais para as ações de titularidade da Administração Pública produz um efeito relativamente à decadência.

6.5.1   A determinação explícita do prazo decadencial

Em muitos casos, a lei estabelece o prazo decadencial para o exercício do direito subjetivo ou do poder jurídico reconhecido à Administração. Mas haverá situações em que não há disciplina para o prazo decadencial, hipótese em que haverá um efeito reflexo da existência do prazo prescricional.

Cap. 20 – O DECURSO DO TEMPO E A CONSOLIDAÇÃO DE SITUAÇÕES 911

6.5.2 O efeito reflexo da prescrição sobre a decadência

Não se admite que a inação da Administração em promover medidas administrativas que lhe são facultadas acarrete a ausência de curso do prazo da prescrição sobre ações eventualmente a ela reservadas.

Ora, decorrido o prazo prescricional extingue-se a ação, mas também se deve reputar que se produz um efeito indireto de decadência. Se a pretensão tiver desaparecido em virtude da prescrição, não caberá à Administração desenvolver qualquer manifestação diretamente em face do particular.

Por isso, a ausência de previsão legislativa expressa quanto à decadência não significa a ausência de limite temporal para a Administração exercitar os seus direitos e poderes. O prazo seguirá a previsão da prescrição.

6.6 O termo inicial do prazo decadencial

Como regra, o prazo decadencial inicia o seu curso assim que o direito ou o poder se torna exercitável, o que muitas vezes independe de uma conduta alheia.

Um exemplo característico de decadência, envolvendo a atividade administrativa, é o poder de promover o lançamento tributário. A Administração Pública dispõe do prazo de cinco anos para fazê-lo. Se não houver o lançamento nesse prazo,[2] estará extinto o direito para promover o lançamento posteriormente.

Como decorrência da extinção do direito ou do poder, o sujeito não mais disporá da competência para exercitar o ato ou da pretensão para exigir alguma conduta alheia. Como efeito jurídico, deixará de ser titular do direito de exigir a intervenção jurisdicional para tutelar o seu interesse.

6.7 A suspensão ou interrupção do prazo durante o processo administrativo

Nos casos em que o exercício do poder ou do direito pressupõe o exaurimento de um processo, a legislação determina que o prazo decadencial será interrompido quando houver a instauração do dito processo.

Isso significa que, verificado o evento apto a autorizar o exercício concreto do poder ou do direito, inicia-se o curso do prazo para que a Administração Pública *instaure* o processo administrativo pertinente. Quando a Administração Pública instaura o processo, interrompe-se (ou suspende-se) o prazo.

Em alguns casos, o ato final do processo administrativo exaure o exercício do poder ou do direito da Administração Pública. A decisão adotada ao final do processo configura o exercício do poder ou da competência de que se trata. Assim se passa, por exemplo, no campo fiscal. A Administração dispõe de cinco anos para promover o lançamento, que pressupõe um processo administrativo. O ato final e decisório desse processo administrativo, usualmente, é o próprio lançamento.

Mas nem sempre é assim. Há hipóteses em que a decisão do processo administrativo é o pressuposto para a adoção de um ato administrativo específico, por meio do qual se formaliza

---

2   A jurisprudência orientou-se no sentido de que, nos lançamentos por homologação, existiria uma peculiaridade no cômputo do prazo de cinco anos, resultando na sua duplicação. Essa orientação surgiu a propósito das ações de repetição de indébito tributário. Sobre o tema, confira-se julgado do STJ, REsp 908.524/SP, rel. Min. João Otávio de Noronha, j. 10.04.2007, *DJ* 25.04.2007. A questão não prejudica o exemplo.

912 CURSO DE DIREITO ADMINISTRATIVO · Marçal Justen Filho

o exercício do direito ou do poder. O exemplo é a punição do servidor pela prática de ilícito funcional. Usualmente, a competência para impor a punição não é da comissão processante. Portanto, pode-se imaginar hipótese em que, encerrado o processo administrativo disciplinar, a autoridade competente deixe de promover a imposição da sanção. Decorrido tempo superior ao previsto na legislação, estará consumada a decadência.

Então, pode-se aludir a prazo decadencial antes do início e depois da conclusão do processo administrativo, nas hipóteses em que o exercício do poder ou do direito depender da observância de um processo administrativo.

7   A REGRA GERAL DO ART. 54 DA LEI 9.784/1999

A Lei de Processo Administrativo disciplina a decadência relativamente ao exercício pela Administração do poder de desfazer os próprios atos.

7.1   A regra legal específica

O art. 54 da Lei 9.784/1999 estabelece: "O direito da Administração de anular os atos administrativos de que decorram efeitos favoráveis para os destinatários decai em cinco anos, contados da data em que foram praticados, salvo comprovada má-fé".

7.2   A aplicação no âmbito de outras órbitas federativas

Essa disposição se afigura como uma norma geral de direito administrativo, cujo conteúdo vincula a todos os entes federativos.[3] Não se trata, como é evidente, de uma norma puramente procedimental, que tenha sido editada apenas para vigorar no âmbito da União.

Não se pode admitir a ausência de prazo decadencial para o desfazimento dos próprios atos por Estados, Distrito Federal e Municípios. Isso conduziria a resultados despropositados. Acabaria por gerar o único caso de competência eterna para o exercício de um dever-poder. Portanto, até se pode reconhecer a competência legislativa de cada ente federativo para disciplinar a matéria. Mas o tema envolve competência comum a todos os entes federados e, na omissão de lei local, prevalece a norma editada pela União.

Essa é a orientação adotada pela jurisprudência do STJ, que contempla inclusive súmula sobre o assunto:

"A Lei n. 9.784/1999, especialmente no que diz respeito ao prazo decadencial para a revisão de atos administrativos no âmbito da Administração Pública federal, pode ser aplicada, de forma subsidiária, aos estados e municípios, se inexistente norma local e específica que regule a matéria" (Súmula 633).

O STF, no julgamento da ADI 6.019, fixou entendimento da inconstitucionalidade de prazo decenal para anulação de atos administrativos, previsto em lei do Estado de São Paulo. Confira-se o seguinte trecho:

"1. Ação direta contra o art. 10, I, da Lei n.º 10.177/1998, do Estado de São Paulo, que estabelece o prazo decadencial de 10 (dez) anos para anulação de atos administrativos reputados in-

---

[3]   Em sentido contrário, SILVA. O princípio da segurança jurídica (proteção à confiança) no Direito Público brasileiro e o direito da administração pública de anular seus próprios atos administrativos: o prazo decadencial do art. 54 da lei do processo administrativo da União (Lei 9.784/1999). *Revista de Direito Administrativo* – RDA, n. 237, p. 311, jul./set. 2004.

válidos pela Administração Pública estadual. 2. Lei estadual que disciplina o prazo decadencial para o exercício da autotutela pela administração pública local não ofende a competência da União Federal para legislar sobre direito civil (art. 22, I, CF/1988) ou para editar normas gerais sobre licitações e contratos (art. 22, XXVII, CF/1988). Trata-se, na verdade, de matéria inserida na competência constitucional dos estados-membros para legislar sobre direito administrativo (art. 25, § 1.º, CF/1988). 3. O dispositivo impugnado não viola os princípios constitucionais da segurança jurídica e da razoabilidade. O prazo decenal não é arbitrário e não caracteriza, por si só, instabilidade das relações jurídicas ou afronta às legítimas expectativas dos particulares na imutabilidade de situações jurídicas consolidadas com o decurso do tempo. Esse é, inclusive, o prazo prescricional geral do Código Civil (art. 205) e de desapropriação indireta (Tema 1.019, STJ), dentre outros inúmeros exemplos no ordenamento jurídico brasileiro. 4. Sem embargo, o prazo quinquenal consolidou-se como marco temporal geral nas relações entre o Poder Público e particulares (v., e.g., o art. 1.º do Decreto n.º 20.910/1932 e o art. 173 do Código Tributário Nacional), e esta Corte somente admite exceções ao princípio da isonomia quando houver fundamento razoável baseado na necessidade de remediar um desequilíbrio entre as partes. 5. Os demais estados da Federação aplicam, indistintamente, o prazo quinquenal para anulação de atos administrativos de que decorram efeitos favoráveis aos administrados, seja por previsão em lei própria ou por aplicação analógica do art. 54 da Lei n.º 9.784/1999. Não há fundamento constitucional que justifique a situação excepcional do Estado de São Paulo, impondo-se o tratamento igualitário nas relações Estado-cidadão. 6. A presente ADI foi ajuizada somente em 2018 e o art. 10, I, da Lei n.º 10.177/1998 vem sendo aplicado há décadas pela Administração Pública paulista, tendo servido de base à anulação de diversos atos administrativos. A declaração de nulidade, com efeitos *ex tunc*, do dispositivo ora impugnado acarretaria enorme insegurança jurídica no Estado de São Paulo, com potencial de (i) refazimento de milhares de atos administrativos cuja anulação já se consolidou no tempo, (ii) ampla e indesejável litigiosidade nas instâncias ordinárias e (iii) provável impacto econômico em momento de grave crise financeira que assola o país, tendo em vista que os atos anulados haviam produzido efeitos favoráveis aos administrados 7. Desse modo, impõe-se a modulação dos efeitos desta decisão (art. 27 da Lei n.º 9.868/1999), para que (i) sejam mantidas as anulações já realizadas pela Administração até a publicação da ata do julgamento de mérito desta ação direta (23.04.2021), desde que tenham observado o prazo de 10 (dez) anos; (ii) seja aplicado o prazo decadencial de 10 (dez) anos aos casos em que, em 23.04.2021, já havia transcorrido mais da metade do tempo fixado na lei declarada inconstitucional (aplicação, por analogia, do art. 2.028 do Código Civil); e (iii) para os demais atos administrativos já praticados, seja o prazo decadencial de 5 (cinco) anos contado a partir da publicação da ata do julgamento de mérito desta ação (23.04.2021). 8. Procedência do pedido, com a declaração de inconstitucionalidade do art. 10, I, da Lei n.º 10.177/1998, do Estado de São Paulo, modulando-se os efeitos na forma acima descrita" (ADI 6.019/SP, Pleno, rel. Min. Marco Aurélio, rel. p/ acórdão Min. Roberto Barroso, j. 12.05.2021, *DJe* 05.07.2021).

8 AS REGRAS ESPECÍFICAS PERTINENTES A INFRAÇÕES

De modo genérico, toda lei que prevê infrações e sanções administrativas também estabelece um prazo para o efetivo sancionamento. Assim, para exemplificar, o art. 142 da Lei 8.112/1990 prevê a extinção do direito de punir o servidor público em virtude do decurso do tempo.[4] A utilização da expressão "prescrição" não é relevante, eis que se trata de hipótese de

---

4   O dispositivo determina: "A ação disciplinar prescreverá: I – em 5 (cinco) anos, quanto às infrações puníveis com demissão, cassação de aposentadoria ou disponibilidade e destituição de cargo em comissão; II – em

914 CURSO DE DIREITO ADMINISTRATIVO • *Marçal Justen Filho*

decadência – o que não impede que a lei preveja a possibilidade de interrupção ou de suspensão do referido prazo.

Outros diplomas contemplam regras similares, a propósito de infrações e sanções pertinentes a questões específicas. Mas, mesmo no silêncio da legislação, deve-se reputar que se aplicam subsidiariamente as regras contempladas na legislação penal atinentes à prescrição. Quando determinada infração configurar-se também como crime, o prazo decadencial para a sua punição na via administrativa será o mesmo previsto para a prescrição penal. Segundo o STJ:

"III – Tratando-se de apuração de falta disciplinar que se enquadra também como ilícito penal, observa-se o prazo prescricional estabelecido na legislação penal, nos termos do estabelecido no art. 209, §§ 1.º e 2.º do Estatuto dos Servidores Públicos Civis do Estado de Pernambuco, interrompendo-se a contagem com a instauração de sindicância ou inquérito administrativo" (AgInt nos EDcl no RMS 36.312/PE, 1.ª T., rel. Min. Regina Helena Costa, j. 19.10.2021, *DJe* 21.10.2021).

9   A PRESCRIÇÃO DA AÇÃO DE TITULARIDADE DO ESTADO

A prescrição consiste na perda da pretensão, em virtude da ausência de seu exercício no prazo previsto.

9.1   A regra geral sobre os prazos prescricionais

A doutrina costuma afirmar que se aplicam às pretensões de titularidade da Administração Pública os prazos e as regras prescricionais previstos na legislação comum. Isso significaria que, na ausência de dispositivo legal específico, incidiria o disposto no art. 205 do Código Civil, que determina que "a prescrição ocorre em 10 (dez) anos, quando a lei não lhe haja fixado prazo menor". Celso Antônio Bandeira de Mello discorda dessa interpretação, afirmando que as disposições legislativas usualmente indicam o prazo de cinco anos.[5] Essa orientação se afigura como a mais adequada.

Não existe fundamento jurídico para adotar prazos distintos para a prescrição das ações versando sobre pretensões favoráveis ou contrárias à Fazenda Pública. A regra geral da prescrição das ações para pretensões contra a Fazenda Pública é de cinco anos. Idêntico prazo deve ser adotado relativamente à prescrição quando a pretensão for de titularidade do Poder Público. A existência de prazos distintos conduziria a situações iníquas.

9.2   O art. 206, § 3.º, do Código Civil

Pelas mesmas razões, rejeita-se a aplicação em favor da Fazenda Pública do art. 206, § 3.º, V, do Código Civil, que determina que "prescreve (...) em 3 (três) anos (...) a pretensão de reparação civil". O dispositivo também não se aplica no âmbito das relações entre Administração Pública e particulares porque, tal como supracitado, o prazo para a prescrição das ações de titularidade da Fazenda Pública deve ser idêntico àquele estabelecido para as ações exercitadas em face da própria Administração. Trata-se de impossibilidade de que as ações versando sobre pretensões a favor e contra a Administração Pública se sujeitem a prazos distintos. Logo e como o prazo prescricional para as ações dos particulares é de cinco anos, idêntico tratamento deve ser reservado às ações de titularidade da Administração Pública.

---

2 (dois) anos, quanto à suspensão; III – em 180 (cento e oitenta) dias quanto à advertência". Os parágrafos estabelecem importantes regras quanto à contagem do prazo.

[5]   BANDEIRA DE MELLO. *Curso de direito administrativo*, 37. ed., p. 913-914.

9.3 A exceção do art. 37, § 5.º, da CF/1988

Um tema problemático é a disciplina do art. 37, § 5.º, da CF/1988, que determina: "A lei estabelecerá os prazos de prescrição para ilícitos praticados por qualquer agente, servidor ou não, que causem prejuízos ao erário, ressalvadas as respectivas ações de ressarcimento".

9.3.1 A rejeição à tese da imprescritibilidade

A redação do dispositivo constitucional é péssima e acabou produzindo interpretação problemática. Difundiu-se a concepção de que o dispositivo teria consagrado a imprescritibilidade das pretensões de ressarcimento.

A interpretação quanto à imprescritibilidade das pretensões de ressarcimento é incompatível com a sistemática constitucional. A CF/1988 admite a prescrição relativamente à generalidade das pretensões. Mesmo no âmbito penal e em relação a crimes hediondos, é cabível a prescrição. A ausência de prescrição acarreta situação de instabilidade e incerteza. Não se pode admitir que o Estado mantenha a sua pretensão de modo eterno.[6]

9.3.2 A orientação do STF

A interpretação do art. 37, § 5.º, da CF/1988 foi levada à apreciação do STF mediante o RE 669.069, com repercussão geral (Tema 666). Foi adotado entendimento de que as ações de ressarcimento de dano decorrentes de ilícito civil subordinam-se às regras gerais de prescrição:

> "1. É prescritível a ação de reparação de danos à Fazenda Pública decorrente de ilícito civil" (RE 669.069/MG, Pleno, rel. Min. Teori Zavascki, repercussão geral – mérito, j. 03.02.2016, *DJe* 27.04.2016).

O STF, ao julgar o Tema 897 da Repercussão Geral[7], reconheceu a imprescritibilidade das pretensões de indenização por ato de improbidade fundadas na prática de ato doloso, tal como adiante reproduzido:

> "3. O texto constitucional é expresso (art. 37, § 5.º, CRFB) ao prever que a lei estabelecerá os prazos de prescrição para ilícitos na esfera cível ou penal, aqui entendidas em sentido amplo, que gerem prejuízo ao erário e sejam praticados por qualquer agente. 4. A Constituição, no mesmo dispositivo (art. 37, § 5.º, CRFB) decota de tal comando para o Legislador as ações cíveis de ressarcimento ao erário, tornando-as, assim, imprescritíveis. 5. São, portanto, imprescritíveis as ações de ressarcimento ao erário fundadas na prática de ato doloso tipificado na Lei de Improbidade Administrativa. 6. Parcial provimento do recurso extraordinário para (i) afastar a prescrição da sanção de ressarcimento e (ii) determinar que o tribunal recorrido, superada a preliminar de mérito pela imprescritibilidade das ações de ressarcimento por improbidade administrativa, aprecie o mérito apenas quanto à pretensão de ressarcimento" (RE 852.475/SP, Pleno, rel. Min. Alexandre de Moraes, rel. p/ acórdão Min. Edson Fachin, repercussão geral – mérito, j. 08.08.2018, *DJe* 22.03.2019).

---

[6]   Confira-se, ainda, CARVALHO. Reflexões acerca da prescritibilidade nas ações de ressarcimento ao erário previstas no art. 37, § 5.º, da CF/1988. *Revista de Direito Administrativo – RDA*, n. 253, p. 31-48, jan./abr. 2010.

[7]   Para um aprofundamento do tema, consulte-se a obra do autor *Reforma da Lei de Improbidade Administrativa*: Lei 14.230/2021 comparada e comentada, p. 248 *et seq.*

10   O REGIME EXTINTIVO NO ÂMBITO DOS TRIBUNAIS DE CONTAS

Ao longo do tempo, variaram os entendimentos quanto à aplicação de prescrição e de decadência relativamente às competências e aos poderes dos tribunais de contas. As controvérsias foram objeto de decisões do STF, que explicitaram as condições para a aplicação da decadência e da prescrição no âmbito dos tribunais de contas.

10.1   Ainda a distinção entre prescrição de decadência

Há decadência nas hipóteses em que o decurso do tempo produzir a extinção de poder jurídico relacionado a competências específicas do tribunal de contas. Já a prescrição refere-se à extinção de pretensão titularizada em face de outrem, exteriorizada por meio do exercício do direito de ação.

Portanto, não é cabível aludir a prescrição nas hipóteses em que o tribunal de contas exercita competências próprias, tais como o registro de aposentadorias, o julgamento de contas e a verificação da regularidade de atos e contratos administrativos. Nesses casos, o decurso do tempo pode conduzir à decadência.

Por outro lado, é apropriado cogitar da prescrição quando se tratar de extinção de pretensão de obter pagamento de um agente público ou privado, em virtude de condenação proferida pelo tribunal de contas. Por exemplo, é cabível aludir à prescrição da pretensão à cobrança de uma multa imposta em decisão do tribunal de contas.

Essas considerações evidenciam que as competências reconhecidas aos tribunais de contas comportam, em alguns casos, a decadência. Em outros casos, poderá incidir a prescrição.

10.2   O entendimento quanto ao registro de aposentadoria

A Súmula 278 do TCU consagrava orientação de que não incidiria o prazo do art. 54 da Lei 9.784/1999 entre o ato de aposentadoria e o seu registro pelo TCU:

> "Os atos de aposentadoria, reforma e pensão têm natureza jurídica de atos complexos, razão pela qual os prazos decadenciais a que se referem o § 2.º do art. 260 do Regimento Interno e o art. 54 da Lei n.º 9.784/99 começam a fluir a partir do momento em que se aperfeiçoam com a decisão do TCU que os considera legais ou ilegais, respectivamente" (Súmula 278 do TCU).

Essa orientação foi superada pela jurisprudência do STF. No RE 636.553/RS, houve decisão específica sobre a matéria. Foi fixada a tese para o Tema 445:

> "Em atenção aos princípios da segurança jurídica e da confiança legítima, os Tribunais de Contas estão sujeitos ao prazo de 5 anos para o julgamento da legalidade do ato de concessão inicial de aposentadoria, reforma ou pensão, a contar da chegada do processo à respectiva Corte de Contas" (Pleno, rel. Min. Gilmar Mendes, repercussão geral – mérito, j. 19.02.2020, *DJe* 25.05.2020).

A fundamentação adotada nesse julgado aplica-se amplamente ao exercício pelos tribunais de contas do controle de regularidade da atividade administrativa. O STF reconheceu incidir um prazo decadencial de cinco anos para exercício do poder jurídico de controle atribuído ao tribunal de contas, computado a partir do momento em que era viável o exercício da atividade administrativa pertinente. Ainda que a decisão tenha aludido especificamente à questão da aposentadoria, reforma ou pensão, a fundamentação adotada abrange outras competências similares.

10.3 O entendimento quanto ao julgamento de prestação de contas

Na ADI 5.509/CE, o STF examinou a questão do prazo para julgamento de prestações de contas pelos tribunais de contas. O Ministro Edson Fachin afirmou que:

"A atividade de controle externo equipara-se, para fins de contagem do prazo prescricional, ao poder de polícia do Estado e, como tal, nos termos do art. 1º da Lei 9.873, de 1999, Prescreve em cinco anos a ação punitiva da Administração Pública Federal (...).

Pela mesma razão, incidem as causas legais da interrupção da prescrição, conforme previsão constante do art. 2.º da referida Lei: (...). Finalmente, o termo inicial da contagem do prazo deve ser o da entrada do processo de fiscalização no âmbito do Tribunal de Contas, ou dos órgãos que, por lei, são encarregados do controle interno" (Pleno, trecho do voto do rel. Min. Edson Fachin, j. 11.11.2021, *DJe* 22.02.2022).

O Min. Gilmar Mendes consignou o entendimento de que:

"(...) o Tribunal de Contas ou o órgão de controle interno que proceda à tomada de contas especial possui o prazo de cinco anos para finalizá-la (decisão condenatória recorrível), sob pena de não poder mais fazê-lo por decurso do tempo razoável para tanto" (Pleno, trecho do voto do Min. Gilmar Mendes, j. 11.11.2021, *DJe* 22.02.2022).

10.4 O entendimento quanto às pretensões ressarcitórias

O TCU reputava que a prescrição da pretensão punitiva seria de dez anos. Nesse sentido, por exemplo, podia ser referido o seguinte julgado:

"No tocante à alegação de prescrição da pretensão punitiva, informo que, no âmbito deste Tribunal, é pacífico o entendimento, especialmente após a prolação do Acórdão 1441/2016-TCU – Plenário (Exmo. Min. Benjamin Zymler), de que o prazo prescricional da pretensão punitiva do TCU segue o prazo geral de prescrição, indicado no art. 205 do Código Civil, ou seja, de dez anos" (Acórdão 2.092/2021, Plenário, rel. Min. Vital do Rego, j. 01.09.2001).

O STF apreciou especificamente essa matéria e adotou orientação diversa. O Supremo tomou em vista a sua jurisprudência genérica sobre pretensões ressarcitórias de titularidade do Estado. No RE 669.069/MG, o STF havia adotado a seguinte tese para o Tema 666:

"A imprescritibilidade a que se refere o art. 37, § 5.º da CF diz respeito apenas a ações de ressarcimento de danos ao erário decorrentes de atos praticados por qualquer agente, servidor ou não, tipificados como ilícitos de improbidade administrativa ou como ilícitos penais" (Pleno, rel. Min. Teori Zavascki, repercussão geral – mérito, j. 03.02.2016, *DJe* 27.04.2016).

No RE 852.475/SP, o STF reiterou o entendimento e consagrou a tese adiante transcrita para o Tema 897:

"São, portanto, imprescritíveis as ações de ressarcimento ao erário fundas na prática de ato doloso tipificado na Lei de Improbidade Administrativa" (Pleno, rel. Min. Alexandre de Moraes, rel. p/ acórdão Min. Edson Fachin, j. 08.08.2018, *DJe* 22.03.2019).

De modo específico, o STF reconheceu no julgamento do RE 636.886/AL a prescritibilidade de pretensões ressarcitórias decorrentes de decisão de tribunal de contas, tal como adiante reproduzido:

"(...) 4. A pretensão de ressarcimento ao erário em face de agentes públicos reconhecida em acórdão de Tribunal de Contas prescreve na forma da Lei 6.830/1980 (Lei de Execução Fiscal). 5. (...) Fixação da seguinte tese para o Tema 899: 'É prescritível a pretensão de ressarcimento ao erário fundada em decisão de Tribunal de Contas'" (Pleno, rel. Min. Alexandre de Moraes, repercussão geral – mérito, j. 20.04.2020, *DJe* 23.06.2020).

Esse entendimento é aplicável inclusive no caso de pretensões decorrentes do exercício de competência punitiva em geral.

10.5   A Resolução do TCU 344/2022

O TCU editou a Res. 344, datada de 11.10.2022 (alterada pela Res. 367/2024), para recepcionar a jurisprudência do STF. Isso significou a revogação de atos normativos anteriores e a superação da jurisprudência até então adotada pelo Tribunal.

A Res. 344/2022 não diferenciou decadência de prescrição, tratando todos os casos como prescrição. A denominação adotada, no entanto, é irrelevante. Não é viável transformar uma hipótese de decadência em caso de prescrição. Deve-se admitir que se tratou apenas de uma escolha do TCU quanto à terminologia a ser adotada.

Foi fixada a regra geral de que a prescrição nos processos de controle externo submete-se à disciplina da Lei 9.873/1999, ressalvados os casos de exame da legalidade dos atos de admissão de pessoal ou de concessão de aposentadorias, reformas e pensões (art. 1.º).

Determinou-se que as pretensões punitiva e de ressarcimento prescrevem em cinco anos, ressalvada a hipótese de prazo distinto para condutas que configurem crime (arts. 2.º e 3.º). O termo inicial varia em vista das características da situação examinada (art. 4.º). Como regra, o prazo não é computado a partir da data da infração, mas do momento em que o TCU toma conhecimento do evento (ou daquele em que dispõe de condições de exercitar a sua competência).

A Res. 344/2022 também disciplinou a interrupção de prescrição (arts. 5.º e 6.º). Por exemplo, a convocação do interessado para participar do processo e prática de ato inequívoco de apuração do fato interrompem a prescrição. Mas esse efeito interruptivo é produzido apenas em relação aos destinatários das respectivas comunicações. A prescrição reinicia o seu curso, uma vez consumado o evento interruptivo.

Houve a previsão de eventos aptos a impedir ou a suspender o curso do prazo prescricional (art. 7.º). Por exemplo, a existência de decisão judicial impeditiva no curso do processo perante o TCU acarreta a suspensão do prazo prescricional.

A paralisação do processo no TCU por três anos acarreta a prescrição intercorrente, às quais se aplicam também as causas de interrupção, de suspensão e de impedimento do curso da prescrição (art. 8.º).

11   A PRESCRIÇÃO DA PRETENSÃO DE TITULARIDADE DA ADMINISTRAÇÃO

Inicia-se o curso do prazo prescricional da pretensão de titularidade da Administração no primeiro dia útil subsequente àquele em que o direito de ação possa ser exercitado.

11.1   O princípio da "actio nata"

Tal como determina o art. 189 do Código Civil, "Violado o direito, nasce para o titular a pretensão, a qual se extingue, pela prescrição, nos prazos a que aludem os arts. 205 e 206". A regra de que a prescrição inicia o seu curso na data em que se torna exercitável a pretensão é conhecida como princípio da "actio nata".

A regra é que não tem curso o prazo prescricional se for vedado ao sujeito exercitar o direito de ação. Mas podem existir regras específicas.

11.2 A distinção em face de controle objetivo e de controle subjetivo

A diferenciação entre controle objetivo e controle subjetivo pode resultar na diversidade do termo inicial da prescrição.

11.2.1 A distinção entre as hipóteses

Alude-se que o controle jurisdicional é "subjetivo" quando versa sobre pretensões externadas por partes que se encontram em litígio. Isso envolve a verificação de direito subjetivo das partes na sua relação direta.

Já o controle objetivo não se destina a obter tutela jurisdicional para um direito subjetivo surgido no relacionamento direto entre partes. Destina-se a verificar a validade de um ato jurídico em face da ordem jurídica. Assim se passa nos casos de ação de improbidade, de ação civil pública ou de ação popular. Em todos eles, o autor da ação não invoca o direito a uma prestação que o beneficie diretamente, mas pleiteia um provimento jurisdicional destinado a recompor a ordem jurídica, objetivamente considerada.

11.2.2 A disciplina no tocante ao controle subjetivo

Quanto ao controle subjetivo, o princípio da "actio nata" conduz a que o termo inicial da ação da própria Administração se inicia na data em que surgir a pretensão, em virtude da violação ao direito titularizado.

11.2.3 A disciplina no tocante ao controle objetivo

Relativamente ao controle objetivo, o termo inicial da ação verifica-se na data em que o terceiro, titular da legitimação ativa, tiver a possibilidade de recorrer ao Poder Judiciário.

As peculiaridades das relações administrativas não se encontram, usualmente, presentes nas relações privadas. Admite-se, por exemplo, o controle "objetivo" de validade de atos administrativos, figura inexistente nas relações privadas. Essa sistemática produz efeitos relativamente à disciplina da prescrição.

11.3 A distinta eficácia das hipóteses

Na hipótese do controle subjetivo, a prescrição envolverá a perda do direito de ação em virtude da inação do sujeito que participou da relação administrativa. Mas a prescrição da ação para controle objetivo envolve a inação de todo e qualquer sujeito legitimado para a ação.

12 O EVENTUAL DECURSO CONCOMITANTE DE PRAZOS DE NATUREZA DISTINTA

Existem situações no direito administrativo em que se verifica o curso concomitante de prazos de natureza distinta, versando sobre direitos e pretensões diversas.

Assim, é possível que uma mesma situação fática desencadeie o curso de prazo decadencial relativo a um direito específico e prazo prescricional para pretensão qualitativamente diversa.

Por exemplo, suponha-se um Termo de Ajustamento de Conduta (TAC), no qual a prestação assumida pelo particular não seja executada espontaneamente. A Administração disporá de prazo decadencial para instaurar o processo administrativo visando apurar a irregularidade e exigir o valor devido. Se o Ministério Público reputar que o próprio TAC era inválido, caberá exercitar a ação cabível no prazo prescricional. Logo, haverá em curso concomitante um prazo decadencial e um prazo prescricional. Assim se passará porque os prazos versam sobre direitos de distinta natureza.

13   A VARIAÇÃO DA DISCIPLINA NORMATIVA

Existem soluções específicas relacionadas a particularidades da relação jurídica ou da pretensão existente.

13.1   A configuração da infração como crime

Quando determinada infração configurar também crime, o prazo prescricional da ação não penal seguirá a regra da legislação penal.

13.2   Outros dispositivos específicos

Há uma pluralidade de diplomas estabelecendo prazos prescricionais determinados para temas e questões específicas. Assim se passa, por exemplo, com o art. 1.º da Lei 9.873/1999, que fixa o prazo de cinco anos para a prescrição da ação punitiva da Administração Pública, no tocante às infrações à legislação que disciplina o exercício do poder de polícia.

A Lei 12.846/2013, que dispõe sobre a responsabilização administrativa e civil de pessoas jurídicas pela prática de atos contra a administração pública, nacional ou estrangeira, fixou o prazo de cinco anos para a prescrição das medidas punitivas pertinentes às infrações nela previstas (art. 25).

A Lei 8.429/1992 (com a redação da Lei 14.230/2021), que dispõe sobre as sanções aplicáveis em virtude da prática de atos de improbidade administrativa, estabeleceu o prazo de oito anos para o exercício da pretensão pertinente.

14   A EXTINÇÃO POR PRESCRIÇÃO INTERCORRENTE

Uma figura anômala, mas que merece crescente atenção, é conhecida vulgarmente como "prescrição intercorrente" – cuja natureza jurídica se aproxima à da decadência. Envolve as hipóteses de obrigatoriedade de exaurimento de um processo administrativo prévio.

14.1   O prazo para instauração do processo administrativo

Tal como indicado, nas hipóteses de obrigatoriedade de prévio processo administrativo, admite-se a decadência antes do seu início e depois de seu encerramento.

14.2   A limitação da duração do processo administrativo

O art. 5.º, LXXVIII, da CF/1988 reconheceu direito fundamental pertinente à duração dos processos judicial e administrativo:

"a todos, no âmbito judicial e administrativo, são assegurados a razoável duração do processo e os meios que garantam a celeridade de sua tramitação".

Daí se segue a vedação ao prolongamento interminável de processos administrativos. Há um direito fundamental à sua conclusão, em prazo razoável.

Cap. 20 – O DECURSO DO TEMPO E A CONSOLIDAÇÃO DE SITUAÇÕES **921**

14.3   A chamada prescrição intercorrente

A paralisação do processo administrativo ou a demora imputável à Administração Pública acarretam a perda do direito ou do poder cujo exercício depende da conclusão do referido processo.

Em síntese, a Administração Pública dispõe de certo prazo para instaurar o processo, sob pena de perda do direito ou poder no caso concreto. Se a Administração instaura o processo dentro do prazo, mas deixa de lhe dar seguimento, a situação merece tratamento jurídico equivalente ao aplicável à ausência de instauração do processo.

Um exemplo permite compreender a situação. Imagine-se que a Administração edite ato formal de instauração de processo administrativo punitivo e o faça no último dia do prazo de cinco anos previsto para tanto. Mas suponha-se que os autos fiquem paralisados na repartição pública por outros dez anos. Um dia, alguém descobre os autos e pretende dar sequência ao processo, quinze anos depois do ato ilícito imputado ao particular e dez anos depois do início do processo administrativo. Essa situação infringe o espírito da disciplina normativa e é contrária aos valores protegidos pela ordem jurídica.

Rigorosamente, não se pode aludir à decadência, eis que o prazo decadencial não tem curso durante o período do processo administrativo. Mas a situação comporta tratamento jurídico similar, aplicando-se a chamada prescrição intercorrente ao processo administrativo, quando a demora no trâmite processual for imputável à Administração Pública.

14.4   Disciplina da prescrição intercorrente em processo administrativo

A Lei 9.873/1999 previu a prescrição intercorrente no § 1.º do art. 1.º, determinando que:

"§ 1.º Incide a prescrição no procedimento administrativo paralisado por mais de três anos, pendente de julgamento ou despacho, cujos autos serão arquivados de ofício ou mediante requerimento da parte interessada, sem prejuízo da apuração da responsabilidade funcional decorrente da paralisação, se for o caso".

14.5   A interrupção da prescrição intercorrente

A sumariedade da disciplina sobre prescrição intercorrente gera dificuldades para a identificação das causas interruptivas. Reputa-se que ocorrerá a interrupção quando ocorrerem atos processuais orientados diretamente ao prosseguimento do procedimento, tais como decisões e convocações para a manifestação do interessado.

15   A EXTINÇÃO DE DIREITOS E PODERES DO PARTICULAR

O decurso do prazo, como causa extintiva de direitos e poderes do particular, apresenta muito maior relevância no tocante à prescrição do que quanto à decadência. Assim se passa porque é usual o entendimento de que a ausência de exercício pelo particular do direito de impugnação na via administrativa não elimina o direito de ação.

15.1   A extinção por decadência

O Dec. 20.910/1932 determina, no art. 6.º: "O direito à reclamação administrativa, que não tiver prazo fixado em disposição de lei para ser formulada, prescreve em um ano a contar da data do ato ou fato do qual a mesma se originar".

Embora a referência literal à prescrição, afigura-se que se trata de hipótese de decadência, na acepção de que não se produz a extinção do direito de ação. O particular, ainda que decorrido o referido prazo, poderá exercitar o direito de ação para obter tutela jurisdicional sobre o mesmo tema.

A peculiaridade reside em que o decurso do prazo propicia o desaparecimento do direito à reclamação administrativa, sem afetar o direito ou o poder sobre o qual versaria a dita reclamação. O dispositivo não impede o exercício pelo particular do direito de petição tutelado constitucionalmente, nem se constitui em impedimento a que a Administração Pública reveja atos próprios eivados de defeito.

Sob um certo ângulo, a hipótese se assemelha àquela do mandado de segurança. O decurso do prazo de 120 dias acarreta a decadência do direito à impetração. A peculiaridade reside em que se trata de uma hipótese de decadência do exercício do direito *de ação*. Decorrido o prazo, o sujeito deixa de ser titular do direito subjetivo ao mandado de segurança, ainda que possa manter o direito subjetivo a obter do Estado uma prestação positiva ou negativa. Mas a tutela a essa pretensão deverá ser obtida pelo direito de ação comum.

15.2   A extinção por prescrição

A prescrição da pretensão *contra a Fazenda Pública*[8] se sujeita a um prazo genérico de cinco anos.

15.2.1   As regras gerais

O Dec. 20.910/1932 dispôs que as dívidas passivas dos entes federativos, bem como "todo e qualquer direito ou ação contra a Fazenda" prescrevem em cinco anos, contados da data em que verificado o fato em que se fundarem (art. 1.º).

Também se estabeleceu que, existindo direitos renováveis diária, mensal ou anualmente, a prescrição quinquenal não atinge o direito em si mesmo, mas cada prestação isoladamente – a não ser que tenha sido negado o direito de que derivam as prestações. É o caso característico de pretensões atinentes a salários, por exemplo.

O Dec.-lei 4.597/1942 também dispôs sobre a interrupção da prescrição das pretensões contra a Fazenda Pública. Lembre-se de que "a prescrição em favor da Fazenda Pública recomeça a correr, por dois anos e meio, a partir do ato interruptivo, mas não fica reduzida aquém de cinco anos, embora o titular do direito a interrompa durante a primeira metade do prazo" (Súmula 383 do STF).

"A prescrição das prestações anteriores ao período previsto em lei não ocorre, quando não tiver sido negado, antes daquele prazo, o próprio direito reclamado, ou a situação jurídica de que ele resulta" (Súmula 443 do STF).

"A ação de repetição de indébito de tarifas de água e esgoto sujeita-se ao prazo prescricional estabelecido no Código Civil" (Súmula 412 do STJ).

"Nas relações jurídicas de trato sucessivo em que a Fazenda Pública figure como devedora, quando não tiver sido negado o próprio direito reclamado, a prescrição atinge apenas as prestações vencidas antes do quinquênio anterior à propositura da ação" (Súmula 85 do STJ).

---

[8]   A fórmula verbal padece de uma evidente incorreção. O sujeito passivo do direito de ação é o Estado-jurisdição. Portanto, não existe *ação contra a Fazenda Pública*. Existe ação para obter tutela de uma pretensão contra a Fazenda Pública. Mas a fórmula verbal é difundida.

15.2.2   As regras específicas

O Dec.-lei 4.597/1942 renovou a regra geral da prescrição quinquenal para as pretensões contra a Fazenda Pública, estendendo-a explicitamente para as autarquias e "entidades e órgãos paraestatais, criados por lei e mantidos mediante impostos, taxas ou quaisquer contribuições (...)" (art. 2.º).

O art. 1.º-C da Lei 9.494/1997 editou norma específica no sentido de que "Prescreverá em cinco anos o direito de obter indenização dos danos causados por agentes de pessoas jurídicas de direito público e de pessoas jurídicas de direito privado prestadoras de serviços públicos".

15.3   A questão da desapropriação indireta

Havia orientação no sentido de que "a ação de desapropriação indireta prescreve em 20 anos" (Súmula 119 do STJ), fundada, em última análise, em que o bem imóvel somente se incorporaria ao patrimônio público mediante a indenização devida ou o decurso do prazo de usucapião.

15.3.1   A alteração do prazo da usucapião pelo Código Civil de 2002

Com o Código Civil de 2002, houve a alteração dos prazos para usucapião de bens imóveis, que se tornaram variáveis. O art. 1.238 determinou que o prazo da usucapião extraordinária (aquele que não depende de título e boa-fé) passa a ser de quinze anos e o parágrafo único previu a redução para dez anos, "se o possuidor houver estabelecido no imóvel a sua moradia habitual, ou nele realizado obras ou serviços de caráter produtivo".

A esse respeito, confira-se julgado do STJ:

> "(...) fixa-se a seguinte tese no julgamento deste recurso repetitivo: 'O prazo prescricional aplicável à desapropriação indireta, na hipótese em que o Poder Público tenha realizado obras no local ou atribuído natureza de utilidade pública ou de interesse social ao imóvel, é de 10 anos, conforme parágrafo único do art. 1.238 do CC'" (REsp 1.757.352/SC, 1.ª S., rel. Min. Herman Benjamin, j. 12.02.2020, *DJe* 07.05.2020).[9]

Em princípio, o apossamento administrativo de um bem imóvel privado por parte do Estado poderá ser reconduzido à disciplina do art. 1.238, parágrafo único, do Código Civil, sempre que o imóvel houver sido efetivamente aplicado à satisfação de necessidades coletivas.

15.4   A questão da ação de reparação de danos

O art. 206, § 3.º, V, do Código Civil fixa em três anos o prazo da prescrição da ação versando sobre pretensão de reparação civil. Essa regra não se aplica às ações que envolvam pretensão de reparação civil dirigida contra a Fazenda Pública. Assim se passa porque a regra do Código Civil é genérica. A prescrição da ação versando pretensão contra a Fazenda Pública está disciplinada de modo especial no Dec. 20.910/1932, cujo art. 1.º prevê o prazo de cinco anos.

15.4.1   A rejeição da aplicação dos prazos gerais

O argumento de que o Código Civil disciplina de modo genérico todas as ações, inclusive aquelas contra a Fazenda Pública, foi rejeitado na vigência do Código anterior. O Código de

---

[9]   No mesmo sentido, EDv no REsp 1.679.122/SC, 1.ª S., rel. Min. Assusete Magalhães, j. 12.08.2020, *DJe* 17.08.2020.

1916 estabelecia que as ações pessoais prescreviam em 20 anos. Lembre-se de que essa disposição constava do art. 177, cuja redação foi determinada pela Lei 2.437/1955. Essa regra geral em nada afetou a disciplina especial que já estava prevista no Dec. 20.910/1932.

Ou seja, consagrou-se a orientação de que prevalecia a lei anterior especial sobre prescrição em face da Fazenda Pública, a qual determinava o prazo de cinco anos para prescrição das ações. A lei posterior, que fixara o prazo de prescrição de vinte anos para as ações pessoais, foi reputada como norma geral, não apta a afetar a disciplina constante da norma especial.

15.4.2 A orientação do STJ

A questão chegou ao conhecimento do STJ, que consagrou a orientação no sentido da inaplicabilidade do Código Civil. Decidiu que se aplica o prazo prescricional de cinco anos, e não o prazo de três anos, constante do art. 206, § 3.º, V, do Código. Nesse sentido:

> "(...) 1. A Primeira Seção deste Superior Tribunal de Justiça, no julgamento do REsp 1.251.993/ PR, submetido ao rito do art. 543-C do CPC/73, pacificou o entendimento no sentido de que, nas ações de indenização contra a Fazenda Pública, o prazo prescricional é de cinco anos, nos termos do art. 1.º do Decreto 20.910/1932, em detrimento do prazo prescricional previsto no Código Civil" (AgInt no AREsp 1.686.733/RJ, 1.ª T., rel. Min. Sérgio Kukina, j. 15.03.2021, *DJe* 18.03.2021).

As orientações políticas norteadas à proteção da Fazenda Pública em face dos cidadãos não foram recepcionadas pela Constituição de 1988. A dita "Constituição Cidadã" é impregnada pelo reconhecimento e proteção aos direitos fundamentais dos cidadãos, inclusive perante o Estado. Justamente por isso, a CF/1988 – na esteira de uma longa tradição constitucional – impõe a responsabilidade objetiva da Administração Pública por ações e omissões aptas a acarretar danos a particulares. O regime da responsabilização civil da Administração Pública é muito mais severo do que o reservado para os particulares. Não há fundamento constitucional para defender o entendimento de que o prazo de prescrição da ação de responsabilização civil da Fazenda Pública seria mais exíguo do que aquele das ações de indenização em geral. Em suma, a eventual vontade do legislador de 1932 de beneficiar a Fazenda Pública em detrimento dos cidadãos não pode ser invocada depois da edição da CF/1988.

Ademais, a consagração da prescrição trienal para as dívidas da Fazenda Pública acabaria gerando efeitos desastrosos, eis que idêntico prazo teria de ser adotado para os seus créditos. Seria um despropósito a existência de prazos distintos para as dívidas e para os créditos da Fazenda, em vista do postulado da equivalência dos prazos prescricionais favoráveis e desfavoráveis a ela. Portanto, a interpretação questionada acabaria conduzindo à redução do prazo prescricional para os créditos fazendários.

REFERÊNCIAS BIBLIOGRÁFICAS

A Comparative Analysis of Regulatory Impact Assessment in Ten EU Countries: a Report Prepared for the EU Directors of Better Regulation Group. *Better Regulation*, Dublin, May, 2004. Disponível em: [www.betterregulation.ie/eng/Publications/Report_on_RIA_in_the_Eua.pdf]. Acesso em: 27 jan. 2011.

ABREU, Jorge Manuel Coutinho de. *Sobre os regulamentos administrativos e o princípio da legalidade*. Coimbra: Almedina, 1987.

ACKERMAN, Bruce. *A nova separação dos poderes*. Trad. Isabelle Maria Campos Vasconcelos e Eliana Valadares Santos. Rio de Janeiro: Lumen Juris, 2009.

AJDA. *L'Actualité Juridique Droit Administratif*, v. 51, 1995.

ALEXY, Robert. Data y los derechos humanos: mente positrónica y concepto dobletriádico de persona. In: ALEXY, Robert; GARCÍA FIGUEROA, Alfonso. *Star Trek y los derechos humanos*. Valencia: Tirant lo Blanch, 2007.

ALEXY, Robert. *Teoría de los derechos fundamentales*. Traducción de Carlos Bernal Pulido. 2. ed. Madrid: Centro de Estudios Políticos y Constitucionales, 2007.

ALMEIDA, Fernando Menezes de. Comentário ao art. 24. In: CUNHA FILHO, Alexandre Jorge Carneiro da; ISSA, Rafael Hamze; SCHWIND, Rafael Wallbach (Coord.). *Lei de Introdução às Normas do Direito Brasileiro* – anotada: Decreto-Lei n. 4.657, de 4 de setembro de 1942, v. II. São Paulo: Quartier Latin, 2019.

ALVES, Francisco Sérgio Maia; ZYMLER, Benjamin. *Processo do Tribunal de Contas da União*. Belo Horizonte: Fórum, 2023.

ALVIM, Eduardo Arruda. *Mandado de Segurança*. 3. ed. Rio de Janeiro: GZ, 2014.

ALVIM, Eduardo Arruda. *Mandado de segurança*. 4. ed. Rio de Janeiro: GZ, 2021.

AMARAL, Diogo Freitas do. *Curso de direito administrativo*, v. 2. 2. ed. Coimbra: Almedina, 2012.

AMARAL, Paulo Osternack; WATANABE, Doshin. *Manual do processo de improbidade administrativa*. Londrina: Troth, 2023.

ANDRADE, Letícia Queiroz de. *Desapropriação de bens públicos*: à luz do princípio federativo. São Paulo: Malheiros, 2006.

ARAGÃO, Alexandre Santos de. *Empresas estatais*. O regime jurídico das empresas públicas e sociedades de economia mista. De acordo com a Lei 13.303/2016 (Estatuto das Estatais). 2. ed. Rio de Janeiro: Forense, 2018.

ARAGÃO, Alexandre Santos de. Limitações administrativas e a sua excepcional indenizabilidade. In: MEDAUAR, Odete; SCHIRATO, Vitor Rhein. *Poder de polícia na atualidade:* Anuário do Centro de Estudos de Direito Administrativo, Ambiental e Urbanístico – CEDAU do ano de 2011. Belo Horizonte: Fórum, 2014.

ARAGÃO, Alexandre Santos de. *Curso de Direito Administrativo.* 2. ed. Forense: Rio de Janeiro, 2013.

ARAGÃO, Alexandre Santos de. Algumas notas críticas sobre o princípio da presunção de veracidade dos atos administrativos. *Revista de Direito Administrativo – RDA,* n. 259, p. 73-87, jan./abr. 2012.

ARAGÃO, Alexandre Santos de (Coord.). *O poder normativo das agências reguladoras.* 2. ed. rev. e ampl. Rio de Janeiro: Forense, 2011.

ARAGÃO, Alexandre Santos de. Análise de Impacto Regulatório – AIR. *Revista de Direito Público da Economia – RDPE,* ano 8, n. 32, p. 9-15, out./dez. 2010.

ARAGÃO, Alexandre Santos de. Interpretação consequencialista e análise econômica do direito público à luz dos princípios constitucionais da eficiência e da economicidade. *Interesse Público – IP,* ano 11, n. 57, p. 11-30, set./out. 2009.

ARAGÃO, Alexandre Santos de. A legitimação democrática das agências reguladoras. In: BINENBOJM, Gustavo (Coord.). *Agências reguladoras e democracia.* Rio de Janeiro: Lumen Juris, 2006.

ARAGÃO, Egas Dirceu Moniz de. Preclusão: processo civil. In: OLIVEIRA, Carlos Alberto Alvaro de (Org.). *Saneamento do processo*: estudos em homenagem ao Prof. Galeno Lacerda. Porto Alegre: Sergio Antonio Fabris, 1989.

ARAGÃO, Egas Dirceu Moniz de. Preclusão: processo civil. *Revista do Instituto dos Advogados do Paraná,* n. 21, p. 11-54, 1993.

ARANHA, Márcio Iório. O objeto do estatuto jurídico das estatais e os regimes jurídicos da empresa pública e da sociedade de economia mista. In: NORONHA, João Otávio; FRAZÃO, Ana; MESQUITA, Daniel Augusto (Coord.). *Estatuto jurídico das estatais.* Análise da Lei 13.303/2016. Belo Horizonte: Fórum, 2017.

ARAÚJO, Denise Puertas de. Conceito jurídico indeterminado e discricionariedade no controle jurisdicional de tombamentos. *Revista de Direito Administrativo Contemporâneo – ReDAC,* n. 8, p. 177-198, maio 2014.

ARAÚJO, Edmir Netto de. *Curso de direito administrativo.* 8. ed. rev. e atual. São Paulo: Saraiva, 2018.

ARENDT, Hannah. *Eichmann in Jerusalem*: a Report on the Banality of Evil. New York: Penguin, 1992.

ARENDT, Hannah. *On Violence.* San Diego; New York; London: Harcourt Brace & Company, 1970.

ARENDT, Hannah. *The Origins of Totalitarianism.* New York: Harcourt, Brace and Company.

ARENHART, Sérgio Cruz. Processos estruturais no direito brasileiro: reflexões a partir do caso da ACP do carvão. *Revista do TRF1,* v. 29, n. 1/2, jan./fev. 2017.

ARIÑO ORTIZ, Gaspar. A afetação de bens ao serviço público. O caso das redes. *Revista de Direito Administrativo – RDA,* n. 258, p. 11-25, set./dez. 2011.

ARIÑO ORTIZ, Gaspar *et al. Principios de derecho público económico*: modelo de Estado, gestión pública, regulación económica. 3. ed. ampl. Granada: Comares, 2004.

ARIÑO ORTIZ, Gaspar; LA CUÉTARA, Juan Miguel. *El nuevo servicio publico*. Madrid: Marcial Pons, 1997.

ASCARELLI, Tullio. *Problemas das sociedades anônimas e direito comparado*. 2. ed. São Paulo: Saraiva, 1945.

ATALIBA, Geraldo. *Hipótese de incidência tributária*. 6. ed. 19. tir. São Paulo: Malheiros, 2021.

ATALIBA, Geraldo. *Hipótese de incidência tributária*. 5. ed. São Paulo: Malheiros, 1992.

ATALIBA, Geraldo. Patrimônio administrativo: empresas estatais delegadas de serviço público: regime de seus bens: execução de suas dívidas. *Revista Trimestral de Direito Público – RTDP*, n. 7, p. 21-40, 1994.

ATALIBA, Geraldo. Princípios constitucionais do processo e procedimento em matéria tributária. *Revista de Direito Tributário – RDT*, v. 12, n. 46, p. 118-132, out./dez. 1988.

ATALIBA, Geraldo. Processo administrativo e judicial: concessão de liminar: depósito: mandado de segurança: prazo de decadência: inconstitucionalidade. *Revista de Direito Tributário – RDT*, v. 15, n. 58, p. 118-131, out./dez. 1991.

ATALIBA, Geraldo. Sabesp: serviço público: delegação a empresa estatal: imunidade a impostos: regime de taxas. *Revista de Direito Público – RDP*, v. 22, n. 92, p. 70-95, out./dez. 1989.

AVERCH, Harvey; JOHNSON, Leland L. *Behavior of the Firm Subject to External Regulatory Constraint*. Santa Monica: Rand Corp., 1961.

ÁVILA, Humberto. *Teoria dos princípios*: da definição à aplicação dos princípios jurídicos. 10. ed. rev. São Paulo: Malheiros, 2009.

ÁVILA, Humberto. *Teoria dos princípios*: da definição à aplicação dos princípios jurídicos. 21. ed. rev., atual. e ampl. São Paulo: Malheiros, 2022.

BACELLAR FILHO, Romeu Felipe. *Processo administrativo disciplinar*. 4. ed. São Paulo: Max Limonad, 2013.

BACELLAR FILHO, Romeu Felipe. Reflexos da constitucionalização do direito administrativo – Pessoa humana, processo e contrato administrativo. *Interesse Público – IP*, n. 81, p. 15-30, set./out. 2013.

BAETA, André Pachioni. *Regime Diferenciado de Contratações Públicas. Aplicados às Licitações e Contratos de Obras Públicas*. São Paulo: PINI, 2013.

BALDWIN, Robert; CAVE, Martin. *Understanding Regulation*: Theory, Strategy, and Practice. Oxford, NY: Oxford University Press, 1999.

BALEEIRO, Aliomar. *Direito tributário brasileiro*. 10. ed. rev. e atual. por Flávio Bauer Novelli. Rio de Janeiro: Forense, 1983.

BANDEIRA DE MELLO, Celso Antônio. Criação de secretarias municipais: inconstitucionalidade do art. 43 da Lei Orgânica dos Municípios do Estado de São Paulo. *Revista de Direito Público – RDP*, ano 4, n. 15, p. 284-288, jan./mar. 1971.

BANDEIRA DE MELLO, Celso Antônio. *Curso de direito administrativo*. 35. ed. rev. e atual. até a EC 109, de 15.03.2021 e a Lei 14.133, de 01.04.2021. São Paulo: Malheiros, 2021.

BANDEIRA DE MELLO, Celso Antônio. *Curso de direito administrativo*. 31. ed. rev. e atual. até a EC 76, de 28.11.2013. São Paulo: Malheiros, 2014.

BANDEIRA DE MELLO, Celso Antônio. *Curso de direito administrativo*. 26. ed. rev. e atual. até a EC 57, de 18.12.2008. São Paulo: Malheiros, 2008.

BANDEIRA DE MELLO, Celso Antônio. *Curso de direito administrativo*. 37. ed. Belo Horizonte: Fórum, 2024.

BANDEIRA DE MELLO, Celso Antônio. *O conteúdo jurídico do princípio da igualdade*. São Paulo: Revista dos Tribunais, 1978.

BANDEIRA DE MELLO, Celso Antônio. *O conteúdo jurídico do princípio da igualdade*. 4. ed. São Paulo: Malheiros, 2021.

BANDEIRA DE MELLO, Celso Antônio. *Natureza e regime jurídico das autarquias*. São Paulo: Revista dos Tribunais, 1968.

BARROS, Suzana de Toledo. *O princípio da proporcionalidade e o controle de constitucionalidade das leis restritivas de direitos fundamentais*. Brasília: Brasília Jurídica, 1996.

BARROSO, Luís Roberto. A dignidade da pessoa humana no direito constitucional contemporâneo: natureza jurídica, conteúdos mínimos e critérios de aplicação. *Revista Interesse Público – IP*, ano 14, n. 76, p. 29-70, nov./dez. 2012.

BARROSO, Luís Roberto. Neoconstitucionalismo e constitucionalização do direito: o triunfo tardio do direito constitucional no Brasil. *Revista Brasileira de Direito Público – RBDP*, ano 3, n. 11, p. 21-65, out./dez. 2005.

BARROSO, Luís Roberto. *O controle de constitucionalidade no direito brasileiro*: exposição sistemática da doutrina e análise crítica da jurisprudência. 5. ed. rev. e atual. São Paulo: Saraiva, 2011.

BARROSO, Luís Roberto. Princípio da legalidade: delegações legislativas: poder regulamentar: repartição constitucional das competências legislativas. *Boletim de Direito Administrativo*, v. 13, n. 1, p. 15-28, jan. 1997.

BENDA, Ernst *et al*. *Manual de derecho constitucional*. Traducción de Antonio Lopez Pina. Madrid: Marcial Pons; Instituto Vasco de Administración Publica, 1996.

BERMÚDEZ SOTO, Jorge. El principio de confianza legítima en la actuación de la administración como límite a la potestad invalidatoria. *Revista Trimestral de Direito Público – RTDP*, n. 53, p. 22-42, 2011.

BERNAL PULIDO, Carlos. *El principio de proporcionalidad y los derechos fundamentales*: el principio de proporcionalidad como criterio para determinar el contenido de los derechos fundamentales vinculante para el legislador. 3. ed. Madrid: Centro de Estudios Políticos y Constitucionales, 2007.

BETTINGER, Christian. *La gestion déléguée des services publics dans le monde*: concession ou BOT. Paris: Berger-Levrault, 1997.

BEZANÇON, Xavier. *Essai sur les contrats de travaux et de services publics*: contribution à l'histoire administrative de la délégation de mission publique. Paris: Librairie Générale de Droit et de Jurisprudence, 1999. (Bibliothèque de droit public, v. 206).

BIELSA, Rafael. *Derecho administrativo*: legislación administrativa argentina, v. 1. 4. ed. Buenos Aires: El Ateneo, 1947.

REFERÊNCIAS BIBLIOGRÁFICAS **929**

BINENBOJM, Gustavo. Poder de Polícia, Ordenação, Regulação: transformações político-jurídicas, econômicas e institucionais do direito administrativo ordenador. 3. ed. Belo Horizonte: Fórum, 2020.

BINENBOJM, Gustavo. Isenções e Descontos Tarifários de caráter assistencial em serviços públicos concedidos: requisitos de validade e eficácia. In: MOREIRA, Egon Bockmann (Coord.). *Contratos administrativos, equilíbrio econômico-financeiro e a taxa interna de retorno*. Belo Horizonte: Fórum, 2016.

BINENBOJM, Gustavo; CYRINO, André Rodrigues. Legalidade e reserva de administração: um estudo de caso no direito urbanístico. *Revista de Direito Administrativo Contemporâneo – ReDAC*, n. 4, p. 13-25, jan. 2014.

BINENBOJM, Gustavo. *Uma teoria do direito administrativo*: direitos fundamentais, democracia e constitucionalização. 3. ed. rev. ampl. Rio de Janeiro: Renovar, 2014.

BITTENCOURT, Marcus Vinícius Corrêa. *Manual de direito administrativo*. 2. ed. Belo Horizonte: Fórum, 2007.

BOBBIO, Norberto. *Dalla struttura alla funzione*: nuovi studi di teoria del diritto. Milano: Edizioni di Comunità, 1977.

BOBBIO, Norberto. *Teoria dell'Ordinamento Giuridico*. Torino: G. Giappichelli Editore, 1960.

BOBBIO, Norberto. *Teoria della Norma Giuridica*. Torino: G. Giappichelli Editore, 1958.

BONELLI, Francisco Sérgio Oto Souza. Terceirização na Administração Pública: panorama geral, responsabilidade do Estado, novas tendências e possíveis soluções. *Revista de Direito Administrativo Contemporâneo – ReDAC*, n. 5, p. 153-176, fev. 2014.

BORNHOLDT, Rodrigo Meyer. Conceitos jurídicos indeterminados, discricionariedade e metódica estruturante – Um estudo à luz da distribuição dos *royalties* do petróleo. *Interesse Público – IP*, n. 81, p. 101-128, set./out. 2013.

BRITTO, Carlos Ayres. O regime constitucional dos Tribunais de Contas. In: FIGUEIREDO, Carlos Maurício; NÓBREGA, Marcos (Org.). *Administração Pública*: direito administrativo, financeiro e gestão pública: prática, inovações e polêmicas. São Paulo: Revista dos Tribunais, 2002.

BUCCI, Maria Paula Dallari. *Direito administrativo e políticas públicas*. São Paulo: Saraiva, 2002.

BUECHELE, Paulo Armínio Tavares. *O princípio da proporcionalidade e a interpretação da Constituição*. Rio de Janeiro: Renovar, 1999.

BUENO, Cassio Scarpinella. *A Nova Lei do Mandado de Segurança*. 2. ed. São Paulo: Saraiva, 2013.

CABRAL, Antonio do Passo; MENDONÇA, José Vicente Santos de (Coord.). *Decisão Administrativa Coordenada*: reflexões sobre os arts. 49-A e seguintes da Lei n. 9.784/99. Salvador: JusPodivm, 2022.

CABRAL, Antonio do Passo. *Segurança jurídica e regras de transição nos processos judicial e administrativo*: introdução ao art. 23 da LINDB. 2. ed. Salvador: JusPodivm, 2021.

CABRAL, Antonio do Passo; ZANETI JUNIOR, Hermes. Entidades de infraestrutura específica para a resolução de conflitos coletivos: as *claims resolution facilities* e sua aplicabilidade no Brasil. *Revista de Processo*, v. 287, p. 445-483, jan. 2019.

CABRAL, Flávio Garcia. *O conteúdo jurídico da eficiência administrativa*. 2. ed. Belo Horizonte: Fórum, 2024.

CAHALI, Yussef Said. *Responsabilidade civil do Estado*. 3. ed. ampl. rev. e atual. São Paulo: Malheiros, 2007.

CAJARVILLE PELUFFO, Juan Pablo. Garantías constitucionales del procedimiento administrativo en los países del Mercosur: principios del procedimiento administrativo de los órganos del Mercosur. *Actualidad en el Derecho Público – AeDP*, v. 8, p. 32 *et seq.*, 1998.

CÂMARA, Jacintho Arruda. O lucro nas empresas estatais. *Revista Brasileira de Direito Público – RBDP*, ano 10, n. 37, p. 9-18, abr./jun. 2012.

CÂMARA, Jacintho Arruda. Natureza jurídica dos contratos de franquia postal e o monopólio. *Revista de Contratos Públicos – RCP*, n. 4, p. 109-121, set. 2013/fev. 2014.

CAMBI, Eduardo; BATISTA, Morena Gabriela C. S. P. Foro por prerrogativa de função nas ações civis públicas por improbidade administrativa. *Revista de Processo – REPRO*, n. 233, p. 215-237, jul. 2014.

CAMMAROSANO, Márcio; PEREIRA, Flávio Henrique Unes. Improbidade administrativa e a jurisprudência do STJ: o esvaziamento do dolo nos arts. 9º e 11, e a inconstitucionalidade da culpa no art. 10 da Lei 8.429/1992. *Revista de Direito Administrativo Contemporâneo – ReDAC*, n. 5, p. 137-149, fev. 2014.

CAMPOS, Francisco. Lei e regulamento: matéria reservada à competência do Poder Legislativo: limites do Poder Regulamentar: direitos e garantias individuais. *Revista Forense*, n. 146, p. 69-77, abr./jun. 1949. Parecer.

CANOTILHO, José Joaquim Gomes. *Direito constitucional e teoria da Constituição*. 7. ed. Coimbra: Almedina, 2003.

CANOTILHO, José Joaquim Gomes. *Direito constitucional*. 6. ed. rev. Coimbra: Almedina, 1993.

CANOTILHO, José Joaquim Gomes; MOREIRA, Vital. *Fundamentos da Constituição*. Coimbra: Coimbra Ed., 1991.

CARVALHO, Antônio Roberto Winter de. Reflexões acerca da prescritibilidade nas ações de ressarcimento ao erário previstas no art. 37, § 5.º, da Constituição. *Revista de Direito Administrativo – RDA*, n. 253, p. 31-48, jan./abr. 2010.

CARVALHO, Paulo de Barros. Decadência e prescrição. In: MARTINS, Ives Gandra da Silva (Coord.). *Direito Tributário. Artigos selecionados em homenagem aos 40 anos do Centro de Extensão Universitária*, v. 1. São Paulo: Ed. RT, 2012.

CARVALHO FILHO, José dos Santos. *Manual de direito administrativo*. 34. ed. São Paulo: Atlas, 2020.

CARVALHO FILHO, José dos Santos. *Manual de direito administrativo*. 38. ed. Barueri: Atlas, 2024.

CASSAGNE, Juan Carlos. De nuevo sobre los principios generales del derecho en el derecho administrativo. In: MARIENHOFF, Miguel S.; ABERASTURY, Pedro *et al. El derecho administrativo argentino hoy*. Buenos Aires: Ciencias de la Administración, 1996.

CASSAGNE, Juan Carlos. En torno al derecho administrativo sancionador y la aplicabilidad de los principios del derecho penal. In: MEDAUAR, Odete; SCHIRATO, Vitor Rhein. *Poder de polícia na atualidade*: Anuário do Centro de Estudos de Direito Administrativo, Ambiental e Urbanístico – CEDAU do ano de 2011. Belo Horizonte: Fórum, 2014.

CASSESE, Sabino. *Le basi del diritto amministrativo*. Torino: Einaudi, 1989.

CASSESE, Sabino. Lo "Stato pluriclasse" in Massimo Severo Giannini. In: CASSESE, Sabino; CARCATERRA, Gaetano; D'ALBERTI, Marco; BIXIO, Andrea (Coord.). *L'Unità del Diritto – Massimo Severo Giannini e la teoria giuridica*. Bologna: Il Mulino, 1994.

CASTRO, Rodrigo Pironti Aguirre de; LOVATO, Rafael Porto. Breves considerações e análise de caso sobre o *project finance* como instrumento facilitador de parcerias público-privadas. *Revista de Direito Administrativo Contemporâneo – ReDAC*, n. 6, p. 113-143, mar. 2014.

CAVALCANTI, Amaro. *Responsabilidade civil do Estado*, v. 2. Nova ed. atual. por José de Aguiar Dias. Rio de Janeiro: Borsoi, 1956.

CHAPUS, René. *Droit administratif general*, t. I. 15. ed. Paris: Montchrestien, 1999.

CHEVALLIER, Jacques. *O Estado pós-moderno*. Trad. Marçal Justen Filho. Belo Horizonte: Fórum, 2009.

CLÈVE, Clèmerson Merlin. *Atividade legislativa do Poder Executivo*. 2. ed. rev., atual. e ampl. São Paulo: Revista dos Tribunais, 2000.

CLÈVE, Clèmerson Merlin (Coord.). *Direito constitucional brasileiro*: Organização do Estado e dos Poderes, v. 2. 2. ed. rev., atual. e ampl. São Paulo: Thomson Reuters Brasil, 2021.

CLÈVE, Clèmerson Merlin. *Atividade legislativa do Poder Executivo*. 4. ed. rev. e atual. São Paulo: Thomson Reuters Brasil, 2020.

CLÈVE, Clèmerson Merlin. *A fiscalização abstrata da constitucionalidade no direito brasileiro*. 2. ed. rev., atual. e ampl. 2. tir. São Paulo: Revista dos Tribunais, 2000.

CLÈVE, Clèmerson Merlin; FRANZONI, Júlia Ávila. Administração Pública e a nova Lei de Acesso à Informação. *Interesse Público – IP*, Belo Horizonte: Fórum, 79, p. 15-40, maio/jun. 2013.

CLÈVE, Clèmerson Merlin; FRANZONI, Júlia Ávila. Responsabilidade Civil do Estado por atos jurisdicionais. *A & C – Revista de Direito Administrativo e Constitucional*, ano 12, n. 47, p. 107-125, jan./mar. 2012.

COMPARATO, Fábio Konder. *Essai d'analyse dualiste de l'obligation en droit privé*. Paris: Dalloz, 1964.

COMPARATO, Fábio Konder; SALOMÃO FILHO, Calixto. *O poder de controle na sociedade anônima*. 4. ed. Rio de Janeiro: Forense, 2005.

COMPARATO, Fábio Konder; SALOMÃO FILHO, Calixto. *O poder de controle na sociedade anônima*. 6. ed. Rio de Janeiro: Forense, 2013.

CORREIA, José Manuel Sérvulo. *Legalidade e autonomia contratual nos contratos administrativos*. Coimbra: Almedina, 1987.

CRAIG, Paul P. *Administrative Law*. 6th ed. London: Sweet & Maxwell, 2008.

CUÉLLAR, Leila; PINHO, Clóvis Alberto Bertolini de. Reflexões sobre a Lei Federal nº 12.846/2013 (Lei Anticorrupção). *Revista de Direito Público da Economia – RDPE*, n. 46, p. 131-170, abr./jun. 2014.

CUÉTARA MARTÍNEZ, Juan Miguel de la. Las tarifas de telecomunicaciones. In: Anuario de la Facultad de Derecho de la Universidade Autónoma de Madrid 3 (1999). *Privatización y liberación de servicios*. Madrid: Imprenta Nacional del Boletín Oficial del Estado, 1999.

DAL POZZO, Augusto Neves; FACCHINATTO, Renan Marcondes. Modificação nos regimes jurídicos das Parcerias Público-Privadas e do setor educacional – Fomento aos investimentos e redução de riscos para a iniciativa privada. *Revista Brasileira de Infraestrutura – RBINF*, n. 4, p. 259-274, jul./dez. 2013.

DALLARI, Adilson Abreu. *Aspectos jurídicos da licitação*. 7. ed. atual. de acordo com as leis 11.079/2004 e 11.107/2005. São Paulo: Saraiva, 2006.

DALLARI, Adilson Abreu. Contrato Interadministrativo: inexigibilidade de licitação. *Gênesis – Revista de Direito Administrativo Aplicado*, n. 8, p. 160-168, jan./mar. 1996.

DALLARI, Adilson Abreu. Empresa estatal prestadora de serviços públicos – Natureza Jurídica – Repercussões Tributárias. *Revista de Direito Público – RDP*, n. 94, p. 94-108, abr./jun. 1990.

DALLARI, Adilson Abreu. Iniciativa privada e serviços públicos. Separata da: *Revista de Direito Público – RDP*, n. 98, abr./jun. 1991.

DALLARI, Adilson Abreu. Licitação – Consórcio – Construção e Exploração de Usina Elétrica. *Revista Trimestral de Direito Público – RTDP*, n. 10, p. 67-77, 1995.

DALLARI, Adilson Abreu. Terceirização de serviços na Administração Pública. *Revista de Direito Administrativo Contemporâneo – ReDAC*, n. 3, p. 317-330, nov./dez. 2013.

DEBBASCH, Charles. *Droit administratif*. 6e éd. Paris: Economica, 2002.

DIDIER JUNIOR, Fredie; ZANETI JUNIOR, Hermes. *Curso de direito processual civil*, v. 4, 17. ed. Salvador: JusPodivm, 2015.

DIONISIO, Pedro de Hollanda. *O Direito ao erro do administrador público no Brasil*. Rio de Janeiro: Editora GZ, 2020.

DI PIETRO, Maria Sylvia Zanella. *Direito administrativo*. 33. ed. Rio de Janeiro: Forense, 2021.

DI PIETRO, Maria Sylvia Zanella. *Direito administrativo*. 37. ed. Rio de Janeiro: Forense, 2024.

DI PIETRO, Maria Sylvia Zanella. *Parcerias na Administração Pública*: concessão, permissão, franquia, terceirização, parceria público-privada e outras formas. 12. ed. Rio de Janeiro: Forense, 2019.

DI PIETRO, Maria Sylvia Zanella. Processo administrativo: garantia do administrado. *Revista de Direito Tributário – RDT*, v. 15, n. 58, p. 113-118, out./dez. 1991.

DIAS, Eduardo Rocha. *Sanções administrativas aplicáveis a licitantes e contratados*. São Paulo: Dialética, 1997.

DIAS, José de Aguiar. *Da responsabilidade civil*, v. 2. 9. ed. Rio de Janeiro: Forense, 1994.

DINAMARCO, Cândido Rangel. *Instituições de direito processual civil*. Fundamentos e institutos fundamentais do direito processual civil: jurisdição e competência: organização judiciária: Ministério Público: advogado: serviços auxiliares da Justiça, v. 1. 7. ed. rev. São Paulo: Malheiros, 2013.

DU MARAIS, Bertrand. *Droit public de la régulation économique*. Paris: Presses de Sciences Po; Dalloz, 2004.

DUPUIS, Georges; GUÉDON, Marie-José; CHRÉTIEN, Patrice. *Droit administratif*. 11e éd. Paris: Dalloz, 2009.

DUTRA, Pedro Paulo de Almeida. *Controle de empresas estatais*: uma proposta de mudança. São Paulo: Saraiva, 1991.

DWORKIN, Ronald. *Domínio da vida*: aborto, eutanásia e liberdades individuais. Trad. Jefferson Luiz Camargo. São Paulo: Martins Fontes, 2003.

DWORKIN, Ronald. *Law's Empire*. Cambridge, MA: Belknap Press, 1986.

DWORKIN, Ronald. *Taking Rights Seriously*. Cambridge, MA: Harvard University Press, 1977.

EBERLEIN, Burkard. *Regulating Public Utilities in Europe*: Mapping the Problem. San Domenico, Italy: European University Institute; Robert Schuman Centre, 1998. (EUI Working Papers, n. 98/42).

ELLIS, Evelyn. *The Principle of Proportionality in the Laws of Europe*. Oxford; Portland, OR: Hart Publishing, 1999.

EMERENCIANO, Adelmo da Silva. *Procedimentos fiscalizatórios e a defesa do contribuinte*. 2. ed. Campinas: Copola, 2000.

EMILIOU, Nicholas. *The Principle of Proportionality in European Law*: a Comparative Study. London; Cambridge, MA: Kluwer Law International, 1996.

ESCOLA, Héctor Jorge. *El interés publico como fundamento del derecho administrativo*. Buenos Aires: Depalma, 1989.

ESTEVES, Júlio César dos Santos. *Responsabilidade civil do Estado por ato legislativo*. Belo Horizonte: Del Rey, 2003.

FAGUNDES, Miguel Seabra. Licitação: Formalidades – Evitação da discricionariedade no julgamento. *Revista de Direito Público – RDP*, v. 19, n. 78, p. 78-79, abr./jun. 1986.

FALCON, Giandomenico. La tutela giurisdizionale. In: CHITI, Mario P.; GRECO, Guido (Diretto da). *Trattato di diritto amministrativo europeo*, parte geral, t. 1. Milano: Giuffrè, 1997.

FARACO, Alexandre Ditzel. *Regulação e direito concorrencial*: as telecomunicações. São Paulo: Livraria Paulista, 2003.

FAZZALARI, Elio. *Istituzioni di diritto processuale*. Padova: CEDAM, 1996.

FERRARESE, Maria Rosaria. *Diritto e mercato*: il caso degli Stati Uniti. Torino: G. Giappichelli, 1992.

FERRAZ, Luciano. Termos de Ajustamento de Gestão (TAG): do sonho à realidade. *Revista Brasileira de Direito Público – RBDP*, ano 8, n. 31, p. 43-50, out./dez. 2010.

FERRAZ, Sérgio; DALLARI, Adilson Abreu. *Processo administrativo*. 3. ed. rev. e ampl. São Paulo: Malheiros, 2012.

FERRAZ, Sérgio; DALLARI, Adilson Abreu. *Processo administrativo*. 4. ed. São Paulo: Malheiros, 2020.

FERRAZ JUNIOR, Tercio Sampaio. Interesse público. *Revista do Ministério Público do Trabalho da 2.ª Região*, n. 1, p. 10 et seq., 1995.

FERREIRA, Daniel. *Sanções administrativas*. São Paulo: Malheiros, 2001.

FIGUEIREDO, Carlos Maurício; NÓBREGA, Marcos (Org.). *Administração Pública*: direito administrativo, financeiro e gestão pública: prática, inovações e polêmicas. São Paulo: Revista dos Tribunais, 2002.

FIGUEIREDO, Lúcia Valle. *Curso de direito administrativo*. 9. ed. rev. ampl. e atual. até a EC 56/2007. São Paulo: Malheiros, 2008.

FIGUEIREDO, Lúcia Valle. Devido processo legal e fundamentação das decisões. *Revista de Direito Tributário – RDT*, n. 63, p. 211-216, 1993.

FIGUEIREDO, Lúcia Valle. *Extinção dos contratos administrativos*. 3. ed. rev. ampl. e atual. São Paulo: Malheiros, 2002.

FIGUEIREDO, Lúcia Valle. Processo administrativo e judicial: o devido processo legal. *Revista de Direito Tributário – RDT*, v. 15, n. 58, p. 109-113, out./dez. 1991.

FIGUEIREDO, Lúcia Valle. *Probidade administrativa*: comentários à Lei 8.429/1992 e legislação complementar. 5. ed. atual. e ampl. São Paulo: Malheiros, 2004.

FIGUEIREDO, Lúcia Valle; FERRAZ, Sérgio. *Dispensa e inexigibilidade de licitação*. 3. ed. rev. ampl. e atual. de acordo com a CF/1988 e as Leis 8.666/1993 e 8.883/1994. São Paulo: Malheiros, 1994.

FORGIONI, Paula A. *A evolução do direito comercial brasileiro*: da mercancia ao mercado. São Paulo: Revista dos Tribunais, 2009.

FORGIONI, Paula A. PPPs e participação minoritária do Estado-acionista: o direito societário e sua instrumentalidade para o direito administrativo. *Revista de Direito Público da Economia – RDPE*, n. 16, p. 177-182, out./dez. 2006.

FORTIN, Yvonne. Administrations centrales et gestion des systèmes contractuels: les cas de la Finlande, de la France, de la Norvège, du Royaume-Uni et de la Suède. In: FORTIN, Yvonne (Dir.). *La contractualisation dans le secteur public des pays industrialisés depuis 1980*. Paris; Montréal: L'Harmattan, 1999.

FORTIN, Yvonne. Introduction. In: FORTIN, Yvonne (Dir.). *La contractualisation dans le secteur public des pays industrialisés depuis 1980*. Paris; Montréal: L'Harmattan, 1999.

FRANÇA, Vladimir da Rocha. Considerações sobre a nomeação, a posse e o exercício em cargo público na Lei 8.112/1990. *Revista de Direito Administrativo Contemporâneo – ReDAC*, n. 3, p. 111-130, nov. 2013.

FREITAS, Juarez. *Discricionariedade administrativa e o direito fundamental à boa Administração Pública*. São Paulo: Malheiros, 2007.

FREITAS, Juarez. O regime constitucional dos bens das sociedades de economia mista e das empresas públicas. *Interesse Público – IP*, ano 12, n. 64, p. 15-28, nov./dez. 2010.

FREITAS, Juarez. Repensando a natureza da relação jurídico-administrativa e os limites principiológicos à anulação dos atos administrativos. In: FREITAS, Juarez. *Estudos de direito administrativo*. 2. ed. São Paulo: Malheiros, 1997.

FREITAS, Juarez. Sustentabilidade dos contratos administrativos. *A & C – Revista de Direito Administrativo e Constitucional*, ano 13, n. 52, p. 43, abr./jun. 2013.

FREITAS, Juarez. Direito administrativo e inteligência artificial. *Revista de Interesse Público – IP*, ano 21, n. 114, p. 15-29, mar./abr. 2019.

FURTADO, Lucas Rocha. *Curso de direito administrativo*. 4. ed. rev. e atual. Belo Horizonte: Fórum, 2013.

GABARDO, Emerson. *Princípio constitucional da eficiência administrativa*. São Paulo: Dialética, 2002.

GABARDO, Emerson. A aplicação dos princípios de direito penal no direito administrativo: breve estudo jurisprudencial a partir do princípio da insignificância. *Fórum Administrativo – FA*, ano 12, n. 134, p. 9-17, abr. 2012.

GALDI, João Manoel; ABREU, Carolina Soares Vahia. ADI 2.135 e harmonização constitucional. *JOTA Informativo*. Disponível em: https://www.jota.info/artigos/adi-2-135-e-harmonizacao-constitucional. Acesso em: 30 out. 2024.

GALGANO, Francesco. *Lex mercatoria*: storia del diritto commerciale. 3. ed. nuova edizione accresciuta. Bologna: Il Mulino, 1993.

GARCÍA, J. José Pernas. El uso estratégico de la contratación pública como apoyo a las políticas ambientales. *Revista Trimestral de Direito Público – RTDP*, n. 59, p. 5-28, 2013.

GARCÍA DE ENTERRÍA, Eduardo; FERNÁNDEZ, Tomás-Ramón. *Curso de derecho administrativo*, v. 1. 3. ed. Madrid: Civitas, 1980.

GARCÍA FIGUEROA, Alfonso. Estos son los viajes de la nave interestelar Enterprise. In: ALEXY, Robert; GARCÍA FIGUEROA, Alfonso. *Star Trek y los derechos humanos*. Valencia: Tirant lo Blanch, 2007.

GASPARINI, Diogenes. *Direito administrativo*. 17. ed. atual. por Fabrício Motta. São Paulo: Saraiva, 2012.

GIANNINI, Achile Donato. *Istituzioni di diritto tributario*. Nuova rist. della 9a ed. con un'appendice sul Nuovo Sistema Tributario. A cura di Enzo Pace. Milano: A. Giuffrè, 1974.

GIANNINI, Massimo Severo. *Diritto amministrativo*, v. 1 e 2. 3. ed. Milano: A. Giuffrè, 1993.

GIANNINI, Massimo Severo. *Diritto amministrativo*, v. 2. Milano: A. Giuffrè, 1970.

GOANE, René Mario. Estado, bien común e interés público. In: MARIENHOFF, Miguel S.; ABERASTURY, Pedro *et al*. *El derecho administrativo argentino hoy*. Buenos Aires: Ciencias de la Administración, 1996.

GOMES, Orlando. *Direitos reais*. 21. ed. rev. e atual. por Luiz Edson Fachin. Rio de Janeiro: Forense, 2012.

GONÇALVES, Fernanda Bernardo. O processo legislativo na Constituição brasileira de 1988. In: CLÈVE, Clèmerson Merlin. *Direito constitucional brasileiro*. (Organização do Estado e dos Poderes), v. II. São Paulo: Revista dos Tribunais, 2014.

GORDILLO, Augustín A. *Tratado de derecho administrativo*: parte general, t. I. 4. ed. actual. con la Convención Interamericana Contra la Corrupción. Buenos Aires: Fundación de Derecho Administrativo, 1997.

GORDILLO, Augustín A. *Tratado de derecho administrativo*: parte general, t. II. Buenos Aires: Macchi, 1991.

GORDILLO, Augustín A. *Princípios gerais de direito público*. Trad. Marco Aurélio Greco. São Paulo: Revista dos Tribunais, 1977.

GORDILLO, Augustín A. La garantía de defensa como principio de eficacia en el procedimiento administrativo. *Revista de Direito Público – RDP*, v. 3, n. 10, p. 16-24, out./dez. 1969.

GRAU, Eros Roberto. *A ordem econômica na Constituição de 1988*: interpretação e crítica. 19. ed. rev. e atual. São Paulo: Malheiros, 2018.

GRAU, Eros Roberto. Concessão de direito real de uso: concessão, permissão e autorização de serviço público e empresas estatais prestadoras de serviço público. *Revista Trimestral de Direito Público – RTDP*, n. 5, p. 75-97, 1994.

GRAU, Eros Roberto. Contrato de concessão: propriedade de bens públicos, encerramento do contrato e o artigo 884 do Código Civil. *Revista de Direito Administrativo – RDA*, n. 261, p. 33-46, set./dez. 2012.

GRAU, Eros Roberto. *Ensaio e discurso sobre a interpretação/aplicação do direito*. São Paulo: Malheiros, 2002.

GRAU, Eros Roberto. *O direito posto e o direito pressuposto*. 6. ed. São Paulo: Malheiros, 2005.

GRAU, Eros Roberto. O discurso neoliberal e a teoria da regulação. In: CAMARGO, Ricardo Antônio Lucas (Org.). *Desenvolvimento econômico e intervenção do Estado na ordem constitucional*: estudos jurídicos em homenagem ao Professor Washington Peluso Albino de Souza. Porto Alegre: Sergio Antonio Fabris, 1995.

GRAU, Eros Roberto. Permissões de transporte coletivo rodoviário. *Revista de Direito Público – RDP*, v. 19, n. 77, p. 104-109, jan./mar. 1986.

GRECCO, Carlos Manuel. Ensayo preliminar sobre los denominados intereses difusos o colectivos y su protección judicial. In: GRECCO, Carlos Manuel; MUÑOZ, Guillermo Andrés. *Fragmentos y testimonios del derecho administrativo*. Buenos Aires: Ad-Hoc, 1999.

GRECCO, Carlos Manuel; MUÑOZ, Guillermo Andrés. *Fragmentos y testimonios del derecho administrativo*. Buenos Aires: Ad-Hoc, 1999.

GRP – GRUPO DE ESTUDOS DAS RELAÇÕES ENTRE ESTADO E EMPRESA PRIVADA DA FGV DIREITO SP. *Nomeação de dirigentes das agências reguladoras*: um estudo descritivo. Disponível em: https://direitosp.fgv.br/produtos-pesquisa/5027. Acesso em: 5 nov. 2024.

GUASQUE, Luiz Fabião. Nulidade e anulabilidade do ato administrativo e seus efeitos. *Revista de Direito Público – RDP*, v. 25, n. 99, p. 142-146, jul./set. 1991.

GUERRA, Sérgio. *Controle judicial dos atos regulatórios*. Rio de Janeiro: Lumen Juris, 2005.

GUIDI, Silvio Felipe. Reintegração ao cargo público – Aspectos relevantes e orientação jurisprudencial. *Revista de Direito Administrativo Contemporâneo – ReDAC*, n. 4, p. 45-61, jan. 2014.

GUIMARÃES, Bernardo Strobel. Fundamentos para indenização dos lucros cessantes em caso de extinção de contratos administrativos por interesse da Administração Pública. *Revista de Contratos Públicos – RCP*, ano 3, n. 4, p. 9-29, set. 2013/fev. 2014.

GUIMARÃES, Fernando Vernalha. Aspectos jurídicos da licitação na parceria público-privada. *Revista de Contratos Públicos – RCP*, n. 3, p. 73-97, mar./ago. 2013.

GUIMARÃES, Fernando Vernalha. *Concessão de serviço público*. São Paulo: Saraiva, 2012.

GUIMARÃES, Fernando Vernalha. O conceito de norma geral e a regra do valor mínimo às parcerias público-privadas (inciso I do § 4.º do art. 2.º da Lei 11.079/2004). *Revista Eletrônica de Direito Administrativo – REDAE*, Salvador, Instituto Brasileiro de Direito Público, n. 18, maio/jul. 2009. Disponível em: [www.direitodoestado.com]. Acesso em: 2 fev. 2012.

GUIMARÃES, Fernando Vernalha. *Parceria público-privada*. São Paulo: Saraiva, 2012.

GUIMARÃES, Fernando Vernalha. *Parceria público-privada*. 2. ed. São Paulo: Saraiva, 2013.

GUIMARÃES, Fernando Vernalha. Procedimento de Manifestação de Interesse (PMI). *Revista Zênite – Informativo de licitações e Contratos – ILC*, n. 246, p. 749-752, ago. 2014.

HABERMAS, Jürgen. *Facticidad y validez*: sobre el derecho y el Estado Democrático de Derecho en términos de teoría del discurso. 3. ed. Traducción de Manuel Jiménez Redondo. Madrid: Trotta, 2001.

HART, Herbert Lionel Adolphus. *O conceito de direito*. Trad. A. Ribeiro Mendes. Lisboa: Fundação Calouste Gulbenkian, 1986.

JARDIM, Torquato. PASEP, PIS e concessionária de serviço público. *Revista Trimestral de Direito Público – RTDP*, n. 10, p. 103-114, 1995.

JORDÃO, Eduardo Ferreira. Controle judicial de uma administração pública complexa. São Paulo: Malheiros, 2016.

JORDÃO, Eduardo Ferreira. *Estudos Antirromânticos sobre Controle da Administração Pública*, São Paulo: JusPodivm, 2022.

JUSTEN, Mônica Spezia. *A noção de serviço público no direito europeu*. São Paulo: Dialética, 2003.

JUSTEN FILHO, Marçal. *Reforma da Lei de Improbidade Administrativa comparada e comentada:* Lei 14.230/2021. Rio de Janeiro: Forense, 2022.

JUSTEN FILHO, Marçal. *Introdução ao Estudo do Direito*. 2. ed. Rio de Janeiro: Forense, 2021.

JUSTEN FILHO, Marçal. *Comentários à Lei de Licitações e Contratações Administrativas*: Lei 14.133/2021. São Paulo: Thomson Reuters Brasil, 2021.

JUSTEN FILHO, Marçal. *Comentários à Lei de Licitações e Contratações Administrativas*: Lei 14.133/2021. 2. ed. São Paulo: Thomson Reuters Brasil, 2023.

JUSTEN FILHO, Marçal. *Comentários à Lei de Licitações e Contratos Administrativos*. 18. ed. São Paulo: Revista dos Tribunais, 2019.

JUSTEN FILHO, Marçal. Art. 20 da LINDB: Dever de transparência, concretude e proporcionalidade nas decisões públicas. *Revista de Direito Administrativo – RDA*, Edição Especial: Direito Público na Lei de Introdução às Normas do Direito Brasil – LINDB (Lei n.º 13.655/2018), p. 13-41, nov. 2018.

JUSTEN FILHO, Marçal. O direito administrativo do espetáculo. In: ARAGÃO, Alexandre dos Santos de; MARQUES NETO, Floriano de Azevedo (Org.). *Direito administrativo e seus novos paradigmas*. 2. ed. Belo Horizonte: Fórum, 2017, p. 57-79.

JUSTEN FILHO, Marçal. Serviços de Interesse Econômico Geral no Brasil: Os Invasores. In: WALD; Arnoldo; JUSTEN FILHO, Marçal; PEREIRA, Cesar A. Guimarães (Org.). *O Direito Administrativo na atualidade*. Estudos em homenagem ao centenário de Hely Lopes Meirelles. São Paulo: Malheiros, 2017.

JUSTEN FILHO, Marçal. A Lei 13.303/2016, a criação das empresas estatais e a participação minoritária em empresas privadas. In: JUSTEN FILHO, Marçal (Org.). *Estatuto Jurídico das Empresas Estatais*. São Paulo: Revista dos Tribunais, 2016.

JUSTEN FILHO, Marçal. Cobrança de tarifa pela prestação dos serviços públicos de saneamento básico. In: MARQUES NETO, Floriano de Azevedo; ALMEIDA, Fernando Dias Menezes; NOHARA, Irene Patrícia; MAHARA, Thiago (Coord.). *Direito e Administração Pública*: estudos em homenagem a Maria Sylvia Zanella Di Pietro. São Paulo: Atlas, 2013.

JUSTEN FILHO, Marçal. Administração Pública e arbitragem: o vínculo com a Câmara de Arbitragem e os árbitros. *Revista Brasileira da Advocacia*, n. 1, p. 103-150, abr./jun. 2016.

JUSTEN FILHO, Marçal. A proposta legislativa de criação de consórcios públicos. Curitiba, fev. 2005. *Parecer*. Disponível em: [www.planalto.gov.br/ccivil_03/revista/Rev_72/pareceres/consorcio_MarcalJustenFilho.pdf]. Acesso em: 19 dez. 2014.

JUSTEN FILHO, Marçal. A remoção para proteção à saúde do servidor público: comentário ao acórdão do MS 14.329/DF do STJ. *Revista de Direito Administrativo Contemporâneo – ReDAC*, n. 6, p. 53-69, mar. 2014.

JUSTEN FILHO, Marçal. Ainda a questão dos direitos do candidato aprovado em concurso: a decisão do STJ no AgRg no RMS 38.117/BA. *Revista de Direito Administrativo Contemporâneo – ReDAC*, n. 5, p. 53-94, fev. 2014.

JUSTEN FILHO, Marçal. O regime jurídico dos operadores de terminais portuários no direito brasileiro. *Revista de Direito Público da Economia – RDPE*, ano 4, n. 16, p. 77-124, out./dez. 2006.

JUSTEN FILHO, Marçal. Ampla defesa e conhecimento de arguições de inconstitucionalidade e ilegalidade no processo administrativo. *Revista Dialética de Direito Tributário*, n. 25, p. 68-79, out. 1997.

JUSTEN FILHO, Marçal. Cobrança de tarifa pela prestação dos serviços públicos de saneamento básico. In: MARQUES NETO, Floriano de Azevedo; ALMEIDA, Fernando Dias Menezes; NOHARA, Irene Patrícia e MAHARA, Thiago (Coord.). *Direito e Administração Pública*: estudos em homenagem a Maria Sylvia Zanella Di Pietro. São Paulo: Atlas, 2013.

JUSTEN FILHO, Marçal. *Comentários ao RDC (Lei 12.462/11 e Decreto 7.581/11)*. São Paulo: Dialética, 2013.

JUSTEN FILHO, Marçal. *Pregão*: comentários à legislação do pregão comum e eletrônico. 6. ed. São Paulo: Dialética, 2013.

JUSTEN FILHO, Marçal. A exploração econômica de bens públicos: cessão do direito à denominação. *Revista de Direito Público da Economia – RDPE*, ano 8, n. 30, p. 175-198, abr./jun. 2010.

JUSTEN FILHO, Marçal. *O Estatuto da Microempresa e as Licitações Públicas*. 2. ed. rev. e atual. de acordo com a LC 123/2006 e o Dec. 6.024/2007. São Paulo: Dialética, 2007.

JUSTEN FILHO, Marçal. *Teoria geral das concessões de serviço público*. São Paulo: Dialética, 2003.

JUSTEN FILHO, Marçal. *O direito das agências reguladoras independentes*. São Paulo: Dialética, 2002.

JUSTEN FILHO, Marçal. *Comentários à Lei de Licitações e Contratos Administrativos*. Rio de Janeiro: AIDE, 1993.

JUSTEN FILHO, Marçal. *Sujeição passiva tributária*. Belém: Cejup, 1986.

JUSTEN FILHO, Marçal; MARQUES NETO, Floriano de Azevedo.; BINENBOJM, Gustavo; JORDÃO, Eduardo; MOREIRA, Egon Bockmann. O STJ na encruzilhada: há ou não segurança jurídica nas concessões brasileiras? *Consultor Jurídico – Conjur*, matéria veiculada em 04.11.2020. Disponível em: https://www.conjur.com.br/2020-nov-04/opiniao-ou-nao-seguranca-juridica-concessoes-brasileiras. Acesso em: 30 out. 2024.

JUSTEN FILHO, Marçal; JORDÃO, Eduardo Ferreira. A contratação administrativa destinada ao fomento de atividades privadas de interesse coletivo. *Revista Brasileira de Direito Público – RBDP*, ano 9, n. 34, p. 47-72, jul./set. 2011.

JUSTEN FILHO, Marçal; SCHWIND, Rafael Wallbach (Coord.). *Parcerias público-privadas: reflexões sobre os 10 anos da Lei 11.079/2004*. São Paulo: Revista dos Tribunais, 2015.

JUSTEN FILHO, Marçal; SCHWIND, Rafael Wallbach (Coord.). *Parcerias público-privadas: reflexões sobre a Lei 11.079/2004*. 2. ed. São Paulo: Revista dos Tribunais, 2022.

JUSTEN NETO, Marçal. *Assessing Regulatory Strategies to Implement Social Tariffs in the British Energy Market*. 2009. Dissertação – London School of Economics and Political Science, Londres, 2009.

KANT, Immanuel. *Crítica da razão pura*. Trad. Manuela Pinto dos Santos e Alexandre Fradique Morujão. 3. ed. Lisboa: Fundação Calouste Gulbenkian, 1994.

KELSEN, Hans. *Teoria pura do direito*. Trad. João Baptista Machado. 3. ed. Coimbra: A. Amado, 1974.

KLEIN, Aline Lícia. A delegação do exercício de poder de polícia a entidades privadas. In: DI PIETRO (Coord.). *Tratado de direito administrativo*: funções administrativas do Estado, v. 4, 3. ed. São Paulo: Thomson Reuters Brasil, 2022.

KLEIN, Aline Lícia. *Exercício de atividades de polícia administrativa por entidades privadas*. Tese de doutorado. Faculdade de Direito da Universidade de São Paulo – USP, São Paulo, 2014.

KOVAR, Robert; SIMON, Denys (Dir.). *Service public et Communauté Européenne*: entre l'intérêt général et le marché: actes du Colloque de Strasbourg 17-19 octobre 1996, 2 v. Paris: La Documentation Française, 1998.

LACERDA, Caroline Maria Vieira. *Os impactos da Lei de Introdução às Normas do Direito Brasileiro nas Ações de Improbidade Administrativa*. Belo Horizonte: Fórum, 2022.

LA SPINA, Antonio; MAJONE, Giandomenico. *Lo stato regolatore*. Bologna: Il Mulino, 2000.

LAUBADÈRE, André de; MODERNE, Franck; DELVOLVÉ, Pierre. *Traité des contrats administratifs*, t. I. 2e éd. Paris: Librairie Générale de Droit et de Jurisprudence, 1983.

LAUBADÈRE, André de; VENEZIA, Jean-Claude; GAUDEMET, Yves. *Traité de droit administratif*. Paris: Librairie Générale de Droit et de Jurisprudence, 1999. (Droit administratif général, t. I).

LAZZARA, Paolo. *Autorità indipendenti e discrezionalità*. Padova: CEDAM, 2001.

LEBRETON, Gilles. Ordre public et dignité de la personne humaine: un problème de frontière. In: REDOR, Marie-Joëlle (Dir.). *L'ordre public*: order public ou ordres publics? Ordre public et droits fondamentaux. Actes du Colloque de Caen des jeudi 11 et vendredi 12 mai 2000. Bruxelles: Bruylant, 2001.

LENZ, Carlos Eduardo Thompson Flores. Constitucionalidade do art. 172 da Lei nº 8.112/90: aspectos do processo administrativo disciplinar. *Fórum Administrativo – FA*, ano 11, n. 122, p. 22-27, abr. 2011.

LENZ, Carlos Eduardo Thompson Flores. Limites à revogação do ato administrativo. *Revista de Direito Público da Economia – RDPE*, n. 39, p. 53-65, jul./set. 2012.

LENZ, Carlos Eduardo Thompson Flores. *Superfreakonomics*: o lado oculto do dia a dia. Trad. Afonso Celso da Cunha Serra. Rio de Janeiro: Elsevier; Campus, 2010.

LIMA, Ruy Cirne. *Princípios de direito administrativo*. 7. ed. rev. e reelab. por Paulo Alberto Pasqualini. São Paulo: Malheiros, 2007.

LOUREIRO, Caio de Souza. Apontamentos sobre a licitação para contratação de parcerias público-privadas. *Revista de Contratos Públicos – RCP*, n. 3, p. 9-46, mar./ago. 2013.

MACCORMICK, Neil; WEINBERGER, Ota. *Il diritto come istituzione*. A cura di Massimo La Torre. Milano: A. Giuffrè, 1990.

MACHADO, Hugo de Brito. *Curso de direito tributário*. 34. ed. São Paulo: Malheiros, 2013.

MAIA FILHO, Napoleão Nunes. *Breves estudos sobre a ação de improbidade administrativa: a justa causa e outros temas relevantes de direito sancionador*. Fortaleza: Imprece, 2014.

MAIA FILHO, Napoleão Nunes. *Breves estudos tópicos de direito sancionador*. Fortaleza: Imprece, 2011.

MAITRA, Amit. *Wireless Spectrum Management*: Policies, Practices, and Conditioning Factors (Telecom Engineering). New York: McGraw-Hill, 2004.

MAJONE, Giandomenico. As transformações do Estado Regulador. *Revista de Direito Administrativo – RDA*, v. 262, p. 11-43, jan./abr. 2013.

MAJONE, Giandomenico. *La Communauté Européenne*: un État régulateur. Paris: Montchrestien, 1996.

MÂNICA, Fernando Borges; MENEGAT, Fernando. A natureza jurídica do contrato de gestão com as Organizações Sociais e suas repercussões no sistema de controle pelos Tribunais de Contas. *Revista de Contratos Públicos – RCP*, n. 3, p. 47-72, mar./ago. 2013.

MARQUES NETO, Floriano de Azevedo. *A Concessão como Instituto do Direito Administrativo*. Tese apresentada ao concurso para provimento de cargo de Professor Titular da Faculdade de Direito da Universidade de São Paulo – USP, 2013.

MARQUES NETO, Floriano de Azevedo. Art. 23 da LINDB – o equilíbrio entre mudança e previsibilidade na hermenêutica jurídica. *Revista de Direito Administrativo – RDA*, p. 93-112, nov. 2018.

MARQUES NETO, Floriano de Azevedo. A servidão administrativa como mecanismo de fomento de empreendimentos de interesse público. *Revista de Direito Administrativo – RDA*, n. 254, p. 109-136, 2010.

MARQUES NETO, Floriano de Azevedo. *Bens públicos*: função social e exploração econômica: o regime jurídico das utilidades públicas. Belo Horizonte: Fórum, 2009.

MARQUES NETO, Floriano de Azevedo. Os grandes desafios do controle da Administração Pública. *Fórum de Contratação e Gestão Pública – FCGP*, ano 9, n. 100, p. 7-30, abr. 2010.

MARQUES NETO, Floriano de Azevedo; COSCIONE, Milene. A reversibilidade dos bens no setor de telecomunicações de acordo com os precedentes da Anatel. *Revista de Direito Administrativo Contemporâneo – ReDAC*, n. 10, p. 41-59, jul./2014.

MARQUES NETO, Floriano de Azevedo; CUNHA, Carlos Eduardo Bergamini. Serviços sociais autônomos. *Revista de Direito Administrativo – RDA*, n. 263, p. 135-174, maio/ ago. 2013.

MARQUES NETO, Floriano de Azevedo; CYMBALISTA, Tatiana Matiello. Os acordos substitutivos do procedimento sancionatório e da sanção. *Revista Brasileira de Direito Público – RBDP*, ano 8, n. 31, p. 51-68, out./dez. 2010.

MARQUES NETO, Floriano de Azevedo; FREITAS, Rafael Véras de; DOURADO, Guilherme Afonso. A coordenação administrativa: essa desconhecida. *Revista de Direito Público da Economia – RDPE*, ano 21, n. 82, p. 111-145, abr./jun. 2023.

MARQUES NETO, Floriano de Azevedo; LOUREIRO, Caio de Souza. Direito adquirido e alterações urbanísticas supervenientes. *Revista de Direito Administrativo Contemporâneo – ReDAC*, n. 8, p. 33-52, maio 2014.

MARQUES NETO, Floriano de Azevedo; ZAGO, Marina Fontão. Utilização das faixas de domínio por concessionária de rodovias federais. *Fórum de Contratação e Gestão Pública – FCGP*, ano 10, n. 111, p. 7-24, mar. 2011.

MARQUES NETO, Floriano de Azevedo; ZAGO, Marina Fontão. Decadência da autotutela administrativa: a proteção do ato administrativo e de seus efeitos jurídicos. *Revista de Direito Administrativo – RDA*, v. 281, n. 3, p. 117-142, set./dez. 2022.

MARRARA, Thiago. A atividade de planejamento na Administração Pública: o papel e o conteúdo das normas previstas no anteprojeto da Nova Lei de Organização Administrativa. *Revista Brasileira de Direito Público – RBDP*, ano 9, n. 34, p. 9-45, jul./ set. 2011.

MARTINS JÚNIOR, Wallace Paiva. A discricionariedade administrativa à luz do princípio da eficiência. *Revista dos Tribunais – RT*, v. 789, p. 62-89, jul. 2001.

MARTINS JÚNIOR, Wallace Paiva. *Transparência administrativa*: publicidade, motivação e participação popular. 2. ed. São Paulo: Saraiva, 2010.

MAURER, Hartmut. *Direito administrativo geral*. Trad. Luís Afonso Heck. Barueri: Manole, 2006.

MAURER, Hartmut. *Elementos de direito administrativo alemão*. Trad. Luís Afonso Heck. Porto Alegre: Sergio Antonio Fabris, 2001.

MAZZUOLI, Valerio. ALVES, Waldir. *Acumulação de cargos públicos: uma questão de aplicação da Constituição*. São Paulo: Revista dos Tribunais, 2013.

MEDAUAR, Odete. *Direito administrativo moderno*. 20. ed. rev. atual. e ampl. São Paulo: Revista dos Tribunais, 2016.

MEDAUAR, Odete. *A processualidade no direito administrativo*. 2. ed. rev. atual. e ampl. São Paulo: Revista dos Tribunais, 2008.

MEDAUAR, Odete; OLIVEIRA, Gustavo Justino de. *Consórcios públicos*: comentários à Lei 11.107/2005. São Paulo: Revista dos Tribunais, 2006.

MEIRELLES, Hely Lopes. *Direito administrativo brasileiro*. 42. ed. atual. até a EC 90, de 15.09.2015, por José Emmanuel Burle Filho e Carla Rosado Burle. São Paulo: Malheiros, 2016.

MEIRELLES, Hely Lopes. *Direito administrativo brasileiro*. 39. ed. atual. até a EC 71, de 29.11.2012, por Délcio Balestero Aleixo e José Emmanuel Burle Filho. São Paulo: Malheiros, 2013.

MEIRELLES, Hely Lopes. *Direito municipal brasileiro*. 17. ed. atual. por Adilson Abreu Dallari (Coord.). São Paulo: Malheiros, 2013.

MEIRELLES, Hely Lopes. *Licitação e contrato administrativo*. 15. ed. atual. por José Emmanuel Burle Filho, Carla Rosado Burle e Luís Fernando Pereira Franchini. São Paulo: Malheiros, 2010.

MEIRELLES, Hely Lopes. *Estudos e pareceres de direito público*, v. 9. São Paulo: Revista dos Tribunais, 1983.

MELO, José Eduardo Soares de. Processo administrativo tributário: nulidades. *Cadernos de Direito Tributário e Finanças Públicas*, v. 1, n. 4, p. 122-126, jul./set. 1993.

MELLO, Rafael Munhoz de. *Princípios constitucionais de direito administrativo sancionador*: as sanções administrativas à luz da Constituição Federal de 1988. São Paulo: Malheiros, 2007.

MENDES, Gilmar. Aspectos constitucionais do regime jurídico das empresas estatais. In: NORONHA, João Otávio; FRAZÃO, Ana; MESQUITA, Daniel Augusto (Coord.). *Estatuto jurídico das estatais*. Análise da Lei 13.303/2016. Belo Horizonte: Fórum, 2017.

MENDONÇA, José Vicente Santos de. A verdadeira mudança de paradigmas do direito administrativo brasileiro: do estilo tradicional ao novo estilo. *Revista de Direito Administrativo – RDA*, v. 265, p. 179-198, jan./abr. 2014.

MENDONÇA, José Vicente Santos de. *Direito Constitucional Econômico*: a intervenção do Estado na economia à luz da razão pública e do pragmatismo. Belo Horizonte: Fórum, 2014.

MENDONÇA, José Vicente Santos de; PRISCO, Alex Vasconcelos. PPSA, a estatal endógena do pré-sal – Cinco controvérsias e um quadro geral. *Revista de Direito Público da Economia – RDPE*, ano 10, n. 39, p. 99-123, jul./set. 2012.

MENEGAT, Fernando. *Direito administrativo e processo estrutural* – técnicas processuais para o controle de casos complexos envolvendo a Administração Pública. Rio de Janeiro: Lumen Juris, 2023.

MESSINEO, Francesco. Contratto plurilaterale. In: CALASSO, Francesco (Coord.). *Enciclopedia del Diritto*, v. X (Contr-Cor), Varese: A. Giuffrè, 1962.

MIGUEL, Luiz Felipe Hadlich. Limites à delegação do poder de polícia. In: MEDAUAR, Odete; SCHIRATO, Vitor Rhein. *Poder de polícia na atualidade:* Anuário do Centro de Estudos de Direito Administrativo, Ambiental e Urbanístico – CEDAU do ano de 2011. Belo Horizonte: Fórum, 2014.

MIRAGEM, Bruno Nubens Barbosa. *Direito civil:* responsabilidade civil. São Paulo: Saraiva, 2015.

MIRANDA, Jorge. *Manual de direito constitucional,* v. 6. Coimbra: Coimbra Ed., 2003. (Inconstitucionalidade e garantia da Constituição).

MITIDIERI, Marcos D'Avino. As organizações sociais violam a Constituição Federal? *Revista de Direito Administrativo Contemporâneo – ReDAC*, n. 1, p. 285-305, jul./ago. 2013.

MODERNE, Franck; MARCOU, Gérard (Dir.). *L'idée de service public dans le droit des États de l'Union Européenne.* Paris; Montréal: L'Harmattan, 2001.

MODERNE, Franck. *Sanctions administratives et justice constitutionnelle:* contribution à l'étude du jus puniendi de l'État dans les démocraties contemporaines. Paris: Economica, 1993.

MODESTO, Paulo. Agências executivas: a organização administrativa entre o casuísmo e a padronização. *Revista Diálogo Jurídico,* ano 1, n. 6, set./2001. Disponível em: [www.direitopublico.com.br/pdf_6/DIALOGO-JURIDICO-06-SETEMBRO-2001-PAULO-MODESTO.pdf]. Acesso em: 12 dez. 2013.

MODESTO, Paulo. O direito administrativo do terceiro setor: a aplicação do direito público às entidades privadas sem fins lucrativos. *Revista Brasileira de Direito Público – RBDP,* ano 9, n. 33, p. 9-33, abr./jun. 2011.

MONTEIRO, Vera. *Concessão.* São Paulo: Malheiros; Sociedade Brasileira de Direito Público, 2010.

MORAES, Alexandre de. *Constituição do Brasil interpretada e legislação constitucional.* 8. ed. atual. até a EC 67/10. São Paulo: Atlas, 2011.

MORAES, Alexandre de. Princípio da eficiência e controle jurisdicional dos atos administrativos discricionários. *Revista de Direito Administrativo – RDA*, n. 243, p. 13-28, 2006.

MORAES, Bernardo Ribeiro de. *Doutrina e prática das taxas.* São Paulo: Revista dos Tribunais, 1976.

MORAIS, Carlos Blanco de. *Justiça constitucional.* Garantia da constituição e controlo de constitucionalidade, v. 1. Coimbra: Coimbra Ed., 2002.

MOREAU, Jacques. *Droit administratif.* Paris: Presses Universitaires de France, 1989.

MOREIRA, Eduardo Ribeiro. O novo aproveitamento do mandado de injunção. *Revista de Direito Constitucional e Internacional – RDCI*, n. 60, p. 82-93, jul./set. 2007.

MOREIRA, Egon Bockmann. *Processo Administrativo.* Princípios Constitucionais, a Lei 9.784/1999 e o Código de Processo Civil/2015. 5. ed. São Paulo: Malheiros, 2017.

MOREIRA, Egon Bockmann. *Processo Administrativo: Princípios Constitucionais e a Lei nº 9.784/1999 (com especial atenção à LINDB).* 6. ed. Belo Horizonte: Fórum, 2022.

MOREIRA, Egon Bockmann. *Licitação pública: a Lei Geral de Licitações – LGL e o Regime Diferenciado de Contratações – RDC.* São Paulo: Malheiros, 2012.

MOREIRA, Egon Bockmann. *Direito das concessões de serviço público*: inteligência da Lei 8.987/1995: parte geral. São Paulo: Malheiros, 2010.

MOREIRA, Egon Bockmann. *Processo administrativo*: princípios constitucionais e a Lei 9.784/1999. 4. ed. São Paulo: Malheiros, 2010.

MOREIRA, Egon Bockmann; BAGATIN, Andreia Cristina; ARENHART, Sérgio Cruz; FERRARO, Marcella Pereira. *Comentários à Lei de Ação Civil Pública.* Revisitada, artigo por artigo, à luz do Novo CPC e Temas Atuais. São Paulo: Thomson Reuters Brasil, 2016.

MOREIRA, Egon Bockmann; BAGATIN, Andreia Cristina; ARENHART, Sérgio Cruz; FERRARO, Marcella Pereira. *Comentários à Lei de Ação Civil Pública.* Comentada e atualizada, artigo por artigo, à luz da jurisprudência e da doutrina. 2. ed. São Paulo: Thomson Reuters Brasil, 2019.

MOREIRA, Egon Bockmann; BAGATIN, Andreia Cristina; ARENHART, Sérgio Cruz; FERRARO, Marcella Pereira. *Comentários à Lei de Ação Civil Pública.* Revisitada, artigo por artigo, à luz do Novo CPC e temas atuais. 3. ed. São Paulo: Thomson Reuters Brasil, 2024.

MOREIRA, Egon Bockmann; GRUPENMACHER, BetinaTreiger; KANAYAMA, Rodrigo Luís e AGOTTANI, Diogo Zelak. *Precatórios*: o seu novo regime jurídico. A visão do direito financeiro integrada ao direito tributário e ao direito econômico. São Paulo: Revista dos Tribunais, 2017.

MOREIRA, Egon Bockmann; GRUPENMACHER, BetinaTreiger; KANAYAMA, Rodrigo Luís e AGOTTANI, Diogo Zelak. *Precatórios*: o seu novo regime jurídico. A visão do direito financeiro integrada ao direito tributário e ao direito econômico. 4. ed. São Paulo: Revista dos Tribunais, 2022.

MOREIRA, Egon Bockmann; GUIMARÃES, Fernando Vernalha. Agências administrativas, poder regulamentar e o Sistema Financeiro Nacional. *Revista de Direito Administrativo – RDA*, n. 218, p. 93-112, out./dez. 1999.

MOREIRA, Egon Bockmann; PALMA, Juliana Bonacorsi de. Os desafios de leniência na Era da Complexidade administrativa. *Revista de Direito Público da Economia – RDPE*, n. 82, p. 75-110, abr./jun. 2023.

MOREIRA, Vital. *Auto-regulação profissional e Administração Pública.* Coimbra: Almedina, 1997.

MOREIRA NETO, Diogo de Figueiredo. *Curso de direito administrativo*: parte introdutória, parte geral, parte especial. 16. ed. Rio de Janeiro: Forense, 2014.

MOREIRA NETO, Diogo de Figueiredo. Para a compreensão do direito pós-moderno. *Revista de Direito Público da Economia – RDPE*, n. 44, p. 67-86, out./dez. 2013.

MOTTA, Carlos Pinto Coelho. *Eficácia nas licitações e contratos*: comentários, doutrina e jurisprudência. 12. ed. Belo Horizonte: Del Rey, 2011.

MOTTA, Fabrício (Coord.). *Concurso público e Constituição*. Belo Horizonte: Fórum, 2005.

MÜLLER, Friedrich. *Quem é o povo?* A questão fundamental da democracia. Trad. Peter Naumann. São Paulo: Max Limonad, 1998.

NASCIMENTO, Carlos Valder do; JUSTEN FILHO, Marçal. *Emenda dos precatórios*: fundamentos de sua inconstitucionalidade. Belo Horizonte: Fórum, 2010.

NESTER, Alexandre Wagner. A evolução do conceito jurídico de autorização na doutrina brasileira. In: WALD; JUSTEN FILHO; PEREIRA (Org.). *O Direito Administrativo na atualidade*. Estudos em homenagem ao centenário de Hely Lopes Meirelles. São Paulo: Malheiros, 2017.

NESTER, Alexandre Wagner. *Regulação e concorrência*: compartilhamento de infraestruturas e redes. São Paulo: Dialética, 2006.

NIETO, Alejandro. *Derecho administrativo sancionador*. 2. ed. Madrid: Tecnos, 2000.

NOVAIS, Jorge Reis. *As restrições aos direitos fundamentais não expressamente autorizadas pela Constituição*. Coimbra: Coimbra Ed., 2003.

NÓBREGA, Marcos (Org.). *Um olhar além do óbvio* – temas avançados de licitações e contratos na Lei 14.133/21 e outros assuntos. 2. ed. São Paulo: JusPodivm, 2024.

NUSDEO, Ana Maria de Oliveira. Agências reguladoras e concorrência. In: SUNDFELD, Carlos Ari (Coord.). *Direito administrativo econômico*. São Paulo: Malheiros; Sociedade Brasileira de Direito Público, 2000.

NUSDEO, Ana Maria de Oliveira. *Defesa da concorrência e globalização econômica*: o controle da concentração de empresas. São Paulo: Malheiros, 2002.

OLBERTZ, Karlin. *Operação urbana consorciada*. Belo Horizonte: Fórum, 2011.

OLIVEIRA, Fernando Andrade de. *Limitações administrativas à propriedade privada imobiliária*. Rio de Janeiro: Forense, 1982.

OLIVEIRA, Gustavo Justino de. *Contrato de gestão*. São Paulo: Revista dos Tribunais, 2008.

OLIVEIRA, Rafael Carvalho Rezende. *Curso de direito administrativo*. 12. ed. Rio de Janeiro: Método, 2024.

OLIVEIRA, Rafael Carvalho Rezende; HALPERN, Erick. A repactuação nos contratos administrativos: regime jurídico atual e análise econômica do direito. *Revista Brasileira de Direito Público – RBDP*, n. 69, p. 33-55, abr./jun. 2020.

OLIVEIRA, Regis Fernandes de. Processo administrativo e judicial: processo e procedimento como garantia do cidadão. *Revista de Direito Tributário – RDT*, v. 15, n. 58, p. 105-108, out./dez. 1991.

ORGANISATION FOR ECONOMIC CO-OPERATION AND DEVELOPMENT (OECD). *The OECD Report on Regulatory Reform*. Thematic Studies, v. 2. Paris: OECD, 1997.

ORGANIZAÇÃO DE COOPERAÇÃO E DESENVOLVIMENTO ECONÔMICO (OCDE). *Relatório sobre a reforma regulatória*: Brasil: fortalecendo a governança para o crescimento. Brasília: OECD; Casa Civil da Presidência da República, 2008.

OSÓRIO, Fábio Medina. *Direito administrativo sancionador*. 8. ed. São Paulo: Ed. RT, 2022.

OSÓRIO, Fábio Medina. *Teoria da improbidade administrativa*: má gestão pública, corrupção, ineficiência. 5. ed. rev. e atual. São Paulo: Ed. RT, 2020.

PAIVA, Clarissa Teixeira. Contratação de serviços advocatícios sem licitação: para além da natureza singular e da notória especialização. *Revista Brasileira de Direito Público – RBDP*, n. 48, p. 187-204, jan./mar. 2015.

PAXTON, Robert Owen. *A anatomia do fascismo*. Trad. Patrícia Zimbres e Paula Zimbres. São Paulo: Paz e Terra, 2007.

PEREIRA, Cesar A. Guimarães; SCHWIND, Rafael Wallbach. Autossaneamento (self-cleaning) e reabilitação no direito brasileiro anticorrupção. *Revista de Direito Administrativo Contemporâneo – ReDAC*, n. 20, p. 13-34, set./out. 2015.

PEREIRA, Cesar A. Guimarães. *Usuários de serviços públicos*: usuários, consumidores e os aspectos econômicos dos serviços públicos. 2. ed. rev. e atual. São Paulo: Saraiva, 2008.

PEREIRA, Flávio Henrique Unes. *Sanções disciplinares*: o alcance do controle jurisdicional. Belo Horizonte: Fórum, 2007.

PEREIRA JUNIOR, Jessé Torres. *Comentários à Lei das Licitações e Contratações da Administração Pública*. 8. ed. rev. atual. e ampl. de acordo com as EC de 06/95 e 19/1998, com a LC 101/2000, com o Código Civil de 2002, com a LC 123/2006, com as Leis de 9.648/1998, 9.854/1999, 10.259/2001, 10.438/2002, 10.520/2002, 10.973/2004, 11.077/2004, 11.079/2004, 11.107/2005, 11.196/2005, 11.445/2007, 11.481, 11.763/2008, 11.783/2008 e 11.908/2009, e com a MedProv 458/2009, bem como seus respectivos decretos de regulamentação, quanto ao pregão. Rio de Janeiro: Renovar, 2009.

PEREIRA JUNIOR, Jessé Torres. Discricionariedade na contratação administrativa de serviços advocatícios com inexigibilidade de licitação – Comentários ao REsp 1.192.332/RS. *Revista de Direito Administrativo Contemporâneo – ReDAC*, n. 5, p. 77-96, jan. 2014.

PEREIRA JUNIOR, Jessé Torres. *Usuários de serviços públicos*: usuários, consumidores e os aspectos econômicos dos serviços públicos. 2. ed. rev. e atual. São Paulo: Saraiva, 2008.

PHILIPPE, Xavier. *Le contrôle de proportionnalité dans les jurisprudences constitutionnelle et administrative françaises*. Paris: Economica; Presses Universitaires d'Aix-Marseille, 1990.

PIMENTEL, Annamaria. Processo administrativo e judicial: concessão de liminar: depósito ou caução. *Revista de Direito Tributário – RDT*, v. 15, n. 58, p. 101-105, out./dez. 1991.

PINTO JUNIOR. *Empresa Estatal*. Função econômica e dilemas societários. São Paulo: Atlas, 2010, p. 350 e ss.

POMBO, Rodrigo Goulart de Freitas. *Contratos públicos na Lei de Inovação*: transferência de tecnologia, acordo de parceria e encomenda tecnológica. Rio de Janeiro: Lumen Juris, 2020.

PONTES DE MIRANDA, Francisco Cavalcanti. *Comentários ao Código de Processo Civil, t. 1: arts. 1.º a 45*. Rio de Janeiro: Forense, 1974.

PONTES DE MIRANDA, Francisco Cavalcanti. *Tratado de direito privado: Pessoas físicas e jurídicas*, t. 1. Atual. por Judith Martins-Costa, Gustavo Haical, Jorge Cesa Ferreira da Silva. São Paulo: Ed. RT, 2012.

PONTES DE MIRANDA, Francisco Cavalcanti. *Tratado de direito privado: Eficácia jurídica. Determinações inexas e anexas. Direitos. Pretensões. Ações*, t. 5. Atual. por Marcos Ehrhardt Jr., Marcos Bernardes de Mello. São Paulo: Ed. RT, 2013.

PONTES DE MIRANDA, Francisco Cavalcanti. *Tratado de direito privado: Direito das coisas. Posse*, t. 10. Atual. por Luiz Edson Fachin. São Paulo: Ed. RT, 2012.

PORTO NETO, Benedicto Pereira. *Concessão de serviço público no regime da Lei n. 8.987/95*: conceitos e princípios. São Paulo: Malheiros, 1998.

RAMALHO, Pedro Ivo Sebba (Org.). *Regulação e agências reguladoras*: governança e análise de impacto regulatório. Brasília: Anvisa, 2009.

RAMÓN-REAL, Alberto. Fundamentación del acto administrativo. *Revista de Direito Público – RDP*, v. 15, n. 62, p. 5-20, abr./jun. 1982.

RAMOS, André de Carvalho; GASTRUMP, Erik Frederico. *Comentários à Lei de Introdução às Normas do Direito Brasileiro – LINDB*. 2. ed. São Paulo: Saraiva Educação, 2023.

REALE, Miguel. *Filosofia do direito*. 8. ed. São Paulo: Saraiva, 1978.

REALE, Miguel. Permissão de serviço municipal de transporte coletivo urbano. *Revista dos Tribunais – RT*, v. 77, n. 631, p. 7-13, maio 1988.

REDOR, Marie-Joëlle (Dir.). *L'ordre public*: order public ou ordres publics?: ordre public et droits fondamentaux. Actes du Colloque de Caen des jeudi 11 et vendredi 12 mai 2000. Bruxelles: Bruylant, 2001.

REICH, Wilhelm. *Psicologia de massas do fascismo*. Trad. Maria da Graça M. Macedo. 3. ed. São Paulo: Martins Fontes, 2001.

REISDORFER, Guilherme Fredherico Dias. Apontamentos sobre a responsabilidade civil dos concessionários de serviços públicos. *Interesse Público – IP*, ano 13, n. 68, p. 143-167, jul./ago. 2011.

REISDORFER, Guilherme F. Dias. *Diálogo competitivo*: o regime da Lei nº 14.133/21 e sua aplicação às licitações de contratos de concessão e parcerias público-privadas. Belo Horizonte: Fórum, 2022.

REY, Alain. Le Petit Robert. *Dictionnaire de la langue française*. Paris: Havas Interactive, 2003. CD-ROM.

RIBEIRO, Carlos Vinícius Alves. Conceitos jurídicos indeterminados e atribuição de competência discricionária. *Revista de Direito Administrativo Contemporâneo – ReDAC*, n. 2, p. 15-27, set./out. 2013.

RIVERO, Jean; WALINE, Jean. *Droit administratif*. 19e éd. Paris: Dalloz, 2002.

ROCHA, Francisco Lobello de Oliveira. Procedimentos autorizatórios e silêncio da Administração Pública. In: MEDAUAR, Odete; SCHIRATO, Vitor Rhein. *Poder de polícia na atualidade*: Anuário do Centro de Estudos de Direito Administrativo, Ambiental e Urbanístico – CEDAU do ano de 2011. Belo Horizonte: Fórum, 2014.

ROCHA, Francisco Lobello de Oliveira. *Regime jurídico dos concursos públicos*. São Paulo: Dialética, 2006.

ROCHA NETO, Edson Francisco. Os comitês de resolução de disputas (*dispute boards*) na Lei 14.133/2021. In: NIEBUHR, Karlin Olbertz; POMBO, Rodrigo Goulart de Freitas

(Org.). *Novas questões em licitações e contratos (Lei 14.133/2021)*. Rio de Janeiro: Lumen Juris, 2023.

ROCHA NETO, Edson Francisco. *Dispute boards*: aspectos processuais. São Paulo: Revista dos Tribunais, 2024.

RODRIGUES, Fernanda Esbizaro; MERLOTTO, Nara Carolina. A concessão de direito real de uso e a estruturação de projetos de irrigação: os casos do Pontal e do Baixo Irecê. *Revista de Direito Administrativo Contemporâneo – ReDAC*, n. 7, p. 33-50, abr. 2014.

ROLLAND, Louis. *Précis de droit administratif.* 10ᵉ éd., nouveau tirage, avec addenda de mise à jour au 15 août 1955. Paris: Dalloz, 1953.

ROUSSEAU, Jean-Jacques. *O contrato social.* 3. ed. Trad. Antonio de Pádua Danesi. São Paulo: Martins Fontes, 1996.

SAAD, Amauri Feres. Permuta de bens públicos imóveis. *Revista Trimestral de Direito Público – RTDP*, n. 59, p. 183-209, 2013.

SAADI, Mário. O planejamento da concessão e o procedimento de manifestação de interesse – Fundamentos legais, aplicação e desdobramentos. *Revista Brasileira de Infraestrutura – RBINF*, n. 5, p. 133-153, jan. 2014.

SAINZ MORENO, Fernando. *Conceptos jurídicos, interpretación y discrecionalidad administrativa.* Madrid: Civitas, 1976.

SALGADO, Lucia Helena; BORGES, Eduardo Bizzo de Pinho. Análise de impacto regulatório: uma abordagem exploratória. *Texto para Discussão*, Brasília, n. 1463, 2010. Disponível em: [http://works.bepress.com/cgi/viewcontent.cgi?article=1014&context=lucia_salgado]. Acesso em: 27 jan. 2011.

SALOMÃO FILHO, Calixto. *Regulação da atividade econômica*: princípios e fundamentos jurídicos, 2. ed. rev. e ampl. São Paulo: Malheiros, 2008.

SALOMÃO FILHO, Calixto. *Regulação da atividade econômica:* princípios e fundamentos jurídicos. 3. ed. São Paulo: Quartier Latin, 2021.

SANTOS, José Anacleto Abduch; BERTONCINI, Mateus; COSTÓDIO FILHO, Ubirajara. *Comentários à Lei 12.846 – Lei Anticorrupção*. São Paulo: Ed. RT, 2014.

SANTOS, Rodrigo Valgas dos. *Direito Administrativo do Medo.* São Paulo: Editora Thomson Reuters Brasil, 2020.

SANTOS, Rodrigo Valgas dos. *Direito Administrativo do Medo.* 2. ed. São Paulo: Editora Thomson Reuters Brasil, 2022.

SANTOS, Rodrigo Valgas dos. *Direito administrativo do medo.* 3. ed. São Paulo: Thomson Reuters Brasil, 2023.

SARMENTO, Daniel. *Direitos, Democracia e República.* Belo Horizonte: Fórum, 2018.

SARMENTO, Daniel. Ubiquidade constitucional. *Revista de Direito do Estado – RDE*, ano 1, n. 2, p. 83-118, abr./jun. 2006.

SCAFF, Fernando Facury. Contrato de Gestão, serviços sociais autônomos e intervenção do Estado. *Interesse Público – IP*, n. 12, p. 66-90, out./dez. 2001.

SCHIRATO, Vitor Rhein. *Livre iniciativa nos serviços públicos.* Belo Horizonte: Fórum, 2012.

SCHIRATO, Vitor Rhein. O manejo dos poderes fiscalizador e sancionador pela Administração Pública. *Revista de Direito Administrativo Contemporâneo – ReDAC*, n. 3, p. 41-70, nov./dez. 2013.

SCHIRATO, Vitor Rhein. O poder de polícia é discricionário? In: MEDAUAR, Odete; SCHIRATO, Vitor Rhein. *Poder de polícia na atualidade*: Anuário do Centro de Estudos de Direito Administrativo, Ambiental e Urbanístico – CEDAU do ano de 2011. Belo Horizonte: Fórum, 2014.

SCHMIDT-ASSMANN, Eberhard. *La teoría general del derecho administrativo como sistema*: objeto y fundamentos de la construcción sistemática. Traducción de Mariano Bacigalupo *et al.* Madrid: Marcial Pons, 2003.

SCHWIND, Rafael Wallbach. *O Estado Acionista*. Empresas estatais e empresas privadas com participação estatal. São Paulo: Almedina, 2017.

SCHWIND, Rafael Wallbach. Contraprestação pública nos contratos de PPP – Natureza jurídica, momento de disponibilização e a figura do aporte de recursos. *Revista de Contratos Públicos – RCP*, n. 3, p. 209-236, mar./ago. 2013.

SCHWIND, Rafael Wallbach. Particulares em colaboração com o exercício do poder de polícia – O "procedimento de polícia". In: MEDAUAR, Odete; SCHIRATO, Vitor Rhein. *Poder de polícia na atualidade:* Anuário do Centro de Estudos de Direito Administrativo, Ambiental e Urbanístico – CEDAU do ano de 2011. Belo Horizonte: Fórum, 2014.

SELZNICK, Philip. Focusing Organizational Research on Regulation. In: NOLL, Roger G. (Ed.). *Regulatory Policy and the Social Sciences*. Berkeley and Los Angeles, CA; London: University of California Press, 1985.

SILVA, Almiro do Couto e. O princípio da segurança jurídica (proteção à confiança) no Direito Público brasileiro e o direito da administração pública de anular seus próprios atos administrativos: o prazo decadencial do art. 54 da lei do processo administrativo da União (lei n. 9.784/99). *Revista de Direito Administrativo – RDA*, n. 237, p. 271-315, jul./set. 2004.

SILVA, Almiro do Couto e. Princípios da legalidade da Administração Pública e de segurança jurídica no Estado de Direito contemporâneo. *Revista de Direito Público – RDP*, v. 20, n. 84, p. 46-63, out./dez. 1987.

SILVA, José Afonso da. *Curso de direito constitucional positivo*. 36. ed. rev. e atual. até a Emenda Constitucional n. 71, de 29.11.2012. São Paulo: Malheiros, 2013.

SILVA, José Afonso da. *Curso de direito constitucional positivo*. 41. ed. rev. e atual. até a Emenda Constitucional n. 99, de 14.12.2017. São Paulo: Malheiros, 2018.

SILVA, Luís Virgílio Afonso da. O proporcional e o razoável. *Revista dos Tribunais – RT*, v. 91, n. 798, p. 23-50, abr. 2002.

SOUZA, Rodrigo Pagani de. Empresas estatais constituídas para o exercício de poder de polícia. In: MEDAUAR, Odete; SCHIRATO, Vitor Rhein. *Poder de polícia na atualidade:* Anuário do Centro de Estudos de Direito Administrativo, Ambiental e Urbanístico – CEDAU do ano de 2011. Belo Horizonte: Fórum, 2014.

STOFFAES, Christian (Dir.). *Services publics comparés en Europe*: exception française, exigence européenne, v. 2. Paris: La Documentation Française, 1997.

STUMM, Raquel Denize. *Princípio da proporcionalidade no direito constitucional brasileiro*. Porto Alegre: Livraria do Advogado, 1995.

SUNDFELD, Carlos Ari. As leis do processo administrativo e o desenvolvimento institucional. In: BICALHO, Alécia Palucci Nogueira; DIAS, Maria Tereza Fonseca (Coord.). *Contratações Públicas: estudos em homenagem ao Professor Carlos Pinto Coelho Motta*. Belo Horizonte: Fórum, 2013, p. 51-71.

SUNDFELD, Carlos Ari. *Direito administrativo para céticos*. 2. ed. São Paulo: Malheiros, 2014.

SUNDFELD, Carlos Ari. *Direito administrativo para + céticos*. 3. ed. São Paulo: Malheiros, 2025.

SUNDFELD, Carlos Ari. *Direito administrativo*: o novo olhar da LINDB. Belo Horizonte: Fórum, 2022.

SUNDFELD, Carlos Ari. Guia jurídico das parcerias público-privadas. In: SUNDFELD, Carlos Ari (Coord.). *Parcerias público-privadas*. 2. ed. São Paulo: Malheiros, 2011.

SUNDFELD, Carlos Ari. Introdução às agências reguladoras. In: SUNDFELD, Carlos Ari (Coord.). *Direito administrativo econômico*. São Paulo: Malheiros; Sociedade Brasileira de Direito Público, 2000.

SUNDFELD, Carlos Ari. *Licitação e contrato administrativo*: de acordo com as Leis 8.666/1993 e 8.883/1994. 2. ed. São Paulo: Malheiros, 1995.

SUNDFELD, Carlos Ari; CÂMARA, Jacintho Arruda. Produtos perigosos: como a regulação equilibra interesses conflitantes? *Revista Brasileira de Direito Público – RBDP*, ano 9, n. 34, p. 73-89, jul./set. 2011.

SUNDFELD, Carlos Ari; CÂMARA, Jacintho Arruda; SOUZA, Rodrigo Pagani de. Servidão de aqueduto em imóvel público. *Revista de Direito Administrativo Contemporâneo – ReDAC*, n. 2, p. 41-51, set./out. 2013.

SUNDFELD, Carlos Ari; SOUZA, Rodrigo Pagani de; MOTTA PINTO, Henrique. Empresas semiestatais. *Revista de Direito Público da Economia – RDPE*, ano 9, n. 36, p. 75-99, out./dez. 2011.

SZKLAROWSKY, Leon Frejda. Instrumentos de defesa do contribuinte. *Cadernos de Direito Tributário e Finanças Públicas*, v. 2, n. 7, p. 120-129, abr./jun. 1994.

TÁCITO, Caio. *Temas de direito público*: estudos e pareceres, v. 1 e 2. Rio de Janeiro: Renovar, 1997.

TALAMINI, Eduardo. A (in)disponibilidade do interesse público: consequências processuais (composições em juízo, prerrogativas processuais, arbitragem, negócios processuais e ação monitória) – versão atualizada para o CPC/2015. *Revista de Processo*, São Paulo, v. 42, n. 264, p. 83-107, fev. 2017.

TALAMINI, Eduardo. *Coisa julgada e sua revisão*. São Paulo: Ed. RT, 2005.

TALAMINI, Eduardo. Enforcement of Pecuniary Credits Against State Parties. In: JUSTEN FILHO, Marçal; PEREIRA, Cesar A. Guimarães (Ed.). *Infrastructure Law of Brazil*. 3. ed. Belo Horizonte: Fórum, 2012.

TALAMINI, Eduardo. *Novos Aspectos da Jurisdição Constitucional Brasileira: Repercussão Geral, Força Vinculante, Modulação dos Efeitos do Controle de Constitucionalidade e Alargamento do Objeto do Controle Direto*. Tese de livre-docência defendida na Faculdade de Direito da Universidade de São Paulo – USP, 2008.

TEIXEIRA, José Horácio Meirelles. Permissão e concessão de serviço público. *Revista de Direito Público – RDP*, v. 1, n. 6, p. 100-134, out./dez. 1968. Parecer, 1.ª parte.

TEPEDINO, Gustavo; SCHREIBER, Anderson. *Fundamentos do Direito Civil:* Obrigações, v. 2, Rio de Janeiro: Forense, 2020.

TEPEDINO, Gustavo; SCHREIBER, Anderson. *Fundamentos do direito civil:* obrigações, v. 2, 5. ed. Rio de Janeiro: Forense, 2024.THEODORO JR., Humberto. *Lei do Mandado de Segurança comentada artigo por artigo.* 2. ed. Rio de Janeiro: Forense, 2018.

TRAIN, Kenneth E. *Optimal Regulation:* the Economic Theory of Natural Monopoly. Cambridge, MA: MIT Press, 1994.

VASAK, Karel. Por une troisième génération des droits de l'homme. In: *Etudes et essais sur le droit international humanitaire et sur les principes de la Croix-Rouge en l'honneur de Jean Pictet.* Geneve, Comite international de la Croix-Rouge; La Haye, Nijhoff, 1984.

VEDEL, Georges; DELVOLVÉ, Pierre. *Droit administratif,* t. II. 12e éd. mise à jour. Paris: Presses Universitaires de France, 1992.

VENOSA, Sílvio de Salvo. *Direito civil.* Teoria geral das obrigações e teoria geral dos contratos, v. 2. 13. ed. São Paulo: Atlas, 2013.

VENTURI, Elton. *Suspensão de liminares e sentenças contrárias ao poder público.* 3. ed. rev. e ampl. São Paulo: Malheiros, 2017.

VITORELLI, Edilson. A Lei de Introdução às Normas do Direito Brasileiro e a ampliação dos parâmetros de controle dos atos administrativos discricionários: o direito na era do consequencialismo. *Revista de Direito Administrativo,* v. 279, n. 2, p. 79-112, maio/ago. 2020.

WEBER, Max. *Economy and Society:* an Outline of Interpretive Sociology, v. 1 e 2. Edited by Guenter Roth and Claus Wittich. Translation by Ephraim Fischoff *et al.* Berkeley; Los Angeles; London: University of California Press, 1978.

WELZEL, Hans. *El nuevo sistema del derecho penal:* una introducción a la doctrina de la acción finalista. Traducción de José Cerezo Mir. Barcelona: Ariel, 2001.

WILLEMAN, Flávio de Araújo. Termo de Ajustamento de Gestão nas Concessões: Conversibilidade das Sanções Administrativas Pecuniárias em Investimentos. In: ROCHA, Fábio Amorin da (Coord.). *Temas Relevantes no Direito de Energia Elétrica.* Rio de Janeiro: Synergia, 2012.

XAVIER, Alberto. *Do lançamento:* teoria geral do ato do procedimento e do processo tributário. 2. ed. totalmente reform. e atual. Rio de Janeiro: Forense, 1997.

ZANCANER, Weida. *Da convalidação e da invalidação dos atos administrativos.* 3. ed. 3. tir. São Paulo: Malheiros, 2008.

ZYMLER, Benjamin; DIOS, Laureano Canabarro. *Regime Diferenciado de Contratações Públicas – RDC.* 3. ed. Belo Horizonte: Fórum, 2014.

ZYMLER, Benjamin; DIOS, Laureano Canabarro. *Lei Anticorrupção. Lei nº 12.846/2013. Uma visão do controle externo.* Belo Horizonte: Fórum, 2016.

ZYMLER, Benjamin; DIOS, Laureano Canabarro. *Lei Anticorrupção (Lei nº 12.846/2013):* uma visão do controle externo. 2. ed. Belo Horizonte: Fórum, 2019.

ÍNDICE ALFABÉTICO-REMISSIVO

A

Abuso de autoridade 870

Abuso de poder (*vide* Ato administrativo)

Ação civil pública 846

Ação contra a Fazenda Pública (*vide* Prescrição)

Ação disciplinar (*vide* Servidor Público)

Ação popular 839

Acesso à informação 78

Acordo de acionistas (*vide* Sociedade estatal)

Acordo de cooperação 361

Acordo de leniência 353, 363

Acordo de vontade da Administração Pública 357

Administração direta 115

Administração indireta 115, 118

Administração Pública 109, 116

Desconcentração e descentralização do poder 113

Afetação (*vide* Bens públicos)

Aforamento (*vide* Bens públicos)

Agência reguladora independente 122, 534, 538, 542

Dirigentes 539

Agência executiva (distinção) 535

Agente administrativo 567

Agente estatal 566

Agente político 568

Investidura 569

Agente público 565

Funcionário de fato 567

Responsabilidade administrativa 699

Águas públicas (*vide* Bens públicos)

Alvará (*vide* Ato administrativo)

Análise de Impacto Regulatório 550

Aposentadoria 672

Cassação (*vide* Sanção administrativa funcional)

Compulsória 684

Contribuição previdenciária 681

Incapacidade permanente 683

Proventos 631, 677, 680, 684, 686

Readaptação (*vide* Servidor público)

Tempo de contribuição 678, 680

Voluntária 686

Aprovação (*vide* Ato administrativo)

Arbitragem 353, 418, 493

Arguição de Descumprimento de Preceito Fundamental (ADPF) 817

Atestado (*vide* Ato administrativo)

Atividade administrativa 83

Controle jurisdicional 409

Função administrativa (distinção) 22

Princípios constitucionais gerais 71

Procedimentalização 230

Pública não estatal 23

Atividade econômica 511

Ato administrativo 157

Abuso de poder 208

Alvará 178

Aprovação 185

Atestado 186

Ato material (distinção) 160

Autoexecutoriedade 195

Autorização 183

Capacidade de fato 162

Certidão 185
Classificação 173
Competência administrativa 162
Complexo 175
Composto 174
Concessão 184
Conteúdo 178, 203
Decreto 177
Desfazimento 256
Devido processo legal 217, 221
Discricionário (rejeição do conceito) 94
Eficácia 188
Estrutura 161
Exigibilidade (imperatividade) 194
Extinção 196
Fato administrativo (distinção) 157
Finalidade 170
Forma 164
Homologação 185
Instrução 178
Inteligência artificial 159
Invalidade 209
Licença 183
Motivação 202
Motivo 168, 170, 203
Omissão administrativa 165
Permissão 184
Presunção de legitimidade 190
Presunção de regularidade 192
Produção 196, 240
Regimento 177
Regulamento 179, 240
Reserva de lei 179
Resolução 178
Revisão 256
Revogação 198, 219
Teorias das nulidades 208
Teoria dos motivos determinantes 205
Vícios 199
Vinculado (rejeição ao conceito) 95
Ato jurídico
Defeituoso 188
Existência, validade e eficácia 187
Graus de eficácia 189
Ilícito 188

Atos compostos (*vide* Ato administrativo)
Atos compostos coletivos (*vide* Ato administrativo)
Audiência pública 241, 551
Autarquia 118, 538
Autarquia especial 121
Autonomia 120
Competência 121
Fundação de direito público (distinção) 125
Reguladora de categorias profissionais 122
Universidade pública 122
Autoexecutoriedade (*vide* Ato administrativo)
Autonomia da vontade 38
Autorização (*vide* Ato administrativo)

B

Bens públicos 719
Afetação 730
Aforamento (enfiteuse) 744, 764
Águas públicas 759
Autorização de uso 745
Bens de uso comum do povo 725
Bens de uso especial 729
Bens dominicais 733
Cavidades naturais subterrâneas 773
Classificações 724
Concessão de uso 748
Desafetação 732
Desapropriação 405
Enfiteuse (*aforamento*) 744, 764
Espaço aéreo 775
Espectros de radiofrequência 775
Fauna 774
Flora e florestas 773
Ilhas 767
Impenhorabilidade 735
Imprescritibilidade 735
Inalienabilidade 735
Jazidas e minas 769
Locação, arrendamento, comodato 743
Mar territorial 762
Patrimônio genético 777

ÍNDICE ALFABÉTICO-REMISSIVO **955**

Permissão de uso 746
Potenciais de energia hidráulica 762
Praias marítimas 765
Sítios arqueológicos e pré-históricos 773
Terras devolutas 753
Terras tradicionalmente ocupadas pelos
indígenas 767
Terrenos de marinha 763
Terrenos reservados ou ribeirinhos 766
Tombamento 394
Uso por particular 736
Burocracia 81, 523

C

Caducidade 486
Capitalismo 511
Cargo de provimento efetivo 581
Cargo em comissão 611
Exoneração 613
Função gratificada 612, 708
Cargo público 578
Certidão (ato administrativo) 185
Coisa julgada administrativa 252
Comissões Parlamentares de Inquérito 798
Comitês de resolução de disputas 354
Competência
Discricionária 94
Legislativa 86
Normativa 86
Regulatória 534
Competência anômala (prerrogativas extraor-
dinárias) 306
Competência administrativa 162
Avocação 163
Delegação 163
Discriminação 163
Indisponibilidade 163
Limitação 163
Titularidade 163
Competências legislativas e administrativas 27
Compliance
Sociedade estatal 522
Concessão (ato administrativo) 184
Concessão comum de serviço público 455

Anulação 488
Arbitragem 493
Bens privados 465
Bens públicos 465
Caducidade 486
Competências anômalas (extraordinárias)
437
Concessão-convênio 461
Concessão de obra pública 458
Concessão-descentralização 460
Contrato 456
Distrato 490
Encampação 484
Equação econômico-financeira 463
Exceção de contrato não cumprido 488
Extinção 482
Intervenção 434, 480
Permissão (distinção) 502
Permissão qualificada 504
Própria e imprópria 460
Prorrogação 491
Reajuste (*vide* tarifa)
Receitas alternativas 471
Regime jurídico 475
Remuneração do concessionário 467
Rescisão 488
Reversão de bens 466, 482
Usuários 464
Concessão de direito real de uso 752
Concessão de uso 748
Concessão de uso especial para moradia 752
Concessão patrocinada 497
Concessão urbanística 413, 507
Concorrência (licitação) 283
Concurso público 583
Aprovação 604, 607
Classificação 604
Controle jurisdicional 605
Desclassificação 603
Desnaturação (vedação) 600
Edital 586, 601
Exame psicológico (teste psicotécnico) 596
Impessoalidade 588
Impugnação ao edital 601

Inscrição 602
Julgamento 598
Nomeação 607
Nota de corte 604
Prazo de validade 607
Provas 593
Publicidade 589
Recursos 605
Reprovação 604
Requisitos de investidura e participação 593
Reserva de cargos 610
Reserva de vagas 611
Sociedade estatal (exigência) 148
Títulos 599
Vícios do edital 601
Conceitos jurídicos indeterminados (discricionariedade) 103
Conflitos internormativos 57
Critérios de solução 57
Conselhos profissionais 122, 376
Consensualização da atividade administrativa 84, 545
Consórcio público 114, 128
Contratos 131, 359
Formação (constituição) 130
Modalidades 130
Consulta pública 241, 551
Contratação direta 263, 300
Contrato administrativo 305
Acordo de leniência 353
Acordos de vontade 357
Álea administrativa (fato do príncipe) 325
Álea econômica (teoria da imprevisão) 326
Alterações 321
Anulação 340
Classificação 307
Competências anômalas (prerrogativas extraordinárias) 306
Convênio público (distinção em sentido restrito) 357
Equação econômico-financeira 322
Exceção de contrato não cumprido 338
Extinção 339, 343
Fato do príncipe (alea administrativa) 325
Inadimplemento contratual 337

Meios alternativos de composição de litígios 353
Prazos 316
Reajuste (reajustamento) 334
Registro de preços 319
Repactuação 335
Rescisão 340
Revisão de preços (recomposição) 333
Sanções administrativas 347
Teoria da imprevisão (álea econômica) 326
Vigência 316
Contrato de desembolso 309
Contrato de direito privado pactuado pela Administração Pública 354
Contrato de fomento 361, 560
Contrato de gestão 359
Contrato de programa 131, 359
Contrato de rateio 131, 359
Contrato de receita 309
Controle da atividade administrativa 781
Controle externo 791
Controle interno 786
Ministério Público 815
Poder Judiciário 816
Tribunal de Contas 800
Controle societário 132
Convênio público 114, 357
Corrupção 9, 521
Crime de responsabilidade 568, 570

D

Decadência 219, 905
Ação disciplinar 716
Prazo 910
Preclusão (distinção) 908
Prescrição (distinção) 908
Decreto (*vide* Ato administrativo) 177
Regulamento (distinção) 182
Desapropriação 405
Ação de desapropriação 419
Autorização legislativa e orçamentária 411, 412
Controle jurisdicional 409
Correção monetária 423, 899

Decreto 415
Desfazimento 429
Direito de extensão 413
Domínio eminente 720
Imissão provisória na posse 419, 421
Indenização 422, 424, 427
Indireta 426
Invalidação 429
Judicial e extrajudicial (distinção) 405
Judicial 419
Juros compensatórios 899
Juros moratórios 901
Modalidades 407
Precatório 424, 893
Procedimento administrativo posterior 417
Processo administrativo prévio 414
Processo judicial 419
Requisição de pequeno valor (RPV) 893
Retrocessão 426
Sujeito ativo e sujeito passivo 409, 410
Tredestinação 425
Zona 412
Desapropriação indireta
Prescrição 923, 428
Descentralização do poder 113
Desvio de poder 207
Desvio de procedimento 207
Devido processo legal 217, 221, 224, 256, 341, 343, 394, 484, 646, 704, 810
Diálogo competitivo (*vide* Licitação)
Dignidade humana 61
Direito administrativo 1, 31, 50
Direito administrativo sancionador 382, 854
Direitos fundamentais 38, 42, 46, 58
Democráticos (segunda geração) 64
Individualistas (primeira geração) 64
Normas adscritas 60
Pessoa jurídica 63
Serviço Público 433
Sociais (terceira geração) 65
Tratados internacionais (recepção) 60
Diretrizes 36
Discricionariedade 91, 96, 97, 98, 99, 101, 103, 231
Comum e técnica 99

Conceitos jurídicos indeterminados 103
Conceitos técnico-científicos 103
Conceitos valorativos 105
Delegação legislativa 94
Decisória (concreta) 98
Disciplina normativa (produção) 98
Função administrativa 95
Interpretação (distinção) 101
Instrumento de controle 107
Normativa (abstrata) 98
Poder de polícia 371, 372, 374
Poder discricionário 94
Teoria da sujeição especial 107
Vinculação 96, 231
Dispute boards 354

E

Edital (concurso público, licitação) 270, 279, 586, 601
Eficiência administrativa (eficácia administrativa) 79
Empregado público 692
Acumulação 628
Concurso público 695
Demissão 695
Empregado estatal (distinção) 566
Empresa estatal
Falência 147
Finalidade lucrativa 524
Regime jurídico 142
Responsabilidade patrimonial 147
Empresa pública 137
Sociedade de economia mista (distinção) 140
Encampação (*concessão comum de serviço público*) 484
Enfiteuse (*vide* Bem público)
Entidade paraestatal 149
Espectros de radiofrequência 775
Estado de Direito 5
Legitimação 3, 4
Estado Democrático de Direito 5
Estado Democrático e Social de Direito 6

958 CURSO DE DIREITO ADMINISTRATIVO · *Marçal Justen Filho*

Estado Regulador 532

Estado Fomentador 559

Estágio probatório 623

F

Falência

    Sociedade estatal 147

Fascismo 8

Fato administrativo 157

Fato do príncipe (contrato administrativo) 325

Federação 25

Fomento 358, 555

    Contrato 361, 560

    Função estatal 558

    Regulação estatal 559

    Sociedade com participação estatal minoritária 526, 561

Fontes normativas 83

Franquia empresarial 508

Função (conceito jurídico) 13

Função administrativa 13, 18

    Atividade administrativa (distinção) 22

    Conformadora ou ordenadora (polícia) 22

    De controle 23

    Dever-poder 39

    Função de governo (distinção) 20

    Prestacional 23

    Promocional ou de fomento 23, 558

    Regulatória 22

    Separação de Poderes 16

Função privada

    Função pública (distinção) 40

Função pública

    Função privada (distinção) 40

Fundação de direito público 125

G

Governança corporativa (*vide* Sociedade estatal) 522

    Divulgação de informações (normas do mercado aberto) 146

    Dever especial de diligência 387

H

Habeas data 871

Homologação (ato administrativo e licitação) 208, 278, 739

I

Igualdade (*princípio*) 73, 269, 438

Impessoalidade (*princípio)* 76, 272, 311, 588, 639

Improbidade administrativa 851

    Agente ativo 854

    Disciplina processual 865

    Infrações 856

    Medida cautelar de indisponibilidade de bens 866

    Prescrição 868

    Sanções 863

    Sentença 869

Inquérito administrativo (processo disciplinar) 713

Insegurança jurídica 9, 36

Instrução

    Ato administrativo 178

    Processo administrativo 250

Inteligência Artificial (ato administrativo) 159

Interesse coletivo 49, 516

Interesse público 41, 97

Interpretação conforme (técnicas hermenêuticas) 54

Intervenção estatal no domínio econômico

    Segurança nacional (conceito) 514

    Serviço público 434

Irretroatividade 217, 240, 380

J

Juros compensatórios e moratórios (*vide* Desapropriação)

L

Legalidade 75, 86, 87, 88, 89

    Atividade administrativa 83

    Controle 784, 786, 870

    Densidade normativa mínima 105

Lei 83

Lei de Introdução às Normas do Direito Brasileiro (LINDB) 53, 58, 188, 213, 236, 241, 279, 347, 552, 783, 794, 850

Leilão (*vide* Licitação)

Liberdade 71

    Econômica 553

Licença (*vide* Ato administrativo)

Licitação 259, 264, 276

    Adjudicação 298

    Celeridade 271

    Comissão 276

    Concorrência 283

    Competitividade 271

    Concurso 283

    Contratação direta 263, 300

    Convite 285

    Diálogo competitivo 284

    Dispensa 301, 304

        Edital 279

        Prazos 291

        Vícios 281

        Vinculação 270, 279

    Estado de necessidade 263

    Estrutura procedimental 276

    Fase preparatória 277

    Finalidade 266

    Habilitação 288

    Homologação 185, 299, 789

    Inexequibilidade 267

    Inexigibilidade 301

    Inovação 268

    Inviabilidade de competição 302

    Julgamento 286, 288

        Habilitação 295

        Propostas 286

    Leilão 284

    Legalidade 271

    Modalidades 282

    Modos de disputa 282

    Motivação 270

    Natureza instrumental 262

    Notória especialização 302

    Normas gerais 259

    Nulidades 299

Obrigatoriedade 263

Planejamento 277

Portal Nacional de Contratações Públicas 292

Pregão 283, 285, 288, 293, 295, 349

Princípios 268

Proposta 294

Qualificação técnica 290

Qualificação econômico-financeira 291

Qualificação social 291

Regime Diferenciado de Contratações – RDC 285, 288, 293, 295, 349

Recurso (fase recursal) 296

Regularidade fiscal 289

Regularidade trabalhista 290

Revogação 297

Segregação de funções 270

Singularidade 304

Sobrepreço 267

Superfaturamento 267

Tomada de preços 285

Vantajosidade 266, 273, 286, 294

M

Mandado de segurança coletivo 836

Mandado de segurança individual 818

Mediação 353

Meios adequados de composição de litígios 353

Militares 572

Ministério Público 17

Monopólio estatal 514

Monopólio natural 434

Moralidade (*vide* Princípio)

Motivação (*vide* Ato administrativo, Licitação e Princípio)

N

Nepotismo 614

Norma jurídica 31

    Lei (distinção) 85

    Princípios jurídicos 33

Normas de compatibilização 57

Normas gerais 29, 312

O

Ocupação temporária de bens privados 399
Órbitas federativas 110
Ordem dos Advogados do Brasil (OAB) 23, 124
Organização da sociedade civil (OSC) 155
Organização da Sociedade Civil de Interesse Público (OSCIP) 155
Órgão público 111

P

Parcerias público-privadas (PPP) 497
Patrimônio genético (bens públicos) 777
Permissão
    Ato administrativo 184
    Serviço público 502
    Bem público 746
Pessoa física 110
Pessoa jurídica 110, 111
    Desconsideração 813, 856, 866
    Direitos fundamentais 63
Pessoas de direito privado 110, 146
Pessoas de direito público 110
Poder 14
Poder de polícia 365
    Competência territorial 374
    Delegação 374
    Discricionariedade 371, 375
    Edificação compulsória 402, 403
    Ilícito 381
    Licenciamento compulsório de patente 404
    Limitação administrativa à propriedade 389
    Monopólio 374
    Multas de trânsito 377
    Ocupação temporária de bens privados 399
    Parcelamento compulsório 402, 403
    Polícia administrativa 369
    Polícia judiciária 370
    Polícia de profissões 376
    Regulação (distinção) 534
    Requisição de bens 401
    Sanção administrativa 381
    Segurança pública (distinção) 370
    Serviço público (distinção) 368
    Servidão administrativa 391
    Sujeição especial 383
    Taxa 378
    Tombamento 394
    Utilização compulsória 402, 403
Poder Executivo 20
    Regulamentos 84
Poder Judiciário 16, 816
Poder Legislativo 16, 797
Pragmatismo 10, 71
Precatório 424, 893
Preclusão
    Prescrição e decadência (distinção) 908
    Preclusão administrativa 253
Pregão (licitação) 283, 285, 288, 293, 295, 349
Prerrogativas extraordinárias (competências anômalas) 306, 437, 464
Prescrição 219
    Ação de improbidade administrativa 868
    Ação disciplinar 716
    Ação popular 843
    Atuação do TCU 918
    Decadência (distinção) 908
    Desapropriação indireta 923
    Extinção de ação contra a Fazenda Pública 922
    Extinção de direitos e poderes do particular 921
    Prazo prescricional (regra geral) 914
    Preclusão (distinção) 908
    Prescrição intercorrente 920
Previdência complementar (servidor público) 682
Princípio 33, 69, 71, 259
    Celeridade 238, 271
    Contraditório 235
    Desenvolvimento nacional sustentável 267, 275
    Eficiência, eficácia e economicidade 79, 273, 323, 784
    Imparcialidade 224, 233

ÍNDICE ALFABÉTICO-REMISSIVO 961

Impessoalidade 76, 272, 311, 588, 639

Igualdade 73, 269, 438

Isonomia 73, 266, 275, 323, 438, 587, 605, 677, 740

Legalidade 75, 87, 105, 271, 373, 382, 591, 597, 635, 651, 704, 740, 784, 870

Moralidade e probidade 76, 274

Motivação 48, 99, 168, 202, 236, 251, 270

Proporcionalidade 55, 165, 195, 270, 373, 384, 409, 516, 703, 705, 740

Objetividade 237, 272

Publicidade 76, 233, 274, 589

Razoabilidade 55, 270

Regra 33, 34

Subsidiariedade 512, 516, 554

Supremacia e indisponibilidade do interesse público (rejeição) 41

Transparência 274

Utilidade 232

Vantajosidade 266, 273, 286, 294

Verdade material 237

Procedimento administrativo 223, 230, 239, 243

Coisa julgada administrativa 252

Preclusão 252, 253

Princípios norteadores 232

Processo administrativo (distinção) 223

Sindicância 710

Processo administrativo 224, 711

Ampla defesa 248, 711, 713

Coisa julgada administrativa 253

Defesa técnica 248

Dever de motivação 236, 250, 251

Devido processo legal 224

Imparcialidade do juiz 233, 250

Instrução 250

Interesses difusos e coletivos 225

Inversão do ônus da prova 228

Juiz natural 234

Julgamento 250

Notificação 247

Pedido de reconsideração (impugnação) 242

Prazo para defesa 247

Preclusão 253

Procedimento administrativo (distinção) 223

Procedimento prévio 245

Provas 250, 711, 712

Recurso 252

Sindicância 710

Processo administrativo punitivo 708

Processo disciplinar 713

Propriedade imaterial 411

Publicidade (princípio) 76, 233, 274, 589

Punição administrativa 717

R

Recurso administrativo (*vide* Licitação e Processo Administrativo)

Regime jurídico de direito administrativo 37

Regimento (*vide* Ato administrativo)

Regra 33

Regulação econômico-social 527, 544

Assimetria de informações 530

Competitividade 545

Desregulação e rerregulação 531

Devido processo legal 548

Dirigismo estatal (distinção) 532

Externalidades 530

Finalidade 528

Intervenção indireta 532

Prestação do serviço (dissociação) 452

Regulação exclusivamente econômica 529

Regulação social 531

Requisição de bens (*vide* Poder de Polícia)

Reserva do possível 66, 888

Resolução (*vide* Ato administrativo)

Responsabilidade administrativa (distinção) 876

Responsabilidade civil do Estado 876

Ação de regresso 904

Causalidade 880

Contratual e extracontratual (distinção) 878

Danos emergentes e lucros cessantes 892

Danos morais 892

Dever especial de diligência 883

Elemento subjetivo reprovável 880, 903

Estatais prestadoras de serviços públicos 876

Indenização 876, 891

Objetivação da culpa 881

Tipos 888

Responsabilidade pessoal do agente estatal 903

S

Sanção administrativa funcional (*vide* Servidor público)

Proporcionalidade 705

Segurança nacional 514

Separação de poderes 14

Serviço de interesse econômico geral 448

Serviço público 431

Ausência de gratuidade 439

Autorização 444, 507

Competências anômalas (extraordinárias) 437, 464

Crise 451

Delegação 454

Direito do consumidor (aplicação subsidiária) 440

Evolução tecnológica 451

Exclusividade na prestação do serviço 451

Igualdade 438

Isonomia 438

Modicidade tarifária (*vide* Tarifa)

Mutabilidade ou adaptabilidade 438

Neutralidade 438

Poder de polícia 368

Princípios 437

Regulação (distinção) 452

Serviços em rede 453

Transparência 439

Universalidade 438

Usuário 436, 442, 464, 478, 500

Serviço social autônomo 149

Serviços sociais impróprios (Sistema S) 152

Servidão administrativa 391

Servidor público 566, 573

Ação disciplinar 716

Advertência 706

Afastamento 667

Afastamento cautelar 716

Aposentadoria 672

Aproveitamento 620

Avaliação periódica 626

Cargo de provimento efetivo 581, 627

Cargo público 578

Classificação 579

Demissão 671, 707

Direito à greve 437, 644

Direitos e deveres 632, 635, 641

Disponibilidade 667

Estabilidade 626

Estágio probatório 623

Exoneração 656, 670

Ilícito funcional 703

Investidura 580, 582, 593, 621, 640, 671

Irredutibilidade de vencimentos 652

Licenças 665

Nomeação 607, 619

Pensão 691

Posse 621, 642

Previdência complementar 682

Processo administrativo punitivo 708

Progressão funcional 646, 663

Promoção 619

Readaptação 619

Reajuste 653, 661, 680

Recondução 620

Redistribuição 665

Regime jurídico especial 697

Regime jurídico estatutário 631

Regime jurídico único 574, 577, 692

Reintegração 620

Remoção 664

Remuneração 582, 646

Responsabilidade administrativa 699

Reversão 619

Sanção administrativa funcional 703

Subsídios 648

Sujeição especial 635

Suspensão 707

Vacância 669

Vencimentos 646

Vitaliciedade 628

Sociedade com participação estatal minoritária 526, 561

Sociedade de economia mista 139

Empresa pública (distinção) 140

Sociedade estatal (empresa estatal) 132

Abrangência da Lei das Estatais 517

Acordo de acionistas 132

Atuação deficitária 526

Autonomia dos administradores 521

Autorização legislativa 133

Burocracia (redução) 523

Compliance 522

Concurso público 148

Controle societário 132

Controles interno e externo 148

Extinção 135

Governança corporativa 522

Lucro 524

Poder de controle 132, 563

Regime jurídico 136, 142, 520

Regime trabalhista 147

Sociedade privada (distinção) 520

Sociedade subsidiária 141

Sujeição especial 107, 383, 635

Supremacia do interesse público 41

T

Tarifa 467

Concessão urbanística 507

Extrafiscal 474

Inadimplemento do usuário 479

Isonomia 438

Mínima (básica) 473

Modicidade 439

Reajuste 334, 439

Social 473

Taxa 378, 467

Técnicas hermenêuticas 54

Teoria da imprevisão (*vide* Contrato administrativo)

Teoria da sujeição especial (*vide* Discricionariedade e Servidor Público)

Teoria das nulidades (*vide* Ato administrativo)

Teoria do órgão 111, 565

Terceiro setor (Organizações Não Governamentais) 153

Termo de colaboração 361

Termo de fomento 361

Termo de parceria 361

Termos de Ajustamento de Conduta (TAC)
362, 850

Terras devolutas (*vide* Bens públicos)

Terras tradicionalmente ocupadas pelos indígenas (*vide* Bens públicos)

Terrenos de marinha (*vide* Bens públicos)

Terrenos reservados ou ribeirinhos (*vide* Bens
públicos)

Tombamento 394

Transparência ativa e passiva 78

Tratados internacionais 60

Tribunal de Contas 17, 524, 618, 800, 916

U

Universalidade (*vide* Serviço Público)

Uso de bem público por particular (*vide* Bens
públicos)

Usucapião 428, 735, 755, 923

V

Verdade material (princípio) 237

Vinculação

Discricionariedade 96, 231

Edital 270, 279